ERICH SCHMIDT VERLAG

D1750339

RECHNUNGSLEGUNG DER UNTERNEHMUNG

Bilanzierung nach Handelsrecht, Steuerrecht und IFRS

Gemeinsamkeiten, Unterschiede und Abhängigkeiten –
mit über 195 Abbildungen

von

Univ.-Prof. em. Dr. Dr. h.c. Rudolf Federmann
Steuerberater

vormals Professor der Betriebswirtschaftslehre
Institut für Betriebswirtschaftliche Steuerlehre
Helmut-Schmidt-Universität/
Universität der Bundeswehr Hamburg

und

Univ.-Prof. Dr. Stefan Müller
Professur für Betriebswirtschaftslehre,
insbes. Rechnungslegung und Wirtschaftsprüfungswesen
Helmut-Schmidt-Universität/
Universität der Bundeswehr Hamburg

13., völlig neu bearbeitete und erweiterte Auflage

ERICH SCHMIDT VERLAG

Bibliografische Information der Deutschen Nationalbibliothek

Die Deutsche Nationalbibliothek verzeichnet diese Publikation in der Deutschen Nationalbibliografie; detaillierte bibliografische Daten sind im Internet über http://dnb.d-nb.de abrufbar.

Weitere Informationen zu diesem Titel finden Sie im Internet unter
ESV.info/978 3 503 17739 4

1. Auflage 1971
2. Auflage 1974
3. Auflage 1977
4. Auflage 1978
5. Auflage 1979
6. Auflage 1987
7. Auflage 1989
8. Auflage 1990
9. Auflage 1992
10. Auflage 1994
11. Auflage 2000
12. Auflage 2010
13. Auflage 2018

Die Auflagen 1–11 sind unter dem Titel „Bilanzierung nach Handelsrecht und Steuerrecht" erschienen.

ISBN 978 3 503 17739 4

Alle Rechte vorbehalten
© Erich Schmidt Verlag GmbH & Co. KG, Berlin 2018
www.ESV.info

Dieses Papier erfüllt die Frankfurter Forderungen der Deutschen Nationalbibliothek und der Gesellschaft für das Buch bezüglich der Alterungsbeständigkeit und entspricht sowohl den strengen Bestimmungen der US Norm Ansi/Niso Z 39.48-1992 als auch der ISO-Norm 9706.

Satz: multitext, Berlin
Druck und Bindung: Hubert & Co., Göttingen

Vorwort zur 13. Auflage

Kompetenz in Bilanzfragen verlangt heute Kenntnisse der Bilanzierungsregeln nach HGB, EStG und IFRS. Die drei in ihren zugrunde liegenden Konzepten unterschiedlichen Rechnungslegungswelten stellen bei einer integrativen Betrachtung hohe Anforderungen an die Differenzierungsfähigkeit. Umso mehr lohnt sich eine vergleichende Darstellung der Gemeinsamkeiten, Unterschiede und Abhängigkeiten der Bilanzierungsfragen in den drei Rechnungslegungssystemen. Dies zu vermitteln ist das Hauptanliegen des Buches, denn das Berufsfeld der Wirtschaftsprüfer, Steuerberater, Bilanzbuchhalter und sonstigen Rechnungsleger erfordert eine (mindestens) *dreidimensionale Betrachtung* der Bilanzprobleme. Ein Nebeneffekt der zugegebenermaßen sehr anspruchsvollen simultanen Auseinandersetzung mit drei unterschiedlichen Rechnungslegungssystemen ist die gedankliche Schulung in mehrdimensionalen Wertesystemen.

Grundvoraussetzung der Beherrschung der überwältigenden Fülle und Dynamik der Details ist die Kenntnis des allen drei Rechnungslegungssystemen gemeinsamen Grundgerüstes. Das vorliegende Buch stellt deshalb die Systematik und Ordnung der Bilanzierungsprobleme in den Vordergrund, wozu sich besonders die grafische Verdeutlichung in Abbildungen eignet.

Seit der Vorauflage in 2010 gab es auf allen Gebieten zahlreiche Änderungen von Gesetzen, Standards, Verwaltungsanweisungen und Rechtsprechung, denen die 13. Auflage angepasst werden musste. Die zwischenzeitlichen Entwicklungen verlangten auch eine Erweiterung der Ausführungen insbes. zum Enforcement, zu den ausländischen Betriebsstätten, zur integrierten Berichterstattung, zu den IFRS-Prinzipien, zu der neuen IFRS-Sicht des Leasings, zur reduzierten Bedeutung des Maßgeblichkeitsprinzips, zu Kleinstkapitalgesellschaften, zu den Herstellungskosten, dem Fremdvergleichspreis und zur Teilwertabschreibung, sowie zum fair value, zum Anlagenspiegel und dem Ausweis von Haftungsverhältnissen. Erweitert wurden auch die Ausführungen zur elektronischen Übermittlung von Bilanzdaten sowie zu der Abbildung von Kundenverträgen nach IFRS 15 und den Finanzinstrumenten nach IFRS 9. Außerdem wurden an vielen Stellen Links zu aktualisierenden oder weiterführenden Internet-Adressen eingefügt.

Die 13. Auflage verantworten in Kontinuität der Inhaber der gleichen Professur an der Helmut-Schmidt-Universität Hamburg Univ.-Prof. em. Dr. Rudolf Federmann und Univ.-Prof. Dr. Stefan Müller gemeinsam, wobei letzterer im Schwerpunkt den IFRS-Teil übernommen hat.

Im Übrigen gelten die Zielsetzungen weiter, die schon im Vorwort zur 6. Auflage so umschrieben wurden:

„Das 1971 zum ersten Mal erschienene Buch ist nicht als Kommentar des Bilanzrechts konzipiert, sondern als „systematischer Grundriss". Angestrebt wird dabei

- den *Lernenden* (Studierenden der Wirtschafts- und Rechtswissenschaften, Kandidaten für die Berufsprüfungen der steuerberatenden und wirtschaftsprüfenden Berufe,

Bilanzbuchhalterprüfungen sowie für das Referendarsexamen) die logischen und prinzipienorientierten Grundstrukturen der Bilanzierung in konzentrierter Form zu verdeutlichen. Gegenüber dem stark veränderlichen und häufig unübersichtlichen Detailwissen sind diese Grundstrukturen über längere Zeit stabil und ermöglichen einen leichteren Zugang zur Materie des Bilanzrechts und die Einordnung eines Detailproblems.

- den *Bilanzpraktikern* in den Geschäftsführungen, den Rechnungswesen- und Steuerabteilungen, in Wirtschaftsprüfungs-, Steuerberatungs- und Anwaltspraxen sowie in Rechtsprechung, Finanz- und Justizverwaltung bilanzrechtliche Orientierungssicherheit zu schaffen, um die kasuistischen Tagesprobleme richtig einzuordnen, im Gesamtzusammenhang zu sehen und Lösungen aus dem Grundsätzlichen ableiten zu können. Diesem Adressatenkreis möge auch die Darstellung der Bilanzinteressen, Gestaltbarkeiten und Wahlrechtskonsequenzen von Nutzen sein.
- den *Lehrenden* Darstellungen und Erläuterungen zu bieten, die das fachsprachliche, systematische und erklärende Bilanzwissen didaktisch aussichtsreich vermittelbar machen. Dabei sollen insbes. die über 180 Schaubilder die Wissensvermittlung visuell unterstützen und mit einer strengen Systematik einen Ordnungsrahmen vermitteln.
- den *Fachautoren* zum Bilanzwesen ein anregendes Kompendium zu offerieren, auf dessen Fundament weiterführende Erörterungen basieren können."

Da das Buch seit 1977 in unseren Lehrveranstaltungen „Rechnungslegung" und „Internationale Rechnungslegung" an der Helmut-Schmidt-Universität, Universität der Bundeswehr Hamburg, Verwendung fand – zuletzt vor allem in der Vertiefungsphase des Bachelorstudiums und im Masterstudium – haben viele Diskussionen mit Kollegen, Mitarbeitern und Studierenden zur Reifung beigetragen und andererseits haben die Anforderungen an eine effektive Wissensvermittlung zu einer kompakten und einsichtigen Darstellung verholfen.

Zum wiederholten Male haben wir dankenswerterweise eine harmonische, geduldige und förderliche Zusammenarbeit mit dem Verlag dieses Buches, vor allem mit Frau Dr. Claudia Teuchert-Pankatz in redaktionellen Fragen und Frau Inge Platz bei der Herstellung, erfahren. Dem Verlag ist in Zeiten des Vorherrschens digitaler Medien für den Mut zu einer Fortführung des Buchdrucks des Lehrbuchs zu danken.

Hamburg, im Februar 2018   Rudolf Federmann und Stefan Müller

Inhaltsverzeichnis

Vorwort zur 13. Auflage		V
Abbildungsverzeichnis		XXIII
Abkürzungsverzeichnis		XXIX

A.	**Grundlagen der Bilanzierung**		1
I.	Bilanz und Bilanzierung – Begriffe und Abgrenzungen		1
II.	Bilanzarten nach Handels- und Steuerrecht sowie IFRS		5
	1. Bilanzarten nach Handelsrecht		5
	2. Bilanzarten nach Steuerrecht		8
	3. Bilanzen nach IFRS		12
III.	Bilanzen als Teil der Rechnungslegung		12
	1. Bilanzen als Teil der Unternehmensrechnung		12
	2. Die Handelsbilanz als Bestandteil der HGB-Rechnungslegung		14
	3. Die Steuerbilanz als Bestandteil der steuerlichen Gewinnermittlung		14
	4. Die IFRS-Bilanz als Bestandteil der IFRS-Rechnungslegung		16
	5. Vergleichender Überblick der Instrumente der Rechnungslegung		19
IV.	Zwecke und Ziele der Bilanzierung nach Handels- und Steuerrecht sowie IFRS		19
	1. Bilanzen im interessenpluralistischen Spannungsfeld		19
	a) Die typischen Bilanzinteressen der Normensetzer		20
	aa) Rechtspolitische Funktionen		20
	ab) Wirtschafts-, finanz- und sozialpolitische Funktionen		21
	ac) Bilanzfunktion privater Standardsetter		22
	b) Die typischen Bilanzinteressen der Rechnungslegungsadressaten		23
	ba) Die typischen Bilanzinteressen der Eigner		24
	bb) Die typischen Bilanzinteressen der Gläubiger		25
	bc) Die typischen Bilanzinteressen der Arbeitnehmer		26
	bd) Die typischen Bilanzinteressen der Marktpartner		26
	be) Die typischen Bilanzinteressen des Fiskus		27
	bf) Die typischen Bilanzinteressen der Öffentlichkeit		28
	c) Die typischen Bilanzinteressen der Unternehmensführung		28
	2. Bestimmung der Zwecke der Bilanzierung		30
	a) Zwecke der HGB-Handelsbilanz		31
	aa) Regelung von Informationsinteressen		31
	ab) Regelung von Finanzinteressen		32
	b) Besonderheiten der Rechnungslegungszwecke nach IFRS		37
	c) Zwecke der Steuerbilanz		39
	d) Synopse der Bilanzzwecke nach HGB, IFRS und EStG		42

V. Rechtliche Grundlagen der Bilanzierung 42
   1. Rechtliche Grundlagen der Bilanzierung nach Handelsrecht 42
      a) Allgemeine Bilanzierungsvorschriften, die an die Kaufmanns-
         eigenschaft anknüpfen 43
      b) Bilanzierungsvorschriften, die an bestimmte Rechtsformen
         und Unternehmensgrößen anknüpfen 47
         ba) Bilanzierungsvorschriften für typische Personenunternehmen .. 48
         bb) Bilanzierungsvorschriften für atypische Personenhandels-
            gesellschaften 50
         bc) Bilanzierungsvorschriften für Kapitalgesellschaften 52
            bca) Kapitalgesellschaften allgemein 52
            bcb) Besondere Bilanzierungsvorschriften für Aktien-
                gesellschaften 55
            bcc) Besondere Bilanzierungsvorschriften für KGaA 56
            bcd) Besondere Bilanzierungsvorschriften für GmbH 57
            bce) Besondere Bilanzierungsvorschriften für Genossenschaften 57
      c) Bilanzierungsvorschriften für unselbständige Organisationseinheiten 58
      d) Regelungen der Bilanzierungskompetenzen 58
         da) Bilanzaufstellungskompetenzen 59
         db) (Interne) Bilanzprüfungskompetenz 60
         dc) Bilanzfeststellungskompetenz 61
         dd) Ergebnisverwendungskompetenz 62
         de) Überblick der formellen und materiellen Bilanzierungs-
            kompetenzen 63
      e) Überblick der Rechtsform-, Unternehmensgrößen- und Kapital-
         marktabhängigkeit der Rechnungslegung 66
      f) Bilanzierungsvorschriften, die an bestimmte Unternehmens-
         gegenstände anknüpfen 68
   2. Besondere rechtliche Grundlagen der Rechnungslegung für
      kapitalmarktorientierte Unternehmen 68
      a) Erweiterte Pflichten nach HGB 68
         aa) Einordnung als großes Unternehmen 68
         ab) Erweiterung der Rechnungslegungsinstrumente 69
         ac) Bilanzeid 69
      b) Erweiterte Pflichten nach Börsenrecht 69
         ba) Börsen-Zulassungsbedingungen 69
         bb) Zulassungsfolgepflichten 69
            bba) Jahresfinanzbericht 70
            bbb) Halbjahresfinanzbericht 70
      c) Erweiterte Pflichten nach den Börsenordnungen 71
         ca) General Standard 71
         cb) Prime Standard 71
         cc) Entry Standard 71
      d) Anforderungen ausländischer Börsen 72
   3. Nationale und internationale Rechnungslegungsstandards 72
      a) Allgemeines zu Rechnungslegungsstandards 72

	b) Nationale Rechnungslegungsstandards	74
	ba) Deutsche Rechnungslegungsstandards (DRS) und Interpretationen	74
	baa) Der Standardsetter DRSC	74
	bab) Der Standardsetzungsprozess	77
	bac) Die Bedeutung der DRS	77
	bad) Bilanzierungsrelevante DRS und RIC	78
	bb) IDW-Rechnungslegungsstandards (IDW-RS) und Rechnungslegungshinweise (IDW-RH)	79
	bba) Der Standardsetter Institut der Wirtschaftsprüfer (IDW)	79
	bbb) Der Standardsetzungsprozess	80
	bbc) Die Bedeutung der IDW-Verlautbarungen zur Rechnungslegung	80
	bc) Deutscher Corporate Governance Kodex	83
	bd) US-GAAP	84
	c) Internationale Rechnungslegungsstandards IFRS	84
	ca) IFRS als Rechnungslegungsstandards	84
	cb) Der Standardsetter IASB	87
	cc) Der Standardsetzungsprozess (due prozess)	89
	cd) Der EU-Anerkennungsprozess (Endorsement)	90
	ce) Aufbau der Standards und Interpretationen	93
	cf) Bedeutung der internationalen Rechnungslegungsstandards	95
	cg) Bilanzierungsrelevante IFRS und Interpretationen	96
4.	Rechtliche Grundlagen der Bilanzierung nach Steuerrecht	99
	a) Gesetzliche Vorschriften zur steuerlichen Bilanzierung	100
	aa) Allgemeine gesetzliche Vorschriften	100
	ab) Steuerrechtliche Bilanzierungsvorschriften für natürliche Personen	100
	ac) Steuerrechtliche Bilanzierungsvorschriften für Personenhandelsgesellschaften	105
	ad) Steuerrechtliche Bilanzierungsvorschriften für Kapitalgesellschaften und Genossenschaften	109
	ae) Bilanzierungsvorschriften für unselbständige Organisationseinheiten (Betriebsstätten)	110
	b) Steuerliche Verwaltungsanweisungen	114
	ba) Verwaltungsanweisungen	114
	bb) Arten bilanzierungsrelevanter Verwaltungsanweisungen	114
	bc) Bedeutung der steuerlichen Verwaltungsanweisungen	114
	bd) Wichtige bilanzierungsrelevante Verwaltungsanweisungen	115
VI.	Die Verletzung von Bilanzierungsnormen und deren Folgen	118
1.	Bilanzierungsverstöße	118
2.	Die Verletzung handels- und kapitalmarktrechtlicher Bilanzierungsnormen und ihre Folgen	120
	a) Bilanzierungsverstöße und ihre Folgen bei allen Bilanzierenden	120
	aa) Bilanzierungsverstöße im Zusammenhang mit einer Unternehmenskrise	120

ab) Bilanzierungsverstöße im Zusammenhang mit anderen Straftaten 122
ac) Sonstige Folgen von Bilanzierungsverstößen 122
b) Besondere Bilanzierungsverstöße und ihre Folgen bei Kapitalgesellschaften 123
ba) Bei allen Kapitalgesellschaften 123
baa) Aufstellungs- und Feststellungsverstöße 123
bab) Prüfungsverstöße 124
bac) Offenlegungsverstöße 124
bad) Nichtigkeit des Jahresabschlusses und Nichtigkeitsfolgen 128
bae) Sonstige Folgen 130
bb) Besonderheiten bei Aktiengesellschaften 130
bc) Besonderheiten bei GmbH 131
c) Besonderheiten bei Kapitalgesellschaften & Co. 131
d) Besonderheiten bei Genossenschaften 131
e) Besonderheiten bei PublG-Unternehmen 132
f) Besonderheiten bei Unternehmen bestimmter Geschäftszweige ... 132
g) Besonderheiten bei kapitalmarktorientierten Unternehmen 132
ga) Das deutsche Enforcement-Verfahren 132
gb) Unterlassene oder falsche Entsprechenserklärung 135
gc) Unterlassene oder unrichtige Angabe des Bilanzeids 135
gd) Verstöße bei der Finanzberichterstattung 137
ge) Kurs- und Marktpreismanipulation 138
gf) Erweiterung des Ordnungsgeldrahmens bei Offenlegungsverstößen 138
gg) Sonstige Folgen 138
3. Die Verletzung von IFRS und ihre Folgen 139
4. Synopse der Folgen von Verstößen gegen handels- und kapitalmarktrechtliche Bilanzierungsnormen 139
5. Die Folgen der Verletzung steuerrechtlicher Bilanzierungsvorschriften 144

VII. Bilanzrecht und Bilanztheorien 147
1. Die Bedeutung von Bilanztheorien 147
2. Grundzüge einiger Bilanzauffassungen 148
a) Statische Bilanzauffassungen 148
b) Dynamische Bilanzauffassungen 150
c) Organische Bilanzauffassung 151
d) Neuere Bilanzauffassungen 151
e) Das Konzept der integrierten Berichterstattung 153
3. Bilanztheoretische Würdigung der HGB-Handelsbilanz 153
4. Bilanztheoretische Würdigung der IFRS-Bilanz 156
5. Bilanztheoretische Würdigung der Steuerbilanz 157

B.	**Prinzipien der Bilanzierung**	161
I.	Allgemeines und Überblick	161
II.	Die Grundsätze ordnungsmäßiger Buchführung (GoB)	163
	1. Allgemeines zu den GoB	163
	a) Begriff und Umfang der GoB	163
	b) Die Rechtsnatur und Ermittlung der GoB	165
	2. Grundsätze zeitgerechter Bilanzierung	170
	a) Der Grundsatz zeitgerechter Bilanzaufstellung (Aufstellungsprinzip)	170
	b) Das Stichtagsprinzip	172
	c) Das Periodisierungsprinzip	174
	d) Das Erhellungsprinzip	175
	3. Das Nominalwertprinzip und seine bilanziellen Ausprägungen	177
	a) Das Nominalwertprinzip	177
	b) Das Prinzip nomineller Kapitalerhaltung	177
	c) Das Anschaffungs-/Herstellungskostenprinzip und das pagatorische Prinzip	178
	4. Der Grundsatz der Unternehmensfortführung (Fortführungsprinzip)	179
	5. Die Grundsätze der Klarheit und Übersichtlichkeit	180
	a) Der Grundsatz der Klarheit	180
	b) Der Grundsatz der Übersichtlichkeit	181
	6. Die Einzelabbildungsgrundsätze	182
	a) Bedeutung der Einzelabbildungsgrundsätze	182
	b) Der Grundsatz der Einzelbilanzierung	182
	c) Der Grundsatz der Einzelbewertung	184
	d) Der Grundsatz des Einzelausweises (Saldierungsverbot)	185
	7. Der Grundsatz der Bilanzwahrheit	186
	a) Allgemeines	186
	b) Der Grundsatz der Richtigkeit (insbes. der Vollständigkeit)	188
	c) Der Grundsatz der Wahrhaftigkeit (Willkürfreiheit)	189
	8. Die Grundsätze des Bilanzenzusammenhanges (Bilanzkontinuität)	190
	a) Der Grundsatz der Bilanzidentität	191
	b) Die Grundsätze der Bilanzenstetigkeit	192
	ba) Der Grundsatz formeller Bilanzenstetigkeit	192
	bb) Die Grundsätze materieller Bilanzenstetigkeit	193
	bba) Der Grundsatz der Ansatzstetigkeit (-kontinuität)	193
	bbb) Der Grundsatz der Bewertungsmethodenstetigkeit (-kontinuität)	194
	9. Das Vorsichtsprinzip und seine Ausprägungen	195
	a) Das allgemeine Vorsichtsprinzip	195
	b) Das Prinzip der Vorsicht i.e.S.	197
	c) Das Realisationsprinzip	198
	d) Das Imparitätsprinzip	201
	e) Das Niederstwertprinzip	201
	f) Das Höchstwertprinzip	203
	10. Wirtschaftlichkeitsgrundsätze	203

        a) Der Grundsatz wirtschaftlicher Zurechnung 203
        b) Die Grundsätze der Wirtschaftlichkeit und der Wesentlichkeit 204
        c) Der Grundsatz des Nichtausweises schwebender Geschäfte 206
III. Besondere handelsrechtliche Grundsätze 207
    1. Das Prinzip privatrechtlicher Gestaltungsfreiheit 207
    2. Das Prinzip der gesellschaftsrechtlichen Treuepflicht 207
    3. Das Prinzip der Darstellung der tatsächlichen Lageverhältnisse 209
IV. Besondere steuerrechtliche Grundsätze 211
    1. Der Grundsatz der Gleichmäßigkeit der Besteuerung und
       seine Bedeutung für die steuerliche Bilanzierung 211
    2. Der Grundsatz der Besteuerung nach der Leistungsfähigkeit
       und seine Bedeutung für die steuerliche Bilanzierung 212
    3. Der Grundsatz der Tatbestandsmäßigkeit der Besteuerung
       und seine Bedeutung für die steuerliche Bilanzierung 213
    4. Das (steuerbilanzielle) Trennungsprinzip 214
    5. Der Fremdvergleichsgrundsatz (dealing at arm's length-Prinzip) 215
    6. Der Grundsatz periodengerechter Gewinnermittlung 216
    7. Grundsatz der Maßgeblichkeit 217
        a) Allgemeines 217
        b) Das allgemeine Maßgeblichkeitsprinzip 218
           ba) Inhalt und Rechtsgrundlagen 218
           bb) Zweck und Kritik des Maßgeblichkeitsprinzips 218
           bc) Voraussetzungen des Maßgeblichkeitsprinzips 219
           bd) Begrenzungen des Maßgeblichkeitsprinzips 220
           be) Bedeutung des Maßgeblichkeitsprinzips bei handelsrechtlichen
              Bilanzierungsgeboten und Bilanzierungsverboten 221
           bf) Bedeutung des Maßgeblichkeitsprinzips bei handelsrechtlichen
              Bilanzierungswahlrechten 223
           bg) Bedeutung des Maßgeblichkeitsprinzips für die Bewertung 224
           bh) Bedeutung des Maßgeblichkeitsprinzips bei handelsrechtlichen
              Bewertungswahlrechten 224
           bi) Bedeutung des Maßgeblichkeitsprinzips bei steuerrechtlichen
              Wahlrechten 225
        c) Die Spezialmaßgeblichkeit für Bewertungseinheiten zur
           Absicherung finanzwirtschaftlicher Risiken 227
        d) „Verlängerte Maßgeblichkeit" ins Bewertungsrecht 228
        e) Maßgeblichkeitsgrundsatz und Internationalisierung der
           Rechnungslegung 230
V. Prinzipien der IFRS-Rechnungslegung 230
    1. Allgemeines und Überblick 230
    2. Oberster Rechnungslegungszweck: Grundsatz der Entscheidungs-
       nützlichkeit (decision usefulness) 233
    3. Konzeptioneller Grundsatz: Grundsatz der Vermittlung eines den
       tatsächlichen Verhältnissen entsprechenden Bildes (true and fair
       view/fair presentation) der Vermögens-, Finanz- und Ertragslage 233

4. Grundlegende Annahmen (basic assumptions) 236
   a) Grundsatz der Periodenabgrenzung (accrual basic, matching principle) 236
   b) Grundsatz der Unternehmensfortführung (going concern) 237
5. Grundlegende qualitative Anforderungen – Primärgrundsätze (fundamental qualitative characteristics) 237
   a) Grundsatz der Relevanz (relevance), insbes. Wesentlichkeit (materiality) 237
      Unterfall: Grundsatz der Wesentlichkeit 237
   b) Grundsatz der Glaubwürdigkeit (faithfully) 238
      ba) Grundsatz der Vollständigkeit (completeness) 238
      bb) Grundsatz der Neutralität (neutrality) 238
      bc) Grundsatz der Fehlerfreiheit (free of errors) 239
6. Nebenbedingungen (enhancing qualitative characteristics of useful financial information) 239
   a) Grundsatz der Vergleichbarkeit (comparability) 239
      Unterfall: Grundsatz der Darstellungsstetigkeit 240
      Unterfall: Grundsatz der Bilanzidentität 240
   b) Grundsatz der Nachprüfbarkeit (verifiability) 240
   c) Grundsatz der Zeitnähe (timeliness) 241
   d) Grundsatz der Verständlichkeit (understandability) 241
   e) Grundsatz der Kosten- und Nutzenabwägung (balance between benefit and cost) 241
   f) Vorsicht (prudence) 242
   g) Beschränkungen zwischen Relevanz und Glaubwürdigkeit (constraints on relevant and faithful information) 242
7. Prinzipien in einzelnen Standards 242
   a) Stichtagsprinzip (balance sheet date) 242
   b) Erhellungsprinzip (Events after the balance sheet date) 243
   c) Einzelbilanzierungsprinzip (Saldierungsverbot, offsetting) 243
   d) Einzelbewertungsprinzip 244
   e) Realisationsprinzip (realization principle) 244
   f) Stetigkeitsprinzip (consistancy) 244
   g) Kapitalerhaltungsprinzip (concepts of capital and capital maintenance) 245
VI. Vergleich zwischen Bilanzierungsprinzipien nach HGB und IFRS 245

C. Der Bilanzansatz dem Grunde nach 253
I. Stufen der Entscheidung über den Ansatz dem Grunde nach 253
   1. Entscheidungsstufen über den Ansatz dem Grunde nach gemäß HGB und EStG 253
   2. Entscheidungsstufen über den Ansatz dem Grunde nach gemäß IFRS 253
II. Kriterien abstrakter Bilanzierungsfähigkeit 256
   1. Handelsrechtliche Kriterien abstrakter Bilanzierungsfähigkeit 256

XIII

        a) Vermögensgegenstände 257
        b) Eigenkapital 259
        c) Schulden 260
        d) Posten der Rechnungsabgrenzung 260
        e) Bilanzierungshilfen und Sonderposten, insbes. latente Steuern 261
        Der Spezialfall „Aktive und passive latente Steuern" 262
   2. Steuerrechtliche Kriterien abstrakter Bilanzierungsfähigkeit 266
        a) Positive (aktive) Wirtschaftsgüter 266
        b) Negative (passive) Wirtschaftsgüter 268
        c) Posten der Rechnungsabgrenzung 269
        d) Bilanzierungshilfen und Sonderposten 269
        e) Betriebsvermögen (Eigenkapital) 269
   3. Kriterien abstrakter Bilanzierungsfähigkeit nach IFRS 270
        a) Vermögenswerte (assets) 270
           aa) Ressource (ressource) 270
           ab) Verfügungsmacht des Unternehmens (control) 270
           ac) Begründung durch vergangene Ereignisse (result of past events) 271
           ad) Erwarteter zukünftiger wirtschaftlicher Nutzenzufluss
              (future economic benefits) 271
           ae) Arten der Vermögenswerte (assets) 271
        b) Schulden (liabilities) 272
           ba) Gegenwärtige Verpflichtung (present obligation) 272
           bb) Aus Ereignissen der Vergangenheit begründet
              (results of past events) 272
           bc) Erfüllung erwartungsgemäß mit Ressourcenabfluss verbunden
              (outflow of ressources) 272
           bd) Arten der Schulden (liabilities) 273
        c) Eigenkapital (equity) 273
        d) Sonstige Posten 273
        e) Standardvorrang 274
III. Kriterien konkreter Bilanzierungsfähigkeit 274
   1. Kriterien konkreter Bilanzierungsfähigkeit nach HGB und EStG 274
        a) Subjektive Zurechnung 274
        b) Sachliche Zugehörigkeit zum Geschäfts-/Betriebsvermögen 279
           ba) Bilanzinhalt bei Einzelkaufleuten 282
           bb) Bilanzinhalt bei Personenhandelsgesellschaften 290
           bc) Bilanzinhalt bei Kapitalgesellschaften und Genossenschaften .. 292
           bd) Bilanzinhalt bei Betriebsstätten 293
        c) Explizite Bilanzierungsverbote 296
           ca) Aufwendungen für die Gründung und Eigenkapitalbeschaffung
              sowie für Versicherungsvertragsabschlüsse 296
           cb) Bestimmte nicht entgeltlich erworbene immaterielle Anlagegüter 297
           cc) Kurzlebiges Anlagevermögen 298
           cd) Transitorische Rechnungsabgrenzungsposten i.w.S. 298
           ce) Forderungen und Verbindlichkeiten bei ausgewogenen
              schwebenden Geschäften 299

		cf) Bestimmte Rückstellungen	299
		cg) Schulden und Lasten, deren Gläubiger nicht benannt werden	301
		ch) Rückstellungen bei steuerlich nicht abzugsfähigen Ausgaben	301
	2.	Kriterien konkreter Bilanzierungsfähigkeit nach IFRS	303
		a) Wahrscheinlicher zukünftiger Nutzenzu-/-abfluss (probability)	303
		b) Zuverlässige Wertermittlung (reliable measurement)	303
		c) Standardvorrang	304
	3.	Explizite Bilanzierungsverbote nach IFRS	307
IV.	Bilanzierungswahlrechte		309
	1.	Bilanzierungswahlrechte nach HGB und EStG	309
		a) Aktivierungswahlrechte	309
		aa) Unentgeltlich erworbene Gegenstände	309
		ab) Kleinwertige und geringwertige Anlagegüter	310
		ac) Selbst geschaffene immaterielle Vermögensgegenstände des Anlagevermögens	311
		ad) Darlehensunterschiedsbetrag beim Kreditschuldner	312
		ae) Aktive latente Steuern	313
		b) Passivierungswahlrechte	313
		ba) Steuerfreie Rücklagen	313
		baa) Allgemeines	313
		bab) Einige wesentliche steuerfreie Rücklagen	314
		bb) Entstrickungsausgleichsposten	318
		bc) Wertaufholungsrücklage	319
		bd) Bestimmte Pensionsrückstellungen	319
		be) Rückstellung für nachträgliche Zuwendungen an Unterstützungskassen	321
		c) Aktivierungs- und Passivierungswahlrechte	321
		ca) Abgrenzung von Betriebs- und Privatvermögen	321
		cb) Geringfügige und wiederkehrende Posten der Rechnungsabgrenzung	321
		cc) BilMoG-Übergangs-/Beibehaltungswahlrechte	322
		d) Bilanzierungsspielräume nach HGB und EStG	322
	2.	Bilanzierungswahlrechte nach IFRS	322
		a) Behandlung der HGB-Ansatzwahlrechte nach IFRS	323
		b) Offene Bilanzierungswahlrechte der IFRS	324
		ba) Klein- und geringwertige Vermögenswerte	324
		bb) Neubewertungsrücklage	324
		bc) Passiver Zuwendungsabgrenzungsposten	324
		c) Verdeckte Ansatzwahlrechte der IFRS	324
		ca) Allgemeines Ansatzgestaltungspotential	324
		cb) Spezielles Ansatzgestaltungspotential	324
	3.	Bedeutung der Bilanzierungswahlrechte	326
	4.	Synopse der Bilanzierungswahlrechte nach HGB und EStG	328
V.	Bilanzierungsgebote nach HGB, EStG und IFRS		329
	1.	Aktivierungspflichten	329

a) Anlagevermögen bzw. langfristige Vermögenswerte 329
   aa) Immaterielles Vermögen 331
       aaa) Allgemeines 331
       aab) Selbst geschaffene Immaterialgüter 332
       aac) Entgeltlich erworbene Immaterialgüter 332
       aad) Entgeltlich erworbener Geschäfts- oder Firmenwert 333
   ab) Sachanlagen 335
   ac) Finanzanlagen bzw. aktive Finanzinstrumente 338
b) Umlaufvermögen bzw. kurzfristige Vermögenswerte 342
   ba) Vorratsvermögen 343
   bb) Forderungen und sonstige Vermögensgegenstände/
       Wirtschaftsgüter bzw. sonstige Vermögenswerte 344
   bc) Wertpapiere des Umlaufvermögens 345
   bd) Flüssige Mittel (Zahlungsmittel) 346
c) Aktive Rechnungsabgrenzungsposten 346
d) Sonstige Abgrenzungsposten 347
   da) Aufwandsberücksichtigte Zölle und Verbrauchsteuern
       auf Vorratsvermögen 347
   db) Aufwandsberücksichtigte Umsatzsteuer auf Anzahlungen
       auf Vorratsvermögen 349
e) Nicht durch Eigenkapital gedeckter Fehlbetrag 350
2. Passivierungspflichten 350
   a) Eigenkapital... 350
      aa) Eigenkapital nach HGB und EStG/KStG 351
          aaa) Eigenkapital bei Kapitalgesellschaften 351
          aab) Eigenkapital bei Personenunternehmen 354
      ab) Eigenkapital nach IFRS 357
   b) Rückstellungen nach HGB, EStG und IFRS 360
      ba) Rückstellungen nach HGB und EStG 361
          baa) Allgemeines 361
          bab) Rückstellungen für ungewisse Verbindlichkeiten 361
          bac) Rückstellungen für drohende Verluste aus schwebenden
               Geschäften 365
          bad) Rückstellungen für unterlassene Instandhaltungen,
               die kurzfristig nachgeholt werden 366
          bae) Rückstellungen für Abraumbeseitigungen, die im
               folgenden Geschäftsjahr nachgeholt werden 366
          baf) Rückstellungen für Gewährleistungen, die ohne rechtliche
               Verpflichtung erbracht werden 366
      bb) Rückstellungen nach IFRS 367
   c) Verbindlichkeiten 370
      ca) Verbindlichkeiten nach HGB und EStG 370
      cb) Verbindlichkeiten nach IFRS 372
   d) Passive Rechnungsabgrenzungsposten 375
   e) Passive latente Steuern 375
   f) Sonderposten „negativer Geschäftswert" (Ausgleichsposten) 376

VI. Gemeinsamkeiten und Unterschiede der Ansätze dem Grunde nach gemäß HGB, IFRS und EStG 377

D. Der Bilanzansatz der Höhe nach 387

I. Grundsätzliche Vorgehensweise und Probleme der Bewertung 387
   1. Grundverständnis der Bewertung 387
   2. Bewertungsvorgang 387
   3. Bewertungseinheiten und Bewertungskomponenten 389
      a) Bildung von Bewertungseinheiten zur Absicherung finanzwirtschaftlicher Risiken 389
         aa) Bewertungseinheiten zur Absicherung finanzwirtschaftlicher Risiken nach HGB 391
         ab) Bewertungseinheiten zur Absicherung finanzwirtschaftlicher Risiken nach IFRS 392
         ac) Bewertungseinheiten zur Absicherung finanzwirtschaftlicher Risiken nach EStG 393
      b) Gesamtbewertungseinheiten und zahlungsmittelgenerierende Einheiten 393
         ba) Gesamtbewertungseinheiten nach HGB 393
         bb) Zahlungsmittelgenerierende Einheiten nach IFRS 394
         bc) Sonstige Gesamtbewertungseinheiten nach IFRS 394
         bd) Gesamtbewertungseinheiten nach EStG 394
      c) Komponentenbewertung nach IFRS 395
   4. Währungsprobleme bei der Bewertung 395
      a) HGB-Währungsumrechnung 397
      b) IFRS-Währungsumrechnung 399
      c) EStG-Währungsumrechnung 399
   5. Geldwertprobleme bei der Bewertung 400
   6. Schätzungsprobleme bei der Bewertung 402
   7. Stille Reserven und stille Lasten als Bewertungsproblem 402

II. Die Bewertungsmaßstäbe der Bilanzbewertung 405
   1. Gemeinsame Bewertungsmaßstäbe der HGB-, IFRS- und EStG-Bewertung 405
      a) Anschaffungskosten 405
         aa) Anschaffungskosten nach HGB 406
         ab) Anschaffungskosten nach IFRS (costs of purchase) 407
         ac) Anschaffungskosten nach EStG 409
      b) Herstellungskosten 411
         ba) Herstellkosten in der Kostenrechnung 411
         bb) Herstellungskosten nach HGB 412
         bc) Herstellungskosten nach IFRS (costs of conversion) 415
         bd) Herstellungskosten nach EStG 417
         be) Vergleich der Herstellungskosten in den drei Rechnungslegungssystemen 418
      c) AHK-Ersatzwerte 418

	d) Erfüllungsbetrag	420
	da) Erfüllungsbetrag nach HGB	420
	db) Erfüllungsbetrag nach IFRS	421
	dc) Erfüllungsbetrag nach EStG	421
	e) Barwert	421
	ea) Barwert nach HGB	422
	eb) Barwert nach IFRS	422
	ec) Barwert nach EStG	423
	f) Buchwert	423
	g) Erinnerungswert	423
2.	Spezielle Bewertungsmaßstäbe nach HGB	424
	a) Beizulegender Wert	424
	aa) Beizulegender Wert beim Anlagevermögen	424
	ab) Beizulegender Wert beim Umlaufvermögen	425
	b) Beizulegender Zeitwert	426
	c) Wert, der sich aus dem Börsen- oder Marktpreis ergibt (Börsen- oder Marktwert)	428
	d) Nach vernünftiger kaufmännischer Beurteilung notwendiger Erfüllungsbetrag	429
	e) Nennbetrag	429
	f) Unterschiedsbetrag	430
	fa) Unterschiedsbetrag beim Geschäfts- und Firmenwert	430
	fb) Unterschiedsbetrag bei Darlehen	430
	fc) Unterschiedsbetrag bei der Abzinsung von Pensionsrückstellungen	430
3.	Spezielle Bewertungsmaßstäbe nach IFRS	430
	a) Beizulegender Zeitwert (fair value)	430
	b) Tageswert (current costs)	434
	c) Nettoveräußerungspreis/-wert (net selling price/ net realisable value)	434
	d) Nutzungswert (value in use)	434
	e) Erzielbarer Betrag (recoverable amount)	435
4.	Spezielle Bewertungsmaßstäbe nach EStG	435
	a) Teilwert	435
	b) Gemeiner Wert	440
	c) Fremdvergleichspreis	441
III. Die Methoden der Wertermittlung nach HGB, EStG und IFRS		442
1.	Allgemeines und Überblick	442
2.	Progressive und retrograde Wertermittlung	442
3.	Einzelbewertung und Sammelbewertung	445
	a) Einzelbewertung	445
	b) Gruppenbewertung	445
	c) Durchschnittsbewertung	448
	d) Verbrauchs-/Veräußerungsfolgeverfahren	449
	e) Festwertverfahren	453
	f) Pauschalbewertung	455
	g) Vergleich der Bewertungsvereinfachungsverfahren	456

4. Zeitwert-Ermittlungsverfahren 456
5. Fremdvergleichspreis-Ermittlungsverfahren 457

IV. Wertminderungen und Werterhöhungen nach HGB, EStG und IFRS 459
    1. Begriff und Arten der Wertänderungen 459
    2. Abschreibungen und sonstige Wertherabsetzungen 460
       a) Berechtigung und Verpflichtung zur Abschreibung 460
       b) Gegenstand der Abschreibungen 460
       c) Arten der Abschreibungen 461
       d) Planmäßige Abschreibungen bzw. Absetzungen für Abnutzungen und ihre Bestimmungsfaktoren 461
          da) Anwendungsbereich planmäßiger Abschreibungen 461
          db) Funktionen der planmäßigen Abschreibungen 464
          dc) Das Abschreibungsvolumen 465
          dd) Der Abschreibungszeitraum 467
          de) Die Abschreibungsmethode und ihr Wechsel 470
              dea) Wahl der Abschreibungsmethode 470
              deb) Wechsel des Abschreibungsverfahrens 475
       df) Der Zeitpunkt des Beginns und des Endes der Abschreibung/AfA 477
       e) Außergewöhnliche Wertminderungen nach HGB, IFRS und EStG .. 478
          ea) Außerplanmäßige Abschreibungen nach HGB 478
          eb) Außerplanmäßige Wertherabsetzungen nach IFRS 478
          ec) Außerplanmäßige Absetzungen nach EStG 481
              eca) AfaA/AfaS 481
              ecb) Teilwertabschreibungen 481
              ecc) Sonderabschreibungen und erhöhte Absetzungen 485
              ecd) Sofortabschreibung, Poolabschreibung und sonstige Bewertungsabschläge 486
    3. Zuschreibungen (Wertaufholungen) nach HGB, IFRS und EStG 487
       a) Zuschreibungen und Zuschreibungsarten 487
       b) Zuschreibungen nach HGB 487
       c) Zuschreibungen nach IFRS 492
       d) Zuschreibungen nach EStG 493

V. Besonderheiten der Bewertung einzelner Bilanzpositionen nach HGB, IFRS und EStG 494
    1. Bewertungsbesonderheiten bei Aktiva 494
       a) Immaterielles Anlagevermögen (ohne Geschäfts- oder Firmenwert) 494
          aa) Bewertung bei entgeltlichem Erwerb 494
          ab) Bewertung bei nicht entgeltlichem Erwerb (Selbsterstellung) ... 497
       b) Geschäfts- oder Firmenwert 498
       c) Sachanlagen 502
          ca) Allgemeines 502
          cb) Geringwertiges abnutzbares Anlagevermögen 505
          cc) Einige Bewertungsbesonderheiten bei Immobilien 506
              cca) Einige Bewertungsbesonderheiten bei Immobilien nach HGB 506

   ccb) Einige Bewertungsbesonderheiten bei Immobilien
     nach IFRS 507
   ccc) Einige Bewertungsbesonderheiten bei Immobilien
     nach EStG 509
  cd) Zur Veräußerung gehaltene Sachanlagen nach IFRS 512
 d) Finanzanlagen 515
  da) Bewertung von Finanzanlagen nach HGB und EStG 515
   daa) Bewertung von eigenkapitalbezogenen Finanzanlagen
     (EK-Titeln) 515
   dab) Bewertung von fremdkapitalbezogenen Finanzanlagen
     (FK-Titeln) 518
  db) Bewertung von finanziellen Vermögenswerten (financial assets)
    nach IFRS 520
 e) Vorratsvermögen 522
 f) Forderungen und sonstige Vermögensgegenstände/Vermögenswerte,
  einschl. mehrperiodiger Fertigungsaufträge 526
 g) Wertpapiere des Umlaufvermögens 534
 h) Zahlungsmittel 535
 i) Aktive Rechnungsabgrenzung 535
2. Bewertungsbesonderheiten bei Passiva 536
 a) Eigenkapital bzw. Betriebsvermögen 536
 b) Sonderposten mit Rücklageanteil/Steuerfreie Rücklagen 537
 c) Rückstellungen 538
  ca) Rückstellungen allgemein 538
  cb) Bewertung besonderer Rückstellungsarten 544
   cba) Bewertung von Pensionsrückstellungen 544
   cbb) Rückstellungen für drohende Verluste aus schwebenden
     Geschäften 556
   cbc) Aufwandsrückstellungen 557
 d) Bewertung von Verbindlichkeiten 557
 e) Passive Rechnungsabgrenzungsposten 561
3. Bewertungsbesonderheiten bei aktiven und passiven latenten Steuern 562

VI. Bewertungsgestaltungen nach HGB, EStG und IFRS 565

VII. Gemeinsamkeiten und Unterschiede der Bewertung einzelner Posten
 nach HGB, IFRS und EStG 575

E. Der Bilanzansatz dem Ausweis nach 593

I. Grundsätzliches zum Bilanzausweis 593

II. Bilanzausweis nach HGB 594
 1. Grundsätze für den HGB-Bilanzausweis 594
  a) Allgemeine HGB-Ausweisgrundsätze 594
  b) Spezielle HGB-Ausweisgrundsätze für Kapitalgesellschaften
   und haftungsbegrenzte Personengesellschaften 595
   ba) Darstellungsstetigkeit 595
   bb) Vergleichbarkeit 595

			bc) Mitzugehörigkeitsvermerk	595
			bd) Ergänzung bei mehreren Geschäftszweigen	595
			be) Gliederungserweiterung	595
			bf) Gliederungsanpassung	596
			bg) Postenzusammenfassung	596
			bh) Leerpostenverzicht	596
		2.	Strukturmerkmale der HGB-Bilanzgliederung	596
			a) Vertikale Bilanzgliederung nach HGB	596
			b) Horizontale Bilanzgliederung nach HGB	597
		3.	Gliederungsschemata für die HGB-Bilanz	598
			a) Allgemeine Regelschemata	598
			aa) Grobformat	598
			ab) Kleinstformat	599
			ac) Kleinformat	600
			ad) Mittelformat	600
			ae) Großformat	600
			b) Zusätzliche Posten zum gesetzlichen Regelschema	604
			c) Geschäftszweigspezifische Schemata	606
			d) Besondere Gliederungsteile	606
			da) Anlagenspiegel	606
			db) Eigenkapital- und Rücklagenspiegel	608
			dc) Verbindlichkeitenspiegel	608
			dd) Unter-Bilanz-Ausweis	610
		4.	Ausweiswahlrechte	613
			a) Bedeutung von Ausweiswahlrechten	613
			b) Einzelne Ausweiswahlrechte	613
	III.	Bilanzausweise nach internationalen Standards		613
		1.	Mindestgliederungspositionen	613
		2.	Vertikale Gliederung	614
		3.	Horizontale Gliederung	617
		4.	Ausweiswahlrechte	617
		5.	Mustergliederungen nach IFRS	618
			a) Bilanzschema	618
			b) Überleitungsrechnung für das Anlagevermögen (Anlagenspiegel)	619
			c) Eigenkapitalveränderungsrechnung	619
	IV.	Bilanzausweise nach EStG		620
	V.	Standardisierung der Bilanzdarstellung zur Übertragung		622
		1.	XBRL™ als Reporting-Standard	622
		2.	Elektronische Einreichung beim Bundesanzeiger („Offenlegung")	623
		3.	Elektronische Übertragung an Kreditinstitute („Digitaler Finanzbericht")	627
		4.	Elektronische Übertragung an die Finanzverwaltung („E-Bilanz")	629
	VI.	Gemeinsamkeiten und Unterschiede der Bilanzausweise nach HGB und IFRS		633

Inhaltsverzeichnis

F. Nachträgliche Veränderung der Bilanzansätze nach HGB, IFRS und Steuerrecht 635

I. Bilanzänderung und Bilanzberichtigung 635

II. Nachträgliche Veränderung unzweckmäßiger Bilanzansätze 637
   1. Änderung fehlerfreier Bilanzen (Bilanzänderung i.e.S.) nach HGB ... 637
      a) Bei Personenunternehmen 637
      b) Bei Kapitalgesellschaften und Genossenschaften 637
   2. Bilanzänderungen nach IFRS 638
      a) Änderung von Bilanzierungs- und Bewertungsmethoden 638
      b) Änderung von Schätzungen 640
   3. Steuerrechtliche Bilanzänderung 641

III. Nachträgliche Veränderung unzulässiger Bilanzansätze 642
   1. Änderung fehlerhafter Bilanzansätze nach HGB (Handelsrechtliche Bilanzberichtigung) 642
      a) Allgemeines 642
      b) Besonderheiten bei Personenunternehmen 643
      c) Besonderheiten bei Kapitalgesellschaften und Genossenschaften .. 644
   2. Fehlerberichtigung (Bilanzberichtigung) nach IFRS 646
   3. Änderung fehlerhafter Bilanzansätze nach EStG (steuerrechtliche Bilanzberichtigung) 647

Weiterführendes Schrifttum zur Bilanzierung nach den Normensystemen HGB, IFRS und EStG 653
1. HGB-Handelsbilanz 653
2. HGB-Bilanzrechtsreform/-modernisierung 654
3. Steuerbilanz 656
4. HGB-Handelsbilanz und Steuerbilanz 657
5. Internationale Rechnungslegung (IFRS) 658
6. Handelsbilanz und IFRS 660
7. Steuerbilanz und IFRS 661
8. HGB-, IFRS- und EStG-Bilanzen 661

Stichwortverzeichnis 663

Abbildungsverzeichnis

Kapitel A

Abbildung A-1:	Bilanzen im System der Rechnungslegung	3
Abbildung A-2:	Bilanzarten nach Handels- und Wirtschaftsrecht	7
Abbildung A-3:	Stadien der Handelsbilanz	8
Abbildung A-4:	Bilanzarten nach Steuerrecht	10
Abbildung A-5:	Stadien der Steuerbilanz	11
Abbildung A-6:	Die Bilanz als Instrument der Unternehmensrechnung	13
Abbildung A-7:	Rechtsform-, größen- und börsenabhängige Bestandteile der HGB-Einzel-Rechnungslegung	15
Abbildung A-8:	Steuerliche Gewinnermittlungsinstrumente	17
Abbildung A-9:	Bestandteile der Rechnungslegung nach den verschiedenen Rechnungslegungssystemen	18
Abbildung A-10:	Adressaten des Jahresabschlusses (Bilanzadressaten)	24
Abbildung A-11:	Ansatzpunkte des institutionellen Gläubigerschutzes in der HGB-Rechnungslegung	35
Abbildung A-12:	Aufgaben der HGB-Handelsbilanz	36
Abbildung A-13:	Die Bedeutung der IFRS-Bilanz für die steuerliche Zinsschranke	38
Abbildung A-14:	Aufgaben der Steuerbilanz	41
Abbildung A-15:	Zwecke des Jahresabschlusses nach HGB, IFRS und EStG	42
Abbildung A-16:	Rechtsformabhängige Vorschriften zur Einzel-Rechnungslegung	43
Abbildung A-17:	Kaufmannseigenschaft als Voraussetzung der Bilanzierungspflicht	44
Abbildung A-18:	Prüfschema zur Befreiung von der Buchführungs-/Bilanzierungspflicht für kleine Einzelkaufleute	46
Abbildung A-19:	Grundstruktur einer rechnungslegungspflichtigen haftungsbegrenzten Personenhandelsgesellschaft	50
Abbildung A-20:	Grundtypen der GmbH & Co. KG	51
Abbildung A-21:	Einzelabschlusserleichterung für konzernabhängige Tochter-Kapitalgesellschaften	56
Abbildung A-22:	Formelle Bilanzierungskompetenzen	64
Abbildung A-23:	Materielle Bilanzierungskompetenzen	65
Abbildung A-24:	Umfang der Rechnungslegungspflichten	66
Abbildung A-25:	Rechnungslegungsrelevante Unternehmenstypisierung nach Rechtsform, Unternehmensgröße und Kapitalmarktinanspruchnahme	67
Abbildung A-26:	Börsenrechtliche Anforderungen an die Rechnungslegung	73
Abbildung A-27:	Struktur des DRSC	76
Abbildung A-28:	Struktur und Aufgaben des Standardsetters IASB	88
Abbildung A-29:	Entstehungsprozess eines IFRS (due process)	91
Abbildung A-30:	EU-Endorsement-Prozess	94
Abbildung A-31:	Schema der Gewinnermittlung durch Betriebsvermögensvergleich	102

Abbildung A-32:	Gesellschafts-, Sonder- und Ergänzungsbilanzen bei Personengesellschaften	109
Abbildung A-33:	Beziehungen im Betriebsstättenfall	111
Abbildung A-34:	Falltypen der Betriebsstätten	112
Abbildung A-35:	Bilanzierungsverstöße als Insolvenzstraftaten	121
Abbildung A-36:	Herabsetzung des Ordnungsgeldes	126
Abbildung A-37:	Das Ordnungsgeldverfahren bei Verletzung der Offenlegungspflichten (einschließlich Beschwerde)	127
Abbildung A-38:	Gründe für die Nichtigkeit des Jahresabschlusses von Kapitalgesellschaften	128
Abbildung A-39:	Das deutsche Enforcement-Verfahren	136
Abbildung A-40:	Ordnungsgeldrahmen für kapitalmarktorientierte Kapitalgesellschaften	139
Abbildung A-41:	Mögliche Folgen von Verstößen gegen handels- und börsenrechtliche Bilanzierungsvorschriften	143
Abbildung A-42:	Mögliche Folgen von Verstößen gegen steuerrechtliche Bilanzierungsvorschriften	146
Abbildung A-43:	Überblick wesentlicher Bilanztheorien	149

Kapitel B

Abbildung B-1:	Bilanzierungsprinzipien	162
Abbildung B-2:	Umfang der Grundsätze ordnungsmäßiger Buchführung	163
Abbildung B-3:	Induktive und deduktive Ermittlungsweisen	167
Abbildung B-4:	GoB-Ermittlung durch Auslegung	169
Abbildung B-5:	Steuerliche Gewinn-/Verlust-Bezugsfiktion bei verschiedenen Wirtschaftsjahren	173
Abbildung B-6:	Prinzip der besseren Einsicht (Erhellungsprinzip)	176
Abbildung B-7:	Vermögensverrechnung beim Altersversorgungsvermögen	185
Abbildung B-8:	Ausprägungen des Grundsatzes der Bilanzwahrheit	187
Abbildung B-9:	Ausprägungen der Grundsätze des Bilanzenzusammenhanges	190
Abbildung B-10:	Unterschiede zwischen Bilanz(en)identität und Bilanzenstetigkeit	191
Abbildung B-11:	Ausprägungen des Vorsichtsprinzips	196
Abbildung B-12:	Sachlicher Anwendungsbereich des Niederstwertprinzips	202
Abbildung B-13:	Geltungsbereich des Prinzips der Darstellung der tatsächlichen Lageverhältnisse (ohne Besonderheiten für Kleinstkapitalgesellschaften)	210
Abbildung B-14:	Das Maßgeblichkeitsprinzip und seine Beschränkungen	217
Abbildung B-15:	Fallkonstellationen mit und ohne Maßgeblichkeit	227
Abbildung B-16:	Zusammenhänge der sog. „verlängerten Maßgeblichkeit"	229
Abbildung B-17:	Rechnungslegungsprinzipien nach IFRS	232
Abbildung B-18:	Synopse der Gemeinsamkeiten und Unterschiede der Bilanzierungsprinzipien nach HGB und IFRS	251

Kapitel C

Abbildung C-1:	Stufen und Kriterien der Entscheidung über den Ansatz dem Grunde nach gemäß HGB und EStG	254
Abbildung C-2:	Ansatz dem Grunde nach gemäß IFRS	255
Abbildung C-3:	Unterschiede der Steuerabgrenzungskonzeptionen	263
Abbildung C-4:	Ansatz latenter Steuern nach HGB	265

Abbildung C-5:	Zurechnungskriterien beim Vollamortisations-Mobilien-Leasing	280
Abbildung C-6:	Zurechnungskriterien beim Teilamortisations-Immobilien-Leasing	281
Abbildung C-7:	Bilanzierungsrelevante Vermögenssphären bei Personenunternehmen	284
Abbildung C-8:	Vermögenszuordnung bei gemischter Nutzung beweglicher Wirtschaftsgüter	287
Abbildung C-9:	Zuordnung gemischtgenutzter Wirtschaftsgüter zum Betriebs- und Privatvermögen	288
Abbildung C-10:	Steuerliches Betriebsvermögen bei Personengesellschaften	293
Abbildung C-11:	Zweistufige Betriebsstätten-Einkünfteermittlung	296
Abbildung C-12:	Bilanzierungsverbote im Handels- und Steuerbilanzrecht	302
Abbildung C-13:	Zuordnungskriterien für Leasingobjekte nach IAS 17	305
Abbildung C-14:	Identifikation eines abbildungspflichtigen Leasingobjektes aus Sicht des Leasingnehmers nach IFRS 16	307
Abbildung C-15:	Voraussetzungen und Gestaltungsmöglichkeiten der Übertragung stiller Reserven nach § 6 b EStG (ohne Besonderheiten der Land- und Forstwirtschaft, Städtebauförderung und Kapitalgesellschaftsanteilen)	315
Abbildung C-16:	Besondere Reinvestitionsrücklage für Personenunternehmen	316
Abbildung C-17:	Unterschiede der steuerfreien Rücklagen zur Reinvestitionsbegünstigung	317
Abbildung C-18:	Bilanzielle Behandlung betrieblicher Altersversorgungsverpflichtungen nach HGB und EStG	320
Abbildung C-19:	Bilanzierungswahlrechte in der Handels- und Steuerbilanz (HGB bzw. EStG)	329
Abbildung C-20:	Ansatz des Geschäfts- oder Firmenwerts in der Handels- und Steuerbilanz	335
Abbildung C-21:	Behandlung von Mieterbauten	337
Abbildung C-22:	Ansatz und Kategorien von Finanzinstrumenten (financial instruments) – ohne financial liabilities – nach IAS 39	340
Abbildung C-23:	Umklassifizierungsmöglichkeiten von financial assets nach IAS 39	341
Abbildung C-24:	Klassifizierung von financial assets nach IFRS 9	343
Abbildung C-25:	Rechnungsabgrenzungsposten in Handels- und Steuerbilanz	348
Abbildung C-26:	Handelsbilanzielles Eigenkapital bei Kapitalgesellschaften	353
Abbildung C-27:	Eigenkapital bei typischen Personenunternehmen	354
Abbildung C-28:	Eigenkapital bei Kommanditgesellschaften	356
Abbildung C-29:	Eigenkapitalausweis bei Kapitalgesellschaften & Co.	357
Abbildung C-30:	Eigenkapital nach IFRS	359
Abbildung C-31:	Eigenkapital einer Kommanditgesellschaft nach IFRS	360
Abbildung C-32:	Arten der Rückstellungen nach Handelsrecht	364
Abbildung C-33:	Voraussetzungen der Drohverlustrückstellung und Abgrenzung zur Rückstellung für ungewisse Verbindlichkeiten	368
Abbildung C-34:	Abgrenzung von Rückstellungen und Eventualschulden nach IFRS	369
Abbildung C-35:	Rückstellungen nach IFRS	370
Abbildung C-36:	Schulden nach IFRS	374
Abbildung C-37:	Synopse der Bilanzansätze dem Grunde nach gemäß HGB, IFRS und EStG	385

Kapitel D

Abbildung D-1:	Stufen der Entscheidung über den Bilanzansatz der Höhe nach (Bewertung)	388
Abbildung D-2:	Bewertungseinheit bei Sicherungsgeschäften	390
Abbildung D-3:	Komponentenbewertung einer Sachanlage nach IFRS	396
Abbildung D-4:	Währungsumrechnung nach HGB	401
Abbildung D-5:	Stille Reserven und stille Lasten	403
Abbildung D-6:	Auswirkungen stiller Reserven und stiller Lasten auf Lageeinblick, Jahresergebnis und Ertragsteuern	404
Abbildung D-7:	Bewertungsmaßstäbe nach HGB, IFRS und EStG	405
Abbildung D-8:	Bestandteile der Anschaffungskosten nach HGB und EStG	407
Abbildung D-9:	Anschaffungskosten nach IFRS	408
Abbildung D-10:	Ermittlung der kalkulatorischen Herstellkosten und Selbstkosten	412
Abbildung D-11:	Merkmale der Herstellungskosten	413
Abbildung D-12:	Herstellungskosten nach HGB, IFRS und EStG	419
Abbildung D-13:	Ermittlung des beizulegenden Wertes bei Absatzmarktorientierung	426
Abbildung D-14:	Bestimmung des beizulegenden Zeitwerts nach HGB	427
Abbildung D-15:	Ermittlung des beizulegenden Wertes	427
Abbildung D-16:	Bewertungsmaßstäbe nach IFRS	431
Abbildung D-17:	Teilwertvermutungen	439
Abbildung D-18:	Progressive Ermittlung der Anschaffungs- und Herstellungskosten	442
Abbildung D-19:	Progressive und retrograde Anschaffungskostenermittlung	443
Abbildung D-20:	Teilwertermittlung durch progressives und retrogrades Verkaufswertdeckungsverfahren	444
Abbildung D-21:	Ermittlungsverfahren für Anschaffungs- und Herstellungskosten	446
Abbildung D-22:	Voraussetzungen und Folgen der HGB-Gruppenbewertung	447
Abbildung D-23:	Berechnung des gleitenden gewogenen Durchschnittswertes	449
Abbildung D-24:	Berechnung des gewogenen Perioden-Durchschnittswertes	449
Abbildung D-25:	Beispiele zu den Verbrauchs-/Veräußerungsfolgeverfahren (Durchschnittswert-, Lifo- und Fifo-Verfahren)	451
Abbildung D-26:	Voraussetzungen und Folgen der Festbewertung	454
Abbildung D-27:	Generelle Zulässigkeit von Bewertungsvereinfachungsverfahren	456
Abbildung D-28:	Verfahren zur Ermittlung des Fremdvergleichspreises nach OECD und AStG	458
Abbildung D-29:	Abschreibung einer komplexen Sachanlage nach ihren Komponenten	461
Abbildung D-30:	Wertminderungen beim Anlagevermögen nach HGB, EStG und IFRS	462
Abbildung D-31:	Der sachliche Geltungsbereich der AfA-Regelung des § 7 EStG	463
Abbildung D-32:	Abschreibungsausgangswert nach IFRS	465
Abbildung D-33:	Abschreibungsverfahren	472
Abbildung D-34:	Beispiel zum Einfluss des Abschreibungsverfahrens auf den Verlauf von Buchwerten und Jahresabschreibungen (AHK = EUR 100.000; ND = 10 Jahre)	474
Abbildung D-35:	Steuer- und Zinseffekte bei degressiver AfA-Methode	475

Abbildung D-36:	Steuerrechtliche Zulässigkeit des Wechsels der AfA-Methode bei beweglichen Wirtschaftsgütern	477
Abbildung D-37:	Wertverhältnisse beim Impairment-Test nach IAS 36	479
Abbildung D-38:	Regelungszusammenhänge des Wertminderungstests nach IAS 36	480
Abbildung D-39:	Auslegung „voraussichtlich dauernde Wertminderung" durch die Finanzverwaltung	484
Abbildung D-40:	Die wichtigsten Fälle der Sonderabschreibungen und erhöhten Absetzungen	485
Abbildung D-41:	Arten der Zuschreibungen	488
Abbildung D-42:	Beispiel zur Bestimmung der zulässigen Zuschreibungen	491
Abbildung D-43:	Bewertung des Anlagevermögens nach HGB	495
Abbildung D-44:	Behandlung geringwertiger Wirtschaftsgüter in der Steuerbilanz	507
Abbildung D-45:	Gebäude-AfA nach EStG	510
Abbildung D-46:	Steuerbilanzielle Behandlung von nachträglichen Instandsetzungs- und Modernisierungsaufwendungen	513
Abbildung D-47:	Behandlung von Restbuchwert und Abbruchkosten bei Gebäudeabbruch	514
Abbildung D-48:	Stufenkonzept zur Ermittlung des beizulegenden Zeitwerts von Finanzinstrumenten	521
Abbildung D-49:	Bewertung finanzieller Vermögenswerte nach IFRS	523
Abbildung D-50:	Niedrigerer beizulegender Wert bei Vorräten nach HGB	524
Abbildung D-51:	Behandlung mehrperiodiger Fertigungsaufträge nach IFRS	529
Abbildung D-52:	Abzinsungszinssätze der Deutschen Bundesbank gemäß Rückstellungsabzinsungsverordnung (RückAbzinsV), Stand: 12/2017	539
Abbildung D-53:	Bestimmung der Gewährleistungsrückstellung nach der Erwartungswertmethode	540
Abbildung D-54:	Rückstellungsbewertung nach IFRS	542
Abbildung D-55:	Zeitliche Zusammenhänge bei Pensionsrückstellungen	545
Abbildung D-56:	Bewertung von Pensionsverpflichtungen nach HGB	549
Abbildung D-57:	Berechnungszusammenhänge des Gegenwartswert- bzw. Teilwertverfahrens zur Bewertung von Pensionsrückstellungen	552
Abbildung D-58:	Beispiel zur Berechnung der Pensionsanwartschaftsverpflichtung (DBO)	554
Abbildung D-59:	Bemessung einer Pensionsrückstellung nach IFRS	555
Abbildung D-60:	Bewertung der Drohverlustrückstellung nach HGB und IFRS	558
Abbildung D-61:	Verbindlichkeitsbewertung nach HGB, IFRS und EStG	563
Abbildung D-62:	Gesamtertragsteuerbe-/entlastungssätze für latenten Steuern	564
Abbildung D-63:	Bewertungswahlrechte und Bewertungsspielräume nach HGB, IFRS und EStG	574
Abbildung D-64:	Synopse der Aktivabewertung nach HGB, IFRS und EStG	586
Abbildung D-65:	Synopse der Passivabewertung nach HGB, IFRS und EStG	592

Kapitel E

Abbildung E-1:	Mindestpositionen der Handelsbilanz (Grobformat)	598
Abbildung E-2:	Bilanzgliederung für Einzelkaufleute	599

Abbildung E-3:	(Mindest-)Bilanzgliederung der Kleinstkapitalgesellschaft (Kleinstformat)	600
Abbildung E-4:	HGB-Gliederungsschemata für die Aktivseite von Kapitalgesellschaften	602
Abbildung E-5:	HGB-Gliederungsschemata für die Passivseite von Kapitalgesellschaften	603
Abbildung E-6:	Zusätzliche Aktivposten	604
Abbildung E-7:	Zusätzliche Passivposten	604
Abbildung E-8:	Gliederungsschemata für die Handelsbilanz nach HGB	605
Abbildung E-9:	Anlagenspiegel (Anlagengitter)	607
Abbildung E-10:	HGB-Eigenkapitalspiegel	609
Abbildung E-11:	Rücklagenspiegel	609
Abbildung E-12:	Verbindlichkeitenspiegel	610
Abbildung E-13:	Ausweis von Haftungsverhältnissen	612
Abbildung E-14:	HGB-Ausweiswahlrechte innerhalb der Bilanz	614
Abbildung E-15:	HGB-Ausweiswahlrechte zwischen Bilanz und Anhang	614
Abbildung E-16:	Mindestposten nach IFRS	615
Abbildung E-17:	Kriterien für den Ausweis als lang- oder kurzfristige Vermögenswerte und Schulden	616
Abbildung E-18:	Ausweiswahlrechte nach IFRS	617
Abbildung E-19:	Mustergliederung einer IFRS-Bilanz	619
Abbildung E-20:	Mindestbestandteile einer Sachanlagenüberleitungsrechnung nach IAS 16.73e	619
Abbildung E-21:	Beispiel einer Eigenkapitalveränderungsrechnung nach IFRS	621
Abbildung E-22:	Taxonomien	624
Abbildung E-23:	Rückstellungen in der Kerntaxonomie 6.1 – handelsrechtliche Sicht – Kapitalgesellschaften	627
Abbildung E-24:	Aktiva in der IFRS-Taxonomie für full-IFRS-Anwender	628
Abbildung E-25:	Zusatzinformationen für Kreditwürdigkeitsprüfungen in der Kern-Taxonomie 6.1	629
Abbildung E-26:	Beispiel „Sachanlagen" aus der XBRL-HGB-Kerntaxonomie (fiskal)	632
Abbildung E-27:	Synopse der Gemeinsamkeiten und Unterschiede der Bilanzausweise nach HGB und IFRS	633

Kapitel F

Abbildung F-1:	Begriffsunterschiede bei Veränderungen von Bilanzen nach HGB, EStG und IFRS	636
Abbildung F-2:	Änderung von Bilanzen nach HGB	645
Abbildung F-3:	Änderungen und Fehlerberichtigungen von Bilanzen nach IFRS	648
Abbildung F-4:	Steuerliche Rückwärtsberichtigung von Bilanzen	651
Abbildung F-5:	Steuerliche Bilanzänderung und Bilanzberichtigung	652

Abkürzungsverzeichnis

a.	auch
a.A.	anderer Auffassung/Ansicht
a.a.O.	am angegebenen Ort
a.E.	am Ende
a.F.	alte Fassung
Abb.	Abbildung
ABl. EG	Amtsblatt der Europäischen Gemeinschaften (www.eur-lex.europa.eu)
aBS	ausländische Betriebsstätte
Abs.	Absatz
Abschn.	Abschnitt
Abschr.	Abschreibung
Abt.	Abteilung
abw. Wj.	(vom Kalenderjahr) abweichendes Wirtschaftsjahr
abzgl.	abzüglich
AC	Advisory Committee, Agenda Committee
ADHGB	Allgemeines Deutsches Handelsgesetzbuch
ADS	Adler-Düring-Schmaltz, (Kommentar) s. Schrifttum
AfA	Absetzung(en) für Abnutzung
AfaA	Absetzungen für außergewöhnliche Abnutzung
AfaS	Absetzung für außergewöhnliche Substanzverringerung
AfS	Absetzung für Substanzverringerung
AFS-Werte	available for sale financial assets (financial instruments)
AG	Aktiengesellschaft, auch: Die Aktiengesellschaft (Zeitschrift); auch: application guidances
AGBFv-FWB	Allgemeine Geschäftsbedingungen der Deutsche Börse AG für den Freiverkehr an der Frankfurter Wertpapierbörse (http://deutsche-boerse.com)
AHK	Anschaffungs- oder Herstellungskosten
AIC	Accounting Interpretations Committee
AICPA	American Institute of Certified Public Accountants
AK	Anschaffungskosten
AktG	Aktiengesetz
allg.	allgemein
Anm.	Anmerkung(en)
AO	Abgabenordnung
AOA	Authorized OECD Approach
AO-BS	Betriebsstätte nach der Abgabenordnung
AR	Aufsichtsrat
ARC	Accounting Regulary Committee
Art.	Artikel
ASCG	Accounting Standards Committee of Germany (international für DRSC)
ASrG	Außensteuergesetz
Aufl.	Auflage
AV	Anlagevermögen

Abkürzungsverzeichnis

BA	Betriebsausgaben
BaFin	Bundesanstalt für Finanzdienstleistungsaufsicht (www.bafin.de)
BAnz.	Bundesanzeiger (www.bundesanzeiger.de)
BB	Betriebs-Berater (Zeitschrift)
BC	Basis of Conclusion (IFRS)
BCBS	Basel Committee on Banking Supervision
Bd.	Band
BdF	Bundesminister der Finanzen (www.bmf.de)
BdJV	Bundesminister der Justiz (www.bmjv.de)
BE	Betriebseinnahmen
BeBiKo	Beck'scher Bilanz-Kommentar, s. Schrifttum
Beck Bil-Komm.	Beck'scher Bilanz-Kommentar, s. Schrifttum
Begr	Begründung
Bek.	Bekanntmachung
bes.	besonders
Beschl.	Beschluss
BetrVerfG	Betriebsverfassungsgesetz
BewG	Bewertungsgesetz
BfC	Basis for Conclusion
BFH	Bundesfinanzhof
BFH/NV	Sammlung amtlich nicht veröffentlichter Entscheidungen des Bundesfinanzhofs
BFHE	Sammlung der Entscheidungen des Bundesfinanzhofs
BfJ	Bundesamt für Justiz (www.bundesjustizamt.de)
BGB	Bürgerliches Gesetzbuch
BGBl	Bundesgesetzblatt
BGH	Bundesgerichtshof
BGHSt	Entscheidungen des Bundesgerichtshofs in Strafsachen
BGHZ	Entscheidungen des Bundesgerichtshofs in Zivilsachen
BHdR	Beck'sches Handbuch der Rechnungslegung, s. Schrifttum
bhG	beschränkt haftender Gesellschafter
BHO	Bundeshaushaltsordnung
Bil-$\sum$	Bilanzsumme
BilKoG	Bilanzkontrollgesetz (2004)
BilKomm	Bilanzkommentar, s. Schrifttum
BilMoG	Bilanzrechtsmodernisierungsgesetz (2009)
BilReG	Bilanzrechtsreformgesetz (2004)
BilRUG	Bilanzrichtlinienumsetzungsgesetz (2015)
BiRiLiG	Bilanzrichtlinien-Gesetz (1985)
BMF	Bundesministerium für Finanzen (www.bmf.de)
BMG	Bemessungsgrundlage
BMJV	Bundesministerium der Justiz und für Verbraucherschutz (www.bmjv.de)
BoHdR	Bonner Handbuch der Rechnungslegung, s. Schrifttum
BöAufs	Börsenaufsicht (www.boersenaufsicht.de)
BörsG	Börsengesetz
BörsZulV	Börsenzulassungs-Verordnung
BR	Bundesrat
BR-Drucks.	Bundesrats-Drucksache
BS	Betriebsstätte, auch: Bilanzsumme

BsGaV	Betriebsstättengewinnaufteilungsverordnung
bspw.	beispielsweise
BStBK	Bundessteuerberaterkammer
BStBl	Bundessteuerblatt
BT	Bundestag
BT-Drucks.	Bundestags-Drucksache
Buchst.	Buchstabe
BV	Betriebsvermögen
BVerfG	Bundesverfassungsgericht
BVerfGE	Entscheidungen des Bundesverfassungsgerichts
BW	Buchwert
bzgl.	bezüglich
bzw.	beziehungsweise
ca.	circa
CD	Commercial Director
CGU	Cash Generating Unit
CPM	Cost Plus Method
CTA	Contractual-trust-agreement
CUP	Comparable Uncontrolled Price Method
d.h.	das heißt
d.s.	das sind
DAFV-Werte	Designated At Fair Value (financial instruments)
DAX	Deutscher Aktienindex
DB	Der Betrieb (Zeitschrift)
DBA	Doppelbesteuerungsabkommen
DBA-BS	Betriebsstätte im Sinne des DBA
DBAG	Deutsche Börse AG
DBL	Defined Benefit Liability
DBO	Defined Benefit Obligation
DCF	Discounted Cash Flow
DCGK	Deutscher Corporate Governance – Kodex (www.corporate-governance-code.de)
ders.	derselbe
dgl.	dergleichen
DIHT	Deutscher Industrie- und Handelstag
Diss.	Dissertation
DM/DEM	Deutsche Mark
DMBG	D-Markbilanzgesetz (1949)
DMBilG	D-Markbilanzgesetz (1990)
DM-EB	DM-Eröffnungsbilanz
DO	Dissenting Opinion
DPR	Deutsche Prüfstelle für Rechnungslegung (www.frep.de)
DRS	Deutscher Rechnungslegungs Standards
DRSC	Deutsches Rechnungslegungs Standards Commitee (www.drsc.de)
DSR	Deutscher Standardisierungsrat
DStR, DStRE	Deutsches Steuerrecht (Zeitschrift) mit Entscheidungsdienst (E)
DVFA	Deutsche Vereinigung für Finanzanalyse und Anlageberatung e.V.

e.K.	eingetragener Kaufmann
e.V.	eingetragener Verein
EAAF	European Accounting Advisory Forum
EASDAQ	European Association of Securities Dealers Automated Quotation
EBITDA	Earnings Before Interests, Taxes, Depreciation and Amortisation
ED	Exposure Draft
E-DRS	Entwurf eines Deutschen Rechnungslegungs Standards
EDV	Elektronische Datenverarbeitung
EESt	Steuern vom Einkommen und Ertrag
EF	Einführung
EFG	Entscheidungen der Finanzgerichte
EFRAG	European Financial Reporting Advisory Group (www.efrag.org)
EFRAG-TEG	Technical Expert Group der EFRAG
eG	eingetragene Genossenschaft
EG	Europäische Gemeinschaft(en)
EGHGB	Einführungsgesetz zum Handelsgesetzbuch
EG-RL	Richtlinie der Europäischen Gemeinschaft
EHUG	Gesetz über elektronische Handelsregister und Genossenschaftsregister sowie das Unternehmensregister (2007)
EigVO, EigBVO	Eigenbetriebsverordnung
einschl.	einschließlich
EK	Eigenkapital
Ekfm.	Einzelkaufmann
EKomm	Europäische Kommission (www.ec.europa.eu)
entspr.	entsprechend (-e, -er, -es)
EParl	Europäisches Parlament (www.europarl.de)
ERat	Rat der Europäischen Union (www.consilium.europa.eu)
ErbSt	Erbschaftsteuer
ErgBil	Ergänzungsbilanz
ESt	Einkommensteuer
EStDV	Einkommensteuer-Durchführungsverordnung
EStG	Einkommensteuergesetz
EStH	Einkommensteuer-Hinweise/-Handbuch
EStR	Einkommensteuerrichtlinien
etc.	et cetera
EU	Europäische Union (www.europa.eu)
EuGH	Europäischer Gerichtshof
EU-Komm.	Europäische Kommission
EU-MR	EU-Ministerrat
EÜR	Einnahmenüberschussrechnung
EU-RL	Richtlinie(n) der Europäischen Union
evtl.	eventuell
EWG	Europäische Wirtschaftsgemeinschaft
EWIV	Europäische Wirtschaftliche Interessenvereinigung
EWIV-AG	EWIV-Ausführungsgesetz
EWR	Europäischer Wirtschaftsraum
F&E	Forschung und Entwicklung
F	Framework (Rahmenkonzept des IASC; Stand 2010)
f.	folgende

FA	Finanzamt
FASB	Financial Accounting Standards Board (www.fasb.org)
ff.	folgende (Seiten, Jahre, Paragrafen)
FG	Finanzgericht
FG/IDW	Fachgutachten des Instituts der Wirtschaftsprüfer in Deutschland e.V.
Fifo	First in – first out
FinDAG	Finanzdienstleistungsaufsichtsgesetz
FinMin	Finanzministerium
FinVerw.	Finanzverwaltung
FK	Fremdkapital
FN	Fachnachrichten des Instituts der Wirtschaftsprüfer in Deutschland e.V.
Fn.	Fußnote
FREP	Financial Reporting Enforcement Panel (international für DPR)
FRRP	Financial Reporting Review Panel
FVO-Werte	Fair Value Option (financial instruments)
FVP	Fremdvergleichspreis
FWB	Frankfurter Wertpapierbörse
G'ter	Gesellschafter
GAAP	Generally Accepted Accounting Principles
GASB	German Accounting Standartds Board (international für DSR)
GASC	German Accounting Standards Committee (international für DRSC)
GCD	Global Common Document
GEFIU	Gesellschaft für Finanzwirtschaft in der Unternehmensführung e.V.
gem.	gemäß
Gen.	Genossenschaft
GenG	Genossenschaftsgesetz
Ges.	Gesetz
GewESt	Gewerbeertragsteuer
GewStG	Gewerbesteuergesetz
GFAM	Global Formulary Apportionment Method
GG	Grundgesetz
ggf.	gegebenenfalls
Gj.	Geschäftsjahr
GK	Gesamtkapital
gl.A.	gleicher Auffassung/Ansicht
GLZ	Grundleasingzeit
GmbH	Gesellschaft mit beschränkter Haftung
GmbHG	Gesetz betreffend die Gesellschaft mit beschränkter Haftung
GO	Gemeindeordnung
GoB	Grundsätze ordnungsmäßiger Buchführung
GoBD	Grundsätze zur ordnungmäßigen Führung und Aufbewahrung von Büchern, Aufzeichnungen und Unterlagen in elektronischer Form sowie zum Datenzugriff
grds.	grundsätzlich
GrESt	Grunderwerbsteuer
GRI	Global Reporting Initiative
GrS	Großer Senat
GrSt	Grundsteuer
GruBo	Grund und Boden

GuV-R.	Gewinn- und Verlustrechnung
GV	Gesellschafter-/Generalversammlung
GWG	geringwertige Wirtschaftsgüter
H	Hinweise zu den EStR, auch: Haben, auch: Heft
h.M.	herrschende Meinung
HAÜ	Hauptabschlussübersicht
HB/Hbil.	Handelsbilanz
HdB	Handbuch der Bilanzierung, s Schrifttum
HdJ	Handbuch des Jahresabschlusses in Einzeldarstellungen, s. Schrifttum
HdR	Handbuch der Rechnungslegung, s. Schrifttum
HFA des IDW	Hauptfachausschuss des Instituts der Wirtschaftsprüfer
HFT-Werte	Financial Assets Held for Trading (financial instruments)
HGB	Handelsgesetzbuch
HHR	Herrmann/Heuer/Raupach (Kommentar) s. Schrifttum
Hifo	Highest in – first out
HK	Herstellungskosten
HReg	Handelsregister
hrsg. v.	herausgegeben von
Hrsg.	Herausgeber
Hs.	Halbsatz
HTM-Werte	Held-To-Maturity Investments (financial instruments)
HV	Hauptversammlung
i.A.	im Allgemeinen
i.d.F.d.	in der Fassung des
i.d.R.	in der Regel
i.e.	id est (das heißt)
i.e.S.	im engeren Sinne
i.S.	im Sinne
i.S.d.	im Sinne der, des
i.S.v.	im Sinne von
i.V.m.	in Verbindung mit
i.w.S.	im weiteren Sinne
IAPC	International Auditing Practice Committee
IAS	International Accounting Standards
IASB	International Accounting Standards Board (www.iasb.org)
IASC	International Accounting Standards Committee
IASCF	International Accounting Standards Committee Foundation
IAS-VO	IAS-Verordnung (VO EG Nr. 1606/2002 vom 19.7.2002)
IDW	Institut der Wirtschaftsprüfer in Deutschland e.V. (www.idw.de)
IDW AcS	IDW Accounting Standard (international für IDW-RS)
IDW ERS	IDW-Entwurf eines Rechnungslegungsstandards
IDW PH	IDW-Prüfungshinweis
IDW PS	IDW-Prüfungsstandard
IDW RH	IDW-Rechnungslegungshinweis
IDW RS	IDW-Rechnungslegungsstandard
IDW S	IDW-Standard
IE	Illustrating Examples
IFAC	International Federation of Accountants (www.ifac.org)

IFRIC	International Financial Reporting Interpretations Committee
IFRS	International Financial Reporting Standards
IHK	Industrie- und Handelskammer
IIRC	International Integrated Reporting Council
IMF	International Monetary Fund
IN	Introduction
incl.	inklusive
InsO	Insolvenzordnung
insb., insbes.	insbesondere
InvZulG	Investitionszulagengesetz
IOSCO	International Organization of Securities and Exchange Commissions
IPO	Initial Public Offer (Börseneinführung)
ISA	International Standards on Auditing
JA	Jahresabschluss
Jb.	Jahrbuch
JFB	Jahresfehlbetrag
JÜ	Jahresüberschuss
KA	Konzernabschluss
Kap.	Kapitel
KapAEG	Kapitalaufnahmeerleichterungsgesetz (1998)
KapCo (-Ges.)	Kapitalgesellschaft & Co (atypische Personengesellschaft)
KapCoRiLiG	Kapitalgesellschaften- und Co-Richtlinie-Gesetzes (2000)
KapErhG	Kapitalerhöhungsgesetz
KapGes	Kapitalgesellschaft
KapGes & Co	Kapitalgesellschaft & Co (atypische Personengesellschaft)
KB	Konzernbilanz
KESt	Kapitalertragsteuer
kfr.	kurzfristig
KG	Kommanditgesellschaft
KGaA	Kommanditgesellschaft auf Aktien
KHBV	Krankenhaus-Buchführungsverordnung
Kirchhof/Söhn	Einkommensteuergesetz, Kommentar, s. Schrifttum
KiSt	Kirchensteuer
Kj.	Kalenderjahr
KMU	kleine und mittlere Unternehmen
Kompl	Komplementär
KonTraG	Gesetz zur Kontrolle und Transparenz im Unternehmensbereich (1998)
KoR	Zeitschrift für internationale und kapitalmarktorientierte Rechnungslegung
KP	Kaufpreis
KSt	Körperschaftsteuer
KStG	Körperschaftsteuergesetz
KStR	Körperschaftsteuer-Richtlinien
KWG	Kreditwesengesetz
l.S.	letzter Satz
LAR-Werte	Loans And Receivables originated by the enterprise (financial instruments)
lfd.	laufend
Lfg.	Lieferung

LG	Landgericht; auch: Leasinggeber
LHO	Landeshaushaltsordnung
Lifo	Last in – first out
LN	Leasingnehmer
L-Objekt	Leasingobjekt
Losebl.	Loseblattsammlung
lt.	laut
m.a.W.	mit anderen Worten
m.w.N.	mit weiteren Nachweisen
max.	maximal
ME	Mengeneinheit
MGP	Maßgeblichkeitsprinzip
mind.	mindestens
Mio.	Million(en)
MitbestG	Mitbestimmungsgesetz
MontanMitbestG	Montan-Mitbestimmungsgesetz
MU	Mutterunternehmen
MwSt	Mehrwertsteuer
n	Jahre der Nutzung oder Laufzeit
n.F.	neue Fassung
n.v.	nicht veröffentlicht
NASDAQ	National Association of Securities Dealers Automated Quotations
nBV	notwendiges Betriebsvermögen
ND	Nutzungsdauer
NKF	Neues kommunales Finanzmanagement
nPV	notwendiges Privatvermögen
Nr.	Nummer
NVP	Netto-Verkaufserlös (net selling price)
NW	Nutzwert
NYSE	New York Stock Exchange
o.ä.	oder ähnlich
o.g.	oben genannt(e)
OECD-MA	OECD-Musterabkommen
OHG	offene Handelsgesellschaft
OLG	Oberlandesgericht
OWiG	Gesetz über Ordnungswidrigkeiten
p.a.	per annum (jährlich)
PaPkG	Preisangaben- und Preisklausel-Gesetz
pass.	passivisch, passiv
PBV	Pflege-Buchführungsverordnung
PF	Personalfunktion
PHG	Personenhandelsgesellschaft
phG	persönlich haftender Gesellschafter
POC	Percentage Of Completion
Pos.	Posten, auch Position
PSM	Profit Split Method

PublizitätsG, PublG	Publizitätsgesetz
PUC(M)	Protected Unit Credit (Method)
PV	Privatvermögen
QuFB	Quartalsfinanzbericht
R	Richtlinie (EStR)
RAP	Rechnungsabgrenzungsposten
RBW	Restbuchwert
RechKredV	Verordnung über die Rechnungslegung der Kreditinstitute
rev.	revidiert, auch: revised
RFH	Reichsfinanzhof
RG	Reichsgericht
RGAUF	Rohgewinnaufschlag
RGBl.	Reichsgesetzblatt
RGSt	Reichsgericht, Entscheidungen in Strafsachen
RGZ	Reichsgericht, Entscheidungen in Zivilsachen
RHB	Roh-, Hilfs- und Betriebsstoffe
RIC	Rechnungslegungs Interpretations Committee (= AIC)
RL	Richtlinie
Rn.	Randnummer(n)
ROHG	Reichsoberhandelsgericht
RPM	Resale Price Method
Rspr.	Rechtsprechung
RStBl	Reichssteuerblatt
RückAbzinsV	Rückstellungsabzinsungsverordnung (2009)
Rz.	Randziffer
S.	Seite, auch: Satz, Soll
s.	siehe
s.a.	siehe auch
s.o.	siehe oben
Sa.	Summe
SABI	Sonderausschusses Bilanzrichtlinien-Gesetz des IDW
SAC	Standards Advisory Council
SARG	Standard Advice Review Group
SBV	Sonderbetriebsvermögen
SCE	Societas Cooperativa Europaea (Europäische Genossenschaft)
Schmidt, L.	Schmidt, Ludwig, Einkommensteuergesetz, Kommentar, s Schrifttum
Schr.	Schreiben
SDAX	Small Cap-DAX
SE	Societas Europaea (Europäischen Gesellschaft)
SEC	Securities and Exchange Commission (www.sec.gov)
SEC-REG	Regulation der SEC
SEEG	Gesetz zur Einführung der Europäischen Gesellschaft
Sen.	Senat
SEStEG	Gesetz über steuerliche Begleitmaßnahmen zur Einführung der Europäischen Gesellschaft und zur Änderung weiterer steuerrechtlicher Vorschriften (2006)
SFAC	Statement of Financial Accounting Concepts

SFAS	Statement of Financial Accounting Standards
SIC	Standing Interpretion Comittee
SME	Small and Medium-sized Enterprises
SoBil	Sonderbilanz
sog.	sogenannte
sonst.	sonstige(-s)
Sp.	Spalte
SPE	Societas Privata Europaea, Europäische Privatgesellschaft
st. Rspr.	ständige Rechtsprechung
St.	Stellungnahme
St/HFA	Stellungnahme des Hauptfachausschusses des IDW
StÄndG	Steueränderungsgesetz
StAnw	Staatsanwaltschaft
StB, StBil	Steuerbilanz
StBereinG	Steuerbereinigungsgesetz (1999)
StbJb.	Steuerberater-Jahrbuch
StEK	Steuererlasse in Karteiform
StEntlG	Steuerentlastungsgesetz (1999/2000/2002)
StGB	Strafgesetzbuch
StH	Stammhaus
Stpfl.	Steuerpflichtige(r)
str.	streitig
StSenkG	Steuersenkungsgesetz (2000)
StuB	Steuern und Bilanzen (Zeitschrift)
TD	Technical Director
TE	Teileinheit(en)
TecDAX	Technologie-DAX
TEG	Technical Expert Group
TNMM	Transactional Net Margin Method
TSD	Tausend
TU	Tochterunternehmen
TUG	Transparenzrichtlinie-Umsetzungsgesetz (2007)
TW	Teilwert
TWA	Teilwertabschreibung
Tz.	Textziffer(n)
u.ä.	und ähnliches
u.a.	unter anderem, auch: und andere(s)
u.U.	unter Umständen
u.v.m.	und vieles mehr
UE	unfertige Erzeugnisse
UEC	Union Européenne des Experts Comptables Economiques et Financiers
UmwG	Umwandlungsgesetz
UmwStG	Umwandlungssteuergesetz
Urt.	Urteil
US-GAAP	United States Generally Accepted Accounting Principles
USt	Umsatzsteuer
UStG	Umsatzsteuergesetz

usw.	und so weiter
UV	Umlaufvermögen
v.	von, vom
v.H.	vom Hundert
VAG	Versicherungsaufsichtsgesetz
VFE-Lage	Vermögens-, Finanz- und Ertragslage
vgl.	vergleiche
vhG	vollhaftender Gesellschafter
vMG	verlängerte Maßgeblichkeit
VV	Vorratsvermögen
VVaG	Versicherungsverein auf Gegenseitigkeit
VWG BaGa	Verwaltungsgrundsätze Betriebsstättengewinnaufteilung
VZ	Veranlagungszeitraum
WACC	Weighted Average Cost of Capital
WährungsG	Währungsgesetz
WBk	Weltbank
WG	Wirtschaftsgut
Wiss.	Wissenschaftler
Wj.	Wirtschaftsjahr
WP	Wirtschaftsprüfer
WPg	Die Wirtschaftsprüfung (Zeitschrift)
WPH	Wirtschaftsprüfer-Handbuch, s Schrifttum
WpHG	Wertpapierhandelsgesetz
WPK	Wirtschaftsprüferkammer
WpPG	Wertpapierprospektgesetz
WpÜG	Wertpapiererwerbs- und Übernahmegesetz (2001)
www.	World Wide Web
XBRL™	eXtensible Business Reporting Language
XML	Extensible Markup Language
z.B.	zum Beispiel
z.T.	zum Teil
z.Z.	zur Zeit
Ziff.	Ziffer
ZM	Zwischenmitteilung
ZPO	Zivilprozessordnung
zzgl.	zuzüglich

A. Grundlagen der Bilanzierung

I. Bilanz und Bilanzierung – Begriffe und Abgrenzungen

Etymologisch lässt sich das Wort „Bilanz" aus der lateinischen Wortverbindung von „bis" (zweifach, zweimal, doppelt) und „lanx" (Waagschale, Schüssel) bzw. aus dem späteren italienischen Wort „bilancia" (Waage, Gleichgewicht) ableiten. Gelegentlich erfolgt die sprachliche Ableitung auch aus den altfranzösischen Wortstämmen „bil" (Rechnung) und „an" (Jahr). Mehr als das formale Merkmal einer sich im Gleichgewicht befindlichen (zahlenmäßig gleichen) zweiseitigen Gegenüberstellung bzw. der jährlich vorzunehmenden Abrechnung lässt sich aus der allgemeinsprachlichen Herkunft des Wortes „Bilanz" nicht erkennen. Im allgemeinen Sprachgebrauch wird das Wort „Bilanz" auch im Sinne einer Bestandsübersicht von positiven und negativen Handlungsergebnissen verwendet.

Der *gesetzliche Wortlaut* des §242 Abs. 1 HGB umschreibt die *„Bilanz"* eines Kaufmanns als „einen das Verhältnis seines Vermögens und seiner Schulden darstellenden Abschluss". Er bezieht sich dabei in diesem Zusammenhang nur auf die von Kaufleuten aufzustellende Geschäftseröffnungs- und Jahresabschlussbilanz. Die Kennzeichnung der Gegenüberstellung ist allerdings insoweit unvollständig, als – neben bestimmten Sonderposten – vor allem das Eigenkapital auf der Seite der Schulden noch ausgewiesen werden muss, um beide Seiten des Abschlusses auszugleichen. Bezeichnenderweise heißt das die Differenz von Vermögen und Schulden ausgleichende Eigenkapital in angelsächsischen Bilanzen „equity" (so auch definiert in IASB-F 4.22). Jedenfalls ist es üblich geworden, die auf der linken Bilanzseite erfassten Posten als *„Aktiva"* zu bezeichnen, wohl weil die Vermögensgegenstände im betrieblichen Leistungsprozess „aktiv" eingesetzt werden. Die Posten der rechten Seite heißen *„Passiva"*, wohl weil die Kapitalgeber mehr oder weniger passiv auf die Früchte der Kapitalüberlassung und die fristgemäße Kapitalrückzahlung warten.

Dieses handelsrechtliche Bilanzverständnis prägt auch andere Bilanzen im Rechtssinne, denn es ist *entwicklungsgeschichtlich* letztlich auf die etwa ab dem 16. Jahrhundert unter oberitalienischen Kaufleuten üblichen und in einigen deutschen städtischen Partikularrechten vorgeschriebenen jährlichen Buchabschlüsse zurückzuführen. In dem von *Luca Pacioli* um 1494 beschriebenen System der doppelten kaufmännischen Buchführung, wie sie insbes. die Kaufleute Venedigs praktizierten, kam ein regelmäßiger Abschluss noch nicht vor. Die auf dem Inventar aufbauende Bilanz diente im Wesentlichen der Kontrolle der laufenden Aufzeichnungen im Hauptbuch, der Ermittlung von Reinvermögen anlässlich der Beendigung einer Gesellschaft oder des Gesellschafterwechsels. Die Wirtschaftsergebnisse wurden hingegen mittels Einnahmen-Ausgaben-Überschussrechnung („Erträgnisbilanz") ermittelt. Die Vorstellung, dass sich mit Hilfe einer Bilanz, die aus dem Abschluss der laufenden Buchführung entwickelt ist, auch Gewinn oder Verlust ermitteln lässt, indem man das Reinvermögen am Beginn und Ende der Abrechnungsperiode vergleicht, lässt sich erst im späten 18. Jahrhundert nachweisen (z.B. im allg. preußischen Landrecht). Heute ist die Bilanz als Abschluss der Bestandskonten der Finanzbuchführung ein integrierter Bestandteil der kapitalorientierten kaufmännischen Rechnungslegung. Mit ihr lässt sich gleichermaßen das für das Vermögenstreben wichtige Reinvermögen (Eigenkapital) nachweisen wie auch – durch Bestandsvergleich – das für das Einkommenstreben wichtige Jahresergebnis (Gewinn/Verlust). Die Bilanz ist daher insbes. für das Wohlstandsstreben der Unternehmenseigner ein zentrales Recheninstrument.

In der englischsprachigen Fassung des IAS 1 wurde zwar der Abschlussbestandteil „Bilanz" (bisher: *„balance sheet"*) in *„Statement of Financial Position as at the End of a Period"* umbenannt. Damit soll nach Auffassung des IASB der Zielsetzung dieses Abschlussbestandteils besser Rechnung getragen werden.[1] Die neue Terminologie wird jedoch nicht verpflichtend vorgegeben (IAS 1.10). Die amtliche Übersetzung der EU-übernommenen Neufassung des IAS 1 verwendet weiterhin die traditionelle Bezeichnung „Bilanz".

Von dem zeitlich vorgelagerten *„Inventar"* des Kaufmanns, worunter nach dem Gesetzeswortlaut ein genaues Verzeichnis seiner Grundstücke, seiner Forderungen und Schulden, des Betrags seines baren Geldes sowie seiner sonstigen Vermögensgegenstände mit Einzelwertangaben (vgl. §240 Abs. 1 HGB) zu verstehen ist, unterscheidet sich die „Bilanz" im Rechtssinne im Wesentlichen durch vier Merkmale:

- Erstens zeichnet sich nur die Bilanz, nicht aber das Inventar durch eine *horizontale Gegenüberstellung* von Aktiv- und Passivposten aus. Die Rohvermögens- und Schuldposten werden vielmehr als Ergebnisse der Bestandaufnahme (Inventur) zunächst regelmäßig in detaillierten Verzeichnissen, untereinander (fortlaufend) angeordnet, einzeln erfasst. Die Bilanz weist hingegen formal die Form eines T-Kontos auf.
- Zweitens erfolgt bei der Bilanzierung zur Verbesserung der Übersichtlichkeit eine *summarische Zusammenfassung* inhaltlich gleichartiger Posten in einer bestimmten *Gliederungsform*, während im Inventar die Vermögensteile und Schulden i.d.R. einzeln nach Aufnahmegesichtspunkten erfasst und nachgewiesen werden.
- Drittens enthält die Bilanz, im Gegensatz zu dem ihr zugrunde liegenden Inventar, keine Angaben mehr über die *Mengenkomponenten* und die *Einzelpreise/-werte* sowie über die genauen *Einzelbezeichnungen*.
- Schließlich weist die Bilanz, nicht aber das Inventar einige *Sonderpositionen* aus. Diese dienen entweder der periodengerechten Gewinnermittlung (z.B. Rechnungsabgrenzungsposten), der Verschaffung eines besonderen Einblicks (z.B. ausstehende Einlagen, latente Steuern) oder dem Ausgleich beider Bilanzseiten (z.B. Gewinn/Verlust; nicht durch Eigenkapital gedeckter Fehlbetrag).

Dennoch besteht ein buchhalterischer *Zusammenhang* zwischen Inventar und Bilanz dergestalt, dass der buchmäßige Kontenabschluss der laufenden Buchführung mit dem Ergebnis der Bestandsaufnahme in der sog. *Hauptabschlussübersicht* zusammengeführt wird und aus beiden das Zahlenwerk der Bilanz (und der GuV-Rechnung) entwickelt wird (siehe Abb. A-1).

---

[1] IAS 1.BC16.

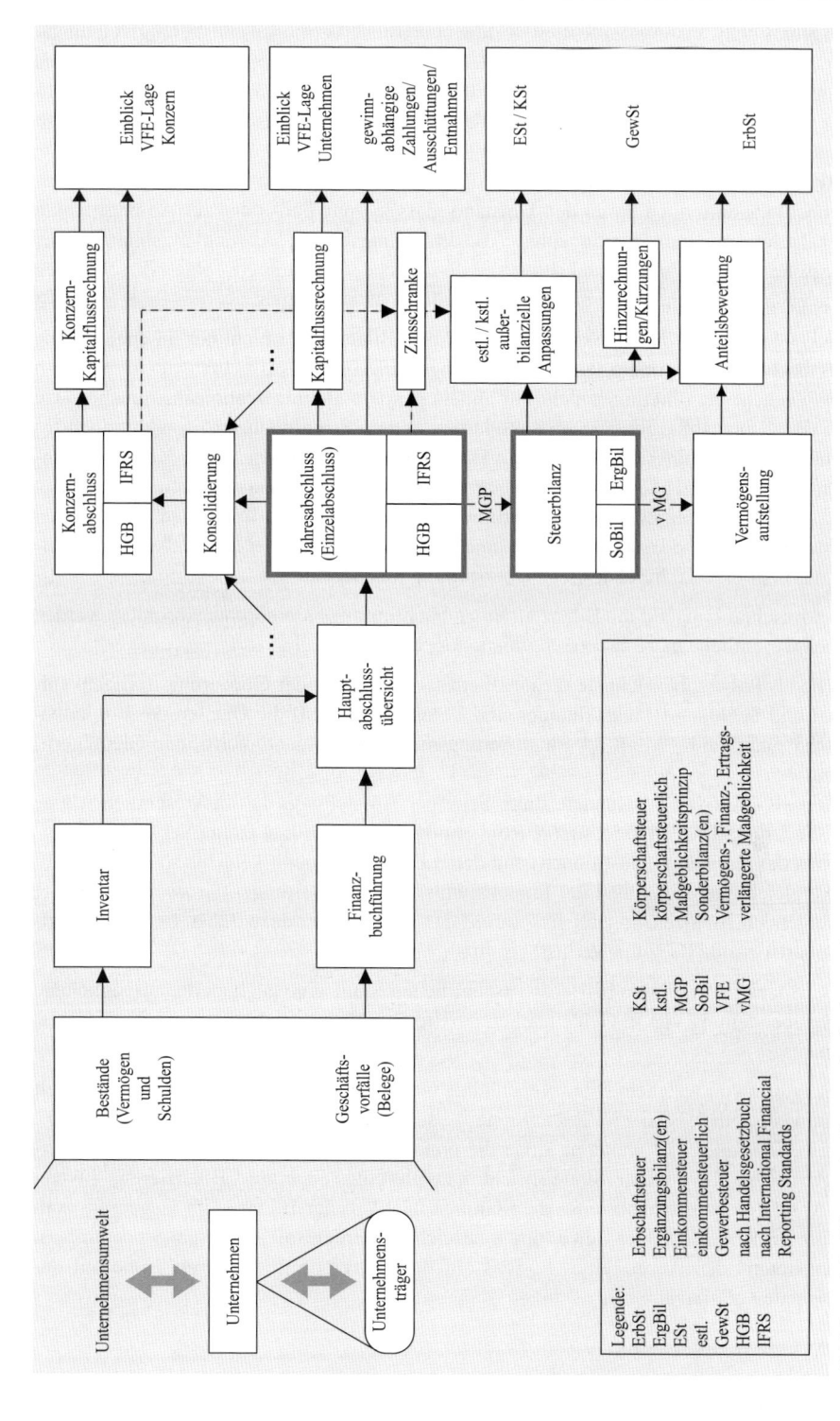

Bilanz und Bilanzierung – Begriffe und Abgrenzungen

Abbildung A-1: Bilanzen im System der Rechnungslegung

Legende:
ErbSt   Erbschaftsteuer
ErgBil Ergänzungsbilanz(en)
ESt   Einkommensteuer
estl.   einkommensteuerlich
GewSt   Gewerbesteuer
HGB   nach Handelsgesetzbuch
IFRS   nach International Financial Reporting Standards
KSt   Körperschaftsteuer
kstl.   körperschaftsteuerlich
MGP   Maßgeblichkeitsprinzip
SoBil   Sonderbilanz(en)
VFE   Vermögens-, Finanz-, Ertragslage
vMG   verlängerte Maßgeblichkeit

3

Vom *Status* (z.B. Insolvenzstatus, bewertungsrechtliche Vermögensaufstellung, Kreditstatus), der insbes. der stichtagsbezogenen Bestandsermittlung dient, unterscheidet sich die Bilanz dadurch, dass ersterer nicht, wohl aber die Bilanz direkt an die laufende Buchführung anknüpft. Laufende *Bilanzen* (als Teil des Jahresabschlusses) sind hingegen nach Vergangenheit und Zukunft mit einem laufenden Rechenwerk, der Finanzbuchführung, verknüpft. *Sonderbilanzen* sind nicht nur durch ihren außergewöhnlichen Anlass zu kennzeichnen, sondern auch durch den Umstand, dass sie nur End- oder nur Anfangspunkte einer laufenden Buchführung sind (z.B. Eröffnungsbilanz, Abwicklungsbilanz). Der praktische Sprachgebrauch und selbst die gesetzliche Terminologie folgen dieser klaren betriebswirtschaftlichen Unterscheidung allerdings nicht stringent.

Im betriebswirtschaftlichen Sinne wird das Wort „Bilanz" aber nicht nur im engen Sinne eines buchhaltungsverknüpften stichtagsbezogenen Abschlusses gebraucht. *Im weiteren Sinne* versteht man hierunter nicht nur anders geartete Dokumentationsinstrumente, wie z.B. „Bewegungsbilanzen", „Segmentbilanzen" oder „Sozialbilanzen", sondern auch Instrumente der Planungsrechnung, wie z.B. die sog. „Planbilanzen" oder „Zukunftsbilanzen nach dem Konzept des ökonomischen Gewinns". Bezieht man schließlich noch die in den zahlreichen betriebswirtschaftlich-theoretischen „Bilanzauffassungen" geäußerten Vorstellungen ein, so lässt sich kein einheitliches Verständnis einer „Bilanz" mehr herstellen, das über eine saldierende Gegenüberstellung hinausgeht.

Unter Beschränkung auf die Bilanz als einen buchführungsverknüpften Abschluss werden jedoch wesentliche *betriebswirtschaftliche Merkmale* deutlich:

- Die als Passiva bezeichnete rechte Bilanzseite zeigt mit der Gliederung in Eigenkapital und Schulden (Rückstellungen und Verbindlichkeiten) die Quellen der Kapitalbeschaffung, die Herkunft der Finanzierungsmittel (von Eigentümer(n) und Gläubigern) auf.
- Die als „Aktiva" bezeichnete linke Seite der Aufstellung, die im Wesentlichen eine Gliederung des Vermögens (sog. Rohvermögen) enthält, lässt einige Verwendungsformen des Kapitals (Investitionen) und deren Bindungsdauer erkennen.
- Vergleicht man den Stand des Eigenkapitals (sog. Reinvermögen) in zwei aufeinander folgenden Bilanzen, so lässt sich daraus das Ergebnis der dazwischen liegenden Wirtschaftsperiode (Gewinn/Verlust) ermitteln.

Diese Bilanz ist in diesem betriebswirtschaftlichen Sinne eine gegliederte, ausgeglichene Gegenüberstellung von in Geldeinheiten beziffertem Vermögen und Kapital eines Unternehmens.

Gleichgültig von welchem Bilanzverständnis man ausgeht – diese Abhandlung behandelt allerdings nur die „Bilanz im Rechtssinne" –, so versteht man doch unter *„Bilanzierung"* oder *„Bilanzieren"* im weiteren Sinne die praktische Tätigkeit der *Erstellung* einer derartigen Bilanz. Im engeren Sinne spricht man allerdings auch von „Bilanzierung", wenn der Ansatz eines Bilanzpostens „dem Grunde nach" in der Bilanz – im Gegensatz zum Ansatz der Höhe nach, der Bewertung – bezeichnet werden soll. In diesem Sinne umfasst „Bilanzieren" den Ansatz eines Postens auf der Aktivseite *(„Aktivieren")* und auf der Passivseite *(„Passivieren")*.

II. Bilanzarten nach Handels- und Steuerrecht sowie IFRS

Das breite Spektrum des oben dargestellten Bilanzverständnisses umfasst eine große Vielfalt von Bilanzarten, die sich unter zahlreichen Kriterien klassifizieren lassen. Beispielsweise können unterschieden werden:

- nach der Rechtsgrundlage (gesetzliche, vertragliche, freiwillige Bilanzen),
- nach der zugrunde liegenden Teilrechtsordnung (handels-, steuer- und wirtschaftsrechtliche, internationale (standardbasierte) Bilanzen)[1],
- nach der Regelmäßigkeit der Aufstellung (ordentliche, periodische, laufende und außerordentliche, aperiodische, gelegentliche Bilanzen),
- nach dem Bilanzierungsanlass (Jahresabschluss-, Gründungs-, Umwandlungs-, Fusions-, Sanierungs-, Auseinandersetzungs-, Liquidationsbilanzen u.a.),
- nach dem Adressatenkreis (interne, externe Bilanzen),
- nach dem vorrangigen Bilanzzweck (Informationsbilanzen, Kapitalerhaltungsbilanzen, Steuerbilanzen),
- nach den einbezogenen Unternehmen (Einzel- und konsolidierte Konzernbilanzen),
- nach dem Wirtschaftszweig der Bilanzierenden (Industrie-, Bank-, Versicherungsbilanzen u.a.) oder
- nach der Abrechnungsperiode (Wochen-, Monats-, Quartals-, Halbjahres-, Zwischenbilanzen und Jahresbilanzen).

Dem Titel dieses Buches entsprechend soll nun der Blick ausschließlich auf die Bilanzarten nach Handels- und Steuerrecht sowie IFRS gerichtet werden.

1. Bilanzarten nach Handelsrecht

Nach hergebrachter Auffassung umfasst das Handelsrecht (i.w.S.) die für Kaufleute geltenden rechtlichen Vorschriften, die im Handelsgesetzbuch (HGB) und in zahlreichen rechtsformspezifischen Nebengesetzen (AktG, GmbHG, GenG, PublizitätsG etc.) kodifiziert sind. Obwohl das Handelsrecht ursprünglich und primär nur die Rechtsbeziehungen unter Kaufleuten zivilrechtlich regeln sollte, ist ein gewisser Bedeutungswandel zur Kodifizierung öffentlich-rechtlicher Verpflichtungen nicht zu verkennen. So werden z.B. die Rechnungslegungsvorschriften für Kapitalgesellschaften heute durchweg als öffentlich-rechtliche Verpflichtungen verstanden, deren Verletzung mit beachtlichen Sanktionen bedroht wird.[2]

Ausgeschlossen bleiben hier die Vorschriften über die Rechnungslegung nach dem Bürgerlichen Gesetzbuch (z.B. die Rechenschaftslegung des Beauftragten gem. §666 BGB, der bürgerlich-rechtlichen Gesellschaft gem. §721 BGB, des Vormunds gem. §1840 BGB, des Testamentsvollstreckers gem. §2218 BGB, stets i.V.m. §259 BGB) und entsprechende wirtschaftsrechtliche Verpflichtungen (z.B. branchenspezifische Rechnungslegungspflichten gegenüber staatlichen Aufsichtsbehörden).

---

1 IFRS-Bilanzen gehören aufgrund besonderer handelsrechtlicher Öffnungsklauseln zu den handelsrechtlichen Bilanzen.
2 Vgl. Kap. A.VI.

Obwohl man die *IFRS-Bilanzen* mit gutem Recht auch als handelsrechtliche Bilanzen bezeichnen könnte, weil sie aufgrund expliziter handelsrechtlicher „Öffnungsklauseln" (§§ 264d HGB, 315e und 325 Abs. 2a HGB) zulässig bzw. geboten sind, werden sie in diesem Buch aus didaktischen Gründen hiervon gesondert behandelt.

Bilanzen nach Handelsrecht werden zu verschiedenen Anlässen erstellt. Nach der Periodizität kann man dabei zwischen laufenden und gelegentlichen Bilanzen unterscheiden: der Gesetzgeber vollzieht dabei die betriebswirtschaftliche Unterscheidung zwischen Bilanz und Status nicht durchgängig. *Laufende* (ordentliche) Bilanzen sind dabei die in regelmäßigen Zeitabständen (Geschäftsjahren, Quartalen, Halbjahren) zu erstellenden Jahres- und Zwischenbilanzen, seien es Einzelbilanzen oder Konzernbilanzen. *Gelegentliche* (außerordentliche) Bilanzen (i.w.S.) werden hingegen nur zu besonderen Anlässen (z.B. Gründung, Spaltung, Verschmelzung, Auseinandersetzung, Liquidation, Insolvenzverfahren etc.) aufgestellt. Abbildung A-2 zeigt die wesentlichsten Bilanzarten nach Handels- und Wirtschaftsrecht.

Die weitere Abhandlung beschränkt sich auf die ordentliche Bilanz als Teil des Jahresabschlusses von einzelnen Unternehmen. Dieser Bilanz kommt praktisch die größte Bedeutung zu, weil sie zum einen jährlich von allen (über 3,5 Millionen) Kaufleuten in der Bundesrepublik Deutschland aufzustellen ist, zum anderen existieren hierfür die umfangreichsten rechtlichen Kodifizierungen, auf die auch bei der Erstellung anderer Bilanzarten zurückgegriffen wird (z.B. ersatzweise Geltung der Vorschriften des Einzelabschlusses für den Konzernabschluss gem. § 298 Abs. 1 HGB).

Die so abgegrenzte „*Handelsbilanz*" als Bestandteil des handelsrechtlichen Jahresabschlusses tritt in unterschiedlichen *Varianten und Stadien* in Erscheinung:

Ihre materielle Grundlage hat die Bilanz im sog. *Probeabschluss*, der aus der Buchführung nach Vornahme der vorbereitenden Abschlussbuchungen und Hauptabschlussbuchungen nach den Gesetzmäßigkeiten der Buchführungstechnik entwickelt wird. Nachdem an der „Probebilanz" Nach- und Umbuchungen sowie bilanzpolitische Gestaltungen vorgenommen wurden, endet der Prozess der Erstellung und der Jahresabschluss (damit auch die Bilanz) tritt ins Stadium eines *aufgestellten Abschlusses*. Dass es sich hierbei um die (einstweilen) endgültige Fassung handelt, mit der sich der Aufstellungspflichtige identifiziert, wird zu Beweiszwecken – zumindest bei Einzelkaufleuten in diesem Stadium – durch Unterschrift dokumentiert (§ 245 HGB), wodurch der Abschluss zum „*unterzeichneten Abschluss*" wird. Sofern der Jahresabschluss freiwillig oder aufgrund gesetzlicher Vorschriften einer Prüfung unterzogen wird, ist der aufgestellte Jahresabschluss dem Prüfungsorgan(en) vorzulegen (Abschlussprüfer, Aufsichtsrat). Nach deren Prüfung und ggf. der Berücksichtigung von Prüfungsfeststellungen tritt der Jahresabschluss in das Stadium eines i.d.R. mit Bestätigungsvermerk versehenen *geprüften Abschlusses*. Der aufgestellte und ggf. geprüfte Abschluss wird vom gesetzlichen oder gesellschaftsvertraglich zuständigen Organ in der vorgelegten und ggf. noch veränderten Form *gebilligt*. Rechtlich wirkt die Billigung konstitutiv als „Feststellung", d.h. die „festgestellte" Bilanz gilt fortan für Gesellschaft und Gesellschafter als verbindlich.[1] Für sie

---

[1] Für Konzernbilanzen ist eine Feststellung gesetzlich nicht vorgesehen, man spricht hier allenfalls von „Billigung".

Bilanzarten nach Handels- und Steuerrecht sowie IFRS

```
                    Bilanzen (i.w.S.)
                    nach Handels- und
                     Wirtschaftsrecht
                           │
        ┌──────────────────┴──────────────────┐
nach    laufende                    gelegentliche (a.o.)
HGB     (ordentliche)               Bilanzen (Sonder-
        Bilanzen                    bilanzen und Status)
nach
IFRS
```

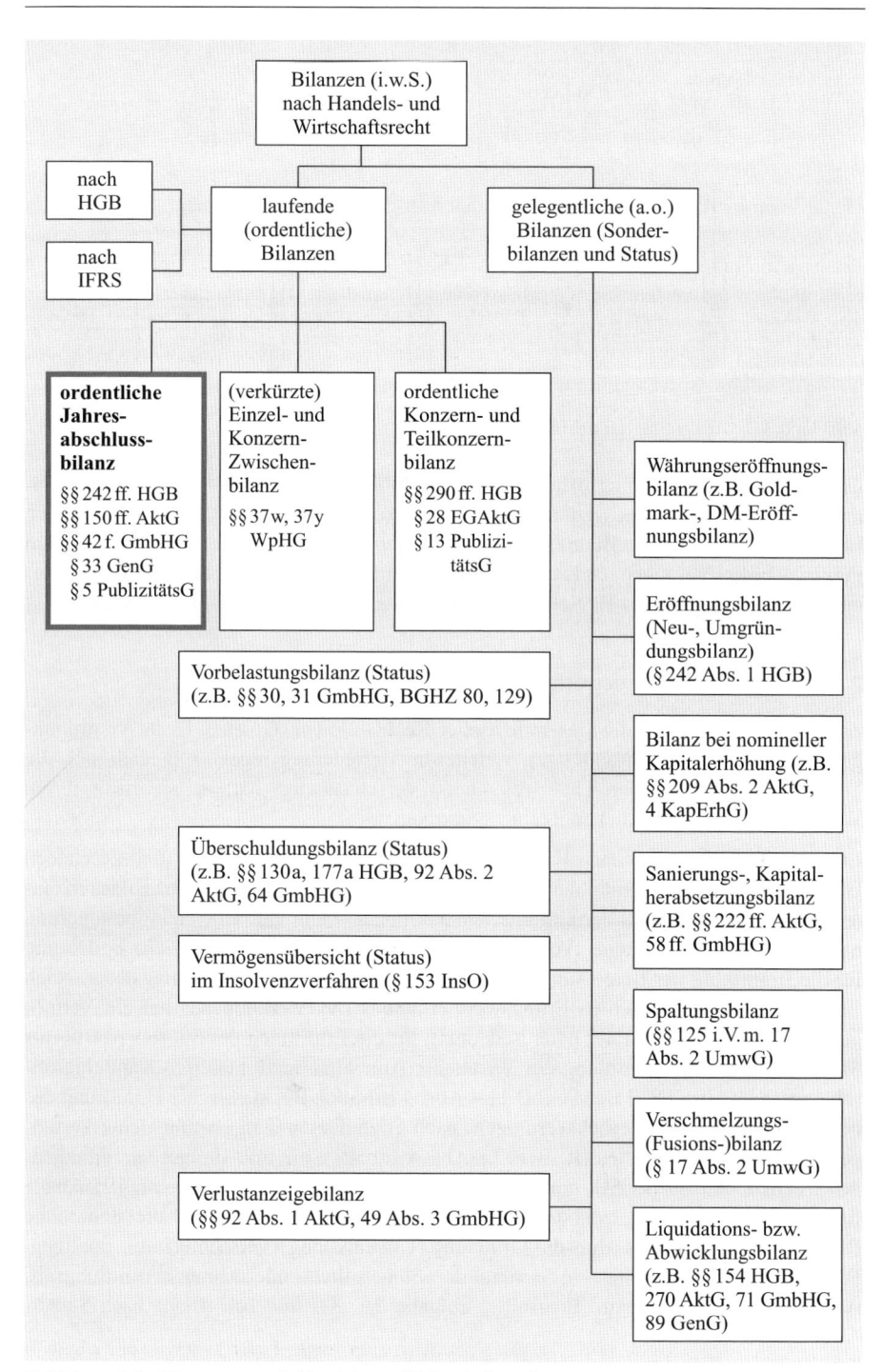

| ordentliche Jahres-abschluss-bilanz §§ 242 ff. HGB §§ 150 ff. AktG §§ 42 f. GmbHG § 33 GenG § 5 PublizitätsG | (verkürzte) Einzel- und Konzern-Zwischen-bilanz §§ 37w, 37y WpHG | ordentliche Konzern- und Teilkonzern-bilanz §§ 290 ff. HGB § 28 EGAktG § 13 Publizi-tätsG |

Währungseröffnungs-bilanz (z.B. Gold-mark-, DM-Eröff-nungsbilanz)

Eröffnungsbilanz (Neu-, Umgrün-dungsbilanz) (§ 242 Abs. 1 HGB)

Vorbelastungsbilanz (Status) (z.B. §§ 30, 31 GmbHG, BGHZ 80, 129)

Bilanz bei nomineller Kapitalerhöhung (z.B. §§ 209 Abs. 2 AktG, 4 KapErhG)

Überschuldungsbilanz (Status) (z.B. §§ 130a, 177a HGB, 92 Abs. 2 AktG, 64 GmbHG)

Sanierungs-, Kapital-herabsetzungsbilanz (z.B. §§ 222 ff. AktG, 58 ff. GmbHG)

Vermögensübersicht (Status) im Insolvenzverfahren (§ 153 InsO)

Spaltungsbilanz (§§ 125 i.V.m. 17 Abs. 2 UmwG)

Verschmelzungs-(Fusions-)bilanz (§ 17 Abs. 2 UmwG)

Verlustanzeigebilanz (§§ 92 Abs. 1 AktG, 49 Abs. 3 GmbHG)

Liquidations- bzw. Abwicklungsbilanz (z.B. §§ 154 HGB, 270 AktG, 71 GmbHG, 89 GenG)

Abbildung A-2: Bilanzarten nach Handels- und Wirtschaftsrecht

Grundlagen der Bilanzierung

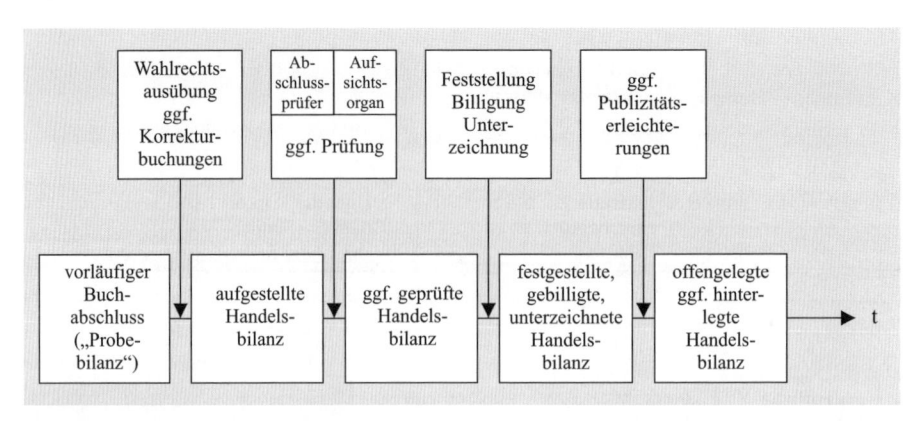

Abbildung A-3: Stadien der Handelsbilanz

übernehmen die Aufstellungspflichtigen bei Gesellschaften die Verantwortung und dokumentieren dies spätestens jetzt durch ihre Unterschrift i.S.d. §245 HGB.[1] Schließlich kann sich die festgestellte Bilanz noch von der *offen gelegten Bilanz* unterscheiden indem Publizitätserleichterungen (z.B. Postenzusammenfassungen, vereinfachte Gliederung) oder statt Offenlegung die Erleichterung der „Hinterlegung" wahrgenommen werden.

2. Bilanzarten nach Steuerrecht

Zum Steuerrecht gehört die Gesamtheit aller Rechtsnormen (Gesetze, Rechtsverordnungen, Satzungen, Rechtsgrundsätze), welche die Besteuerung regeln. Obgleich sich die Teilrechtsordnung „Steuerrecht" weitgehend verselbständigt hat, ist sie nach ihrem Wesensgehalt dem öffentlichen Recht zuzuordnen.

Ebenso wie die Bilanzen nach Handelsrecht lassen sich die im Steuerrecht vorgesehenen Bilanzen nach dem Kriterium der Periodizität in laufende und gelegentliche Bilanzen einteilen. Nach dem Wegfall der periodischen Vermögens- und Gewerbekapitalbesteuerung hat die bewertungsrechtliche „Vermögensaufstellung" nur noch *gelegentliche* Bedeutung für die Ermittlung der Bemessungsgrundlage der Erbschaft- und Schenkungsteuer. Nach Einführung des vereinfachten Ertragswertverfahrens (§§199ff. BewG) hat die Vermögensaufstellung praktisch nur noch Bedeutung für die Ermittlung des Substanzwertes als Mindestwert bei der Ermittlung des Wertes der Anteile an nicht notierten Kapitalgesellschaften (§11 Abs. 2 S. 3 BewG, R B 11.4 Abs. 4 ErbStR). Bei klassischer Ermittlung des bewertungsrechtlichen Betriebsvermögens nach §§95ff. BewG ist ebenfalls eine Vermögensaufstellung aufzustellen (R. B 109.2 Abs. 4 ErbStR), die trotz einiger vereinfachenden Übernahmen aus der Steuerbilanz (sog. verlängerte Maßgeblichkeit gem. §95 Abs. 1 BewG) eher als „Status" zu bezeichnen. Außerordentliche Anlässe für die steuerliche Bilanzierung stellen weiterhin die Gründung, Umwandlung (Verschmelzung, Spaltung, Formwechsel, Einbringung), Änderung der Steuerpflicht oder Gewinnermittlungsart, Abwicklung, Betriebsveräußerung oder -aufgabe dar. Als *laufende* Bilanz nach Steuer-

---

1 H.M., vgl. BGH v. 28.5.1985, BB 1985, S. 567.

recht kommt im Wesentlichen nur die der Gewinnermittlung dienende „Steuerbilanz" in Betracht. Der mit ihr ermittelte Gewinn (oder Verlust) ist – mit Hinzurechnungen und Kürzungen – Bemessungsgrundlage der Einkommen-, Körperschaft- und Gewerbesteuer. Nur geringe Bedeutung hat die sog. „Hinzurechnungsbilanz" für Zwischengesellschaften nach dem Außensteuergesetz.[1]

„Steuerbilanz" im Rechtssinne ist eine „den steuerlichen Vorschriften entsprechende Bilanz" (so § 60 Abs. 2 EStDV) zur Ermittlung des Gewinns durch Betriebsvermögensvergleich. Sie ersetzt die Einreichung einer ggf. mit steuerrechtlichen Korrekturen versehenen Handelsbilanz im Rahmen der Steuererklärungspflichten. Dabei sind die Fälle einer Steuerbilanz nach § 4 Abs. 1 EStG von jenen zu unterscheiden, deren Rechtsgrundlage die Vorschriften der §§ 5 ff. EStG sind. Unterschiede zwischen beiden liegen zwar nur im persönlichen Anwendungsbereich und der ausschließlichen Geltung des Maßgeblichkeitsgrundsatzes für die Steuerbilanz nach § 5 EStG. Da aber nur für letztere eine Gegenüberstellung mit der Handelsbilanz sinnvoll ist, beschränkt sich die weitere Darstellung auf die Steuerbilanz nach § 5 EStG. Dazu gehören bei Personengesellschaften auch die Sonder- und Ergänzungsbilanzen der Gesellschafter.[2] Bei Auslandsbetriebsstätten eines Inländers oder Inlandsbetriebsstätten eines ausländischen Steuerpflichtigen spielen als Hilfs- und Nebenrechnungen auch Quasi-Betriebsstättenbilanzen eine Rolle.[3] Einen zusammenfassenden Überblick der Bilanzarten nach Steuerrecht gibt Abbildung A-4.

Auch hier sind in verschiedenen Stadien des Besteuerungsprozesses unterschiedliche Varianten der für Steuerzwecke verwendeten Bilanzen („Besteuerungsbilanzen"[4]) zu unterscheiden:

„Erklärungsbilanzen" sind die als Datensatz nach § 5b Abs. 1 EStG übermittelten oder – bei Verzicht auf elektronische Übermittlung gem. § 5b Abs. 2 EStG – als Unterlage zur Steuererklärung eingereichten Bilanzen (§ 60 Abs. 1, 2 EStDV). Das sind die *Einheitsbilanz* (Daten bzw. Abschrift der Handelsbilanz, die in vollem Umfang auch den steuerlichen Vorschriften entspricht), die *Handelsbilanz mit Anpassungsrechnung* und die von vornherein den steuerlichen Vorschriften entsprechend aufgestellte *„Steuerbilanz"*, und zwar jeweils erst im Stadium nach der elektronischen Übermittlung bzw. Einreichung beim Finanzamt. Im Regelfall der elektronischen Übermittlung nach § 5b Abs. 1 EStG spricht man auch von einer *„E-Bilanz"*.

Nach einer ersten Prüfung durch das Finanzamt (sog. Amtsprüfung) kann von dem erklärten Gewinn abgewichen werden, indem bestimmte Ansätze oder Werte nicht anerkannt werden. Selbst wenn diese Abweichungen nicht unmittelbar „an" der Erklärungsbilanz vorgenommen werden, sondern in Nebenrechnungen, kann man – zumindest gedanklich – von einer *„Festsetzungsbilanz"* (*„Veranlagungsbilanz"*) sprechen. Das ist die Erklärungsbilanz in der Ausprägung, wie sie der zunächst unter dem Vorbehalt der Nachprüfung stehenden Steuerfestsetzung zugrunde gelegt wird.

---

1 Vgl. § 10 AStG und BMF-Schreiben vom 14. 5. 2004, BStBl 2004 I, S. 3 Tz. 10.3.2 und 10.3.3.
2 Siehe hierzu Kap. A.V.4.ac).
3 Zu Einzelheiten siehe Kap. A.V.4.ae).
4 SCHICK, W.: Steuerverfahrensrechtliche Aspekte der Bilanz, BB 1987, S. 133.

Grundlagen der Bilanzierung

```
                        Bilanzen nach Steuerrecht
                        ┌────────────┴────────────┐
                    laufende                  gelegentliche
                    Bilanzen                    Bilanzen
                        │                          │
                   Steuerbilanz              Gründungssteuerbilanz
                        │                          │
        ┌───────┬───────┼───────────┐         Währungseröffnungs-
   Steuer-   Steuer-   bewertungs-              steuerbilanz
   bilanz    bilanz    rechtliche                (z.B. DM-EB)
    nach     nach      Vermögens-                    │
   § 5 EStG  § 4 Abs. 1 aufstellung          Anfangs- und Schluss-
            EStG       (Status)              bilanz bei Änderung
        │       │           │                der Steuerpflicht oder der
   ┌────┴──┐    │           │                Gewinnermittlung
Sonderbilanz Ergänzungs-  Betriebs-                 │
             bilanz       stättenbilanz     Umwandlungssteuerbilanz
                          als Hilfs-         (Übertragungs- und
 der Personengesellschafter und Neben-       Übernahmebilanz bei
  (Mitunternehmer)         rechnung          Verschmelzung, Spaltung,
                                             Formwechsel etc.)
                                                    │
                                             Abwicklungs-/Ver-
                                             äußerungs-/Aufgabe-
                                             Steuerbilanz
```

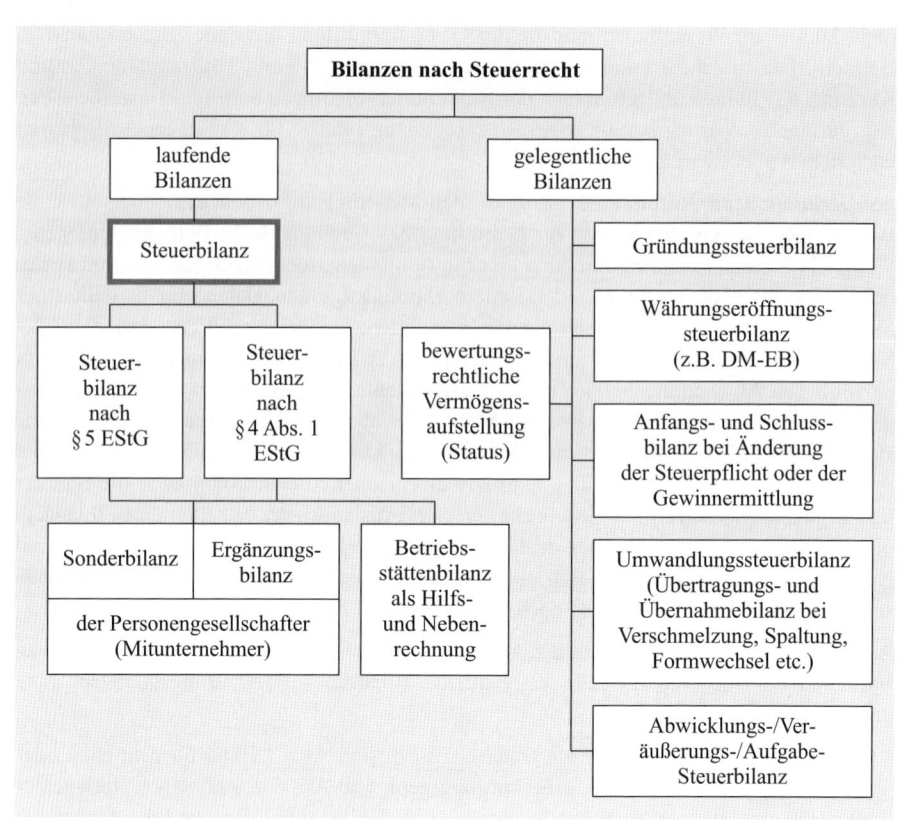

Abbildung A-4: Bilanzarten nach Steuerrecht

Sind die finanzamtlichen Abweichungen nicht zu bestreiten, so hat sie der Bilanzierende in sein Buchführungswerk zu übernehmen. Auch ist denkbar, dass der Bilanzierende seine Erklärungsbilanzen z.B. aufgrund neuer Erkenntnisse selbst berichtigt (§ 153 AO). Die auf dem einen oder anderen Wege berichtigte Bilanz kann man als *„Anpassungsbilanz"* bezeichnen, hier insbes. in der ersten Variante der Anpassung an die Vorbehaltsfestsetzung.

Im Rahmen der *Außenprüfung* werden von Zeit zu Zeit die Erklärungs- und Festsetzungsbilanzen überprüft. Aufgrund seiner Prüfungsfeststellungen erstellt der Außenprüfer sog. *Prüferbilanzen*. Sie sind primär ein Arbeitsmittel des Betriebsprüfers, aber auch sowohl Gegenstand der Schlussbesprechung und des Prüfungsberichtes wie auch Grundlage der daran anschließenden (endgültigen) Steuerfestsetzung. Allerdings kann die Festsetzungsstelle aufgrund eigener Erkenntnisse, zwischenzeitlicher Rechtsprechungs- oder Auffassungsänderungen oder auch gezwungen durch ein Rechtsbehelfsverfahren eine von der Prüferbilanz abweichende *(endgültige) Festsetzungsbilanz* der endgültigen, vorbehaltslosen Festsetzung zugrunde legen.

Die rechts- bzw. bestandskräftigen Festsetzungen hat der Bilanzierende auch in seinen Bilanzen zu berücksichtigen, d.h. sie durch Berichtigungen anzupassen. Hierdurch entsteht die *endgültige Anpassungsbilanz*.

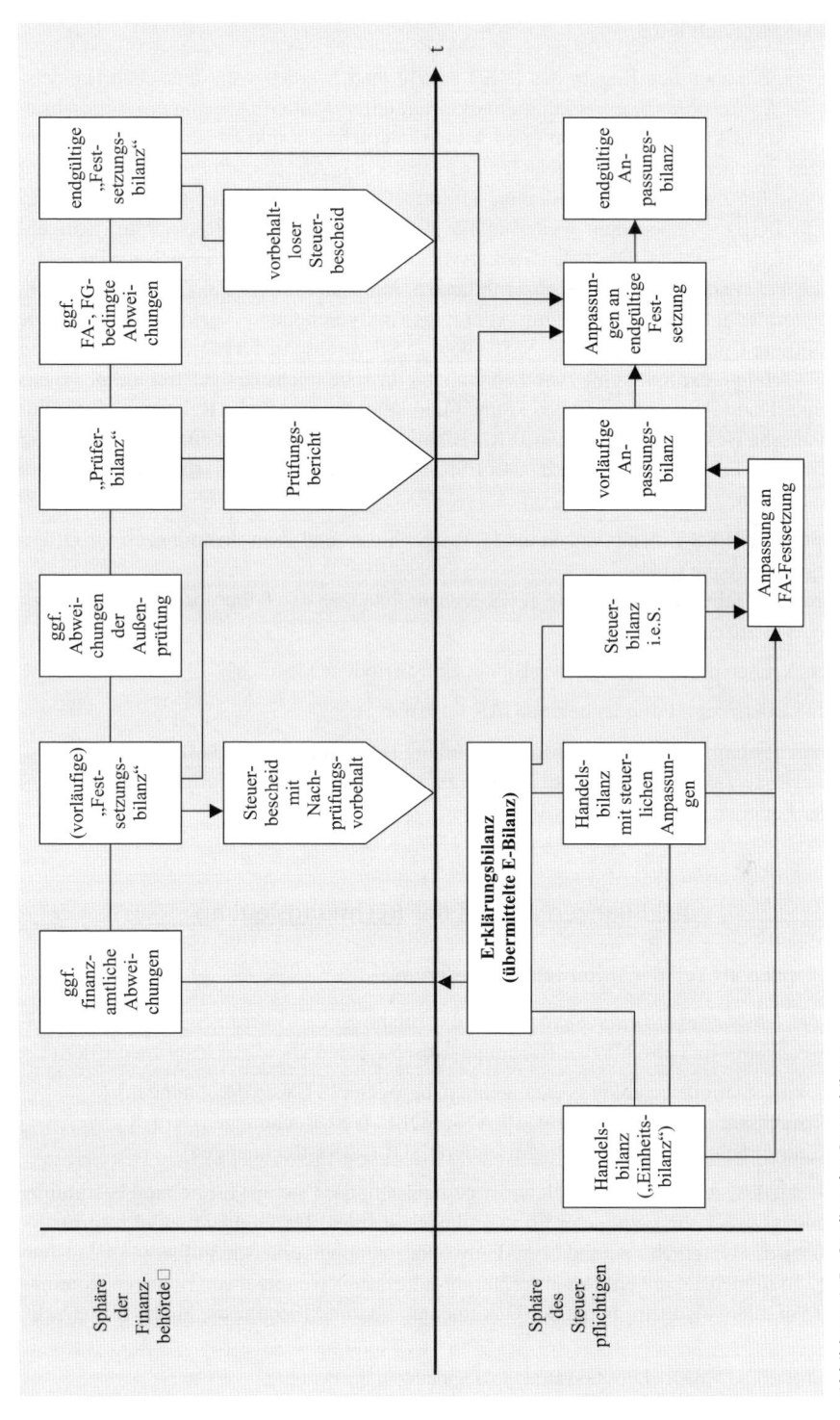

Bilanzarten nach Handels- und Steuerrecht sowie IFRS

Abbildung A-5: Stadien der Steuerbilanz

11

3. Bilanzen nach IFRS

Bilanzen, die nach den Regeln des IASB erstellt sind, werden vom deutschen Handelsrecht als *Konzernbilanzen* bei kapitalmarktorientierten Mutterunternehmen vorgeschrieben, bei nicht kapitalmarktorientierten Mutterunternehmen sind sie die HGB-Konzernbilanzen ersetzend optional zugelassen (§ 315e HGB). Als *Einzelbilanzen* sind sie seit 2006 nur für Zwecke der Offenlegung (Informationsbilanzen) optional zulässig (§ 325 Abs. 2a HGB) – neben dem weiterhin für Ausschüttungen und Besteuerung maßgeblichen HGB-Abschluss. Die Bilanzierungsvorschriften der IFRS *differenzieren im Allgemeinen nicht* nach Einzel- und Konzernbilanzen, Jahresabschluss- und Zwischenbilanzen, Rechtsformen und Börsennotierung. Allerdings sind vereinfachte Vorschriften für kleine und mittlere Unternehmen (KMU, SME) vom IASB verabschiedet *(SME-IFRS)*, aber von der EU erfolgte explizit keine Anerkennung, so dass sie höchstens auf freiwilliger Basis in Deutschland Anwendung finden können und keinerlei rechtliche Relevanz haben. Für die deutsche Besteuerung kommen IFRS-Bilanzen – abgesehen von einer Ausnahme der Exit-Klausel bei der Zinsschranke (§ 4h EStG) – bisher nicht in Betracht. Es sind also zu unterscheiden:

- optionale IFRS-Einzelbilanzen als Jahresabschluss- und Zwischenbilanzen für Offenlegungszwecke sowie
- obligatorische und fakultative IFRS-Konzernbilanzen als Jahresabschluss- und Zwischenbilanzen.

Zudem kennen die IFRS neben der Bilanz zum Periodenende auch

- eine Bilanz zum Periodenbeginn (IAS 1.10f)[1]

wenn in bestimmten Fällen (z.B. Erstanwendung IFRS, retrospektive Methodenänderung, retrospektive Korrektur, Reklassifikation) zusätzliche Vergleichsinformationen vorangehender Perioden offen gelegt werden müssen.

III. Bilanzen als Teil der Rechnungslegung

1. Bilanzen als Teil der Unternehmensrechnung

Aus *betriebswirtschaftlicher Sicht* gehört die Bilanz zu den Instrumenten der *Unternehmensrechnung*. Im betrieblichen Rechnungswesen werden vor allem Instrumente der

- Dokumentationsrechnung (vergangenheitsbezogene IST-Wert-Rechnungen),
- Planungsrechnungen (normative PLAN-, SOLL-Wert-Rechnungen) und
- Kontrollrechnungen (controllingorientierte SOLL-/IST-Rechnungen)

unterschieden. Allen Rechenzweigen ist gemeinsam, dass sie zur Erreichung bestimmter Rechnungszwecke in geordneter Form und nach stabilen Regeln quantitative Informationen über das Unternehmen und seine Umweltbeziehungen erheben, aufbereiten, konzentriert zusammenstellen und an Informationsadressaten weitergeben. Bilanzen kommen dabei vor allem als Instrumente der Dokumentations- und Planungsrechnung in Betracht.

---

1 Statement of Financial Position as at the Beginning of the Period.

HGB-Bilanzen sind dabei eher dokumentations-/rechnungslegungsorientierte, IFRS-Bilanzen eher planungs-/zukunftsorientierte Instrumente.

Die oben beschriebene und in diesem Buch ausschließlich zu erörternde „Bilanz im Rechtssinne" zählt dabei zur sog. *Rechnungslegung*, einem Zweig der Dokumentationsrechnung. Dabei handelt es sich um die rechnungszweckspezifische Abbildung vergangenen Unternehmensgeschehens, vergangener Unternehmenszustände und -beziehungen. Hauptzweck einer derartigen Rechnungslegung ist die rechenschaftliche Dokumentation (objektivierte urkundliche Sicherung) für interne und externe Unternehmensbeteiligte; an diesen Informationszweck ist häufig auch die Regulierung von Finanzinteressen geknüpft (HGB- und EStG-Bilanzen). Da die internationale Rechnungslegung vor allem die Anlegerentscheidungen stützen will tritt dort der Informationszweck in den Vordergrund und damit – wegen der Zukunftsgerichtetheit des Informationsbedarfs – auch der Planungscharakter der Bilanz. Wegen der gleichzeitigen Anforderungen an Objektivierbarkeit bewegen sich IFRS-Bilanzen in der Schnittmenge zwischen Dokumentations- und Planungsrechnung.

Rechnungslegungsinstrumente können nach dem Zeitbezug in Zeitpunkt- und Zeitraumrechnungen unterschieden werden. Daneben können sog. *„Berichte"* (z.B. Anhänge, Lage-, Segment-, Zahlungsberichte) das Zahlenwerk der „Rechnungen" verbal erläutern oder ergänzen sowie die Darstellung nichtquantifizierbarer Verhältnisse übernehmen. Die Einordnung der „Bilanz im Rechtssinne" in ein derartiges System zeigt Abbildung A-6.

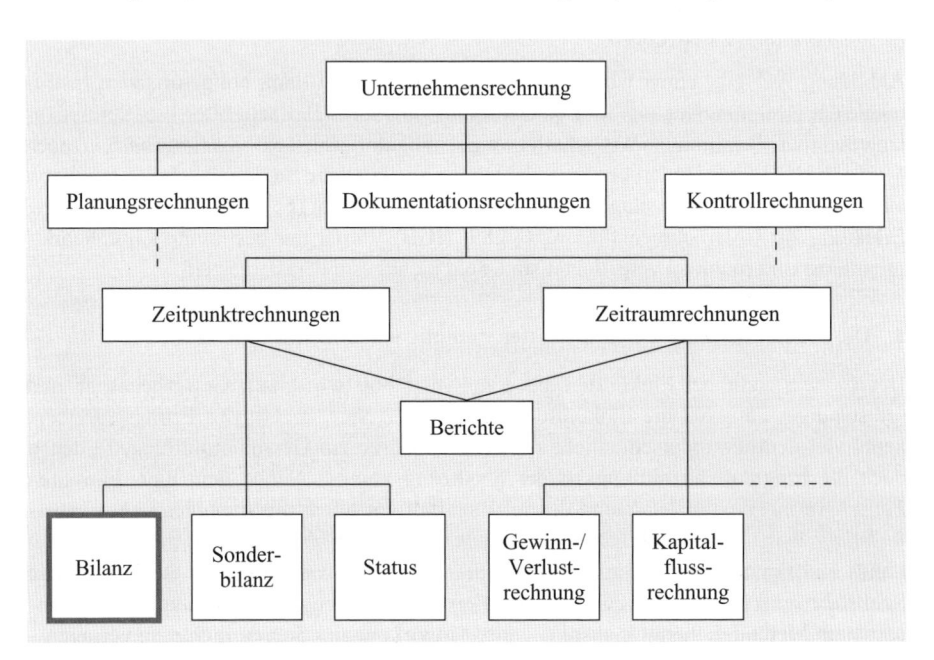

Abbildung A-6: Die Bilanz als Instrument der Unternehmensrechnung

2. Die Handelsbilanz als Bestandteil der HGB-Rechnungslegung

Welche Rechnungslegungsinstrumente neben der Bilanz zum Jahresabschluss gehören, ist in Abhängigkeit von der Rechtsform, der Unternehmensgröße, einer Konzernführung und der Inanspruchnahme des organisierten Kapitalmarkts geregelt. Betrachtet man zunächst nur Einzelabschlüsse so besteht bei Einzelkaufleuten (sofern sie nicht als „sehr kleine" die Befreiung des § 241a HGB wahrnehmen) und typischen Personenhandelsgesellschaften, die nicht als sehr große Unternehmen unter das PublG fallen – der *Jahresabschluss* nur aus Bilanz und GuV-Rechnung. Bei allen Kapitalgesellschaften, Genossenschaften und atypischen (haftungsbegrenzten) Personengesellschaften sowie sehr großen Personenunternehmen umfasst er daneben noch den *Anhang*. Optional können Kleinstkapitalgesellschaften und -genossenschaften bei bestimmten Angaben auf einen Anhang verzichten (§ 264 Abs. 1 S. 5 HGB). Mittlere und große Unternehmen mit den Rechtsformen einer Kapitalgesellschaft, haftungsbegrenzten Personengesellschaft oder Genossenschaft und die sehr großen Personenunternehmen (PublG) müssen neben dem einen Anhang enthaltenden Jahresabschluss auch mit einem *Lagebericht* Rechnung legen. Ist ein Unternehmen Inlandsemittent von Wertpapieren i. S. d. WpHG, so müssen zusätzlich halbjährliche *Zwischenabschlüsse* (verkürzte Bilanz, GuV-Rechnung, Anhang) und *Zwischenlageberichte* erstellt werden (sog. Finanzberichterstattung, § 37w WpHG). Bei kapitalmarktorientierten Kapitalgesellschaften, die nicht zur Aufstellung eines Konzernabschlusses verpflichtet sind, ist der Jahresabschluss nach § 264 Abs. 1 S. 2 HGB obligatorisch um eine *Kapitalflussrechnung* und einen *Eigenkapitalspiegel*, fakultativ um eine *Segmentbericherstattung,* zu erweitern.

Abbildung A-7 gibt einen Überblick über die neben der Bilanz obligatorischen Instrumente der Rechnungslegung bei Einzelabschlüssen. Außer Betracht blieb hier der nur für Unternehmen bestimmter Wirtschaftszweige obligatorische sog. *Zahlungsbericht* nach § 341q–y HGB über länderbezogene Zahlungen an staatliche Stellen. Auch der fakultativ aus dem Lagebericht auszulagernde Nichtfinanzielle Bericht (§§ 289b–289e HGB) sowie Erklärung zur Unternehmensführung (§ 289f HGB), zu der nur bestimmte kapitalmarktorientierte Unternehmen verpflichtet sind, sind nicht gesondert dargestellt.

3. Die Steuerbilanz als Bestandteil der steuerlichen Gewinnermittlung

Der *Gewinn* stellt bei Einkünften aus Land- und Forstwirtschaft, Gewerbebetrieb und selbständiger Tätigkeit die Einkünfte dar (§ 2 Abs. 2 Nr. 1 EStG). Das Ertragsteuerrecht kennt vier deutlich unterschiedliche reguläre Verfahren zur Gewinnermittlung, zu denen noch die irreguläre Ermittlungsart der Schätzung kommt. Neben dem hier relevanten *Betriebsvermögensvergleich* sind das im Regelfall vor allem die *Einnahmenüberschussrechnung* gem. § 4 Abs. 3 EStG, die *Gewinnermittlung nach Durchschnittssätzen* bei Land- und Forstwirten (§ 13a EStG) und die *Tonnagegewinnermittlung* bei bestimmten Schifffahrtseinkünften (§ 5a EStG). Zur außerordentlichen Gewinnermittlung – wenn die regulären Methoden mangels ausreichender Mitwirkung des Steuerpflichtigen versagen – kommen die Methoden der *Gewinnschätzung* nach § 162 AO in Betracht, die sich grundsätzlich an den verpflichtenden Methoden zu orientieren haben.

Ist Gewinnermittlung durch Betriebsvermögensvergleich verpflichtend oder freiwillig gewählt, so ist zwischen Fällen zu unterscheiden, bei denen Buchführungs- und

Bilanzen als Teil der Rechnungslegung

Instrumente der Rechnungslegung für HGB-Einzelabschlüsse

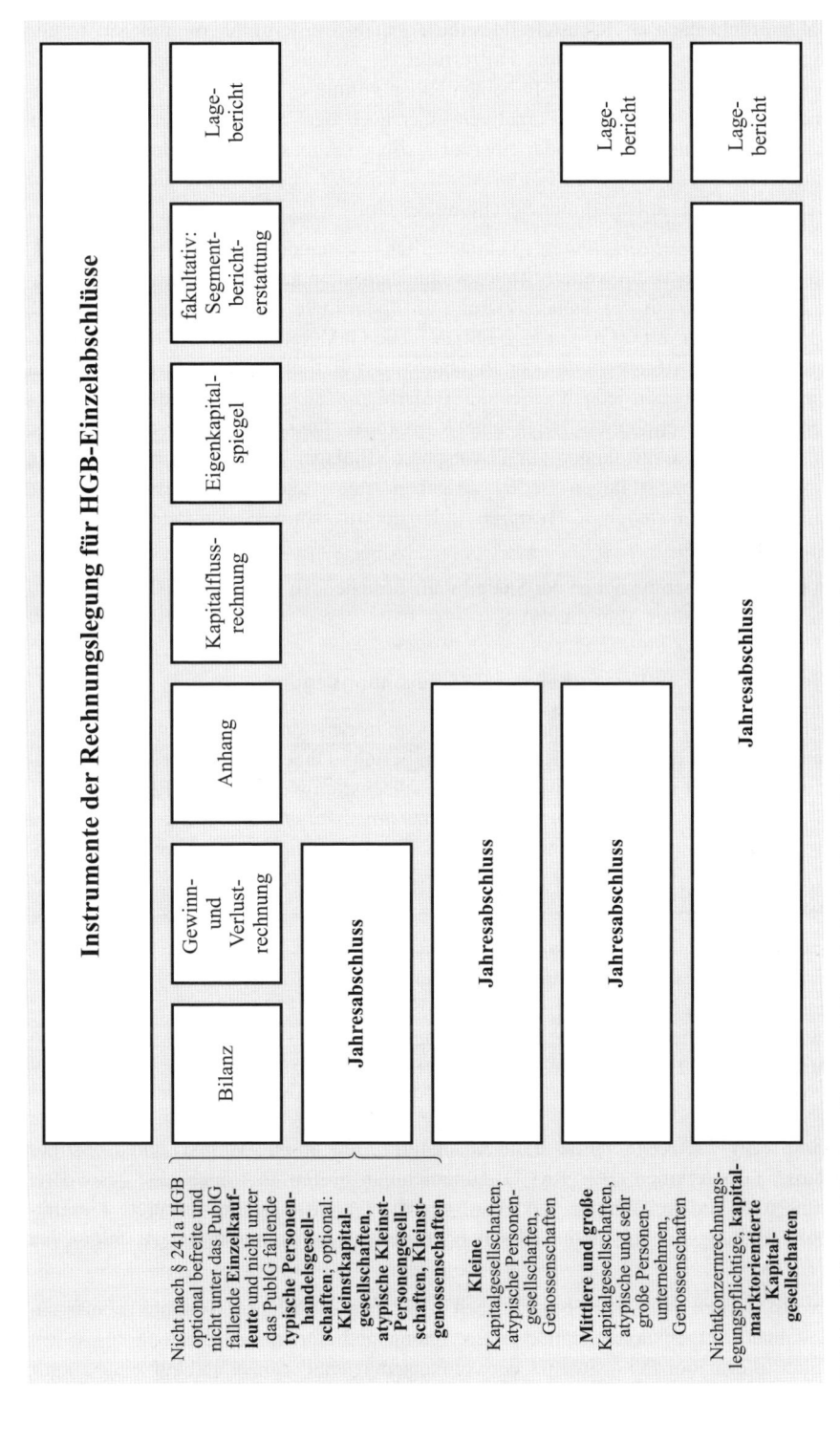

| | Bilanz | Gewinn- und Verlust- rechnung | Anhang | Kapitalfluss- rechnung | Eigenkapital- spiegel | fakultativ: Segment- bericht- erstattung | Lage- bericht |

Nicht nach § 241a HGB optional befreite und nicht unter das PublG fallende Einzelkaufleute und nicht unter das PublG fallende typische Personenhandelsgesellschaften; optional: **Kleinstkapitalgesellschaften, atypische Kleinst-Personengesellschaften, Kleinstgenossenschaften**

→ Jahresabschluss

Kleine Kapitalgesellschaften, atypische Personengesellschaften, Genossenschaften

→ Jahresabschluss

Mittlere und große Kapitalgesellschaften, atypische und sehr große Personenunternehmen, Genossenschaften

→ Jahresabschluss + Lagebericht

Nichtkonzernrechnungslegungspflichtige, kapitalmarktorientierte Kapitalgesellschaften

→ Jahresabschluss + Lagebericht

Abbildung A-7: Rechtsform-, größen- und börsenabhängige Bestandteile der HGB-Einzel-Rechnungslegung

Abschlusspflicht nach HGB besteht oder diese Pflicht freiwillig übernommen wird und sonstigen Fällen. Im erstgenannten Fall erfolgt die Gewinnermittlung nach §5 Abs. 1 EStG, sonst nach §4 Abs. 1 EStG. In beiden Fällen kommt es nur dann zu einer *selbständigen Steuerbilanz*, wenn die Alternativen einer auch dem Steuerrecht entsprechenden Einheitsbilanz (Handelsbilanz) oder einer zusätzlichen Anpassungsrechnung nicht wahrgenommen wird (§5b Abs. 1 EStG, §60 Abs. 1, 2 EStDV). Hier wird nur die Steuerbilanz auf Basis der Handelsbilanz (unter Beachtung der GoB) weiter betrachtet.

Die *Gewinn- und Verlustrechnung* spielt steuerlich – zumindest formal – beim Betriebsvermögensvergleich keine weitere Rolle, wenngleich sie auch bei doppelter kaufmännischer Buchführung mit der Steuererklärung zu übermitteln oder einzureichen ist (§5b Abs. 1 S. 1 EStG bzw. §60 Abs. 1 S. 2 EStDV). Die GuV-Rechnung dient der Finanzverwaltung häufig zur „*Verprobung*" der Ergebnisse des Betriebsvermögensvergleichs. Zur Gewinnermittlung gehört jedoch neben der Steuerbilanz, die einen Bestandsvergleich des Betriebsvermögens ermöglicht, noch eine *Korrekturrechnung* des Unterschiedsbetrags. Dabei werden ggf. Beziehungen zur Privatsphäre (Einlagen/Entnahmen) berücksichtigt, ebenso die nichtabzugsfähigen Betriebsausgaben, steuerfreien Betriebseinnahmen und sonstigen *außerbilanziellen Korrekturen* (z.B. der Investitionsabzugsbetrag gem. §7g EStG).

Einen Überblick über die neben der Steuerbilanz bestehenden steuerlichen Gewinnermittlungsinstrumente bietet Abbildung A-8.

4. Die IFRS-Bilanz als Bestandteil der IFRS-Rechnungslegung

IFRS-Bilanzen sind Bestandteil einer umfassenden internationalen Rechnungslegung, die aus mehreren, sich ergänzenden Rechenwerken besteht. Ohne Differenzierung nach konzernfreien Unternehmen und Konzernmuttergesellschaften werden nach IFRS neben den üblichen Rechnungslegungsinstrumenten Bilanz *(statement of financial position, balance sheet)*, Gewinn- und Verlust- sowie sonstiges Ergebnisrechnung (Gesamtergebnisrechnung, *statement of comprehensive income, income statement)* und Anhang *(notes)* noch die ergänzenden Rechenwerke

- Kapitalflussrechnung *(cash flow statement)*,
- Eigenkapitalverwendungsrechnung *(statement of changes in equity)*,
- Segmentberichterstattung *(segment reporting)*,
- Zwischenberichterstattung *(interim reporting)* und
- Darstellung des Ergebnisses je Aktie *(earnings per share)*

geregelt.

Die *Gesamtergebnisrechnung* ist in die Abschnitte „Gewinn und Verlust" und „sonstiges Ergebnis" zu unterteilen (IAS 1.81A). Unternehmen dürfen aber auch eine gesonderte Gewinn- und Verlustrechnung darstellen, der dann allerdings die verkürzte Gesamtergebnisrechnung, die mit dem Gewinn oder Verlust zu beginnen hat, zu folgen hat (IAS 1.10A).

Ein „*vollständiger Abschluss*" besteht nach IAS 1 aus der Bilanz, Gesamtergebnisrechnung, Anhang, Eigenkapitalveränderungsrechnung und Kapitalflussrechnung sowie den Vergleichsinformationen hinsichtlich der vorangegangenen Perioden und ggf. einer Bilanz

Steuerliche Gewinnermittlungsinstrumente

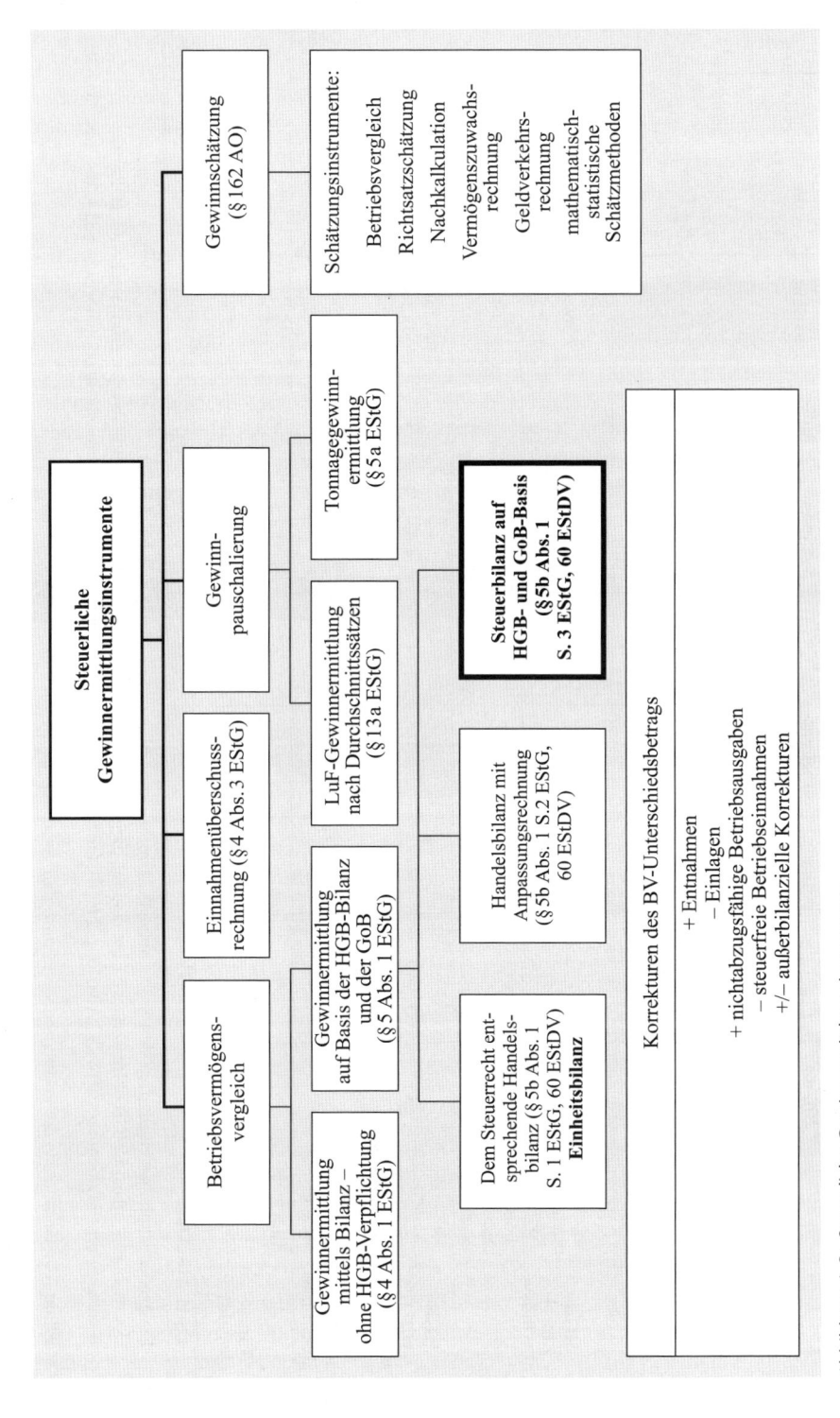

- **Betriebsvermögensvergleich**
  - Gewinnermittlung mittels Bilanz – ohne HGB-Verpflichtung (§ 4 Abs. 1 EStG)
  - Gewinnermittlung auf Basis der HGB-Bilanz und der GoB (§ 5 Abs. 1 EStG)
    - Dem Steuerrecht entsprechende Handelsbilanz (§ 5b Abs. 1 S. 1 EStG, 60 EStDV) **Einheitsbilanz**
    - Handelsbilanz mit Anpassungsrechnung (§ 5b Abs. 1 S.2 EStG, 60 EStDV)
    - **Steuerbilanz auf HGB- und GoB-Basis (§ 5b Abs. 1 S. 3 EStG, 60 EStDV)**
- **Einnahmenüberschussrechnung (§ 4 Abs. 3 EStG)**
- **Gewinnpauschalierung**
  - LuF-Gewinnermittlung nach Durchschnittssätzen (§ 13a EStG)
  - Tonnagegewinnermittlung (§ 5a EStG)
- **Gewinnschätzung (§ 162 AO)**
  - Schätzungsinstrumente:
    - Betriebsvergleich
    - Richtsatzschätzung
    - Nachkalkulation
    - Vermögenszuwachsrechnung
    - Geldverkehrsrechnung
    - mathematisch-statistische Schätzmethoden

Korrekturen des BV-Unterschiedsbetrags

+ Entnahmen
− Einlagen
+ nichtabzugsfähige Betriebsausgaben
− steuerfreie Betriebseinnahmen
+/− außerbilanzielle Korrekturen

Abbildung A-8: Steuerliche Gewinnermittlungsinstrumente

Grundlagen der Bilanzierung

	Bilanz	GuV-Rechnung	Anhang	Entsprechenserklärung	Lagebericht	Eigenkapitalveränderungsrechnung	Kapitalflußrechnung	Segmentbericht	Ergebnis je Aktie (in GuV.-R)	Zwischenberichterstattung
	Statement of financial position	*Statement of comprehensive income*	*Notes*			*Statement of Changes in (Stockholders') Equity*	*Cash Flow Statements*	*Segment Reporting*	*Earnings Per Share*	*Interim Financial Reporting*
HGB-Einzelabschlüsse Allgemein	•									
nicht börsenorientierte KapGes.	•	•	außer: kleinste							
börsenorientierte KapGes.	•	•	•	•	außer: kleine			große KapGes: Angaben¹		
HGB-Konzernabschlüsse nicht-börsenorientierte MuGes	•	•	•		•	EK-Spiegel	•	Frw.		
börsenorientierte MuGes	•	•	•	•	•	EK-Spiegel²	•	Frw. oder Aufgliederung³	•	•
IFRS-Konzernabschlüsse Allgemein	•	•	•		•	•	•			
IFRS-Einzelabschlüsse börsenorientierte Ges.	•	•	•	•	•	•	•	•	•	•
EStG-Abschlüsse	•									

¹ Bei großen Kapitalgesellschaften sind Segmentangaben im Anhang obligatorisch (§ 288 S. 1 Nr. 4 HGB).
² Der nach § 297 Abs. 1 HGB obligatorische Eigenkapitalspiegel entspricht weitgehend der IFRS-Eigenkapitalveränderungsrechnung (DRS 22).
³ Wahlrecht zum Segmentbericht (§ 297 Abs. 1 Nr. 2 HGB, DRS 3), sonst Segment-Aufgliederung im Konzernanhang obligatorisch (§ 314 Abs. 1 Nr. 3 HGB).

Abbildung A-9: Bestandteile der Rechnungslegung nach den verschiedenen Rechnungslegungssystemen

zum Beginn der vorangegangenen Periode, wenn eine Anpassung der Rechnungslegungsmethode oder der Abschlussposten vom Unternehmen vorgenommen wurde (IAS 1.10). Die Darstellung des „Ergebnis je Aktie" ist Bestandteil der Gesamtergebnisrechnung.

5. Vergleichender Überblick der Instrumente der Rechnungslegung

Abbildung A-9 gibt – ohne Berücksichtigung von Besonderheiten für Kleinstkapitalgesellschaften und Personenunternehmen – am Beispiel der Kapitalgesellschaften einen Überblick über die Pflichtbestandteile der Rechnungslegung nach den verschiedenen Rechnungslegungssystemen. Der Vergleich zeigt insbes., dass

- Bilanzen und GuV-Rechnungen bei allen Rechnungslegungssystemen obligatorisch sind,
- nur das Ertragsteuerrecht sich auf Bilanzen (einschließlich Korrekturrechnung) beschränkt,
- der Lagebericht und die Entsprechenserklärung Spezifika der HGB-Rechnungslegung sind,
- die Berechnung des „Ergebnis je Aktie" eine Besonderheiten der IFRS-Rechnungslegung ist,
- HGB-Einzelabschlüsse – im Gegensatz zu HGB-Konzernabschlüssen und IFRS-Abschlüssen – nur bei kapitalmarktorientierten Unternehmen, die nicht konzernrechnungslegungspflichtig sind, um eine Kapitalflussrechnung (und einen Eigenkapitalspiegel) ergänzt werden müssen.

IV. Zwecke und Ziele der Bilanzierung nach Handels- und Steuerrecht sowie IFRS

1. Bilanzen im interessenpluralistischen Spannungsfeld

Bilanzen werden nicht um ihrer selbst willen gefordert und erstellt. Sie sind vielmehr Mittel zur Erfüllung bestimmter Zwecke und Ziele. Als *Zwecke* sollen dabei die Funktionen der Bilanzierung gesehen werden, die der Bilanzierung „von außen" übertragen sind, als *Ziele* die Ergebniswünsche, die der Bilanzierende mit dem Einsatz der Bilanz als Instrument anstrebt. Bilanzen stehen folglich in direktem Zusammenhang mit den Interessen der an der Bilanzierung Beteiligten. An der Bilanzierung im Rechtssinne beteiligt sind vor allem

- der Normensetzer
- die Bilanzadressaten und
- die Bilanzierenden (Rechnungsleger).

Für alle drei ist die Bilanz Instrument zur Erfüllung bestimmter Vorhaben. Die Kenntnis der Ziele und Zwecke der Bilanzierung erklärt vielfach die Bedeutung von Bilanzierungsnormen und die bei der Anwendung bestehenden Absichten sowie die dabei ggf. auftretenden Konflikte. Auch wenn die Bilanzen im Rechtssinne weniger unter dem Gesichtspunkt einer stringenten Zweckorientierung normiert worden sind, sondern sich eher als Ergebnis eines langen historischen Entwicklungsprozesses darstellen, so erhellt doch eine interessenorientierte Betrachtung die Hintergründe und Anwendungskonflikte. Damit wird auch deutlich, welche Interessen die Normensetzer mit der Vorgabe der Bilanzvorschriften fördern oder schützen wollte und welche Zweckkompromisse bei der Regelung mittels Bilanz als ein Instrument der Konfliktlösung eingegangen werden mussten. Das gilt nicht nur dür den Gesetzgebungsprozess sondern auch für den Prozess der Standardsetzung durch sog. Standardsetter.

a) Die typischen Bilanzinteressen der Normensetzer

Aus der Sicht des Gesetzgebers stehen *Handels- und Steuerbilanz* vor allem unter vier *politischen Aspekten*:

aa) Rechtspolitische Funktionen

Die *Handelsbilanz* im Rechtssinne dient der Herstellung einer von der jeweiligen parlamentarischen Mehrheit als gerechtfertigt angesehenen *Interessenregelung*. Es soll ein „ausgewogenes" Gleichgewicht der Interessenerfüllung des rechnungslegenden Unternehmens und der Adressaten der Rechnungslegung sowie staatlicher Instanzen erreicht werden. Der Gesetzgeber hat die ordnungspolitische Aufgabe, mit Hilfe von Rechtsnormen die Interessengegensätze der Unternehmen und ihrer „Koalitionsmitglieder" auszugleichen und so einen Rahmen für eine allgemein als akzeptabel empfundene Realisierung der Gruppeninteressen zu schaffen. Dabei geht es zum einen um die gesetzliche Absicherung der als schutzwürdig angesehenen Finanzinteressen von Unternehmensbeteiligten (z.B. sog. Gläubiger- und Anteilseignerschutz), zum anderen aber auch um die Unterstützung der von den Beteiligten zu treffenden unternehmensbezogenen Entscheidungen durch Bereitstellung von notwendigem Wissen. Die ordnungspolitische Bedeutung der Bilanz kommt insbes. durch die Absicherung von Handlungsbeschränkungen (z.B. Entnahme-/Ausschüttungssperren) und informationellen Mindestanforderungen (z.B. tiefgegliederte Bilanzausweise) mit Sanktionsandrohungen für Regelverstöße zum Ausdruck.

Eine neoliberalistische Richtung verzichtet auf die Staatsaufgabe der Interessenregulierung und überlässt diese der Standardsetzung der beteiligten Wirtschaftskreise. Der Staat beschränkt sich dabei nur noch auf eine prinzipielle Anerkennung („EU-Endorsement", Ministeranerkennung) der von privaten Standardsettern entwickelten Regeln („Standards").

Auch die *Steuerbilanz* kann als ein Instrument des Interessenausgleichs zwischen dem Fiskalinteresse und dem Individualinteresse des gewerblich tätigen Steuerpflichtigen gesehen werden. Der eindeutige öffentlich-rechtliche Charakter des Steuerrechts bewirkt jedoch statt Koordination eher ein Subordinationsverhältnis. Eine Basisentscheidung des Gesetzgebers hat die Unternehmen zur Steuerquelle erklärt und ihnen oder den Eignern die Verpflichtung auferlegt, Steuern zu zahlen. Zur möglichst objektivierten *Ermittlung eines Bemessungsgrundlagenteils* der gewinnabhängigen Steuern (ESt, KSt, GewESt und ggf. Annexsteuern) dient die Steuerbilanz. Zur Erfüllung dieses Zwecks hat der Gesetzgeber aus gutem Grund bisher auf eine Auslagerung der Normensetzung auf private Standardsetter verzichtet.

Eine rechtspolitische Nebenbedingung für die Normierung von Handels- und Steuerbilanzen ist die Beachtung *übergeordneter Rechtsnormen*. Von besonderer Bedeutung sind dabei die Realisierung von supranationalen Harmonisierungsgeboten (EG-Richtlinien), die Durchsetzung und Wahrung verfassungsmäßiger Prinzipien, wie z.B. der Entfaltungsfreiheit und informationellen Selbstbestimmung (Art. 2 GG), Gleichbehandlung (Art. 3 GG), Eigentumsgarantie (Art. 14 GG) und der Rechtstaatlichkeit (Art. 20 GG). Weiterhin wird angestrebt, allgemeine Rechtsgrundsätze (z.B. Einheitlichkeit der Rechtsordnung, Übermaßverbot) zu beachten und zu einer allgemeinen Sicherung des Rechtsverkehrs durch Schaffung beweiskräftiger Urkunden beizutragen. Bei privaten Standards spielen diese Aspekte naturgemäß keine Rolle.

Für die *Steuerbilanz* sind bei der Normengestaltung besonders die Verfassungsprinzipien der Gleichbehandlung aller Steuerpflichtigen (Art. 3 GG), die Eigentumsgarantie (Art. 14 GG) und das Rechtsstaatlichkeitsgebot (Art. 20 GG) bedeutsam. Das Rechtsstaatsprinzip beinhaltet u.a. die Gebote der Tatbestandsmäßigkeit und Vorhersehbarkeit der Besteuerung: der Steuereingriff muss vorhersehbar und an die Erfüllung des gesetzlichen Tatbestands geknüpft sein.

Schließlich ist die *Praktikabilität* der gesetzlichen Bilanzierungsnormen ein bedeutender Gestaltungsaspekt. Gemeint ist damit nicht nur die allgemein- und fachsprachliche Verständlichkeit der Rechtsnormen, gesetzestechnische Einfachheit und ihre systematische Widerspruchsfreiheit, sondern auch eine „realitätsnahe" Regelung, die insbes. Anpassungen an die Entwicklungen der wirtschaftlichen Wirklichkeit zulässt und von „überzogenen" Anforderungen (z.B. durch Schwellenwerte und Erleichterungen) Abstand nimmt. Dieses Nebeninteresse des Gesetzgebers gilt gleichermaßen für die Normierung der Handels- wie Steuerbilanz. Von privat gesetzten Standards müsste man besonders erwarten, dass dieses Nebenziel verfolgt wird. Umfang und Komplexität der derzeitigen Standardsetzung – verglichen mit den gesetzlichen Regelungen – zeigen leider das Gegenteil. Das EU-Parlament hat deshalb ein Prüfkriterium „Bürokratiekosten" in den Endorsementprozess eingebracht.

ab) Wirtschafts-, finanz- und sozialpolitische Funktionen

Die Bilanzierungsvorschriften und die normengetreu durchgeführten Bilanzierungen übernehmen aus gesetzgeberischer Sicht auch Funktionserfüllungen aus anderen politischen Bereichen. So wird der *Erstellung von Handelsbilanzen* auch die Erfüllung *wirtschaftspolitischer* Aufgaben übertragen, wie

- die Förderung des nationalen und internationalen Kapitaltransfers (Kapitalmarktes),
- die Verhinderung wirtschaftskrimineller und kaufmännisch fragwürdiger Verhaltensweisen durch Offenlegung des Geschäftsgebarens,
- die Schaffung von Transparenz über wirtschaftliche Machtstrukturen,
- die Erhaltung von Unternehmen durch Kapitalerhaltungsregeln und kritische Selbstinformation der Unternehmensleiter und
- die Förderung des marktwirtschaftlichen Wettbewerbs.

Auch das *Steuerbilanzrecht* wurde in großem Maße in den Dienst der staatlichen Wirtschaftspolitik gestellt. Mit der Einräumung bilanzpolitischer Wahlrechte (z.B. Bewertungsfreiheiten, Sonderabschreibungen, steuerfreie Rücklagen) versucht der Gesetzgeber,

- konjunktur-, sektoral-, regional-, mittelstands-, wettbewerbs-, umweltschutz- oder energiepolitische Lenkungsziele

zu verwirklichen. Auch soweit sich der Gesetzgeber des Instrumentariums direkter Subventionierung bedient (z.B. Zulagen, Zuschüsse, Bürgschaften) kann die Steuerbilanz als Nachweisunterlage der Förderungsbedürftigkeit eine Rolle spielen.

Auch finanzpolitische Zwecke können den Bilanznormen übertragen sein. Dabei kommt zweifellos der Steuerbilanz die größte Bedeutung zu, trägt sie doch über ihre Steuerbemessungsfunktion ganz wesentlich zum fiskalischen Hauptzweck, der Erzielung von Einnahmen, bei. Nur sekundär ist dabei die Rolle der Handelsbilanz. Ihre Steuereffekte reichen nur über die Maßgeblichkeit handelsbilanzieller Vorschriften und Ansätze für die Steuerbilanz (sofern keine steuerlichen Spezialnormen bestehen).

Letztlich wird die Bilanzierung nach Handels- und Steuerrecht auch für sozialpolitische Aufgabenerfüllungen herangezogen. Dies wird zum Beispiel durch besondere Bilanzierungsvorschriften für betriebliche Maßnahmen der Altersversorgung deutlich.

ac) **Bilanzfunktion privater Standardsetter**

All diese gemeinwirtschaftlichen Zielsetzungen interessieren naturgemäß private *Standardsetter* nicht. Mit der Überlassung verzichtet der Gesetzgeber sogar auf diese Funktionen der Rechnungslegung. Er geht dabei sogar das Risiko ein, dass über den Standardsetzungsprozess bestimmende Partikularinteressen die Normensetzung bestimmen. Damit werden Grundlagen einer kapitalmarktgetriebenen Unternehmenspolitik geschaffen, deren Nebenwirkungen dem Gesetzgeber letztlich nicht gleichgültig sein können. Immerhin kann durch eine ausgewogene Gremienbesetzung mit allen Beteiligtenkreisen eine Kompromisslösung unter den direkt Beteiligten erwartet werden.

Ziel des *IASB* ist die Entwicklung von Rechnungslegungsstandards im internationalen Kontext um die Konvergenz der nationalen Regelungen mit den internationalen Rechnungslegungsvorschriften weltweit voranzutreiben. Im Mittelpunkt steht dabei nach eigenem Selbstverständnis, die Entscheidungsnützlichkeit der Rechnungslegungsinformationen für Eigen- und Fremdkapitalgeber und sonstige Gläubiger sicherzustellen (IASB-F OB.2).

Beim *IDW* lässt sich die Standardsetzung in die satzungsmäßige Aufgabenstellung integrieren, für einheitliche Grundsätze der unabhängigen, eigenverantwortlichen und gewissenhaften Berufsausübung einzutreten und deren Einhaltung durch die Mitglieder sicherzustellen, sowie für die Interessen des Wirtschaftsprüferberufs einzutreten.

Das *DRSC* hat dagegen als Vertragspartner des BMJV nach § 342 Abs. 1 HGB eine Zwischenrolle. So sollen

- Empfehlungen zur Anwendung der Grundsätze über die Konzernrechnungslegung entwickelt werden, die dann vom BMJV mit der Vermutung, eine Beachtung führt zu der die Konzernrechnungslegung betreffenden GoB, bekannt gemacht werden,
- das BMJV bei Gesetzesvorgaben beraten,
- die Bundesrepublik Deutschland in internationalen Standardisierungsgremien vertreten und
- Interpretationen der internationalen Rechnungslegungsstandards i.S.v. § 315e Abs. 1 HGB erarbeitet werden.

Folgerichtig gibt es dann innerhalb des DRSC auch einen Fachausschuss IFRS und einen für HGB, wo – getrennt abgestimmt auf die jeweiligen Zwecksetzungen – die Entwicklung des jeweiligen Rechnungslegungssystems vorangetrieben wird.

b) Die typischen Bilanzinteressen der Rechnungslegungsadressaten

Rechnungslegungsadressaten sind jene Personen und Institutionen, an die die Bilanzinformationen gerichtet sind, bzw. die eine Möglichkeit des Einblicks erhalten können. Bei typisierender Betrachtungsweise kommen folgende Gruppen in Betracht:

- die Eigner des Unternehmens (Einzelunternehmer, Gesellschafter, Kapitalanlagegesellschaften),
- die Informationsorgane der Anteilseigner (Finanzanalysten etc.),
- die Fremdkapitalgeber (Gläubiger, insbes. Kreditinstitute),
- die Unternehmensleitung selbst (insbes. soweit sie nicht an der Bilanzaufstellung unmittelbar beteiligt ist),
- die Aufsichtsorgane (Wirtschaftsprüfer, Aufsichtsrat, staatliche Aufsichtsbehörden, i.w.S. auch Gerichte),
- die Finanzverwaltung,
- die Arbeitnehmer (und deren Vertretungen, Betriebspensionäre),
- die Marktpartner (Leistungsabnehmer und Lieferanten, Franchisenehmer),
- die verbundenen Unternehmen (z.B. Beteiligungsunternehmen),
- die Konkurrenten und
- die sonstige interessierte Öffentlichkeit (z.B. Aktionärsvereinigungen, Kommunen, Behörden, statistische Ämter, Wirtschaftsverbände, Gewerkschaften, Wissenschaftler, Wirtschaftspresse, Anlageberater u.a.).

Für den konkreten Einzelfall ist diese Einteilung nicht überschneidungsfrei, da die gleiche Person/Institution mehreren Adressatengruppen angehören kann (z.B. Belegschaftsaktionäre, Gesellschaftergläubiger, Gesellschaftergeschäftsführer). Auch sind zwei weitere Differenzierungen erforderlich: zum einen müssen bei einigen Gruppen neben aktuellen auch potentielle Gruppenmitglieder in den Adressatenkreis einbezogen werden (z.B. potentielle Aktionäre oder Fremdkapitalgeber). Ferner ist es zweckmäßig, die Gruppenmitglieder nach ihren Möglichkeiten zu einem direkten, nicht über die Bilanz reichenden Informationszugang zum Unternehmen in informationelle „insider" (z.B. geschäftsführende Gesellschafter, Großbanken) und „outsider" (z.B. Kommanditisten, Publikumsaktionäre, Kleingläubiger) zu unterscheiden (siehe Abb. A-10).

Die Rechnungslegungsadressaten verfolgen gegenüber dem Unternehmen sowohl Vermögens- und Einkommensinteressen *(Finanzinteressen)* wie auch *Informationsinteressen*. Da die Bilanz nur ein kapitalorientiertes Rechenwerk darstellt, müssen nicht-finanzielle Interessen der Anspruchsgruppen anderen Rechnungslegungsinstrumenten übertragen werden. Allgemein benötigen die aktuellen oder potentiellen Unternehmensbeteiligten zuverlässige Informationen, um ihre unternehmensbezogenen Entscheidungen zielgerecht zu treffen. Die typischen Interessen einiger wichtiger Adressatengruppen sollen nachfolgend eingehender betrachtet werden:

Grundlagen der Bilanzierung

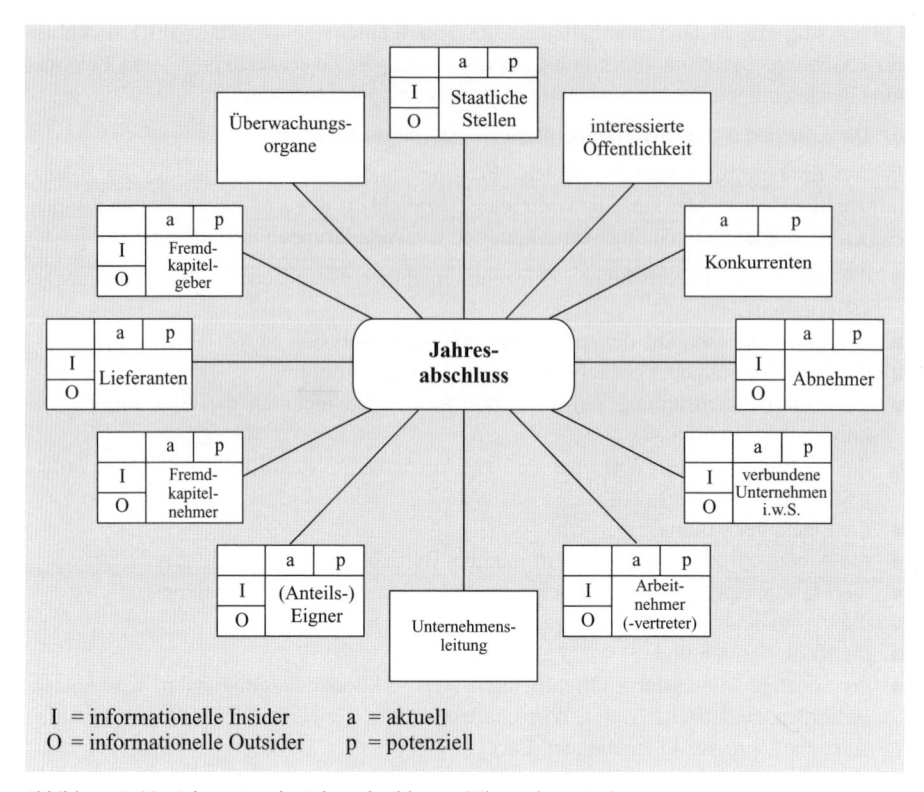

Abbildung A-10: Adressaten des Jahresabschlusses (Bilanzadressaten)

ba) Die typischen Bilanzinteressen der Eigner

Die *Eigenkapitalgeber* von Unternehmen sind im Allgemeinen daran interessiert, das investierte Kapital zumindest zu erhalten, nach Möglichkeit aber zu mehren und/oder laufendes Einkommen aus dem Unternehmen zu beziehen und das entsprechende Risiko einzuschätzen. Vor allem in ihrer Eigenschaft als Risikoträger brauchen sie Informationen für die zielgerechte Entscheidung über die Begründung, Aufrechterhaltung oder Beendigung der Unternehmensbeteiligung bzw. Eigentümerschaft und zur Stützung der laufenden Mitgestaltungs- und Überwachungsentscheidungen (z.B. Entlastung der Geschäftsführer, Ergebnisverwendung). Benötigt werden von Eignern, die keinen direkten Informationszugang haben, vor allem Informationen über den in der Vergangenheit tatsächlich erwirtschafteten Gewinn bzw. den zu deckenden Verlust sowie die entsprechenden Zukunftsaussichten (Nachhaltigkeit), ferner über die finanzielle Stabilität der Unternehmung und die unternehmerischen Leistungen oder Fehlleistungen der Manager. Auch wenn mit der Beteiligung am Unternehmen eher Bindungsinteressen verfolgt werden, ist der Einblick in die Geschäftslage des Unternehmens von großem Interesse. Kommt es zu (vermeintlichen) Pflichtverletzungen von Geschäftsführern oder zu Auseinandersetzungen zwischen den Eignern, so besteht Bedarf an beweisfähigem Urkundenmaterial über das Unternehmen. Andererseits existiert im Allgemeinen das Interesse, dass keine Informationen an andere konkurrierende Gruppen, zum Teil auch nicht an bestimmte andere

Eigner, weitergegeben werden. Auch können innerhalb der Eignergruppe durchaus unterschiedliche Finanzinteressen auftreten (z.B. Vermögensstreben des Kursspekulanten gegenüber dem Dividendenstreben des Daueranlegers; „Aushungern" von Minderheitsgesellschaftern durch Mehrheitsgesellschafter). Andererseits können Finanzinteressen bei personenbezogenen, insbes. kleinen und mittleren Unternehmen (KMU) gegenüber dem Erhaltungs-, Ansehens-, Produktions- und Beschäftigungsstreben zurücktretende Bedeutung haben – vernachlässigen wird man sie aber auch dort nicht können.

Bei kapitalmarktorientierten Publikumsgesellschaften wird häufig das Eignerinteresse in *Kapitalanlagegesellschaften* (Fondsgesellschaften) gebündelt. Dem Fondsmanagement ist dann besonders an Unternehmensinformationen gelegen, damit es für die Anleger richtige Entscheidungen treffen und seine eigene „Performance" verbessern kann. Bei börsennotierten Gesellschaften spielen die Bilanzinformationen als *„good news"* oder *„bad news"* des die Börsenstimmung *(„sentiment")* beeinflussenden *newsflows* auch eine für die Aktionärsinteressen bedeutsame Rolle. Mit der Zwischenberichterstattung (verkürzte Halbjahresfinanzabschlüsse) wird insbes. das Vertrauen in die gesetzten Managementziele einer Bewährungsprobe ausgesetzt.

Der Kapitalmarkt wird auch von einer großen Zahl vielfältiger *Informationsdienstleister* begleitet, die Unternehmensdaten auswerten, verkaufen oder publizieren. Diese *Finanzanalysten, Ratingagenturen* und die *Wirtschaftspresse* sind ebenfalls Adressaten der Jahresabschlussinformationen.

Auch an der *Steuerbilanz* haben die Eigner ganz originäre Interessen. Zum einen bestimmt die Steuerbilanz das nach den Steuerzahlungen überhaupt verfügbare Einkommen bzw. die Höhe des disponierbaren Gewinns oder des verrechenbaren Verlustes. Zum anderen wird das Bild, das die Steuerbilanz von der Ertrags-, Vermögens- und Finanzlage des Unternehmens zeichnet, häufig von sekundären Informationsadressaten (z.B. Banken für das Kreditrating) als zuverlässiger angesehen, als es aus der Handelsbilanz erschließbar ist.

bb) Die typischen Bilanzinteressen der Gläubiger

HGB-Jahresabschlüsse gelten als zentrale Instrumente des institutionellen und informationellen Gläubigerschutz. Gläubiger sind regelmäßig an der fristgemäßen Begleichung ihrer Forderungen und ggf. an den laufenden Zinszahlungen finanziell interessiert. Es muss ihnen deshalb daran gelegen sein, dass keine übermäßige Ausschüttung von Gewinnen an die Anteilseigner erfolgt oder auf andere Weise (z.B. durch Vermögensvermischung mit dem Privatvermögen) die zur Sicherung ihrer Forderungen erforderliche Haftungssubstanz geschmälert wird *(Kapitalerhaltung)*.

Gläubiger benötigen vor allem *Informationen*, um über die Höhe, die Konditionen und die zu fordernden Sicherheiten bei Kreditgewährungen sowie deren Prolongation oder Kündigung sowie über Notsicherungsmaßnahmen zu entscheiden. Hierzu dient z.B. die *Regel-Vorlagepflicht von Jahresabschlüssen* bei Bankkrediten ab 750.000 Euro oder 10% des Institutseigenkapitals gem. § 18 KWG. Kreditinstitute und Sparkassen unterliegen ferner den in nationale Gesetze umgesetzten Anforderungen des Baseler Ausschusses für Bankenaufsicht für eine risikogerechte Mindest-Eigenkapitalausstattung (sog. *Basel III*). Dabei spielt das Kreditrisiko der herausgereichten Kredite eine wichtige Rolle. Zu gewährende Kredite sind daher einem vereinheitlichten Bewertungsverfahren (sog. *Kreditrating*) zu unterziehen, um das Ausfallrisiko einschätzen und in die Preisbildung für den Zinssatz einbeziehen zu können. Zu den zentralen Prüfpunkten im Rahmen des Ratingprozesses gehört bei der Prüfung der wirtschaftlichen Verhältnisse auch eine *Analyse der Jahresabschlüsse*. Das Ratingergebnis bestimmt für das Kreditinstitut darüber hinaus letztlich die Eigenkapitalmindestausstattung, für den Kreditnehmer die Krediterhältlichkeit und die Konditionen (insbes. die Finanzierungskosten und Sicherheitsanforderungen).

Auch besteht seitens der Gläubiger – spätestens im Insolvenzfall – ein Interesse an *beweiskräftigen Unterlagen*, um etwaige Schadensersatzansprüche durchsetzen oder weitere Haftungsmassen aufdecken zu können.

Zu den indirekten gläubigerorientierten Informationsinteressenten zählen auch die *(Kredit-) Auskunfteien und Ratinginstitute*. Sie beschaffen sich gläubigerrelevante Informationen von den Kreditnehmern oder aus Bilanz-Datenbanken, werten sie aus und geben sie – meist in Ranking-Kategorien verdichtet – als Dienstleistung an (potentielle) Gläubiger weiter.

Auch an der *Steuerbilanz* haben die Gläubiger ein gewisses Interesse. Den durch die Steuerbilanz bestimmten Mittelabfluss an den Fiskus müssen sie zwangsläufig als eine Gefahr für ihre Schuldentilgungsinteressen sehen. Andererseits kann ihnen der Einblick in die Steuerbilanz wegen der größeren Strenge der Bilanzierungsnormen und der Überwachung durch die Finanzverwaltung eine zuverlässigere Befriedigung ihrer bilanziellen Informationsbedürfnisse eröffnen.

bc) Die typischen Bilanzinteressen der Arbeitnehmer

Die Arbeitnehmer interessieren sich im Allgemeinen für die Höhe ihres Lohns oder Gehalts, insbes. bei Gewinnabhängigkeit eines Teiles des Arbeitsentgelts sowie für die Lohnzahlungsfähigkeit ihres Arbeitgebers, die Sicherheit und Entwicklungschancen ihres Arbeitsplatzes und die zugesagten Versorgungs- und freiwilligen Sozialleistungen. Gewinnbeteiligte Mitarbeiter können durchaus andere finanzielle Bilanzinteressen (z.B. hoher Gewinnausweis) verfolgen, als nur um ihre Arbeitsplätze besorgte Arbeitnehmer (z.B. niedrige Ausschüttungen, Substanzerhaltung). Verteilungspolitisch verwertbare Informationen (z.B. Organvergütungen, Gewinnausschüttungen, Rücklagenbildungen) interessieren vor allem die Arbeitnehmervertretungen (z.B. für Tarifvertragsverhandlungen). Auch für die Ausübung von Mitbestimmungsrechten sind Informationen über die Lage der Arbeitgeber-Unternehmung von Bedeutung (vgl. § 106 BetrVerfG). Unter anderem sind Unternehmer mit mehr als 100 Arbeitnehmern verpflichtet, den Jahresabschluss dem Wirtschaftsausschuss unter Beteiligung des Betriebsrats zu erläutern (§ 108 Abs. 5 BetrVerfG).

bd) Die typischen Bilanzinteressen der Marktpartner

Von der Handelsbilanz erwarten Lieferanten und Abnehmer insbes. Aufschluss über die Erfolgsaussichten der Begründung dauerhafter Geschäftsbeziehungen oder deren Beendigung. Auch können Informationen über die aktuelle Finanz-, Vermögens- oder Ertragslage eines Unternehmens von Bedeutung für die Verhandlungsposition bei Vertragsabschlüssen sein. Bei Lieferanten- und Kundenanzahlungskrediten entspricht die Interessenlage der Marktpartner jener der Gläubiger (insbes. Zahlungsfähigkeit). Kunden sind häufig an der Lieferfähigkeit und auch an Einschätzungen über den Fortbestand des Unternehmens interessiert, um mit künftigen Gewährleistungsansprüchen, Wartungsleistungen und Ersatzteillieferungen rechnen zu können. Pächter, Franchise- und Lizenznehmer haben oft ein starkes Interesse an Informationen über die Lage des die Nutzungsrechte überlassenden Unternehmens, weil ihr eigenes Schicksal mit jenem verbunden ist. Andererseits wünschen auch die Überlasser der Nutzungsrechte oft objektivierte Informationen über die Umsätze und die wirtschaftliche Lage der Nutzer.

be) Die typischen Bilanzinteressen des Fiskus

Die Finanzinteressen des Staates in seiner Eigenschaft als Abgabengläubiger dürfen nur auf die gesetzeskonforme Erhebung der durch Tatbestandsverwirklichung entstandenen Steueransprüche gerichtet sein. Auch soweit er Geldleistungen als Subventionen gewährt, muss die Erfüllung der Anspruchsvoraussetzungen aus Gründen der Gleichbehandlung und des verifizierten Gesetzesvollzugs überprüft werden.

An die *HGB-Handelsbilanz* richtet sich nach derzeitiger Rechtslage nur ein abgeleitetes Informations- und Finanzinteresse der Finanzverwaltung, denn das eigentliche Ermittlungs- und Kontrollinstrument des Steueranspruchs stellt regelmäßig die nach steuerlichen Vorschriften erstellte Bilanz (Steuerbilanz) dar. Nur im Falle einer sog. *Einheitsbilanz* (Steuerbilanz = Handelsbilanz) oder der Übermittlung/Einreichung einer Handelsbilanz mit steuerlicher Korrekturrechnung ist die Handelsbilanz das entscheidende Informations- und Ermittlungsinstrument. Bei gesonderter Erstellung einer Steuerbilanz interessiert den Fiskus die Handelsbilanz nur, soweit sich steuerliche Vorschriften auf die handelsbilanzielle Vorgehensweise beziehen (sog. Maßgeblichkeit der Handelsbilanz[1]). Die bis zum Inkrafttreten des BilMoG geltende sog. „umgekehrte Maßgeblichkeit" verlangte bei identischen Wahlrechten in Handels- und Steuerbilanz eine gleichförmige Ausübung. Damit wurde bei steuerlichen Subventionswahlrechten – zumindest bei Kapitalgesellschaften – der Fiskus den Anteilseignern gleichgestellt: beide hatte auf Einnahmen zu verzichten weil sich der Gewinn in Handels- und Steuerbilanz gleichmäßig verminderte. Allerdings deformierte das die Handelsbilanz. Seit 2010 verzichtet der Fiskus darauf und begnügt sich mit der Dokumentation von Abweichungen.

Für die *Steuerbilanz* ist der Fiskus jedoch der Hauptadressat. Für die Finanzverwaltung ist sie das entscheidende Dokumentations- und Beweismittel für die Festsetzung der gewinnabhängigen Steuern oder für die einheitliche und gesonderte Gewinnfeststellung. Auf ihrem Ergebnis baut die Ermittlung der Steuerbemessungsgrundlagen „Gewinn/Verlust" bzw. „Einkommen" und letztlich des zu versteuernden Einkommens auf. Das Hauptinteresse der Ermittlungs-, Festsetzungs- und Prüfungsaktivitäten der Finanzverwaltung ist dabei auf eine den Rechtsnormen und Verwaltungsanweisungen entsprechende Bilanzierungsweise gerichtet. Sofern außerhalb der gewinnabhängigen Steuern objektivierte Informationen über die Vermögens- oder Ertragslage eines Unternehmens benötigt werden (z.B. zur Unternehmens- oder Anteilsbewertung für die ErbSt) leuchtet es ein, dass

---

1 Siehe Kap. B.IV.7.

der Fiskus im Interesse der Verwaltungsvereinfachung weitest möglich auf vorhandene Steuerbilanzen zurückgreift (vgl. z.B. §95 Abs. 1 BewG). Diese Sekundärfunktion hat allerdings mit Einführung des vereinfachten Ertragswertverfahrens (§§199 ff. BewG) an Bedeutung verloren.

An einem *IFRS-Jahresabschluss* hat der Fiskus bisher mangels Maßgeblichkeit für die Besteuerung kein Informationsinteresse (§5 Abs. 1 S. 2 EStG). Nicht unrealistisch mag praktisch sein, dass sich die Betriebsprüfung auch an den im IFRS-Abschluss manifestierten Management-Einschätzungen *(Management's best estimate)* für die Überprüfung von steuerlichen Schätzungswerten (z.B. Teilwerte) orientiert. Den bisher einzigen manifesten steuerlichen Bezug zu IFRS-Bilanzen enthält die Zinsschrankenregelung.[1] Danach wird eine Ausnahme von der „Zinsschranke" gewährt (sog. *escape-Klausel*) wenn die i.d.R. nach IFRS-Grundsätzen ermittelte Eigenkapitalquote eines konzernverbundenen Unternehmens gleich hoch oder höher ist als die des Konzerns.

bf) Die typischen Bilanzinteressen der Öffentlichkeit

Die heterogene Gruppe der „interessierten Öffentlichkeit" benötigt unternehmensbezogene Informationen entweder zum eigenständigen Treffen von Entscheidungen (z.B. Infrastrukturmaßnahmen von Kommunen) oder zur Erbringung von Serviceleistungen für Dritte (z.B. statistisches Material für politische Entscheidungen, Bilanzanalysen der Wirtschaftspresse). Auch kann die ungerichtete allgemeine Offenlegung von Unternehmensverhältnissen die Transparenz des Wirtschaftslebens – ein Merkmal demokratischer, marktwirtschaftlicher Systeme – fördern. Damit lässt sich insbes. bei funktionsfähigem Kapitalmarkt eine volkswirtschaftlich sinnvolle Kapitallenkung erreichen. Zugleich kann mit der Offenlegung – vor allem über die öffentlichen Erörterungen durch Fachkreise und die Wirtschaftspresse – auch eine gewisse gesellschaftliche Kontrolle und Verhütung kaufmännisch und gesellschaftlich fragwürdiger Verhaltensweisen angestrebt werden.

c) Die typischen Bilanzinteressen der Unternehmensführung

Die Träger der Leitungsfunktion der Unternehmung können sowohl eine selbständige Gruppe (Manager-Unternehmung) als auch mit den Eignern identisch (Eigentümer-Unternehmung) sein. Auch wenn die Unternehmensleiter der Manager-Unternehmungen von den Eignern eingesetzt werden, so kann dennoch nicht immer davon ausgegangen werden, dass sie ausschließlich Eignerinteressen verfolgen (*Principal-agent*-Theorie).

Jedenfalls gehört jedoch die Aufstellung der Handels- und Steuerbilanzen regelmäßig zu den Pflichten der Unternehmensführung. Die Bilanzierung ist damit zunächst einmal *Pflichtenerfüllung*.

Die *Handelsbilanz* übernimmt zumindest bei dem für große *Kapitalgesellschaften* typischen *Auseinanderfallen* der Eigentümer- und Unternehmerstellung die Aufgabe der *Rechenschaftslegung* über die Verwendung des überlassenen Kapitals und den Erfolg der Geschäftstätigkeit. Damit wird nicht nur eine – allerdings sehr globale – *Selbstinformation* über die Lage des Unternehmens und die Erfüllung von Unternehmenszielen erreicht. Es werden auch *Urkunden* geschaffen, die sowohl für rechtliche Auseinandersetzungen

---

1 Zu Einzelheiten siehe Kap. A.IV.2.b) und §§4h EStG, 8a KStG.

als Beweismittel wie auch als Grundlage für die Entscheidung der Eigner über die *Fortsetzung des Dienstverhältnisses* (Entlastung) der Manager Verwendung finden können (Bilanz als Tüchtigkeitsbeweis, „Jahreszeugnis der Manager").

Der Bilanz wird jedoch auch eine unternehmenspolitische Mittelfunktion übertragen. Mit Hilfe der *„Bilanzpolitik"* (als Teil der Jahresabschlusspolitik) wird die Erfüllung bestimmter Ziele der Unternehmenspolitik – und mitunter auch der Eigeninteressen der Manager – angestrebt. Dabei spielt insbes. das Erreichen der vom Management gesetzten Planzahlen eine Rolle, weil dies als Gradmesser für die Managementleistung und Verlässlichkeit der Prognosen angesehen wird.

In diesen Bereich fällt in erster Linie die Durchsetzung finanz- und publizitätspolitischer Ziele. So können mit Bilanzgestaltungsmaßnahmen der Handelsbilanz *Finanzströme* des Unternehmens unmittelbar beeinflusst werden. Dies betrifft nicht nur die über die Gewinnentstehung und -verwendung beeinflussbare Möglichkeit der mehr oder weniger unauffälligen Innenfinanzierung. Auch individuelle Managerinteressen werden mitberührt, wenn deren Vergütungen von bilanziellen Erfolgsgrößen abhängig sind (Aktienoptionen, Tantiemen, Anreizsysteme).

Mit einer analysefesten offen gelegten Bilanz kann gegenüber den externen Adressaten ein *positives Ansehen* des Unternehmens oder der Unternehmensleitung angestrebt werden, mit dem Ziel, ihre Einstellungen und ihr Verhalten zugunsten des Unternehmens oder der Manager zu beeinflussen (Öffentlichkeitsarbeit, *investor-relations*). Mit den gleichen Absichten besteht mitunter das Interesse zur *Verheimlichung* gewisser sensibler Unternehmensinterna (z.B. über negative Entwicklungen und Fehlleistungen) oder gar zu einer negativen Lagedarstellung (z.B. zur Erleichterung von Lohnverhandlungen oder zur Entmutigung aufkommender Konkurrenz oder feindlicher Übernahme).

Unternehmensintern erfüllt die Bilanzierung auch Nebenzwecke, indem anderen Rechenwerken (z.B. der Planungsrechnung) die Übernahme bilanzieller Werte angeboten wird. Ihr Wert als Mittel zur Unternehmenssteuerung und Kontrolle wird jedoch aus gutem Grunde bezweifelt; dennoch ist es sicher besser, Bilanzinformationen zu verwenden, als ganz ohne „Kompass" zu steuern. Auf die Stützung geschäftspolitischer Entscheidungen sollte sich das Bilanzinteresse der Unternehmensleitung jedoch nicht erstrecken; hierfür müssen geeignetere, zukunftsgerichtete Instrumente eingesetzt werden. Vielfach ist jedoch für geschäftspolitische Entscheidungen grundsätzlicher Art der Rückgriff auf Bilanzen anderer Unternehmen notwendig, so z.B. beim Unternehmens- oder Beteiligungserwerb *(due diligence)*, Abschluss eines Unternehmensvertrages mit einem Tochterunternehmen, der Eingliederung oder Verschmelzung mit einem anderen Unternehmen.

Bei *Bilanzierung nach internationalen Standards* ergeben sich im Verhältnis des Managements zur Rechnungslegung insbes. zwei Besonderheiten: Erstens wird in der eher zukunftsorientierten Rechnungslegung häufiger auf die Einschätzung des Managements abgestellt *(managerial approach)*, was deren Interessendurchsetzung erleichtert (sog. „verdeckte Wahlrechte"). Allerdings wird qua Definition eine abschlusspolitische Überformung der Jahresabschlussdaten untersagt, da die IFRS-Rechnungslegung neutral und willkürfrei zu erfolgen hat (IASB-F.QC14). Zum anderen wird von der Konzeption der internationalen Rechnungslegung her angestrebt, eine *Konvergenz* (Übereinstimmung) der externen und der internen Unternehmensrechnung zu erreichen. Prinzipiell soll der

Rechnungslegungsadressat die gleichen Informationen erhalten wie Manager und die Manager sollen die IFRS-Rechnungslegung zur Steuerung des Unternehmens verwenden können. Diese idealistische Sichtweise ist sehr problematisch weil sie zum einen die Rechnungslegungsadressaten überfordert, zum anderen den Managern fein abgestimmte Rechenwerke nimmt (sog. „Entfeinerung der Unternehmensrechnung"). In Deutschland zeigt sich daher, dass die Unternehmen nur sehr behutsam interne Veränderungen an den IFRS-Regelungen bei Anwendung des *management approach* etwa im Rahmen der Segmentberichterstattung nach IFRS 8 vornehmen und stattdessen vielfach berichten, mit den IFRS-Normen auch intern zu steuern.

Weniger komplex ist die Interessenbefrachtung der *Steuerbilanz*. Ihre Erstellung bedeutet für die Unternehmensleitung zunächst die Erfüllung einer ihr staatshoheitlich aufgetragenen *Mitwirkungspflicht* im Besteuerungsverfahren. Da allerdings die Steuerzahlungsverpflichtung in Konkurrenz zu den Zielen der Eigner und der Manager steht, besteht allgemein ein starkes Interesse einer Beeinflussung der Ermittlung der Steuerbemessungsgrundlage im Sinne der erwerbswirtschaftlichen Leitmaximen. Mit Hilfe der sog. *Steuerbilanzpolitik* lassen sich aufgrund verschiedener Wirkungsmechanismen Vorteile der Steuereinsparung oder des zeitlichen Aufschubs der Steuerzahlungen erreichen. Hierzu existieren Planungs- und Gestaltungskonzepte, die von einfacher Steuerminimierung über Steuerbarwertminimierungen bis zu differenzierten Vermögensendwertmaximierungen nach Steuern bei gleichzeitig optimiertem Nachsteuer-Periodeneinkommen reichen. Damit wird auch die Dominanz des praktischen Interesses an legaler *Steuerbeeinflussung* deutlich.

Wird allerdings – wie vielfach bei kleinen Nicht-Kapitalgesellschaften – nur eine *Einheitsbilanz* nach steuerlichen Vorschriften erstellt, so übernimmt diese Steuerbilanz zusätzlich die oben beschriebenen Funktionen der Handelsbilanz, soweit sie nicht eine allgemeine Offenlegung voraussetzen. Als nicht steuerliche Funktionen dominieren in diesen Fällen auch die Verwendung der Steuerbilanz als betriebswirtschaftliches Kontroll- und Dispositionsinstrument (*„BWA = Betriebswirtschaftliche Auswertung"*) sowie als Instrument zur Ermittlung des verteilbaren Gewinns und als Kreditunterlage.

2. Bestimmung der Zwecke der Bilanzierung

Das breite Spektrum der mit der Bilanzierung verbundenen Interessen, die teilweise zwischen Gruppen, zum Teil aber auch innerhalb einer Gruppe konkurrierend sind, macht deutlich, dass es *einen* Bilanzzweck, der über eine bloße Leerformel hinausgeht, eigentlich nicht geben kann. Problematisch ist daher auch der Ansatz, nur für eine Gruppe möglichst interessengemäße Ausgestaltungen von Bilanzen oder einseitige bilanztheoretische Anforderungen zum Maßstab für allgemeine Bilanzzwecke zu erheben. Die Bilanzen im Rechtssinne stellen vielmehr de lege lata recht unvollkommene Instrumente dar, die einen Kompromiss zwischen einigen in der historischen Entwicklung besonders aufgefallenen Interessen versuchen. Wegen der unterschiedlichen Machtausstattung der einzelnen Gruppen käme es jedoch ohne Bilanzen im Rechtssinne nicht zu einem gesamtgesellschaftlich als akzeptabel angesehenen Interessenausgleich. Die jeweiligen Wertentscheidungen des demokratisch legitimierten Gesetzgebers müssen den Beteiligten als Datum gelten – bis zur nächsten Gesetzesänderung.

Dies gilt prinzipiell auch, soweit der originäre Gesetzgeber es den beteiligten Kreisen überlassen hat, selbständig Rechnungslegungsnormen zu setzen (sog. *soft law*), wie dies bei nationalen und internationalen Rechnungslegungsstandards der Fall ist. Allerdings gibt es hier eine deutliche Tendenz zur eher einseitigen Interessenberücksichtigung der Börsenkapitalanleger. Die langfristige Problematik einer ausschließlich an einer Interessengruppe ausgerichteten Rechnungslegung (monistische Zwecksetzung), wie sie die IFRS-Rechnungslegung vorsieht, ist weitgehend noch nicht erkannt, wird aber u.a. bei sog. Finanzkrisen deutlich. Auch das DRSC hat durch seine Struktur eher die Rechnungslegungsinteressen kapitalmarktorientierter Unternehmen im Blick, was teilweise in die über die gesetzlichen Anforderungen hinausgehenden Regelungen einzelner DRS mündet und in Theorie und Praxis kritisiert wird.

a) Zwecke der HGB-Handelsbilanz

Abbildung A-11 zeigt ein systematisiertes Kondensat der vielfältigen Zwecke der handelsrechtlichen Bilanzierung. Wenn auch die Bilanzzwecke der Bilanzierungsnormen größen-, rechtsform- und kapitalmarktabhängig differenziert sind, so lässt sich doch grundsätzlich eine Unterscheidung treffen zwischen der Regelung von Informations- und Finanzinteressen.

aa) Regelung von Informationsinteressen

Die mit dem Rechenwerk der Bilanz produzierten Informationen können an das Unternehmen bzw. seine nahestehenden Eigner oder an außenstehende Dritte gerichtet sein. Der Gesetzgeber kann seine Interessenregelung auf zweifache Weise erfüllen: durch Erlass von Formvorschriften für die Erstellung der Informationsmittel und durch die Verpflichtung zur Bereitstellung von bestimmten Informationen, die von den Adressaten zur Wahrung ihrer Interessen gebraucht werden. In diesem Sinne sind Dokumentation, Rechenschaft und Dispositionshilfe ziemlich unbestrittene gesetzliche Bilanzzwecke.

Der *Dokumentationszweck* der Bilanzierung besteht in der Schaffung beweiskräftiger Urkunden für potenzielle rechtliche Auseinandersetzungen. Mit dem formalisierten Festschreiben von Fakten wird für alle Rechnungslegungsbeteiligten eine grundlegende Voraussetzung für die gerichtliche Verfolgung von unzulässigen Interessenverletzungen (z.B. Bankrotthandlungen, Betrug) geschaffen. Zugleich wird aber auch die Möglichkeit des Urkundenbeweises zur Abwehr ungerechtfertigter Ansprüche und Anschuldigungen geboten.

Rechenschaft als Bilanzierungszweck kennzeichnet die Verwendung der Bilanz als Nachweis der erforderlichen Sorgfalt bei der Besorgung fremder Angelegenheiten. Mit den in der Bilanz gebündelten Daten der in den Handelsbüchern erfassten Geschäfte erfüllen Geschäftsführer diese sich für Verwalter fremden Vermögens grundsätzlich aus §259 BGB ergebende Verpflichtung.

Dass die Bilanzinformationen eine *Dispositionshilfe* darstellen sollen, ist ebenfalls ein unbestrittener Bilanzierungszweck. Dabei soll zum einen sowohl der Unternehmensleitung bzw. den Eignern mit „*kritischer Selbstinformation*" die Möglichkeit geboten werden, eine krisenhafte Entwicklung zu erkennen. Handelsrechtlich hat dieser Zwang für den Kaufmann, sich in bestimmten Abständen über seine finanzielle Lage zu informieren, vor allem seine Begründung im Gläubigerschutz. Dem Kaufmann soll vor dem Eingehen weiterer Verbindlichkeiten seine Schuldentilgungs- und Zinszahlungsfähigkeit kritisch vor Augen geführt werden. Unter diesem Aspekt ist die Wahrnehmung der Befreiungsoption kleiner Einzelkaufleute (§ 241a HGB) nicht unproblematisch.

Dispositionshilfe für außenstehende Dritte bedeutet, dass diesen Informationen angeboten werden, damit sie Entscheidungen zur Sicherung ihrer Interessen treffen können. Dies setzt allerdings Offenlegungspflicht der Bilanzen voraus. Nach der bisherigen Entwicklungsgeschichte des Bilanzrechts ist diese Form des Interessenschutzes in Deutschland beschränkt auf alle Vollhafter und Kommanditisten, stille Gesellschafter, Gläubiger (bei größeren Bankkrediten und im Insolvenzfall) und den Wirtschaftsausschuss der Arbeitnehmer. Bei Kapitalgesellschaften und sehr großen sowie haftungsbegrenzten Personenunternehmen müssen die Informationen – größengestuft – zum Interessenschutz allen potentiell Beteiligten durch Offenlegung/Hinterlegung angeboten werden. Vor allem bei Kapitalgesellschaften wird die Informationspflicht als Preis des Vorzugs der Beschränkung der Haftung auf das Gesellschaftsvermögen gesehen. Bei Aktiengesellschaften ist die Bilanzinformation auch Basis für die Auskunfts- und Mitgestaltungsrechte der Aktionäre sowie etwaiger Mutterunternehmen. Schließlich bestehen besonders intensive Informationsverpflichtungen für Unternehmen, die sich des anonymen Kapitalmarktes bedienen (sog. kapitalmarktorientierte Kapitalgesellschaften, § 264d HGB). Wer den Vorzug der Kapitalaufbringung an Börsen nutzt soll als Pendant umfassende Informationen bieten um den Anlegern eine vernünftige Anlageentscheidung (Kaufen, Halten, Verkaufen) zu ermöglichen. Das erfordert auch eine zeitnahe, unterjährige Rechnungslegung (Zwischenberichterstattung nach dem WpHG und den Börsenordnungen).

Inhaltlich beziehen sich die von der Bilanz zu vermittelnden Informationen auf die

- Vermögenslage (insbes. Stand, Bindungsdauer und Entwicklung des Vermögens und der Schulden),
- Ertragslage (insbes. mit Unterstützung der Aussagekraft der GuV-Rechnung),
- Finanzlage (insbes. Kapitalstruktur, Zahlungsmittel, Fälligkeiten von Verbindlichkeiten, Sicherungspotential).

Dabei kommt allerdings die Vermittlung eines Einblicks in die Ertragslage primär der *GuV-Rechnung,* nicht der Bilanz, zu. Die Finanzlage in dynamischer Sicht (Kapitalaufbringung, -tilgung, -verwendung) lässt sich besser mit einer *„Kapitalflussrechnung"* (Bewegungsbilanz) erschließen, die im deutschen Rechnungslegungsrecht z.Z. jedoch nur bei börsenorientierten Kapitalgesellschaften und Konzernmutterunternehmen obligatorisch ist.[1]

ab) Regelung von Finanzinteressen

Neben der informationellen Entscheidungsunterstützung der Adressaten setzt der deutsche *HGB-Gesetzgeber* auch die stärkeren Mittel der direkten Regelung der Finanzinteressen der Beteiligten ein. Dies geschieht durch Vorschriften zur Kapitalerhaltung (insbes. Beschränkung bei Ausschüttungen) bei Kapitalgesellschaften und durch personenbezogene Zurechnungen von Erfolgen und Vermögensmassen bei Personengesellschaften.

---

1 §§ 264 Abs. 1 bzw. 297 Abs. 1 HGB.

Zu der Zahlungsregulierung gehört insbes. die Bestimmung von Höchst- und Mindestgrenzen für die Gewinnausschüttungen bzw. Entnahmen *(Ausschüttungsbemessung).* Ein staatlicher Eingriff ist nur rechtsformabhängig in zwei Fällen erforderlich. Grundsätzlich besteht für alle Unternehmensgläubiger die Gefahr, dass das zur Schuldentilgung notwendige Vermögen oder gar das Mindesthaftungskapital durch Auskehrungen an die Eigner vermindert wird. Diese Gefahr der Verletzung von Gläubigerinteressen ist bei haftungsbegrenzenden Rechtsformen (Kapitalgesellschaften) besonders groß, weil dort nicht auf die private Vermögenssphäre der Eigner zugegriffen werden kann. Dies gilt praktisch auch bei Personengesellschaften, deren einziger Vollhafter eine Kapitalgesellschaft ist (z.B. GmbH & Co. KG).

Zum Zwecke des *Gläubigerschutzes* kommt der Bilanz im Rechtssinne bei haftungsbegrenzten Rechtsformen die Aufgabe zu, einen höchstens ausschüttbaren Gewinn zu ermitteln, der die Erhaltung eines Mindesthaftungsvermögens sicherstellt und wenigstens eine Sperrwirkung bei Aufzehrung des haftenden Eigenkapitals entfaltet *(Kapitalerhaltung, institutioneller Gläubigerschutz, Ausschüttungssperre).*

Der im deutschen Handels- und Gesellschaftsrecht ausgeprägte sog. *institutionelle Gläubigerschutz* wird durch eine vielfältige Regelungstechnik erreicht, nämlich

- Gewinn-(Jahresüberschuss-)Entstehungsbeschränkungen, z.B. durch
  - Nichtbilanzierung unsicheren Vermögens (Vermögensgegenstand, §246 Abs. 1 HGB, Bilanzierungsverbote für Aufwendungen für die Gründung und Eigenkapitalbeschaffung und bestimmte selbstgeschaffene Immaterialgüter, §248 HGB),
  - Berücksichtigung aller Risiken (z.B. durch Rückstellungen, §§252 Abs. 1 Nr. 4; 249 HGB),
  - stille Reservenbildung mittels vorsichtiger Bewertung von Vermögen und Schulden (§252 Abs. 1 Nr. 4 HGB),
  - Ansatzhöchstgrenze der (fortgeführten) Anschaffungs-/Herstellungskosten (§253 Abs. 1 HGB),
  - Realisationsprinzip bei den Erträgen und imparitätischer Behandlung zu den Aufwendungen (§252 Abs. 1 Nr. 4 HGB);
- Eigenkapital-Verwendungsbeschränkungen z.B. für
  - das Grund- bzw. Stammkapital (§152 Abs. 1 S. 1 AktG, § 30 Abs. 1 GmbHG),
  - Kapitalrücklagen (§272 Abs. 2 Nr. 1–3 HGB) und
  - gesetzliche Rücklagen (§150 Abs. 3, 4 AktG);
- Spezielle Ausschüttungssperrbeträge (§§268 Abs. 8, 272 Abs. 5, 253 Abs. 6 HGB) für
  - aktiviertes selbstgeschaffenes Anlagevermögen (§§248 Abs. 2; 255 Abs. 2a HGB),
  - aktivierte latente Steuern (§274 HGB) und
  - bei der Zeitwertbewertung von Altersversorgungsvermögen (§§246 Abs. 2 S. 2, 3; 253 Abs. 1 S. 4 HGB), sowie
  - noch nicht eingegangene, aber bereits phasengleich vereinnahmte Beteiligungserträge (Rücklagenbildung gem. §272 Abs. 5 S. 1 HGB) und zusätzlich
  - Unterschiedsbetrag der Abzinsung der Pensionsverpflichtungen mit einem Durchschnittszinssatz auf Basis eines Zeitraums von 10 Jahren gegenüber dem üblichen Zeitraum von 7 Jahren (§253 Abs. 6 HGB).

Abbildung A-11 zeigt dieses Zusammenwirken von Gläubigerschutzregelungen zur Vermeidung unangemessener Gewinnausschüttungen und ggf. Gewinnabführungen[1] im Rahmen der Bilanzierung sowie der Gewinn- und Verlustrechnung und ihrer Verlängerungsrechnung (§ 157 AktG), exemplarisch für Aktiengesellschaften.

Bei Gesellschaften mit zum Unternehmen fern stehenden Anteilseignern (insbes. bei Publikumskapitalgesellschaften) besteht andererseits die Gefahr, dass ihre Einkommensinteressen durch die im Eigeninteresse oder im Interesse der Mehrheitsgesellschafter handelnde Unternehmensführung trotz guter Erfolgslage in unbilligem Maße geschmälert werden. Auch bei Personengesellschaften können die nicht geschäftsführenden Gesellschafter von den geschäftsführenden im Gewinnanteil missbräuchlich „ausgehungert" werden. Zum Schutze der Anteilseigner wird der Bilanz in bestimmten Fällen daher die Aufgabe übertragen, eine Mindestausschüttung (bzw. eine bestimmte Entnahmeberechtigung) zu sichern (sog. Aktionärsschutz; i.w.S.: *Gesellschafterschutz*).

Mit der Bestimmung von Ober- und Untergrenzen für die Manipulierbarkeit des Bilanzergebnisses werden auch zwingende Regulierungen für andere gewinnabhängige Auszahlungen vorgenommen. Damit werden über die Gläubiger und Eigner hinaus auch die Interessen der auf andere Weise *gewinnabhängig Beteiligten* geschützt. Das betrifft regelmäßig die Unternehmensorgane, ggf. die Arbeitnehmer, stille Gesellschafter, partiarische Darlehensgeber, Genusskapitalgeber und – soweit die Maßgeblichkeit der Handelsbilanz reicht – auch den Fiskus.

Die Berechtigung mehrerer Personen am Vermögen oder Erfolg macht *Zurechnungsregeln* für die dem Einzelnen gebührenden Anteile erforderlich. Zusammen mit gesetzlichen oder vertraglichen Erfolgsverteilungsregeln bestimmt die Bilanz in vielen Fällen, insbes. bei Personengesellschaften, die absolute Höhe des einem Gesellschafter zukommenden Gewinnanteils, seines Entnahmeanspruchs oder des von ihm zu deckenden Verlustanteils. Die Höhe seines bilanziell ausgewiesenen Kapitalstandes ordnet ihm auch relative Vermögensansprüche bei gesellschaftsrechtlichen Transaktionen (z.B. einen Abfindungsanspruch bei Auseinandersetzung) zu. Diese Regeln dienen in erster Linie einem gerechten Ausgleich der Interessen der Gesellschafter untereinander; in einigen Fällen sind auch Gläubigerinteressen berührt (z.B. beim sog. Vermögensvermischungstatbestand).

Schließlich gestattet der Gesetzgeber dem Bilanzierenden explizit auch eine Reihe von Gestaltungsmöglichkeiten zur Sicherung der Unternehmensinteressen nach Lage des Falles *(Unternehmensschutz)*. Das „Unternehmen an sich" ist – auch gegenüber den Anteilseignern – u.U. Schutzobjekt. Dies betrifft nicht nur die Regelung der Informations-, sondern auch der Finanzinteressen. Mit der Einräumung von Aufstellungs-, Ausweis-, Bilanzansatz-, Bewertungs- und Offenlegungswahlrechten überlässt der Gesetzgeber den Bilanzierenden in Grenzen eine ihren Zielen, insbes. der Unternehmenserhaltung, entsprechende flexible Bilanzgestaltung.[2] Damit wird nicht nur eine Anpassung an die Viel-

---

1 Beim Bestehen eines Ergebnisabführungsvertrags besteht auch eine Abführungssperre nach § 301 S. 1 AktG.
2 Ein Beispiel ist die sog. Wertaufholungsrücklage gem. §§ 58 Abs. 2a AktG, 29 Abs. 4 GmbHG.

Bilanz	Institutioneller Gläubigerschutz
Vermögensgegenstände	VORSICHTIGE BILANZIERUNG (Nichtbilanzierung) VORSICHTIGE BEWERTUNG (Niederstwert) ANSCHAFFUNGSKOSTENPRINZIP
– Schulden	RISIKOBERÜCKSICHTIGUNG HÖCHSTWERTPRINZIP
= Eigenkapital	
■ gezeichnetes Kapital	ABSOLUTE VERWENDUNGS-BESCHRÄNKUNG

■ Kapitalrücklagen
  ■ gesperrte (gesetzliche)
  ■ verfügbare (freiwillige)
	EINSTELLUNGSPFLICHT UND VER-WENDUNGSBESCHRÄNKUNG

■ Gewinnrücklagen
  ■ gesperrte (gesetzliche, statutarische)
  ■ verfügbare
	EINSTELLUNGSPFLICHT UND VERWENDUNGSBESCHRÄNKUNG

■ Wertaufholungsrücklage	freiwillige Bildung
Gewinn- und Verlustrechnung	
Erträge der Periode	REALISATIONSPRINZIP
– Aufwendungen der Periode	IMPARITÄTSPRINZIP
= Jahresergebnis (JÜ/JFB)	
Ergebnisverwendungsrechnung	
Jahresergebnis (JÜ/JFB) gem. GuV-Rechnung	
– pflichtgemäße Rücklageneinstellungen	
+ frei verfügbare Gewinn- und Kapitalrücklagen	
+/– Bilanzergebnisvortrag aus der Vorperiode – Sperrbeträge gem. § 268 Abs. 8 HGB: ■ aktiviertes selbstgeschaffenes immaterielles Anlagevermögen ■ aktivierte latente Steuern ■ Zeitwertbewertung Altersversorgungsvermögen ■ Abzinsungsunterschiedsbetrag Pensionsrückstellungen	AUSSCHÜTTUNGSSPERRE
= **Bilanzgewinn**	AUSSCHÜTTUNGSHÖCHSTBETRAG

Abbildung A-11: Ansatzpunkte des institutionellen Gläubigerschutzes in der HGB-Rechnungslegung

gestaltigkeit der Unternehmenslagen ermöglicht, sondern auch bei Vereinfachungswahlrechten dem Übermaßverbot staatlicher Regelungen Rechnung getragen.

b) Besonderheiten der Rechnungslegungszwecke nach IFRS

Nach IFRS ist es Abschlusszweck, entscheidungsrelevante Informationen über die Vermögens-, Ertrags- und Finanzlage sowie die Cashflows eines Unternehmens bereitzustellen (IAS 1.15), die für aktuelle oder potentielle Investoren, Fremdkapitalgeber und sonstige Gläubiger nützlich sind (IASB-F.OB2). Der Nutzwert der Abschlussinformationen über Vermögenswerte, Schulden, Eigenkapital, Erträge, Aufwendungen, Gewinne, Verluste sowie Mittelzu- und -abflüsse sollen für die Adressaten darin bestehen, gute unternehmensbezogene Entscheidungen zu treffen *(decision usefulness)*.

Das IFRS-Rahmenkonzept (IASB-F.OB2) schränkt die Adressaten und deren Informationsbedürfnisse an einem IFRS-Abschlusses inzwischen deutlich ein auf Investoren, Kreditgeber und andere Gläubiger. Ihnen sollen insbes. Informationen über die Vermögens-, Finanz- und Ertragslage *(financial position)* und deren Entwicklung *(changes)* sowie über die Ergebnisse des Handelns der Unternehmensleitung *(performance)* gegeben werden *(IASB-F.OB12-20),* die für deren wirtschaftlich Entscheidungen nützlich sind *(decision usefulness).* Abweichende Interessen anderer Adressaten werden zwar vom IASB gesehen, aber nicht mit einem IFRS bedient. Mit der zwischenzeitlichen und aufschlussreichen Umbenennung von IAS in IFRS wurde diese starke Orientierung an den Interessen der Anleger an Kapitalmärkten sehr deutlich.

Dem Gläubigerschutz wird nach IFRS keine über den allgemeinen Informationszweck hinausgehende besondere Bedeutung beigemessen, angestrebt wird allenfalls die Erhaltung des Unternehmens als Emittent von Gläubigerpapieren am Kapitalmarkt. Eine bewusste Bildung von stillen Reserven wird dem Management beispielsweise nicht zugestanden (IASB-F QC14). Selbst die Auswahl eines Kapitalerhaltungskonzepts wird dem Management überlassen (IASB-F 4.58 ff.). Auch eine Steuerbemessungsfunktion kennen die IFRS nicht, lediglich einen Vorbehalt nationaler Maßgeblichkeitsregelungen. Der deutsche Gesetzgeber hat davon nicht Gebrauch gemacht (§ 5 Abs. 1 EStG). Allerdings spielt – vom Standardsetter nicht veranlasst – die IFRS-Bilanz seit der Unternehmenssteuerreform 2008 bei konzernverbundenen Unternehmen aller Rechtsformen eine steuerliche Rolle bei der sog. *Zinsschranke* (§§ 4h EStG, 8a KStG). Die grundsätzlichen Zusammenhänge zeigt Abbildung A-13.

Danach sind Zinsaufwendungen eines Unternehmens in Höhe des Zinsertrags als Betriebsausgaben abzugsfähig; darüber hinaus jedoch nur bis zur Höhe von 30% des steuerlichen EBITDA.[1] Allerdings sieht die eigentlich der Verhütung missbräuchlicher Gestaltungen dienende Regelung drei *Ausnahmen* vor. Neben einer Freigrenze (Zinssaldo unter 3 Millionen Euro und einer Konzern-/standalone-Klausel (Konzernzugehörigkeit) kann vor allem ein Vergleich der Eigenkapitalquoten im Jahresabschluss des Konzernunternehmens und im Konzernabschluss der Muttergesellschaft eine Befreiung bewirken (sog. *escape*-Klausel). Das ist der Fall, wenn die EK-Quote, definiert als Verhältnis des Eigenkapitals (EK) zur Bilanzsumme (BS), im Einzel-Jahresabschluss gleich hoch oder höher als jene im Konzernabschluss ist *(Eigenkapitalvergleich);* dabei ist ein Unterschreiten der Konzerneigenkapitalquote bis zu zwei Prozentpunkten unschädlich.[2]

---

1 Earnings before Interest, Tax, Depreciation and Amortization.
2 § 4h Abs. 2 S. 1 Buchst. c S. 2 EStG.

Zinsschranke bei konzernverbundenen Unternehmen (§§ 4 h EStG und 8 a KStG)

Voll abzugsfähige Zinsaufwendungen	Beschränkt abzugsfähige Zinsaufwendungen
bis zur Höhe der Zinserträge	Über den Zinserträgen (negativer Zinssaldo): **30 % des steuerlichen EBITDA** (modifizierter/s Gewinn/Einkommen)

Ausnahmen

- **Freigrenze:** Zinssaldo < 3 Mio. EUR
- **Escape-Klausel:** Eigenkapitalquotenvergleich
- **Konzern-/stand-alone-Klausel**

Eigenkapitalquotenvergleich

Einzel-JA

AV	EK
UV	FK
BS	BS

$$\text{Eigenkapitalquote} = \frac{\text{Eigenkapital}}{\text{Bilanzsumme}}$$

EK-Quote gem. JA Konzernunternehmen $\geq$ EK-Quote gem. Konzernabschluss

Toleranzgrenze: bis 2% Unterschreiten

Konzernabschluss

AV	EK
UV	FK
BS	BS

Konvergente Abschlüsse

Regelfall: IFRS-Abschluss	ggf. EU-handelsrechtlicher Abschluss	ggf. US-GAAP-Abschluss

Divergente Abschlüsse

Einzel-JA mit Überleitungsrechnung entsprechend dem Konzernabschluss-Rechnungslegungssystem

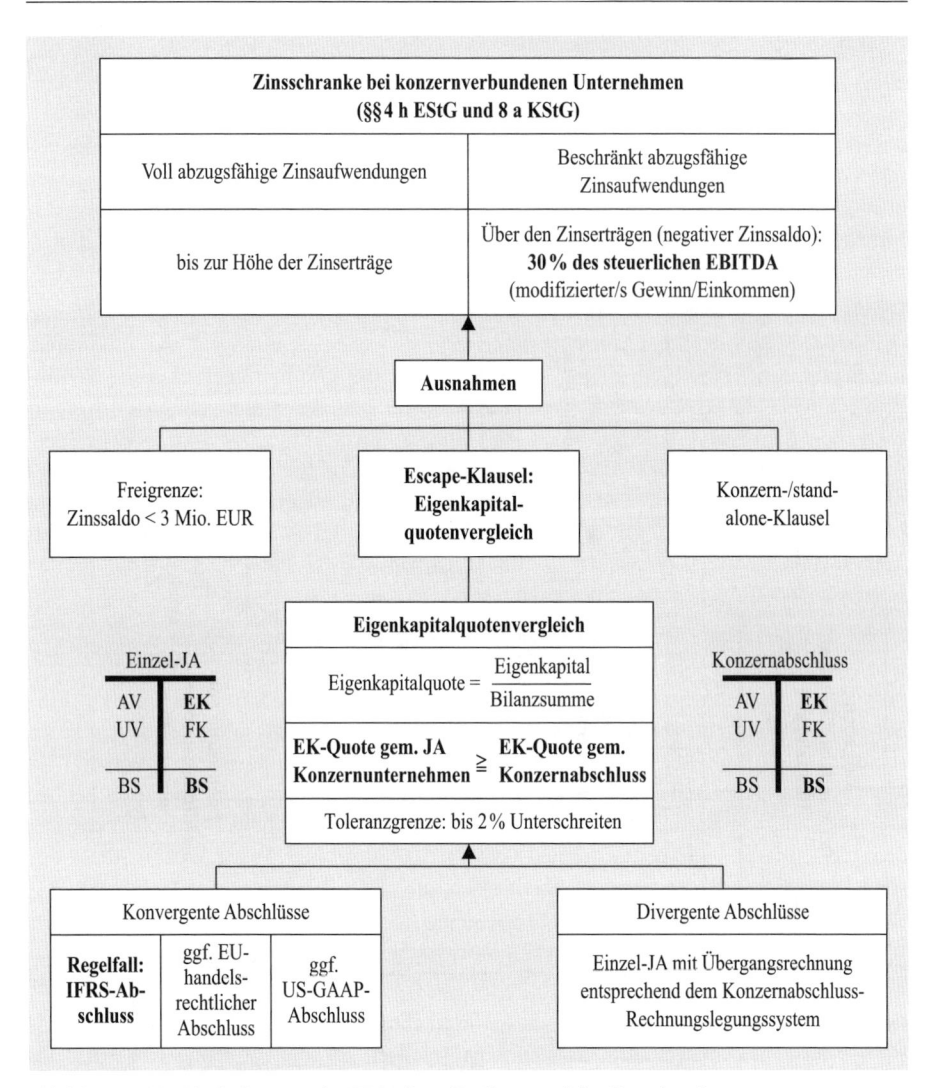

Abbildung A-13: Die Bedeutung der IFRS-Bilanz für die steuerliche Zinsschranke

Für diesen *Eigenkapitalvergleich* sind grundsätzlich die Abschlüsse nach IFRS maßgebend.[1] Wurden divergente Abschlüsse erstellt (Konzernabschluss und Einzelabschluss nach unterschiedlichen Rechnungslegungsvorschriften), so ist die Eigenkapitalquote des Konzernunternehmens in einer *Überleitungsrechnung* nach den für den Konzernabschluss

---

1 Abschlüsse nach dem Handelsrecht der EU-Mitgliedstaaten können verwendet werden, wenn kein Konzernabschluss nach IFRS zu erstellen und offen zu legen ist und für keines der letzten fünf Wirtschaftsjahre ein IFRS-Konzernabschluss erstellt wurde. Ist kein Konzernabschluss nach IFRS oder nach dem Handelsrecht eines EU-Mitgliedstaates zu erstellen und offen zu legen, können auch Abschlüsse nach den US-GAAP verwendet werden.

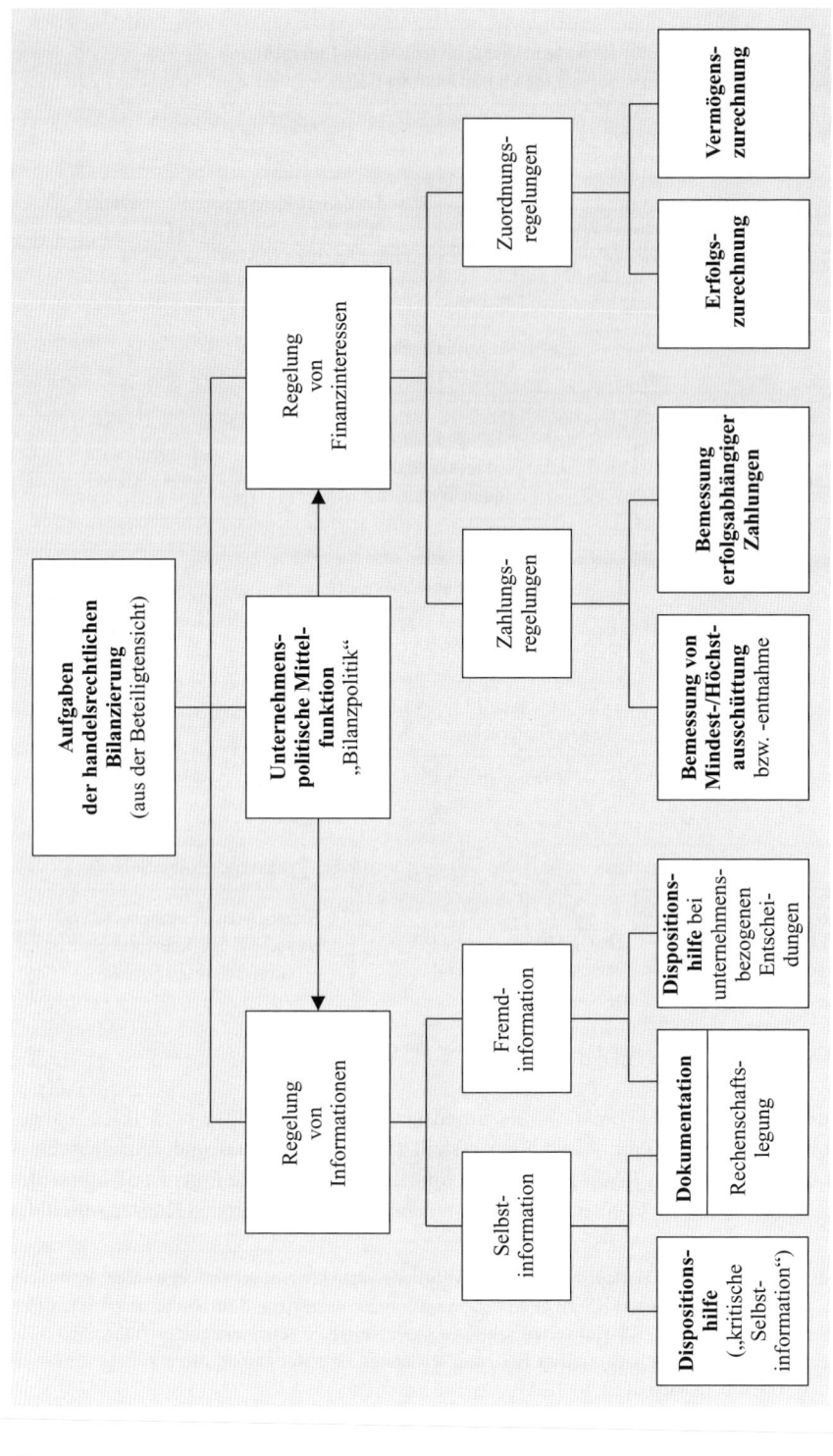

Abbildung A-12: Aufgaben der HGB-Handelsbilanz

geltenden Rechnungslegungsstandards zu ermitteln (Beispiel: HGB-Einzelabschluss, IFRS-Konzernabschluss). Damit bestimmt die Rechnungslegung nach IFRS (vom Standardsetter ungewollt) mit der steuerlichen Abzugsfähigkeit von Zinsaufwendungen unter Umständen die steuerliche Bemessungsgrundlagen und damit die Ertragsteuerzahlungen.

c) Zwecke der Steuerbilanz

Etwas einfacher zu überblicken sind die der steuerrechtlichen Bilanzierung übertragenen Funktionen, beschränkt sich doch hier der Kreis der Beteiligten ausschließlich auf den Fiskus und den Steuerpflichtigen. Die steuerrechtliche Bilanzierung ist ein Instrument der Unternehmensbesteuerung. Mit ihr soll letztlich ein Ausgleich der gegensätzlichen Finanzinteressen erreicht werden, die sich aus der Stellung einer Unternehmung als selbstständige privatwirtschaftliche Erwerbsquelle einerseits und als Nutznießer staatlicher Leistungen sowie als steuerleistungsfähige Wirtschaftseinheit andererseits ergeben.

Obwohl sie primär eine Vermögensbestandsrechnung ist, hat der Gesetzgeber der Steuerbilanz die fiskalische Hauptaufgabe der *Gewinnermittlung* für Zwecke der Einkommens-, Körperschafts- und Gewerbeertragsbesteuerung übertragen. Das Anknüpfen an eine Bestandsrechnung lässt den zutreffenden Gewinn aus der Steuerquelle „Unternehmen" eigentlich nur dann exakt erfassen, wenn man die Reinvermögensbestände am Anfang und am Ende der Existenz des Unternehmens vergleicht. Da aber Unternehmen i.d.R. nicht auf bestimmte Zeit angelegt sind und der Staat einen laufenden Finanzbedarf zu decken hat, muss an die Stelle des „Totalgewinns" die Ermittlung von „Periodengewinnen" für kürzere Abrechnungszeiträume (i.d.R. ein Jahr) treten. Zudem ist die Höhe der zu leistenden Steuern im Einkommensteuerfall von der Höhe der Bemessungsgrundlage einer Periode (Veranlagungszeitraum) abhängig. Aus diesem Grunde kann die Aufgabe der Steuerbilanz treffend als *„periodengerechte Gewinnermittlung"* umschrieben werden. Dass dabei auch allgemeine Besteuerungspostulate, wie z.B. die Forderungen nach Steuergerechtigkeit (Gleichbehandlung, Allgemeinheit, Verhältnismäßigkeit), Tatbestandsmäßigkeit, Vorhersehbarkeit, Erhaltung der Steuerquelle, Praktikabilität als Nebenbedingungen zu beachten sind, versteht sich von selbst.

Als fiskalische Sekundärfunktion ist der Steuerbilanz auch die *Unterstützung anderer steuerlicher Rechenwerke* übertragen. So ist die Wertermittlung von nicht notierten Anteilen an Kapitalgesellschaften und Personengesellschaften sowie des Betriebsvermögens von Einzelkaufleuten für Zwecke der Erbschaftsteuer weiterhin von der Steuerbilanz abhängig. Zwar wurde mit der ab 2009 wirksamen Erbschaftsteuerreform die direkte Übernahme von Steuerbilanzwerten in die Vermögensaufstellung (sog. verlängerte Maßgeblichkeit) zugunsten einer Orientierung am gemeinen Wert und einer Gesamtbewertung durch Kaufpreisorientierung oder ersatzweiser Anwendung betriebswirtschaftlicher Unternehmensbewertungsverfahren aufgegeben (§§ 109, 11 BewG). Dennoch sind Ansätze dem Grunde nach in der Steuerbilanz weiter maßgeblich für den Umfang des Betriebsvermögens (§ 95 Abs. 1 BewG) und für die Ermittlung des Mindestwertes gem. § 11 Abs. 2 S. 3 BewG durch Einzelbewertung der Steuerbilanzposten mit dem gemeinen Wert. Außerdem ist beim (optional) vorherrschenden vereinfachten Ertragswertverfahren (§ 199 ff. BewG) als nachhaltig erzielbarer Jahresertrag der dreijähriger Durchschnitt modifizierter Steuerbilanzgewinne zu verwenden (§ 202 Abs. 1 BewG).

Gelegentlich setzt der Fiskus bei direkten Subventionen die Steuerbilanz für den Nachweis der *Subventionsbedürftigkeit* ein (z. B. zur Überprüfung von Prosperitätsklauseln).

Neben die beschriebene fiskalische Hauptfunktion der Steuerbilanz, einen möglichst den tatsächlichen Verhältnissen und den gesetzlichen Tatbeständen entsprechenden Periodengewinn zu ermitteln, ist zeitweise eine zweite – konkurrierende – Aufgabe getreten. Die Steuerbilanz wird als Instrument zur *Verhaltenslenkung* der Unternehmen bzw. Unternehmer in Richtung auf außerfiskalische politische Zielverwirklichungen (insbes. der Wirtschaftspolitik) verwendet. Zunehmend hat sich die Überzeugung durchgesetzt, dass eine Steuerung durch direkte Zuwendungen (z. B. Investitionszulagen) oder außerbilanzielle Korrekturen (z. B. Investitionsabzugsbetrag) zielgenauer ist als z. B. Sonderabschreibungen, erhöhte Absetzungen und steuerfreie Rücklagen. Steuerpsychologisch scheint jedoch – das zeigt die Beliebtheit sog. steuersparender Beteiligungen – der über Bemessungsgrundlagenabzüge reichende Steuerminderungseffekt weiter attraktiv zu sein.

Aus der Sicht des Steuerpflichtigen stellt sich die Steuerbilanz primär als ein Mittel zur Erfüllung der ihm staatshoheitlich auferlegten *Mitwirkungspflicht* bei der Steuererhebung dar. Eine nach steuerrechtlichen Vorschriften erstellte Steuerbilanz ermöglicht ihm den Nachweis des der Besteuerung zugrunde zu legenden Periodengewinns.

Aus der Sicht des Steuerpflichtigen hat die Steuerbilanz aber auch den durch die Einräumung gesetzlicher Wahlrechte sanktionierten Zweck, die zu ermittelnden Steuerbemessungsgrundlagen in quantitativer und zeitlicher Hinsicht seinen Zielen entsprechend zu regulieren. Dazu steht ihm insbes. das Instrumentarium der *Steuerbilanzpolitik* zur Verfügung.

Schließlich ist nicht zu übersehen, dass die Steuerbilanz vielen Steuerpflichtigen auch als *Nachweis der Ertrags- und Vermögenslage für nichtfiskalische Adressaten* dient. Gewinnbeteiligten, ausscheidenden Gesellschaftern, kreditwürdigkeitsprüfenden Banken[1], subventionsgewährenden Behörden u. v. m. gilt die Steuerbilanz wegen ihrer strengeren Rechtsvorschriften und der finanzamtlichen Überwachung vielfach als ein zuverlässigeres Erkenntnismittel als die Handelsbilanz. Ein gesetzlicher Bilanzzweck ist dies allerdings nicht – eher ein aus der mitunter beschränkten Tauglichkeit der Handelsbilanz resultierender Nebeneffekt des strengeren Steuerbilanzrechts.

---

1 Mit der vom BMF veröffentlichten E-Bilanz-Taxonomie 6.0 vom 1. 4. 2016 wird der Verwendung von Steuerbilanzdaten für bankwirtschaftliche Zwecke erstmals Rechnung getragen, indem auch Anforderungen des Projekts „Digitaler Finanzbericht" (vormals: ELBA) der deutschen Kreditwirtschaft in der Taxonomie berücksichtigt werden (BMF-Schreiben vom 24. 5. 2016, BStBl. I 2016 S. 500).

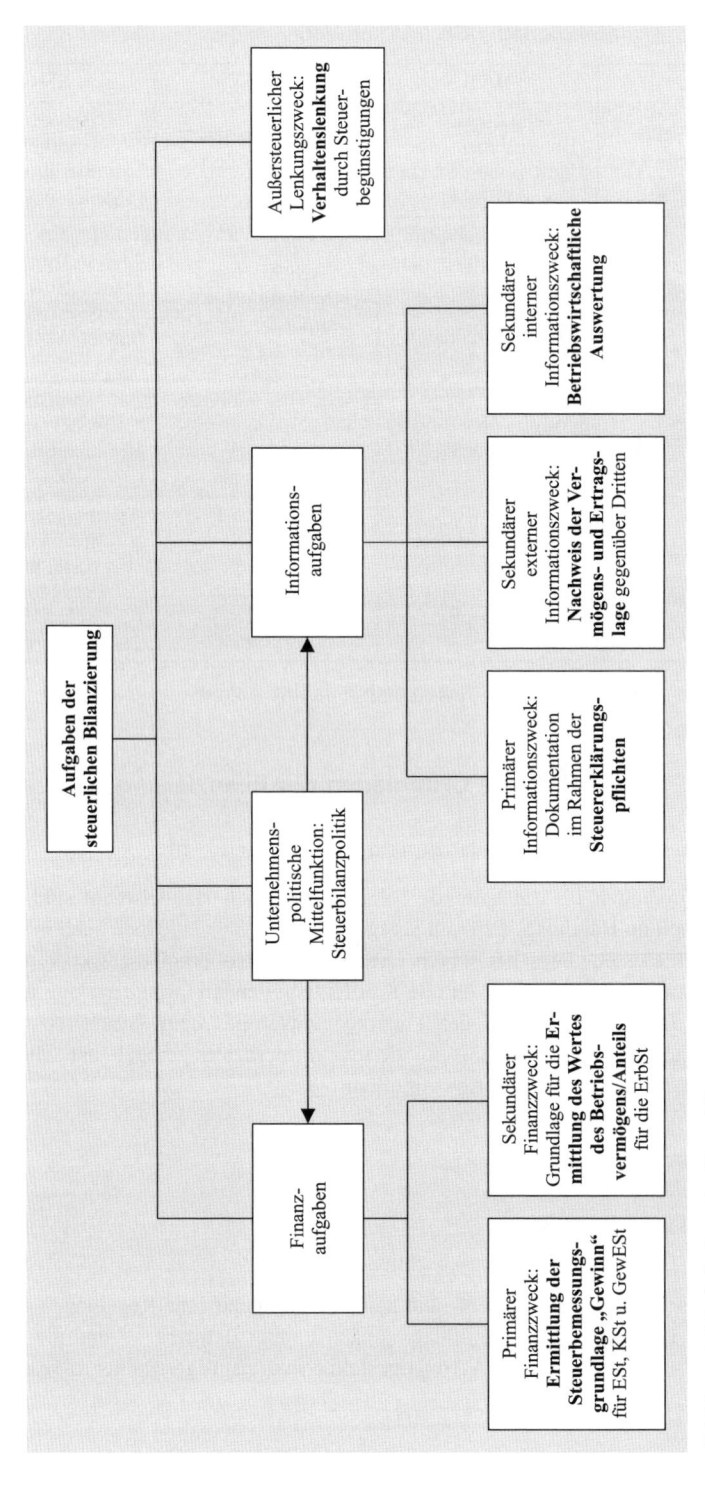

Abbildung A-14: Aufgaben der Steuerbilanz

d) Synopse der Bilanzzwecke nach HGB, IFRS und EStG

Zwecke	HGB	IFRS	EStG
Grundsätzliche Interessenorientierung	pluralistisch: Unternehmensbeteiligte, insbes. Eigner und Gläubiger	faktisch monistisch, insbes. Investoren und Gläubiger	dualistisch: staatlicher Fiskal- und Steuerungszweck
Ausschüttungsbemessung	ja, *Gläubigerschutz* durch Vorsichtsprinzip und *Ausschüttungsbegrenzung* (Kapitalerhaltung); *Gesellschafterschutz*	nein, kein spezifischer (institutioneller) *Gläubiger- und Gesellschafterschutz*	Nach Aufgabe der umgekehrten Maßgeblichkeit durch BilMoG kein Einfluss
Steuerbemessung	teilweise über direkte Maßgeblichkeit	nein, aber nationale Regelungen akzeptiert, punktuell über Zinsschranke	primärer Zweck: Gewinnermittlung für Ertragsteuern
Information	Information über VFE-Lage im Rahmen von Gesetz und GoB	Primärzweck: *fair presentation* der VFE-Lage zur *Entscheidungsnützlichkeit* für Adressaten	Datensatz/Unterlage zur Steuererklärung, bei KMU praktisch *betriebswirtschaftliche Auswertung*

Abbildung A-15: Zwecke des Jahresabschlusses nach HGB, IFRS und EStG

V. Rechtliche Grundlagen der Bilanzierung

1. Rechtliche Grundlagen der Bilanzierung nach Handelsrecht

Die Rechtsgrundlagen für die laufende Bilanzierung nach Handelsrecht sind zwar im Grundsätzlichen im Handelsgesetzbuch geregelt, darüber hinaus jedoch auch in verschiedenen Spezialgesetzen. Dies hat seinen Grund darin, dass der Gesetzgeber die Rechnungslegungspflichten nach einer für alle Kaufleute geltenden Grundregelung in Abhängigkeit von den Rechtsformen, der Unternehmensgröße, dem Geschäftszweig, der Konzernangehörigkeit und der Börsennotierung differenziert geregelt hat. Die gesetzlichen *Bilanzierungsnormen* betreffen vor allem

- die Aufstellung,
- die Prüfung,
- die Feststellung und
- die Offenlegung/Hinterlegung

der Bilanz als Bestandteil des Jahresabschlusses.

Lässt man geschäftszweig-, konzern- und kapitalmarktspezifische Regelungen sowie die Befreiung für sehr kleine Einzelkaufleute zunächst außer Betracht, so sind die Bilanzierungsnormen – wie in Abbildung A-16 dargestellt – in dreistufiger Reihenfolge additiv zu bestimmen.

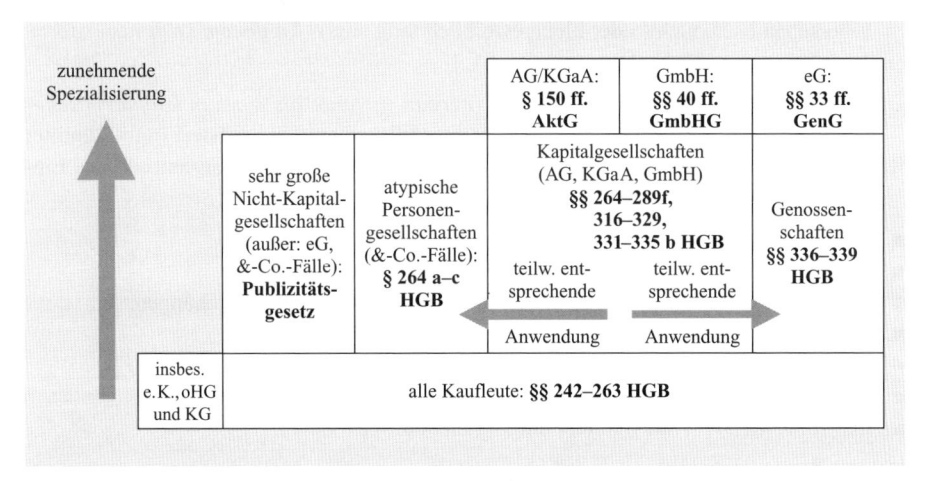

zunehmende Spezialisierung ↑			AG/KGaA: § 150 ff. AktG	GmbH: §§ 40 ff. GmbHG	eG: §§ 33 ff. GenG
	sehr große Nicht-Kapital-gesellschaften (außer: eG, &-Co.-Fälle): **Publizitäts-gesetz**	atypische Personen-gesellschaften (&-Co.-Fälle): **§ 264 a–c HGB**	Kapitalgesellschaften (AG, KGaA, GmbH) **§§ 264–289f, 316–329, 331–335 b HGB**		Genossen-schaften **§§ 336–339 HGB**
			teilw. ent-sprechend ←	teilw. ent-sprechend →	
			Anwendung	Anwendung	
insbes. e.K., oHG und KG		alle Kaufleute: **§§ 242–263 HGB**			

Abbildung A-16: Rechtsformabhängige Vorschriften zur Einzel-Rechnungslegung

a) Allgemeine Bilanzierungsvorschriften, die an die Kaufmannseigenschaft anknüpfen

Hauptsächlicher Anknüpfungspunkt für die Verpflichtung, Handelsbilanzen zu erstellen, ist die Eigenschaft als *Kaufmann* im Rechtssinne. Nur für diesen Personenkreis begründet § 242 Abs. 1 HGB die Verpflichtung zur Aufstellung einer Bilanz.

Kaufmann i. S. d. HGB ist demnach

1. wer ein Handelsgewerbe betreibt (*Kaufmann kraft Handelsgewerbe, Istkaufmann*, früher: Musskaufmann, § 1 HGB). Handelsgewerbe in diesem Sinne ist jeder Gewerbebetrieb, der nach Art und Umfang einen in kaufmännischer Weise eingerichteten Geschäftsbetrieb erfordert. Die Handelsregistereintragung ist hierfür bedeutungslos, nur deklaratorisch. Durch das herrschende Verständnis von Gewerbe sind Land- und Forstwirte, freie Berufe und reine Vermögensverwaltung ausgeschlossen;
2. ein gewerbliches Unternehmen, das einen in kaufmännischer Weise eingerichteten Geschäftsbetrieb nicht erfordert (sog. Kleingewerbe), gilt als Handelsgewerbe, wenn der Unternehmer die Firma ins Handelsregister eintragen lässt (*kleingewerblicher Kannkaufmann*, Kaufmann kraft Eintragung, § 2 HGB); das gilt auch für Zusammenschlüsse von Kleingewerbetreibenden in Form einer GbR, die sich durch Eintragung zu einer OHG oder KG zusammenschließen können;
3. eine nur eigenes Vermögen verwaltende Personengesellschaft, sofern die Firma ins Handelsregister eingetragen wurde (*vermögensverwaltende Personengesellschaft als Kannkaufmann*, §§ 2, 105 HGB);
4. ein land- und forstwirtschaftliches Unternehmen, das nach Art und Umfang einen in kaufmännischer Weise eingerichteten Geschäftsbetrieb erfordert, sofern die Firma in das Handelsregister eingetragen ist (*land- und forstwirtschaftlicher Kannkaufmann*, § 3 HGB);
5. eine AG, SE, GmbH (einschl. Unternehmergesellschaft (haftungsbeschränkt)), KGaA, eG, SCE, EWIV oder ein e. V. – letztere unabhängig davon, ob sie ein Handelsgewer-

be ausüben (z.B. nicht- oder kleingewerblich tätig sind) (*Kaufmann kraft Rechtsform, Formkaufmann*, §6 HGB).[1]

Das in mehrfacher Weise entscheidende Kriterium *Erfordernis eines in kaufmännischer Weise eingerichteten Geschäftsbetriebes* ist gesetzlich nicht konkretisiert (unbestimmter Rechtsbegriff). Nach der Rechtsprechung[2] ergibt sich dies aus dem Gesamtbild des Einzelfalles nach Würdigung von Kriterien wie

- Umsatzerlöse,
- Art der Tätigkeit (Branche, grenzüberschreitende Tätigkeiten),
- Vielfalt und Vielzahl der erbrachten Leistungen und Geschäftsbeziehungen,
- Struktur des Betriebes (z.B. Größe und Zahl der Betriebsstätten),
- Höhe des Anlagevermögens und des Betriebskapitals,
- Zahl der Beschäftigten,
- Inanspruchnahme von Krediten, umfangreiche Logistik etc.,

bisher jedoch nicht nach einzelnen Grenzwerten.

Nicht unter die Bilanzierungspflicht fallen die sog. *Scheinkaufleute (Fiktivkaufleute)* i.S.d. §5 HGB (eingetragene Unternehmer ohne Handelsgewerbe). Ein Vorbehalt landesrechtlicher Regelungen besteht für kommunale Unternehmen ohne eigene Rechtspersönlichkeit (§263 HGB). Welche natürliche und juristische Personen bzw. Personenvereinigungen unter die allgemeinen Pflichten der §§242–263 HGB fallen, zeigt zusammenfassend Abbildung A-17 – ohne Berücksichtigung der nachfolgenden Befreiung für kleine Einzelkaufleute.

Kurzbezeichnung / Merkmale	Istkaufmann (§1 HGB)	Kannkaufmann (§§ 2, 3 Abs. 2, 105 Abs. 2 HGB)			Formkaufmann (§ 6 Abs. 2 HGB)
Rechtsform	EU, PersGes	EU, PersGes	EU, PersGes	PersGes	AG, KGaA, GmbH, eG etc.
Unternehmensgegenstand	Gewerbe	Gewerbe	Land- und Forstwirtschaft	Verwaltung eigenen Vermögens	unabhängig
Erfordernis eines nach Art oder Umfang in kaufmännischer Weise eingerichteten Geschäftsbetriebs	ja	nein	ja	unabhängig	unabhängig
Registereintragung	unabhängig	nach freiwilliger Eintragung	nach freiwilliger Eintragung	nach freiwilliger Eintragung	nach Eintragung (Entstehung)

Abbildung A-17: Kaufmannseigenschaft als Voraussetzung der Bilanzierungspflicht

---

1 Je nach Auslegung des § 105 Abs. 2 HGB werden Personenhandelsgesellschaften (OHG, KG) auch den Formkaufleuten zugerechnet.
2 BGH v. 28.4.1960, DB 1960, S. 1097; OLG Koblenz v. 7.4.1988, DB 1988, S. 2506.

Durch das BilMoG wurde für an sich buchführungs- und abschlusspflichtige Einzelkaufleute, sofern sie sog. kleine Handelsgewerbetreibende sind, eine *Befreiungsoption von der Buchführungs-, Inventar- und Aufstellungspflicht von Jahresabschlüssen* eingeführt (§§ 241a, 242 Abs. 4 HGB). Voraussetzung ist, dass für zwei aufeinanderfolgende Geschäftsjahre – bei Neugründung genügt der erste Abschlussstichtag – keiner der beiden durch das Bürokratieentlastungsgesetz 2015 erhöhten Schwellenwerte

Umsatzerlöse	bis	600.000 Euro
Jahresüberschuss	bis	60.000 Euro

überschritten wird. Die Grenzen entsprechen zwar betragsmäßig den steuerlichen Buchführungsgrenzen des § 141 AO, betreffen hier jedoch die handelsrechtlichen Größen „Umsatzerlöse" (statt steuerliche Umsätze) und „Jahresüberschuss" (statt steuerlicher Gewinn). Außerdem gelten die Schwellenwerte nach HGB kumulativ („und"), jene nach AO alternativ („oder") und die Zwei-Jahresbedingung fehlt im Steuerrecht.

Wird von der Befreiung Gebrauch gemacht (was nicht unproblematisch ist[1]), so kann auf kaufmännische Buchführung, handelsrechtliche Geschäftsbriefaufbewahrung und Erstellung von Inventar und Jahresabschluss verzichtet werden. Die Rechnungslegung kann den individuellen Anforderungen entsprechend ausgestaltet werden, mindestens wohl mit der ohnehin steuerlich erforderlichen Erfolgsermittlung durch Einnahmen-Überschuss-Rechnung (ähnlich § 4 Abs. 3 EStG). Handelsrechtliche Sanktionen für Buchführungs- und Bilanzierungsverstöße gibt es bei Wahrnehmung der Option jedenfalls insoweit nicht.

Insgesamt ergibt sich damit das in Abbildung A-18 dargestellte Prüfschema für die Verpflichtung/Befreiung zur Aufstellung von Jahresabschlüssen (Bilanzen und GuV-Rechnung):

---

1 Die Einrichtung eines kaufmännischen Geschäftsbetriebs – wozu auch eine Buchführung mit Abschluss gehört – ist aus gutem Grund ein konstitutives Merkmal des Istkaufmanns.

Grundlagen der Bilanzierung

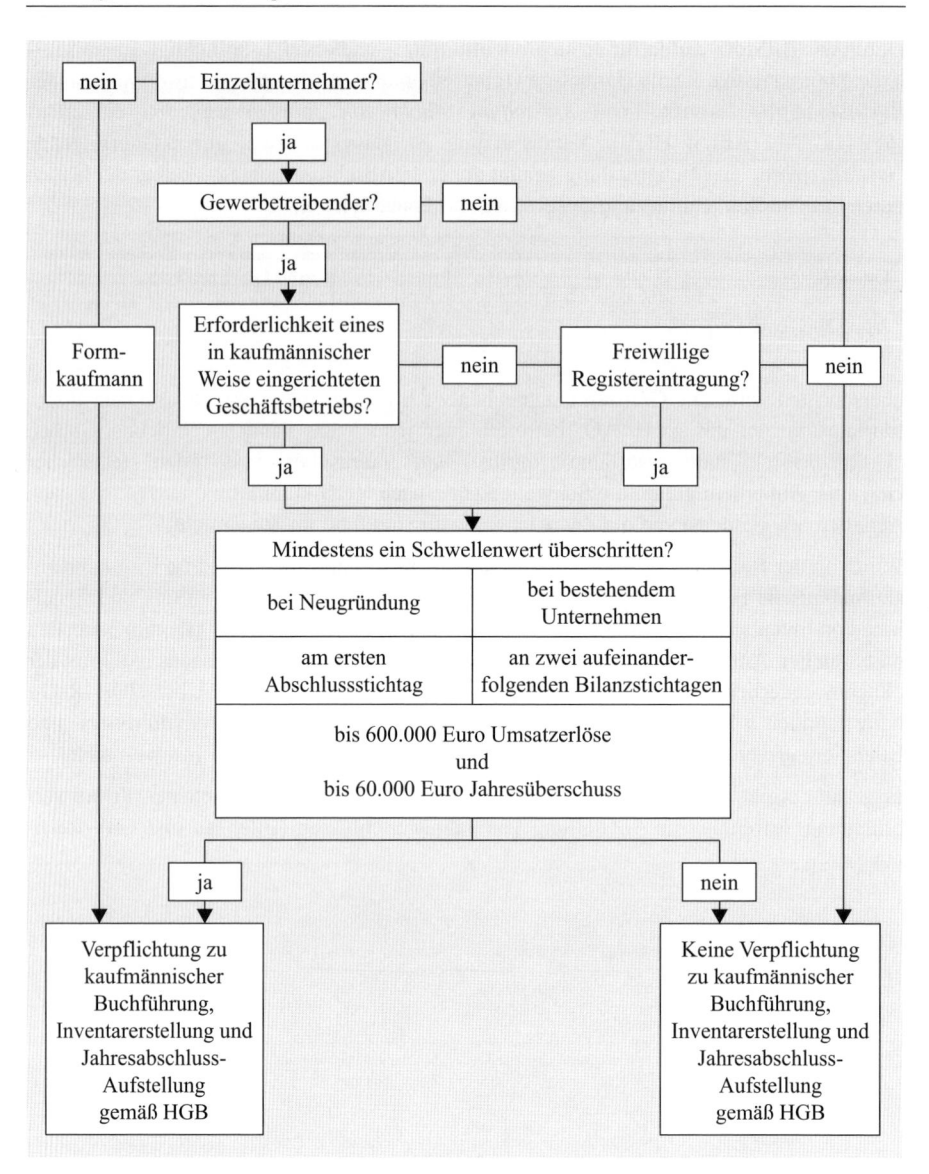

```
                    ┌─────────────────────┐
    ┌─ nein ────────┤ Einzelunternehmer?  │
    │               └──────────┬──────────┘
    │                          │ ja
    │                          ▼
    │               ┌─────────────────────┐
    │               │  Gewerbetreibender? ├──── nein ────────────────────┐
    │               └──────────┬──────────┘                              │
    │                          │ ja                                      │
    │                          ▼                                         │
    │              ┌──────────────────────┐         ┌──────────────────┐ │
    │  ┌────────┐  │   Erforderlichkeit   │         │                  │ │
    │  │ Form-  │  │   eines in kauf-     │         │   Freiwillige    │ │
    │  │kaufmann│  │ männischer Weise ein-├── nein ──┤ Registereintra-  ├─ nein
    │  └───┬────┘  │ gerichteten Geschäfts-│         │     gung?        │ │
    │      │       │       betriebs?      │         │                  │ │
    │      │       └──────────┬───────────┘         └────────┬─────────┘ │
    │      │                  │ ja                           │ ja        │
    │      │                  ▼                              ▼           │
    │      │         ┌─────────────────────────────────────┐             │
    │      │         │ Mindestens ein Schwellenwert        │             │
    │      │         │        überschritten?               │             │
    │      │         ├──────────────────┬──────────────────┤             │
    │      │         │  bei Neugründung │ bei bestehendem  │             │
    │      │         │                  │    Unternehmen   │             │
    │      │         ├──────────────────┼──────────────────┤             │
    │      │         │   am ersten      │ an zwei aufeinan-│             │
    │      │         │ Abschlussstichtag│ derfolgenden     │             │
    │      │         │                  │ Bilanzstichtagen │             │
    │      │         ├──────────────────┴──────────────────┤             │
    │      │         │    bis 600.000 Euro Umsatzerlöse    │             │
    │      │         │                 und                 │             │
    │      │         │    bis 60.000 Euro Jahresüberschuss │             │
    │      │         └──┬──────────────────────────────┬───┘             │
    │      │            │ ja                           │ nein            │
    │      ▼            ▼                              ▼                 ▼
    │  ┌─────────────────────┐              ┌─────────────────────┐
    │  │    Verpflichtung zu │              │ Keine Verpflichtung │
    │  │    kaufmännischer   │              │  zu kaufmännischer  │
    │  │    Buchführung,     │              │     Buchführung,    │
    │  │ Inventarerstellung  │              │ Inventarerstellung  │
    │  │  und Jahresabschluss-│             │  und Jahresabschluss-│
    │  │     Aufstellung     │              │     Aufstellung     │
    │  │     gemäß HGB       │              │     gemäß HGB       │
    │  └─────────────────────┘              └─────────────────────┘
```

Abbildung A-18: Prüfschema zur Befreiung von der Buchführungs-/Bilanzierungspflicht für kleine Einzelkaufleute

Inhaltlich legen die an die Kaufmannseigenschaft und die Schwellenwertüberschreitung des § 241a HGB anknüpfenden Vorschriften für die Handelsbilanz von Kaufleuten allgemeinverbindlich – als öffentlich-rechtliche Verpflichtung – fest:

Grundsätzliche Verpflichtungen	
§ 242 Abs. 1 HGB	Pflicht zur Aufstellung einer Eröffnungsbilanz zu Beginn des Handelsgewerbes – sofern nicht Befreiungsoption nach § 241 HGB
§ 242 Abs. 1–4 HGB	Pflicht zur Aufstellung eines aus Bilanz und GuV.-Rechnung bestehenden Jahresabschlusses – sofern nicht Befreiung nach § 241 HGB
§ 243 HGB	Pflicht zur rechtzeitigen Aufstellung eines klaren und übersichtlichen Jahresabschlusses unter Beachtung der Grundsätze ordnungsmäßiger Buchführung
§ 244 HGB	Pflicht zur Aufstellung in deutscher Sprache und Euro
§ 245 HGB	Pflicht zur datierten Unterzeichnung des Jahresabschlusses
Regelungen für Ansätze dem Grunde nach, nämlich	
§ 246 HGB	Gebot der Vollständigkeit, Prinzip wirtschaftlicher Zurechnung und das (modifizierte) Verrechnungsverbot
§ 247 HGB	Obligatorischer Bilanzinhalt
§ 248 HGB	Bilanzierungsverbote und -wahlrechte
§ 249 HGB	Ansatz von Rückstellungen
§ 250 HGB	Ansatz von Rechnungsabgrenzungsposten
§ 251 HGB	Unter-Bilanz-Ausweis von Haftungsverhältnissen
Regelungen für Ansätze der Höhe nach, nämlich	
§ 252 HGB	Allgemeine Bewertungsgrundsätze
§ 253 HGB	Zugangs- und Folgebewertung
§ 254 HGB	Bildung von Bewertungseinheiten
§ 255 HGB	Bewertungsmaßstäbe
§ 256 HGB	Bewertungsvereinfachungsverfahren
§ 256a HGB	Währungsumrechnung
Dokumentationsverpflichtungen	
§ 257 HGB	Verpflichtungen zur befristeten Aufbewahrung von Unterlagen
§§ 258–261 HGB	Vorlage von Unterlagen

Allein an die Kaufmannseigenschaft knüpfen noch *keine* gesetzlichen Prüfungs- oder Offenlegungsverpflichtungen an.

b) Bilanzierungsvorschriften, die an bestimmte Rechtsformen und Unternehmensgrößen anknüpfen

Unter einer *Rechtsform* versteht man ein typisches System von Rechtsnormen, die die Verhältnisse in einem Unternehmen, zwischen dem Unternehmen und Unternehmensbeteiligten (i.w.S.) sowie zwischen den Eignern des Unternehmens regeln. Von den vielfältigen Typen werden hier nur die Einzelkaufleute (eingetragener Kaufmann, e.K.), Personenhandelsgesellschaften (oHG, KG), Kapitalgesellschaften (AG, SE, KGaA, GmbH) und eingetragene Genossenschaften (eG) betrachtet. Das Anknüpfen von Bilanzierungsvorschriften an eine bestimmte Rechtsform soll den rechtsformabhängig unterschiedlich ausgeprägten Schutzbedürfnissen der Gläubiger und Anteilseigner sowie den Strukturbesonderheiten der einzelnen Rechtsformen (z.B. Haftungsbeschränkung, Bindung und Nähe der Anteilseigner) Rechnung tragen. Mit der deutlichen Trennung der für die ca. 2,8 Mio. Personenunternehmen und für die ca. 657.000 Kapitalgesellschaften geltenden Rechnungslegungsvorschriften soll nach Auffassung des Gesetzgebers[1] verhindert werden, dass die speziellen, strengeren Vorschriften für Kapitalgesellschaften die weitgehend nur an die GoB gebundene Bilanzierungspraxis der Personenunternehmen beeinflussen. Faktisch lässt sich dies jedoch über die Fortentwicklung der für alle Kaufleute geltenden GoB kaum ausschließen.

Als *Unternehmensgröße* bezeichnet man ein die Unternehmung als Ganzes kennzeichnendes quantitatives Merkmal oder Merkmalsbündel. Der Gesetzgeber verwendet hier – im Gegensatz zur Buchführungsbefreiung gem. § 241a HGB mit den Kriterien Umsatz und Gewinn – eine Größeneinteilung nach einer Kombination von Bilanzsumme (d.h. Vermögen bzw. Kapital), Umsatzerlösen und Mitarbeiterzahl. Mit der größenabhängigen Pflichtengestaltung wird zum einen der gesamtwirtschaftlichen Bedeutung des Unternehmens und dem Umstand Rechnung getragen, dass das Ausmaß der Abhängigkeit Dritter (z.B. Arbeitnehmer, Kunden, Lieferanten) vom Unternehmen mit der Unternehmensgröße zusammenhängt. Zum anderen sollen mit einer größenabhängigen Pflichtenintensität Erleichterungen der Belastung mit Rechnungslegungsaufgaben bei kleinen und mittleren Unternehmen (KMU) geschaffen werden.

ba) Bilanzierungsvorschriften für typische Personenunternehmen

Bei Einzelkaufleuten (eingetragenen Kaufleuten, e.K. – nicht aber bei Unternehmergesellschaften (haftungsbeschränkt) – und Personenhandelsgesellschaften (OHG, KG) besteht vom Prinzip her keine Haftungsbegrenzung, da der Einzelunternehmer oder mindestens ein Gesellschafter für die Verbindlichkeiten des Unternehmens unbeschränkt einstehen muss. Auch sind die Anteilseigner mit relativ starken Rechten ausgestattet (zivilrechtliche Gestaltbarkeit des Gesellschaftsvertrages, Entnahmen § 122, Kontrolle § 118 HGB) und beim Grundtyp der Personengesellschaft ohnehin nahe mit dem Unternehmen verbunden. Deshalb hat der Gesetzgeber keine über die für alle Kaufleute geltenden Basisregelungen hinausreichenden besonderen Bilanzierungsnormen zum Schutze von Eignern und Gläubigern vorgesehen. Die Pflicht zur Aufstellung der Bilanz trifft den Einzelunternehmer bzw. den geschäftsführenden Gesellschafter der Personenhandelsgesellschaft (§ 120 HGB).[2] Unterschreiben, und damit die Bilanz als abgeschlossen und rechtsverbindlich bestätigen, müssen alle persönlich haftenden Gesellschafter bzw. der Einzelkaufmann höchstpersönlich (§ 245 HGB). Gesetzliche Spezialregelungen bestehen lediglich für

---

1 BT-Drs. 10/4268, S.90.
2 BGH v. 27.9.1979; BB 1980, S.121.

§§ 120 f., 167 f. HGB	die Verteilung des mit der Bilanz ermittelten Erfolgs auf Gesellschafter einer Personengesellschaft
§ 122 HGB	das vom Bilanzergebnis und dem Kapitalanteil abhängige Entnahmerecht
§ 166 HGB	das Recht auf Bilanzeinsicht durch Kommanditisten

Die Bilanz spielt auch eine Rolle bei der Bestimmung des Ausmaßes der gesellschaftsvertraglichen Rechte und Pflichten, insbes. wenn das Stimmrecht an den Stand der Kapitalkonten geknüpft ist oder wenn ein Auseinandersetzungsanspruch zu bestimmen ist. Weitgehend handelt es sich um individuell veränderbares (dispositives) Recht.

In zweierlei Hinsicht sind die Bilanzierungspflichten für Personenunternehmen auch *unternehmensgrößenabhängig*:

Zum einen sind einzelkaufmännische *Kleinstunternehmen* als Nichtkaufleute nicht bilanzierungspflichtig. Wann ein Unternehmen „nach Art oder Umfang einen in kaufmännischer Weise eingerichteten Geschäftsbetrieb" nicht erfordert, lässt sich allgemein nicht in Zahlengrößen ausdrücken.[1] Unbestritten zählen hierzu jedoch z. B. Straßenhändler, Inhaber kleiner Ladengeschäfte und kleiner Gaststätten.

Unter den Kaufleuten sind *kleine Einzelkaufleute* von der Verpflichtung zur Bilanzierung optional befreit (§ 241a i. V. m. § 242 Abs. 4 HGB).[2]

Zum anderen sind *Großunternehmen* in der Rechtsform des Einzelkaufmanns oder der typischen Personenhandelsgesellschaften nach dem Publizitätsgesetz zur Aufstellung, Prüfung und Offenlegung ihrer Bilanz (als Bestandteil des Jahresabschlusses) verpflichtet (§ 3 Abs. 1 Nr. 1 PublG). Diese Vorschriften beruhen auf der Erkenntnis, dass sehr große Unternehmen unabhängig von ihrer Rechtsform von beträchtlicher gesamtwirtschaftlicher Bedeutung sind und von ihnen zahlreiche Dritte (Lieferanten, Abnehmer, Gläubiger, Arbeitnehmer, Kommunen u. a.) zum Teil existenziell abhängig sind. Als Großunternehmen im Sinne des Publizitätsgesetzes wird ein Personenunternehmen angesehen, wenn es an drei aufeinander folgenden Abschlussstichtagen jeweils mindestens zwei der folgenden Größenmerkmale erfüllt (§ 1 PublG):

Bilanzsumme	über	65 Millionen Euro
Umsatzerlöse der vorhergehenden 12 Monate	über	130 Millionen Euro
durchschnittliche Arbeitnehmerzahl der vorhergehenden 12 Monate	über	5000

Inhaltlich sind die Bilanzierungsvorschriften weitgehend den für Kapitalgesellschaften geltenden Vorschriften angenähert, wobei allerdings für Personenunternehmen gewisse Erleichterungen und Besonderheiten gelten (vgl. § 5 Abs. 1 und 4 PublG: Ausweisverbot für Privatvermögen; § 9 Abs. 3 PublG: zusammengefasster Eigenkapitalausweis). Es besteht Prüfungs- und beschränkte Offenlegungspflicht des Jahresabschlusses (§§ 6 f., 9 PublG).

---

1 Zu den Kriterien siehe unter Kap. A.IV.1.a.
2 Zu Einzelheiten siehe Kapitel A.V.1.a).

bb) Bilanzierungsvorschriften für atypische Personenhandelsgesellschaften

Ein *Hauptanlass* für die verschärften Vorschriften für Aufstellung, Prüfung und Offenlegung von Jahresabschlüssen bei Kapitalgesellschaften ist der Umstand, dass Unternehmen in diesen Rechtsformen Dritten gegenüber nur mit ihrem Gesellschaftsvermögen haften. Außenstehende Dritte sollen zur Einschätzung dieses Gläubigerrisikos wenigstens verlässliche Informationen über die Vermögens-, Ertrags- und Finanzlage des Unternehmens erhalten.

Bei den typischen Personenunternehmen (Einzelkaufmann, OHG, KG) besteht diese *Haftungsbegrenzung* nicht, da mindestens eine Person mit ihrem gesamten Vermögen (also einschließlich des Privatvermögens) für die Verbindlichkeiten des Unternehmens einstehen muss. Nach deutschem Recht wird es jedoch als zulässig angesehen, dass eine haftungsbegrenzte Kapitalgesellschaft (insbes. GmbH) sich als alleiniger Vollhafter an einer Personenhandelsgesellschaft beteiligt (verbreitetes Beispiel: GmbH & Co. KG). Die Kapitalgesellschaft haftet dann zwar mit ihrem gesamten Vermögen für die Verbindlichkeiten der OHG oder KG, wenn aber kein weiterer Vollhafter vorhanden ist, ist die Haftung der Personenhandelsgesellschaft doch faktisch auf das Vermögen der vollhaftenden Kapitalgesellschaft beschränkt.

Nach §§ 264a–c HGB sind jene OHG und KG in den Anwendungsbereich der Vorschriften für Kapitalgesellschaften einbezogen, bei denen *nicht* wenigstens ein persönlich haftender Gesellschafter

- eine natürliche Person oder
- eine OHG, KG oder
- eine andere Personengesellschaft mit einer natürlichen Person als persönlich haftender Gesellschafter

ist.

Personenhandelsgesellschaft (PHG):
offene Handelsgesellschaft (OHG), Kommanditgesellschaft (KG)

einziger
voll haftender
Gesellschafter
(vhG)

übrige(r) (nur)
beschränkt haftende(r) Gesellschafter
(bhG)

Kapitalgesellschaft (AG, KGaA, GmbH)
oder vergleichbare ausländische
Rechtsform
oder weitere haftungsbegrenzte PHG

natürliche Person(en)
Kapitalgesellschaft(en)
etc.

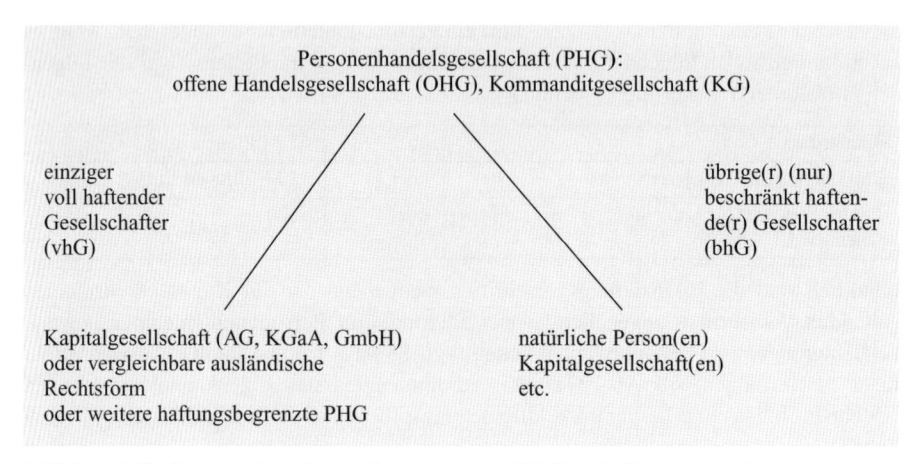

Abbildung A-19: Grundstruktur einer rechnungslegungspflichtigen haftungsbegrenzten Personenhandelsgesellschaft

Rechtliche Grundlagen der Bilanzierung

Das gilt auch für mehrstöckige Personengesellschaften dieser Art. Erfasst werden damit nicht nur die weit verbreiteten GmbH & Co. KG, sondern auch ähnliche Personengesellschaften mit einer AG, KGaA, Stiftung, Genossenschaft, einem wirtschaftlichem Verein etc. als Komplementär – sofern nicht eine natürliche Person weiterer Komplementär ist.

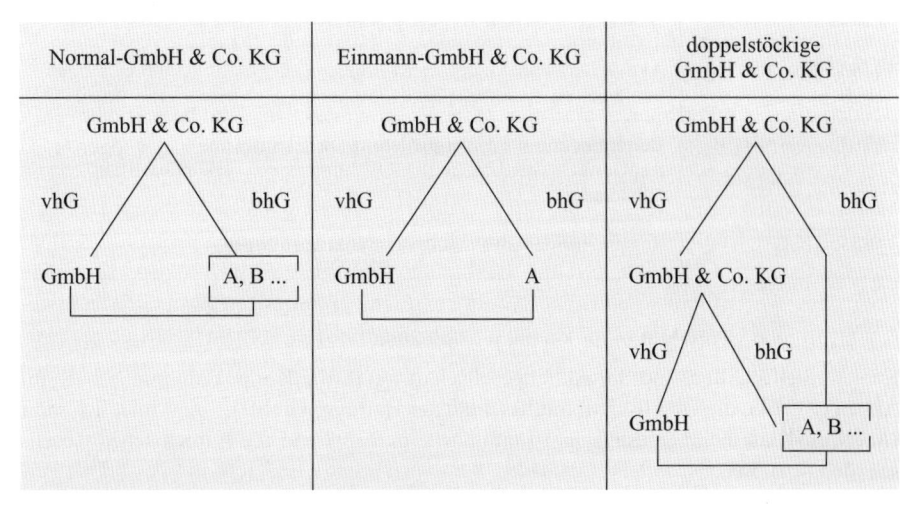

Normal-GmbH & Co. KG	Einmann-GmbH & Co. KG	doppelstöckige GmbH & Co. KG
GmbH & Co. KG vhG / \ bhG GmbH A, B ...	GmbH & Co. KG vhG / \ bhG GmbH A	GmbH & Co. KG vhG / \ bhG GmbH & Co. KG vhG / \ bhG GmbH A, B ...

Abbildung A-20: Grundtypen der GmbH & Co. KG

Bei Einbeziehung einer derartigen Kapitalgesellschaft & Co. in einen Konzernabschluss des persönlich haftenden Gesellschafters oder einer anderen EU-/EWR-Muttergesellschaft besteht – ähnlich wie für konzernabhängige Kapitalgesellschaften[1] – nach § 264b HGB unter bestimmten Bedingungen eine *Befreiung vom erweiterten Pflichtumfang einer Kapitalgesellschaft* bei der Aufstellung, Prüfung und Offenlegung des Einzelabschlusses. Auf eine Verpflichtungsübernahme der Muttergesellschaft kommt es dabei nicht an, wohl aber darauf, dass mindestens drei Unternehmen in den Konzernabschluss einbezogen sind.

Für die nach § 264a HGB rechnungslegungspflichtigen Personengesellschaften, die die *Schwellenwerte des PublG* überschreiten, gelten die Vorschriften des PublG nicht (§ 3 Abs. 1 S. 1 Nr. 1 PublG).

Als spezielle Rechtsvorschriften zur Bilanzierung bei atypischen (haftungsbegrenzten) Personenhandelsgesellschaften existieren:

§ 264a HGB	Entsprechende Anwendung der für Kapitalgesellschaften geltenden Vorschriften für Abschlüsse und Lageberichte sowie deren Prüfung und Offenlegung
§ 264b HGB	Befreiung von Konzern-Tochterunternehmen

---

1 § 264 Abs. 3 HGB, siehe auch Abb. A-21.

… Grundlagen der Bilanzierung

§264c Abs. 1 HGB	Erkenntlichmachung von Forderungen/Verbindlichkeiten gegenüber Gesellschaftern
§264c Abs. 2 HGB	Gesonderter, angepasster Ausweis von Eigenkapital-Positionen
§264c Abs. 3 HGB	Bilanzierungsverbot von Privatvermögen der Gesellschafter
§264c Abs. 4 S. 1, 2 HGB	Aktivierung von Anteilen an Komplementärgesellschaften einschließlich eines passiven Ausgleichspostens für aktivierte eigene Anteile
§264c Abs. 5 HGB	Befreiung von der Untergliederung für Kleinst- und kleine KapGes&Co. bei Nutzung des Wahlrechts zur verkürzten Bilanzgliederung
§335b HGB	Entsprechende Anwendung der Sanktionsnormen

bc) Bilanzierungsvorschriften für Kapitalgesellschaften

Kapitalgesellschaften sind die Aktiengesellschaft (AG), die Kommanditgesellschaft auf Aktien (KGaA), die Gesellschaft mit beschränkter Haftung (GmbH) – einschließlich ihrer Unterform Unternehmergesellschaft (haftungsbeschränkt) und die Europäischen Gesellschaften (z. B. SE).

bca) Kapitalgesellschaften allgemein

Für Kapitalgesellschaften sind ergänzende Vorschriften zu den für alle Kaufleute geltenden Basisvorschriften in die §§ 264–289a, 316–329, 331–335b HGB aufgenommen worden. Sie sind das Kernstück der durch die 4. EG-Richtlinie von 1978 den EU-Mitgliedsstaaten vorgeschriebenen Harmonisierung der einzelstaatlichen Jahresabschlussbestimmungen für Kapitalgesellschaften. Mit diesen gemeinschaftsrechtlichen Vorgaben sollten im gesamten supranationalen Wirtschaftsraum einheitliche, vergleichbare Rechnungslegungsanforderungen für Kapitalgesellschaften geschaffen werden.

Die Beschränkung der Haftung auf das Vermögen der Gesellschaft und die gelockerten Bindungen zwischen Unternehmen und Anteilseignern (z. B. bei börsennotierten Aktiengesellschaften) machen nach Auffassung des Gesetzgebers insbes. zum Schutze von Gläubigern und Anteilseignern strengere Rechnungslegungsvorschriften als bei Personenunternehmen erforderlich.

Inhaltlich besteht diese Verschärfung – den Einzelabschluss betreffend - durch folgenden Vorschriften:

§264 Abs. 1 S. 1 HGB	Obligatorische *Erweiterung* des Jahresabschlusses um einen ergänzenden und erklärenden Anhang und einen Lagebericht
§264 Abs. 1 S. 3 HGB	Verkürzung der Aufstellungsfrist auf 3 Monate
§264 Abs. 2 HGB	Verpflichtung, dass der Jahresabschluss ein den tatsächlichen Verhältnissen entsprechendes Bild der VFE-Lage vermittelt, hilfsweise Zusatzangaben

§ 264 Abs. 4 HGB	Befreiung von in Konzernabschluss einbezogenen Tochterkapitalgesellschaften von den verschärfenden Bestimmungen für den Einzelabschluss von Kapitalgesellschaften
§§ 265 f. HGB	detaillierten Gliederungsvorschriften
§§ 268–274 HGB	Vorschriften zu einzelnen Posten der Bilanz, zu Bilanzvermerken, Eigenkapital und latenten Steuern
§§ 316–324 HGB	*Prüfungspflicht* des Jahresabschlusses
§ 325 ff. HGB	Verpflichtungen zur *Offenlegung/Hinterlegung*
§§ 331–335a HGB	abgestufte *Sanktionsfolgen* bei Rechnungslegungsverstößen

Diese Zusatzpflichten für Kapitalgesellschaften sind jedoch – abgesehen von kapitalmarktorientierten Kapitalgesellschaften – *größenabhängig* mit Erleichterungen ausgestattet. In vollem Umfang kommen die Zusatzpflichten nur für „*große*" Kapitalgesellschaften zur Anwendung, das sind Kapitalgesellschaften, die an zwei aufeinander folgenden Bilanzstichtagen mindestens zwei der folgenden Größenkriterien erfüllen (§ 267 Abs. 4 HGB):

Bilanzsumme, ggf. abzgl. Fehlbetrag	über	20 Mio Euro
Umsatzerlöse	über	40 Mio Euro
Arbeitnehmerzahl	über	250 im Jahresdurchschnitt

Unabhängig von der Erreichung der Schwellenwerte werden Kapitalgesellschaften aus Gründen des Anlegerschutzes als „große" eingeordnet, wenn sie einen organisierten Kapitalmarkt (z. B. Börse) durch Ausgabe von Wertpapieren (Aktien, Schuldverschreibungen etc.) in Anspruch nehmen oder dies beantragt haben (*kapitalmarktorientierte Kapitalgesellschaften*, § 267 Abs. 3 S. 2 i. V. m. § 264 d HGB).

„*Mittelgroße*" Kapitalgesellschaften sind Unternehmen, die mindestens zwei der Grenzen für „kleine" überschreiten, jene für „große" Unternehmen aber noch nicht erreichen, also bei:

Bilanzsumme, ggf. abzgl. Fehlbetrag	über	6 Mio. Euro	bis	20 Mio. Euro
Umsatzerlöse	über	12 Mio. Euro	bis	40 Mio. Euro
Arbeitnehmer	über	50	bis	250 im Jahresdurchschnitt.

Außerdem dürfen sie nicht als „kapitalmarktorientierte Kapitalgesellschaften" (§ 264d HGB) als „große" gelten (§ 267 Abs. 3 S. 2 HGB).

Grundlagen der Bilanzierung

Als Erleichterung für mittelgroße Kapitalgesellschaften ist insbes. die Offenlegung einer verkürzten Bilanz (Mittelformat gem. §327 Nr. 1 HGB) vorgesehen.

„Kleine" Kapitalgesellschaften sind jene (nicht kapitalmarktorientierte) AG, KGaA, SE und GmbH, die mindestens 2 der Größenkriterien an zwei aufeinanderfolgenden Bilanzstichtagen nicht überschreiten, bei denen also gilt:

Bilanzsumme, ggf. abzgl. Fehlbetrag	nicht über	6 Mio. Euro
Umsatzerlöse	nicht über	12 Mio. Euro
Arbeitnehmerzahl	nicht über	50 im Jahresdurchschnitt

Für diesen Unternehmenstyp gelten folgende *Erleichterungen* für die Handelsbilanz:

§264 Abs. 1 S. 4 HGB	verlängerte Aufstellungsfrist bis 6 Monate
§266 Abs. 1 S. 3 HGB	verkürzte Bilanzgliederung für Aufstellung und Offenlegung
§274a Nr. 1, 2 HGB	Verzicht auf die Erläuterung bestimmter Bilanzposten
§274a Nr. 3, 4 HGB	Befreiung von Disagioverteilung und Bilanzierung latenter Steuern
§316 Abs. 1 HGB	Befreiung von der Abschlussprüfung
§326 HGB	auf Bilanz und Anhang beschränkte Offenlegung

Kleinstkapitalgesellschaften wurden mit dem MicroBilG von 2012 als Unterkategorie der kleinen Kapitalgesellschaften eingeführt. Nach §267a HGB sind das kleine Kapitalgesellschaften, die an zwei aufeinanderfolgenden Abschlussstichtagen mindestens zwei der folgenden drei Merkmale nicht überschreiten:

Bilanzsumme, ggf. abzgl. Fehlbetrag	bis	350.000 Euro
Umsatzerlöse	bis	700.000 Euro
Arbeitnehmer	bis	10 im Jahresdurchschnitt

Ausgeschlossen sind allerdings kapitalmarktbezogene Kleinstkapitalgesellschaften, Investment-, Unternehmensbeteiligungs- und bestimmte Holdinggesellschaften (§§ 264d i.V.m. 267 Abs. 3, 267a Abs. 3 HGB) sowie Unternehmen aus den Wirtschaftszweigen Finanzdienstleister und Versicherungen (§§ 340a Abs. 2, 341a Abs. 2 HGB).

Den Kleinstkapitalgesellschaften stehen optional zusätzlich zu den für kleine Kapitalgesellschaften geltenden insbes. folgende Erleichterungen bei Aufstellung, Ausweis, Offenlegung und Hinterlegungssanktionen zu:

§ 264 Abs 1 S. 5 HGB	Verzicht auf die Aufstellung eines Anhangs
§ 266 Abs. 1 S. 3 HGB	Verkürzte Gliederungsschemata für Bilanz und GuV-Rechnung für Aufstellung und Offenlegung
§ 326 Abs. 2 HGB	Wahlrecht zur Hinterlegung statt Offenlegung der verkürzten Bilanz
§ 335 Abs. 4 Nr. 1 HGB	ermäßigtes Ordnungsgeld bei verspäteter Nachholung der Hinterlegung

Allerdings gelten zum Teil zusätzliche Bedingungen für die Inanspruchnahme der Erleichterungen, wie z.B. bestimmte Angaben „unter der Bilanz" (§ 264 Abs. 1 S. 4 HGB HGB; siehe auch Kap. E.II.3.ce)), der Ausschluss der Zeitwert-Bewertung des sog. Deckungsvermögens (§§ 246 Abs. 2 S. 2 i.V.m. § 253 Abs. 1 S. 5 HGB) und zusätzliche Angaben bei Nichterreichung eines Einblicks in die Vermögens-, Finanz- und Ertragslage durch den verkürzten Jahresabschlusses (§ 264 Abs. 2 S. 4 HGB).

Für *konzernabhängige Tochter-Kapitalgesellschaften* sieht § 264 Abs. 3 HGB unter bestimmten Voraussetzungen ein Wahlrecht zur Inanspruchnahme von Erleichterungen bei der Aufstellung, Prüfung und Offenlegung des Einzelabschlusses vor. Die optionale Befreiung von den sonst für Kapitalgesellschaften geltenden strengeren Vorschriften führt zu Kosten-, Arbeits-, Informations- und ggf. auch Steuervorteilen; sie kommt allerdings nur in Betracht, wenn die in Abbildung A-21 dargestellten Bedingungen erfüllt sind.

bcb) Besondere Bilanzierungsvorschriften für Aktiengesellschaften

Ursprünglich enthielt das Aktiengesetz die ausführlichsten Regelungen der Rechnungslegung. Durch das Bilanzrichtliniengesetz von 1985 wurden die Vorschriften größtenteils in das HGB übernommen. Sie gelten nun für alle Kapitalgesellschaften. Dennoch sind einige Sondervorschriften, die nur für die ca. 7.800 Aktiengesellschaften – und zwar für alle Unternehmensgrößen – gelten, weiterhin im AktG verankert. Soweit bilanzierungsrelevant, sind dies die folgenden Bestimmungen:

§ 58 Abs. 2a AktG	Ermächtigung von Vorstand und Aufsichtsrat zur Bildung bestimmter Rücklagen für Eigenkapitalanteile von Wertaufholungen
§§ 150, 152 AktG	Grundkapital, die gesetzliche Rücklage und die Kapitalrücklagen
§ 170 f. AktG	Vorlage und Prüfung des Jahresabschlusses durch den Aufsichtsrat
§§ 172 ff. AktG	Jahresabschluss-Feststellung und Gewinnverwendungsbeschluss
§ 256 AktG	Nichtigkeit des festgestellten Jahresabschlusses

Grundlagen der Bilanzierung

Mutter-Kapitalgesellschaft
- Sitz in EU oder EWR
- EU-konformer Konzernabschluss und Lagebericht aufgestellt und geprüft
- Einbeziehung der Tochtergesellschaft in den Konzernabschluss
- Angabe der Befreiung im Konzernanhang

Mutter-Tochter-Verhältnis

Einstandspflicht der Mutter-Gesellschaft für Verpflichtungen der Tochter-Gesellschaft

Tochter-Kapitalgesellschaft
- jährlicher, offengelegter, einstimmiger Zustimmungsbeschluss aller Gesellschafter der Tochtergesellschaft
- Offenlegung von Zustimmungsbeschluss, Einstandspflichterklärung, Mutter-Konzernabschluss, -Lagebericht und Bestätigungsvermerk für die Tochtergesellschaft

Erleichterungswahlrecht für Einzelabschluss
- Aufstellung des Jahresabschlusses wie Nicht-Kapitalgesellschaft
- keine Prüfungspflicht für Einzelabschluss
- keine Offenlegungspflicht für Einzelabschluss

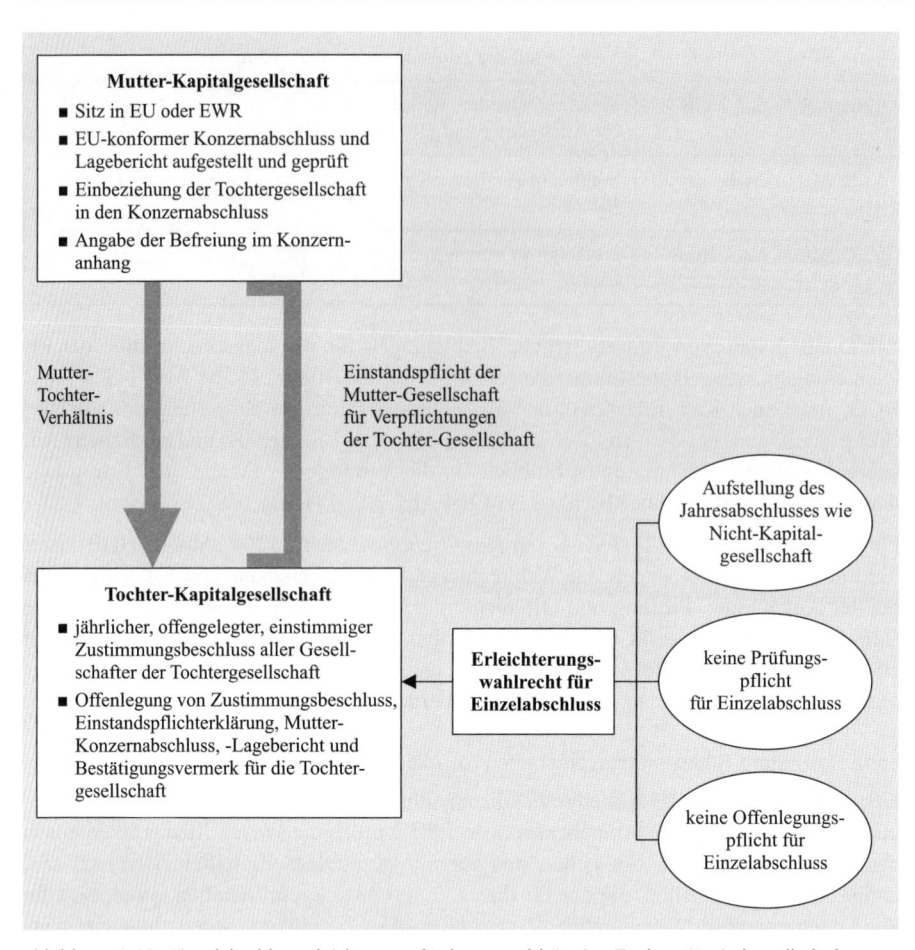

Abbildung A-21: Einzelabschlusserleichterung für konzernabhängige Tochter-Kapitalgesellschaften

bcc) Besondere Bilanzierungsvorschriften für KGaA

Für die ca. 120 KGaA, einer als Kapitalgesellschaft zu wertenden Mischform zwischen KG und AG, gelten sowohl die HGB-Rechnungslegungsvorschriften für Kaufleute und Kapitalgesellschaften wie auch die Spezialvorschriften für Aktiengesellschaften (§ 278 Abs. 3 AktG) und einige rechtsformspezifische Sonderregelungen für die Bilanzierung:

§ 286 Abs 1 AktG	Feststellung des Jahresabschlusses durch die Hauptversammlung mit Zustimmung der persönlich haftenden Gesellschafter
§ 286 Abs. 2 AktG	Besonderheiten zum Bilanzausweis des Eigenkapitals und zu den Vermerken für Kredite an Komplementäre und Angehörige

bcd) Besondere Bilanzierungsvorschriften für GmbH

Die ca. 520.000 GmbH unterliegen im vollen Umfang den HGB-Vorschriften für Kaufleute und Kapitalgesellschaften. Dazu gehören auch die ca. 75.000 Unternehmergesellschaften (haftungsbegrenzt) gem. § 5a GmbHG. Rechtsformspezifisch gelten über die allgemeinen Regeln für Kapitalgesellschaften hinaus folgende Vorschriften für die Bilanzierung:

§ 29 Abs. 4 GmbHG	Einstellung des Eigenkapitalanteils von Wertaufholungen in die Gewinnrücklagen, insbes. Wertaufholungsrücklagen
§ 42 GmbHG	Besonderheiten zum Ausweis des Stammkapitals, der eingeforderten Nachschüsse und des Vermerks von Forderungen und Verbindlichkeiten gegenüber Gesellschaftern
§ 42a GmbHG	Vorlage, Feststellung und ggf. Prüfung des Jahresabschlusses

bce) Besondere Bilanzierungsvorschriften für Genossenschaften

Für die Bilanz der eingetragenen Genossenschaften gelten viele der HGB-Vorschriften für Kapitalgesellschaften entsprechend (§ 336 Abs. 2 HGB). Darüber hinaus sind rechtsformspezifische Bestimmungen des HGB und des GenG zu beachten:

§ 336 Abs. 1 HGB	Aufstellungspflicht des Jahresabschlusses
§ 336 Abs. 2 HGB	Entsprechende §§-Anwendung für Genossenschaften, auch Kleinstgenossenschaften
§ 337 HGB	Besonderheiten des Eigenkapitalausweises
§ 339 HGB	Besonderheiten der Offenlegung/Hinterlegung
§ 33 Abs. 1 GenG	Vorlagepflicht des Jahresabschlusses bei Aufsichtsrat und Generalversammlung
§ 33 Abs. 2 GenG	Beschränkung der Anfechtung des Jahresabschlusses
§ 33 Abs. 3 GenG	Vorstandspflicht bei großen Verlusten
§ 48 GenG	Besonderheiten der Feststellung des Jahresabschlusses
§ 53 Abs. 1 GenG	jährliche (Bilanzsumme >2 Mio. Euro), sonst zweijährliche Pflichtprüfung der Geschäftsführung
§ 53 Abs. 2 GenG	Jahresabschlussprüfung bei Bilanzsumme > 1 Mio Euro und Umsatzerlöse > 2 Mio Euro
§ 160 GenG	Sanktionsfolgen (Zwangsgeld) bei Bilanzierungsverstößen

Genossenschaftsspezifische Erleichterungen bei der Bilanzierung bestehen gem. § 336 Abs. 1 S. 2 HGB insbes. in einer Verlängerung der Aufstellungsfrist auf 5 Monate und in der (bedingten) Anwendung der Erleichterungen für Kleinstkapitalgesellschaften auch für Kleinstgenossenschaften (§ 336 Abs. 2 S. 2 HGB),

c) Bilanzierungsvorschriften für unselbständige Organisationseinheiten

Die Geschäftstätigkeit eines Kaufmanns kann sich auch räumlich auf verschiedene Standorte und damit auf das Stammhaus (Hauptniederlassung) und andere unselbständige Organisationseinheiten verteilen. *Handelsrechtlich* ist bei letzteren zwischen Zweigniederlassungen und sonstigen Niederlassungen (Hilfseinrichtungen) zu unterscheiden. *Zweigniederlassungen* sind nach der Rechtsprechung[1] im Wesentlichen dadurch gekennzeichnet, dass sie

- als vom Stammhaus (Hauptniederlassung) räumlich getrennte,
- selbst nicht rechtsfähige,
- dauerhafte Einrichtungen, die
- mit einer weitgehend selbständigen, aber letztlich doch im Innenverhältnis gegenüber dem Stammhaus weisungsabhängigen Leitung ausgestattet sind und
- im Außenverhältnis im Rahmen des Unternehmensgegenstandes des Stammhauses wie selbständige Unternehmen am Geschäftsverkehr teilnehmen.

Trotz mancher Verselbständigung (Registereintragung, eigene Firma u.a.) bleibt die Zweigniederlassung nach deutschem Handelsrecht und EU-Gemeinschaftsrecht unselbständiger Teil des Gesamtunternehmens, das von der Rechnungslegungspflicht erfasst ist. Eine eigenständige Bilanzierungspflicht besteht – mit Ausnahme von Zweigniederlassungen von Kreditinstituten und Versicherungen – nicht; vielmehr hat das Stammhaus sämtliche Vermögensgegenstände und Schulden der Zweigniederlassungen, wo immer sie auf der Erde angesiedelt sind, in seine (Gesamtunternehmens-)Bilanz aufzunehmen. Das gilt erst recht bei Niederlassungen, die bloße Hilfseinrichtungen darstellen (z.B. Lager, Ausstellungen, Informationsstellen). Außerhalb der EU bzw. des EWR könnte allerdings ausländisches Handelsrecht eine eigenständige Rechnungslegung der Zweigniederlassungen verlangen.[2] Nach deutschem harmonisierten Handelsrecht hat die inländische Zweigniederlassung einer ausländischen (EU-/EWR-)Kapitalgesellschaft lediglich die Rechnungslegung des Stammhauses beim Betreiber des Bundesanzeigers zur Offenlegung einzureichen (§ 325a i.V.m. § 325 HGB). U.U. kommt auch Hinterlegung in Betracht (§ 325a Abs. 3 HGB).

d) Regelungen der Bilanzierungskompetenzen

Von der öffentlich-rechtlichen Verpflichtung zur Erfüllung der Rechnungslegungspflichten im Außenverhältnis ist bei *Handelsgesellschaften* und *Genossenschaften* zu unterscheiden, wer im Innenverhältnis in welchem Umfang verpflichtet und berechtigt ist, an der Rechnungslegung mitzuwirken. Die Verteilung der formellen und materiellen Befugnisse, an der Bilanzaufstellung, -prüfung und -feststellung sowie dem Beschluss über die Ergebnisverwendung mitzuwirken, kann als *Bilanzierungskompetenz* (eigentlich Jahresabschluss- oder Rechnungslegungskompetenz) bezeichnet werden.

---

1 Z.B. BGH v. 8.5.72, NJW 1972, S. 1860; EUGH v. 22.11.78, RIW 1979, S. 56.
2 Nach Transformation der 11. gesellschaftsrechtlichen Richtlinie (Zweigniederlassungsrichtlinie) v. 30.12.1989, ABlEG Nr. L 395/36.

da) Bilanzaufstellungskompetenzen

Nach Durchführung der erforderlichen Abschlussbuchungen erfolgt mit der Zusammenfassung der Salden der Bestandskonten und des Saldos des Gewinn- und Verlustkontos zu Bilanzpositionen die Aufstellung der Bilanz. Hierbei handelt es sich um eine Geschäftsführungsmaßnahme der zuständigen Leitungsorgane[1], die im Innenverhältnis eine Verpflichtung jedes einzelnen Mitglieds der Geschäftsführung gegenüber den Gesellschaftern darstellt[2] und zugleich eine Rechenschaftspflicht mit dem Ziel der Entlastung beinhaltet. Im *formellen* Sinne zuständig sind danach

- bei Personengesellschaften die *geschäftsführenden Gesellschafter*, i.d.R. also die persönlich haftenden Gesellschafter (§§ 114, 164 HGB, § 6 EWIV-Ausführungsgesetz),
- bei der GmbH die *Geschäftsführer* (§ 41 GmbHG),
- bei der AG und der Genossenschaft der *Vorstand* (§ 91 AktG, § 33 Abs. 1 GenG) und
- bei der KGaA der (die) *persönlich haftende(n) Gesellschafter* (§ 283 Nr. 9 AktG).

Dem Vorstand der *AG* und der *Genossenschaft* obliegt die Bilanzaufstellungskompetenz allein und im Rahmen der materiellen Restriktionen uneingeschränkt. Er entscheidet in eigener Verantwortung weisungsungebunden (§ 76 Abs. 1 AktG, § 27 Abs. 1 GenG). Die Weisungsfreiheit kann auch durch die Satzung nicht beseitigt werden.[3] Etwas anderes gilt für die AG nur dann, wenn sich die Gesellschaft durch einen Beherrschungsvertrag oder durch Eingliederung dem Weisungsrecht Dritter unterworfen hat.[4] Die Geschäftsführer der *GmbH* unterliegen neben den Bestimmungen des Gesellschaftsvertrags auch einzelfallbezogenen Weisungen der Gesellschafterversammlung (§ 37 Abs. 1 GmbHG), die auf der Grundlage von Gesellschafterbeschlüssen (§ 47 Abs. 1 GmbHG) erteilt werden. Auf der Grundlage des Gesellschaftsvertrags bzw. der Satzung können auch die geschäftsführenden Gesellschafter der *Personengesellschaft* und der *KGaA* der Weisungsbefugnis der Gesellschafter- bzw. Hauptversammlung oder eines fakultativen Organs unterworfen werden.

Materiell umfasst die Bilanzaufstellungskompetenz grundsätzlich alle für die Aufstellung der Bilanz erforderlichen Maßnahmen. Allgemein ist die Geschäftsführung dabei an die gesetzlichen Vorschriften des Bilanzrechts einschließlich der GoB sowie etwaigen gesellschaftsvertraglichen bzw. satzungsmäßigen Bestimmungen gebunden. Bei der Ausübung von Ansatz- und Bewertungswahlrechten kann es zudem geboten sein, unter dem Gesichtspunkt der gesellschaftsrechtlichen Treuepflicht, die besonderen Interessen einzelner Gesellschafter zu berücksichtigen.[5]

Besondere Vorbehalte gelten darüber hinaus für die Aufstellungskompetenz bei *Personengesellschaften*. Der BGH beschränkt die Zuständigkeit der geschäftsführenden Gesellschafter hier auf solche Maßnahmen, die „der Darstellung (Ermittlung) der Lage

---

1 Vgl. OLG Stuttgart v. 26.10.1994, BB 1995, S. 560, 561.
2 Vgl. BGH v. 8.7.1985, DB 1985, S. 2292.
3 Vgl. für die AG § 23 Abs. 5 AktG, für die Genossenschaft MEYER/MEULENBERG/BEUTHIEN, Genossenschaftsgesetz, Komm. § 27 Rdn. 9.
4 Vgl. OLG Karlsruhe v. 22.11.1986, AG 1989, S. 35, 36.
5 Vgl. BGH v. 29.3.1996, DB 1996, S. 926, 929 m.w.N.

des Vermögens i.S. des §238 Abs. 1 S. 2 HGB" dienen.[1] Nur insoweit entscheiden sie im Rahmen der rechtlichen Restriktionen nach eigenem Ermessen. Davon abzugrenzen sind Bilanzierungsmaßnahmen, die der Sache nach die Ergebnisverwendung betreffen (z.B. Bildung offener Rücklagen).

db) (Interne) Bilanzprüfungskompetenz

Die gesellschaftsinterne Prüfung des Jahresabschlusses findet notwendigerweise vor der Bilanzfeststellung statt. Inhaltlich erstreckt sie sich aber nicht nur auf den aufgestellten Jahresabschluss, sondern ggf. auch auf den Ergebnisverwendungsvorschlag der Geschäftsführung. Mit Rücksicht auf die langfristige Überlebensfähigkeit des Unternehmens einerseits und die Gewinnansprüche der Gesellschafter andererseits dient sie gleichermaßen den unternehmens- und gesellschafterbezogenen Interessen an einer rechtmäßigen und zweckgerechten Rechnungslegung. Die interne Prüfung des Jahresabschlusses ist insofern gesellschaftsrechtlich (aufgrund der Mitbestimmungsgesetze auch unternehmensverfassungsrechtlich) begründet und von der öffentlich-rechtlichen Pflicht zur (externen) Abschlussprüfung zu unterscheiden.

Bei Gesellschaften, die aufgrund ihrer ausgeprägten körperschaftlichen Verfassung zum Schutz der Anleger- und Arbeitnehmerinteressen *zwingend mit einem Aufsichtsrat auszustatten* sind, bildet die Prüfung des aufgestellten Jahresabschlusses einen unverzichtbaren Bestandteil seiner Überwachungsaufgabe. Demzufolge trifft den Aufsichtsrat der AG[2], der KGaA[3], der Genossenschaft[4] und der mitbestimmten GmbH[5] eine *unabdingbare und umfassende Bilanzprüfungspflicht*. Dies gilt nach Auffassung des BGH auch für *Publikumspersonengesellschaften*, sofern sie fakultativ einen Aufsichtsrat bzw. ein entsprechendes Organ (z.B. Beirat, Verwaltungsrat) eingerichtet haben. Dem strukturbedingt erhöhten Interessenschutzbedürfnis der Gesellschafter ist durch weitgehend analoge Anwendung der Vorschriften für den aktienrechtlichen Aufsichtsrat Rechnung zu tragen.[6]

Materiell umfasst diese Prüfungspflicht zum einen die *Rechtmäßigkeit* der Bilanzierung und ggf. auch des Ergebnisverwendungsvorschlags. Die relevanten Maßstäbe ergeben sich insoweit aus den handels- und gesellschaftsrechtlichen sowie den satzungsmäßigen bzw. gesellschaftsvertraglichen Bestimmungen. Zum anderen beinhaltet die Prüfungspflicht aber auch die *Zweckmäßigkeit* der jahresabschlusspolitischen Gestaltungen, d.h. die bilanzpolitischen Ermessensentscheidungen, die Ausübung von Wahlrechten sowie die angestrebte Thesaurierungs- und Ausschüttungspolitik. Die prüfenden Organe haben insoweit die Interessen des Unternehmens an einer langfristigen Bestands- und Rentabilitätssicherung sowie einer ausreichenden Selbstfinanzierung einerseits und das Gesellschafterinteresse an einer angemessenen Gewinnausschüttung andererseits, ggf. aber auch

---

1 Vgl. BGH v. 29.3.1996, DB 1996, S. 926, 929.
2 §171 Abs. 1 AktG.
3 §171 Abs. 1 i.V.m. §278 Abs. 3 AktG.
4 §38 Abs. 1 S. 1 GenG.
5 §3 Abs. 2 MontanMitbestG, §77 Abs. 1 S. 2 BetrVG 1952 und §25 Abs. 1 Nr. 2 MitbestG jeweils i.V.m. §171 Abs. 1 AktG.
6 Vgl. BGH v. 4.7.1977, WM 1977, S. 1221, 1225; BGH v. 7.11.1977, WM 1977, S. 1446, 1448; BGH v. 22.10.1979, WM 1979, S. 1425, 1427.

die langfristige Position der Gesellschaft am Kapitalmarkt (so bei börsennotierten Aktiengesellschaften) in Betracht zu ziehen. Über das eigene Prüfungsergebnis hat der Aufsichtsrat der Hauptversammlung Bericht zu erstatten, zu dem Ergebnis einer ggf. durchzuführenden Abschlussprüfung hat er Stellung zu nehmen (§ 171 Abs. 2 AktG).

Ein entsprechend weitreichender Prüfungsauftrag kann bei der *GmbH* und bei *Personengesellschaften* auf der Grundlage einer gesellschaftsvertraglichen Vereinbarung einem fakultativen Organ (z.B. Aufsichtsrat, Beirat, Verwaltungsrat) oder auch einem externen Prüfer[1] erteilt werden. In seiner Rechtsprechung zu Bilanzierungskompetenzen im Rahmen der KG lässt der BGH zudem die Auffassung erkennen, dass die Gesellschafter oder die von ihnen beauftragten Organe bei der Bilanzfeststellung verpflichtet seien, zu prüfen, ob die geschäftsführenden Gesellschafter ihre Ermessens- und Wahlrechtsbefugnisse bei der Bilanzaufstellung in den Grenzen der rechtlichen Restriktionen ausgeübt haben.[2] Mit Rücksicht auf die erheblichen Schäden, die der Gesellschaft oder auch einzelnen Gesellschaftern durch die Feststellung eines fehlerhaften Jahresabschlusses entstehen können[3], dürfte dies entsprechend für die Gesellschafter der GmbH bzw. die von ihnen mit der Feststellung beauftragten Organe gelten.

Im Übrigen hat die *Gesellschafterversammlung der GmbH* nach § 46 Nr. 6 GmbHG ein umfassendes Recht zur Überwachung der Geschäftsführung, das somit zwangsläufig auch ein *Recht zu umfassenden Prüfung der aufgestellten Bilanz* umfasst. Unabhängig davon steht *jedem einzelnen Gesellschafter der GmbH und der Personengesellschaft* das Recht zur Prüfung des Jahresabschlusses zu.[4] Die Ausübung dieses Informationsrechts findet seine Grenze in dem Missbrauchsverbot und der Treuepflicht. Ist der Gesellschafter zugleich Wettbewerber des Unternehmens, so kann er im Interesse der Gesellschaft darauf verwiesen werden, die Rechtsausübung durch einen berufsverschwiegenen Sachverständigen ausüben zu lassen.

dc) Bilanzfeststellungskompetenz

Durch den Feststellungsbeschluss erlangt der Jahresabschluss Rechtsverbindlichkeit. Es handelt sich hierbei nicht um eine Geschäftsführungsmaßnahme, sondern um ein eigenständiges Rechtsgeschäft mit der Konsequenz, dass die Feststellung des Jahresabschlusses unter gegebenen Voraussetzungen anfechtbar oder nichtig sein kann. Des Weiteren ist bedeutsam, dass der Feststellungsbeschluss unmittelbar die Mitgliedsrechte der Gesellschafter berührt. Der Gewinnanspruch der Gesellschafter wird durch die Feststellung des Jahresabschlusses in dem dort ausgewiesenen Jahresüberschuss bzw. Bilanzgewinn der Höhe nach konkretisiert.

Dies hat maßgebliche Auswirkungen auf die *Zuständigkeit* für die Bilanzfeststellung der *Personengesellschaft*, die gesetzlich nicht ausdrücklich geregelt ist.[5] Der Feststellungs-

---

1 Sofern nicht nach dem HGB oder dem PublG ohnehin eine Pflicht zur Abschlussprüfung besteht.
2 Vgl. BGH v. 29.3.1996, DB 1996, S. 926, 929: „Bei der Feststellung der Bilanz (...) ist zu prüfen, ob diese Grenzen eingehalten worden sind".
3 Zur Anfechtbarkeit und Nichtigkeit des fehlerhaften Jahresabschlusses sowie den möglichen Konsequenzen unter V.2 dieses Kapitels.
4 § 51a Abs. 1 GmbHG, §§ 118 Abs. 1, 166 Abs. 1 HGB.
5 Zum Folgenden grundlegend BGH v. 29.3.1996, DB 1996, S. 926 ff.

beschluss stellt ein *Grundlagengeschäft* dar, das *grundsätzlich* der *Zustimmung aller Gesellschafter* – bei der KG also auch der Kommanditisten – bedarf. Nach Auffassung der Rechtsprechung kann der Feststellung des Jahresabschlusses eine Feststellungswirkung im Sinne eines Schuldanerkenntnisses im Hinblick auf Gesellschafter, die ausdrücklich gegen die Beschlussfassung gestimmt haben, nicht zukommen.[1]

Der Gesellschaftsvertrag kann abweichende Regelungen in der Weise vorsehen, dass die Feststellungskompetenz auf ein fakultatives Organ übertragen und/oder der Feststellungsbeschluss dem Mehrheitsprinzip unterworfen wird.

Bei *Kapitalgesellschaften* und *Genossenschaften* stellt sich der Feststellungsbeschluss als *korporationsrechtliches Rechtsgeschäft eigener Art* dar[2], das in Abhängigkeit von der Rechtsform wie folgt zustande kommt:

- bei der GmbH durch Beschluss der Gesellschafter[3],
- bei der AG durch Vorlage durch den Vorstand und Billigung durch den Aufsichtsrat[4] bzw. durch Beschluss der Hauptversammlung, sofern Vorstand und Aufsichtsrat dies beschließen oder der Aufsichtsrat den Jahresabschluss nicht billigt[5],
- bei der KGaA durch Beschluss der Hauptversammlung vorbehaltlich der zwingenden Zustimmung des Komplementärs[6] und
- bei der Genossenschaft durch Beschluss der Generalversammlung[7].

Materiell beinhaltet die Bilanzfeststellung die Verbindlichkeitserklärung der inhaltlichen Gestaltung der Bilanzansätze und dem sich daraus ergebenden Jahresüberschuss/-fehlbetrag. Soweit entsprechende vertragliche Vereinbarungen bestehen, wird damit zugleich die Gewinnabführung an Dritte und die Gewinnbeteiligung geschäftsführender Organe (Tantieme) der Höhe nach für verbindlich erklärt. Bei Personengesellschaften beinhaltet die Bilanzfeststellung auch die Ergebnisverwendung.

dd) Ergebnisverwendungskompetenz

Den Gesellschaftern der *Personengesellschaft* steht der Gewinnanteil bereits aufgrund des Feststellungsbeschlusses zu. Für die formellen Zuständigkeiten gilt insofern das voranstehend Gesagte. *Materiell* rechnet der BGH bei Personengesellschaften insbes. die Bildung offener Rücklagen der Ergebnisverwendung zu.[8]

Bei *Kapitalgesellschaften* und *Genossenschaften* bedarf es neben dem Feststellungsbeschluss eines gesonderten Ergebnisverwendungsbeschlusses.[9] Er führt insbesondere nicht zu einer Veränderung des festgestellten Jahresabschlusses, sondern ist in seinen Auswirkungen im folgenden Jahresabschluss zu berücksichtigen. Der Ergebnisverwendungs-

---

1 OLG Stuttgart, Hinweisbeschluss v. 27.2.2014 – 14 U 58/13, BeckRS 2015, 02095.
2 Vgl. BGH v. 15.11.1993, BB 1994, S. 107, für die Aktiengesellschaft.
3 § 46 Nr. 1 i.V.m. § 47 Abs. 1 GmbHG.
4 § 172 Abs. 1 AktG.
5 § 173 Abs. 1 AktG.
6 § 286 Abs. 1 AktG.
7 § 48 Abs. 1 S. 1 GenG.
8 Vgl. BGH v. 29.3.1996, DB 1996, S. 926, 929f.
9 § 46 Nr. 1 GmbHG, § 174 Abs. 1 AktG, § 48 Abs. 1 S. 2 GenG.

beschluss obliegt *formell* auch bei Kapitalgesellschaften und Genossenschaften den *Gesellschaftern*. Eine *Ausnahme* bilden lediglich die *Kapitalgesellschaften des Aktienrechts*, bei denen Aufsichtsrat und Vorstand unter den Voraussetzungen des §58 Abs. 2 und 2a AktG einen Teil des Jahresüberschusses in andere Gewinnrücklagen einstellen können[1]. Die Hauptversammlung bestimmt über den Jahresüberschuss nur für den Fall, dass sie den Jahresabschluss feststellt[2], im Übrigen bestimmt sie grundsätzlich über die Verwendung des Bilanzgewinns[3]. Für die Beschlussfassung gilt im Recht der Körperschaften grundsätzlich das hier übliche Mehrheitsprinzip. Einstimmigkeit ist lediglich dann erforderlich, wenn im Einzelfall von einem statuarisch festgelegten Vollausschüttungsgebot abgewichen werden soll.[4]

Materiell erstreckt sich der Begriff der Ergebnisverwendung bei Körperschaften nur auf den Jahresüberschuss bzw. Bilanzgewinn, der sich aufgrund des festgestellten Jahresabschlusses ergibt. *Restriktionen* der Ergebnisverwendungsentscheidung ergeben sich bei Kapitalgesellschaften und im Konzernrecht aus den *gesetzlich* vorgeschriebenen Mindestanforderungen an die Rücklagenbildung.[5] Zudem können unabhängig von der Rechtsform *gesellschaftsvertraglich* konkrete Regeln für die Ergebnisverwendung festgelegt werden (z.B. Vollausschüttungsgebot, Mindestrücklagenbildung, andere Verwendungen des Gewinns als die Verteilung an die Gesellschafter). Weitere Restriktionen ergeben sich aus der gesellschaftsrechtlichen *Treuepflicht*, wonach die Erfordernisse zur Erhaltung der Lebens- und Widerstandsfähigkeit des Unternehmens einerseits und die gesellschafterbezogenen Interessen an einer angemessenen Gewinnausschüttung andererseits gegeneinander abzuwägen sind.[6]

Wer formell und in welchen materiellen Grenzen bei Handelsgesellschaften und Genossenschaften (im Innenverhältnis) zur Bilanzaufstellung, -prüfung und -feststellung sowie zur Entscheidung über die Ergebnisverwendung berechtigt und verpflichtet ist, lässt sich den Abbildungen A-22 und A-23 im Überblick entnehmen.

de) Überblick der formellen und materiellen Bilanzierungskompetenzen

(Siehe die Abb. A-22 und A-23 auf den folgenden Seiten.)

---

1 Für KGaA streitig, wie hier: GESSLER/HÜFFER, Aktiengesetz, Komm. § 286 Rdn. 32.
2 §58 Abs. 1 AktG.
3 §174 Abs. 1 AktG.
4 Vgl. BGH v. 17.2.1997, DStR 1997, S. 788, 790.
5 Gesetzliche Rücklage und Kapitalrücklage: §272 Abs. 2 Nrn. 1–4 HGB, §42 Abs. 2 GmbHG, §§150, 300 AktG; Höchstbetrag der Gewinnabführung: §§301, 324 Abs. 2 S. 3; Verlustübernahme: §302 AktG.
6 Dazu im Einzelnen Kap. B.III.2.

	Aufstellung	Prüfung	Feststellung	Ergebnisverwendung
PersGes	geschäftsführende Gesellschafter	a) *umfassende Prüfungspflicht:* ■ AR o. ä. der PublG-PersGes. ■ obligatorischer AR der GmbH b) *begrenzte Prüfungspflicht:* ■ Gesellschafter im Rahmen der Feststellung, soweit nicht a) ■ Organe/Vertreter, die mit Feststellung beauftragt sind, soweit nicht a) c) *umfassendes Prüfungsrecht:* ■ GV der GmbH ■ jeder einzelne Gesellschafter	Gesellschafterversammlung (grundsätzlich Einstimmigkeitsprinzip; Mehrheitsprinzip nur unter Berücksichtigung des Bestimmtheitsgrundsatzes und der Grundsätze der Kernbereichslehre)	
GmbH	Geschäftsführer Weisungsrecht der Gesellschafterversammlung		Gesellschafterversammlung	Gesellschafterversammlung
AG	Vorstand	Aufsichtsrat (umfassende Prüfungspflicht)	■ Vorstand und Aufsichtsrat ■ ggf. HV (§ 173 Abs. 1 AktG)	■ Vorstand/Komplementär und Aufsichtsrat ■ Hauptversammlung
KGaA	Komplementär		HV vorbehaltlich der Zustimmung des Komplementärs	
eGen	Vorstand		Generalversammlung	Generalversammlung

Abbildung A-22: Formelle Bilanzierungskompetenzen

	Aufstellung	Prüfung	Feststellung	Ergebnisverwendung
PersGes	Bilanzierungsmaßnahmen, die nach § 238 Abs. 1 S. 2 HGB der *Darstellung der Vermögenslage* dienen		Bilanzierungsmaßnahmen, die *der Sache* nach die *Ergebnisverwendung* betreffen: ■ offene Rücklagen im Übrigen wie bei den Körperschaften	
	Schranken: ■ Bilanzrecht einschließlich GoB ■ gesellschaftsrechtliche Treuepflicht	■ umfassende(s) Prüfungspflicht/-recht: Rechtmäßigkeit und Zweckmäßigkeit der Bilanzierung ■ begrenzte Prüfungspflicht: Rechtmäßigkeit der Bilanzierung; Zweckmäßigkeitsprüfung fakultativ	*Verbindlichkeitserklärung* ■ der inhaltlichen Gestaltung des JA ■ der vertraglichen Gewinnabführung an Dritte der Höhe nach ■ der Gewinnbeteiligung von Fremdorganen der Höhe nach	Schranken: ■ Bilanzrecht ■ gesellschaftsvertragliche Vereinbarungen ■ Treuepflicht
GmbH			Jahresüberschuss	
AG		Schranken: ■ Treuepflicht ■ Einschränkung für Wettbewerber	*VS/Kompl. und AR*: Rücklagenbildung gem. § 58 Abs. 2, 2a AktG *HV*: Bilanzgewinn	
KGaA				
eGen	uneingeschränkte Aufstellungskompetenz		Jahresüberschuss	

Abbildung A-23: Materielle Bilanzierungskompetenzen

Grundlagen der Bilanzierung

e) Überblick der Rechtsform-, Unternehmensgrößen- und Kapitalmarktabhängigkeit der Rechnungslegung

Nach alledem lässt sich feststellen, dass – am bilanziellen Pflichtenausmaß differenziert – grundsätzlich fünf Typen von Unternehmen zu unterscheiden sind, die selbst wiederum durch bestimmte Kombinationen von Rechtsform, Unternehmensgröße und Kapitalmarktinanspruchnahme gekennzeichnet sind:

Gruppe 1: Von der Aufstellungs-, Offenlegungs- und Prüfungspflicht (optional) befreite sehr kleine Einzelkaufleute,

Gruppe 2: Nur zur Bilanzaufstellung verpflichtete Unternehmen (nicht sehr große Einzelkaufleute und nicht sehr große typische Personenhandelsgesellschaften),

Gruppe 3: Zur Aufstellung und Offenlegung von Bilanzen verpflichtete Unternehmen (kleine Kapitalgesellschaften und kleine atypische Personengesellschaften) mit der Untergruppe der optional aufstellungserleichterten und statt zur Offenlegung nur zur Hinterlegung verpflichteten Kleinstkapitalgesellschaften und Kleinst-KapCo.

Gruppe 4: Zur Aufstellung, Prüfung und Offenlegung von Bilanzen verpflichtete Unternehmen (sehr große Einzelkaufleute und sehr große typische Personenhandelsgesellschaften; mittelgroße und große Kapitalgesellschaften und mittelgroße und große atypische Personengesellschaften).

Unternehmensgröße \ Rechtsform	Einzelkaufleute, typische Personenhandelsgesellschaften	Kapitalgesellschaften, haftungsbegrenzte Personenhandelsgesellschaften
sehr große Unternehmen	aufstellungs-, prüfungs- und offenlegungspflichtig	aufstellungs-, prüfungs- und offenlegungspflichtig
große Unternehmen	Nur aufstellungs-, nicht offenlegungs- und nicht prüfungspflichtig	aufstellungs-, prüfungs- und offenlegungspflichtig
mittelgroße Unternehmen	Nur aufstellungs-, nicht offenlegungs- und nicht prüfungspflichtig	aufstellungs-, prüfungs- und offenlegungspflichtig
kleine Unternehmen	Nur aufstellungs-, nicht offenlegungs- und nicht prüfungspflichtig	Nur aufstellungs- und offenlegungspflichtig
insbes. Kleinstkapitalgesellschaften (optional)	Nur aufstellungs-, nicht offenlegungs- und nicht prüfungspflichtig	erleichtert aufstellungspflichtig und nur hinterlegungspflichtig
sehr kleine Einzelkaufleute	Nicht aufstellungs-, nicht offenlegungs- und nicht prüfungspflichtig	

Legende: JA-Aufstellungspflicht | Prüfungspflicht | Offenlegungs-, ggf. Hinterlegungspflicht

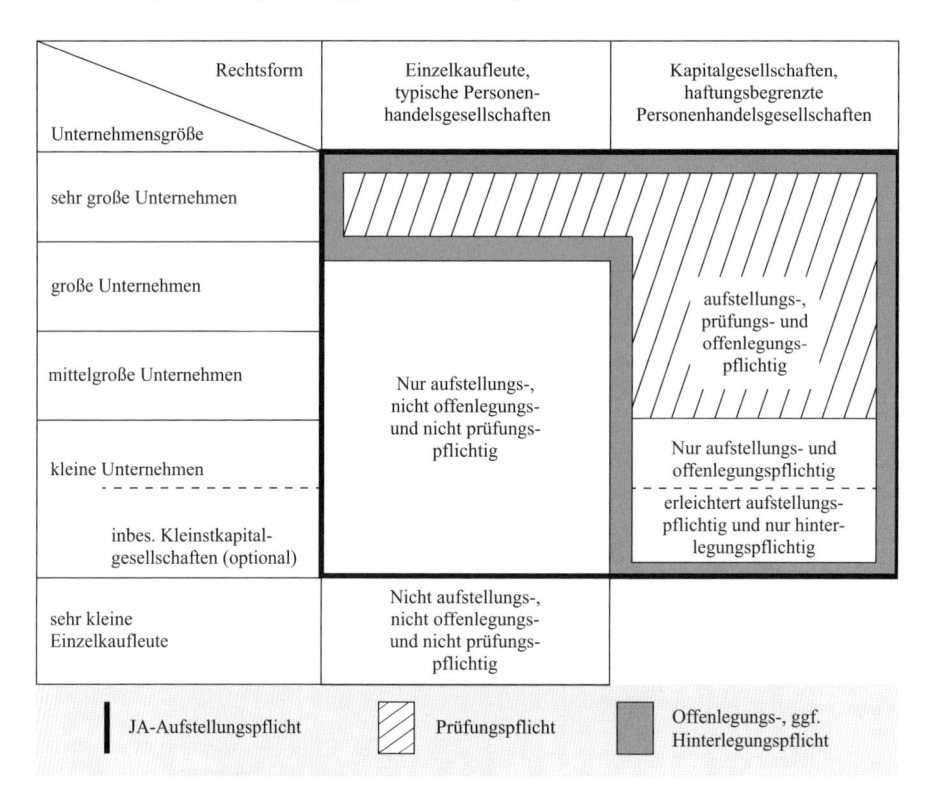

Abbildung A-24: Umfang der Rechnungslegungspflichten

Rechtliche Grundlagen der Bilanzierung

Rechtsform / Unternehmensgröße	Einzelkaufleute			Typische Personenhandelsgesellschaften			Kapitalgesellschaften (außer bestimmte Tochtergesellschaften, § 264 Abs. 3 HGB), haftungsbegrenzte Personenhandelsgesellschaften (KapCo-Ges., § 264a HGB); Genossenschaften		
Bilanzsumme	≤ 0,6 Mio	≤ 65 Mio	> 65 Mio		≤ 65 Mio	> 65 Mio	≤ 0,35 Mio	≤ 6 Mio	> 6 Mio ≤ 20 Mio	> 20 Mio
Umsatzerlöse		≤ 130 Mio	> 130 Mio		≤ 130 Mio	> 130 Mio	≤ 0,7 Mio	≤ 12 Mio	> 12 Mio ≤ 40 Mio	> 40 Mio
Arbeitnehmer		≤ 5.000	> 5.000		≤ 5.000	> 5.000	≤ 10	≤ 50	> 50 ≤ 250	> 250
Jahresüberschuss	≤ 0,06 Mio									
	Kleinst-Einzel-Kaufmann (optional)	Regel-Einzel-kaufmann	Sehr großer Einzel-kaufmann		Regel-Personen-handels-gesellschaft	Sehr große Personen-handels-gesellschaft	Kleinst-Kapital-gesellschaft, Kleinst-genossen-schaft	Kleine Kapital-gesellschaft bzw. KapCo-Ges. bzw. Genossen-schaft	Mittelgroße Kapitalgesell-schaft bzw. KapCo-Ges. bzw. Genossenschaft	Große Kapital-gesellschaft bzw.KapCo-Ges. bzw. Genossen-schaften
Bei Kapitalmarkt-inanspruchnahme (WPHG)							Kapitalmarktorientierte Kapitalgesellschaft bzw. KapCo-Ges. bzw. Genossenschaft			

Abbildung A-25: Rechnungslegungsrelevante Unternehmenstypisierung nach Rechtsform, Unternehmensgröße und Kapitalmarktinanspruchnahme

Gruppe 5: Kapitalmarktorientierte Kapitalgesellschaften etc. gelten generell als große Kapitalgesellschaften und unterliegen zusätzlichen verschärfenden Rechnungslegungsvorschriften.

Zur Verdeutlichung siehe Abbildung A-24. Einen Überblick der rechnungslegungsrelevanten Unternehmenstypisierung bietet Abbildung A-25.

f) Bilanzierungsvorschriften, die an bestimmte Unternehmensgegenstände anknüpfen

Die Wahl eines bestimmten Unternehmensgegenstandes (Geschäftszweiges) führt – oft nur im Zusammenhang mit bestimmten Rechtsformen – zur Anwendung branchenspezifischer Bilanzierungsnormen. Zur Berücksichtigung der besonderen Eigenheiten eines Geschäftszweiges bestehen vor allem formelle und materielle Sondervorschriften für die Bilanzierung von Unternehmen, die in den Branchen

- Kreditinstitute und Finanzdienstleistungsinstitute (vgl. §§ 340–340o HGB, 26 ff. KWG, RechKredV),
- Versicherungen und Pensionsfonds (vgl. §§ 341–341p HGB, § 55 VAG, RechVersV),
- Krankenhäuser und Pflegeeinrichtungen (vgl. KHBV und PBV) oder
- Wirtschaftsbetriebe der öffentlichen Hand (vgl. BHO, LHO, GO, EigBVO, NKF)

tätig sind. Die Bilanzierungspezifika dieser Wirtschaftszweige sind nicht Gegenstand dieses Buches.

2. Besondere rechtliche Grundlagen der Rechnungslegung für kapitalmarktorientierte Unternehmen

Besondere Rechnungslegungsnormen gelten für *kapitalmarktorientierte Kapitalgesellschaften*. Nach § 264 d HGB handelt es sich dabei um Unternehmen, die durch von ihnen ausgegebene Wertpapiere (i.S.d. § 2 Abs. 1 S. 1 WpHG) einen organisierten Markt (i.S.d. § 2 Abs. 5 WpHG) in Anspruch nehmen oder die Zulassung zum Handel an einem organisierten Markt beantragt haben. Das WpHG erfasst für Rechnungslegungsfragen hingegen sog. *Inlandsemittenten* (§ 2 Abs. 6 WpHG), das sind – mit einigen Ausnahmen – Emittenten mit Herkunftsstaat Deutschland, sofern ihre Wertpapiere in einem organisierten Markt – nicht im sog. Freiverkehr – gehandelt werden (sollen).

a) Erweiterte Pflichten nach HGB

aa) Einordnung als großes Unternehmen

Bei der zu größenabhängigen Rechnungslegungserleichterungen führenden Klassifizierung der Unternehmen in kleine, mittelgroße und große (§ 267 HGB)[1] gelten kapitalmarktorientierte Kapitalgesellschaften unabhängig von ihrer tatsächlichen Größenordnung stets als *große Unternehmen* und unterliegen damit der höchsten Pflichtenintensität (§ 267 Abs. 3 HGB). An deutschen Börsen erfüllen der amtliche und der geregelte Markt, nicht aber der Freiverkehr diese Bedingung. Auch die Inanspruchnahme von Börsen in einem EU- oder EWR-Staat zählen hierzu (§ 2 Abs. 5 WpHG), Bei ausschließlicher Zulassung

---

1 Zu Einzelheiten s. Kap. A.V.1.bca).

der Wertpapiere in einem sog. Drittstaat (z.B. USA, Schweiz) liegt jedoch keine kapitalmarktorientierte Kapitalgesellschaft i.S.d. §264d HGB vor.[1]

ab) Erweiterung der Rechnungslegungsinstrumente

Kapitalmarktorientierte Kapitalgesellschaften, die nicht konzernrechnungspflichtig sind, müssen den Jahresabschluss um eine *Kapitalflussrechnung* und einen *Eigenkapitalspiegel* erweitern, fakultativ kann ein *Segmentbericht* hinzukommen (§264 Abs. 1 S. 2 HGB).

ac) Bilanzeid

Außerdem haben nach §264 Abs. 2 S. 3 HGB die gesetzlichen Vertreter einer Kapitalgesellschaft, die Inlandsemittent (§2 Abs. 7 WpHG) ist, bei der Unterzeichnung schriftlich zu versichern, dass

- nach bestem Wissen
- der Jahresabschluss
- ein den tatsächlichen Verhältnissen entsprechendes Bild der Vermögens-, Finanz- und Ertragslage vermittelt
- oder der Anhang korrigierende zusätzliche Angaben enthält

(sog. *Bilanzeid*).[2]

b) Erweiterte Pflichten nach Börsenrecht

Einschlägige börsenrechtliche Vorschriften sind insbes. im Börsengesetz (BörsG), Wertpapierprospektgesetz (WpPG) und im Wertpapierhandelsgesetz (WpHG) enthalten.

ba) Börsen-Zulassungsbedingungen

Die Rechnungslegung betreffende Gesetzesnormen für die Zulassung zu EU-regulierten Märkten sind in der Börsenzulassungsverordnung (BörsZulV) und im Wertpapierprospektgesetz (WpPG) enthalten. §§48 Abs. 2 Nr. 4, 72 BörsZulV verlangen u.a. zur Börsenzulassung die Vorlage von Konzern- oder Einzelrechnungslegungsinstrumenten, insbes. auch der Bilanzen, der letzten drei Geschäftsjahre. §7 WpPG verlangt u.a. detaillierte Angaben aus dem Jahresabschluss im Rahmen eines durch EG-VO 809/2004 vorgeschriebenen Registrierungsformulars.

bb) Zulassungsfolgepflichten

Die laufenden Zulassungsfolgepflichten ergeben sich aus dem Wertpapierhandelsgesetz (WpHG). Von den Vorschriften zur Finanzberichterstattung nach WpHG sind alle Unternehmen betroffen, die als *Inlandsemittenten* Wertpapiere begeben haben (im Einzelnen: §2 Abs. 7 WpHG).

---

1 Vgl. WPH 2017, J 4.
2 Ebenso für den Lagebericht §289 Abs. 1 S. 5 HGB, Konzernabschluss §297 Abs. 2 S. 4 HGB, §316 Abs. 1 S. 6 HGB; Finanzberichterstattung §37w Abs. 2 Nr. 3 WpHG.

bba) Jahresfinanzbericht

§ 37v WpHG verpflichtet Inlandsemittenten von Wertpapieren für den Schluss eines jeden Geschäftsjahrs einen *Jahresfinanzbericht* zu erstellen und spätestens vier Monate nach Ablauf eines jeden Geschäftsjahrs der Öffentlichkeit zur Verfügung zu stellen, wenn sie nicht schon nach HGB zur Offenlegung eines Jahresabschlusses, Lageberichts und eines „Bilanzeids" verpflichtet sind.

Der Jahresfinanzbericht umfasst mindestens den nach nationalem Recht des EU-/EWR-Sitzstaates oder bei Drittlandsitz entsprechend dem HGB

- aufgestellten und geprüften Jahresabschluss
- aufgestellten und geprüften Lagebericht und
- den sog. „Bilanzeid" i. S. d. § 264 Abs. 2 S. 3 HGB sowie
- eine Bescheinigung/Bestätigung der Wirtschaftsprüferkammer über den Abschlussprüfer.

In den meisten Inlandsfällen ersetzt der nach § 325 HGB veröffentlichte normale handelsrechtliche Abschluss den Jahresfinanzbericht. Konstitutive Wirkung kommt der Offenlegungspflicht nach § 37v WpHG vor allem bei ausländischen Unternehmen zu, die nicht den handelsrechtlichen Offenlegungsvorschriften unterliegen.

bbb) Halbjahresfinanzbericht

Nach § 37w WpHG haben Inlandsemittenten von Aktien oder Schuldverschreibungen (von einigen Ausnahmen abgesehen) außerdem für die ersten sechs Monate eines jeden Geschäftsjahrs einen *Halbjahresfinanzbericht* zu erstellen und diesen unverzüglich, spätestens zwei Monate nach Ablauf des Halbjahres der Öffentlichkeit zur Verfügung zu stellen. Außerdem muss das Unternehmen vor dem Zeitpunkt, zu dem der Halbjahresfinanzbericht erstmals der Öffentlichkeit zur Verfügung steht, eine *Bekanntmachung* darüber veröffentlichen und der BaFin mitteilen, ab welchem Zeitpunkt und unter welcher Internetadresse der Bericht zusätzlich zu seiner Verfügbarkeit im Unternehmensregister öffentlich zugänglich ist.

Der Halbjahresfinanzbericht hat mindestens

- einen verkürzten Abschluss nach den angewandten Rechnungslegungsgrundsätzen, bestehend aus
  - verkürzter Bilanz,
  - verkürzter GuV-Rechnung,
  - verkürzter Anhang,
- einen Zwischenlagebericht und
- einen „Bilanzeid"

zu enthalten (§ 37w Abs. 2 WpHG).

Auf den verkürzten Abschluss sind die für den Jahresabschluss geltenden Rechnungslegungsgrundsätze anzuwenden. Tritt bei der Offenlegung an die Stelle des HGB-Jahresabschlusses ein IFRS-Einzelabschluss sind auch auf den verkürzten Abschluss die IFRS anzuwenden. Der verkürzte Abschluss und der Zwischenlagebericht kann einer prüferischen Durchsicht durch einen Abschlussprüfer unterzogen werden (§ 34w Abs. 5 WpHG).

c) Erweiterte Pflichten nach den Börsenordnungen

Im Börsensegment „Regulierter Markt" (früher: amtlicher Handel und regulierter Markt) der *Deutschen Börse AG (DBAG)* wird sowohl beim Börsengang (IPO) wie auch als Zulassungsfolgepflicht die Veröffentlichung von Jahresabschlüssen verlangt. Für den Freiverkehr *(„open market")* gibt es keine über die allgemeinen gesetzlichen Bedingungen hinausgehenden Anforderungen an die Rechnungslegung, insbes. gilt der *open market* nicht als organisierter Markt i.S. des §2 Abs. 5 WpHG, so dass die Regeln über die Finanzberichterstattung keine Anwendung finden. In beiden Börsensegmenten bestehen allerdings nach den Börsenordnungen (am Beispiel der Frankfurter Wertpapierbörse FWB) unterschiedliche Transparenzanforderungen („Transparenzlevels"):

ca) General Standard

Im General Standard für den regulierten Markt gelten für die Börsenzulassung und für die Zulassungsfolgepflichten nur die gesetzlichen Mindestanforderungen, allerdings jedenfalls mit Anwendung der IFRS.

cb) Prime Standard

Im Prime Standard mit den für die Aufnahme in die Indices DAX, M-DAX, TecDAX und SDAX höchsten Transparenzanforderungen wird nach dem Wegfall der Verpflichtung zur Quartalsberichterstattung[1] in §51a BörsO FWB anstelle von Quartalsfinanzberichten eine Pflicht zur Erstellung und Übermittlung von sog. „Quartalsmitteilungen" für das 1. und 3. Quartal eines Jahres binnen 2 Monaten verlangt.

Inhaltliche Anforderungen sind in §51a BörsO FWB geregelt und ähneln DRS 16 zur Zwischenberichterstattung. Insbes. sind für den Mitteilungszeitraum die wesentlichen Ereignisse und Geschäfte und ihre Auswirkungen auf die Finanzlage zu erläutern sowie die Finanzlage und das Geschäftsergebnis zu beschreiben. Aber eines verkürzten Quartals-Jahresabschlusses bedarf es nicht.

Wird (freiwillig) ein Quartalsfinanzbericht erstellt, entfällt die Verpflichtung zur Erstellung der Quartalsmitteilung (§51a Abs. 6 BörsO FWB). Publikationssprachen sind jedoch in allen Fällen deutsch und englisch.

cc) Entry Standard

Im Segment Open Market (früher: Freiverkehr) bieten die AGBFv-FWB[2] neben dem anspruchslosen *allgemeinen Freiverkehr* den *Entry Standard* als höheren Transparenzlevel. Beim IPO sind Einzel- und/oder Konzernabschluss des Vorjahres nach HGB oder IFRS einzureichen. Als Zulassungsfolgepflichten werden jährliche Konzern-/Einzelabschlüssen mit Lageberichten nach HGB oder IFRS sowie ein Halbjahreszwischenbericht verlangt (§17 AGBFv-FWB). Publikationsmedium ist die Unternehmenswebsite, Publikationssprachen sind deutsch oder englisch.

---

1 Aufhebung des §37x WpHG a.F. durch das Gesetz zur Umsetzung der Transparenzrichtlinie-Änderungsrichtlinie vom 25.11.2015.
2 Allgemeine Geschäftsbedingungen.

Grundlagen der Bilanzierung

d) Anforderungen ausländischer Börsen

Trotz einiger kontroverser Diskussionen werden IFRS am nordamerikanischen Kapitalmarkt zunehmend akzeptiert. Jahrelang war für ausländische Emittenten *(foreign privat issuers)* an den bedeutenden US-Börsen NASDAQ/EASDAQ nach den Regeln der SEC eine Rechnungslegung nach US-GAAP zwingend, allenfalls wurde IFRS-Rechnungslegung mit Überleitungsrechnung auf US-GAAP akzeptiert. Seit 2008 wird – unter Beachtung der Anwendung der vom IASB (nicht von der EU!) verabschiedeten Regelungen – auf die Überleitungsrechnung verzichtet. Nach einer 2008 veröffentlichten „roadmap" sollte – nach Erreichen bestimmter Meilensteine – im Jahr 2011 von SEC über die generelle Akzeptanz der IFRS entschieden werden. Geplant war ferner, dass für alle börsennotierten US-Unternehmen ab 2014 die IFRS-Rechnungslegung zulässig sein sollte.[1] Bislang liegt aber noch keine endgültige Entscheidung vor.

Abbildung A-26 stellt die wichtigsten, die Bilanzierung (Rechnungslegung) betreffenden börsenrechtlichen Vorschriften zusammen.

3. Nationale und internationale Rechnungslegungsstandards

a) Allgemeines zu Rechnungslegungsstandards

Ein *Standard* ist eine vereinheitlichte, allgemein in einem Regelwerk (Normensystem) anerkannte Art und Weise der Durchführung, die von den betroffenen Parteien entwickelt wurde und deren normative Anerkennung findet. In der Technik ist die Standardsetzung z.B. durch das Deutsche Institut für Normung (DIN) seit langem bekannt, worauf sich Gesetze häufig beziehen.

Die Normen für diese Standards entstehen typischerweise außerhalb der nationalen Gesetze, weshalb ihre demokratische Legitimation in Zweifel gezogen wird. Diese kann

AGBFV-FWB	Allgemeine Geschäftsbedingungen für den Freiverkehr an der Frankfurter Wertpapierbörse	JFB	Jahresfinanzbericht
		(K)AH	(Konzern)Anhang
		(K)Bil	(Konzern)Bilanz
BörsO	Börsenordnung	(K)GuVR	(Konzern) GuV-Rechnung
BörsO-FWB	Börsenordnung für die Frankfurter Wertpapierbörse	(K)JA	(Konzern)Jahresabschluss
		(K)KFR	(Konzern)Kapitalflussrechnung
BörsZulV	Börsenzulassungsverordnung	(K)LB	(Konzern)Lagebericht
		QM	Quartalsmitteilung
		Releg	Rechnungslegung
d	Publikationssprache deutsch	Vor-Gj.	Vorherige Geschäftsjahre
		WpHG	Wertpapierhandelsgesetz
e	Publikationssprache englisch	WpPG	Wertpapierprospektgesetz
		www.	Unternehmenswebsite im world wide web
HjFB	Halbjahresfinanzbericht		
HjZB	Halbjahreszwischenbericht		
IPO	Initial Public Offer (Börseneinführung)		

(Legende zu Abbildung A-26)

---

[1] www.sec.gov 27. 8. 2008 (Abruf 4. 3. 2016).

Rechtliche Grundlagen der Bilanzierung

Rechts-normen	IPO-/Folge-pflichten/ (Trans-parenzlevel)	Börsensegment	
		Regulierter Markt	Freiverkehr (Open market)
Gesetzliche Mindest-anforde-rungen	Zulassungs-/ IPO-Bedin-gungen	§48 Abs. 2 i.V.m. § 72 BörsZulV: **(K)Bil, (K)GuVR, (K)KFR** nach HGB/IFRS der 3 Vor-Gj., **(K)AH** und **(K)LB** Letztjahr (d) §7 WpPG i.V.m. EG-VO 809/2004: Registrierungsformulare Anhang: wie oben	Kein org. Markt i.S.d. §2 Abs. 5 WpHG Keine besonderen Verpflichtungen
	Folge-pflichten	§37v, 37y WpHG: **JFB** (HGB/IFRS), sofern nicht bereits HGB-Offenlegung; §37w WpHG: **HjFB** (HGB/IFRS)	Keine besonderen Verpflichtungen
Zusätzliche Anforderun-gen gem. BörsO (z.B. BörsO FWB bzw. AGBFv-FWB)	General Standard	Gem. gesetzlichen Anforderungen	entfällt
	Prime Standard	§§ 50 bzw. 51 BörsO-FWB: **JFB** und **HjFB** gem. WpHG in d+e; § 51a BörsO-FWB QM in d+e	entfällt
	Open Market: General		Keine besonderen Releg-Anforderun-gen; Prospekt oder Exposé
	Open Market: Entry Standard		*IPO:* §16 Abs. 3e AGBFv-FWB: **(K)JA+ K(LB)** Vorjahr nach HGB/IFRS *Folge:* §17 Abs. 2b AGBFv-FWB: **(K)JA+K(LB)** HGB/IFRS, d+e im www. §17 Abs. 2c AGBFv-FWB: **HjZB** im www.

Abbildung A-26: Börsenrechtliche Anforderungen an die Rechnungslegung

allerdings mit einem Standardsetzungsprozess mit Öffentlichkeitsbeteiligung angenähert und über eine Anerkennung durch demokratische Autoritäten (Ministerien, supranationale oder nationale Gesetzgeber) erlangt werden. Wegen der unzureichenden gesetzgeberischen Fundierung, der beschränkten Durchsetzungsfähigkeit und den häufigen Veränderungen bezeichnet man die Standards auch als *„soft law"*.

Von so gesetzten Bilanzierungsstandards verspricht man sich flexible, sachverständige und praxisnahe Normen, die auf neue Trends im Wirtschaftsleben mit einer raschen Anpassung reagieren und solche Trends möglichst vorausschauend berücksichtigen – was den formalen Gesetzen nur schwer gelingt. Besonders bei der internationalen Harmonisierung der Rechnungslegung haben mangels entsprechender staatlicher Aktivitäten private „Standardsetter" diese Aufgabe nach angelsächsischer Tradition übernommen.

b) Nationale Rechnungslegungsstandards

Im nationalen deutschen Rahmen wurde mit dem Gesetz über Kontrolle und Transparenz im Unternehmensbereich die Rechtsgrundlage (§ 342 HGB) für die Tätigkeit eines deutschen, vom Bundesministerium der Justiz und für Verbraucherschutz anerkannten Standardsetters geschaffen. Auf dieser Basis hat sich das *Deutsche Rechnungslegungs Standards Committee* (DRSC) e. V., Sitz in Berlin, mit dem *HGB-Fachausschuss* und dem *IFRS-Fachausschuss* als Fachgremien gegründet.

Als Standardsetter eigener Art betätigt sich schon seit Jahrzehnten das *Institut für Wirtschaftsprüfer* (IDW) mit seinen *Fachgutachten*, neuerdings auch Rechnungslegungsstandards *(IDW-RS)* und Rechnungslegungshinweisen *(IDW-RH)*. Auch einige Empfehlungen des *Deutschen Corporate Governance Kodex* (DCGK) können als einschlägige Standards angesehen werden.

ba) Deutsche Rechnungslegungsstandards (DRS) und Interpretationen
baa) Der Standardsetter DRSC

Von den zwei gesetzlich angebotenen Gremienformen – ein privates Rechnungslegungsgremium (§ 342 HGB) oder ein Rechnungslegungsbeirat im Geschäftsbereich des BMJV (§ 342a HGB) – setzte sich – gewissermaßen als Selbstverwaltungsaufgabe der praktisch mit Rechnungslegung befassten Personenkreise – das private, mit unabhängigen Fachleuten besetzte und vom BMJV anerkannte Gremium unter dem Dach des DRSC e. V. durch. Neben den zentralen Organen „Mitgliederversammlung", „Verwaltungsrat" und „DRSC-Präsidium" wird der eigentliche Normensetzungsprozess für Standards und HGB-Anwendungshinweise vom *HGB-Fachausschuss* und für IFRS Anwendungshinweise *(Implementation Guideness)* vom *IFRS-Fachausschuss* übernommen, aber stets vom DRSC verantwortet und herausgegeben. International tritt das DRSC als Accounting Standards Committee of Germany (ASCG)[1] auf.

Als zu übernehmende *Aufgaben* sieht § 342 Abs. 1 HGB (und die Vereinssatzung) vor:

1. Entwicklung von Empfehlungen zur Anwendung der Grundsätze über die Konzernrechnungslegung,
2. Beratung des BdJV bei Gesetzgebungsvorhaben zu Rechnungslegungsvorschriften,
3. Vertretung Deutschlands in internationalen Standardisierungsgremien (z. B. beim IASB) und
4. die „Erarbeitung von Interpretationen der internationalen Rechnungslegungsstandards", insbes. zur Berücksichtigung nationaler deutscher Besonderheiten.

---

1 Teilweise auch als GASC = German Accounting Standards Committee.

Darüber hinaus gibt § 2 der Satzung des selbstlos tätigen Vereins noch folgende Zwecke vor:

5. die Erhöhung der Qualität der Rechnungslegung,
6. Förderung der Forschung und Ausbildung auf diesen Gebieten.

Die Struktur des Standardsetters und seine wichtigsten Verlautbarungen sind auf Abbildung A-27 ersichtlich. Wegen der relativ geringen Bedeutung des Standardsetters für die Bilanzierung im Rahmen des Einzelabschlusses (das IDW sieht eine Ausstrahlungswirkung auf die Einzelabschlüsse nach IDW PS 201 lediglich dann, wenn gesetzliche Anforderungen an die Rechnungslegung durch einen DRS konkretisiert werden, bei denen es sich um eine Auslegung von allgemeinen gesetzlichen Grundsätzen handelt) beschränkt sich die Beschreibung auf Grundsätzliches; zu Einzelheiten kann auf die Darstellungen des Standardsetters im Internet *(www.drsc.de)*, die Vereinssatzung und die Geschäftsordnungen der Organe und Gremien verwiesen werden.

Der Verein DRSC hat prinzipiell vier *Organe* (Mitgliederversammlung, Verwaltungsrat, Normierungsausschuss und Präsidium) und zwei *Gremien* (HGB-Fachausschuss und IFRS-Fachausschuss als Rechnungslegungsgremien sowie den Wissenschaftsbeirat). Der Kreis der Mitglieder ist grundsätzlich relativ weit gefasst, wobei im gesamtwirtschaftlichen Interesse die Mitglieder den folgenden Segmenten zugerechnet werden können:

- Kapitalmarktorientierte Industrieunternehmen und Verbände (Segment „A"),
- nichtkapitalmarktorientierte Industrieunternehmen und Verbände (Segment „B"),
- Banken und Verbände (Segment „C"),
- Versicherungen und Verbände (Segment „D") und
- Wirtschaftsprüfung und Verbände (Segment „E").

Nach § 6 Abs. 3 der Vereinssatzung sollen die Mitglieder bzw. ihre gesetzlichen Vertreter und deren Bevollmächtigte *Rechnungsleger* sein. Dies sind natürliche Personen, die mit entsprechender Qualifikation die Handelsbücher oder die sonstigen in § 257 Abs. 1 Nr. 1 HGB bezeichneten Unterlagen für Kapitalgesellschaften oder andere Unternehmen im Angestelltenverhältnis oder freiberuflich führen bzw. erstellen oder als Wirtschaftsprüfer, Hochschullehrer, vereidigte Buchprüfer, Steuerberater, Rechtsanwälte oder mit vergleichbarer Qualifikation auf dem Gebiet der Rechnungslegung prüfend, beratend, lehrend, überwachend oder analysierend tätig sind.

Dem *HGB-Fachausschuss* ist vor allem die Ausführung der zur Erreichung der o.g. Zwecke des DRSC e.V. erforderlichen Maßnahmen übertragen. Der *IFRS-Fachausschuss* hat die Aufgabe, in enger Zusammenarbeit mit dem entsprechenden Committee des IASB (IFRIC) sowie den entsprechenden Gremien anderer nationaler Standardsetter die internationale Konvergenz von Interpretationen wesentlicher Rechnungslegungsfragen zu fördern und spezifische nationale Sachverhalte im Rahmen der gültigen IFRS und in Abstimmung mit den DRS zu beurteilen; die Vertretung der Fachausschüsse und deren Arbeit nach außen übernimmt jedoch stets das Präsidium (§ 17 Vereinssatzung).

Daher verabschieden der HGB-Fachausschuss nicht in alleiniger Verantwortung die *Verlautbarungen* (z.B. Rechnungslegungsstandards (DRS), Stellungnahmen, Diskussionspapiere); und der IFRS-Fachausschuss erstellt nicht eigenverantwortlich insbes. Interpretationen, Stellungnahmen und Positionspapiere – diese werden immer vom DRSC, vertreten

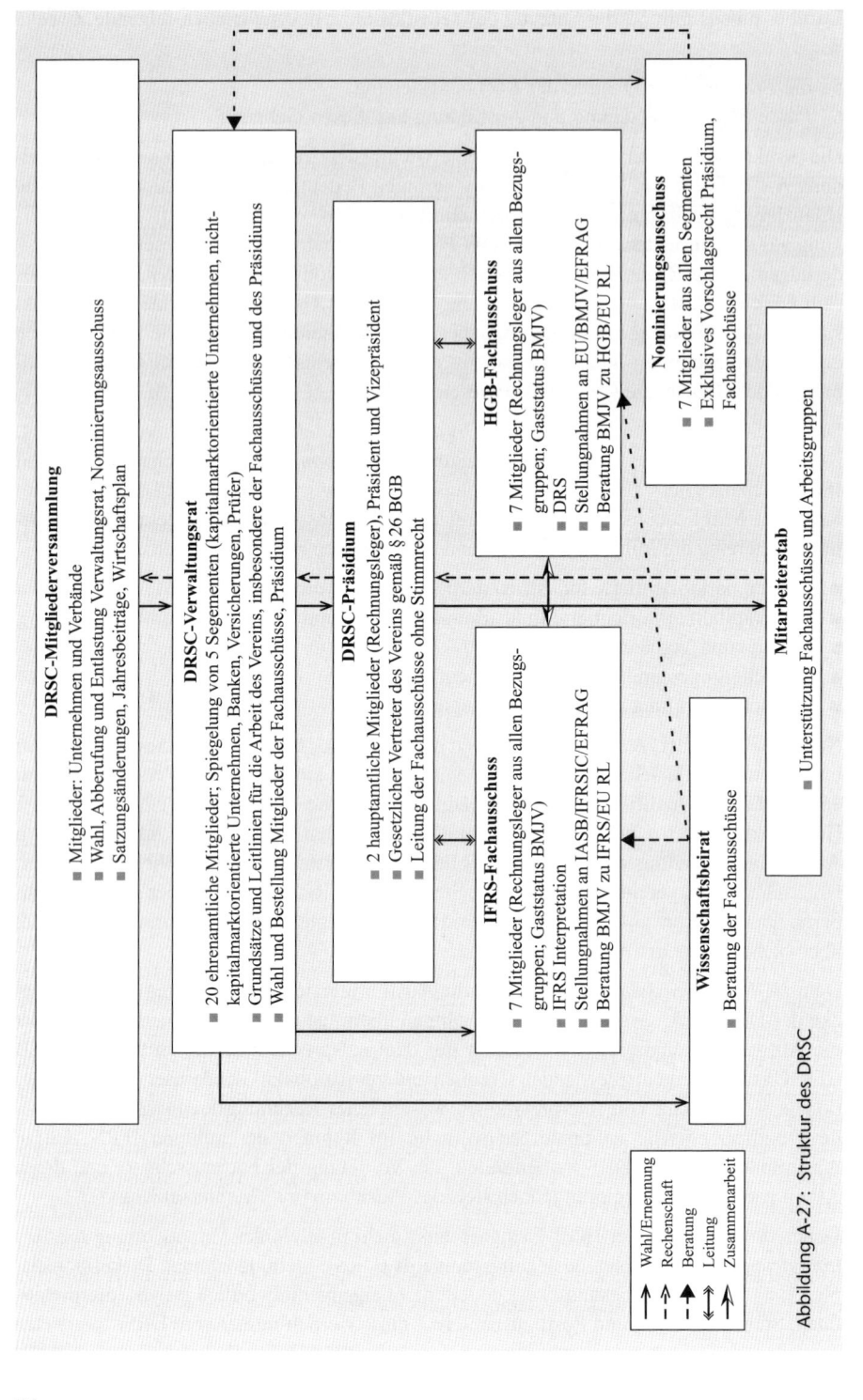

Grundlagen der Bilanzierung

DRSC-Mitgliederversammlung
- Mitglieder: Unternehmen und Verbände
- Wahl, Abberufung und Entlastung Verwaltungsrat, Nominierungsausschuss
- Satzungsänderungen, Jahresbeiträge, Wirtschaftsplan

DRSC-Verwaltungsrat
- 20 ehrenamtliche Mitglieder; Spiegelung von 5 Segmenten (kapitalmarktorientierte Unternehmen, Banken, Versicherungen, Prüfer)
- Grundsätze und Leitlinien für die Arbeit des Vereins, insbesondere der Fachausschüsse und des Präsidiums
- Wahl und Bestellung Mitglieder der Fachausschüsse, Präsidium

DRSC-Präsidium
- 2 hauptamtliche Mitglieder (Rechnungsleger), Präsident und Vizepräsident
- Gesetzlicher Vertreter des Vereins gemäß § 26 BGB
- Leitung der Fachausschüsse ohne Stimmrecht

HGB-Fachausschuss
- 7 Mitglieder (Rechnungsleger aus allen Bezugsgruppen; Gaststatus BMJV)
- DRS
- Stellungnahmen an EU/BMJV/EFRAG
- Beratung BMJV zu HGB/EU RL

IFRS-Fachausschuss
- 7 Mitglieder (Rechnungsleger aus allen Bezugsgruppen; Gaststatus BMJV)
- IFRS Interpretation
- Stellungnahmen an IASB/IFRSIC/EFRAG
- Beratung BMJV zu IFRS/EU RL

Nominierungsausschuss
- 7 Mitglieder aus allen Segmenten
- Exklusives Vorschlagsrecht Präsidium, Fachausschüsse

Wissenschaftsbeirat
- Beratung der Fachausschüsse

Mitarbeiterstab
- Unterstützung Fachausschüsse und Arbeitsgruppen

↑ Wahl/Ernennung
↑ Rechenschaft
- ↑ Beratung
⇕ Leitung
↑ Zusammenarbeit

Abbildung A-27: Struktur des DRSC

durch das Präsidium, veröffentlicht. Von den DRSC-Mitarbeitern können sog. *Anwendungshinweise* (staff notes) erstellt werden.

bab) Der Standardsetzungsprozess

Die Deutschen Rechnungslegungs Standards (DRS) werden in einem durch § 342 Abs. 1 S. 2 HGB, die DRSC-Vereinssatzung (§ 20 Abs. 3) und Geschäftsordnungen vorgeschriebenen, mehrstufigen Verfahren im Rahmen eines öffentlichen Konsultationsprozesses entwickelt. Folgende *Entwicklungsphasen* werden dabei regelmäßig durchlaufen:

- Bestimmung des Themas/Problemfeldes nach Anregungen der Gremien, Externer oder des BMJV,
- Einsatz einer Arbeitsgruppe, Erarbeitung eines Hintergrund- und Thesenpapiers *(point outline)*, Beratung des Thesenpapiers,
- Erarbeitung des Standardentwurfs auf Grundlage des Thesenpapiers und der bisherigen Diskussionen,
- Veröffentlichung des Standardentwurfs (E-DRS) zur Einholung von Stellungnahmen mit einer Frist von mindestens 45 Tagen,
- Auswertung der Stellungnahmen,
- Veröffentlichungen der erhaltenen Stellungnahmen, wenn dies nicht ausdrücklich vom Stellungnehmer abgelehnt wird,
- Erörterung wesentlicher Einwände und Änderungsvorschläge,
- Ggf. erneute Veröffentlichung einer überarbeiteten Fassung des Entwurfs mit einem Aufruf zur Stellungnahme innerhalb einer Frist von 30 Tagen,
- Ggf. Stellungnahmen des Konsultationsrates,
- Öffentliche Diskussion zu den Standardentwürfen, Protokollveröffentlichung in 30 Tagen,
- Verabschiedung des Standards in öffentlicher Sitzung mit $^2/_3$ der Stimmen,
- Veröffentlichung des verabschiedeten DRS einschl. ggf. abweichender Voten und Begründung,
- Vorlage beim BMJV, dieser entscheidet über Bekanntmachung im Bundesanzeiger.

bac) Die Bedeutung der DRS

DRS richten sich prinzipiell nur an die Konzernrechnungslegung nach HGB, nicht an HGB-Einzelabschlüsse. Nicht kapitalmarktorientierte Unternehmen, die ihren Konzernabschluss nach HGB aufstellen, sollten die DRS beachten. Zwar kommt den DRS eine unmittelbare Bindungswirkung nicht zu, doch sind die DRS nach Billigung des BMJV bekannt gegeben, kommt den Empfehlungen eine *Richtigkeitsvermutung* in dem Maße zu, dass ihre Beachtung die *Konzern-GoB* erfüllt (§ 342 Abs. 2 HGB). Es gibt ggf. durchaus auch andere Möglichkeiten, die Konzern-GoB zu erfüllen, d.h. die DRS erheben keinen Exklusivanspruch für die Auslegung der handelsrechtlichen Normen zur Konzernbilanzierung, allerdings dürfte eine Nichtanwendung zu erweiterten Angabepflichten im Konzernanhang nach § 313 Abs. 1 Nr. 1 HGB führen.

Auch für Unternehmen, die freiwillig oder verpflichtend IFRS anwenden, weiterhin zur Konkretisierung europarechtlicher Vorschriften können die DRS, sofern die IFRS keine einschlägigen Regeln umfassen, herangezogen werden.

Die schwache *Bindungswirkung* zeigt auch der IDW-Prüfungsstandard 450 Tz. 134: Wird im Konzernabschluss ein gesetzliches Wahlrecht abweichend von einem BMJV-bekanntgegebenen DRS ausgeübt, begründet dies keine Einwendung des Konzernabschlussprüfers gegen die Ordnungsmäßigkeit der Konzernrechnungslegung. Der Konzernabschlussprüfer hat jedoch im Prüfungsbericht auf eine solche Abweichung hinzuweisen.

Werden jedoch *gesetzliche Anforderungen* an die Rechnungslegung durch einen DRS *konkretisiert* und handelt es sich hierbei um eine Auslegung von allgemeinen gesetzlichen Grundsätzen, so haben diese auch Bedeutung für die Rechnungslegung im Jahresabschluss und Lagebericht (IDW PS 201 Tz. 12). Hierbei spricht man auch von einer *Ausstrahlungswirkung* auf die GoB für die Rechnungslegung im Jahresabschluss. Gelangt der Abschlussprüfer zu dem Urteil, dass solche Auslegungen vom rechnungslegenden Unternehmen nicht beachtet worden sind, so hat dieser nach den allgemeinen Grundsätzen zu beurteilen, ob sich aus diesem Sachverhalt Konsequenzen für die Rechnungslegung des Unternehmens bis hin zur Einschränkung/Verweigerung des Bestätigungsvermerks ergeben.

Die hauptsächliche Wirkungsschiene des DRSC läuft damit über die Mitwirkung bei der internationalen Standardsetzung und beim HGB-Gesetzgebungsprozess, wodurch auch für die Gestaltung der Einzelabschlussnormen Einfluss ausgeübt werden kann.

Die seit 2009 zulässigen Interpretationen der IFRS (insbes. zur Berücksichtigung deutscher Besonderheiten) sind keine Empfehlungen, deren Beachtung die GoB-Vermutung hat (§ 342 Abs. 2 HGB).[1]

bad) Bilanzierungsrelevante DRS und RIC

Obwohl die DRS – der Aufgabenstellung des DRSC entsprechend – nur die Konzernrechnungslegung betreffen können folgende Standards und Interpretationen auch für die Bilanzierung im Einzelabschluss von Bedeutung sein:[2]

	Deutsche Rechnungslegungs Standards (DRS)
DRS 8	Bilanzierung von Anteilen an assoziierten Unternehmen im Konzernabschluss
DRS 9	Bilanzierung von Anteilen an Gemeinschaftsunternehmen im Konzernabschluss
DRS 13	Grundsatz der Stetigkeit und Berichtigung von Fehlern
DRS 16	Halbjahresfinanzberichterstattung
DRS 18	Latente Steuern
DRS 22	Konzerneigenkapital
DRS 24	Immaterielle Vermögensgegenstände im Konzernabschluss
	RIC-Interpretationen (RIC)

---

1 Begründung BT-Drs. 16/10067, S. 97.
2 Weitere DRS betreffen die Konzernrechnungslegung, wie etwa Segmentberichterstattung (DRS 23), Unternehmenserwerbe (DRS 23) und die Pflicht zur Konzernrechnungslegung und Abgrenzung des Konsolidierungskreise (DRS 19), sowie zur Berichterstattung über die Vergütung der Organmitglieder (DRS 17), zum Konzernlagebericht (DRS 20) und zur Konzernkapitalflussrechnung (DRS 21). Aufgeführt sind nur die in Kraft befindlichen DRS.

RIC 1	Bilanzierung nach Fristigkeit gemäß IAS 1
RIC 2	Verpflichtung zur Entsorgung von Elektro- und Elektronikgeräten
RIC 3	Auslegungsfragen zu IAS 32 und IAS 1
Anwendungshinweise (AH)	
AH 1	Einzelfragen zur Bilanzierung von Altersteilzeitverhältnissen nach IFRS
AH 2	Bilanzierung von Ausgaben zur Registrierung nach der EU-Chemikalienverordnung REACH
AH 3	Ausgewählte IFRS-Bilanzierungsfragen unter besonderer Berücksichtigung gesamtwirtschaftlicher und unternehmensindividueller Krisensituationen
AH 4	In Eigenkapitalinstrumenten erfüllte anteilsbasierte Mitarbeitervergütungen mit Nettoerfüllungsvereinbarungen: Bilanzierung von Kompensationszahlungen
Interpretationen (Interpret IFRS)	
Interpret 1 (IFRS)	Bilanzgliederung nach Fristigkeit gemäß IAS 1 Darstellung des Abschlusses
Interpret 2 (IFRS)	Verpflichtung zur Entsorgung von Elektro- und Elektronikgeräten
Interpret 3 (IFRS)	Auslegungsfragen zu Instrumenten mit Gläubigerkündigungsrecht gemäß IAS 32

bb) IDW-Rechnungslegungsstandards (IDW-RS) und Rechnungslegungshinweise (IDW-RH)

bba) Der Standardsetter Institut der Wirtschaftsprüfer (IDW)

Das Institut der Wirtschaftsprüfer in Deutschland e.V. (IDW) mit Sitz in Düsseldorf vereint auf freiwilliger Basis Wirtschaftsprüfer und Wirtschaftsprüfungsgesellschaften Deutschlands.

Die *Organisationsstruktur* des IDW in Deutschland e.V. besteht im Wesentlichen aus der Mitgliederversammlung (Wirtschaftsprüfertag), dem Vorstand, dem Verwaltungs- und Ehrenrat. Der Vorstand kann Ausschüsse bilden, insbes. auch den Hauptfachausschuss, die für die Entwicklung und Verabschiedung der IDW-Stellungnahmen zuständig sind.

Zu den *Aufgaben* des IDW gehört neben der Interessenvertretung, Aus- und Fortbildung, Berufsbildförderung sowie Tagesarbeitsunterstützung der Wirtschaftsprüfer das Eintreten für einheitliche Grundsätze der unabhängigen, eigenverantwortlichen und gewissenhaften Berufsausübung und die Sicherstellung deren Einhaltung durch die Mitglieder. In Erfüllung dieser Aufgaben kann das IDW zu Fach- und Berufsfragen, die den gesamten Wirtschaftsprüferberuf angehen, auch gutachtlich Stellung nehmen.

In Verfolgung dieser Aufgabenstellung legt das IDW in *Verlautbarungen*, insbes.

- *Stellungnahmen zur Rechnungslegung* (IDW RS),
- *Rechnungslegungshinweise* (IDW RH),
- *Prüfungsstandards* (IDW PS),
- *Prüfungshinweise* (IDW PH),
- *IDW Standards (IDW S)* und
- *IDW Verlautbarungen bis 1998* (Fachgutachten, Stellungnahmen des Hauptfachausschusses und der Fachausschüsse)

die Berufsauffassung dar, nach der Wirtschaftsprüfer ihre Tätigkeit ausüben sollen. Außerdem wirkt das IDW bei zahlreichen internationalen Standardsetzern und mit Stellungnahmen/Eingaben bei nationalen Gesetzgebungsprozessen und Entwürfen von Verwaltungsanweisungen mit.

bbb) Der Standardsetzungsprozess

IDW Prüfungsstandards, IDW Stellungnahmen zur Rechnungslegung und IDW Standards werden zunächst als Entwurf durch die Gremien des IDW verabschiedet (erkennbar am vorangestellten „E" vor der entsprechenden Abkürzung) und dem Berufsstand sowie der interessierten Öffentlichkeit zur Meinungsäußerung zur Verfügung gestellt. Die Verabschiedung erfolgt durch die zuständigen Gremien unter Berücksichtigung der Diskussionsbeiträge.

bbc) Die Bedeutung der IDW-Verlautbarungen zur Rechnungslegung

Die IDW-Verlautbarungen zur Rechnungslegung legen die Berufsauffassungen dar und deren Beachtung ist Satzungsverpflichtung für alle IDW-Mitglieder (§ 4 Abs. 9 IDW-Satzung). Dem eigenverantwortlich tätigen Abschlussprüfer wird aufgegeben, sorgfältig zu prüfen, ob die Vorschriften zu beachten sind. Abweichungen sind schriftlich (z.B. im Prüfungsbericht) darzustellen und ausführlich zu begründen; bei Nichtanwendung ohne gewichtige Gründe muss mit Nachteilen in Regressfällen, Berufsaufsichts- oder Strafverfahren gerechnet werden.[1]

Folgende nicht branchenspezifische IDW-Verlautbarungen sind bilanzierungsrelevant:

IDW Standards (IDW S)	
IDW S 1	Grundsätze zur Durchführung von Unternehmensbewertungen
IDW S 5	Grundsätze zur Bewertung immaterieller Vermögenswerte
IDW S 7	Grundsätze für die Erstellung von Jahresabschlüssen
IDW S 10	Grundsätze zur Bewertung von Immobilien
IDW Stellungnahmen zur Rechnungslegung (IDW RS)	
IDW RS HFA 2	Einzelfragen zur Anwendung von IFRS
IDW RS HFA 3	Handelsrechtliche Bilanzierung von Verpflichtungen aus Altersteilzeitregelungen
IDW RS HFA 4	Zweifelsfragen zum Ansatz und zur Bewertung von Drohverlustrückstellungen
IDW RS HFA 5	Rechnungslegung von Stiftungen
IDW RS HFA 6	Änderung von Jahres- und Konzernabschlüssen

---

1 IDW PS 201 Tz. 13.

IDW RS HFA 7 n.F.	Handelsrechtliche Rechnungslegung bei Personenhandelsgesellschaften
IDW RS HFA 8	Zweifelsfragen der Bilanzierung von asset backed securities-Gestaltungen und ähnlichen Transaktionen
IDW RS HFA 9	Einzelfragen zur Bilanzierung von Finanzinstrumenten nach IFRS
IDW RS HFA 10	Anwendung der Grundsätze des IDW S 1 bei der Bewertung von Beteiligungen und sonstigen Unternehmensanteilen für die Zwecke eines handelsrechtlichen Jahresabschlusses
IDW RS HFA 11	Bilanzierung entgeltlich erworbener Software beim Anwender
IDW RS HFA 14	Rechnungslegung von Vereinen
IDW RS HFA 15	Bilanzierung von Emissionsberechtigungen nach HGB
IDW RS HFA 17	Auswirkungen einer Abkehr von der Going Concern-Prämisse auf den handelsrechtlichen Jahresabschluss
IDW RS HFA 18	Bilanzierung von Anteilen an Personenhandelsgesellschaften im handelsrechtlichen Jahresabschluss
IDW RS HFA 19	Einzelfragen zur erstmaligen Anwendung der International Financial Reporting Standards nach IFRS 1
IDW RS HFA 22	Zur einheitlichen oder getrennten handelsrechtlichen Bilanzierung strukturierter Finanzinstrumente
IDW RS HFA 23	Bilanzierung und Bewertung von Pensionsverpflichtungen gegenüber Beamten und deren Hinterbliebenen
IDW RS HFA 25	Einzelfragen zur Bilanzierung von Verträgen über den Kauf oder Verkauf von nicht-finanziellen Posten nach IAS 39
IDW RS HFA 26	Umkategorisierung finanzieller Vermögenswerte gem. IAS 39 und IFRIC 9
IDW RS HFA 28	Übergangsregelungen des BilMoG
IDW RS HFA 30 n.F.	Handelsrechtliche Bilanzierung von Altersversorgungsverpflichtungen
IDW RS HFA 31	Aktivierung von Herstellungskosten
IDW RS HFA 34	Einzelfragen zur handelsrechtlichen Bilanzierung von Verbindlichkeitsrückstellungen
IDW RS HFA 35	Handelsrechtliche Bilanzierung von Bewertungseinheiten
IDW RS HFA 37	Einzelfragen zur Bilanzierung von Fremdkapitalkosten nach IAS 23
IDW RS HFA 38	Ansatz- und Bewertungsstetigkeit im handelsrechtlichen Jahresabschluss
IDW RS HFA 39	Vorjahreszahlen im handelsrechtlichen Jahresabschluss
IDW RS HFA 40	Einzelfragen zu Wertminderungen von Vermögenswerten nach IAS 36

IDW RS HFA 41	Auswirkungen eines Formwechsels auf den handelsrechtlichen Jahresabschluss
IDW RS HFA 42	Auswirkungen einer Verschmelzung auf den handelsrechtlichen Jahresabschluss
IDW RS HFA 43	Auswirkungen einer Spaltung auf den handelsrechtlichen Jahresabschluss
IDW RS HFA 45	Einzelfragen zur Darstellung von Finanzinstrumenten nach IAS 32
IDW RS HFA 47	Einzelfragen zur Ermittlung des Fair Value nach IFRS 13
IDW RS HFA 48	Einzelfragen der Bilanzierung von Finanzinstrumenten nach IFRS 9
IDW Rechnungslegungshinweise (IDW RH)	
IDW RH HFA 1.009	Rückstellungen für die Aufbewahrung von Geschäftsunterlagen sowie für die Aufstellung, Prüfung und Veröffentlichung von Abschlüssen und Lageberichten nach §249 Abs. 1 HGB
IDW RH HFA 1.012	Externe (handelsrechtliche) Rechnungslegung im Insolvenzverfahren
IDW RH HFA 1.014	Umwidmung und Bewertung von Forderungen und Wertpapieren nach HGB
IDW RH HFA 1.015	Zulässigkeit degressiver Abschreibungen in der Handelsbilanz vor dem Hintergrund der jüngsten Rechtsänderungen
IDW RH HFA 1.016	Handelsrechtliche Zulässigkeit einer komponentenweisen planmäßigen Abschreibung von Sachanlagen
IDW RH HFA 1.017	Einzelfragen zur Behandlung der Umsatzsteuer im handelsrechtlichen Jahresabschluss
IDW RH HFA 2.001	Ausweis- und Angabepflichten für Zinsswaps in IFRS-Abschlüssen
Noch gültige HFA-Stellungnahmen bis 1998	
HFA 1/1984	Bilanzierungsfragen bei Zuwendungen, dargestellt am Beispiel finanzieller Zuwendungen der öffentlichen Hand
HFA 1/1986	Zur Bilanzierung von Zero-Bonds
HFA 1/1989	Zur Bilanzierung beim Leasinggeber
HFA 1/1992	Zur bilanziellen Behandlung von Güterfernverkehrskonzessionen
HFA 3/1993	Zur Bilanzierung und Prüfung der Anpassungspflicht von Betriebsrenten
HFA 1/1994	Zur Behandlung von Genussrechten im Jahresabschluss von Kapitalgesellschaften
HFA 2/1996	Zur Bilanzierung privater Zuschüsse

bc) Deutscher Corporate Governance Kodex

Nachdem bereits 1999 von der OECD Corporate Governance-Grundsätze *(Code of best Practice)* für börsennotierte Unternehmen veröffentlicht wurden, haben auch in Deutschland Regierungskommissionen einen Kodex für gute Corporate Governance (*Deutscher Corporate Governance Kodex,* DCGK) erarbeitet, der auch Verhaltensregeln für die Rechnungslegung und Prüfung enthält. Diese Regeln wurden vom BMJV im BAnz bekannt gemacht, haben damit zwar keinen Gesetzesqualität, wohl aber durch gesetzliche Bezugnahmen und private Erstellung den Charakter von anerkannten Standards.

Nach § 161 AktG müssen Vorstand und Aufsichtsrat einer börsennotierten Aktiengesellschaft jährlich erklären, dass den Empfehlungen der „Regierungskommission Deutscher Corporate Governance Kodex" entsprochen wurde und wird oder begründen, welche Empfehlungen nicht angewendet wurden oder werden (*Entsprechenserklärung*, „comply or explain"). Dieser eigenständige Teil der Rechnungslegung ist gleichermaßen bei Einzel- wie Konzern-Abschlüssen, HGB- und IFRS-Abschlüssen abzugeben und offen zu legen. Im (Konzern)Anhang sind entsprechende Angaben zu tätigen (§§ 285 S. 1 Nr. 16 bzw. 314 Abs. 1 Nr. 8 HGB).

Der DCGK[1] enthält neben

- der Wiedergabe gesetzlicher Regelungen (Muss-Bestimmungen),
- Empfehlungen (Soll-Bestimmungen) und
- Hinweise/Anregungen (Kann-, Sollte-Bestimmungen).

Nur die Abweichungen von den Empfehlungen müssen in der Entsprechenserklärung offengelegt werden.

Für die Rechnungslegung und damit auch für die Bilanzierung kapitalmarktorientierter Aktiengesellschaften sind insbes. folgende DCGK-Regelungen bedeutsam:

7	Rechnungslegung und Abschlussprüfung
7.1	**Rechnungslegung**
7.1.1	Konzernabschluss, Halbjahresfinanzbericht, Zwischenmitteilungen oder Quartalsfinanzberichte unter Beachtung der einschlägigen internationalen Rechnungslegungsgrundsätze
7.1.2	Aufstellung und Prüfung des Konzernabschlusses, Enforcement, Offenlegungsfristen
7.1.3	Angaben über Aktienoptionsprogramme und ähnliche wertpapierorientierte Anreizsysteme
7.1.4	Erläuterung von Beziehungen zu Aktionären, die als nahestehende Personen zu werten sind

---

1 http://www.dcgk.de/de/(Abruf 28. 11. 2017).

7.2	**Abschlussprüfung**
7.2.1	Unabhängigkeit des Abschlussprüfers, unverzügliche Unterrichtung des Aufsichtsratsvorsitzenden von während der Prüfung auftretende mögliche Ausschluss- oder Befangenheitsgründen
7.2.2	Prüfungsauftrag und Honorarvereinbarung durch den Aufsichtsrat
7.2.3	Unterrichtung des Aufsichtsrats durch den Abschlussprüfer
7.2.4	Teilnahme und Berichterstattung des Abschlussprüfers an den Aufsichtsratssitzungen über den Jahres- und Konzernabschluss

bd) US-GAAP

Die US-GAAP sind nationale Rechnungslegungsstandards der Vereinigten Staaten von Nordamerika. Die US-amerikanische Bundesbehörde SEC, der die Überwachung des US-Kapitalmarktes obliegt, hat nur wenige formale Bestimmungen zur Rechnungslegung erlassen (*SEC-regulations S-X, S-K und Financial Reporting Releases*) und die Entwicklung von Regelungsinhalten praktisch dem *Financial Accounting Standard Board* (FASB) überlassen. Das FASB und insbes. früher das *American Institute of Certified Public Accountants* (AICPA) bestimmen damit maßgeblich die US-amerikanischen Rechnungslegungsgrundsätze *(United States Generally Accepted Accounting Principles)*. Diese gelten für alle börsennotierte Unternehmen. Der FASB publiziert jährlich die US-GAAP einschließlich der selbst entwickelten SFAS *(Statement of Financial Accounting Standards)* und SFAC *(Statement of Financial Accounting Concepts)*, ferner *Interpretations, Technical Bulletins, Implementation Guides* und *Emerging Issues Task Force Consensus*. Die Standardsetter verwenden zur Standardentwicklung einen öffentlichen Diskussionsprozess (due process). Die im Laufe der Zeit entwickelten äußerst zahlreichen und umfangreichen Verlautbarungen der Standardsetter stehen in einem Rangverhältnis, das als „House of GAAP" bezeichnet wird. Rechnungslegung nach US-GAAP wurde bisher beim Listing an US-Börsen, insbes. an der NYSE verlangt. Zugleich wird in einem Konvergenzprojekt des IASB eine Annährung der IFRS an die US-GAAP angestrebt. Hierfür stellt SEC in Aussicht, dass beim Listing an US-Börsen IFRS-Rechnungslegung akzeptiert wird. Auf eine ausführliche Darstellung der US-GAAP, ihres Entstehungsprozesses und der bilanzierungsrelevanten Standards wird deshalb hier verzichtet (siehe 11. Auflage).

c) *Internationale Rechnungslegungsstandards IFRS*

ca) *IFRS als Rechnungslegungsstandards*

Verschiedene *Trends* begünstigten im letzten Jahrzehnt die Entwicklung internationaler Rechnungslegungsstandards in der heute vorherrschenden Form der IFRS:

- Dominanz der *Investorenorientierung* (shareholder value) gegenüber dem Koalitionsmodell der Unternehmung (stakeholder value) in der Unternehmenspraxis. Die Unternehmensrechnung entwickelte sich daher vom Unterstützungsinstrument für das Unternehmen („an sich") zum Unterstützungsinstrument für Anlegerentscheidungen.

Konsequent wurden International Accounting Standards (IAS) umbenannt in International Financial Reporting Standards (IFRS).
- Dominanz der *principal-agent-Sicht* gegenüber der eigenverantwortlichen Unternehmensführung. Mit der Kapitalmarktorientierung geht das Problem asymmetrischer Information von Managern und Anteilseignern einher. Die Anteilseigner (oder deren Vertreter, Analysten) fordern eine gleiche Informationsbasis wie das Management und Beschränkungen des Managements bei der Gestaltung der Rechnungslegung (z.B. Verminderung bilanzpolitischer Maßnahmen).
- Dominanz der *Globalisierung* gegenüber nationalen und multinationalen Wirtschaftsräumen. Die Globalisierung der Finanzmärkte und der Räume der Realwirtschaft verlangen einheitliche, supranational geltende und verständliche Informationsstandards.
- Dominanz der *privaten Standardsetzung* gegenüber hoheitlichen Normen. Getragen von den wirtschaftsliberalen Ideen der vorrangigen Selbstregelung der Wirtschaftsteilnehmer und weitest möglicher Staatsferne werden die Normen nicht von nationalen oder supranationalen Gesetzgebern entwickelt, sondern von privaten Standardsettern.
- Dominanz der *Einzelregelungsorientierung (rulebase environment)* gegenüber einer prinzipienorientierten Regelung. Basierend auf der Dominanz der US-amerikanischen Kapitalmarktanforderungen setzte sich deren case-law-Rechtstradition gegenüber der kontinental-europäischen Prinzipienorientierung durch. Die einzelfallorientierte Regelungstechnik führt zwar zu einer im Einzelfall einfacheren Handhabung *("cookbook-accounting")*, verursacht aber großen Regelungsumfang, hohe Regelungsdichte und Anpassungsdynamik sowie die Gefahr von Regelungslücken.

Als *internationale Rechnungslegungsstandards* werden heute die Regelungen zur externen Berichterstattung verstanden, die vom International Accounting Standards Committee (IASC) bzw. seinem Nachfolger, dem International Accounting Standards Board (IASB[1]) – entwickelt und herausgegeben werden.

Diese Regelungen umfassen

- ein *Rahmenkonzept* (framework), dem allerdings keine Bedeutung als Standard zukommt,
- die früheren, noch geltenden, aber in Ablösung befindlichen *International Accounting Standards (IAS)*
- einschließlich ihrer *Interpretationen (SICs)* und
- die neueren International Financial Reporting Standards (IFRS)
- einschließlich dazugehöriger *Interpretationen (IFRICs)*.

Die Standards basieren im Kern auf der anglo-amerikanischen Bilanzierungstradition, die sich zum Teil beträchtlich von den kontinental-europäischen Bilanzierungsgrundsätzen unterscheidet.

Standardsetter ist ein privates, unabhängiges Gremium IASB (früher IASC), dessen Träger die International Accounting Standards Committee Foundation (IASCF) ist.

Die internationale Organisation der Börsenaufsichtsbehörden IOSCO (*International Organization of Securities Commissions*), zu deren einflussreichsten Mitgliedern die

---

1 IASB, http://www.iasb.org.uk.

US-Börsenaufsichtsbehörde *Securities and Exchange Commission* (SEC) gehört, formulierte zunächst Mindestanforderungen der Aufstellung, Offenlegung und Prüfung der Rechnungslegung für Unternehmen zum Börsenzugang, die als *core set of standards* dem langjährigen Kooperationspartner *International Accounting Standards Committee* (IASC) übermittelt wurden.

Im Mai 2000 hat die IOSCO ihren Mitgliedern empfohlen, multinationalen Emittenten beim sog. *cross-border-listing* an den nationalen Börsen die Anwendung der „IASC-2000-Standards" zu gestatten, u. U. allerdings auch nur mit ergänzenden oder zusätzlichen Angaben oder Überleitungsregelungen. Letztere verlangte bisher SEC von den nach IFRS rechnungslegenden *foreign privat issuers* an US-Börsen, kündigte aber nach fortschreitender Konvergenz der IFRS mit den US-GAAP und weiteren Bedingungen inzwischen den Verzicht auf die Überleitungsrechnung und u. U. sogar die generelle Akzeptanz der IFRS an.

Auf Grund ihrer weltweiten Verbreitung können die IFRS – im Gegensatz zu den sie mitbestimmenden US-GAAP[1] – durchaus als *internationale Rechnungslegungsstandards* bezeichnet werden. Sie zielen prinzipiell gleichermaßen auf Einzel- und Konzernabschlüsse, allerdings schwerpunktmäßig auf den Konzernabschluss kapitalmarktorientierter Mutterunternehmen. Für börsennotierte Unternehmen sind die IFRS z. B. in folgenden Ländern zwingend anzuwenden: EU-Mitgliedstaaten, Australien, Neuseeland, Russland, Südafrika.

Die *Europäische Union* hat sich inzwischen voll hinter diese Standards gestellt, um die Integration der europäischen Wertpapiermärkte voran zu bringen und die Wettbewerbsfähigkeit europäischer Unternehmen auf den globalisierten Kapitalmärkten zu fördern. Am 14. 9. 2002 trat die Verordnung Nr. 1606/2002 des Europäischen Parlamentes und des Ministerrates betreffend die Anwendung internationaler Rechnungslegungsstandards (sog. *IAS-Verordnung*) in Kraft. Diese wird fortlaufend durch die Übernahme neuer oder geänderter Standards mittels neuer Verordnungen ergänzt. Die letzte konsolidierte Gesamtfassung der EU datiert von November 2008 als Verordnung (EG) Nr. 1126/2008. Mit Verordnung Nr. 1606/2002 wurden die IFRS *ab 2005* als Rechnungslegungsstandards für den *Konzernabschluss kapitalmarktorientierter Mutterunternehmen* verbindlich. Darüber hinaus wurden den EU-Mitgliedsstaaten *Staaten-Wahlrechte* für die IFRS-Anwendung bei den Konzernabschlüssen *nicht-börsennotierter Mutterunternehmen* und auch beim *Einzelabschluss* eingeräumt, die auch unternehmensgruppenspezifisch und als *Unternehmenswahlrecht* ausgestaltet werden können. Voraussetzung für die EU-weite Anwendung der IFRS ist allerdings die Anerkennung in einem formalisierten Verfahren *(Komitologie-, Endorsementverfahren)*.

Neben den „*full IFRS*" des IASB und den „*endorsed IFRS*" der EU bestehen – umstrittene – Bemühungen, auch für nicht börsennotierte, kleine und mittlere Unternehmen *light IFRS* verbindlich zu machen *(IFRS for SME*, was aber von der EU und dem deutschen Gesetzgeber bislang abgelehnt wird.

---

1 Siehe oben Kap. A.V.3.bd).

cb) Der Standardsetter IASB

Das International Accounting Standards Committee (IASC) war eine private länderübergreifende Vereinigung von Rechnungslegungsexperten, die seit 1973 harmonisierte Richtlinien zur Rechnungslegung mit Empfehlungscharakter verabschiedete. Heute ist der International Accounting Standards Board (IASB) der eigentliche Standardsetter mit Sitz in London, UK. Seine 14 Mitglieder sind Rechnungsleger, Abschlussprüfer, Adressaten, Wissenschaftler aus vielen verschiedenen Ländern.

Der IASB ist ein Organ der *International Accounting Standards Committee Foundation (IASCF)*, die im März 2001 als Dachorganisation in Delaware, USA gegründet wurde. 22 „Trustees" repräsentieren die IASC Foundation, die im Wesentlichen das Budget und die Finanzierung sicherstellt, die Mitgliederberufung des IASB, das International Financial Reporting Interpretations Committee (IFRIC) und das Standards Advisory Council (SAC) vornimmt und diese Gremien überwacht. Neue Trustees werden von den amtierenden selbst ausgewählt (Cooptation), wobei Internationalität, regionale Verteilung und Interessenvertretung von Abschlusserstellern, -prüfern, -adressaten und Wissenschaftlern sichergestellt werden muss.

Hauptaufgabe des IASB ist die Entwicklung von global anerkannten, konvergenten Rechnungslegungsstandards. Der IASB arbeitet hierbei mit den nationalen Standardsettern (z.B. FASB aus den USA und DRSC aus Deutschland) zusammen.

Neben dem IASB existieren *weitere* von der IASCF bestimmte *Einrichtungen*:

- *International Financial Reporting Interpretations Committee (IFRIC)*
  1997 wurde unter dem Namen „Standing Interpretations Committee (SIC)" ein Gremium zur Interpretation der IAS eingeführt. Später (2001) wurde diese Einrichtung als IFRIC neu konstituiert. Insbesondere interpretiert das IFRIC die geltenden IAS und IFRS, leistet Hilfestellung in Fragen der Rechnungslegung, die nicht explizit in den IAS und IFRS behandelt werden oder bei denen sich unbefriedigende Auslegungen bestehender Standards ergeben. Allerdings muss der IASB jeder endgültigen IFRIC-Regelung zustimmen. Außerdem pflegt es Zusammenarbeit mit entsprechenden nationalen Standardsettern (z.B. DRSC, RIC).
- Standards Advisory Council (SAC)
  Vor allem beim Zeitplan großer Projekte, beim Arbeitsprogramm, bei der Festlegung von Arbeitsschwerpunkten aber auch in anderen Phasen des Standardentwicklungsprozesses bezieht der IASB das *Standards Advisory Council* (SAC) informierend und beratend ein. Auch hier kommen die mindestens 30, von den Trustees bestellten Mitglieder aus praktisch allen mit Rechnungslegung befassten Berufsfeldern. Ein Ausschuss des SAC ist das Agenda Committee (AC), das sich vor allem mit den bei den Treffen mit dem IASB zu behandelnden regelungsbedürftigen Sachverhalten befasst *(AC recommendations)*.

Insgesamt stellt sich die Organisationsstruktur des Standardsetters wie in Abbildung A-28 gezeigt dar.

Grundlagen der Bilanzierung

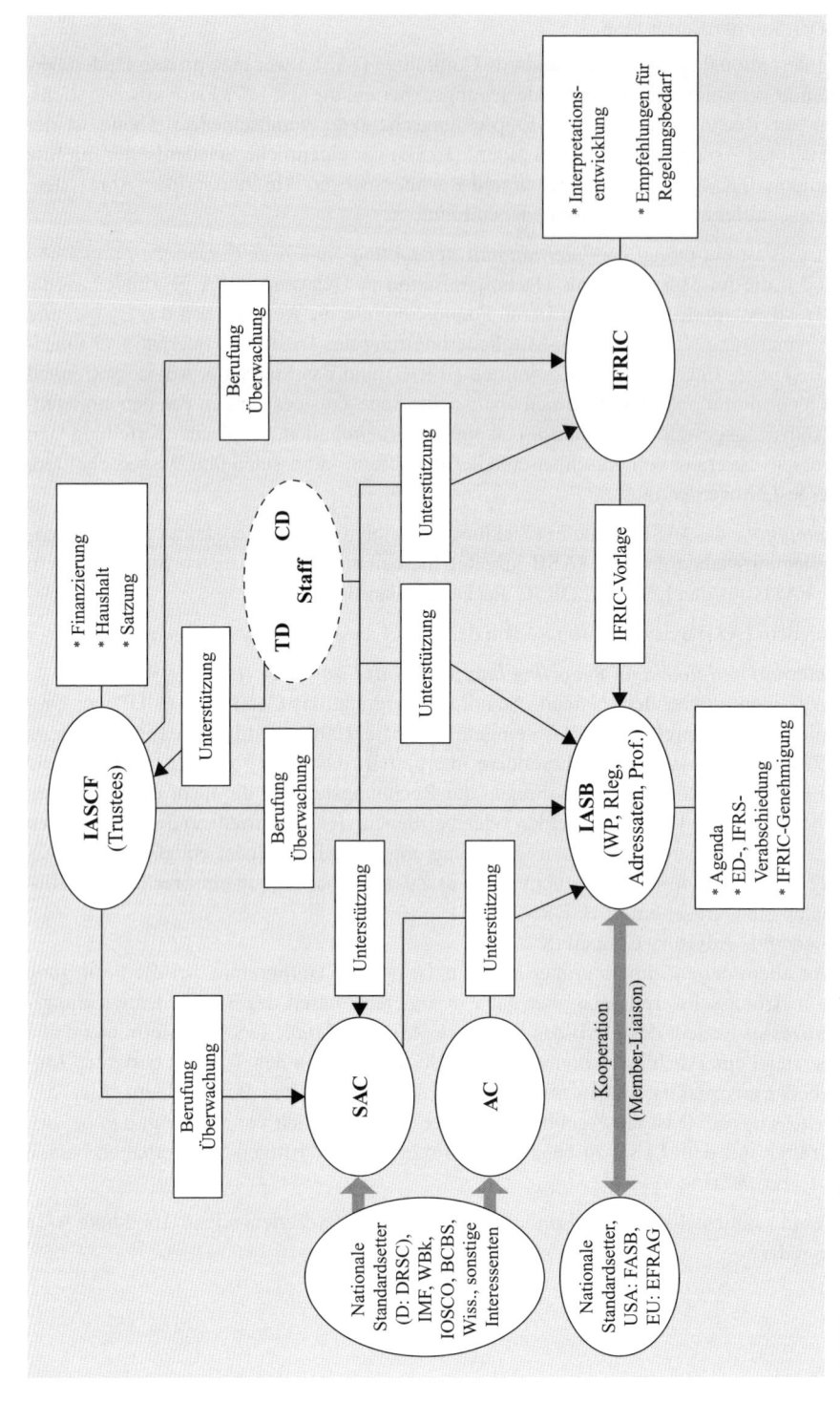

Abbildung A-28: Struktur und Aufgaben des Standardsetters IASB

Hierfür gilt folgende Legende:

AC	Advisory Committee
BCBS	Basel Committee on Banking Supervision
CD	Commercial Director
DRSC	Deutsches Rechnungslegungs Standards Committee
FASB	Financial Accounting Standards Board
IASB	International Accounting Standards Board
IASCF	International Accounting Standards Committee Foundation
IFRIC	International Financial Reporting Interpretations Committee
IMF	International Monetary Fund
IOSCO	International Organization of Securities and Exchange Commissions
SAC	Standards Advisory Council
TD	Technical Director
WBk	Weltbank
Wiss.	Wissenschaftler

cc) Der Standardsetzungsprozess (due prozess)

Die Ausgewogenheit und Akzeptanz der Standardsetzung soll sowohl durch eine breite, die wesentlichen Interessengruppen umfassende Zusammensetzung der Gremien des Standardsetters, durch Zusammenarbeit mit nationalen Standardsettern und durch die Einhaltung eines möglichst transparenten, mit eingehender öffentlicher Konsultation verbundenen *Standardentwicklungsverfahren (due process)* sicher gestellt.

Die IFRS entstehen in einem sechsstufigen Verfahren, das (ursprünglich) im Vorwort der Standards und in der IASCF-Satzung, seit 2006 in einem von den Trustees der IASCF herausgegebenen Due Process Handbook[1] beschrieben wird. Auch für den Erstellungsprozess der IFRICs existiert seit 2007 ein entsprechendes IFRIC Due Process Handbook.[2] Im Februar 2013 wurden beide zusammengeführt.[3]

Der Standardentstehungsprozess (due process) kann folgende (zum Teil obligatorische, zum Teil fakultative) Schritte umfassen, die ggf. auch mehrfach durchlaufen werden:

Stufe 1: Agendaaufnahme

- Suche, Identifizierung und Prüfung eines die Rechnungslegung verbessernden Themas, Unterstützung durch IASB-Mitarbeiter,
- Beratung mit dem Standards Advisory Council (SAC), insbes. mit dessen Ausschuss Agenda Committee (AC) und nationalen Standardsettern hinsichtlich der Aufnahme des Themas in die Agenda des IASB, Unterstützung durch IASB-Mitarbeiter, ggf. Forschungsprojekt,
- Annahme/Ablehnung eines Themas.

---

1 Siehe:http://www.standardsetter.de/drsc/docs/press_releases/DueProcessHandbook_IASB_0406.pdf.
2 http://www.iasb.org/NR/rdonlyres/24B1613A-FBD2-43EA-87EF-72E0F526D35C/0/DueProcess Handbook_January2007.pdf.
3 http://www.ifrs.org/DPOC/Documents/2013/Due_Process_Handbook_Resupply_28_Feb_2013_WEBSITE.pdf.

Stufe 2: Projektplanung

- Bildung einer Konsultationsgruppe *(Working Group, project team)* in dem das Projekt beraten wird.

Stufe 3: Entwicklung und Veröffentlichung eines Diskussionspapiers

- Erarbeitung und Veröffentlichung eines Diskussionspapiers (*Discussion Document*, DD) zur öffentlichen Kommentierung,
- Auswertung der eingegangenen Kommentare zum Diskussionspapier,
- Ggf. Feldstudien und öffentliche Anhörungen.

Stufe 4: Entwicklung und Veröffentlichung eines Standardentwurfs

- Erarbeitung und Veröffentlichung eines Standardentwurfs (*Exposure Draft*, ED) zur öffentlichen Kommentierung,
- Auswertung der eingegangenen Kommentare zu dem Entwurf (ED),
- gegebenenfalls Feldstudie *(field test, field visit)* und öffentliche Anhörung *(public hearing, round table)*.

Stufe 5: Entwicklung und Veröffentlichung eines IFRS

- ggf. Änderung des ED,
- Genehmigung des Standards mit den Stimmen von mindestens 9 Mitgliedern des IASB,
- Veröffentlichung des IFRS und der Entscheidungsgrundlagen (*Basis for Conclusion*, BfC) durch den IASB.

Stufe 6: Vorgehen nach der Verabschiedung eines IFRS

- Erläuternde Sitzungen und Anwendungsschulungen,
- Wirksamkeits- und Anwendungsstudien.

Während sämtlicher Stufen können andere nationale Standardsetter konsultativ beteiligt sein *(liaison activities)* und SAC den IASB beraten. Alle Sitzungen des IASB müssen öffentlich stattfinden und dokumentiert werden. Der Gesamtprozess wird von den IASCF-Trustees *(Trustees' Procedures Committee)* überwacht *(oversight role)*.

cd) Der EU-Anerkennungsprozess (Endorsement)

Die EU wählte zur Harmonisierung den Weg einer sog. *IAS-Verordnung*[1], da nur sie einheitliches Recht schafft und unmittelbar gilt. Weil Rechnungslegungskompetenzen nicht vollständig an ein privatrechtliches Gremium abgetreten werden sollten, wurden die IFRS unter den Vorbehalt der Anerkennung *(Endorsement)* durch EU-Organe unter Beteiligung der Mitgliedstaaten in einem besonderen *Komitologieverfahren* gestellt.[2] *Bei positiver Übernahme* werden die IFRS/SIC/IFRIC durch Rechtssetzungsakt auf EU-Ebene legitimiert, Bestandteil der IAS-Verordnung und somit unmittelbar geltendes Recht.

---

1 Verordnung (EG) Nr. 1606/2002 des Europäischen Parlaments und des Rates vom 19. 7. 2002 betreffend die Anwendung internationaler Rechnungslegungsstandards, ABl. L 243 vom 11. 9. 2002, S. 1–4; http://ec.europa.eu/internal_market/accounting/ias_de.htm#2002_1606.
2 Art. 3 Abs. 1 und Art. 6 Abs. 2 IAS-VO.

Rechtliche Grundlagen der Bilanzierung

```
                    Anregungen, Projektvorschläge
                    durch IASB-Staff, SAC, Standardsetter,
                    Publikationen etc.
                              │
                              ▼
                    IASB-Vorschlagssuche  ◄──►  Ggf. Forschungs-
                    und -prüfungen              projekte
                              │
                              ▼
   Internationale      (1) IASB: Aufnahme in     SAC-Konsultation
   Standardsetter ◄──► IASB Agenda          ◄──►
                              │
                              ▼
                    (2) IASB: Einrichtung
                    Working Group und
                    Projektplanung
                              │
                              ▼
                    (3) Erarbeitung IASB-DD
                    discussion document
                    Erstes Diskussionspapier des IASB
```

- interessierte Öffentlichkeit
- nationale Standardsetter

public comment / comment analysis

Ggf. Feldstudien, Anhörungen

Ggf. Mehrfachschleifen

(4) Entwicklung und Veröffentlichung IASB-ED
exposure Draft
favorisierter Lösungsansatz des IASB

- interessierte Öffentlichkeit
- nationale Standardsetter

public comment / comment analysis

Ggf. Feldstudien, Anhörungen

Ggf. Mehrfachschleifen

(5) Entwicklung, Verabschiedung und Veröffentlichung IFRS
(issued IFRS)

BfC Basis for Conclusion
veröffentlichte Entscheidungsgrundlagen

(6) Vorgehen nach Veröffentlichung
* Erläuterungsveranstaltungen
* Anwendungsschulungen
* IFRS-Evaluation

folgt:

EU-Anerkennungsprozess

(Endorsement, siehe Abb. A-30)

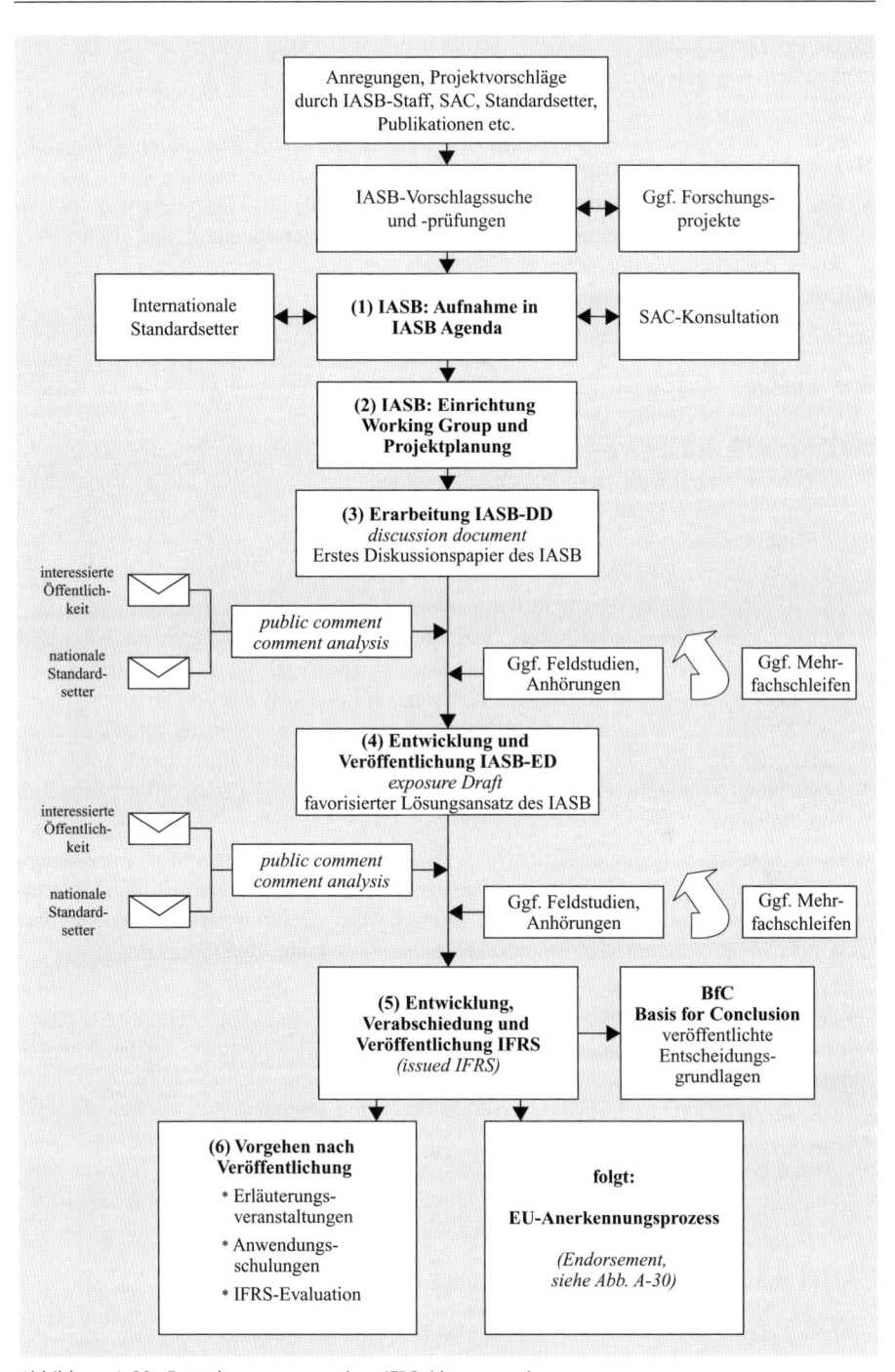

Abbildung A-29: Entstehungsprozess eines IFRS *(due process)*

Außer der EU-Kommission, dem EU-Rat und dem EU-Parlament wirken am Endorsementprozess folgende *Einrichtungen* mit:

- *Accounting Regulary Committee (ARC)*
  Für den Anerkennungsprozess wurde ein Regelungsausschuss (*Accounting Regulary Committee*, ARC) geschaffen, der über den Kommissionsvorschlag der Annahme eines neuen Standards entscheidet. Das Gremium besteht aus Repräsentanten der EU-Mitgliedsstaaten. *Prüfkriterien* für die Anerkennungsentscheidung sind nach Art. 3 Abs. 2 der IAS-Verordnung ob
  - der Jahresabschluss ein den tatsächlichen Verhältnissen entsprechendes Bild der Vermögens-, Finanz- und Ertragslage der Gesellschaft vermittelt,
  - der konsolidierte Abschluss ein den tatsächlichen Verhältnissen entsprechendes Bild der Vermögens-, Finanz- und Ertragslage der Gesamtheit der in die Konsolidierung einbezogenen Unternehmen vermittelt,
  - den Kriterien der Verständlichkeit, Erheblichkeit, Verlässlichkeit und Vergleichbarkeit genügt wird, die Finanzinformationen erfüllen müssen, um wirtschaftliche Entscheidungen und die Bewertung der Leistung einer Unternehmensleitung zu ermöglichen.
- *European Financial Reporting Advisory Group (EFRAG).*
  Die Kommission ihrerseits wird von der unabhängigen, privatwirtschaftlichen European Financial Reporting Advisory Group *(EFRAG)*[1] beraten, die auch mit dem IASB zusammenarbeitet und ihrerseits Zuarbeit von einem Expertengremium (Technischen Ausschusses, EFRAG-TEG) erhält. Vertreten sind dort insbesondere Wirtschaftsprüfer, Abschlussersteller und Abschlussadressaten, sowie nationale Standardsetter. Neben der Beratung der EU-Kommission hat EFRAG die Aufgabe, sich am IFRS-Entstehungsprozess zu beteiligen und die Meinungsbildung auf europäischer Ebene zu koordinieren.

  Die EFRAG besteht aus einem Fachbeirat *Technical Expert Group* (TEG) und einem Aufsichtsrat. Den Fachbeirat bilden Fachleute der nationalen Standardsetter, der entsprechenden Berufsstände sowie der Rechnungslegungsadressaten. Der Aufsichtsrat besteht aus Repräsentanten europäischer Rechnungslegungsorganisationen.

  Akzeptiert ARC einen Kommissionsvorschlag, setzt ihn die Kommission bei Zustimmung/Enthaltung des EU-Parlaments um. Würde ARC einen Vorschlag der EU-Kommission ablehnen, entscheidet der EU-Rat über die Annahme eines Standards, wobei allerdings auch noch das EU-Parlament nicht ablehnen darf.
- *Standard Advice Review Group (SARG)*
  Seit 2006 ist mit SARG eine Prüfgruppe zur
  - Sicherung einer hohen Qualität,
  - Transparenz und
  - Glaubwürdigkeit

  des Übernahmeverfahrens für Standardübernahmeempfehlungen eingesetzt. Sie berät die EU-Kommission insbes. ob die EFRAG-Stellungnahme ausgewogen und objektiv ist. SARG besteht aus unabhängigen Sachverständigen und Vertretern nationaler Stan-

---

1 http://www.EFRAG.org.

dardsetter. Bei Diskrepanzen in den Übernahmeempfehlungen von EFRAG und SARG solle eine Abstimmung zwischen SARG und EFRAG zur Ausräumung der Bedenken erfolgen.

Seit dem EU-Ratsbeschluss von 2006 ist eine verstärkte Beteiligung und gründlichere Kontrolle („scrutiny") des Europäischen Parlaments am Standardübernahmeprozess vorgesehen. Der Ablauf des reformierten Endorsementprozesses wird in Abbildung A-30 veranschaulicht.

Legende zu Abbildung A-30:

ARC	Accounting Regulatory Committee (Regelungsausschuss für Rechnungslegung)
EFRAG	European Financial Reporting Advisory Group (Europäische beratende Gruppe für die Vorlage von Abschlüssen)
EKomm	Europäische Kommission
EParl	Europäisches Parlament
ERat	Rat der Europäischen Union
SARG	Standard Advice Review Group (Prüfgruppe zur Sicherung des Übernahmeverfahrens für Standardübernahmeempfehlungen)
TEG	Technical Expert Group (durchführungsverantwortliche Expertengruppe)

Mit der Neubesetzung der EU Kommission 2015 steht auch das Endorsementverfahren erneut auf dem Prüfstand. Daher gab es Verzögerungen beim Endorsement einiger vom IASB verabschiedeter Standards (IFRS 9, 15 und 16). Als letzter dieser Standards wurde der IFRS 16 Ende 2017 übernommen, wobei das Inkrafttreten zum Jahr 2019 festgelegt ist.[1] Endgültige Ablehnungen gab es bisher lediglich bei Teilen von IAS 39 *(carve out)* und IFRIC 3. Außerdem wurde IFRS 14 aufgrund seines Status als Interimstandard nicht in das Endorsementverfahren der EU übernommen. Eine Übersetzung der anerkannten IFRS ist in der deutschen Amtssprache im EU-Amtsblatt erschienen und im Internet abrufbar.[2] Problematisch ist die Nichtanerkennung von IASB-IFRS als EU-IFRS in Bezug auf die SEC-Anerkennung, weil nach SEC-Auffassung nur IASB-IFRS *(„full IFRS")* als den US-GAAP gleichwertig anerkannt werden.

ce) Aufbau der Standards und Interpretationen

Grundsätzlich sind die vom IASB verabschiedeten *Standards* – wenn auch nicht durchgehend und im Zeitablauf wechselnd - folgendermaßen aufgebaut:

- Einführung *(introduction)*, teilweise abgekürzt: EF bzw. IN
- Zielsetzung *(objective)*
- Anwendungsbereich *(scope)*
- Begriffsbestimmungen (bei älteren Standards am Standardanfang, bei neuen Standards im Anhang; *definitions*)
- Eigentlicher Regelungsbereich (untergliedert z.B. in Ansatz, Bewertung, Angaben in sog. Paragrafen)
- Übergangsvorschriften *(transitorial provisions)*
- Inkrafttreten *(effective date)*
- Anhänge, *(appendices* A, B, C ...) insbes. Begriffsbestimmungen (neuere Standards, *definitions*),

---

1 http://www.efrag.org/ (Abruf 23. 12. 2017).
2 http://eur-lex.europa.eu/homepage.html (Abruf 21. 11. 2017).

Grundlagen der Bilanzierung

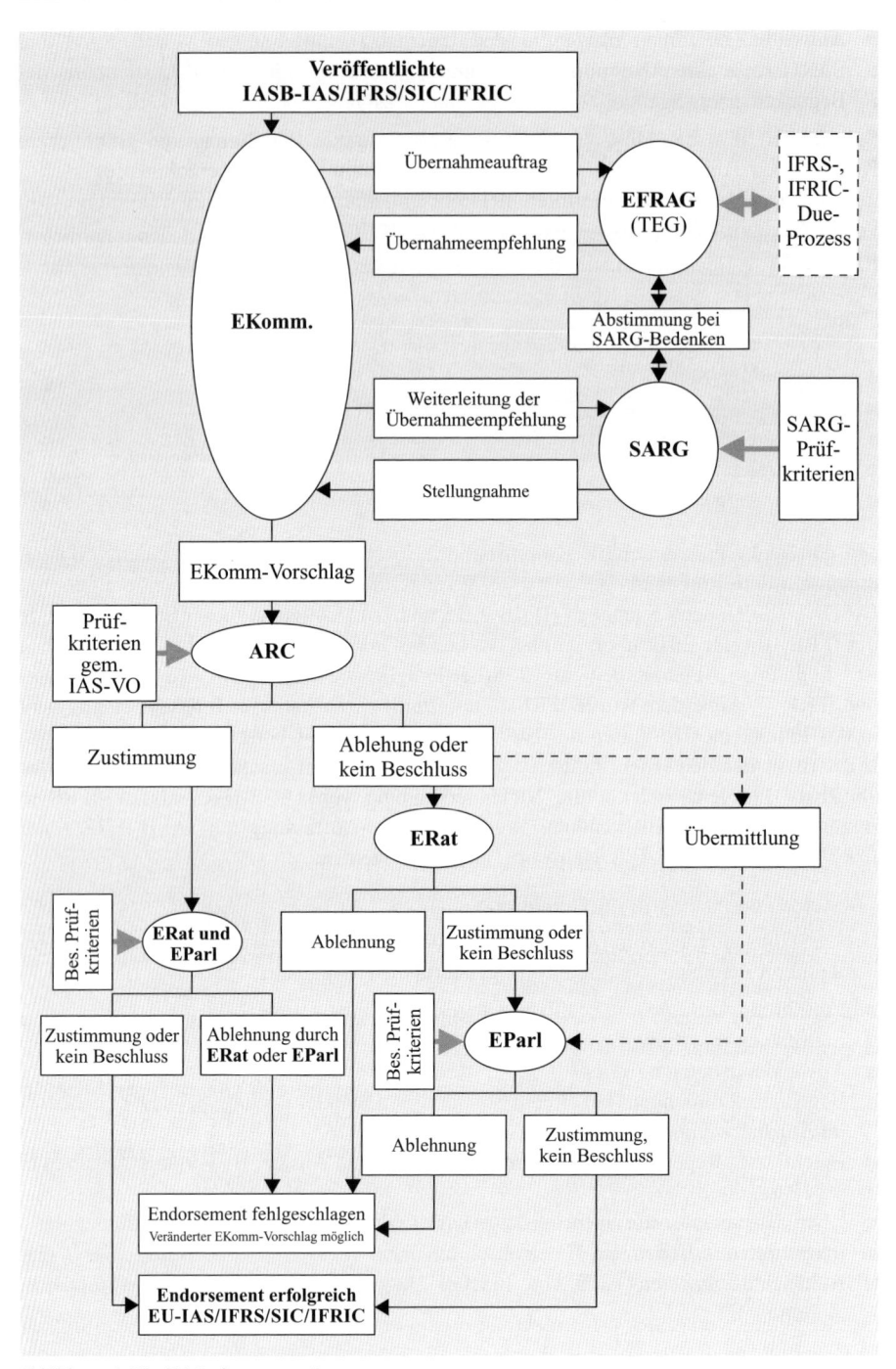

Abbildung A-30: EU-Endorsement-Prozess

- Anwendungsleitlinien *(application guidances,* AG),
- Illustrierende Beispiele (ohne Standardrang, *illustrating examples,* IE),
- Begründungserwägungen (bei neueren Standards, *basis for conclusions,* BC),
- Gegenmeinungen *(dissenting opinions,* DO),
- Änderungen anderer Standards (withdrawal of other pronauncements),
- Implementierungsleitlinien (ohne Standardrang, *implementation guidance,* IG).

Dem EU-Anerkennungsprozess unterliegen regelmäßig nur die wesentlichen inhaltlichen Regelungen, z. B. werden häufig die *Basis for Conclusions* und die *Implementation Guidance* nicht in europäisches Recht übernommen.

Die *Interpretationen* sind grundsätzlich so aufgebaut:

- Fragestellung *(question),*
- Beschluss *(conclusion),*
- Grundlage für die Schlussfolgerung *(basis for conclusion, BC),*
- Inkrafttreten *(effective date),*
- ggf. Anhänge *(appendices).*

cf) Bedeutung der internationalen Rechnungslegungsstandards

Unternehmen, die als *Wertpapieremittenten* an einem organisierten Kapitalmarkt auftreten, sind nach der IAS-Verordnung verpflichtet, ab 2005 in ihren *Konzernabschlüssen* zwingend die IFRS anzuwenden.

Für die *Konzernabschlüsse* der übrigen, *nicht am organisierten Kapitalmarkt tätigen* Unternehmen und für die *Einzelabschlüsse* aller Kapitalgesellschaften sieht Artikel 5 der Verordnung die Anwendung der IFRS als Option vor. Die Mitgliedstaaten haben insoweit die Möglichkeit, die Anwendung dieser internationalen Rechnungslegungsregeln vorzuschreiben oder als Unternehmenswahlrecht zuzulassen.

In Deutschland müssen seit 2005 – EU-harmonisiert – die Regelungen des IASB in der von der EU autorisierten Fassung jedenfalls für *Konzernabschlüsse* von kapitalmarktorientierten Mutterunternehmen angewandt werden (§ 315e HGB). Nicht-kapitalmarktorientierte Mutterunternehmen dürfen die sonst bestehende Konzernrechnungslegungspflicht nach HGB durch Konzernabschlüsse nach IFRS ersetzen (§ 315e Abs. 3 HGB). *Börsenordnungen* verlangten für in bestimmten Marktsegmenten gelistete Unternehmen schon länger die Erstellung von IFRS-Abschlüssen.

Für die *Einzelabschlüsse* konzerngebundener und konzernfreier Unternehmen bleibt in Deutschland die Rechnungslegung nach HGB weiterhin obligatorisch. Sie bestimmt insbes. eine vorsichtige Bewertung, die Kapitalerhaltung, Ausschüttung, gesellschaftsrechtliche Verbindlichkeit und die Maßgeblichkeit für die Steuerbilanz.

Seit dem Bilanzrechtsreformgesetz (2004) kann – lediglich für Zwecke der Offenlegung – bei Kapitalgesellschaften ein Einzelabschluss nach IFRS *(Informationsabschluss)* den HGB-Abschluss ersetzen (§ 325 Abs. 2a HGB).

Das Regelungswerk eines privatrechtlich organisierten Standardsetzers hat ursprünglich keine *rechtliche Verbindlichkeit,* durch das EU-Endorsement und die Bezugnahme des nationalen Gesetzgebers, aber auch von Börsenzulassungsinstitutionen erhalten die Regelungen jedoch normativen Charakter. Lediglich die Bindungswirkung von Standards, die noch nicht das EU-Anerkennungsverfahren durchlaufen haben, ist noch weitgehend ungeklärt – insbes. wenn sie im Widerspruch zu anerkannten Standards stehen.

Neben diesen rechtlichen Entwicklungen wird längerfristig wohl eine *Tendenz zur faktischen Harmonisierung* der Rechnungslegungsvorschriften in Richtung der internationalen Standards zu erwarten sein. Praktische Erfordernisse (Konzernvereinheitlichung, Bankenanforderungen, Kontenrahmen, Unternehmensvergleiche etc.) werden auf eine Vereinheitlichung auch ohne Rechtspflicht drängen, so dass auch viele nicht-kapitalmarktorientierte Unternehmen für den Konzern- und Einzelabschluss letztlich zur Anwendung der internationalen Standards veranlasst werden. Andererseits sind viele IFRS-Regelungen auf kapitalmarktorientierte Unternehmen ausgerichtet und bei nicht kapitalmarktorientierten Unternehmen nur aufwändig praktizierbar und nicht zieladäquat (siehe Diskussion um IFRS for SME).

Ein vollständiger Ersatz der HGB-Abschlüsse durch IFRS-Abschlüsse dürfte erst nach der Lösung vieler *gesellschafts- und steuerrechtlicher Probleme* möglich sein. Ob ein Ersatz des HGB-typischen objektivierten institutionellen Unternehmens-, Gläubiger- und Anteilseignerschutzes durch individualrechtliche Vereinbarungen, einen Solvenz-Test und ein selbständiges Steuerbilanzrecht sinnvoll ist, muss dabei noch gut bedacht werden. Vieles spricht dafür, wegen der Zweckdivergenzen einstweilen dem IFRS-Abschluss die Informationsfunktion, dem HGB-Abschluss aber die Zahlungsbemessungsfunktion (Ausschüttungen und Steuern) zu überlassen. Mit dem BilMoG wollte der deutsche Gesetzgeber das HGB auch offensiv gegen ein weiteres Vordringen der IFRS als günstigere Lösung verteidigen.

Der Standardsetter IASC, jetzt IASB, begreift das Regelungswerk zu Recht als ein *„work in progress"*. Es ist weiterhin mit einer beträchtlichen *Veränderungsdynamik der internationalen Rechnungslegungsstandards* zu rechnen *(annual improvement projects)*, die für alle Beteiligten hohe Belastungen zur Folge hat.

cg) Bilanzierungsrelevante IFRS und Interpretationen

Für die Bilanzierung – dem Gegenstand dieses Buches – sind hier bezogen auf die branchenunabhängigen Einzel-Bilanzen vor allem folgende derzeit (Anfang 2018) gültige IASB-Regelungen (IAS/IFRS, SICs und IFRICs) von Bedeutung[1]:

---

1 Weitere Standards betreffen besondere Branchenprobleme, wie z.B. Versicherungsverträge (IFRS 4), Exploration und Evaluierung von mineralischen Ressourcen (IFRS 6), Landwirtschaft (IAS 41); einzelne Rechenwerke, z.B. Kapitalflussrechnung (IAS 7) und Segmentberichterstattung (IFRS 8); konzernbilanzielle Probleme (z.B. IAS 28, IFRS 10, 11 und 12) und bestimmte Angaben (z.B. Ergebnis je Aktien (IAS 33).

IAS		
IAS 1	Darstellung des Abschlusses	
IAS 2	Vorräte	
IAS 8	Bilanzierungs- und Bewertungsmethoden, Änderungen von Schätzungen und Fehler	
IAS 10	Ereignisse nach dem Bilanzstichtag	
IAS 11	Fertigungsaufträge (wird zum 1.1.2018 ersetzt durch IFRS 15, Erlöse aus Verträgen mit Kunden)	
IAS 12	Ertragsteuern	
IAS 16	Sachanlagen	
IAS 17	Leasingverhältnisse (wird zum 1.1.2019 ersetzt durch IFRS 16, Leasing)	
IAS 18	Erträge (wird zum 1.1.2018 ersetzt durch IFRS 15, Erlöse aus Verträgen mit Kunden)	
IAS 19	Leistungen an Arbeitnehmer	
IAS 20	Bilanzierung und Darstellung von Zuwendungen der öffentlichen Hand	
IAS 21	Auswirkungen von Wechselkursänderungen	
IAS 23	Fremdkapitalkosten	
IAS 24	Nahe stehende Personen und Unternehmen	
IAS 26	Bilanzierung und Berichterstattung von Altersversorgungsplänen	
IAS 29	Rechnungslegung in Hochinflationsländern	
IAS 32	Finanzinstrumente – Angaben und Darstellung	
IAS 34	Zwischenberichterstattung	
IAS 36	Wertminderung von Vermögenswerten	
IAS 37	Rückstellungen, Eventualschulden und Eventualforderungen	
IAS 38	Immaterielle Vermögenswerte	
IAS 39	Finanzinstrumente Ansatz und Bewertung	
IAS 40	Als Finanzinvestition gehaltene Immobilien	
IFRS		
IFRS 1	Erstmalige Anwendung der IFRS	
IFRS 2	Anteilsbasierte Vergütung	

IFRS 4	Versicherungsverträge
IFRS 5	Zur Veräußerung gehaltene langfristige Vermögenswerte und aufgegebene Geschäftsbereiche
IFRS 7	Finanzinstrumente: Ausweis
IFRS 9	Finanzinstrumente (Anwendung ab 1.1.2018)
IFRS 13	Bemessung des beizulegenden Zeitwerts
IFRS 14	Regulatorische Abgrenzungsposten (EU-Übernahme abgelehnt)
IFRS 15	Erlöse aus Verträgen mit Kunden (Anwendung ab 1.1.2018)
IFRS 16	Leasingverhältnisse (Anwendung ab 1.1.2019)
SICs	
SIC 7	Einführung des Euro
SIC 10	Beihilfen der öffentlichen Hand – Kein spezifischer Zusammenhang mit betrieblichen Tätigkeiten
SIC 15	Operating-Leasingverhältnisse – Anreize
SIC 21	Ertragssteuern – Realisierung von neubewerteten, nicht planmäßig abzuschreibenden Vermögenswerten
SIC 25	Ertragsteuern – Änderungen im Steuerstatus eines Unternehmens oder seiner Anteilseigner
SIC 27	Beurteilung des wirtschaftlichen Gehalts von Transaktionen in der rechtlichen Form von Leasingverhältnissen
SIC 31	Erträge – Tausch von Werbeleistungen
SIC 32	Immaterielle Vermögenswerte – Websitekosten
IFRICs	
IFRIC 1	Änderungen bestehender Entsorgungs-, Wiederherstellungs- und ähnlicher Schulden
IFRIC 2	Geschäftsanteile an Genossenschaften und ähnliche Instrumente
IFRIC 4	Feststellung, ob eine Vereinbarung ein Leasingverhältnis enthält
IFRIC 5	Rechte auf Anteile aus Fonds für Entsorgung, Rekultivierung und Umweltsanierung
IFRIC 6	Verbindlichkeiten, die sich aus einer Teilnahme an einem spezifischen Markt ergeben – Elektro- und Elektronik-Altgeräte
IFRIC 7	Anwendung des Anpassungsansatzes unter IAS 29 Rechnungslegung in Hochinflationsländern

IFRIC 8	Anwendungsbereich von IFRS 2
IFRIC 9	Neubeurteilung eingebetteter Derivate
IFRIC 10	Zwischenberichterstattung und Wertminderung
IFRIC 11	IFRS 2-Geschäfte mit eigenen Aktien und Aktien von Konzernunternehmen
IFRIC 12	Dienstleistungskonzessionsvereinbarungen
IFRIC 13	Kundenbindungsprogramme
IFRIC 14	Die Begrenzung eines leistungsorientierten Vermögenswertes, Mindestdotierungsverpflichtungen und ihre Wechselwirkung
IFRIC 15	Verträge über die Errichtung von Immobilien
IFRIC 16	Absicherung einer Nettoinvestition in einem ausländischen Geschäftsbetrieb
IFRIC 17	Sachdividenden an Eigentümer
IFRIC 18	Übertragung von Vermögenswerten durch einen Kunden
IFRIC 19	Tilgung finanzieller Verbindlichkeiten durch Eigenkapitalinstrumente
IFRIC 20	Abraumkosten in der Produktionsphase
IFRIC 21	Abgaben
IFRIC 22	Transaktionen in fremder Währung und im Voraus gezahlte Gegenleistungen (ab 1.1.2018)
IFRIC 23	Unsicherheit bezüglich der ertragsteuerlichen Behandlung (ab 1.1.2019)

4. Rechtliche Grundlagen der Bilanzierung nach Steuerrecht

Nicht weniger komplex als im Handelsrecht und nach IFRS ist der Bereich von Rechtsnormen, die die Bilanzierung nach Steuerrecht regeln. Ein systematisches und übersichtliches Rechtsnormensystem „Bilanzsteuerrecht" existiert nicht; vielmehr sind die Rechtsnormen in verschiedenen Einzelgesetzen verteilt, die zueinander zum Teil im Verhältnis von allgemeinen zu speziellen Vorschriften stehen, zum Teil aber auch aufeinander verweisen und sich ergänzen. Dabei reichen die Rechtsnormen nicht nur in steuerliche Spezialgesetze, sondern auch in den nicht-steuerlichen Rechtsbereich (z.B. HGB), zum Teil sogar in die IFRS.[1] Insgesamt kommt aber dem Bilanzsteuerrecht die einheitliche Aufgabe zu, die Besteuerungsgrundlage „Gewinn" (einschließlich des „Verlust"-Falles) zu ermitteln. Diese bestimmt über die jeweiligen Bemessungsgrundlagen die Höhe der Einkommen-, Körperschaft- und Gewerbe(ertrag)steuer sowie etwaiger Annexsteuern (z.B. Kirchensteuer, Solidaritätszuschlag).

---

1 §4h Abs. 2 EStG: Eigenkapitalvergleich bei der Zinsschranke.

Seit 1993 bestimmte die Steuerbilanz auch ganz wesentlich die Ansätze und Werte in der bewertungsrechtlichen Vermögensaufstellung und damit die Höhe der Erbschaft- und Schenkungsteuer. Nach dem Gesetz zur Reform des Erbschaftsteuer- und Bewertungsrechts entfällt diese sog. *verlängerten Maßgeblichkeit* der Steuerbilanz für die Vermögensaufstellung bzw. die Übernahme von ertragsteuerlichen Wertansätzen bei der Bewertung von Betriebsvermögen weitgehend. Stattdessen wird das Betriebsvermögen nach dem neu formulierten § 109 BewG mit dem gemeinen Wert bemessen.

Eine *EU-Harmonisierung* der steuerrechtlichen Gewinnermittlungsvorschriften steht seit einem Richtlinien-Vorentwurf vom März 1988 aus. Ziele sollten danach sein, im EU-Wirtschaftsraum

- Steuerneutralität der Investitionsentscheidungen und des Wettbewerbs zu erreichen,
- die Unternehmensbesteuerung transparenter zu machen und
- ein günstigeres steuerliches Umfeld zu schaffen, das durch ein weniger kompliziertes und beständigeres Steuerrecht gekennzeichnet ist.

Im Einzelnen enthält der Vorentwurf insbes. Vorschriften zu den Abschreibungen, zum Erfolg bei Anlagenveräußerungen, zu Rückstellungen, zur Bewertung des Vorratsvermögens, zur Abzugsfähigkeit bestimmter Aufwendungen und zum nichtabschreibbaren Vermögen sowie zur Teilwertabschreibung und Wertaufstockung. Ob der Vorentwurf angesichts der großen nationalen Besteuerungsunterschiede weiterverfolgt wird, ist zwar zur Harmonisierung wünschenswert, aber sehr zweifelhaft.

Standardähnliche Bedeutung haben die *Verwaltungsvorschriften*, die zwar grundsätzlich an die Finanzverwaltung gerichtet sind, jedoch darüber hinaus für die Praxis große Bedeutung haben.

a) Gesetzliche Vorschriften zur steuerlichen Bilanzierung

aa) Allgemeine gesetzliche Vorschriften

Im Besteuerungsverfahren sind den Steuerpflichtigen eine Reihe von „Mitwirkungspflichten" bei der Ermittlung des Sachverhalts auferlegt, die diese insbes. durch die korrekte Offenlegung von besteuerungserheblichen Tatsachen erfüllen sollen (§ 90 AO). Neben den *Buchführungspflichten* (§§ 140 ff. AO) gehören hierzu insbes. auch die *Steuererklärungspflichten* (§§ 149 ff. AO). Es handelt sich dabei um formgebundene Erklärungen, die als Grundlage für die Feststellung von Besteuerungsgrundlagen oder des Steueranspruchs dienen. Die Einzel-Steuergesetze bestimmen den Kreis der Verpflichteten, den Inhalt und den Abgabezeitpunkt. Diesen Steuererklärungen „müssen die Unterlagen beigefügt werden, die nach den Steuergesetzen vorzulegen sind" (§ 150 Abs. 4 AO). Als eine solche *„Unterlage"* ist die Steuerbilanz anzusehen. Demnach bestimmen die jeweiligen Einzelsteuergesetze (EStG, KStG, GewStG) ihre Abgabe.

Erstmals für Wirtschaftsjahre, die nach 2010 beginnen, sind im Regelfall Steuerbilanzen (und Einheitsbilanzen sowie ggf. Anpassungen) nach einem amtlich vorgeschriebenen Datensatz der Finanzverwaltung durch *Datenfernübertragung* zu übermitteln (§ 5b EStG).

ab) Steuerrechtliche Bilanzierungsvorschriften für natürliche Personen

Nach § 1 EStG fallen bestimmte natürliche Personen (Menschen) unter die beschränkte oder unbeschränkte Einkommensteuerpflicht. Dieser Personenkreis hat nach § 25 Abs. 3

EStG für den abgelaufenen Veranlagungszeitraum eine Einkommensteuererklärung abzugeben (vgl. auch §§ 149, 150 Abs. 4 i. V. m. § 33 AO).

Formell gehört zu den der Erklärung beizufügenden *Unterlagen* gem. § 60 Abs. 1, 2 EStDV im Falle der Gewinnermittlung nach § 4 Abs. 1, § 5 oder § 5a EStG

- eine Abschrift der Vermögensübersicht *(Bilanz)*, die auf dem Zahlenwerk der Buchführung beruht. Soweit deren Ansätze oder Beträge den steuerlichen Vorschriften nicht entsprechen, sind sie durch Zusätze oder Anmerkungen den steuerlichen Vorschriften anzupassen (Anpassungs-, Mehr-/Weniger-Rechnung),

oder

- eine den steuerlichen Vorschriften entsprechende Vermögensübersicht *(Steuerbilanz)*.

Entsprechendes gilt für den Regelfall der elektronischen Übermittlung (§ 5b EStG).

Voraussetzung der Abgabepflicht einer (ggf. durch Mehr-/Weniger-Rechnung angepassten) Handelsbilanz oder einer Steuerbilanz ist demnach neben der Einkommensteuerpflicht die Gewinnermittlung nach § 4 Abs. 1, § 5 oder § 5a EStG. Da Gewinnermittler nach § 4 Abs. 1 EStG (das sind insbes. bestimmte Land- und Forstwirte, freiwillig buchführende selbständig Tätige sowie zu schätzende nicht buchführende Gewerbetreibende) sowie die Tonnagegewinnermittler der Seeschifffahrt (§ 5a EStG) hier thematisch ausgeschlossen sind, kann man den persönlichen Geltungsbereich für die Möglichkeit, eine Steuerbilanz zu erstellen, folgendermaßen abgrenzen:

Es muss sich erstens um *Gewerbetreibende* handeln, d. h. es muss der „Gewinn" als Bemessungsgrundlage für Einkünfte aus Gewerbebetrieb ermittelt werden (§§ 2 Abs. 1 Nr. 2, Abs. 2 Nr. 1 EStG i. V. m. §§ 15, 16 EStG). Dazu gehören gem. § 15 Abs. 1 Nr. 1 EStG die Einkünfte aus gewerblichen Unternehmen. Es handelt sich hierbei weder um land- und forstwirtschaftliche Betätigungen noch um selbständige Arbeit oder andere (nichtbetriebliche) Tätigkeiten. Vielmehr gehört zu den Merkmalen des Gewerbebetriebs in diesem Sinne

- eine selbständige nachhaltige Betätigung,
- die mit Gewinnerzielungsabsicht unternommen wird und
- sich als Beteiligung am allgemeinen Wirtschaftsverkehr darstellt

(vgl. § 15 Abs. 2 EStG).

Zweitens muss entweder gesetzlich *Buchführungs- und regelmäßige Abschlusspflicht* angeordnet oder diese freiwillig übernommen worden sein. Eine derartige Verpflichtung kann bestehen

- nach handelsrechtlichen Vorschriften
  (insbes. §§ 238, 242 HGB für alle Kaufleute, soweit sie nicht nach §§ 241a, 242 Abs. 4 HGB befreit sind, vgl. Abb. A-17 und A-18)

und/oder

- nach steuerrechtlichen Vorschriften
  insbes. als
  - derivative Verpflichtung (§ 140 AO i. V. m. § 238 HGB) oder
  - originäre Verpflichtung (§ 141 AO).

101

Grundlagen der Bilanzierung

Die originäre steuerliche Buchführungs- und Abschlusspflicht erfasst nach § 141 AO – subsidiär zu § 140 AO – jene Gewerbetreibenden, deren gewerblicher Betrieb mindestens eines der folgenden *Größenkriterien* überschreitet, sofern sie bei Überschreitung des Schwellenwerts hierzu vom Finanzamt aufgefordert werden:

- bestimmte Umsätze über 600.000 Euro im Kalenderjahr

oder

- Gewinn aus Gewerbebetrieb über 60.000 Euro im Wirtschaftsjahr.

Konkret sind Beginn und Ende der originären steuerlichen Buchführungspflicht vom Jahr der Bekanntgabe eines finanzamtlichen Hinweises abhängig; sie beginnt/endet im Folgejahr (§ 141 Abs. 2 AO).

Neben diesen Kreisen gesetzlich Verpflichteter kommen auch Gewerbetreibende in Betracht, die freiwillig und ordnungsgemäß Bücher führen und Abschlüsse machen.

Materiell hat der umschriebene Personenkreis seinen Gewinn mittels Bilanz durch *Betriebsvermögensvergleich* zu ermitteln. Nach § 4 Abs. 1 EStG, der insoweit auch für die Gewinnermittler nach § 5 EStG gilt, bedeutet dies, dass folgendes Ermittlungsschema Anwendung finden muss:

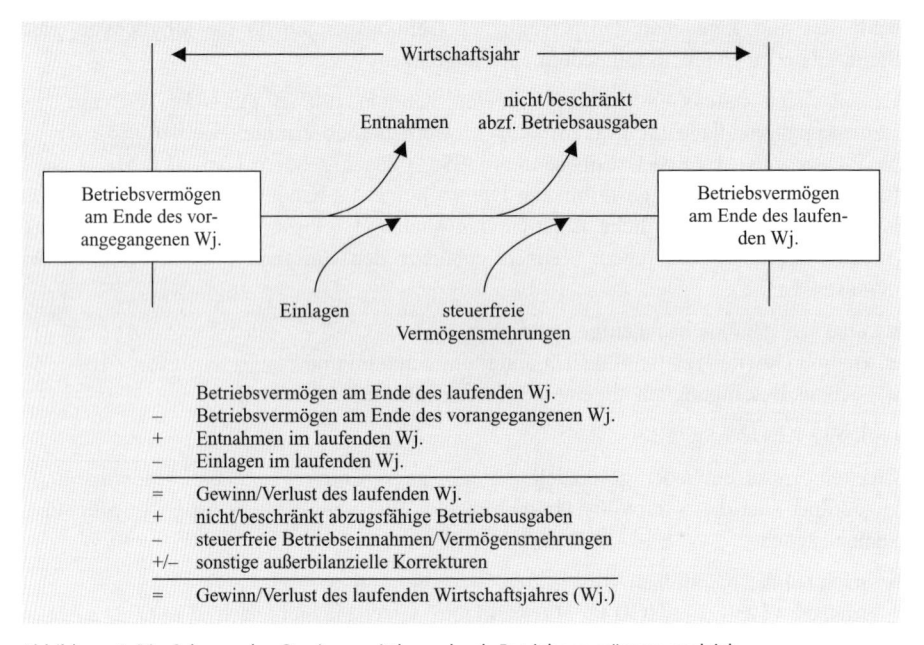

```
                    ◄─────────── Wirtschaftsjahr ───────────►
                                    nicht/beschränkt
                        Entnahmen   abzf. Betriebsausgaben
  ┌──────────────┐         ↖   ↖
  │Betriebsvermögen│                                ┌──────────────┐
  │am Ende des vor-│                                │Betriebsvermögen│
  │angegangenen Wj.│                                │am Ende des laufen-│
  └──────────────┘                                │den Wj.       │
                           ↙   ↙                    └──────────────┘
                       Einlagen   steuerfreie
                                  Vermögensmehrungen
```

	Betriebsvermögen am Ende des laufenden Wj.
–	Betriebsvermögen am Ende des vorangegangenen Wj.
+	Entnahmen im laufenden Wj.
–	Einlagen im laufenden Wj.
=	Gewinn/Verlust des laufenden Wj.
+	nicht/beschränkt abzugsfähige Betriebsausgaben
–	steuerfreie Betriebseinnahmen/Vermögensmehrungen
+/–	sonstige außerbilanzielle Korrekturen
=	Gewinn/Verlust des laufenden Wirtschaftsjahres (Wj.)

Abbildung A-31: Schema der Gewinnermittlung durch Betriebsvermögensvergleich

Für die steuerrechtliche Bilanzierung gelten insbesondere folgende weitere Rechtsvorschriften des EStG:

§ 4 Abs. 1	Gewinnbegriff im Allgemeinen
§ 4 Abs. 2	Bilanzänderung und Bilanzberichtigung
§ 4 Abs. 4–9	Abzugsfähige, beschränkt und nichtabzugsfähige Betriebsausgaben, insbes. auch Schuldzinsenabzug (Abs. 4a)
§ 4a	Wirtschaftsjahr als Gewinnermittlungszeitraum (hierzu auch § 8b EStDV)
§ 4b	Aktivierungsverbot für bestimmte Direktversicherungsansprüche
§ 4c	Zuwendungen zu Pensionskassen
§ 4d	Zuwendungen an Unterstützungskassen
§ 4e	Beiträge an Pensionsfonds
§ 4f	Verpflichtungsübernahmen, Schuldbeitritte und Erfüllungsübernahmen
§ 4g	Bildung eines Ausgleichspostens bei Wirtschaftsgut-Transfer in ausländische Betriebsstätten
§ 4h	Betriebsausgabenabzug für Zinsaufwendungen (Zinsschranke)
§ 5 Abs. 1	Ansatz des Betriebsvermögens nach den handelsrechtlichen GoB, besondere Dokumentationspflicht bei divergenter Wahlrechtsausübung
§ 5 Abs. 1a	Verrechnungsverbot, Bildung von Bewertungseinheiten zur Absicherung finanzwirtschaftlicher Risiken
§ 5 Abs. 2–6	**Spezielle steuerrechtliche Vorschriften für den Ansatz dem Grunde nach für**
§ 5 Abs. 2	immaterielle Anlagegüter
§ 5 Abs. 2a	gewinnabhängige Verbindlichkeiten/Rückstellungen
§ 5 Abs. 3	Rückstellungen für Schutzrechtsverletzungen
§ 5 Abs. 4	Rückstellungen für Dienstjubiläen
§ 5 Abs. 4a	Drohverlustrückstellungen
§ 5 Abs. 4b	Rückstellungen für Anschaffungs- und Herstellungskosten sowie Kernbrennstoffe
§ 5 Abs. 5	Rechnungsabgrenzungsposten und sonstige Abgrenzungsposten
§ 5 Abs. 6	Vorbehalt und Verweis auf steuerliche Spezialvorschriften für Entnahmen und Einlagen (§ 4 Abs. 1), Bilanzänderung (§ 4 Abs. 2), Betriebsausgaben (§ 4 Abs. 4–12, 4c–4e), Bewertung (§ 6) und Absetzungen (§ 7).
§ 5 Abs. 7	Bilanzielle Behandlung übernommener Verpflichtungen

Grundlagen der Bilanzierung

§ 5b	Elektronische Übermittlung von Bilanzen sowie Gewinn- und Verlustrechnungen
§ 6	**Bewertung von Wirtschaftsgütern**
§ 6 Abs. 1 Nr. 1	Abnutzbares Anlagevermögen, einschl. Teilwert
§ 6 Abs. 1 Nr. 1a	Gebäudeherstellungskosten
§ 6 Abs. 1 Nr. 2	Nichtabnutzbares Anlagevermögen, Umlaufvermögen
§ 6 Abs. 1 Nr. 2a	Lifo-Bewertungsvereinfachungsverfahren
§ 6 Abs. 1 Nr. 3	Abzinsung von Verbindlichkeiten
§ 6 Abs. 1 Nr. 3a	Höchstansatz von Rückstellungen
§ 6 Abs. 1 Nr. 4	Entnahmen, insbes. Kfz-Privatnutzung
§ 6 Abs. 1 Nr. 5	Einlagen
§ 6 Abs. 1 Nr. 5a	Verstrickungseinlage
§ 6 Abs. 1 Nr. 6	Betriebseröffnung
§ 6 Abs. 1 Nr. 7	Entgeltlicher Betriebserwerb
§ 6 Abs. 2	Geringwertige Wirtschaftsgüter
§ 6 Abs. 2a	Sammelposten für geringwertige Wirtschaftsgüter
§ 6 Abs. 3	Unentgeltlicher Erwerb eines Betriebes/Mitunternehmeranteils
§ 6 Abs. 4	Unentgeltlicher Wirtschaftsguterwerb
§ 6 Abs. 5	Wirtschaftsgut-Überführung und -Übertragung
§ 6 Abs. 6	Wirtschaftsgut-Tausch
§ 6a	Besondere Ansatz- und Bewertungsvorschriften für Pensionsrückstellungen
§ 6b	Besondere Vorschriften zur Übertragung stiller Reserven bei Veräußerung bestimmter Anlagegüter
§ 7	Absetzungen für Abnutzung oder Substanzverringerung (ergänzt durch §§ 9a und 11c EStDV)
§ 7a	Gemeinsame Vorschriften für erhöhte AfA und Sonderabschreibungen
§ 7g	Investitionsabzugsbetrag (Abs. 1-4) und Sonderabschreibungen zur Förderung kleiner und mittlerer Betriebe (Abs. 5-6)

§ 7h	Erhöhte Gebäudeabsetzungen in Sanierungs-/Entwicklungsgebieten
§ 7i	Erhöhte Absetzungen bei Baudenkmalen
§ 9b	Umsatzsteuerrechtlicher Vorsteuerabzug

Weitere gewinnermittlungsrelevante Vorschriften sind zum einen in übergeordneten allgemeingültigen Bestimmungen enthalten, wie z. B.
- über steuerfreie Einnahmen in §§ 3 und 3a EStG,
- über nichtabzugsfähige Betriebsausgaben in §§ 3c EStG und 160 AO,
- über Nichtberücksichtigung von Schulden und anderen Lasten bei Nichtbenennung des Gläubigers (§ 160 AO)

oder in Spezialgesetzen wie z. B. dem UmwStG oder dem AStG.

Trotz der vielfältigen Details darf der zentrale *Kern* der Gewinnermittlung durch Bestandsvergleich nach § 5 EStG nicht verkannt werden:

Ausweis des Betriebsvermögens nach den handelsrechtlichen GoB unter dem Vorbehalt steuerlicher Spezialvorschriften (§ 5 Abs. 1 und Abs. 6 EStG).

ac) Steuerrechtliche Bilanzierungsvorschriften für Personenhandelsgesellschaften

Für Personengesellschaften existieren zwar keine speziellen steuerlichen Bilanzierungsnormen, doch verbirgt sich hinter der einzigen einschlägigen Rechtsvorschrift (§ 15 EStG) ein kompliziertes Gerüst von Rechtsauffassungen zur steuerlichen Bilanzierung bei Personengesellschaften.

Personenhandelsgesellschaften, wie OHG (einschl. der gleich zu behandelnden EWIV, § 1 EWIV-AG) sowie KG (einschl. der Grundtypenmischungen der „Kapitalgesellschaft & Co."), werden weder einkommen- noch körperschaftsteuerlich als selbständige Steuerrechtssubjekte angesehen. Vielmehr rechnet § 15 Abs. 1 Nr. 2 EStG die Anteile des auf Gesellschaftsebene ermittelten Gewinns als Einkünfte aus Gewerbebetrieb den einzelnen Mitunternehmern zu, sofern die gesellschaftliche Tätigkeit als „Gewerbebetrieb" anzusehen ist. Voraussetzung ist ferner, dass der zivilrechtliche Gesellschafter steuerlich als *„Mitunternehmer"* anzusehen ist. Nach der Rechtsprechung[1] ist Mitunternehmer, wer unter Berücksichtigung aller Umstände

- zusammen mit anderen Personen eine *Unternehmerinitiative* (Teilhabe an unternehmerischen Entscheidungen) entfalten kann

und

- ein *Unternehmerrisiko* trägt (Teilhabe am Erfolg oder Misserfolg, insbes. am Gewinn und Verlust sowie an den stillen Reserven des Anlagevermögens, einschl. eines Geschäftswertes).

Nur in diesem Fall können Einkünfte aus Gewerbebetrieb vorliegen. Diese Einkünfte unterliegen dann bei den Gesellschaftern der Einkommensteuer (soweit sie natürliche

---

1 Z.B. BFH GrS v. 25. 6. 1984, BStBl. 1984 II, 751, 769.

Personen sind) und/oder der Körperschaftsteuer (soweit sie Körperschaften sind). Nach Auffassung der Finanzrechtsprechung[1] sollen die Mitunternehmer nach Möglichkeit – soweit dem nicht die Einheit (Rechtszuständigkeit) der Personengesellschaft entgegensteht – wie Einzelunternehmer behandelt werden.

Weiter wird vorausgesetzt, dass die Tätigkeit der Gesellschaft die Merkmale eines *gewerblichen Unternehmens* erfüllt. Dabei gelten zum einen die gleichen gewerbebetrieblichen Kriterien wie für Einzelkaufleute (§ 15 Abs. 3 Nr. 1 i.V.m. Abs. 1, 2 EStG), zum anderen gilt aber auch eine sog. *gewerblich geprägte Personengesellschaft* als gewerblich tätig (§ 15 Abs. 3 Nr. 2 EStG). Dabei handelt es sich um – ansonsten nicht gewerblich tätige – Personengesellschaften, deren ausschließlich persönlich haftenden Gesellschafter eine oder mehrere Kapitalgesellschaften sind und diese oder Nichtgesellschafter Geschäftsführer sind, sofern überhaupt eine mit Einkünfteerzielungsabsicht unternommene Tätigkeit ausgeübt wird.

Sofern jedoch eine Personengesellschaft weder gewerblich tätig noch in diesem Sinne gewerblich geprägt ist *(nicht gewerbliche Personengesellschaft)*, fällt sie i.d.R. nicht in den Bereich gewerblicher Einkünfte, sondern erzielt andere Einkunftsarten (z.B. aus Land- und Forstwirtschaft, aus selbständiger Arbeit, Kapitalvermögen, Vermietung und Verpachtung). Problematisch sind dann jedoch jene Fälle, in denen neben natürlichen Personen auch eine Kapitalgesellschaft beteiligt ist. Weil bei dieser alle Einkünfte solche aus Gewerbebetrieb sind (§ 8 Abs. 2 KStG), muss insoweit eine Umqualifikation erfolgen. Ob je nach Gesellschafter unterschiedliche Gewinnermittlungsverfahren (sog. „Als-Ob-Steuerbilanz" für den gewerblichen Anteil, Einnahmenüberschussrechnung für den nichtgewerblichen Teil) erforderlich sind, oder ob die Umqualifikation erst auf Gesellschafterebene erfolgt, ist bei diesen sog. *„Zebragesellschaften"* umstritten.[2]

Lässt man den letztgenannten Problemfall außer Betracht, so sind zu unterscheiden:

- gewerblich tätige Personengesellschaften,
- gewerblich geprägte Personengesellschaften und
- nichtgewerbliche Personengesellschaften.

Nur in den beiden erstgenannten Fällen kommt eine Gewinnermittlung durch Bestandsvergleich gem. § 5 EStG mittels Steuerbilanzen in Betracht. Die Personengesellschaft ist in diesem Sinne kein Steuerpflichtiger, sondern nur eine *„Einkünfteermittlungsveranstaltung"* (KNOBBE-KEUK).

Die in § 15 Abs. 1 Nr. 2 EStG enthaltene komplizierte steuerrechtliche Konstruktion macht nach der Auslegung dieser Vorschrift durch die Rechtsprechung[3] eine *mehrstufige additive Gewinnermittlung* erforderlich. Die Einheit der Personengesellschaft als Subjekt der Gewinnerzielung kommt dabei in der zentralen, aus der Handelsbilanz abgeleiteten Gesellschaftssteuerbilanz zum Ausdruck. Der Umstand, dass der Gewinn nicht bei ihr, sondern bei den Gesellschaftern der Einkommensbesteuerung unterworfen wird und dabei Besonderheiten bei den Gesellschaftern bestehen können, wird durch personenbezogene Annex-Bilanzen zur Gesellschaftsbilanz berücksichtigt.

---

1 Z.B. BFH GrS v. 19.10.1970, BStBl. 1971 II, 177.
2 Vgl. BFH v. 11.7.1996, BStBl. 1997 II, 39; dazu BMF v. 27.12.1996, BStBl. I, 1521.
3 Z.B. BFH v. 19.7.1984, BStBl. 1985 II, 6.

Jedenfalls sind bei Personengesellschaften drei steuerliche Bilanztypen zu unterscheiden:
- Die Steuerbilanz der Gesellschaft *(Gesellschaftssteuerbilanz)*. Sie ist die nach steuerlichen Vorschriften modifizierte Handelsbilanz der Gesellschaft und enthält im Wesentlichen – soweit zum Betriebsvermögen zählend – das Gesamthandsvermögen und die Gesamthandsverbindlichkeiten. Aus ihrem Ergebnis wird i.d.R. nach dem vertraglichen Gewinnverteilungsschlüssel der Gewinnanteil des Mitunternehmers bestimmt.
- Ggf. die *Ergänzungsbilanz* des einzelnen Gesellschafters. Sie enthält personenbezogene Ergänzungen insbes. der Werte der Gesellschaftssteuerbilanz (z.B. bei Inanspruchnahme persönlicher Steuervergünstigungen, bei individuellen Anschaffungskosten für stille Reserven oder den Geschäftswert beim Erwerb eines Mitunternehmeranteils, in Ein- und Austrittsfällen, gewinnneutralisierende Posten in Einbringungsfällen etc.). Die Wertergänzungen in der Ergänzungsbilanz teilen prinzipiell das Schicksal der in der Gesellschaftsbilanz angesetzten Wirtschaftsgüter. Die Ergänzungsbilanz ermittelt so das individuelle Mehr- und Minderkapital eines Gesellschafters zur Hauptbilanz. Die Kapitalveränderung ist dem jeweiligen Gesellschafter als Ergänzungsgewinn oder -verlust direkt zuzurechnen. Mit dieser bilanztechnischen Ausgliederung individueller Besonderheiten können die Kapitalkonten in der Gesamthandsbilanz weiterhin im richtigen Verhältnis ausgewiesen werden.
- Ggf. die *Sonderbilanz* des einzelnen Gesellschafters. Sie ist als laufende Bilanz von den sonst als „Sonderbilanzen" bezeichneten gelegentlichen, außerordentlichen Bilanzen und von den oben beschriebenen „Ergänzungsbilanzen" zu unterscheiden.

Materiell enthält die Sonderbilanz das sog. *Sonderbetriebsvermögen* (SBV) der Typen I und II:
- Das *SBV I* umfasst Wirtschaftsgüter, die einem Mitunternehmer zuzurechnen sind (i.d.R. „gehören"), wenn sie geeignet und bestimmt sind, dem Gewerbebetrieb der Personengesellschaft unmittelbar zu *„dienen"*. Dies kann z.B. durch Nutzungsüberlassung (z.B. von Anlagegegenständen) oder Bestimmung des Wirtschaftsgutes zum unmittelbaren Einsatz im Betrieb der Gesellschaft (z.B. von Verbrauchsgütern) geschehen.[1] Auch Verbindlichkeiten, die ein Gesellschafter gegenüber Dritten eingeht, können zum SBV I gehören, wenn sie in wirtschaftlichem Zusammenhang mit aktiven Wirtschaftsgütern des SBV I oder mit Schulden der Gesellschaft stehen.[2]
- Zum *SBV II* gehören positive und negative Wirtschaftsgüter, die unmittelbar zur Begründung oder Stärkung der Beteiligung des Gesellschafters an der Personengesellschaft eingesetzt werden.[3] Ein typischer Anwendungsfall sind die Geschäftsanteile eines Kommanditisten einer GmbH & Co. KG an der Komplementär-GmbH, weil damit ein die Beteiligung fördernder Einfluss auf die Geschäftsführung der KG ausgeübt werden kann.[4] Hierzu gehören aber auch negative Wirt-

---
1 BFH v. 19.2.1991, BStBl. 1991 II, 789.
2 BFH v. 24.7.1990, BFH/NV 1991, 588; z.B. Hypothekenschuld zur Finanzierung eines nutzungsüberlassenen Grundstücks.
3 BFH v. 31.10.1989, BStBl. 1990 II, 677, m.w.N.
4 BFH v. 11.12.1990, BStBl. 1991 II, 510.

schaftsgüter, wie die Verbindlichkeiten, die zur Finanzierung des Erwerbs des Mitunternehmeranteils vom Gesellschafter aufgenommen wurden.

Unter Umständen kann für jeden Gesellschafter eine Ergänzungs- und eine Sonderbilanz zu erstellen sein.[1] Abbildung A-32 zeigt die wichtigsten Zusammenhänge der Bilanzen bei Personengesellschaften im Überblick. Der Gesamtgewinn einer Mitunternehmergemeinschaft wird somit mittels einer fiktiven „Gesamtbilanz" ermittelt, zu der die Gesellschaftssteuerbilanz und die Sonderbilanzen, ggf. auch die Ergänzungsbilanzen der Gesellschafter gehören.[2]

Für die Sonderbilanz gilt der *Grundsatz der korrespondierenden Bilanzierung*, wonach Rechtsbeziehungen zwischen Gesellschaft und Gesellschafter durch zeit- und betragsgleiche Aktiv- bzw. Passivposten kompensiert werden. Kommt es zu einer *Konkurrenz* zwischen der Bilanz eines Gesellschafters und der Gesellschaftsbilanz, so hat i.d.R. die Mitunternehmerschaft Vorrang.[3] Für die Ergänzungsbilanz gilt i.d.R. der *Grundsatz der einheitlichen Bilanzierung*[4] mit der Gesellschaftsbilanz, der nur bei gesellschafterspezifischen Besonderheiten (z.B. persönlicher AfA-Berechtigung) durchbrochen wird.

Zwecks einheitlicher Ermittlung wird die Besteuerungsgrundlage „Gewinn/Verlust" bei Personengesellschaften in einem besonderen Verfahren vom Betriebsfinanzamt „gesondert festgestellt" (§180 Abs. 1 Nr. 2a AO). In die Gewinnfeststellung, die Grundlage für die anschließende Besteuerung der Gesellschafter ist, werden auch die Ergebnisse der individuellen Ergänzungs- und Sonderbilanzen einbezogen. Hierzu sind Feststellungserklärungen, ergänzt durch Bilanzen (Steuerbilanzen) abzugeben (§60 EStDV i.V.m. §150 Abs. 4 AO). *Erklärungspflichtig* sind gem. §34 AO die Geschäftsführer der nichtrechtsfähigen Personenvereinigung, oder – wenn solche nicht vorhanden sind – die Gesellschafter. Geschäftsführer sind bei einer OHG grundsätzlich alle Gesellschafter, bei einer KG grundsätzlich alle Komplementäre. Nach nicht unproblematischer Auffassung der Rechtsprechung obliegt die *Buchführungspflicht* für das Sonderbetriebsvermögen nicht dem einzelnen Gesellschafter, sondern nach §141 AO der Personengesellschaft.[5]

Bei *internationalen Personengesellschaften* sind steuerlich zwei Fälle zu unterscheiden:

- Beteiligung eines beschränkt steuerpflichtigen Ausländers an einer inländischen Personengesellschaft und
- Beteiligung eines unbeschränkt steuerpflichtigen Inländers an einer ausländischen Personengesellschaft.

Prinzipiell wird die Beteiligung an einer gewerblichen Mitunternehmergemeinschaft in diesen Fällen anteilig als *Betriebsstätte* des Mitunternehmers gesehen.[6]

Im ersten Fall wird der Gewinnanteil des beschränkt steuerpflichtigen Auslandsgesellschafters nach §§49 Abs. 1 Nr. 2a i.V.m. 15 Abs. 1 Nr. 2 EStG nach der oben beschriebe-

---

1 Zu weiteren Einzelheiten des Bilanzinhalts siehe Kap. C.III.1.bb).
2 stRspr., z.B. BFH v. 12.12.1995, BStBl. 1996 II, 219.
3 BFH v. 14.4.1988, BStBl. II, 667, v. 28.11.1991, BFH/NV 1992, 815.
4 BFH v. 7.8.1986, BStBl. 1986 II, 910.
5 BFH v. 23.10.1990, BStBl. 1991 II, 401.
6 Siehe z.B. BFH v. 26.2.1992, BStBl. 1992 II, 937.

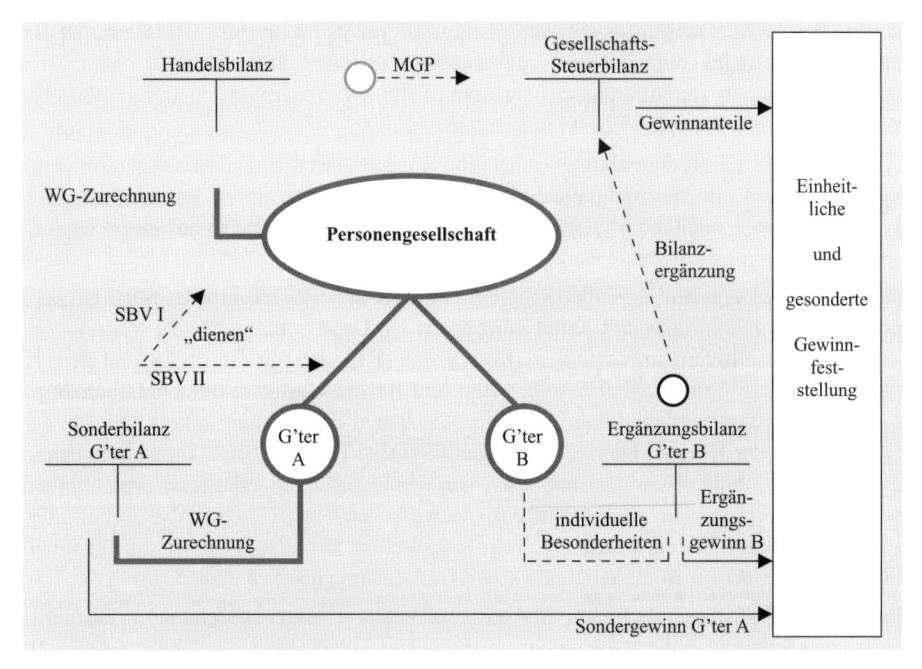

Abbildung A-32: Gesellschafts-, Sonder- und Ergänzungsbilanzen bei Personengesellschaften

nen Steuerbilanz der Personengesellschaft nach §5 EStG einschließlich Sonder- und Ergänzungsbilanzen ermittelt.

Im zweiten Fall wird der Gewinnanteil des unbeschränkt steuerpflichtigen Inlandsgesellschafters nach der ausländischen Buchführung der Personengesellschaft mit Anpassungen an deutsches Recht durch Betriebsvermögensvergleich nach §4 Abs. 1 EStG (nicht nach §5 Abs. 1 EStG) ermittelt.[1] Diese Steuerbilanz kann entweder in europäischer oder in außereuropäischer Währung (mit Ergebnisumrechnung in Euro) aufgestellt werden. Bei DBA-Freistellung der Beteiligungsgewinne gilt diese Gewinnermittlung auch für Zwecke des Progressionsvorbehalts.

ad) Steuerrechtliche Bilanzierungsvorschriften für Kapitalgesellschaften und Genossenschaften

Als in die Betrachtung einbezogene Körperschaften kommen hier nur Kapitalgesellschaften und Genossenschaften in Betracht. Diese Rechtsformen unterliegen nach §1 Abs. 1 Nr. 1 bzw. Nr. 2 KStG der Körperschaftsteuerpflicht. Die Körperschaftsteuer bemisst sich nach dem zu versteuernden Einkommen, d.i. das Einkommen, das sich nach den Vorschriften des EStG unter Anwendung körperschaftsteuerlicher Spezialvorschriften ergibt (§§7 Abs. 1, 2; 8 Abs. 1 KStG). Bei Kapitalgesellschaften und Genossenschaften sind gem. §8 Abs. 2 KStG alle Einkünfte als „Einkünfte aus Gewerbebetrieb" zu behandeln,

---

[1] BFH v 13. 9. 1989, BStBl. 1990 II, 57.

da sie nach HGB buchführungspflichtig sind (vgl. §§ 238 i. V. m. 6 HGB). Damit ist der „Gewinn" die maßgebliche Bemessungsgrundlage (§ 2 Abs. 2 Nr. 2 EStG). Wegen der handelsrechtlichen Buchführungspflicht kommt nur Gewinnermittlung durch Betriebsvermögensvergleich nach § 5 EStG in Betracht.

Nach beständiger Rechtsprechung verfügt eine Körperschaft über *keine außerbetriebliche Sphäre*, so dass alle ihr zuzurechnenden Wirtschaftsgüter zu ihrem Betriebsvermögen gehören; etwaige nichtbetriebliche Verwendungen können nur über verdeckte Gewinnausschüttungen und verdeckte Einlagen korrigiert werden.[1]

Besonderheiten ergeben sich allerdings bei einer KGaA. Bei dieser grundsätzlich KSt-pflichtigen Kapitalgesellschaft haftet mindestens ein Gesellschafter für die Verbindlichkeiten der Gesellschaft unbeschränkt (Komplementär), während die übrigen an dem in Aktien zerlegten Grundkapital beteiligt sind und für die Gesellschaftsverbindlichkeiten nicht haften (Kommanditaktionäre). Bei der KSt-lichen Einkommensermittlung wird der Gewinnanteil der Komplementäre abgezogen (§ 9 Abs. 1 Nr. 1 KStG). Dafür unterliegen diese Gewinnanteile zusammen mit ihren von der Gesellschaft erhaltenen Vergütungen bei den Komplementären als Einkünfte aus Gewerbebetrieb (§ 15 Abs. 1 Nr. 3 EStG) der Einkommensteuer. Die für Mitunternehmer dargestellten Grundzüge der Ergänzungs- und Sonderbilanz sind auf Komplementäre von KGaA entsprechend zu übertragen.[2]

Bei Körperschaftsteuerpflichtigen sind gem. § 31 Abs. 1 KStG die einkommensteuerlichen Vorschriften über die Veranlagung entsprechend anzuwenden. Dazu gehört auch § 5b EStG und § 60 EStDV, wonach der Erklärung eine den steuerlichen Vorschriften entsprechende (Handels-)Bilanz, eine Handelsbilanz mit Mehr-Weniger-Korrekturrechnung oder eine nach steuerlichen Vorschriften erstellte Steuerbilanz beizufügen oder – vorrangig – im amtlich vorgeschriebenen Datensatz durch Datenfernübertragung zu übermitteln ist. Wegen der vielfältigen Unterschiede zwischen den handels- und steuerbilanzrechtlichen Vorschriften und häufig auch unterschiedlicher Interessenlage (hoher handels-, niedriger steuerbilanzieller Gewinnausweis; Offenlegungspflicht) des Bilanzierenden wird im Bereich der Kapitalgesellschaften meist eine gesonderte Steuerbilanz erstellt.

Die Verpflichtung zur Erstellung und Abgabe einer Steuerbilanz trifft den Steuerpflichtigen (§ 33 AO i. V. m. §§ 31 Abs. 1 KStG und 60 EStDV), also die Körperschaft. Deren Pflichten haben jedoch gem. § 34 AO ihre gesetzlichen Vertreter zu erfüllen. Das sind Vorstand oder Geschäftsführer.

ae) Bilanzierungsvorschriften für unselbständige Organisationseinheiten (Betriebsstätten)

Unselbständige Organisationseinheiten eines Steuerpflichtigen werden wie im Handelsrecht grundsätzlich als Bestandteile des Betriebsvermögens des Steuerpflichtigen angesehen. Eine vor allem bei internationalen Unternehmen bedeutungsvolle Ausnahme stellt eine Fallgestaltung dar, die als „Betriebsstätte" (BS) eines Stammhauses (StH) bezeichnet wird.

---

1 Ständige Rechtsprechung seit BFH vom 4. 12. 1996, I R 54/95, BFHE 182 S. 123; zuletzt: BFH vom 22. 8. 2007, BFH/NV 2007 S. 2424 m. w. N.
2 BFH v. 21. 6. 1989, BStBl. II, 881.

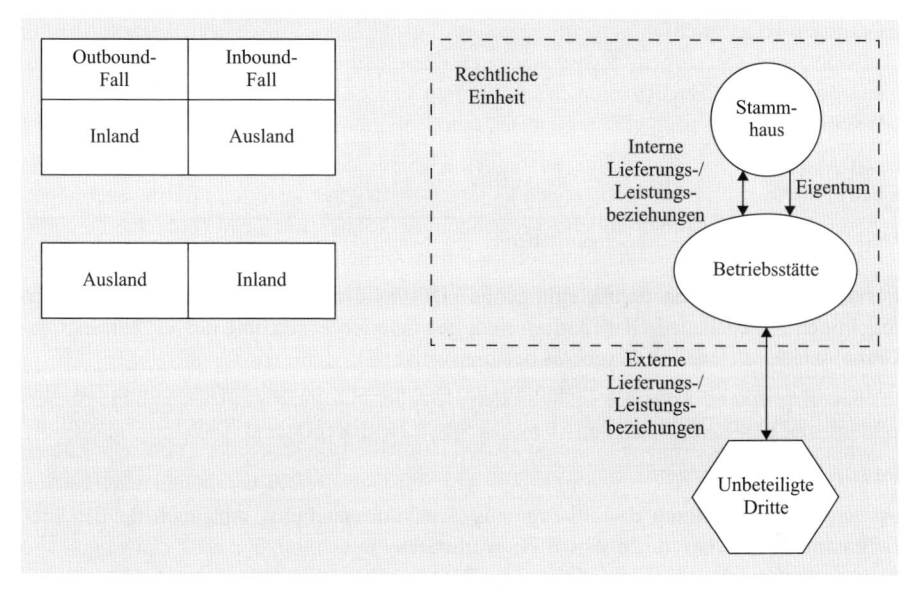

Abbildung A-33: Beziehungen im Betriebsstättenfall

Der Betriebsstätten-Begriff ist im inländischen Steuerrecht (§ 12 AO) und im Abkommensrecht (z.B. Art. 5 OECD-MA 2008) umschrieben. Von Feinheiten einzelner Kriterien, Beschränkungen und Erweiterungen abgesehen, ist eine *Betriebsstätte* im Kern durch folgende Merkmale bestimmt:

als DBA-BS-Begriff:

- feste Geschäftseinrichtung,
- durch die die Tätigkeit eines Unternehmens ganz oder teilweise ausgeübt wird

bzw. als AO-BS-Begriff:

- feste Geschäftseinrichtung oder Anlage,
- die der Tätigkeit eines Unternehmens dient

mit den ergänzenden Kriterien der Rechtsprechung[1]

- einer gewissen Dauerhaftigkeit und
- nicht nur vorübergehender Verfügungsmacht des Steuerpflichtigen.

Positivkataloge nennen beispielsweise als Betriebsstätten: Stätte der Geschäftsleitung, Zweigniederlassung, Geschäftsstellen, Fabrikations- und Werkstätten, Bergwerke, bestimmte Bauausführungen und Montagen. Teilweise werden Lagereinrichtungen und Hilfstätigkeiten, wie Informationsstellen, ausgeschlossen. Nach dem Bezug der Betriebsstätte und des Stammhauses (Geschäftsleitungsbetriebsstätte) zum In- bzw. Ausland sind vier Fälle zu unterscheiden:

---

1 Zur Auslegung der Kriterien s. z.B. BFH v. 3.2.1993, BStBl. II, 462 und v. 28.7.1993, BStBl. 1994 II, 148.

	inländisches Stammhaus	ausländisches Stammhaus
inländische Betriebsstätte	I	II
ausländische Betriebsstätte	III	IV

Abbildung A-34: Falltypen der Betriebsstätten

Für die inländische Besteuerung sind der Fall IV ohne Bedeutung und der Fall I problemlos. In den Fällen II und III bedarf es einer gesonderten Ermittlung des Ergebnisses der Betriebsstätte, weil das BS-Ergebnis beispielsweise

im Fall II (*inbound-Fall*) der inländischen Besteuerung unterliegt (beschränkte Steuerpflicht gem. §§ 49 Abs. 1 Nr. 2a, 1 Abs. 4 EStG, 2 Nr. 1 KStG) und

im Fall III (*outbound-Fall*)

a) bei DBA-Freistellung das BS-Ergebnis zwecks Freistellung, ggf. auch für den Progressionsvorbehalt (§ 32b Abs. 1 Nr. 3 EStG),

b) bei DBA-Anrechnung oder fehlendem DBA zur Ermittlung des Anrechnungshöchstbetrages (§§ 34c Abs. 1 EStG, 26 Abs. 6 KStG), der Pauschalierung (§ 34c Abs. 4 EStG, § 26 Abs. 6 KStG) der eingeschränkten Verlustberücksichtigung (§ 2a EStG) oder zur Kürzung beim Gewerbeertrag (§ 9 Nr. 3 GewStG)

bekannt sein muss.

Im Fall II (*inbound*) ist die Inlands-BS ggf. nach § 141 AO nach Aufforderung des Finanzamts im Inland buchführungspflichtig mit dem Handelsrecht ähnlichen Buchführungs- und Abschlusspflichten (§§ 145 ff. AO). Im Falle einer Zweigniederlassung i.S.d. § 13d HGB besteht Buchführungspflicht nach §§ 238 ff. HGB, 140 AO.

Im Fall III (*outbound*) umfasst die im Inland zu erfüllende Buchführungspflicht nach Handels- und Steuerrecht grundsätzlich das gesamte Unternehmen einschließlich der Auslands-BS. Existiert jedoch eine BS-Buchführung nach ausländischem Recht, so müssen die Ergebnisse der BS-Buchführung in die Buchführung des inländischen StH übernommen werden (§ 146 Abs. 2 AO). Anpassungen an das deutsche Steuerrecht sind vorzunehmen und kenntlich zu machen. Werden für die Auslands-BS die Bücher nicht gesondert geführt, so sind deren Geschäftsvorfälle im Inland einzeln zu erfassen und kenntlich zu machen (§ 145 Abs. 2 i.V.m. § 146 Abs. 2 AO).

Lange Zeit haben mangels gesetzlicher Vorgaben Rechtsprechung, Finanzverwaltung, Praxis und Schrifttum selbständig Methoden zur Aufteilung von Einkünften und Betriebsvermögen zwischen Stammhaus und Betriebsstätte entwickelt: Nach der *direkten Methode* (Teilgewinnermittlung) wurde unter Berücksichtigung der Grundsätze des Fremdvergleichs[1] (Selbständigkeitsfiktion, im DBA-Fall: „dealing-at-arm's-length"-Prinzip) und der wirtschaftlichen Zugehörigkeit[2] der der Betriebsstätte zuzurechnende Anteil des

---

1 Siehe Kap. B.IV.5.
2 Siehe Kap. B.II.10 a).

Gesamtergebnisses gesondert ermittelt. Obwohl nach Rechtsprechung[1] und Art. 7 Abs. 2, 4 OECD-MA 2008 der *direkten* Methode der Vorrang zu geben ist, konnte auch die *indirekte* Methode (Gesamtgewinnzerlegung) unter bestimmten Umständen (insbes. bei Funktionsgleichheit) Anwendung finden. Dabei wird das Gesamtergebnis des Stammhauses (einschließlich der BS-Ergebnisse, jedoch ohne außerordentliche Ergebnisanteile) nach bestimmten als repräsentativ angesehenen Zerlegungsschlüsseln (z. B. Umsatz, Lohn-/Materialaufwand) aufgeteilt.

Eine auf dem *Authorized OECD Approach* (AOA) basierende Änderung des Außensteuergesetzes (§ 1 Abs. 5 AStG) in 2013 und die Betriebsstättengewinnaufteilungsverordnung (BSGaV)[2] von 2014 haben für Wirtschaftsjahre ab 2015 die Gewinnabgrenzung/-ermittlung von Betriebsstätten auf eine neue Basis gestellt.

Bei diesem Konzept der BS-Einkünfteermittlung werden Betriebsstätten wie rechtlich eigenständige und wirtschaftlich unabhängige Unternehmen behandelt, obwohl sie mit dem Stammhaus eine rechtliche Einheit bilden. Die Selbständigkeits- und Unabhängigkeitsfiktion der BS bewirkt insbes., dass der Fremdvergleichsgrundsatz auch innerhalb eines Einheitsunternehmens angewandt wird. Dies bedeutet, dass eine *direkte Methode* der BS-Gewinnermittlung erfolgen muss und die *indirekte Methode* einer Gewinnaufteilung auf Stammhaus und BS (z. B. nach einem Aufteilungsschlüssel wie Umsatz, Kapitaleinsatz, Lohnkosten) wegen mangelnder Fremdvergleichskonformität zurücktreten muss.

Für jede BS ist demnach zum Beginn eines Wirtschaftsjahres eine „*Hilfs- und Nebenrechnung*" aufzustellen, während des Wirtschaftsjahres fortzuschreiben und zum Ende des Wirtschaftsjahres abzuschließen; der Abschluss beinhaltet das BS-Ergebnis (§ 3 Abs. 1 BSGaV). Diese Hilfs- und Nebenrechnung beinhaltet in einem bilanzähnlichen Teil alle der BS zuzuordnenden Bestandteile und in einem GuV-ähnlichen Teil die damit in Verbindung stehenden Betriebseinnahmen/-ausgaben sowie die fiktiven Betriebseinnahmen/-ausgaben aufgrund von im Innenverhältnis anzunehmenden schuldrechtlichen Beziehungen (§ 3 Abs. 2 BsGaV).

Obwohl bisher die Struktur der geforderten Hilfs- und Nebenrechnung noch nicht von der Finanzverwaltung vorgeschrieben ist, entspricht die Nebenrechnung mit den der BS zuzuordnenden bilanzierungsfähigen Vermögenswerten, dem Dotationskapital („Eigenkapital") und den übrigen Passivposten im Kern einer *(Betriebsstätten)Bilanz*, mit den fiktiven Betriebseinnahmen/-ausgaben einem Teil der BS-GuV-Rechnung bzw. der Korrekturrechnung eines Betriebsvermögensvergleichs (§ 4 Abs. 1 EStG). Obwohl z. B. für die Bewertung inländische Bilanzregeln gelten sollen, stellt die Hilfs- und Nebenrechnung nach Auffassung des Verordnungsgebers[3] keine Vermögensübersicht oder Bilanz im steuerrechtlichen Sinn dar.

---

1 BFH v. 29. 7. 1992, BStBl. II 1993, 63 m. w. N.
2 Verordnung zur Anwendung des Fremdvergleichsgrundsatzes auf Betriebsstätten nach § 1 Abs. 5 des Außensteuergesetzes (Betriebsstättengewinnaufteilungsverordnung – BsGaV) vom 13. 10. 2014, BGBl 2014 I, S. 1603. Die BSGaV enthält neben den hier dargestellten allgemeinen Regeln auch Regelungen für den Fall von Schwester-BS und Sonderregelungen für Betriebsstätten von Banken, Versicherungen und Bau- und Montageunternehmen.
3 BR-Drucks. 401/14 S. 52.

Deshalb kann bei der Erstellung der Hilfs- und Nebenrechnung weitgehend auf die meist bestehenden BS-Buchungskreise oder auf eine eigene BS-Buchführung zurückgegriffen werden. Wenn zudem fiktive Betriebsausgaben/-einnahmen aus den internen Beziehungen zwischen Stammhaus und BS aufgenommen werden, könnte damit auch die Hilfs- und Nebenrechnung ersetzt werden. Zusätzlich bedarf es allerdings erweiterter Erläuterungspflichten, insbes. über die Gründe der Zuordnungen, die anzunehmenden schuldrechtlichen Verhältnisse, des Fremdvergleichs und der Verrechnungspreise (§ 90 Abs. 3 S. 4 AO, § 3 Abs. 3 BSGaV).

b) Steuerliche Verwaltungsanweisungen

ba) Verwaltungsanweisungen

Verwaltungsanweisungen (Verwaltungsvorschriften) sind Regelungen, die von Verwaltungsbehörden mit Bindungswirkung für nachgeordnete Behörden erlassen werden. Sie dienen letztlich der Standardisierung des Verwaltungshandelns und können – was zwar bisher nicht üblich ist – auch als „Standards" begriffen und bezeichnet werden. Mit den bisher beschriebenen Rechnungslegungsstandards haben sie gemeinsam, dass sie nicht in einem Gesetzgebungsverfahren zustande kommen, flexible und schnelle, oft fallweise Regelungen darstellen. Sie kommen – zumindest teilweise – auch in einem Konsultativprozess zustande indem die betroffenen Verbände (z.B. Bundessteuerberaterkammer, Steuerberatervereine, IDW, BdI) Stellungnahmen zu einem Richtlinienentwurf abgeben können. „Standards" werden jedoch meist als private, außerhalb des staatlichen Systems entstandene Normen verstanden.

Vielfach werden auch steuerliche Bilanzierungsfragen in Verwaltungsanweisungen (Richtlinien, Schreiben, Verfügungen) geregelt. Es handelt sich zwar nur um behördeninterne Regelungen, diese entfalten aber mit der Veröffentlichung und Anwendung eine beträchtliche Außenwirkung.

bb) Arten bilanzierungsrelevanter Verwaltungsanweisungen

Größte Bedeutung haben die *Einkommensteuerrichtlinien (EStR)*, die alle 2–3 Jahre vom Bundesfinanzministerium herausgegeben werden. Der Aufbau der Einkommensteuer-Richtlinien richtet sich seit EStR 2005 nach dem Aufbau des EStG. Eine einzelne Richtlinie (R) wird mit der Zahl des einschlägigen EStG-Paragrafen und nach einem Punkt mit einer fortlaufenden Nummer gekennzeichnet (z.B. R 6.3 betrifft Herstellungskosten). Die einzelnen Richtlinien werden ergänzt durch Hinweise (H) auf anzuwendende Rechtsprechung und sonstige Regelungen. (z.B. H 6.3 betr. Rechtsprechung zu Herstellungskosten). Die EStR werden vom Bundesminister der Finanzen nach Zustimmung des Bundesrats auf der Rechtsgrundlage von Art. 108 Abs. 7 GG erlassen.

BMF-Schreiben und *Erlasse* der Länderfinanzminister/Finanzsenatoren regeln aktuelle zwischenzeitlich aufgetretene einzelne Grundsatzfragen; *Verfügungen* der Oberfinanzdirektionen (OFD) regeln vor allem regional bedeutsame Fragen oder ergänzen Schreiben und Erlasse in Detailfragen.

bc) Bedeutung der steuerlichen Verwaltungsanweisungen

Die Verwaltungsanweisungen sind Weisungen einer vorgesetzten Behörde an die nachgeordnete Finanzverwaltung mit den Zwecken

- einheitlicher Gesetzesauslegung und -anwendung,
- der Unterstützung bei Ermessenausübung,
- der Berücksichtigung der Rechtsprechung,
- der Vermeidung unbilliger Härten und
- der Verwaltungsvereinfachung (z.B. durch Sachverhaltstypisierung).

Mit der Vereinheitlichung der Gesetzesanwendung und der Berücksichtigung der Rechtsprechung soll auch die Gleichbehandlung aller Steuerpflichtigen gewährleistet werden.

Die Verwaltungsanweisungen binden grundsätzlich nur die nachgeordneten Finanzbehörden *(Innenwirkung)*, nicht die Bilanzierenden und meist auch nicht die Gerichte.[1] Über die mit der Veröffentlichung eintretende Selbstbindung der Verwaltung entfalten sie jedoch auch eine erhebliche *Außenwirkung*. Für den Steuerpflichtigen bieten die Verwaltungsanweisungen nicht nur wichtige Anhaltspunkte über die Auffassung der Finanzverwaltung (Veranlagungsstelle, Betriebsprüfung) und deren Verhalten, er kann sich auch auf die Anwendung der Verwaltungsvorschriften aus Gründen der Gleichbehandlung (Art. 3 GG) berufen. Entsprechen die Verwaltungsanweisungen allerdings nicht dem geltenden Recht braucht sie der Steuerpflichtige nicht zu beachten, wird allerdings seine Auffassung regelmäßig auf dem Rechtswege durchsetzen müssen. Bei rechtswidrigen Verwaltungsvorschriften hat er allerdings auch keinen Anwendungsanspruch.

bd) Wichtige bilanzierungsrelevante Verwaltungsanweisungen

EStR (mit Hinweisen H)	
R 4.1	Betriebsvermögensvergleich
R 4.2	Betriebsvermögen
R 4.3	Einlagen und Entnahmen
R 4.4	Bilanzberichtigung und Bilanzänderung
R 4.6	Wechsel der Gewinnermittlungsart
R 4.7	Betriebseinnahmen und -ausgaben
R 4.9	Abziehbare Steuern
R 4a	Gewinnermittlung bei einem vom Kalenderjahr abweichenden Wirtschaftsjahr
R 4b	Direktversicherung
R 4c	Zuwendungen an Pensionskassen

---

[1] Typisierungen (z.B. in AfA-Tabellen) werden regelmäßig von den Gerichten beachtet, wenn sie nicht zu einer unzutreffenden Besteuerung führen (BFH v. 20.12.1971, BStBl. II 1972, 246 m.w.N.), dies gilt allerdings nicht bei norminterpretierenden Verwaltungsvorschriften. Siehe z.B. BFH v. 23.7.1976, BStBl. 1976 II S. 795 m.w.N.

R 4d	Zuwendungen an Unterstützungskassen
R 4e	Beiträge an Pensionsfonds
R 4f	Verpflichtungsübernahmen, Schuldbeitritte und Erfüllungsübernahmen
R 4g	Bildung eines Ausgleichspostens bei Entnahme nach §4 Abs. 1 S. 2
R 4h	Betriebsausgabenabzug für Zinsaufwendungen (Zinsschranke)
R 5.1	Allgemeines zum Betriebsvermögensvergleich
R 5.3	Bestandsaufnahme des Vorratsvermögens
R 5.4	Bestandsmäßige Erfassung des beweglichen Anlagevermögens
R 5.5	Immaterielle Wirtschaftsgüter
R 5.6	Rechnungsabgrenzungen
R 5.7	Rückstellungen
R 6.1	Anlagevermögen und Umlaufvermögen
R 6.2	Anschaffungskosten
R 6.3	Herstellungskosten
R 6.4	Aufwendungen im Zusammenhang mit einem Grundstück
R 6.5	Zuschüsse für Anlagegüter
R 6.6	Übertragung stiller Reserven bei Ersatzbeschaffung
R 6.7	Teilwert
R 6.8	Bewertung des Vorratsvermögens
R 6.9	Bewertung nach unterstellten Verbrauchs- und Veräußerungsfolgen
R 6.10	Bewertung von Verbindlichkeiten
R 6.11	Bewertung von Rückstellungen
R 6.12	Bewertung von Entnahmen und Einlagen
R 6.13	Bewertungsfreiheit für geringwertige Wirtschaftsgüter/Sammelposten
R 6.15	Überführung und Übertragung von Einzelwirtschaftsgütern
R 6a	Rückstellungen für Pensionsverpflichtungen
R 6b.1	Ermittlung des Gewinns aus der Veräußerung bestimmter Anlagegüter i.S.d. §6 b EStG

R 6b.2	Übertragung aufgedeckter stiller Reserven und Rücklagenbildung nach § 6 b EStG
R 6b.3	Sechsjahresfrist i.S.d. § 6b Abs. 4 S. 1 Nr. 2 EStG
R 7.1	Abnutzbare Wirtschaftsgüter
R 7.2	Wirtschaftsgebäude, Mietwohnneubauten und andere Gebäude
R 7.3	Bemessungsgrundlage für die AfA
R 7.4	Höhe der AfA
R 7.5	Absetzung für Substanzverringerung
R 7a	Gemeinsame Vorschriften für erhöhte Absetzungen und Sonderabschreibungen
R 9b	Auswirkungen der Umsatzsteuer auf die Einkommensteuer
Wichtige BMF-Schreiben zur Bilanzierung[1]	
BMF v. 19.4.1971, BStBl 1971 I S. 264	Ertragsteuerliche Behandlung von Leasing-Verträgen über bewegliche Wirtschaftsgüter (sog. Vollamortisationserlass für Mobilien)
BMWF v. 21.3.1972, BStBl 1972 I S. 188	Ertragsteuerliche Behandlung von Finanzierungs-Leasing-Verträgen über unbewegliche Wirtschaftsgüter (sog. Vollamortisationserlass für Immobilien)
BMF v. 22.12.1975, BB 1976 S. 72	Steuerrechtliche Zurechnung des Leasing-Gegenstandes beim Leasing-Geber (sog. Teilamortisationserlass)
BMF v. 20.11.1986, BStBl 1986 I S. 532	Bilanzsteuerrechtliche Behandlung des Geschäfts- oder Firmenwerts, des Praxiswerts und sog. firmenwertähnlicher Wirtschaftsgüter
BMF v. 23.12.1991, BStBl 1992 I S. 13	Ertragsteuerliche Behandlung von Teilamortisations-Leasing-Verträgen über unbewegliche Wirtschaftsgüter (sog. Teilamortisationserlass für Immobilien)
BMF v. 8.3.1993, BStBl 1993 I S. 276	Voraussetzungen für den Ansatz von Festwerten sowie deren Bemessung
BMF v. 18.5.2000, BStBl 2000 I S. 587	Bilanzänderung nach § 4 Abs. 2 S. 2 EStG
BMF v. 26.5.2005, BStBl 2005 I S. 699	Abzinsung von Verbindlichkeiten und Rückstellungen in der steuerlichen Gewinnermittlung
BMF v. 8.9.2006, BStBl 2006 I S. 497	Passivierung von Verbindlichkeiten bei Vereinbarung eines einfachen oder qualifizierten Rangrücktritts

---

1 abzurufen unter: http://www.bundesfinanzministerium.de/Web/DE/Service/Publikationen/BMF_Schreiben/bmf_schreiben.html.

BMF v. 4.7.2008, BStBl 2008 I S. 718	Zinsschranke (§ 4h EStG, § 8 a KStG)
BMF v. 12.3.2010, BStBl I S. 239	Maßgeblichkeit der handelsrechtlichen Grundsätze ordnungsmäßiger Buchführung für die steuerliche Gewinnermittlung
BMF v. 25.8.2010, DB 2010 S. 2024	Bildung von Bewertungseinheiten
BMF v. 30.9.2010, BStBl 2010 I S. 755	Geringwertige Wirtschaftsgüter
BMF v. 8.12.2011, BStBl 2011 I S. 1279	Übertragung und Überführung von einzelnen Wirtschaftsgütern
BMF v. 27.11.2013, BStBl. I 2013, 1615	Steuerrechtliche Behandlung des Erwerbs eigener Anteile
BMF v. 14.11.2014, BStBl 2014 I S. 1450	Grundsätze zur ordnungsmäßigen Führung und Aufbewahrung von Büchern, Aufzeichnungen und Unterlagen in elektronischer Form sowie zum Datenzugriff (GoBD)
BMF v. 12.5.2015, BStBl 2015 I S. 462	Bewertung des Vorratsvermögens nach der Lifo-Methode
BMF v. 2.9.2016, BStBl 2016 I S. 995	Teilwertabschreibungen gemäß § 6 Absatz 1 Nummer 1 und 2 EStG; Voraussichtlich dauernde Wertminderung, Wertaufholungsgebot
BMF v. 22.12.2016 BStBl 2017 I S. 182	Verwaltungsgrundsätze Betriebsstättengewinnaufteilung (VWG BsGa)
BMF v. 16.5.2017 BStBl 2017 I S. 776	E-Bilanz; Veröffentlichung der Taxonomien 6.1 vom 1. April 2017

VI. Die Verletzung von Bilanzierungsnormen und deren Folgen

1. Bilanzierungsverstöße

Unter *Bilanzierungsverstößen* („Bilanzdelikten") werden Verstöße gegen gesetzlich normierte handels- und steuerrechtliche Bilanzierungsvorschriften (einschl. des unbestimmten Rechtsbegriffs der „GoB") verstanden. Hierzu gehören auch Verletzungen von internationalen Rechnungslegungsstandards (IAS/IFRS), soweit diese gesetzlich vorgeschrieben oder zugelassen sind. Nicht hierzu gehören zulässige Ausschöpfungen von Ermessensspielräumen und Interpretationsmöglichkeiten.

Bilanzierungsverstöße können zum einen im

- Unterlassen einer Bilanzziehung oder
- in der nicht zeitgemäßen Bilanzerstellung

bestehen. Zum anderen können Bilanzierungsfehler formeller und materieller Art trotz rechtzeitiger Bilanzerstellung begangen werden. Als *formelle* Bilanzierungsverstöße können solche bezeichnet werden, die gegen Normen gerichtet sind, die

- die Bilanzgliederung,
- die Ausweispflichten „am rechten Ort" (unzutreffende Bezeichnung oder Gruppenzuordnung, Saldierungen),
- die Verbindlichkeit der Bilanz (vgl. z.B. §245 HGB, der die Unterzeichnung der Bilanz verlangt),
- die urkundliche Sicherung (vgl. z.B. §239 Abs. 3 HGB),
- die notwendige Offenlegung/Hinterlegung beim Bundesanzeiger oder Einreichung/ Übermittlung bei der Finanzbehörde,
- die Prüfung, Veröffentlichung und Vervielfältigung des Jahresabschlusses (vgl. z.B. §§325 ff. HGB) und die Aufbewahrung (vgl. §257 Abs.1 Nr. 1 HGB)

sicherstellen sollen.

Bilanzierungsverstöße *materieller* Art können zum einen aus

- unzulässigerweise aufgenommenen oder unberechtigterweise weggelassenen Ansätzen „*dem Grunde nach*" (z.B. Aufnahme fiktiver Bilanzposten, Nichtbilanzierung von Bankguthaben auf „schwarzen Konten", Nichterfassung von Vorräten und Schulden, Bilanzierung nicht wirtschaftlich zugehöriger, z.B. veräußerter Vermögensgegenstände, unterlassene Rückstellungsbildung oder Rückstellungen für nicht existente Risiken u.v.m.),
- zum anderen aus den Bewertungsvorschriften widersprechenden *Über- oder Unterbewertungen* beim Ansatz „der Höhe nach" bestehen (z.B. unzulässige Abschreibungen, unbegründete Teilwertabschreibungen, Unterlassen außerplanmäßiger Abschreibungen, Verstöße gegen das Niederstwertprinzip, Überschreitung der Anschaffungs-/Herstellungskosten, Über- oder Unterbewertung von Schulden u.v.m.).

Häufig wird die Bezeichnung „Bilanzierungsverstoß" oder „Bilanzdelikt" im weiteren Sinne von Verstößen gegen Normen verstanden, die die Rechnungslegung überhaupt regeln, also im Sinne von *„Rechnungslegungsverstößen"*. Nach den einzelnen Tätigkeitsbereichen lassen sich dabei unterscheiden:

- Verstöße bei der Aufstellung (z.B. Überschreitung der Aufstellungsfristen),
- Verstöße bei der Prüfung (z.B. Unterlassen oder behinderte Pflichtprüfung),
- Verstöße bei der Feststellung (z.B. Fehler bei der Beschlussfassung) und
- Verstöße bei der Offenlegung/Hinterlegung (z.B. verspätete oder unterlassene Einreichung beim Betreiber des BAnz).

Weitere Einteilungen von Bilanzierungsverstößen können sich am Grad des Verschuldens (leicht oder grob fahrlässige, vorsätzliche), an der Sanktion (strafbare, ordnungswidrige, straf- und bußgeldfreie, zwangs- oder ordnungsgeldbewehrte, kosten- und schadensersatzpflichtige), an der grundsätzlichen Auswirkung (erfolgsneutrale, erfolgsbeeinflussende; darstellungsfälschende, vermögens- oder schuldenbeeinflussende usw.), an deren Ausmaß (erhebliche, unerhebliche) oder an der üblichen, wenn auch unvollständigen und in der Abgrenzung unscharfen Unterscheidung zwischen „Bilanzfälschung" und „Bilanzverschleierung" orientieren.

Die *Motive* für vorsätzliche Bilanzierungsverstöße sind vielfältig. Zum einen kann eine Absicherung eigenen Verhaltens angestrebt werden (z.B. Verschleierung von Fehleinschätzungen, Rechtfertigung oder Unterlassung von Geschäftsführungsmaßnahmen, Verdeckung anderer Straftaten). Zum anderen kann auch die Beeinflussung fremden Verhaltens bezweckt werden (z.B. Entlastung der Geschäftsführung, Eigenkapital- oder Kreditgewährung). Soweit an das Bilanzergebnis auch finanzielle Folgen geknüpft sind (z.B. Steuerzahlung, Dividendenausschüttung, Managervergütungen) kann auch die Beeinflussung dieser Zahlungen ein Motiv für absichtliche Bilanzierungsverstöße sein. Fahrlässige (leichtfertige) Bilanzierungsverstöße beruhen hingegen zumeist auf mangelnder Kenntnis oder Sorgfalt der Rechnungslegung, oft auch auf Überforderung, Fallkomplexität und Zeitdruck.

2. Die Verletzung handels- und kapitalmarktrechtlicher Bilanzierungsnormen und ihre Folgen

Konnte schon bei der Untersuchung der Rechtsgrundlagen der handelsrechtlichen Bilanzierung festgestellt werden, dass der Gesetzgeber die Detailliertheit und Strenge der Bilanzierungsvorschriften nach den verschiedenen *Rechtsformen, Unternehmensgrößen, Geschäftszweigen und der Kapitalmarktorientierung* unterscheidet, so lassen sich entsprechende Abstufungen auch hinsichtlich der mit Bilanzierungsverstößen verbundenen rechtlichen Konsequenzen feststellen.

a) Bilanzierungsverstöße und ihre Folgen bei allen Bilanzierenden

aa) Bilanzierungsverstöße im Zusammenhang mit einer Unternehmenskrise

Für alle ausschließlich nach den Vorschriften des 1. Abschnitts des Dritten Buches des HGB bilanzierungspflichtigen Einzelkaufleute und typische Personenhandelsgesellschaften sind besondere Sanktionen für Fälle nichtordnungsgemäßer Bilanzierung im HGB nicht vorgesehen. Nur im Falle einer Unternehmenskrise (erfolgte oder drohende Zahlungseinstellung, Eröffnung oder Ablehnung des Insolvenzverfahrens) droht ihnen – wie auch den atypischen Personengesellschaften, Kapitalgesellschaften und Genossenschaften – bei groben Verstößen gegen die Bilanzierungsvorschriften *strafrechtliche Ahndung*. Mit Freiheits- oder Geldstrafe wird bedroht, wer vorsätzlich entgegen dem Handelsrecht

- Bilanzen so aufstellt, dass die Übersicht über seinen Vermögensstand erschwert wird (z.B. durch unzulässige Saldierungen, unübliche Gliederungen, Zusammenfassungen) oder

- es unterlässt, die Bilanz in der vorgeschriebenen Zeit aufzustellen (Fristen der §§ 242, 243, 264, 336 Abs. 1 HGB; 5 Abs. 1 PublG).

Erfolgen diese Fehlhandlungen *(„Bankrott")* vorsätzlich „bei" Überschuldung oder „bei" drohender oder eingetretener Zahlungsunfähigkeit, so droht Freiheitsstrafe bis zu 5 Jahren oder Geldstrafe (§ 283 Abs. 1 Nr. 7a/b StGB); bei Fahrlässigkeit ist das Strafmaß auf 2 Jahre Freiheitsstrafe oder Geldstrafe reduziert. Als „Verletzung der Buchführungspflicht" werden die genannten bilanziellen Tathandlungen mit 2 Jahren Freiheitsentzug oder Geldstrafe auch bei Begehung außerhalb einer Krise sanktioniert, allerdings wird auch hier nur im Insolvenzfall bestraft (§§ 283b Abs. 3 i.V.m. 283 Abs. 6 StGB).

Die genannten Bilanzdelikte der nicht rechtzeitigen oder überblickserschwerenden Bilanzaufstellung können auch im Zusammenhang mit der vorsätzlichen/fahrlässigen Herbeiführung der Insolvenzgründe Überschuldung oder Zahlungsunfähigkeit eine Rolle spielen (§ 283 Abs. 2 StGB).

Einzelheiten der Voraussetzungen und Rechtsfolgen von Bilanzierungsverstößen als Insolvenzstraftaten zeigt Abbildung A-35.

Strafbedroht ist in erster Linie der vorsätzlich oder fahrlässig handelnde, insolvent gewordene Kaufmann. Wurden – wie insbes. bei juristischen Personen – die Bilanzierungspflichten mit der Bestellung auf Organmitglieder (z. B. Vorstandsmitglieder, Geschäftsführer) übertragen, so kommen auch diese als Täter in Betracht (§ 14 Abs. 1 Nr. 1 StGB). Auch mit der Bilanzierung betraute Angestellte oder Angehörige der steuerberatenden oder wirtschaftsprüfenden Berufe können als Täter oder Gehilfe bestraft werden, wenn sie ausdrücklich beauftragt waren, „in eigener Verantwortung Aufgaben wahrzunehmen, die dem Inhaber des Betriebes obliegen" (§ 14 Abs. 2 Nr. 2 StGB). Bei einer Aufgabendelegation trifft den originär Verantwortlichen eine Pflicht zur sorgfältigen Auswahl und genügenden Überwachung, um der Ordnungswidrigkeit einer „Aufsichtspflichtverletzung" (§ 130 OWiG) zu entgehen.

Insolvenzstraftat	Bankrott				Verletzung der Buchführungspflicht	
Strafbarkeitsbedingung	Zahlungseinstellung oder Eröffnung eines Insolvenzverfahrens oder Eröffnungsabweisung mangels Masse					
Tatumstände	Bei Überschuldung oder drohender/eingetretener Zahlungsunfähigkeit					
Tathandlung	die Vermögensübersicht erschwerende Bilanzaufstellung oder nicht rechtzeitige Aufstellung der Bilanz oder des Inventars					
Handlungserfolg			Herbeiführung von Überschuldung oder Zahlungsunfähigkeit			
Verschuldensgrad	Vorsatz	Fahrlässigkeit	Vorsatz	Fahrlässigkeit	Vorsatz	Fahrlässigkeit
Strafmass	Freiheitsstrafe bis 5 Jahre oder Geldstrafe	Freiheitsstrafe bis 2 Jahre oder Geldstrafe	Freiheitsstrafe bis 5 Jahre oder Geldstrafe	Freiheitsstrafe bis 2 Jahre oder Geldstrafe	Freiheitsstrafe bis 2 Jahre oder Geldstrafe	Freiheitsstrafe bis 1 Jahr oder Geldstrafe
Rechtsgrundlage	§ 283 Abs. 1 Nr. 7 a/b i.V.m. Abs. 6 StGB	§ 283 Abs. 1 Nr. 7 a/b i.V.m. Abs. 5 Nr. 1 und Abs. 6 StGB	§ 283 Abs. 2 i.V.m. Abs. 6 StGB	§ 283 Abs. 2 i.V.m. Abs. 5 Nr. 2 und Abs. 6 StGB	§ 283 b Abs. 1 Nr. 3 a/b i.V.m. Abs. 3 StGB	§ 283 b Abs. 1 Nr. 3 a/b i.V.m. Abs. 2 und Abs. 3 StGB

Abbildung A-35: Bilanzierungsverstöße als Insolvenzstraftaten

ab) Bilanzierungsverstöße im Zusammenhang mit anderen Straftaten

Mit der Verletzung der Bilanzierungsvorschriften kann im Einzelfall auch die Erfüllung von *anderen Tatbeständen des Strafgesetzbuches* (StGB) einhergehen, wie z.B. Betrug (§ 263 StGB), Subventionsbetrug (§ 264 StGB), Kapitalanlagebetrug (§ 264a StGB), Kreditbetrug (§ 265b StGB), Untreue (§ 266 StGB), Unterschlagung (§ 246 StGB) oder Urkundsdelikten (§ 267 ff. StGB). Strafrechtliche Konsequenzen von Bilanzierungsverstößen treten im Allgemeinen erst dann ein, wenn durch das Bilanzdelikt Dritte geschädigt wurden. Dritter kann jedoch bereits z.B. eine GmbH sein, deren Gesellschafter-Geschäftsführer eigennützige, ungetreue Vermögensverschiebungen in der Rechnungslegung verschleiert.[1] Bilanzierungsverstöße sind hier entweder Mittel zur Begehung dieser Straftaten oder sie dienen zu ihrer Verdeckung.

Bei Bilanzierungsverstößen kann unter Umständen bei allen juristischen Personen und Personengesellschaften die Vorschrift des § 30 des Gesetzes über Ordnungswidrigkeiten (OWiG) bedeutsam werden. Hiernach kann gegen eine Personengesellschaft oder juristische Person als *Nebenfolge* (oder selbständig) eine *Geldbuße* verhängt werden, wenn ein vertretungsberechtigtes Organ (Geschäftsführer, Vorstand) eine Straftat oder Ordnungswidrigkeit begangen hat, durch die Pflichten der Gesellschaft verletzt worden sind oder diese bereichert worden ist oder werden sollte.

ac) Sonstige Folgen von Bilanzierungsverstößen

Für alle Bilanzierenden können auch die Folgen der *Nichtigkeit* des Bilanzfeststellungsbeschlusses eintreten. Eine nichtige (rechtsunwirksame) Bilanz ist keine Bilanz im Rechtssinne; Bilanzierungsverpflichtungen sind damit nicht erfüllt und Ansprüche können darauf nicht begründet werden. Die zur Nichtigkeit führenden Gründe sind nur für Kapitalgesellschaften gesetzlich geregelt (§§ 256 f. AktG, siehe Abb. A-38). Bei Einzelkaufleuten und Personengesellschaften soll nach h.M. Nichtigkeit nur bei willkürlichen, unvertretbaren und beträchtlichen Überbewertungen (Verletzungen von Gläubigerschutzbestimmungen) in Betracht kommen. Es gelten die allgemeinen Anfechtungs- und Nichtigkeitsregeln des BGB (§§ 119 ff. bzw. 134 und 138 BGB). Bei Nichtigkeit muss die Bilanz neu aufgestellt und festgestellt werden. Geleistete Gewinnausschüttungen etc. müssen i.d.R. zurückgezahlt werden (§ 812 BGB).

Leichtere Fehler, die jedoch ein erhebliches Wirkungsausmaß haben müssen, können zur *Anfechtbarkeit* führen. Bei erfolgreicher Anfechtung muss die Bilanz berichtigt und neu festgestellt werden. Gewinnabhängige Zahlungen können entsprechend richtig gestellt werden (ggf. Bereicherungsklage § 812 BGB). Der Gut-Glauben-Schutz für Kommanditisten gem. § 172 Abs. 5 HGB ist nach der Rechtsprechung nicht gegeben, wenn die Bilanz unter vorsätzlicher Verletzung allgemeiner Bilanzierungsgrundsätze aufgestellt worden ist.[2]

Eher auf faktischem Gebiet liegen drei weitere mögliche Folgen unterlassener oder nicht ordnungsmäßiger Bilanzierung:

---

1 BGH v. 29.5.1987, BB 1987. S. 1855 m.w.N.
2 BGH v. 12.7.1982, BB 1982, S. 1400.

- Die Erstellung nicht ordnungsgemäßer Bilanzen kann zu *Beweisnachteilen* führen, wenn ihre Beweiskraft bei Rechtsstreitigkeiten (§ 258 HGB) im Rahmen der freien Beweiswürdigung des Gerichtes (§ 286 ZPO) bestritten wird.
- Basieren gewinnabhängige Zahlungen (Gewinnanteile, Tantiemen, partiarische Darlehenszinsen) auf der Handelsbilanz und beeinflusst der Bilanzersteller durch Mittel der Bilanzverfälschung den Gewinn in einer für die Gewinnberechtigten nicht akzeptablen Weise, so kann dies *Streitigkeiten* auf persönlicher oder rechtlicher Ebene im Gefolge haben.
- Ein aus § 823 Abs. 2 BGB herleitbarer privatrechtlicher *Schadensersatzanspruch* bei vorsätzlicher oder fahrlässiger Verletzung der Bilanzierungsvorschriften besteht im Allgemeinen nicht, da die handelsrechtlichen Bilanzierungsvorschriften bei Nichtkapitalgesellschaften bisher nicht als „Schutzgesetz" im Sinne dieser Norm angesehen werden.[1] Nach der Rechtsprechung des BGH haftet jedoch der Verkäufer eines Unternehmens für Bilanzmanipulationen, wenn die Bilanzen für den Kaufentschluss erkennbar von Bedeutung waren, wegen *Verschuldens bei Vertragsverhandlungen*, selbst wenn er sich bei der Bilanzerstellung eines Dritten bediente.[2] Ein die Schadensersatzpflicht begründende Schutzgesetzverletzung ist jedoch vielfach gegeben, wenn strafrechtliche Normen (z. B. die oben genannten §§ 263–264a, 266 StGB) verletzt werden.

Letztlich ist als steuerliche Folgewirkung für alle Bilanzierenden noch festzustellen, dass den gesetzlichen Vorschriften oder den GoB widersprechende Bilanzansätze *keine steuerbilanzielle Maßgeblichkeitswirkung* (§ 5 Abs. 1 EStG) entfalten. An der zitierten Stelle wird nämlich das nach den handelsrechtlichen GoB anzusetzende, nicht das tatsächlich angesetzte Betriebsvermögen für steuerlich maßgeblich erklärt.

b) Besondere Bilanzierungsverstöße und ihre Folgen bei Kapitalgesellschaften

ba) Bei allen Kapitalgesellschaften

Bei Kapitalgesellschaften (insbes. AG, KGaA, GmbH) sind im Falle von Bilanzierungsverstößen neben den oben beschriebenen Verstoßfolgen auch Sanktionen nach den Straf-, Bußgeld- und Ordnungsgeldvorschriften der §§ 331 bis 335b HGB und den für die jeweilige Rechtsform geltenden Einzelgesetzen (insbes. AktG und GmbHG) möglich. Die größere Strenge der Sanktionsandrohungen ist der „Preis", den die Rechtsordnung für das Privileg der Haftungsbegrenzung der Kapitalgesellschaften auf ihr Vermögen fordert. Deshalb gelten die verschärften Sanktionen nach § 335b HGB auch für haftungsbegrenzte Personengesellschaften (KapGes & Co.).

baa) Aufstellungs- und Feststellungsverstöße

Verstöße bei der *Aufstellung* unterliegen der Androhung mit Geld-/Freiheitsstrafe (§ 331 HGB) oder Bußgeld (§ 334 HGB).

Werden die „Verhältnisse" (der Kapitalgesellschaften) von einem Mitglied des vertretungsberechtigten Organs oder Aufsichtsrats einer Kapitalgesellschaft vorsätzlich unrich-

---
1 Z.B. BGH v. 10.7.1964, DB 1964, S. 1585.
2 BGH v. 5.10.1973, BB 1974, S. 152.

tig wiedergegeben oder verschleiert, so kann dies mit *Freiheitsstrafe von bis zu 3 Jahren oder Geldstrafe* geahndet werden (§ 331 Nr. 1 HGB). Auch die rechtsformspezifischen Einzelgesetze – die insoweit aber nur subsidiär gelten – sehen bei der sog. *Bilanzfälschung oder Bilanzverschleierung* ähnliche Straffolgen vor.[1] Die Tathandlung ist in allen Fällen in etwa gleich umschrieben: „unrichtige Wiedergabe" oder „Verschleierung" bei der Aufstellung. Gegenstände der Falschdarstellung sind nach dem HGB und AktG – weit gefasst – „die Verhältnisse der Gesellschaft", nach dem GmbHG und GenG – enger – „die Vermögenslage". § 331 Nr. 1 HGB bezieht sich dabei auf die Eröffnungsbilanz, den Jahresabschluss, den Lagebericht und den Zwischenabschluss. Stets ist „Vorsatz" nötig.

Ferner enthält § 334 Abs. 1 HGB einen umfangreichen Katalog von bußgeldbewehrten *Ordnungswidrigkeiten*, die Mitglieder des vertretungsberechtigten Organs (Vorstand, Geschäftsführer) oder des Aufsichtsrates einer Kapitalgesellschaft bei der Aufstellung oder Feststellung des Jahresabschlusses begehen können.

Verstöße gegen Vorschriften über

- Form und Inhalt (§ 334 Abs. 1 Nr. 1a HGB),
- Bewertung (§ 334 Abs. 1 Nr. 1b HGB),
- Gliederung (§ 334 Abs. 1 Nr. 1c HGB) und
- zu machende Angaben (§ 334 Abs. 1 Nr. 1d HGB)

des Jahresabschlusses[2] können mit Bußgeld von bis zu 50.000 Euro geahndet werden.

bab) Prüfungsverstöße

Im Rahmen der Jahresabschlussprüfung mittelgroßer und großer Kapitalgesellschaften können – neben Verstößen auf Seiten der Prüfer (*Prüferverstöße*, z.B. Verletzung der Berichts- oder Geheimhaltungspflicht, §§ 332 Abs. 1 bzw. 333 Abs. 1 HGB) auch Verstöße der Kapitalgesellschaft vorkommen, die als Strafdelikt gem. § 331 Nr. 4 HGB (unrichtige Angaben, falsche oder verschleierte Darstellung der Verhältnisse gegenüber dem Abschlussprüfer) geahndet werden.

Ferner können bei der Jahresabschlussprüfung einer prüfungspflichtigen Gesellschaft Verstöße gegen die GoB und gesetzlichen Bilanzierungsbestimmungen den Abschlussprüfer gem. § 322 HGB in leichten Fällen zur *Einschränkung*, in schwerwiegenden Fällen zur *Versagung und zum Widerruf des Bestätigungsvermerkes* über die vorgenommene Prüfung veranlassen.

bac) Offenlegungsverstöße

Wenn Mitglieder des vertretungsberechtigten Organs einer Kapitalgesellschaften oder einer KapGes & Co[3] (oder ständige Vertreter einer Zweigniederlassung) die Offenlegungspflichten nach §§ 325 und 325a HGB missachten, leitet das Bundesamt für Justiz

---

1 §§ 400 Abs. 1 Nr. 1 AktG, 82 Abs. 2 Nr. 2 GmbHG, 147 Abs. 2 Nr. 1 GenG.
2 Weitere Ordnungswidrigkeiten betreffen den Lagebericht und die Konzernrechnungslegung, § 334 Abs. 1 Nr. 2–4 HGB.
3 Die Ordnungsgeldverfügung kann auch gegen die Gesellschaft selbst gerichtet werden (§ 335 Abs. 1 S. 2 HGB).

(BfJ) nach Information durch den Bundesanzeiger (BAnz) gegen sie und/oder die Kapitalgesellschaft von Amts wegen ein *Ordnungsgeldverfahren* ein (§ 335 Abs. 1 HGB). Bei dem Ordnungsgeld handelt es sich sowohl um ein Beugemittel als auch eine repressive strafähnliche Sanktion, die der Vermeidung künftiger Fristversäumnisse dient. Nach Auffassung des BVerfG[1] bestehen keine verfassungsrechtlichen Bedenken gegen ein Ordnungsgeld wegen verspäteter Offenlegung des Jahresabschlusses. Mögliche Eingriffe in die Grundrechte durch die mit der Offenlegung in § 325 Abs. 1 HGB verfolgten, in erheblichem Allgemeininteresse liegenden Zwecke eines effektiven Schutzes des Wirtschaftsverkehrs durch Information der Marktteilnehmer und einer Kontrollmöglichkeit der betroffenen Gesellschaften vor dem Hintergrund deren nur beschränkter Haftung sind nach Auffassung des BVerfG jedenfalls gerechtfertigt.

Zunächst wird den Mitgliedern des vertretungsberechtigten Organs der Kapitalgesellschaft/KapGes & Co bzw. der Gesellschaft selbst aufgegeben, innerhalb einer *Nachfrist von sechs Wochen* vom Zugang der Androhung an ihrer Offenlegungsverpflichtung nachzukommen (oder gegen die Androhung Einspruch einzulegen). Erfolgt die Offenlegung innerhalb dieser Frist, entfällt das angedrohte Ordnungsgeld in voller Höhe, zu tragen sind allerdings Verfahrenskosten. Nach der Rechtsprechung[2] soll auch die Einreichung einer sog. *Nullbilanz*, d.h. ein struktureller Bilanzrahmen, der keine einzige Ziffer außer Null enthält, die Offenlegungsverpflichtung gemäß § 325 HGB erfüllen, denn für die Teilnehmer im Rechtsverkehr gäbe es wohl kaum eine deutlichere Warnung hinsichtlich der fragwürdigen finanziellen Lage einer Gesellschaft, als wenn diese eine „Nullbilanz" veröffentlicht.

Nach fruchtlosem Ablauf der Sechswochenfrist kann ein *Ordnungsgeld* (im Allgemeinen[3] zwischen 2.500 und 25.000 Euro) festgesetzt werden (§ 335 Abs. 1 S. 4 HGB) und die ursprüngliche Verfügung unter Androhung eines erneuten, ggf. erhöhten Ordnungsgeldes wiederholt werden (§ 335 Abs. 4 S. 1 HGB).

Erfolgt die Offenlegung hingegen noch zwischen dem Fristablauf und vor der Festsetzung des Ordnungsgeldes[4] wird nur ein nach Größenklassen *reduziertes Ordnungsgeld* erhoben (§ 335 Abs. 4 S. 2 HGB; siehe auch Abb. A-36). Für Kleinstkapitalgesellschaften, die die Hinterlegung gewählt haben gilt ein herabgesetztes Ordnungsgeld von 500 Euro (§ 335 Abs. 4 S. 2 Nr. 1 HGB). Hat die Kleinstkapitalgesellschaft hingegen die Offenlegung gewählt wird sie wie eine kleine Kapitalgesellschaft behandelt mit einem herabgesetzten Ordnungsgeld von 1.000 Euro (§ 335 Abs. 4 S. 2 Nr. 2 HGB). Für mittelgroße und große Kapitalgesellschaften beträgt das herabgesetzte Ordnungsgeld 2.500 Euro (§ 335 Abs. 4

---

1 BVerfG, Beschluss vom 13.4.2011, 1 BvR 822/11, BFH/NV 7/2011, S. 1277; http://www.bverfg.de/entscheidungen/rk20110413_1bvr08221.html.
2 LG Bonn, Beschluss v. 15.3.2013, 37 T 730/12, http://www.justiz.nrw.de/nrwe/lgs/bonn/lg_-bonn/j2013/37_T_730_12_Beschluss_20130315.html und LG Bonn, Beschluss v. 15.3.2013, 37 T 730/12, http://www.justiz.nrw.de/nrwe/lgs/bonn/lg_bonn/j2013/37_T_730_12_Beschluss_20130315.html.
3 Zum erweiterten Ordnungsgeldrahmen für kapitalmarktbezogene Kapitalgesellschaften siehe Kap. A.VI.2.gf) und Abbildung 40.
4 OLG Köln, Beschluss v. 1.7.2015, 28 Wx 8/15. http://www.justiz.nrw.de/nrwe/olgs/koeln/j2015/28_Wx_8_15_Beschluss_20150701.html.

S. 2 Nr. 3 HGB). Erfolgt die Offenlegung nur kurz[1] nach der Festsetzung des Ordnungsgeldes, hat das Bundesamt für Justiz geringere Ordnungsgelder festzusetzen (§ 335 Abs. 4 S. 2 Nr. 4 HGB).

Obligatorische Herabsetzung des Ordnungsgeldes bei Pflichtenerfüllung nach der 6-Wochenfrist (§ 335 Abs. 4 HGB)		
	nach mehr als 6 Wochen aber vor Festsetzung	nach bis zu 8 Wochen „geringfügige Überschreitung"
Kleinst-Kapitalgesellschaften und Kleinst-KapCo-PersGes	500 EUR	jeweils geringerer Betrag
Klein-Kapitalgesellschaften und Klein-KapCo-PersGes	1.000 EUR	
Sonstige Kapitalgesellschaften und KapCo-PersGes	2.500 EUR	

Abbildung A-36: Herabsetzung des Ordnungsgeldes

Gegen die Festsetzung des Ordnungsgeldes kann der Offenlegungspflichtige Einspruch einlegen. War er unverschuldet gehindert, innerhalb der Sechswochenfrist Einspruch einzulegen oder seiner Offenlegungsverpflichtung nachzukommen, besteht die Möglichkeit der *Wiedereinsetzung in den vorigen Stand* (§ 335 Abs. 5 HGB). Der Antrag ist binnen einer Frist von zwei Wochen nach Wegfall des Hindernisses schriftlich beim BfJ zu stellen. Wird dem Antrag stattgegeben, setzt das BfJ kein Ordnungsgeld fest und gewährt eine erneute Sechswochenfrist, um die versäumte Handlung nachzuholen (§ 335 Abs. 5 S. 6 HGB).

Als *Rechtsmittel* gegen die Entscheidungen des Bundesamts für Justiz stehen dem Offenlegungspflichtigen Beschwerde beim Landgericht und ggf. Rechtsbeschwerde beim Oberlandesgericht zu (§ 335a HGB).

Den Ablauf des Justizverwaltungsverfahrens (§ 335 HGB) im Regelfall, einschließlich des gerichtlichen Beschwerdeverfahrens (§ 335a HGB), zeigt Abbildung A-37.

Zwei weitere *Sonderfälle* sind im Schaubild A-37 nicht weiter vertieft:

Zum einen ist – wenn die unterlassene Reaktion auf die Ordnungsgeldandrohung in der 6-Wochenfrist unverschuldet unterbleibt – auf Antrag eine *Wiedereinsetzung in den vorherigen Stand* möglich (§ 335 Abs. 5 HGB). Das setzt einen Antrag innerhalb von 2 Wochen nach Wegfall des Hindernisses und Nachholung der versäumten Pflichten bin-

---

1 LG Bonn, Beschluss v. 2.4.2015, 33 T 611/14 spricht von „wenigen Tagen", http://www.justiz.nrw.de/nrwe/lgs/bonn/lg_bonn/j2015/33_T_611_14_Beschluss_20150402.html; LG Bonn, Beschluss v. 15.3.2013, 37 T 730/12, http://www.justiz.nrw.de/nrwe/lgs/bonn/lg_bonn/j2013/37_T_730_12_Beschluss_20130315.html geht von einem Zeitraum der Nachfristüberschreitung von bis zu 2 Wochen aus.

Die Verletzung von Bilanzierungsnormen und deren Folgen

```
┌─────────────────────────────────────────────────────────────┐
│ BAnz-Betreiber stellt bei Überprüfung                       │
│ Verstoß gegen rechtzeitige/vollzählige (größengerechte)     │
│ Offenlegungspflicht fest (§ 329 Abs. 1 HGB)                 │
└─────────────────────────────────────────────────────────────┘
                              ↓
┌─────────────────────────────────────────────────────────────┐
│ BAnz-Betreiber unterrichtet BMJV                            │
│ (§ 329 Abs. 4 HGB)                                          │
└─────────────────────────────────────────────────────────────┘
                              ↓
┌─────────────────────────────────────────────────────────────┐
│ BMJV leitet von Amts wegen Ordnungsgeldverfahren gegen Mit- │
│ glieder des vertretungsberechtigten Organs und/oder die     │
│ Kapitalgesellschaft ein (§ 335 Abs. 1 HGB)                  │
└─────────────────────────────────────────────────────────────┘
```

(Weiter im Flussdiagramm:)

- **BMJV verfügt Ordnungsgeldandrohung mit 6-Wochen-Frist** (§ 335 Abs. 3 S. 1 HGB) → **Verfahrenskostenfestsetzung** (§ 335 Abs. 3 S. 2 HGB)

Verzweigungen:

1. Fristgerechtes **Nachkommen** der Offenlegungsverpflichtung → **Verfahrensende**
2. Rechtfertigung des Offenlegungsmangels durch **Einspruch** (§ 335 Abs. 3 S. 1 HGB)
   - **Stattgabe** des Einspruchs
   - **Verwerfung** des Einspruchs
3. Sonderfall: **Wiedereinsetzung** § 335 Abs. 5 HGB
4. **Keine Reaktion** in der 6-Wochen-Frist → **Festsetzung** und ggf. Vollstreckung des **Ordnungsgeldes**; **Erneute Androhung** eines Ordnungsgeldes (§ 335 Abs. 4 S. 1 HGB)
5. Pflichterfüllung nach 6-Wochenfrist vor Festsetzung § 335 Abs. 4 S. 2 → **Festsetzung** und ggf. Vollstreckung eines **herabgesetzten Ordnungsgeldes** (§ 335 Abs. 4 S. 2 HGB)

Weiter:

- **Beschwerde** beim zuständigen LG, eingereicht beim BMJV (§ 335a Abs. 2 HGB)
  - BfJ hilft ab
  - BfJ leitet an LG zur Entscheidung weiter
- **Keine Beschwerde** beim LG Bonn → **Verfahrensende**

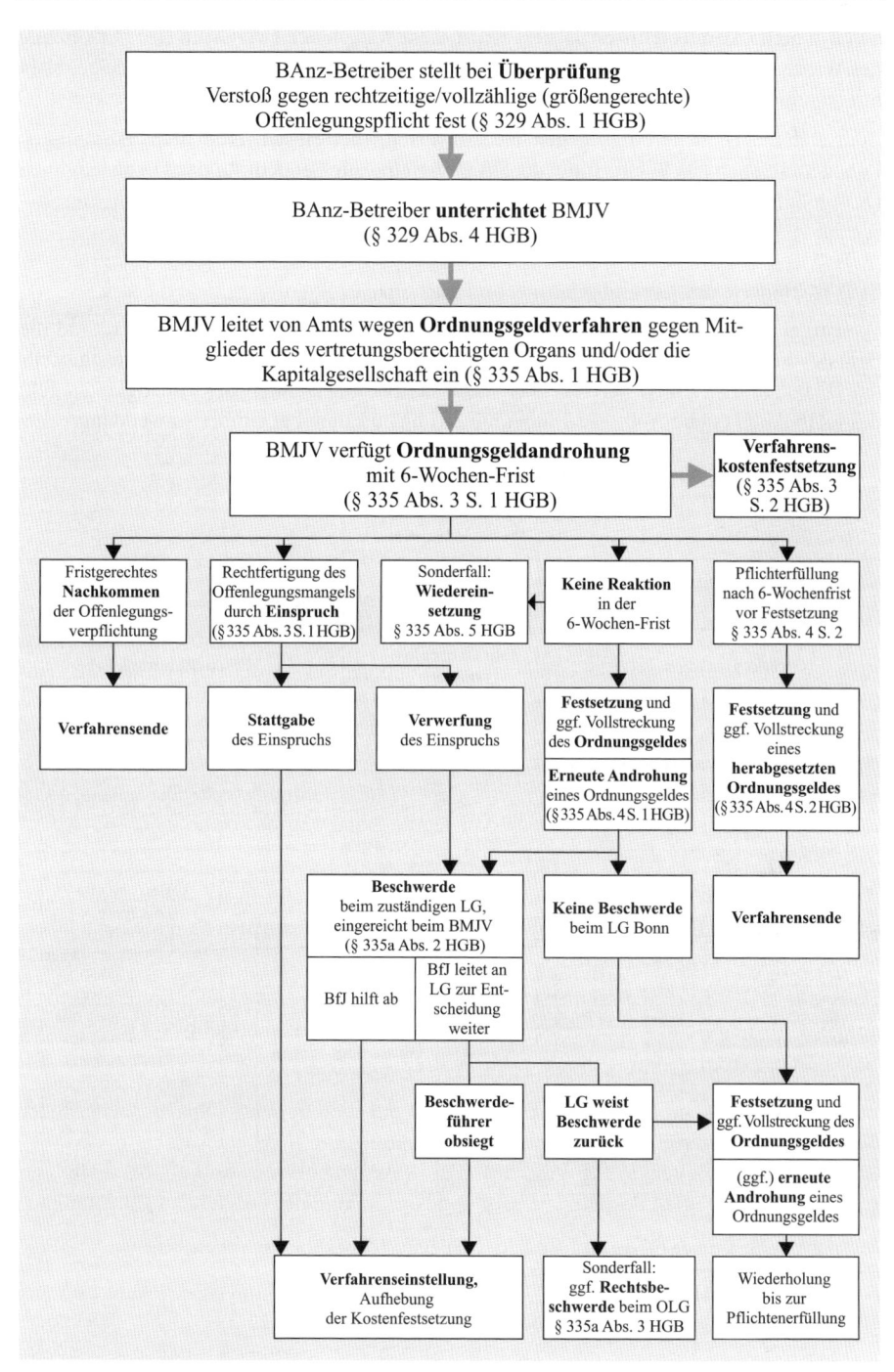

- **Beschwerdeführer obsiegt**
- **LG weist Beschwerde zurück** → **Festsetzung** und ggf. Vollstreckung des **Ordnungsgeldes**; (ggf.) erneute **Androhung** eines Ordnungsgeldes
- Sonderfall: ggf. **Rechtsbeschwerde** beim OLG § 335a Abs. 3 HGB

Abschluss:
- **Verfahrenseinstellung**, Aufhebung der Kostenfestsetzung
- **Wiederholung** bis zur Pflichtenerfüllung

Abbildung A-37: Das Ordnungsgeldverfahren bei Verletzung der Offenlegungspflichten (einschließlich Beschwerde)

nen 6 Wochen voraus. Binnen Jahresfrist ist diese Möglichkeit verwirkt. Bei Verwerfung des Wiedereinsetzungsantrags ist das Rechtsmittel der gerichtlichen Beschwerde gegeben mit dem in der Abbildung gezeigten Verlauf.

Zum anderen ist neuerdings gegen die Abweisung der Beschwerde beim zuständigen Landgericht noch das Rechtsmittel der *Rechtsbeschwerde* bei dem für das LG zuständigen OLG möglich, sofern das LG diese z.b. wegen der grundsätzlichen Bedeutung zugelassen hat (§ 335a Abs. 3 HGB).

bad) Nichtigkeit des Jahresabschlusses und Nichtigkeitsfolgen

Wesentlich strenger gefasst und für Aktiengesellschaften ausdrücklich normiert sind die Gründe, die bei Körperschaften zur *Nichtigkeit*, d.h. Rechtsunwirksamkeit der festgestellten Bilanz führen. Nach herrschender Rechtsauffassung[1] finden die Nichtigkeitsregeln des § 256 AktG (siehe Abb. A-38) über die AG hinaus auch bei GmbH Anwendung.

```
                        aktienrechtliche
                       Nichtigkeitsgründe
                      (z.T. analog für GmbH)
                               |
        ┌──────────────────────┼──────────────────────┐
   Prüfungsmängel        Jahresabschluss-      Feststellungsmängel
                              mängel
  ■ § 256 Abs. 1 Nr. 2                         ■ § 256 Abs. 1 Nr. 4
  ■ § 256 Abs. 1 Nr. 3                         ■ § 256 Abs. 2
  ■ § 173 Abs. 3 AktG                          ■ § 256 Abs. 3
                                               ■ § 234 Abs. 3
                                               ■ § 235 Abs. 2 AktG
```

Verletzung von Vorschriften zum Schutze der Gläubiger	Verletzung der Bestimmungen über Rücklagen (bei Feststellung)	wesentliche, die Klarheit oder Übersichtlichkeit beeinträchtigende Verletzung von Gliederungs-/Formblattvorschriften	Verletzung von Bewertungsvorschriften	
			Überbewertung	Unterbewertung mit vorsätzlich unrichtiger Lagedarstellung
§ 256 Abs. 1 Nr. 1 AktG	§ 256 Abs. 1 Nr. 4 AktG	§ 256 Abs. 4 AktG	§ 256 Abs. 5 AktG	

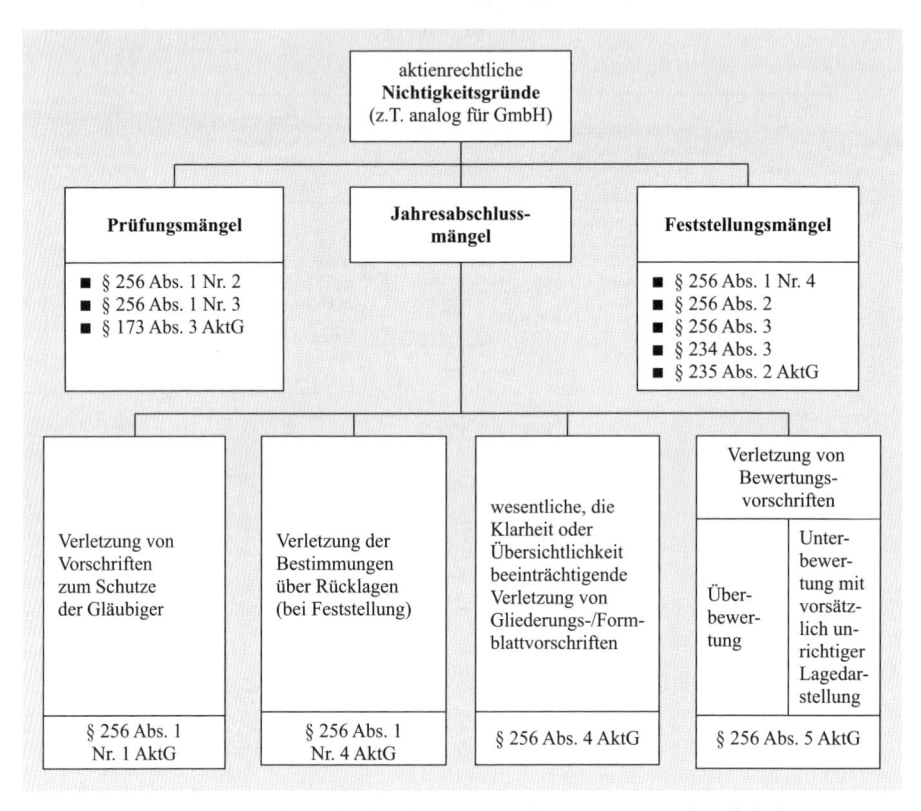

Abbildung A-38: Gründe für die Nichtigkeit des Jahresabschlusses von Kapitalgesellschaften

---

1 Z.B. BGH v. 1.3.1982, BGHZ Bd. 83, S. 341.

Ein festgestellter Jahresabschluss kann nichtig sein wegen
- *Aufstellungsfehlern*
  - Verletzung von Gläubigerschutzvorschriften (§ 256 Abs. 1 Nr. 1 AktG),
  - wesentlicher Verletzung von Gliederungs- und Formblattvorschriften (§ 256 Abs. 4 AktG),
  - Verletzung von Bewertungsvorschriften, wenn
    - Posten beträchtlich überbewertet (Aktivposten zu hoch, Passivposten zu niedrig) werden (§ 256 Abs. 5 Nr. 1 AktG) oder
    - Posten unterbewertet werden (Aktiva zu niedrig, Passiva zu hoch) – wenn dadurch die Vermögens- und Ertragslage vorsätzlich unrichtig wiedergegeben oder verschleiert wird (§ 256 Abs. 5 Nr. 2 AktG);
  - Verletzung von Ansatzvorschriften (ungerechtfertigtes Weglassen oder Hinzufügen von Posten) sind zwar nicht gesetzlich geregelt, die h.M. nimmt jedoch eine Gleichstellung mit Bewertungsverstößen an.[1]
- *Prüfungsfehler*
  - Verstöße gegen die gesetzliche Prüfungspflicht (§ 256 Abs. 1 Nr. 2 AktG),
  - Prüfung durch nicht berechtigte Prüfer (§ 256 Abs. 1 Nr. 3 AktG),
  - fehlender fristgerechter Bestätigungsvermerk bei von der HV geändertem Jahresabschluss (§ 173 Abs. 3 AktG).
- *Feststellungsfehler*
  - Verletzung der Bestimmungen über Rücklagen (§ 256 Abs. 1 Nr. 4 AktG),
  - Nicht ordnungsmäßige Mitwirkung des Feststellungsorgans (§ 256 Abs. 2 AktG),
  - Verfahrensfehler beim HV-Beschluss und seiner Beurkundung (§ 256 Abs. 3 Nr. 1, 2 AktG),
  - erfolgreiche Anfechtungsklage (§ 256 Abs. 3 Nr. 3 AktG).

Nichtigkeitsfolge ist nicht nur, dass ein rechtswirksamer Jahresabschluss nicht vorliegt und nachgeholt werden muss, sondern auch, dass alle bereits aufgrund der ebenfalls nichtigen Feststellungs- und Gewinnverteilungsbeschlüsse geleisteten gewinnabhängigen Zahlungen ohne Rechtsgrund geleistet wurden und daher unter Umständen wegen ungerechtfertigter Bereicherung (§ 812 BGB) zurückverlangt werden können. Allerdings sieht das Gesetz im Interesse der Rechtssicherheit eine „Heilung" der Nichtigkeit durch Zeitablauf vor (vgl. 6-Monats- bzw. 3-Jahresfrist des § 256 Abs.6 AktG). Die Herausgabepflicht der auf Grund des nichtigen Jahresabschlusses erlangten Gewinnausschüttungen etc. ist rechtsformspezifisch geregelt (siehe unten).

Ein sich durch nichtigen Jahresabschluss ergebender nichtiger Feststellungs- und Gewinnverteilungsbeschluss entfaltet prinzipiell *keine steuerliche Wirkung*, es sei denn, die Beteiligten lassen das Ergebnis der Rechtsgeschäfte bestehen (§ 41 AO). Sofern sich die Nichtigkeit nicht aus erheblichen materiellen Mängeln ergibt, wird ein nur mit formellen Fehlern behafteter Jahresabschluss im Allgemeinen der Besteuerung zugrunde gelegt werden können.

---

1 Vgl. z.B. LG Mainz v. 16.10.1990, DB 1990, S. 2361 bzw. LG Düsseldorf v. 26.2.1988, BB 1989, S. 882; unterbliebene Aktivierung als Unterbewertung: BGH v. 15.11.1993, BB 1994, S. 107; unterlassene Passivierung als Überbewertung: LG Stuttgart v. 11.4.1994, DB 1994, S. 928.

bae) Sonstige Folgen

Schadensersatz steht jedem geschädigten Dritten bereits nach § 823 Abs. 2 BGB zu, weil die im öffentlichen Interesse erlassenen Bilanzierungsvorschriften für Kapitalgesellschaften – wenigstens unter bestimmten Umständen[1] – als „Schutzgesetz" im Sinne dieser Vorschrift angesehen werden müssen. Auch haften die verantwortlichen Gesellschaftsorgane bei Verletzung ihrer Sorgfaltspflichten (§§ 92 AktG, 43 GmbHG, 34 GenG). Schadensersatzpflichten können auch die als Mittäter oder beihilfeleistende Dritte (z. B. Steuerberater, Wirtschaftsprüfer, Bilanzbuchhalter) treffen (§ 823 Abs. 2 BGB i. V. m. § 263 StGB).

bb) Besonderheiten bei Aktiengesellschaften

Das Aktienrecht enthält besondere Sanktionsnormen (§§ 400, 403, 404 AktG), deren Anwendungsbereich sich allerdings durch die Regelungen der §§ 331 ff. HGB wesentlich verringert hat (subsidiäre Bedeutung). So umfasst z. B. § 400 AktG nur noch die nicht von § 331 HGB erfassten Fälle der *„Fälschung und Verschleierung"* des Vermögensstandes in anderen Darstellungen und Übersichten, wie beispielsweise Sonder- und Zwischenbilanzen und HV-Auskünften.

Nach § 407 Abs. 1 AktG kann gegenüber Vorstandsmitgliedern zur Einhaltung der *Verpflichtung zur unverzüglichen Vorlage* des Jahresabschlusses an den Aufsichtsrat (§ 170 AktG) und des Prüfungsberichts an den Vorstand (§ 171 AktG) ein Zwangsgeld festgesetzt werden.

In § 256 Abs. 1–5 AktG sind *Nichtigkeit und Anfechtbarkeit* des Jahresabschlusses ausführlich geregelt. Da diese Vorschrift nach h. M. auch für GmbH Anwendung findet, wurden diese Folgen bereits oben unter ac) dargestellt. Ein aktienrechtliches Spezifikum ist § 62 AktG. Danach besteht bei Aktionären eine Herausgabepflicht des aufgrund des nichtigen Jahresabschlusses Erlangten innerhalb von 10 Jahren nur, wenn sie die mangelnde Bezugsberechtigung positiv kannten oder infolge von Fahrlässigkeit hiervon nichts wussten.

Ferner besteht unter Umständen, auch schon für eine Aktionärsminderheit, ein Antragsrecht auf Durchführung einer *Sonderprüfung wegen unzulässiger Unterbewertung* i. S. d. §§ 258 ff. AktG, sofern Anlass zur Annahme einer nicht unwesentlichen Unterbewertung oder mangelhafter Berichterstattung (im Anhang und ggf. bei Nachfragen) besteht.

Verstöße gegen handelsrechtliche Rechnungslegungsvorschriften können schließlich in extremen Fällen auch zu *Veränderungen in der Positionsbesetzung* der Gesellschaft führen: so kann z. B. bei Aktiengesellschaften nach § 84 Abs. 3 AktG die Bestellung der Vorstandsmitglieder im Falle grober Pflichtverletzungen widerrufen werden; Ähnliches gilt für Aufsichtsratsmitglieder (§ 103 Abs. 3 AktG). Auch kann die Hauptversammlung bei schwerwiegenden Bilanzierungsverstößen aufgrund der bei den Verhandlungen vorzulegenden Jahresabschlusses die *Entlastung von Vorstands- und Aufsichtsratmitgliedern versagen* und damit die Verwaltung der Gesellschaft missbilligen (§ 120 AktG).

Zivilrechtliche *Schadensersatzpflicht* kann sich aus § 823 Abs. 2 BGB i. V. m. einem Verstoß gegen die §§ 400, 403 und 404 AktG ergeben, da diese Vorschriften als „Schutz-

---

[1] Z. B. BGH v. 13. 4. 1994, DB 1994, S. 1354.

gesetz" anerkannt sind. Daneben kann der Vorstand gegenüber der AG wegen Sorgfaltspflichtverletzung in Anspruch genommen werden (*Vorstandshaftung*, § 93 Abs. 2 AktG).

bc) Besonderheiten bei GmbH

Die GmbH-rechtliche Sanktion bei *Geschäftslagetäuschung* besteht nur subsidiär zu § 331 Nr. 1 oder 1a HGB (§ 82 Abs. 2 Nr. 2 GmbHG); sie kommt damit insbes. nur für Zwischen- und Sonderbilanzen („öffentliche Mitteilungen") in Betracht, allerdings auch für Mitglieder von freiwilligen Aufsichtsräten, Beiräten etc.

Wenn GmbH-Gesellschafter ihre Buchführungs-, Aufstellungs- und Vorlagepflichten nicht mit der Sorgfalt eines ordentlichen Geschäftsmannes ausführen, haften sie der Gesellschaft gegenüber für entstandenen Schaden (*Geschäftsführerhaftung*, § 43 GmbHG). Auch kann die Gesellschafterversammlung dem Geschäftsführer im Falle von gravierenden Bilanzierungsverstößen die *Entlastung* versagen oder die *Abberufung* beschließen (§ 46 Nr. 5 GmbHG).

Besondere Regeln über die *Nichtigkeit* und *Anfechtbarkeit* enthält das GmbHG nicht, nach h.M. kann jedoch auf die aktienrechtlichen Regelungen (§§ 256 bzw. 257, 243 AktG) zurückgegriffen werden. Ein gutgläubiger GmbH-Gesellschafter ist zur Rückzahlung von Gewinnausschüttungen nur dann verpflichtet, wenn dies zur Gläubigerbefriedigung nötig ist und das Stammkapital angegriffen wurde (§ 31 Abs. 2 GmbHG). Wurde das Stammkapital durch die Gewinnausschüttung nicht berührt, kommt eine Erstattungspflicht nur nach § 812 BGB in Betracht, sofern die Gewinnanteile nicht gutgläubig bezogen wurden (§ 32 GmbHG).

c) *Besonderheiten bei Kapitalgesellschaften & Co.*

Für atypische Personengesellschaft *(Kapitalgesellschaften & Co.-Fälle)* gelten die Vorschriften über die straf-, bußgeld- und ordnungsgeldrechtliche Ahndung (§§ 331–333, 334 bzw. 335 HGB) ebenso wie bei Kapitalgesellschaften (§ 335b HGB). Die Nichtigkeitsbestimmungen des § 256 AktG dürften auch für die & Co.-Fälle entsprechend gelten.[1]

d) *Besonderheiten bei Genossenschaften*

Für *Genossenschaften* enthält das GenG eigene Straf- (Fälschung/Verschleierung der Vermögenslage und Fehlinformation von Prüfern, § 147 Abs. 2 GenG) und Zwangsgeldvorschriften (Verletzung von Sorgfalts-, Vorlage- und Prüfungspflichten, § 160 i.V.m. §§ 33 Abs. 1, 48 Abs. 3 und 4, 57 Abs. 1, 59 Abs. 1 GenG), die allerdings teilweise auf die für Kapitalgesellschaften geltenden Regelungen verweisen (z.B. § 160 GenG) oder nur zur Anwendung kommen, wenn die HGB-Strafvorschriften nicht greifen (§ 147 Abs. 2 Nr. 2 HGB; Ausnahme für Kreditgenossenschaften). Von Bedeutung sind weiterhin die Vorstandshaftung (§ 34 Abs. 2 GenG) und die – eingeschränkte – Anfechtbarkeit (§ 33 Abs. 2 GenG).

---

1 Vgl. BT-Drs. 14/2353, S. 29.

e) Besonderheiten bei PublG-Unternehmen

Für *Großunternehmen*, die der sog. erweiterten Rechnungslegung nach dem PublG unterliegen, bestehen eigenständige Sanktionen mit Strafen für unrichtige Darstellungen und Verstößen gegen die Berichtspflicht bzw. die Geheimhaltungspflicht der Abschlussprüfer (§ 17–19 PublG), Bußgeldern bei bestimmten Aufstellungs- und Feststellungsfehlern (§ 20 PublG) und Ordnungsgeldern bei Offenlegungsmängeln (§ 21 PublG i. V. m. § 335 HGB).

f) Besonderheiten bei Unternehmen bestimmter Geschäftszweige

Auf die speziellen Sanktionsnormen für *Kredit- und Finanzdienstleistungsinstitute* (§§ 340m, 340n, 340o HGB) sowie für *Versicherungsunternehmen und Pensionsfonds* (§§ 341m, 341n und 341o HGB) wird hier nicht eingegangen.

g) Besonderheiten bei kapitalmarktorientierten Unternehmen

ga) Das deutsche Enforcement-Verfahren

Zur Durchsetzung und Überwachung der Normengerechtigkeit praktizierter Unternehmensabschlüsse durch eine außerhalb des Unternehmens stehende, nicht mit dem gesetzlichen Abschlussprüfer identische unabhängige Stelle (sog. *Enforcement*) wurde durch das Bilanzkontrollgesetz (BilKoG) von 2004 in Deutschland ein zweistufiges Verfahren etabliert.[1] Das Rechnungslegungs-Enforcement gilt bisher nur für kapitalmarktorientierte Unternehmen. Es war *gesetzgeberisches Ziel*, das Vertrauen in- und ausländischer Investoren zu steigern und durch eine transparente Kontrolle von Jahres- und Konzernabschlüssen der Wertpapieremittenten den Finanzplatz Deutschland zu stärken. Dies sollte durch ein präventives Entgegenwirken gegen Unregelmäßigkeiten bei der Rechnungslegung, deren Aufdeckung und der Kapitalmarktinformation darüber erfolgen.[2]

Das zweistufige deutsche Enforcementsystem (trivial „*Bilanzpolizei*" genannt) vereinigt die Vorteile einer rein privatwirtschaftlichen Kontrollinstanz (wie z.B. das britische *Financial Reporting Review Panel* – FRRP) und einem behördlichen Durchsetzungssystem (wie z.B. die US-amerikanische *Securities and Exchange Commission* – SEC).

Der *persönliche Anwendungsbereich* des Enforcement umfasst bisher nur Unternehmen, die als Emittenten von Wertpapieren (i.S.v. § 2 Abs. 1 WpHG) die Bundesrepublik Deutschland als Herkunftsland haben (§ 342b Abs. 2 S. 2 HGB).

Ziel der *ersten Stufe des Enforcements* ist es, Rechnungslegungsverstößen präventiv entgegenzutreten und reaktiv die Existenz von Verstößen gegen Rechnungslegungsvorschriften zu prüfen. Zuständig hierfür ist eine privatrechtlich organisierte, unabhängige Prüfstelle, die von einem privaten eingetragenen Trägerverein „*Deutsche Prüfstelle für Rechnungslegung*" (DPR) eingerichtet und ministeriell anerkannt wurde (§ 342b Abs. 1 HGB). Mitglieder des Trägervereins sind vor allem Wirtschaftsverbände; Mitglieder der Prüfstelle werden vom Nominierungsausschuss der DRP im Einvernehmen mit dem BMJV und BMF berufen.

---

1 §§ 342b HGB, 37n ff. WpHG.
2 BT-Drs. 15/3421, Begründung.

Anlässe für Prüfungen der 1. Stufe können sein (§ 342b Abs. 2 S. 3 HGB):

- das Vorliegen von konkret bekannt gewordenen Anhaltspunkten (z.B. DPR-Medienausschuss, whistleblower) für Rechnungslegungsverstöße, wenn ein öffentliches Interesse an der Prüfung vorliegt (sog. *Anhalts-, Verdachtsprüfung*),
- ein Verlangen der BaFin (sog. *Anordnungsprüfung*) oder
- eine eigenständig (proaktiv) veranlasste Prüfungen nach bestimmten Kriterien (sog. *Stichprobenprüfung*).

Prüfungshemmnisse für DPR und BaFin sind eine anhängige Nichtigkeitsklage (§ 256 Abs. 7 AktG) und die Bestellung eines Sonderprüfers (§§ 342b Abs. 3, 370 Abs. 2 HGB).

Prüfungsgegenstände sind der zuletzt festgestellte Jahresabschluss und der zuletzt gebilligte Konzernabschluss, jeweils einschließlich des zugehörigen (Konzern)Lageberichts (§ 342b Abs. 2 HGB). Auch die zuletzt veröffentlichen verkürzten Abschlüsse der Halbjahresfinanzberichte (§§ 37w Abs. 2, 37n WpHG), nicht aber sonstige Rechenwerke (abgesehen von Zahlungsberichten) liegen im sachlichen Enforcement-Prüfungsbereich. Auch die Abschlüsse des vorausgehenden Geschäftsjahres können Prüfungsgegenstand sein (§ 342 Abs. 2a HGB, § 37o Abs. 1a WpHG).

Prüfungsnormen sind die vom Unternehmen anzuwendenden Rechnungslegungsnormen (Gesetze, GoB, gesetzlich zugelassene Rechnungslegungsstandards: DRS, IFRS).

Prüfungen der ersten Stufe sind von der *Zusammenarbeit* des rechnungslegenden Unternehmens mit der Prüfstelle abhängig. Durch einen konstruktiven Dialog unter Gleichen und die Möglichkeit der Selbstregulierung der Wirtschaft soll die Akzeptanz bei Unternehmen und Abschlussprüfern gefördert werden. Entscheidet sich das Unternehmen für Kooperation bei einer Prüfung durch die Prüfstelle, so sind die gesetzlichen Vertreter des Unternehmens und die sonstigen Personen, derer sich die gesetzlichen Vertreter bei der Mitwirkung bedienen, grundsätzlich – bußgeldbewehrt – verpflichtet, richtige und vollständige Auskünfte zu erteilen und richtige und vollständige Unterlagen vorzulegen (§ 342 b Abs. 4 HGB).

Wurde nach *Abschluss der Prüfung* ein Verstoß gegen Rechnungslegungsvorschriften festgestellt, so teilt die Prüfstelle dem Unternehmen das begründete Ergebnis mit, nachdem es zuvor dem Unternehmen die Möglichkeit einer Stellungnahme geboten hat. Außerdem berichtet die Prüfstelle der BaFin ggf. auch der Staatsanwaltschaft und der Wirtschaftprüferkammer (§ 342b Abs. 8 HGB).

Akzeptiert der Rechnungsleger die Beanstandungen, muss der Fehler samt Begründung – auf Anordnung der BaFin[1] im Medium für ad-hoc-Mitteilungen und im Bundesanzeiger bekannt gemacht werden. Diese *Fehlerpublizität* am Kapitalmarkt übt einen starken Druck auf das Unternehmen aus (bad news, Reputationsschaden, Vertrauensverlust). Allerdings kann die BaFin von einer Fehlerbekanntmachungsanordnung bei mangelndem Interesse der Öffentlichkeit oder Schädigung berechtigter Unternehmensinteressen absehen.[2] Nach Auffassung neuerer Rechtsprechung entfällt das öffentliche Interesse an der Veröffentlichung praktisch nur bei einem unwesentlichen Verstoß gegen Rechnungs-

---

1 §§ 37q Abs. 2 S. 1, 4 WpHG.
2 § 37q Abs. 2 S. 2 bzw. Abs. 2 S. 3 WpHG.

legungsvorschriften; die mögliche negative Beeinflussung des Aktienkurses ist eine typische und bewusst eingesetzte Folge der Fehlerveröffentlichung und reicht für ein Absehen zum Schutz der berechtigten Interessen des Unternehmens vor Schaden nicht aus.[1]

Akzeptiert das Unternehmen die Beanstandungen der DPR *nicht*, endet für die DPR das Verfahren und wird in der zweiten Stufe bei der BaFin fortgesetzt.

Wurde bei der Prüfung *kein oder nur ein unwesentlicher Fehler* festgestellt, so endet auch hier das Verfahren der Prüfstelle, sie kann für die Zukunft „Hinweise" oder „Empfehlungen" erteilen.

Verweigert ein Unternehmen bereits in der ersten Stufe die Kooperation mit der Prüfstelle, so endet das DPR-Verfahren mit einer Mitteilung an die BaFin und es kommt ebenso zu einem Übergang in die zweite Stufe.[2]

In der *zweiten Stufe* ist die hoheitlich tätige *BaFin* (Bundesanstalt für Finanzdienstleistungsaufsicht) – eine der Rechts- und Fachaufsicht des BMF unterliegende selbständige Anstalt des öffentlichen Rechts[3] – Herrin des Enforcementverfahrens (sog. *enforced enforcement)*. Die BaFin kann allerdings auch selbständig über die Einleitung und Durchführung einer Prüfung entscheiden, wenn

- ihr Anhaltspunkte für Rechnungslegungsverstöße vorliegen oder
- bei erheblichen Zweifeln an der Richtigkeit des Prüfungsergebnisses oder Prüfungsdurchführung der Prüfstelle (§ 37p Abs. 1 WpHG).

Sie kann sich zur Prüfungsdurchführung der DPR oder Dritter bedienen (§ 37o Abs. 3 WpHG). Bei BaFin-Prüfungen müssen auf Verlangen Auskünfte erteilt und Unterlagen vorgelegt und der Zugang ermöglicht werden (§ 37o Abs. 4,5 WpHG).

Stellt das Prüfungsergebnis der BaFin *keinen Grund für Beanstandungen* fest, ist das Verfahren mit der Mitteilung beendet (§ 37q Abs. 3 WpHG).

Hält die BaFin hingegen das entsprechende *Rechenwerk* für *fehlerhaft*, wird sie diesen Fehler gegenüber dem Unternehmen durch Verwaltungsakt feststellen und anordnen, dass das Unternehmen den Fehler unverzüglich im elektronischen Bundesanzeiger und im Börsenpflichtblatt oder in einem eingerichteten elektronischen Informationsverbreitungssystem – bei Kursbeeinflussung auch in den für die ad-hoc-Publizität maßgeblichen Medien bekannt macht *(Fehlerpublizität)*. Von der Anordnung der Fehlerveröffentlichung kann allerdings abgesehen werden, wenn kein öffentliches Interesse an der Veröffentlichung besteht (z.B. Bagatellfälle) oder berechtigte Interessen des Unternehmens geschädigt würden (zu den Bedingungen siehe oben).

Bei *fehlendem Einverständnis* des rechnungslegenden Unternehmens mit den BaFin-Verfügungen steht ihm der *Rechtsweg* offen (nach einem nicht von der BaFin abgeholfenem Widerspruch beim BMF: Beschwerde beim OLG Frankfurt), allerdings ohne aufschiebende Wirkung. Der Erfolg oder Misserfolg dieser Rechtsbehelfe/-mittel bestimmt dann

---

1 OLG Frankfurt, Beschluss vom 14.6.2007, WpÜG 1/07, BB 2007 S. 2060; KoR 2007 S. 578.
2 § 37p Abs. 1 S. 2 i.V.m. § 37o WpHG.
3 § 2 FinDAG.

letztlich die Fehlerpublizität durch Kapitalmarktinformation – die einzige Sanktion des Enforcementverfahrens.

Eine *Fehlerkorrektur* wird dem fehlerhaft rechnungslegenden Unternehmen im Enforcementverfahren nicht auferlegt, vielmehr richtet sich diese nach den für das Unternehmen geltenden Rechnungslegungsnormen (HGB, AktG und IAS 8).

Um mögliche Fehler bei der Rechnungslegung bereits im Vorfeld der Abschlusserstellung zu vermeiden, kann die DPR seit 2010 auch einzelne *fallbezogene Voranfragen* zu konkreten Bilanzierungsproblemen von kapitalmarktorientierten Unternehmen entgegennehmen und beantworten (sog. *preclearing*). Außerdem werden jährlich die *Prüfungsschwerpunkte* und die hauptsächlichen *festgestellten Fehler* auf der Website der DPR bekannt gegeben (http://www:frep.info/).

Den Gesamtzusammenhang des zweistufigen Enforcement-Verfahrens zeigt Abbildung A-39, für die folgende Legende gilt:

BaFin   Bundesanstalt für Finanzdienstleistungsaufsicht *(www.bafin.de)*
BMJV   Bundesministerium der Justiz und für Verbraucherschutz *(www.bmjv.de)*
BMF   Bundesministerium für Finanzen *(www.bmf.de)*
BöAufs Börsenaufsicht *(www.boersenaufsicht.de)*
DPR   Deutsche Prüfstelle für Rechnungslegung *(www.frep.de)*
FREP   Financial Reporting Enforcement Panel (internationale Bezeichnung für DPR)
StAnw   Staatsanwaltschaft
WPK   Wirtschaftsprüferkammer *(www.wpk.de)*

gb) Unterlassene oder falsche Entsprechenserklärung

Vorstand und Aufsichtsrat börsennotierter Aktiengesellschaften müssen nach § 161 AktG jährlich erklären, ob dem Deutschen Corporate Governance Kodex in der Vergangenheit entsprochen wurde und in der Zukunft entsprochen wird oder welche Empfehlungen nicht angewendet werden (*„comply or explain"*). Das Unterlassen der Entsprechenserklärung wird jedoch nicht sanktioniert. Falsche Angaben können aber zu einer Strafbarkeit nach § 400 Abs. 1 Nr. 1 AktG führen. Nach der Rechtsprechung[1] kann u.U. auch Anfechtbarkeit oder Nichtigkeit der nicht erwähnten, dem Kodex widersprechenden Beschlüsse bestehen.

gc) Unterlassene oder unrichtige Angabe des Bilanzeids

Nach § 264 Abs. 2 S. 3 HGB haben die gesetzlichen Vertreter einer Kapitalgesellschaft, die Inlandsemittent im Sinne des § 2 Abs. 7 des WpHG sind, bei der Unterzeichnung des Jahresabschlusses schriftlich zu versichern, dass nach besten Wissen der Jahresabschluss ein den tatsächlichen Verhältnissen entsprechendes Bild der VEF-Lage der Gesellschaft vermittelt oder der Anhang Angaben zu Abweichungen enthält (sog. *Bilanzeid*). Das gilt auch für den Jahres- und Halbjahresfinanzbericht.[2] Eine unrichtige Versicherung ist nach

---

[1] Vgl. z.B. BGH vom 21.9.2009, II ZR 174/08, Lexetius.com 2009, 2892; OLG München vom 6.8.2008, 7 U 5628/07, openJur 2012, 94338.
[2] §§ 37 v Abs. 2 Nr. 3 bzw. § 37w Abs. 2 Nr. 3 WpHG.

Grundlagen der Bilanzierung

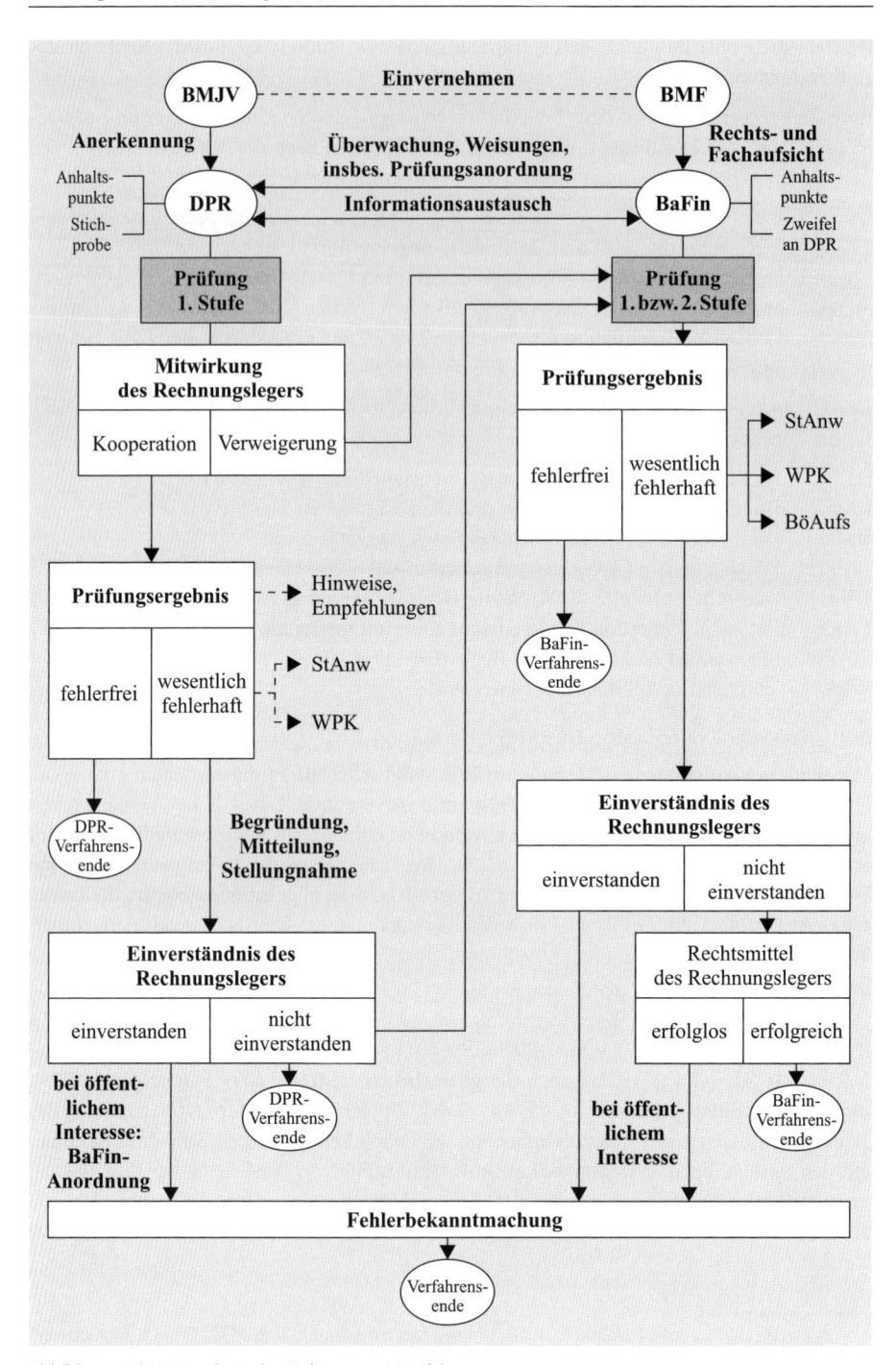

Abbildung A-39: Das deutsche Enforcement-Verfahren

§ 331 Nr. 3a HGB strafbar, das Unterlassen im Jahres- und Halbjahresfinanzbericht eine mit Geldbuße bis 200.000 Euro bewehrte Ordnungswidrigkeit.[1]

gd) Verstöße bei der Finanzberichterstattung

Verstöße im Rahmen der Offenlegung der Finanzberichterstattung werden vom WpHG nicht als Straftaten, sondern als Ordnungswidrigkeiten mit einer Geldbuße bis zu 200.000 Euro sanktioniert (§ 39 Abs. 4 WpHG): Im Einzelnen werden folgende Fehler bei der Berichterstattung erfasst:

- Wer vorsätzlich oder leichtfertig
- den *Jahresfinanzbericht* einschließlich des Bilanzeids (§ 37v Abs. 2 Nr. 3 WpHG) oder
- den *Halbjahresfinanzbericht* einschließlich des Bilanzeids (§ 37w Abs. 2 Nr. 3 WpHG) oder
- einen Zahlungsbericht (§ 37x WpHG)

nicht oder nicht rechtzeitig der Öffentlichkeit zur Verfügung stellt bzw. nicht oder nicht rechtzeitig an das Unternehmensregister übermittelt, handelt ordnungswidrig.[2]

- Vor Veröffentlichung ist öffentlich bekannt zu machen, ab welchem Zeitpunkt und unter welcher Internetadresse die *Rechnungslegungsunterlagen öffentlich zugänglich* sein werden.[3] Wer vorsätzlich oder leichtfertig diese Veröffentlichung nicht, nicht richtig, nicht vollständig, nicht in der vorgeschriebenen Weise oder nicht rechtzeitig vornimmt oder nicht oder nicht rechtzeitig nachholt, handelt nach § 39 Abs. 2 Nr. 5f, g bzw. h WpHG ordnungswidrig.
- Bestimmte *Bekanntmachungen sind zugleich auch der BaFin mitzuteilen.*[4] Wer vorsätzlich oder leichtfertig diese Mitteilung nicht, nicht richtig, nicht vollständig, nicht in der vorgeschriebenen Weise oder nicht rechtzeitig macht, handelt nach § 39 Abs. 2 Nr. 2 m, n, o bzw. p WpHG ordnungswidrig.
- Die Bekanntmachung ist zudem unverzüglich, jedoch nicht vor ihrer Veröffentlichung *dem Unternehmensregister* zur Speicherung zu übermitteln.[5] Wer vorsätzlich oder leichtfertig diese *Bekanntmachung nicht oder nicht rechtzeitig übermittelt*, handelt nach § 39 Abs. 2 Nr. 6 WpHG ordnungswidrig.

Zusätzlich kann die BaFin unanfechtbare Maßnahmen, die sie wegen Verstößen gegen Verbote oder Gebote des WpHG getroffen hat, auf ihrer Website *öffentlich bekannt machen*, soweit dies zur Beseitigung oder Verhinderung von Missständen geeignet und erforderlich ist, es sei denn, diese Veröffentlichung würde die Finanzmärkte erheblich gefährden oder zu einem unverhältnismäßigen Schaden bei den Beteiligten führen (§ 40 b WpHG).[6]

---

1 §§ 39 Abs. 2 Nr. 24 und Abs. 6 i. V. m. § 37v Abs. 2 Nr. 3 und 37w Abs. 2 Nr. 3 WpHG.
2 § 39 Abs. 2 Nr. 19 bzw. 20 WpHG.
3 § 37v Abs. 1 S. 2, § 37w Abs. 1 S. 2 und § 37x Abs. 1 S. 2 WpHG.
4 § 37v Abs. 1 S. 3, § 37w Abs. 1 S. 3 und § 37x Abs. 1 S. 3 WpHG i. V. m. Abs. 1 S. 2 der jeweiligen Vorschrift.
5 § 37v Abs. 1 S. 3, § 37w Abs. 1 S. 3 und § 37x Abs. 1 S. 3 WpHG.
6 Siehe Abbildung A-39.

ge) Kurs- und Marktpreismanipulation

Nach § 20a Abs. 1 Nr. 1 WpHG macht sich wegen *Kurs- und Marktpreismanipulation* strafbar, wer unrichtige oder irreführende Angaben über Umstände macht, die für die Bewertung eines Finanzinstruments erheblich sind, oder solche Umstände verschweigt, wenn die Angaben oder das Verschweigen geeignet sind, auf den Preis eines Finanzinstruments einzuwirken. Dies kann z.B. durch unrichtige Angaben über den Geschäftsverlauf im Jahresabschluss oder Zwischenbericht erfüllt werden. Es kommt dabei nicht darauf an, ob die unrichtigen Angaben vorteilhaft oder nachteilig sind. Entscheidend ist nur, ob sie unrichtig (d.h. nicht der Wahrheit entsprechend) oder irreführend (d.h. täuschend) sind. Die Angaben müssen außerdem für die Bewertung der Wertpapiere etc. erheblich sein. Das ist dann der Fall, wenn sie auf die Anlageentscheidung eines vernünftigen Anlegers von durchschnittlicher Vorsicht Einfluss nehmen können. Das Verbot der Kurs- oder Marktpreismanipulation richtet sich an Jedermann, Verstöße gegen § 20a Abs.1 Nr. 1 WpHG können mit einer Geldbuße bis zu 1 Million Euro geahndet werden (§ 39 Abs. 2 Nr. 11 i.V. m. Abs. 6 S. 1 WpHG).

gf) Erweiterung des Ordnungsgeldrahmens bei Offenlegungsverstößen

§ 335 Abs. 1a HGB erweitert den Ordnungsgeldrahmen für die Sanktionierung unterlassener Offenlegungspflichten bei kapitalmarktorientierten Kapitalgesellschaften:[1]

Anstelle eines Ordnungsgeldes zwischen 2.500 und 25.000 Euro kann gegen die Kapitalgesellschaft höchstens der höhere Wert aus

- 10 Millionen Euro,
- 5 % des jährlichen Gesamtumsatzes des vorausgegangenen Geschäftsjahres und
- dem zweifachen Wert des wirtschaftlichen Vorteils, der aus der unterlassenen Offenlegung gezogen wird,

festgesetzt werden.

Richtet sich das Ordnungsgeldverfahren gegen einen gesetzlichen Vertreter des Kapitalgesellschaft, gilt als Obergrenze des Ordnungsgeldes der höhere Betrag aus

- 2 Millionen Euro und
- dem zweifachen Wert des wirtschaftlichen Vorteils, der aus der unterlassenen Offenlegung gezogen wird.

gg) Sonstige Folgen

Folge der Nichtbeachtung von börsenrechtlichen Publizitätsvorschriften (z.B. Verweigerung von Zwischenabschlüssen) kann auch die dauerhafte Einstellung der Börsennotiz einer Aktiengesellschaft *(Delisting)* durch die Zulassungsstelle der jeweilgen Börsenaufsichts- und/oder der Finanzdienstleistungsbehörde sein.

---

1 Siehe auch Abbildung A-40.

Höhe des Ordnungsgeldes (§335 Abs. 1 und 1a HGB)					
	gegen vertretungsberechtigte Organmitglieder der KapGes oder KapCo-phG/ ständige Vertreter ZN/phG der KapCo-PersGes (§335b HGB)		gegen Kapitalgesellschaft oder KapCo-PersGes (§ 335b HGB)		
Allgemein	2.500–25.000 EUR		2.500–25.000 EUR		
insbes. kapitalmarkt- orientierte KapGes und KapCo- PersGes	höchstens bis zum höheren Betrag aus		höchstens bis zum höheren Betrag aus		
	2 Mio EUR	zweifacher wirtschaft- licher Vorteil	10 Mio EUR	5% Gesamt- umsatz Vorjahr	zweifacher wirtschaft- licher Vorteil

Abbildung A-40: Ordnungsgeldrahmen für kapitalmarktorientierte Kapitalgesellschaften

3. Die Verletzung von IFRS und ihre Folgen

Eigenständige Sanktionsnormen sind in den IFRS nicht vorgesehen, lediglich die Fehlerbeseitigung ist durch IAS 8 geregelt. Oft beziehen sich aber nationale Rechtsnormen (HGB, WpHG, Börsenordnungen) auf die *Internationalen Rechnungslegungsstandards* (insbes. EU-angenommene IFRS). Obligatorisch sind die IFRS in Deutschland bisher nur für den Konzernabschluss kapitalmarktorientierter Mutterunternehmen; nicht-kapitalmarktorientierte Mutterunternehmen können die internationalen Rechnungslegungsstandards freiwillig anwenden, wobei sie von den HGB-Rechnungslegungsnormen befreit werden. In beiden Fällen sind aber die konzernbilanzrechtlichen Sanktionsnormen bei Bilanzierungsverstößen zum Teil weiter anzuwenden, zum Teil auch durch das etablierte Enforcement-System[1] besonders abgesichert.

Für den Fall, dass vom Wahlrecht der *Offenlegung eines vollständigen IFRS-Informationsabschlusses* nach §325 Abs. 2a HGB Gebrauch gemacht wird, sieht die Spezialsanktion des §331 Nr. 1a HGB für eine vorsätzlichen oder leichtfertigen unrichtigen Wiedergabe oder Verschleierung der Verhältnisse der Kapitalgesellschaft eine Freiheitsstrafe bis zu 3 Jahren oder Geldstrafe vor. Im Übrigen gelten auch die übrigen Sanktionsnormen, die an eine Verletzung der Offenlegungspflicht des §325 anknüpfen (z.B. Ordnungsgeld nach §335 HGB).

4. Synopse der Folgen von Verstößen gegen handels- und kapitalmarktrechtliche Bilanzierungsnormen

Einen Überblick über die wesentlichsten Konsequenzen handels- und kapitalmarktrechtswidriger Bilanzierung gibt die Abbildung A-41.

---

[1] Siehe oben, Abschn. ga).

Grundlagen der Bilanzierung

	Geld- oder Freiheitsstrafe	Geldbuße	Ordnungsgeld	Zwangsgeld	Nichtigkeit/ Anfechtbarkeit	Schadensersatz	sonstige Folgen
Bei allen Bilanzierenden	Im Insolvenzfall vor/bei Unternehmenskrise: Nicht zeitgerechte Bilanzaufstellung oder erschwerte Vermögensübersicht (§§ 283 I Nr. 7, 283b I Nr. 3 i. V. m. 283 VI, 283b III StGB) *Begleitstraftaten* (StGB): Subventions-/Betrug (§§ 242/263), Kapitalanlage-/Kreditbetrug (§§ 264a, 265); Unterschlagung (§ 246), Untreue (§ 266), Urkundsdelikte (§ 267 ff. StGB)	Geldbuße gegen Gesellschaft bei Straftat/Ordnungswidrigkeit des vertretungsberechtigten Organs und Pflichtverletzung/ Bereicherung der juristischen Person/Personenvereinigung (§ 30 OWiG)			Anfechtbarkeit (§§ 119 ff. BGB) Nichtigkeit (§§ 134, 138 BGB) insbes. bei willkürlichen, unvertretbaren beträchtlichen Überbewertungen (Rspr., Lit.); Herausgabepflicht des ohne Rechtsgrund Erlangten (§ 812 BGB)	Bei Verstoß gegen Schutzgesetz (§ 823 II BGB, insbes. bei StGB-Verstößen), Unternehmensverkäuferhaftung für Bilanzmanipulationen (Rspr.) Ggf. wg. vorsätzlicher sittenwidriger Schädigung (§ 826 BGB)	Verminderte Beweiskraft (§§ 286 ZPO i. V. m. § 258 HGB) Verfall von Vermögensvorteilen (§§ 73 StGB, 29a OWiG) Rechtsstreit mit Gewinnberechtigten keine gutgläubige Bilanzerrichtung (Rspr.) Fehlerberichtigung nach allgemeinen oder spezifischen Normen, z. B. IAS 8 steuerliche Unmaßgeblichkeit (§ 51 S. 1 EStG)
Zusätzlich bei allen Kapitalgesellschaften	Vorsätzliche unrichtige Wiedergabe oder Verschleierung der KapGes-Verhältnisse (§ 331 Nr. 1 HGB)	Verstöße gg. Form, Inhalt, Bewertung, Gliederung, Angabepflichten (§ 334 I Nr. 1a –1d HGB)	Offenlegungsverstöße: BMJV-Ordnungsgeldverfahren (§ 335 HGB)		u. U. Nichtigkeit von Jahresabschluss, Feststellungs- und Gewinnverwendungsbeschluss	u. U. Schadensersatz wg. Verletzung eines „Schutzgesetzes" (§ 823 II BGB) oder Geschäftsleiterhaftung	Ggf. Ergänzung, Einschränkung, Versagung oder Widerruf des Bestätigungsvermerks (§ 322 HGB)

Die Verletzung von Bilanzierungsnormen und deren Folgen

Zusätzlich bei allen Kapitalgesellschaften	Vorsätzliche/fahrlässige Offenlegung unrichtiger/verschleierter KapGes-Verhältnisse in IFRS-Abschluss (§331 Nr. 1a HGB) Prüfungsverstöße (§331 Nr. 4 HGB)			Herausgabepflicht des Erlangten (§812 BGB)		Gerichtsentscheid bei Meinungsverschiedenheiten mit Prüfern (§324 HGB)
Zusätzlich bei atypischen Personengesellschaften (KapGes & Co.)	Wie bei Kapitalgesellschaften (§335b HGB)	Wie bei Kapitalgesellschaften (§335b HGB)	Wie bei Kapitalgesellschaften (§335b HGB)	Entsprechend Kapitalgesellschaften	Entsprechend Kapitalgesellschaften	Entsprechend Kapitalgesellschaften
Zusätzlich bei Aktiengesellschaften	Vorsätzliche unrichtige Wiedergabe oder Verschleierung der AG-Verhältnisse (§400 I Nr. 1 AktG) – subsidiär zum HGB –		Verstoß der VS-Mitglieder gegen Vorlagepflichten (§§407 I AktG)	Detailregelung der Nichtigkeitsgründe (§256 AktG) Spezialregelung der Herausgabepflicht (§62 AktG)	Vorstandshaftung wg. Verletzung der Sorgfaltspflicht (§93 II AktG) Schadensersatz (§823 II BGB) bei Verstößen gg. AktG §§400 ff. AktG	Bei Prüfungspflicht ggf. Sonderprüfung wegen unzulässiger Unterbewertung (§285 AktG) Entlastungsversagung (§120 AktG) Widerruf der Bestellung (§§84 III, 103 III AktG)

Grundlagen der Bilanzierung

	Geld- oder Freiheitsstrafe	Geldbuße	Ordnungsgeld	Zwangsgeld	Nichtigkeit/Anfechtbarkeit	Schadensersatz	sonstige Folgen
Zusätzlich bei GmbH	Unwahre Darstellung oder Verschleierung der Vermögenslage (§ 82 II Nr. 2 GmbHG) – subsidiär zum HGB				weitgehende entsprechende Anwendung des § 256 AktG (Rspr.). Herausgabepflicht (§§ 31 II, 32 GmbHG)	Geschäftsführerhaftung wg. Verletzung der Sorgfaltspflicht (§ 43 GmbHG)	Entlastungsversagung (§ 46 Nr. 5 GmbHG) Widerruf der Bestellung (§ 38 GmbHG)
Zusätzlich bei Genossenschaften	Vorsätzliche unrichtige Wiedergabe oder Verschleierung des Vermögensstandes (§ 147 II Nr. 1 GenG) Fehlinformation von Prüfern (§ 147 II Nr. 2 GenG) – subsidiär zum HGB –			Ordnungsmäßige Buchführung, JA-Vorlage (§ 33 I GenG), JA-Auslegung, JA-Offenlegung nach Billigung (§ 48 I GenG) Prüfungsbehinderung, -ergebnisverheimlichung, Vorlagepflichten (§§ 57, 59 GenG jeweils i. V. m. § 160 I GenG)	Anfechtbarkeit von GV-Beschlüssen über den JA (§§ 51, 48 I GenG) Beschränkte Anfechtung bei nur unwesentlicher Klarheitsbeeinträchtigung (§ 33 II GenG)	Vorstandshaftung wg. Verletzung der Sorgfaltspflicht (§ 34 II GenG). Schadensersatz bei § 147 GenG-Verletzung (§ 823 II BGB)	Prüfungsbeanstandung (§§ 58, 59 GenG) Entlastungsversagung (§ 45 Nr. 5 GenG) Widerruf der Bestellung (§ 24 III GenG)

Zusätzlich bei publizitätspflichtigen Einzelkaufleuten und Personengesellschaften	Vorsätzliche unrichtige Wiedergabe oder Verschleierung der Verhältnisse (§17 Nr. 1 PublG)	Verstöße gegen Form, Inhalt, Bewertung, Gliederung, Angabepflichten (§20 I Nr. 1 PublG)	Offenlegungsverstöße (§§21 PublG i.V.m. §335 HGB)		Nichtigkeit bei bestimmten Prüfungsmängeln (§10 PublG)	Ergänzung, Einschränkung, Versagung des Bestätigungsvermerks (§322 HGB); Gerichtsentscheid bei Meinungsverschiedenheit mit Prüfer (§324 HGB i.V.m. §6 I PublG)
Zusätzlich bei börsenorientierten Unternehmen bzw. Inlandsemittenten	Unrichtiger Bilanzeid (§331 Nr. 3a HGB)	Unterlassener Bilanzeid (§§39 II Nr. 24, IV WpHG); Diverse Verstöße bei der Finanzberichterstattung (§39 WpHG); Kurs-/Marktpreismanipulation (§39 Abs. 2 Nr. 11 WpHG)	Besondere Höhe des Ordnungsgeldes (§335 Abs. 1a HGB)	Ggf. aus §823 II BGB bei Kurs-/Marktpreismanipulation (§20a WpHG)		Enforcementverfahren (§§342b HGB, 37n ff. WpHG); BaFin-Anordnung der Fehlerpublikation (§40c WpHG i.V.m. §335 Abs. 1d HGB); BaFin-Veröffentlichung von WpHG-Verstößen (§40b WpHG); Delisting (Aufsichtsbehörden)

Abbildung A-41: Mögliche Folgen von Verstößen gegen handels- und börsenrechtliche Bilanzierungsvorschriften

5. Die Folgen der Verletzung steuerrechtlicher Bilanzierungsvorschriften

Im Geltungsbereich des Steuerrechts ist für Verstöße gegen die Vorschriften über die steuerliche Bilanzierung in erster Linie der Steuerpflichtige (§ 33 Abs.1 AO) selbst *verantwortlich*. Bei juristischen Personen und Personenvereinigungen trifft die Verantwortung nach § 34 AO deren vertretungsberechtigte Organe (Vorstand, Geschäftsführer). Zum Täterkreis von Steuerzuwiderhandlungen können aber auch andere Bevollmächtigte, Berater und Angestellte des Steuerpflichtigen gehören.

Die Steuerbilanz ist nicht Bestandteil der „Steuererklärung" im Rechtssinne, wenn sie auch praktisch mit dieser eingereicht wird. Sie sind vielmehr beizufügende „Unterlage" (§§ 150 Abs. 4 AO; 60 Abs. 2 EStDV). Das gilt im Ergebnis auch, wenn im automatisierten Besteuerungsverfahren Steuererklärungen und „sonstige für das Besteuerungsverfahren erforderliche Daten" durch Datenfernübertragung übermittelt werden (§§ 150 Abs. 6 AO, 5b EStG). Allerdings wirken sich Verstöße gegen Bilanzierungsvorschriften über die dann unrichtige Angabe der Einkünfte aus Gewerbebetrieb bzw. körperschaftsteuerliches Einkommen wie eine unrichtige Steuererklärung aus.

Wird zwar eine Steuererklärung, aber keine Steuerbilanz (fristgemäß) abgegeben/übermittelt, so kommt die Festsetzung des besonderen Druckmittels eines *Verspätungszuschlages* (§ 152 AO) nicht in Betracht, weil es sich bei der Steuerbilanz eben nur um eine „Unterlage" handelt, die die Steuererklärung nur unvollständig macht. Allerdings kann die Finanzbehörde die Einreichung/Übermittlung der Bilanz anordnen und ggf. gem. §§ 328 ff. AO nach vorheriger Androhung Zwangsmittel anwenden.[1] Das heißt, es kann nach pflichtgemäßem Ermessen als Beugemittel einmal oder mehrfach *Zwangsgeld* bis 25.000 Euro festgesetzt werden oder auf Kosten des Steuerpflichtigen die Steuerbilanz durch geeignete Sachverständige erstellt werden *(Ersatzvornahme)*. Das gilt auch bei der gesetzlich vorgeschriebenen elektronischen Übermittlung[2], es ist allerdings zu berücksichtigen, ob diese für den Steuerpflichtigen wirtschaftlich oder persönlich unzumutbar ist (§§ 150 Abs. 8 AO, 5b Abs. 2 EStG).

Seit 2009 kann die Finanzverwaltung bei Verweigerung oder Verzögerung der Vorlage von Unterlagen, die im Rahmen einer Außenprüfung vorzulegen sind (§ 200 Abs. 1 AO) ein sog. *Verzögerungsgeld* von 2.500 bis 250.000 Euro festsetzen (§ 146 Abs. 2b AO). Die Sanktion zielt zwar vorrangig auf Verstöße bei der elektronischen Buchführung (Verlagerung, Datenzugriff), erfasst aber auch die Vorlage von „Büchern", wozu auch z.B. ausländische Bilanzen zählen oder Aufzeichnungen, die für die Gewinnermittlung von Auslandbetriebstätten relevant sind (§ 90 Abs. 3 AO).

Vor oder anstelle des Einsatzes derartiger Vollstreckungs- und Beschleunigungsmittel wird die Finanzbehörde jedoch nach dem Grundsatz der Verhältnismäßigkeit gehalten sein, das mildere Mittel der *Schätzung* der Besteuerungsgrundlagen gem. § 162 Abs. 2 AO anzuwenden. Als Schätzungsfälle kommen nicht nur das Unterlassen der Bilanzerstellung oder die Nichtabgabe einer Steuerbilanz in Betracht, sondern auch die Ergänzung unvollständiger oder unrichtiger Detailangaben (z.B. über einzelne Bilanzposten). Vorher ist

---
1 BFH v. 22.12.1993, BFH/NV 1994, 447.
2 BMF v. 19.1.2010, BStBl 2010 I S. 47, Rdn. 4.

jedoch von der Finanzbehörde zu untersuchen, ob sich die Besteuerungsgrundlagen nicht aus der laufenden Buchführung und ggf. dem Inventar ermitteln lassen. Eine *Vollschätzung* wird daher nur in jenen schwerwiegenden Fällen in Betracht kommen, in denen weder Bilanzen erstellt wurden noch eine verwertbare laufende Buchführung vorliegt. Ergänzende *Teilschätzungen* sind möglich, wenn erhebliche Bilanzierungsfehler materieller Art sich nicht durch Rückgriffe auf die Aufzeichnungen der laufenden Buchführung und das Inventar verlässlich beseitigen lassen. Methoden der Schätzung sind – je nach Zweckmäßigkeit im Einzelfall – der innere oder äußere Betriebsvergleich und die Einzelschätzung. Bei *innerem Betriebsvergleich* werden die Lücken einer Periode durch Vergleich mit den Werten anderer Perioden im gleichen Betrieb geschlossen. Der *äußere Betriebsvergleich* ist durch die Orientierung an Vergleichsbetrieben (Richtbetrieben) gekennzeichnet (sog. *Richtsatzschätzung*). Bei der Einzelschätzung wird von feststellbaren Merkmalen ausgegangen, die einen Schluss auf die Höhe des fehlenden Wertes zulassen. Zwar hat die Behörde alle bedeutsamen Umstände zu berücksichtigen; es gilt jedoch im Allgemeinen nicht als ermessensfehlerhaft, wenn bei der Schätzung wegen Nichterfüllung der Mitwirkungspflichten mit Hilfe von sog. Unsicherheitszuschlägen der nach Überzeugung der Behörde wahrscheinlichste Sachverhalt zu erfassen versucht wird.

Erkennt der Bilanzierende nachträglich vor Ablauf der Festsetzungsfrist, dass die von ihm eingereichte Bilanz unrichtig oder unvollständig ist, so ist er nach h.M. gem. §153 AO unverzüglich zu einer *Berichtigungserklärung* verpflichtet, wenn es zu einer Steuerverkürzung kommen kann oder bereits gekommen ist.

Häufigste Folge von Bilanzierungsfehlern dürfte die durch die Finanzverwaltung veranlasste *Bilanzberichtigung* sein. Weicht die Festsetzungsstelle oder die Außenprüfung von der der Steuererklärung beigefügten Bilanz zu Recht ab, so ist der Steuerpflichtige verpflichtet, die Abweichungen durch Anpassungen in seinem Buchführungswerk und in den Abschlüssen zu berücksichtigen. Die finanzbehördlichen Abweichungen haben auch regelmäßig geänderte Feststellungs- und Festsetzungsbescheide und entsprechende Nachzahlungen sowie Steuerzinsen (§ 233a AO) zur Folge.

Berichtigte Bilanzansätze oder -werte sind häufig auf einen dem Bilanzierenden zuzugestehenden anderen *Beurteilungsspielraum* oder auf *Auslegungsfehler* der Rechtsvorschriften zurückzuführen. Vor allem bei Bewertungsfragen sind die Schätzungen des Bilanzierenden maßgebend, solange sie „vertretbar" sind und ihre Grundlage in objektiven Verhältnissen des Einzelfalls haben. Allerdings ist es häufig nach der Rechtsprechung und der Finanzverwaltung Sache des Bilanzierenden, in geeigneter Weise durch betriebliche Unterlagen die Angemessenheit seiner Einschätzungen nachzuweisen. Gelingt ihm dies nicht, so kann die Finanzverwaltung von seinen Bilanzwerten abweichen. Ein zu ahndendes Verhalten des Bilanzierenden ist hierin nicht zu sehen.

Werden allerdings im Zusammenhang mit der Bilanzierung unrichtige oder unvollständige Angaben über steuererhebliche Tatsachen gemacht oder wird die Finanzbehörde pflichtwidrig in Unkenntnis darüber gelassen, so kann eine Ahndung als *Steuerstraftat oder -ordnungswidrigkeit* erfolgen, wenn dadurch Steuern verkürzt werden (§§ 370 ff. AO). Unvollständig kann eine Bilanz sein, wenn positive Wirtschaftsgüter (z.B. entstandene Forderungen, angeschafftes Anlage- oder Umlaufvermögen) nicht aufgenommen wurden. Unrichtig sind Angaben, die nicht dem wahren Sachverhalt entsprechen (z.B.

Grundlagen der Bilanzierung

Verantwortlichkeit	▪ Steuerpflichtiger ▪ gesetzlicher Vertreter von juristischen und natürlichen Personen ▪ Geschäftsführer nichtrechtsfähiger Personenvereinigungen ▪ Gesellschafter von geschäftsführerlosen nichtrechtsfähigen Personenvereinigungen	§33 Abs.1 AO §34 Abs.1 AO §34 Abs.1 AO §34 Abs.2 AO
Feststellungsmaßnahmen	▪ Erklärungs-, Bilanzberichtigung ▪ Schätzung der Besteuerungsgrundlagen ▪ Nachentrichtung von Steuern ▪ Vollverzinsung der Nachzahlung	s. Kapitel F. §162 AO (§233a AO)
Mitwirkungsdurchsetzung	▪ Verzögerungsgeld bei Verweigerung/Verzögerung der Vorlage besteuerungsrelevanter Unterlagen bei der Außenprüfung	§§146 Abs. 2b ggf. i.V.m. 200 Abs. 1, 90 Abs. 3 AO
Vollstreckungsmaßnahmen	▪ Festsetzung von Zwangsgeld ▪ Ersatzvornahme auf Kosten des Pflichtigen	§§328f. AO §330 AO
Bußgeldbewehrte Ordnungswidrigkeit	▪ leichtfertige Steuerverkürzung durch unrichtige/unvollständige Angaben oder In-Unkenntnis-Lassen (rechtzeitige befreiende Berichtigung/Nachholung möglich) ▪ Steuergefährdung bei steuerverkürzender unrichtiger/unterlassener Verbuchung ▪ Verfolgungsverjährungsfrist 5 Jahre ▪ auf 5 Jahre verlängerte Festsetzungsfrist ▪ Nichtabzugsfähigkeit von Geldbußen	§§378, 370 AO §379 Abs. 1 AO §384 AO §169 Abs. 2 S. 2 AO §4 Abs. 5 Nr. 8 EStG
Freiheits-, Geldstrafe	▪ Steuerhinterziehung durch vorsätzliche unrichtige/unvollständige Angaben oder In-Unkenntnis-Lassen mit Steuerverkürzung (rechtzeitige befreiende Selbstanzeige möglich); Strafurteil oder Strafbefehl ▪ Verfolgungsverjährungsfrist 5/10 Jahre ▪ auf 10 Jahre verlängerte Festsetzungsfrist ▪ Hinterziehungszinsen ▪ Nichtabzugsfähigkeit von Geldstrafen und Hinterziehungszinsen	§370 AO §371 AO §400 AO §§385 AO, 78 StGB/§376 AO §169 Abs.2 S. 2 AO §235 AO §§4 Abs.4 Nr. 8 a, 12 EStG, 10 KStG

Abbildung A-42: Mögliche Folgen von Verstößen gegen steuerrechtliche Bilanzierungsvorschriften

Teilwertabschreibung ohne entsprechende Wertminderungsgründe). Unrichtig sind jedoch nicht die nach den Bilanzierungsnormen zulässigen Bilanzwerte, selbst wenn sie tatsächlichen Wertverhältnissen nicht entsprechen. In Unkenntnis bleibt die Finanzverwaltung z.B., wenn die Steuerbilanz als beizufügende Anlage der Steuererklärung fehlt oder die Berichtigungserklärung bei nachträglichen Sachverhaltsänderungen (z.B. Stornierungen vor dem Bilanzstichtag) unterbleibt.

Freiheits- oder Geldstrafe kommt dann in Betracht, wenn der Bilanzierende die Pflichtwidrigkeit mit Wissen und Wollen (Vorsatz) begeht (*Steuerhinterziehung*, § 370 AO). Unter Umständen tritt jedoch bei rechtzeitiger Selbstanzeige und Nachentrichtung der Steuern Straffreiheit ein (§ 371 AO).

Wird der Bilanzierungsfehler im obigen Sinne nicht mit Vorsatz, sondern nur mit besonderer Nachlässigkeit (Leichtfertigkeit) begangen, so kann eine Ahndung als *„leichtfertige Steuerverkürzung"* (§ 378 AO) mit Geldbuße bis 50.000 Euro in Betracht kommen. Auch hier ist bei rechtzeitiger Berichtigung, Ergänzung oder Nachholung der Angaben eine Freistellung von der Sanktionsfolge möglich (§ 378 Abs. 3 AO).

Den Bilanzierungsverstößen kann auch die Ordnungswidrigkeit einer *„Steuergefährdung"* wegen Nichtverbuchung oder unrichtiger Verbuchung (§ 379 Abs. 1 Nr. 3 AO) vorhergehen.

Bei Steuerordnungswidrigkeit und Steuerstraftaten verlängert sich die *Festsetzungsfrist* für die verkürzten Steuern auf 5 bzw. 10 Jahre (§ 169 Abs. 2 S. 2 AO). Die festgesetzten Geldbußen oder die auf Urteil oder Strafbefehl beruhenden Geldstrafen sowie die Hinterziehungszinsen dürfen nicht als Betriebsausgaben abgesetzt werden (§§ 4 Abs.5 Nr. 8, 8a; 12 Nr. 4 EStG, 10 Nr. 3 KStG).

Einen Überblick der möglichen Rechtsfolgen bei Verstößen im Zusammenhang mit der steuerlichen Bilanzierung gibt Abbildung A-42.

VII. Bilanzrecht und Bilanztheorien

1. Die Bedeutung von Bilanztheorien

Zum Abschluss der grundlegenden Betrachtung von Handels- und Steuerbilanzen sei der Blick noch auf das Verhältnis zwischen den betriebswirtschaftlich-theoretischen Bilanzauffassungen und der Handels- und Steuerbilanz „im Rechtssinne" sowie der IFRS-Bilanz gerichtet. Die wissenschaftliche Beschäftigung mit Bilanzen reicht bis an den Anfang des 20. Jahrhunderts zurück und hat eine Vielzahl von *„Auffassungen"* hervorgebracht, die allerdings nur selten den Anspruch einer Theorie im Sinne eines umfassenden, geschlossenen und begründbaren Aussagensystems erfüllen. Die in einer langen Entwicklungsgeschichte gewachsenen Auffassungen der Bilanztheoretiker sind derart heterogen, dass sich im Nachhinein kaum ein überschneidungsfreies und vollständiges System von Bilanzauffassungen strukturieren lässt, das nicht nur an dem genetischen Kriterium „ältere" und „neuere" anknüpft. Gemeinsam ist allen betriebswirtschaftlichen Erörterungen über das Bilanzierungsproblem, dass sie beschreiben,

- wie eine Bilanz als Ermittlungsmodell auszusehen hat, wenn sie bestimmte Aufgaben zu erfüllen hat,
- wie einzelne Abbildungen oder Abbildungsregeln (de lege lata oder ohne Rechtsnormenbezug) zu erklären sind oder
- wie die Bilanz aus Sicht eines Rechnungslegungsbeteiligten zielgerecht zu gestalten ist.

Einem Teil der Bilanztheoretiker ist auch daran gelegen,

- Bilanzierungsnormen einer kritischen Würdigung aus betriebswirtschaftlicher Sicht zu unterziehen und darauf aufbauend Gestaltungsempfehlungen (de lege ferenda) an den Normensetzer zu richten.

Je nach wissenschaftlicher Ausrichtung der Forscher basieren die Theorien auf abstrakten, realitätsungebundenen Annahmen (idealtheoretische, „reine" Bilanzkonzepte) oder auf dem tatsächlichen rechtlichen Rahmen bzw. dem empirisch feststellbaren Verhalten der Bilanzierenden und Bilanzadressaten (realtheoretische, „angewandte" Bilanzkonzepte). Obwohl vielfältige Vermengungen dieser Erkenntnisaufgaben festzustellen sind, sind die meisten der „klassischen" Bilanztheorien vom erstgenannten Typ eines aufgabenorientierten Ermittlungsmodells auf idealtheoretischer Basis.

Die vor allem von Betriebswirten geschaffenen Vorstellungen vom „richtigen" Wesen und der „richtigen" Gestalt der Bilanz haben unmittelbar *keine Bedeutung für die praxisrelevante „Bilanz" im Rechtssinne*. Dennoch üben die Bilanztheorien einen erheblichen Einfluss auf die Gesetzgebung, Rechtsfortbildung und Rechtsanwendung aus. Dies nicht nur wegen der bilanztheoretischen Vorprägung der beteiligten Fachkreise, der wissenschaftlichen Normenkritik und der Beratung bei der Gesetzesvorbereitung, sondern insbes. dann, wenn die gesetzlichen Zwecksetzungen der Bilanz im Rechtssinne den Aufgabenstellungen der betriebswirtschaftlichen Bilanz entsprechen und sich Auslegungsmöglichkeiten unbestimmter Rechtsbegriffe (z.B. der „GoB") ergeben oder Gesetzeslücken zu schließen sind.

Typisch für die neueren Entwicklungen ist, dass nicht mehr die Bilanz i.e.S. Gegenstand theoretischer Konzepte ist, sondern die *gesamte Rechnungslegung*, deren Teil die Bilanz ist. Wegen der Ausstrahlungen der umfassenderen Theoreme auf die Konzeption der Bilanz i.e.S. werden diese „Rechnungslegungstheorien" hier auch den „Bilanzauffassungen" zugeordnet.

2. Grundzüge einiger Bilanzauffassungen

a) Statische Bilanzauffassungen

Nach der älteren (juristischen, insbes. von SIMON geprägten) statischen Bilanztheorie hat die kaufmännische Bilanz primär „den Zweck, die Übersicht und Feststellung des Vermögensbestandes in einem bestimmten Zeitpunkte ... zu bewirken".[1] Durch Vergleich dieses Reinvermögensbestandes, bewertet zum gegenwärtigen „allgemeinen Verkehrswert", zu verschiedenen Zeitpunkten lasse sich auch das „Resultat der Geschäftsführung" der

---

1 ROHG v. 1873, Bd. XII, S. 17.

dazwischen liegenden Periode ermitteln. Später wurde diese stichtagsbezogene Brutto-Vermögensdarstellung noch durch besondere Vermögens- und Kapitalgliederungen und deren spezifische Bewertungsmaßstäbe verfeinert. Nach der weiterentwickelten statischen Bilanztheorie (z. B. LE COUTRES „totale" Bilanz) soll die Bilanz den Stand (Status) der Vermögens- und Kapitalwerte an einem bestimmten Stichtag darstellen, als nominelle Kapitalbestandsrechnung die finanzielle Konstitution und Situation der Unternehmung überwachen und das eingesetzte Kapital erhalten. Aus dieser Zwecksetzung werden beispielsweise die Forderungen nach strengem Stichtagsbezug, nach Einzelbetrachtung der Vermögensgegenstände und Schulden, nach klarer Bilanzgestaltung (Bruttoprinzip), nach tiefer, sachgerechter Gliederung und Bewertung nach dem Anschaffungskostenprinzip abgeleitet. Die Aufgabe der Gewinnermittlung kommt danach – im Gegensatz zur älteren Statik – allein der Gewinn- und Verlustrechnung zu, die als „Kapitaleinsatzbilanz" gleichrangig neben der Beständebilanz steht.

b) Dynamische Bilanzauffassungen

Einen anderen Ansatzpunkt wählten die dynamischen Bilanztheorien. Bei ihnen steht die Ermittlung eines vergleichbaren Periodenerfolgs zur wirtschaftlichen Unternehmenssteuerung im Vordergrund der Bilanzierung. Die Erfolgsermittlung erfolgt aber nicht durch Vergleich von Kapitalbeständen unterschiedlicher Zeitpunkte, sondern durch verursachungsgerechte Periodenzurechnung von Einnahmen und Ausgaben. Diese Problematik ergibt sich durch die Notwendigkeit, die Totalperiode (Existenzzeit der Unternehmung) in Teilperioden zu zerlegen. Deshalb sieht EUGEN SCHMALENBACH, der Begründer der *dynamischen Bilanzauffassung*, in der Bilanz ein Abrechnungskonto über die noch nicht erfolgswirksam gewordenen Ausgaben und Einnahmen, während die in der abgelaufenen Periode realisierten Ausgaben und Einnahmen als Aufwand und Ertrag in der GuV-Rechnung erfolgswirksam geworden sind. Die Bilanz ist bei dieser Interpretation ein „Kräftespeicher der Unternehmung", der auf der Aktivseite künftige Aufwendungen und Einnahmen sowie liquide Mittel („Vorleistungen"), auf der Passivseite künftige Ausgaben und Erträge sowie das Eigenkapital („Nachleistungen") enthält. Vergleichbare, verursachungsgerechte Ermittlung des Periodengewinns ist die Hauptforderung der dynamischen Bilanztheorie.

Die so skizzierte Grundkonzeption erfuhr – neben vehementer Kritik – mancherlei Ergänzungen und Weiterentwicklungen und prägte bis heute das betriebswirtschaftliche Bilanzdenken.

Die *finanzwirtschaftliche Konzeption* (WALB) erfasst die betrieblichen Wertebewegungen kontenmäßig in einer Leistungs- und einer Zahlungsreihe. Die Leistungsreihe widerspiegelt betriebliche Sachgüter- und Leistungsbewegungen sowie die Tauschvorgänge mit der Umwelt und schlägt sich als Differenz der Leistungseingänge und -ausgänge in der GuV-Rechnung nieder. Die Bilanz wird hingegen als Abschluss der korrespondierenden Zahlungsreihe gesehen, die alle Geldbewegungen (Zahlungseingänge/Zahlungsausgänge) erfasst. Dabei soll nicht nur der Periodenerfolg ermittelt werden, sondern auch Aufschluss über die Herkunft und den Verbleib sowie den Bestand der liquiden Mittel gegeben werden.

Eine weitere Fortentwicklung erfuhr die dynamische Bilanzauffassung durch den Ansatz von SOMMERFELD. Seine *„eudynamische" Bilanztheorie* lässt als Gewinn nur den Betrag

Grundlagen der Bilanzierung

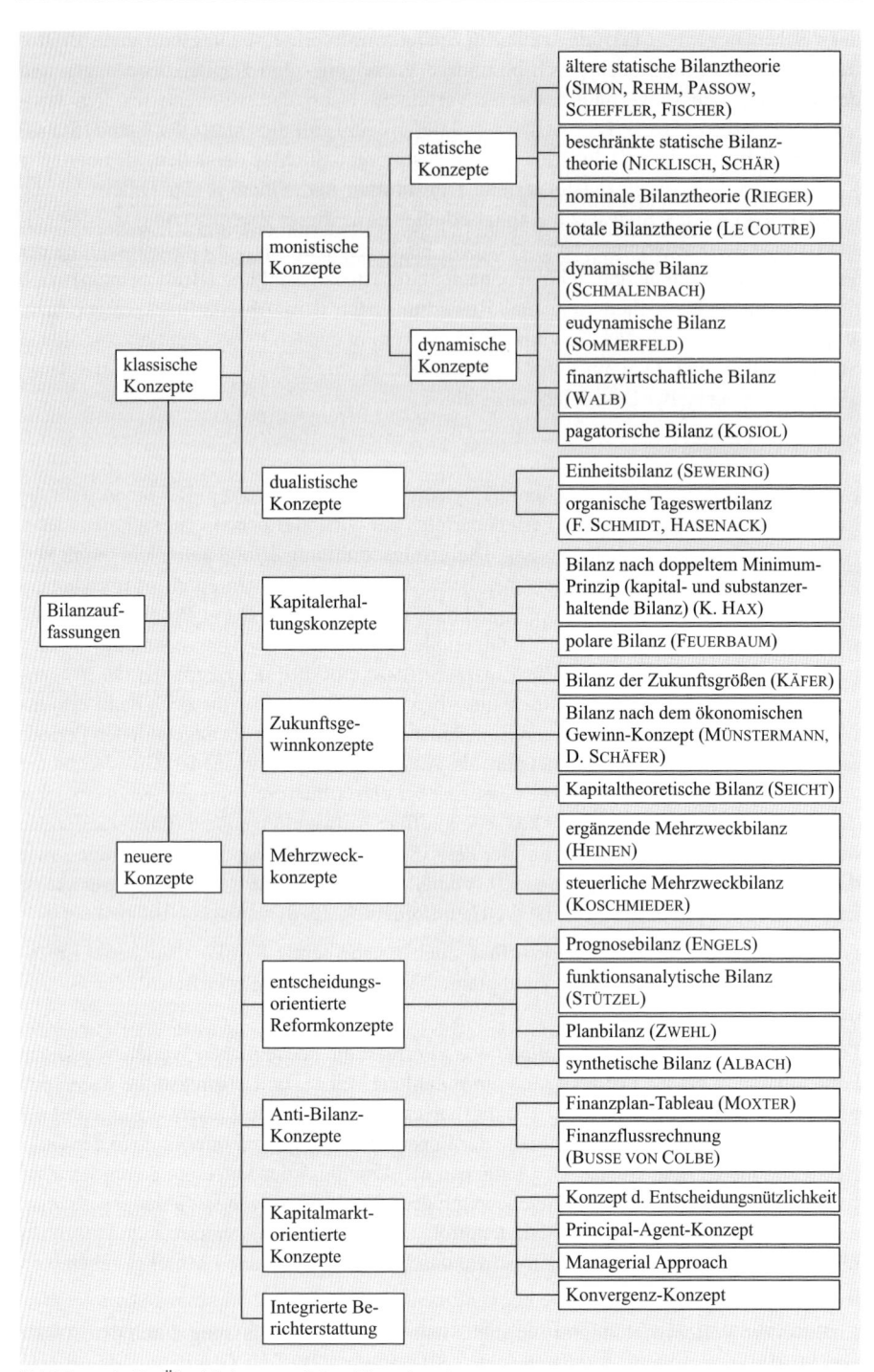

```
Bilanzauffassungen
├── klassische Konzepte
│   ├── monistische Konzepte
│   │   ├── statische Konzepte
│   │   │   ├── ältere statische Bilanztheorie (SIMON, REHM, PASSOW, SCHEFFLER, FISCHER)
│   │   │   ├── beschränkte statische Bilanztheorie (NICKLISCH, SCHÄR)
│   │   │   ├── nominale Bilanztheorie (RIEGER)
│   │   │   └── totale Bilanztheorie (LE COUTRE)
│   │   └── dynamische Konzepte
│   │       ├── dynamische Bilanz (SCHMALENBACH)
│   │       ├── eudynamische Bilanz (SOMMERFELD)
│   │       ├── finanzwirtschaftliche Bilanz (WALB)
│   │       └── pagatorische Bilanz (KOSIOL)
│   └── dualistische Konzepte
│       ├── Einheitsbilanz (SEWERING)
│       └── organische Tageswertbilanz (F. SCHMIDT, HASENACK)
└── neuere Konzepte
    ├── Kapitalerhaltungskonzepte
    │   ├── Bilanz nach doppeltem Minimum-Prinzip (kapital- und substanzerhaltende Bilanz) (K. HAX)
    │   └── polare Bilanz (FEUERBAUM)
    ├── Zukunftsgewinnkonzepte
    │   ├── Bilanz der Zukunftsgrößen (KÄFER)
    │   ├── Bilanz nach dem ökonomischen Gewinn-Konzept (MÜNSTERMANN, D. SCHÄFER)
    │   └── Kapitaltheoretische Bilanz (SEICHT)
    ├── Mehrzweckkonzepte
    │   ├── ergänzende Mehrzweckbilanz (HEINEN)
    │   └── steuerliche Mehrzweckbilanz (KOSCHMIEDER)
    ├── entscheidungsorientierte Reformkonzepte
    │   ├── Prognosebilanz (ENGELS)
    │   ├── funktionsanalytische Bilanz (STÜTZEL)
    │   ├── Planbilanz (ZWEHL)
    │   └── synthetische Bilanz (ALBACH)
    ├── Anti-Bilanz-Konzepte
    │   ├── Finanzplan-Tableau (MOXTER)
    │   └── Finanzflussrechnung (BUSSE VON COLBE)
    ├── Kapitalmarktorientierte Konzepte
    │   ├── Konzept d. Entscheidungsnützlichkeit
    │   ├── Principal-Agent-Konzept
    │   ├── Managerial Approach
    │   └── Konvergenz-Konzept
    └── Integrierte Berichterstattung
```

Abbildung A-43: Überblick wesentlicher Bilanztheorien

ausweisen, der nach „qualifizierter Substanzerhaltung" verbleibt. Dies wird insbesondere durch Rücklagen für Wachstums- und Substanzsicherung sowie für Dividendenausgleich erreicht.

Auch bei KOSIOL's umfassender Konzeption der *„pagatorischen"* Bilanz steht die Gewinnermittlung im Vordergrund, wobei alle Geschäftsvorfälle auf Zahlungsvorgänge (Einnahmen/Ausgaben) zurückgeführt werden. Die pagatorische Beständebilanz enthält auf der Aktivseite „Einnahmebestände" (Kasse, Forderungen) und „Ausgabengegenwerte" (Vorräte), auf der Passivseite „Ausgabenbestände" (Schulden) und „Einnahmengegenwerte" (Reservate).

c) Organische Bilanzauffassung

Während bei den statischen Bilanzauffassungen eher die Vermögensdarstellung, bei den dynamischen hingegen eher die periodengerechte Erfolgsermittlung als hauptsächliche Bilanzzwecke gesehen werden, verfolgte FRITZ SCHMIDT mit seiner Auffassung von einer *„organischen Bilanz"* den dualistischen Zweck einer gleichzeitigen Erfolgs- und Vermögensermittlung. Prägende Eigenheit seiner Bilanzkonzeption ist jedoch der Versuch, den umweltbezogenen Faktor der konjunkturabhängigen Geldwertänderungen (Inflation/Deflation) bei der Bilanzierung derart zu berücksichtigen, dass trotz nomineller Geldrechnung die materielle Gütersubstanz der Unternehmung nicht durch Ausschüttung von sog. „Scheingewinnen" vermindert wird. Um dies zu erreichen, sieht die organische Bilanztheorie vor allem als Ausgangswert für die Bewertung und Abschreibungen den Wiederbeschaffungs- oder Wiederherstellungskostenwert vom Bilanzstichtag vor (Tageswertprinzip).

d) Neuere Bilanzauffassungen

Die bilanztheoretischen Diskussionen der letzten Jahrzehnte beschäftigten sich vor allem mit

- *Kapitalerhaltungskonzepten*, die bei Inflation eine Ausschüttung und Besteuerung von sog. „Scheingewinnen" mit konventionellen bilanziellen Mitteln verhindern sollen. „Scheinverluste" sollen vor ihrer Eliminierung u.U. mit „Scheingewinnen" verrechnet werden, zum Teil aber auch nicht (z.B. KARL HAX „symmetrisches doppeltes Minimum" bzw. „Polare Bilanz" von FEUERBAUM),
- *Zukunftsgewinnkonzepten*, die insbes. die Erhaltung des Ertragswertes der Unternehmung auf der Basis von Ermittlungen des sog. „Ökonomischen Gewinns" (Ertragswertzuwachs) sicherstellen sollen (z.B. DIETER SCHNEIDER, MÜNSTERMANN) oder auf der Basis von kapitaltheoretischen Gesamtunternehmensbewertungen zukunftsbezogene Entscheidungen ermöglichen sollen („kapitaltheoretische Bilanz" von SEICHT, „synthetische Bilanz" von ALBACH, „Bilanz der Zukunftsgrößen" von KÄFER),
- *Mehrzweckkonzepten*, die differenzierte Bilanzaufgaben durch eine Grundrechnung mit ergänzenden Nebenrechnungen erfüllen wollen („ergänzte Mehrzweckbilanz" von HEINEN; „steuerliche Mehrzweckbilanz" von KOSCHMIEDER),
- *Anti-Bilanz-Konzepten*, die die konventionelle Bilanz wegen ihrer mangelhaften Funktionserfüllung durch andersartige „prospektive" Rechenwerke ersetzt – oder zumin-

dest erweitert – wissen wollen, (z.B. „Finanzplan-Tableau" von MOXTER; „Finanzflussrechnung" von BUSSE VON COLBE),
- *Reformkonzepten*, die auf der Basis des bestehenden Bilanzrechts eine Verbesserung der Bilanzierung durch Änderung von Einzelheiten herbeiführen wollen (z.B. LEFFSON'S GoB-Deduktion, KOCH'S Modifizierung des Niederstwertprinzips, STÜTZEL'S Funktionsanalyse; BAETGE'S hermeneutische Methode der GoB-Ermittlung) und
- *Konzepte einer kapitalmarktorientierten Rechnungslegung* (allgemein z.B. MATTHIAS SCHMIDT), umfassen insbes.
  - das Konzept der Entscheidungsnützlichkeit der Informationen für Anteilseigner am Kapitalmarkt (*decision-usefulness-Konzept* des IASB).
  - bilanzielle Subtheoreme aus dem allgemeinen *Principal-Agent-Konzept*. Dieser Ansatz ist besonders für den Fall großer börsennotierter Kapitalgesellschaften geeignet, bei denen die Gefahr der Auseinanderentwicklung der Interessen von Management und Anteilseignern besteht. Bilanztheoretische Subtheoreme widmen sich z.B. den Beschränkungen der rechnungslegenden Agenten (Management), die versucht sein könnten, die Informationsasymmetrien zu Ungunsten der Prinzipale (Anteilseigner) aus Eigeninteresse zu nutzen (z.B. MAX HAAS). Konsequent werden deshalb die Gestaltungsspielräume der rechnungslegenden Unternehmensführung (sog. „Bilanzpolitik") eingeschränkt. Außerdem werden auf principal-agent-Basis z.B. Zusammenhänge zwischen Rechnungslegung und Managemententlohnungssystemen analysiert und Gestaltungsvorschläge abgeleitet;
  - den *„Management Approach"*, wie er in mehreren IFRS vorgeschrieben ist (zuletzt: IFRS 8).[1] Von der Idee her soll den Abschlussadressaten die Sichtweise des Managements ermöglicht werden. Ihm stehen die Daten des internen Reporting (Controlling) zur Verfügung, nach denen auf der Basis der vorliegenden internen Organisationsstrukturen unternehmensintern entschieden wird. Ob externe Adressaten damit nicht überfordert sind und die zwischenbetriebliche Vergleichbarkeit beeinträchtigt wird, mag dahinstehen.
  - das *Konvergenz-Konzept*[2], wonach interne und externe Unternehmensrechnung deckungsgleich werden sollen (STEFAN MÜLLER, ANDREAS STUTE). Interne Daten werden nach außen kommuniziert, externe Rechnungslegungsdaten werden controllingrelevant. Letztlich soll ein Unternehmen, das IFRS anwendet, auf eine separate interne Unternehmensrechnung (z.B. Kosten- und Erlösträgerzeitrechnung) verzichten können. Das bewirkt allerdings – bezogen auf den hohen Differenzierungsgrad der deutschen internen Unternehmensrechnung eine beträchtliche „Entfeinerung".

---

1 Der im Zusammenhang mit der Segmentberichterstattung relevante „risk-and-reward-approach" ist spezifisch für dieses Rechnungslegungsinstrument, nicht allgemeingültig für die Rechnungslegung.
2 Als *Konvergenz-Ansatz* wird allerdings auch das Bestreben bezeichnet, eine Angleichung von IFRS und US-GAAP herbeizuführen. Grund hierfür sind die Forderungen der US-Börsenaufsicht SEC für ein cross-border-Listing ausländischer Unternehmen an US-Börsen. Von einem bilanztheoretischen Konzept kann hier kaum gesprochen werden.

e) Das Konzept der integrierten Berichterstattung

Integrierte Berichterstattung (Integrated Reporting) ist ein ganzheitliches Konzept der Unternehmensberichterstattung. Es verknüpft die klassische Finanzberichterstattung (Jahresabschluss, Kapitalflussrechnung etc.) mit der sog. Nachhaltigkeitsberichterstattung[1]. Letztere berücksichtigt insbes. Aspekte von Ressourcen und Klima, Sozial- und Gesellschaftsbeziehungen (CSR), Corporate Governance, Risiko- und Chancenmanagement und Compliance. Vorwiegend quantitative und kurzfristige Finanzinformationen werden um eher qualitative und langfristige Nichtfinanzinformationen (z.B. ökologische, soziale und gesellschaftliche Aspekte) erweitert und die Zusammenhänge zwischen Unternehmenserfolg und Nachhaltigkeit *(sustainability)* sollen in nur einem Bericht („one report"[2]) für alle interessierten stakeholder des Unternehmens dargestellt und erläutert werden. Als Orientierungsrahmen hat das International Integrated Reporting Council (IIRC) 2013 ein prinzipienorientiertes Rahmenkonzepts (Framework) für das *Integrated Reporting* verabschiedet.[3]

Nach diesem skizzenhaften Exkurs in den Bereich der betriebswirtschaftlichen Bilanz- und Rechnungslegungstheorien gilt es nun der Frage nachzugehen, inwieweit diese Theorien/Theoreme bisher das geltende Bilanzrecht beeinflusst haben und damit im Zweifel auch als Leitideen zur Lösung von Auslegungsproblemen herangezogen werden können.

3. Bilanztheoretische Würdigung der HGB-Handelsbilanz

Vergleicht man die sich aus der obigen Beschreibung der Rechtsvorschriften herauskristallisierende Eigenheiten der Handelsbilanz mit der in groben Zügen dargestellten statischen Bilanzauffassung, so liegt eine Charakterisierung der rechtlichen Handelsbilanz als *„statische Bilanz"* nahe:

- Bereits nach der Definition des § 242 Abs.1 HGB stellt die Bilanz einen stichtagsbezogenen Abschluss dar, der das Verhältnis von Vermögen und Schulden zeigt.
- Nach der Generalnorm des § 264 Abs. 2 S. 1 HGB ist der Bilanz bei Kapitalgesellschaften (im Rahmen des Jahresabschlusses) die Aufgabe übertragen, ein den tatsächlichen Verhältnissen entsprechendes Bild der Vermögens-, (Finanz- und Ertragslage) zu vermitteln.
- Schließlich wird die verfälschte oder verschleierte Darstellung der Vermögenslage nach § 82 Abs. 2 Nr. 2 GmbHG mit Sanktionen bedroht.

Ebenso kann man auch in der

- zumindest für große und mittlere Kapitalgesellschaften geltenden differenzierten Aufgliederungspflicht der Aktiva und Passiva (§ 266 HGB),

---

1 Siehe https://www.globalreporting.org/Pages/default/aspx.
2 ROBERT G. ECCLES/MICHAEL P. KRZUS, One Report: Integrated Reporting for Sustainable Strategy, Hoboken (New Jersey) 2010.
3 http://integratedreporting.org/resource/international-ir-framework/.

- im Verbot der Aktivierung von Gründungs- und Eigenkapitalbeschaffungsaufwand sowie von bestimmten selbst geschaffenen immateriellen Werten wie Marken, Drucktitel, Verlagsrechte, Kundenlisten etc. (§ 248 Abs. 1 und 2 HGB),
- in der Beschränkung auf bestimmte gesetzlich umschriebene Rückstellungstypen (§ 249 HGB) und
- in der Beschränkung der Rechnungsabgrenzungsposten auf transitorische Posten i.e.S. (§ 250 HGB)

Merkmale statischer Bilanztheorien sehen. Da mit der Statik in erster Linie dem Gläubigerinteresse auf Einblick in die Vermögens- und Verschuldungslage gedient ist, und dies nach dem gewachsenen Bilanzrecht der ursprüngliche Schutzzweck war, leuchtet diese statische Orientierung ein. Hierauf baut dann auch die herrschende Interpretation des zentralen Rechtsbegriffs vom „Vermögensgegenstand" auf.[1]

Mit dem zunächst bei Aktiengesellschaften aufkommenden Schutzbedürfnis der Anteilseignerinteressen und der Respektierung des Selbstinformationszwecks gewann die Gewinnermittlungsfunktion der Handelsbilanz und – weil damit zweckidentisch – die *dynamische Bilanzauffassung* auch für die Handelsbilanz größere Bedeutung. Als dynamische Elemente der Handelsbilanz können heute angesehen werden:

- Die wenn auch beschränkte Zulässigkeit von Posten der aktiven und passiven Rechnungsabgrenzung (einschließlich der Disagioabgrenzung) des § 250 HGB,
- die Aktivierungspflicht und planmäßige Periodenverteilung des entgeltlich erworbenen Geschäfts- oder Firmenwerts (§§ 246 Abs. 1 S. 4, 253 Abs. 3 S. 4 HGB),
- die Bildung von aktiven und passiven Abgrenzungsposten für latente Ertragsteuern (§ 274 HGB).

Mit dem BilMoG sind allerdings einige besondere Dynamik-Posten entfallen:

- die Zulässigkeit der Aktivierung und Periodenverteilung von Aufwendungen für die Ingangsetzung und Erweiterung des Geschäftsbetriebs (§§ 269, 282 HGB a.F.),
- die Zulässigkeit von Rückstellungen für bestimmte Aufwendungen des abgelaufenen oder eines früheren Geschäftsjahres (§ 249 Abs.2 HGB a.F.) und
- die Periodisierung von auf das Vorratsvermögen entfallenden Zöllen und Verbrauchsteuern sowie Umsatzsteuer auf Anzahlungen (§ 250 Abs. 1 S. 2 Nr. 1 und 2 HGB a.F.).

Andererseits schränkt das vorsichtige, gegenstandsbezogene Wertdenken vielfach die Aktivierung von zukunftsbezogenen Ausgaben zum Schutze der Gläubiger ein (Verbot der Bilanzierung von Gründungsaufwendungen und Eigenkapitalbeschaffungskosten, § 248 HGB). Das in gleicher Weise wirkende generelle Verbot der Aktivierung selbst geschaffener immaterieller Vermögensgegenstände (§ 248 Abs. 2 HGB a.F.) wurde allerdings mit dem BilMoG aufgegeben,

Das die *dynamische* und *organische* Bilanzauffassung charakterisierende Substanzerhaltungsdenken hat im gegenwärtigen Recht keinen wesentlichen Niederschlag gefunden. Eine Bilanzierung zu Wiederbeschaffungskosten, wie sie Art. 7 der Richtlinie 2013/34/EU als nationales Wahlrecht vorsieht, hat der deutsche Gesetzgeber nicht übernommen und stattdessen am Anschaffungskostenprinzip und Währungsnominalismus festgehalten.

---

1 Siehe Kap. C.II.1.a).

Wenn auch grundsätzlich die Substanzerhaltung als Aufgabe der Gewinnverwendung (Rücklagenbildung) gesehen wird, so sind doch einige Möglichkeiten zur Unterstützung dieses Ziels – zum Teil aus anderen Gründen – im HGB versteckt:

- die Zulässigkeit der Festwert-Bewertung (§ 240 Abs. 3 HGB) und
- die Zulässigkeit von Bewertungsvereinfachungsverfahren, insbes. des Lifo-Verfahrens bei steigenden Preisen (§ 256 HGB) sowie
- die mit dem BilMoG eingeführte Bewertung von Altersversorgungsvermögen zum höheren beizulegenden Zeitwert (§ 253 Abs. 1 S. 4 HGB).

Die *neueren Bilanzkonzepte* vermochten lange Zeit das geltende Bilanzrecht nicht wesentlich zu prägen. Ein tendenzielles Anerkenntnis der Bemühungen von Betriebswirten, die Bedeutung von Informationen über die Finanzströme des Unternehmens für die externen Bilanzadressaten konnte allenfalls im Gebot gesehen werden, ein den tatsächlichen Verhältnissen entsprechendes Bild der „Finanzlage" zu vermitteln (§ 264 Abs. 2 HGB). Diese Generalnorm gilt jedoch nur für Kapitalgesellschaften und auch dort nur sehr beschränkt.[1] Das BilMoG von 2009 enthält allerdings deutliche Veränderungen in Richtung auf eine Konformität des HGB mit den kapitalmarktorientierten IFRS. Dabei soll insbes. die Verminderung offener Wahlmöglichkeiten der Rechnungsleger den Managementeinfluss zurückdrängen und die informationelle Entscheidungsgrundlage der Kapitalmarktadressaten verbessern. Beispiele:

- Eliminierung des Steuereinflusses in der Handelsbilanz durch Aufgabe der Öffnungsklauseln zur Ermöglichung der „umgekehrten Maßgeblichkeit" (z.B. Wegfall von steuerrechtlichen Abschreibungen und Sonderposten mit Rücklageanteilen, §§ 254 bzw. 247 Abs. 3 HGB a.F.),
- Wegfall des Aktivierungsverbots für originäres immaterielles Anlagevermögen (§ 248 Abs. 2 HGB a.F.),
- Wegfall von Aufwandsrückstellungen (§ 249 Abs. 1, 2 HGB a.F.),
- Abzinsungsgebot für Rückstellungen (§ 253 HGB),
- Wegfall von Ermessensabschreibungen (§ 253 Abs. 4 HGB a.F.),
- Einschränkung der Bewertungsvereinfachungsverfahren (§ 256 S. 1 HGB) und
- Wegfall des Wahlrechts der Einbeziehung variabler Gemeinkosten in die Herstellungskosten (§ 255 Abs. 4 HGB a.F.).
- Eine stärkere Hinwendung zur Kapitalmarktorientierung und zum IFRS-Prinzip der Entscheidungsnützlichkeit kann auch in der sanktionsbewehrten Offenlegungspflicht für alle Kapitalgesellschaften (§ 325 HGB) gesehen werden.

Insgesamt lässt sich feststellen, dass die Handelsbilanz statische und dynamische Züge aufweist, wobei sie der statischen Bilanzauffassung näher steht als der dynamischen. Die auf IFRS-Harmonisierung, Verbesserung der Aussagekraft und Offenlegung sowie die Zurückdrängung des lange vorherrschenden Vorsichtsprinzips ausgerichtete Bilanzrechtsmodernisierung lässt deutliche Kapitalmarktorientierung erkennen.

---

1 Siehe Kap. B.III.3.

4. Bilanztheoretische Würdigung der IFRS-Bilanz

Viele Eigenheiten der aus der Praxis der Rechnungsleger und eher kasuistisch entwickelten IFRS-Bilanz haben Bezüge zu Bilanztheorien, ohne dass man eine theoretische Fundierung unterstellen kann.

Auf den ersten Blick ergeben sich nach der „*decision-usefulness*"-Zielvorstellung (IASB-F.OB2) die deutlichsten Bezüge zu *kapitalmarktbezogenen Bilanztheorien*. Sicher lassen sich nur die quantitativ wesentlich gesteigerten Angabepflichten der IFRS-Rechnungslegung als eine ansatzweise Erfüllung der Informationsbedürfnisse der Kapitalmarktadressaten deuten, ob sie qualitativ zur Entscheidungsverbesserung beitragen, im Einzelfall und generell entscheidungsförderlich sind, bleibt dahingestellt *(information-overflow)*. Unbestreitbar – weil ausdrücklich verfolgt – werden einige Standards durch den *Management Approach* geprägt (z.B. IFRS 3, IFRS 8).

Auch gibt es vom Ansatz her insbes. mit der Reduzierung von offenen Bilanzierungs-/Bewertungswahlrechten Kompatibiltäten mit dem *principal-agent-Ansatz*, der die Beseitigung asymetrischer Informationsvorteile bezweckt. Ob aber letztlich durch sog. verdeckte Wahlrechte und durch die Maßgeblichkeit unternehmensindividueller Organisationsgestaltungen die Einflussmöglichkeiten des Managements zur Bilanzgestaltung reduziert und die Vergleichbarkeit verbessert wird, bleibt zweifelhaft.

Zu den *statischen Bilanztheorien* lassen sich kaum Bezüge feststellen. Weder wird auf eine objektivierbare Feststellung der Vermögenswerte und Schulden, noch auf deren einzelobjektbezogene Aufgliederung Wert gelegt (*asset*-Begriff, Bewertungseinheiten). Allenfalls die Neigung zur Zeitwert-Bewertung *(fair value)* lässt sich als ein statisches Element realistischer Vermögensermittlung deuten.

Mehr Gemeinsamkeiten ergeben sich mit *dynamischen Bilanztheorien*: Schon vom Ansatz einer vorrangig informationsorientierten Aufgabenstellung nähern sich SCHMALENBACHS dynamische Bilanz und IFRS-Bilanz, aber auch vom Verständnis der Bilanzierungsobjekte *asset* und *liability* als künftige Nutzen bzw. Nutzeneinbußen, der Minderachtung des Vorsichtsprinzips und der Konvergenz interner und externer Unternehmensrechnung sind Gemeinsamkeiten zu erkennen.

Ähnlich wie bei der *organischen Bilanztheorie* treten bei den IFRS Objektivierungserfordernisse zurück. Das Tageswert-Konzept hat einige Gemeinsamkeiten mit dem *fair-value*-Konzept. Zumindest formal ist die IFRS-Neubewertungsrücklage mit der Substanzerhaltungsrücklage vergleichbar. Nach IASB-F 4.57 ff. wird zwar dem Bilanzierenden eine Wahlmöglichkeit zwischen finanzwirtschaftlicher und leistungswirtschaftlicher Kapitalerhaltung überlassen, faktisch orientieren sich aber die IFRS an der erstgenannten.

Beträchtliche Gemeinsamkeiten zwischen IFRS bestehen zu den übrigen *neueren Bilanztheorien*: Mit KÄFERS Bilanz der Zukunftsgrößen (Chancen und Risiken) korrespondiert die zahlungs-/nutzenorientierte IFRS-Definition der Bilanzobjekte *asset* und *liability*. Entsprechendes gilt für die Zukunftsgewinnkonzepte.

Die *Anti-Bilanzkonzepte* wurden hingegen – abgesehen von der cash-flow-orientierten Definition der *assets* und *liabilties* – im Wesentlichen von dem nach IAS 7 obligatorischen Zusatzinstrument der Kapitalflussrechnung übernommen.

Insgesamt lässt sich auch die IFRS-Bilanz nur als ein Konglomerat vorhandener Bilanztheoreme bezeichnen, wobei sogar der Anspruch auf einen angestrebten Theoriebezug nur selten gestellt wird.

5. Bilanztheoretische Würdigung der Steuerbilanz

Welcher Bilanzauffassung die Steuerbilanz nahe kommt, ist nicht leicht festzustellen: einerseits wird periodengerechte Gewinnermittlung angestrebt, das bevorzugte Ziel der dynamischen Bilanztheorie. Andererseits soll dieses Ziel nach dem ausdrücklichen Gesetzesauftrag des §4 Abs. 1 EStG durch Bestandsvergleich des Betriebsvermögens am Anfang und Ende des Wirtschaftsjahres erfolgen. Stichtagsbezogene Vermögensermittlung ist aber ein Ziel der statischen Bilanzauffassung. Schließlich sollen bei bilanzierenden Kaufleuten insbes. für die Ansätze dem Grunde nach die handelsrechtlichen GoB maßgeblich sein (§5 Abs. 1 EStG), wodurch die bilanztheoretischen Würdigungsmerkmale der Handelsbilanz teilweise auch auf die Steuerbilanz durchgreifen. Der Dualismus zwischen statischer und dynamischer Bilanzinterpretation entlädt sich besonders bei der Auslegung des den Bilanzinhalt bestimmenden Begriffs vom „Wirtschaftsgut".[1] Je nach dem Ansatzpunkt in der Zweck-Mittel-Hierarchie kommt man zu unterschiedlichen Interpretationen: Bilanzierung aufgrund eines statisch ausgelegten, im Wesentlichen auf Einzelveräußerung ausgerichteten „Vermögensgegenstand" und den „Schulden" des Handelsrechts entsprechenden „Wirtschaftsgutes" oder verursachungsgerechte Periodenzurechnung von Aufwendungen und Erträgen mittels dynamischer Interpretation des „Wirtschaftsgutes".

Die *dynamische* Bilanzauffassung hat in der Vergangenheit wegen ihrer Zweckidentität mit der steuerlichen Gewinnermittlung erhebliche steuerliche Bedeutung gewonnen. Entsprechend häufig wurde sie früher auch von der Finanzverwaltung und der Rechtsprechung zur Begründung von Bilanzierungspflichten (vornehmlich bei der Aktivierung) herangezogen. Als „dynamische" Elemente der steuerlichen Bilanzierung können neben der Zweckidentität insbes. folgende gesetzliche Vorschriften gesehen werden:

- die Verpflichtung zur Bildung von Rechnungsabgrenzungsposten und Abgrenzungen von aufwandsverbuchten Zöllen und Verbrauchsteuern sowie Umsatzsteuer auf Anzahlungen (§5 Abs. 5 EStG),
- die in der Teilwert-Definition des §6 Abs.1 Nr. 1 EStG enthaltene Fortführungsannahme (anstelle einer stichtagsbezogenen Zerschlagungsannahme der älteren Statik),
- die strengen Periodisierungsvorschriften für Absetzungen für Abnutzung (§7 EStG).

Andererseits sind auch neben dem grundsätzlichen Auftrag zum Bestandsvergleich *statische* Elemente in den Rechtsvorschriften enthalten:

- die Beschränkung der Aktivierung von immateriellen Wirtschaftsgütern auf entgeltlich erworbene (§5 Abs. 2 EStG), wodurch z.B. eigene Forschungs- und Entwicklungsaufwendungen von der Periodisierung mittels Aktivierung ausgeschlossen sind,
- die Beschränkung der Rückstellungsbildung bei erfolgsabhängigen Verpflichtungen (§5 Abs. 2a ESrG), Schutzrechtsverletzungen (§5 Abs. 3 EStG), Jubiläen von Arbeit-

---

1 Siehe hierzu Kap. C.II.2.a) und b).

nehmern (§ 5 Abs. 4 EStG), drohenden Verlusten (§ 5 Abs. 4a EStG) und künftigen Anschaffungs-/Herstellungskosten (§ 5 Abs. 4b EStG),
- das Verbot der Bilanzierung von transitorischen Rechnungsabgrenzungen i. w. S. (§ 5 Abs. 5 EStG), z. B. von Werbeaufwendungen.

Hierbei handelt es sich aber durchweg um „statische" Grenzpfähle, die der Gesetzgeber gegen die Tendenz der dynamisch begründeten Erweiterung der Bilanzierungspflichten kodifizierte.

Heute hat sich die Rechtsprechung wieder mehr zu einer am Wortlaut der Rechtsnormen orientierten Auslegung entwickelt (rechtliche Betrachtungsweise), wonach eine direkte Übernahme von Grundideen der dynamischen Bilanzlehre mangels gesetzlicher Grundlage nicht in Betracht kommt. In diesem Sinne postulierte der BFH: „Die Bilanz im Rechtssinne ist keine Kostenrechnung".[1] Einer betriebswirtschaftlichen Lehrmeinung kann nur über gesetzliche Fixierung ihrer Postulate oder über die Stützung der Auslegung unbestimmter Rechtsbegriffe – wie „GoB", „Wirtschaftsgut", „Betriebsvermögen" – rechtliche Geltung verschafft werden, sofern der Gesetzeszweck dem Ziel des betriebswirtschaftlichen Aussagensystems entspricht. Die Chancen, im Einzelfall zu einem dem dynamischen Bilanzverständnis entsprechenden Auslegungsergebnis zu gelangen, stehen eigentlich im Steuerbilanzrecht nicht schlecht, da letztlich als steuerrechtlicher Grundauftrag die periodengerechte Gewinnermittlung mit dem Ziel der dynamischen Bilanzauffassung identisch ist. Allerdings setzen Rechtsvorschriften, die traditionell aus Gläubigerschutzgründen eher statisch orientierten GoB und spezielle Steuerrechtsgrundsätze (insbes. Gleichmäßigkeit, Leistungsfähigkeit und Tatbestandsmäßigkeit der Besteuerung) der Anwendung dynamischen Gedankengutes bei der steuerrechtlichen Bilanzierung sehr enge Grenzen.

Abschließend können unter der hier angesetzten Blickrichtung noch zwei Vorschriften der steuerrechtlichen Bilanzierung erwähnt werden, die dem *Substanzerhaltungsdenken* einiger Bilanztheorien (z. B. der organischen Bilanzauffassung) entsprechen, ohne dass deshalb jedoch in irgendeiner Weise die Berechtigung entstünde, die Steuerbilanz als Substanzwertrechnung oder organische Bilanz zu charakterisieren:

- Die in § 6 b EStG dem Steuerpflichtigen eingeräumte Möglichkeit der Übertragung sonst durch Veräußerung aufgedeckter stiller Reserven hilft, die Besteuerung von Scheingewinnen zu vermeiden.
- Schließlich bezweckt auch die steuerliche Zulässigkeit der Lifo-Bewertung für gleichartige Wirtschaftsgüter des Vorratsvermögens die Vermeidung einer Scheingewinnbesteuerung (§ 6 Abs. 1 Nr. 2 a EStG).

In neuerer Zeit können auch einige Gemeinsamkeiten zwischen steuerbilanzrechtlichen Vorschriften und den kapitalmarktorientierten IFRS-Normen festgestellt werden:

- Abzinsung von Rückstellungen und Verbindlichkeiten,
- Nichtanerkennung von Aufwandsrückstellungen und
- Orientierung der Escape-Klausel der Zinsschranke am Eigenkapitalvergleich nach IFRS-Bilanzen (§ 4h Abs. 2 S. 1 Buchst. c EStG).[2]

---

1 BFH v. 17. 7. 1974, BStBl. II, 684.
2 Zu Einzelheiten siehe Kap. A.IV.2.b).

Gegen eine kapitalmarktorientierte IFRS-Orientierung der Steuerbilanz stehen nicht nur das gesetzliche Gebot des §5 Abs. 1 EStG, die Zahlungs- statt Informationsorientierung, sondern auch die am Gewinnrealisierungs- und Leistungsfähigkeitsprinzip orientierte Steuerbilanzsicht.

Insgesamt lässt sich demnach feststellen, dass weder Handelsbilanzen nach HGB oder IFRS noch Steuerbilanzen in homogener Weise einer der betriebswirtschaftlichen Bilanzauffassung folgen. Für eine Bilanz im Rechtssinne, die einen Ausgleich widerstrebender Bilanzinteressen beabsichtigt und den Sachgesetzlichkeiten einer Teilrechtsordnung ausgesetzt ist, lässt sich dies auch weder erwarten noch fordern. Allenfalls lassen sich die drei Systeme von Bilanzrechtsnormen aus betriebswirtschaftlicher Sicht als *„Theorienkonglomerate"* deuten, womit aber für die Einheitlichkeit einer Konzeption und für Auslegungsfragen nicht viel gewonnen ist.

B. Prinzipien der Bilanzierung

I. Allgemeines und Überblick

Die Vielfalt und Änderungshäufigkeit der Sachverhalte, die von der Rechnungslegung abzubilden sind, lassen es von vornherein aussichtslos erscheinen, detaillierte Regelungen für alle möglichen Fälle normativ vorzugeben. Dieser Erkenntnis steht die kasuistische Regelungstechnik der IFRS, insbes. aber der US-GAAP diametral entgegen. Immerhin lässt das inzwischen vielfach erkannte Versagen der „*rule-based*"-Standards eine Hinwendung zu „*principle-based*" Standards beim FASB zunehmend erkennen.

Bei praktischer Vielgestaltigkeit der Sachverhalte behilft sich der kontinental-europäische Gesetzgeber häufig mit der Formulierung von „unbestimmten Rechtsbegriffen" oder „Generalklauseln". Diese werden im Einzelfall mit allgemein anerkannten Methoden der Auslegung, der Lückenfüllung sowie unter Verwendung allgemeingültiger Denkgesetze näher bestimmt, um zu einer Klärung der Sollvorschriften für ein Einzelproblem zu gelangen. Einen solchen Anwendungsfall mit erheblicher Tragweite stellt die Bezugnahme auf die „Grundsätze ordnungsgemäßer Buchführung" im Handels- und Steuerrecht dar. Ein Teil der Grundsätze ist – zumindest andeutungsweise oder implizit – gesetzlich geregelt (sog. *kodifizierte Grundsätze*), andere werden hingegen nur als Bilanzierungstraditionen in Rechtsprechung, Lehre und Praxis weitergegeben *(nichtkodifizierte Grundsätze)*. Allerdings gibt es auch sog. „teilkodifizierte Grundsätze", die nur für einen bestimmten Bereich gesetzlich geregelt sind (z.B. für die Bewertung, nicht aber für den Bilanzansatz dem Grunde nach).

Jedenfalls werden mit den Worten „*Grundsatz*" oder „*Prinzip*" in diesem Zusammenhang allgemeine Regeln für die Ausgestaltung der Rechnungslegung bezeichnet. Es handelt sich dabei nicht immer um ursprüngliche, nicht mehr abteilbare Ober-Sätze, sondern um einen Kanon von relativ abstrakten Soll-Sätzen, die häufig selbst wiederum aus anderen, übergeordneten Wertvorstellungen oder Zwecksetzungen ableitbar sind.

Über die *Auslegung* und *Findung* der „richtigen" Bilanzierungsweise bei lediglich „grundsätzlicher" Regelung durch den Gesetzgeber lässt sich trefflich streiten: die unterschiedlichen Vorstellungen über die Aufgaben der Bilanzierung, über Bilanztheorien, gerechtfertigte und nicht gerechtfertigte Informations- und Finanzinteressen der Rechnungslegungsbeteiligten bestimmen häufig das Ergebnis des Klärungsprozesses. Allerdings haben das BVerfG und die juristische Methodenlehre inzwischen Regeln vorgegeben, wie aus Prinzipien konkrete Lösungen abzuleiten sind.

Im Folgenden werden zunächst die handelsrechtlichen Bilanzierungsgrundsätze dargestellt, wobei zwischen den gleichermaßen handels- wie steuerrechtlich relevanten sog. „Grundsätzen ordnungsmäßiger Buchführung" und speziellen handelsrechtliche Grundsätzen unterschieden werden muss. Anschließend wird der Blick auf originär steuerrechtliche Grundsätze gerichtet, die bei der Klärung von steuerbilanziellen Einzelfragen behilf-

Prinzipien der Bilanzierung

```
                    ┌─────────────────────────────────────┐
                    │   Bilanzierungsrelevante Prinzipien │
                    └─────────────────────────────────────┘
```

Prinzipien für die HGB-Bilanz	Prinzipien für die EStG-Steuerbilanz	Prinzipien für die IFRS-Rechnungslegung

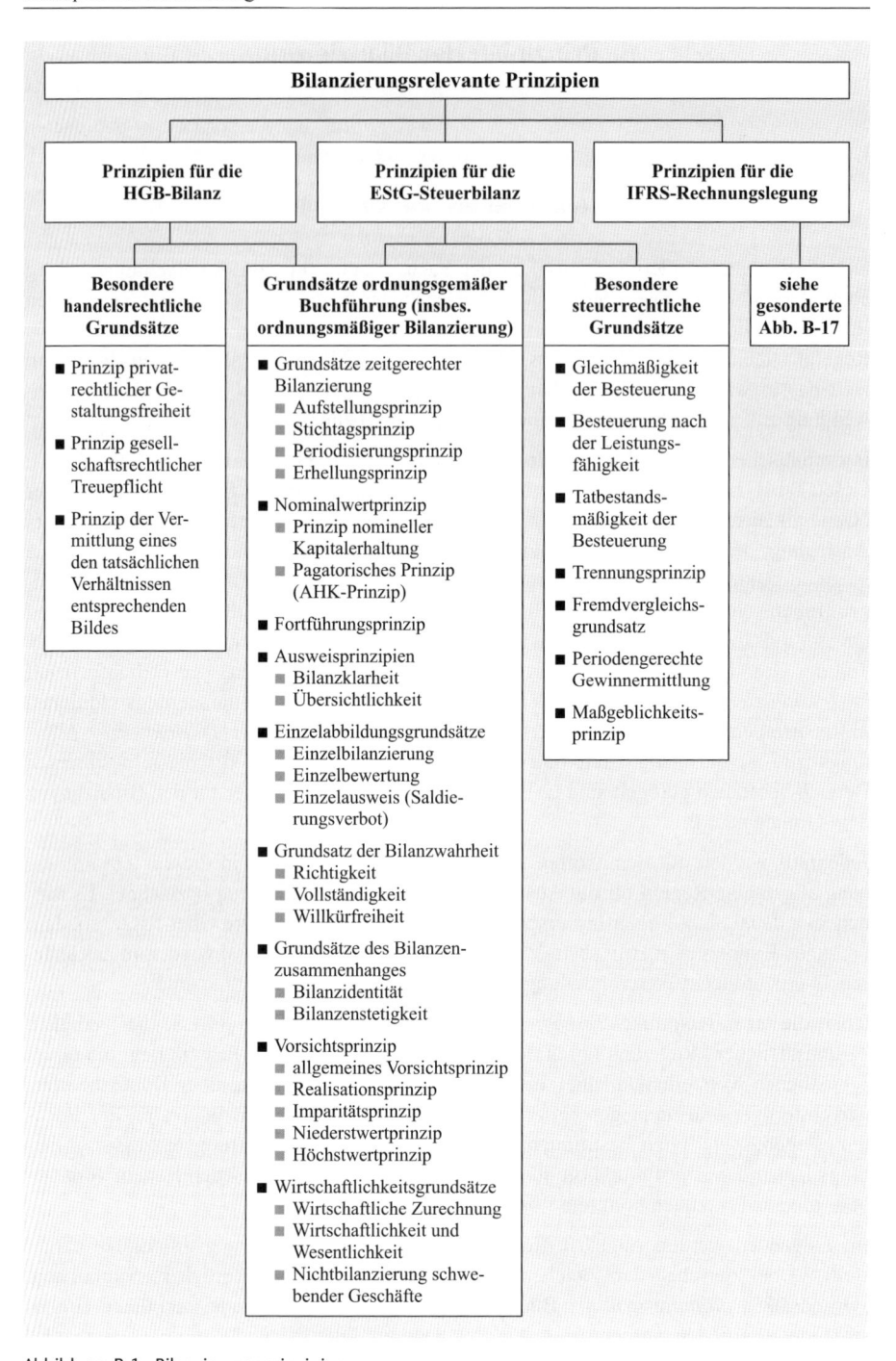

Besondere handelsrechtliche Grundsätze	Grundsätze ordnungsgemäßer Buchführung (insbes. ordnungsmäßiger Bilanzierung)	Besondere steuerrechtliche Grundsätze	siehe gesonderte Abb. B-17

■ Prinzip privatrechtlicher Gestaltungsfreiheit
■ Prinzip gesellschaftsrechtlicher Treuepflicht
■ Prinzip der Vermittlung eines den tatsächlichen Verhältnissen entsprechenden Bildes
	■ Grundsätze zeitgerechter Bilanzierung
	  ■ Aufstellungsprinzip
	  ■ Stichtagsprinzip
	  ■ Periodisierungsprinzip
	  ■ Erhellungsprinzip
	■ Nominalwertprinzip
	  ■ Prinzip nomineller Kapitalerhaltung
	  ■ Pagatorisches Prinzip (AHK-Prinzip)
	■ Fortführungsprinzip
	■ Ausweisprinzipien
	  ■ Bilanzklarheit
	  ■ Übersichtlichkeit
	■ Einzelabbildungsgrundsätze
	  ■ Einzelbilanzierung
	  ■ Einzelbewertung
	  ■ Einzelausweis (Saldierungsverbot)
	■ Grundsatz der Bilanzwahrheit
	  ■ Richtigkeit
	  ■ Vollständigkeit
	  ■ Willkürfreiheit
	■ Grundsätze des Bilanzenzusammenhanges
	  ■ Bilanzidentität
	  ■ Bilanzenstetigkeit
	■ Vorsichtsprinzip
	  ■ allgemeines Vorsichtsprinzip
	  ■ Realisationsprinzip
	  ■ Imparitätsprinzip
	  ■ Niederstwertprinzip
	  ■ Höchstwertprinzip
	■ Wirtschaftlichkeitsgrundsätze
	  ■ Wirtschaftliche Zurechnung
	  ■ Wirtschaftlichkeit und Wesentlichkeit
	  ■ Nichtbilanzierung schwebender Geschäfte
		■ Gleichmäßigkeit der Besteuerung
		■ Besteuerung nach der Leistungsfähigkeit
		■ Tatbestandsmäßigkeit der Besteuerung
		■ Trennungsprinzip
		■ Fremdvergleichsgrundsatz
		■ Periodengerechte Gewinnermittlung
		■ Maßgeblichkeitsprinzip	

Abbildung B-1: Bilanzierungsprinzipien

lich sein sollen. Schließlich wird der eigenständige Prinzipienkanon der IFRS dargestellt und mit den handelsrechtlichen Grundsätzen verglichen.

Mit den Abbildungen B-1 und B-17 wird jeweils vorab der Versuch eines geordneten Überblicks über alle hier erörterten Prinzipien unternommen, die für die Bilanzierung nach Handels- und Steuerrecht sowie nach IFRS von Bedeutung sind.

II. Die Grundsätze ordnungsmäßiger Buchführung (GoB)

1. Allgemeines zu den GoB

a) Begriff und Umfang der GoB

An mehreren Stellen des Handels- und Steuerrechts findet man die „Grundsätze ordnungsmäßiger Buchführung" erwähnt (z.B. in den §§ 238 Abs. 1; 239 Abs. 4; 241 Abs. 1, 2, 3; 243 Abs. 1; 256; 257 Abs. 3; 264 Abs. 2; 297 Abs. 2, 322 Abs. 3, 342 Abs. 2 HGB bzw. §§ 4 Abs. 2; 5 Abs. 1; 6 Abs. 1 Nr. 2a EStG). Die zentralen Bezugsnormen sind jedoch

- § 243 Abs. 1 HGB, wonach für alle Kaufleute verlangt wird, dass der Jahresabschluss nach den GoB aufzustellen ist und
- § 5 Abs. 1 EStG, wonach in der Steuerbilanz grundsätzlich das Betriebsvermögen auszuweisen ist, das nach den handelsrechtlichen GoB anzusetzen ist.

Welche „Grundsätze" hierzu jedoch zählen und was diese im Einzelnen verlangen, bleibt weitgehend offen. Dies gilt selbst, wenn man berücksichtigt, dass insbesondere durch das sog. Bilanzrichtliniengesetz vom 19.12.1985 und das Bilanzmodernisierungsgesetz vom 25.5.2009 einzelne GoB „*kodifiziert*" wurden, denn die gesetzlichen Festlegungen sind weder umfassend, noch hinreichend bestimmt. Unstreitig dürfte zum einen sein, dass die GoB *rechtsformunabhängig* für alle Kaufleute gelten. Zum anderen ist auch offensichtlich – das zeigt die Bezugnahme des Gesetzgebers an verschiedenen Stellen – dass die „Grundsätze ordnungsmäßiger Buchführung" entgegen dem engen Wortsinn nicht nur Ordnungsmäßigkeitsgrundsätze für die Buchführung (i.e.S. der laufenden Finanzbuchführung) umfassen. Vielmehr zählen hierzu auch Prinzipien für andere Zweige der handelsrechtlichen Rechnungslegung:

Grundsätze ordnungsmäßiger Buchführung			
Grundsätze ordnungsmäßiger laufender Buchführung	Grundsätze ordnungsmäßiger Inventur	Grundsätze ordnungsmäßiger Bilanzierung	Grundsätze ordnungsmäßiger Erfolgsrechnung

Abbildung B-2: Umfang der Grundsätze ordnungsmäßiger Buchführung

Grundsätze *ordnungsmäßiger Berichterstattung* im Sinn von allgemeingültigen Regeln für die Aufstellung von Anhang und Lagebericht haben sich bisher noch nicht gebildet, da diese Rechnungslegungsinstrumente bisher nur für bestimmte Rechtsformen vorgeschrieben sind. Im Bereich der GoB i.e.S. hat die Entwicklung neuer Buchführungs- und Prüfungstechniken inzwischen „*Grundsätze zur ordnungsmäßigen Führung und Aufbewahrung von Büchern, Aufzeichnungen und Unterlagen in elektronischer Form sowie zum Datenzugriff" (GoBD)* entstehen lassen; bei ihnen handelt es sich allerdings nur um Anforderungen der Finanzverwaltung, die mit Wirtschaftsverbänden und den steuerberatenden Berufe abgestimmt sind.[1] Ferner kennt man auch „*Grundsätze über die Konzernrechnungslegung"* und „*die Konzernrechnungslegung betreffende GoB"* (vgl. § 342 Abs. 1 Nr. 1 und Abs. 2 HGB). Nachfolgend sollen jedoch nur die für die Bilanzierung im Einzel-Jahresabschluss maßgeblichen Grundsätze erörtert werden.

Versucht man, den „GoB" eine sprachliche Umschreibung zu geben, so bietet sich aus historischer Sicht die in der Denkschrift zum HGB-Entwurf von 1886 (S. 45) gewählte Umschreibung an:

- „Nach den Gepflogenheiten sorgfältiger Kaufleute ist zu beurteilen, wie die Bücher geführt werden müssen."

Ähnlich wurde der Begriff von der älteren höchstfinanzgerichtlichen Rechtsprechung ausgefüllt:

- Der Inhalt der GoB „richtet sich in erster Linie nach dem, was das allgemeine Bewusstsein der anständigen und ordentlichen Kaufmannschaft, die der Verpflichtung zur Ersichtlichmachung der Geschäftsvorfälle und der Lage des Vermögens sorgfältig nachkommen will, hierunter versteht"[2].

In diesem Sinne wurden GoB früher auch durch den BGH[3] interpretiert und folgerichtig durch Umfragen zu ermitteln versucht. Später und in der Folge sah der BFH hierunter

- „diejenigen Regeln, nach denen der Kaufmann zu verfahren hat, um zu einer dem gesetzlichen Zweck entsprechenden Bilanz zu gelangen"[4], „nicht aber die Regeln, die tatsächlich eingehalten werden"[5].

Diese und weitere aufzählbare Umschreibungsversuche lassen – trotz eines gemeinsamen Kerns – zwei unterschiedliche Vorstellungsinhalte über den Ursprung der GoB erkennen:

- tatsächliche Übung oder Auffassung der bilanzierenden Kaufleute oder
- Ableitung aus Bilanzzwecken.

Wird zuweilen auch die Nichtfixierung der GoB in umfassender und präziser Form als eine „Großtat der Gesetzgebung"[6] angesehen, weil hierdurch eine Veränderung und Anpassung grundlegender Bilanzierungsregeln an die Fortentwicklungen des Wirtschaftslebens ermöglicht wird, so bringt doch die Verwendung dieses unbestimmten Rechtsbegriffs zusätzliche Ermittlungs- und Objektivierungsprobleme sowie Unsicherheiten bei der Rechtsanwendung in der Praxis mit sich.

---

1 BMF-Schreiben v. 14. 11. 2014, BStBl 2014 I, S. 1450.
2 BFH v. 12. 5. 1966, BStBl 1966 III, 371.
3 BGH v. 27. 2. 1961, BGHZ 34, 324.
4 BFH GrS 2/68 v. 3. 2. 1969, BStBl 1969 II, 291.
5 BFH v. 31. 5. 1967, BStBl 1967 III, 607.
6 APRATH, StBJb 1950, S. 148.

b) Die Rechtsnatur und Ermittlung der GoB

Die Art und Weise der GoB-Ermittlung ist eng mit der rechtlichen Charakterisierung der GoB verknüpft. Die GoB wurden beispielsweise rechtlich qualifiziert als Rechtsquellen, Rechtsnormen, unbestimmter Rechtsbegriff, Generalklausel, Tatsachen mit abgeleiteter Rechtssatzwirkung, vom Gesetz abgeleitete Rechtssätze, kategorische oder hypothetische Gebote, Gewohnheitsrecht u. v. m.

Historisch gesehen scheint die Absicht des Gesetzgebers bestanden zu haben, mit der Bezugnahme auf die GoB dem Handelsbrauch, den Gepflogenheiten sorgfältiger Kaufleute eine originäre Rechtsbedeutung für die Bilanzierung beikommen zu lassen. Hierauf stellte auch die ältere Rechtsprechung ab. Die adäquate Ermittlungsweise der GoB in diesem Sinne ist die repräsentative Erhebung der Bilanzierungsbräuche oder Auffassungen der Kaufmannschaft und der beteiligten Fachkreise *(induktive Ermittlungsweise)*.

Auf DÖLLERER[1] wird die heute insbes. in der Finanzrechtsprechung vorherrschende Auffassung zurückgeführt, die GoB seien als Gesetzeslücken ausfüllende Rechtsnormen nicht an den tatsächlich eingehaltenen Regeln der Bilanzierung, sondern an den Regeln zu orientieren, die eine sachgerechte Bilanz verlangt. Folglich werden sie durch „Nachdenken" über die Zwecke, die eine Bilanz erfüllen muss, ermittelt *(Ermittlung durch Nachdenken)*.

Gleichgültig, welcher Auffassung zur Rechtsnatur von GoB man – universell oder differenziert – folgt, als Ermittlungsweisen für GoB kommen in den zweifelhaften, nicht bereits durch Anwendung von Rechtsnormen lösbaren Fällen, die induktive oder die deduktive Vorgehensweise in Betracht. Bei *induktivem* Vorgehen wird das Sein-Sollen aus den normativen Vorstellungen oder den tatsächlichen Verhaltensweisen der Kaufleute und der beteiligten Fachkreise durch statistisch repräsentative Erhebung von Einzelfällen generalisiert. Die *deduktive* GoB-Ermittlung ist hingegen durch die sachlogische Ableitung der zu klärenden Fragen aus den Zwecksetzungen oder Oberprinzipien der Rechnungslegung gekennzeichnet.

Gegen die Anwendung jeder der beiden Methoden können Bedenken vorgebracht werden:

Bei der *Deduktion*

- fehlt es u. U. an allgemein anerkannten Oberprinzipien oder Vorstellungen über die Zwecke der Bilanzierung bzw. deren Rangstellung,
- ist das Ergebnis des „richterlichen Nachdenkens" für den Rechnungslegenden nicht vorhersehbar,
- kann sich der theoretisch ermittelte Grundsatz weit von den Gegebenheiten der kaufmännischen Praxis entfernen.

Die *induktive Ermittlungsweise* hingegen

- ist in ihren Ergebnissen von der Auswahl der Befragten abhängig,

---

1 DÖLLERER, G., Grundsätze ordnungsmäßiger Bilanzierung, deren Entstehung und Ermittlung, BB 1959, S. 1217.

- versagt gerade bei klärungsbedürftigen neu auftretenden Streitfragen, weil sich hierfür einheitliche Auffassungen oder Behandlungsweisen unter den Kaufleuten noch nicht gebildet haben,
- unterliegt u.U. dem Zwang, verbreitete Missbräuche und Lässigkeiten als GoB ansehen zu müssen,
- kann zu Ergebnissen führen, die sich nicht in das System des Handelsrechts einfügen,
- wendet sich an die von den GoB selbst betroffenen Kaufleute, die als Interessenpartei bei streitigen Grenzfragen z.T. überfordert und im bilanziellen Denken überwiegend steuerlich geprägt sind,
- würde bedeuten, dass öffentlich-rechtliche Verpflichtungen durch Umfragen bei den Betroffenen festgelegt werden.

Zur Minimierung der Nachteile beider Vorgehensweisen wird auch vorgeschlagen, beide Methoden zu *kombinieren*. Dabei werden nur jene empirischen Ergebnisse für relevant erklärt, die den Rechnungslegungszwecken entsprechen, oder es wird umgekehrt die Bilanzierungspraxis als „Filter" für mögliche Deduktionsergebnisse verwendet. Abbildung B-3 veranschaulicht diese Vorgehensweise.

Um Rechtssicherheit zu schaffen wird auch vorgeschlagen, die verbindliche Festlegung von GoB einer *Rechnungslegungskommission* zu übertragen. An ihr könnten Repräsentanten der Bilanzierenden, Bilanzadressaten, des Gesetzgebers, der Rechtsprechung und Verwaltung, der Prüfer und Berater und der Wissenschaft beteiligt sein. In einem *demokratisch-pluralistischen Abstimmungsprozess* soll die verbindliche GoB-Bestimmung vorgenommen werden. Mit den §§ 342 und 342a HGB wurde zwar in Deutschland die Ermächtigung zur Einrichtung eines *Rechnungslegungsgremiums*, ersatzweise eines Rechnungslegungsbeirats geschaffen, die Bestimmung allgemeingültiger GoB wurde dem inzwischen eingerichteten Gremium *(DRSC[1])* allerdings nicht übertragen. GoB-bildende Wirkungen kann die vornehmlich auf Grundsätze der Konzernrechnungslegung gerichtete Arbeit des DRSC nur entfalten, soweit die Konzernabschlüsse an (kodifizierte) GoB gebunden sind (§ 298 Abs. 1 HGB), Grundsätze der Konzernrechnungslegung faktisch auf die Einzelabschlüsse zurückwirken oder das Gremium das BMJV bei Gesetzgebungsvorhaben zu GoB-berührenden Rechnungslegungsvorschriften berät.

Praktisch bedeutsam sind in Deutschland die vom *Institut der Wirtschaftsprüfer (IDW)* festgestellten Rechnungslegungs-Standards (früher: Fachgutachten). Rechtlich binden sie zwar nur die ordnungsmäßige Berufsausübung der Wirtschaftsprüfer, faktisch aber die gesamte von Bestätigungsvermerken abhängige Bilanzierungspraxis.

Die vier dargestellten Ermittlungsweisen (induktive, deduktive, kombinatorische Methode und demokratisch-pluralistische Verhandlungslösung) gehen als Elemente ein in eine fünfte, heute übliche ganzheitliche Bestimmung nach den anerkannten juristischen Auslegungsregeln *(„hermeneutische Methode")*.[2] Sieht man in den in Rechtsnormen verwendeten Worten „Grundsätze ordnungsmäßiger Buchführung" oder im Falle allgemeiner Kodifizierung (z.B. „Es ist vorsichtig zu bewerten") die Verwendung eines unbestimmten

---

1 Vgl. Kap. A.V.3.baa).
2 BAETGE, J./KIRSCH, J./THIELE, St., Bilanzen, 14. Aufl., Düsseldorf 2017, S. 109 ff. Die Bezeichnung der Methode leitet sich ab aus dem Griechischen hermēneúein, erklären, auslegen.

Die Grundsätze ordnungsmäßiger Buchführung (GoB)

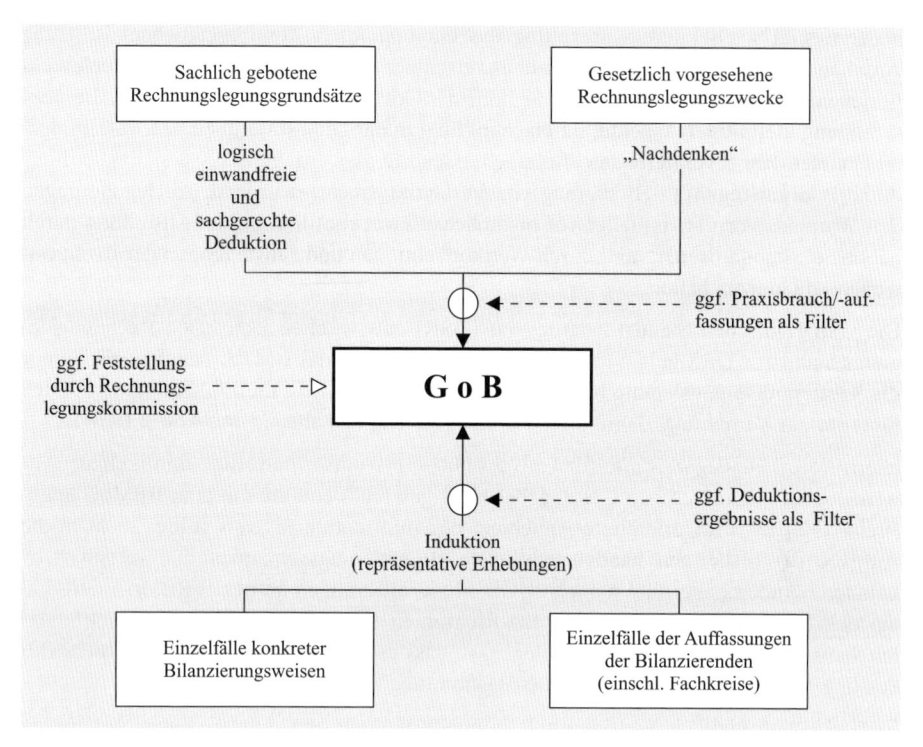

Abbildung B-3: Induktive und deduktive Ermittlungsweisen

Rechtsbegriffs, so liegt es nahe, nach juristischer Üblichkeit den Gehalt des Rechtsbegriffs mittels *Auslegung* zu klären. Dabei wird eine Klärung gesucht unter Abwägung

- des sprachlichen Wortverständnisses (allgemein und fachsprachlicher Wortlaut und Wortsinn),
- des „Sinn und Zwecks" der Norm, kondensiert aus
  - den vom Gesetzgeber in Generalnormen vorgegebenen Rechnungslegungszwecken,
  - dem in den Gesetzesmaterialien dokumentierten historischen Willen der gesetzgebenden Organe und
  - den „objektiv-teleologisch" und „aus der Natur der Sache" ermittelten Rechnungslegungszwecken,
- des Regelungszusammenhangs
  (systematische Stellung, Verhältnis zu anderen Normen) und
- der Dominanz höherrangiger Rechtsnormen und Rechtsgrundsätze
  (z.B. Verfassungsrecht, Gemeinschaftsrecht).

Es wird deutlich, dass der Prozess des ganzheitlichen Erkennens neben gesetzestechnischen Determinanten (Wortlaut, Regelungszusammenhang, vorrangiges Recht, Generalnormen, Gesetzgeberwille) sowohl Elemente der deduktiven Methode wie auch der induktiven Methode enthält: Zum einen lässt sich das Zweckgefüge der Rechnungslegung nur durch logische Ableitung aus oberen Rechnungslegungszwecken konkretisieren, zum anderen sind – da Interessenregelung das Hauptanliegen des Gesetzgebers ist – die Anschauungen, Interessen und Verhaltensweisen der Rechnungslegungsbeteiligten einzubeziehen. Vorteil dieser Ermittlungsmethode der GoB ist ihre Universalität in der Berücksichtigung vielfältiger Aspekte; ihr Nachteil liegt in der Unbestimmtheit des Auslegungsergebnisses bei divergierenden Teilergebnissen. Dieser Nachteil lässt sich allerdings durch Prioritätsregeln (z.B. Vorrang von Verfassungsrecht, restriktive Auslegung gegen den Wortlaut, Vorrang aktueller vor historischer Zweckbestimmung), Feststellung durch nationale „Standardsetter" und durch Wertkonventionen und Einstellungen der Rechtsanwender in Grenzen halten.

Die vom Deutschen Standardisierungsrat (DSR) entwickelten Deutschen Rechnungslegungs Standards DRS gelten mit der Anerkennung durch das BMJV – auch wenn sie nur die Konzernrechnungslegung betreffen – nicht direkt als GoB; die Einhaltung eines DRS führt nur zur Vermutung, damit die GoB nicht verletzt zu haben (§ 342 Abs. 2 HGB).

Die *IFRS als Auslegungshilfe* für GoB zu nutzen, ist umstritten. Eine unmittelbare Anwendung ist vom deutschen Gesetzgeber nicht gewollt, denn die mit dem BilMoG angestrebte, an den IFRS orientierte Anhebung des Informationsniveaus sollte „nicht in die Aufgabe der bisherigen handelsrechtlichen Bilanzierungsprinzipien und -grundsätze" münden.[1] Andererseits sind manche HGB-Modernisierungen an den IFRS orientiert und die dem HGB zugrundeliegenden EU-Richtlinien sind nach Auffassung des EUGH[2] durchaus auch nach den IFRS auszulegen, so dass es u.U. zu einer mittelbaren IFRS-Bedeutung bei der hermeneutischen GoB-Bestimmung kommen kann.

Es sind schon vielfach Versuche unternommen worden, ein *geschlossenes System von GoB* zu entwickeln oder zumindest die vorhandenen GoB zu klassifizieren. Dies bereitet jedoch erhebliche Schwierigkeiten, weil sich zum einen wegen der langen historischen Entwicklung in der Praxis nachträglich nur schwer ein logisches System aus der Kasuistik der kaufmännischen Gepflogenheiten ableiten lässt, zum anderen wegen der Unterschiedlichkeit und teilweisen Konkurrenz vielfältiger Zwecke der Rechnungslegung.

So wird z.B. nach *formellen* und *materiellen*, nach *übergeordneten* und *abgeleiteten* GoB unterschieden. Eine weitere Systematisierung[3] unterscheidet Rahmen- und Systemgrundsätze, Ansatzgrundsätze in der Bilanz, Definitionsgrundsätze für den Jahreserfolg und Kapitalerhaltungsgrundsätze. Als zweckmäßiges und taugliches Differenzierungskriterium erscheint die gesetzliche Verankerung *(Kodifizierung)* eines Grundsatzes, sei es ausdrücklich oder verborgen in anderen Detailregelungen. Eine Unterscheidung nach der erfolgten Kodifizierung ist nicht nur wegen des Ranges der Normenverbindlichkeit, sondern auch deshalb von Bedeutung, weil sich hiernach die Art und Weise der Anwendung juristischer Methoden zur exakten Ermittlung des Grundsatzes im Anwendungsfall bestimmt (Auslegung oder Lückenfüllung).

---

1 Begr. RegE BilMoG, BT-Drucks. 16/10067, S. 34.
2 EUGH v. 7.1.2003, BStBl 2004 II, S. 144, Rz. 77, 103, 118.
3 BAETGE, J./KIRSCH, J./THIELE, St., Bilanzen, 14. Aufl., Düsseldorf 2017, S. 116 ff. Vgl. auch das System der GoB nach LEFFSON: LEFFSON, U., Die GoB, 7. Aufl., Düsseldorf 1987, S. 157 ff., der insbes. Rahmen-, Abgrenzungs- und ergänzende Grundsätze unterscheidet.

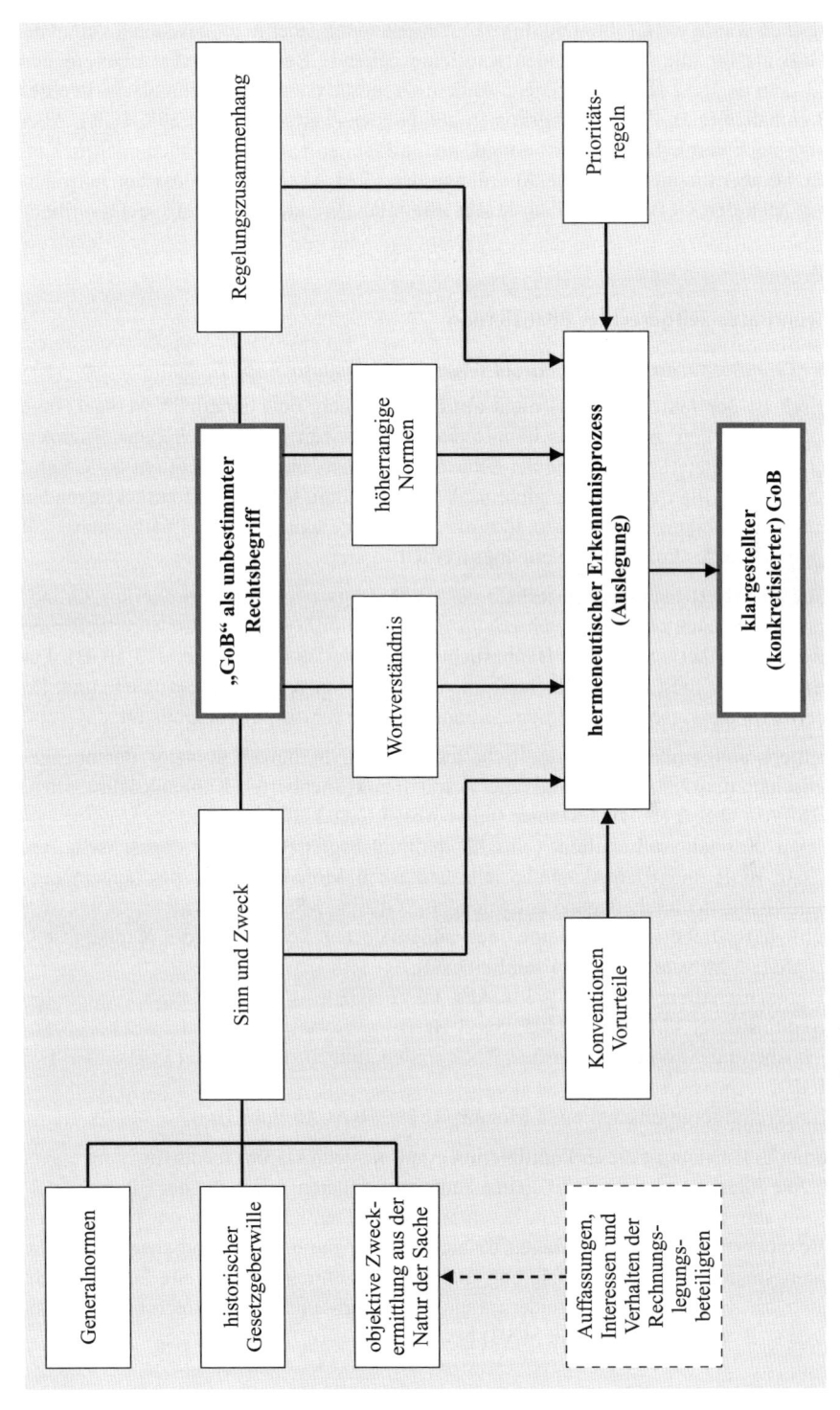

Die Grundsätze ordnungsmäßiger Buchführung (GoB)

Abbildung B-4: GoB-Ermittlung durch Auslegung

169

Inzwischen wurde ein Großteil der bis dahin anerkannten, aber nicht gesetzlich verankerten GoB als für alle bilanzierenden Kaufleute geltende Rechtsnormen, insbes. in den §§ 243, 246 und 252 HGB kodifiziert. Andere Grundsätze sind in Einzelvorschriften des HGB enthalten (z.B. Anschaffungskosten und Niederstwertprinzip in § 253 HGB). Aber auch der noch verbleibende „Restbestand" an GoB, sei er bereits vorhanden oder im Entstehen, ist über die ausdrückliche Anordnung des § 243 Abs. 1 HGB, dass der Jahresabschluss nach den GoB aufzustellen ist, für alle bilanzierenden Kaufleute rechtsverbindlich.

2. Grundsätze zeitgerechter Bilanzierung

a) Der Grundsatz zeitgerechter Bilanzaufstellung (Aufstellungsprinzip)
Praktisch ist der Jahresabschluss nicht am Bilanzstichtag oder innerhalb weniger Tage danach aufzustellen; andererseits könnte eine zeitlich weit hinausgeschobene Bilanzerstellung die rechtzeitige Erfüllung der Bilanzzwecke aushöhlen. Auch besteht die Gefahr, dass bei später Bilanzaufstellung nicht nach den Verhältnissen des weit zurückliegenden Bilanzstichtags bilanziert wird, sondern die Stichtagsverhältnisse unzulässigerweise mit Veränderungen des Folgejahres vermengt werden.

Für alle Bilanzierenden besteht deshalb der – allerdings sehr vage formulierte – Grundsatz, dass der Jahresabschluss *„innerhalb der einem ordnungsmäßigen Geschäftsgang entsprechenden Zeit"* nach dem Bilanzstichtag aufzustellen ist (§ 243 Abs. 3 HGB). Für Unternehmen in bestimmten Rechtsformen, Unternehmensgrößen, Branchen und für Konzerne hat der Gesetzgeber diesen Zeitraum exakt, aber diffizil konkretisiert:

- mittlere und große Kapitalgesellschaften (einschl. haftungsbegrenzter Personengesellschaften, § 264a HGB und aller kapitalmarktorientierter Kapitalgesellschaften, § 267 Abs. 3 S. 2 HGB): 3 Monate (§ 264 Abs. 1 Satz 3 HGB),
- kleine Kapitalgesellschaften (einschl. haftungsbegrenzter Personengesellschaften, § 264a HGB und Kleinstkapitalgesellschaften): 6 Monate, sofern dies „einem ordnungsmäßigen Geschäftsgang entspricht" (§ 264 Abs. 1 Satz 4 HGB),
- publizitätspflichtige Großunternehmen außerhalb der Rechtsform der Kapitalgesellschaften: 3 Monate (§ 5 Abs. 1 PublizitätsG),
- Genossenschaften: 5 Monate (§ 336 Abs. 1 S. 2 HGB),
- Kreditinstitute: 3 Monate (§ 340a Abs. 1 HGB),
- Versicherungen: 4 Monate, insbes. Rückversicherungen: 10 Monate (§ 341a Abs. 1, 5 HGB),
- Konzernmuttergesellschaften: 5 Monate (§§ 290 HGB, 13 PublG).

In zweierlei Hinsicht ist dieser kodifizierte Grundsatz noch klärungsbedürftig: zum einen, wann eine Bilanz als *„aufgestellt"* gelten kann, zum anderen, wie lange der Bilanzaufstellungszeitraum in den nicht oder nur beschränkt geregelten Fällen *höchstens* reichen darf. Die Beantwortung dieser Streitfragen ist nicht nur für die handels- und steuerrechtliche „Ordnungsmäßigkeit" der Bilanzierung und für die zeitliche Reichweite „erhellender" Erkenntnisse von Bedeutung, sondern kann auch straf- und haftungsrechtliche Konsequenzen (z.B. § 283 Abs. 1 Nr. 7b StGB) bewirken.

Als *Zeitpunkt* der Bilanzaufstellung werden im Schrifttum[1] folgende Zeitpunkte diskutiert:
- die Vorlage der Bilanz an den Abschlussprüfer,
- die Vorlage an das zuständige Feststellungsorgan,
- der Zeitpunkt der Unterschrift,
- der Zeitpunkt der ggf. erforderlichen Einreichung zum Handelsregister,
- der Zeitpunkt der Erstellung einer „Rohbilanz" oder
- der Zeitpunkt der endgültigen, ggf. aus der Hauptabschlussübersicht abgeleiteten Zusammenstellung der Bilanzwerte.

Wenn eine Vermögensübersicht aus dem Rechenwerk der Buchführung unter Berücksichtigung der Inventurergebnisse und der Ausübung von Wahlrechten abgeleitet ist, wird man diese bereits als „aufgestellt" ansehen können; auf die endgültige, ggf. überprüfte, reingeschriebene oder gar unterschriebene Fassung kommt es nicht an.[2] Für nichtpublizitätspflichtige Einzelkaufleute und Personenhandelsgesellschaften erfüllt ein derartiges Papier (oder eine solche Datei) bereits die Aufgaben einer Bilanz als Mittel der Selbstinformation der/des Eigner(s) und – bei Übermittlung – der Gläubigerinformation.

Für nichtpublizitätspflichtige Einzelkaufleute und typische Personenhandelsgesellschaften besteht keine allgemeingültige *Frist*.[3] Allgemein wird man aber fordern müssen, dass der Bilanzaufstellungszeitraum zwölf Monate nicht überschreiten darf. Diese Obergrenze ergibt sich aus dem Umstand, dass nach Jahresfrist ein weiterer Bilanzstichtag gefolgt ist, die Bilanzinformationen spätestens dann durch Zeitablauf überholt sind und sonst die Gefahr besteht, dass die lange zurückliegenden Stichtagsverhältnisse nicht mehr exakt aufzuklären sind.[4] Von der handels- und strafrechtlichen Rechtsprechung sowie in dem dazu vorhandenen Schrifttum werden jedoch teilweise bedeutend kürzere Fristen als ein Jahr für erforderlich gehalten,[5] nämlich – je nach den wirtschaftlichen Verhältnissen des betreffenden Unternehmens – nur bis zu 10 Wochen (bei schwerer Unternehmenskrise), höchstens aber 6 Monate. Nur außerhalb von Krisenfällen und unter besonderen Umständen (z.B. schwierige Bestandsermittlungs-, Bewertungs- und Rechtsfragen, außerordentliche Arbeitsbelastung) darf die Bilanzaufstellung bis zur Jahresfrist aufgeschoben werden.[6] Die beschränkte Aufstellungsfrist ist verständlich, denn eine verspätete Bilanzerstellung gefährdet sowohl das Unternehmen (Ausschüttungs-, Entnahmebemessung unabhängig vom tatsächlichen Unternehmenserfolg) wie auch Dritte (verspätete Reaktionsmöglichkeiten auf kritische Geschäftslagen).

Praktisch können, insbes. bei börsennotierten Konzernmuttergesellschaften und ihren Tochterunternehmen wegen eines durch Börsenordnungen oder Kodices geforderten oder gewünschten „*fast close*" viel kürzere Aufstellungszeiten in Betracht kommen; vielfach ermöglicht die Bilanzierungssoftware auch jederzeit eine Probebilanz zu erstellen. „Aufgestellt" im Rechtssinne ist die Bilanz nach einer solchen „Erstellung" aber noch nicht, sondern erst, wenn sich die aufstellungspflichtigen Personen (Einzelkaufmann, Vorstand,

---

1 Z.B. BLUMERS, W., Bilanzierungstatbestände und Bilanzierungsfristen im Handelsrecht und Strafrecht, Köln 1983.
2 Ähnlich: BFH v. 28.10.1981, BStBl 1982 II, 485; vgl. auch ROSE, G., DB 1974, S. 1031 m.w.N.
3 BVerfG v. 15.3.1978, BVerfGE 48, S. 48, 57.
4 So auch: BFH v. 6.12.1983, BStBl 1984 II, 227.
5 Z.B. BGH v. 9.12.1954, DB 1955, S. 288; OLG Düsseldorf v. 27.9.1979, BB 1979, S. 1579.
6 BLUMERS, W., Bilanzierungstatbestände ..., a.a.O., S. 72, 148.

Geschäftsführer) damit identifizieren und sie damit zum nächsten Stadium (Unterschrift, Prüfung, Feststellung) freigeben.

b) Das Stichtagsprinzip

Das Stichtagsprinzip regelt die Frage, welcher Zeitpunkt für die bilanzielle Abbildung der Realität maßgeblich ist. Bilanzstichtag ist dabei der Tag, „für" oder „auf" den die Bilanz erstellt wird. § 242 Abs. 1 **HGB** bestimmt hierfür den „Schluss eines jeden *Geschäftsjahrs*", d.h. im Zweifel genau um 24.00 Uhr. Die realen Verhältnisse, zu denen auch die Einschätzungen des Bilanzierenden gehören, an diesem Tag sind für die Bilanzierung und Bewertung maßgeblich (siehe auch § 252 Abs. 1 Nr. 3 HGB, der eine Bewertung „zum" Abschlussstichtag verlangt).

Im *Handelsrecht* ist bei den Inventarvorschriften (§ 240 Abs. 2 Satz 2 HGB) festgelegt, dass das *Geschäftsjahr* zwölf Monate nicht überschreiten darf. Diese Höchstgrenze gilt wegen des unmittelbaren buchtechnischen Zusammenhanges zwischen Inventar und Bilanz auch für die Wahl des Bilanzstichtages. Allerdings ist damit nicht ausgeschlossen, dass gelegentlich aus bestimmten Gründen (z.B. bei Gründung, Umstellung, Unternehmensverbindung, Beendigung des Handelsgewerbes) ein unterjähriges, verkürztes *Rumpfgeschäftsjahr* eingeführt wird. Es ist keinesfalls notwendig, dass das regelmäßige Geschäftsjahr mit dem Kalenderjahr gleichläuft, vielmehr ist auch ein sog. *kalenderjahrabweichendes Geschäftsjahr* unstreitig zulässig und auch in der Praxis nicht selten anzutreffen (z.B. bei Brauereien und Betrieben, die mit land- und forstwirtschaftlichen Erzeugnissen zu tun haben, wie Zuckerfabriken). Als Beginn und Ende eines Geschäftsjahres wird überwiegend und zweckmäßigerweise der Wechsel eines Kalendermonats gewählt. Die Wahl des Geschäftsjahres und damit des Bilanzstichtages in den genannten Grenzen steht dem Bilanzierenden frei; ein willkürlicher, sachlich nicht begründeter, mehrfacher Wechsel in kurzer Zeit würde jedoch den GoB widersprechen.

Nach dem *Stichtagsprinzip* sind die objektiven Verhältnisse und subjektiven Einschätzungen an dem so bestimmten Bilanzstichtag für die Bilanzierung und Bewertung maßgeblich. So ist z.B. zur Feststellung, ob ein Vermögensgegenstand dem Bilanzierenden zuzurechnen ist oder zur Ermittlung von Börsen- und Marktpreisen auf die exakten Stichtagsverhältnisse abzustellen; die das bilanzielle Reinvermögen beeinflussenden Geschäftsvorfälle sind nur insoweit zu berücksichtigen, als sie bis zum Bilanzstichtag stattgefunden haben. Allerdings erfährt dieses Prinzip durch gesetzliche Vorschriften, andere Bilanzierungsgrundsätze und durch die Rechtsprechung einige *Einschränkungen*. So ist beispielsweise

- für Gegebenheiten, die bis zum Bilanzstichtag eingetreten sind, nicht der Informationsstand des Bilanzierenden vom Bilanzstichtag, sondern vom Bilanzaufstellungstag maßgeblich (sog. wertaufhellende Informationen, siehe später sog. Erhellungsprinzip),
- bei stark schwankenden Preisen ein längerer stichtagsnaher Zeitraum einzubeziehen.[1]

Steuerrechtlich wird auf das handelsrechtliche Stichtagsprinzip zwar nicht ausdrücklich Bezug genommen, doch entsprechen die dortigen Regelungen weitgehend denen des Handelsrechts:

---

1 Finanzrechtsprechung, s. unten.

§ 4 Abs. 1 EStG, der insoweit auch für die Gewinnermittlung nach § 5 EStG gilt, bezieht das mit Hilfe der Steuerbilanz zu ermittelnde Betriebsvermögen auf den „Schluss des Wirtschaftsjahres". Nach § 4a Abs. 1 Nr. 2 EStG ist dies bei bilanzierenden Kaufleuten „der Zeitraum, für den sie regelmäßig Abschlüsse machen", d.h. das handelsrechtliche „Geschäftsjahr". Dieses (steuerliche) Wirtschaftsjahr muss regelmäßig einen Zeitraum von 12 Monaten umfassen und darf nur bei bestimmten Anlässen kürzer, keinesfalls länger sein (§ 8b EStDV). Auch ein vom Kalenderjahr abweichendes Wirtschaftsjahr ist zulässig, doch bedarf die *Umstellung* in Richtung auf ein vom Kalenderjahr abweichendes Wirtschaftsjahr zur steuerlichen Wirksamkeit des Einvernehmens (praktisch der Zustimmung) mit dem Finanzamt (§§ 4a Abs. 1 Nr. 2; 8b Nr. 2 EStDV). Nach H 4a EStR bedarf die Zustimmung in der Organisation des Betriebs gelegener gewichtiger Gründe. Da der Bemessungszeitraum der Einkünfte regelmäßig das Kalenderjahr ist, regelt die Zuordnung der Ergebnisse von abweichenden Wirtschaftsjahren oder Rumpfwirtschaftsjahren die Regel des § 4a Abs. 2 Nr. 2 EStG: Gewinne (auch Verluste) gelten in dem Kalenderjahr als bezogen, in dem das Wirtschaftsjahr endet. Abbildung B-5 verdeutlicht diese *Ergebnisbezugsfiktion* grafisch.

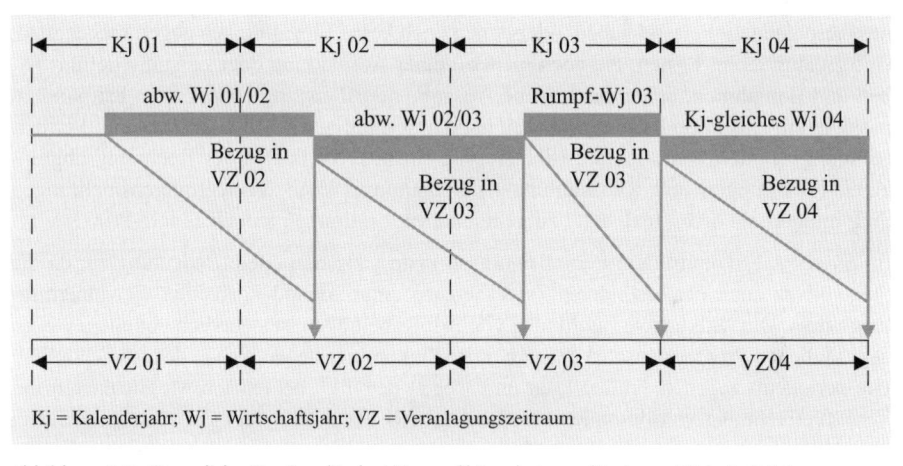

Abbildung B-5: Steuerliche Gewinn-/Verlust-Bezugsfiktion bei verschiedenen Wirtschaftsjahren

Die Verhältnisse und Einschätzungen zum „Schluss des Wirtschaftsjahres" sind – wie im Handelsrecht (§ 5 Abs. 1 EStG) – für die Ansätze und Werte der Steuerbilanz maßgeblich *(Stichtagsprinzip);* wertändernde oder wertbegründende Umstände, die erst nach dem Bilanzstichtag eintreten, können daher keinen Einfluss mehr auf die Bewertung haben – selbst wenn diese dem Bilanzierenden bereits bei Aufstellung der Bilanz bekannt waren.[1] Nach älterer Finanzrechtsprechung[2] soll jedoch bei stark schwankenden Preisverhältnissen die Entwicklung eines Zeitraums von etwa vier bis sechs Wochen vor und nach dem

---

1 BFH v. 10.3.1993, BStBl 1993 II, 446.
2 BFH v. 13.3.1964, BStBl 1964 III, 426 m.w.N.

Bilanzstichtag bei der (Teilwert-)Bewertung von Waren berücksichtigt werden, um Zufallswerte des Bilanzstichtags auszuschließen, weil diese ein fiktiver Unternehmenserwerber auch nicht berücksichtigen würde.

c) Das Periodisierungsprinzip

Der in §252 Abs. 1 Nr. 5 **HGB** kodifizierte Grundsatz, wonach Aufwendungen und Erträge unabhängig von den Zeitpunkten der entsprechenden Zahlungen einem Geschäftsjahr zuzurechnen (zu periodisieren) sind, gilt zwar insbes. für die Gewinn- und Verlustrechnung, hat aber wegen der Verknüpfungen der doppelten kaufmännischen Buchführung auch seine Ausstrahlungen auf die Bilanzierung. Zahlungen, die nicht periodisiert werden können, finden sich in der Bilanz wieder, sofern die Ansatzkriterien für Vermögensgegenstände, Schulden und Rechnungsabgrenzungsposten erfüllt sind. Der Grundsatz ist bedingt durch die Einteilung der Gesamtexistenzdauer (Totalperiode) einer Unternehmung in äquidistante Rechenperioden (Teilperioden) und durch die sich daraus ergebende Notwendigkeit, Erfolgsbeiträge einer bestimmten Teilperiode zurechnen zu müssen. Entscheidend sind hierfür nicht die Zeitpunkte der Ein- und Auszahlungen, sondern deren Erfolgswirksamkeit. Ausgaben und Leistungen, die noch nicht ein abgelaufenes Geschäftsjahr belastet haben, oder denen noch keine Einzahlungen gegenüberstanden, sind zu aktivieren; Lasten, die noch nicht zu einer Auszahlung oder Leistung geführt haben und Einnahmen, denen noch keine Ausgabe oder Leistung entsprochen hat, sind zu passivieren. Das Periodisierungsprinzip hat damit nicht nur für die Gewinn- und Verlustrechnung, sondern auch für die Bilanzierung (insbes. für Posten der Rechnungsabgrenzung, Forderungen und Rückstellungen) Bedeutung. Wann Reinvermögensmehrungen und -minderungen als „realisiert" zu gelten haben, bestimmen jedoch andere Prinzipien.[1]

Im **Steuerrecht** kommt dem Periodisierungsprinzip ganz besondere Bedeutung zu, da die Steuerbilanz unter der besonderen Zwecksetzung einer „periodengerechter Gewinnermittlung" steht. Die willkürfreie Zuordnung von Erfolgsbeiträgen ist steuerlich vor allem wegen der möglichen Progressionswirkungen bei der Einkommensteuer, wegen der Ausschöpfung von periodenbezogenen Freibeträgen und wegen der u.U. begrenzten Möglichkeiten der Verlustverrechnung von besonderer Bedeutung. Als hauptsächliches Zuordnungskriterium ist auch steuerlich nicht – wie beim Zuflussprinzip der Überschusseinkunftsarten – die tatsächliche Zahlung, sondern die wirtschaftliche Verursachung durch eine tatsächliche Leistungsbewirkung oder Leistungsentgegennahme anzunehmen. Letztlich ist wegen des Fehlens steuerlicher Spezialnormen aufgrund des Maßgeblichkeitsprinzips bei bilanzierenden Kaufleuten auch steuerlich auf die handelsrechtlichen Periodisierungs- und Realisierungsregeln abzustellen.

---

1 Siehe insbes. Vorsichtsprinzip, Kap. B.II.9.

d) Das Erhellungsprinzip

Da zwischen dem Bilanzstichtag und dem Tag der vollendeten Bilanzaufstellung vom Bilanzierenden neue Kenntnisse über die zu bilanzierenden Sachverhalte erlangt werden können, entsteht die Frage, ob die neuen oder verbesserten Kenntnisse bei der Bilanzierung Berücksichtigung finden können oder müssen.

Handelsrechtlich hat sich ein GoB dahingehend konkretisiert, dass alle zwischen dem Bilanzstichtag und dem Ende der Bilanzaufstellung erhaltenen Informationen über ansatz- oder wertbestimmende Umstände dann noch bilanziell berücksichtigt werden müssen, wenn ihre Ursache im Bilanzierungszeitraum begründet ist, wenn also die neuen Informationen nur die tatsächlichen, am Bilanzstichtag bestehenden Verhältnisse aufklären (erhellen). Dieser Grundsatz, der sich nicht nur auf die Bewertung, sondern auch auf den Ansatz dem Grunde nach bezieht, wird als *Erhellungsprinzip, Prinzip der Wertaufhellung* oder *Prinzip der besseren Einsicht* bezeichnet. In einer besonderen Ausprägung, nämlich der bewertungsmäßigen Berücksichtigung von Risiken und Aufwendungen, die bis zum Abschlussstichtag entstanden sind, aber erst im Aufstellungszeitraum bekannt geworden sind, ist der Grundsatz in §252 Abs. 1 Nr. 4 HGB für alle bilanzierenden Kaufleute (teil-)kodifiziert. Diese Formulierung macht deutlich, dass sowohl Informationen über Wertänderungen (Erträge/Aufwendungen) wie auch über Erwartungen (Risiken/Chancen) Gegenstand der Stichtagsaufhellung sein können, wenn ihre Ursachen nur bis zum Bilanzstichtag entstanden sind. Allerdings sind *Erträge*, über die im Bilanzaufstellungszeitraum Informationen zugehen, nur zu berücksichtigen, wenn sie bis zum Abschlussstichtag realisiert sind (§252 Abs. 1 Nr. 4 HGB). Daraus lässt sich folgern, dass bloße positive Erwartungen (Chancen), die zwar schon vor dem Bilanzstichtag begründet sind, aber erst im Bilanzaufstellungszeitraum bekannt werden, handelsrechtlich nicht berücksichtigt werden dürfen.

Sog. „wertbeeinflussende", „wertbestimmende", „wertbegründende" Tatsachen, die erst *nach* dem Bilanzstichtag eintreten, aber am Bilanzstichtag nicht zu erwarten waren, sind bilanzmäßig im Allgemeinen überhaupt nicht zu berücksichtigen (Stichtagsprinzip), gleichgültig, ob sie positiv oder negativ sind; im letztgenannten Fall muss aber ggf. im Anhang hierüber berichtet werden (§285 Nr. 33 HGB). Sie erhellen nicht die Ansatz- und Wertverhältnisse vom Bilanzstichtag und sind deshalb außer Betracht zu lassen. Das Erhellungsprinzip der GoB geht über die in §252 Abs. 1 Nr. 4 HGB für die Bewertung kodifizierte Fassung hinaus und umfasst auch den Ansatz dem Grunde nach („*Bestandserhellung*", z.B. bei Schadenersatzansprüchen, die vor dem Bilanzstichtag entstanden sind, aber erst im Bilanzaufstellungszeitraum bekannt werden).

Steuerbilanzrechtlich gilt der Grundsatz ebenso, da er ein maßgeblicher handelsrechtlicher GoB ist und seine Maßgeblichkeit (§5 Abs. 1 EStG) durch keine steuerliche Spezialvorschrift aufgehoben ist. Es ist sogar festzustellen, dass die Lehre von der Wertaufhellung ganz wesentlich vom BFH entwickelt wurde.[1] Danach sind zwar auch für die steuerliche Bilanzerstellung die tatsächlichen Verhältnisse des Bilanzstichtages maßgeblich, doch sind auch solche Umstände zu berücksichtigen, die bis zum Tag der Bilanz-

---

1 Z.B. BFH v. 21.10.1981, BStBl 1982 II, 121; v. 26.4.1989, BStBl 1991 II, 213; EuGH v. 7.1.2003, BStBl 2004 II, 144.

Prinzipien der Bilanzierung

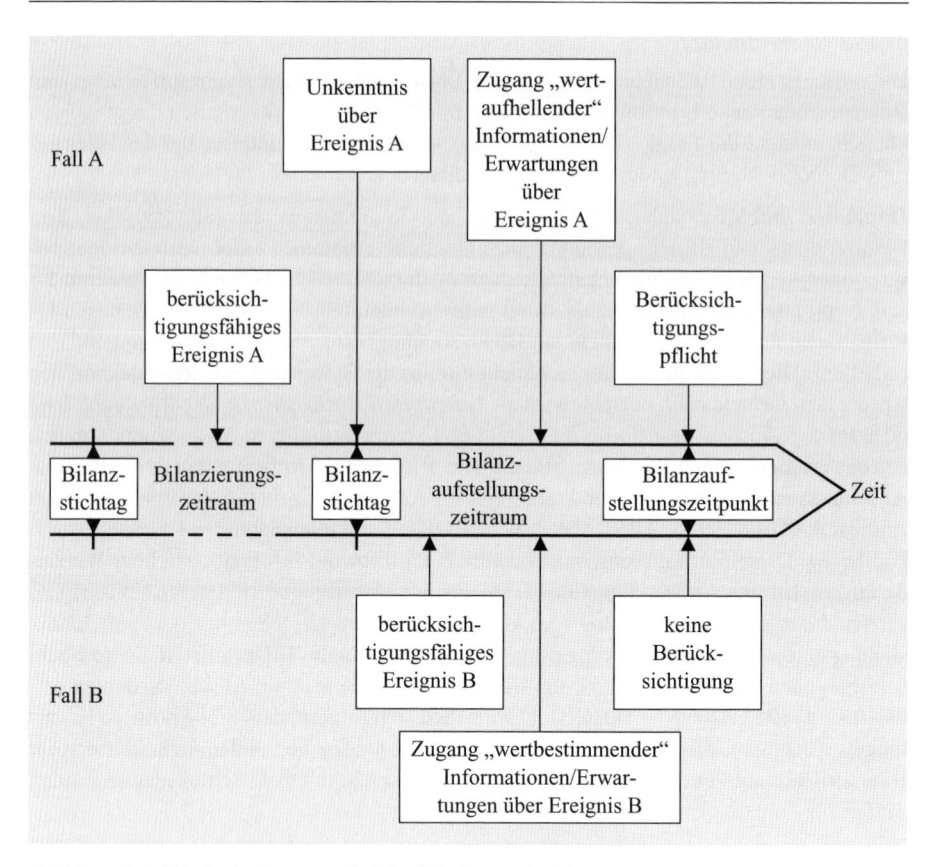

Abbildung B-6: Prinzip der besseren Einsicht (Erhellungsprinzip)

aufstellung diese Verhältnisse „aufhellen". Kenntnisse, die der Bilanzierende nach dem Bilanzstichtag von ansatz- oder wertverändernden Ereignissen erhält, finden also insoweit in der Steuerbilanz Berücksichtigung, als sie sich auf Gegebenheiten am Bilanzstichtag beziehen. Das gilt auch für die bis zur Bilanzaufstellung eingetretenen oder bekanntgewordenen Tatsachen, aus denen Schlüsse über das Bestehen oder Nichtbestehen eines Risikos am Bilanzstichtag gezogen werden können.[1] Allerdings sind der Verlustantizipation durch beschränkte Rückstellungsbildung in der Steuerbilanz durch Gesetzgeber (Drohverlustrückstellung, § 5 Abs. 4a EStG), Rechtsprechung und Finanzverwaltung engere Grenzen gesetzt als im Handelsrecht. Kenntnisse über Gegebenheiten, die sich erst im neuen Wirtschaftsjahr ereignet haben und nicht die Stichtagsverhältnisse aufklären (sog. *wertbeeinflussende oder wertbegründende Umstände*) dürfen wegen des strengen Stichtagsbezugs nicht berücksichtigt werden.

---

1 BFH v. 2. 10. 1992, BStBl 1993 II, 153; v. 27. 11. 1997, BStBl 1998 II, 375.

Beispiele für berücksichtigungspflichtige „*wertaufhellende* Informationen":

- Im Bilanzaufstellungszeitraum wird die Insolvenz eines Schuldners vor dem Bilanzstichtag bekannt (Forderungsabschreibung),
- im Bilanzaufstellungszeitraum wird bekannt, dass ein Teil der im abgelaufenen Geschäftsjahr ausgelieferten Erzeugnisse Qualitätsmängel aufweist (Rückstellungsbildung geboten),
- im Bilanzaufstellungszeitraum sind die einen Anspruch auf Schadensersatz aus strafbarer Handlung begründenden Tatsachen durch Aufdeckung einer vor dem Bilanzstichtag begangenen Tat bei einer Betriebsprüfung bekannt geworden (Rückstellungsbildung geboten),
- im Bilanzaufstellungszeitraum löst der am Bilanzstichtag solvente Bezogene Wechsel ein, für die der Wechselnehmer im abgelaufenen Geschäftsjahr Wechselhaftung übernommen hat (nach BFH[1] keine Rückstellung für Wechselhaftung zulässig).

Nichtberücksichtigungsfähige „*wertbestimmende*" Umstände liegen vor, wenn beispielsweise

- ein Schuldner, dessen Zahlungsunfähigkeit im abgelaufenen Geschäftsjahr eingetreten und bekannt ist, im Bilanzaufstellungszeitraum wieder zu Geld kommt (Forderungsabschreibung im Geschäftsjahr, Ertrag bei Zahlung im Folgejahr);
- Mängelrügen der Abnehmer von Waren, die im Aufstellungszeitraum ausgeliefert wurden und im Bilanzaufstellungszeitraum bekannt werden (keine Rückstellung im alten Jahresabschluss);
- eine am Bilanzstichtag vorhandene Anlage durch ein Ereignis im Aufstellungszeitraum zerstört wird.

3. Das Nominalwertprinzip und seine bilanziellen Ausprägungen

a) Das Nominalwertprinzip

Das sog. Nominalwertprinzip gehörte bisher zu den tragenden Leitmaximen der deutschen Rechts- und Wirtschaftsordnung. Es verlangt, dass eine Valorisierung von Währungsbeträgen grundsätzlich nicht stattfinden darf. Das bedeutet, dass z.B. bei Schuldverhältnissen grundsätzlich der EURO- bzw. früher DM-Nennbetrag, nicht der Kaufkraftwert der Währung, für die Bewertung einer Forderung oder Verbindlichkeit maßgeblich ist. Weder inflatorische noch deflatorische Geldwertänderungen dürfen demnach Berücksichtigung finden.[2]

b) Das Prinzip nomineller Kapitalerhaltung

Nach § 244 HGB ist der Jahresabschluss in EURO aufzustellen. Für die DM-Bilanzierung wurde früher – und das gilt wohl auch für den EURO – aus dem Nominalwertprinzip das bilanzielle Subprinzip der nominellen Kapitalerhaltung abgeleitet. Es verlangt, dass bei Bewertungen von der Annahme auszugehen ist, dass eine angesetzte Währungseinheit (Euro) im gesamten Betrachtungszeitraum wertgleich ist, das eingesetzte Kapital also dem Nennbetrag nach erhalten werden soll. Es ist zweifelhaft, ob dieses Prinzip als „GoB" anzusehen ist. Die allgemeinen Bilanzierungszwecke und die ökonomisch denkende Kaufmannspraxis würden wohl eher eine die Kaufkraft berücksichtigende Vorgehensweise *(Prinzip der realen Kapitalerhaltung)* bei der Bilanzierung verlangen. Damit

---

1 BFH v. 4.4.1973, BStBl 1973 II, 485 m.w.N.
2 Das bis zur Euroeinführung geltende Indexierungsverbot des §3 Währungsgesetz, zuletzt abgeschwächt in §2 Abs. 1 PaPkG, wurde allerdings 2007 aufgehoben und durch ein weiter abgeschwächtes Preisklauselverbot in §1 PreisKlG reduziert.

könnte erreicht werden, dass Unternehmen bei steigenden Preisen die verbrauchten/veräußerten Einsatzstoffe aus Eigenmitteln finanziert wiederbeschaffen/-herstellen könnten. Eine kaufkraftorientierte Bilanzbewertung würde auch die Ausschüttung und Besteuerung sog. *Scheingewinne* verhindern. Diese betriebswirtschaftlichen Wünsche hat der Gesetzgeber jedoch gleichermaßen für das Handels- und Steuerbilanzrecht bisher nicht beachtet. Um das übergeordnete, für ihre gesamte Rechts- und Wirtschaftsordnung geltende Nominalwertprinzip einzuhalten, hat die Bundesrepublik Deutschland auf die nationale Transformation der nach der 4. EG-Richtlinie eröffneten Möglichkeit einer Bewertung zu Wiederbeschaffungskosten verzichtet. Auch von der Rechtsprechung des BVerfG[1] und des BFH[2] wird der Währungsnominalismus trotz bedenklicher Folgen bei Inflation bisher als unverzichtbarer allgemeiner Besteuerungsgrundsatz aufrechterhalten. Bei Unternehmen kann insofern aus Gründen der Gleichbehandlung nicht anders verfahren werden als bei den übrigen Steuerpflichtigen. Einige besonders ungerechtfertigt erscheinende Fälle der Scheingewinnbesteuerung wurden jedoch gesetzlich abgemildert (vgl. z.B. §§ 6 Abs. 1 Nr. 2a, 6b EStG). Im Übrigen wird aber die Gewinnverwendung im Sinne einer Rücklagenbildung als das adäquate bilanzrechtliche Mittel zur Substanzerhaltung angesehen.[3]

c) Das Anschaffungs-/Herstellungskostenprinzip und das pagatorische Prinzip

Als ein Mittel zur Realisierung des bilanziellen Nominalismus kann das sog. *Anschaffungswertprinzip* angesehen werden. Die Berechtigung dieses Grundsatzes lässt sich allerdings auch aus dem mit ihm erreichbaren Sicherungs- und Vereinfachungszweck oder aus dem gläubigerschützenden Zweck der Verhinderung der Ausschüttung von rein buchmäßigen (nichtrealisierten) Aufwertungsgewinnen ableiten. Deshalb dürfte diesem Grundsatz auch GoB-Charakter beigemessen werden. Jedenfalls ist das Anschaffungskostenprinzip an mehreren Stellen des HGB und des EStG kodifiziert (z.B. §§ 253 Abs. 1 HGB, 6 und 7 EStG). Es verlangt in seinem Kern, dass die tatsächlichen (historischen) Anschaffungskosten die absolute Wertobergrenze der Bilanzbewertung darstellen und dass auch keinesfalls ein diese vergangenheitsbezogenen Anschaffungskosten übersteigender Betrag als Abschreibungen bzw. Absetzungen verrechnet werden darf. Bei selbsterstellten Bilanzobjekten gilt dieses Prinzip entsprechend für die Herstellungskosten *("Herstellungskostenprinzip")*. Eine Neubewertung *(revaluation)* zu einem die AHK übersteigenden Betrag *(fair value)* – wie ihn die IFRS erlauben – ist nach HGB regelmäßig ausgeschlossen.[4]

Beide Prinzipien bewirken auch die *Erfolgsneutralität von Anschaffungs- und Herstellungsvorgängen*, weil dem Abgang von liquiden Mitteln genau der Zugang an erworbenen/erstellten Gütern entspricht. Das damit verbundene *pagatorische Prinzip* bedeutet,

---

1 BVerfG v. 19.12.1978, BStBl 1979 II, 308.
2 Z.B. BFH v. 17.1.1980, BStBl II, 434 m.w.N., v. 8.3.1995, BFHE 177, 132 m.w.N.
3 Z.B. BFH v. 26.5.1976, BStBl II, 622 m.w.N.; IDW St/HFA 2/1975. Zur Ermittlung des „Scheingewinns" siehe auch Kap. D.I.5.
4 Ausnahmsweise ist nach HGB ein gegenüber den Anschaffungskosten höherer Zeitwert seit dem BilMoG beim Altersversorgungsvermögen und bei wertpapiergebundenen Pensionszusagen zugelassen (§ 253 Abs. 1 S. 3 bzw. 4 HGB).

dass bei der Zugangs-/Erstbewertung nur zahlungsrelevante Faktoren berücksichtigt werden dürfen. Obwohl der Gesetzgeber die missverständliche Bezeichnung „Kosten" verwendet, scheiden die nicht-pagatorischen „kalkulatorischen Kosten" der Kostenrechnung bei der Bewertung aus.

4. Der Grundsatz der Unternehmensfortführung (Fortführungsprinzip)

Dieser auch als „Going-Concern-Prinzip" bezeichnete Grundsatz ist (ausschließlich) für die Bewertung für alle Bilanzierenden verbindlich in §252 Abs. 1 Nr. 2 **HGB** kodifiziert. Danach ist bei der Bewertung von der Fortführung der Unternehmenstätigkeit auszugehen, sofern dieser Annahme nicht tatsächliche oder rechtliche Gegebenheiten entgegenstehen. Dieser Auslegungsgrundsatz bedeutet beispielsweise, dass unter der berechtigten Annahme der Unternehmensfortführung bei der Ermittlung des „beizulegenden Wertes" des Umlaufvermögens von der Wiederbeschaffung oder Wiederherstellung ausgegangen werden kann oder dieser Wert auch vom üblichen Absatzpreis her abgeleitet werden kann *(Fortführungswert)*. Auch ist abnutzbares Anlagevermögen mit den „fortgeführten" (d.h. um planmäßige Abschreibungen verminderten) AHK anzusetzen. Anderes gilt jedoch, wenn die Aufgabe dieser Annahme geboten ist: dann ist im Zweifel bei der Bewertung von Einzel-, Teil- oder Gesamtveräußerungswerten, u.U. von der Einzelveräußerung unter Zerschlagungsbedingungen (z.B. Zwangsversteigerung) auszugehen. Auch bei der Bewertung der Verbindlichkeiten und Rückstellungen ist der Grundsatz anzuwenden.

Problematisch sind allerdings der sachliche und zeitliche Geltungsbereich dieses Prinzips: Die Kodifizierung des Grundsatzes in §252 Abs. 1 Nr. 2 HGB ordnet die *sachliche* Geltung dieses Grundsatzes nur für Zweifelsfragen beim Ansatz der Höhe nach (Bewertung) an. Es wäre unverständlich, wenn sich die Fortführungs- oder Liquidations-/Zerschlagungsannahme nicht auch zur Klärung des Ansatzes von Vermögensgegenständen und Schulden dem Grunde nach (z.B. Regressansprüche bei Betriebsaufgabe oder Sozialplanverpflichtungen) heranziehen ließe. Dem Grundsatz der Unternehmensfortführung dürfte wohl eine über die exemplarische („insbesondere" in §252 Abs. 1 HGB) gesetzliche Formulierung für die Bewertung hinausgehende Bedeutung als GoB (§243 Abs. 1 HGB) zukommen.

Fraglich ist auch, *wann* die Fortführungsannahme aufzugeben ist. Diese Einschätzung kommt dem Bilanzierenden zu. Er hat selbstkritisch zu beurteilen, ob das Unternehmen in der nächsten Zukunft in seiner Existenz z.B. durch nachhaltige Ertragslosigkeit, drohende Überschuldung oder Zahlungsunfähigkeit gefährdet ist. Dabei ist auch der Erfolg etwa eingeleiteter Sanierungsmaßnahmen einzuschätzen. Als Zeitraum, für den die Fortführung des Unternehmens gesichert sein muss, wird in internationalen Prüfer-Richtlinien[1] ein Zeitraum von mindestens einem Jahr angenommen. Dies erscheint, bezogen auf den Bilanzstichtag, auch sinnvoll, da ggf. die nachfolgende Bilanz noch die Aufgabe der Fortführungsannahme berücksichtigen kann. Der gesetzliche Wortlaut des §252 Abs. 1 Nr. 2

---

1 UEC-Empfehlung Nr. 4 Tz. 2.1b; IAPC 23 Tz. 9; ebenso IDW PS 270 Rn. 8 wo darüber hinaus gefordert wird, dass keine die Fortführung beeinträchtigenden Anhaltspunkte nach dem nächsten Bilanzstichtag vorliegen.

HGB objektiviert die Widerlegungsvoraussetzungen auf vorliegende „tatsächliche oder rechtliche Gegebenheiten" (z.B. tatsächliche Stilllegung; Einleitung eines Insolvenzverfahrens; behördliches Produktionsverbot). Danach rechtfertigen erst am Bilanzstichtag feststehende Umstände, die eine Beendigung der Unternehmenstätigkeit bedingen, ein Abgehen von der Fortführungsprämisse; unberührt davon bleiben freilich die Verpflichtungen, über mögliche Gefährdungen u.U. im Anhang oder Lagebericht zu berichten.

Steuerrechtlich gilt das Fortführungsprinzip in zweierlei Hinsicht: Zum einen, soweit es über das Maßgeblichkeitsprinzip in die Steuerbilanz wirkt. Wegen des Bewertungsvorbehalts des §5 Abs. 6 EStG ist diese Wirkung jedoch beschränkt. Ein originäres steuerliches „Fortführungsprinzip" ist in der Teilwert-Definition des §6 Abs. 1 Nr. 1 S. 3 EStG enthalten. Danach ist bei der Ermittlung des Teilwerts[1] davon auszugehen, dass das Unternehmen fortgeführt wird; bei der Wertermittlung ist also nicht die Auflösung des Unternehmens zu unterstellen. Hieraus wird bei detaillierten Wertfragen auch gefolgert, dass der fiktive Erwerber das Unternehmen mit der gleichen Geschäftspolitik fortführt (z.B. auch die zu bewertenden Warenmuster kostenlos abgibt).

5. Die Grundsätze der Klarheit und Übersichtlichkeit

Die Grundsätze der „Klarheit" und „Übersichtlichkeit" betreffen nicht den materiellen, durch Ansätze dem Grunde und der Höhe nach bestimmten Bilanzinhalt, sondern die formale Gestaltung des Jahresabschlusses, insbes. der Bilanz. Sie bestimmen vor allem die Entscheidungen über die Bilanzausweise. Beide Grundsätze sind schon lange anerkannte GoB und später in §243 Abs. 2 HGB für alle Kaufleute verbindlich kodifiziert worden. Schwerwiegende Verstöße gegen die Klarheit und Übersichtlichkeit des Jahresabschlusses werden als *„Bilanzverschleierung"* bezeichnet und mit Sanktionen bedroht.[2] Welches jedoch im Einzelnen die Anforderungen der Klarheit und Übersichtlichkeit sind, ist noch weitgehend ungeklärt und auch schwer justiziabel.

a) Der Grundsatz der Klarheit

„Klarheit" bedeutet für die Bilanz, dass die Bilanzaussagen dem Bilanzadressaten in einer Weise vermittelt werden, dass bei ihm keine Zweifel auftreten. Damit die Bilanzaussagen für den Bilanzleser eindeutig sind, müssen – das gebietet die Logik – folgende Forderungen erfüllt sein:

- Bilanzierungssachverhalte, die in den für ihre Abbildung wesentlichen Merkmalen gleich sind, dürfen nicht unter verschiedenen Posten in der Bilanz stehen. Mehrfacherfassungen müssen ggf. kenntlich gemacht werden.
- Bilanzierungssachverhalte, die in den für ihre Behandlung wesentlichen Merkmalen unterschiedlich sind, dürfen im Regelfall nicht unter einem Bilanzposten zusammengefasst werden.
- Die verwendeten Bezeichnungen und etwaigen Zusätze müssen verständlich sein, den zu bezeichnenden Inhalt eindeutig kennzeichnen und dürfen nicht in unüblicher Weise

---

1 Zu Einzelheiten siehe Kap. D.II.4.a).
2 Siehe Kap. A.IV.2.baa).

abgekürzt oder missverständlich zusammengefasst werden. Bei Anwendung der gesetzlichen und gesicherten fachsprachlichen Terminologie wird diese Forderung im Allgemeinen erfüllt.
- Schließlich muss zur Erfüllung des Klarheitspostulats das Zustandekommen zumindest ungewöhnlicher oder abweichender Bilanzausweise und Postenzusammenfassungen näher erläutert werden.

Da ein so verstandenes Klarheitsgebot der Vermeidung von missverständlichen Auslegungen der Bilanzdarstellungen dient, stellt sich die Frage, von welchem Kenntnisniveau des Bilanzadressaten der Bilanzierende ausgehen darf. Hierzu ließe sich § 238 Abs. 1 HGB heranziehen, der von der Buchführung verlangt, dass sie einem „sachverständigen Dritten" innerhalb angemessener Zeit einen Überblick über die Lage des Unternehmens vermittelt. Der Grad der zu fordernden Bilanzklarheit dürfte aber weitgehend nach dem Adressatenkreis zu bestimmen sein. Allerdings muss selbst bei Offenlegung nicht auf bloßes Laienverständnis, vielmehr kann auf einen bilanzkundigen Leser abgestellt werden.

Obwohl das Klarheitsprinzip grundsätzlich über § 5 Abs. 1 EStG auch *im Steuerrecht* gilt, spielt es dort keine bedeutende Rolle; in § 145 Abs. 1 AO wird es allerdings für die Buchführung entsprechend § 238 Abs. 1 HGB wiederholt. Sachverständiger Dritter, der sich in der Bilanz in angemessener Zeit zurechtfinden muss, ist hier ein durchschnittlich befähigter Amtsträger der Finanzbehörde.

b) Der Grundsatz der Übersichtlichkeit

Der Grundsatz der Übersichtlichkeit bezieht sich auf den Zusammenhang zwischen dem äußeren Bilanzbild und der subjektiven Erfassbarkeit der Bilanzaussagen und -zusammenhänge durch den Bilanzleser. Eine formale Bilanzgestaltung, die es einem mit bilanziellen Fragen durchschnittlich vertrauten Bilanzadressaten ermöglicht, die relevanten Zusammenhänge ohne größere Schwierigkeiten, d.h. ohne komplizierte Rechen- und Denkprozesse, zu vermitteln, erfüllt das Postulat der Übersichtlichkeit.

Der bedeutendste Bestimmungsfaktor der Übersichtlichkeit ist die Einhaltung des vorgeschriebenen *Gliederungsschemas*. Für Kapitalgesellschaften und haftungsbegrenzte Personengesellschaften ist – u. U. mit Erleichterungen – das Mindestgliederungsschema des § 266 HGB verbindlich; Personenunternehmen sind zwar in der Gliederung weitgehend frei, sie haben sich jedoch dabei besonders vom Grundsatz der Übersichtlichkeit leiten zu lassen.[1] Auch die Rundung der ausgewiesenen Beträge auf volle Euro, bei großen Unternehmen auch auf größere gerundete Euro-Beträge (volle €, T-€, Mio-€ mit einer Nachkommastelle), dürfte zur Gewinnung größerer Übersichtlichkeit beitragen.[2]

Steuerlich gilt das Übersichtlichkeitspostulat zwar über § 5 Abs. 1 EStG auch für die Steuerbilanz, ist aber ziemlich bedeutungslos; dies ergibt sich bereits daraus, dass es genügt, eine Handelsbilanz mit Anpassungen abzugeben (§ 60 EStDV). Ob überhaupt eine „Bilanz" oder „Steuerbilanz" vorliegt, wird im Allgemeinen nicht nach der Form, sondern nach dem Inhalt des eingereichten Schriftstücks entschieden. Allerdings sieht § 5b EStG neuerdings vor, dass im Regelfall der Inhalt der Handelsbilanz und GuV-Rech-

---

1 Zu Einzelheiten siehe Kap. E.
2 WPH 2017, F 13 (Praxistipp 1).

nung, der Zusätze oder die Steuerbilanz nach einem amtlich vorgeschriebenen Datensatz durch Datenfernübertragung der Finanzverwaltung zu übermitteln ist. Damit wird die steuerliche Anforderung der Übersichtlichkeit durch die dauernd von der Finanzverwaltung aktualisierte Taxonomie für die E-Bilanz bestimmt.[1]

6. Die Einzelabbildungsgrundsätze

a) Bedeutung der Einzelabbildungsgrundsätze

Im **Handels- und Steuerbilanzrecht** herrschen Prinzipien vor, die eine einzelobjektbezogene Betrachtung der Bilanzgegenstände bei der Bilanzierung, Bewertung und beim Ausweis fordern. Häufig wird als Grundsatz der Einzelbewertung (i.w.S.) sowohl die prinzipielle Verpflichtung zur isolierten art- und mengenmäßigen Erfassung einer Bilanzierungseinheit (Grundsatz der Einzelbilanzierung) wie auch zur grundsätzlich isoliert vorzunehmenden Bestimmung von Einzelwerten für derartige Bewertungseinheiten (Grundsatz der Einzelbewertung i.e.S.) verstanden. Das Saldierungsverbot wird oft als gesonderter Grundsatz oder als Unterfall des Prinzips der Einzelbilanzierung gesehen. Wenn auch praktisch nicht immer eine exakte Trennung möglich ist, so lässt sich doch die Forderung nach „Einzelabbildung" differenziert auf den Ansatz dem Grunde und der Höhe nach sowie auf den Bilanzausweis beziehen.

Zweck der Forderung nach ansatz-, ausweis- und wertmäßig gesonderter Behandlung von Bilanzierungseinheiten ist es insbes., die Genauigkeit bei der faktischen Bestimmung, bei der gliederungsmäßigen Zuordnung, bei der Durchsetzung der Ge- oder Verbote der Aufnahme von Bilanzierungsgegenständen zu erhöhen und eine exakte Wertbemessung (Bepreisung) dieser Bewertungsobjekte zu erreichen. Eine undifferenzierte Zusammenfassung von Vermögensgegenständen oder Schulden ist damit ebenso ausgeschlossen wie eine Pauschalbewertung des gesamten Unternehmens oder einzelner Teile (z.B. Betriebsstätten). Weitere Funktionen der Grundsätze der Einzelabbildung bestehen darin, Inventar- und Bilanzposten eindeutig zu identifizieren, die Bilanzierungs-, Bewertungs- und Ausweisentscheidungen intersubjektiv nachvollziehen und prüfen zu können. Schließlich helfen die Prinzipien auch bei der Erfüllung anderer Grundsätze: So wird z.B. erst Raum für die Anwendung des Imparitätsprinzips (siehe weiter unten) geschaffen, weil die Einzelbilanzierung und -bewertung sicherstellt, dass Wertänderungen eines Bilanzpostens nicht mit entgegengesetzten Wertänderungen eines anderen Bilanzpostens verrechnet werden können.

b) Der Grundsatz der Einzelbilanzierung

Der *Grundsatz der Einzelbilanzierung* (auch: Einzelerfassung) ist als GoB anerkannt und damit gem. §243 Abs. 1 **HGB** für alle bilanzierenden Kaufleute verbindlich. Eine gesetzliche Konkretisierung erfährt er in §240 Abs. 1 HGB, wonach im Inventar der Wert der „einzelnen" Vermögensgegenstände und Schulden anzugeben ist. Der Grundsatz der Einzelbilanzierung gilt jedoch auch in der Bilanz und gebietet eine sachgerechte Abgrenzung von Bilanzierungseinheiten, deren präzise Identifizierung, und verlangt, die Entscheidung

---

1 Zu Einzelheiten siehe Kap. E. IV.

über Bilanzierungsfähigkeit, -pflicht oder -verbot für jedes einzelne Bilanzobjekt gesondert zu treffen. Dabei stellt sich insbes. die Frage nach der Extension dessen, was als „ein" Bilanzierungsgegenstand (Vermögensgegenstand, Schuld) anzusehen ist, mit anderen Worten, wie weit zusammengehörende Teile zu einem Ganzen zusammenzufassen sind. Rechtliche Kriterien sind dabei nicht zwingend maßgeblich, vielmehr kommt es auf die Gemeinsamkeit von Merkmalen aus wirtschaftlicher und bilanzzweckorientierter Sicht an (Einzelveräußerbarkeit, abgegrenzte Aufwendungen, einheitlicher Nutzungs- und Funktionszusammenhang, Zugehörigkeit zu Bewertungsgruppen u.a.). So werden z.B. bei bebauten Grundstücken (sie stellen zivilrechtlich eine Einheit dar) Grund und aufstehende Gebäude als gesonderte Vermögensgegenstände behandelt, weil sie bilanzrechtlich teils abnutzbar, teils nichtabnutzbar sind. Die Parzellierung geht aber nicht so weit, dass z.B. die einzelnen Stühle eines Kinogestühls oder die Einzelkomponenten eines Personalcomputer-Systems isoliert betrachtet werden müssen. Es kommt hierbei auf den einheitlichen Nutzungszusammenhang, auf die wirtschaftliche Betrachtung als „Funktionseinheit" an. Im Gegensatz hierzu steht die Komponentenabschreibung der IFRS (IAS 16.43 ff.).

Praktisch würde die Verwirklichung des Prinzips der Einzelbilanzierung jedoch unzumutbare Arbeitsbelastungen mit sich bringen. Daher dürfen zur Vereinfachung gleichartige Vermögensgegenstände des Vorratsvermögens, andere gleichartige oder annähernd gleichwertige bewegliche Vermögensgegenstände sowie Schulden zu einer Bewertungsgruppe zusammengefasst werden (Gruppenbewertung gem. §240 Abs. 4 HGB).[1] Auch widerspricht die Bilanzierung von Sachgesamtheiten,[2] das sind Gruppen von Wirtschaftsgütern, die nach außen als „einheitliches Ganzes" in Erscheinung treten, nicht dem Einzelbilanzierungsgebot.

Eine weitere von den GoB anerkannte und inzwischen vom Gesetzgeber in den §§254 HGB und 5 Abs. 1a S. 2 EStG kodifizierte Abweichung von der Einzelbilanzierung besteht bei „geschlossenen Positionen" von Grund- und Sicherungsgeschäften; hier ist die Bildung von Bewertungseinheiten zulässig.[3]

Steuerrechtlich ist der Grundsatz der Einzelbilanzierung nicht ausdrücklich vorgeschrieben; als GoB ist er jedoch über §5 Abs. 1 EStG verbindlich und wird offensichtlich bei der Bewertung als geltend vorausgesetzt (siehe Einleitungssatz des §6 Abs. 1 EStG: „Bewertung der einzelnen Wirtschaftsgüter"). Mit dem Schrifttum fordert der BFH die Betrachtung des jeweils kleinsten Sachverhalts, der nach der Verkehrsanschauung als selbständig realisier- und bewertbar angesehen wird.[4] Die Abgrenzung von Bilanzierungs- und Bewertungseinheiten hat im Steuerbilanzrecht große Bedeutung (z.B. für die Feststellung, ob ein geringwertiges Wirtschaftsgut vorliegt oder gewinn- und verlustbringende Geschäfte verrechnet werden). Ohne diesen Grundsatz könnte auch das Maßgeblichkeitsprinzip nicht verwirklicht werden. Dies verlangt nämlich, dass nicht Bilanzsummen oder ganze Bewertungsgruppen der Handelsbilanz für die Steuerbilanz maßgeblich sind, sondern die einzelnen Ansätze der Bilanzobjekte, sofern dem nicht Spezialvorschrif-

---

1 Siehe auch Kap. D.III.3.b).
2 Beispiele in H 6.13 EStR.
3 Zu Einzelheiten siehe Kap. D.I.3.a).
4 BFH v. 15.10.1997, BStBl 1998 II, 249 m.w.N.

ten entgegenstehen.[1] Da das Steuerrecht nicht widerspricht, ist auch Gruppenbildung als Durchbrechung des Grundsatzes zugelassen.[2] Zur Verdeutlichung der handelsrechtlichen Abgrenzung verlangt auch §5 Abs. 1a EStG die Übernahme bestimmter handelsrechtlicher Bewertungseinheiten bei Sicherungsgeschäften.

c) Der Grundsatz der Einzelbewertung

Der Grundsatz der Einzelbewertung (i.e.S.) verlangt, dass – unter Verzicht auf eine Gesamt- oder Sammelbewertung – für jede einzeln abgegrenzte Bewertungseinheit ein eigenständiger Wert ermittelt wird. Der Grundsatz ist in §252 Abs. 1 Nr. 3 *HGB* kodifiziert. Hiernach sind „Vermögensgegenstände und Schulden zum Abschlussstichtag einzeln zu bewerten".

Eine konsequente Durchführung dieses Grundsatzes konkurriert jedoch mit dem Grundsatz der Wirtschaftlichkeit und ist vielfach auch praktisch (z.B. bei Vermischung) nicht realisierbar. Die Einzelbewertung einer Vielzahl von Bewertungsobjekten würde Einzelaufzeichnungen und Einzelfeststellungen voraussetzen und die Bilanzierungsarbeiten erheblich erschweren; teilweise ist eine Einzelbewertung wegen unvollkommener Information über die Zukunft auch unmöglich (z.B. Bestimmung des Ausfallrisikos einzelner Forderungen; Gewährleistungsverpflichtung aus einem einzelnen Geschäft). Es sind deshalb viele erleichternde *Ausnahmen* vom Grundsatz der Einzelbewertung zugelassen: Durchschnittsbewertung, Festwertansatz, Pauschalbewertungen, Verbrauchsfolgeverfahren.[3]

Im *Steuerrecht* ist der Grundsatz der Einzelbewertung nicht nur als maßgeblicher GoB zu übernehmen, sondern auch ausdrücklich geregelt. Der Einleitungssatz des §6 EStG bezieht die nachfolgenden Bewertungsregeln auf „einzelne" Wirtschaftsgüter; bei der Teilwertermittlung (§6 Abs. 1 Nr. 1 Satz 3 EStG) ist auf den Ansatz eines Betrages für das „einzelne" Wirtschaftsgut im Rahmen des Gesamtkaufpreises abzustellen. Diese originäre steuerliche Kodifizierung lässt es gerechtfertigt erscheinen, dass handelsrechtliche Abweichungen vom Grundsatz der Einzelbewertung nicht ohne weiteres im Steuerbilanzrecht anerkannt werden (z.B. Verbrauchsfolgeverfahren außerhalb des Lifo-Verfahrens).[4] Von den aus Wirtschaftlichkeitsgründen notwendigen Durchbrechungen abgesehen, respektiert das Steuerrecht den Grundsatz der Einzelbewertung voll.[5] Mit der Verpflichtung zur Bildung von Bewertungseinheiten bei Absicherungen gegen finanzwirtschaftliche Risiken bestätigt das Steuerrecht in §5 Abs. 1a EStG auch die handelsrechtliche Handhabung von Durchbrechungen der Einzelbewertung.[6]

---

1 Siehe hierzu Kap. B.IV.7.
2 Vgl. auch R 6.8 Abs. 4 EStR.
3 Siehe im Einzelnen Kap. D.III.3.
4 Siehe im Einzelnen Kap. D.III.
5 Vgl. BFH v. 22.11.1988, BStBl 1989 II, 359; v. 12.10.1995, BStBl 1996 II, 402; v. 27.6.1995, BStBl 1996 II, 215; v. 15.10.1997, BStBl 1998 II, 249.
6 Zu Einzelheiten s. Kap. D.I.3.a).

d) Der Grundsatz des Einzelausweises (Saldierungsverbot)

Eine besondere Ausprägung der bilanzrechtlich gebotenen Einzelbetrachtung, aber auch des Grundsatzes der Bilanzklarheit, ist das sog. *Saldierungsverbot (Verrechnungsverbot)*, das auch in § 246 Abs. 2 S. 1 HGB verankert ist. Damit soll insbes. ein tieferer Einblick in die Vermögenslage gesichert werden. Soweit es die Bilanzierung betrifft, bedeutet der Grundsatz, dass Aktivposten nicht mit Passivposten, Grundstücksrechte nicht mit Grundstückslasten verrechnet werden dürfen, also diese Posten getrennt (brutto) auszuweisen sind.

Eine obligatorische Ausnahme vom Verrechnungsverbot besteht seit dem BilMoG beim sog. *Altersversorgungsvermögen*. Nach § 246 Abs. 2 S. 2 HGB sind

- Vermögensgegenstände, die dem Zugriff der Gläubiger (mit Ausnahme der Versorgungsberechtigten) entzogen sind (sog. vollstreckungs- und insolvenzgeschütztes Vermögen[1]) und
- ausschließlich der Erfüllung von Altersversorgungsverpflichtungen oder vergleichbaren langfristig fälligen Verpflichtungen[2] dienen

mit diesen Schulden zu verrechnen. Grund für die gesetzliche Einschränkung des Verrechnungsverbots ist die gewünschte Annäherung an IAS 19.54, der eine Verrechnung von sog. Planvermögen mit Pensionsrückstellungen vorsieht. Verbleibt nach Verrechnung ein Vermögensüberschuss, so ist dieser nach § 266 Abs. 2 E HGB in der Bilanz als gesonderter Posten „Aktiver Unterschiedsbetrag aus der Vermögensverrechnung" darzustellen; ein Schuldenüberhang führt zu Passivierung einer entsprechenden Netto-Schuld (Pensionsrückstellung). Abbildung B-7 zeigt diese Ausnahme vom Verrechnungsgebot.

■ vollstreckungs- und insolvenzgeschütztes ■ zweckbestimmtes Vermögen	■ Altersversorgungsverpflichtungen oder ■ vergleichbare langfristige Verpflichtungen
Verrechnungsgebot (§ 246 Abs. 2 S. 2 HGB)	
Vermögensüberschuss	Verpflichtungsüberschuss
Sonderposten: aktiver Unterschiedsbetrag aus der Vermögensverrechnung	Passivierung der Netto-Verpflichtung

(mittlere Spalte: oder)

Abbildung B-7: Vermögensverrechnung beim Altersversorgungsvermögen

Weitere gesetzliche Ausnahmen vom Verrechnungsverbot bestehen bei aktiven und passiven latenten Steuern (§ 274 Abs. 1 S. 1 HGB) und der Bildung von Bewertungseinheiten bei Sicherungszusammenhängen (§ 254 HGB).

Schließlich besteht eine weitere Ausnahmen vom Verrechnungsverbot nach bisher h.M.[3] für den Fall, dass gegenseitig fällige Forderungen und Verbindlichkeiten nach § 387 BGB

---

1 Z.B. durch rechtliche Vermögensauslagerung oder Treuhandmodelle.
2 Z.B. Verpflichtungen aus Altersteilzeit oder Lebensarbeitszeitmodellen.
3 KÜTING/WEBER, HdR § 246 Rz. 13 ff.; WPH 2017, F 71; ADS § 266 HGB Tz. 121.

aufrechenbar sind. Dies setzt insbes. voraus, dass Forderungen und Verbindlichkeiten zwischen denselben Personen bestehen, gleichartig, die Forderungen fällig und die Verbindlichkeiten erfüllbar sind.

Ein Verstoß gegen das Verrechnungsverbot kann bei Kapitalgesellschaften als Ordnungswidrigkeit (§ 334 Abs. 1 Nr. 1 a HGB), im schwerwiegenden Fall auch als Straftat (§ 331 HGB) geahndet werden. Damit wird der hohe Stellenwert deutlich, den der Gesetzgeber dem Verrechnungsverbot beimisst: Es sollen insbes. Bilanzverschleierungen vermieden werden.

Steuerrechtlich gilt das Verrechnungsverbot bereits aufgrund des Maßgeblichkeitsprinzips; jedenfalls aber auch wegen der im Einleitungssatz zu § 6 Abs. 1 EStG geforderten Einzelbewertung von Wirtschaftsgütern. Auch der systematische Aufbau des § 6 Abs. 1 EStG geht mit seinen Bewertungsgruppen (Nrn. 1, 2, 3, 3a) von einer Trennung von positiven Wirtschaftsgütern (abnutzbaren und nicht abnutzbaren), Verbindlichkeiten und Rückstellungen aus. Mit dem BilMoG wurde zur Abwehr der handelsrechtlichen Aufweichung des Verrechnungsgebots durch § 246 Abs. 2 S. 2 HGB (Altersversorgungsvermögen, siehe oben) ein Verrechnungsverbot von Posten der Aktivseite mit Posten der Passivseite in § 5 Abs. 1a S. 1 EStG kodifiziert. Allerdings lässt das EStG auch eine Bildung von Bewertungseinheiten zur Absicherung finanzwirtschaftlicher Risiken zu (§ 5 Abs. 1a S. 2 EStG) und verlangt bei der Rückstellungsbewertung eine Berücksichtigung künftiger Vorteile, die mit der Erfüllung der Verpflichtung voraussichtlich verbunden sein werden, wenn dafür keine Forderung aktiviert wurde (§ 6 Abs. 1 Nr. 3a c) EStG). Schließlich wurde bisher auch von der Finanzrechtsprechung bei Aufrechnungslage (siehe oben) kein Verstoß gegen das Verrechnungsverbot gesehen.[1]

7. Der Grundsatz der Bilanzwahrheit

a) Allgemeines

Zu den ältesten und am meisten problembeladenen Grundsätzen ordnungsgemäßer Buchführung gehört das Postulat nach „Wahrheit" der Buchführung und Bilanzierung. Was man sich aber unter „Bilanzwahrheit" vorzustellen hat, wird weder im Schrifttum noch in der Bilanzierungspraxis eindeutig beantwortet. Im Allgemeinen bezeichnet man eine Aussage als *„wahr"*, wenn der mit ihr vermittelte Vorstellungsinhalt mit einem tatsächlich bestehenden Sachverhalt übereinstimmt. Eine unwahre Aussage wird, wenn sie mit Absicht erfolgt, im Allgemeinen als *„Lüge"* bezeichnet. Dies macht deutlich, dass „Wahrheit" einen objektiven und einen subjektiven Aspekt hat. In ähnlicher Weise wird im fachlichen Sprachgebrauch ein vorsätzlicher Wahrheitsverstoß als „Bilanzfälschung" bezeichnet.

Dennoch wäre es unzutreffend, alle Bilanzaussagen an der Realität zu messen. Zu viele Spezialvorschriften fordern nämlich vom Bilanzierenden ein bewusstes Abweichen von den tatsächlichen Verhältnissen; dies geschieht vornehmlich zur Wahrung anderer Grundsätze und Interessen. Es wäre deshalb nicht gerechtfertigt, ein *absolutes* Wahrheitspostulat zum Auslegungsgrundsatz für unklare Normen zu erheben, wenn die klaren Normen selbst ausdrücklich nicht die absolute Wahrheit anstreben.

---

1 BFH v. 12. 12. 1990, BStBl 1991 II, 479 m.w.N.

Die Grundsätze ordnungsmäßiger Buchführung (GoB)

```
                        ┌─────────────────────┐
                        │   Bilanzwahrheit    │
                        └──────────┬──────────┘
                   ┌───────────────┴───────────────┐
          ┌────────┴─────────┐             ┌───────┴──────────┐
          │   (objektive)    │             │   (subjektive)   │
          │   Richtigkeit    │             │  Wahrhaftigkeit  │
          │ = normengerechte │             │ = Willkürfreiheit│
          │    Abbildung     │             │                  │
          └────────┬─────────┘             └────────┬─────────┘
         ┌────────┴────────┐          ┌─────────────┼─────────────┐
```

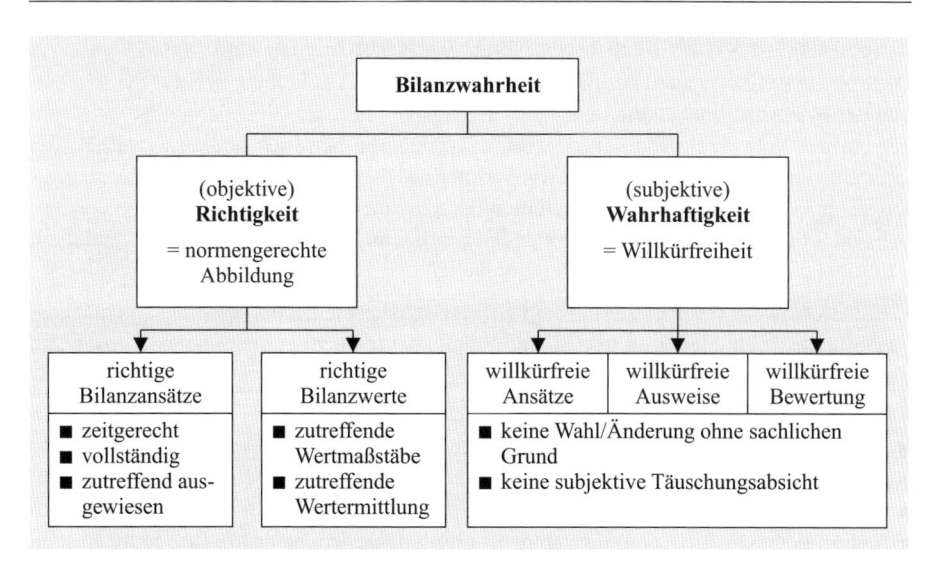

richtige Bilanzansätze	richtige Bilanzwerte	willkürfreie Ansätze	willkürfreie Ausweise	willkürfreie Bewertung
■ zeitgerecht ■ vollständig ■ zutreffend ausgewiesen	■ zutreffende Wertmaßstäbe ■ zutreffende Wertermittlung	■ keine Wahl/Änderung ohne sachlichen Grund ■ keine subjektive Täuschungsabsicht		

Abbildung B-8: Ausprägungen des Grundsatzes der Bilanzwahrheit

Mit LEFFSON[1] sollte man daher den zur Erfüllung der Rechnungslegungszwecke erforderlichen Wahrheitsgrundsatz in eine Forderung nach *sachlicher Richtigkeit* im Hinblick auf die Einhaltung von Normen und in die personenbezogene Verpflichtung zur *Wahrhaftigkeit (Willkürfreiheit)* des Bilanzierenden konkretisieren. Ähnlich differenziert auch das angelsächsische Bilanzierungsprinzip des *„true and fair view"*, das für Kapitalgesellschaften und KapCo-Personengesellschaften als „Generalnorm" in §264 Abs. 2 HGB verankert ist.[2]

Da schon die nur für Kapitalgesellschaften geltende Generalnorm eine durch Gesetz und GoB eingeschränkte Geltung hat, dürfte nach derzeitiger Rechtslage der für alle Kaufleute geltende GoB der Bilanzwahrheit nicht „absolute", sondern nur „relative" Wahrheit, nämlich objektive Richtigkeit und subjektive Wahrhaftigkeit verlangen.

Mit dem sog. *„Bilanzeid"* wurde eine Variante des Wahrheitsgebots in §264 Abs. 2 S. 3 HGB verankert. Danach müssen die gesetzlichen Vertreter bestimmter kapitalmarktorientierter Unternehmen (Inlandsemittenten i.S.d. §2 Abs. 7 WpHG) bei der Unterzeichnung des Jahresabschlusses schriftlich versichern, dass der Jahresabschluss (und der Lagebericht)

- nach bestem Wissen (Wissensvorbehalt)
- ein den tatsächlichen Verhältnissen entsprechendes Bild der Vermögens-, Finanz- und Ertragslage des Unternehmens

vermittelt (oder ergänzende Anhangangaben enthält).
Entsprechendes gilt auch für den Jahres- und Halbjahresfinanzbericht.[3]

---

1 LEFFSON, U., Die Grundsätze ordnungsmäßiger Buchführung, 7. Aufl., Düsseldorf 1987, S. 181.
2 S. im Einzelnen Abschn. III.3.
3 §§37v Abs. 2 Nr. 3 bzw. 37w Abs. 2 Nr. 3 WpHG.

b) Der Grundsatz der Richtigkeit (insbes. der Vollständigkeit)

Die objektive Komponente des bilanziellen Wahrheitsgebots bezieht sich auf die Richtigkeit der Bilanzansätze, -werte und -ausweise. Insbes. sind die Bilanzierungsobjekte zeitgerecht und vollständig anzusetzen sowie zutreffend zu bewerten und auszuweisen. Bei ihrer Bewertung sind die zutreffenden Wertmaßstäbe heranzuziehen und die Wertermittlung ist in korrekter, verfahrensgerechter Weise vorzunehmen. Aus diesen Selbstverständlichkeiten für einen die Legalität wahrenden Kaufmann ist das Prinzip der Vollständigkeit ausdrücklich durch Kodifizierung hervorgehoben.

Für alle Kaufleute verlangt § 246 Abs. 1 S. 1 HGB, dass die Bilanz *sämtliche* Vermögensgegenstände, Schulden und Rechnungsabgrenzungsposten enthält, soweit gesetzlich nichts anderes bestimmt ist *("Vollständigkeitsgebot")*. Im Einzelnen fordert das Vollständigkeitsgebot, dass alle

- Vermögensgegenstände, Schulden und Rechnungsabgrenzungsposten in die Bilanz aufgenommen werden müssen,
- die dem Bilanzierenden am Bilanzstichtag zuzurechnen sind,
- sofern nicht ein Bilanzierungswahlrecht im Sinne des Nichtansatzes ausgeübt worden ist und
- kein Bilanzierungsverbot besteht.

§ 246 Abs. 1 S. 2 und 3 HGB klären die persönliche Zurechnung von Vermögen und Schulden.[1] Satz 4 fingiert den entgeltlich erworbenen Geschäfts- und Firmenwert zum Vermögensgegenstand und unterwirft ihn damit dem Vollständigkeitsgebot.

Bei abgeschriebenen Vermögensgegenständen, die noch vorhanden sind, wird das Vollständigkeitsprinzip durch den Ansatz eines sog. *Erinnerungspostens* von einem Euro gewahrt. Bei ausgeglichenen *schwebenden Geschäften* sind nach einem entsprechenden GoB[2] in Durchbrechung des Vollständigkeitsgebotes weder Forderung noch eingegangene Verbindlichkeit zu bilanzieren.

Steuerlich gilt das handelsrechtliche Vollständigkeitsprinzip in gleicher Weise. Da es den Ansatz dem Grunde nach, nicht die Bewertung regelt, ergibt sich das schon aus dem Maßgeblichkeitsprinzip des § 5 Abs. 1 EStG. Darüber hinaus verlangt die Rechtsprechung[3], „den vollen Gewinn zu erfassen". Dies würde zwar bei bilanzierenden Steuerpflichtigen bedeuten, dass alle positiven und negativen Wirtschaftsgüter als Betriebsvermögen anzusetzen sind. Die Rechtsprechung interpretiert dies jedoch nur als Vollständigkeitsgebot der Aktivseite und sogar als ein Unvollständigkeitsgebot der Passivseite (sofern ein handelsrechtliches Passivierungswahlrecht besteht). Unbestritten ist jedoch, dass auch steuerbilanzielle Bilanzierungswahlrechte und -verbote dem Vollständigkeitsgebot vorgehen.

Darüber hinaus kann in diesem Zusammenhang auf § 90 Abs. 1 AO verwiesen werden, wonach der Steuerpflichtige die für die Besteuerung erheblichen Tatsachen „vollständig und wahrheitsgemäß" offen zu legen hat.

---

1 Siehe Kap. B.II.10.a).
2 Siehe Kap. B.II.10.c).
3 Z.B. BFH GrS v. 3.2.1969, BStBl II, 291.

c) Der Grundsatz der Wahrhaftigkeit (Willkürfreiheit)

Als zweite Komponente des Wahrheitspostulats gilt die Forderung nach subjektiver Wahrhaftigkeit *(Redlichkeit)*. Mit diesem Gebot soll vor allem die Bilanz als Willenserklärung des Bilanzierenden der subjektiven Willkür entzogen werden. Es gilt nämlich als allgemeiner Rechtsgrundsatz (Treu und Glauben), dass Willensäußerungen, die völlig unbegründet sind, sachfremden Überlegungen folgen oder mit den vorherigen Äußerungen oder Verhaltensweisen in Widerspruch stehen, nicht anzuerkennen sind. Eine derartige, bewusst auf Beeinflussung gerichtete Vorgehensweise bei Ansätzen dem Grunde und der Höhe nach sowie beim Bilanzausweis würde dem Gebot der Wahrhaftigkeit widersprechen. Allerdings sind Konkretisierung und Nachweis eines solchen Verstoßes schwierig.

Unklar war lange, ob aus dem Gebot der Willkürfreiheit der Bilanzierung ein *Grundsatz der Einheitlichkeit der Bewertung* abzuleiten ist.[1] Nach diesem – für den Einzelabschluss[2] nicht gesetzlich normierten – Grundsatz ist an einem Bilanzstichtag bei im Wesentlichen gleichartigen Bilanzobjekten und gleichen Bewertungsbedingungen einheitlich zu bewerten. Es sind die gleichen Bewertungsmethoden anzuwenden und Bewertungsspielräume sind in gleicher Weise auszuüben. Einblicksforderung, Methodenbestimmtheit, Vergleichbarkeit und Objektivierungsgesichtspunkte können dafür, Einzelbewertung, Relativierung der Einblicksforderung durch die GoB und fehlende breite Anerkennung dagegen sprechen. Inzwischen verlangt die h.M., dass gleiche Bewertungsobjekte, die vergleichbaren Nutzungs- und Risikobedingungen unterworfen sind, nicht willkürlich nach unterschiedlichen Methoden bewertet werden dürfen.[3] Jedenfalls wird man einen sachlichen Grund für eine Bewertungsdifferenzierung bei gleicher Sachlage brauchen.[4]

Steuerlich wird die Existenz eines derartigen Willkürverbots ebenso bejaht, doch nur selten aus einem entsprechenden handelsrechtlichen GoB, sondern aus den Grundsätzen von *Treu und Glauben* bzw. dem Vertrauensschutz abgeleitet.[5] Der Grundsatz von Treu und Glauben gebietet demnach, dass der Bilanzierende und das Finanzamt auf die berechtigten Belange des anderen Rücksicht nehmen und sich zu ihrem eigenen früheren Verhalten nicht in Widerspruch setzen. Ein Verstoß gegen Treu und Glauben ist z.B. anzunehmen, wenn der Steuerpflichtige bewusst eine nach wirtschaftlichen Grundsätzen gebotene Abschreibung auf spätere Jahre verlagert, um dadurch unberechtigt zu einer beachtlichen Steuerersparnis zu kommen. Willkürliche Verhaltensweisen bei der Bilanzierung werden nicht akzeptiert. Dabei sind die Willkürgrenzen bei der steuerlichen Bilanzierung beträchtlich enger als im Handelsbilanzrecht. Das ergibt sich zwangsläufig aus der Funktion der Steuerbilanz als Gewinnermittlungsinstrument für öffentlich-rechtliche Steueransprüche und dem zu beachtenden Grundsatz der Gleichmäßigkeit der Besteuerung. Andererseits dürfte ein *Grundsatz der Einheitlichkeit der Bewertung* bisher im Steuerrecht nicht existieren. Deshalb können z.B. Bewertungswahlrechte für gleichartige Wirtschaftsgüter unter gleichen Bedingungen unterschiedlich ausgeübt werden (z.B. lineare Afa mit/ohne Sonderabschreibung für gleichartige Wirtschaftsgüter). Eine wirtschaftsjahrbezogene

---

1 SELCHERT, WPg 1983, S. 447 und DB 1995, S. 1573; KUPSCH/ACHTERT, BB 1997, S. 1403.
2 § 308 Abs. 1 HGB verlangt Bewertungseinheitlichkeit für den Konzernabschluss.
3 WPH 2017, F 90, 100, 179.
4 IDW RS HFA 38 Tz. 4.
5 BFH v. 24.1.1994, BStBl 1994 II, 636 m.w.N.; v. 24.7.1996, BFH/NV 1997, S. 214.

Einheitlichkeit bei der Behandlung geringwertiger Wirtschaftsgüter als Sonderposten verlangt allerdings §6 Abs. 2a S. 5 EStG.

Wenn darüber hinaus in §150 Abs. 2 AO verlangt wird, dass der Steuerpflichtige die Angaben in den Steuererklärungen wahrheitsgemäß nach bestem Wissen und Gewissen zu machen hat und dies ggf. auch schriftlich versichern muss, so bezieht sich dies zum einen nur auf die Angabe des „Gewinn/Verlust" in der Steuererklärung, nicht aber auf die Steuerbilanz als beizufügende/als Datensatz zu übermittelnde „Unterlage". Zum anderen ist aber – selbst wenn man die Steuerbilanz als einen Teil der Steuererklärung ansehen würde – in dieser *Wahrheitsversicherung* nur eine Aufforderung zur Redlichkeit und Sorgfalt zu sehen. Direkte Sanktionsfolgen lassen sich aus einer Verletzung dieser Wahrheitsverpflichtung nicht herleiten. Allerdings kann bewusste Unredlichkeit (Vorsatz) steuerstrafrechtlich als Steuerhinterziehung (§370 AO), leichtfertiges Handeln als Ordnungswidrigkeit nach §378 AO geahndet werden, sofern sich hieraus eine Steuerverkürzung ergeben hat.

8. Die Grundsätze des Bilanzenzusammenhanges (Bilanzkontinuität)

Die zwischen Bilanzen zweier einander unmittelbar folgender Rechnungsperioden bestehenden Zusammenhänge werden von mehreren Grundsätzen erfasst, die im Schrifttum mit zahlreichen Termini belegt werden, die zum Teil synonym, zum Teil aber auch für verschiedene Vorstellungen verwendet werden. Abbildung B-9 gibt einen Überblick über die verschiedenen Ausprägungen der Grundsätze im Zusammenhang mit dem „Bilanzzusammenhang" (auch: Bilanzverknüpfung), wobei jedenfalls zwischen dem Zusammenhang von Schluss- und Anfangsbilanz (Bilanzidentität) sowie zwischen zwei aufeinander folgenden Schlussbilanzen (Bilanzstetigkeit, -kontinuität) unterschieden wird.

```
                    Grundsätze des
                 Bilanzenzusammenhangs
                    /            \
        Grundsatz der         Grundsätze der
      Bilanz(en)identität    Bilanz(en)stetigkeit
                              /              \
                    Grundsatz            Grundsätze der
                    formeller              materiellen
               Bilanz(en)stetigkeit   Bilanz(en)stetigkeit
                    /      \              /         \
              Gebot der   Gebot der   Gebot der    Gebot der
              Gliederungs- Postens-   Bestands-    Bewertungs-
              stetigkeit  stetigkeit  stetigkeit   methoden-
                                                   stetigkeit
```

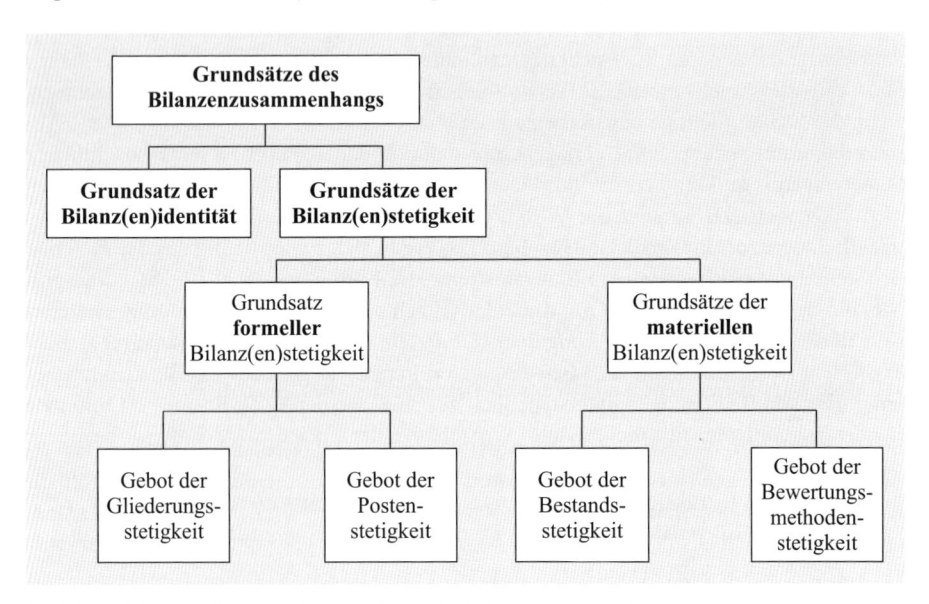

Abbildung B-9: Ausprägungen der Grundsätze des Bilanzenzusammenhanges

a) Der Grundsatz der Bilanzidentität

Hierunter versteht man die Forderung nach vollständiger Übereinstimmung der Eröffnungsbilanz einer Abrechnungsperiode mit der Schlussbilanz des unmittelbar vorhergehenden Bilanzierungszeitraumes. Dieser Grundsatz ergibt sich aus dem System der laufenden Buchführung, die über die Totalperiode eines Unternehmens trotz des periodenweisen Abschlusses eine *lückenlose* Rechnungslegung und Gewinnermittlung sicherstellen soll. Bei kalenderjahrgleichem Geschäfts-/Wirtschaftsjahr darf zwischen dem Abschlussstichtag 31. 12. um 24.00 Uhr und dem Eröffnungszeitpunkt der neuen Rechnungsperiode am 1. 1. um 0.00 Uhr bei unveränderten tatsächlichen Verhältnissen nichts verloren gehen oder hinzukommen. Der Grundsatz bezieht sich daher gleichermaßen auf die Bilanz als Ganzes wie auch auf einzelne Ansätze und Werte. Tatsächliche Veränderungen (z.B. Begründung/Aufgabe einer Beteiligung im Schnittpunkt der Jahre) werden von der Identitätsforderung nicht erfasst. Unterbleibt – wie bei vielen Buchführungsprogrammen – die Aufstellung einer Anfangsbilanz, so müssen die Kontenvorträge den Schlussbilanzansätzen entsprechen.

Der Grundsatz der Bilanzidentität gilt als GoB sowohl aufgrund seiner allgemeingültigen Praktizierung und Anerkennung wie auch wegen seiner direkten Ableitbarkeit aus den Zwecken der handelsrechtlichen Rechnungslegung. Partiell (für die Bewertung) ist dieser Bilanzierungsgrundsatz in dem für alle bilanzierenden Kaufleute verbindlichen §252 Abs. 1 Nr. 1 HGB verankert. Danach müssen die Wertansätze in der Eröffnungsbilanz des Geschäftsjahres mit denen der Schlussbilanz des vorhergehenden Geschäftsjahres übereinstimmen *(Wertidentität)*. Abweichungen sind nur in begründeten Ausnahmefällen (z.B. Währungsumstellung) zulässig (§252 Abs. 2 HGB). Die sog. *Ausweisidentität*, das ist die Übereinstimmung von Schluss- und Anfangsbilanz in der Postengliederung und -bezeichnung, gilt als nichtkodifizierter GoB. Eine Durchbrechung ist bei typischen Personenunternehmen nur aus sachlichem Grund, bei Kapitalgesellschaften (einschl. haftungsbegrenzter Personengesellschaften) nur unter den Voraussetzungen des §265 HGB[1] zulässig.

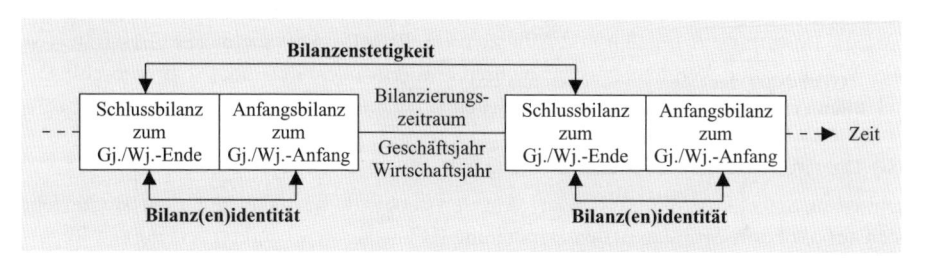

Abbildung B-10: Unterschiede zwischen Bilanz(en)identität und Bilanzenstetigkeit

Im **Steuerbilanzrecht** gilt dieser Grundsatz über das Maßgeblichkeitsprinzip des §5 Abs. 1 EStG. Wegen seiner unverzichtbaren Bedeutung für eine lückenlose und fortlaufende Erfassung der Steuerbemessungsgrundlage „Gewinn" ist das Prinzip der Bilanzidentität aber auch aus der allgemeinen Regelung der Gewinnermittlung durch Betriebs-

---

1 Siehe Kap. E.II.1.a).

vermögensvergleich in §4 Abs. 1 EStG ableitbar. Soll die Ermittlung des Totalgewinns der Summe der Periodenergebnisse entsprechen (Grundsatz der Erfassung des Totalgewinns[1]), so müssen die beiden, die Rechnungsabschnitte verbindenden Bilanzen (Schlussbilanz des abgelaufenen Wirtschaftsjahres und Eröffnungsbilanz des Folgejahres) in Ansätzen und Werten identisch sein.[2] Der vom BFH und BVerfG[3] als „formeller Bilanzenzusammenhang" bezeichnete Grundsatz verlangt, dass der Anfangsbilanz eines Wirtschaftsjahres der Schlussbestand des Betriebsvermögens zugrunde zu legen ist, der der Vorjahresveranlagung tatsächlich zugrunde lag. Die so geforderte Übereinstimmung von Schluss- und Anfangsbilanz verhindert eine Rückwärtsberichtigung von Bilanzierungsfehlern[4] in der letzten noch änderbaren Anfangsbilanz, weil die vorhergehende Schlussbilanz nach Eintritt der Bestandskraft der Steuerfestsetzung nicht mehr geändert werden kann. Diesem Grundsatz liegt auch die Regelung in §4 Abs. 2 Hs. 2 EStG zugrunde.

Im Handels- wie im Steuerbilanzrecht folgt aus der Geltung dieses Prinzips insbes. die sog. *„Zweischneidigkeit der Bilanz"*. Danach wirken sich höhere oder niedrigere Wertansätze im Rahmen der bilanzpolitischen Maßnahmen oder aufgrund fehlerhafter Bewertung in den Folgejahren in der Regel entgegengesetzt aus. In die Zukunft verlagerte Gewinnteile entgehen aufgrund dieses Prinzips weder der Ausschüttbarkeit noch der Besteuerung.

Durchbrechungen des Grundsatzes kommen im Wesentlichen nur bei radikalen Währungsänderungen (z.B. DM-Eröffnungsbilanz) und – nach der insoweit nicht unbestrittenen Finanzrechtsprechung – bei einigen Sonderfällen der Bilanzberichtigungen (Nichtauswirkung des Bilanzierungsfehlers, bewusste rechtswidrige Bilanzierung) in Betracht.

b) Die Grundsätze der Bilanzenstetigkeit

Diese Grundsätze beziehen sich nicht auf das Verhältnis von Anfangs- und Schlussbilanz aufeinander folgender Geschäfts-/Wirtschaftsjahre, sondern auf die Beziehungen der Schlussbilanz eines Jahres zur Schlussbilanz des Folgejahres, auch mehrerer Jahre. Sie verlangen vom Prinzip her die Beibehaltung der äußeren Bilanzgestaltung (Gliederung, Postenabgrenzung, Postenbezeichnung etc.) und der materiellen Bilanzierungsweisen (insbes. Bewertungsmethoden und Bilanzwerte). Primäre Aufgabe dieser Grundsätze ist die Wahrung der Vergleichbarkeit mehrerer aufeinander folgender Jahresabschlüsse, sekundäre die Beschränkung einer willkürlichen Bilanzgestaltung „heute so, morgen so".

ba) Der Grundsatz formeller Bilanzenstetigkeit

Dieser auch als „Darstellungs-" oder „Ausweisstetigkeit" bezeichnete Grundsatz bezieht sich auf die Form der bilanziellen Darstellung (Bilanzausweis) und fordert für den Regelfall die Beibehaltung der einmal gewählten Vorgehensweisen zur Darstellung einzelner

---

1 Siehe Kap. B.IV.2.
2 Vgl. BFH v. 28.4.1998, BStBl 1998 II, 443 m.w.N.
3 Ausführlich zum Grundsatz: BVerfG Beschluss vom 5.7.2005 – 2 BvR 492/04, 2 BvR 493/04, 2 BvR 494/04, 2 BvR 495/04, 2 BvR 496/04, 2 BvR 497/04, 2 BvR 498/04, 2 BvR 499/04, 2 BvR 500/04, 2 BvR 501/04, BFH/NV Beilage 2005, 365.
4 Zu Einzelheiten s. Kap. F.III.3.

Bilanzposten, gleich bleibende Postenabgrenzungen und Bezeichnungen sowie des Gliederungsschemas im Ganzen. Er gilt als GoB für alle bilanzierenden Kaufleute (§ 243 Abs. 1 HGB) und ist für Kapitalgesellschaften und KapCo-Personengesellschaften in der Gliederungsvorschrift des § 265 Abs. 1 *HGB* kodifiziert.

Der Grundsatz gilt allerdings nicht uneingeschränkt. *Stetigkeitsunterbrechungen* im Bilanzausweis sind nach den GoB dann zulässig, wenn das Abweichen von der äußeren Gestaltung nicht willkürlich ist, also sachliche Gründe (z.B. Änderung des Unternehmensgegenstandes; Wahl einer zutreffenderen Bezeichnung) für ein Abweichen vorliegen. Auch für Kapitalgesellschaften und KapCo-Gesellschaften sind in § 265 Abs. 1 HGB beim Vorliegen „besonderer Umstände" Abweichungen zulässig; diese sind jedoch im Anhang anzugeben und zu begründen.

Ein Blick in die **Steuergesetze** zeigt keine konkrete Erwähnung, doch hat die Rechtsprechung mehrfach bestätigt, dass die formelle Bilanzenstetigkeit mit inhaltlich annähernd gleichen Anforderungen wie im Handelsrecht auch für die Steuerbilanz übernommen wird. Das ergibt sich bereits aus dem Grundsatz der Maßgeblichkeit (§ 5 Abs. 1 EStG); allerdings ist der Zweck, externen Bilanzadressaten vergleichbare Bilanzinformationen zu bieten, im Steuerrecht nicht ausgeprägt, weil der Fiskus mit der Betriebsprüfung direkten Informationszugang hat. Soweit sich jedoch aus dem formalen Ausweis materielle Steuerfolgen ergeben (z.B. Zuordnung von Wirtschaftsgütern zum Anlage- oder Umlaufvermögen) hat der Grundsatz auch steuerliche Bedeutung. Willkürliche Änderungen, insbes. wiederholtes Hin- und Herschwanken bei den Bilanzausweisen, sind auch steuerlich nicht zulässig; im Übrigen braucht aber eine Steuerbilanz keinen allzu strengen förmlichen Stetigkeitsanforderungen zu genügen. Obwohl die Steuerbilanz Unterlage zur formalisierten Steuererklärung ist (vgl. § 60 EStDV), sind für sie spezielle steuerliche Formvorschriften oder der sonst bestehende Formularzwang bisher nicht existent. Ab 2011 ist allerdings für den Regelfall die elektronische Übermittlung der Steuerbilanz nach einem amtlich vorgeschriebenen Datensatz vorgeschrieben (§ 5b EStG). Die Taxonomien orientieren sich an den handelsrechtlichen Gliederungsvorgaben, werden allerdings im Jahresrhythmus aktualisiert.

bb) Die Grundsätze materieller Bilanzenstetigkeit

Die materielle Bilanzenstetigkeit bezieht sich nach hier vertretener Auffassung auf die Beibehaltung der Bilanzierungsweise bei der Entscheidung über den Ansatz dem Grunde nach (Ansatzstetigkeit) und die Vorgehensweise der Wertermittlung (Bewertungsmethodenstetigkeit).

bba) Der Grundsatz der Ansatzstetigkeit (-kontinuität)

Handelsrechtlich wurde der Grundsatz der Ansatzstetigkeit erst mit dem BilMoG in § 246 Abs. 3 HGB kodifiziert; seine Geltung als GoB war zuvor streitig. Nach der Neuregelung sind die auf den vorhergehenden Jahresabschluss angewandten „Ansatzmethoden" beizubehalten, es sei denn, es liegt ein begründeter Ausnahmefall vor.[1]

---

1 §§ 246 Abs. 3 i.V.m. § 252 Abs. 2 HGB.

Zweck der Neuregelung war die Verbesserung der Rechnungslegungstransparenz, insbes. der interperiodischen Vergleichbarkeit und die Ergänzung der bereits kodifizierten Ausweis- und Bewertungsstetigkeit.[1] Der Grundsatz verlangt, dass die Vorgehensweisen bei der Bestimmung des Ansatzes dem Grunde nach (z.B. bei der Ausübung von Bilanzierungswahlrechten[2] und bei Ansatzspielräumen) stetig[3] zu verfahren ist. Nach der gesetzlichen Formulierung reicht das Stetigkeitsgebot nur vom gegenwärtigen zum vorhergehenden Jahresabschluss. Folgt einer Stetigkeitsperiode eine zeitliche Lücke (z.B. eine Periode ohne entwicklungsbezogene Immaterialgüter oder ohne Disagio-Behandlung), so kann das Wahlrecht bzw. der Ermessensspielraum – nicht unbestritten[4] – in der Folge abweichend ausgeübt werden, allerdings wieder mit Bindung für die Zukunft. Zu den zulässigen Stetigkeitsunterbrechungen gem. §252 Abs. 2 HGB siehe unten.

Steuerrechtlich gilt der Grundsatz der Ansatzstetigkeit über §5 Abs. 1 EStG. Seine Bedeutung für Bilanzierungswahlrechte ist jedoch gering, weil sich handelsrechtliche Bilanzierungswahlrechte zu Aktivierungspflichten bzw. Passivierungsverboten wandeln, er gilt also allenfalls für steuerliche Bilanzierungswahlrechte und -spielräume. Schon vor der handelsrechtlichen Kodifizierung wurden unstetige Ansatzentscheidungen (z.B. für das gewillkürte Betriebsvermögen) nicht akzeptiert.

bbb) Der Grundsatz der Bewertungsmethodenstetigkeit (-kontinuität)

Für alle bilanzierenden Kaufleute kodifiziert §252 Abs. 1 Nr. 6 *HGB* einen GoB, wonach die auf den vorhergehenden Jahresabschluss angewandten Bewertungsmethoden auch in der Folgebilanz beibehalten werden müssen. Damit soll die zeitliche Vergleichbarkeit von Jahresabschlüssen gesichert werden. Als Bewertungsmethoden werden dabei sehr weit alle Verfahren zur Ermittlung von Bilanzwerten verstanden. Verfahren sind durch bestimmte, stabile und nachvollziehbare Abfolgen von Arbeitsschritten (z.B. Ableitung von Werten aus bestimmten Bewertungsfaktoren) gekennzeichnet. Jedenfalls fallen hierunter die Ermittlungsweisen der Einzel- und Gruppenbewertung, der Durchschnitts-, Verbrauchsfolge-, Festwert- und Pauschalbewertungsverfahren, aber auch die Ermittlungsweisen der planmäßigen Abschreibungen und sonstiger Werte (z.B. Barwerte, Erfüllungsbetrag).[5] Das Methodenstetigkeitsgebot soll nach h.M.[6] für alle art- und funktionsgleichen Vermögensgegenstände und Schulden unter vergleichbaren Umständen gelten, also sowohl für die im Vorjahr bewerteten Bilanzobjekte als auch für die Neuzugänge des Geschäftsjahres.

Ein Abweichen von der Beibehaltung der Bewertungsmethoden wird – außer in den Fällen gesetzlich vorgesehener Stetigkeitsunterbrechung (z.B. bei Wegfall der Voraussetzungen für ein Bewertungsvereinfachungsverfahren) – nur in begründeten Ausnahmefällen

---

1 BT-Drs. 16/10067 S. 49; BR-Drs. 344/08, 105.
2 Z.B. Aktivierung von selbstgeschaffenem immateriellen Anlagevermögen, Disagio, aktiven latenten Steuern oder Altpensionszusagen.
3 Z.B. Abgrenzung Forschung/Entwicklung, Schätzungen der Entstehung eines Vermögensgegenstandes oder der Wahrscheinlichkeit einer Verpflichtung, Wesentlichkeitskriterien.
4 WPH 2017, F 101 für grundsätzliche Fortführung.
5 Siehe hierzu Kap. D.III und IV.2.de).
6 IDW RS HFA 38 Rz. 4, 14.

zugelassen (§ 252 Abs. 2 HGB). Stetigkeitsunterbrechungen sind insbes. dann möglich[1], wenn die Abweichung

- durch eine Änderung der rechtlichen Gegebenheiten (z.B. Gesetz, Rechtsprechung, Satzung) veranlasst wurde,
- unter Beachtung der GoB zu einem besseren Bild der Vermögens-, Ertrags- oder Finanzlage führt,
- zur Inanspruchnahme eines Bewertungsvereinfachungsverfahrens dient,
- der Anpassung an konzerneinheitliche Bilanzierungsrichtlinien dient oder
- zur Verfolgung steuerlicher Ziele erforderlich ist.

In der *Steuerbilanz* gilt das Prinzip der Bewertungsmethodenstetigkeit trotz fehlender ausdrücklicher Verankerung in den Steuergesetzen über den Maßgeblichkeitsgrundsatz (§ 5 Abs. 1 EStG). In einigen Fällen wird ein Methodenwechsel an die finanzamtliche Zustimmung gebunden (z.B. beim Lifo-Verfahren, § 6 Abs. 2a EStG); andererseits werden handelsrechtlich zulässige Methodenwechsel durch Spezialregelungen untersagt (z.B. Wechsel der AfA-Methoden, § 7 Abs. 3 EStG). Im Übrigen behindert der Stetigkeitsgrundsatz jedoch die Bilanzierenden nicht daran, explizite steuerrechtliche Bewertungswahlrechte (z.B. Sonderabschreibungen nach § 7g EStG) fallweise von Jahr zu Jahr unterschiedlich auszuüben.[2]

9. Das Vorsichtsprinzip und seine Ausprägungen

Abbildung B-11 verdeutlicht zunächst, dass das Vorsichtsprinzip aus verschiedenen Unterprinzipien besteht.

a) Das allgemeine Vorsichtsprinzip

Als wesentlichstes und ältestes handelsbilanzielles Leitprinzip wird zumeist das Vorsichtsprinzip genannt. Danach ist das Reinvermögen (Rohvermögen ./. Schulden) eher pessimistisch auszuweisen. Das bedeutet ganz allgemein, dass Aktiva eher niedriger, Schulden eher höher anzusetzen sind. Der Kaufmann darf sich nicht reicher rechnen als er tatsächlich ist, eher muss er sich ärmer darstellen. Ein solches Vorgehen bei der Bilanzerstellung mit der damit verbundenen *Bildung stiller Reserven* durch Unterbewertung von Aktiva und Überbewertung von Schulden sowie dem zurückhaltenden Ausweis von Erträgen beruhe – so wird geltend gemacht – auf jahrhundertealter kaufmännischer Tradition. Es diene sowohl dem Schutz der Gläubigerinteressen wie auch der Unternehmer selbst vor zu optimistischer Einschätzung der tatsächlichen Vermögens- und Ertragslage.

Gegen die Eignung des Vorsichtsprinzips zur Erfüllung der beiden genannten Zwecke werden gewichtige Argumente vorgebracht. Zwar ist unstreitig, dass durch die Bildung stiller Reserven und den vorsichtigen Ertragsausweis überhöhte Gewinnausschüttungen vermieden werden können und damit zu einer Erhaltung des Schuldendeckungspotentials

---

1 Hierzu und zu weiteren Gründen für Stetigkeitsunterbrechungen s. WPH 2017, F 103 f.
2 So ausdrücklich BT-Drs. 10/4268, S. 100 zu § 252 Abs. 1 HGB. Zur Zulässigkeit steuerlicher Stetigkeitsunterbrechung bei Ausübung steuerlicher Bewertungswahlrechte: BFH v. 6.8.1998, BStBl 1999 II, 14 m.w.N.

Prinzipien der Bilanzierung

```
                    Vorsichtsprinzip (i.w.S.)
                   ┌──────────┴──────────┐
           Vorsichtsprinzip i.e.S.   Erfolgsausweisprinzipien
           ┌──────┴──────┐           ┌──────┴──────┐
      Prinzip gegen-  Prinzip der  Realisations-  Imparitäts-
      standsbezogenen  stillen     prinzip        prinzip
      Wertdenkens      Reserven-   (Ertrags-      (Aufwands-
      (vorsichtige     bildung     antizipations- antizipations-
      Bilanzierung)    (vorsichtige verbot)       gebot)
                       Bewertung)
                                        ┌──────┴──────┐
                                  Imparitätsprinzip  Imparitätsprinzip
                                  im Allgemeinen     im Besonderen
                                                     ┌──────┴──────┐
                                                Niederst-      Höchstwert-
                                                wertprinzip    prinzip
```

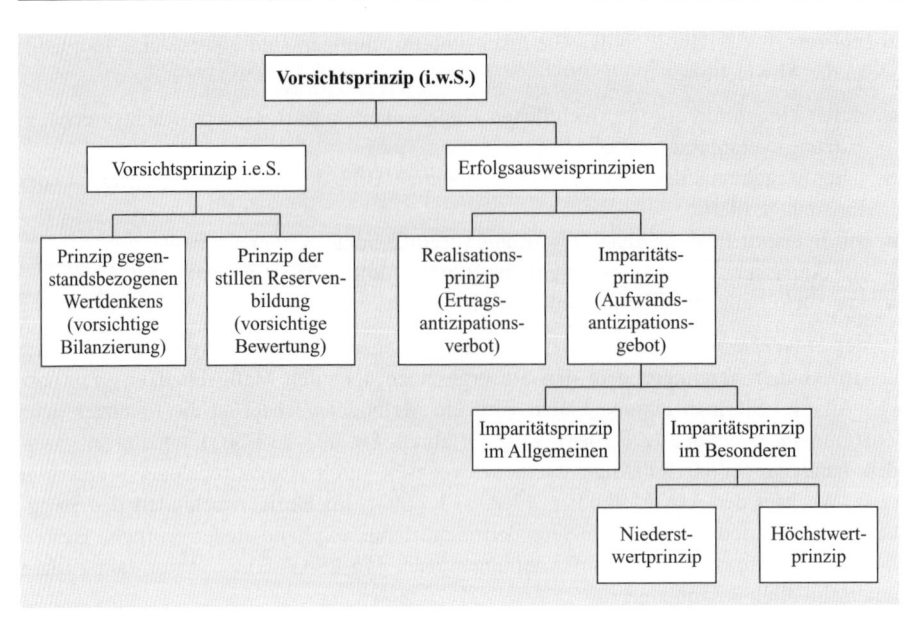

Abbildung B-11: Ausprägungen des Vorsichtsprinzips

beigetragen werden kann. Auch kann im besten Falle zur Unternehmenserhaltung beigetragen werden, wenn es dem Management gelingt, in der Zeit der Ergebnisglättung durch Auflösung stiller Reserven die Ursachen von verlustträchtigen Fehlentwicklungen zu beseitigen. Andererseits ist der Zusammenhang der stillen Reserven zum Gläubigerinteresse einer fristgemäßen Kreditbedienung und zur kritischen Selbstinformation sehr problematisch: die Auflösung stiller Reserven bewirkt zwar Buchgewinne, diesen stehen jedoch keine liquiden Mittel gegenüber, vielmehr kann hierdurch eine tatsächliche Verlustentwicklung gegenüber den Gläubigern verschleiert werden oder den Unternehmensbeteiligten selbst verborgen bleiben. Verfehlt wäre es jedoch, aus diesen Überlegungen zu folgern, dass eine ordnungsmäßige Bilanzierung auf den Vorsichtsgrundsatz verzichten könne. Hiermit wird eine eindeutige Regel vorgegeben, die sicherstellt, dass sich der Bilanzierende nicht reicher darstellt, als er bei pessimistischer Einschätzung seiner Situation ist.

Da der Schutz der Unternehmensgläubiger oder die kritische Selbstinformation nicht gesetzlicher Zweck steuerlicher Bilanzierung ist, könnte man annehmen, dem Vorsichtsprinzip käme eine **steuerliche Bedeutung** nicht zu. Zudem könnte dieser Grundsatz mit dem Prinzip der Besteuerung nach der Leistungsfähigkeit und mit der Zwecksetzung, den „vollen" Gewinn zu erfassen, konkurrieren.[1] Allerdings müsste dem Fiskus auch an der Erhaltung der Steuerquelle gelegen sein, weshalb eine eher pessimistische Beurteilung der Vermögens- und Ertragslage eher hinzunehmen ist, als eine unternehmensgefährdende Besteuerung von nicht realisierten Erträgen und Wertsteigerungsgewinnen. Jedenfalls

---

1 Zu den Grundsätzen siehe Kap. B.IV.2.

wird das zu den handelsrechtlichen GoB zählende Vorsichtsprinzip insoweit auch steuerlich verbindlich, als das Maßgeblichkeitsprinzip des § 5 Abs. 1 EStG reicht.[1]

b) Das Prinzip der Vorsicht i.e.S.

Im engeren Sinne bezieht sich das Vorsichtsprinzip auf einen möglichst weitgehenden Ausschluss von Risiken bei Bilanzansätzen und bei Bewertungen. Im Bereich des *Ansatzes dem Grunde* nach folgt daraus, dass nur das als Aktivum bilanziert werden darf, was sich im Gegenständlichen konkretisiert, im Rechtsverkehr einen feststehenden Inhalt und im Geschäftsverkehr einen bestimmten Wert hat. Bloße Geschäftschancen, der Wert des selbst geschaffenen Kundenstamms, der Organisation, der Reputation der Firma und sonstige selbst geschaffene immaterielle Werte, denen sich Aufwendungen nicht zweifelsfrei direkt zurechnen lassen, dürfen demnach im Allgemeinen nicht aktiviert werden. Dieses „*gegenstandsbezogene Wertdenken*" dient nicht nur der Sicherung des Bilanzinhalts vor der Aufnahme von „Nonvaleurs", es verstärkt auch die Objektivier- und Kontrollierbarkeit des Rohvermögens. Ausprägungen dieses Prinzips findet man auf der *Aktivseite* beispielsweise

- in der Verwendung des Wortes „Vermögensgegenstand" (§§ 246 Abs. 1, 266 Abs. 2 HGB) und
- in den Bilanzierungsverboten
  - für bestimmte selbstgeschaffene immaterielle Anlagewerte (§ 248 Abs. 2 S. 2 HGB),
  - für den originären Geschäfts- oder Firmenwert (§ 246 Abs. 1 S. 3 HGB),
  - für die Gründungs- und Eigenkapitalbeschaffungsaufwendungen (§ 248 Abs. 1 Nr. 1 bzw. 2 HGB),
  - für Abschlussaufwendungen von Versicherungsverträgen (§ 248 Abs. 1 Nr. 3 HGB).

Ein entgeltlich erworbener Geschäfts- oder Firmenwert wird seit dem BilMoG als Vermögensgegenstand fingiert (§ 246 Abs. 1 S. 4 HGB) weil zumindest durch die bewirkte Gegenleistung eine gewisse Objektivierung erfolgt ist. Für einige andere selbst geschaffenen immaterielle Anlagewerte besteht ein Aktivierungswahlrecht, wenn sie sich zum Vermögensgegenstand konkretisiert haben (§ 248 Abs. 2 S. 1 HGB).

Während die Aufnahme eines Aktivums restriktiv zu handhaben ist, müssen *Passiva* nicht nur im Fall rechtlich bestehender Schulden, sondern auch bei ungewissen Schulden und bei bestimmten drohenden Aufwendungen als Rückstellungen gebildet werden. Handelsrechtlich entsprechen auch diese schärferen Passivierungsgebote dem Prinzip des vorsichtigen Reinvermögensausweises.

Steuerrechtlich besteht eine Tendenz, die eben beschriebenen Ausprägungen des Vorsichtsprinzips nicht immer voll zu respektieren. Zwar verlangt § 5 Abs. 1 EStG ausdrücklich eine Maßgeblichkeit der durch handelsrechtliche GoB bestimmten Ansätze, doch weicht das Steuerbilanzrecht sowohl der Zwecksetzung nach wie auch durch die Verwendung des steuerlichen Terminus „Wirtschaftsgut" bei Wahlmöglichkeiten, Lückenfüllung

---

[1] S. z.B. zum Vorsichtsprinzip bei der Forderungsbewertung: BFH v. 27.3.1996, BStBl 1996 II, 470.

und Auslegungsnotwendigkeiten hiervon ab. Einer extensiven steuerbilanziellen Aktivierungstendenz bei der Rechnungsabgrenzung hat der Gesetzgeber durch die Übernahme der handelsrechtlichen Bilanzierungsregeln in § 5 Abs. 5 EStG allerdings Schranken gesetzt. Andererseits ist das Steuerrecht mit einem absoluten Aktivierungsverbot für selbstgeschaffene immaterielle Anlagegüter seit dem BilMoG strenger als das Handelsrecht. Auf der Passivseite wurde die steuerbilanzielle Bildung von Rückstellungen in bestimmten Fällen durch die Ansatzvorschriften des § 5 Abs. 2a, 3, 4, 4a und 4b EStG deutlich beschränkt.

Ein weiterer Anwendungsbereich des Vorsichtsprinzips ergibt sich aus dem häufigen Schätzungscharakter jeder *Bewertung*. Die objektive Ungewissheit und die subjektive Unsicherheit über die für die Beilegung einer Wertzahl zu einem Bewertungsobjekt maßgeblichen Faktoren (z.B. Nutzungsdauer von Anlagegegenständen, Höhe der zurückzustellenden Zukunftsbelastung) lässt zumeist statt eines eindeutigen Wertes nur eine Schätzung innerhalb gewisser Bandbreiten zu. In diesen Fällen verlangt das Vorsichtsprinzip bei Aktivpositionen die untere Grenze, bei Passivposten den oberen Wert des Schätzungsrahmens, nicht etwa einen mittleren Wert, zu wählen („konservative Schätzung"). Allerdings ist ein sehr unwahrscheinlicher oder nicht nachvollziehbarer Wertansatz auch mit dem Vorsichtsprinzip nicht zu rechtfertigen.

Für alle bilanzierenden Kaufleute ist das Gebot zu einer vorsichtigen Bewertung als Grundsatz ausdrücklich in § 252 Abs. 1 Nr. 4 HGB *kodifiziert* („Es ist vorsichtig zu bewerten"). Für alle Bilanzierenden wird eine vorsichtige Bewertung auf der Passivseite durch die Verpflichtung eröffnet, Rückstellungen in Höhe des „nach vernünftiger kaufmännischer Beurteilung notwendigen Erfüllungsbetrages" (§ 253 Abs. 1 Satz 2 HGB) anzusetzen. Verstöße gegen das Vorsichtsprinzip können bei Kapitalgesellschaften zur Nichtigkeit des Jahresabschlusses und zu beachtlichen Sanktionen führen.[1]

Steuerlich ist die Berücksichtigung eines derart praktizierten Vorsichtsdenkens bei der Bewertung durch die speziellen Bewertungsregeln der §§ 6 und 7 EStG weitgehend ausgeschlossen. So ist als Wertuntergrenze bei Aktiva und Wertobergrenze bei Passiva (nur) bei voraussichtlich dauernder Wertminderung bzw. -erhöhung der „Teilwert" anzusetzen (vgl. § 6 Abs. 1 Nr. 1–3 EStG)[2], der als steuerlicher Spezialwert vom Vorsichtsprinzip gelöst ist. Praktisch ist z.B. auch der Schätzungsspielraum bei der Bestimmung der betriebsgewöhnlichen Nutzungsdauer von Anlagegütern durch die (widerlegbare) Normierung in steuerlichen AfA-Tabellen ausgeschlossen. Andererseits hat die Finanzrechtsprechung dem handelsrechtlichen Gebot, bei der Bewertung von Vermögensgegenständen und Schulden alle erkennbaren Risiken zu berücksichtigen, steuerliche Bedeutung beigemessen.[3]

c) Das Realisationsprinzip

Nach § 252 Abs. 1 Nr. 4 Halbsatz 2 *HGB* sind Gewinne nur zu berücksichtigen, wenn sie am Abschlussstichtag realisiert sind. Dieser als GoB allgemein anerkannte Grundsatz

---

1 Siehe Kap. A.VI.2.a).
2 Kap. D.II.4.bad).
3 Z.B. BFH v. 22.11.1988. BStBl 1989 II, 359; BFH v. 26.4.1989, BStBl 1991 II, 313.

macht den Ausweis von Erträgen („Gewinnen") von einem „Realisationsvorgang" abhängig, also einem in der Wirklichkeit liegenden, tatsächlich bereits abgelaufenen Sachverhalt, der die Ertragserzielung sicher macht. Bloße rechnerische oder in subjektiven Erwartungen begründete positive Erfolgsbeiträge dürfen bilanziell (noch) nicht in Erscheinung treten. Damit soll – als Ausfluss des Vorsichtsprinzips – verhindert werden, dass bereits vage Gewinnchancen und unsichere Wertsteigerungen am ruhenden Vermögen bilanziell ausgewiesen, mitgeteilt und als Gewinne ausgeschüttet werden. Dies dient auch der nominellen Kapitalerhaltung des Unternehmens und der Bilanzwahrheit. Obwohl der Grundsatz sich primär an die Ertragsrealisation in der GuV-Rechnung wendet, spielt er auch bilanziell eine Rolle für die Einbuchung und den erstmaligen Ausweis von Forderungen.

Fraglich kann dabei sein, worin der faktische Vorgang der *„Realisation"* liegt. Bei Auftragsproduktion könnte beispielsweise der Zeitpunkt

- des Vertragsabschlusses,
- des Abschlusses der Leistungserstellung oder
- des Zuflusses der vertraglich vereinbarten Einnahmen

in Betracht kommen.[1] Der Vertragsabschluss wird deshalb noch nicht als Realisierungszeitpunkt angesehen, weil bei diesem rechtlichen Anknüpfungspunkt noch Leistung und Gegenleistung als ausgeglichen angenommen werden und noch nicht hinreichend sicher ist, ob die wirtschaftliche Leistungserstellung tatsächlich erfolgt und in welcher Höhe der erwartete Gewinn entstehen wird. Auf den Zahlungszufluss abzustellen würde zwar sicherstellen, dass die Erträge auch als liquide Mittel vorliegen, aber u.U. bei Zahlungszielen den Realisationszeitpunkt weit hinausschieben und der Bedeutungslosigkeit des Zahlungsvorganges bei der Bilanzierung (§ 252 Abs. 1 Nr. 5 HGB) widersprechen. Etwaige unerwartete Zahlungsausfälle können bei der Forderungsbewertung, Gewährleistungsrisiken durch Rückstellungsbildung berücksichtigt werden.

Nach den GoB gilt vielmehr die faktische Erfüllung der vertraglich übernommenen Leistungspflicht, der *wirtschaftliche Umsatzakt*, als maßgeblicher Realisationsvorgang. Die Realisation tritt allerdings selbst bei vollständiger Leistungsbewirkung noch nicht ein, wenn noch ein nennenswertes Abnahmerisiko besteht. Praktische *Indizien* für die zur Realisation führende Leistungsbewirkung sind z.B. die Übergabe, Versendung oder vereinbarte Versandbereitschaft, tatsächlicher Übergang von Nutzungen und Lasten oder der Übergang der Gefahrentragung für den Liefergegenstand, die Beendigung einer Dienstleistung, Vollendung eines Werkes, der zeitliche Ablauf eines Dauervertragsverhältnisses oder die Rechnungserteilung (nicht: Vorausrechnungen). Entscheidend für die Ertragsrealisation ist demnach, dass das leistende Unternehmen alles zur Vertragserfüllung Notwendige getan und damit praktisch einen fast ungefährdeten Anspruch auf die vertragliche Gegenleistung erworben hat, der nur noch durch mögliche Minderungen oder Zahlungsunfähigkeit gefährdet ist. Mit diesem „Übergang der Preisgefahr" ist somit ein quasisicherer Anspruch entstanden, der es auch unter Gläubigerschutz- und Ausschüttungsaspekten erlaubt, als realisierter Ertrag zu gelten. International wird diese Bilanzierungsweise bei mehrperiodigen Fertigungsprozessen (z.B. Schiffbau, Großanlagen-

---

1 LEFFSON, U., Die Grundsätze ordnungsmäßiger Buchführung, 7. Aufl., Düsseldorf 1987, S. 257 ff.

bau) *„complete-contract-method"* bezeichnet; ihr steht z. B. nach IAS 11 bzw. ab 2018 IFRS 15 bei sicherer Ertragsschätzung eine Teilgewinnrealisiation nach Fertigungsstand *(percentage-of-completion-method)* gegenüber.

Bei Teilleistungen innerhalb langfristiger Produktionsprozesse lassen auch die GoB[1] unter folgenden Bedingungen eine *„Teilrealisation"* des Auftragsgewinns (z. B. im Verhältnis der aufgelaufenen zu den Gesamtkosten des Projekts) bereits vor der endgültigen und vollständigen Leistungserstellung wahlweise zu:

- endgültige Teilabrechnungen,
- über selbständig abgrenzbare und erbrachte Teilleistungen,
- sofern diese abgenommen wurden oder ein Abnahmerisiko nicht besteht und
- wenn keine Verluste aus späteren Teilleistungen drohen.

Damit wird eine Zusammenballung der Erfolgsrealisation im Jahr der Fertigstellung und Abnahme des Gesamtprojekts verhindert und eine dem Auftragsstand gerechte Darstellung der Vermögens- und Ertragslage erreicht.

Außerhalb gegenseitiger Rechtsgeschäfte sind Gewinne auszuweisen, sobald der Anspruch hierauf nach den Verhältnissen des Einzelfalls gesichert erscheint.[2]

Bilanztechnisch schlägt sich die Realisierung durch Einbuchung der Forderung auf das Leistungsentgelt nieder, die regelmäßig einen Gewinnanteil enthält. Auf der Aktivseite stehen damit den geschwundenen Erzeugnis- oder Warenvorräten und den Zahlungsmittelabgängen für Produktionsmittel betragsmäßig höhere Zugänge an Forderungen aus Lieferung/Leistung gegenüber. Mit dieser bilanzverlängernden Vermögensumschichtung ist ein Gewinn „realisiert".

Für die **Steuerbilanz** gilt das Realisationsprinzip aufgrund des Maßgeblichkeitsprinzips bei gleichzeitigem Fehlen einer steuerlichen Spezialregelung.[3] Selbst wenn ein niedrigerer „Teilwert" zum Ansatz kommt, enthält dieser keinen Gewinnanteil: ein gedachter Erwerber würde nämlich im Rahmen des Gesamtkaufpreises für ein vorhandenes Wirtschaftsgut dem Veräußerer nicht den Gewinnanteil vergüten, sondern nur die Kosten der Wiederbeschaffung. All dies führt zusammen mit der Übernahme der handelsrechtlichen Ertragsperiodisierungsregel der „Leistungsbewirkung" auch zur Nichtbesteuerung unrealisierter Wertsteigerungen am ruhenden Vermögen. Zwar kann die Nichterfassung von Wertzuwächsen nur schwer mit dem Prinzip der Besteuerung nach der Leistungsfähigkeit[4] in Übereinstimmung gebracht werden, sie ist jedoch aufgrund der angeordneten Maßgeblichkeit des handelsrechtlichen Realisationsprinzips für die Besteuerung geboten. Nur in einigen Fällen der Gefährdung einer Besteuerung stiller Reserven können spezielle steuerliche Grundsätze zur Geltung kommen. Derartige steuerliche *Durchbrechungen* des handelsrechtlichen Realisationsprinzips liegen z. B. bei folgenden *Entstrickungstatbeständen* vor:

---

1 Vgl. z. B. ADS §252 HGB Tz. 88. Nach WPH 2017, F 107 kann das Abweichen vom Regelfall als ein Abweichen gem. §252 Abs. 2 HGB gesehen werden.
2 EUGH v. 27. 6. 1996, DStR 1996, S. 1093 und BGH v. 12. 1. 1998, DB 1998, S. 567 zur phasengleichen Bilanzierung von Dividendenansprüchen.
3 BFH v. 2. 3. 1990, BStBl 1990 II, 733 m.w.N.; v. 7. 7. 1992, BFH/NV 1993, 461.
4 Kap. B.IV.2.

- bei Überführungen von Wirtschaftsgütern ins Privatvermögen oder einen sonstigen außerbetrieblichen Bereich (Entnahme gem. §4 Abs. 1 S. 2 EStG),
- bei Ausschluss/Beschränkung des deutschen Besteuerungsrechts des Gewinns aus Veräußerung/Nutzung eines Wirtschaftsgutes, z.B. bei der Überführung von Wirtschaftsgütern aus einer inländischen in eine ausländische Betriebsstätte in einem Freistellungs-DBA-Land[1],
- bei Betriebsverlegung ins Ausland[2] und
- bei Betriebsaufgabe (§16 Abs. 3 EStG).

Hier wird allein für steuerliche Zwecke eine Gewinnrealisierung ohne Umsatzvorgang angenommen. Andererseits wird unter bestimmten Umständen steuerlich auch von einer sofortigen Gewinnrealisation abgesehen (Ersatzbeschaffung gem. §6b EStG oder R.6.6 EStR, unentgeltliche Betriebsübertragung gem. §6 Abs. 3 EStG, bestimmte Übertragungen einzelner Wirtschaftsgüter zwischen (Sonder-)Betriebsvermögen eines Steuerpflichtigen gem. §6 Abs. 5 EStG, Ausgleichsposten bei WG-Transfer in Auslandsbetriebsstätten gem. §4g EStG u.a.).

d) Das Imparitätsprinzip

Nach §252 Abs. 1 Nr. 4 *HGB* sind alle vorhersehbaren Risiken und Verluste, die bis zum Abschlussstichtag entstanden sind, bei der Bewertung zu berücksichtigen. Damit hat der Gesetzgeber den schon lange als GoB existenten Imparitätsgrundsatz für den Bereich der Bewertung kodifiziert. Als GoB gilt der Grundsatz ungleicher Berücksichtigung von positiven und negativen Erfolgsbeiträgen aber auch für den Ansatz dem Grunde nach. Er verlangt, dass bereits drohende, sich abzeichnende Aufwendungen („Verluste") bilanziell antizipiert werden müssen, während Erträge („Gewinne") sich erst nach erfolgter faktischer Realisation bilanziell niederschlagen dürfen.

Die Vorwegberücksichtigung vorhersehbarer Risiken und Verluste dient der Kapitalerhaltung des Unternehmens und dem Gläubigerschutz, weil hiermit insbes. für erwartete zukünftige negative Erfolgsbeiträge über den Bilanzgewinn eine vorsorgliche Gewinnausschüttungssperre eintritt. Bilanztechnisch erfolgt dies

- beim Ansatz dem Grunde nach durch die Verpflichtung zur Rückstellungsbildung in den in §249 HGB genannten Fällen, insbes. bei der – gem. §5 Abs. 4a EStG nur noch handelsrechtlich zulässigen – Rückstellung für drohende Verluste aus schwebenden Geschäften (§249 Abs. 1 HGB);
- beim Ansatz der Höhe nach durch die Beachtung des *Niederstwertprinzips* bei der Aktiva-Bewertung und des *Höchstwertprinzips* bei der Passiva-Bewertung.

e) Das Niederstwertprinzip

Dieser Grundsatz verlangt, dass bei zwei für die Bewertung von Aktiva in Betracht kommenden Werten der niedrigere zu wählen ist. Kodifiziert ist das Prinzip in gemilderter und strenger Ausprägung:

---

1 §4 Abs. 1 S. 3–5 EStG.
2 BFH v. 28.4.1971, BStBl II, 630.

Das *strenge* Niederstwertprinzip gilt für die Bewertung von Umlaufvermögen aller Kaufleute. Danach muss bei der Wahl zwischen Anschaffungs-/Herstellungskosten einerseits und niedrigerem Börsen-/Marktpreis bzw. beizulegendem Wert zwingend der niedrigere angesetzt werden (vgl. § 253 Abs. 4 HGB).

Das *gemilderte* Niederstwertprinzip betrifft das Anlagevermögen und verlangt den niedrigeren Wertansatz (zwischen ggf. fortgeführten Anschaffungs-/Herstellungskosten und beizulegendem Wert) nur bei einer voraussichtlich dauernden Wertminderung. Dies gilt gem. § 253 Abs. 3 S. 3 HGB für alle Bilanzierenden. Bei vorübergehender Wertminderung wird – allerdings beschränkt auf Finanzanlagevermögen – seit dem BilMoG rechtsformunabhängig ein Abwertungswahlrecht eingeräumt (§ 253 Abs. 3 S. 4 HGB).

Abbildung B-12 fasst den sachlichen und persönlichen Anwendungsbereich des kodifizierten handelsrechtlichen Niederstwertprinzips schaubildlich zusammen.

Niederstwertprinzip	voraussichtliche Dauer der Wertminderung	Vermögensart	Bewertungsgebot
gemildertes	vorübergehend	Immaterielles Anlagevermögen	Abwertungsverbot
		Sachanlagevermögen	
		Finanzanlagevermögen	Abwertungswahlrecht
	dauernd	Anlagevermögen	Abwertungsgebot
strenges	vorübergehend oder dauernd	Umlaufvermögen	Abwertungsgebot

Abbildung B-12: Sachlicher Anwendungsbereich des Niederstwertprinzips

Steuerbilanziell sind für die Bewertung von positiven Wirtschaftsgütern *bei voraussichtlich dauerhafter Wertminderung* Bewertungsalternativen zwischen (fortgeführten) AHK und niedrigerem Teilwert gegeben (§ 6 Abs. 1 Nr. 1, 2 EStG). Spätestens seit dem BilMoG handelt es sich um ein steuergesetzliches Wahlrecht, das unter den Vorbehalt des § 5 Abs. 1 S. 1 Hs. 2 EStG fällt, das GoB-inkonform ist und deshalb steuerbilanziell selbständig ausgeübt werden kann.[1]

Bei vorübergehender Wertminderung besteht seit dem BilMoG rechtsformunabhängig handelsrechtlich bei Sachanlagen und immateriellem Anlagevermögen ein Abwertungsverbot, für Finanzanlagen ein Abwertungswahlrecht und für Umlaufvermögen ein Abwertungsgebot. Steuerbilanziell kommt in diesen Fällen eine Teilwertabschreibung nicht in Betracht da sie eine voraussichtlich dauernde Wertminderung voraussetzt.

---

1 Gl. A. BMF-Schreiben v. 22. 6. 2010, BStBl 2010 I S. 597 Tz. 15.

f) Das Höchstwertprinzip

Dem Niederstwertprinzip für Aktiva entspricht das Höchstwertprinzip für Passiva. Von zwei möglichen Ansätzen für Verbindlichkeiten ist handelsrechtlich prinzipiell der höhere anzusetzen. Nach §253 Abs. 1 S. 2 HGB ist demzufolge ein gegenüber der Erstbewertung gestiegener Erfüllungsbetrag zu berücksichtigen. Steuerbilanziell wird das Höchstwertprinzip durch ein nicht GoB-konformes Wahlrecht überlagert: Nach §6 Abs. 1 Nr. 3 i.V.m. Nr. 2 EStG besteht ein Wahlrecht, einen gegenüber dem Zugangswert höheren Teilwert anzusetzen, jedoch nur bei voraussichtlich dauernder Werterhöhung.

10. Wirtschaftlichkeitsgrundsätze

Die Bilanzierung nach Handelsrecht bildet wirtschaftliche Verhältnisse ab, wird von wirtschaftenden Personen durchgeführt und unterliegt selbst dem Wirtschaftlichkeitsdenken. Diesen Umstand berücksichtigen verschiedene Bilanzierungsgrundsätze.

a) Der Grundsatz wirtschaftlicher Zurechnung

Die zu bilanzierenden Bestände an Vermögensgegenständen und Schulden müssen dem Bilanzierenden in einer bestimmten Weise zugerechnet werden. Das **Handelsbilanzrecht** verlangt vom Kaufmann, „sein" Vermögen und „seine" Schulden in den Abschluss aufzunehmen (§242 Abs. 1 HGB). Es ist Grundsatz ordnungsmäßiger Buchführung, dass die Zurechnungsfrage nicht allein nach einem zivilrechtlichen Kriterium (Eigentum i.S.d. §903 BGB) entschieden wird, sondern u.U. – davon abweichend – wirtschaftliche Verfügungskriterien maßgeblich sind.

Mit dem BilMoG wurde erstmals „zur Klarstellung"[1] der schon vorher als GoB geltende Grundsatz der wirtschaftlichen Zurechnung von Vermögensgegenständen kodifiziert. Nach §246 Abs. 1 S. 2 HGB sind Vermögensgegenstände

- regelmäßig dem (zivilrechtlichen) Eigentümer zuzurechnen.
- Ausnahme: Bei wirtschaftlicher Zurechnung des Vermögensgegenstandes zu einem anderen als dem Eigentümer sind die Vermögensgegenstände ausnahmsweise dem Nichteigentümer zuzurechnen (sog. „wirtschaftliches Eigentum").

Die Bestimmung einer Ausnahmesituation bedarf einer wirtschaftlichen Abwägung der Chancen, insbes. der Risiken, die mit dem Vermögensgegenstand verbunden sind. Auch dürfte die praktische Verfügungsmacht über den Gegenstand bei typischem Verlauf mitentscheidend sein („Quasi-Eigentümer", wie beispielsweise der Mieter bei einem unkündbaren Mietvertrag über die gesamte Nutzungsdauer des Vermögensgegenstandes). Typische Fälle der Bilanzierung beim „wirtschaftlichen", nicht beim rechtlichen Eigentümer sind übergebene Vermögensgegenstände mit Eigentumsvorbehalt, Sicherungsabtretungen und bestimmte Leasinggestaltungen.[2]

Mit dieser Regelung soll der Einblick in die tatsächliche Vermögenslage verbessert werden. Problematisch ist der Ausweis von Vermögensgegenständen, die dem Kaufmann

---

1 BT-Drs. 16/10067, S. 47.
2 Zu weiteren Fällen siehe Kap. C. III. 1.

nicht gehören allerdings dann, wenn die Fortführungsannahme aufgegeben werden muss[1] weil die beim Nichteigentümer bilanzierten Vermögensgegenstände keine Zugriffsobjekte der Gläubiger sind.

Auch der *EUGH* akzeptiert bei Bilanzierungsproblemen das Prinzip der wirtschaftlichen Betrachtungsweise anstelle einer zu formalen rechtlichen Betrachtung.[2]

Für die Zurechnung von Schulden zum (rechtlichen) Schuldner gilt allerdings die wirtschaftliche Zurechnung nicht (§ 246 Abs. 1 S. 3 HGB).

Da dieser Grundsatz die Bilanzierung dem Grunde nach bestimmt, gilt er gem. § 5 Abs. 1 EStG auch für die **Steuerbilanz**. Darüber hinaus hat der Steuergesetzgeber die Zurechnungsfrage in ähnlichem Sinne auch in § 39 AO geregelt. Einzelheiten werden im Zusammenhang mit der Bilanzierungsfähigkeit dem Grunde nach erörtert.[3] Ferner ist – außerhalb der GoB – die wirtschaftliche Zurechnung auch von Bedeutung für die Zuordnung von Wirtschaftsgütern zu in- und ausländischen Betriebsstätten. Dabei wird vor allem darauf abgestellt, welche Vermögenswerte die Betriebsstätte zur Ausübung der zugeordneten Funktionen benötigt.[4]

b) Die Grundsätze der Wirtschaftlichkeit und der Wesentlichkeit

Es ist langjährig als GoB anerkannt, dass auch die Gestaltung des Rechnungswesens unter dem Kosten/Nutzen-Aspekt des Wirtschaftlichkeitsprinzips steht. Arbeitsanfall und Kosten der Bilanzierung müssen danach in einem angemessenen und ausgewogenen Verhältnis zur erreichbaren Präzision der Rechnungslegungsergebnisse stehen. Genauigkeit der Bilanzinformation ist nämlich nicht in jedem Fall für die Interessen der Adressaten von Vorteil, weil damit u. U. die Nachteile des Verlustes an Aktualität und Übersichtlichkeit der Informationen sowie erhöhter, das Bilanzergebnis belastender Rechnungslegungsaufwendungen verbunden sind.

Der Grundsatz der Wirtschaftlichkeit ist gesetzlich nicht kodifiziert, leuchtet aber in einigen gesetzlichen Regelungen – vor allem bei der Bewertungsvereinfachung – durch:

- Zulässigkeit des Festwertansatzes, wenn der „Gesamtwert für das Unternehmen von nachrangiger Bedeutung ist" (§ 240 Abs. 3 HGB),
- Zulässigkeit von Bewertungsvereinfachungsverfahren statt sonst gebotener Einzelbewertung (§ 256 HGB) mit Angabe des Bewertungsunterschiedsbetrages bei „erheblichem Unterschied" (§ 284 Abs. 2 Nr. 3 HGB),
- Pauschale Restlaufzeiten bei Pensionsrückstellungen etc. (§ 253 Abs. 2 HGB),
- Erleichterungen bei der Währungsumrechnung (§ 256a S. 2 HGB).

In der Diskussion um die Wirtschaftlichkeit der Rechnungslegung wird häufig auf den entsprechenden angelsächsischen Grundsatz der „Materiality" (Wesentlichkeit) hingewiesen. Nach der im Rahmen des BilRUG nicht in deutsches Recht umgesetzten EU-Richtlinie 2013/34 Art. 6 Abs. 1 i) müssen die „Anforderungen in dieser Richtlinie in Bezug auf

---

1 Siehe Kap. B.II.4.
2 EUGH v. 27. 6. 1996, DStR 1996, S. 1093.
3 Siehe Kap. C.III.1. Das Verhältnis von § 5 Abs. 1 EStG und § 39 AO zueinander ist noch streitig.
4 § 1 Abs. 5 Nr. 1,2 AStG, BsGaV v. 13. 10. 2014, BStBl 2013 I S. 1603.

Ansatz, Bewertung, Darstellung, Offenlegung ..." nicht erfüllt werden, wenn die Wirkung ihrer Einhaltung unwesentlich ist." Dabei können die Mitgliedstaaten diese weite Fassung des Wesentlichkeitsgrundsatzes auf Darstellung und Offenlegung begrenzen (Art. 6 Abs. 4).

Danach sind dem Bilanzadressaten alle wesentlichen Informationen zu vermitteln, unwesentliche können vernachlässigt werden. Fraglich ist allerdings, wann eine Information von wesentlicher bzw. unwesentlicher Bedeutung ist. Aus moderner Sicht wird sich der Bilanzersteller im Einzelfall fragen müssen, ob eine qualitative oder quantitative Information in ihrer Wirkung die Beurteilung durch den Bilanzadressaten beeinflussen kann.

Obwohl immer die Umstände des Einzelfalls entscheidend sind, werden praktisch absolute und/oder relative Grenzen, bezogen auf ganz unterschiedliche Bezugsgrößen (z.B. Einzelposten, Gewinn, Eigenkapital, Bilanzsumme) zur Operationalisierung dieses Kriteriums vorgeschlagen (z.B. als Richtgröße eine Beeinflussung des Jahresergebnisses von bis zu 5 oder 10% oder unter 5 bis 10% vom Grundbetrag). Trotz unterschiedlicher Konkretisierung und fehlender HGB-Umsetzung der EU-Richtlinienvorgabe ist die Geltung des Wesentlichkeitsgrundsatzes heute unbestritten; es finden sich auch im HGB einige Anwendungsfälle für die Bilanzierung, aus denen sich die gesetzgeberische Anerkennung eines derartigen – für alle Kaufleute geltenden – Vereinfachungsgrundsatzes begründen lässt, z.B.:

- Zusammenfassung von Bilanzposten, u.a. wenn sie einen Betrag enthalten, der für die Einblicksvermittlung „nicht erheblich" ist (§ 265 Abs. 7 HGB),
- Beträge für „sonstige" Vermögensgegenstände und „sonstige" Verbindlichkeiten, die erst nach dem Abschlussstichtag rechtlich entstehen, müssen erläutert werden, wenn sie „einen größeren Umfang" haben (§ 268 Abs. 4, 5 HGB),
- nicht gesondert ausgewiesene Rückstellungen müssen erläutert werden, „wenn sie einen nicht unerheblichen Umfang haben" (§ 285 Nr. 12 HGB),
- Nichtigkeit des aktienrechtlichen Jahresabschlusses durch Gliederungsfehler nur, wenn seine Klarheit und Übersichtlichkeit dadurch „wesentlich beeinträchtigt" wurde (§ 256 Abs. 4 AktG).

Während der Wirtschaftlichkeitsgrundsatz eher auf den Bilanzierungsaufwand des Bilanzerstellers zentriert ist, ist die Wirkung beim Bilanzadressaten die vorherrschende Blickrichtung des Wesentlichkeitsgrundsatzes. Oft sind beide Grundsätze nicht klar trennbar. Mit beiden Grundsätzen lassen sich beispielsweise die übliche monats- statt taggenaue Rechnung bei planmäßigen Abschreibungen ebenso rechtfertigen wie der Verzicht auf Aktivierung von „kleinwertigen" Vermögensgegenständen des Anlagevermögens und die Übernahme der steuerlichen Poolabschreibung geringwertiger Wirtschaftsgüter in die Handelsbilanz.

Auch für die *steuerrechtliche Bilanzierung* ist der Grundsatz der Wirtschaftlichkeit weitgehend anerkannt. Seine Rechtsquellen sind jedoch noch nicht hinreichend geklärt. Zum einen dürfte er sich aus der Maßgeblichkeit der handelsrechtlichen GoB ableiten lassen, zum anderen aber auch aus dem öffentlich-rechtlichen Prinzip der Verhältnismäßigkeit (Übermaßverbot). Jedenfalls haben Steuergesetzgeber, Rechtsprechung und Verwaltungsanweisungen vielfach explizit oder implizit den Gedanken der Wirtschaftlichkeit anerkannt. Beispiele hierfür sind:

- die Sofortabschreibung/Nichtaktivierung sog. „geringstwertiger Wirtschaftsgüter", die Sofortabschreibung oder pauschale Poolabschreibung „geringwertiger Wirtschaftsgüter" (§ 6 Abs. 2 bzw. 2a EStG),
- die Zulässigkeit des Verzichts auf Rechnungsabgrenzung bei Beträgen bis zur Grenze der „geringwertigen Wirtschaftsgüter" i.S.d. § 6 Abs. 2 EStG,[1]
- der Verzicht auf Rückstellungsbildung bei unwesentlichem Aufwand,[2]
- die Möglichkeit, Herstellungsaufwand von bis zu Euro 4.000 als Erhaltungsaufwand zu behandeln.[3]

Auch die Finanzverwaltung kennt eine Art des Wirtschaftlichkeits- und Wesentlichkeitsprinzips, die allerdings auf einen angemessenen Verwaltungsaufwand bzw. wesentliche Steuerzahlungen gerichtet sind. So ist z.B. nach § 7 BpO die Außenprüfung auf das Wesentliche abzustellen. Hierzu gehören die sog. „Nichtbeanstandungsgrenzen" zur Rationalisierung der Betriebsprüfung[4] und die innerdienstlichen „Nichtaufgriffsgrenzen" der Finanzbehörden bei der Steuerfestsetzung. Sie rechtfertigen zwar nicht entsprechende Großzügigkeiten bei der Bilanzaufstellung, verzichten jedoch aus Vereinfachungsgründen auf Bilanzberichtigungen.

c) Der Grundsatz des Nichtausweises schwebender Geschäfte

Als Anwendungsfall des Grundsatzes der Wirtschaftlichkeit in Konkurrenz zum Vollständigkeitsprinzip (§ 246 Abs. 1 HGB) lässt sich die traditionelle Nichtbilanzierung sog. schwebender Geschäfte ansehen.

Obwohl es handelsrechtlich in § 238 Abs. 1 S. 1 HGB dem Kaufmann vorgeschrieben ist, in der Buchführung „seine Handelsgeschäfte" ersichtlich zu machen, beschränken die in der gleichen Norm genannten **„GoB"** diese Verpflichtung. Abgeschlossene, aber noch von keiner Seite erfüllte Handelsgeschäfte (sog. *„schwebende Geschäfte"* i.e.S.) finden danach grundsätzlich keinen bilanziellen Niederschlag. Das gilt auch für Dauerschuldverhältnisse mit Teilerfüllung, aber noch ausstehendem Leistungszeitraum (z.B. Miet-, Pacht-, Darlehensverhältnisse). Der so umschriebene Grundsatz der Nichtbilanzierung schwebender Geschäfte ist allerdings auf Fälle beschränkt, in denen von einem Gleichgewicht des sich aus dem Handelsgeschäft ergebenden Anspruchs und der entsprechenden Verpflichtung ausgegangen werden kann. Schuldrechtliche Vorleistungen oder Erfüllungsrückstände eines Vertragspartners (sog. *schwebende Geschäfte* i.w.S.) müssen hingegen ebenso bilanziert werden, wie „drohende Verluste" (i.S. eines Überwiegens des Wertes künftiger Verpflichtungen gegenüber dem Wert der künftigen Gegenleistung). Begründet wird das Nichtbilanzieren ausgeglichener schwebender Geschäfte mit der fehlenden Beeinflussung des Reinvermögens (Eigenkapitals) durch eine wertgleiche Aktivierung und Passivierung; lediglich die Bilanzsumme würde aufgebläht werden. Unproblematisch ist dieser Grundsatz aber im Hinblick auf das Vollständigkeitsprinzip und das Verrechnungsverbot (§ 246 HGB) nicht.

---

1 BFH v. 18.3.2010, BFH/NV 2010, 1796.
2 BFH v. 18.1.1995, BStBl 1995 II, 742 m.w.N.
3 R 21.1 Abs. 2 EStR.
4 Z.B. Erlass FinMin NRW v. 13.6.1995, S-1502 - 4 - V C 5.

Da dieser GoB unmittelbar die Aktivierung und Passivierung betrifft, gilt er über § 5 Abs. 1 EStG auch für die *steuerliche Bilanzierung*.[1] Die Möglichkeit einer Drohverlustrückstellung ist allerdings durch § 5 Abs. 4a EStG systemwidrig aus fiskalischen Gründen ausgeschlossen worden.

III. Besondere handelsrechtliche Grundsätze

Hier handelt es sich um Grundsätze, die nur im Handelsrecht, nicht auch für die steuerrechtliche Bilanzierung gelten.

1. Das Prinzip privatrechtlicher Gestaltungsfreiheit

Obwohl das Handelsbilanzrecht zu einem großen Teil öffentlich-rechtliche Verpflichtungen enthält, trägt es auch – wie das übrige Handelsrecht – privatrechtliche Züge. Dies gilt auch, soweit über die Erfüllung öffentlich-rechtlicher Mindestvorschriften hinaus von den Beteiligten zusätzliche Bilanzierungsweisen durch Vertrag, Satzung u. dgl. festgelegt werden. Das hierin zum Ausdruck kommende Prinzip privatrechtlicher Gestaltungsfreiheit der Handelsbilanz ist ein Unterfall des zivilrechtlichen Grundsatzes der Vertragsfreiheit. Danach unterliegen sowohl der Abschluss wie auch die Festlegung des Inhaltes eines gegenseitigen Schuldverhältnisses im Rahmen der bestehenden Gesetze der freien Bestimmung durch die Beteiligten.

Soweit also beispielsweise im Gesellschaftsvertrag von Personengesellschaften sog. *dispositive Regelungen* des HGB verändert werden oder zusätzliche Bestimmungen zur Bilanzierung vorgegeben werden, machen die Gesellschafter von ihrem privatrechtlichen Gestaltungsrecht Gebrauch. Weitere Anwendungsfälle dieses Grundsatzes sind z. B. Bestimmungen über sog. satzungsmäßige Rücklagen, über die Gewinnverwendung, die Einzahlungs- und Nachschussverpflichtungen, die Verlusttragung, die Übertragung von Bilanzierungskompetenzen[2] auf fakultative Organe sowie die freiwilligen Prüfungs- und Offenlegungsbestimmungen.

Aus der wirtschaftlichen Betätigungsfreiheit als Teil der allgemeinen Handlungsfreiheit des Art. 2 Abs. 1 GG leitet die höchstrichterliche Rechtsprechung[3] auch das Recht eines Bilanzierenden ab, dass seine veröffentlichten Jahresabschlüsse nicht ohne Anonymisierung vor einem Fachpublikum kritisch analysiert werden.

2. Das Prinzip der gesellschaftsrechtlichen Treuepflicht

Die privatrechtliche Gestaltungsfreiheit der Bilanzierung wird bei Handelsgesellschaften auch durch die gesellschaftsrechtliche Treuepflicht beschränkt. Allgemein handelt es sich

---

1 Z.B. BFH GrS 2/93 v. 23.6.1997, BStBl 1997 II, 735 m.w.N., BFH v. 8.12.1982, BStBl 1983 II, 369; v. 7.6.1988, BStBl 1998 II, 886 m.w.N.
2 Siehe Kap. A.V.1.d).
3 BVerfG v. 3.5.1994, DB 1994 S. 1350; BGH v. 8.2.1994, DB 1994 S. 831.

hierbei um eine dem Gesellschaftsverhältnis immanente Pflicht, die Verhältnisse der Gemeinschaft auf ein vertrauensvolles Zusammenwirken aller Beteiligten zur Erreichung des Gesellschaftszwecks auszurichten.

Auf der Grundlage des § 705 BGB, der insoweit den Charakter einer Generalklausel für alle Gesellschaftsformen hat, beinhaltet die Treuepflicht eine *mitgliedschaftliche* Verpflichtung der Gesellschafter gegenüber der Gesellschaft, den Zweck aktiv zu fördern und Handlungen zu unterlassen, die der Zweckerreichung entgegenstehen. Einer umfassenden Zweckförderpflicht unterliegen des Weiteren die geschäftsführenden Fremdorgane (organschaftliche Treuepflicht). Soweit Gesellschafter und Fremdorgane mit Bilanzierungskompetenzen[1] ausgestattet sind, findet ihre bilanzpolitische Gestaltungsfreiheit unter dem Gesichtspunkt der Zweckförderpflicht ihre Grenze dort, wo sie die Existenz- und Widerstandsfähigkeit des Unternehmens gefährdet. Der einzelne Gesellschafter kann insoweit verpflichtet sein, einer angemessenen Reservenbildung unter Verzicht auf seine Gewinnentnahmeansprüche zuzustimmen[2]. Entsprechend kann der Aufsichtsrat verpflichtet sein, einer bestandsgefährdenden Bilanzpolitik der (Fremd-)Geschäftsführung im Rahmen seiner Prüfungspflicht die Zustimmung zu verweigern.

Andererseits ergibt sich auf der Grundlage des § 242 BGB eine mitgliedschaftliche, insbesondere *mehrheitsbezogene* Pflicht zur Rücksichtnahme auf die Interessen einzelner (Minderheits-)Gesellschafter. Unter diesem Gesichtspunkt dürfen bilanzpolitische Gestaltungen nicht dazu führen, dass die Gewinnansprüche der Gesellschafter durch die Bildung sog. Ermessensreserven oder Rücklagenbildung unangemessen verkürzt werden. Ein besonderes Interessenschutzbedürfnis besteht insofern bei der Personengesellschaft. Einerseits sind hier die Ermessensspielräume der Bilanzierung insgesamt größer als bei Kapitalgesellschaften, andererseits bedingt die persönliche Einkommensteuerpflicht der Gesellschafter, dass sie ihre Einkommensteuer unabhängig von dem durch die Feststellung des handelsrechtlichen Jahresabschlusses begründeten Gewinnbezugsrechts zu entrichten haben.

Ein genereller Schutz der Gewinnentnahmeinteressen der Gesellschafter, z.B. ein allgemeines Steuerentnahmerecht der Gesellschafter einer Personengesellschaft, lässt sich allerdings aus der Treuepflicht nicht ableiten. Vielmehr sind die Interessen der einzelnen Gesellschafter im Einzelfall gegenüber den Bedürfnissen der Selbstfinanzierung und der Zukunftssicherung der Gesellschaft *abzuwägen*.[3] Grundsätzlich ist zu hinterfragen, ob eine bilanzielle Ermessensentscheidung bzw. die angestrebte Rücklagenbildung, die zu Lasten der Gewinnansprüche der Gesellschafter getroffen wird, *nach verständiger kaufmännischer Beurteilung erforderlich und verhältnismäßig* ist[4], wobei allerdings ein weiter unternehmerischer Ermessensspielraum einzuräumen ist.[5]

Jahresabschlusspolitische Gestaltungen sind danach als treuwidrig anzusehen, wenn sie darauf gerichtet sind, einzelnen Gesellschaftern *Sondervorteile* zu gewähren (z.B. exten-

---

1 Dazu im Einzelnen Kap. A.V.1.d).
2 Vgl. BGH v. 29.3.1996, DB 1996 S. 926, 930 m.w.N.
3 Vgl. OLG Hamm v. 3.7.1991, DB 1991 S. 2477 für die GmbH; BGH v. 29.3.1996, DB 1996 S. 926, 930 für die KG.
4 Vgl. HACHENBURG/GOERDELER/MÜLLER, GmbH-Gesetz, Komm., § 29 Rdn. 34.
5 Vgl. OLG Hamm v. 3.7.1991, DB 1991 S. 2477.

sive Thesaurierungspolitik durch Reservenbildung bei hohen Gehältern der geschäftsführenden Gesellschafter) oder die Gewinnbezugsrechte einzelner Gesellschafter auszuhöhlen (*„Aushungerungspolitik"*).

3. Das Prinzip der Darstellung der tatsächlichen Lageverhältnisse

Der Jahresabschluss von Kapitalgesellschaften und der KapCo-Personengesellschaften steht unter der Generalnorm des § 264 Abs. 2 Satz 1 HGB (mit angeordneten Verstoßfolgen in Satz 2):

„Der Jahresabschluss der Kapitalgesellschaft hat unter Beachtung der Grundsätze ordnungsmäßiger Buchführung ein den tatsächlichen Verhältnissen entsprechendes Bild der Vermögens-, Finanz- und Ertragslage der Kapitalgesellschaft zu vermitteln. Führen besondere Umstände dazu, dass der Jahresabschluss ein den tatsächlichen Verhältnissen entsprechendes Bild im Sinne des Satzes 1 nicht vermittelt, so sind im Anhang zusätzliche Angaben zu machen."

In der angelsächsischen Bilanzierungspraxis wird ein ähnlicher Grundsatz als *„True-and-fair-view"*-Prinzip bezeichnet, gilt jedoch dort vorrangig als „overriding principle". Der deutsche Gesetzgeber hat ihn allerdings nicht im gleichen Umfang aus der EU-Bilanzrichtlinie transformiert. Die Geltung des Grundsatzes der Bilanzwahrheit übernimmt im deutschen Recht schon einen Teil der gewünschten realitätsnahen und redlichen Darstellung. Zweifellos handelt es sich – das ergibt sich schon aus der gesetzessystematischen Stellung – um einen ganz oberen Bilanzierungsgrundsatz, der allerdings nur für Kapitalgesellschaften und KapCo-Personengesellschaften gilt. Seine Schwäche ist es jedoch, dass er nur dann zur Anwendung kommt, wenn keine oder nur unklare Einzelvorschriften vorhanden sind und diese Regelungslücken oder -schwächen sich nicht schon unter Zuhilfenahme der GoB eindeutig klären lassen. Der sachliche Anwendungsbereich dieser anspruchsvollen Formulierung ist daher nach gegenwärtiger Rechtslage gering.

Die systematische Stellung unter den nur für Kapitalgesellschaften (und KapCo-Personengesellschaften) geltenden Vorschriften und auch der Inhalt der Umschreibung des Grundsatzes weisen darauf hin, dass es sich hier nicht um einen GoB, sondern um eine nur für haftungsbegrenzte Unternehmen geltende Leitidee handelt. Gesetzliche Einzelregelungen (für bestimmte Branchen und Rechtsformen, für Kaufleute allgemein) gehen – ebenso wie die GoB – nach deutschem Rechtsverständnis dem Postulat der tatsächlichen Lagedarstellung vor (*subsidiäre* Bedeutung).[1]

Aus der gesetzlichen Formulierung kann man folgern, dass dem Jahresabschluss die Vermittlung eines wirklichkeitsgetreuen Lagebildes übertragen ist, dies jedoch ggf. durch die notwendige Beachtung gesetzlicher Regelungen und der GoB eingeschränkt wird. Führen derartige Beschränkungen der Lageabbildung zu einem den tatsächlichen Verhältnissen nicht entsprechenden Bild, so müssen zusätzliche Angaben im Anhang gemacht werden. Beschränken Gesetz und GoB aber die Lagedarstellung nicht, so muss so bilanziert werden, dass das von der Bilanz vermittelte Bild den tatsächlichen Verhältnissen entspricht. Nur im letztgenannten Fall stellt der Grundsatz demnach die zusätzliche Anforderung einer der tatsächlichen Lage entsprechenden Bilanzierung (vgl. Abb. B-13). Ganz im

---

1 A.A. EuGH v. 14. 9. 1999, DB 1999 S. 2035.

Prinzipien der Bilanzierung

```
                    Geltungsbereich des Gebotes
                  der Vermittlung eines den tatsächlichen
                  Verhältnissen entsprechenden Lagebildes
                 ┌──────────────┴──────────────┐
         klare Einzel-                    keine oder keine
         vorschrift                       klare Einzelvorschrift
         vorhanden                        vorhanden
                                    ┌─────────┴─────────┐
                              Auslegung durch      kein GoB
                              GoB                  vorhanden
                         ┌──────┴──────┐
                  Auslegungsergebnis   Auslegungsergebnis
                  führt zu tatsäch-    führt nicht zu tatsäch-
                  lichem Lagebild      lichem Lagebild

         Abbildung gemäß    Abbildung gemäß    Abbildung gemäß    Abbildung nach
         Einzelvorschrift   GoB                GoB mit            den tatsächlichen
                                               Erläuterungspflicht Lageverhältnissen
```

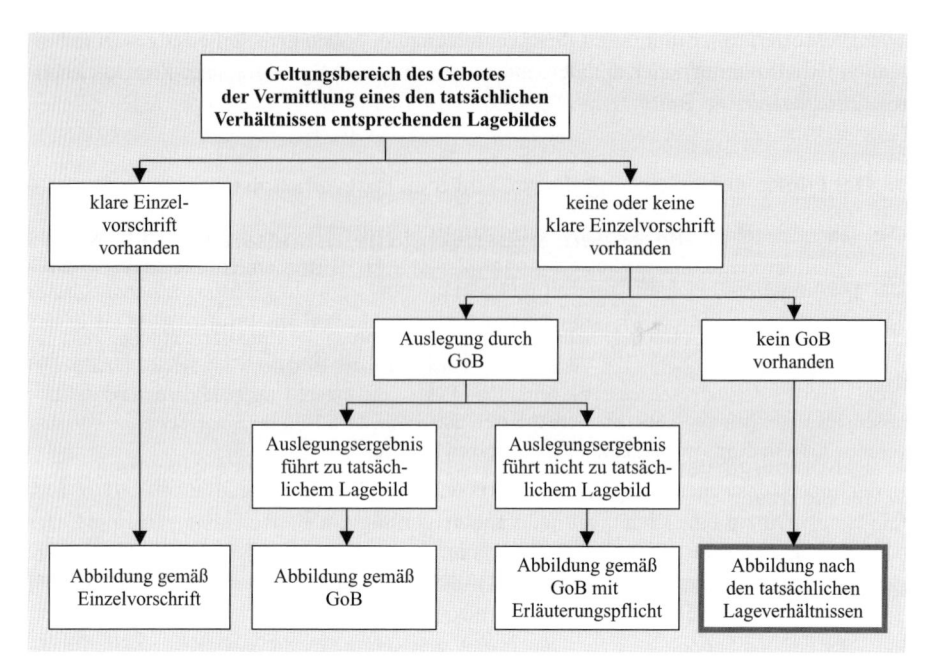

Abbildung B-13: Geltungsbereich des Prinzips der Darstellung der tatsächlichen Lageverhältnisse (ohne Besonderheiten für Kleinstkapitalgesellschaften)

Gegensatz dazu steht der hohe Stellenwert, der dem Grundsatz im Art. 4 Abs. 4 der Richtlinie 2013/34/EU eingeräumt wurde, dem aber der deutsche Gesetzgeber – wie auch bereits dem wortgleichen Art. 2 der 4. EG-Richtlinie – so nicht folgte. So stellt sich eher die Frage, ob der deutsche Gesetzgeber richtlinienkonform umgesetzt hat und ob wegen eines Transformationsverstoßes nicht die vorrangige Richtlinienregelung unmittelbar gilt.[1] Zur besonderen Bedeutung des Grundsatzes bei der IFRS-Rechnungslegung siehe Kap. B.V.3.

Bei *Kleinstkapitalgesellschaften* wird die praktische Relevanz der Generalnorm noch weiter reduziert: Macht eine Kleinstkapitalgesellschaft von der Erleichterung, keinen Anhang erstellen zu müssen, Gebrauch, so sind die bei unzureichender Lagedarstellung notwendigen Ergänzungsangaben zwar *unter der Bilanz* zu machen (§ 264 Abs. 2 S. 4 HGB). Es wird aber vorrangig gesetzlich vermutet, dass ein von Kleinstkapitalgesellschaften mit den beträchtlichen Erleichterungen (verkürzte Bilanz und GuV-Rechnung, kein Anhang) aufgestellter Jahresabschluss den nötigen Lageeinblick gibt (§ 264 Abs. 2 S. 5 HGB). Diese *gesetzliche Vermutung* dient zur Absicherung der gewährten Erleichterungen von Kleinstkapitalgesellschaften, da hiermit die Ergänzungspflicht unter der Bilanz auf jene seltenen Fälle unzureichender Lagedarstellung reduziert wird, in denen die Vermutung ausreichender Lagedarstellung vom vermeintlich schlecht informierten Bilanzadressaten beweiskräftig widerlegt werden kann.

---

[1] Für eine weitere Auslegung im Sinne des Grundsatzes der Bilanzwahrheit wohl auch: EuGH v. 27.6.1996, DStR 1996 S. 1093. Auch im Urteil v. 14.9.1999, DB 1999 S. 2035, betont der EuGH den Vorrang der Forderung nach realistischer Lageabbildung gegenüber nationalen Regelungen.

Steuerbilanziell spielt der auf Adressateninformation gerichtete Grundsatz – zumal er kein GoB ist und nur bei Kapitalgesellschaften und haftungsbegrenzten KapCo-Gesellschaften gilt – keine Rolle. Seine Wirkung wird allerdings teilweise vom maßgeblichen GoB der Bilanzwahrheit übernommen.

IV. Besondere steuerrechtliche Grundsätze

Das Bilanzsteuerrecht kann als Teil des Steuerrechts nicht losgelöst von den in dieser Teilrechtsordnung geltenden Grundsätzen gesehen werden. Im Prinzip gelten alle das Steuerrecht beherrschenden Rechtsgrundsätze auch für die steuerliche Bilanzierung. Sie haben jedoch aus sachlichen Gründen eine unterschiedliche Bedeutung; einige finden keine, andere seltene, dritte hauptsächliche Anwendung.

1. Der Grundsatz der Gleichmäßigkeit der Besteuerung und seine Bedeutung für die steuerliche Bilanzierung

Ein wichtiger Grundsatz der Besteuerung, der auch bei der Auslegung von unklaren steuerbilanzrechtlichen Vorschriften eine große Rolle spielt, ist das Gebot der Gleichbehandlung aller Steuerpflichtigen mit im Wesentlichen gleichen Merkmalen. Nur beim Vorliegen eines sachlichen Grundes darf nach der Eigenheit dieses Grundes differenziert werden. Seinen Ursprung hat das Gebot der steuerlichen Gleichbehandlung im Art. 3 Abs. 1 GG (Gleichheitssatz, Willkürverbot); es ist ein wesentlicher Anwendungsfall des Grundsatzes der *Steuergerechtigkeit*. Das BVerfG[1] sieht den Gleichheitsgrundsatz „vor allem dann verletzt, wenn eine Gruppe von Normenadressaten im Vergleich zu anderen Normadressaten anders behandelt wird, obwohl keine Unterschiede von solcher Art und solchem Gewicht bestehen, dass sie die ungleiche Behandlung rechtfertigen können". Eine Andersbehandlung verschiedener Gruppen von Steuerpflichtigen (z.B. Unternehmer und Arbeitnehmer) ist also nur dann zulässig, wenn gewichtige Unterschiede eine Ungleichbehandlung rechtfertigen.

Der Grundsatz bindet nicht nur den Gesetzgeber, er ist auch bei der Auslegung von Steuergesetzen – auch des Bilanzsteuerrechts – zu beachten. So sind beispielsweise nach Auffassung des BFH[2] Bilanzierungswahlrechte der Handelsbilanz nicht ohne weiteres in die Steuerbilanz zu übernehmen. Es soll – so der BFH – dem einzelnen Gewerbetreibenden nicht möglich sein, sich nach Belieben ärmer darzustellen, also sich gewissermaßen steuerlich selbst einzuschätzen. Ausnahmen vom prinzipiellen steuerlichen Wahlrechtsverbot bestehen nur, wenn ein vernünftiger sachlicher Grund vorliegt (z.B. Wirtschaftsförderung, Vereinfachung).

Der Gleichheitssatz verlangt nicht nur Gleichheit der normativen Steuerpflicht, sondern auch Gleichheit bei der Durchsetzung in der Steuererhebung, weshalb das Deklarationsprinzip durch das Verifikationsprinzip zu ergänzen ist.[3] Das *Deklarationsprinzip* wird bilanzsteuerrechtlich durch die Einreichung/Übermittlung der Bilanz als Unterlage zur

---
1 BVerfGE 55, 72, 88.
2 BFH v. 3.2.1969, BStBl 1969 II, 291.
3 BVerfG v. 27.6.1991, BStBl 1991 II, 654.

Steuererklärung, das Verifikationsprinzip durch die Bilanzprüfung im Rahmen der Amtsprüfung und der steuerlichen Außenprüfung erfüllt.

2. Der Grundsatz der Besteuerung nach der Leistungsfähigkeit und seine Bedeutung für die steuerliche Bilanzierung

Das sog. *Leistungsfähigkeitsprinzip* gilt finanzwissenschaftlich als „Fundamentalprinzip der Besteuerung". Dabei besteht zwar weitgehende Einigkeit, dass sich die Besteuerung(shöhe) an der Leistungsfähigkeit des Steuerbürgers, nicht am Ausmaß seiner Inanspruchnahme öffentlicher Güter (so das sog. Äquivalenzprinzip) zu orientieren hat. Was jedoch genau unter „Leistungsfähigkeit" zu verstehen ist und welches deren Indikatoren sind, ist weithin unklar.

Versteht man unter *Leistungsfähigkeit* die Fähigkeit einer Person, Steuern zu zahlen, so ist diese wesentlich durch seine Fähigkeit bestimmt, durch wirtschaftliche Tätigkeit Einkünfte zu erzielen (Besteuerung nach der wirtschaftlichen Leistungsfähigkeit)[1]. Definiert man diese bei bilanzierenden Kaufleuten als Reinvermögensmehrungen, so lässt sich das steuerliche Postulat ableiten, dass alle Reinvermögensmehrungen vom Beginn bis zum Ende einer wirtschaftlichen Betätigung eines Steuerpflichtigen zur Bestimmung seiner Leistungsfähigkeit erfasst werden müssen. Die Besteuerung des Totalgewinns, d. i. die von Beginn bis Ende der gewerblichen Tätigkeit eingetretene Reinvermögensmehrung, ist ein Unterprinzip des Postulats der Besteuerung nach der Leistungsfähigkeit. Die Rechtsprechung hat den Grundsatz der *Erfassung und Besteuerung des Totalgewinns* auch im Zusammenhang mit steuerlichen Bilanzierungsfragen mehrfach hervorgehoben.[2] So sichert die zwingende Identität von Schlussbilanz und Anfangsbilanz beim Jahreswechsel (Bilanzidentität[3]) ebenso die Erfassung des Totalgewinns, wie bei Wechsel von Gewinnermittlungsarten durch Zu- und Abrechnungen sichergestellt werden muss, dass im Ergebnis der gleiche Totalgewinn erfasst wird. Auch bei der Auflösung stiller Reserven, die letztlich nicht der Besteuerung entzogen werden dürfen, spielt der Gedanke der Totalgewinnerfassung, das *„Totalitätsprinzip"*, eine Rolle.

Da nicht jede objektiv eingetretene Reinvermögensmehrung – bei gebotener Schonung und Wahrung der Existenz der Steuerquelle – auch die Fähigkeit zur Steuerzahlung erhöht, beschränkt sich die Besteuerung auf die Erfassung *„realisierter"* Reinvermögenszugänge. Das Hauptproblem besteht damit in der entsprechend seiner Realisation zutreffenden Periodisierung des Totalgewinns (siehe unten).

Andererseits gehört auch das sog. *Nettoprinzip* zur Bestimmung der Leistungsfähigkeit. Nach dem objektiven[4] Nettoprinzip darf nur die Differenz zwischen Erwerbseinnahmen und dazu eingesetzten Erwerbsausgaben der Besteuerung unterworfen werden. Hauptsächlich gilt das Prinzip für den Abzug von Betriebsausgaben, aber letztlich auch für die

---

1 BFH v. 25.10.1994, BStBl 1995 II, 121 m.w.N.
2 Z.B. BFH v. 3.2.1969, BStBl 1969 II S. 291: Erfassung des „vollen Gewinns"; BFH v. 30.3.1994, BStBl 1994 II S. 852 m.w.N.
3 Siehe Kap. B.II.8.a).
4 Das subjektive Nettoprinzip betrifft die Sicherung des Existenzminimums natürlicher Personen.

Bilanzierung, so dass die zur Erzielung von Betriebsvermögensmehrungen eingesetzten Betriebsvermögensminderungen angesetzt werden dürfen. Allerdings soll das Prinzip beim Vorliegen besonderer sachlicher Gründe (z.B. außerfiskalische Förderungs- und Lenkungszwecke, sowie bei Typisierungs- und Vereinfachungserfordernissen) nicht gelten und darüber hinaus wird dem Gesetzgeber bei der Ausgestaltung ein beträchtlicher Ermessensspielraum zugestanden.[1]

3. Der Grundsatz der Tatbestandsmäßigkeit der Besteuerung und seine Bedeutung für die steuerliche Bilanzierung

Da das Steuerrecht öffentlich-rechtliches Eingriffsrecht ist, gilt im Rechtsstaat (Art. 20 GG) der *Grundsatz der Tatbestandsmäßigkeit*. Insbes. ist auch die Finanzverwaltung an Gesetz und Recht gebunden (Art. 20 Abs. 3 GG). Der Grundsatz der Tatbestandsmäßigkeit verlangt, dass Steuerbelastungen nur entstehen dürfen, wenn der Steuerpflichtige die im Gesetz vorgesehenen Tatbestandsvoraussetzungen, an die das Gesetz die Leistungspflicht knüpft, erfüllt hat (vgl. auch § 3 AO).

Für das Bilanzsteuerrecht bedeutet dies zum einen, dass keine belastenden Bilanzierungspflichten ohne Rechtsgrundlagen, sei es auch unter Verwendung unbestimmter Rechtsbegriffe, begründet werden dürfen. Mit dieser „Verrechtlichung" *(rechtliche Betrachtungsweise)* scheidet auch eine direkte Anwendung von „Theorien" und „Auffassungen" zur Begründung von Steuerbelastungen aus (z.B. „dynamische Bilanztheorie", „Bilanzbündeltheorie", „finale Entnahmetheorie").

Zum Anderen bedeutet das Anknüpfen des Steueranspruchs an die tatsächliche Verwirklichung des Tatbestandes, dass tatsächliche Vorgänge und Verhältnisse (auch Rechtstatsachen) bei der Bilanzierung grundsätzlich nicht auf frühere oder spätere Zeitpunkte zurück- oder vorbezogen werden dürfen. Insbes. ist eine rückwirkende Aufhebung von Geschäftsvorfällen nicht zulässig (sog. *Rückwirkungsverbot* – hier nicht im Sinne rückwirkender Gesetzesanwendung).

In diesem Zusammenhang ist auch die Zulässigkeit der häufigen Änderungen des Bilanzsteuerrechts von Bedeutung. Der zeitliche Anwendungsbereich veränderter Bilanzierungsnormen ist durch die BVerfG-Rechtsprechung zur Rückwirkung von Gesetzen bestimmt: Eine *„echte" Rückwirkung* (Änderung der steuerbilanziellen Beurteilung abgeschlossener Vorgänge) ist – abgesehen vom Vorliegen zwingender Gründe des Gemeinwohls[2] – nur dann zulässig, wenn der Bilanzierende in dem Zeitpunkt, auf den der Eintritt der Rechtsfolge vom Gesetz zurückbezogen wird, mit einer Änderung der Gesetzeslage rechnen musste.[3] Ein Vertrauensschutz in den Fortbestand der ursprünglichen Rechtslage entfällt grundsätzlich mit dem endgültigen Gesetzesbeschluss des Deutschen Bundes-

---

1 Z.B. BVerfG Urteil vom 09.12.2008 – 2 BvL 1/07, BVerfGE 122, 210.
2 BVerfG-Urteil in BVerfGE 13 S. 261, 272; BVerfG-Beschlüsse in BVerfGE 30 S. 367, 390 und in BVerfGE 72 S. 200, 260.
3 BVerfG-Urteil in BVerfGE 13 S. 261, 271; BVerfG-Beschlüsse v. 10.3.1971 2 BvL 3/68, BVerfGE 30 S. 272, 286, 287 und v. 25.6.1974 2 BvF 2, 3/73, BVerfGE 37 S. 363, 397.

tages.[1] *Unechte Rückwirkungen* – bei denen der zu bilanzierende Sachverhalt noch nicht abgeschlossen ist – sind aber verfassungsrechtlich grundsätzlich zulässig.[2]

4. Das (steuerbilanzielle) Trennungsprinzip

Weil bestimmte Vermögensmehrungen steuerlich unbeachtlich bleiben (z.B. im Privatvermögen, bei fehlender Einkünfteerzielungsabsicht) und zudem Vermögensmehrungen bei den einzelnen Einkunftsarten unterschiedlich ermittelt und behandelt werden (z.B. Kapital- oder Arbeitsvermögen, land- und forstwirtschaftliches Vermögen), ist eine exakte Abgrenzung zwischen den betrieblichen und außerbetrieblichen Sphären notwendig (sog. *Trennungsprinzip*[3]). Für das Steuerbilanzrecht bedeutet dies eine deutliche Trennung der am Betriebsvermögensvergleich teilnehmenden Wirtschaftsgütern von jenen der Privatsphäre oder einer anderen nichtbetrieblichen Sphäre.

In deutlicher Form lässt sich das Trennungsprinzip bei natürlichen Personen durchführen. Hier stehen zur Abgrenzung die Kriterien des Betriebsvermögens und zum Sphärenübergang die Regelung über Entnahmen und Einlagen (§ 4 Abs. 1 EStG) zur Verfügung. Der Förderungs- und Sachzusammenhang der Wirtschaftsgüter bestimmt die Zuordnung zum betrieblichen oder nichtbetrieblichen Bereich. Die gemischte Nutzung von Wirtschaftsgütern bereitet allerdings Abgrenzungsprobleme, insbes. seitdem die höchstrichterliche Rechtsprechung[4] den Einheitlichkeitsgrundsatz (vgl. § 12 Nr. 1 EStG) aufgegeben hat. Fehlt es an der Gewinnerzielungsabsicht (gemessen an einer negativen *Totalgewinnprognose*), so sind nach derzeitiger Auffassung die dazu eingesetzten Wirtschaftsgüter vom Betriebsvermögen zu trennen, da nur Betriebsvermögen in den Vermögensvergleich aufzunehmen ist.

Bei Personengesellschaften bereitet die Trennung insofern Schwierigkeiten, als diese nach dem Maßgeblichkeitsprinzip zur Bilanzierung des handelsrechtlichen Gesamthandsvermögens und der Gesamthandsschulden verpflichtet sind. Allerdings sind durchaus Abgrenzungen nach den Kriterien des Gewerbebetriebs (§ 15 Abs. 2 und 3 EStG) vorzunehmen. Nach der Rechtsprechung[5] ist bei einer Personengesellschaft grundsätzlich von einem einheitlichen Gewerbebetrieb auszugehen. An sich gemischte Tätigkeiten sind demnach insgesamt zunächst als gewerblich zu behandeln. Erst nach dieser vorrangigen „Färbung" ist für die jeweils verschiedenen, selbständigen Tätigkeitsbereiche *(segmentierte Beurteilungseinheiten)* das Vorliegen einer Gewinnerzielungsabsicht in Form eines Totalgewinns zwischen Gründung und Beendigung zu prüfen. Erträge und Aufwendungen, die auf privat (außerbetrieblich) veranlassten Tätigkeiten beruhen, sind steuerrechtlich nicht in die Gewinnermittlung der Personengesellschaft einzubeziehen, weil Personengesellschaften nur hinsichtlich der ihrem Unternehmen dienenden Tätigkeit Subjekte

---

1 BVerfG-Urteil in BVerfGE 30 S. 272, 287; BVerfG-Beschluss v. 14. 5. 1986, 2 BvL 2/83, BVerfGE 72 S. 200, 271.
2 BVerfG-Urteil v. 8. 2. 1977, 1 BvR 79/70 u.a., BVerfGE 43 S. 242, 286.
3 Die Bezeichnung „Trennungsprinzip" wird z.B. zivil-, haftungs-, insolvenz- und unternehmenssteuerrechtlich mit anderem Verständnis verwendet.
4 BFH GrS 1/06 v. 21. 9. 2009, BStBl 2010 II S. 672.
5 BFH v. 25. 6. 1996, BStBl 1997 II S. 202.

der Gewinnermittlung sind. Trotz Zugehörigkeit zum Gesamthandsvermögen nehmen Wirtschaftsgüter, die einer ohne Gewinnerzielungsabsicht betriebenen Tätigkeit einer Personengesellschaft dienen oder für deren Zugehörigkeit zum Betriebsvermögen ein betrieblicher Anlass fehlt, nicht am Betriebsvermögensvergleich teil[1]; es gilt auch hier das Trennungsprinzip.

Bei Körperschaften nimmt die Rechtsprechung[2] nicht mehr die Existenz einer *außerbetrieblichen Sphäre* an, erklärt vielmehr Gewerblichkeit sämtlicher Tätigkeiten (siehe auch § 8 Abs. 2 KStG), Betriebsvermögenszugehörigkeit aller Wirtschaftsgüter der Körperschaft und damit Gewinnrelevanz aller Betriebsvermögensänderungen. Gewinnkorrekturen sind allerdings angebracht, soweit verdeckte Gewinnausschüttungen oder verdeckte Einlagen vorliegen.[3] Reste des Trennungsprinzips sind jedoch auch bei Körperschaften vorhanden, wenn es gilt, einen wirtschaftlichen Geschäftsbetrieb von der (z.B. wegen Gemeinnützigkeit) steuerbefreiten Sphäre abzugrenzen (§ 5 Abs. 1 Nr. 9 KStG) oder Betriebe gewerblicher Art von juristischen Personen des öffentlichen Rechts von ihrem Hoheitsbetrieb (§ 4 KStG).

5. Der Fremdvergleichsgrundsatz (dealing at arm's length-Prinzip)

Als Prinzip des internationalen Steuerrechts gilt der Fremdvergleichsgrundsatz (*arm's length principle*, ALP) bei der internationale Abgrenzung von Einkünften aus grenzüberschreitenden Transaktionen zwischen einander nahestehenden Personen/Unternehmen(steilen). Die dabei mit steuerlicher Wirkung geltenden Verrechnungspreise müssen jenen entsprechen, die unter voneinander unabhängigen Dritten auf einem externen Markt vereinbart worden wären (sog. *dealing at arm's length*). Ist das faktisch nicht der Fall, kommt es zu einer steuerlichen Einkunftskorrektur.[4]

Auch nach dem deutsche Außensteuerrecht werden Einkunftsminderungen eines Steuerpflichtigen aus einer *Geschäftsbeziehung zum Ausland mit einer ihm nahe stehenden Person* aufgrund anderer Bedingungen, insbesondere Preise als sie voneinander unabhängige Dritte unter gleichen oder vergleichbaren Verhältnissen vereinbart hätten, so angesetzt, wie sie unter den zwischen voneinander unabhängigen Dritten vereinbarten Bedingungen angefallen wären (§ 1 Abs. 1 AStG). Die Ermittlung des fremdvergleichskonformen Verrechnungspreises erfolgt nach § 1 Abs. 2 AStG.[5]

Der Fremdvergleichsgrundsatz wurde inzwischen[6] uneingeschränkt auf die *Gewinnabgrenzung zwischen Stammhaus und Betriebsstätten* ausgedehnt („Authorized OECD Approach", AOA, § 1 Abs. 5 AStG, BsGaV). Dabei wird auch die aufgrund der Selbstän-

---

1 SCHMIDT/WACKER, EStG-Komm. 33. Aufl. Rz. 491 m.w.N. der Rspr.
2 BFH v. 4.12.1996, BFHE 182 S. 123, BFH v. 6.10.2009, BFH/NV 2010 S. 470 m.w.N. der Rspr.
3 Vgl. § 8 Abs. 3 S. 2 bzw. S. 3 KStG.
4 Vgl. OECD Verrechnungspreisrichtlinien für multinationale Unternehmen und Steuerverwaltungen 2011.
5 Zu Einzelheiten s. Kap. D.II.4.c).
6 Mit dem Amtshilferichtlinie-Umsetzungsgesetz (AmtshilfeRLUmsG) vom 26.6.2013.

digkeitsfiktion der Betriebsstätte notwendige Wirtschaftsgutzurechnung zur Steuerbilanz des Stammhauses oder zur Nebenrechnung der Betriebsstätte bestimmt.[1]

Darüber hinaus wird ein Fremdvergleich auch im nationalen Steuerrecht bei der Würdigung von *Beziehungen unter Familienangehörigen*[2] und zwischen Kapitalgesellschaften und ihren Gesellschaftern[3] angewandt. Die Rechtsprechung[4] beruht auf der Erwägung, dass zwischen nahen Angehörigen oder insbes. zwischen einer Kapitalgesellschaft und ihrem beherrschenden Gesellschaftern oder Gesellschaftergeschäftsführer kein natürlicher Interessengegensatz besteht, der die Vermutung rechtfertigt, dass allein betriebliche Gründe für die Gestaltung der Verhältnisse bestimmend sind. Ob die Vereinbarungen durch private oder gesellschaftsrechtliche Motive beeinflusst sind, soll ein Test am Fremdvergleich klären. Zeigen sich dabei unangemessene Gestaltungen, so werden diese steuerlich nicht anerkannt (vgl. auch § 40 AO), vielmehr wird – zumindest durch außerbilanzielle Korrekturen – eine Gestaltung wie unter Fremden fingiert.

6. Der Grundsatz periodengerechter Gewinnermittlung

Dieser Grundsatz ist im Zusammenhang mit dem eingangs beschriebenen Gebot der Totalgewinnerfassung zu sehen. Der Totalgewinn muss durch verschiedene Rechentechniken auf kürzere Perioden (Wirtschaftsjahre) verteilt werden, weil der Fiskus wegen des laufenden öffentlichen Finanzbedarfs nicht bis zum Ende einer Unternehmung warten kann *(Abschnittsbesteuerung).* Daraus folgt sowohl die Notwendigkeit, dass die Summe der Abschnittsgewinne dem Totalgewinn entsprechen muss, wie auch das Erfordernis, objektivierbare Kriterien für eine Periodenabgrenzung festzulegen. Die Periodisierung selbst ist vor allem deshalb nicht unproblematisch, weil die Festlegung fixer Gewinnermittlungszeiträume i.d.R. recht willkürliche Zäsuren in den Ablauf betrieblicher Aktivitäten setzt (z.B. bei langfristigen Geschäftsabwicklungen). Als Kriterium der Zurechnung eines Erfolgs zu einer bestimmten Periode wird allgemein seine *„Verursachung"* durch ein Leistungsverhalten (Leistungsentgegennahme bzw. Leistungsbewirkung) angesehen; auf die eher zufälligen Zahlungen kommt es nicht an. Das Prinzip entspricht im Wesentlichen dem handelsrechtlichen Periodisierungsprinzip.[5]

---

1 Zu Einzelheiten s. § 3 ff. BsGaV und Kap. A.V.1.c).
2 Z.B. keine unübliche Pensionszusage an Familienangehörige: BFH v. 25.7.1995, BStBl 1996 II S. 153.
3 § 8 Abs. 3 S. 2 KStG: verdeckte Gewinnausschüttung; siehe z.B. BFH v. 6.12.1995, BStBl 1996 II S. 383.
4 BFH v. 19.1.1993, BStBl 1993 II S. 594 m.w.N.
5 Siehe Kap. B.II.2.c).

7. Grundsatz der Maßgeblichkeit

a) Allgemeines

Das *allgemeine Maßgeblichkeitsprinzip* gehört zu den fundamentalen und kodifizierten Grundsätzen des Bilanzsteuerrechts: Es bestimmt das Verhältnis von Handels- und Steuerbilanz indem es grundsätzlich die GoB-konforme Bilanzierungsweise im Handelsrecht (Bilanzierungsgebote und -verbote, Bewertungsmethoden und Wertansätze sowie Wahlrechtsausübungen) für die Steuerbilanz maßgeblich erklärt. Trotz seines grundsätzlichen Charakters gehört das allgemeine Maßgeblichkeitsprinzip nicht zu den „Grundsätzen ordnungsmäßiger Buchführung"; die ausschließliche Verankerung im Bilanzsteuerrecht (§ 5 Abs. 1 S. 1 EStG) macht vielmehr deutlich, dass es sich um ein rein steuerliches Prinzip handelt. Allerdings wird das Maßgeblichkeitsprinzip durch übergeordnete Gewinnermittlungsprinzipien, steuerliche Bilanzierungs- und Bewertungsvorbehalte sowie spezielle steuerliche Wahlrechte beschränkt (siehe hierzu Abb. B-14).

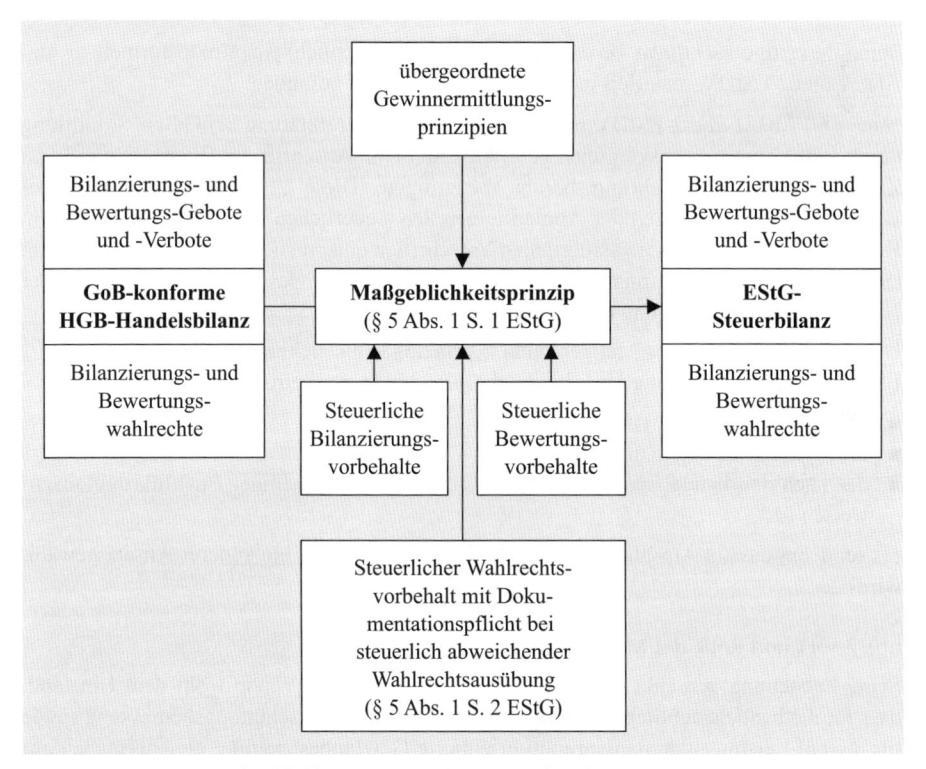

Abbildung B-14: Das Maßgeblichkeitsprinzip und seine Beschränkungen

Neben dem *allgemeinen Maßgeblichkeitsprinzip* des § 5 Abs. 1 S. 1 EStG sind am Rande noch zu erwähnen:

- die *Spezialmaßgeblichkeit* für Bewertungseinheiten zur Absicherung finanzwirtschaftlicher Risiken (§ 5 Abs. 1a EStG) und

- Reste einer „*verlängerten Maßgeblichkeit*" für die bewertungsrechtliche Ermittlung des Betriebsvermögens(anteils) und des Werts nichtnotierter Anteile (§§ 95 Abs. 1 i.V.m. §§ 11 Abs. 2 BewG i.V.m. §§ 199–203 BewG).

Die früher in § 5 Abs. 1 S. 2 EStG verankerte „*Umkehrmaßgeblichkeit*" ist mit dem BilMoG entfallen. Sie verlangte in der Steuerbilanz bei Wahlrechtsausübungen eine entsprechende Vorgehensweise in der Handelsbilanz. Um die Inanspruchnahme von Steuervorteilen nicht zu verhindern, sah das Handelsbilanzrecht dafür entsprechende „Öffnungsklauseln" vor. Da dies die deutschen Handelsbilanzen beträchtlich deformierte und eine angestrebte Gleichbehandlung des Fiskus mit den Anteilseignern (Teilhaberthese) ohnehin allenfalls bei Kapitalgesellschaften zu erreichen war, ist die Forderung nach Umkehrmaßgeblichkeit mit dem Veranlagungszeitraum 2010 entfallen (§ 52 Abs. 1 EStG).

b) Das allgemeine Maßgeblichkeitsprinzip

ba) Inhalt und Rechtsgrundlagen

Seine derzeitige *rechtliche Verankerung* hat das Maßgeblichkeitsprinzip formell in § 60 Abs. 1 und 2 EStDV, materiell in § 5 Abs. 1 Satz 1 EStG gefunden:

Nach § 60 Abs. 1 und 2 EStDV ist der Einkommensteuererklärung bei Gewinnermittlung durch Betriebsvermögensvergleich gem. § 5 EStG eine Abschrift der Bilanz, die auf dem Zahlenwerk der Buchführung beruht, beizufügen. Diese „Handelsbilanz" ist unter Umständen durch Zusätze oder Anmerkungen den steuerlichen Vorschriften anzupassen. Es kann aber auch eine „den steuerlichen Vorschriften entsprechende Vermögensübersicht (Steuerbilanz)" der Erklärung beigefügt werden. Entsprechendes gilt für den Regelfall der elektronischen Übermittlung (§ 5b Abs. 1 EStG).

Den *materiellen* Kern des Maßgeblichkeitsprinzips kennzeichnet die in § 5 Abs. 1 Satz 1 EStG verankerte Forderung, dass bei buchführenden Gewerbetreibenden

- „für den Schluss des Wirtschaftsjahres
- das Betriebsvermögen anzusetzen ist,
- das nach den handelsrechtlichen Grundsätzen ordnungsmäßiger Buchführung auszuweisen ist,"

(es sei denn, dass in Ausübung eines steuerlichen Wahlrechts ein anderer Ansatz gewählt wird).

bb) Zweck und Kritik des Maßgeblichkeitsprinzips

Seine Entstehung verdankt das allgemeine Maßgeblichkeitsprinzip wohl dem Umstand, dass für die handelsrechtliche Vermögensdarstellung und Ausschüttungsbemessung sowie für die am Leistungsfähigkeitsprinzip orientierte Gewinnbesteuerung gleichermaßen auf wirtschaftliche Sachverhalte zurückgegriffen wird. Diese werden bereits seit Einführung der doppelten kaufmännischen Buchführung mit der handelsrechtlichen Rechnungslegung ermittelt und ausgewertet, sodass es sich aus Praktikabilitätsgründen anbietet, hierauf zurückzugreifen *(Vereinfachungszweck)*. Außerdem erübrigt sich bei weitgehend vorhandenen und praxiserprobten handelsrechtlichen Regelungen (GoB) eine gesonderte Kodifizierung im Steuerrecht *(Deregulierung)*; es wird auch ein Beitrag zur Rechtsvereinheitlichung *(Einheitlichkeit der Rechtsordnung)* geleistet. Die Kaufleute sehen praktisch als Steuerzahler im Anknüpfen an einer dem Vorsichtsprinzip unterliegenden Vermögens- und Gewinnermittlung eine Möglichkeit der Beschränkung des Fiskalzugriffs *(Fiskalschutzfunktion)*, zumindest eine *Gleichbehandlung* des Fiskus mit den Anteilseignern und Gläubigern und ein gleiches Interesse aller Beteiligter an einer *Unternehmenserhaltung*.

Diese Vorteile müssen allerdings mit erheblichen Nachteilen erkauft werden[1], die vor allem aus dem Umstand resultieren, dass Handelsbilanz und Steuerbilanz teilweise *unterschiedliche Zwecke* verfolgen (handelsrechtliche Dominanz des Vorsichtsprinzips zwecks Risikovorsorge; steuerliches Interesse an voller, reservenfreier Gewinnerfassung). Zudem besteht das hauptsächliche Interesse von Anlegern und Gläubigern an Zukunftsinformationen, während der Fiskus vergangenheitsgerichtete dokumentierende Informationen braucht. Auch wirkt die Bilanzvereinheitlichung der Verfolgung *unterschiedlicher Ziele* der Bilanzersteller entgegen (z.B. gute Vermögensdarstellung durch die Handelsbilanz zur Erhöhung der Kreditwürdigkeit – zurückhaltender Vermögensausweis in der Steuerbilanz zur Steuerminderung). Da die zutreffende handelsrechtliche *Bilanzierungsweise oft nicht bekannt* ist (z.B. bei neuen Sachverhaltsgestaltungen), handelsrechtlich oft *Ermessensspielräume* bestehen und inzwischen eine Vielzahl von *Durchbrechungen und steuerlichen Sonderregelungen* bestehen, ist fraglich, ob die angestrebte Vereinfachung erreicht werden kann. Zudem wird dem Praktikabilitätsprinzip im Allgemeinen *nicht der Vorrang vor anderen Besteuerungsprinzipien* (Besteuerung nach der Leistungsfähigkeit, Steuergerechtigkeit) eingeräumt. Vor allem die umfangreichen handelsrechtlichen Wahlrechte und Ermessensspielräume sind kaum mit einer am *Gleichheitsgrundsatz* (Art. 3 GG) orientierten Besteuerung vereinbar. Die Übertragung handelsrechtlicher Bilanzierungsweise ins Steuerrecht führt selbst zu einer Vielzahl von *Ungleichbehandlungen* (Unternehmensinvestitionen zu anderen Anlagen, Gewinnermittler mittels Bilanz und mittels Einnahmenüberschussrechnung, Begünstigung selbsterstellten immateriellen Anlagevermögens gegenüber materiellem Anlagevermögen, langer gegenüber kurzer Produktion, Selbsterstellung gegenüber der Anschaffung, Reparatur gegenüber dem Ersatz, Branchen mit geringem gegenüber jenen mit hohem Rückstellungsbedarf u.v.m.[2]). Auch ist fraglich, ob bei tatsächlicher *Funktionsverschiedenheit der Teilrechtsordnungen* Handelsrecht und Steuerrecht Einheitlichkeit der Rechtsordnung angestrebt werden kann. Schließlich kann auch bestritten werden, ob sich das *Handelsrecht als Schutzmittel gegen übermäßigen Steuerzugriff* eignet oder diese Aufgabe nicht eher dem Verfassungsrecht zukommt. Gemeinsam ist dem Handels- und Steuerrecht jedoch die Zwecksetzung der *Unternehmenserhaltung* als Unternehmensinteresse und als Erhaltung der Steuerquelle.

bc) Voraussetzungen des Maßgeblichkeitsprinzips

In *persönlicher* Hinsicht kommt das Maßgeblichkeitsprinzip nur bei buchführungspflichtigen oder freiwillig buchführenden Gewerbetreibenden in Betracht. Insbes. hat das Prinzip keine Rechtswirksamkeit bei Gewinnermittlung durch Betriebsvermögensvergleich nach § 4 Abs. 1 EStG. Dennoch wird von der Rechtsprechung und einem Teil des Schrifttums eine analoge Anwendung der handelsrechtlichen GoB auch für diesen, grundsätzlich

---

1 Zur Diskussion der Vor- und Nachteile des Maßgeblichkeitsprinzips: MOXTER, A., BB 1997 S. 195; WEBER-GRELLET, H., DB 1997 S. 385; WAGNER, F.W., DB 1998 S. 2073 m.w.N.
2 Vgl. WAGNER, F.W., DB 1998 S. 2073.

nicht dem Handelsrecht unterworfenen Personenkreis gefordert. Begründet wird dies mit dem übergeordneten Gebot der Steuergerechtigkeit, die die Ermittlung eines von der Methode unabhängigen, über die Totalperiode gleichen Gewinns gebietet. Maßgeblichkeit eines konkreten Ansatzes kann allerdings nicht verlangt werden, weil von diesem Personenkreis (z. B. Land- und Forstwirte) überhaupt keine Handelsbilanz erstellt wird.

Ob das Maßgeblichkeitsprinzip in *sachlicher* Hinsicht eine konkrete handelsbilanzielle Behandlung mit ihren im Einzelfall bestimmten Ansätzen dem Grunde und der Höhe nach voraussetzt (sog. *„formelle"* oder *„konkrete"* Maßgeblichkeit) oder ob an abstrakte handelsrechtliche Normen – an alle handelsrechtlichen Vorschriften, ggf. auch ohne die Spezialvorschriften für Kapitalgesellschaften oder auch nur an die GoB – anzuknüpfen (sog. *„materielle"* Maßgeblichkeit) ist umstritten. Der Wortlaut des §5 Abs. 1 S. 1 EStG ordnet nur die Verbindlichkeit der „abstrakten" GoB an[1]; die derzeit noch vorherrschende Meinung hält jedoch die Bilanzierungsweise in der konkreten Handelsbilanz des Steuerpflichtigen – sofern sie nur handelsrechtlich zulässig ist – für maßgeblich.[2] Dies widerspricht dem Gesetzeswortlaut und wird insbes. dann problematisch, wenn Kapitalgesellschaften nach speziellen Vorschriften bilanzieren, denen man nicht GoB-Charakter beilegen kann.[3] Auch für freiwillig eine Steuerbilanz erstellende Steuerpflichtige kann ein konkreter Handelsbilanz-Ansatz nicht verlangt werden. Allerdings hat sich der Gesetzgeber bei der speziellen Maßgeblichkeit des §5 Abs. 1a EStG für eine formelle/konkrete Maßgeblichkeit entschieden.

bd) Begrenzungen des Maßgeblichkeitsprinzips

Der Maßgeblichkeitsgrundsatz des §5 Abs. 1 S. 1 EStG gilt nicht absolut, er tritt insbes. immer dann zurück, wenn

- übergeordnete Gewinnermittlungsgrundsätze,
- steuerrechtliche Bilanzierungsvorbehalte,
- steuerrechtliche Bewertungsvorbehalte oder
- steuerrechtliche Wahlrechte

mit Vorrang gelten.

Dem Maßgeblichkeitsgrundsatz *übergeordnete Gewinnermittlungsgrundsätze* sind insbes. die in höherrangigen Normen verankerten Besteuerungsgrundsätze, wie z. B.

- das Gebot der Gleichmäßigkeit der Besteuerung (Art. 3 GG).
  Daraus folgerte z. B. die BFH-Rechtsprechung[4], dass handelsrechtlichen Wahlrechtsausübungen steuerlich nicht immer zu folgen ist (s. unten). Handelsrechtliche Gewinnrealisierungsgesichtspunkte werden beispielsweise auch zurückgestellt, wenn es darum geht, einen Gewerbetreibenden hinsichtlich seines Versorgungsanspruchs einem Arbeitnehmer gleichzustellen[5];

---

1 Vgl. SCHMIDT/WEBER-GRELLET, EStG, 32. Aufl. §5 Anm. 26.
2 Z. B. BFH v. 25.4.1985, BStBl 1986 II S. 350; R 6.11 Abs. 3, R 6.3 Abs. 5 EStR.
3 Die BFH-Rechtsprechung sieht auch die Bilanzierung nach den nur für Kapitalgesellschaften geltenden Vorschrift als maßgeblich an. So z. B. BFH v. 30.11.2005, BFH/NV 2006, 616.
4 BFH GrS v. 3.2.1969. BStBl 1989 II S. 291.
5 BFH v. 14.12.1988, BStBl 1989 II S. 323.

- das Prinzip der Sicherung des Steueraufkommens, das z.B. ein steuerliches Passivierungsverbot für Schulden gebietet, deren Gläubiger auf Verlangen der Finanzbehörde nicht benannt werden (§ 160 AO);
- das Trennungsprinzip, das z.B. zur Unmaßgeblichkeit handelsbilanzieller Ansätze führt, wenn sie nicht die besonderen steuerlichen Anerkennungsbedingungen für angemessene Gestaltungen mit nahestehenden Personen etc. erfüllen[1] oder
- die besonderen Gewinnermittlungsprinzipien für Mitunternehmer und KGaA-Komplementäre, wie sie sich aus § 15 Abs. 1 Nr. 2, 3 EStG ergeben.[2]

Steuerrechtliche Bilanzierungsvorbehalte sind Ausschlüsse vom Maßgeblichkeitsprinzip, die den Ansatz dem Grunde nach betreffen und im Steuerrecht speziell geregelt sind (zu Einzelheiten siehe unten).

Steuerrechtliche Bewertungsvorbehalte sind Ausschlüsse vom Maßgeblichkeitsprinzip durch steuerliche Spezialvorschriften zum Ansatz der Höhe nach. Hierfür enthält § 5 Abs. 6 EStG einen allgemeinen Vorbehalt, der insbes. mit den §§ 6–7k EStG ausgefüllt wird (zu Einzelheiten siehe unten). Von den Bewertungsvorbehalten wurde steuerlich in großem Umfang Gebrauch gemacht.

Steuerrechtliche Wahlrechte sind von der Steuerrechtsordnung (einschl. Rechtsprechung und Verwaltungsanweisungen) eingeräumte Alternativen beim Ansatz dem Grunde oder der Höhe nach.

be) Bedeutung des Maßgeblichkeitsprinzips bei handelsrechtlichen Bilanzierungsgeboten und Bilanzierungsverboten

Handelsrechtliche Bilanzierungsgebote und -verbote sind prinzipiell auch steuerlich zu beachten. Dies gilt uneingeschränkt, wenn im Steuerrecht keine abweichenden Regelungen vorhanden sind.

Einen ersten generellen Bilanzierungsvorbehalt enthält bereits die Formulierung des Maßgeblichkeitsprinzips in § 5 Abs. 1 S. 1 EStG: Danach ist nur „Betriebsvermögen" in der Steuerbilanz anzusetzen. Was hierunter zu verstehen ist, sagt der Gesetzgeber nicht. Da aber zum einen § 6 Abs. 1 EStG im Einleitungssatz die Bewertungsregeln auf „Wirtschaftsgüter" bezieht, § 5 Abs. 5 EStG daneben noch Abgrenzungsposten einbezieht und zum anderen die Gewinnermittlung nach § 4 Abs. 1 S. 1 EStG das „Betriebsvermögen" als eine Reinvermögensgröße (d.h. im Wesentlichen als Saldo von Rohvermögen und Schulden) voraussetzt, wird man nicht fehlgehen, „Betriebsvermögen" als Differenz zwischen positiven und negativen Wirtschaftsgütern – unter Einbezug von Abgrenzungsposten – zu definieren.

Was als *Betriebsvermögen* anzusetzen ist, soll sich nach dem Maßgeblichkeitsprinzip danach bestimmen, was nach den handelsrechtlichen GoB auszuweisen ist (sog. *Identitätsthese*). Das sind Vermögensgegenstände und Schulden sowie bestimmte Abgrenzungsposten. Ist allerdings die Definition des Wirtschaftsgutes nicht erfüllt, so kommt wegen der steuerlichen Beschränkung auf Betriebsvermögen ein Ansatz nicht in Betracht

---
[1] Z.B. BFH v. 14. 7. 1989, BStBl 1989 II, 969 m.w.N.
[2] Vgl. z.B. BFH v. 6. 11. 1985, BStBl 1986 II, 333 und v. 21. 6. 1989, BStBl 1989 II, 881.

(z.B. handelsrechtliche latente Steuern)[1]; andererseits wurde früher auch die Auffassung vertreten, dass auch Wirtschaftsgüter, die keine Vermögensgegenstände darstellen, in die Steuerbilanz aufgenommen werden müssen.[2]

Grundsätzlich sind die *handelsrechtlichen allgemeinen und speziellen Bilanzierungsgebote* auch steuerbilanziell verbindlich; das betrifft insbes.

- Allgemein sämtliche Vermögensgegenstände, Schulden und Rechnungsabgrenzungsposten (§ 246 Abs. 1 HGB) sowie die speziell im HGB aufgeführten Posten,
- entgeltlich erworbener Geschäfts- oder Firmenwert (§ 246 Abs. 2 S. 4 HGB),
- Rückstellungen für ungewisse Verbindlichkeiten (§ 249 Abs. 1 S. 1 HGB),
- Drohverlustrückstellungen (§ 249 Abs. 1 S. 1 HGB),
- Instandhaltungsrückstellungen mit dreimonatiger Nachholfrist (§ 249 Abs. 1 S. 2 Nr. 1 HGB),
- Abraumbeseitigungsrückstellungen mit einjähriger Nachholfrist (§ 249 Abs. 1 S. 2 Nr. 1 HGB),
- Kulanzrückstellungen (§ 249 Abs. 1 S. 2 Nr. 2 HGB) und
- aktive und passive Rechnungsabgrenzungsposten (§ 250 Abs. 1 und 2 HGB).

Handelsrechtliche *Bilanzierungsverbote* bestehen insbes. für

- Aufwendungen für Gründung, Eigenkapitalbeschaffung und Versicherungsvertragsabschlüsse (§ 248 Abs. 1 HGB),
- Selbst geschaffene Marken, Drucktitel, Verlagsrechte, Kundenlisten oder vergleichbares immaterielles Anlagevermögen (§ 248 Abs. 2 S. 2 HGB),
- Rückstellungen für andere als in § 249 HGB genannten Zwecke (§ 249 Abs. 2 S. 1),
- Rückstellungen, deren Grund entfallen ist (§ 249 Abs. 2 S. 2 HGB) sowie für
- Vermögensgegenstände und Schulden aus ausgeglichenen schwebenden Geschäften (GoB).

Spezielle *steuerliche Bilanzierungsvorbehalte* haben jedoch – das ist unbestritten – stets Vorrang vor der handelsbilanziellen Bilanzierungsweise. Teilweise haben die steuerlichen Bilanzierungsvorschriften auch nur „klarstellende Bedeutung" und stellen Reaktionen des Gesetzgebers auf eine seinerzeit unklare Rechtslage dar. Steuerliche Spezialvorschriften für den Ansatz dem Grunde nach gelten insbes. für folgende Fälle:

- Aktivierungsgebot für entgeltlich erworbene immaterielle Anlagewerte (§ 5 Abs. 2 EStG),
- Aktivierungsverbot für nicht entgeltlich erworbene immaterielle Anlagewerte (§ 5 Abs. 2 EStG),
- zeitbegrenztes Passivierungsverbot für gewinn- oder einnahmenabhängige Verpflichtungen (§ 5 Abs. 2a EStG),
- begrenztes Passivierungsverbot für Rückstellungen wegen Schutzrechtsverletzung (§ 5 Abs. 3 EStG),
- zeitlich und sachlich beschränktes Passivierungsge-/verbot für Rückstellungen für Jubiläumszuwendungen (§ 5 Abs. 4 EStG),
- Passivierungsverbot für Drohverlustrückstellungen, außer im Zusammenhang mit Bewertungseinheiten zur Absicherung finanzwirtschaftlicher Risiken (§ 5 Abs. 4a EStG),
- Passivierungsverbot für Rückstellungen für Anschaffungs- oder Herstellungskosten (§ 5 Abs. 4b EStG),
- (klarstellendes) Aktivierungsge- und -verbot bei Posten aktiver Rechnungsabgrenzung (§ 5 Abs. 5 Satz 1 Nr. 1 EStG),
- (klarstellendes) Passivierungsge- und -verbot bei Posten passiver Rechnungsabgrenzung (§ 5 Abs. 5 Satz 1 Nr. 2 EStG),

---

1 BFH v. 8. 9. 1988. BStBl 1989 II S. 27.
2 Zu Einzelheiten siehe Kap. C.II.2.

- Aktivierungsgebot für aufwandsberücksichtigte Zölle und Verbrauchsteuern auf Vorratsvermögen (§ 5 Abs. 5 Satz 2 Nr. 1 EStG),
- Aktivierungsgebot für aufwandsberücksichtigte Umsatzsteuer auf Anzahlungen (§ 5 Abs. 5 Satz 2 Nr. 2 EStG),
- Fortführende Behandlung bei Verpflichtungsübernahmen etc. (§ 5 Abs. 7 EStG),
- Verrechnungsverbot von Deckungsvermögen mit Altersversorgungsverpflichtungen (§ 5 Abs. 1a S. 1 EStG).

bf) Bedeutung des Maßgeblichkeitsprinzips bei handelsrechtlichen Bilanzierungswahlrechten

Räumt das Handelsrecht ein Bilanzierungswahlrecht ein, ohne dass ein ausdrücklicher steuerlicher Bilanzierungsvorbehalt besteht, so drängen nach Auffassung der höchstfinanzrichterlichen Rechtsprechung[1] übergeordnete Grundsätze der Gewinnermittlung das Maßgeblichkeitsprinzip zurück: Nach dem „Sinn und Zweck der steuerlichen Gewinnermittlung" soll der „volle" Gewinn erfasst werden; nach dem Grundsatz der steuerlichen Gleichbehandlung soll es nicht im Belieben des Steuerpflichtigen stehen, sich reicher oder ärmer ausweisen zu können. Aus der Verknüpfung beider Grundsätze folgert die Rechtsprechung[2] eine Unmaßgeblichkeit handelsrechtlicher Bilanzierungswahlrechte für die Steuerbilanz:

- In der Steuerbilanz muss aktiviert werden, was handelsrechtlich aktiviert werden darf; d.h. ein handelsrechtliches Aktivierungswahlrecht wandelt sich steuerlich zum Aktivierungsgebot; es wäre nämlich nicht gerechtfertigt, wenn sich der Bilanzierende für steuerliche Zwecke „ärmer" darstellen könnte, als er dies nach handelsrechtlichen GoB darf;
- in die Steuerbilanz darf nicht passiviert werden, was handelsrechtlich nicht passiviert werden muss; d.h. ein handelsrechtliches Passivierungswahlrecht wandelt sich steuerlich zum Passivierungsverbot. Wenn der Steuerpflichtige schon im gläubigerschutzorientierten Handelsrecht einen Passivposten weglassen darf, darf er sich insoweit für Zwecke der Besteuerung erst recht nicht ärmer darstellen.

Die Bedeutung dieser Regeln ist allerdings steuerlich mit dem BilMoG stark gesunken. Als *handelsrechtliche Bilanzierungswahlrechte* sind – abgesehen von den Übergangswahlrechten – nur noch jene verblieben für

- selbst geschaffene immaterielle Vermögensgegenstände des Anlagevermögens (§ 248 Abs. 2 HGB),
- Disagio (§ 250 Abs. 3 HGB),
- aktive latente Steuern (§ 274 Abs. 1 HGB).

In allen Fällen gelten jedoch vorrangige steuerrechtliche Bilanzierungsge- und -verbote: Immaterielles Anlagevermögen darf nur bei entgeltlichem Erwerb angesetzt werden (§ 5 Abs. 2 EStG), für ein Disagio würde zwar die oben beschriebene BFH-Rechtsprechung eine Aktivierung gebieten, jedoch dürfte ohnehin die Aktivierungspflicht als Rechnungsabgrenzungsposten (§ 5 Abs. 5 S. 1 Nr. 1 EStG) Vorrang haben. Die handelsrechtliche Besonderheit „Aktive latente Steuern" kommt mangels Eigenschaft als Wirtschaftsgut/Vermögensgegenstand steuerlich ohnehin nicht in Betracht.

---
1 BFH GrS v. 3.2.1969, BStBl 1969 II S. 291.
2 Vgl. Nachweise in BFH v. 21.10.1993, BStBl 1994 II S. 176.

bg) Bedeutung des Maßgeblichkeitsprinzips für die Bewertung

Lange war streitig, ob der Maßgeblichkeitsgrundsatz – so wie er in § 5 Abs. 1 S. 1 EStG verankert ist – auch für die Bewertung gilt, weil man „anzusetzen" teilweise nur auf den „Ansatz dem Grund nach" bezog. Diese Interpretation ist jedoch zu eng: Auch die Bewertung lässt sich als „Ansatz", nämlich als „Ansatz der Höhe nach" interpretieren und im Rahmen dieses möglichen Wortsinns verlangt der Zweck des Maßgeblichkeitsprinzips auch eine Einbeziehung der Bewertung. Auch aus dem systematischen Zusammenhang lässt sich schließen, dass das Maßgeblichkeitsprinzip auch den Ansatz der Höhe nach umfasst, denn sonst hätte es des Vorbehalts steuerlicher Bewertungsnormen in § 5 Abs. 6 EStG nicht bedurft. Schließlich verlangt ein Bilanzausweis („auszuweisen ist") eine vorherige Entscheidung über Ansatz und Wert.

Demnach entfaltet der Maßgeblichkeitsgrundsatz prinzipiell auch seine Wirkung für die steuerbilanzielle Bewertung (Wertbegriffe, Bewertungsverfahren, Wertansätze). Dies gilt allerdings nur insoweit, als das Bilanzsteuerrecht keine einschlägigen Bewertungsvorschriften enthält (Bewertungsvorbehalt des § 5 Abs. 6 EStG). Daher tritt die Maßgeblichkeit insbes. dann zurück, wenn steuerliche Vorschriften über

- die Bewertung (z. B. §§ 6 EStG, 3 UmwStG) und
- insbes. die Absetzungen für Abnutzung oder Substanzverringerung (z. B. § 7 EStG)

einschlägig sind (z. B. normierte Nutzungsdauer für den erworbenen Geschäfts- und Firmenwert, § 7 Abs. 1 S. 3 EStG).

bh) Bedeutung des Maßgeblichkeitsprinzips bei handelsrechtlichen Bewertungswahlrechten

Enthalten die handelsrechtlichen Vorschriften ein Wahlrecht für den Wertumfang, die Bewertungsmethode oder den Wertansatz und existiert hierzu weder ein entsprechendes steuerliches Wahlrecht noch eine steuerrechtliche Spezialnorm, so gilt prinzipiell eine direkte Maßgeblichkeit der handelsrechtlichen Bewertung für die Steuerbilanz. Nach der Rechtsprechung[1] gelten auch bei Bewertungswahlrechten – ebenso wie bei Bilanzierungswahlrechten – „übergeordnete Grundsätze der Gewinnermittlung" (Erfassung des „vollen" Gewinnes, keine Selbsteinschätzung, Gleichbehandlung)[2]. Die steuerrechtliche Zielsetzung, nach Möglichkeit den vollen Periodengewinn zu erfassen, bewirkt beim Fehlen eines entsprechenden steuerlichen Bewertungswahlrechts, dass

- bei Aktivpositionen
  - ein handelsrechtliches Bewertungswahlrecht, das zu einem niedrigeren Wertansatz führt (z. B. Abwertungswahlrecht), steuerlich nicht ausgeübt werden darf (Abwertungsverbot),
  - ein handelsrechtliches Bewertungswahlrecht, das zu einem höheren Wertansatz führt (z. B. Aufwertungswahlrecht), steuerlich ausgeübt werden muss (Aufwertungsgebot),

---

1 BFH v. 21. 10. 1993, BStBl 1994 II S. 176.
2 S. oben Abschnitt bf).

- bei Passivpositionen
  - ein handelsrechtliches Bewertungswahlrecht, das zu einem niedrigeren Wertansatz führt (z.B. Abwertungswahlrecht), steuerlich ausgeübt werden muss (Abwertungsgebot) und
  - ein handelsrechtliches Bewertungswahlrecht, das zu einem höheren Wertansatz führt (z.B. Aufwertungswahlrecht), steuerlich nicht ausgeübt werden darf (Aufwertungsverbot).

Nach dem Wegfall vieler handelsrechtlicher Bewertungswahlrechte durch das BilMoG verbleiben – abgesehen von den Übergangswahlrechten - vor allem nur noch

- das Abschreibungswahlrecht beim Finanzanlagevermögen bei voraussichtlich vorübergehender Wertminderung (§ 253 Abs. 3 S. 4 HGB),
- Abschreibungsmethodenwahl (§ 243 Abs. 1 HGB),
- Einbeziehung angemessener Teile der allgemeinen Verwaltungskosten, freiwilliger Sozialkosten und Fremdkapitalkosten in die Herstellungskosten (§ 255 Abs. 2 S. 3 und Abs. 3 S. 2 HGB),
- Wahl eines Bewertungsvereinfachungsverfahrens i.S.d. § 256 HGB und die
- Wahl der pauschal bemessenen Abzinsung bei Altersversorgungs- und ähnlichen Verpflichtungen (§ 253 Abs. 2 S. 2 HGB).

Das zuerst und das zuletzt genannte Wahlrecht stößt auf Bewertungsvorbehalte des Steuerrechts (§§ 6 Abs. 1 Nr. 2 bzw. 6a EStG). Die Abschreibungsmethoden und Bewertungsvereinfachungswahlrechte bestehen – beschränkt – auch im Steuerrecht (§§ 7 Abs. 1, 3 bzw. 6 Abs. 1 Nr. 2a EStG). Das Wahlrecht der Einbeziehung bestimmter Herstellungskostenbestandteile besteht auch im Steuerrecht, soweit dies in Übereinstimmung mit der Handelsbilanz ausgeübt wird (§ 6 Abs. 1 Nr. 1b EStG).

bi) Bedeutung des Maßgeblichkeitsprinzips bei steuerrechtlichen Wahlrechten

Bis zum Veranlagungszeitraum 2009 konnten steuerliche Wahlrechte bei der Gewinnermittlung nur übereinstimmend mit der Handelsbilanz ausgeübt werden (§ 5 Abs. 1 S. 2 EStG a.F., sog. *umgekehrte Maßgeblichkeit*). Zur Steuervorteilswahrung sah das Handelsbilanzrecht entsprechende „Öffnungsklauseln" für Steuerwerte vor. Das Zustandekommen und die Fortführung dieser Bilanzwerte waren in der kaufmännischen Buchführung dokumentiert. Mit dem BilMoG von 2009 wurden – mit einer Übergangsregelung[1] – die handelsrechtlichen Öffnungsklauseln (z.B. Sonderposten mit Rücklageanteil, steuerrechtliche Abschreibungen) ebenso aufgegeben wie die steuerrechtliche Forderung nach Umkehrmaßgeblichkeit.

Stattdessen besteht

- ein *Vorbehalt* der allgemeinen Maßgeblichkeit bei steuerlichen Wahlrechtsausübungen (§ 5 Abs. 1, letzter Halbsatz EStG) und
- bei steuerlichen Wahlrechtsausübungen die Verpflichtung, dass Wirtschaftsgüter, die nicht mit dem handelsrechtlich maßgeblichen Wert angesetzt werden, in *besondere, laufend zu führende Verzeichnisse* mit bestimmten Detailangaben aufgenommen werden (§ 5 Abs. 1 S. 2 EStG n.F.). In diesen – außerhalb der handelsrechtlichen Bücher stehenden – Verzeichnissen sind der Tag der Anschaffung/Herstellung, die Anschaf-

---

[1] Art. 67 Abs. 3, 4 EGHGB. Zur Auswirkung: BMF-Schreiben v. 12.3.2010, BStBl 2010 I, 239.

fungs-/Herstellungskosten, die Vorschrift des ausgeübten steuerlichen Wahlrechts und die vorgenommenen Abschreibungen nachzuweisen.

Beispielsweise können folgende steuerliche Wahlrechte, seien sie im Gesetz, der Rechtsprechung, den EStR oder BMF-Schreiben verankert, unabhängig vom Handelsrecht ausgeübt werden, wenn bei Abweichungen von den handelsbilanziell vorgesehenen Werten eine Dokumentation in einem besonderen, laufend und formfrei zu führenden Verzeichnis erfolgt.[1]

- *Bilanzierungswahlrechte*
  Gewillkürtes Betriebsvermögen (R 4.2 EStR)
  Steuerfreie Rücklage zur Übertragung von Veräußerungsgewinnen (§ 6b EStG)
  Ersatzbeschaffungsrücklage (R 6.6 EStR)
  GWG-Sammelposten (§ 6 Abs. 2a EStG)
  Entstrickungs-Ausgleichsposten (§ 4g i. V. m. § 4 Abs. 1 S. 3,4 EStG, 12 Abs. 1 KStG)
  Übergangs-Verteilungswahlrechte bei Gesetzesänderungen

- *Bewertungswahlrechte*
  Erhöhe AfA, Sonderabschreibungen (z.B. § 7g Abs. 5, 7h, 7i EStG)
  Methode planmäßiger AfA (z.B. lineare oder degressive oder
  Leistungs-AfA, § 7 Abs.1, 2 EStG)
  AfaA (§ 7 Abs. 1 S. 7 EStG)
  Bewertungsabschläge (z.B. § 6b EStG, R 6.6 EStR)
  Teilwertabschreibungen (§ 6 Abs.1 Nr. 1 S. 2 bzw. 3, jeweils i.V. m. Nr. 2 S. 2 EStG)
  Lifo-Bewertungsverfahren (§ 6 Abs. 1 Nr. 2a EStG)
  Sofortabschreibung geringwertiger Wirtschaftsgüter (§ 6 Abs. 2, 2a EStG)
  Investitionszuschuss (R. 6.5 EStR)
  UmwG-Bewertungswahlrechte

Nach alledem fasst Abbildung B-15 die für die Geltung und Nichtgeltung des Maßgeblichkeitsprinzips möglichen Fallkonstellationen handels- und steuerrechtlicher Regelungen zusammen. Es wird deutlich, dass das Maßgeblichkeitsprinzip wegen vieler steuerrechtlicher Vorbehalte nur noch einen beschränkten Anwendungsbereich hat („*Rest-Maßgeblichkeit*"[2]).

---

1 Teilweise genügt der Finanzverwaltung auch die Ersichtlichmachung im Anlagen- oder GWG-Verzeichnis oder in der Buchführung, BMF-Schr. v. 12. 3. 2010, BStBl 2010 I S. 239, Rz. 19–23.
2 SCHMIDT/WEBER-GRELLET, EStG, 32. Aufl., § 5 Rz. 26 mit Hinweis auf HERZIG/BRIESEMEISTER, DB 2009 S. 926.

Besondere steuerrechtliche Grundsätze

Handelsbilanzrecht		Steuerbilanzrecht	Maßgeblichkeit	Steuerbilanz
Obligatorische Regelung (Bilanzierungsgebot, -verbot, Bewertungsgebot)		Keine Regelung	Maßgeblichkeit	Wie Handelsrecht
		Identische obligatorische Regelung	Maßgeblichkeit deklaratorisch	(Steuerrecht vorrangig) identischer Ansatz
		Abweichende obligatorische Regelung	Keine Maßgeblichkeit	Vorrangig steuerrechtlicher Ansatz
Bilanzierungswahlrecht	Aktivierungswahlrecht	Keine Regelung	Keine Maßgeblichkeit	Aktivierungspflicht
	Passivierungswahlrecht		Keine Maßgeblichkeit	Passivierungsverbot
Bewertungswahlrecht	Aktiva	Keine Regelung	Keine Maßgeblichkeit	Höherer Wert
	Passiva	Keine Regelung	Keine Maßgeblichkeit	Niedrigerer Wert
Keine Regelung Obligatorische Regelung Wahlrecht		Ansatzwahlrecht	Keine Maßgeblichkeit	Autonomer (in Einzelfällen identischer) Ansatz, bei Abweichung vom Handelsrecht: Verzeichnis
		Bewertungswahlrecht		

Abbildung B-15: Fallkonstellationen mit und ohne Maßgeblichkeit

c) Die Spezialmaßgeblichkeit für Bewertungseinheiten zur Absicherung finanzwirtschaftlicher Risiken

Mit §5 Abs. 1a EStG wurde eine spezielle Maßgeblichkeit der handelsrechtlichen Rechnungslegung im Gesetz verankert. Danach sind

- die Ergebnisse der
- in der handelsrechtlichen Rechnungslegung gebildeten
- Bewertungseinheiten zur Absicherung finanzwirtschaftlicher Risiken

auch für die steuerliche Gewinnermittlung maßgeblich.

Die *Absicherung finanzwirtschaftlicher Risiken* erfolgt in der Praxis häufig durch Abschluss von Sicherungsgeschäften, die zum Grundgeschäft (z.B. Darlehen) gegenläufige Risiken (Fremdwährungs-, Zins- oder Preisrisiken) aufweisen. Würden die handelsrechtlichen Grundprinzipien Einzelbewertung, Verrechnungsverbot, Realisations- und Imparitätsprinzip bei diesen zusammenhängenden Geschäften angewandt, so würden u.U. Vermögens- und Ertragslage durch eine Antizipation drohender Verluste ohne Kompensation mit erwarteten, aber noch nicht ausweisbaren Gewinnen (Erträgen) unzutreffend ausgewiesen. Der *Sicherungszusammenhang* zwischen dem Aktivposten (z.B.

Fremdwährungsforderung) und dem Passivposten (z.B. Fremdwährungsverbindlichkeit) ist bilanziell nicht erkennbar; auch die wirtschaftliche Betrachtungsweise von zusammenhängenden Geschäften erfordert eine Gesamtbewertung. Aus diesen Gründen lässt §254 HGB für den Sicherungszusammenhang die Bildung einer *„geschlossenen Position"* (auch „Bewertungseinheit" genannt) zu. Verbleibt bei der Gesamtbewertung ein positiver Überschuss (Ertrag), so ist dieser nach dem Realisationsprinzip nicht auszuweisen, verbleibt ein negatives Ergebnis („Verlust"), so ist dieses in eine Drohverlustrückstellung einzustellen.[1]

Diese handelsrechtliche Vorgehensweise und ihre Ergebnisse werden in §5 Abs. 1a EStG auch als für die Steuerbilanz maßgeblich vorgeschrieben (formelle/konkrete Maßgeblichkeit). Für den Verlustfall wurde eine Ausnahme vom Passivierungsverbot für Drohverlustrückstellungen (§5 Abs. 4a S. 2 EStG) erklärt. Im Ergebnis soll diese spezielle Maßgeblichkeit nach Auffassung des Gesetzgebers nur klarstellende Bedeutung haben.[2]

d) „Verlängerte Maßgeblichkeit" ins Bewertungsrecht

Unter *„verlängerter Maßgeblichkeit"* verstand man eine Maßgeblichkeit der Ansätze und Werte der Handelsbilanz über die Steuerbilanz bis hin zur bewertungsrechtlichen Vermögensaufstellung, deren Ergebnis seit der Nichterhebung der Vermögensteuer nur noch für die Bemessung der Erbschaft- und Schenkungsteuer von Bedeutung ist.

Seit der Erbschaftsteuerreform 2008 ist zwar die direkte Übernahme der Steuerbilanzansätze und -werte entfallen, es bestehen aber weiterhin beachtliche Zusammenhänge zwischen Handelsbilanz, Steuerbilanz und der bewertungsrechtlichen Ermittlung des Wertes von

- einzelkaufmännischem Betriebsvermögen,
- Anteilen am Betriebsvermögen von Personengesellschaften und
- Anteilen an nicht börsennotierten Kapitalgesellschaften.

Zum einen knüpft §95 Abs. 1 BewG für die Abgrenzung des bewertungsrelevanten Betriebsvermögens an das *Betriebsvermögen der steuerlichen Gewinnermittlung*, also des Betriebsvermögensvergleichs, an (§95 Abs. 1 BewG). Für die Bewertung sind jedoch nicht mehr die Steuerbilanzwerte von Bedeutung, sondern jetzt der gemeine Wert (§109 Abs. 1 BewG). Für die Ermittlung wird auf §11 Abs. 2 BewG verwiesen.

Bestehen weder notierte Börsenkurse noch Verkaufspreise aus zeitnahen Veräußerungen, so ist der gemeine Wert unter Berücksichtigung der Ertragsaussichten oder eines anerkannten Unternehmensbewertungsverfahrens zu ermitteln (§11 Abs. 2 BewG). Anstelle der Unternehmenswertermittlung mit einem nichtsteuerlichen Verfahren (z.B. gemäß IDW S 1) lässt §199 BewG ein vereinfachtes Ertragswertverfahren zu.

Grundlage der Ertragswertermittlung ist der dreijährige Durchschnittsertrag aus den allerdings beträchtlich korrigierten Betriebsergebnissen (§§201, 202 BewG). Dieser ist mit dem Kapitalisierungsfaktor gem. §203 BewG zu multiplizieren. Da zur Ermittlung der Betriebsergebnisse von den *Gewinnen aus dem Betriebsvermögensvergleich* auszugehen

---

1 Zu Einzelheiten und zur schaubildlichen Verdeutlichung siehe Kapitel D.I.3.aa) und Abbildung D-2.
2 BT-Drs. 16/520, S. 8.

Besondere steuerrechtliche Grundsätze

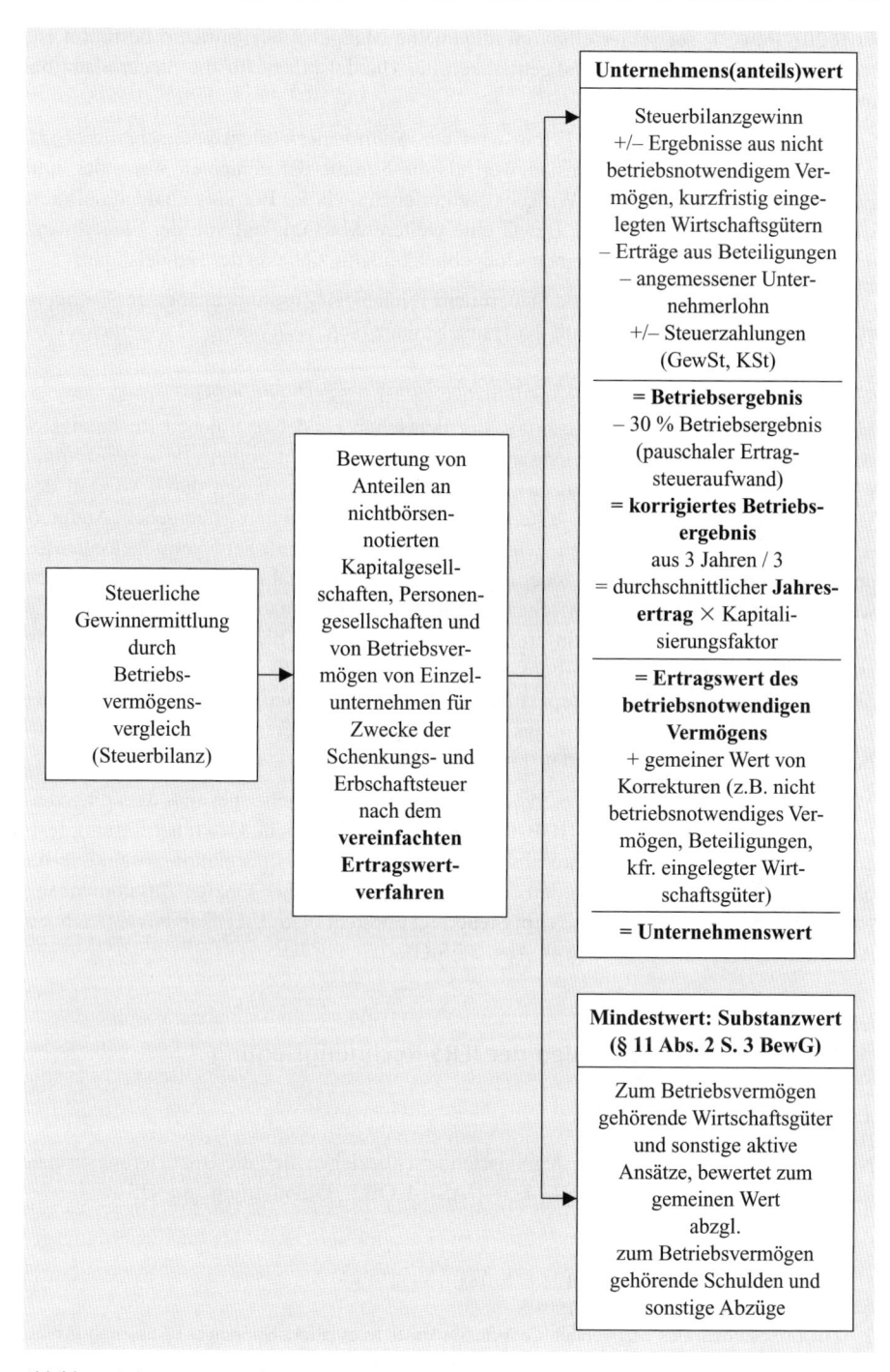

| Steuerliche Gewinnermittlung durch Betriebsvermögensvergleich (Steuerbilanz) | → | Bewertung von Anteilen an nichtbörsennotierten Kapitalgesellschaften, Personengesellschaften und von Betriebsvermögen von Einzelunternehmen für Zwecke der Schenkungs- und Erbschaftsteuer nach dem **vereinfachten Ertragswertverfahren** | → | **Unternehmens(anteils)wert**
Steuerbilanzgewinn
+/− Ergebnisse aus nicht betriebsnotwendigem Vermögen, kurzfristig eingelegten Wirtschaftsgütern
− Erträge aus Beteiligungen
− angemessener Unternehmerlohn
+/− Steuerzahlungen (GewSt, KSt)
= **Betriebsergebnis**
− 30 % Betriebsergebnis (pauschaler Ertragsteueraufwand)
= **korrigiertes Betriebsergebnis**
aus 3 Jahren / 3
= durchschnittlicher **Jahresertrag** × Kapitalisierungsfaktor
= **Ertragswert des betriebsnotwendigen Vermögens**
+ gemeiner Wert von Korrekturen (z.B. nicht betriebsnotwendiges Vermögen, Beteiligungen, kfr. eingelegter Wirtschaftsgüter)
= **Unternehmenswert** |
| | | | → | **Mindestwert: Substanzwert (§ 11 Abs. 2 S. 3 BewG)**
Zum Betriebsvermögen gehörende Wirtschaftsgüter und sonstige aktive Ansätze, bewertet zum gemeinen Wert abzgl. zum Betriebsvermögen gehörende Schulden und sonstige Abzüge |

Abbildung B-16: Zusammenhänge der sog. „verlängerten Maßgeblichkeit"

ist (§ 202 BewG), der seinerseits vom allgemeine Maßgeblichkeitsprinzip bestimmt ist, reicht letztlich auch hier die Maßgeblichkeit der Handelsbilanz für die Steuerbilanz bis ins Bewertungsrecht.

Schließlich darf der ermittelte Ertragswert den *Substanzwert* nicht unterschreiten (§ 11 Abs. 2 S. 3 BewG). Da der Substanzwert als die Summe der gemeinen Werte der zum Betriebsvermögen gehörenden Wirtschaftsgüter abzüglich der Betriebsschulden definiert ist, ergibt sich über § 95 Abs. 1 BewG eine weitere Abhängigkeit von der Steuerbilanz und letztlich wegen des allgemeinen Maßgeblichkeitsprinzips von der Handelsbilanz.

Abbildung B-16 zeigt die über die Steuerbilanz reichenden Zusammenhänge der Betriebsvermögens-/Anteilsbewertung mit der Handelsbilanz (sog. *verlängerte Maßgeblichkeit*).

e) Maßgeblichkeitsgrundsatz und Internationalisierung der Rechnungslegung

Mit zunehmender Internationalisierung der deutschen handelsrechtlichen Rechnungslegung gerät „der Maßgeblichkeitsgrundsatz in Gefahr"[1]. Mit seiner *Aufrechterhaltung* würden – bei gleichen Steuersätzen – erhebliche Steuerbelastungen durch Wegfall des Vorsichtsprinzips und der Verluste steuerlicher Wahlmöglichkeiten einhergehen. Andererseits würde ein handelsrechtlich genauerer (insbes. reservenfreier) Vermögensausweis den steuerlichen Zweck der Besteuerung nach der Leistungsfähigkeit fördern. Da jedoch weiterhin die Zieldiskrepanz zwischen prognostischen Informationen für Investoren und dokumentierten Vergangenheitsinformationen für den Fiskus bleibt, wird in Annäherung an das US-amerikanische „two-book-system" auch eine *Aufgabe des Maßgeblichkeitsprinzips* und Einführung einer separaten steuerlichen Gewinnermittlung auf Bilanz- oder Zahlungsbasis diskutiert[2] – allerdings unter Preisgabe des Vereinfachungs- und Deregulierungseffekts, insbes. bei „Einheitsbilanzen".

Mit dem Bilanzrechtsreformgesetz von 2004 hat der Gesetzgeber gezeigt, dass einstweilen an der Maßgeblichkeit von HGB-Bilanzen für die steuerliche Gewinnermittlung festgehalten wird. IFRS-Einzel-Jahresabschlüsse dürfen nur als Informationsabschlüsse für die Offenlegung verwendet werden (§ 325 HGB).[3] Der bisher einzige Zusammenhang zwischen IFRS-Abschlüssen und dem Steuerrecht besteht beim Eigenkapitalvergleich zur Anwendung der Zinsschranke (§ 4h Abs. 2 EStG).

V. Prinzipien der IFRS-Rechnungslegung

1. Allgemeines und Überblick

Nach internationalen Rechnungslegungsstandards beziehen sich die Bilanzierungsprinzipien wegen fehlender Maßgeblichkeit (IASB-F.OB2, Orientierung am US-*two-book-*

---

1 Vgl. WEBER-GRELLET, H., DB 1997 S. 385.
2 Vgl. z.B. WAGNER, F.W., DB 1998 S. 2073.
3 Zur Entwicklung des Maßgeblichkeitsprinzips unter Internationalisierungseinflüssen s. insbes. SCHÖN, W., Steuerliche Maßgeblichkeit in Deutschland und Europa, Köln 2005 und HERZIG, N., IAS/IFRS und steuerliche Gewinnermittlung, Düsseldorf 2004.

system) nur auf die „handelsrechtliche", besser: „kapitalmarktorientierte" Rechnungslegung. Steuerbilanziell habe die internationalen Rechnungslegungsprinzipien – im Gegensatz zu den handelsrechtlichen GoB – zumindest bisher keine Bedeutung.

Trotz zunehmender Anknüpfungspunkte im überarbeiteten (unverbindlichen) Rahmenkonzept und in IAS 1 kann man die IFRS nicht als ein prinzipienbasiertes Regelwerk bezeichnen. Die als Prinzipien aufgeführten Regeln haben – wie die GoB – kein konsistentes Gefüge. Die Gewichtung widerstreitender Prinzipien wird teilweise der „fachkundigen Beurteilung" *(professional judgement)* des Abschlusserstellers überlassen, der diese Probleme mit Hilfe der Orientierung am Ziel der IFRS-Rechnungslegung zu lösen hat (IAS 1.19). Erst in letzter Zeit gibt es – vor allem in den USA *(„principle based accounting"*-Project) – aber auch vom IASB zunehmend Bestrebungen, die Einzelfallregelungen mit Grundsätzen zu hinterlegen.

Die Bilanzierungsprinzipien der IFRS sind im Wesentlichen im IASB-Rahmenkonzept *(Framework)* und – aktualisiert – im IAS 1 enthalten. Die Regelungen des Rahmenkonzepts treten aber im Regelfall gegenüber den Regularien einzelner Standards zurück. Dies ist zwar auch im HGB der Fall, doch bleibt dort wegen der geringeren Regelungsdichte mehr Raum für die Anwendung der Bilanzierungsprinzipien, die zudem als GoB den Charakter eines unbestimmten Rechtsbegriffs haben.[1]

Nach ihrer Verankerung kann man IFRS-Rechnungslegungsprinzipien unterscheiden, die

- im Rahmenkonzept, das keine Standardqualität hat (Rahmengrundsätze),
- in IAS 1, der grundlegenden Charakter hat, und
- in Einzelstandards

beschrieben sind.

Eine gewissen hierarchische Strukturierung der Prinzipien ergibt sich aus ihrer Einordnung als

- Oberste Zwecksetzung *(objective)*,
- Konzeptioneller Grundsatz mit Vorrang *(overriding principle)*,
- Grundannahmen/Basisgrundsätzen *(basic principles)*,
- Qualitative Anforderungen *(qualitative characteristics)*,
- Beschränkungen bestimmter qualitativer Anforderungen *(constraints)*.

Die unter „Abschluss" in IAS 1.9–46 zusammengefassten Bilanzierungsgrundsätze haben zwar Standardverbindlichkeit, erläutern aber oftmals nur die Grundsätze des Rahmenkonzepts und geben diesen damit den Rang eines Standards.

Eine dem US-amerikanischen „House of GAAP" entsprechende Reihenfolge der Regelanwendung gibt es nach IFRS nicht.

---

1 Siehe Kap. B.II.1.b).

Prinzipien der Bilanzierung

Rechnungslegungszweck:
Vermittlung entscheidungsnützlicher Informationen *(decision usefullness)*

Konzeptioneller Grundsatz:
Vermittlung eines den tatsächlichen Verhältnissen entsprechenden Bildes *(true and fair view/fair presentation)* der Vermögens-, Finanz- und Ertragslage sowie der Cashflows

Grundannahmen
(basic assumptions)
- Periodenabgrenzung *(accural basic, matching principle)*
- Unternehmensfortführung *(going concern)*

Weitere in einzelnen Standards behandelte Bilanzierungsprinzipien
- Stichtagsprinzip
- Erhellungsprinzip
- Einzelbilanzierungsprinzip (Saldierungsverbot)
- Einzelbewertungsprinzip
- Realisationsprinzip
- Bilanzzusammenhang
- (Stetigkeitsprinzip)
- Kapitalerhaltungsprinzip

Grundlegende qualitative Anforderungen
(fundamental qualitative characteristics)

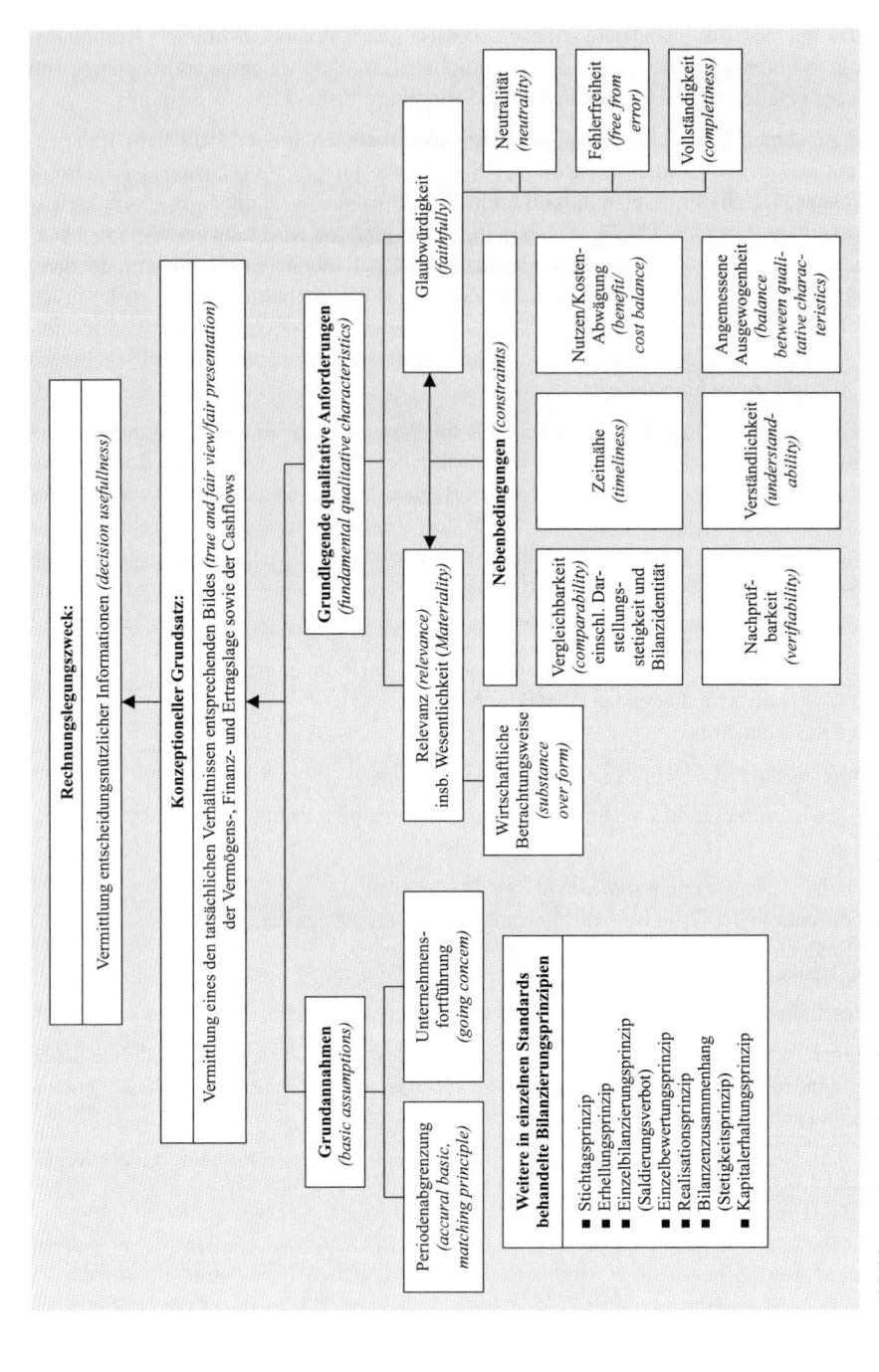

- Relevanz *(relevance)* insb. Wesentlichkeit *(Materiality)*
- Wirtschaftliche Betrachtungsweise *(substance over form)*
- Glaubwürdigkeit *(faithfully)*
  - Neutralität *(neutrality)*
  - Fehlerfreiheit *(free from error)*
  - Vollständigkeit *(completeness)*

Nebenbedingungen *(constraints)*
- Vergleichbarkeit *(comparability)* einschl. Darstellungsstetigkeit und Bilanzidentität
- Zeitnähe *(timeliness)*
- Nutzen/Kosten-Abwägung *(benefit/cost balance)*
- Nachprüfbarkeit *(verifiability)*
- Verständlichkeit *(understandability)*
- Angemessene Ausgewogenheit *(balance between qualitative characteristics)*

Abbildung B-17: Rechnungslegungsprinzipien nach IFRS

2. Oberster Rechnungslegungszweck: Grundsatz der Entscheidungsnützlichkeit (decision usefulness)

Zweck der internationalen Rechnungslegung gemäß IFRS ist ausschließlich die Regelung von *Informationsinteressen* bestimmter Adressaten, insbes. der Investoren (IASB-F.OB2). Die Rechnungslegung dient der Bereitstellung von zeitgerechten Informationen über die wirtschaftliche Lage des Unternehmens, um die Transparenz und Vergleichbarkeit von Jahresabschlüssen zu erhöhen. Den Adressaten sollen entscheidungsnützliche Informationen über die Vermögens-, Finanz- und Ertragslage sowie die Cashflows und deren jeweilige Veränderungen mit Hilfe des Abschlusses bereitgestellt werden (IASB-F.OB2). Die Rechenschaftsfunktion *(stewardship)* wird seit der Überarbeitung des Rahmenkonzepts in Phase A nicht mehr explizit genannt, sondern nur umschrieben (IASB-F.OB4), findet sich aber in IAS 1.9.

Das deutsche *Handelsrecht* hingegen kennt neben der durch abgestufte Offenlegung/Hinterlegung gesicherten Adressateninformation insbes. bei Kapitalgesellschaften auch die Regelung von Finanzinteressen (Ausschüttungs- und Steuerbemessungsfunktion). Bezogen auf den Hauptadressaten kennt das HGB ein informationelles und institutionelles Gläubigerschutzprinzip. Eine Zahlungsbemessungsfunktion ist dem IFRS-Abschluss aufgrund seiner ursprünglichen Orientierung an Konzernabschlüssen börsennotierter Muttergesellschaften, den Anteilseignern und fehlender steuerlicher Maßgeblichkeit fremd. Institutioneller Gläubigerschutz muss daher im IFRS-Anwendungsbereich durch vertragliche Vereinbarungen *(„covenants")*, Gewinnbesteuerung durch separate Rechnungslegung sichergestellt werden.

3. Konzeptioneller Grundsatz: Grundsatz der Vermittlung eines den tatsächlichen Verhältnissen entsprechenden Bildes (true and fair view/fair presentation) der Vermögens-, Finanz- und Ertragslage

Der Grundsatz der Vermittlung eines den tatsächlichen Verhältnissen entsprechenden Bildes *(fair presentation)* wird in IAS 1.15 aufgestellt. Danach haben Abschlüsse „die Vermögens-, Finanz- und Ertragslage sowie die Cashflows eines Unternehmens den tatsächlichen Verhältnissen entsprechend darzustellen." In diesem Zusammenhang tragen die Bestandteile eines IFRS-Abschlusses wie folgt zur Zielsetzung bei:

- Die Bilanz bietet Informationen über die Vermögens- (Aktivseite) und die Finanzlage (Passivseite).
- Die Gesamtergebnisrechnung spiegelt die Ertragskraft des Unternehmens wider.
- Die Kapitalflussrechnung stellt die Entwicklung der Cashflows dar.

Das Ziel der Vermittlung entscheidungsrelevanter Informationen orientiert sich stark an der Bewertungsfunktion der Rechnungslegung (IASB-F.OK3) und an den Informationsbedürfnissen von Kapitalinvestoren (IASB-F.OK10). Zusätzlich sollen die Abschlussadressaten mithilfe der im IFRS-Abschluss bereitgestellten Informationen die geleistete Arbeit des Managements in der Berichtsperiode beurteilen können. In diesem Sinne sollen die Abschlussinformationen der Beurteilung des wirtschaftlichen Handelns der Vergangenheit dienen und stellen eine Koordinationsfunktion dar (IAS 1.9). Der IASB geht davon aus, dass die Rechenschaft mit der Entscheidungsnützlichkeit ausreichend berücksichtigt ist.

Die Regelungen unterstellen, dass die richtige Anwendung der Standards „unter nahezu allen Umständen" (IAS 1.17) zu Abschlüssen führt, die ein den tatsächlichen Verhältnissen entsprechendes Bild vermitteln. Im Einzelnen wird verlangt (IAS 1.17):

(a) Auswahl und Anwendung der Bilanzierungsregeln gemäß IAS 8;
(b) Darstellung von Informationen, einschließlich der Bilanzierungs- und Bewertungsmethoden, auf eine Weise, die zu relevanten, verlässlichen, vergleichbaren und verständlichen Informationen führt und
(c) Bereitstellung zusätzlicher Angaben, wenn die Anforderungen in den IFRS unzureichend sind, um es den Adressaten zu ermöglichen, die Auswirkungen von einzelnen Geschäftsvorfällen oder Ereignissen auf die Vermögens-, Finanz- und Ertragslage des Unternehmens zu verstehen.

Dennoch ist im Gegensatz zur Generalnorm gem. §264 Abs. 2 bzw. §297 Abs. 2 HGB,[1] wonach «unter Beachtung der Grundsätze ordnungsmäßiger Buchführung» eine den tatsächlichen Verhältnissen entsprechende Darstellung der Vermögens-, Finanz- und Ertragslage zu erfolgen hat, und das Einhalten der Einzelnormen grundsätzlich der Erfüllung der Generalnorm vorgeht, nach den IFRS die Generalnorm vorrangig. Im IAS 1.15 ist der *True-and-Fair-View*-Grundsatz, nach welchem Abschlüsse die Vermögens-, Finanz- und Ertragslage sowie die Cashflows eines Unternehmens den tatsächlichen Verhältnissen entsprechend darzustellen haben, ausdrücklich verankert. Dieser fungiert gem. IAS 1.19 auch als vorrangig (*overriding principle*), da ein Abweichen von Einzelregelungen in dem Fall notwendig ist, wenn die im Rahmenkonzept explizierten Zwecke des Abschlusses sonst nicht erreicht werden könnten. Dies löst aber weitreichende Informationspflichten aus. So ist gem. IAS 1.20 in diesen seltenen Fällen anzugeben,

- dass das Management zu dem Schluss gekommen ist, dass der Abschluss die Vermögens-, Finanz- und Ertragslage sowie die Cashflows des Unternehmens den tatsächlichen Verhältnissen entsprechend darstellt;
- dass es den anzuwendenden Standards und Interpretationen nachgekommen ist, mit der Ausnahme, dass von einem spezifischen Erfordernis abgewichen wurde, um ein den tatsächlichen Verhältnissen entsprechendes Bild zu vermitteln;
- die Bezeichnung des Standards bzw. der Interpretation, von dem/von der das Unternehmen abgewichen ist, die Art der Abweichung einschließlich der Bilanzierungsweise, die der Standard oder die Interpretation fordern würde, der Grund, warum diese Bilanzierungsweise unter den gegebenen Umständen so irreführend wäre, dass sie zu einem Konflikt mit den Zielen des Abschlusses gemäß dem Rahmenkonzept führen würde, und die Bilanzierungsweise, die angewandt wurde; sowie
- für jede dargestellte Periode die finanzielle Auswirkung der Abweichung auf jeden Abschlussposten, der bei Einhaltung des Erfordernisses berichtet worden wäre.

Sollte ein Abweichen aufgrund gesetzlicher Regelungen nicht möglich sein, verlangt IAS 1.23, dass der für irreführend gehaltene Aspekt bestmöglich verringert wird und Folgendes anzugeben ist:

---

1 Siehe Kap. B.III.3.

- die Bezeichnung des betreffenden IFRS, die Art der Anforderung und den Grund, warum die Einhaltung der Anforderung unter den gegebenen Umständen so irreführend ist, dass sie nach Ansicht des Managements zu einem Konflikt mit der Zielsetzung des Abschlusses i.S.d. Rahmenkonzepts führt; sowie
- für jede dargestellte Periode die Anpassungen, die bei jedem Posten im Abschluss nach Ansicht des Managements zur Vermittlung eines den tatsächlichen Verhältnissen entsprechenden Bildes erforderlich wären.

Nach IAS 1.24 besteht zwischen einer einzelnen Information und der Zielsetzung der Abschlüsse dann ein Konflikt, wenn die einzelne Information die Geschäftsvorfälle, sonstigen Ereignisse und Bedingungen nicht so glaubwürdig darstellt, wie sie es entweder vorgibt oder wie es vernünftigerweise erwartet werden kann, und die einzelne Information folglich wahrscheinlich die wirtschaftlichen Entscheidungen der Abschlussadressaten beeinflusst. Dabei hat die Unternehmensführung zu prüfen, warum die Zielsetzung des Abschlusses unter den gegebenen Umständen nicht erreicht wird und wie sich die besonderen Umstände des Unternehmens von denen anderer Unternehmen, die die Anforderung einhalten, unterscheiden. Wenn andere Unternehmen unter ähnlichen Umständen die Anforderung einhalten, gilt die widerlegbare Vermutung, dass die Einhaltung der Anforderung durch das Unternehmen nicht so irreführend wäre, dass sie zu einem Konflikt mit der Zielsetzung des Abschlusses i.S.d. Rahmenkonzepts führen würde.

Der Grundsatz der tatsachengetreuen Darstellung hat in der internationalen Rechnungslegung somit konzeptionelle Bedeutung und prägt alle Standards, er kann sogar in Extremfällen Einzelregelungen dominieren und hat Einfluss auf die Entscheidungen der IFRS-Bilanzierer, da diese sich immer an dem Ziel des IAS 1.15 zu orientieren haben. Somit dienen Wahlrechte nicht als alternative Darstellungen, mit denen Abschlusspolitik betrieben werden kann, sondern nur der Erreichung der tatsachengetreuen Abbildung.

Die Grundsätze der Rechnungslegung nach IFRS werden im Rahmenkonzept bzw. in den IFRS direkt unterschieden in:

- Grundlegende Annahmen (Fundamentalgrundsätze)
  - Periodenabgrenzung
  - Unternehmensfortführung
- Grundlegende qualitative Anforderungen (fundamental qualitative characteristics of useful financial information)
  - Relevanz (einschließlich der Wesentlichkeit)
  - Glaubwürdigkeit der Darstellung
- Nebenbedingungen (enhancing qualitative characteristics of useful financial information)
  - Vergleichbarkeit (Stetigkeit)
  - Nachprüfbarkeit
  - Zeitnähe
  - Verständlichkeit
  - Kosten- und Nutzenabwägung
  - (Vorsicht)
  - Beschränkung zwischen Relevanz und Glaubwürdigkeit
- Weitere Grundsätze mit Verankerung in den Standards

4. Grundlegende Annahmen *(basic assumptions)*

a) Grundsatz der Periodenabgrenzung (accrual basic, matching principle)

Auch nach *IFRS* (IAS 1.27 f.) gilt das buchhaltungsspezifische Periodisierungsprinzip *(accrual principle)*, was nicht mehr explizit im Rahmenkonzept zu den grundlegenden Annahmen gezählt wird, aber zentral in IAS 1.27–28 verankert ist und in IASB-F. OB17 und 4.50–53 erwähnt wird. Danach sind grundsätzlich die Auswirkungen von Geschäftsvorfällen und anderen Ereignissen (Erträge/Aufwendungen) unabhängig von ihren Zahlungsströmen in der Berichtsperiode ihres Auftretens auszuweisen. Für die Periodenzurechnung maßgeblich ist eigentlich das in den IFRS nicht erwähnte *realization principle* (angedeutet in IASB-F 4.50–53), die IFRS definieren allerdings die Grundsätze der Erfassung von Aufwendungen und Erträgen anders.

So wird in IASB-F 4.50 bei Aufwendungen der „*direkte Zusammenhang* der angefallenen Kosten und den entsprechenden Ertragspositionen" für maßgeblich erklärt (Konzept der sachlichen Abgrenzung, *matching of costs with revenue*) und damit ein dem *matching principle* der US-GAAP entsprechendes Zuordnungskriterium angedeutet. Erlöse und Aufwendung sollen danach periodengleich erfasst werden, wenn sie unmittelbar und gemeinsam aus denselben Geschäftsvorfällen oder anderen Ereignissen resultieren (IASB-F 4.50; auch: IAS 18.19).[1]

Besteht über mehrere Perioden nur ein *indirekter Zusammenhang* mit Erträgen ist auf der Grundlage „systematischer und vernünftiger Verteilungsverfahren" zu periodisieren (IASB-F 4.51) – beispielsweise durch Abschreibungsverfahren.

Stehen Ausgaben/Einzahlungen über mehrere Perioden mit zu erhaltenden Leistungen in Verbindung (sog. *accruals, deferrals*) so sind sie u.U. über die Perioden zu verteilen (Rechnungsabgrenzung).

Bewirkt ein Aufwand keinen künftigen wirtschaftlichen Nutzen, so ist er unverzüglich zu erfassen (IASB-F 4.52).

Erträge sind u.U. auch schon vor der Marktrealisation antizipierbar (z.B. IAS 11 Fertigungsaufträge betreffend und viel weitergehend ab 2018 IFRS 15).

In der Bilanz bewirkt das Periodisierungsprinzip, dass über die Passivierung (*liabilities*) auch über künftige Zahlungsverpflichtungen, über die Aktivierung von Ressourcen (*assets*) auch über künftige Zahlungsmittelzuflüsse informiert wird. Eine Periodenabgrenzung durch Bilanzierung (z.B. oben genanntes *matching* oder die Rechnungsabgrenzung) ist jedoch nur dann zulässig, wenn zugleich die Definitionsmerkmale von *assets* bzw. *liabilities* erfüllt sind (IAS 1.28). Weil diese Bilanzierungsobjekte sich von denen des Handelsbilanzrechts unterscheiden[2] kann es zu weiteren Abgrenzungsunterschieden zwischen HGB und IFRS kommen.

---

1 Ein Beispiel ist die Aktivierung von Entwicklungskosten, deren Abschreibung den Erträgen periodenmäßig zugeordnet wird.
2 Siehe Kap. C.II.1 bzw. 3.

b) Grundsatz der Unternehmensfortführung (going concern)

Wie das HGB[1] kennen auch die IFRS das Prinzip der Unternehmensfortführung und weisen ihm den Rang einer *fundamental accounting assumption* zu (IAS 1.25 und IASB-F 4.1).

Danach wird bei der Erstellung eines Abschlusses i.d.R. unterstellt, dass das Unternehmen für einen absehbaren Zeitraum (*foreseeable future*) seine Geschäftstätigkeit fortsetzen wird. Es wird davon ausgegangen, „dass das Unternehmen weder die Absicht hat, noch gezwungen ist, seine Tätigkeit einzustellen oder deren Umfang wesentlich einzuschränken. Besteht eine derartige Absicht oder Notwendigkeit, muss der Abschluss ggf. auf einer anderen Grundlage erstellt werden, die dann anzugeben ist" (IASB-F 4.1). Über wesentliche Unsicherheiten ist zu berichten. Die Einschätzung liegt bei jedem Abschluss in der Verantwortung des Managements (IAS 1.25), es muss auch Informationen nach dem Bilanzstichtag bis zum Aufstellungszeitpunkt berücksichtigen und einen Fortführungszeitraum von mindestens 12 Monaten berücksichtigen (IAS 1.26).

Inhaltlich bestehen hinsichtlich dieses Prinzips zwischen *HGB* (§ 252 Abs. 1 Nr. 2 HGB) und IFRS wenig Unterschiede, es gibt jedoch Spezialvorschriften für aufzugebende Unternehmensteile (IFRS 5). Dort wird bei Prämissenaufgabe der Ansatz von „*fair values less costs to sell"* vorgeschrieben.

5. Grundlegende qualitative Anforderungen – Primärgrundsätze *(fundamental qualitative characteristics)*

a) Grundsatz der Relevanz (relevance), insbes. Wesentlichkeit (materiality)

Der Grundsatz der Relevanz (*relevance*; IASB-F.QC6 ff.) einschließlich der Wesentlichkeit steht in engem Zusammenhang zur Zielsetzung der IFRS-Rechnungslegung. Informationen gelten dann als relevant, wenn sie die wirtschaftliche Entscheidung von Abschlussadressaten beeinflussen. Relevante Informationen können dazu beitragen, einen Input bei der Vorhersage künftiger Ergebnisse zu geben (Vorhersagekraft) oder eine in der Vergangenheit getroffene Entscheidung zu bestätigen oder zu korrigieren (Bestätigungskraft; IASB-F.QC.7–9). Viele Informationen sind für Abschlussadressaten relevant. Dennoch sind nicht alle relevanten Informationen im Jahresabschluss offenzulegen. Eine Einschränkung erfolgt durch den Grundsatz der Wesentlichkeit (*materiality*; IASB-F.QC11, IAS 8.8; IAS 1.29 ff.).

Unterfall: Grundsatz der Wesentlichkeit

Die Relevanz einer Information wird durch das qualitative Merkmal Beschaffenheit bzw. Art (*natural*) und/oder durch das eher quantitative Merkmal ihrer Wesentlichkeit (*materiality*) bestimmt (IASB-F.QC11). Informationen sind dann *wesentlich*, wenn ihr Weglassen oder ihre fehlerhafte Darstellung – einzeln oder insgesamt – die Entscheidungen der Adressaten beeinflussen könnten. Von einer näheren Bestimmung eines Grenzwertes wird abgesehen, vielmehr auf die Besonderheiten einzelner Posten und Umstände verwiesen.

---

1 Siehe Kap. B.II.4.

Die Wesentlichkeit kann beispielsweise die getrennte oder zusammengefasste Darstellung von Posten (IAS 1.30) und Anhangangaben (IAS 1.31) bestimmen.

b) Grundsatz der Glaubwürdigkeit *(faithfully)*

Informationen sind entscheidungsnützlich, wenn sie zusätzlich zum Grundsatz der Relevanz auch die Anforderungen an eine glaubwürdige Darstellung *(faithful representation)* erfüllen (IASB-F.QC12). Der Grundsatz der glaubwürdigen Darstellung fordert eine den tatsächlichen wirtschaftlichen Verhältnissen entsprechende Abbildung im IFRS-Abschluss. Da die Abbildung im Abschluss mit Schätzungen verbunden ist, z.B. Schätzung der Nutzungsdauer, Schätzung der Rückstellungshöhe, und objektiv nicht gelingen kann, sind ergänzend die Vollständigkeit, Neutralität und Fehlerfreiheit als Gütekriterien definiert (IASB-F.QC12).

Die *Vollständigkeit (completeness)* fordert die Präsentation sämtlicher Informationen, die zum Verständnis des abgebildeten Sachverhalts notwendig sind (IASB-F.QC13). Entsprechend der *Neutralität (neutral)* sollen die im Abschluss gebotenen Informationen frei von Verzerrungen sein, d.h. wertfrei und objektiv (IASB-F.QC14). Dies schließt alle abschlusspolitischen Maßnahmen des Managements aus, das nur der Generierung möglichst entscheidungsnützlicher Information der Kapitalgeber gegenüber verpflichtet ist. Die *Fehlerfreiheit (free from error)* meint, dass die gebotenen Informationen korrekt hergeleitet werden müssen, d.h., Schätzungen sind klar zu umschreiben, ggf. mit Angabe einer Wahrscheinlichkeitsverteilung (IASB-F.QC15).

ba) Grundsatz der Vollständigkeit *(completeness)*

Zur Glaubwürdigkeit gehört nach IASB-F.QC13 auch, dass die im Abschluss enthaltenen Informationen in den Grenzen von Wesentlichkeit und Kosten vollständig sind. Die Grundsätze der Wesentlichkeit und der Nutzen-Kosten-Abwägung (Wirtschaftlichkeit) werden als Rahmen des Vollständigkeitsgebots gesehen. Wie die handelsrechtlichen GoB verlangt das Prinzip „*substance over form*" eine Rechnungslegung, die Geschäftsvorfälle und anderen Ereignisse entsprechend ihres tatsächlichen wirtschaftlichen Gehalts *(substance)* und ihrer ökonomischen Realität *(economic reality)*, nicht nach ihrer rechtlichen Gestaltung abbildet. Dieses Merkmal der glaubwürdigen Darstellung ist, obwohl diese mit Abschluss der Phase A nicht mehr explizit im Rahmenkonzept genannt wird (IASB-F.BC3.26), dennoch als impliziter Grundsatz anzuwenden.

Entscheidend sind eher Nutzungsmöglichkeiten, Belastungen, Risiken und Chancen als (formal) rechtliche Kriterien. Der Grundsatz ist auch nach IFRS insbesondere bei der wirtschaftlichen Würdigung von Sachverhaltsgestaltungen anzuwenden (z.B. Anschaffungsvorgang, Eigentumsvorbehalt, Sicherungsübereignung, Leasing, Abgrenzung Eigen-/Fremdkapital. Das entspricht im Wesentlichen auch der handelsrechtlichen Rechtslage, obwohl dort das Vollständigkeitsgebot Gesetzesrang hat und das Wirtschaftlichkeitsprinzip ungeschriebener GoB ist.

bb) Grundsatz der Neutralität *(neutrality)*

Das Subprinzip der Neutralität verlangt, dass die im Abschluss enthaltenen Informationen frei von verzerrenden Einflüssen sind (IASB-F.QC14). Nicht zulässig ist danach, durch

Auswahl oder Darstellung der Informationen eine Entscheidung oder Beurteilung zu beeinflussen, um so ein vorher festgelegtes Resultat oder Ergebnis zu erzielen. Damit kommt der Grundsatz vor allem bei Schätzungen, Prognosen und Ermessensausübungen in Betracht. Nicht erfasst wird von dem Manipulationsverbot aber die Wahrnehmung der durch die Standards selbst eingeräumten Wahlrechte (z.b. zwischen *Cost-* und *Revaluation-*Modell), die dennoch nach IAS 1.19 so vorzunehmen ist, dass das in IAS 1.15 genannte Ziel der tatsachengetreuen Darstellung erreicht wird. Der Grundsatz ist in der HGB-Rechnungslegung am ehesten dem Wahrhaftigkeitsgebot (Willkürfreiheit) des GoB „Bilanzwahrheit" nahe stehend.[1]

bc) Grundsatz der Fehlerfreiheit *(free of errors)*

Der Grundsatz der Fehlerfreiheit verlangt als Unterprinzip der glaubwürdigen Darstellung, dass die Informationen die Geschäftsvorfälle und andere Ereignisse, die sie zum Inhalt haben oder die sie entweder vorgeben darzustellen oder von denen vernünftigerweise erwartet werden kann, dass sie sie darstellen, gemäß IFRS-Normen richtig darstellen. Insbes. sind Vermögenswerte und Schulden, die die Ansatzkriterien erfüllen, zu bilanzieren. Treten bei der Darstellung von Sachverhalten Glaubwürdigkeitsprobleme (z.B. hinsichtlich des Vorliegens oder der Bewertung selbsterstellter immaterieller Vermögenswerte) auf, hat der Abschlussersteller zu entscheiden, ob er diese Information in den Jahresabschluss aufnimmt und ob gegebenenfalls Zusatzinformationen (z.B. über das Fehlerrisiko) im Anhang notwendig sind (IASB-F.QC15).

6. Nebenbedingungen (enhancing qualitative characteristics of useful financial information)

a) Grundsatz der Vergleichbarkeit (comparability)

Gegenstand des Vergleichbarkeitspostulats sind Zeitvergleiche der Lage eines Unternehmens und Unternehmensvergleiche verschiedener Unternehmen. Die Vergleichbarkeit (*comparability*; IASB-F.QC20 ff.) impliziert, dass die angewendeten Ansatz- und Bewertungsmethoden angegeben werden und dass auf Änderungen hingewiesen wird, um eine zeitliche und zwischenbetriebliche Vergleichbarkeit zu gewährleisten. Die Vergleichbarkeit im Zeitablauf setzt die Beachtung der Stetigkeit auch der Darstellung voraus (IAS 1.45). Außerdem sind gem. IAS 1.38 f. alle quantitativen Vorjahresinformationen anzugeben. Erst damit kann ein Vergleich des Unternehmens im Zeitverlauf erreicht werden. Dies erklärt, weshalb der IASB auch hohe Anforderungen an die rückwirkende Änderung von Rechnungslegungsmethoden stellt und umfangreiche Berichtspflichten fordert (IAS 1.39). Ebenso ist eine Darstellungsänderung nach IAS 1.41 zu begründen und mit Zusatzinformationen für den Adressaten nachvollziehbar zu gestalten. Die überbetriebliche Vergleichbarkeit kann durch die Beachtung der Angabepflichten erreicht werden; eine Normgliederung wie nach §266 und §275 HGB kennt das IFRS-Regelwerk in der Form nicht, es sind lediglich Mindestangaben in den Rechenwerken zu benennen, die i.d.R. einer abschlusspolitischen Aufbereitung für Vergleichszwecke bedürfen. Das

---

1 Siehe Kap. B.II.7.

Prinzipien der Bilanzierung

Stetigkeitsgebot (handelsrechtlich: Bilanzierungsstetigkeit[1]) ist daher direkter Ausfluss des Vergleichbarkeitsgrundsatzes. In den IFRS sind die Stetigkeitsanforderungen jedoch größtenteils an anderer Stelle geregelt (IAS 8.13).

Abweichungen vom Gebot der Vergleichbarkeit sind insbes. dann zulässig, wenn die angewandte Methode nicht mit den qualitativen Anforderungen der Relevanz und Zuverlässigkeit übereinstimmt oder wenn relevantere und verlässlichere Alternativen bestehen (IAS 8.14). Aus dem Vergleichbarkeitsgebot ergibt sich insbes. auch die Verpflichtung, in den Abschlüssen auch die entsprechenden Informationen für die vorhergehenden Perioden anzuführen (IAS 1.38 – 38D). Bei Stetigkeitsunterbrechungen sind Vergleichsbeträge – sofern praktikabel – neu zu gliedern und jedenfalls mit Angaben zu hinterlegen.

Unterfall: Grundsatz der Darstellungsstetigkeit

Der zur Vergleichbarkeit gehörende Grundsatz der Darstellungsstetigkeit *(consistancy)* ist im Rahmenkonzept nicht gesondert aufgezählt, aber im verbindlichen IAS 1 geregelt. Danach sind Darstellung (z.B. Gliederung) und Ausweis von Posten (Postenbezeichnungen, -abgrenzungen, Leerposten) im Abschluss von einer Periode zur nächsten grundsätzlich beizubehalten. Ausnahmen sind möglich bei einer wesentlichen Änderung des Tätigkeitsfeldes des Unternehmens, der Erkenntnis einer angemesseneren Darstellungsweise und der Notwendigkeit, einen Standard oder einer Interpretation zu befolgen (IAS 1.45 f.).

Unterfall: Grundsatz der Bilanzidentität

Obwohl das Gebot der Identität von Schlussbilanz und Eröffnungsbilanz des darauf folgenden Geschäftsjahres[2] nicht explizit im Rahmenkonzept, IAS 1 oder den übrigen Standards genannt ist, besteht es auch in der Rechnungslegung nach IFRS. Das ergibt sich zum einen aus dem grundsätzlichen doppischen Zusammenhängen der Rechnungslegung zum anderen aus den Anforderungen der Vergleichbarkeit. Eine wesentliche Einschränkung der Bilanzidentität sieht allerdings IAS 8.41–42 im Falle von später entdeckten Fehlern aus früheren Perioden vor. Unter Umständen ist eine Fehlerkorrektur durch rückwirkende Anpassung der Eröffnungssalden von Vermögenssalden, Schulden und Eigenkapital bis zum Jahr des Auftretens des Fehlers vorzunehmen. Auch bei Änderungen der Bilanzierungs- und Bewertungsmethoden kann es zu Einschränkungen kommen (IAS 8.5).

b) Grundsatz der Nachprüfbarkeit (verifiability)

Nachprüfbarkeit *(verifiability)* ist als intersubjektive Nachprüfbarkeit zu verstehen und gilt als erfüllt, wenn andere Dritte zum selben Ergebnis kommen würden. IASB-F.QC27 besagt, dass ein Sachverhalt direkt, z.B. durch körperliche Bestandsaufnahme, oder indirekt, z.B. durch analytische Herangehensweise, nachgeprüft werden kann. Grundsätzlich ist auch eine Darstellung quantitativer Werte in Form einer Bandbreite möglicher Werte sachgerecht, soweit deren Eintrittswahrscheinlichkeiten ebenfalls angegeben werden. Zukunftsgerichtete Aussagen bedürfen nach IASB-F.QC28 einer Darstellung der zugrunde gelegten Annahmen, damit der Adressat zumindest diese überprüfen kann.

---

1 Siehe Kap. B.II.8.b).
2 Siehe Kap. B.II.8.a).

c) Grundsatz der Zeitnähe (timeliness)

Zeitnähe (*timeliness*) bedeutet, dass Informationen für die Entscheidungsunterstützung zeitnah zur Verfügung zu stellen sind. Eine zeitnahe Berichterstattung ist notwendig, weil der Informationsnutzen abnimmt, je älter die Information ist (IASB-F.QC29). In diesem Sinne ist der *Fast-close*-Abschluss zur herrschenden Praxis in großen Unternehmen geworden. Die Abwägung zugunsten der schnellen Informationsvermittlung betrifft insbesondere kapitalmarktorientierte Unternehmen, da eine späte Informationsbereitstellung i.d.R. von der Börse abgestraft wird. Da beträchtliche Verzögerung der Berichterstattung, die Entscheidungsrelevanz von Informationen beeinträchtigen können sind die Vorteile einer zeitnahen Berichterstattung und einer Bereitstellung verlässlicher Informationen gegeneinander abzuwägen. Nach dem Grundsatz der Zeitnähe ist es geboten, Informationen zeitnah zum Abschlussstichtag bereitzustellen, auch bevor alle die Verlässlichkeit verbessernden Aspekte eines Geschäftsvorfalles oder eines Ereignisses bekannt sind. Im Gegensatz zum HGB sehen die geltenden IFRS keinen spätesten Aufstellungs- oder Offenlegungszeitpunkt vor (früher: 6 Monate IAS 1.52 (1997)). Aus dem Prinzip der Zeitnähe eine frühestmögliche Aufstellung und Offenlegung abzuleiten, dürfte jedoch seiner Stellung als einschränkende Bedingung von Relevanz und Glaubwürdigkeit entgegenstehen.

d) Grundsatz der Verständlichkeit (understandability)

Die Verständlichkeit (*understandability*) fordert eine klare, präzise Systematisierung und Darstellung von Informationen (IASB-F.QC30). Dies bedeutet nicht, dass komplexe Sachverhalte ausgeschlossen sind (IASB-F.QC31). Vielmehr sind die Informationen so aufzubereiten, dass sie für einen fachkundigen Leser verstehbar sind (IASB-F.QC32). Ihm müssen die vermittelten Abschlussinformationen verständlich sein. Das Prinzip gestattet es daher nicht, dass schwierig zu vermittelnde Informationen, die entscheidungsrelevant sind, wegen möglicher Verständnisschwierigkeiten weggelassen werden dürfen. Im *HGB*[1] entsprechen die Grundsätze der Klarheit und Übersichtlichkeit am ehesten dem IFRS-Prinzip. Als Adressaten stellt sich der HGB-Gesetzgeber (für die Buchführung) auch einen „sachverständigen Dritten" (§ 238 Abs. 1 HGB) vor.

e) Grundsatz der Kosten- und Nutzenabwägung (balance between benefit and cost)

Als Nebenbedingung ist eine Abwägung von Kosten und Nutzen (*balance between benefit and cost*) vorzunehmen (IASB-F.QC35–39). Wie beim handelsrechtlichen GoB der Wirtschaftlichkeit ist auch nach IFRS abzuwägen, ob der aus einer Information zu ziehende Nutzen größer ist als die mit der Informationsbereitstellung verbundenen Kosten. Dies kann die Erfüllung der Grundsätze der Relevanz und Verlässlichkeit beeinträchtigen. Nach IASB-F.Q38 ist der „vorherrschende Sachzwang" zu berücksichtigen, dass der aus einer Information abzuleitende Nutzen höher sein muss als die Kosten für die Bereitstellung der Information. Der Nutzen für die heterogen Gruppe der Adressaten und das Unternehmen ist freilich schwer zu ermitteln, während meist die Eigner die Kosten tragen. Die Abschätzung von Nutzen und Kosten wird dem Ermessen des Abschlusserstellers übertragen. Keinesfalls dürfen durch Standards vorgeschriebene Informationen mit Verweis auf den Grundsatz der Wirtschaftlichkeit unterbleiben.

---

1 Siehe Kap. B.II.5.a./b.

Gem. IASB-F.QC34 kommt der Beachtung der Primärgrundsätze eine hohe Bedeutung zu, weil Informationen nicht entscheidungsnützlich sind, wenn diese nicht relevant und glaubwürdig dargestellt sind.

f) Vorsicht (prudence)

Im Gegensatz zum HGB spielt der Grundsatz der Vorsicht nach IFRS eine untergeordnete Rolle. Während das Vorsichtsprinzip im alten Rahmenkonzept von 1989 noch als Unterbegriff der Verlässlichkeit berücksichtigt wurde (IASB-F(1989).37), findet sich im neuen Rahmenkonzept (IASB-F(2010)) keine Nennung des Vorsichtsprinzips mehr. Dennoch findet sich das Vorsichtsprinzip z. B. bei der Bewertung von Vorräten (*lower of costs or market*) wieder. In der Folge orientiert sich das Realisationsprinzip in der HGB-Rechnungslegung stark am Vorsichtsprinzip, wohingegen nach IFRS die periodengerechte Erfolgsermittlung zur Generierung entscheidungsnützlicher Informationen zu beachten ist. Dies ist letztlich mit den unterschiedlichen Zielsetzungen zu erklären: Das HGB legt durch die Ausschüttungsbemessungsfunktion sowie die Maßgeblichkeit ein stärkeres Gewicht auf die glaubwürdige Darstellung, während die Relevanz in vielen Punkten weniger beachtet wird. Dagegen versucht der IASB den Kompromiss zwischen Relevanz und glaubwürdiger Darstellung zugunsten einer höheren Entscheidungsnützlichkeit in Richtung der Relevanz zu verschieben.

g) Beschränkungen zwischen Relevanz und Glaubwürdigkeit (constraints on relevant and faithful information)

Nach IASB-F.QC17 müssen die im Abschluss präsentierten Informationen sowohl die Anforderungen der Relevanz als auch die der glaubwürdigen Darstellung erfüllen. Allerdings sind beide Grundsätze nicht widerspruchsfrei bzw. sogar häufig konträr, sodass auf ein ausgewogenes Verhältnis von Relevanz und glaubwürdiger Darstellung zu achten ist (IASB-F.QC17). Dies kann exemplarisch am Einsatz des fair value verdeutlicht werden. Dieser kann – eine zutreffende Abbildung vorausgesetzt – zweifelsohne als für die Adressaten relevant angesehen werden, jedoch ist der Wert mit einer häufig wenig glaubwürdigen Ermittlung mit vielen Prämissen verbunden. Letzteres setzt die Entscheidungsrelevanz wieder deutlich herab. In der praktischen Anwendung wird die Relevanz vor der glaubwürdigen Darstellung zu prüfen sein (IASB-F.QC18).

7. Prinzipien in einzelnen Standards

a) Stichtagsprinzip (balance sheet date)

Das auch aus dem HGB bekannte Stichtagsprinzip ergibt sich implizit aus IAS 10, der eigentlich die Berücksichtigung von Nachstichtagsereignissen regelt. Grundsätzlich sind die Verhältnisse zum Bilanzstichtag abzubilden, auch wenn Informationen darüber erst später zugehen. Eine Ausnahme besteht für die Beurteilung der Angemessenheit der Fortführungsannahme (siehe nachfolgend). Grundsätzlich sehen die IFRS einen jährlichen Berichtszeitraum vor (IAS 1.36), ausnahmsweise sind verkürzte oder verlängerte Bilanzierungszeiträume und ein Stichtagswechsel zulässig (IAS 1.36 f.).

b) Erhellungsprinzip (Events after the balance sheet date)

Der Berücksichtigung von Ereignissen nach dem Bilanzstichtag widmen die IFRS einen eigenen Standard. IAS 10 verlangt, dass vorteilhafte und nachteilige Ereignisse, die zwischen dem Bilanzstichtag und dem Tag der Freigabe des Abschlusses zur Veröffentlichung (bzw. der Genehmigung zur Vorlage an den Aufsichtsrat, IAS 10.6) eintreten, zu berücksichtigen sind, wenn sie „weitere substanzielle Hinweise zu Gegebenheiten liefern, die bereits am Bilanzstichtag vorgelegen haben" (IAS 10.3, 8 ff.). Wie im Handelsrecht sind gem. IAS 10.8 bzw. IAS 10.10 wertaufhellende Tatsachen (*adjusting events*) noch zu berücksichtigen, nicht jedoch nach dem Bilanzstichtag eintretende wertbeeinflussende Tatsachen (*non-adjusting events*).

Eine Ausnahme regelt IAS 10.14–16 für die Annahme der Unternehmensfortführung[1]: Beabsichtigt das Management nach dem Bilanzstichtag, aber vor Veröffentlichung/Weitergabe des Abschlusses das Unternehmen aufzulösen, den Geschäftsbetrieb einzustellen oder hat es keine realistische Alternative mehr, als so zu handeln, so darf der Abschluss nicht mehr auf der Grundlage der Fortführungsannahme aufgestellt werden.

c) Einzelbilanzierungsprinzip (Saldierungsverbot, offsetting)

Nach IAS 1.32 dürfen Vermögenswerte und Schulden sowie Erträge und Aufwendungen grundsätzlich nicht miteinander saldiert werden, soweit nicht die Saldierung von einem Standard bzw. einer Interpretation gefordert oder erlaubt wird. Derartige Ausnahmen vom prinzipiellen Verrechnungsverbot gibt es jedoch in großer Zahl. In der Bilanz sind beispielsweise zu saldieren:

- effektive Steuerforderungen und -schulden (IAS 12.71),
- latente Steuerforderungen und -schulden (IAS 12.74),
- Vermögenswerte und Schulden aus Pensionsplänen (IAS 19.131),
- finanzielle Vermögenswerte und finanzielle Schulden (IAS 32.42 ff.).

Die Zulässigkeit einer Verrechnung wird oft von zusätzlichen Bedingungen abhängig gemacht, wie z.B. das Bestehen eines Rechtsanspruchs auf Aufrechnung, die Absicht, einen Ausgleich auf Nettobasis herbeizuführen oder gleichzeitig mit der Verwertung eines Vermögenswertes die dazugehörige Verbindlichkeit abzulösen (IAS 32.42).

In der GuV-Rechnung sind beispielsweise zu verrechnen:

- Umsatzerlöse und Erlösschmälerungen (IAS 18.10/IFRS 15.47),
- Aufwendungen und Erträge aus Nebengeschäften (IAS 1.34),
- Veräußerungserlöse, Veräußerungskosten und Abgangsbuchwert (IAS 1.34),
- nicht wesentliche Gewinne und Verluste, die aus einer Gruppe von ähnlichen Geschäftsvorfällen resultieren, IAS 1.35 – bspw. aus fair-value-Änderungen bestimmter Finanzinstrumenten und aus Währungsumrechnungen,
- Wertaufholungen bei Vorräten mit dem Materialaufwand (IAS 2.34),
- Rückstellungsaufwand nach Verrechnung mit einer Erstattung (als Wahlrecht, es ist auch ein Bruttoausweis zulässig, IAS 37.54).

---

1 Siehe Kap. B.V.4.b).

Auch hier existieren oft zusätzliche Voraussetzungen für die Verrechnung, wie z.B. die Einstufung der Aufwendungen/Erträge als nicht wesentlich (z.B. IAS 1.35).

d) Einzelbewertungsprinzip

Weder im Rahmenkonzept noch im IAS 1 wird das Prinzip der Einzelbewertung ausdrücklich aufgeführt, wohl aber ist es in den Regelungen mehrerer Standards implizit enthalten (z.B. Bilanzierungsfähigkeit von assets und liabilities, IASB-F.4.8 ff., IAS 1, IAS 2.29, IAS 16.7). Wie im HGB werden auch Durchbrechungen zugelassen (z.B. Bewertungsvereinfachungsverfahren IAS 2.25; zahlungsmittelgenerierende Einheiten IAS 36; Portfoliobetrachtung IAS 39.78).

e) Realisationsprinzip (realization principle)

Eine ausdrückliche Formulierung des aus der HGB-Rechnungslegung bekannten Realisationsprinzips findet sich weder im Rahmenkonzept noch in IAS 1, wohl aber implizit in verschiedenen Einzel-Standards. Zur Ertragsrealisation („Erfassung") finden sich z.B. in IAS 18.14 Kriterien, die z.B. auf den Übergang von Risiken und Chancen, von Verfügungsmacht eines Quasi-Eigentümers, zuverlässige Messbarkeit und Kostenbestimmung sowie Wahrscheinlichkeit eines wirtschaftlichen Nutzens abstellen. Andere Standards enthalten Kriterien vorzeitiger Realisierung, z.B. für Fertigungsaufträge in Abhängigkeit vom Fertigstellungsgrad (IAS 11.22; IAS 18.20). Nach IFRS 15 ist ab 2018 neben langfristigen Fertigungsaufträgen auch insb. bei Mehrkomponentengeschäften eine Abweichung von zu erfassenden vom marktmäßig realisierten Umsatz möglich, was das Realisationsprinzip weiter aufweicht.

Ein das Realisierungsprinzip einschränkendes Imparitätsprinzip findet sich in den IFRS ebenfalls nicht, trotzdem sind in einigen Standards Verpflichtungen zur Verlustantizipation zu finden (z.B. Niederstwerttest bei Vorräten IAS 2.9, 2.28 und Impairment-Test nach IAS 36).

f) Stetigkeitsprinzip (consistancy)

Das Stetigkeitsgebot ist im Rahmenkonzept implizit als Ausfluss der Forderung nach Vergleichbarkeit erwähnt. Die Darstellungsstetigkeit (formeller Bilanzenzusammenhang) wurde bereits oben als Unterfall der qualitativen Anforderung "Vergleichbarkeit" behandelt und ist in IAS 1.45 f. beschrieben. Der materielle Bilanzenzusammenhang ist hingegen in IAS 8.13 verankert. Danach hat ein Unternehmen seine Bilanzierungs- und Bewertungsmethoden *(accounting policies)* für ähnliche Geschäftsvorfälle, sonstige Ereignisse und Bedingungen stetig auszuwählen und anzuwenden, es sei denn, ein Standard schreibt etwas anderes vor. Unter Bilanzierungs- und Bewertungsmethoden werden dabei umfassend die „besonderen Prinzipien, grundlegende Überlegungen, Konventionen, Regeln und Praktiken" verstanden, die ein Unternehmen bei der Ausstellung und Darstellung eines Abschlusses anwendet (IAS 8.5). Änderungen sind nur zulässig aufgrund eines Standards oder zur Verbesserung der Zuverlässigkeit und Relevanz der vermittelten Informationen (IAS 8.14) und mit umfangreichen Angaben zu hinterlegen (IAS 8.28).

g) Kapitalerhaltungsprinzip (concepts of capital and capital maintenance)

IASB-F 4.57 lässt bei der Aufstellung der Abschlüsse sowohl ein finanzwirtschaftliches wie auch ein leistungswirtschaftliches Kapitalkonzept zu. Bei ersterem steht die Nominalkapital- oder Kaufkrafterhaltung des Eigenkapitals, bei letzterem die Erhaltung der physischen Produktionskapazität im Vordergrund. Die Auswahl des Kapitalkonzepts muss auf der Grundlage der Adressatenbedürfnisse erfolgen. Ist den Adressaten hauptsächlich an der Erhaltung ihres Nominalkapitals oder der Kaufkraft des investierten Kapitals gelegen, ist ein finanzwirtschaftliches Kapitalkonzept zu wählen, bei angestrebter Erhaltung der betrieblichen Leistungsfähigkeit ein leistungswirtschaftliches Kapitalkonzept (Substanzerhaltung, IASB-F 4.58). Nur für die Rechnungslegung in Hochinflationsländern ist die reale Kapitalerhaltung vorgeschrieben (IAS 29.11). Das vom Management ausgewählte Kapitalkonzept bestimmt insbes. die Bewertung (Berücksichtigung von Preissteigerungen) und den ermittelten/entziehbaren Gewinn (im Einzelnen IASB-F 4.59 ff.).

VI. Vergleich zwischen Bilanzierungsprinzipien nach HGB und IFRS

Ein Vergleich der Bilanzierungsprinzipien nach HGB und IFRS zeigt Folgendes:

Weitgehende Identität der Bilanzierungsprinzipien besteht bei

- Grundsatz der Unternehmensfortführung,
- Periodisierungsprinzip (soweit es die Zahlungsirrelevanz betrifft),
- Stichtags- und Erhellungsprinzip,
- Verständlichkeit/Klarheit/Übersichtlichkeit,
- glaubwürdige Darstellung/Neutralität/Bilanzwahrheit,
- wirtschaftliche Betrachtungsweise und
- Vollständigkeit.

Divergenzen der Bilanzierungsprinzipien:

- Die international vorrangigen Prinzipien der *Entscheidungsnützlichkeit* und der *Vermittlung eines den tatsächlichen Verhältnissen entsprechenden Bildes* sind im deutschen HGB nicht bzw. nur mit restriktiver Anwendung verankert; *„fair presentation"* ist in den IFRS – wie auch in der EU-Bilanzrichtlinie – sogar mit einem deutlichen *overriding* ausgestattet.
- Individualrechtliche Grundsätze des deutschen Rechts (privatrechtliche *Gestaltungsfreiheit*, gesellschaftsrechtliche *Treuepflicht*) spielen bei den internationalen Regeln keine Rolle.
- *Zuverlässigkeit* ist kein handelsrechtlicher GoB (allenfalls teilweise von Bilanzwahrheit erfasst).
- Das *Periodisierungsprinzip* (soweit es die Regeln der Periodenzurechnung betrifft) wird teilweise in IFRS anders interpretiert als nach HGB, wo ein strenges Realisations- und Imparitätsprinzip gilt.
- Das *Imparitätsprinzip* gibt es als Grundsatz nur nach HGB (allenfalls in IFRS-Einzelregelungen über Verlustantizipation).

- HGB folgt nomineller *Kapitalerhaltung*, IFRS lassen nominelle, Kaufkraft- und leistungswirtschaftliche Kapitalerhaltung zu.

Gewichtungsunterschiede bestehen bei folgenden Prinzipien:

- Im HGB haben *Bilanzierungsgrundsätze* eine größere Bedeutung als in der einzelregelungsorientierten IFRS-Rechnungslegung.
- Im HGB sind die GoB *teilkodifiziert* und im Übrigen *verbindliche Norm*; in den IFRS haben die im Framework verankerten Grundsätze keine *Standardverbindlichkeit, finden sich aber im IAS 1 ebenfalls teilkodifiziert.*
- Das deutsche *Vorsichtsprinzip* und das *Nominalwertprinzip* (nominelle Kapitalerhaltung, Anschaffungs-/Herstellungskostenprinzip) sind international von wesentlich geringerer Bedeutung.
- *Bilanzenstetigkeit* kann nach HGB leichter durchbrochen werden als nach IFRS.
- *Einzelbewertung* wird nach HGB strenger gesehen als nach IFRS.
- *Realisationsprinzip* ist nach HGB strenger als nach IFRS.
- *Saldierungsverbot* nach IFRS hat mehr Ausnahmen als nach HGB.
- *Bilanzidentität* hat nach IFRS Ausnahmen bei der retrospektiven Fehlerberichtigung.

Im Einzelnen ergeben sich die in Abbildung B-18 dargestellten Vergleichsergebnisse.

Prinzip	Subprinzip	HGB (alle §§-Angaben: HGB)	IFRS (F = Rahmenkonzept)
Grundsatzkodifizierung		Teilw. kodifiziert, teilw. unbestimmter Rechtsbegriff „GoB"	Teilw. im unverbindlichen Rahmenkonzept, teilw. im IAS 1, teilw. in weiteren Einzelstandards
Grundsatzbedeutung		Vorrang gesetzlicher Einzelregelung	Vorrang einer Standardregelung; Extremer Ausnahmefall: *principle override* von *fair presentation*
Informationsregelung	Entscheidungsnützlichkeit	Kein HGB-Grundsatz, außer generell: als informationeller Gläubigerschutz	Als *decision usefulness* oberste Zielsetzung der IFRS-Rechnungslegung (IAS 1.15; F.OB2)
	Rechenschaft	HGB-Grundsatz	Information über Management-Performance (IAS 1.9)

Vergleich zwischen Bilanzierungsprinzipien nach HGB und IFRS

Prinzip	Subprinzip	HGB (alle §§-Angaben: HGB)	IFRS (F = Rahmenkonzept)
Zahlungsregelung	Ausschüttungsbemessung	Institutioneller Gläubigerschutz durch Ausschüttungssperren	Keine Bedeutung
	Steuerbemessung	Indirekt über Maßgeblichkeitsprinzip	Keine Bedeutung der Maßgeblichkeit
Getreue VEF-Lagedarstellung		Als Generalnorm (insbes. von EU-RL gefordert) kodifiziert mit Gesetzes- und GoB-Vorbehalten in §264 Abs 2; keine *overriding*-Funktion; AP-Bestätigung §322 Abs. 2	Konzeptioneller Grundsatz: *fair presentation* (IAS 1.15; F.OB2 ff.). In Extremfällen *overriding*-Funktion (IAS 1.19)
Prinzipien zeitgerechter Bilanzierung	Aufstellungsprinzip	Ordnungsmäßiger Geschäftsgang und gesetzliche Fristen (§243 Abs. 3)	Als Zeitnähe *(timeliness)* Beschränkung von Relevanz und Glaubwürdigkeit (F.QC29); ohne Fristen
	Stichtagsprinzip	Kodifiziert in §242 Abs. 1	Implizit z.B. IAS 10.8, 10.10; 1.36: Ausnahme: Fortführungsprognose (IAS 10.14)
	Erhellungsprinzip	Teilkodifiziert für Bewertung in §252 Abs. 1 Nr. 4; Rest: GoB	Ausführlich geregelt in IAS 10
	Periodenabgrenzung	§252 Abs. 1 Nr. 5: Zahlungsirrelevanz verknüpft mit Realisations- und Imparitätsprinzip	Als *accrual basis* Grundannahme (IAS 1.27): Zahlungsirrelevanz verknüpft mit speziellen Erfassungsregeln

Prinzip	Subprinzip	HGB (alle §§-Angaben: HGB)	IFRS (F = Rahmenkonzept)
Nominalwertprinzip	Nominelle Kapitalerhaltung	Bisher Grundsatz der Rechts- und Währungsordnung (Nominalismus); h.M., als GoB str.	Durchgehend unterstellt, aber auch andere Kapitalerhaltungskonzeptionen zulässig (F 4.57 ff.), bei Hochinflationsländern reale Kapitalerhaltung (IAS 29)
	AHK-Prinzip	Historische AHK als Wertobergrenze kodifiziert (§ 253 Abs. 1)	Nur bei Erstbewertung; Folge: außer *AK-Modell* auch *Neubewertungs-Modell* möglich (z.B. IAS 16.29 ff.)
Fortführungsprinzip		In § 252 Abs. 1 Nr. 2 für Bewertung teilkodifiziert	Als *going concern* Grundannahme (IAS 1.25; F 4.1; auch: IAS 10.14)
Transparenz-, Ausweisprinzipien	Klarheit	In § 243 Abs. 2 kodifizierte GoB	Entspricht der qualitativer Anforderung „Verständlichkeit" (*understandability*, F.QC30); Spezialfall: Abschlussidentifikation 1.49 ff.
	Übersichtlichkeit		
Prinzipien der Einzelabbildung	Einzelbilanzierung	In § 240 Abs. 1 für Inventar teilkodifiziert, sonst GoB	Nicht in IFRS explizit enthalten
	Einzelbewertung	In § 252 Abs. 1 Nr. 3 kodifizierter GoB	Nicht als Grundsatz erwähnt, implizit in IAS 1.32; IAS 2.23; IAS 16, IAS 36; viele Ausnahmen (Bildung von Bewertungseinheiten)
	Einzelausweis (Verrechnungsverbot)	In § 246 Abs. 2 kodifizierter GoB; Ausnahmen: Bewertungseinheiten und latente Steuern	*Offsetting*-Prinzip (IAS 1.32) mit Ausnahmen (z.B. 1.35)

Prinzip	Subprinzip	HGB (alle §§-Angaben: HGB)	IFRS (F = Rahmenkonzept)
Bilanzwahrheit	Richtigkeit	Nichtkodifizierter GoB	Entspricht qualitativer Anforderung „Fehlerfreiheit" *(reliability)* F.QC15
	Vollständigkeit	Kodifizierter GoB § 246 Abs. 1 S. 1	Entspricht qualitativer Anforderung „Vollständigkeit" *(completeness)* F.QC13
	Willkürfreiheit	Nichtkodifizierter GoB („Wahrhaftigkeit", Redlichkeit)	Entspricht qualitativer Anforderung „Glaubwürdigkeit" *(reliability* F.QC12) insbes. Sekundäranforderung Neutralität *(neutrality* F.QC14)
Grundsätze des Bilanzenzusammenhanges	Bilanzidentität (auch: formeller Bilanzenzusammenhang)	In § 252 Abs. 1 Nr. 1 teilkodifizierter GoB	Nicht erwähnt, aber durch Vergleichbarkeit *(comparability* F.QC20, IAS 1.38) geboten; Ausnahmen bei rückwirkenden Anpassungen wegen Fehlern und Methodenänderungen (z.B. IAS 8.42 bzw. 8.19)
	Bilanzenstetigkeit	Kodifiziert: Bezeichnung, Gliederung, Ausweis (§ 265 Abs. 1), Bilanzierungs- (§ 246 Abs. 3) und Bewertungsmethoden (§ 252 Abs. 1 Nr. 6), Rest: GoB; viele Ausnahmen möglich (§ 252 Abs. 2)	Qualitative Anforderung als Vergleichbarkeit/Stetigkeit *(comparability* IAS 1.38 ff.; F.QC20) für Ansatz und Bewertung; Grundannahme für Darstellungsstetigkeit *(consistancy* IAS 1.45 f.; 8.13); Einzelregelung für *accounting policies* (IAS 8.7 ff.; IAS 1.45 f.); wenig Ausnahmen

249

Prinzip	Subprinzip	HGB (alle §§-Angaben: HGB)	IFRS (F = Rahmenkonzept)
Vorsichtsprinzip	Allgemein	Für Bewertung teilkodifizierter GoB (§ 252 Abs. 1 Nr. 4)	Keine explizite Anforderung (*prudence*); implizit im Rahmen der Glaubwürdigkeit (*reliability* F.QC12)
	Realisationsprinzip	Teilkodifizierter GoB (§ 252 Abs. 1 Nr. 4), streng	Nicht erwähnt, teilweise abweichende Erfassungskriterien für Aufwendungen/ Erträge (z. B. IAS 18.13 ff.; IAS 11, zukünftig IFRS 15)
	Imparitätsprinzip	Teilkodifizierter GoB (§ 252 Abs. 1 Nr. 4), streng	Kein Grundsatz, einige entsprechende Einzelfallregelungen der Verlustantizipation z. B. IAS 11.36, 19, 37.66
	Niederst-/ Höchstwertprinzip	In gesetzlichen Regelungen implizit verlangt (§ 253 Abs. 1–3)	Nicht ausdrücklich genannt; bei Vorräten (IAS 2.9), bei Fertigungsaufträgen (IAS 11.22 und 36) sowie Sachanlagen im AHK-Modell (IAS 16.30) implizit verlangt
Wirtschaftlichkeitsgrundsätze	Wirtschaftliche Zugehörigkeit/ Betrachtungsweise	Kodifizierter GoB (§ 246 Abs. 1 S. 2)	Als *substance over form* nur noch impliziter Teil der Relevanz (F.QC6) und Glaubwürdigkeit (F.QC12)
	Wirtschaftlichkeit	Nichtkodifizierter GoB	Als *cost-benefit-balance* Beschränkung der qualitativen Anforderungen, Relevanz und Verlässlichkeit
	Wesentlichkeit	Unterfall des GoB „Wirtschaftlichkeit", implizit bei einzelnen Regelungen (z. B. §§ 240 Abs. 3, 265 Abs. 7)	Als *materiality* Unterfall der qualitativen Anforderung „Relevanz" (*relevance* IAS 1.30; F.QC11)
	Nichtbilanzierung schwebender Geschäfte	Ungeschriebener GoB	Kein Grundsatz, nicht erwähnt

Prinzip	Subprinzip	HGB (alle §§-Angaben: HGB)	IFRS (F = Rahmenkonzept)
IFRS: Relevanz (*relevance*)		Kein Grundsatz	Als *relevance* eine qualitative Anforderung (F.QC11ff.), die insbes. Informationsart und Wesentlichkeit *(materiality)* betrifft, zu letzterer siehe oben
IFRS: Glaubwürdigkeit (*faithfully*)		Kein Grundsatz, aber Subprinzipien teilweise GoB (siehe oben)	Als *faithfully* qualitative Anforderung (F.QC12), die Vollständigkeit, Neutralität und Fehlerfreiheit umfasst
IFRS: Vergleichbarkeit (*comparability*)		Kein Grundsatz, aber als Bilanzenkontinuität/-stetigkeit für Zeitvergleiche weitgehend kodifizierter GoB (siehe oben)	Als *comparability* qualitative Anforderung (F.QC20), die auf Zeit- und Unternehmensvergleiche abzielt (IAS 1.38 ff.)

Abbildung B-18: Synopse der Gemeinsamkeiten und Unterschiede der Bilanzierungsprinzipien nach HGB und IFRS

C. Der Bilanzansatz dem Grunde nach

I. Stufen der Entscheidung über den Ansatz dem Grunde nach

Nach der Logik der Bilanzierungsentscheidungen steht an erster Stelle die Frage nach dem materiellen Inhalt der Bilanz. Zuerst ist zu klären, ob ein Objekt oder ein Vorgang der Realität dem Grunde nach in die Bilanz aufzunehmen ist (Aktivierung oder Passivierung). Dem grundsätzlichen „*Ob*" schließt sich regelmäßig die Bestimmung des „*Wieviel*" (die Bewertung) an. Nach der Bestimmung der Werthöhe folgt im Allgemeinen die Festlegung des „*Wo*", des Ausweises in der Bilanz. Da allerdings der Ort des Ausweises in einigen Fällen die Werthöhe bestimmt (z.B. Ausweis im Anlage- oder Umlaufvermögen), muss mitunter eine Vorentscheidung über den Ausweisort vor der Bestimmung des Ansatzes der Höhe nach getroffen werden. Jedenfalls baut jedoch die zweite und dritte Stufe der Bilanzentscheidung auf der ersten auf und beide entfallen immer dann, wenn der Prüfungs- und Entscheidungsvorgang bereits nach der ersten Stufe beendet wird. Es ist deshalb nicht nur ein Gebot der Logik, sondern auch der wirtschaftlichen Vernunft, sich zunächst Gedanken über den Ansatz dem Grunde nach zu machen, bevor die ggf. entbehrliche Erörterung von Bewertungs- und Ausweisfragen begonnen wird.

1. Entscheidungsstufen über den Ansatz dem Grunde nach gemäß HGB und EStG

Die Entscheidung über den *Ansatz dem Grunde nach* kann wiederum in *Teilentscheidungen* aufgespalten werden, deren logische Zusammenhänge sich für Handels- und Steuerbilanz aus dem nachfolgenden Ablaufschaubild (Abb. C-1) erkennen lassen; Nach *abstrakter Bilanzierungsfähigkeit* ist die *konkrete Bilanzierungsfähigkeit* (einschließlich der Frage von konkreten *Bilanzierungsverboten*) zu prüfen und nach Bejahung der *Bilanzierungsfähigkeit* die Frage einer etwaigen Entscheidungsfreiheit des Ansatzes *(Bilanzierungswahlrecht)*. Bei Bejahung eines Bilanzierungswahlrechts bestimmt die bilanzpolitische Zielsetzung die Ausübung des Ansatzwahlrechts. Abbildung C-1 gibt diese Zusammenhänge schaubildlich wieder. Anschließend werden die einzelnen Kriterien dargestellt.

2. Entscheidungsstufen über den Ansatz dem Grunde nach gemäß IFRS

In IASB-F 4.4 werden als *Abschlussposten (elements)* eines IFRS-Abschlusses in der Bilanz Vermögenswerte *(assets)*, Schulden *(liabilities)* und Eigenkapital *(equity)* sowie in der GuV-Rechnung Aufwendungen *(costs)* und Erträge *(income)* genannt.

Auch nach dem Framework ist ein zwei- bzw. dreistufiges Vorgehen der Prüfung der Bilanzierung der Abschlussposten dem Grunde nach (sog. Erfassung, *recognition*, IFRS-F 4.37) vorgesehen, jedoch mit gänzlich anderen Kriterien als nach HGB und EStG. Die

Der Bilanzansatz dem Grunde nach

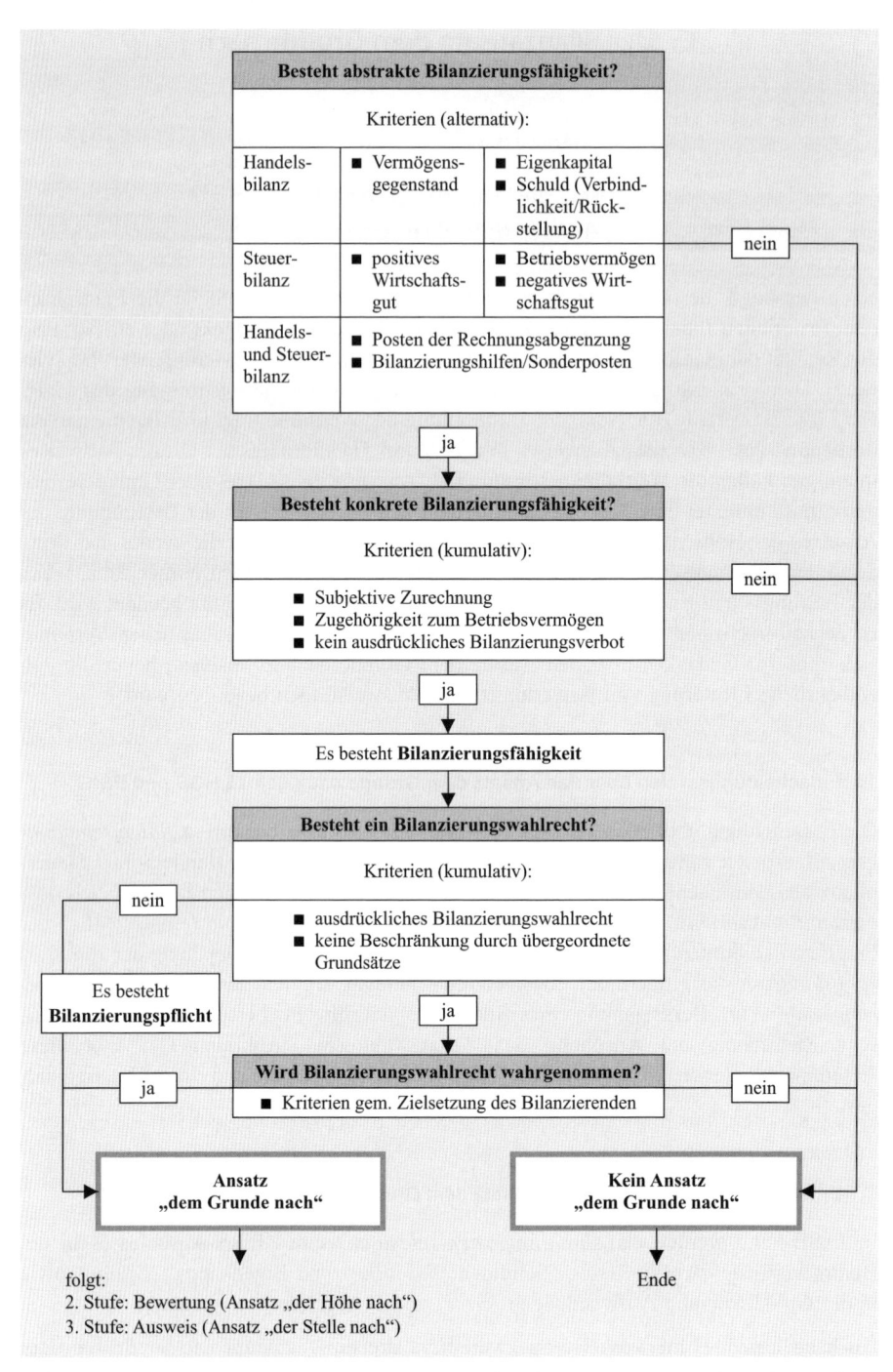

```
┌─────────────────────────────────────────────────────┐
│      Besteht abstrakte Bilanzierungsfähigkeit?      │
├─────────────────────────────────────────────────────┤
│              Kriterien (alternativ):                │
├──────────────┬──────────────────┬───────────────────┤
│ Handels-     │ ■ Vermögens-     │ ■ Eigenkapital    │
│ bilanz       │   gegenstand     │ ■ Schuld (Verbind-│
│              │                  │   lichkeit/Rück-  │
│              │                  │   stellung)       │
├──────────────┼──────────────────┼───────────────────┤
│ Steuer-      │ ■ positives      │ ■ Betriebsvermögen│
│ bilanz       │   Wirtschafts-   │ ■ negatives Wirt- │
│              │   gut            │   schaftsgut      │
├──────────────┼──────────────────┴───────────────────┤
│ Handels-     │ ■ Posten der Rechnungsabgrenzung     │
│ und Steuer-  │ ■ Bilanzierungshilfen/Sonderposten   │
│ bilanz       │                                      │
└──────────────┴──────────────────────────────────────┘
                          │ ja                     nein →
                          ▼
┌─────────────────────────────────────────────────────┐
│      Besteht konkrete Bilanzierungsfähigkeit?       │
├─────────────────────────────────────────────────────┤
│              Kriterien (kumulativ):                 │
│                                                     │
│   ■ Subjektive Zurechnung                           │
│   ■ Zugehörigkeit zum Betriebsvermögen              │
│   ■ kein ausdrückliches Bilanzierungsverbot         │
└─────────────────────────────────────────────────────┘
                          │ ja                     nein →
                          ▼
           Es besteht **Bilanzierungsfähigkeit**
                          ▼
┌─────────────────────────────────────────────────────┐
│         Besteht ein Bilanzierungswahlrecht?         │
├─────────────────────────────────────────────────────┤
│              Kriterien (kumulativ):                 │
│                                                     │
│   ■ ausdrückliches Bilanzierungswahlrecht           │
│   ■ keine Beschränkung durch übergeordnete          │
│     Grundsätze                                      │
└─────────────────────────────────────────────────────┘
      ← nein                │ ja
                            ▼
┌─────────────────────────────────────────────────────┐
│      Wird Bilanzierungswahlrecht wahrgenommen?      │
├─────────────────────────────────────────────────────┤
│   ■ Kriterien gem. Zielsetzung des Bilanzierenden   │
└─────────────────────────────────────────────────────┘
      ja ↓                                    nein →

    Es besteht
    **Bilanzierungspflicht**

┌────────────────────────┐      ┌────────────────────────┐
│        Ansatz          │      │      Kein Ansatz       │
│   „dem Grunde nach"    │      │   „dem Grunde nach"    │
└────────────────────────┘      └────────────────────────┘
             │                              │
             ▼                              ▼
folgt:                                     Ende
2. Stufe: Bewertung (Ansatz „der Höhe nach")
3. Stufe: Ausweis (Ansatz „der Stelle nach")
```

Abbildung C-1: Stufen und Kriterien der Entscheidung über den Ansatz dem Grunde nach gemäß HGB und EStG

```
┌─────────────────────────────────────────────────────┐
│              Abstrakte Bilanzierungsfähigkeit?      │
├──────────────────────────┬──────────────────────────┤
│ Vermögenswert (asset):   │ Eigenkapital (equity)    │
│ ■ unternehmensverfügbare │ Schuld (liability):      │
│ ■ vergangenheitsbegründete│ ■ gegenwärtige          │
│   Ressource              │ ■ vergangenheitsbegründete│
│ ■ mit erwartetem künftigen│   Unternehmensverpflichtung│
│   Ressourcenzufluß       │ ■ mit erwartetem künftigen│
│                          │   Ressourcenabfluß       │
└──────────────────────────┴──────────────────────────┘
```

```
┌─────────────────────────────────────────────────────┐
│            Konkrete Bilanzierungsfähigkeit?         │
├─────────────────────────────────────────────────────┤
│ Ansatzkriterien:                                    │
│ ■ Wahrscheinlichkeit des zukünftigen Nutzenzu- bzw. │
│   -abflusses                                        │
│ ■ zuverlässige Wertermittlung                       │
└─────────────────────────────────────────────────────┘
```

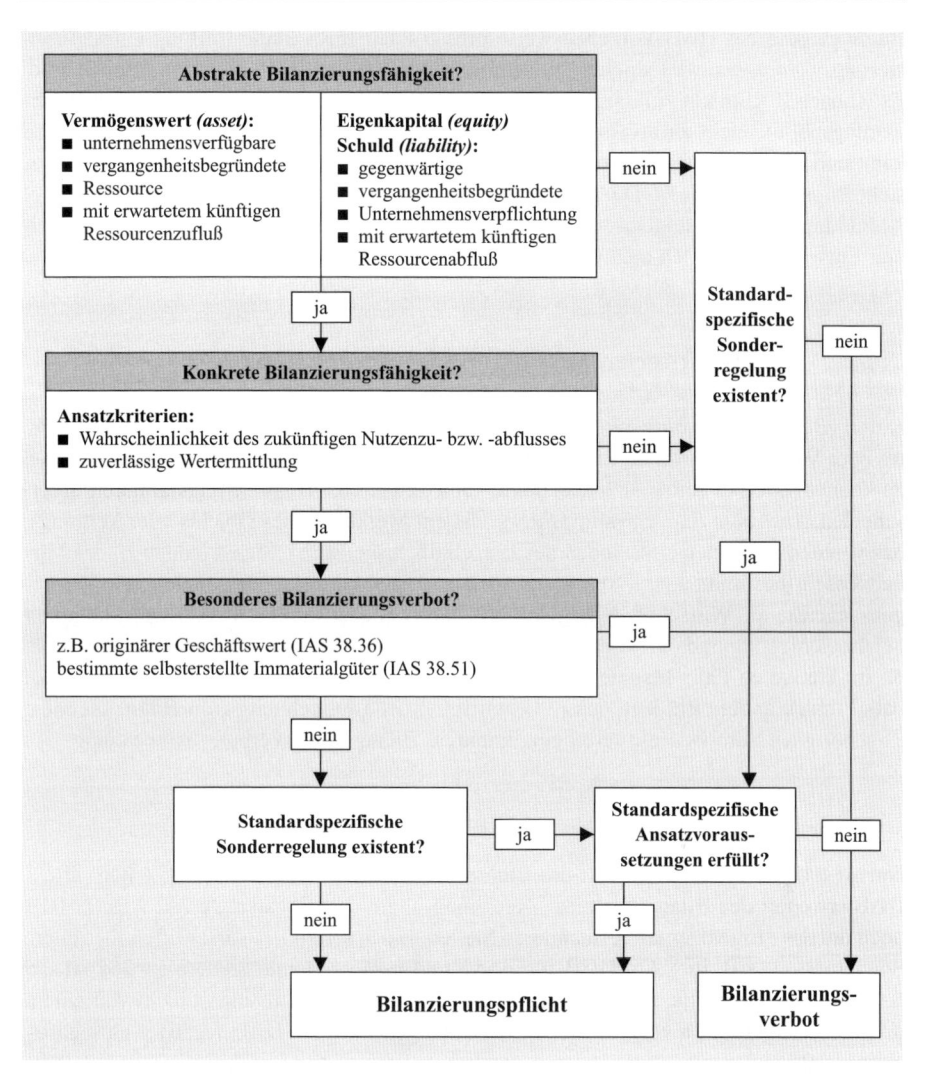

```
┌─────────────────────────────────────────────────────┐
│             Besonderes Bilanzierungsverbot?         │
├─────────────────────────────────────────────────────┤
│ z.B. originärer Geschäftswert (IAS 38.36)           │
│ bestimmte selbsterstellte Immaterialgüter (IAS 38.51)│
└─────────────────────────────────────────────────────┘
```

Abbildung C-2: Ansatz dem Grunde nach gemäß IFRS

abstrakte (vom Einzelfall gelöste) erste Frage betrifft die Erfüllung der Definitionsmerkmale der Abschlussposten *„asset", „liability"* und *„equity" (abstrakte Bilanzierungsfähigkeit)*. Wird diese Frage bejaht, ist in einem zweiten Schritt anhand bestimmter weiterer Kriterien (Wahrscheinlichkeit des Nutzenflusses, verlässliche Ermittlung) zu fragen, ob im konkreten Fall eine Aufnahme in die Bilanz in Betracht kommt *(konkrete Bilanzierungsfähigkeit)*.

Es liegt in der einzelfallorientierten Rechnungslegungsphilosophie der IFRS und in dem Umstand, dass das Framework keine Verbindlichkeit als Standard hat, begründet, dass auf allen Stufen standardspezifische Sonderregelungen Vorrang vor den allgemeinen Prüfkriterien haben *(Standardvorrang)*.

255

Im Gegensatz zur HGB-Vorgehensweise erfolgt nach IFRS keine Prüfung eines *Bilanzierungswahlrechts*, weil solche – in offener Form – in den IFRS nicht vorgesehen sind. Es ist nach IFRS nicht zulässig, Positionen mit der Begründung einer bestimmten Bilanzierungspolitik nicht zu erfassen. Eine Bilanzposition, die als *element* definiert werden kann und die Ansatzkriterien erfüllt ist zwingend in der Bilanz auszuweisen, d.h. es besteht *Bilanzierungspflicht*. Die Zusammenhänge der Ansatzentscheidung nach IFRS zeigt Abbildung C-2. Nachfolgend werden die in den drei Regelungsbereichen auf den einzelnen Entscheidungsstufen anzuwendenden Kriterien erörtert.

II. Kriterien abstrakter Bilanzierungsfähigkeit

Unter *„Bilanzierungsfähigkeit"* hat man die grundsätzliche Eignung eines realen Objektes oder Vorganges zu verstehen, als „Bilanzposten" in eine Bilanz aufgenommen werden zu können. Hierbei lassen sich „abstrakte" und „konkrete" Bilanzierungsfähigkeit unterscheiden. *Abstrakte Bilanzierungsfähigkeit* ist ein Merkmal eines Objekts oder Vorgangs, das von den konkreten Umständen des Einzelfalls losgelöst ist. Sie ist jedoch an das Vorhandensein bestimmter, im Anschluss noch zu beschreibender Merkmale (z.B. Vermögensgegenstand, Wirtschaftsgut) geknüpft. Nur wenn abstrakte Bilanzierungsfähigkeit bejaht werden kann, dann ist nach den besonderen Umständen des Einzelfalls zu prüfen, ob im konkreten Fall Bilanzierungsfähigkeit vorliegt *(konkrete Bilanzierungsfähigkeit)*; dabei finden andere Prüfkriterien (z.B. wirtschaftliche Zurechnung zum Bilanzierenden, Zugehörigkeit zum Betriebsvermögen, konkrete Bilanzierungsverbote) Anwendung.

1. Handelsrechtliche Kriterien abstrakter Bilanzierungsfähigkeit

Nach § 242 Abs. 1 HGB enthält die Bilanz „Vermögen" und „Schulden"; § 246 Abs. 1 HGB erweitert den Bilanzinhalt um „Rechnungsabgrenzungsposten", § 247 Abs. 1 HGB noch um das „Eigenkapital". An anderen Stellen finden sich noch Vorschriften für andere Sonderposten (z.B. in § 274 HGB für aktive und passive latente Steuern). § 265 Abs. 5 S. 2 HGB lässt auch die Hinzufügung neuer Posten zu, wenn ihr Inhalt nicht von einem im Gliederungsschema vorgeschriebenen Posten gedeckt wird (z.B. negativer Geschäftswert als Bilanzierungshilfe). Diese gesetzlichen Formulierungen lassen erkennen, dass – bei abstrakter Betrachtungsweise – nur

- Vermögensgegenstände,
- Eigenkapital,
- Schulden,
- Rechnungsabgrenzungsposten,
- Bilanzierungshilfen und
- Sonderposten

dem Grunde nach in die Handelsbilanz aufgenommen werden dürfen.

a) Vermögensgegenstände

Der Umfang der handelsrechtlichen Aktivierungsfähigkeit (Aktivierbarkeit) ist weitgehend durch den Sinngehalt bestimmt, den man dem an vielen Gesetzesstellen (z.B. §§ 240, 246 Abs. 1, 248 Abs. 2, 252, 253, 266 HGB) verwendeten Wort *„Vermögensgegenstand"* beilegt. Die Bestimmung der Kriterien, die einen „Vermögensgegenstand" ausmachen, gehört wegen der unterschiedlichen Bilanzzwecke zu den umstrittensten Fragen des Bilanzrechts. Zwar hat der Gesetzgeber verschiedentlich aufgegliedert, was er hierzu zählt,

nämlich in § 240 Abs. 1 HGB:

- Grundstücke,
- Forderungen,
- den Betrag des baren Geldes und
- sonstige Vermögensgegenstände;

sowie in § 247 Abs. 1 HGB:

- Anlagevermögen und
- Umlaufvermögen

(beide in § 266 Abs. 2 Buchst. A, B HGB näher spezifiziert),

dennoch bleibt die Bestimmung dessen, was man unter einem „Vermögensgegenstand" zu verstehen hat, mangels einer gesetzlichen Definition (unbestimmter Rechtsbegriff) den GoB überlassen (sog. *Aktivierungsgrundsatz*).

Es kann heute als gesicherte Auffassung gelten, dass der Umfang der Vermögensgegenstände über den der bürgerlich-rechtlichen *„Gegenstände"* (d.h. Sachen und Rechte) hinausreicht und auch andere Werte erfasst (z.B. ungeschützte Erfindungen, know how, Nutzungsmöglichkeiten). Dies zeigt sich auch in der Aufzählung des § 266 Abs. 2 Pos. A.I.2 HGB, die unter der Überschrift „Immaterielle Vermögensgegenstände" auch „ähnliche ... Werte" enthält. Diese Auslegung ergibt sich auch bereits aus der gebotenen wirtschaftlichen, nicht rechtlichen Interpretation des „Vermögens". Eine Grenze findet die Ausweitung jedoch darin, dass das Erfordernis des „Gegenständlichen" erhalten bleiben muss, dass also vage Chancen, flüchtige und zweifelhafte „Werte" keinen Eingang in Bilanzposten finden dürfen.

Weitere Ansatzpunkte für die Abgrenzung des „Vermögensgegenstandes" sind

- die bilanztechnische Funktion der Aktivierung,
- die Beschränkung durch den Grundsatz der Einzelbilanzierung und -bewertung,
- die Bedeutung für die Darstellung der Vermögenslage,
- die Bedeutung für die Darstellung der Ertragslage sowie
- die Berücksichtigung des Grundsatzes der Unternehmensfortführung.

1. Auszugehen ist von der *bilanztechnischen Funktion* der Aktivierung, die sich aus der Verknüpfung der Bilanz und der GuV-Rechnung im System der doppelten Buchführung ergibt: Die Aufnahme eines Aktivums bewirkt, dass dem Bilanzleser das Vorhandensein eines Vermögenswertes dargestellt wird. Zugleich wirken sich die hierfür getätigten Ausgaben nicht als Aufwendungen gewinnmindernd aus (sog. Erfolgsneutralität von Anschaffungen). Bei nichtabnutzbaren Aktiva tritt ein erfolgsneutraler Aktivtausch ein, eine Gewinnwirkung tritt erst bei Wertminderung oder beim Ausscheiden auf; bei abnutzbaren Aktiva werden die Ausgaben als Abschreibungen über die Nutzungsdauer verteilt.

2. Die Aufnahme von Aktiva in die Bilanz bedarf einer Einzelbetrachtung der Bilanzobjekte um sicherzustellen, dass nicht diffuse und nicht nachprüfbare Gesamtwerte Eingang finden. Daher ist bei der Bilanzierung und Bewertung eine einzelobjektorientierte Betrachtungs- und Vorgehensweise notwendig. Die nötige Objektivierbarkeit schaffen hier die GoB der *„Einzelbilanzierung"* und *„Einzelbewertung"*[1]. *„Selbständigkeit"* ist damit ein konstitutives Kriterium des Vermögensgegenstandes, sowohl für den Ansatz dem Grunde nach als auch für den Ansatz der Höhe nach. Beim Ansatz bedeutet dies, dass das Bilanzobjekt in seiner Einzelheit zu betrachten ist. Zur *„selbständigen Bewertbarkeit"* gehört die Notwendigkeit, dass abgrenzbare Aufwendungen entstanden sind, die auch mit einem bestimmten Wertmaßstab zu erfassen sind.

3. Der Einblick in die Vermögenslage dient vor allem dem Gläubigerschutz. Den Fremdkapitalgebern soll nachgewiesen werden, welche Werte im Falle einer Einzel-Zwangsvollstreckung oder einer Insolvenz zur Deckung seiner Schulden vorhanden sind (sog. *„Schuldendeckungspotenzial"*). Demnach darf nur jenes Vermögen ausgewiesen werden, das „verkehrsfähig", d.h. im Rechtsverkehr gegen Entgelt übertragbar ist. Mit der *„selbständigen Verkehrsfähigkeit"* ist ein für Gläubiger wichtiges Kriterium gewonnen, das die Umwandelbarkeit in Geld zur Deckung von Schulden beinhaltet; allerdings lässt sich das Merkmal höchst unterschiedlich interpretieren:

a) es kann auf das Verkehrsobjekt „an sich" (sog. *„abstrakte* Verkehrsfähigkeit") oder auf die speziellen Verhältnisse im Einzelfall (sog. *„konkrete* Verkehrsfähigkeit") abgestellt werden,

b) es kann die Verkehrsfähigkeit im normalen Rechtsverkehr, im Einzel-Zwangsvollstreckungs- oder im erfolglosen Insolvenzverfahren gemeint sein,

c) es kann *Einzelübertragbarkeit* oder Übertragbarkeit im Zusammenhang mit dem Unternehmen (*Gesamtübertragbarkeit*) oder

d) es kann die *zivilrechtliche* oder *wirtschaftliche* Übertragung maßgeblich sein.

4. Die Aktivierung bestimmt über die doppischen Zusammenhänge auch den *Einblick in die Ertragslage*. Aus dieser Sicht ist am Bilanzstichtag das verbliebene Nutzenpotential darzustellen und die Veränderung ist als Aufwand (oder Ertrag) der Perioden auszuweisen. Dieses Nutzenpotential kann nicht nur durch Selbstnutzung oder Verkauf realisiert werden, sondern auch durch Fremdverwertung (z.B. Vermietung, Verpachtung, Betriebsüberlassung). Hieran sind auch Gläubiger interessiert, weil sie für den Regelfall den Schuldendienst (Zinsen und Tilgung) aus den Gewinnen erwarten. Hieraus folgt, dass die *Einzelverwertbarkeit* ein relevantes Kriterium sein kann.

5. Der kodifizierte GoB der *Unternehmensfortführung* (§ 252 Abs. 1 Nr. 2 HGB)[2] verlangt, dass bei der Bilanzierung und Bewertung – solange dem nicht tatsächliche oder rechtliche Gegebenheiten entgegenstehen – nicht von der Zerschlagung, sondern von der Fortführung des Unternehmens auszugehen ist. Demnach kommt es für den Regelfall bei der Vermögensdarstellung nicht auf das „Zerschlagungsvermögen", sondern auf das *„Fortführungsvermögen"* an.

---

1 Zu den Grundsätzen siehe Kap. B.II.6.
2 Siehe Kap. B.II.4.

Eine eindeutige herrschende Auffassung zu den Definitionskriterien eines Vermögensgegenstandes kann man derzeit nicht feststellen. Aus obigen Überlegungen lässt sich eine differenzierte Umschreibung des handelsbilanziellen Bilanzobjekts *„Vermögensgegenstand"* mit folgenden Merkmalen vornehmen:

- Konkretisierung („Greifbarkeit") als wirtschaftlicher Wert (Sachen, Rechte und sonstige wirtschaftliche Werte)
- selbständige Bewertungsfähigkeit (einzelobjektbezogene Zurechenbarkeit von Aufwendungen oder Marktpreisen, Verwendbarkeit eines bestimmten Wertmaßstabs)

bei Geltung der Fortführungsannahme:

- selbständige Verwertbarkeit (konkrete Fähigkeit, im Handelsverkehr selbständig gegen Entgelt verwertet zu werden, z.B. durch Veräußerung oder Nutzungsüberlassung)

bei gebotener Aufgabe der Fortführungsannahme:

- selbständige Veräußerbarkeit (i.S. einer Fähigkeit, im Handelsverkehr selbständig gegen Entgelt veräußert werden zu können, bei beabsichtigter Gesamtbetriebsveräußerung auch Veräußerbarkeit in diesem Zusammenhang)
- selbständige Vollstreckungsfähigkeit (i.S.d. §§ 803 ff. ZPO, wenn Einzel-Zwangsvollstreckung (Pfändung) oder Insolvenzverfahren die Verwertung bestimmen).

Ein entgeltlich erworbener *Geschäfts- oder Firmenwert*, das ist der Unterschiedsbetrag, um den bei einem Unternehmenserwerb die Übernahmegegenleistung (z.B. der Kaufpreis) den Wert des Reinvermögens übersteigt, erfüllt diese Kriterien nicht, insbes. nicht die Einzelbilanzier-/-bewertbarkeit und selbständige Verkehrsfähigkeit. Um eine Aktivierungs- und Abschreibungspflicht des entgeltlich erworbenen Geschäfts- oder Firmenwerts zu erreichen wurde er mit dem BilMoG 2009 als abnutzbarer Vermögensgegenstand fingiert (§ 246 Abs. 1 S. 4 HGB: „gilt als").[1]

b) Eigenkapital

Bilanztechnisch ergibt sich das Eigenkapital als *Residualgröße* aus der Subtraktion von Aktiva und Schulden, einschließlich passiver Rechnungsabgrenzungsposten und Sonderposten. Zum Eigenkapital zählen die festen oder variablen Kapitalkontenstände des Inhabers oder der Personengesellschafter (jeweils nach Verbuchung der Ergebnisverteilung); bei Kapitalgesellschaften die Positionen „gezeichnetes Kapital", „Rücklagen" (Kapital- und Gewinnrücklagen), „Jahresüberschuss", ggf. „Bilanzgewinn" und „Gewinnvortrag" sowie als Korrektive die Positionen „ausstehende Einlagen", „nicht durch Eigenkapital gedeckter Fehlbetrag", „Jahresfehlbetrag", ggf. „Bilanzverlust" und „Verlustvortrag". Bezeichnungen und Ausgestaltungen sind rechtsformspezifisch. Gemeinsam ist allen Eigenkapitalpositionen, dass sie im Verlust- oder Insolvenzfall vom Risiko der Aufzehrung bedroht sind. Einzelheiten werden an späterer Stelle[2] erörtert.

---
1 Zu Einzelheiten siehe Kap. C.V.1.aad) und D.V.1.b).
2 Kap. C.V.2.a).

c) Schulden

Folgt man zunächst wieder dem Wortlaut des HGB, so sind auf der Passivseite nach dem Eigenkapital auch die „Schulden" des Kaufmanns auszuweisen (§§ 240 Abs. 1, 242 Abs. 1, 246 Abs. 1 HGB). Der Gesetzgeber differenziert diese in „Verbindlichkeiten" und „Rückstellungen" (§§ 249, 253 Abs. 1, 266 Abs. 3 HGB). Im Detail wird der Gegenstand der Passivierung durch die GoB bestimmt (sog. *Passivierungsgrundsatz*). Es wird in den gesetzlichen Regelungen deutlich, dass das handelsbilanzrechtliche Verständnis von „Schulden" sowohl über das bürgerlich-rechtliche eines schuldrechtlichen Anspruchs (§ 241 BGB) hinausgeht und zudem nicht einmal eine bereits konkret bestehende Leistungsverpflichtung oder die Beteiligung eines Dritten voraussetzt. Über bürgerlich-rechtliche Leistungsverpflichtungen hinaus werden als „Schulden" auch gegenwärtige und künftige, jedoch *selbständig abgrenz- und bewertbare Belastungen des Vermögens* des Kaufmanns verstanden, die dem Grunde nach bestehen oder hinreichend sicher erwartet werden, auch wenn ihre Höhe noch ungewiss ist. Allerdings ist der Kreis der neben den Verbindlichkeiten zu passivierenden „Rückstellungen" auf fünf Anwendungsfälle beschränkt (§ 249 HGB).

Danach sind als *Schulden* passivierungsfähig:

- wirtschaftlich belastende (d.h. mit wahrscheinlicher Auszahlungs- oder Leistungsnotwendigkeiten verbundene),
- selbständig bewertbare (d.h. abgrenzbar und einzeln bewertbare),
- Verbindlichkeiten, d.s. entstandene, der Höhe nach gewisse
  - öffentlich- oder privatrechtliche Verpflichtungen oder
  - faktische Verpflichtungen, denen sich der Kaufmann nicht entziehen kann, und
- Rückstellungen (d.s. im Bestand und/oder in der Höhe ungewisse Belastungen) für
  - ungewisse Verbindlichkeiten,
  - drohende Verluste aus schwebenden Geschäften,
  - Gewährleistungen ohne rechtliche Verpflichtung und
  - unterlassene Instandhaltung und Abraumbeseitigung bei Einhaltung bestimmter Nachholfristen.

Im letztgenannten Fall der „Innenverpflichtung" (keine Beteiligung eines Dritten) kann streitig sein, ob es sich nicht um eine „Bilanzierungshilfe" handelt.

Neben der bereits erwähnten Unterteilung der Schulden nach der (Un-)gewissheit in Verbindlichkeiten und Rückstellungen lassen sich nach der Verpflichtungsart Geldleistungs- und Sachleistungsverpflichtungen unterscheiden.

d) Posten der Rechnungsabgrenzung

Die Kriterien „Vermögensgegenstand" und „Verbindlichkeiten" (i.e.S.) weisen weitgehend statischen Charakter auf. Aus dem (dynamischen) Zweck eines periodengerechten Gewinnausweises (Periodisierungsprinzip, § 252 Abs. 1 Nr. 5 HGB) ergibt sich aber auch die Notwendigkeit der aktiven und passiven Berücksichtigung von

- geleisteten Vorauszahlungen für noch zu erhaltende Leistungen

bzw.

- erhaltenen Vorauszahlungen für noch zu erbringende Leistungen, auch wenn ansonsten die Definitionskriterien für einen Vermögensgegenstand oder einen Schuldposten nicht gegeben sind. Um jedoch Zahlungen für vage Leistungen bzw. diffuse Gegenleistungsverpflichtungen von der bilanzmäßigen Berücksichtigung auszuschließen, wird das Abgrenzungsgebot auf jene Fälle beschränkt, bei denen die Zahlung für eine bestimmte Zeit geleistet wurde *(Zeitbestimmtheit)*. Im Einzelnen sind die Voraussetzungen der aktiven und passiven Rechnungsabgrenzungsposten in § 250 HGB festgelegt; sie werden an späterer Stelle erläutert.[1]

e) Bilanzierungshilfen und Sonderposten, insbes. latente Steuern

Neben Vermögensgegenständen, Eigenkapital, Schulden und Rechnungsabgrenzungsposten können noch weitere Bilanzposten in Betracht kommen, die nicht zum eigentlichen Inhalt der Bilanz (§ 247 Abs. 1 HGB) gehören. Mit dem BilMoG 2009 wurden die *„Bilanzierungshilfen"* auf den Fall

- aktiver und passiver latenter Steuern (§§ 274, 266 Abs. 2 D und 3 E HGB)

beschränkt.

Der vielfach auch als Bilanzierungshilfe angesehene

- entgeltlich erworbene Geschäfts- oder Firmenwert (§ 255 Abs. 4 HGB a.F.)

wurde mit dem BilMoG als Vermögensgegenstand fingiert (§ 246 Abs. 1 S. 4 HGB). Für den

- sog. negativen Geschäfts- oder Firmenwert[2]

bleibt allerdings die Notwendigkeit der Bildung einer Bilanzierungshilfe.

Allenfalls können noch als Bilanzierungshilfen die verbliebenen Spezialfälle einer Aufwandsrückstellung für

- unterlassene Instandhaltungsaufwendungen mit dreimonatiger Nachholfrist

und

- unterlassene Abraumbeseitigung mit einjähriger Nachholfrist

angesehen werden. Obwohl keine Außenverpflichtung besteht hat der Gesetzgeber für sie Passivierungspflicht angeordnet (§ 249 Abs. 1 Nr. 1 HGB).

Als *Sonderposten* sind nach BilMoG vor allem die den steuerfreien Rücklagen[3] entsprechenden

- Sonderposten mit Rücklageanteil (§ 247 Abs. 3 HGB a.F.)

weggefallen, so dass nur noch der wahlweise anzusetzende

- Darlehensunterschiedsbetrag (Disagio) gem. § 250 Abs. 3 HGB

verbleibt, der allerdings meist zugleich die Merkmale eines aktiven Rechnungsabgrenzungspostens erfüllt. Auch der Bilanzposten

---
1 Siehe Kap. C.V.1.d) und 2.c).
2 Zu Einzelheiten siehe Kap. C.V.2.f).
3 Zu Einzelheiten siehe Kap. C.IV.1.ba.

- Aktiver Unterschiedsbetrag aus der Vermögensverrechnung (§§ 246 Abs. 2 S. 3, 266 Abs. 2 E HGB)

kann als Sonderposten bezeichnet werden weil er eine Ausnahme vom Verrechnungsverbot[1] darstellt.

Der Spezialfall „Aktive und passive latente Steuern"

Handelsbilanziell soll mit der *Abgrenzung von Steuerlatenzen* erreicht werden, dass die sich im Zeitablauf ausgleichenden Bilanzunterschiede zwischen Handels- und Steuerbilanz, bzw. die Ergebnisunterschiede der handels- und steuerrechtlichen Rechnungslegung angeglichen werden. Aus GuV-Sicht soll im Jahresabschluss ein Ertragsteueraufwand (KSt, GewSt und Solidaritätszuschlag) verrechnet werden, der dem handelsbilanziellen Ergebnis entspricht und nicht jener, der effektiv auf dem steuerbilanziellen Ergebnis basiert. Erfasst werden Bilanzierungs- und Bewertungsunterschiede von Vermögensgegenständen/-werten, Schulden und Rechnungsabgrenzungsposten in Handels- und Steuerbilanzen, die sich zukünftig umkehren und dabei eine Steuerbe- oder -entlastung zur Folge haben *(asset-liability-method)*.

Zum Auseinanderfallen von einem dem Handelsbilanzergebnis entsprechenden Steueraufwand und dem tatsächlichen Steueraufwand bzw. von Handels- und Steuerbilanzwerten kommt es vor allem aufgrund von Durchbrechungen des Maßgeblichkeitsprinzips.[2] Allerdings werden bei der Ermittlung der fiktiven, sich auf der Basis des handelsbilanziellen Jahresergebnisses ergebenden Steuerbelastung nur jene Unterschiede berücksichtigt, die sich im Zeitablauf ausgleichen (temporäre Differenzen). Die Berechnung der Steuerlatenzen kann zu *aktiven latenten Steuern* (künftige Steuerentlastungen: es wurden relativ zum Handelsbilanzergebnis mehr Ertragsteuern geleistet) oder zu *passiven latenten Steuern* (künftigen Steuerbelastungen: es wurden bezogen auf das Handelsbilanzergebnis zu wenig Ertragsteuern gezahlt) führen.

Die Steuerabgrenzung kann prinzipiell nach zwei *Ermittlungskonzepten* erfolgen, dem

- Gewinn- und Verlustrechnungsorientierten „*timing-differences*"-Konzept,
bei dem ein periodengerechter Erfolgsausweis angestrebt wird (Steueraufwand, der dem handelsrechtlichen Ergebnis entspricht). Abgrenzungsverbote bestehen bei handels-/steuerrechtlichen Gewinnunterschieden, die sich später nicht umkehren (sog. *permanente Differenzen*, wie nichtabzugsfähige Betriebsausgaben) und bei Gewinnunterschieden, die sich – vom Unternehmen disponierbar – zu einem nicht bestimmten späteren Zeitpunkt umkehren (*quasi-permanente Differenzen*, wie Beteiligungsabschreibungen).[3]

- bilanzorientierten „*temporary differences*"- oder asset-/liability-(Bilanzposten-)Konzept,
bei dem ein zutreffender Vermögensausweis der Steuern angestrebt wird. Erfasst werden Bilanzierungs- und Bewertungsunterschiede von Vermögensgegenständen/

---

1 Siehe Kap. B.II.6.d).
2 Siehe hierzu Kap. B.IV.7.b).
3 Diese inzwischen überholte Konzeption wurde in früheren Fassungen des HGB (bis 2009), des IAS 12 (bis 2004) und APB 11 (bis 1989) verfolgt.

-werten, Schulden und Rechnungsabgrenzungsposten in Handels- und Steuerbilanzen, die sich zukünftig umkehren und dabei eine Steuerbe- oder -entlastung zur Folge haben *(asset-liability-method)*. Im Gegensatz zum *timing-difference-Konzept* kommt es nicht darauf an, ob die Entstehung von Steuerlatenzen erfolgswirksam war (z.B. erfolgsneutrale Neubewertungen nach IAS 16, 19, 38, 39) und ob die Umkehr zeitlich begrenzt und disponierbar ist (sog. *quasi-permanente Differenzen*). Nach dem BilMoG ist dieses Konzept – ebenso wie nach IFRS und US-GAAP – im HGB-Abschluss anzuwenden.

Abbildung C-3 zeigt die wesentlichen Gemeinsamkeiten und Unterschiede zwischen den beiden Konzepten.

Steuerlatenz	Entstehung		Auflösung/Umkehr		
	erfolgs-wirksam	erfolgs-neutral	keine	disponibel, unbestimmt	zeitlich absehbar
timing-Konzept	X	–	–	–	X
temporary-Konzept	X	X	–	X	X

Abbildung C-3: Unterschiede der Steuerabgrenzungskonzeptionen
(Legende: X = zutreffend; – = unzutreffend)

Handelsrechtlich sind gemäß der nach § 274 HGB in der Fassung des BilMoG jetzt anzuwendenden *Bilanzposten-Konzeption (asset-/liability-method)* Unterschiede im Ansatz und der Bewertung von Vermögensgegenständen, Schulden und Rechnungsabgrenzungsposten zwischen Handels- und Steuerbilanz zu identifizieren, sofern sie sich später in ihrer Ertragssteuerwirkung umkehren. Bedeutungslos sind also Ansatz- und Wertunterschiede ohne Steuerwirkungsumkehr (permanente Differenzen).

Obwohl es sich nicht um „Bilanzdifferenzen" handelt, sind bei der Berechnung der Steuerlatenzen auch *steuerliche Verlustvorträge*, die erwartungsgemäß in einem Fünf-Jahres-Zeitraum verrechnet werden können, zu berücksichtigen (§ 274 Abs. 1 S. 4 HGB). Damit wird insbes. eine Aktivierung oder Verrechnung des Steuervorteils aus steuerlichen Verlustverrechnungen (§ 10d EStG i.V.m § 8 Abs. 1 KStG) möglich, sofern in den nächsten 5 Jahren eine Verlustverrechnung möglich erscheint. Damit der Vorteil eintritt, muss in den betrachteten 5 Jahren ein zu versteuerndes Einkommen vorhanden sein. Das erfordert eine präzise Steuerplanung.

- Zu einer *aktiven Steuerlatenz* kommt es allgemein, wenn in der Handelsbilanz niedrige Vermögensgegenstände/höhere Schulden erfasst werden als in der Steuerbilanz.[1]
- Eine passive *Steuerlatenz* entsteht generell bei höheren Vermögensgegenständen/ niedrigeren Schulden in der Handelsbilanz im Vergleich zur Steuerbilanz.[2]

---
1 Zu Beispielen siehe Abb. C-4.
2 Zu Beispielen siehe Abb. C-4.

Ergibt eine *Gesamtdifferenzenbetrachtung*, dass bei späterer Umkehr „insgesamt" eine *Steuerbelastung* entsteht, besteht Passivierungspflicht für einen Posten „passive latente Steuern" (§§ 274 Abs. 1 S. 1, 266 Abs. 3 E HGB); ergibt sich insgesamt später eine *Steuerentlastung*, besteht ein Aktivierungswahlrecht für einen Posten „aktive latente Steuern" (§§ 274 Abs. 1 S. 2, 266 Abs. 2 D HGB).

Die Posten können wahlweise auch *unsaldiert* getrennt ausgewiesen werden (§ 274 Abs. 1 S. 3 HGB). Die Posten stellen weder Vermögensgegenstände (Forderungen) oder Schulden, noch Rechnungsabgrenzungsposten (keine Zeitbestimmtheit) dar, sondern sind *„Sonderposten eigener Art"*. Sie sind aufzulösen, wenn umkehrbedingt die Steuerbe-/-entlastung eintritt oder mit der Steuerlatenz nicht mehr zu rechnen ist (z.B. Steuergesetzesänderung). Für Erträge aus der Bildung aktiver latenter Steuern besteht wegen deren fehlender Liquiditätswirkung eine Ausschüttungs- und Abführungssperre (§§ 268 Abs. 2 HGB, 301 AktG).

Bezüglich seiner *Anwendung* gilt § 274 HGB nach der Stellung der Norm (im Zweiten Abschnitt) und ihrer Ausgestaltung (z.B. einer Ausschüttungssperre) nur für Kapitalgesellschaften, bestimmte haftungsbegrenzte Personengesellschaften (§ 264a HGB) sowie Unternehmen, die unter das PublG fallen (§ 5 Abs. 1 S. 2 PublG). Kleine Kapitalgesellschaften bzw. kleine § 264a-HGB-Gesellschaften sind allerdings von Berechnung und Ausweis latenter Steuern gänzlich befreit (§ 274a Nr. 5 HGB).

Die Bildung latente Steuern gehört zwar nicht zu den GoB, doch lässt die h.M.[1] die Regelungen über latente Steuern auch für nicht unter das PublG oder § 264a HGB fallende Personenunternehmen zu, beschränkt allerdings auf Gewerbesteuerlatenzen.

Abbildung C-4 zeigt die Zusammenhänge beim Ansatz latenter Steuern in der HGB-Handelsbilanz. Zur Berechnung der Postenhöhe siehe Kap. D.V.3.

Die *IFRS* stimmen nach der HGB-Modernisierung (BilMoG) hiermit weitgehend überein: IAS 12 verfolgt auch das Bilanzpostenkonzept (*asset/liability-approach*, IAS 12.16) und definiert in IAS 12.15–18 die allein abgrenzungspflichtigen *temporary differences* (bestimmte Unterschiedsbeträge zwischen Buchwert und Steuerwert) und unterscheidet dabei (IAS 12.6):

- *zu versteuernde temporäre Differenzen,* die temporäre Unterschiede darstellen, die zu steuerpflichtigen Beträgen bei der Gewinnermittlung zukünftiger Perioden führen, wenn der Vermögensbuchwertes realisiert oder die Schuld erfüllt wird,
- abzugsfähige *temporäre Differenzen,* die temporäre Unterschiede darstellen, die zu Beträgen führen, die bei der Gewinnermittlung zukünftiger Perioden abzugsfähig sind, wenn der Vermögensbuchwert realisiert oder die Schuld erfüllt wird.

Eine Ausnahme für die Bilanzierung latenter Steuern besteht u.a. – im Gegensatz zum HGB – bei bestimmten erstmaligen Ansätzen eines Vermögenswertes oder einer Schuld (IAS 12.15, 22, 33). Ein weiterer wesentlicher **Unterschied** zum HGB ist, dass auch für aktive latente Steuern Aktivierungspflicht besteht (IAS 12.15). Im Gegensatz zum HGB, das die latenten Steuern als Sonderposten annimmt, sehen die IAS hierin Vermögenswerte bzw. Schulden. Außerdem bestehen Sonderregelungen für sog. *outside basis differen-*

---

[1] Z.B. WPH 2017, F 1471 mit Hinweis auf IDW RS HFA 7, Tz. 19.

Kriterien abstrakter Bilanzierungsfähigkeit

Bilanzdifferenzen (Bilanzierungs-/Bewertungsunterschiede) der Vermögensgegenstände, Schulden und Rechnungsabgrenzungsposten in **Handelsbilanz (HB)** und **Steuerbilanz (StB)**

ohne erwartete Umkehr permanente Differenzen: **keine latenten Steuern**	mit erwarteter Umkehr temporäre Differenzen: **latenten Steuern**

Befreiung kleiner Kapitalgesellschaften und kleiner KapGes & Co. (§ 274a Nr. 5 HGB)

Erwartete Steuerbelastung bei Umkehr

	Handelsbilanz	Steuerbilanz	Beispiel
Vermögensgegenstände Aktive Rechnungsabgrenzungsposten	Ansatz	Nichtansatz	Aktivierte selbstgeschaffene Immaterialgüter (Entwicklung)
	Wert >	Wert	AV-Sonderabschreibungen
Schulden Passive Rechnungsabgrenzungsposten	Nichtansatz	Ansatz	Handelsrechtl. Abzinsung mit Marktzins > StB-Zinssatz
	Wert <	Wert	

Erwartete Steuerentlastung bei Umkehr

	Handelsbilanz	Steuerbilanz	Beispiel
Vermögensgegenstände Aktive Rechnungsabgrenzungsposten	Nichtansatz	Ansatz	HB-Sofortverrechnung des Disagios; GWG-Poolabschreibung
	Wert <	Wert	Höhere HB-Abschreibung (vorübergehende Wertminderungen, Beteiligungen, degr. Abschr./lin. AfA)
Schulden Passive Rechnungsabgrenzungsposten	Ansatz	Nichtansatz	Drohverlust-, GewSt-Rückstellung
	Wert >	Wert	Höhere HB-Rückstellung (Pensionsverpflichtungen)

Berücksichtigung wahrscheinlich im 5-Jahreszeitraum nutzbarer **steuerlicher Verlustvorträge** (§ 274 Abs. 1 S. 4 HGB)

Passivierungsgebot eines Sonderpostens : Passive latente Steuern (§§ 274 Abs. 1 S. 1, 266 Abs. 3 E HGB)

Wahlrecht zur Verrechnung (§ 274 Abs. 1 S. 3 HGB)

Aktivierungswahlrecht eines Sonderpostens : Aktive latente Steuern (§§ 274 Abs. 1 S. 2, 266 Abs. 2 D HGB)

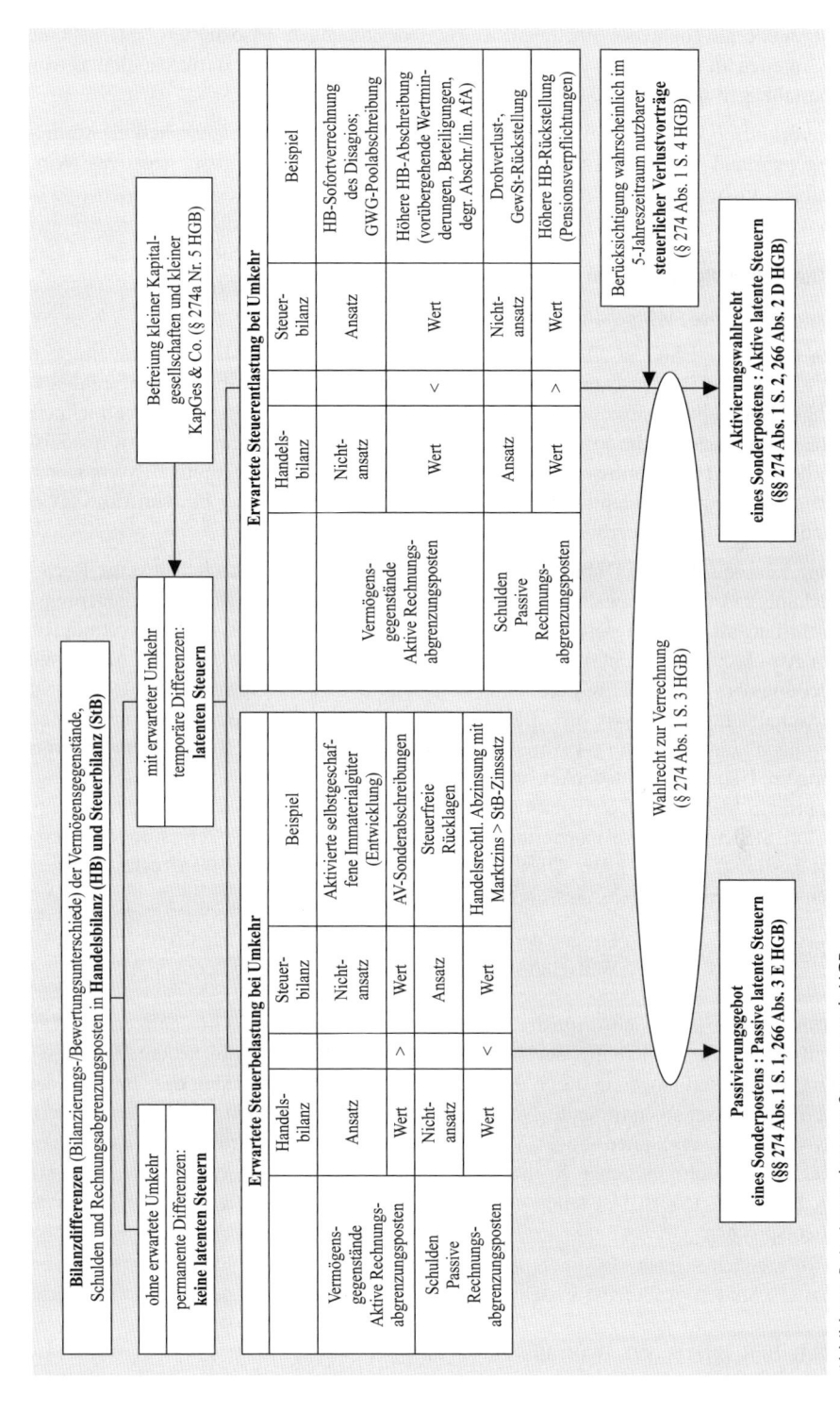

Abbildung C-4: Ansatz latenter Steuern nach HGB

ces (Anteile an Tochterunternehmen, Zweigniederlassungen, assoziierten Unternehmen und Anteilen an Joint Ventures, IAS 12.38-45). Schließlich ist die Berücksichtigung von Verlustabzügen nicht auf 5 Jahre begrenzt.

Steuerbilanziell kommt ein Ansatz von latenten Steuern mangels Eigenschaft als Vermögensgegenstand bzw. positives Wirtschaftsgut noch als Schuld bzw. negatives Wirtschaftsgut in Betracht.

2. Steuerrechtliche Kriterien abstrakter Bilanzierungsfähigkeit

a) Positive (aktive) Wirtschaftsgüter

Nach § 5 Abs. 1 EStG ist „für den Schluss des Wirtschaftsjahres das Betriebsvermögen (§ 4 Abs. 1 Satz 1) anzusetzen, das nach den handelsrechtlichen Grundsätzen ordnungsmäßiger Buchführung auszuweisen ist". Diese als „Maßgeblichkeitsprinzip" bezeichnete Formulierung scheint die Frage, „was" bilanziert werden muss, eindeutig den handelsrechtlichen GoB zu überlassen. Vor allem die handelsrechtlichen Kriterien „Vermögensgegenstand" und „Schulden" hätten damit mittelbar auch Bedeutung für den Ansatz dem Grunde nach in der Steuerbilanz (sog. *Identitätsthese*).

Derart konsequent waren aber bisher weder der Gesetzgeber, noch zeitweise Rechtsprechung und Finanzverwaltung: Zum einen werden in den steuerlichen Bilanzierungsvorschriften als Objekte der Bilanzierung im weiteren Sinne das „Betriebsvermögen" (§§ 4 Abs. 1, 5 Abs. 1 EStG) und im Einzelnen „Wirtschaftsgüter" (z.B. § 5 Abs. 2 und Einleitungssatz zu § 6 EStG) genannt. In anderem Zusammenhang wird der Begriff „Wirtschaftsgut" sehr weit als „Barentnahmen, Waren, Erzeugnisse, Nutzungen und Leistungen" umschrieben (§ 4 Abs. 1 S. 2 EStG). Wenn zudem statt statischem und vorsichtigem Gläubigerschutzdenken periodengerechte und vom (Steuer-)Leistungsfähigkeitsprinzip bestimmte Gewinnermittlung vorrangiger Bilanzzweck ist, leuchtet es ein, dass im Steuerrecht der Bilanzierungsgegenstand in Abweichung vom Handelsbilanzrecht bestimmt werden kann. Dies geschah in jahrzehntelanger Finanzrechtsprechung durch die Definition

Betriebsvermögen = Summe der positiven Wirtschaftsgüter − Summe der negativen Wirtschaftsgüter

und durch eine steuerlich originäre und weite Auslegung des „Wirtschaftsgutes". Die Verpflichtung zur Einhaltung des Maßgeblichkeitsprinzips hält die neuere Rechtsprechung[1] jedoch seit längerem durch die programmatische Gleichsetzung des Umfangs der Begriffe „Wirtschaftsgut" und „Vermögensgegenstand" aufrecht *(„Identitätsthese")*. Obwohl die Eigenschaften eines „Vermögensgegenstandes" aufgrund des Fehlens einschlägiger handelsrechtlicher Rechtsprechung nicht hinreichend verbindlich bestimmt sind, kann man jedoch feststellen, dass sich die Begriffsmerkmale im Einzelnen nicht voll entsprechen.

---

1 Z.B. BFH v. 19.6.1997, BStBl 1997 II, 808 m.w.N.

Zunächst sind positive (aktive) und negative (passive) Wirtschaftsgüter zu unterscheiden. Merkmale eines *positiven Wirtschaftsgutes* sind nach ständiger Rechtsprechung[1], der sich inzwischen auch die Finanzverwaltung angeschlossen hat (H 4.2 (1) EStR):

- *Sachen, Rechte, tatsächliche Zustände, konkrete Möglichkeiten und wirtschaftliche Vorteile für den Betrieb* (vergegenständlichter oder greifbarer Vermögensvorteil) (damit werden neben Gegenständen auch konkrete immaterielle Werte mit und ohne Rechtscharakter, wie z.B. Lizenzen, ungeschützte Erfindungen, Geschäftswert, aufgeschlossene Bodenschätze und sonstige Vorteile erfasst, die einen greifbaren Ausgabengegenwert darstellen),
- *deren Erlangung der Kaufmann sich etwas kosten lässt (*Begründung durch Aufwand*)* (damit wird für den Regelfall vorausgesetzt, dass das Wirtschaftsgut durch zurechenbare, abgegrenzte, mehr oder weniger einmalige Ausgaben oder geldwerte Leistungen des Unternehmers, aber auch dritter Personen, erlangt wurde; denkbar ist aber auch ein unentgeltlicher Erwerb z.B. durch Schenkung oder Aufschließung eines Bodenschatzes.[2] Entscheidend ist, ob ein gedachter Erwerber im Rahmen des Gesamtpreises für das Unternehmen ein ins Gewicht fallendes besonderes Entgelt ansetzen würde.[3]),
- *sofern sie einzeln oder im Zusammenhang mit dem Betrieb übertragbar sind* (Übertragbarkeit) (nach der Wesensart des Gutes muss zumindest das wirtschaftliche Eigentum übertragbar bzw. die Nutzungsmöglichkeit real aufteilbar sein[4]) und
- *einer besonderen Bewertung zugänglich sind* (selbständige Bewertbarkeit) (der Ausgabengegenwert muss im Wirtschaftsleben selbständig in Geld ausdrückbar sein, insbes. müssen sich die Aufwendungen für das betreffende Gut klar von den übrigen Aufwendungen abheben und dürfen nicht in einer Steigerung eines originären Geschäftswertes untergehen. Ein selbständig bewertbares Gut liegt dann vor, wenn es nach der allgemeinen Verkehrsauffassung in seiner Einzelheit von Bedeutung und bei einer Veräußerung einen greifbaren Vermögenswert darstellt[5]).

Der Begriff ist nach der Rechtsprechung[6] weit zu fassen und nach wirtschaftlicher Betrachtungsweise auszulegen. Die in der älteren Rechtsprechung geforderte Zusatzbedingung einer mehrjährigen, stichtagsübergreifenden Verwertbarkeit (längerfristiger Nutzen) wird neuerdings aufgegeben.[7] Unter anderem wird argumentiert, dass es nach der Formulierung des § 7 Abs. 1 S. 1 EStG auch Wirtschaftsgüter mit einer kürzeren Nutzungsdauer als ein Jahr gebe.

Vergleicht man die Deckungsgleichheit der Kriterien des „Vermögensgegenstandes" und des „Wirtschaftsgutes" so wird deutlich, dass zwar im Kern Identität besteht, in Grenzbereichen aber unterschiedliche Akzente vorherrschen:

---
1 Z.B. BFH GrS v. 2.3.1970, BStBl 1970 II, 382; v. 6.12.1990, BStBl 1991 II, 346 m.w.N.; v. 8.4.1992, BStBl 1992 II, 894 und BFH v. 19.6.1997, BStBl 1997 II, 808.
2 BFH v. 13.9.1988, BStBl 1989 II, 37.
3 BFH v. 8.4.1992, BStBl 1992 II, 894.
4 Vgl. BFH v. 26.5.1982, BStBl 1982 II, 695.
5 BFH v. 28.9.1990, BStBl 1991 II, 361 und 187.
6 Zuletzt: BFH v. 26.11.2014, BStBl 2015 II, 325.
7 BFH v. 26.11.2014, BStBl 2015 II, 325.

- Für die Annahme eines Wirtschaftsgutes genügt bereits „Greifbarkeit" eines wirtschaftlichen Vorteils, ein „Gegenstand" (Sache, Recht oder rechtsähnliche Position) muss nicht vorliegen; allerdings hat der handelsrechtliche Gesetzgeber auch über Sachen und Rechte hinausgehende schutzrechts-„ähnliche Werte" unter die „Vermögensgegenstände" subsumiert (§ 266 Abs. 2 A.I.1 HGB);
- statt der Vermögensgegenstandseigenschaft, selbständig Gegenstand des Rechtsverkehrs zu sein (Einzelverkehrsfähigkeit), genügt steuerlich bereits die bloße Übertragbarkeit, auch nur im Zusammenhang mit einer Unternehmensveräußerung im Ganzen. Handelsrechtlich ist allerdings auch die Forderung nach „Einzelveräußerbarkeit" unter der Geltung der Fortführungsannahme fraglich (s. oben).

Angesicht der handelsrechtlich ungesicherten Rechtslage lässt sich – trotz isoliert eigenständiger Zweckorientierung von Handels- und Steuerbilanz – bei angenäherter Interpretation der Definitionsmerkmale im Regelfall durchaus die derzeit vorherrschende *Identitätsthese* halten, zumal der Wortlaut des § 5 Abs. 1 EStG dies als gesetzgeberischer Wille erscheinen lässt.

Aktive (positive) Wirtschaftsgüter können – das ist für ihre steuerliche Behandlung mitunter wesentlich – in folgende *Klassen* eingeteilt werden:

- *materielle* (z.B. Sachen), *immaterielle* (z.B. Rechte, Konzessionen, Geschäftswert) und *finanzielle* (Zahlungsmittel, Beteiligungen) Wirtschaftsgüter;
- die Klasse materieller Wirtschaftsgüter kann ferner in die Unterklassen *bewegliche* (z.B. Maschinen, Geschäftsausstattung) und *unbewegliche* (Grund, Gebäude, Bodenschätze) Wirtschaftsgüter eingeteilt werden;
- *abnutzbare* (z.B. Maschinen, Gebäude) und *nichtabnutzbare* (z.B. Grund und Boden, Zahlungsmittel, Wertpapiere) Wirtschaftsgüter;
- Wirtschaftsgüter des *Anlagevermögens* (bestimmt, dem Geschäftsbetrieb dauernd zu dienen) und Wirtschaftsgüter des *Umlaufvermögens* (insbes. zum Verbrauch, zur Veräußerung oder zur kurzfristigen Nutzung bestimmt);
- in der Klasse der beweglichen, abnutzbaren Wirtschaftsgüter des Anlagevermögens ist noch eine Unterscheidung nach der *selbständigen Nutzungsfähigkeit* des Wirtschaftsguts von Bedeutung.

b) Negative (passive) Wirtschaftsgüter

Nach dem Maßgeblichkeitsprinzip und der Geltung der allgemeinen Besteuerungsprinzipien müsste sich der Umfang der steuerbilanziellen Passivierung nach dem Umfang der handelsbilanziellen Passivierungspflicht unter Berücksichtigung der steuerlichen Spezialansatznormen (z.B. § 5 Abs. 4a EStG) bestimmen lassen. Auch hier ist jedoch nicht zu verkennen, dass der steuerliche Passivierungsumfang vielfach anders (enger) gesehen wird, als dies nach Handelsrecht der Fall ist. Die gesetzliche Grundlage bietet der Begriff des (negativen) Wirtschaftsgutes.

Als „negative" Wirtschaftsgüter (Verbindlichkeiten, Rückstellungen) werden alle

- nach der Verkehrsauffassung selbständig bewertungsfähige, d.h. abgrenzbar und einzeln zu bewertenden *(selbständige Bewertungsfähigkeit)*,
- am Bilanzstichtag bestehende oder wirtschaftlich verursachte *(vergangenheitsbegründete)*,

- rechtlichen Verpflichtungen oder sonstige wirtschaftliche Lasten *(Leistungspflicht)*, (Die Verpflichtung muss gegenüber Dritten bestehen, eine „Selbstverpflichtung" (Innenverpflichtung) reicht grundsätzlich nicht aus. Die Leistungspflicht kann inhaltlich aus einer bei Erfüllung zu leistenden Zahlung oder einer sonstigen Leistung (Sach-, Dienstleistung) bestehen.)
- sofern es wahrscheinlich ist, dass die Verpflichtung besteht oder unter Berücksichtigung wertaufhellender Umstände bis zur Bilanzaufstellung entstehen wird *(Bestehenswahrscheinlichkeit)* und
- die Wahrscheinlichkeit der tatsächlichen Inanspruchnahme besteht *(Belastungswahrscheinlichkeit)*, d.h., es müssen einzelfallbezogen mehr objektive Gründe für eine Inanspruchnahme als dagegen sprechen,

angesehen.[1]

c) Posten der Rechnungsabgrenzung

Die Voraussetzung für die Aktivierung und Passivierung von Posten der Rechnungsabgrenzung sind in § 5 Abs. 5 Satz 1 Nr. 1 und 2 EStG kodifiziert und entsprechen jenen des Handelsrechts (§ 250 Abs. 1 Nr. 1 und Abs. 2 HGB). Entgegen dem HGB sind spezielle Abgrenzungsposten in § 5 Abs. 5 Satz 2 EStG vorgeschrieben (aufwandsberücksichtigte Zölle und Verbrauchsteuern sowie Umsatzsteuer auf Anzahlungen). Diese Posten werden an späterer Stelle eingehend beschrieben.[2]

d) Bilanzierungshilfen und Sonderposten

Für den Ansatz der ausdrücklichen handelsrechtlichen Bilanzierungshilfen ist steuerlich kein Platz. Dies ergibt sich bereits aus dem Umstand, dass es sich dabei durchweg nicht um „Wirtschaftsgüter" handelt und die ausdrückliche Bilanzierungshilfe der Steuerabgrenzungsposten nur für Kapitalgesellschaften vorgesehen ist und damit nicht als kodifizierte GoB angesehen werden können. Nach § 5 Abs. 1 EStG ist aber das Betriebsvermögen nach den handelsrechtlichen GoB auszuweisen. Allenfalls der auch steuerlich gebotene *Ausgleichsposten für einen Anschaffungsertrag*[3] lässt sich als Bilanzierungshilfe interpretieren. Als steuerliche Sonderposten kommen ferner die *steuerfreien Rücklagen*, der *Entstrickungsausgleichsposten,* der jahrgangsbezogene *Sammelposten für geringwertige Wirtschaftsgüter* und die sog. *(Steuer-)Ausgleichsposten* in Betracht.[4]

e) Betriebsvermögen (Eigenkapital)

An die Stelle des handelsbilanziellen Eigenkapitalausweises tritt steuerlich das *„Betriebsvermögen"* (steuerliches Kapital, Eigenkapital). Es stellt sich als Differenzgröße der positiven und der negativen Wirtschaftsgüter, unter Berücksichtigung von Sonderposten der Steuerbilanz dar. Jedenfalls bewirkt die Definition der Residualgröße

---

1 BFH v. 19.10.2005, BStBl II 2006, 371; v. 5.4.2006, BFH/NV 2006, 1557, jeweils m.w.N., zuletzt insbes. BFH v. 16.12.2014, BStBl 2014 II 2015, 759.
2 Siehe Kap. C.V.1.d).
3 Siehe Kap. C.V.2.f).
4 Siehe hierzu im Einzelnen: Kap. C.IV.1.bb) und D.V.1.cb).

„Betriebsvermögen", dass auch die Differenzgrößen (positive/negative Wirtschaftsgüter) das Merkmal der betrieblichen Veranlassung tragen.

Ein fester Kapitalausweis wird u.U. durch einen sog. *Steuerausgleichsposten* ergänzt, Rücklagen werden oft nicht gesondert ausgewiesen. Einzelheiten werden an späterer Stelle beschrieben.[1]

3. Kriterien abstrakter Bilanzierungsfähigkeit nach IFRS

a) Vermögenswerte (assets)

Nach IASB-F 4.4, 4.8-4.14 ist ein Vermögenswert „eine in der Verfügungsmacht des Unternehmens stehende Ressource, die ein Ergebnis von Ereignissen der Vergangenheit darstellt und von der erwartet wird, dass dem Unternehmen aus ihr künftiger wirtschaftlicher Nutzen zufließt".

Der Asset-Begriff erscheint weiter als der des handelsrechtlichen Vermögensgegenstandes. Während nach HGB das durch Einzelveräußerung realisierbare *Schuldendeckungspotential* eines Gläubigers erfasst werden soll orientiert sich die IFRS-Definition am künftigen *Nutzenpotential* für das Unternehmen bzw. seine Eigner.

aa) Ressource *(ressource)*

Das Merkmal einer Ressource wird im Framework nicht definiert. In der Fachsprache versteht man hierunter aber regelmäßig eine Verkörperung eines betriebswirtschaftlichen *Nutzenpotentials* (Produktionsfaktor, Betriebsmittel u.ä.). Der einem *asset* innewohnende künftige wirtschaftliche Nutzen besteht aus seinem Potential, direkt oder indirekt zum Zufluss von Zahlungsmitteln oder Zahlungsmitteläquivalenten zum Unternehmen beizutragen (IASB-F 4.8).

Nach IASB-F 4.10 kann der einem Vermögenswert innewohnende *Nutzen* beispielsweise in der Produktion *abgegeben*, zum Erwerb anderer Vermögenswerte, zur Begleichung einer Schuld oder zur Verteilung an die Anteilseigner eingesetzt werden. Die physische Form des *assets* ist bedeutungslos: Die Vermögenswerte können materieller Natur sein (z.B. Sachanlagen), aber auch beispielsweise Patente, Copyrights etc. (also immaterielle Vermögenswerte), sofern nur erwartet werden kann, dass aus ihnen ein künftiger Nutzen zufließt und das Unternehmen die Verfügungsmacht besitzt (IASB-F 4.11-12).

ab) Verfügungsmacht des Unternehmens *(control)*

Dieses Kriterium wird im Framework nicht ausdrücklich definiert, wohl aber beim Anwendungsfall immaterieller Vermögenswerte (IAS 38.13). Danach beherrscht ein Unternehmen einen Vermögenswert, wenn es die Macht hat, sich den künftigen wirtschaftlichen Nutzen, der aus der zugrunde liegenden Ressource zufließt, zu verschaffen und es den Zugriff Dritter auf diesen Nutzen beschränken kann. Obwohl häufig der Eigentümer über ein asset verfügen kann wird letztlich auf die wirtschaftliche, nicht auf die juris-

---

1 Kap. C.V.2.a).

tische Verfügungsmacht abgestellt (IASB-F 4.12; z.B. beim Leasing IAS 17.36–37 oder der Geheimhaltung des knowhows über ein selbstentwickeltes technisches Verfahren).

ac) Begründung durch vergangene Ereignisse *(result of past events)*

Vermögenswerte sind Ergebnis vergangener Geschäftsvorfälle oder anderer Ereignisse der Vergangenheit (IASB-F 4.13). Die bloße Absicht oder Erwartung bestimmter Geschäftsvorfälle erzeugt für sich gesehen keinen Vermögenswert. Typische assetbegründende Vergangenheitsereignisse sind Kauf, Tausch, Produktion, Erfindung oder landwirtschaftliche Aktivitäten (IAS 41.5-7). Nicht zwingend erforderlich, wenn auch häufig, ist, dass Ausgaben (Anschaffungs-/Herstellungskosten) entstanden sind – beispielsweise kann auch eine Schenkung oder ein öffentliches Förderungs- oder Zuteilungsprogramm ein asset begründen (IASB-F 4.14).

ad) Erwarteter zukünftiger wirtschaftlicher Nutzenzufluss *(future economic benefits)*

Es muss erwartet werden, dass dem Unternehmen ein *zukünftiger wirtschaftlicher Nutzen* zufließt. Dieser Vorteil besteht aus einem direkten oder indirekten Zufluss von Zahlungsmitteln und Zahlungsmitteläquivalenten *(Net Cash Inflows)*. Ein direkter Zufluss entsteht dabei z.B. aus Erlösen aus dem Verkauf von Produkten oder der Erbringung von Dienstleistungen; ein indirekter Zufluss kann dagegen aus Kosteneinsparungen bei der Herstellung oder anderen Vorteilen der Eigenverwendung bestehen (Vgl. IASB-F 4.8; IAS 38.17).

ae) Arten der Vermögenswerte *(assets)*

Beispiele für *assets* sind:

Intangible assets	Immaterielle Vermögensgegenstände
Goodwill	Geschäfts- oder Firmenwert
Property, plant and equipment	Sachanlagevermögen
Investment property	Als Finanzinvestition gehaltene Immobilien
Equity-method investments	Equity – Beteiligungen
Financial assets	Wertpapiere und Finanzanlagen
Inventories	Vorräte
Biological assets	Biologische Vermögenswerte
Trade receivables	Forderungen aus Lieferungen und Leistungen
Cash and cash equivalents	Flüssige Mittel
Deferred tax assets	Latente Steuerforderungen

Neben den offensichtlichen Unterscheidungen zwischen materiellen und immateriellen, beweglichen und unbeweglichen, kurz- und langfristigen Vermögenswerten kennen die IFRS insbes. noch drei besondere Kategorien:

- Eventual-Vermögenswerte *(contingent assets)*, das sind mögliche Vermögenswerte, die aus vergangenen Ereignissen resultieren und deren Existenz durch das Eintreten oder Nichteintreten eines oder mehrerer unsicherer künftiger Ereignisse erst noch bestätigt wird, die nicht vollständig unter der Kontrolle des Unternehmens stehen (IAS 37.10; Eventualforderung, z.B. unsichere Anspruchsverfolgung).

- Qualifizierte Vermögenswerte *(qualifying assets)* sind Vermögenswerte, für den ein beträchtlicher Zeitraum erforderlich ist, um ihn in seinen beabsichtigten gebrauchs- oder verkaufsfähigen Zustand zu versetzen (IAS 23.4).

- Zur Veräußerung gehaltene langfristige Vermögenswerte *(non-current assets held for sale)* liegen dann vor, wenn der zugehörige Buchwert überwiegend durch ein Veräußerungsgeschäft und nicht durch fortgesetzte Nutzung realisiert wird (IFRS 5.6).

b) Schulden (liabilities)

IASB-F 4.4b definiert eine Schuld als eine gegenwärtige Verpflichtung eines Unternehmens, die aus Ereignissen der Vergangenheit entstanden ist und deren Erfüllung für das Unternehmen erwartungsgemäß mit einem Abfluss von Ressourcen mit wirtschaftlichem Nutzen verbunden ist. Nach IFRS wird dabei zunächst nicht (wohl aber später beim Bilanzausweis) zwischen Verbindlichkeiten, Rückstellungen und passiven Rechnungsabgrenzungsposten unterschieden.

ba) Gegenwärtige Verpflichtung *(present obligation)*

Zentrales Merkmal einer Schuld ist das Vorliegen einer gegenwärtigen rechtlichen oder faktischen Verpflichtung. Das ist „eine Pflicht oder Verantwortung in bestimmter Weise zu handeln oder eine Leistung zu erbringen"(IASB-F 4.15). Grundlage kann gleichermaßen ein Vertrag, eine gesetzliche Regelung oder auch übliches Geschäftsgebahren, Usancen, oder der Wunsch, gute Geschäftsbeziehungen zu pflegen oder in angemessener Weise zu handeln (IASB-F 4.15). Allerdings ist es erforderlich, dass es sich um eine „Außenverpflichtung" (also gegenüber einem Dritten) handelt. Die Verpflichtung muss bereits gegenwärtig, nicht erst zukünftig sein. Die Verpflichtung muss bereits praktisch unausweichlich sein, so dass zum Beispiel die Entscheidung des Managements, in Zukunft Vermögenswerte zu erwerben oder Darlehen aufzunehmen, noch nicht ausreicht (IASB-F 4.16). Auch wenn die Verpflichtung nur geschätzt werden kann (nach HGB sog. Rückstellungen), also Ungewissheitsmomente enthält, wird sie nach IFRS als Schuld klassifiziert (IASB-F 4.19).

bb) Aus Ereignissen der Vergangenheit begründet *(results of past events)*

Ebenso wie *assets* müssen *liabilities* aus vergangenen Geschäftsvorfällen oder anderen Ereignissen der Vergangenheit resultieren (IASB-F 4.18), siehe deshalb die Ausführungen zu Abschn. 3.ac).

bc) Erfüllung erwartungsgemäß mit Ressourcenabfluss verbunden *(outflow of ressources)*

Zur Erfüllung der Verpflichtung muss das Unternehmen erwartungsgemäß Ressourcen, die Nutzen verkörpern, abgeben. Als Beispiele der Erfüllung nennt IASB-F 4.17 die Zahlung flüssiger Mittel, die Übertragung anderer Vermögenswerte, die Erbringung von Dienstleistungen, den Ersatz einer Verpflichtung durch eine andere oder die Umwandlung der Verpflichtung in Eigenkapital.

bd) Arten der Schulden *(liabilities)*

Unterfälle der Schulden *(liabilities)* sind:

- *provisions* (Rückstellungen), das sind der Zeit oder der Höhe nach ungewisse Schulden (IAS 37.10) und
- *contingent liabilities* (Eventualschulden), das sind Schulden, die dem Grunde nach ungewiss sind oder die Erfassungs-/Ansatzkriterien nicht erfüllen (IAS 37.10).

Beispiele für Schulden:

Current/non current liabilities	kurz-/langfristige Verbindlichkeiten/Schulden
Trade payables	Verbindlichkeiten aus Lieferungen und Leistungen
Tax liabilities	Steuerschulden
Deferred tax liabilities	latente Steuerschulden
Financial liabilities	finanzielle Schulden
Provisions	Rückstellungen

c) Eigenkapital (equity)

Nach IFRS ist Eigenkapital *(equity)* als „der nach Abzug aller Schulden verbleibende Restbetrag der Vermögenswerte des Unternehmens" definiert (IASB-F 4.4c). Über die Differenzenbildung hinaus hat der equity-Begriff keine eigenständigen Definitionskriterien und konnte deshalb in Abbildung C-2 wegbleiben. Bedeutsam ist allerdings in Misch- und Grenzfällen (z.B. Mezzanine-Kapital) die Abgrenzung zwischen Eigen- und Fremdkapital sowie die Einordnung des Personengesellschaftskapitals.[1]

d) Sonstige Posten

Nach IFRS sind Posten der *Rechnungsabgrenzung* nur unter den Gesichtspunkten eines *assets* (aktive RAP) oder einer *liability* (passive RAP) anzusetzen (IAS 1.28). Aktive RAP ergeben sich nach dem Periodisierungsprinzip *(accrual principle)*, wonach Aufwendungen zeitlich entsprechend ihrer wirtschaftlichen Periodenzugehörigkeit zu erfassen sind (IAS 1.27, 28). Ausgaben, die Aufwendungen nach dem Abschlussstichtag darstellen, sind unter die sonstigen Forderungen *(other receivables and prepaid expenses)* aufzunehmen (IAS 1.54). Ein *Disagio* dürfte trotz fehlender Regelung nach IFRS auf die Darlehenslaufzeit zu verteilen sein *(matching-/accrual principle)* und zwar durch kontinuierliche Zuschreibung der zunächst mit dem Vereinnahmungsbetrag passivierten Verbindlichkeit nach der Effektiv-Zinsmethode. Ein Abgrenzungsposten ist dafür nicht erforderlich. Einnahmen, die Erträge nach dem Abschlussstichtag darstellen (passive RAP, *deferred income*), sind – sofern sie die Passivierungsvoraussetzung einer *liability* erfüllen – dort unterteilt nach *current* oder *non current* zu zeigen (IAS 1.27, 28). „Zeitliche Bestimmtheit" i.S.d. HGB ist nach IFRS kein Bilanzierungskriterium für RAP, wohl aber das Vorliegen eines *assets* bzw. einer *liability*.

Die IFRS kennen „*Bilanzierungshilfen*" nicht und verlangen – wenn die Kriterien eines *assets* oder einer *liability* und die Ansatzkriterien erfüllt sind – die Bilanzierung (z.B.

---

1 Zu Einzelheiten s. Kap. C.V.2.ab).

von Ingangsetzungs-/Erweiterungsaufwand und aktiven latenter Steuern), sonst die sofortige Aufwandsverrechnung.

e) Standardvorrang

Selbst wenn die Definitionskriterien einmal nicht erfüllt sind, kann eine Aktivierung/ Passivierung geboten sein wenn die spezielle Regelung eines Standards dies vorschreibt. Beispiele sind aktiv bzw. passiv abzugrenzende Zuwendungen der öffentlichen Hand (IAS 20.12, 18) oder die Ergebnisse bestimmter sale-and-leaseback-Transaktionen (IAS 17.59-61).

III. Kriterien konkreter Bilanzierungsfähigkeit

1. Kriterien konkreter Bilanzierungsfähigkeit nach HGB und EStG

a) Subjektive Zurechnung

Voraussetzung für die Bilanzierungsfähigkeit im konkreten Fall ist, dass das Bilanzierungsobjekt dem Bilanzierenden zuzurechnen ist. Umgekehrt formuliert, besteht für jene Bilanzobjekte ein allgemeines Bilanzierungsverbot, die im konkreten Fall nicht dem Bilanzierenden zuzurechnen sind.

Umstritten sind allerdings die Kriterien, nach denen die subjektive Zurechnung geprüft werden soll. In erster Annäherung kann man das Zurechnungsgebot auf die in den §§ 238 Abs. 1, 240 Abs. 1 und 242 Abs. 1 *HGB* verankerte Verpflichtung des Kaufmanns zurückführen, *„sein"* Vermögen und *„seine"* Schulden in Buchführung, Inventar und Bilanz aufzunehmen. Dabei ist allerdings – wie im Bilanzrecht häufig – nicht allein auf die rechtliche Zugehörigkeit im Sinne des (zivilrechtlichen) Eigentums (§§ 903 ff. BGB) oder der rechtlichen Schuldnerschaft (§§ 241 ff. BGB) abzustellen. Vielmehr verlangt der herkömmlicherweise zu den GoB zählende *Grundsatz wirtschaftlicher Zugehörigkeit*[1], dass – abweichend von der rechtlichen Betrachtung – demjenigen ein Bilanzobjekt zuzurechnen ist, der bei wirtschaftlicher Betrachtung „wie ein Eigentümer" bzw. „wie ein Schuldner" dasteht. Der BFH[2] interpretiert den handelsrechtlichen Grundsatz wirtschaftlicher Vermögenszugehörigkeit so, dass zum Vermögen des Kaufmanns auch die Vermögensgegenstände zählen, die zivilrechtlich zwar einer anderen Person gehören, die aber nach der Ausgestaltung der Rechtsbeziehungen zu dem zivilrechtlichen Rechtsinhaber und nach den tatsächlichen Verhältnissen wirtschaftlich Bestandteil seines Vermögens sind. Es ließe sich zwar bestreiten, ob dem Gläubigerinteresse gedient ist, wenn ein Schuldner in seiner Bilanz Gegenstände ausweist, die ihm rechtlich nicht gehören, bei denen also im Insolvenzfall ein Aussonderungsanspruch des (rechtlichen) Eigentümers geltend gemacht werden kann. Anderseits verlangt der Grundsatz der Unternehmensfortführung[3], dass die Möglichkeit einer Zerschlagung des Unternehmens so lange außer

---

1 Siehe Kap. B.II.10.a).
2 BFH v. 12.9.1991, BStBl 1992 II, 182 m.w.N.
3 Siehe Kap. B.II.4.

Betracht bleiben kann, als der Fortführungsannahme nicht tatsächliche oder rechtliche Gegebenheiten entgegenstehen (§ 252 Abs. 1 Nr. 2 HGB).

Bis zur Kodifizierung der Zurechnungsregel des § 246 Abs. 1 S. 2 HGB durch das BilMoG 2009 bestimmte der ungeschriebene *GoB der wirtschaftlichen Zurechnung*,[1] welchem Bilanzierenden ein Bilanzobjekt zuzurechnen ist. Auszulegen war die in den §§ 238 Abs. 1, 240 Abs. 1 und 242 Abs. 1 HGB verankerte Verpflichtung des Kaufmanns, „sein" Vermögen und „seine" Schulden in Buchführung, Inventar und Bilanz aufzunehmen. Traditionell verlangte der ungeschriebene GoB, dass ein Bilanzobjekt demjenigen zuzurechnen ist, der bei wirtschaftlicher Betrachtung – auch abweichend von einer rein rechtlicher Betrachtung – demjenigen zuzurechnen ist, der „wie ein Eigentümer" bzw. „wie ein Schuldner" dasteht. Das muss mindestens so lange gelten, als von der Geltung des Grundsatzes der Unternehmensfortführung[2] auszugehen ist.

Dieser GoB wird seit dem BilMoG durch die Regelung des § 246 Abs. 1 S. 2 HGB dominiert, die – obwohl der Gesetzgeber von einer „Klarstellung" ausgeht[3] – verlangt, dass

- regelmäßig Vermögensgegenstände beim (zivilrechtlichen) Eigentümer (§§ 903 ff. BGB),
- ausnahmsweise auch bei einer anderer Person, der der Vermögensgegenstand wirtschaftlich zuzurechnen ist („wirtschaftlicher Eigentümer") und
- Schulden stets beim (zivilrechtlichen) Schuldner

zu bilanzieren sind.

Bei *Vermögensgegenständen* soll die Zurechnung zum rechtlichen oder „wirtschaftlichen" Eigentümer im Einzelfall nach einer wertenden (qualitativen) Betrachtung des Überwiegens bei der Verteilung der Risiken und Chancen aus dem Vermögensgegenstand zwischen den beteiligten Personen erfolgen.[4] Wenn man die Regelung in § 290 Abs. 2 Nr. 4 HGB[5] als ähnlich sieht, dürften bei der Abwägung die Risiken Vorrang vor den Chancen haben.

Mit dieser gesetzgeberischen Zurechnungsregelung und seiner gesetzgeberischen Begründung kann allerdings die GoB-Regel konkurrieren, dass ein Vermögensgegenstand von demjenigen auszuweisen ist, der nach dem typischen Verlauf die tatsächliche Herrschaft über ihn auf Dauer derart ausüben kann, dass er wirtschaftlich über Substanz und Ertrag verfügen kann. Nach der Gesetzesbegründung soll sich aber an den bisherigen Zurechnungsregeln, z.B. bei den Leasing-Erlassen, nichts ändern.[6] Die Gesetzesentwicklung vom Referentenentwurf zum Gesetz zeigt auch, dass der Gesetzgeber bewusst gegen die weite IFRS-Form der wirtschaftlichen Zurechnung nach dem *substance over form*-Prinzip, insbes. bei die Leasingbilanzierung[7], entschieden hat.

---

1 Siehe Kap. B.II.10.a).
2 § 252 Abs. 1 Nr. 2 HGB, siehe auch Kap. B.II.4.
3 BT-Drs. 16/10067, S. 47.
4 BT-Drs. 16/10067, S. 47.
5 BT-Drs. 16/12407, S. 117.
6 BT-Drs. 16/10067, S. 47.
7 Zu Einzelheiten siehe Kap. C.III.2.c) und nachfolgend.

Nach § 246 Abs. 1 S. 3 HGB sind *Schulden* in der Bilanz des (zivilrechtlichen) Schuldners aufzunehmen. Abweichend vom Vermögensgegenstand kommt damit eine Zurechnung zum wirtschaftlich Belasteten nicht in Betracht. Das widerspricht – zumindest unter Geltung der Unternehmensfortführung – dem Gläubigerschutz-/Vorsichtsprinzip weil auch bei mangelnder rechtlicher Durchsetzbarkeit (z. B. Verjährung) oder faktischer Verpflichtung zur Begleichung aus anderen Gründen (z. B. Vertrauen in eine Geschäftsbeziehung) von einer (faktischen) Belastung auszugehen ist.[1] Das HGB lässt selbst ein Rückstellung für Kulanzrückstellungen zu, ohne dass das Unternehmen „Schuldner" ist (§ 249 Abs. 1 Nr. 2 HGB). Da der Gesetzgeber mit der Regelung keine Änderung der Zurechnungsregeln herbeiführen wollte,[2] dürfte die GoB-konforme Interpretation eines „wirtschaftlichen Schuldners" (faktisch Belasteter) auch hier gelten. Hat allerdings ein Dritter für den Schuldner die Erfüllung übernommen, so verlangt die h. M.[3], dass der Schuldner die Verbindlichkeit weiter zu passivieren hat, allerdings auch einen Freistellungsanspruch aktivieren muss.

Steuerbilanzrechtlich hat die subjektive Zurechnung prinzipiell nach den handelsrechtlichen GoB zu erfolgen (§ 5 Abs. 1 S.1 EStG); der Maßgeblichkeitsgrundsatz geht der steuerrechtlichen Zurechnungsregel für Wirtschaftsgüter in § 39 AO wohl als lex specialis vor. Nach § 39 Abs. 1 bzw. 2 AO erfolgt die Zurechnung von Wirtschaftsgütern

- grundsätzlich zum (rechtlichen) Eigentümer,
- abweichend bei einem anderen (dem wirtschaftlichen Eigentümer), wenn dieser
  - die tatsächliche Herrschaft über das Wirtschaftsgut in der Weise ausübt, dass er
  - im Regelfall (d.h. bei typischem Verlauf)
  - für die gewöhnliche Nutzungsdauer
  - den (rechtlichen) Eigentümer von der Einwirkung auf das Wirtschaftsgut
  - wirtschaftlich ausschließen kann.

Da die stärksten Herrschaftsrechte über ein Wirtschaftsgut der Verfügungs- und der Herausgabeanspruch sind, sind diese Ansprüche die wesentlichen Zuordnungskriterien.

Da der BFH[4] in seinem ersten Leasing-Urteil den handelsrechtlichen Grundsatz wirtschaftlicher Zurechnung entsprechend § 39 AO interpretierte, entspricht die kodifizierte Zurechnungsregel des § 39 AO im Wesentlichen den handelsrechtlichen Grundsätzen. Auch die in § 39 Abs. 2 Nr. 1 AO genannten Anwendungsfälle führen im Handels- und Steuerbilanzrecht folglich zu gleicher Zurechnung.

Ob die Voraussetzungen der vom Zivilrecht abweichenden wirtschaftlichen Zurechnung gegeben sind, ist zwar stets nach dem Gesamtbild der Verhältnisse im jeweiligen Einzelfall zu beurteilen[5], typischerweise ergeben sich aber folgende Anwendungsfälle:

---

1 Beispielsweise hätte ein Händler eine Gewährleistungsverbindlichkeit des Endkunden auszuweisen, die sich eigentlich gegen den insolventen Hersteller richtet, der Händler sich aber zur Erhaltung der Geschäftsbeziehungen nicht entziehen kann.
2 BT-Drs. 16/10067, S. 47.
3 WPH 2017, F 663.
4 BFH v. 26.1.1970, BStBl 1970 II, 264.
5 BFH v. 12.9.1991, BStBl 1992 II, 182.

- **Erwerb unter Eigentumsvorbehalt**
  Trotz des noch fehlenden, weil aufschiebend bedingten Eigentumsüberganges ist der Gegenstand i.d.R. dem Erwerber (Vorbehaltskäufer) zuzurechnen, der die Sache auch bereits besitzt. Dies ist ausdrücklich in § 246 Abs. 1 S. 2 HGB vorgeschrieben. Ist jedoch mit der Geltendmachung des Eigentumsvorbehalts zu rechnen oder ist diese bereits erfolgt, so hat der Vorbehaltsverkäufer den Gegenstand auszuweisen, da der Vorbehaltskäufer das rechtliche Eigentum nicht erlangen wird.

- **Sicherungsübereignung**
  Bei dieser Form des eigennützigen Treuhandeigentums erfolgt die Eigentumsübertragung von Sicherungsmitteln mit der Vereinbarung, diese nur bei Nichterfüllung der gesicherten Forderung zu verwerten, den Besitz des Sicherungsgutes aber beim Sicherungsgeber zu belassen (Besitzmittlungsverhältnis). Die sicherungsübereigneten Gegenstände sind dem nutzungsberechtigten Sicherungsgeber zuzurechnen.

- **Sicherungsabtretung**
  Wird eine Forderung zu Sicherungszwecken abgetreten, so ist diese grundsätzlich weiterhin dem Sicherungsgeber zuzurechnen.

- **Treuhandverhältnisse**
  Das „zu treuen Händen" übertragene bzw. erworbene „Treugut" ist grundsätzlich dem Treugeber, nicht dem Treuhänder zuzurechnen (vgl. § 39 Abs. 2 Nr. 1 Satz 2 AO; ebenso nach dem Grundsatz der wirtschaftlichen Zugehörigkeit im Handelsbilanzrecht). In der Handelsbilanz des Treuhänders kommt nur ein Ausweis als „Treuhandvermögens" „Unter-dem-Strich" oder eine Angabe im Anhang in Betracht.[1]

- **Factoring**
  Beim „echten" Factoring trägt das die Forderung kaufende Factoringinstitut das Inkassorisiko; als wirtschaftlicher und rechtlicher Eigentümer hat das Factoringinstitut die Forderung zu bilanzieren. Beim „unechten" Factoring behält der sog. Anschlusskunde das Delkredererisiko der verkauften Forderung; obwohl zivilrechtlich die Forderung dem Factoringinstitut gehört, hat der Forderungsverkäufer in diesem Fall die Forderung weiter zu bilanzieren.

- **Eigenbesitz/Besitz**
  Bilanzierungsobjekte, über die der Bilanzierende mit subjektivem Herrschaftswillen die tatsächliche Herrschaft besitzt (Eigenbesitz i.S.d. § 872 BGB), sind diesem zuzurechnen (vgl. auch § 39 Abs. 2 Nr. 1 Satz 2 AO). Eigenbesitzer in diesem Sinne ist z.B. der Grundstückskäufer, auf den zwar Nutzungen und Lasten, mangels Grundbucheintragung aber noch nicht das rechtliche Eigentum übergegangen ist. Gekaufte Waren gehören wirtschaftlich zum Vermögen des Kaufmanns, sobald er die Verfügungsmacht in Gestalt des unmittelbaren oder mittelbaren Besitzes an ihnen erlangt hat.[2]

- **Bauten auf fremden Grundstücken**
  Fest verbundene Bauten auf fremdem Grund und Boden sowie Ein- und Umbauten an fremden Grundstücken/Gebäuden gehen gem. §§ 94 BGB zivilrechtlich in das

---
1 WPH 2017, F. 42 m.w.N. anderer Ausweisformen.
2 BFH v. 3.8.1988, BStBl 1989 II, 21.

Eigentum des Grundstückseigentümers über. Handels- und steuerbilanzrechtlich werden jedoch Gebäude auf fremdem Grund und Boden beim Nutzungsberechtigten (z.B. Mieter, Pächter des Grund und Bodens), nicht beim Grundstückseigentümer bilanziert.[1]

- **Mieterein-, -um- und -ausbauten**
Den Bauten auf fremden Grundstücken gleichzustellen sind Ein-, Um- und Ausbauten, die ein Nutzungsberechtigter im Rahmen des Nutzungsverhältnisses für seine besonderen betrieblichen Zwecke auf eigenen Rechnung vornehmen lässt, soweit sie zu Herstellungskosten führen und nicht ein Scheinbestandteil (§ 95 BGB) oder eine Betriebsvorrichtung (§ 68 Abs. 2 Nr. 2 BewG) vorliegt. Von der zivilrechtlich gem. §§ 93, 94 BGB gebotenen Einbeziehung in das Gebäude wird abgewichen, wenn der Einbau in einem zum Gebäude unterschiedlichen Nutzungs- und Funktionszusammenhang (nämlich mit dem Betrieb des Mieters zusammenhängend) steht oder wirtschaftliches Eigentum des Mieters vorliegt. Sog. Mieterein-, -um- und -ausbauten sind u.a. dann in der Bilanz des Mieters zu aktivieren, wenn es sich

- um gegenüber dem Gebäude selbständige Wirtschaftsgüter handelt,
- für die der Mieter Herstellungskosten aufgewendet hat,
- die Wirtschaftsgüter seinem Betriebsvermögen zuzurechnen sind und
- die Nutzung durch den Mieter zur Einkünfteerzielung sich erfahrungsgemäß über einen Zeitraum von mehr als einem Jahr erstreckt.

Für die persönliche Zurechnung der Ein-/Um-/Ausbauten genügt eine vollständige Nutzungsbefugnis der Bauten gegenüber dem Grundstückseigentümer für die gesamte Dauer der mit den Baumaßnahmen geschaffenen Nutzungsmöglichkeiten.[2] Hat der Mieter am Mietende eine Wiederherstellungspflicht des alten Zustandes oder einen Anspruch auf eine Entschädigung in Höhe des Restwerts (gemeinen Wertes) der Einbauten, so wird er – wie auch bei technischem oder wirtschaftlichem Verbrauch zum Vertragsende – grundsätzlich wirtschaftlicher Eigentümer.[3]

- **Vorbehaltsnießbrauch**
Im Gegensatz zum Nießbraucher (§ 1030 BGB), der nur die Nutzungen ziehen, nicht aber über den Gegenstand verfügen darf, wird der Vorbehaltsnießbraucher u.U. als wirtschaftlicher Eigentümer angesehen. Das ist der Fall, wenn er zwar den Gegenstand übereignet hat, ihn aber wegen eines langfristigen Vorbehalts unverändert nutzt und die Lasten trägt.[4]

- **Pensionsgeschäfte**
Pensionsgeschäfte sind durch die entgeltliche Übertragung von Wirtschaftsgütern (z.B. Wertpapiere, Forderungen) vom Pensionsgeber auf einen Dritten (Pensionsneh-

---

1 Vgl. auch § 266 Abs. 2 HGB Position A.II.1; BFH v. 26. 2. 1975, BStBl 1975 II, 443.
2 BFH v. 15. 10. 1996, BStBl 1997 II, 533 m.w.N. Zu den anderen Fällen der Mietereinbauten s. Kap. C.V.1.ab).
3 Vgl. BFH v. 28. 7. 1993, BStBl 1994 II, 164 und v. 15. 10. 1996, BStBl 1997 II, 533 und v. 11. 6. 1997, BStBl 1997 II, 774 m.w.N.
4 So z.B. BFH v. 8. 3. 1977, BStBl 1977 II, 629.

mer) mit gleichzeitiger Rückkaufsvereinbarung für einen späteren Zeitpunkt gekennzeichnet. Bei echten Pensionsgeschäften ist der Pensionsnehmer zur Rückübertragung verpflichtet (§ 340b Abs. 2 HGB), bei unechten Pensionsgeschäften besteht nur eine Berechtigung (Andienungsrecht) hierzu (§ 340b Abs. 3 HGB). Bei *unechten* Pensionsgeschäften sind die Pensionsgüter dem Pensionsnehmer, der unbestritten auch zivilrechtlicher Eigentümer ist, zuzurechnen (§ 340b Abs. 5 S. 1 HGB). Beim *echten* Pensionsgeschäft wird das Pensionsgut nach § 340b Abs. 4 HGB – der als kodifizierte GoB-Regelung wohl nicht nur für Kreditinstitute gilt – während der Pensionszeit weiterhin dem Pensionsgeber zugerechnet. Steuerlich ist in diesem Fall die Zurechnungsfrage noch ungeklärt, weil von der Regelzurechnung zum Pensionsnehmer nur dann abgewichen werden soll, wenn das Geschäft nur zur Sicherung eines Darlehensvertrages dient.[1]

- **Mietkaufverträge**
Bei diesem Vertragstyp werden Elemente des Mietvertrags mit denen eines Kaufvertrags u.U. so miteinander verbunden, dass sie bei wirtschaftlicher Betrachtung von Anfang an als Kaufverträge anzusehen sind[2] (z.B. Kaufoption mit Mietanrechnung; Gesamtentgelt für vereinbarten Erwerb).

Exkurs: Bilanzielle Zurechnung von Leasingvermögen nach HGB und EStG
Handels- und steuerrechtlich sehr differenziert und von der Vertragsgestaltung im Einzelfall abhängig ist die Zurechnung des Leasinggegenstandes beim Leasinggeschäft zu beurteilen. Es ist zu unterscheiden zwischen kurzfristigem, mietähnlichem *„operating leasing"* (z.B. sog. „KFZ-Verleih") und dem *„Finanzierungsleasing"*. Bei letzterem kann in der festen Grundleasingzeit eine vollständige Deckung der Selbstkosten einschl. des Gewinns durch Leasingraten erfolgen *(Vollamortisations-Leasing)* oder nicht *(Teilamortisations-, Nonprofit-Leasing)*. Ferner ist zu differenzieren nach dem Leasinggegenstand in *Mobilien-* und *Immobilien-Leasing* und nach der individuellen Ausgestaltung des Leasingobjekts nach *Standard-* und *Spezialleasing*. Abbildung C-5 zeigt die unterschiedliche Bilanzzurechnung des Leasingobjekts exemplarisch für Vollamortisationsleasing von Mobilien.[3] Abbildung C-6 verdeutlicht die Zurechnungskriterien für den Fall des Teilamortisationsleasing bei Immobilien.[4]

b) Sachliche Zugehörigkeit zum Geschäfts-/Betriebsvermögen
Ein weiteres Kriterium, das den Kreis der in die Bilanzen aufzunehmenden Objekte beschränkt, ist die im konkreten Einzelfall zu beurteilende Zugehörigkeit zum bilanzierbaren Geschäfts-/Betriebsvermögen. Dabei ist eine rechtsformabhängige Differenzierung notwendig.

---

1 Zu den Kriterien s. BFH v. 29.11.1982, BStBl 1983 II, 272 m.w.N.
2 BFH v. 12.9.1991, BStBl 1992 II, 182; v. 8.6.1995, BFH/NV 1996, 101.
3 Siehe BFH v. 26.1.1970, BStBl 1970 II, 264; zum Immobilien-Leasing: BFH v. 30.5.1984, BStBl 1984 II, 825 und v. 8.8.1990, BStBl 1991 II, 70; zu Ausweis und Bewertung nach Handelsrecht bei Leasinggeberzurechnung: HFA 1/89, WPg 1989, S. 625; BMF-Schr. v. 19.4.1971, BStBl 1971 I, 264 und v. 21.3.1972, BStBl 1972 I, 1844.
4 Gem. BMF-Schr. v. 23.12.1991, BStBl 1992 I, 13.

Der Bilanzansatz dem Grunde nach

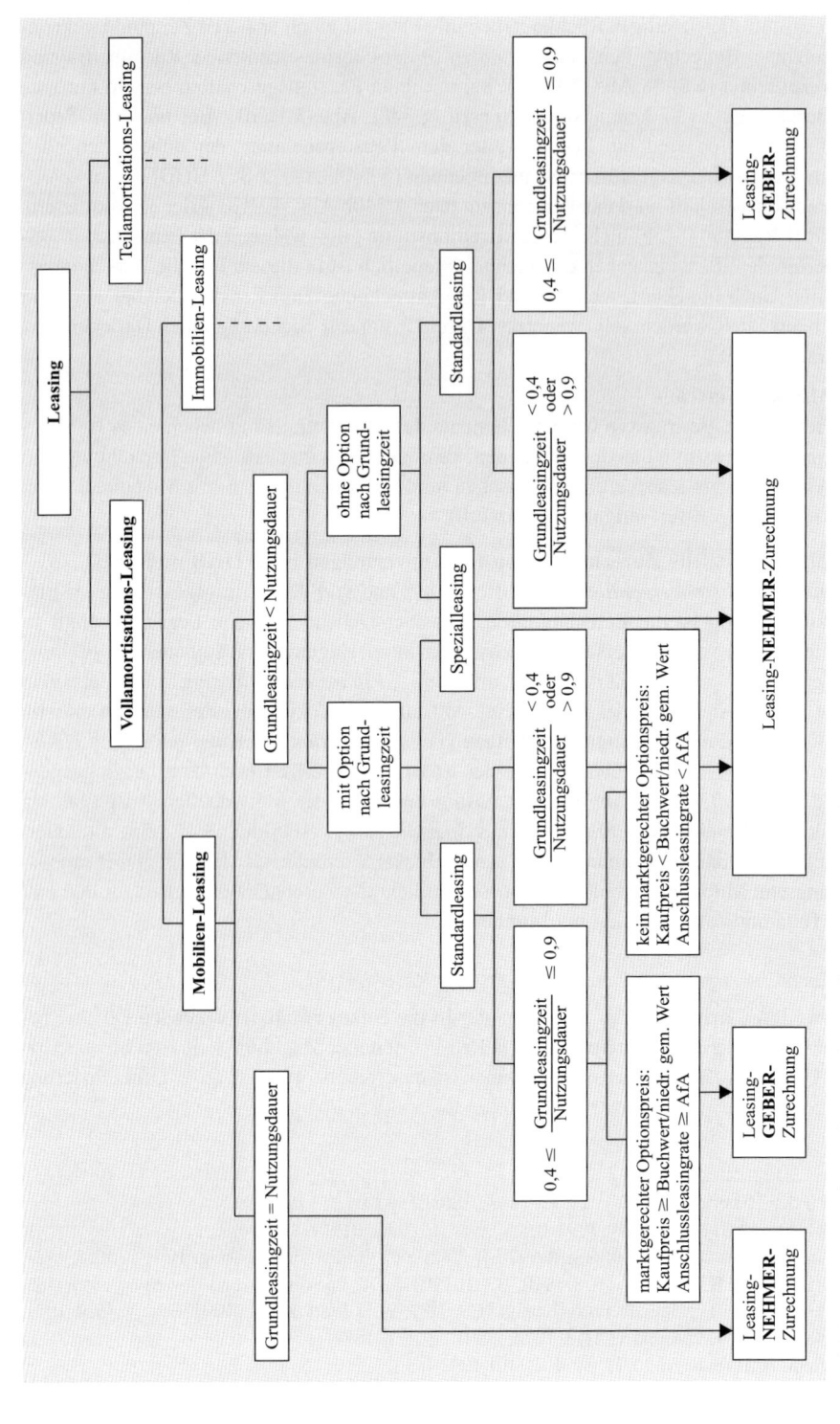

Abbildung C-5: Zurechnungskriterien beim Vollamortisations-Mobilien-Leasing

Kriterien konkreter Bilanzierungsfähigkeit

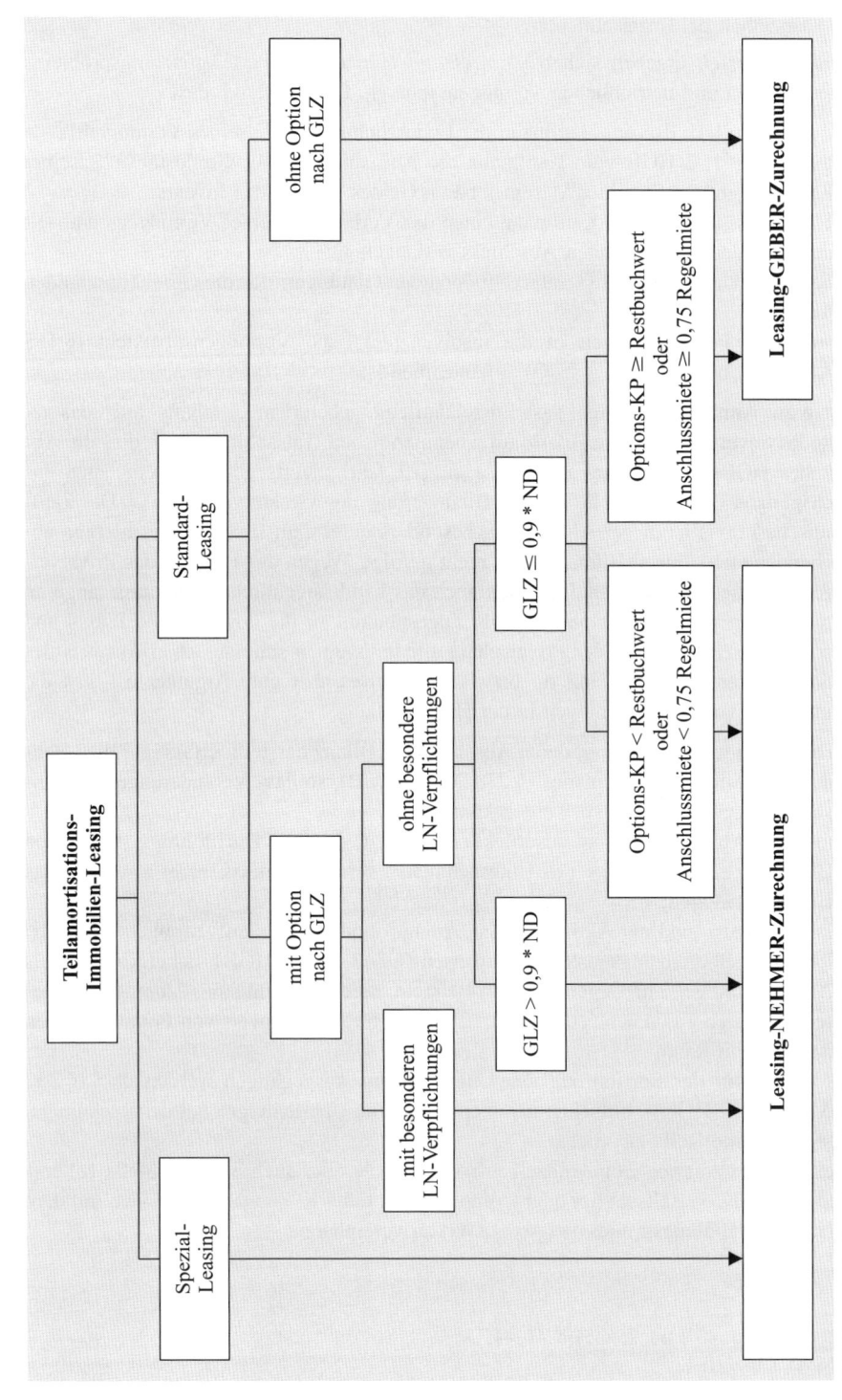

```
Teilamortisations-Immobilien-Leasing
├── Standard-Leasing
│   └── ohne Option nach GLZ ──────────────────────────────────► Leasing-GEBER-Zurechnung
│
│       mit Option nach GLZ
│       ├── ohne besondere LN-Verpflichtungen
│       │   ├── GLZ ≤ 0,9 * ND
│       │   │   ├── Options-KP ≥ Restbuchwert
│       │   │   │   oder
│       │   │   │   Anschlussmiete ≥ 0,75 Regelmiete ──────────► Leasing-GEBER-Zurechnung
│       │   │   └── Options-KP < Restbuchwert
│       │   │       oder
│       │   │       Anschlussmiete < 0,75 Regelmiete ──────────► Leasing-NEHMER-Zurechnung
│       │   └── GLZ > 0,9 * ND ─────────────────────────────────► Leasing-NEHMER-Zurechnung
│       └── mit besonderen LN-Verpflichtungen ──────────────────► Leasing-NEHMER-Zurechnung
│
└── Spezial-Leasing ────────────────────────────────────────────► Leasing-NEHMER-Zurechnung
```

Abbildung C-6: Zurechnungskriterien beim Teilamortisations-Immobilien-Leasing

ba) Bilanzinhalt bei Einzelkaufleuten

Handelsbilanziell ergeben sich bei *Einzelkaufleuten* erhebliche Abgrenzungsprobleme seiner privaten und betrieblichen Vermögenssphären. Der Umstand, dass

- § 238 Abs. 1 HGB vom Kaufmann die Ersichtlichmachung „seines Vermögens",
- § 240 Abs. 1, 2 HGB vom Kaufmann die Aufnahme „seiner Grundstücke", „seiner Forderungen und Schulden", „seines baren Geldes" etc. in das Inventar,
- § 242 Abs. 1 HGB vom Kaufmann einen das Verhältnis „seines Vermögens und seiner Schulden" darstellenden Abschluss verlangen,
- bei Einzelkaufleuten das Gesamtvermögen den Gläubigern für die Geschäftsschulden haftet und
- auch das Privatvermögen in die insolvenzrechtliche Vermögensübersicht (§ 153 Abs. 1 i.V.m. § 35 Abs. 1 InsO) aufzunehmen ist,

könnte zur Annahme verleiten, dass Einzelkaufleute neben dem Geschäfts- auch das gesamte Privatvermögen in die Bilanz aufzunehmen haben. Tatsächlich dürfte dies die Absicht des HGB-Gesetzgebers zum Ende des 19. Jahrhunderts gewesen sein; auch das Reichsgericht verlangte mehrfach die Bilanzierung des Gesamtvermögens.[1] Die kaufmännische Praxis ist dieser Auffassung, besonders unter dem Eindruck des hiervon abweichenden steuerlichen Bilanzinhalts, nicht gefolgt. Wegen der Haftung des Privatvermögens für die Geschäftsschulden hielt auch das handelsrechtliche Schrifttum lange an der Forderung des RG fest und ließ als Zugeständnis an die abweichende Praxis und deren Interesse am Schutz der Privatsphäre allenfalls einen summarischen Ausweis des Privatvermögens in der Bilanz zu. Inzwischen gibt es aber gute Argumente *gegen* die Bilanzierung von Privatvermögen in der Handelsbilanz:

- Die laufende Buchführung, deren Abschluss die Bilanz darstellt, erfasst nur die „Handelsgeschäfte" des Kaufmanns (§ 238 Abs. 1 HGB), so dass Veränderungen des Privatvermögens nicht erfasst werden können;
- in § 238 Abs. 1 HGB wird ausdrücklich verlangt, dass die Buchführung (nur) einen Überblick „über die Lage des Unternehmens" vermitteln muss, nicht also über das Gesamtvermögen;
- in der Bilanz sind als Aktiva nur das Anlage- und das Umlaufvermögen sowie die Rechnungsabgrenzungsposten auszuweisen (§ 247 Abs. 1 HGB); dabei kommen als Anlagevermögen nur Gegenstände in Betracht, „die bestimmt sind, dauernd dem Geschäftsbetrieb zu dienen" (§ 247 Abs. 2 HGB); für den Ausweis von Privatvermögen ist also kein Raum;
- solange von der Fortführung des Unternehmens ausgegangen werden darf (§ 252 Abs. 1 Nr. 2 HGB)[2], brauchen insolvenzrechtliche Überlegungen bei der Rechnungslegung keine Rolle zu spielen;
- ein solcher Ausweis beim Einzelkaufmann – nicht aber auch beim ebenfalls vollhaftenden OHG-Gesellschafter oder Komplementär einer KG – wäre auch kaum mit dem Gleichbehandlungsgrundsatz (Art. 3 GG) zu vereinbaren;

---

1 RGSt, Bd. 5, 409; Bd. 25, 3; Bd. 41, 41.
2 Siehe Kap. B.II.4.

- die Offenlegung der Privatsphäre des Einzelkaufmanns z.B. bei der vorgeschriebenen Erläuterung der Bilanz gem. § 108 Abs. 5 BetrVerfG wäre ebenfalls nicht unproblematisch;
- schließlich besteht für sehr große einzelkaufmännische Unternehmen in § 5 Abs. 4 PublG und in § 264c Abs. 3 S.1 HGB für atypische Personengesellschaften ein ausdrückliches Bilanzierungsverbot für das Privatvermögen, wodurch – selbst bei den strengeren Rechnungslegungsanforderungen für Großunternehmen und haftungsbegrenzte Personengesellschaften – der heutige Wille des Gesetzgebers zum Ausdruck kommt.

Aus alledem ergibt sich eindeutig, dass nur jene Vermögensgegenstände und Schulden in die Handelsbilanz des Einzelkaufmanns aufzunehmen sind, die (von ihm) bestimmt sind, dem Geschäftsbetrieb zu dienen. Dabei steht dem Kaufmann aber eine relativ große Entscheidungsautonomie über die Zuordnung der Bilanzobjekte zur Privatsphäre und zum Geschäftsbetrieb zu (Grundsatz der privatrechtlichen Gestaltungsfreiheit).[1] Die im Zweifel weite Fassung des kaufmännischen Bilanzvermögens kommt auch in § 344 HGB zum Ausdruck, wenn dort die Rechtsgeschäfte und Schuldscheine eines Kaufmanns im Zweifel als zum Handelsgewerbe gehörig vermutet werden. Nach h.M.[2] sollen zur Finanzierung von Einlagen aufgenommene *Schulden* jedenfalls bei nach dem PublG rechnungslegungspflichtigen Kaufleuten als Betriebsschulden in die Bilanz aufzunehmen sein, weil es wegen des gleichzeitigen Ausweises eines erhöhten Eigenkapitals sonst zu einer bedenklichen Beeinträchtigung der Darstellung der Vermögens- und Ertragslage kommt.

Steuerbilanziell müsste auf den ersten Blick die Frage der Vermögenssphärenzugehörigkeit nach § 5 Abs. 1 EStG weitgehend den handelsrechtlichen GoB überlassen bleiben. Da die Zugehörigkeit zum Privat- oder Betriebsvermögen insbes. wegen der unterschiedlichen Methoden der Einkunftsermittlung sowie der Abzugsfähigkeit der mit den Wirtschaftsgütern verbundenen Aufwendungen von großer steuerlicher Bedeutung ist, kann die Zuordnung nicht einer völlig freien Willensentscheidung des Steuerpflichtigen überlassen bleiben. Die rechtliche Handhabe bietet die in den §§ 5 Abs. 1 und 4 Abs. 1 EStG verankerte Beschränkung auf das anzusetzende „Betriebsvermögen" sowie die systematische Einordnung dieser Normen als Instrumente zur Ermittlung von „Einkünften" (aus Gewerbebetrieb). Allerdings ist der Rechtsbegriff *„Betriebsvermögen"* trotz vielfacher Verwendung gesetzlich nicht definiert. Jedenfalls umfasst er die einem Betrieb dienenden positiven und negativen Wirtschaftsgüter und Rechnungsabgrenzungsposten. Insbes. gehören auch alle jene Wirtschaftsgüter zum Betriebsvermögen, die aus betrieblicher Veranlassung angeschafft, hergestellt oder eingelegt worden sind; eine betriebliche Veranlassung liegt dabei dann vor, wenn ein *objektiver wirtschaftlicher oder tatsächlicher Zusammenhang* mit dem Betrieb besteht.[3] Ein solcher Zusammenhang wird nach der Rechtsprechung nicht nur durch die Widmung eines Wirtschaftsgutes zu betrieblichen Zwecken begründet, sondern auch z.B. dadurch, dass die Anschaffung ein betrieblicher

---

1 Siehe Kap. B.III.1.
2 Z.B. WPH 2017, F 34.
3 BFH v. 9.8.1989, BStBl 1990 II, 128.

Vorgang ist. Das ist insbes. dann der Fall, wenn das Wirtschaftsgut für eine Wertabgabe aus dem Betrieb erworben wird.[1]

Aus der steuerlichen Unbeachtlichkeit von Aktivitäten, die nicht der Erzielung von Einkünften dienen, folgt zum Ersten, dass Wirtschaftsgüter, die nicht zur Einkünfteerzielung, sondern zur *privaten Lebensführung* zählen, nicht als Betriebsvermögen erfasst werden dürfen.[2]

Die h.M. ist gewohnt, die bilanzsteuerlich allein maßgebliche Unterscheidung zwischen Betriebsvermögen und übrigem Vermögen (Privatvermögen) über eine drei- bzw. vierklassige *Aufteilung des Gesamtvermögens* in notwendiges und gewillkürtes Betriebsvermögen sowie notwendiges Privatvermögen bzw. notwendiges Betriebs- und Privatvermögen sowie gewillkürtes Betriebs- und Privatvermögen (neutrales Vermögen) vorzunehmen.[3]

Gesamtvermögen			
notwendiges Betriebsvermögen	neutrales Vermögen		notwendiges Privatvermögen
notwendiges Betriebsvermögen	gewillkürtes Betriebsvermögen	gewillkürtes Privatvermögen	notwendiges Privatvermögen
Betriebsvermögen		**Privatvermögen**	

Abbildung C-7: Bilanzierungsrelevante Vermögenssphären bei Personenunternehmen

Das *notwendige Betriebsvermögen* umfasst dabei alle Wirtschaftsgüter, die dem Betrieb dergestalt dienen, dass sie objektiv erkennbar zum unmittelbaren Einsatz im Betrieb bestimmt sind.[4] Abzustellen ist auf die tatsächliche und endgültige Zweckbestimmung, also die konkrete Funktionszuweisung des Wirtschaftsgutes im Betrieb.[5] Die Wirtschaftsgüter müssen ausschließlich und unmittelbar für eigenbetriebliche Zwecke des Steuerpflichtigen genutzt werden.[6] Derartige Wirtschaftsgüter zählen auch ohne weitere Willensbekundung, ohne Einlagehandlung oder Einbuchung zum Betriebsvermögen. Beispiele sind eingesetzte Maschinen, Rohstoffe, Forderungen aus Lieferungen und Leistungen, aber auch die zur Finanzierung dieser Wirtschaftsgüter eingegangenen Verbindlichkeiten.

Zum *notwendigen Privatvermögen* zählen hingegen – als Pendant zum notwendigen Betriebsvermögen – jene Wirtschaftsgüter, die weder dem Betrieb dienen, noch in einem

---

1 BFH v. 9.8.1989, BStBl 1990 II, 128.
2 Siehe auch Trennungsprinzip, Kap. B.IV.4.
3 Siehe hierzu Abbildung C-7.
4 So z.B.: BFH v. 23.1.1991, BStBl II, 519 m.w.N. und v. 13.11.1996, BStBl 1997 II, 247.
5 BFH v. 6.3.1991, BStBl II, 829.
6 BFH v. 8.12.1993, BStBl 1994 II, 296.

betrieblichen Förderungszusammenhang stehen. Das sind insbes. Wirtschaftsgüter, die ihrer objektiven Eignung nach nur privat verwendet werden können oder – wenn sie auch betrieblich verwendet werden können – tatsächlich ausschließlich oder fast ausschließlich für die private Lebensführung des Steuerpflichtigen oder seiner Angehörigen bestimmt sind (z.B. Möbel, Schmuck, ESt-Erstattungsanspruch). Diese Wirtschaftsgüter können nicht zum Betriebsvermögen gerechnet werden.

Zum *neutralen Vermögen* zählen Wirtschaftsgüter, deren Zuordnung zum (gewillkürten) Betriebsvermögen oder zum (gewillkürten) Privatvermögen der deutlich zum Ausdruck kommenden, weitgehend freien Entscheidung (Entnahme, Einlage) des Steuerpflichtigen überlassen bleibt (z.B. Wertpapiere, PKW, Zahlungsmittel).

Zum *gewillkürten Betriebsvermögen* gehören dabei Wirtschaftsgüter, die in einem objektiven Förderungszusammenhang zum Betrieb (z.B. Ertragsträger, Kreditsicherung) stehen und ihn erkennbar (z.B. durch buchmäßige Behandlung) zu fördern bestimmt wurden. Die tatsächliche Nutzung des Wirtschaftsgutes muß einen objektiven Zurechnungszusammenhang mit dem Betrieb vermitteln.[1] Die subjektive Bestimmung eines Wirtschaftsgutes, dem Betrieb zu dienen, erfordert eine eindeutige (buchhalterische) Dokumentation des Einlagewillens.[2] Objektive Eignung und subjektive Bestimmung sind damit die wesentlichen Kriterien der Rechtsprechung für die Behandlung eines Wirtschaftsgutes des neutralen Vermögens als Betriebsvermögen.[3] Steht allerdings bereits beim Erwerb oder bei der Einlage fest, dass Wirtschaftsgüter dem Betrieb keinen Nutzen, sondern nur Verluste oder Schäden bringen (sog. *verlustgezeichnete Wirtschaftsgüter*), scheidet gewillkürtes Betriebsvermögen aus; das ist nach der Rechtsprechung ganz besonders bei branchenfremden Risikogeschäften (z.B. mit Wertpapieren, Derivaten) oder Geschäften mit nahestehenden Personen zu prüfen.[4]

Zum Betriebsvermögen gehören die Wirtschaftsgüter so lange, bis der sachliche und persönliche Zusammenhang mit dem Betrieb aufgelöst wird. Dies geschieht vor allem durch eine Entnahme, die eine vom Entnahmewillen getragene Entnahmehandlung voraussetzt.[5] Dafür reicht bereits schlüssiges Verhalten aus, mit dem die Betriebsverknüpfung erkennbar gelöst wird (z.B. überwiegende Nutzung für Privatzwecke; Verzicht auf Totalgewinnerzielung).

Zum *gewillkürten Privatvermögen* gehören Wirtschaftsgüter, die zwar in einem objektiven Förderungszusammenhang zu einem konkreten Betrieb stehen könnten, ihm aber durch die deutliche Entscheidung des Steuerpflichtigen nicht zu fördern bestimmt wurden.

Über die Berechtigung zu einer derartigen Aufteilung der Vermögenssphären und ihre (fehlenden) rechtlichen Grundlagen kann man mit guten Gründen streiten. Im Ergebnis bedeutet diese Auffassung für die Frage der konkreten Bilanzierungsfähigkeit aber jedenfalls, dass nur jene Wirtschaftsgüter in die Steuerbilanz aufgenommen werden dürfen

---

1 BFH v. 7.11.1995, BFH/NV 1996, 327.
2 BFH v. 23.10.1990, BStBl 1991 II, 401.
3 Z.B. BFH v. 18.12.1996, BStBl 1997 II, 351.
4 Z.B. BFH v. 19.2.1997, BStBl II, 399; v. 11.7.1996, BFH/NV 1997, 114.
5 BFH v. 6.11.1991, BStBl 1993 II, 391 m.w.N.

(müssen), *die dem Betrieb des Steuerpflichtigen zu dienen bestimmt sind*. Die weitergehenden Anforderungen betreffen den in aller Regel durch buchmäßige Einlagehandlung zu führenden Nachweis der betrieblichen Widmung.

Die Bestimmung zur Betriebszweckförderung ist auch bei negativen Wirtschaftsgütern (insbes. *Verbindlichkeiten*) das entscheidende Zuordnungskriterium. Die Finanzrechtsprechung betont jedoch bei Schulden den „objektiven" Beurteilungsmaßstab; die subjektive Willensentscheidung des Steuerpflichtigen allein sei nicht maßgeblich.[1] Dabei kommt dem wirtschaftlichen Zusammenhang mit dem Betrieb und dem Finanzierungszweck eine wesentliche Bedeutung zu.[2] Ein wirtschaftlicher Zusammenhang mit dem Betrieb, der die Annahme einer Betriebsschuld rechtfertigt, ist die Verwendung von Kreditmitteln für betriebliche Zwecke.[3] Es steht dem Kaufmann allerdings frei, in welchem Ausmaß er Eigen- und Fremdkapital einsetzt; auch kann Eigenkapital entnommen und durch Fremdkapital mit Betriebsschuldcharakter ersetzt werden, wenn die Widmungsabsicht hinreichend klar nach außen in Erscheinung tritt.[4] Nach Auffassung der Finanzverwaltung[5] gibt es bei Verbindlichkeiten kein gewillkürtes Betriebsvermögen, es kommt – unabhängig von der handelsrechtlichen Bilanzierung – auf objektive Gesichtspunkte der betrieblichen Veranlassung an. Der BFH[6] hat es hingegen anerkannt, wenn Steuerpflichtige über ein sog. *Zwei- oder Mehrkontenmodell* Betriebseinnahmen auf einem Konto ansammeln, diese entnehmen und den auf betrieblicher Ebene auf anderen Konten entstehenden Finanzbedarf durch neue Darlehen ausgleichen (Grundsatz der Finanzierungsfreiheit). Der Schuldzinsenabzug als Betriebsausgaben wurde allerdings bei Krediten im Zusammenhang mit (Über-)Entnahmen durch § 4 Abs. 4a EStG gesetzlich wesentlich eingeschränkt.

Besondere Abgrenzungsprobleme bereiten Wirtschaftsgüter, die sowohl privaten wie auch betrieblichen Zwecken dienen. Bei derartigen *gemischtgenutzten Wirtschaftsgütern* ist wegen ihrer unterschiedlichen Aufteilungsmöglichkeiten zwischen beweglichen und unbeweglichen Wirtschaftsgütern zu unterscheiden.

Bewegliche gemischtgenutzte Wirtschaftsgüter dürfen nach überwiegender Rechtsauffassung[7] grundsätzlich nicht in einen privaten und einen betrieblichen Nutzungsteil aufgeteilt werden; sind vielmehr einheitlich dem Betriebs- oder Privatvermögen zuzuordnen. Ein Ausgleich erfolgt dann über die Einlage (bei PV-Zuordnung) oder die Entnahme (bei BV-Zuordnung) der bewerteten Nutzungen. Die Zuordnungsentscheidung beweglicher Wirtschaftsgüter orientiert sich dabei nach der herrschenden Rechtsauffassung[8] und Verwaltungspraxis (R 4.2 Abs. 1 EStR) am Ausmaß der eigenbetrieblichen oder privaten Nutzung:

---

1 BFH v. 12.9.1985, BStBl 1986 II, 255 m.w.N.
2 BFH v. 23.6.1983, BStBl 1983 II, 725; v. 17.4.1985, BStBl 1985 II, 510.
3 BFH v. 8.9.1988, BStBl 1989 II, 27; BFH GrS v. 4.7.1990, BStBl 1990 II, 817; H 4.2 (15) EStR.
4 BFH v. 17.4.1985, BStBl 1985 II, 510; v. 5.6.1985, BStBl 1985 II, 619.
5 BMF v. 27.7.1987, BStBl 1987 I, 508.
6 BFH GrS 1-2/95 v. 8.12.1997, BStBl 1998 II, 193.
7 Z.B. BFH v. 11.9.1969, BStBl 1970 II, 317.
8 BFH v. 13.3.1964. BStBl 1964 III, 455; v. 27.3.1974, BStBl 1974 II, 488.

	Betrieblicher Nutzungsanteil				
100 %	> 50 %	≤ 50 %	≥ 10 %	< 10 %	0 %
0 %	< 50 %	≥ 50 %	≤ 90 %	> 90 %	100 %
		Privater Nutzungsanteil			
notwendiges Betriebsvermögen		neutrales Vermögen (gewillkürtes BV oder PV)		notwendiges Privatvermögen	

Abbildung C-8: Vermögenszuordnung bei gemischter Nutzung beweglicher Wirtschaftsgüter

Unabhängig von der Zuordnung des Wirtschaftsgutes werden die laufenden Aufwendungen (einschl. AfA) des Wirtschaftsgutes in Betriebsausgaben, Werbungskosten oder Kosten der privaten Lebensführung nach möglichst objektiven Kriterien, ggf. aber auch durch Schätzung, aufgeteilt.

Differenzierter ist die Zuordnungsfrage bei *Immobilien*. Wegen der Möglichkeit der räumlichen Aufteilung sieht die Rechtsprechung[1] hier eine der Nutzungsart entsprechende Parzellierung in Grundstücksteile vor, die jeweils ein eigenständiges Wirtschaftsgut darstellen. *Zuordnungskriterien* sind dabei:

- die Nutzungsart (eigene/fremde Betriebszwecke, eigene/fremde Wohnzwecke),
- das Bestehen eines objektiven betrieblichen Förderungszusammenhanges,
- die Bedeutung des Wertes des Grundstücksteils (20 %- und 20.500 Euro-Grenze[2]) und
- eine 50 %-Grenze für die BV-Eigenschaft aller Grundstücksteile.

Das Zusammenwirken der Kriterien zeigt Abbildung C-9; die detaillierte Regelung enthält R 4.2 (7) – (10) EStR.

Bei *Verbindlichkeiten* sehen Rechtsprechung[3] und Verwaltung[4] den Handelsbilanzausweis noch nicht als hinreichend bestimmend für eine Betriebsschuld an. Die steuerlichen Grundsätze der Abgrenzung von Betriebs- und Privatvermögen (sog. Trennungsprinzip)[5], gehen hiernach dem Maßgeblichkeitsprinzip vor. Werden Darlehensmittel tatsächlich nur teilweise für betriebliche Zwecke verwendet, im Übrigen aber für die Lebensführung oder für durch andere Einkunftsarten veranlasste Aufwendungen, so kann die Darlehensverbindlichkeit nur anteilig in dem der Verwendung des Darlehens für betriebliche Zwecke entsprechenden Umfang passiviert werden.[6] Maßgebend für die BV/PV-Zurechnung

---

1 Z.B. BFH v. 26.11.1973, BStBl 1974 II, 132.
2 § 8 EStDV, R 4.2 (8) EStR.
3 BFH v. 23.6.1983, BStBl 1983 II, 725.
4 BMF v. 27.7.1987, BStBl 1987 I, 508.
5 Siehe oben Kap. B.IV.4.
6 BFH GrS v. 4.7.1990, BStBl 1990 II, 817.

Der Bilanzansatz dem Grunde nach

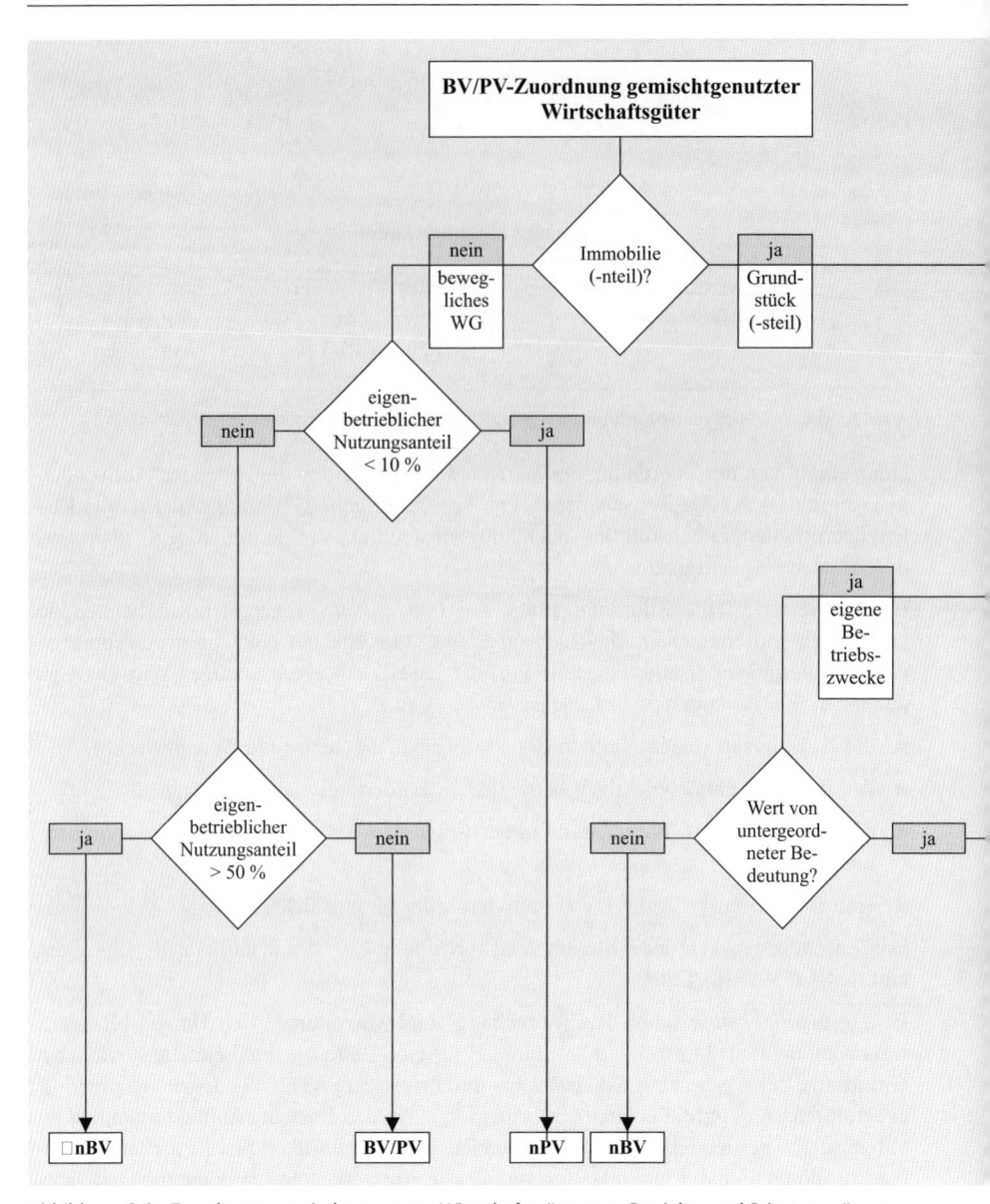

Abbildung C-9: Zuordnung gemischtgenutzter Wirtschaftsgüter zum Betriebs- und Privatvermögen

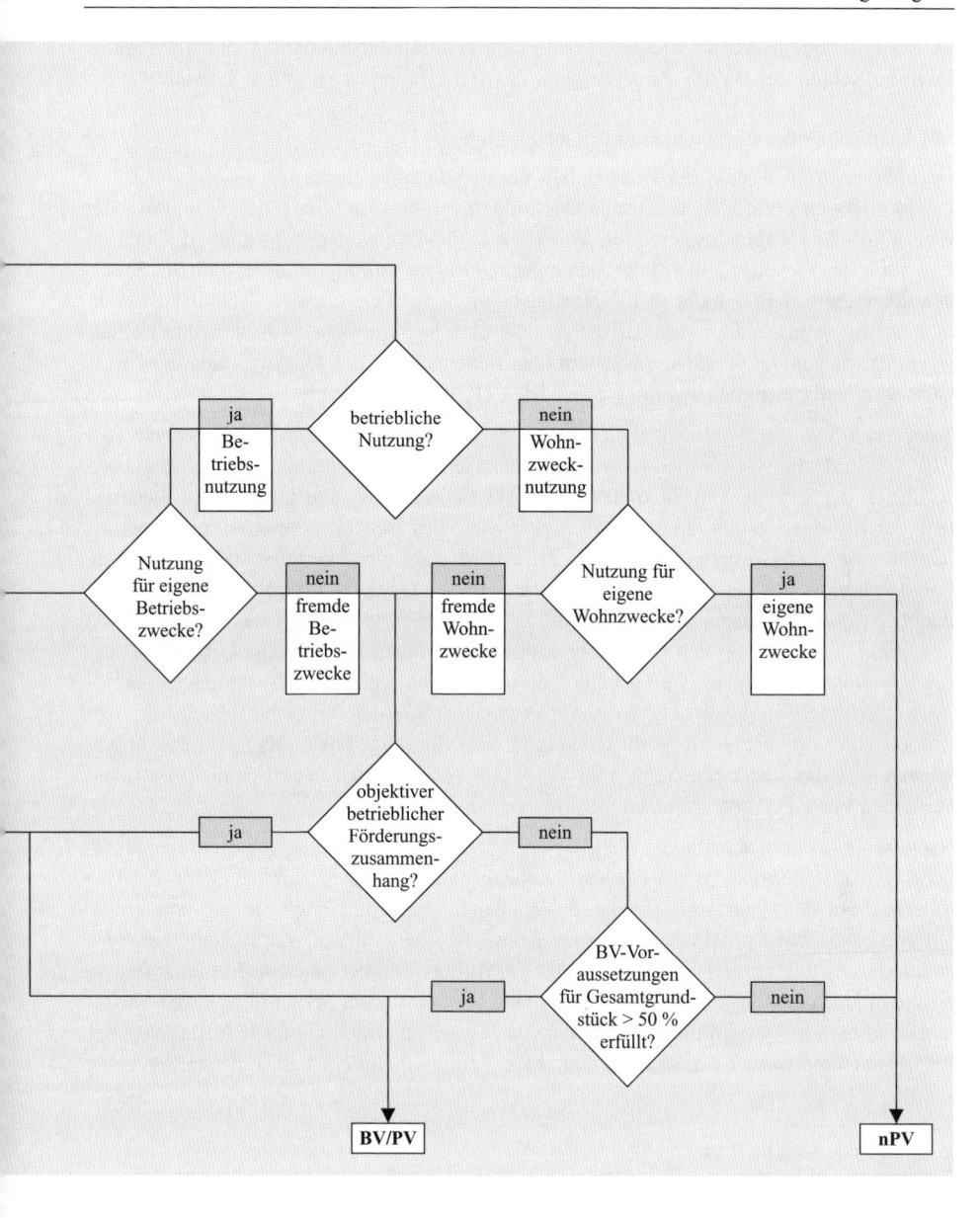

Kriterien konkreter Bilanzierungsfähigkeit

```
                    ┌──────────────┐
              ja    │ betriebliche │   nein
         ┌──────────│  Nutzung?    │──────────┐
         │  Be-     └──────────────┘   Wohn-  │
         │ triebs-                     zweck- │
         │ nutzung                     nutzung│
    ┌─────────┐                          ┌─────────┐
    │ Nutzung │                          │ Nutzung │    ja
    │für eigene│  nein    nein           │für eigene│──────────┐
────│ Betriebs-│──────┬──────────────────│Wohnzwecke?│        eigene
    │ zwecke? │ fremde  fremde           │         │         Wohn-
    └─────────┘ Be-    Wohn-             └─────────┘         zwecke
                triebs- zwecke
                zwecke
                        │
                ┌──────────────┐
                │  objektiver  │
         ja     │ betrieblicher│   nein
    ┌───────────│ Förderungs-  │───────────┐
    │           │ zusammen-    │           │
    │           │   hang?      │           │
    │           └──────────────┘     ┌──────────────┐
    │                                │  BV-Vor-     │
    │                          ja    │ aussetzungen │   nein
    │                       ┌────────│ für Gesamtgrund│────────┐
    │                       │        │ stück > 50 %  │         │
    │                       │        │  erfüllt?     │         │
    │                       │        └──────────────┘          │
    │                       │                                  │
    │                       ▼                                  ▼
    │                    ┌──────┐                           ┌─────┐
    └───────────────────▶│BV/PV │                           │ nPV │
                         └──────┘                           └─────┘
```

289

ist der tatsächliche Verwendungszweck des aufgenommenen Kredits. Im Allgemeinen folgt die Schuld der BV/PV-Zugehörigkeit des fremdfinanzierten Wirtschaftsgutes.

bb) Bilanzinhalt bei Personenhandelsgesellschaften

Handelsrechtlich besteht der Bilanzinhalt bei Personengesellschaften aus dem Gesamthandsvermögen[1] und den Gesamthandsschulden, wobei allerdings der Grundsatz der wirtschaftlichen Zugehörigkeit[2] gilt. Jedenfalls sind Vermögensgegenstände, die sich im Eigentum des Gesellschafters oder seiner Angehörigen befinden und persönliche Schulden der Gesellschafter nicht in die Handelsbilanz einer Personengesellschaft aufzunehmen, selbst wenn sie dem Geschäftsbetrieb der Gesellschaft dienen.[3] Auch wenn sie teilweise privat genutzt werden, sind Vermögensgegenstände des Gesamthandsvermögens nach dem Vollständigkeitsgebot (§ 246 Abs. 1 HGB) zu bilanzieren.

Steuerrechtlich sind grundsätzlich die handelsbilanziellen Ansätze maßgeblich (§ 5 Abs. 1 EStG), d.h. Gesamthandsvermögen und Gesamthandsschulden einschl. der wirtschaftlich der Gesellschaft zuzurechnenden Wirtschaftsgüter sind auch in die Steuerbilanz der Mitunternehmergemeinschaft als notwendiges Betriebsvermögen aufzunehmen *(Gesellschaftsbetriebsvermögen)*.[4] Eine Privatsphäre kann die Gesellschaft nicht haben. Folglich kommt auf Gesellschaftsebene auch *gewillkürtes Betriebsvermögen* nicht in Betracht.[5] Werden Wirtschaftsgüter allerdings zur Erzielung von Überschusseinkünften oder nicht zur Erzielung von Betriebsvermögensmehrungen (persönliche Lebensführung, sog. *Liebhaberei*) eingesetzt, so scheiden diese Wirtschaftsgüter des Gesamthandsvermögens als Betriebsvermögen aus (sog. *Segmentierung*[6]). Auch Wirtschaftsgüter, die dem Betrieb von vornherein nur Verluste bringen oder die nicht buchmäßig erfasst wurden, können nach der Rechtsprechung[7] und Verwaltungsauffassung[8] steuerlich nicht Betriebsvermögen einer Personengesellschaft sein.

Nach heute vorherrschender Auffassung erfolgt bei Mitunternehmerschaften die steuerliche *Gewinnermittlung in zwei Stufen*.[9] Zunächst wird der Steuerbilanzgewinn der Gesellschaft auf der Grundlage der aus der Handelsbilanz abgeleiteten Steuerbilanz ermittelt und nach dem handelsrechtlichen Gewinnverteilungsschlüssel den Mitunternehmern zugerechnet. In der zweiten Stufe wird ggf. je Mitunternehmer eine Sonderbilanz (sowie ggf. je eine Ergänzungsbilanz) erstellt und eine Kompensation der Gesellschafter-Vergütungen vorgenommen. In die Sonderbilanz des Gesellschafters, die nach Auffassung der Rechtsprechung nach § 5 EStG und durch die Mitunternehmerschaft aufgestellt werden

---

1 § 718 Abs. 1 BGB i.V.m. §§ 105 Abs. 2 bzw. 161 Abs. 2 HGB.
2 Siehe Kap. B.II.10.a).
3 HFA 1/76 des IDW, WPg 1976, S. 114. Vgl. auch die Bilanzierungsverbote für Privat- bzw. Gesellschaftervermögen in § 5 Abs. 4 PublG und § 264 c Abs. 3 HGB.
4 BFH v. 16.3.1983, BStBl 1983 II, 459.
5 BFH v. 27.4.1990, BFH/NV 1990, 769.
6 BFH v. 25.6.1996, BStBl 1996 II, 292; v. 21.9.1995, BFH/NV 1996, 460.
7 BFH BStBlv. 15.11.1978, BStBl 1979 II, 257; v. 19.7.1984, BStBl 1985 II, 6; v. 19.2.1997, BStBl 1997 II, 399; v. 18.10.2006, BStBl 2007 II, 259.
8 BMF v. 20.12.1977, BStBl 1978 I, 8.
9 Vgl. z.B. BFH v. 25.2.1991, BStBl 1991 II, 691.

muss[1], ist das *Sonderbetriebsvermögen* der Gesellschafter aufzunehmen. Dieses besteht aus zwei Bereichen:

Zum *Sonderbetriebsvermögen I* gehören alle Wirtschaftsgüter, die einem Mitunternehmer (als Allein-, Bruchteils- oder anderes Gesamthandseigentum) zuzurechnen sind, aber der Gesellschaft unmittelbar dienen oder geeignet und bestimmt sind, dem Betrieb der Personengesellschaft zu dienen.[2] „Dienen" verlangt, dass die Wirtschaftsgüter objektiv erkennbar zum unmittelbaren Einsatz im Betrieb bestimmt sind. Das betrifft insbes. solche Wirtschaftsgüter, die ein Gesellschafter der Gesellschaft zur betrieblichen Nutzung überlässt[3] oder die zum unmittelbaren Einsatz im Betrieb der Gesellschaft – z.B. als verkaufsfähige Erzeugnisse oder Waren – bestimmt sind.[4]

Zum (notwendigen) Sonderbetriebsvermögen gehören aber auch persönliche Verbindlichkeiten eines Gesellschafters, die in wirtschaftlichem Zusammenhang mit aktiven Wirtschaftsgütern seines SBV oder mit Schulden der Personengesellschaft stehen oder deren Darlehensmittel für betriebliche Zwecke der Personengesellschaft verwendet werden.[5] Hierzu gehören auch Forderungen und Verbindlichkeiten des Gesellschafters gegenüber der Gesellschaft, sofern sie nicht aus dem laufenden Geschäftsverkehr zwischen Gesellschaft und Gesellschafter oder aus einer kurzfristigen Darlehensgewährung stammen. Gehört ein Wirtschaftsgut des SBV I dem Gesellschafter nur teilweise, so muss eine anteilige Erfassung erfolgen.

Zum *Sonderbetriebsvermögen II* zählen die einem Gesellschafter zuzurechnenden Wirtschaftsgüter, die unmittelbar zur Begründung oder Stärkung seiner Beteiligung an der Personengesellschaft dienen.[6] SBV II können private Anteile an Kapitalgesellschaften sein, die einen für die Personengesellschaft beachtlichen förderlichen Einfluss auf die Geschäftsführung der Kapitalgesellschaft ermöglichen.[7] Hierzu zählen z.B. die Geschäftsanteile eines Kommanditisten an der Komplementär-GmbH bei einer GmbH & Co. KG.[8] Zum notwendigen SBV II gehören auch persönliche Verbindlichkeiten des Gesellschafters, die dieser zur Finanzierung seiner gesellschaftsrechtlichen Einlageverpflichtung eingegangen ist.[9]

Ob in allen drei Fällen oder nur beim Sonderbetriebsvermögen der Gesellschafter gewillkürtes Betriebsvermögen möglich ist, ist streitig. Für den Regelfall wird gewillkürtes Betriebsvermögen einer Personenhandelsgesellschaft abgelehnt, da ihre Betätigung stets gewerblich und damit kein Raum für eine Privatsphäre sei.[10] Jedenfalls wird aber die Bildung *gewillkürten Sonderbetriebsvermögens* dann zugelassen, wenn die Wirtschafts-

---

1 BFH v. 11.3.1992, BStBl 1992 II, 797.
2 BFH v. 14.8.1975, BStBl 1976 II, 88.
3 BFH v. 13.9.1988, BStBl 1989 II, 37 m.w.N.
4 BFH v. 19.2.1991, BStBl 1991 II, 789.
5 BFH v. 15.11.1990, BStBl 1991 II, 238.
6 BFH v. 1.10.1996, BStBl 1997 II, 530 m.w.N.
7 BFH v. 6.7.1989. BStBl 1989 II, 890; v. 31.10.1989, BStBl 1990 II, 677.
8 BFH v. 14.8.1975, BStBl 1976 II, 88; v. 7.12.1984, BStBl 1985 II, 241; siehe auch H 4.2 (2) EStR.
9 BFH v. 15.11.1990, BStBl 1991 II, 238 m.w.N.
10 BFH v. 23.5.1991, BStBl 1991 II, 800.

güter objektiv geeignet und subjektiv dazu bestimmt sind, dem Betrieb der Gesellschaft oder der Beteiligung des Gesellschafters zu dienen oder diese zu fördern.[1] Besonders kritisch ist dabei das Kriterium der eindeutigen Dokumentation des Widmungswillens, weil das Sonderbetriebsvermögen als Eigentum des Gesellschafters nicht in die Gesellschaftsbilanz und damit auch nicht in die handelsrechtliche Buchführung der Gesellschaft aufgenommen werden darf. Auch wird im Allgemeinen keine „Gesamtbilanz" von der Personengesellschaft erstellt, da diese nicht dem Handelsrecht entsprechen würde. Im zitierten BFH-Urteil wird jedoch verlangt, dass die Personengesellschaft nach § 141 AO auch für das Sonderbetriebsvermögen der Gesellschafter buchführungspflichtig ist. Einlage, Fortführung und Entnahme des dem SBV zugerechneten Wirtschaftsguts müssen klar, eindeutig und zeitnah in der Buchführung der Personengesellschaft vollzogen werden und damit den Widmungswillen des Gesellschafters zum Ausdruck bringen.[2] Als gewillkürtes SBV I kommen beispielsweise Wertpapiere oder fremdvermietete Grundstücke in Betracht, da sie als Vermögensanlage der finanziellen Absicherung des Betriebs dienen und seine Ertragskraft stärken können.[3]

Hat ein Personengesellschafter daneben einen eigenen Gewerbebetrieb oder gehört er einer weiteren Personengesellschaft an, so ist fraglich, welchem Betriebsvermögen ein dem Gesellschafter gehörendes Wirtschaftsgut zuzurechnen ist, das zugleich seinem Einzelunternehmen förderlich ist oder aber dessen Beteiligung an der anderen Personengesellschaft stärkt. Die Rechtsprechung löst diese *Bilanzierungskonkurrenz* durch Vorrangsetzung für die Zuordnung zum Sonderbetriebsvermögen I.[4]

Bilanztechnisch wird das Sonderbetriebsvermögen in sog. *Sonderbilanzen*[5] der Gesellschafter erfasst. Eine das Gesellschafts-BV und das bzw. die Sonder-BV zusammenfassende „Gesamtsteuerbilanz" wird im Allgemeinen nicht erstellt, jedoch müssen die Ergebnisse der Gesellschaftsbilanz und der Sonder-/Ergänzungsbilanz(en) bei der einheitlichen und gesonderten Gewinnfeststellung (§§ 179 f. AO) zum Gesamtgewinn zusammengefasst werden. Zur Ermittlung des Gewinnanteils eines Gesellschafters wird das Ergebnis des Gesellschafts-BV-Vergleichs nach dem vereinbarten Gewinnverteilungsschlüssel aufgeteilt. Diesem Anteil wird der Gewinn oder Verlust aus der Ergänzungs- und Sonderbilanz jedes einzelnen Gesellschafters zu- oder abgerechnet.

Die verschiedenen Arten des Betriebsvermögens bei Personengesellschaften verdeutlicht zusammenfassend Abbildung C-10.

bc) Bilanzinhalt bei Kapitalgesellschaften und Genossenschaften

Handelsrechtlich sind alle Vermögensgegenstände und Schulden, die einer Kapitalgesellschaft oder Genossenschaft zuzurechnen sind, in ihre Handelsbilanz aufzunehmen.

Steuerrechtlich sind bei Körperschaften prinzipiell das Vermögen und die Schulden der Handelsbilanz auch in die Steuerbilanz zu übernehmen (§ 5 Abs. 1 EStG i.V.m. § 8

---

1 BFH v. 23.10.1990, BStBl 1991 II, 401 m.w.N.
2 BFH v. 7.4.1992, BStBl 1993 II, 21.
3 BFH v. 17.5.1990, BStBl 1991 II, 216.
4 BFH v. 6.10.1987, BStBl 1988 II, 679 m.w.N.
5 Siehe Kap. A.V.4.ac).

Kriterien konkreter Bilanzierungsfähigkeit

Wirtschaftsgüter des **Gesamthandsvermögens**		Wirtschaftsgüter im **Allein-, Bruchteils-** oder weiterem **Gesamthandsvermögens eines Gesellschafters**		
nicht der Einkünfteerzielung dienendes Vermögen	notwendiges **Gesellschafts-Betriebsvermögen** lt. Gesellschafts-Steuerbilanz (1. Stufe)	notwendiges/ gewillkürtes Sonderbetriebsvermögen I	notwendiges/ gewillkürtes Sonderbetriebsvermögen II	notwendiges Privatvermögen
		Sonderbetriebsvermögen lt. Sonderbilanz(en) des/der Gesellschafter(s)		

Gesamt-Betriebsvermögen bei Personengesellschaften lt. fiktiver „Gesamtbilanz" (Steuerbilanz 2. Stufe)

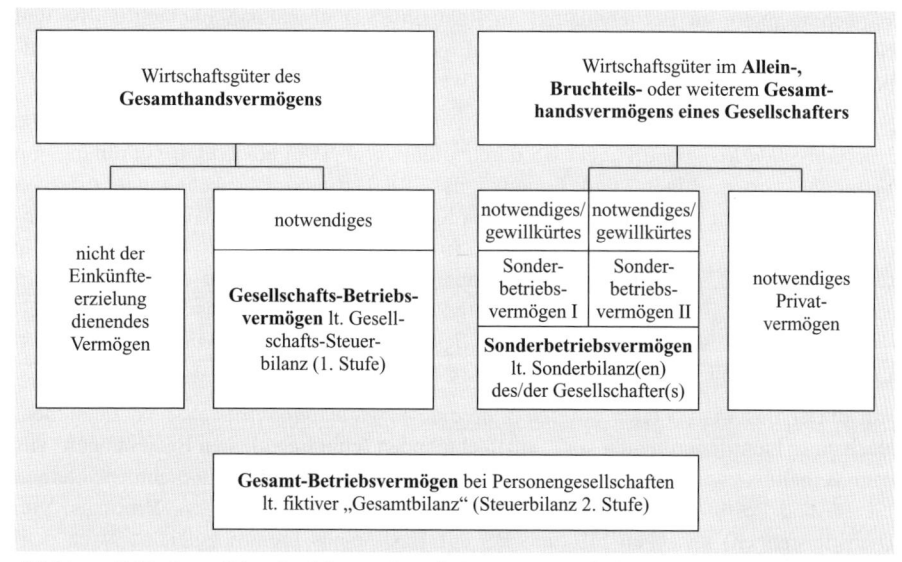

Abbildung C-10: Steuerliches Betriebsvermögen bei Personengesellschaften

Abs. 1 KStG). Körperschaften haben nur notwendiges Betriebsvermögen, nichtgewerbliche, private oder nicht von Einkünfteerzielung getragene Tätigkeitssegmente kennt eine Kapitalgesellschaft nicht. Steuerlich gesehen hat eine Kapitalgesellschaft keine außerbetriebliche Sphäre.[1] Alle eingesetzten Wirtschaftsgüter stellen Betriebsvermögen dar, denn nach § 8 Abs. 2 KStG erstreckt sich ihr Gewerbebetrieb auf alle ihre Einkünfte. Allenfalls führen Privatnutzungen der Gesellschafter und Liebhabereiverluste zu verdeckten Gewinnausschüttungen (z.B. Segelyacht einer Maschinenfabrik).

Wirtschaftsgüter, die Gesellschaftern gehören oder ihnen wirtschaftlich zuzurechnen sind, zählen nicht zum Betriebsvermögen einer Kapitalgesellschaft, auch wenn sie der Gesellschaft zur Nutzung überlassen sind. Einen dem Sonderbetriebsvermögen der Personengesellschafter entsprechenden Vermögensbereich gibt es bei Kapitalgesellschaften nicht.

bd) Bilanzinhalt bei Betriebsstätten

Handelsrechtlich gehört das Vermögen weltweit aller Betriebsstätten in die Handelsbilanz des Stammhauses.

Steuerrechtlich muss insbes. wegen der unterschiedlichen Gewinnbesteuerung von Betriebsstätten (BS) sowohl im Inbound- wie im Outboundfall[2] eine gesonderte Betriebsstättengewinnermittlung erfolgen. Mit der am Authorised OECD-Approach (AOA) orientierten Neufassung des § 1 Abs. 5 AStG und dessen Konkretisierung in der Betriebsstättengewinnaufteilungsverordnung (BsGaV) wurde auch die Zuordnung von

---
1 BFH v. 4.12.1996, BFHE 182, 183.
2 Siehe Kap. A.V.1.c) und Abb. A-33.

Wirtschaftsgütern zu Betriebsstätten im Rahmen einer abschlussähnlichen „Hilfs- und Nebenrechnung" ab 2015 neu geregelt. Im Ergebnis soll eine Betriebsstätte wie ein rechtlich selbständiges Unternehmen behandelt werden.

Nach den gesetzlichen Vorgaben wird in einem *zweistufigen Verfahren* zunächst eine *Funktions- und Risikoanalyse* der BS durchgeführt, wobei vor allem eine Zuordnung von Vermögenswerten, Eigen- und Fremdkapital, Risiken und Chancen sowie externen Geschäftsvorfällen zur BS nach bestimmten Kriterien vorgenommen wird. Ein bedeutendes Zuordnungskriterium ist dabei die sog. (maßgebliche) *Personalfunktion*, das ist eine Geschäftstätigkeit, die von eigenem Personal des Unternehmens für das Unternehmen ausgeübt wird, beispielsweise Geschäftstätigkeiten wie Nutzung, Anschaffung, Herstellung, Verwaltung, Veräußerung, Weiterentwicklung, Schutz, Risikosteuerung und insbes. Entscheidungen über Chancen und Risiken (§ 2 Abs. 3 BSGaV).

Auf dieser Basis ist in einer *zweiten Stufe* eine *Vergleichbarkeitsanalyse* vorzunehmen: Nach einer Identifizierung der sog. „anzunehmenden schuldrechtlichen Beziehungen" aus dem Verhältnis zwischen BS und StH erfolgt eine Bewertung der unternehmensinternen Liefer- und Leistungsbeziehungen („Dealings", wie Warenlieferungen, Erbringen von Dienstleistungen) zwischen StH und BS auf Basis eines Fremdvergleichs. Nach dem Fremdvergleichsgrundsatz (§ 1 Abs. 1 AStG) müssen hierfür fremdübliche Vergütung ermittelt werden. Die Anwendung dieser fremdvergleichskonformen Verrechnungspreise führt dann beim StH oder der BS zu fiktiven Betriebsausgaben (Aufwendungen) und fiktiven Betriebseinnahmen (Erträgen).

Die Systematik, Rechtsgrundlagen und Einzelheiten des Konzepts der zweistufigen BS-Gewinnermittlung zeigt Abbildung C-11.

Zweistufige Betriebsstätten-Einkünfteaufteilung/-ermittlung				
			Rechtsgrundlage	Zuordnungskriterien
1. Schritt: Funktions- und Risikoanalyse der BS-Geschäftstätigkeit				
I.	BS-Zuordnung der maßgeblichen Personalfunktionen (PF)		§ 1 V S. 3 Nr. 1 AStG; §§ 2 Abs. 3–5, 4 BsGaV	Ausübung
II.	BS-Zuordnung von Bilanzposten, Risiken und Chancen			
	1.	BS-Zuordnung von Vermögenswerten	§ 1 V S. 3 Nr. 2 AStG	Von PF benötigte Vermögenswerte
		a) Materielle Wirtschaftsgüter	§ 5 BsGaV	Nutzung durch maßgebl. PF
		b) Immaterielle Wirtschaftsgüter	§ 6 BsGaV	Schaffung/ Erwerb durch maßgebliche PF

		c) Finanzanlagen etc.	§ 7 BsGaV	Nutzung durch maßgebl. PF
		d) Sonstige Vermögenswerte	§ 8 BsGaV	Schaffung/Erwerb durch maßgebliche PF
	2.	Allokation von Chancen und Risiken	§ 1 V S. 3 Nr. 3 AStG; § 10 BsGaV	Zusammenhang mit zugeordnetem Vermögenswert oder Geschäftsvorfall
	3.	Bestimmung des angemessenen Eigenkapitals (Dotationskapitals)	§ 1 V S. 3 Nr. 4 AStG; §§ 12, 13 BsGaV	*Inbound-BS*: anteilige Kapitalaufteilung; *Outbound-BS*: betriebswirtschaftliche Mindestkapitalausstattung
	4.	BS-Zuordnung sonstiger Passivposten	§ 14 BsGaV	Zusammenhang mit zugeordneten Vermögenswerten und Chancen/Risiken
	5.	BS-Zuordnung Sicherungsgeschäfte	§ 11 BsGaV	Risikoabsicherung zugeordneter PF, Vermögenswerte, Geschäftsvorfälle
	6.	Finanzierungsaufwendungen	§ 15 BsGaV	Direkt gem. Zusammenhang mit zugeordnetem Passivposten; ersatzweise indirekt gem. Passivpostenverhältnis
III.	BS-Zuordnung von Geschäftsvorfällen mit unabhängigen Dritten und nahestehenden Personen		§ 1 IV S. 1 Nr. 1 AStG; § 9 BsGaV	PF des Zustandekommens
2. Schritt: Vergleichbarkeitsanalyse der BS-Geschäftstätigkeit				
I.	Bestimmung der Geschäftsvorfälle zwischen BS und StH (sog. anzunehmender schuldrechtlicher Beziehungen, Dealings)		§ 1 IV S. 1 Nr. 2 AStG; § 16 BsGaV	BS-Unabhängigkeitsfiktion
II.	Bestimmung der Verrechnungspreise		§ 1 I, III i. V. m. Abs. 5 AStG; § 16 Abs. 2 S. 1 BsGaV	Fremdvergleichsgrundsatz

III.	Bestimmung fiktiver Betriebseinnahmen/-ausgaben	§ 16 Abs. 2 S. 1 BsGaV	Anwendung Verrechnungspreise
IV.	Dealing-Sonderfall: Ausübung einer Finanzierungsfunktion	§ 17 BsGaV	kostenorientierter Verrechnungspreis, ersatzweise: nutzungsgerecht

Abbildung C-11: Zweistufige Betriebsstätten-Einkünfteermittlung

c) Explizite Bilanzierungsverbote

Für einige Posten, für die die bisher geprüften Kriterien durchaus einen Ansatz rechtfertigen können, hat der Gesetzgeber aus verschiedenen Gründen ausdrückliche Bilanzierungsverbote vorgesehen:

ca) Aufwendungen für die Gründung und Eigenkapitalbeschaffung sowie für Versicherungsvertragsabschlüsse

Hierunter fallen vor allem die Gebühren für Anwälte, Notare, Gerichte, Prüfer, Berater sowie die Kosten für Börseneinführung, Sacheinlagenbewertung, Vermittlungsprovisionen, u.a. Aufwendungen im Zusammenhang mit der Unternehmensgründung und der (auch späteren) Eigenkapitalausstattung.

Handelsrechtlich besteht hierfür für alle Bilanzierenden gem. § 248 Abs. 1 HGB ein striktes Aktivierungsverbot; dieses hat jedoch eigentlich nur klarstellende Bedeutung, weil die genannten Aufwendungen ohnehin nicht zu Vermögensgegenständen führen. Aber selbst wenn sonst nur ein aktiver Rechnungsabgrenzungsposten in Betracht käme, besteht hierfür ein Aktivierungsverbot. Offensichtlich wollte der Gesetzgeber verhindern, dass die bei Gründungen besonders ungewissen Geldeinsätze für Dienstleistungen und Eigenkapitalüberlassungen zu Bilanzwerten führen. Das Bilanzierungsverbot schließt jedoch

- am Bilanzstichtag bestehende Rückstellungen/Verbindlichkeiten für derartige Aufwendungen,
- die Passivierung von Eigenkapitalpositionen (einschl. eines Aufgeldes) und
- die Bilanzierung von Fremdkapitalkosten (z.B. eines Disagios)

nicht mit ein.

Das in § 248 Abs. 1 Nr. 3 HGB aufgenommene Verbot, Aufwendungen für den Abschluss von Versicherungsverträgen zu aktivieren, betrifft im Wesentlichen Versicherungsunternehmen. Es stellt vor allem sicher, dass Provisionszahlungen an Vermittler und sonstige Abschlussaufwendungen nicht aktiviert werden.

Steuerbilanziell führen die genannten Aufwendungen nicht zur Bilanzierung eines positiven Wirtschaftsgutes. Im Übrigen sind handelsrechtliche Bilanzierungsverbote nach dem Maßgeblichkeitsprinzip auch steuerlich zu beachten. Problematisch dürfte allenfalls der seltene Fall eines aktiven Rechnungsabgrenzungspostens für Gründungs- und Eigenkapitalbeschaffungsaufwand sein, weil dann nach der Gesetzessystematik die steuerliche Aktivierungspflicht des § 5 Abs. 5 EStG vorgeht.

cb) Bestimmte nicht entgeltlich erworbene immaterielle Anlagegüter

Immaterielle Güter (z.B. Forschungs- und Entwicklungsergebnisse, Schutzrechte, know how, Rezepturen, Software-Entwicklungen, Geschäfts- und Firmenwert, Kundenstamm, Stammbelegschaft, Belieferungsrechte, Nutzungs- und Unterlassungsrechte, Konzessionen, Beteiligung an öffentlichen Ver-/Entsorgungseinrichtungen, s. auch § 266 Abs. 2 Pos. A.I.1 HGB) sind wegen ihrer (gegenüber Sachanlagen) fehlenden Körperlichkeit und ihrer (gegenüber Nominalwertgütern) schweren Bewertbarkeit besonders unsichere Werte; sie sind nicht greifbar, kaum allgemein verkehrsfähig, nur schwer abgrenzbar und im Werte zu schätzen. Bei Selbsterstellung oder unentgeltlichem Erwerb besteht im besonderen Maße die Gefahr der Bilanzierung von „Nonvaleurs", insbes. durch Überschätzung durch den Bilanzierenden. Entgeltlicher Erwerb (z.B. durch Kauf, Tausch, Einbringung) hingegen, bei dem üblicherweise Leistung und Gegenleistung in einem ausgewogenen Verhältnis stehen, beweist das Vorliegen eines Wertes und quantifiziert zugleich die Werthöhe.

Handelsrechtlich wurde das generelle Verbot der Aktivierung selbst geschaffener immaterieller Vermögensgegenstände des Anlagevermögens (§ 248 Abs. 2 HGB a.F.) mit dem BilMoG im Grundsatz aufgehoben und durch ein Bilanzierungswahlrecht[1] ersetzt (§ 248 Abs. 2 S. 1 HGB). Der Gesetzgeber wollte damit der zunehmenden Bedeutung immaterieller Vermögensgegenstände insbes. bei start-up-Unternehmen Rechnung tragen und ihnen eine verbesserte bilanzielle Außendarstellung ermöglichen.[2]

Erhalten geblieben ist aber in § 248 Abs. 2 S. 2 HGB n.F.) ein Bilanzierungsverbot für nicht entgeltlich erworbene (selbst geschaffene)

- Marken, d.s. rechtlich geschützte Zeichen, Gestaltungen, Verpackungen, Aufmachungen, die der Identifizierung von Waren und Dienstleistungen eines Unternehmens zur Unterscheidung von anderen Produkten dienen,
- Drucktitel, d.s. markenähnliche Titel eines Druckerzeugnisses,
- Verlagsrechte, d.s. die vom Urheber übertragenen Rechte, ein Werk zu vervielfältigen und zu verbreiten,
- Kundenlisten, d.s. Zusammenstellungen von Geschäftskontakten oder
- vergleichbare immaterielle Vermögensgegenstände des Anlagevermögens, d.s. z.B. Ergebnisse von Aufwendungen zur Absatzförderung (Image), Mitarbeiterschulung (Wissen) oder Verbesserung des Geschäftsbetriebs (Organisation).

Bei dieser fast wörtlich aus IAS 38.63 übernommenen Negativliste besteht eine besondere Gefahr, dass Bestandteile eines nicht bilanzierungsfähigen originären Geschäftswerts bilanziert würde, weil sich die Aufwendungen nicht zweifelsfrei einem selbst geschaffenen Vermögensgegenstand zurechnen lassen.[3]

Neben dieser Negativliste besteht auch ein Aktivierungsverbot für selbsterstellte immaterielle Anlagegüter nach § 255 Abs. 2a S. 4 HGB wenn die Phasen der *Forschung und Entwicklung nicht verlässlich voneinander unterschieden* werden können.

---

1 Zu Einzelheiten siehe Kap. C.IV.1.ac).
2 Begr. RegEntw BilMoG, S. 49.
3 BT-Drucks. 16/10067, S. 50; BT-Drucks. 16/12407, S. 110.

In diesem Zusammenhang steht auch das nicht explizit geregelte *Aktivierungsverbot eines selbst geschaffenen (originären) Geschäfts oder Firmenwerts.* Dieser ergibt sich insbes. durch die Unternehmensorganisation, den erfahrenen Mitarbeiterstamm, den Standort, das aquisitorische Potenzial, den guten Ruf und andere geschäftswertbildene Faktoren. Ein Bilanzierungsverbot ergibt sich bereits aus der fehlenden Eigenschaft als Vermögensgegenstand. Im Gegensatz zum entgeltlich erworbenen (derivativen) Firmenwert hat der Gesetzgeber den selbst geschaffenen Geschäftswert auch nicht als Vermögensgegenstand fingiert (§ 246 Abs. 1 S. 4 HGB). Vorsicht, Gläubigerschutz und mangelnde Objektivierbarkeit (Einzelbewertung) gebieten ein unbedingtes Bilanzierungsverbot.

Steuerbilanziell war und ist weiterhin ein generelles Aktivierungsverbot für alle nicht entgeltlich erworbene immaterielle Wirtschaftsgüter des Anlagevermögens in § 5 Abs. 2 EStG kodifiziert. R 5.5 und H 5.5 EStR beschreiben Beispiele für immaterielle Wirtschaftsguter und entgeltlichen Erwerb. Dabei wird allerdings auch von der nicht unproblematischen Auffassung ausgegangen, dass bei einer Einlage aus dem Privatvermögen die Vorschriften über Einlagen (§§ 4 Abs. 1 und 6 Abs. 1 Nr. 5 EStG) dem Aktivierungsverbot vorgehen (R 5.5 Abs. 3 EStR). Das generelle Aktivierungsverbot des § 5 Abs. 2 EStG schließt auch die Bilanzierung der in der Handelsbilanz wahlweise angesetzten Vermögensgegenstände (z. B. Entwicklungsergebnisse) aus, deren Ansatz sonst nach der BFH-Rechtsprechung geboten wäre.[1]

cc) Kurzlebiges Anlagevermögen

Als *„kurzlebig"* werden Bilanzierungsobjekte des Anlagevermögens angesehen, deren geplante/betriebsgewöhnliche Nutzungsdauer 12 Monate nicht übersteigt.

Handelsrechtlich kann nach dem Grundsatz der Wirtschaftlichkeit auf die Bilanzierung (und Aufwandsverteilung) dieser Vermögensgegenstände des Anlagevermögens verzichtet werden, zumal das für Anlagevermögen geltende Kriterium des „dauernden" Dienens (§ 247 Abs. 2 HGB) nicht erfüllt ist. Für die **Steuerbilanz** hat der BFH[2] aus der Formulierung und dem Vereinfachungszweck des § 7 Abs. 1 EStG gefolgert, dass Anschaffungskosten kurzlebiger Wirtschaftsgüter selbst dann in voller Höhe als Betriebsausgaben abzuziehen sind, wenn der 12-Monats-Zeitraum in das neue Wirtschaftsjahr hineinreicht. In beiden Bilanzen besteht daher ein *Aktivierungsverbot* für kurzlebige Anlagegegenstände.

cd) Transitorische Rechnungsabgrenzungsposten i.w.S.

Gleichermaßen im **Handels- wie im Steuerbilanzrecht** (§§ 250 Abs. 1 S. 1, Abs. 2 HGB und 5 Abs. 5 Satz 1 EStG) ist die Bilanzierung von aktiven und passiven Rechnungsabgrenzungsposten untersagt, denen es am Kriterium der „Zeitbestimmtheit" fehlt. Dieses nicht unproblematische Kriterium[3] verlangt im Wesentlichen, dass

---

1 Siehe Kap. B.IV.7.bf).
2 BFH v. 26.8.1993, BStBl 1994 II, 232.
3 Vgl. FEDERMANN, BB 1984, S. 246.

- bei Zeitpunktbezug der Zeitpunkt,
- bei Zeitstrahlbezug der Anfangs- oder Endzeitpunkt und die Dauerhaftigkeit,
- bei Zeitraumbezug der Anfangs- oder Endzeitpunkt

der Erfolgswirksamkeit der erhaltenen oder geleisteten Zahlung eindeutig feststeht. Die engere herrschende Meinung lässt sogar nur Zahlungen mit feststehendem Zeitraumbezug zu.[1]

ce) Forderungen und Verbindlichkeiten bei ausgewogenen schwebenden Geschäften

Nach dem Grundsatz der Nichtbilanzierung schwebender Geschäfte (GoB)[2], werden bei abgeschlossenen, aber noch nicht erfüllten Geschäften weder die Forderung noch die Verpflichtung (auf Lieferung oder Leistung bzw. auf Zahlung des Lieferungs- oder Leistungsentgelts) bilanziert, solange von deren Ausgeglichenheit ausgegangen werden kann. Nur drohende Verluste aus schwebenden Geschäften sind handelsbilanziell im Wege der Rückstellungsbildung vorweg zu ziehen. Das Bilanzierungsverbot für Forderungen und Verpflichtungen aus ausgeglichenen schwebenden Geschäften gilt wegen seiner Begründung in den handelsrechtlichen GoB und dem Fehlen einer steuerlichen Spezialregelung *gleichermaßen im Handels- wie im Steuerrecht* (§ 5 Abs. 1 EStG).[3] Die steuerliche Vorwegberücksichtigung von Verlusten ist allerdings wegen des Bilanzierungsverbots für Drohverlustrückstellungen ausgeschlossen (§ 5 Abs. 4a EStG).

cf) Bestimmte Rückstellungen

Handelsrechtlich ist für alle Kaufleute die Bildung von Rückstellungen für andere Zwecke, als sie in § 249 HGB genannt sind, verboten (§ 249 Abs. 2 HGB). Damit sind insbes. Rückstellungen für unbestimmte Risikovorsorgezwecke unzulässig.

Steuerrechtlich unterliegen bestimmte Rückstellungen einem allgemeinen und bestimmte Rückstellungen einem besonderen Passivierungsverbot. Besteht für Rückstellungen handelsrechtlich nur ein Passivierungswahlrecht – das ist der Fall für

- Alt-Pensionszusagen und
- mittelbare Pensionsverpflichtungen sowie ähnliche Verpflichtungen (Art. 28 Abs. 1 EGHGB) –

so folgen hieraus nach der Rechtsprechung des BFH[4] steuerliche Passivierungsverbote, es sei denn, das Steuerrecht enthält eine Spezialregelung. Eine solche Ausnahme ist die

- Rückstellung für nachträgliche Zuwendungen zu Unterstützungskassen gem. § 4d Abs. 2 EStG.

Besondere steuerrechtliche Verbote und Einschränkungen der Rückstellungsbildung enthalten die Vorschriften des § 5 Abs. 2a, 3, 4, 4a, 4b und 7 EStG; sie sind rechtssystematisch nicht zu verstehen sondern im Wesentlichen haushaltspolitisch begründet (sog. „Gegenfinanzierung" oder „drohende Steuerausfälle" aufgrund eines BFH-Urteils):

---

1 Zur Rechnungsabgrenzung im Einzelnen siehe V.1.c) und V.2.d) dieses Kapitels.
2 Siehe Kap. B.II.10.c).
3 BFH v. 7.6.1988, BStBl 1988 II, 886.
4 Siehe Maßgeblichkeitsprinzip, Kap. B.IV.7.bf).

- *Gewinn- oder einnahmenabhängige Verpflichtungen* dürfen nach § 5 Abs. 2a EStG als Verbindlichkeiten oder Rückstellungen erst dann angesetzt werden, wenn die Einnahmen oder Gewinne angefallen sind.
  Die Finanzverwaltung vertrat schon lange die Auffassung, dass für Vermögenszuwendungen, die nur in Abhängigkeit von künftigen Einnahmen oder Gewinnen zurückzuzahlen sind, im Zeitpunkt der Vereinnahmung der Zuwendung kein Passivposten zulässig ist.[1] In mehreren von der Finanzverwaltung nicht angewandten Urteilen[2] rückte der BFH allerdings von dieser Auffassung ab und hat sich für die Passivierung bedingt rückzahlbarer Zuwendungen ausgesprochen. Das daraufhin eingeführte gesetzliche Passivierungsverbot lässt sich folgendermaßen begründen: Bei einem üblichen Darlehensverhältnis spielen Vermögenslage am Fälligkeitszeitpunkt und die bis dahin anfallenden laufenden Einnahmen keine Rolle. Weil notfalls das übrige Vermögen mit der Rückzahlungsverpflichtung belastet ist, ist von Anfang an die Bildung einer Verbindlichkeit oder Rückstellung geboten, sonst würden Vermögenslage und Leistungsfähigkeit zu hoch ausgewiesen. Beschränkt sich hingegen der Rückforderungsanspruch des Gläubigers nur auf künftige Einnahmen oder Gewinne bleibt das übrige Vermögen am Bilanzstichtag davon unbelastet. Durch eine Passivierung würde der Umfang des am Bilanzstichtag vorhandenen Vermögens und damit die Leistungsfähigkeit des Steuerpflichtigen zu niedrig ausgewiesen.
- *Rückstellungen wegen der Verletzung von fremder Schutzrechten* (insbes. Patent- und Urheberschutzrechte) dürfen – gegenüber dem Handelsrecht, in dem bereits der Wahrscheinlichkeit der Inanspruchnahme genügt und u.U. Beibehaltungspflicht bis zur Verjährung besteht – nach § 5 Abs. 3 EStG nur unter zusätzlichen Bedingungen gebildet werden: Der Rechtsinhaber muss Ansprüche geltend gemacht haben oder es muss mit einer Inanspruchnahme ernsthaft gerechnet werden; letzteres gilt nur für 3 Jahre.
- *Rückstellungen für Dienstjubiläumszuwendungen* dürfen nach § 5 Abs. 4 EStG steuerlich nur bei Erfüllung von vier zusätzlichen Bedingungen gebildet werden: Erwerb der Anwartschaft nach dem 31. 12. 92, mindestens zehnjähriges Dienstverhältnis; frühestens für 15jähriges Dienstjubiläum; schriftliche Zusage.
- *Drohverlustrückstellungen* sind – in krasser Abweichung zur handelsrechtlichen Passivierungspflicht – steuerrechtlich seit 1997 nach § 5 Abs. 4a EStG verboten. Begründet wurde dies mit den Notwendigkeiten einer Gegenfinanzierung der Abschaffung der GewKapSt und der steuerlich gebotenen Stärkung des Realisations- gegenüber dem Imparitätsprinzip. Eine Ausnahme wurde für den Fall von Bewertungseinheiten zur Absicherung finanzwirtschaftlicher Risiken kodifiziert.[3]
- *Rückstellungen für Anschaffungs- oder Herstellungskosten* dürfen nach § 5 Abs. 4b EStG überhaupt nicht gebildet werden. Damit sollte klargestellt werden, dass bei der Verpflichtung zur Anschaffung von Wirtschaftsgütern (z.B. Umweltschutzeinrichtungen) keine Rückstellung gebildet werden kann. Die Rechtsprechung verlangt vielmehr, dass die künftigen Aufwendungen zur Verpflichtungserfüllung sofort abzieh-

---

1 Vgl. BMF-Schreiben v. 8. 5. 1978, BStBl 1978 I, 203.
2 Z.B. BFH v. 20. 9. 1995, BStBl 1997 II, 320: Filmkredit, der nur aus künftigen Verwertungserlösen des geförderten Films zu tilgen ist; BFH v. 3. 7. 1997, BStBl 1998 II, 244: aus Verkaufserlösen zurück zu bezahlende Druckbeihilfen; BFH v. 17. 12. 1998, BStBl 2000 II, 116: Rückzahlung von Forschungsbeihilfen bei Produkterfolg und BFH v. 4. 2. 1999, IV R 54/97, BStBl 2000 II, 139: Rückzahlung öffentlicher Modernisierungsbeihilfen aus Mieterträgen.
3 Siehe Kap. D.I.3.a).

bare steuerliche Aufwendungen, nicht Herstellungskosten eines Wirtschaftsgutes sind.[1]

- Neben diesem allgemeinen Passivierungsverbot enthält die Vorschrift des § 5 Abs. 4b EStG ein spezielles Verbot für Rückstellungen *für bestimmte Verpflichtungen zur schadlosen Verwertung radioaktiver Stoffe und zur Wiederaufarbeitung* in der Atomwirtschaft.

- *Übernommene Verpflichtungen*, die beim ursprünglich Verpflichteten einem *Ansatzverbot* unterlegen haben, sind beim Übernehmer (und seinem Rechtsnachfolger) so zu bilanzieren, wie sie beim ursprünglich Verpflichteten ohne Übernahme zu bilanzieren wären, also auch mit Ansatzverbot; sinngemäß gilt das auch bei Schuldbeitritt und Erfüllungsübernahme (§ 5 Abs. 7 EStG).

cg) Schulden und Lasten, deren Gläubiger nicht benannt werden

Nur in der Steuerbilanz wird die Passivierung von Schulden und Lasten zur Verhinderung von Steuerausfällen regelmäßig dann untersagt, wenn der Bilanzierende einem Auskunftsersuchen der Finanzbehörde nicht nachkommt, den Gläubiger genau zu benennen (§ 160 AO). Eine erweiterte Mitwirkungspflicht bei der genauen Bezeichnung des Gläubigers sieht § 16 AStG vor, wenn Schulden oder andere Lasten aus Geschäftsbeziehungen mit Ausländern aus Niedrigsteuerländern angesetzt werden. Allerdings kommt ein derartiges originär steuerbilanzielles Passivierungsverbot nur dann in Betracht, wenn sich die Schulden oder Lasten erfolgswirksam (eigenkapitalmindernd) ausgewirkt haben.[2] Das ist aber bei echten Darlehen ohne Gläubigerbenennung nicht der Fall, weil der Verbindlichkeit ein entsprechender Zuflussbetrag an Zahlungsmitteln gegenübersteht. Ein Anwendungsfall eines mit § 160 AO begründeten Passivierungsverbots könnte zwar eine erfolgswirksame Verbindlichkeit (z.B. für aufgelaufene Darlehenszinsen) oder eine Rückstellung für Provisionen ohne Gläubigerbenennung sein, doch dürfte praktisch die außerbilanzielle Hinzurechnung der abgezogenen Betriebsausgaben vorherrschen. *Handelsrechtlich* spielen diese der Sicherung des Steueraufkommens dienenden Vorschriften keine Rolle.

ch) Rückstellungen bei steuerlich nicht abzugsfähigen Ausgaben

Streitig ist, ob generell eine *steuerbilanzielle* Rückstellungsbildung unzulässig ist, wenn für den verursachten, aber künftigen, noch ungewissen Ausgaben ein steuerliches Abzugsverbot besteht. Das trifft vor allem in die Fälle

- nichtabzugsfähiger Betriebsausgaben (§ 4 Abs. 4 EStG),
- nichtabzugsfähiger Steuern (insbes. GewSt, § 4 Abs. 5a EStG und KSt, § 10 Nr. 2 KStG) und
- sonstiger nichtabzugsfähiger Aufwendungen (z.B. § 10 KStG).

Es bieten sich prinzipiell zwei Methoden zur Berücksichtigung der Nichtabzugsfähigkeit an: Entweder Bilanzierungsverbot der entsprechenden Rückstellung in der Steuerbilanz oder Passivierung und außerbilanzielle Korrektur der Aufwendungen/Erträge aus Rückstellungsbildung/-auflösung.

---
1 So auch BFH v. 19.8.1998, BStBl 1999 II, 18.
2 BFH v. 16.3.1988, BStBl II 1988, 759.

Der Bilanzansatz dem Grunde nach

ausdrückliche Bilanzierungsverbote			
Handelsbilanzrecht		**Steuerbilanzrecht**	
Aktivierungsverbote	Passivierungsverbote	Aktivierungsverbote	Passivierungsverbote
■ Gründungsaufwendungen (§ 248 Abs. 1 HGB) ■ Eigenkapitalbeschaffungsaufwendungen (§ 248 Abs. 1 HGB) ■ Versicherungsvertragsaufwendungen (§ 248 Abs. 3 HGB) ■ selbstgeschaffene Marken, Drucktitel, Verlagsrechte, Kundenlisten und Ähnliches (§ 248 Abs. 2 S. 2 HGB) ■ selbstgeschaffener Geschäfts- und Firmenwert (§ 246 Abs. 1 S. 1, 4 HGB) ■ kurzlebige Anlagegüter	■ Rückstellungen für andere Zwecke als in § 249 HGB genannt (§ 249 Abs. 2 HGB)	■ nicht entgeltlich erworbene immaterielle Wirtschaftsgüter des Anlagevermögens (§ 5 Abs. 2 EStG) ■ handelsrechtliche Bilanzierungshilfen, die nicht Wirtschaftsgüter sind (§ 5 Abs. 1 EStG) ■ kurzlebige Anlagegüter	■ Ausschließlich handelsrechtliche Passivierungswahlrechte (Rspr.) ■ Gewinn- oder einnahmenabhängige Verpflichtungen (§ 5 Abs. 2a EStG) ■ Schutzrechtsrückstellung über § 5 Abs. 3 EStG hinaus ■ Rückstellung für Jubiläumszuwendungen über § 5 Abs. 4 EStG hinaus ■ Drohverlustrückstellungen (§ 5 Abs. 4a S. 1 EStG) ■ Rückstellungen für spätere AHK (§ 5 Abs. 4b EStG) ■ Schulden/Lasten, deren Gläubiger nicht benannt wird (§ 160 AO) ■ Rückstellungen bei stl. Aufwandsabzugsverbot (str., a.A. FinVerw., tw. BFH) ■ übernommene Verpflichtungen bei vorherigem Ansatzverbot (§ 5 Abs. 7 EStG)
■ Transitorische Rechnungsabgrenzungsposten i.w.S. (§ 250 Abs. 1 S. 1, Abs. 2 HGB)		■ Transitorische Rechnungsabgrenzungsposten i.w.S. (§ 5 Abs. 5 S. 1 EStG)	
■ Nichtbilanzierung von Forderungen bei schwebenden Geschäften (GoB)		■ Nichtbilanzierung von Schulden bei ausgeglichenen schwebenden Geschäften (GoB; § 5 Abs. 1 EStG)	
Privatvermögen/-schulden (§ 240 Abs. 1 HGB, GoB)		Privatvermögen/-schulden (Fremdvergleich, Trennungsprinzip)	

Abbildung C-12: Bilanzierungsverbote im Handels- und Steuerbilanzrecht

Für die letztgenannte Methode sprechen das Maßgeblichkeitsprinzip der § 5 Abs. 1 S. 1 EStG und die Anordnung der steuerlichen Spezialregelungen als Abzugsverbote bei den

Stromgrößen („Betriebsausgaben")[1] – für die Nichtbilanzierung spricht die These, dass die „Abzugsverbote in gleicher Weise für den Abzug von Betriebsausgaben wie für die Passivierung einer Verbindlichkeit oder einer Rückstellung" gelten.[2] Die Ergebnisauswirkungen beider Verfahren sind jedoch gleich, doch könnte der Umfang des steuerlichen Eigenkapitals, der eventuell für andere Zwecke von Bedeutung ist,[3] beeinflusst werden.

2. Kriterien konkreter Bilanzierungsfähigkeit nach IFRS

Mit der Erfüllung der Definitionskriterien der Elemente ist die abstrakte Bilanzierungsfähigkeit gegeben, aber noch keine Aussage über die tatsächliche Aufnahme in die Bilanz getroffen. Anhand von zwei Ansatzkriterien wird für den Regelfall die konkrete Bilanzierungsfähigkeit geprüft. Auch hier ist als drittes Kriterium der Vorrang einer speziellen Standardregelung zu beachten. Diese Kriterien sind für Vermögenswerte und Schulden gleich.

Da sich die IFRS vornehmlich an börsennotierten Kapitalgesellschaften orientieren, werden dort Abgrenzungsfragen der Privatsphäre nicht geregelt.

a) Wahrscheinlicher zukünftiger Nutzenzu-/-abfluss (probability)

Es muss wahrscheinlich sein, dass ein mit dem Sachverhalt verknüpfter künftiger wirtschaftlicher Nutzen dem Unternehmen zufließen *(asset)* oder von ihm abfließen *(liability)* wird (IASB-F 4.38 a). Das Rahmenkonzept führt im Wesentlichen nur aus, dass der Grad der Unsicherheit auf der Grundlage der zum Zeitpunkt der Aufstellung des Abschlusses verfügbaren substanziellen Hinweise zu beurteilen ist (IASB-F 4.40). An anderen Stellen der Standards (z.B. IAS 37.23) wird „wahrscheinlich" mit *„more likely than not"*, also einer Eintrittswahrscheinlichkeit von über 50 % beschrieben. Die statistische Wahrscheinlichkeitsrechnung wird allerdings nur selten einsetzbar sein. Immerhin gibt IASB-F 4.45 vor, dass ein bilanzieller Ansatz unterbleiben muss, „wenn es unwahrscheinlich ist, dass dem Unternehmen über die aktuelle Berichtsperiode hinaus wirtschaftlicher Nutzen zufließen wird." Im Übrigen wird man in vielen Fällen auf die Erfahrungen der Vergangenheit zurückgreifen können (z.B. übliche Nutzungsdauern von Anlagegütern, Liquidationsdauern von Forderungen, Vertragslaufzeiten von Verbindlichkeiten), teilweise haben jedoch auch standardspezifische Wahrscheinlichkeitsüberlegungen Vorrang.

b) Zuverlässige Wertermittlung (reliable measurement)

Da Bilanzpositionen bewertet werden müssen, wird die zuverlässige Bewertbarkeit als ein Ansatzkriterium verlangt. Die Anschaffungs- oder Herstellungskosten (bei Vermögenswerten) oder der Wert des Sachverhalts (z.B. Erfüllungsbetrag einer Schuld) müssen zuverlässig ermittelt werden können (IASB-F 4.38b). Ist eine hinreichend genaue Schät-

---

1 Hierfür: BFH v. 6.4.2000, BStBl 2001 II S. 536, BFH v. 9.6.1999, BStBl 1999 II, 656. Für die Passivierung der GewSt-Rückstellung und außerbilanzielle Korrektur tritt auch die Finanzverwaltung ein (R 5.7 Abs. 1 S. 2 EStR).
2 BFH v. 15.3.2000, BFH/NV 2001, 297, auf das Urteil verweist auch H 5.7 (1) EStR.
3 Z.B. § 7g Abs. 1 Nr. 1a) EStG.

zung nicht möglich, wird der Sachverhalt nicht in der Bilanz erfasst (IASB-F 4.41). Im Zuverlässigkeitskriterium kommt das Bilanzierungsprinzip der Reliability[1] zum Ausdruck. Bezüglich der Anforderungen an die zuverlässige Bewertung haben u.U. auch hier einzelne Spezialstandards Vorrang (z.B. über Rückstellungen IAS 37).

Sofern eine Position die Definitionskriterien erfüllt, aber an der fehlenden zuverlässigen Bestimmbarkeit des Wertes scheitert, können zusätzliche Angaben im Anhang, in den Erläuterungen oder in ergänzenden Darstellungen erforderlich sein (IASB-F 4.43).

c) Standardvorrang

Selbst wenn die Ansatzkriterien einmal nicht erfüllt sind, kann eine Aktivierung/Passivierung geboten sein wenn die spezielle Regelung eines Standards oder einer Interpretation dies vorschreibt. Beispiele sind insbes. bei den Regelungen über Leasing (IAS 17/ ab 2019 IFRS 16), Rückstellungen (IAS 37) oder Ergebnissen von Entwicklungsprozessen (IAS 38) zu finden.

Exkurs: Bilanzielle Zurechnung von Leasingvermögen nach IFRS

Auch nach *internationalen Standards* erfolgt die Zurechnung grundsätzlich gemäß dem Prinzip *„substance over form"*, also nach dem Vorrang des sog. „wirtschaftlichen" vor dem rechtlichen Eigentum. Das wird besonders an der Behandlung von Leasing nach dem bis zum Geschäftsjahr 2018 geltenden IAS 17 deutlich wenn dort vorrangig auf die Übertragung aller wesentlichen, typischerweise mit dem Eigentum verbundenen Risiken und Chancen des Vermögenswertes abgestellt wird (IAS 17.8) und noch deutlicher nach IFRS 16, der verpflichtend ab dem 1.1.2019 anzuwenden ist. Dieser versucht grundsätzlich das Nutzungsrecht als Vermögenswert beim Leasingnehmer auszuweisen und wird am Ende des Exkurses kurz zusammengefasst dargestellt.

Nach IAS 17 wird ein Leasingverhältnis *(lease)* viel umfassender als nach deutschem Verständnis definiert, nämlich als eine Vereinbarung, bei der der Leasinggeber (LG) dem Leasingnehmer (LN) gegen Zahlung(en) das Recht auf Nutzung eines Vermögenswertes für einen vereinbarten Zeitraum überträgt (IAS 17.4). Werden im Wesentlichen alle mit dem Eigentum verbundenen Risiken und Chancen eines Vermögenswertes übertragen, spricht man von *finance lease* mit prinzipieller LN-Zurechnung, sonst von *operating lease* mit LG-Zurechnung (IAS 17.4; 17.13).

Nach IAS 17.8 sind *„Regelbeispiele"* für die Klassifizierung als Finanzierungsleasing und damit für die LG-Zurechnung (es genügt bereits die Erfüllung eines Kriteriums (IAS 17.10):

- Vereinbarter Eigentumsübergang zum Laufzeitende (*transfer of ownership*-Test),
- Vereinbarte günstige Kaufoption (*bargain purchase option*-Test),
- Grundmietzeit umfasst den überwiegenden Teil der Nutzungsdauer (*economic time*-Test, Mietzeittest),
- Barwert der Mindestleasingzahlungen ist mindestens gleich dem Zeitwert der Leasing-objekts (*recovery of investment*-Test, Barwerttest),
- Spezialleasing.

---

1 Siehe Kap. B.V.5.c).

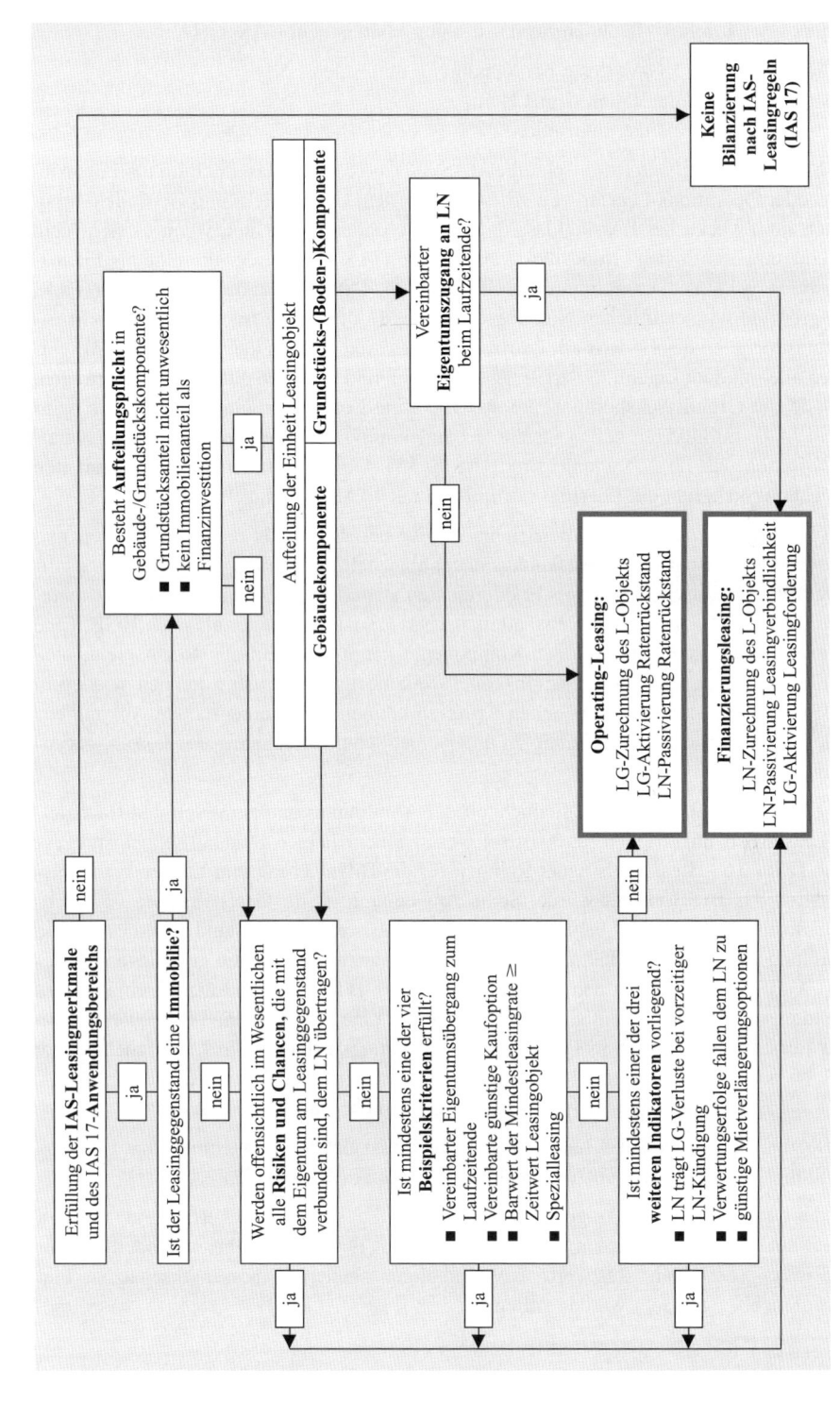

Kriterien konkreter Bilanzierungsfähigkeit

Abbildung C-13: Zuordnungskriterien für Leasingobjekte nach IAS 17

Weitere *„Indikatoren"* für Finanzierungsleasing können sein (IAS 17.11):
- Übernahme der LG-Verluste bei Kündigung durch den LN,
- Verwertungserfolge fallen dem LN zu,
- günstige Mietverlängerungsoption.

Auch beim *Immobilienleasing* schreiben IAS 17.14–16 eine Klassifikation als Finanzierung- oder Operations-Leasing vor. Allerdings werden Grundstück- und Gebäudekomponenten für Zwecke der Leasingklassifizierung gesondert betrachtet, wenn es sich nicht um eine unwesentlichen Grundstückskomponente (IAS 17.17) oder um eine als Finanzinvestition gehaltene Immobilie (IAS 17.19 i.V.m. IAS 40) handelt. Wegen der i.d.R. unbegrenzten wirtschaftlichen Nutzungsdauer des Bodenteils werden – sofern nicht Eigentumsübergang des Bodens am Laufzeitende erwartet werden kann – nicht im Wesentlichen alle mit dem Eigentum verbundenen Risiken und Chancen auf den LN übertragen, weshalb die Grundstückskomponente als Operating-Leasingverhältnis klassifiziert wird (IAS 17.14). Im Übrigen gelten für die Gebäudekomponente die gleichen, oben genannten Kriterien wie für Mobilienleasing (IAS 17.15). Den Zusammenhang der genannten Zurechnungskriterien bei Leasingverhältnissen nach IAS 17 zeigt Abbildung C-13.

Im *Unterschied zum HGB* wird nach internationalen Standards mehr auf Risiken und Chancen als wirtschaftliche Verfügungsmacht abgestellt. Die IFRS enthalten eher qualitative, die im deutschen Bilanzrecht dominanten steuerlichen Leasingerlasse eher quantitative Kriterien. Das Leasingverständnis nach IFRS ist viel weiter als nach HGB. Eine Trennung in Gebäude- und Boden-Komponente kennt das deutsche Recht nicht, eine Trennung zwischen Vollamortisations- und Teilamortisationsleasing kennen wiederum die IFRS nicht. Die unterschiedlichen Kriterien können trotz gemeinsamen Anknüpfens an der wirtschaftlichen Zurechnung zu unterschiedlicher Zurechnung des Leasinggegenstandes führen.

Das IASB war mit der Unterschiedlichkeit der Abbildung von operativen und finanziellen Leasing so unzufrieden, dass IAS 17 nach einem langen Standardsetzungsprozess durch **IFRS 16 – Leases** als neuer Rahmen für die Bilanzierung von Leasingverhältnissen durch das IASB ersetzt wurde. Seine Anwendung ist für Geschäftsjahre verpflichtend, die ab dem 1.1.2019 beginnen. Im Kern der Überarbeitung stand ausdrücklich die Abbildung von Leasingverhältnissen auf der Leasingnehmerseite, die grundlegend reformiert wurde. Dabei gilt für den Leasingnehmer nach IFRS 16 grundsätzlich ein einziges Abbildungsmodell, nach dem grundsätzlich künftig eine verpflichtende Bilanzierung von allen Leasingverhältnissen in Form von sog. Nutzungsrechten beim Leasingnehmer zu erfolgen hat. Die bilanzneutrale Abbildung von Leasinggeschäften wie sie in IAS 17 durch die Klassifizierung als Operate-Leasing möglich war, wurde abgeschafft.

Zu Beginn der Laufzeit des Leasingvertrages erfasst der Leasingnehmer eine Leasingverbindlichkeit sowie ein Nutzungsrecht in der Bilanz (IFRS 16.22).

Auf der Leasinggeberseite hingegen wird das Modell aus IAS 17 weitestgehend identisch fortgeführt. Allerdings wurden die Angabepflichten für Leasinggeber verändert, womit die Risiken (besonders Restwertrisiko) und deren Steuerung besser abschätzbar und nachvollziehbar gemacht werden sollen.

Kriterien konkreter Bilanzierungsfähigkeit

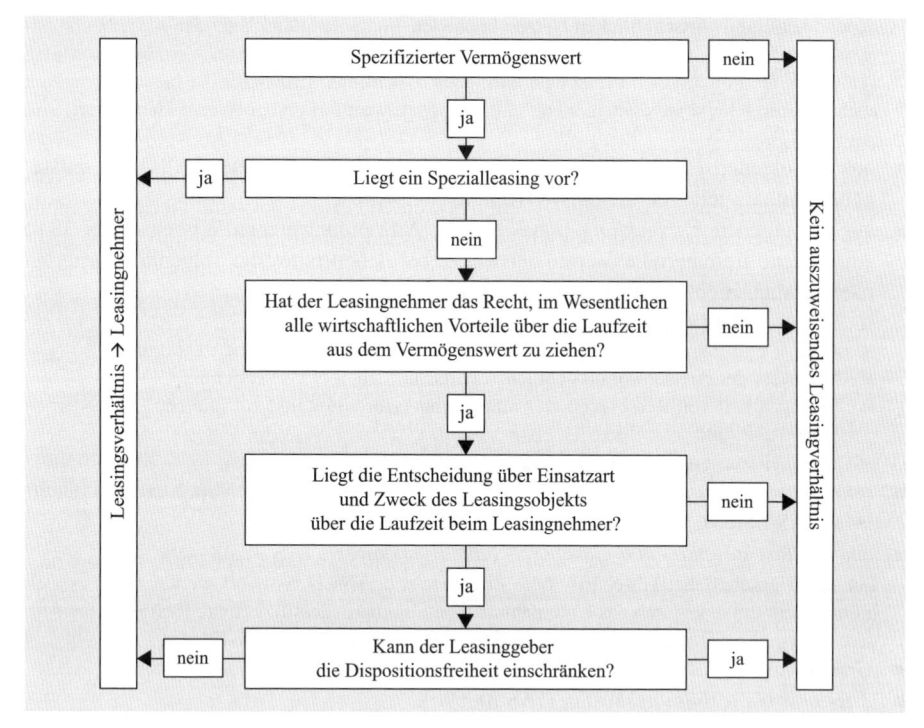

Abbildung C-14: Identifikation eines abbildungspflichtigen Leasingobjektes aus Sicht des Leasingnehmers nach IFRS 16

3. Explizite Bilanzierungsverbote nach IFRS

Auch nach IFRS können *implizite* Bilanzierungsverbote bei Nichterfüllung der Definitions- und Ansatzkriterien der Bilanzelemente von den Aktivierungs- und Passivierungsverboten unterschieden werden, die sich ausdrücklich aus Standardregelungen ergeben und bei denen durchaus die Definitions- und Ansatzkriterien erfüllt sein können.[1]

Die meisten expliziten Bilanzierungsverbote sind im Rahmen der Behandlung immaterieller Vermögenswerte (IAS 38) geregelt:

Es gelten insbes. *Aktivierungsverbote* für

- *nicht identifizierbare immaterielle Vermögenswerte* (IAS 38.10),
  Die Definition eines immateriellen Vermögenswertes verlangt, dass ein immaterieller Vermögenswert *identifizierbar* ist, um ihn eindeutig vom Geschäfts- oder Firmenwert unterscheiden zu können (IAS 38.10). Für nicht identifizierbare immaterielle Vermögenswerte besteht daher ein Bilanzierungsverbot. IAS 38.11 setzt Identifizierbarkeit weitgehend mit *„Separierbarkeit"* gleich. Diese liegt vor, wenn das Unternehmen den speziell diesem Vermögenswert zuzuord-

---

[1] In der Abbildung C-2 wurden die expliziten Bilanzierungsverbote – entsprechend der HGB-/EStG-Vorgehensweise – als gesonderte Prüfstufe dargestellt, obwohl man sie auch unter die Standardvorbehalte subsumieren könnte.

nenden künftigen wirtschaftlichen Nutzen vermieten, verkaufen, tauschen oder vertreiben könnte, ohne dabei gleichzeitig den künftigen wirtschaftlichen Nutzen anderer Vermögenswerte zu veräußern, die in denselben Erlösträger einfließen. Allerdings wird es für die Identifizierbarkeit auch als ausreichend angesehen, wenn ein Vermögenswert auf andere Weise identifiziert wird (IAS 38.12).

- aus der eigenen *Forschung* (*research*, Schaffung neuen Wissens, IAS 38.8) entstehende immaterielle Vermögenswerte (IAS 38.54–56),
- aus der eigenen *Entwicklung* (*development*, Anwendung neuen Wissens, IAS 38.8) entstandene immaterielle Vermögenswerte, bei denen eines der folgenden Kriterien nachweislich nicht erfüllt ist (IAS 38.57):
  - technische Realisierbarkeit der Fertigstellung,
  - Absicht und Fähigkeit der Fertigstellung und internen oder externen Verwertung,
  - Nachweis der Art der voraussichtlichen wirtschaftlichen Nutzenerzielung,
  - Verfügbarkeit von Ressourcen zum Entwicklungsabschluss und zur internen oder externen Verwertung und
  - Fähigkeit zur zuverlässigen Bewertung der zurechenbaren Ausgaben.
- *selbst geschaffene Markennamen, Drucktitel, Verlagsrecht, Kundenlisten und Ähnliches* (IAS 38.63),
- *einen selbst geschaffenen Geschäfts- oder Firmenwert* (IAS 38.48–49),
  Ein selbst geschaffener Geschäfts- oder Firmenwert darf nicht aktiviert werden, weil es sich hierbei nicht um eine durch das Unternehmen kontollierbare identifizierbare Ressource handelt, deren Herstellungskosten verlässlich bewertet werden kann (IAS 38.48-49).
- *Gründungs- und Anlaufkosten* (*start-up-costs/pre opening costs*, IAS 38.69a),
- *Aus- und Weiterbildungskosten* (IAS 38.69b),
- *Werbe- und Verkaufsförderungskosten* (IAS 38.69c),
- *Standortverlegungs- und Reorganisationskosten* (IAS 38.69d),
- *früher aufwandsbehandelte immaterielle Vermögenswerte* (IAS 38.71),
  Nach IAS 38.71 sind Ausgaben für einen immateriellen Posten, die ursprünglich als Aufwand erfasst wurden, auch zu einem späteren Zeitpunkt nicht als (Teil der AHK eines) immateriellen Vermögenswertes anzusetzen.

Weitere Beispiele für spezifische Aktivierungs- und Passivierungsverbote sind:

- *latente Steuern bei einem aus einem Unternehmenszusammenschluss entstehenden Geschäftswert* (IAS 12.21),
- *Rückstellung für künftige Verluste* (IAS 37.63) und die
- *Nichtbilanzierung schwebender Geschäfte*.
  Auch nach internationaler Bilanzierungspraxis werden bei schwebenden Geschäften Verpflichtungen und damit zusammenhängende Vermögenswerte i.d.R. nicht bilanziert. F 4.46 erkennt zwar an, erlaubt jedoch dann, wenn die Definitions- und Ansatzkriterien für Schulden und Assets erfüllt sind, auch die (korrespondierende) Erfassung beider Bilanzelemente.

IV. Bilanzierungswahlrechte

Bilanzierungswahlrechte sind dadurch gekennzeichnet, dass dem Bilanzersteller die Entscheidung überlassen bleibt, ob er einen Posten in die Bilanz aufnehmen will, d.h. er kann unter den Alternativen „Bilanzansatz dem Grunde nach" oder „Nichtbilanzieren" mehr oder weniger nach eigenen Zielvorstellungen wählen. Vielfach wird dieser Entscheidungsspielraum an eine Reihe von Zulassungsvoraussetzungen geknüpft. Derartige Wahlrechte werden von Gesetz und Rechtsprechung im Wesentlichen deshalb eingeräumt, weil

- es gilt, dem Grundsatz der Wirtschaftlichkeit (Wesentlichkeit) Rechnung zu tragen und an die Rechnungslegung keine überspitzten Anforderungen zu knüpfen sind,
- dem Bilanzierenden Subventionen für ein bestimmtes als förderungswürdig angesehenes Verhalten eingeräumt, nicht aufgedrängt werden,
- in Zweifelsfällen dem Bilanzierenden, der seine Verhältnisse am besten kennt, die Entscheidung überlassen werden soll und
- beim Auftreten von unerwünschten und unbilligen Systemfolgen im Einzelfall der Betroffene diese Folgen vermeiden können soll.

Die **IFRS** wollen von der Konzeption her Bilanzierungswahlrechte ausschließen – insbes. weil hierdurch der Abschlussvergleich *(comparability)* erschwert wird –, kommen aber letztlich auch nicht ohne sie aus, weil

- in Grenzbereichen dem die Verhältnisse am besten kennenden Management Ermessensspielräume eingeräumt werden,
- aufgrund der detaillierten Regelung von Voraussetzungen durch Sachverhaltsgestaltung vielfach die Sachverhaltsabbildung gesteuert werden kann und
- bei noch nicht vollendeter internationaler Harmonisierung einstweilen Wahlmöglichkeiten *(benchmark treatment/allowed alternative treatment)* eingeräumt werden.

1. Bilanzierungswahlrechte nach HGB und EStG

a) Aktivierungswahlrechte

aa) Unentgeltlich erworbene Gegenstände

Die – nicht unbestrittene – herrschende **handelsrechtliche** Meinung[1] nimmt für unentgeltlich erworbene Vermögensgegenstände ein Aktivierungswahlrecht an. Nach dem Vollständigkeitsprinzip[2] kann auf den grundsätzlichen Ansatz wohl nicht verzichtet werden. Dass die Einräumung eines Rechts zur Nichtaktivierung zu untragbaren Ergebnissen führt, wird am Geschenk/Erbe von Geld, Forderungen und Wertpapieren deutlich. Dem Vollständigkeitsprinzip wäre bei Sachanlagegegenständen zumindest mit einem Erinnerungsposten (1 €) Rechnung zu tragen. Praktisch entspricht dies im Ergebnis natürlich einem Bilanzierungswahlrecht.

---

1 Z.B. ADS, § 255 Tz. 83 ff.; WPH 2017, F 120 m.w.N., auch der Gegenmeinung, z.B. HdR § 255 Rn. 107.
2 Siehe Kap. B.II.7.b).

Steuerbilanziell besteht Ansatzpflicht für unentgeltlich erworbene Wirtschaftsgüter nach § 5 Abs. 1 EStG, insbes. wegen des handelsrechtlichen Vollständigkeitsgebots oder wegen der Wandlung handelsrechtlicher Aktivierungswahlrechte zu steuerlichen Aktivierungspflichten. Allerdings ist für unentgeltlich erworbene *immaterielle Anlagegüter* steuerlich eine Bilanzierung dem Grunde nach verboten (§ 5 Abs. 2 EStG).[1] Für die übrigen Wirtschaftsgüter geht der Gesetzgeber offensichtlich von einer Aktivierung aus, weil er in § 6 Abs. 3, 4 EStG besondere Bewertungsnormen vorgesehen hat. Danach ist der unentgeltliche Erwerber eines Betriebes, eines Teilbetriebes oder eines Mitunternehmeranteils an die Buchwerte des bisherigen Inhabers gebunden (Buchwertverknüpfung). Aus betrieblichem Anlass unentgeltlich übertragene einzelne Wirtschaftsgüter müssen nach § 6 Abs. 4 EStG mit dem gemeinen Wert bewertet werden. Bei privatem Anlass (Einlage) kommt der Teilwert in Betracht (§ 6 Abs. 1 Nr. 5 EStG). Ein steuerliches Bilanzierungswahlrecht für unentgeltlich erworbene Wirtschaftsgüter besteht demnach nicht.

ab) Kleinwertige und geringwertige Anlagegüter

Das Vollständigkeitsprinzip konkurriert bei Vermögensgegenständen mit geringen Anschaffungskosten mit dem Prinzip der Wirtschaftlichkeit (Wesentlichkeit). Dieser Konflikt wird **handelsrechtlich** im Allgemeinen durch Anerkennung des an R. 5.4 Abs. 3 EStR 2006 orientierten Praxisbrauchs gelöst, für Vermögensgegenstände des Anlagevermögens mit Anschaffungskosten bis zu EUR 60,– (sog. *kleinwertige Vermögensgegenstände*) die Aktivierung aus Vereinfachungsgründen nicht zu verlangen. Da diese Wertgrenze mit dem Unternehmenssteuerreformgesetz 2008 für selbständig nutzungsfähige bewegliche Anlagegüter steuerlich auf EUR 150,– und ab dem Wirtschaftsjahr 2018 auf EUR 250,– angehoben wurde (§ 6 Abs. 2a EStG) wird diese steuerliche Spezialregelung über die GoB oder den Willen des Gesetzgebers wohl auch handelsbilanzielle Geltung haben können. Handelsbilanziell dürfte ein *Bilanzierungswahlrecht* vorliegen, und zwar unabhängig davon, ob der Vermögensgegenstand des Anlagevermögens abnutzbar/nichtabnutzbar, beweglich/nicht beweglich oder selbständig nutzungsfähig ist.

Steuerbilanziell werden drei Alternativen für die Behandlung klein- und geringwertiger Wirtschaftsgüter angeboten[2]:

- Normalabschreibung nach § 7 EStG,
- Sofortabzug bei AHK/Ersatzwert bis € 800 (§ 6 Abs. 2 EStG) oder
- einheitliche Bildung eines Sammelpostens bei AHK/Ersatzwert bis € 1000 mit/ohne Sofortabzug kleinwertiger (bis € 250) Wirtschaftsgüter (§ 6 Abs. 2a EStG).

Als *Bilanzierungswahlrechte* können deshalb praktisch die Wahlrechtsalternativen des sofortigen Betriebsausgabenabzugs von

- klein- und geringwertigen Wirtschaftsgütern bis € 800 und
- kleinwertigen Wirtschaftsgütern bis € 250 bei Wahl der Sammelpostenmethode

angesehen werden.

---

1 Zur Einlagefähigkeit s. unten ac).
2 Zu Einzelheiten siehe Kap. D.V.1.cb).

Für *andere* kleinwertige Vermögensgegenstände/Wirtschaftsgüter des Anlagevermögens (nicht abnutzbare, nicht bewegliche, nicht selbständig nutzungsfähige Anlagegüter und Umlaufvermögen) bis 250 Euro bestehen keine Regelungen. In der **Handelsbilanz** dürfte hierfür aus Vereinfachungsgründen (Grundsatz der Wirtschaftlichkeit) ein Aktivierungswahlrecht bestehen, sofern der Gesamtwert dieser Vermögensgegenstände für den Lageeinblick von nachrangiger Bedeutung ist. Das Wahlrecht wandelt sich zwar grundsätzlich *steuerbilanziell* zu einer *Aktivierungspflicht*, oft wendet die Finanzverwaltung allerdings hierfür auch das Aktivierungswahlrecht für echte geringwertige Wirtschaftsgüter an (z.B. Software-Trivialprogramme nach R 5.5 Abs. 1 EStR).

ac) Selbst geschaffene immaterielle Vermögensgegenstände des Anlagevermögens

Zur Verbesserung der Information über selbst geschaffene Immaterialgüter, aus Gründen der internationalen Üblichkeit der Aktivierung von Entwicklungskosten (IAS 38) und wegen der angestrebten Innovationsförderung sieht das BilMoG 2009 in § 248 Abs. 2 S. 1 HGB erstmals die Möglichkeit vor, selbst geschaffene immaterielle Vermögensgegenstände des Anlagevermögens als *handelsbilanzielle* Aktivposten aufzunehmen, wenn sie nicht in einer Negativaufzählung[1] enthalten sind.

Die Eigenproduktion von Immaterialgüter ist vornehmlich Gegenstand von Forschungs- und Entwicklungsprozessen. Weil wegen der Unkörperlichkeit, nicht eindeutiger Zurechenbarkeit, schwerer Objektivierbarkeit und hoher Unsicherheit des weiteren Entwicklungsverlaufs die Gefahr der Aktivierung von „Non valeurs" und damit eines Verstoßes gegen das Vorsichts- und Gläubigerschutzprinzips besteht, hat der Gesetzgeber fünf *Einschränkungen* des Bilanzierungswahlrechts bestimmt:

- Innerhalb der Innovationsprozesses dürfen Ergebnisse aus der Forschungsphase noch nicht, sondern erst Ergebnisse des nachfolgenden Entwicklungsphase aktiviert werden (§ 255 Abs. 2 S. 4; § 255 Abs. 2a HGB). Dabei definiert § 255 Abs. 2 a HGB
    - *Entwicklung* als „die Anwendung von Forschungsergebnissen oder von anderem Wissen für die Neuentwicklung von Gütern oder Verfahren oder die Weiterentwicklung von Gütern oder Verfahren mittels wesentlicher Änderungen."
    - *Forschung* als „die eigenständige und planmäßige Suche nach neuen wissenschaftlichen oder technischen Erkenntnissen oder Erfahrungen allgemeiner Art, über deren technische Verwertbarkeit und wirtschaftliche Erfolgsaussichten grundsätzlich keine Aussagen gemacht werden können."
- Da die Übergänge von der Forschungs- zur Entwicklungsphase oft fließend sind können Forschung und Entwicklung *nicht verlässlich voneinander unterschieden* werden; in diesen Fällen ist eine Aktivierung ausgeschlossen (§ 255 Abs. 2a S. 4 HGB).
- Eine Aktivierung der Entwicklungsaufwendungen setzt voraus, dass Entwicklungsergebnis ein (einzeln verwertbarer) *„Vermögensgegenstand"* ist (§ 246 Abs. 1 Satz 1 HGB). Die Gesetzesbegründung sieht allerdings vor, dass es genügt, wenn im Aktivierungszeitpunkt mit hoher Wahrscheinlichkeit von der Entstehung eines Vermögensgegenstandes ausgegangen werden kann[2]; das ist hinreichend zu dokumentieren.

---

[1] § 248 Abs. 2 S. 2 HGB, zum Bilanzierungsverbot siehe Kap. C.III.1.cb).
[2] BT-Drucks. 16/12407, S. 67.

Anhaltspunkte für die Bemessung der Wahrscheinlichkeit könnten sich aus IAS 38.57 ergeben.

- Wegen der mangelnde Abgrenzbarkeit der Aufwendungen für derartige Güter vom nicht aktivierbaren selbst geschaffenen Geschäfts- oder Firmenwert ist das *Bilanzierungsverbot* von Marken, Drucktiteln, Verlagsrechten, Kundenlisten und vergleichbaren selbst geschaffenen immateriellen Vermögensgegenstände des Anlagevermögens (§ 248 Nr. 4 HGB) zu beachten.
- Aus Gründen des Vorsicht und des informationellen und institutionellen Gläubigerschutzes bestehen für aktivierte Entwicklungsaufwendungen eine Ausschüttungssperre (§ 268 Abs. 8 HGB), eine Sonderausweispflicht in der Bilanzgliederung (§ 266 Abs. 2 A.I.1. HGB) und die Pflicht zu aufgegliederten Anhangangaben (§ 285 Nr. 22, § 314 Abs. 1 Nr. 14 HGB).

Steuerbilanziell bleibt es wegen der Weitergeltung von § 5 Abs. 2 EStG über das BilMoG hinaus beim Aktivierungsverbot nicht entgeltlich erworbenen immateriellen Anlagevermögens. Die Aufwendungen sowohl für Forschung wie auch für Entwicklung sind steuerlich stets aufwandswirksam zu erfassen, also nicht als Wirtschaftsgüter zu aktivieren.

Nach den *IFRS* besteht unter bestimmten Bedingungen Aktivierungspflicht.[1]

ad) Darlehensunterschiedsbetrag beim Kreditschuldner

Bei Darlehensverträgen entspricht häufig der Betrag, über den der Darlehensnehmer verfügen kann (Verfügungs-, Auszahlungsbetrag), nicht dem Betrag, den er bei Fälligkeit des Darlehens zurückzuzahlen hat (Rückzahlungs-, Erfüllungsbetrag). Bezogen auf den Darlehensnennbetrag, kann es sich bei diesem Unterschiedsbetrag um ein *Disagio* bzw. *Damnum* (Abgeld) oder *Agio* (Aufgeld) handeln. Der wirtschaftliche Zweck derartiger Vereinbarungen kann insbes. in einer „Feineinstellung" des abgerundeten Nominalzinses, in der Verringerung der laufenden Zinszahlungen oder in der Abgeltung zusätzlicher Dienstleistungen des Kreditgebers liegen.

In der *Handelsbilanz* gilt für alle Bilanzierenden für den Unterschiedsbetrag ein *Aktivierungswahlrecht* beim Schuldner (§ 250 Abs. 3 HGB). Bei Aktivierung sind planmäßige jährliche Abschreibungen über die gesamte Laufzeit vorzunehmen (§ 250 Abs. 3 HGB).

In der *Steuerbilanz* besteht nach h.M.[2] *Aktivierungspflicht* für den Unterschiedsbetrag. Als Rechtsgrundlage kann entweder die BFH-Rechtsprechung zur steuerlichen Wandlung handelsrechtlicher Aktivierungswahlrechte zu Aktivierungspflichten[3] herangezogen werden oder es muss eine Subsumtion unter die ansatzpflichtigen aktiven Rechnungsabgrenzungsposten (§ 5 Abs. 5 Satz 1 Nr. 1 EStG) erfolgen. Im erstgenannten Fall müsste jedoch der Charakter des Unterschiedsbetrags als Wirtschaftsgut bejaht werden (bisher abgelehnt), im zweiten Fall muss das Kriterium der Zeitbestimmtheit erfüllt sein. Die starke steuerliche Tendenz zur Aktivierung und Laufzeitverteilung entsprechend der Kapitalinanspruchnahme resultiert aus dem ausgeprägten steuerlichen Anliegen einer

---
1 Siehe hierzu Kap. C.V.1.a).
2 H 6.10 EStR.
3 BFH v. 3.2.1969, BStBl 1969 II, 291.

periodengerechten Gewinnermittlung und der Interpretation des Unterschiedsbetrags als zusätzliches Entgelt für die Kapitalnutzung (Zusatzzins). Wenn allerdings der Unterschiedsbetrag für eine nicht laufzeitbezogene Sonder-Dienstleistung des Gläubigers gezahlt wird, dürfte eine steuerliche Aktivierung und Laufzeitverteilung nicht in Betracht kommen.

ae) Aktive latente Steuern

Wurden in der Handelsbilanz Vermögensgegenstände niedriger oder Schulden höher erfasst als in der Steuerbilanz erfasst und ergibt sich ein temporärer Ausgleich so besteht – bei unsaldiertem Ausweis – ein Aktivierungswahlrecht für einen Posten „aktive latente Steuern" (§§ 274 Abs. 1 S. 2, 266 Abs. 2 D HGB). Das gilt auch, wenn bei saldierender Gesamtdifferenzenbetrachtung ein Überhang künftiger *Steuerentlastungen* entsteht.

Der Posten stellt weder einen Vermögensgegenstand (Steuerforderungen) noch einen Rechnungsabgrenzungsposten dar, sondern ist ein *„Sonderposten eigener Art"* oder eine *„Bilanzierungshilfe"*. Er ist aufzulösen, wenn umkehrbedingt die Steuerentlastung eintritt oder mit der aktiven Steuerlatenz nicht mehr zu rechnen ist (z.B. Steuergesetzesänderung). Für Erträge aus der Bildung aktiver latenter Steuern besteht wegen deren fehlender Liquiditätswirkung eine *Ausschüttungs- und Abführungssperre*.[1] Zu Einzelheiten des Ansatzes latenter Steuern siehe Kap. C.II.1.e).

Nach *IFRS* besteht ein *Aktivierungsgebot* (IAS 12.15) für auf ähnliche Weise ermittelt aktive latente Steuern. Zu Einzelheiten siehe Kap. C.II.1.e).

Steuerbilanziell kommt ein Ansatz von aktiven latenten Steuern mangels Eigenschaft als Vermögensgegenstand bzw. positives Wirtschaftsgut nicht in Betracht *(Bilanzierungsverbot)*.

b) Passivierungswahlrechte

ba) Steuerfreie Rücklagen

baa) Allgemeines

Aus wirtschaftspolitischen Gründen oder zur Vermeidung steuersystembedingter Gewinnrealisierungen, die im Einzelfall unbillig erscheinen, gewährt der Steuergesetzgeber für die **Steuerbilanz** einige Möglichkeiten der Bildung von (einstweilen) *„steuerfreien Rücklagen"*, die erst bei ihrer Auflösung versteuert werden müssen. Mit der dadurch erreichbaren i.d.R. zinslosen Verschiebung der Steuerzahlungen werden den Bilanzierenden Liquiditäts- und Zinsvorteile geboten. Teilweise erfolgt die Auflösung auch zunächst erfolgsneutral durch Abzug der Rücklage von den Anschaffungs- oder Herstellungskosten eines Aktivums. Die so übertragene stille Reserve unterliegt dann erst während des Abschreibungszeitraums oder spätestens beim Ausscheiden des Wirtschaftsgutes der Besteuerung. Insgesamt wäre es also zutreffender, diese Posten als „steueraufschiebende Rücklagen" zu bezeichnen.

---

1 §§ 268 Abs. 2 HGB, 301 AktG, zu Einzelheiten siehe auch Kap. A.IV.2.ab).

Für alle Fälle der steuerfreien Rücklagen, insbes. für die
- Reinvestitionsrücklage (§ 6b EStG),
- Ersatzbeschaffungs-/Entschädigungsrücklage (R 6.6 EStR),
- Zuschussrücklage (R 6.5 EStR) und die
- Konfusionsgewinnrücklage (§ 6 UmwStG)

bestehen – nach Wegfall der „umgekehrten Maßgeblichkeit" durch das BilMoG 2009 – *handelsrechtliche Passivierungsverbote* (früher „Sonderposten mit Rücklageanteil") und *steuerbilanzielle Bilanzierungswahlrechte*. Nach *IFRS* besteht wegen fehlender *equity*- oder *liability*-Eigenschaft seit jeher ein *Bilanzierungsverbot*.

bab) Einige wesentliche steuerfreie Rücklagen

- *Allgemeine Reinvestitionsrücklage* nach *§ 6b EStG*
 Diese steuerfreie Rücklage soll verhindern, dass betriebswirtschaftlich sinnvolle Umstrukturierungen im Anlagevermögen durch die sonst systembedingt auftretende Besteuerung stiller Reserven behindert werden. Werden bestimmte Anlagegüter veräußert und bestimmte Reinvestitionsobjekte angeschafft und hergestellt, so wird auf eine sofortige Besteuerung des *Veräußerungsbuchgewinns* in Höhe von

Veräußerungserlös
– Veräußerungskosten
– Buchwert z.Z. des Ausscheidens

verzichtet. Allerdings gilt nach Auffassung der Rechtsprechung[1] die Einlage eines Ersatzwirtschaftsgutes nicht als „Anschaffung", weil hierbei kein entgeltlicher Erwerb des wirtschaftlichen Eigentums an einem Wirtschaftsgut vorliegt.

Erfolgt die Reinvestition im Wirtschaftsjahr der Veräußerung, so kann die sonst aufgedeckte stille Reserve durch *Abzug* von den Anschaffungs- oder Herstellungskosten des Reinvestitionsobjekts *sofort* auf dieses *„übertragen"* werden (§ 6b Abs. 1 EStG). Erfolgt die Reinvestition bereits im Wirtschaftsjahr *vor* der Veräußerung (um z.B. die Produktion reibungslos aufrechtzuerhalten), so kann der im Folgejahr anfallende Veräußerungsbuchgewinn ebenfalls durch Abzug vom Buchwert des bereits im Vorjahr angeschafften/hergestellten Ersatzwirtschaftsguts übertragen werden (§ 6b Abs. 1 und 5 EStG).

Statt der sofortigen Übertragung kann der Steuerpflichtige auch bis zur Höhe der durch Veräußerung aufgedeckten stillen Reserve für 4 Jahre (Regelfall) oder 6 Jahre (neue Gebäude) eine *Reinvestitionsrücklage* bilden (§ 6b Abs. 3 EStG). Erfolgt die Reinvestition im Übertragungszeitraum, so wird die stille Reserve von der Rücklage auf die Anschaffungs- oder Herstellungskosten übertragen. Eine in der Frist nicht übertragene Rücklage muss gewinnerhöhend aufgelöst werden. Der Steuerstundungsvorteil wird bei nicht bestimmungsgemäßer Verwendung der Rücklage durch einen *Gewinnzuschlag* vom Fiskus zurückgeholt. Dieser beträgt 6 % des aufgelösten

---

1 BFH v. 11.12.1984. BStBl 1985 II, 250.

Zweck:
Erleichterung unternehmerischer Strukturanpassungen durch Verzicht auf sofortige Besteuerung stiller Reserven
Voraussetzungen:
■ Gewinnermittlung durch Betriebsvermögensvergleich (§ 6b Abs. 4 Nr. 1 EStG) ■ 6-jährige ununterbrochene Mindestzugehörigkeit der veräußerten WG zum inländischen Anlagevermögen (§ 6b Abs. 4 Nr. 2 EStG) ■ Zugehörigkeit der ersatzbeschafften WG zum Anlagevermögen einer inländischen Betriebsstätte eines Betriebs des Steuerpflichtigen (§ 6b Abs. 4 Nr. 3 EStG) ■ Inländische Steuerpflicht des Veräußerungsgewinns (§ 6b Abs. 4 Nr. 4 EStG) ■ Buchhalterische Verfolgbarkeit des Abzugs bzw. der steuerfreien Rücklage (§ 6b Abs. 4 Nr. 5 EStG) ■ Umgekehrte Maßgeblichkeit bei Inanspruchnahme und in den Folgejahren (§ 5 Abs. 1 S. 2 EStG)

Übertragungsmöglichkeiten im gewerblichen Bereich
(● zulässig; ⊗ unzulässig)

von \ auf	Grund und Boden	Gebäude	Binnenschiff
Grund und Boden	●	●	⊗
Gebäude	⊗	●	⊗
Binnenschiff	⊗	⊗	●

```
    Veräußerungserlös
./. Veräußerungskosten
./. Buchwert z.Z. des Ausscheidens
 = übertragbare stille Reserve
```

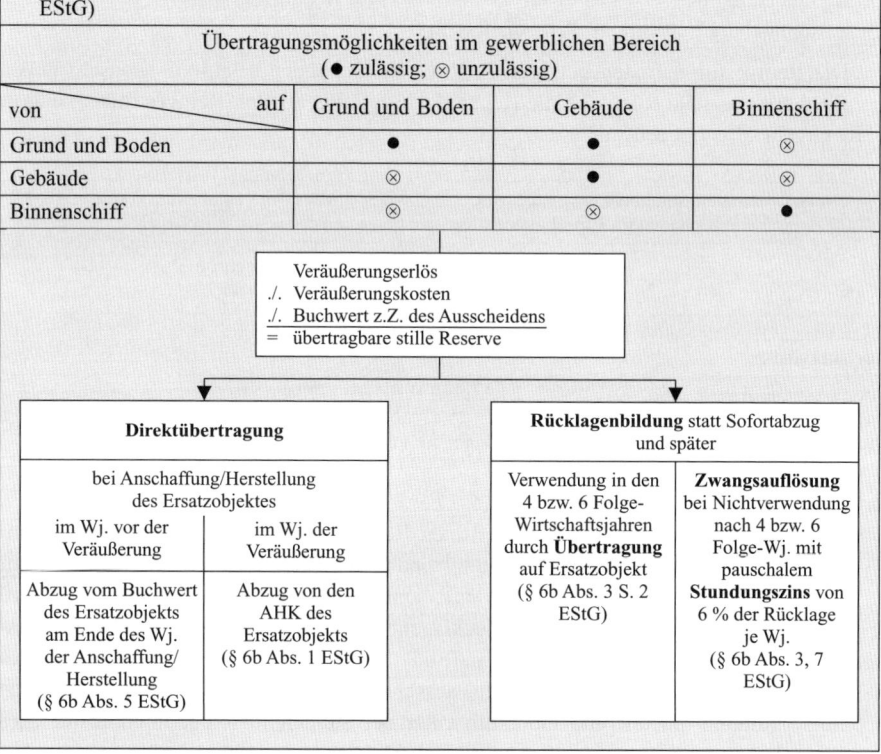

Direktübertragung		**Rücklagenbildung** statt Sofortabzug und später	
bei Anschaffung/Herstellung des Ersatzobjektes		Verwendung in den 4 bzw. 6 Folge-Wirtschaftsjahren durch **Übertragung** auf Ersatzobjekt (§ 6b Abs. 3 S. 2 EStG)	**Zwangsauflösung** bei Nichtverwendung nach 4 bzw. 6 Folge-Wj. mit pauschalem **Stundungszins** von 6 % der Rücklage je Wj. (§ 6b Abs. 3, 7 EStG)
im Wj. vor der Veräußerung	im Wj. der Veräußerung		
Abzug vom Buchwert des Ersatzobjekts am Ende des Wj. der Anschaffung/ Herstellung (§ 6b Abs. 5 EStG)	Abzug von den AHK des Ersatzobjekts (§ 6b Abs. 1 EStG)		

Abbildung C-15: Voraussetzungen und Gestaltungsmöglichkeiten der Übertragung stiller Reserven nach § 6b EStG (ohne Besonderheiten der Land- und Forstwirtschaft, Städtebauförderung und Kapitalgesellschaftsanteilen)

Rücklagenbetrages für jedes Wirtschaftsjahr, in dem die Rücklage bestanden hat (§ 6b Abs. 7 EStG), auch bei unterjähriger Auflösung.[1]

---

1 BFH v. 26.10.1989, BStBl 1990 II, 290.

- *Spezielle Reinvestitionsrücklage nach § 6b Abs. 10 EStG*
  Eine nur für Personenunternehmen geltende spezielle wahlweise Begünstigung bei Veräußerung von Kapitalgesellschaftsanteilen wird mit Blick auf die Steuerfreiheit solcher Veräußerungsgewinne bei Körperschaften gem. § 8b Abs. 2 KStG mit § 6b Abs. 10 EStG geboten. Danach können Einzelunternehmer und (typische) Personengesellschaften einen Gewinn aus der Veräußerung von Kapitalgesellschaftsanteilen bis zu 500.000 € pro Wirtschaftsjahr (Höchstgrenze) entweder von den AHK bestimmter im Veräußerungsjahr angeschafften/hergestellten Reinvestitionsobjekte abziehen oder – bei späterer Reinvestition – in eine steuerfreie Rücklage einstellen. Zulässige Reinvestitionsobjekte sind
  - andere Kapitalgesellschaftsanteile,
  - Gebäude oder
  - abnutzbare bewegliche Wirtschaftsgüter.

  Die Reinvestitionsfristen betragen 2 Jahre, bei Gebäuden 4 Jahre. Ansonsten gelten für diese spezielle Rücklage die Regelungen der allgemeinen Reinvestitionsrücklage weitgehend entsprechend.

Spezielle Übertragungsmöglichkeit von bis zu € 500.000 Gewinn aus der Veräußerung von Kapitalgesellschaftsanteilen für Einzelunternehmer und typische Personengesellschaften			
von \ auf	Kapitalgesellschaftsanteile	abnutzbare bewegliche Wirtschaftsgüter	Gebäude
veräußerten Kapitalgesellschaftsanteilen	●	●	●
Reinvestitionsfrist	2 Jahre	2 Jahre	4 Jahre

Abbildung C-16: Besondere Reinvestitionsrücklage für Personenunternehmen

- *Ersatzbeschaffungsrücklage nach R 6.6 EStR*
  Eine weitere Möglichkeit der steuerfreien Reservenübertragung bietet die gewohnheitsrechtlich nach der Rechtsprechung[1] und R 6.6 EStR zugelassene Bildung einer steuerfreien Ersatzbeschaffungsrücklage. Unter bestimmten Voraussetzungen wird danach ein Sofortabzug oder eine Rücklagenbildung gestattet, wenn ein Wirtschaftsgut infolge höherer Gewalt (z.B. Brand) oder wegen bzw. zur Vermeidung eines behördlichen Eingriffs (z.B. Enteignung) ausscheidet, eine über dem Buchwert liegende Entschädigung gezahlt und innerhalb einer bestimmten Frist ein funktionsgleiches Wirtschaftsgut angeschafft/hergestellt wird. Mit der unmittelbaren oder über die Bildung einer steuerfreien Rücklage möglichen Übertragung der stillen Reserve auf ein Ersatzwirtschaftsgut soll erreicht werden, dass die Entschädigung ungeschmälert zur Ersatzbeschaffung verwendet werden kann. Unterschiede zur Rücklage nach § 6b EStG zeigt die Abbildung C-17.

---

[1] BFH v. 18.9.1987, BStBl 1988 II, 330 m.w.N.

	Rücklage nach § 6 b EStG	Rücklage nach R 6.6 EStR
Begünstigte ausgeschiedene Wirtschaftsgüter	nur bestimmte Anlagegüter (Grund und Boden, Gebäude, Binnenschiffe, Kapitalgesellschaftsanteile)	alle Wirtschaftsgüter des Anlage- oder Umlaufvermögen
Zugehörigkeit der ausgeschiedenen Wirtschaftsgüter	mindestens 6 Jahre ununterbrochen zum Anlagevermögen	Anlage- oder Umlaufvermögen ohne Zeitbeschränkung
Ersatzwirtschaftsgüter	nur bestimmte Anlagegüter, auch nicht funktionsgleiche Wirtschaftsgüter	nur funktionsgleiche Ersatzwirtschaftsgüter
Ausscheidungsursache	entgeltliche Veräußerung	zwangsweises Ausscheiden infolge höherer Gewalt oder behördlichen Eingriffs gegen Entschädigung
Reinvestitionsabsicht als Bedingung der Rücklagenbildung	nein	ja (Ersatzbeschaffung ernstlich geplant und zu erwarten)[1]
Reinvestitionsfristen	4 bzw. 6 Jahre (bei neu hergestellten Gebäuden), nicht verlängerbar	1 Jahr (bewegliches WG) 2 Jahre (Grundstücke und Gebäude), u.U. verlängerbar
Gewinnzuschlag bei nichtbestimmungsgemäßer Rücklagenauflösung	6 % Gewinnzuschlag p.a.	kein Gewinnzuschlag

Abbildung C-17: Unterschiede der steuerfreien Rücklagen zur Reinvestitionsbegünstigung

- *Zuschussrücklage nach R 6.4 Abs. 4 EStR*[1]
  Bei im Voraus gezahlten Zuschüssen kann zu Neutralisierung der Gewinnwirksamkeit des Mittelzuflusses eine steuerfreie Rücklage gebildet werden.

- *Gewinnverteilungsrücklagen*
  Oftmals gestatten Gesetzgeber oder Finanzverwaltung zur Vermeidung geballter Gewinnrealisierung die Verteilung von Gewinnen auf mehrere Wirtschaftsjahre durch Bildung steuerfreier Rücklagen. Anlässe sind meist außergewöhnliche Ereignisse oder Gesetzesänderungen. Die steuerfreien Rücklagen können wahlweise gebildet werden und haben i.d.R. eine vorgegebene Auflösungszeit. Die steuerfreien Rücklagen werden **nur in der Steuerbilanz**, seit Wegfall der „umgekehrten Maßgeblichkeit" nicht mehr als „Sonderposten mit Rücklageanteil" in der Handelsbilanz gebildet. Beispiele:

  - Rücklage bei Schuldübernahme, Schuldbeitritt und Erfüllungsübernahme gem. §§ 5 Abs. 7 S.5, 52 Abs. 9 S.2 EStG,
  - Rücklage für Gewinne aus der Auflösung von Rückstellungen durch erstmalige BilMoG-Anwendung gem. R 6.11 Abs. 3 EStR,
  - Konfusionsgewinn-Rücklage gem. § 6 UmwStG bei der Vereinigung von Forderungen und Verbindlichkeiten zwischen den am Umwandlungsvorgang Beteiligten.

---

1 R. 5.5 Abs. 4 EStR.

bb) Entstrickungsausgleichsposten

Mit § 4 Abs. 1 S. 3 EStG und § 12 Abs. 1 KStG werden *Ent- und Verstrickungsregelungen* gesetzlich geregelt, die das deutsche Besteuerungsrecht bei grenzüberschreitenden Transfers von Wirtschaftsgütern zwischen inländischem Betriebsstätten (einschl. Stammhaus-BS) und Auslands-BS sicherstellen sollen. Unterliegen Einkünfte einer ausländischen BS auf Grund eines DBA nicht oder nur beschränkt der inländischen Besteuerung, so würden stille Reserven (Differenzen zwischen dem Marktwert und dem Buchwert eines WG) ganz bzw. zum Teil auf Dauer der deutschen Besteuerung entzogen. § 4 Abs. 1 S. 3 EStG fingiert in diesem Fall bei ESt-pflichtigen eine gewinnerhöhende „Entnahme", die nach § 6 Abs. 1 Nr. 4 S. 1 EStG mit dem gemeinen Wert (§ 9 BewG) anzusetzen ist. Bei KSt-pflichtigen wird gem. § 12 Abs. 1 KStG eine Veräußerung fingiert, deren Erlös mit dem gemeinen Wert angenommen wird. In beiden Fällen entsteht bei der Gewinnermittlung zwangsweise bei einem den Buchwert übersteigenden gemeinen Wert ein steuerpflichtiger, aber nicht realisierter (Buch)Gewinn.[1]

Grundsätzlich unterliegt dieser *Entstrickungsgewinn* der Sofortbesteuerung. Da ihm aber keine Zahlungsmittelzuflüsse entsprechen und eine die EU-Staatengrenzen überschreitende WG-Übertragung zwischen EU-BS nicht gegenüber dem steuerfreien innerdeutschen BS-Transfer benachteiligt werden darf (Niederlassungsfreiheit) sieht § 4g EStG in bestimmten Fällen eine Abmilderung durch eine zeitliche Streckung der Besteuerung des Entstrickungsgewinns vor. Bilanztechnisch erfolgt dies durch einen WG-bezogenen (passiven) *Ausgleichsposten für Entstrickungsgewinne*. Dieser ist als *Bilanzierungswahlrecht* ausgestaltet. Für KSt-pflichtige findet § 4g EStG entsprechende Anwendung (§ 12 Abs. 1 KStG).

Voraussetzungen für diesen die gewinnerhöhende Entstrickungsentnahme temporär ausgleichenden Posten sind (§ 4g EStG):

- Unbeschränkte ESt-, KSt-Steuerpflicht (also nicht, wenn z.B. ein beschränkt Stpfl. WG aus seiner deutschen BS in das ausländische Stammhaus oder eine ausländische BS überführt),
- Entstrickungsentnahme (§ 4 Abs. 1 S. 3), d. h.
  - Ausschluss/Beschränkung des BRD-Besteuerungsrechts (z. B. durch Freistellungs- bzw. Anrechnungs-DBA)
  - für den Gewinn aus WG-Veräußerung/-Nutzung
  - Ausnahme: Sitzverlegung SE und SCE (§ 4 Abs. 1 S. 5),
- durch Zuordnung eines Wirtschaftsgutes des Anlagevermögens (nicht aber für WG des Umlaufvermögens) einer inländischen BS,
- zu einer ihm gehörenden BS (also nicht z.B. im Rahmen einer Umwandlung auf die BS eines anderen Steuerpflichtigen),
- in einem anderen EU-Staat (also nicht in eine BS im EWR oder einem Drittstaat),
- unwiderruflicher Antrag (für jedes Wirtschaftsjahr einheitlich für sämtliche begünstigten WG, § 4g Abs. 1 S. 3 EStG).

---

1 Siehe hierzu das Gewinnermittlungsschema in Kap. A.V.4.ab) und die Gewinndefinition in § 4 Abs. 1 EStG.

Der Ausgleichsposten ist je WG getrennt auszuweisen (§ 4g Abs. 1 S. 2 EStG); er dient ausschließlich der Besteuerung und hat kein Pendant in der Handelsbilanz.

bc) Wertaufholungsrücklage

Da es sich *handelsrechtlich* bei Zuschreibungen (Wertaufholungen) nur um Buchgewinne ohne finanziellen Hintergrund handelt, können unerwünschte, daraus folgende Gewinnauszahlungen durch Bildung einer *Wertaufholungsrücklage* partiell vermindert werden: Nach den §§ 29 Abs. 4 GmbHG, 58 Abs. 2a AktG kann für den Eigenkapitalanteil einer vorgenommenen Zuschreibung in der Handelsbilanz eine Wertaufholungsrücklage gebildet werden. Nach *IFRS* ähnelt die Wertaufholungsrücklage der dort zulässigen *Neubewertungsrücklage*,[1] die jedoch andere Voraussetzungen und Verrechnungstechniken hat. In der *Steuerbilanz* ist eine derartige Rücklage unzulässig

bd) Bestimmte Pensionsrückstellungen

Handelsrechtlich besteht grundsätzlich für unmittelbare Pensionszusagen (laufende Pensionen und Anwartschaften) spätestens mit Inkrafttreten des Bilanzrichtlinien-Gesetzes zum 1.1.1986 handelsbilanzielle Passivierungspflicht als Rückstellung für ungewisse Verbindlichkeiten (§ 249 Abs. 1 Satz 1 HGB). Vorher war die Passivierungsverpflichtung streitig; überwiegend wurde mit Hinweis auf ein BGH-Urteil[2] ein Passivierungswahlrecht angenommen. Von der *Passivierungspflicht* werden jedoch nach Art. 28 Abs. 1 EGHGB nur neue, den Arbeitgeber unmittelbar verpflichtende Zusagen erfasst, die die Berechtigten nach dem 31.12.1986 erhalten haben. Für Zusagen, die vorher erteilt wurden (sog. *Altzusagen*), sowie deren auch nach 1986 erfolgende Erhöhungen und für mittelbare Verpflichtungen (z.B. über eine Pensions- oder Unterstützungskasse oder einen Direktversicherer) und „ähnliche" Verpflichtungen (z.B. Beihilfen) bestehen weiterhin handelsrechtliche *Passivierungswahlrechte* (bei Kapitalgesellschaften allerdings mit Angabepflicht des nichtbilanzierten Betrages gem. Art. 28 Abs. 2 EGHGB).

Steuerbilanziell werden Pensionsrückstellungen dem Grunde und der Höhe nach nur nach den Vorschriften des § 6a EStG anerkannt. Steuerlich besteht ein ausdrückliches *Passivierungswahlrecht* für unmittelbare Pensionszusagen. Dabei gehört nach § 6a EStG jedoch zu den besonderen steuerlichen Passivierungsvoraussetzungen, dass

- i.d.R.[3] im Rahmen eines Dienstverhältnisses
- dem Pensionsberechtigten ein Rechtsanspruch auf Pensionsleistungen
- die nicht in Abhängigkeit zu künftigen gewinnabhängigen Bezügen stehen
- ohne schädlichen Widerrufs-/Einschränkungsvorbehalt[4]
- schriftlich und detailliert

eingeräumt wurde. Weitere Beschränkungen ergeben sich aus der Rechtsprechung zur steuerlichen Anerkennung von Pensionszusagen an Gesellschafter-Geschäftsführer und

---

1 Siehe Kap. C.V.2.ab).
2 BGH v. 27.2.1961, BGHZ 34, 324.
3 Für Pensionszusagen außerhalb eines Dienstverhältnisses (z.B. innerhalb eines Handelsvertretervertrages) gelten die Bewertungsbestimmungen entsprechend (§ 6a Abs. 5 EStG).
4 Siehe R 6a Abs. 3 und 4 EStR.

Der Bilanzansatz dem Grunde nach

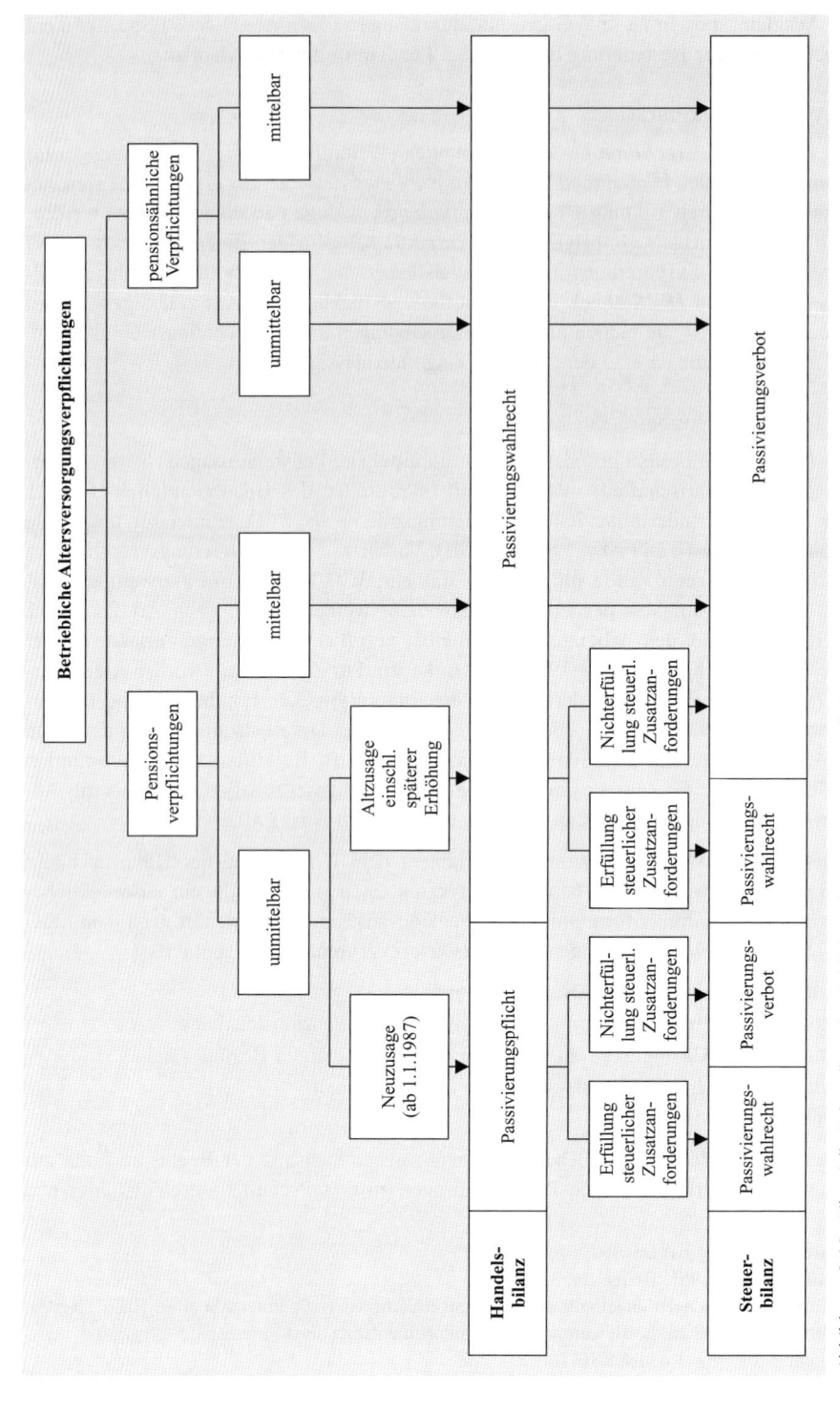

Abbildung C-18: Bilanzielle Behandlung betrieblicher Altersversorgungsverpflichtungen nach HGB und EStG

nahe Angehörige, insbes. Ehegatten. Im letztgenannten Fall ist beispielsweise Anerkennungsvoraussetzung[1], dass

- die Versorgungszusage eindeutig vereinbart und ernsthaft gewollt ist, insbes. muss nach den Umständen des Einzelfalls bereits bei Zusage mit einer späteren Inanspruchnahme auch tatsächlich gerechnet werden;
- die Versorgungszusage dem Grunde und der Höhe nach ausschließlich betrieblich veranlasst ist; insbes. muss eine hohe Wahrscheinlichkeit bestehen, dass eine vergleichbare Zusage auch einem familienfremden Arbeitnehmer erteilt worden wäre (Fremdvergleich).

Für mittelbare Pensionsverpflichtungen folgt aus dem handelsrechtlichen Passivierungswahlrecht des Art. 28 EGHGB ein steuerbilanzielles Passivierungsverbot.[2]

be) Rückstellung für nachträgliche Zuwendungen an Unterstützungskassen

Steuerbilanziell wird – ohne handelsbilanzielle Zulässigkeit – eine Art „Aufwandsrückstellung" zugelassen: Nach § 4d Abs. 2 S. 2 EStG dürfen wahlweise Rückstellungen für Zuwendungen eines Trägerunternehmens an Unterstützungskassen gebildet werden, wenn sie innerhalb eines Monats nach Aufstellung oder Feststellung der Bilanz tatsächlich geleistet werden. Damit soll dem Umstand Rechnung getragen werden, dass derartige Zuwendungen häufig vom Bilanzergebnis abhängig gemacht werden.

c) *Aktivierungs- und Passivierungswahlrechte*

ca) Abgrenzung von Betriebs- und Privatvermögen

Bei Bilanzierenden, denen eine Privatsphäre zuerkannt wird (Personenunternehmen), bestehen – wie oben dargelegt – neben der grundsätzlichen Einlage- und Entnahmemöglichkeit auch Wahlrechte der Zuordnung zum Betriebs- und Privatvermögen (gewillkürtes Vermögen), insbes. bei gemischtgenutzten Wirtschaftsgütern. Auf die oben[3] dargestellten Bilanzierungsvoraussetzungen wird verwiesen.

cb) Geringfügige und wiederkehrende Posten der Rechnungsabgrenzung

Die h.M. bejahte bisher sowohl für das Handels- wie für das Steuerrecht für geringfügige und regelmäßig wiederkehrende bedeutungslose Beträge ein Aktivierungs- bzw. Passivierungswahlrecht.[4] Obwohl die einschlägigen Rechtsvorschriften (§§ 250 Abs. 1, 2 HGB; 5 Abs. 5 Satz 1 EStG) mit der Verwendung des Gebots „sind ... auszuweisen/anzusetzen" gegen ein Bilanzierungswahlrecht sprechen, soll der Grundsatz der Wirtschaftlichkeit (Wesentlichkeit) als GoB die herrschende Meinung stützen. Man kann aber auch die Auffassung vertreten, dass bei klarem Gesetzeswortlaut kein Raum für GoB-Anwendung ist.

---

1 BFH v. 14.7.1989, BStBl 1989 II, 969 m.w.N.
2 BMF v. 13.3.1987, BStBl 1987 I, 365.
3 Kap. C.III.1.b).
4 Z.B. WPH 2017, F 424 ohne Bildung an steuerliche Bagatellgrenzen m.w.N.; BFH v. 18.3.2010, BFH/NV 2010, 1796 m.w.N. und mit Hinweis auf die seinerzeitige Geringfügigkeitsgrenze des § 6 Abs. 2 EStG (410 Euro).

cc) BilMoG-Übergangs-/Beibehaltungswahlrechte

Nur für die *Handelsbilanz* sehen die Übergangsregelungen des BilMoG 2009 eine Reihe von Aktivierungs- und Passivierungswahlrechten vor, die hier nur überschlägig erwähnt werden sollen:

Aktivierungswahlrechte:

- Beibehaltung aktivierter Aufwendungen für die Ingangsetzung und Erweiterung des Geschäftsbetriebs (Art. 67 Abs. 5 EGHGB),
- Beibehaltung der besonderen Abgrenzungsposten für aufwandsberücksichtigte Zölle und Verbrauchsteuern auf Umlaufvermögen und Umsatzsteuern auf Anzahlungen (Art. 67 Abs. 3 EGHGB).

Passivierungswahlrechte:

- Beibehaltung der Sonderposten mit Rücklageanteil (Art. 67 Abs. 3 EGHGB),
- Beibehaltung bestimmte Rückstellungen für unterlassene Reparaturen mit 3–12 Monaten Nachholfrist (Art. 67 Abs. 3 EGHGB),
- Beibehaltung der allgemeinen Aufwandsrückstellung (Art. 67 Abs. 3 EGHGB).

d) *Bilanzierungsspielräume nach HGB und EStG*

Neben diesen ausdrücklichen Ansatzwahlrechten bestehen auch nach HGB und EStG nicht normierte *„Bilanzierungsspielräume"*, die ebenfalls für bilanzpolitische Zwecke verwendet werden können. Als Beispiele sind zu nennen:

Aktivierungsspielräume:

- Abgrenzung Herstellungs-/Erhaltungsaufwand,
- Abgrenzung „entgeltlicher Erwerb" bei immateriellen Anlagegütern,
- Abgrenzung Forschungs- und Entwicklungsphase sowie Abschätzung des Entstehens eines Vermögensgegenstandes.

Aktivierungs- und Passivierungsspielräume:

- Einschätzung des Privatanteils gemischtgenutzter Wirtschaftsgüter.

Passivierungsspielräume:

- Einschätzung des Eintritts eines Rückstellungsgrundes,
- Einschätzung des Wegfalls eines Rückstellungsgrundes,
- Ausbuchung von voraussichtlich nicht mehr geltend gemachten Verbindlichkeiten.

2. Bilanzierungswahlrechte nach IFRS

Die IFRS enthalten im Gegensatz zum HGB/EStG kaum *offene (explizite) Bilanzansatzwahlrechte*, jedoch eine Vielzahl von Detailbedingungen, die sich durch Sachverhaltsgestaltungen nach Wunsch realisieren oder vermeiden lassen und beträchtliche Ansatzgestaltungspotentiale durch Auslegung unscharfer Begriffe sowie subjektive Nutzung von Beurteilungsspielräumen *(verdeckte, faktische Wahlrechte)*. Die bilanzanalytische Erkennbarkeit dieser verdeckten Wahlrechte ist sehr beschränkt. Anders als nach EStG und HGB wird die Nutzung der Wahlrechte durch die Generalnorm des IAS 1.15 als zentrales Abbildungsprinzip jedoch in der Weise eingeschränkt, dass der Anwender die Möglichkeit zu wählen hat, die dem Ziel der tatsachengemäßen Abbildung am nächsten kommt. Dies stellt den Charakter von Wahlrechten nach deutscher Auslegung auf den Kopf.

a) Behandlung der HGB-Ansatzwahlrechte nach IFRS

Die IFRS sehen für alle HGB-Aktivierungswahlrechte Aktivierungspflichten vor. Die Standards

- bedingen den Ansatz *selbst geschaffener immaterieller Vermögenswerte* unter den Voraussetzungen der technischen Realisierbarkeit, der Fertigstellungsabsicht, der Fähigkeit zum Nutzen oder Verkauf, dem Nachweis der Nutzungsmöglichkeit, dem Nachweis der Fähigkeit zur Fertigstellung und der Bewertbarkeit (IAS 38.57). Allerdings stellen diese Voraussetzungen verdeckte Wahlrechte dar, womit die Ansatzentscheidung letztlich doch im Ermessen des Bilanzierenden liegt.
- lassen für ein *Disagio* ein Aktivierungswahlrecht nicht zu (Aktivierungsverbot); vielmehr ist die Verbindlichkeit mit dem um das Disagio verminderten Betrag zu passivieren und der Disagiobetrag ist über die Laufzeit der Verbindlichkeit erfolgswirksam zuzuschreiben.
- verlangen bei *latenten Steuern* im Gegensatz zum HGB den *Brutto-Ausweis*: eine Saldierung von aktiven und passiven latenten Steuernpositionen ist nur unter sehr eingeschränkten Bedingungen zulässig (z.B. gleiche Fristigkeit, Aufrechnungsberechtigung, gleiche Steuerbehörde, beabsichtigter Ausgleich, IAS 12.74). Für aktive und passive latente Steuern besteht – im Gegensatz zum handelsrechtlichen Aktivierungswahlrecht – Ansatzpflicht (IAS 12).

Für HGB-Passivierungswahlrechte bestehen nach IFRS andererseits Passivierungsverbote. Nach internationalen Rechnungslegungsstandards

- sind spezielle *Aufwandsrückstellungen* (Rückstellungen für bestimmte Instandhaltungen und unterlassene Abraumbeseitigung) unzulässig, da die *liability*-Kriterien mangels einer bestehenden Verpflichtung gegenüber Dritten nicht erfüllt werden (s. z.B. IAS 37.14);
- wird nicht zwischen mittelbaren und unmittelbaren Pensionsverpflichtungen unterschieden, vielmehr zwischen beitragsorientierten *(defined contribution plans)* und leistungsorientierten *(defined benefit plans, DBP)* Versorgungsplänen. Beim erstgenannten Versorgungstyp kommt es nur bei Beitragsrückständen oder Überzahlungen zur Bilanzierung einer Schuld bzw. eines Vermögenswertes.[1] Da bei DBP das arbeitgebende Unternehmen für die Versorgungszusage einstehen muss ist für die rechtliche oder faktische Verpflichtung zu Versorgungsleistungen eine Schuld zu bilanzieren *(defined benefit liability, DBL)*. Ergeben die Berechnungsmodalitäten der DBL in Sonderfällen einen negativen Betrag, so kann es auch zur Aktivierung eines *assets* kommen.[2] Offene Bilanzierungswahlrechte gibt es dabei nicht. Natürlich ist auch das EGHGB-Wahlrecht für Altzusagen den IFRS fremd, wenngleich es bei Einführung des IAS 19 Übergangsvorschriften gab, die aber inzwischen ausgelaufen sein dürften.

---

1 IAS 19.44.
2 IAS 19.65.

b) Offene Bilanzierungswahlrechte der IFRS

ba) Klein- und geringwertige Vermögenswerte

Obwohl in den Standards und Interpretationen die Behandlung kleinwertiger und geringwertiger Vermögenswerte nicht geregelt ist, leitet die h.M.[1] die Vertretbarkeit eines Bilanzierungswahlrechts aus dem Wesentlichkeitsgrundsatz[2] ab.

bb) Neubewertungsrücklage

In Fällen, in denen der Bilanzierenden bei der Bewertung zwischen Bewertung zu Anschaffungs-/Herstellungskosten *(cost model)* und zum beizulegenden Stichtagswert *(fair value model)* entscheiden kann,[3] kann es mit der Entscheidung für letzteren zum passiven Ansatz einer Neubewertungsrücklage kommen.

bc) Passiver Zuwendungsabgrenzungsposten

Eines der wenigen offenen Ansatzwahlrechte betrifft Zuwendungen der öffentlichen Hand für Vermögenswerte (IAS 20), ist aber wegen seiner Ergebnisneutralität nur von geringer Bedeutung. Diese öffentlichen Zuwendungen können entweder als passiver, kontinuierlich zu vermindernder Abgrenzungsposten dargestellt werden oder beim Buchwert des Vermögenswertes abgesetzt werden (IAS 20.24).

c) Verdeckte Ansatzwahlrechte der IFRS

ca) Allgemeines Ansatzgestaltungspotential

Den größten Ermessensspielraum bietet das für assets und liabilities gleichermaßen geltende Ansatzkriterium der *Wahrscheinlichkeit* eines künftigen Zu-/Abflusses eines *wirtschaftlichen Nutzens*. Während bei assets eine Wahrscheinlichkeitsgrenze nicht angegeben wird (IASB-F 4.8 ff.), muss bei liabilities mehr dafür als dagegen sprechen (IAS 37.23). Diese Bestimmung eröffnet einen beträchtlichen Schätzungsrahmen.

cb) Spezielles Ansatzgestaltungspotential

Die Interpretations- und Schätzungsspielräume des Managements, die auch Bilanzansätze beeinflussen, lassen sich angesichts der Fülle von Einzelregelungen der IFRS nur beispielhaft verdeutlichen:

- Zuordnung von Leasingvermögen
  Die Bilanzierung eines Leasinggegenstands beim Leasingnehmer ist nach IFRS bis Ende 2018 davon abhängig, ob das Leasingverhältnis als Finanzierungsleasing zu klassifizieren ist.[4] Das ist der Fall, wenn „im Wesentlichen alle Risiken und Chancen, die mit dem Eigentum verbunden sind", dem Leasingnehmer übertragen werden (IAS 17.8). Zwar führt IAS 17.10 einige Beispiele auf und IAS 17.11 nennt weitere Indikatoren, doch bleibt letztlich das Kriterium „im Wesentlichen" unbestimmt. Dies

---

1 HEUSER/THEILE, IFRS Handbuch, 5. Aufl. München 2012, Rz. 1224 m.w.N.; LÜDENBACH/HOFFMANN/FREIBERG, IFRS-Komm., 15. Aufl. Freiburg 2017, § 10 Rz. 31.
2 Siehe Kap. B.V.5.b).
3 Siehe Kap. D.V.1.a) und c).
4 Zu Einzelheiten siehe Kap. C.III.2: Exkurs.

bietet dem Rechnungsleger einen Entscheidungsspielraum über die Zuordnung und damit Bilanzierung des Leasinggegenstandes. Dieses Problem hat das IASB frühzeitig erkannt, hat aber nach über 10 Jahren Diskussion eine Neuregelung erst mit Wirkung zum 1.1.2019 verabschiedet (IFRS 16). Ab 2019 ist ein Leasinggegenstand grundsätzlich nicht mehr als solcher sondern nur das Nutzrecht an ihm bilanziell abzubilden, was auch die Aktivierung von Mietgeschäften (= operatives Leasing) beim Mieter zur Folge hat.

- Selbst geschaffene immaterielle Vermögenswerte, insbes. durch Entwicklungsaufwendungen
  Die Aktivierbarkeit und Nichtaktivierbarkeit eines selbst geschaffenen Anlagewertes trennen nach IFRS die vagen Kriterien des *„wahrscheinlichen künftigen wirtschaftlichen Nutzens"* und der *„zuverlässigen Bemessung"* (IAS 38.19). Insbes. bei der Aktivierung von Entwicklungskosten können sich Ansatzgestaltungspotentiale ergeben weil die Aktivierungspflicht von Aufwendungen der Entwicklungsphase sowohl eine *kostenrechnerische Trennung* von Forschungs- und Entwicklungsphase als auch sechs explizite, nachzuweisende, aber sehr weit *interpretationsfähige Voraussetzungen* hat (IAS 38.57):
  - technische Realisierbarkeit der Fertigstellung,
  - Fertigstellungs- und Verwertungsabsicht,
  - Verwertungsfähigkeit,
  - Konkrete Nutzbarkeit,
  - Ressourcenverfügbarkeit zur Fertigstellung und Verwertbarkeit,
  - Verlässliche Bewertbarkeit der Entwicklungsaufwendungen.

- Langfristige Fertigungsaufträge
  In Abweichung vom HGB-Realisationsprinzip verlangen die IFRS bis Ende 2017 eine frühzeitigere Ertragsrealisation z.B. bei langfristigen Fertigungsaufträgen zu. Nach IAS 11.22 sind die mit einem Fertigungsauftrag zusammenhängenden Auftragserlöse und -kosten nach dem Leistungsfortschritt am Bilanzstichtag zu erfassen *(Percentage-of-Completion-Method),* falls das Ergebnis des Fertigungsauftrages verlässlich bestimmt werden kann. Sind die Voraussetzungen nicht erfüllt, ist eine modifizierte Erfassungsmethode anzuwenden, wobei bei kompletter Unsicherheit schließlich die *completed-Contract-Method* anzuwenden ist (IAS 11.32). Bilanziell wird die Ertragsrealisation durch Ausweis/Nichtausweis einer Forderung vollzogen. Die *percentage-of-completion-Method* ist von einer Reihe von Einschätzungs- und Gestaltungsspielräumen bei der Erfüllung der Voraussetzungen
  - Verlässlichkeit der Schätzung der noch anfallenden Projektkosten,
  - Verlässlichkeit der Schätzung des Fertigstellungsgrades und
  - quantitative Ausprägungen
  abhängig.

An der Grenze zwischen dem Saldo (Auftragskosten plus kumulierten realisierten Gewinn plus Vorauskosten, abzüglich kumulierter antizipativer Verluste) und vorgenommenen Teilabrechnungen kann eine Forderung/Schuld zu passivieren sein.

Mit IFRS 15, der IAS 11 und IAS 18 zum Geschäftsjahr 2018 ersetzt, kommt es zu ähnlichen Abbildungen der langfristigen Fertigung, zusätzlich sind jedoch auch insb.

Mehrkomponentenverträge aber auch einfache Skontoeinräumungen abweichend von der marktlichen Realisation in der Bilanz zu berücksichtigen als *Contract Item*. In diesem Posten sind der Saldo von Leistungen (angearbeiteten Aufträgen) und Gegenleistungen (z.B. Vorauszahlungen oder Anzahlungen) entweder als Aktiv- oder Passivkonto auszuweisen. Auch hier fließen vielfältige Einschätzungen hinein, wie etwa die Verteilung der Preise auf die Komponenten, die Wahrscheinlichkeit einer Zahlungsstörung u.s.w.

- Aktive latente Steuern
  Nach IAS 12.24 bzw. 12.34 ist für die Steuern auf abzugsfähige temporäre Differenzen sowie aus steuerlichen Verlustvorträgen ein Aktivposten latente Steuern zu bilanzieren, sofern es *wahrscheinlich (probable)* ist, dass zukünftiges zu versteuerndes Ergebnis zur Verfügung stehen wird, welches gegen die abzugsfähigen temporären Differenzen bzw. gegen den Verlustvortrag verrechnet werden kann. Obwohl dem Management einige Anhaltspunkte zur Wahrscheinlichkeitsbestimmung vorgegeben werden (z.B. IAS 12.36), verbleibt bei der Prognostizierung des zukünftigen zu versteuernden Einkommens ein erheblicher *Schätzungsspielraum*. Gleiches gilt bei der Bestimmung des voraussichtlichen Verlustvortragszeitraums.

- Drohverlustrückstellung
  Da IAS 37.69 vor Ansatz einer Drohverlustrückstellung die Vornahme einer Wertminderung nach IAS 36 verlangt, bestimmt dies und die ermessenshaltige Erfüllung der dortigen Voraussetzungen den Ansatz einer „Rückstellung aus belastenden Verträgen".

- Restrukturierungsrückstellung
  Neben den allgemeinen Anforderungen für Rückstellungen verlangt IAS 37.72 bei Rückstellungen für Restrukturierungsmaßnahmen die durch *Sachverhaltsgestaltungen* leicht herbeiführbaren oder vermeidbaren Voraussetzungen:
  - Vorliegen eines detaillierten, formalen Restrukturierungsplans mit bestimmten Mindestangaben und
  - eine bei den Betroffenen geweckte Erwartung der Durchführung der Restrukturierung.

3. Bedeutung der Bilanzierungswahlrechte

Die nach deutschem Recht offen zustehenden Bilanzierungswahlrechte sind für den Ersteller von **Handels- und Steuerbilanz** gleichermaßen von Bedeutung, versetzen sie ihn doch in die Lage, Entscheidungen zur Verwirklichung seiner finanz- und publizitätspolitischen Zielvorstellungen zu treffen. So lassen sich über die (Nicht-)Bilanzierung von handelsbilanziellen Aktiva/Passiva sowohl das für *Ausschüttungen* und *Entnahmen* sowie für *gewinnabhängige Bezüge* maßgebliche Jahresergebnis wie auch der *Vermögens- und Schuldausweis* in Höhe, Zusammensetzung und zeitlichem Bezug beeinflussen. Durch Ausübung steuerbilanzieller Ansatzwahlrechte können Verminderungen der effektiven *Ertragsteuerbelastung* und (über temporäre Gewinnverlagerungen) die durch den Steueraufschub bedingten *Liquiditäts-, Finanzierungs- und Zinsvorteile* erzielt werden.

Unterlassene Aktivierung hat bei Handels- und Steuerbilanz – unter sonst gleichen Bedingungen – zunächst eine relative Verschlechterung des Jahresergebnisses (Gewinnminderung, Verlusterhöhung) zur Folge. Bei Nichtaktivierung mindern die Aufwendungen für ein potentielles Bilanzierungsobjekt das Jahresergebnis und das ausgewiesene Vermögen. Bei abschreibbaren Bilanzobjekten vergibt sich der Bilanzierende damit aber zugleich die Möglichkeit, in den Folgejahren Aufwendungen in Form von Abschreibungen oder AfA zu verrechnen.

Entsprechend umgekehrt sind die Auswirkungen einer wahrgenommenen *Aktivierung*: relative Ergebnisverbesserung und verbesserter Vermögensausweis als Nahwirkung und – bei abschreibungsfähigen Bilanzobjekten – die künftige Möglichkeit der Aufwandsverteilung. Bei Aufnahme von Gegenständen des willkürbaren Vermögens eröffnet sich darüber hinaus die Möglichkeit, Aufwendungen und Wertverluste gewinnmindernd zu verrechnen; allerdings wirken sich Erträge und Wertsteigerungen (spätestens beim Ausscheiden) auch gewinnerhöhend aus.

Entscheidet sich der Bilanzierende bei Passivierungswahlrechten für eine *Passivierung*, so erreicht er hiermit – isoliert betrachtet – eine relative Ergebnisverschlechterung (Gewinnminderung, Verlusterhöhung) und eventuell einen erhöhten Schuldausweis als Nahwirkung. Wie bei der Aktivierung besteht aber auch hier mitunter die Zweischneidigkeit bilanzpolitischer Maßnahmen: Bei *Rückstellungsbildung* wird zwar als Nahwirkung der Gewinn gemindert, als Fernwirkung aber die Möglichkeit vergeben, die später anfallenden Ausgaben gewinnmindernd zu verrechnen. Bei Passivierung *steuerfreier Rücklagen* lässt sich eine Steuerverlagerung in die Folgeperioden erreichen. Bis zu deren Auflösung können die Vorteile eines Steueraufschubs (Liquiditäts-, Finanzierungs- und Zinsvorteil) genutzt werden. Allerdings können Steuersatzänderungen oder Progressionseffekte in den Auflösungsjahren die vorherigen Vorteile wieder aufholen. Die Passivierung von *Verbindlichkeiten* bewirkt neben der Ergebnis- und Reinvermögensminderung auch die Aufwandsfähigkeit von Zinsen und die Berücksichtigung von Wertsteigerungen der Verbindlichkeit. Bei *Nichtausübung von Passivierungswahlrechten* ergeben sich entgegengesetzte Folgen.

Mit *Bilanzansatzwahlrechten* können demnach differenzierte Nah- und Fernwirkungen auf die an das Jahresergebnis geknüpften Finanzströme (Ausschüttungen, Entnahmen, Tantiemen, Steuern) wie auch auf den Ausweis von Vermögen und Schulden in zeitlich-quantitativer Hinsicht erreicht werden. Ein direkter Zusammenhang zwischen den Bilanzansatzentscheidungen besteht allerdings vielfach nur, wenn die Entscheidung dem Grunde nach gleichzeitig die Werthöhe bestimmt. Bestehen hingegen noch Bewertungswahlrechte[1], so werden Erfolgs- und Vermögenswirkung letztlich erst durch die Höhe des Wertansatzes bestimmt.

Bei *IFRS-Bilanzen*, in denen die Wahlrechte allerdings nur im Sinne einer Verbesserung der tatsachengemäßen Darstellung genutzt werden dürfen, entsprechen die bilanztechnisch bedingten Nah- und Fernwirkungen der Bilanzierungswahlrechte denen der HGB-/EStG-Bilanzen. Die Folgewirkungen beeinflussen aber fast nur die Darstellung der Unternehmenslage und die Erfüllung bilanzkennzahlabhängiger Managementvorgaben. Zahlungswirkungen treten nur bezüglich ratingabhängiger Finanzierungsaufwendungen,

---

1 Siehe Kap. D.VI.

erfolgsbezogener Managervergütungen und der steuerlichen Zinsschranke (Escape-Klausel des § 4h Abs. 2c) EStG) auf.

4. Synopse der Bilanzierungswahlrechte nach HGB und EStG

Abbildung C-19 fasst die dargestellten offenen Bilanzierungswahlrechte nach HGB und EStG mit ihren Rechtsgrundlagen noch einmal schaubildlich zusammen. Nach IFRS bestehen kaum bedeutsame offene Bilanzansatzwahlrechte, wohl aber beträchtliche Spielräume durch Ermessensausübung des Rechnungslegers (siehe oben).

Bilanzierungswahlrechte			
Handelsbilanz (HGB)		**Steuerbilanz (EStG)**	
AKTIVIERUNGSWAHLRECHTE			
Unentgeltlich erworbene materielle Vermögensgegenstände (außer Geld)	GoB	Aktivierungspflicht	§ 6 Abs. 4 EStG
Kleinwertige Vermögensgegenstände des Anlagevermögens (AHK bis € 60/250)	GoB	Aktivierungswahlrecht für kleinwertige, bewegliche, selbständig nutzungsfähige Anlagegüter (AHK bis 250 €)	§ 6 Abs. 2 S. 1 EStG
Geringwertige Vermögensgegenstände des Anlagevermögens (AHK über € 250 bis € 800)	h.M. (GoB)	Aktivierungswahlrecht für geringwertige, bewegliche, selbständig nutzungsfähige Anlagegüter (AHK bis € 800) oder wirtschaftsjahrbezogener Sammelposten ab 250 Euro bis 1.000 Euro	§ 6 Abs. 2 S. 1 EStG § 6 Abs. 2a EStG
Selbst geschaffene immaterielle Vermögensgegenstände des Anlagevermögens	§ 248 Abs. 2 HGB	Aktivierungsverbot	§ 5 Abs. 2 EStG
Verbindlichkeits-Unterschiedsbetrag (Disagio)	§ 250 Abs. 3 HGB	Aktivierungspflicht	§ 5 Abs. 5 Nr. 1 EStG
Aktive latente Steuern	§ 274 Abs. 1 S. 2 HGB	Aktivierungsverbot	Kein Wirtschaftsgut
Bilanzierungsverbot	§ 250 Abs. 1 HGB	Rechnungsabgrenzung für übersteigende Zuwendungen an Unterstützungskassen	§ 4d Abs. 2 S. 3 EStG
PASSIVIERUNGSWAHLRECHTE			
Passivierungsverbot	Wegfall des Sonderpostens mit Rücklageanteil durch das BilMoG	Steuerfreie Rücklagen, insbes. Reinvestitions-, Zuschuss- und Verteilungsrücklagen	§ 6b EStG, R 6.6, 6.4 EStR, § 5 Abs. 7 S. 5 EStG
Wertaufholungsrücklage	§§ 58 Abs. 2a AktG, § 29 Abs. 4 GmbHG	Passivierungsverbot	Kein negatives Wirtschaftsgut; keine steuerfreie Rücklage
Passivierungsverbot	keine Schuld, keine Rücklage	Ausgleichsposten für Entstrickungsgewinn	§ 4g EStG

Alt-Pensionszusagen einschl. Erhöhungen; mittelbare Pensionsverpflichtungen und pensionsähnliche Verpflichtungen	Art. 28 Abs. 1 EGHGB	Passivierungsverbot für mittelbare und ähnliche Verpflichtungen, **Passivierungswahlrecht für unmittelbare Pensionsverpflichtungen wenn steuerliche Zusatzanforderungen erfüllt sind**	Rspr., § 6a EStG; R 6a EStR
Passivierungsverbot	Kein Rückstellungsfall, § 249 Abs. 2 HGB	Rückstellung für nachträgliche Zuwendungen für Unterstützungskassen	§ 4d Abs. 2 S. 2 EStG
AKTIVIERUNGS- UND PASSIVIERUNGSWAHLRECHTE			
Abgrenzung Betriebs-/Privatvermögen bei Personenunternehmen („Widmung")	GoB	„gewillkürtes" Betriebsvermögen bei 10–50 % Betriebsnutzung; Zuordnung Grundstücksteile	Rspr.; R 4.1 Abs. 1 EStR; § 8 EStDV; R 4.2 Abs. 9 EStR
Jährlich wiederkehrende Posten der Rechnungsabgrenzung in geringer Höhe	GoB, str. wegen § 250 Abs. 1 HGB	Jährlich wiederkehrende Posten der Rechnungsabgrenzung in geringer Höhe	Rspr., str. wegen § 5 Abs. 5 EStG
Verschiedene Beibehaltungswahlrechte aus dem Übergang zum BilMoG	Art. 67 Abs. 3 EGHGB	Passivierungsverbote oder Passivierungspflichten	Rspr., z.B. § 5 Abs. 5 S. 2 EStG

Abbildung C-19: Bilanzierungswahlrechte in der Handels- und Steuerbilanz (HGB bzw. EStG)

V. Bilanzierungsgebote nach HGB, EStG und IFRS

Allgemein lässt sich feststellen, dass Bilanzierungsgebote bestehen für

- alle abstrakt bilanzierungsfähigen Bilanzobjekte (Abschn.II),
- die konkret bilanzierungsfähig sind (Abschn. III.1.a) und b)),
- sofern für sie kein konkretes Bilanzierungsverbot (Abschn. III.1.c)) existiert und
- sofern kein Bilanzierungswahlrecht (Abschn. IV) vorliegt.

Im Einzelnen kommen – sofern die Voraussetzungen der konkreten Bilanzierungsfähigkeit erfüllt sind – die folgenden Pflichten für den Ansatz dem Grunde nach in Betracht:

1. Aktivierungspflichten

a) Anlagevermögen bzw. langfristige Vermögenswerte

Zum Anlagevermögen gehören **handelsrechtlich** Vermögensgegenstände, die „bestimmt sind, dauernd dem Geschäftsbetrieb zu dienen" (§ 247 Abs. 2 HGB). Die Zweckbestimmung selbst liegt im Entscheidungsbereich des Kaufmanns und ist kein allgemeines Merkmal des Bilanzobjekts.[1] „Dauerndes" Dienen bedeutet, dass der Gegenstand seinen

---

1 Beispiel: PKW eines Kfz-Händlers kann als Vorführwagen Anlagevermögen, verkaufsbestimmt Umlaufvermögen sein.

Nutzen nicht in einem zeitpunktbezogenen einmaligen Akt, sondern zeitraum- oder zeitstrahlbezogen (mehrfach) abgibt („Gebrauch"). Insbes. ergibt sich eine Klärung aus der Gegenüberstellung zum Umlaufvermögen.

Handelsrechtlich werden dabei unterschieden:

- Immaterielles Anlagevermögen
- Sachanlagevermögen
- Finanzanlagevermögen.

Diese handelsrechtliche Beurteilung gilt auch für die *Steuerbilanz*.[1]

Die *IFRS* kennen den Begriff „Anlagevermögen" nicht (lassen ihn aber gem. IAS 1.60 u. U. zu), sondern unterscheiden kurz- und langfristige Vermögenswerte.[2] IAS 1.66–70 beschreibt kurzfristige Vermögenswerte *(current assets)* und erklärt alle anderen als langfristig (IAS 1.66 a. E.). Danach sind Vermögenswerte *langfristig (non current assets)*,

- wenn die Realisation, der Verkauf oder Verbrauch nicht innerhalb des normalen Geschäftszyklus des Unternehmens erwartet wird,
- sie nicht primär für Handelszwecke gehalten werden,
- die Realisation nicht innerhalb von 12 Monaten nach dem Bilanzstichtag erwartet wird und
- es sich nicht um Zahlungsmittel oder Zahlungsmitteläquivalente handelt (es sei denn ihre Verwendung ist für einen Zeitraum von mindestens 12 Monaten nach dem Bilanzstichtag beschränkt)

(Umkehrschluss aus IAS 1.66 a–d). Das Abgrenzungskriterium *„Geschäftszyklus"* beschreibt den Zeitraum zwischen dem Erwerb von Vermögenswerten und deren Umwandlung in Zahlungsmittel(äquivalente) und wird im Zweifel mit 12 Monaten gleichgesetzt (IAS 1.68).

Zu den langfristigen Vermögenswerten können z.B. zählen:

- Immaterielle Vermögenswerte (IAS 38)
- Geschäfts- und Firmenwert (IAS 38.48 ff., IFRS 3.32 ff.)
- Sachanlagen (IAS 16)
- Immobilien als Finanzinvestitionen (IAS 40)
- Beteiligungen (IAS 27)
- Anteile an assoziierten Unternehmen (IAS 28)
- Anteile an joint ventures (IFRS 11)
- Entsorgungsfondsanteile (IFRIC 5)
- Übrige Finanzanlagen (IAS 32, 39)
- Aktive latente Steuern (IAS 12)
- Vermögenswerte aus die Pensionsverpflichtung übersteigenden Planvermögen (IAS 19).

---

1 BFH v. 13.1.1972, BStBl 1972 II, 744.
2 Sofern eine Darstellung der Vermögenswerte nach der Liquidität nicht zuverlässiger und relevanter ist.

aa) Immaterielles Vermögen

aaa) Allgemeines

Es fällt nicht leicht, die Eigenschaft der Immaterialität zu umschreiben: Merkmale der Nichtgreifbarkeit, des Nichtkörperlichen und Nichtstofflichen oder – positiv – des geistigen oder rechtlichen Gehalts und der nicht unmittelbaren Wahrnehmbarkeit bestimmen die Immaterialität. Allerdings sind hiervon finanzielle Nominalwerte (Forderungen, Schulden, Geld) auszuschließen. Dass sich der immaterielle Wert auf einen materiellen Träger befindet (z.B. Datenträger, Urkunde) spielt keine Rolle. Nicht unproblematisch ist die Behauptung der h.M., dass ein immaterieller Vermögensgegenstand nicht „beweglich" sein kann.

Nach den Aufzählungen in den §§ 266 Abs. 2 Pos. A.I, 248 Abs. 2 *HGB*, 5 Abs. 2 *EStG* rechnen hierzu jedenfalls die folgenden drei Gruppen:

- Selbst geschaffene gewerbliche Schutzrechte und ähnliche Rechte und Werte,
  z.B. die Ergebnisse von Entwicklungsprozessen.
- Entgeltlich erworbene
  - Konzessionen,
    z.B. gewerberechtliche Betriebs- und Verkehrsgenehmigungen,
  - gewerbliche Schutzrechte
    das sind vor allem Patente, Warenzeichen-, Gebrauchs- und Geschmacksmuster-, Verlags- und Urheberrechte,
  - ähnliche Rechte und Werte,
    (hierzu gehören z.B. Miet-, Pacht-, Bohr- und sonstige Nutzungsrechte mit gesicherter Rechtsposition, Belieferungsrechte, Optionsrechte, Markenrechte, Drucktitel, aber auch nicht geschützte Erfindungen, know how, Rezepte, Adressmaterial, Kundenlisten, problemorientierte Computer-Programme (System- und Anwendungssoftware, außer Trivialprogramme),[1] Wettbewerbsunterlassungsansprüche oder der sog. „firmenwertähnliche" Verlagswert,
  - sowie Lizenzen an solchen Rechten und Werten,
- ein entgeltlich erworbener Geschäfts- oder Firmenwert,
  es handelt sich bei einem Unternehmenskauf um die Differenz zwischen der Übernahmegegenleistung und dem Reinvermögen zu Zeitwerten.

Nach *IFRS*[2] ist ein immaterieller Vermögenswert *(intangable asset)* ein

- identifizierbarer, d.h. insbes. vom Unternehmen separierbarer (also vom Unternehmen getrennt übertragbar, lizensierbar, vermietbar oder tauschbar),
- nichtmonetärer Vermögenswert
- ohne physikalische Substanz.

Zur Aktivierbarkeit gehört noch die Erfüllung der allgemeinen Definitionskriterien eines Vermögenswertes, insbes. die Beherrschung und ein künftiger Nutzenzufluss (IAS 38.13–17) sowie der Ansatzkriterien (Wahrscheinlichkeit des künftigen Nutzenzuflusses und der verlässlichen Bewertbarkeit, IAS 38.21).

---

1 Vgl. BFH v. 3.7.1987, BStBl II, 728.
2 IAS 38.8, IAS 38.11–12.

aab) Selbst geschaffene Immaterialgüter

Seit dem BilMoG 2009 besteht hierfür – von der Negativliste des § 248 Abs. 2 S. 2 HGB abgesehen – unter bestimmten Bedingungen **handelsrechtlich** ein *Bilanzierungswahlrecht*.[1]

Steuerbilanziell verbleibt es beim schon vorher geltenden *Aktivierungsverbot* des § 5 Abs. 2 EStG für nicht entgeltlich erworbene immaterielle Anlagegüter. Obwohl durchaus ein die Leistungsfähigkeit erhöhendes Wirtschaftsgut geschaffen worden sein könnte (die Merkmale eines Vermögensgegenstandes müssen erfüllt sein; Identitätsthese) und ein handelsbilanzielles Aktivierungswahlrecht sich nach der BFH-Rechtsprechung regelmäßig in eine Aktivierungspflicht wandelt[2] hat der Gesetzgeber zur Wahrung der Steuerneutralität des BilMoG das Aktivierungsverbot beibehalten.

Wenn bestimmte einengende Bedingungen erfüllt sind, verlangen die *IFRS* für selbsterstellte immaterielle Anlagegüter *Aktivierungspflicht* (IAS 38.52 ff.) – es sei denn, es besteht ein explizites Bilanzierungsverbot (dem HGB entsprechende Negativliste: IAS 38.63 bzw. 54).

Dabei ist – wie nach HGB – der Erstellungsprozess in eine

- Forschungsphase und eine
- nachfolgende Entwicklungsphase

zu unterteilen. Nur bei einer deutlichen Unterscheidung kann eine Aktivierung in Betracht kommen, sonst gelten die gesamten Projektausgaben als nicht aktivierbare Forschungskosten (IAS 38.53). Für die Forschungs- und Entwicklungsaktivitäten geben IAS 38.56 bzw. 38.59 Beispielskataloge.

Außerdem müssen zwingend folgende Nachweise erbracht werden (IAS 38.57):

- technische Realisierbarkeit der Fertigstellung,
- Absicht der Fertigstellung und Verwertung,
- Fähigkeit zur Nutzung oder zum Verkauf,
- voraussichtlicher künftiger wirtschaftlicher Nutzen,
- Verfügbarkeit adäquater Ressourcen zum Abschluss der Entwicklung und zur Verwertung sowie
- verlässliche Bewertbarkeit der Entwicklungsausgaben.

Erst ab erstmaliger Erfüllung dieser Kriterien dürfen – und müssen – die aus der Entwicklung hervorgegangenen Vermögenswerte aktiviert werden (IAS 38.57, 65). Obwohl offiziell *Bilanzierungspflicht* besteht hat es der Rechnungsleger über die Abgrenzung der Forschungs- und Entwicklungsphase und die (Nicht-)Erfüllung der Nachweiskriterien in der Hand, eine Aktivierung vorzunehmen *(faktisches Bilanzierungswahlrecht)*.

aac) Entgeltlich erworbene Immaterialgüter

Ursprünglich war ein entgeltlicher Erwerb bei Immaterialgütern im deutschen **Handels- und Steuerbilanzrecht** zwingende Bilanzierungsvoraussetzung um sicherzustellen, dass

---

1 Zu Einzelheiten siehe Kap. C.IV.1.ac).
2 Siehe Kap. B.IV.7.bh).

keine nicht werthaltigen Objekte bilanziert werden, sondern nur solche, deren Werthaltigkeit sich in einem ökonomischen Tauschakt bewiesen hat. Erst mit dem BilMoG 2009 wurde diese Bedingung für die Handelsbilanz aufgeweicht indem für selbsterstellte immaterielle Vermögensgegenstände (sofern nicht auf der Negativliste) ein Bilanzierungswahlrecht eingeräumt wurde.[1]

Entgeltlicher Erwerb setzt voraus, dass das Immaterialgut durch Hoheitsakt oder Rechtsgeschäft gegen Hingabe einer bestimmten Gegenleistung übergangen oder eingeräumt worden ist.[2] Das Entgelt muss sich auf den Erwerb als solchen beziehen, es genügt nicht, dass anlässlich des Erwerbs irgendwelche Aufwendungen entstanden sind.[3] Bei unentgeltlichem Übergang eines Betriebs, Teilbetriebs oder Mitunternehmeranteil soll das Aktivierungsverbot für bereits aktivierte Immaterialgüter nicht wirksam werden, weil der Rechtsnachfolger in die Position des Rechtsvorgängers eintritt (Fußstapfentheorie, jetzt: § 6 Abs. 3 EStG). Auch die Behandlung als Einlage soll einem Aktivierungsverbot vorgehen.[4]

Nach *IFRS* kommt es auf einen *entgeltlichen Erwerb* nicht ausdrücklich an. Allerdings wird das Ansatzkriterium der Nutzenzuflusswahrscheinlichkeit bei einem gesonderten Erwerb oder einem Erwerb durch Unternehmenszusammenschluss stets als erfüllt angesehen (IAS 38.25 bzw. 33).

aad) Entgeltlich erworbener Geschäfts- oder Firmenwert

Der z.B. durch einen Verkauf eines gesamten Unternehmens im Kaufpreis realisierbare Unternehmenswert unterscheidet sich regelmäßig von der Differenz zwischen den Stichtagsbuchwerten der einzelnen Vermögensgegenstände und den Schulden. Zumeist ist der erzielbare Kaufpreis für das gesamte Unternehmen höher als die genannte Differenz.

In diesem Sinne definiert § 246 Abs. 1 S. 4 *HGB* den entgeltlich erworbenen Geschäfts- und Firmenwert und fingiert ihn seit dem BilMoG 2009 als zeitlich begrenzt nutzbaren Vermögensgegenstand:

Geschäfts- oder Firmenwert = Übernahmegegenleistung (Kaufpreis) − { Zeitwert einzelner Vermögensgegenstände − Zeitwert der Schulden }

Entgegen dem strengen Wortlaut des Gesetzes dürften auch aktive und passive Rechnungsabgrenzungsposten in die Wertermittlung einzubeziehen sein, soweit sich hinter ihnen (Gegen-)Leistungsverpflichtungen oder -ansprüche verbergen.

Dieser als (positiver) Geschäfts- oder Firmenwert bezeichnete Unterschiedsbetrag resultiert vor allem aus den bei Einzelbewertung nur schwer fassbaren und nicht zurechenbaren Faktoren, wie z.B. den positiven Ergebnis- und Kurserwartungen, dem Ansehen der Unternehmung und ihrer Produkte, der erfahrenen Unternehmensleitung und der Mit-

---

1 § 248 Abs. 2 S. 1 HGB, siehe auch Kap. C.IV.1.ac).
2 R 5.5 Abs. 2 EStR.
3 BFH v. 3.8.1993, BStBl 1994 II, 444.
4 BFH v. 26.10.1987, BStBl 1988 II, 348; R 5.5 Abs. 3 S. 3 EStR.

arbeiterqualifikation, der effizienten Unternehmensorganisation, dem Standort, dem Absatzpotenzial, der Stammkundschaft u. v. m.

Im normalen Geschäftsbetrieb einer Unternehmung werden häufig Aufwendungen zur Steigerung dieses positiven Marktwertes der Unternehmung geleistet. Ihr tatsächlicher Beitrag zur Erhöhung des Geschäfts- oder Firmenwertes ist jedoch im Allgemeinen nicht feststellbar. Um den Ausweis von zu optimistisch geschätzten Gegenwerten, denen im Falle der Auflösung der Unternehmung kein einzelverwertbarer Gegenstand gegenübersteht, zu verhindern, besteht *in allen Normenbereichen* ein strenges Aktivierungsverbot für einen selbst geschaffenen („originären") Geschäfts- oder Firmenwert.[1]

Wird allerdings durch einen tatsächlich realisierten Fall einer Unternehmensübernahme bewiesen, dass die für das Unternehmen und seine Gewinnaussichten erzielte Gegenleistung das Reinvermögen übersteigt, so besteht seit dem BilMoG 2009 für den Übernehmer – rechtsformunabhängig – Aktivierungspflicht für den erworbenen („derivativen") Geschäfts- oder Firmenwert als (fingierter) Vermögensgegenstand (§ 246 Abs. 1 HGB). Da üblicherweise bei derartigen Transaktionen nichts verschenkt wird, kann vom objektiven Vorhandensein eines Unternehmensmehrwertes ausgegangen werden. Beim Unternehmenskauf unter nahestehenden Unternehmensträgern ist diese Annahme allerdings nicht unproblematisch.

Steuerrechtlich darf ein *selbstgeschaffener Geschäftswert* ebenfalls nicht aktiviert werden (§ 5 Abs. 1 oder klarstellend Abs. 2 EStG). Allerdings sieht die neuere Rechtsprechung im Geschäftswert ein (abstrakt) bilanzierungsfähiges Wirtschaftsgut (sogar einen „Vermögensgegenstand"), das auch, wenn es vorher selbst geschaffen ist, Gegenstand einer Einlage sein kann und dann als solche entgegen dem Aktivierungsverbot des § 5 Abs. 2 EStG aktivierungspflichtig ist.[2] Nach höchstrichterlicher Auffassung tritt in diesem Fall die Forderung nach Konkretisierung hinter die Notwendigkeiten der Privat-/Geschäftssphärenabgrenzung (Trennungsprinzip) und der steuerlichen Erfassung aller Wirtschaftsgüter zurück.

Unstreitig ist ein *entgeltlich erworbener (derivativer) Geschäftswert* in der Steuerbilanz *aktivierungspflichtig*.[3] Dies kann seit der handelsbilanziellen Aktivierungspflicht unmittelbar aus dem Maßgeblichkeitsprinzip des § 5 Abs. 1 EStG geschlossen werden und wird bestätigt durch die sonst überflüssige Nutzungsdauerregelung des § 7 Abs. 1 Satz 3 EStG. Eine Geschäftswertaktivierung kommt steuerlich nach der Rechtsprechung nicht nur beim Erwerb von gesamten Unternehmen, sondern auch beim Kauf von Teilbetrieben und Mitunternehmeranteilen in Betracht.[4]

Weder im Handels- noch im Steuerbilanzrecht ist ein sog. *negativer Geschäfts- oder Firmenwert* (Unternehmenskaufpreis unterschreitet den Zeitwert des bilanziellen Reinvermögens, sog. *badwill*) geregelt. Ursachen können z.B. eine schlechte Ertragslage, drohendes Verlustpotential oder ein Notverkauf sein. Liegt die Übernahmegegenleistung unter dem Zeitwert des Reinvermögens oder erhält der Übernehmer gar eine Zuzahlung

---

1 Siehe Kap.C.III.1.cb) bzw. C.III.3.
2 BFH v. 20. 8. 1986, BStBl 1987 II, 455 und v. 24. 3. 1987, BStBl 1987 II, 705.
3 BFH v. 25. 11. 1981, BStBl 1982 II, 189 m.w.N. und v. 24. 3. 1983, BStBl 1984 II, 233.
4 BFH v. 24. 4. 1980, BStBl II, 690 m.w.N.

Bilanzierungsgebote nach HGB, EStG und IFRS

	Geschäftswert	
erworbener (derivativer) Geschäftswert		selbstgeschaffener (originärer) Geschäftswert

positiver Geschäftswert		negativer Geschäftswert			
Handelsbilanz	Steuerbilanz	Handelsbilanz	Steuerbilanz	Handelsbilanz	Steuerbilanz
Aktivierungspflicht (§ 246 Abs.1 S. 4 HGB)	Aktivierungspflicht (§ 5 Abs. 1 EStG)	nach Abstockung nichtmonetärer Aktiva: passiver Sonderposten (§ 265 Abs. 5 S. 2 HGB, GoB, str.)	Passivierungsgebot für Ausgleichsposten (BFH)	Aktivierungsverbot (§ 246 Abs. 1 HGB)	Aktivierungsverbot (§ 5 Abs. 1 EStG)
Abschreibungspflicht	Abschreibungspflicht (§§ 6 Abs. 1; 7 EStG)				

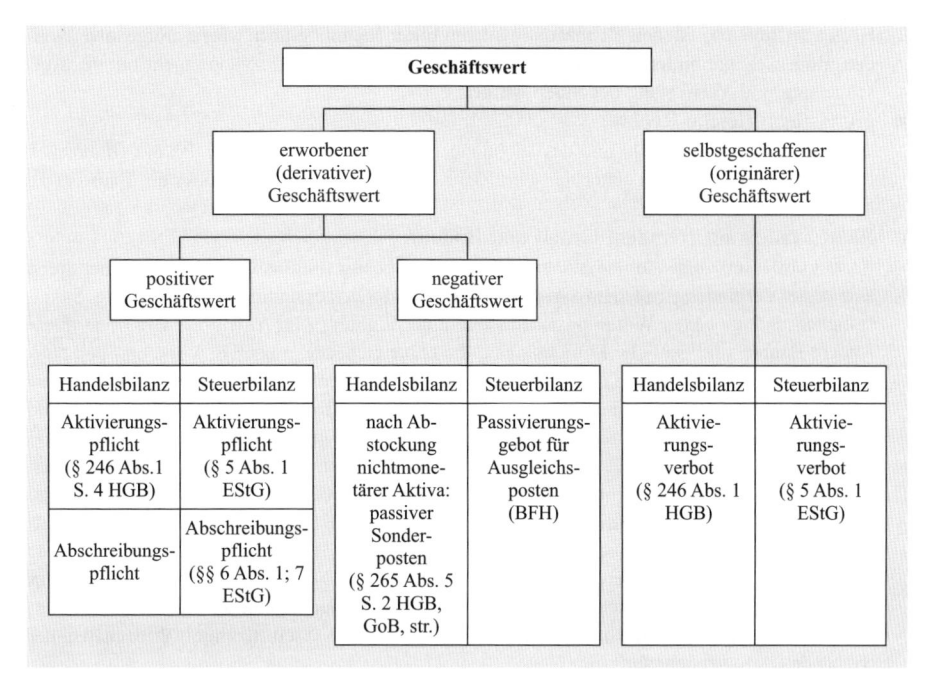

Abbildung C-20: Ansatz des Geschäfts- oder Firmenwerts in der Handels- und Steuerbilanz

für die Unternehmensübernahme, so würde sich der Anschaffungsvorgang nicht als erfolgsneutrale Vermögensumschichtung darstellen, vielmehr entstünde ein „Anschaffungsertrag". Da das Realisationsprinzip dem Ausweis eines „Anschaffungsgewinns" entgegen steht, ist handelsrechtlich nach den GoB i. Vbg. m. § 265 Abs. 5 S. 2 HGB und auch steuerbilanziell ein „passiver Ausgleichsposten" als Passivierungshilfe anzusetzen.[1]

Abbildung C-20 fasst noch einmal die Grundzüge der bilanziellen Behandlung des Geschäftswertes schaubildlich zusammen.

IFRS: Als Geschäfts- oder Firmenwert *(goodwill)* definiert *IFRS* 3 Anh. A den künftigen wirtschaftlichen Nutzen aus Vermögenswerten, die nicht einzeln identifiziert und separat angesetzt werden können (ähnlich auch IAS 38.11). Während für einen *selbst geschaffenen Geschäfts- oder Firmenwert ein Aktivierungsverbot* besteht (IAS 38.48) wird für einen bei einem Unternehmenszusammenschluss *erworbenen Geschäfts- oder Firmenwert Aktivierungspflicht* verlangt (IFRS 3.32).

ab) Sachanlagen

Sachanlagen umfassen nach § 266 Abs. 2 Pos. A.II *HGB* und *EStG*:

- Grundstücke,
  das sind abgegrenzte oder abgrenzbare Teile der Erdoberfläche. Zivilrechtlich können sie bebaut oder unbebaut sein. Bilanzrechtlich sind Grund und Boden und aufstehende Gebäude und

---

1 BFH v. 25.1.1984, BStBl II, 344; v. 25.8.1989, BStBl II, 893 und v. 21.4.1994, BStBl II, 745.

Bauten zu trennen; für den Bilanzausweis kann diese Trennung aber wieder aufgehoben werden. Bodenschätze bilden mit dem Grund und Boden eine Einheit, solange nicht mit der Aufschließung und Verwertung begonnen wurde[1];
- grundstücksgleiche Rechte,
  d.s. insbes. das Erbbaurecht und das Wohnungseigentum. Erbbaurecht ist das ein Grundstück belastende Recht, auf oder unter der Oberfläche eines (fremden) Grundstücks ein Bauwerk zu haben;
- Bauten (auch auf fremdem Grund und Boden),
  Bauten umfassen Gebäude und andere Bauwerke. Gebäude sind insbes. gekennzeichnet durch eine feste Verbindung mit dem Grund und Boden, durch beständige Beschaffenheit, Standfestigkeit, Schutz gegen Witterungseinflüsse und der Eignung zum Aufenthalt von Menschen.[2] Andere Bauten sind bauliche Einrichtungen, die keine Gebäude sind; z.B. Verkehrs- und Versorgungsanlagen, Untertagebauten. Gebäude und andere Bauten müssen wegen ihrer unterschiedlichen bilanziellen Behandlung trotz zivilrechtlicher Einheit (§§ 93 f. BGB) vom Grund und Boden, auf dem sie stehen, für die bilanzielle Behandlung getrennt werden. Die Finanzrechtsprechung verlangt darüber hinaus, dass ein nach technischen Gesichtspunkten und nach der Verkehrsauffassung durchaus als Einheit anzusehendes Gebäude ggf. in selbständige Gebäudeteile aufzuteilen ist. So sind bei von der eigentlichen Gebäudenutzung verschiedenen Nutzungs- und Funktionszusammenhang, Betriebsvorrichtungen, Ladeneinbauten, vorübergehende Einbauten und sonstige Mietereinbauten als selbständige Gebäudeteile auszugliedern.[3] Wird das verbleibende Gebäude unterschiedlich genutzt, so sind nach der Nutzungsart (eigen- und fremdbetriebliche, eigene und fremde Wohnzwecke) jeweils selbständige Wirtschaftsgüter (Gebäudeteile) anzunehmen[4];
- Mieterein-, -um- und -ausbauten,
  Baumaßnahmen, die ein Mieter in gemieteten Räumen auf eigene Rechnung vornimmt, können bei ihm zu einem selbstständigen aktivierbaren materiellen Wirtschaftsgut führen[5],
    - wenn es sich um *Betriebsvorrichtungen* handelt (siehe unten), oder
    - wenn es sich um *Scheinbestandteile* (§ 95 BGB) handelt, also um Einbauten, die entweder zu einem vorübergehenden, zeitlich begrenzten Zweck (§ 95 Abs. 2 BGB) eingefügt oder in Ausübung eines dinglichen Rechts am Grundstück mit dem Gebäude verbunden wurden (§ 95 Abs. 1 BGB),
    - wenn die Einbauten in einem *(vom Gebäude verschiedenen) besonderen Nutzungs- und Funktionszusammenhang* mit dem vom Mieter unterhaltenen Betrieb stehen oder
    - wenn es sich um *wirtschaftliches Eigentum* des Mieters handelt (insbes. wenn dem Mieter bei Beendigung des Mietverhältnisses Anspruch auf eine Entschädigung in Höhe des Restwertes (gemeinen Wertes) zusteht[6]).
  In den beiden erstgenannten Fällen stellen Mieterbauten selbständige materielle und bewegliche, in den beiden letztgenannten Fällen selbstständige materielle und unbewegliche Wirtschaftsgüter dar.
  Nach der BFH-Rechtsprechung[7] werden Gebäudeteile, die in einem gegenüber dem Gebäude verschiedenen Nutzungs- und Funktionszusammenhang stehen, nicht als Nutzungsrechte behan-

---

1 BFH v. 6.12.1990, BStBl 1991 II, 346; BFH v. 4.12.2006, BStBl 2007 II, 508.
2 BFH v. 21.1.1988, BStBl 1988 II, 628; R 7 Abs. 5 EStR.
3 R 4,2 Abs. 3 EStR.
4 BFH v. 26.11.1973, BStBl 1974 II, 132.
5 BFH v. 28.7.1993, BStBl 1994 II, 164; v. 11.6.1997, BStBl 1997 II, 774 m.w.N.
6 BFH v. 11.6.1997, BStBl 1997 II, 774; zu weiteren Fällen wirtschaftlichen Eigentums siehe Kap. C.III.1.a) und B.II.10.a).
7 BFH v. 15.10.1996, BStBl 1997 II, 533.

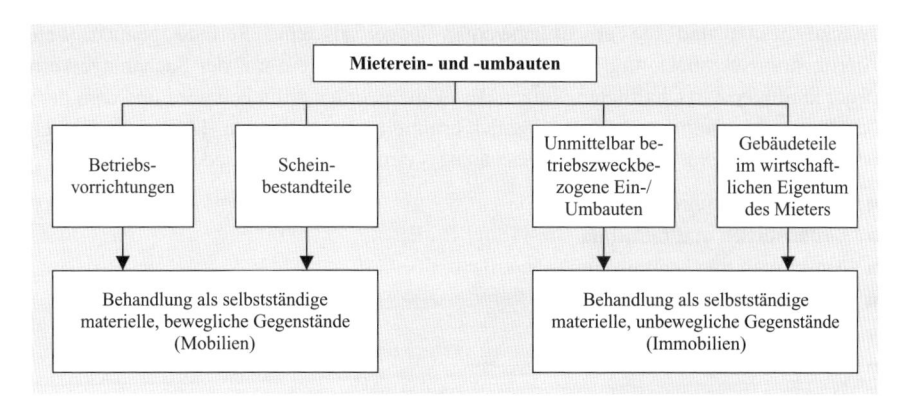

```
                    ┌─────────────────────────────┐
                    │  Mieterein- und -umbauten   │
                    └─────────────────────────────┘
         ┌──────────────┬───────────────┬──────────────┐
┌────────────┐ ┌────────────┐ ┌────────────────┐ ┌────────────────┐
│ Betriebs-  │ │ Schein-    │ │ Unmittelbar be-│ │ Gebäudeteile   │
│vorrichtungen│ │bestandteile│ │triebszweckbe-  │ │im wirtschaft-  │
│            │ │            │ │zogene Ein-/    │ │lichen Eigentum │
│            │ │            │ │Umbauten        │ │des Mieters     │
└────────────┘ └────────────┘ └────────────────┘ └────────────────┘
         │              │              │                 │
         ▼              ▼              ▼                 ▼
┌───────────────────────────────┐  ┌───────────────────────────────┐
│ Behandlung als selbstständige │  │ Behandlung als selbstständige │
│ materielle, bewegliche Gegen- │  │ materielle, unbewegliche Gegen│
│ stände (Mobilien)             │  │ stände (Immobilien)           │
└───────────────────────────────┘  └───────────────────────────────┘
```

Abbildung C-21: Behandlung von Mieterbauten

delt, sondern – nach dem Vorbild von Bauten auf fremden Grund und Boden – wie Gebäude (Immobilien).

- technische Anlagen und Maschinen,
  Maschinen sind technische Einrichtungen zur Energieumwandlung, zum Ersatz oder zur Stützung menschlicher Arbeitsleistung; technische Anlagen sind technische Einrichtungen, die nicht Maschinen sind, und Maschinenkombinationen. Hierzu zählen z.B. Krananlagen, Rohrleitungen, chemische Produktionsanlagen, Umspannwerke. Alle Einrichtungen müssen unmittelbar der Leistungserstellung dienen.
  Steuerlich bedeutsam ist die Abgrenzung der Gebäude von sog. *Betriebsvorrichtungen*, das sind „Maschinen und sonstige Vorrichtungen aller Art, die zu einer Betriebsanlage gehören, auch wenn sie wesentliche Bestandteile sind" (§ 68 Abs. 2 BewG). Betriebsvorrichtungen stehen in keinem einheitlichen Nutzungs- und Funktionszusammenhang mit dem Gebäude und sind daher nicht als Gebäudeteil, sondern als selbständiges Wirtschaftsgut zu aktivieren.[1]
- andere Anlagen, Betriebs- und Geschäftsausstattung,
  d.s. Einrichtungen, die nicht unmittelbar dem Produktionsprozess, sondern dem Betrieb allgemein und der Verwaltung dienen; z.B. Fuhrpark, Lagereinrichtungen, Werkzeuge, Kommunikationseinrichtungen, Büroausstattung, Bürogeräte;
- Anlagen im Bau,
  hier werden Aufwendungen für noch nicht fertiggestellte Anlagen erfasst;
- geleistete Anzahlungen für diese Positionen,
  hierzu zählen Vorausleistungen auf ein im Übrigen noch schwebendes Geschäft (i.w.S.).

Eine besondere EStG-Kategorie stellten die sog. *geringwertigen Wirtschaftsgüter* dar, die u.U. neben üblicher Normalabschreibung betragsabhängig wahlweise sofort abgeschrieben oder in einen jahrgangsbezogenen Sammelposten aufgenommen werden können (§ 6 Abs. 2 bzw. 2a EStG).[2]

Nach *IFRS* (IAS 16.6) umfassen die Sachanlagen *(Property, Plant and Equipment)* materielle Vermögenswerte, die ein Unternehmen für Zwecke der Herstellung oder der Lieferung von Gütern und Dienstleistungen, zur Vermietung an Dritte oder für Verwaltungs-

---
1 BFH v. 26.11.1973, BStBl 1974 II, 132.
2 Zu Einzelheiten s. Kap. D.V.1.cb).

zwecke besitzt und die erwartungsgemäß länger als eine Periode genutzt werden. Ansatzvoraussetzungen sind die Wahrscheinlichkeit, dass ein mit der Sachanlage verbundener künftiger wirtschaftlicher Nutzen dem Unternehmen zufließen wird und dass die Anschaffungs-/Herstellungskosten verlässlich ermittelt werden können (IAS 16.7). Es werden beispielhaft folgende Gruppen des Sachanlagevermögens unterschieden (IAS 16.37):

- unbebaute Grundstücke,
- Grundstücke und Gebäude,
- Maschinen und technische Anlagen,
- Schiffe,
- Flugzeuge,
- Kraftfahrzeuge,
- Betriebsausstattung und
- Büroausstattung.

Eine IFRS-Besonderheit ist die Separierung und andersartige Behandlung von *Immobilien, die als Finanzinvestition gehalten werden* (*Investment Properties*, sog. Rendite-Immobilien). Dabei handelt es sich um Grundstücke/Gebäude(teile), die – statt zur Leistungserstellung und Verwaltung oder gewöhnlichen Verkauf – zur Erzielung von Mieteinnahmen und/oder zum Zwecke der Wertsteigerung gehalten werden (IAS 40.5). Ansatzvoraussetzung ist auch hier die Wahrscheinlichkeit eines künftigen Nutzenzuflusses und die verlässliche Bemessung der Anschaffungs- und Herstellungskosten (IAS 40.16) – Bedingungen, die bereits bei der allgemeinen Prüfung der Bilanzierungsfähigkeit angewandt wurden. Positiv- und Negativbeispiele enthalten IAS 40.8 und 40.9. Die Berechtigung der Unterteilung in betrieblich genutzte und als Finanzinvestition gehaltene Immobilien besteht in der unterschiedlichen Abhängigkeit der generierten cashflows. Bei Renditeimmobilien ist bei der Bewertung primär das *Fair-Value-Model*, bei betrieblich genutzten Immobilien primär das *Cost-Model* anzuwenden (IAS 40 bzw. 16).

ac) Finanzanlagen bzw. aktive Finanzinstrumente

Zu den *Finanzanlagen* gehören nach § 266 Abs. 2 Pos. A.III ***HGB***:

- Anteile an verbundenen Unternehmen und Beteiligungen,
  d.s. Eigenkapital-Anteile an anderen Unternehmen. Im Einzelnen kommen hier insbes. Aktien, GmbH-Anteile, OHG-Kapital, Komplementär- und Kommanditkapital in Betracht. Der Begriff des verbundenen Unternehmens ist in § 271 Abs. 2 HGB definiert. Sind die Anteile bestimmt, dem eigenen Geschäftsbetrieb durch Herstellung einer dauernden Verbindung zu jenen Unternehmen zu dienen, spricht man von „Beteiligungen". Es muss dabei also mehr angestrebt werden als eine bloße Kapitalanlage. Im Einzelfall wird das Vorliegen einer Beteiligung an Kapitalgesellschaften widerlegbar angenommen, wenn die Anteilsrechte 20 % des Nennkapitals oder – bei fehlendem Nennkapital – 1/5 der Summe aller Kapitalanteile, überschreiten (§ 271 Abs. 1 HGB); Genossenschaftsanteile sind jedoch aus dem Beteiligungsbegriff ausgenommen (§ 271 Abs. 1 Satz 5 HGB). Gesellschaftsrechtliche Kapitalanteile an Personengesellschaften sind handelsrechtlich unabhängig von der Höhe der „Beteiligungen".[1]
  Das **Steuerrecht** folgt der handelsrechtlichen Behandlung von Beteiligungen nur, soweit es Kapitalgesellschaften betrifft. Obwohl *Beteiligungen an Personengesellschaften* handelsrechtlich

---

1 IDW RS HFA 18.

als Vermögensgegenstand begriffen werden und hierfür das Maßgeblichkeitsprinzip gelten müsste, folgt dem die ständige Rechtsprechung nicht: Für die steuerliche Gewinnermittlung hat der Posten „Beteiligung an einer Personengesellschaft" keine selbständige Bedeutung, weil für die Personengesellschaft eine eigenständige Gewinnermittlung und einheitliche und gesonderte Gewinnfeststellung (§§ 179 f. AO) durchzuführen ist und der Anteil am Gewinn dem einzelnen Teilhaber außerhalb der eigenen Steuerbilanz zugerechnet wird.[1] Im Regelungsbereich der Zurechnungsnorm des § 15 Abs. 1 Nr. 2 EStG ist nach h.M. für die Anwendung des Maßgeblichkeitsprinzips kein Raum. Für die Gewinnermittlung beim Gesellschafter stellt die Beteiligung kein eigenständiges Wirtschaftsgut dar.

- Wertpapiere des Anlagevermögens,
  Wertpapiere sind allgemein Urkunden, die ein Recht in der Weise verbriefen, dass zur Ausübung des Rechts die Innehabung der Urkunde erforderlich ist. Hier handelt es sich um Wertpapiere zur langfristigen Kapitalanlage, die nicht Beteiligungen sind oder Anteile und Ausleihungen an verbundene(n) Unternehmen verbriefen. Es kommen sowohl Zins- (z.B. Obligationen) wie auch Dividendenpapiere (z.B. Aktien) in Betracht.
- Ausleihungen,
  d.s. zur Kapitalanlage geeignete (Fremd-)Kapitalforderungen. Kapitalforderungen gegenüber Unternehmen, die die Kriterien des § 271 Abs. 1 bzw. 2 HGB erfüllen, sind gesondert zu erfassen. „Sonstige" Ausleihungen sind dann die Ausleihungen, die nicht an verbundene Unternehmen und Beteiligungsunternehmen erfolgen und die nicht in Wertpapieren verbrieft sind. Das sind insbes. Forderungen aus Darlehensverträgen, nicht jedoch aus Lieferungs- und Leistungsbeziehungen.
- auf diese Posten geleistete Anzahlungen.

Nach *IFRS* wird der weitere Begriff der *financial instruments* verwendet, deren Ansatz in den IAS 32 und 39 sowie ab dem 1.1.2018 im IFRS 9 (der IAS 39 in den Teilbereichen Erfassung von Wertminderungen und Klassifizierung und Bewertung finanzieller Vermögenswerte ersetzt) geregelt ist. Unter *financial instruments* versteht man alle Verträge, die zu einem finanziellen Vermögenswert *(financial asset)* bei einem Unternehmen, einer finanzielle Verbindlichkeit *(financial liability)* oder einer Eigenkapitalposition *(equity instrument)* bei einem anderen Unternehmen führen (IAS 32.11). Außer den originären Finanzinstrumenten (Aktien, Schuldverschreibungen, Forderungen, Kassen- und Kontenbestand etc.) gehören auch finanzielle Derivate (Sicherungsinstrumente wie Futures, Swaps, Optionen etc.) und finanzielle Schulden (letztere werden hier nicht betrachtet) dazu.

Im Einzelnen zählen zu den *financial assets* z.B. Anteile und Ausleihungen an verbundene Unternehmen und Beteiligungsunternehmen, Wertpapiere, Forderungen, Bargeld und Bankguthaben. Eine Reihe von Posten wird jedoch gem. IAS 39.2/IFRS 9.2 nicht nach dem für *financial instruments* maßgeblichen IAS 39/IFRS 9 behandelt, sondern nach anderen Standards (z.B. Anteile an Tochterunternehmen, assoziierten Unternehmen und Gemeinschaftsunternehmen, die nach IAS 27/IFRS 10, IAS 28 und IFRS 11 behandelt werden, sowie Rechte und Verpflichtungen aus Leasingverhältnissen, Altersversorgungsplänen, Versicherungsverträgen, die nach IAS 17/IFRS 16, IAS 19 und IFRS 4 behandelt werden etc.).

Nach IAS 39.9 werden vier bzw. fünf Kategorien von finanziellen Vermögenswerten *(financial assets)* unterschieden, die zu unterschiedlichen Bewertungskonsequenzen *(mixed model)* führen:

---

[1] BFH v. 22.1.1981, BStBl 1981 II, 427.

Der Bilanzansatz dem Grunde nach

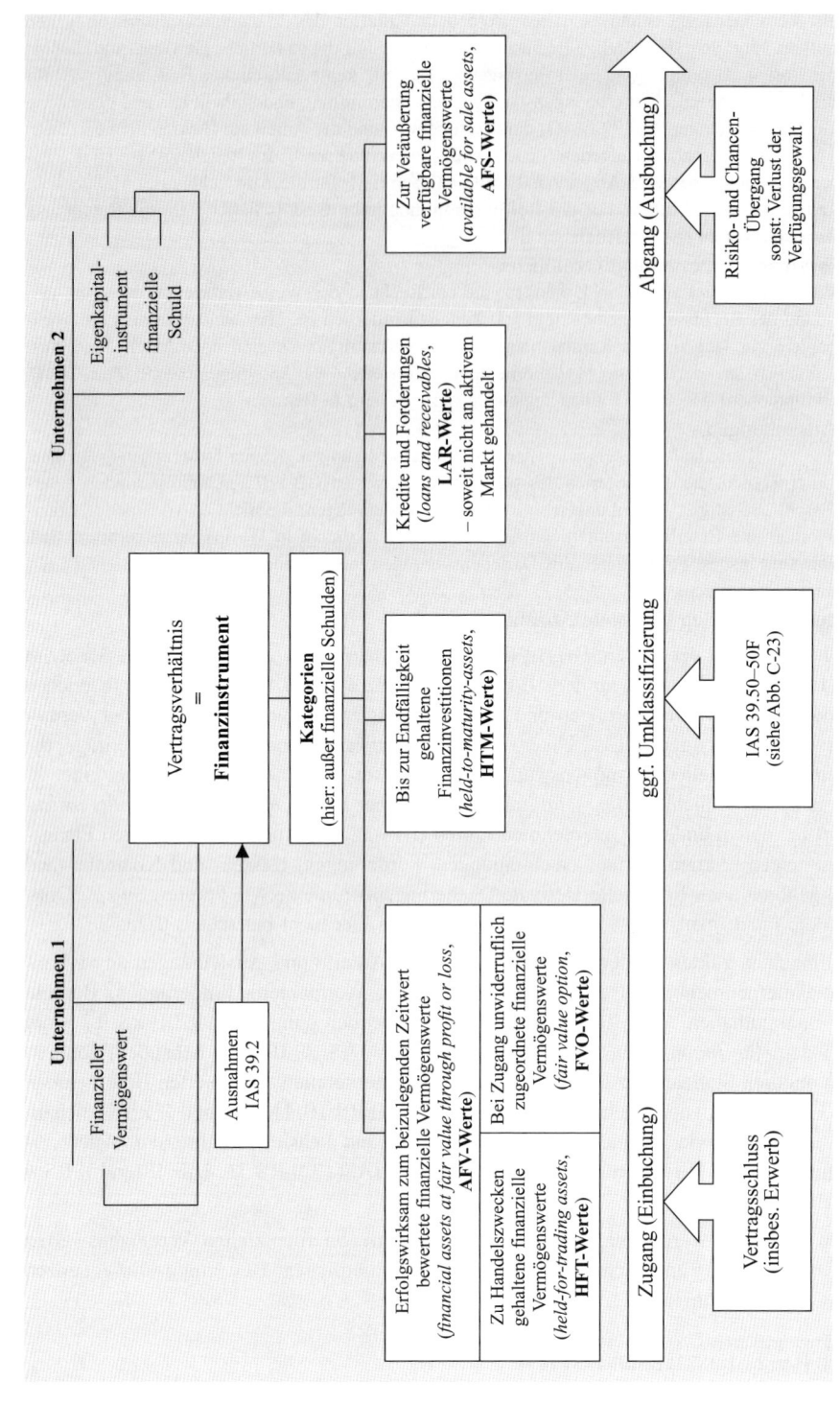

Abbildung C-22: Ansatz und Kategorien von Finanzinstrumenten *(financial instruments)* – ohne *financial liabilities* – nach IAS 39

a) Erfolgswirksam zum beizulegenden Zeitwert bewertete Vermögenswerte *(financial assets at fair value through profit or loss)*, dazu gehören.

   aa) Handelsbestände *(financial assets held for trading,* HFT-Werte), zur kurzfristigen Veräußerung bestimmt;

   ab) bei Zugang dieser Kategorie zugeordnete finanzielle Vermögenswerte (sog. *fair value option,* FVO-Werte[1]),

b) *Fälligkeitswerte,* d.s. bis zur Endfälligkeit zu haltende Investments *(held-to-maturity investments,* HTM-Werte),

c) selbst geschaffene *Kredite und Forderungen (loans and receivables originated by the enterprise,* LAR-Werte) und

d) *Veräußerungswerte,* d.s. zur Veräußerung verfügbare finanzielle Vermögenswerte, d.s. sonstige, nicht a–c zuordenbare aktive Finanzinstrumente *(available for sale financial assets,* AFS-Werte).

Während die Kategorie b) regelmäßig zum Anlagevermögen (langfristige Vermögenswerte) und die Kategorie a) regelmäßig zum Umlaufvermögen (kurzfristige Vermögenswerte) gehören, kommt es bei den übrigen Kategorien auf die Dauer des Haltens an (12-Monats-Regel). Die Klassifizierung bestimmt die Erst- und Folgebewertung, insbes. zum *fair value* oder zu fortgeführten Anschaffungskosten.[2]

Ein aus einem *financial instrument* resultierender Vermögenswert muss erstmals dann in der Bilanz berücksichtigt werden *(recognition),* wenn das Unternehmen vertraglich berechtigt oder verpflichtet wird, also Vertragspartei des Finanzinstruments wird (IAS 39.14).

In der Zeit der Aktivierung ist auch eine Umklassifizierung *(reclassification)* der financial assets begrenzt zulässig. Im Zusammenhang mit der Finanzkrise wurden diese Möglichkeiten durch Änderungen von IAS 39.50–50F durch IASB und EU deutlich ausgeweitet. Derzeit bestehen folgende Möglichkeiten der Umwidmung zwischen den bewertungsbestimmenden Klassen von Finanzinstrumenten:

Umklassifizierung von Nichtderivaten von ↓ in →	HFT	FVO	AFS	LAR	HTM
HFT	–	nein	ja	ja	ja
FVO	nein	–	nein	nein	nein
AFS	nein	nein	–	ja	ja
LAR	nein	nein	nein	–	nein
HTM	nein	nein	bedingt	nein	–

Abbildung C-23: Umklassifizierungsmöglichkeiten von *financial assets* nach IAS 39

---

1 Auch genannt: DAFV-Werte, *designated at fair value.*
2 Siehe Kap. D.V.1.db).

Deutlich wird, dass bei erstmaliger *fair value*-Option und LAR-Klassifizierung keine Umklassifizierungen sowie bei HTM-Werten diese nur bedingt zulässig sind. Andererseits zeigt sich, dass mit den neuen Umwidmungsmöglichkeiten in der Finanzkrise mit ihren zusammengebrochenen Märkten der Weg aus den zum fair value zu bewertenden Kategorien HFT und AFS zu fortgeführten Anschaffungskosten eröffnet wurde.

Nicht mehr anzusetzen, sondern auszubuchen *(derecognition)* ist ein finanzieller Vermögenswert zum einen, wenn die aus dem Finanzinstrument resultierenden Rechte erloschen sind (IAS 39.17a/IFRS 9.3.2.3). Bei Übertragung des finanziellen Vermögenswertes auf einen Dritten ist die Ansatzfrage nach einem mehrstufigen Prüfschemas zu lösen. Dabei wird vor allem auf den Übergang von Risiko und Chancen *(risk and reward approach)* und auf die Verfügungsgewalt *(control concept)* abgestellt (IAS 39.18-20/ IFRS 9.3.2.4 ff.).

Die grundsätzliche Ansatzbedingungen und die Klassifizierung der *financial instruments* (ohne finanzielle Schulden) zeigt Abbildung C-22.

Nach IFRS 9 ergeben sich nur wenige Veränderungen an diesem Konzept. Konkret hat ein Unternehmen einen finanziellen Vermögenswert oder eine finanzielle Verbindlichkeit in dem Zeitpunkt in seiner Bilanz anzusetzen, wenn es Vertragspartei des Finanzinstruments wird. Beim erstmaligen Ansatz klassifiziert ein Unternehmen einen finanziellen Vermögenswert nach IFRS 9.4.1.1-4.1.5 und bewertet ihn gemäß IFRS 9.5.1.1-5.1.3 (IFRS 9.3.1.1). Bei der Klassifikation ist abweichend von IAS 39 stärker auf das Geschäftsmodell abzustellen und es wird daher auch mehr von den nach HGB bekannten Kategorien abgewichen. Es werden auch nur insgesamt 3 Kategorien unterschieden, wie Abb. C-24 verdeutlicht.

Wenn das Unternehmen mit einer Gruppe von Finanzinstrumenten das Geschäftsmodell verfolgt, die Vermögenswerte bis zur Realisierung der vertraglichen Geldflüsse zu halten und auch die vertraglichen Bestimmungen zu Geldflüssen an festgelegten Zeitpunkten (z.B. bei einer Lieferforderung) führen, dann sind diese – vorbehaltlich der *fair-value*-Option – in die Kategorie „zu Anschaffungskosten zu bewerten" zu klassifizieren. Sieht das Geschäftsmodell für die Gruppe von Finanzinstrumenten dagegen vor, sowohl die Vermögenswerte zu halten als auch zu veräußern (z.B. zur Aufrechterhaltung eines bestimmten Liquiditätsgrads) so erfolgt eine Klassifikation als „zum *fair-value* durch das *other comprehensive income*". Anders als nach IAS 39.9 wird die Änderung des Geschäftsmodells und damit die Umklassifikation von Vermögenswerten nicht mehr sanktioniert.

b) Umlaufvermögen bzw. kurzfristige Vermögenswerte

Obwohl **handelsrechtlich** nicht definiert, kann man im Umkehrschluss zum Begriff des Anlagevermögens zum „Umlaufvermögen" jene Gegenstände zählen, die nicht bestimmt sind, dauernd dem Geschäftsbetrieb zu dienen, die also insbes. zum Verbrauch, zur Veräußerung oder zur sonstigen Einmalnutzung dienen sollen. Gleiches gilt für die **steuerliche** Interpretation des „Umlaufvermögens" i.S.d. § 6 Abs. 1 Nr. 2 Satz 1 EStG.[1]

---

1   BFH v. 2.12.1987, BStBl 1988 II, 502 m.w.N.

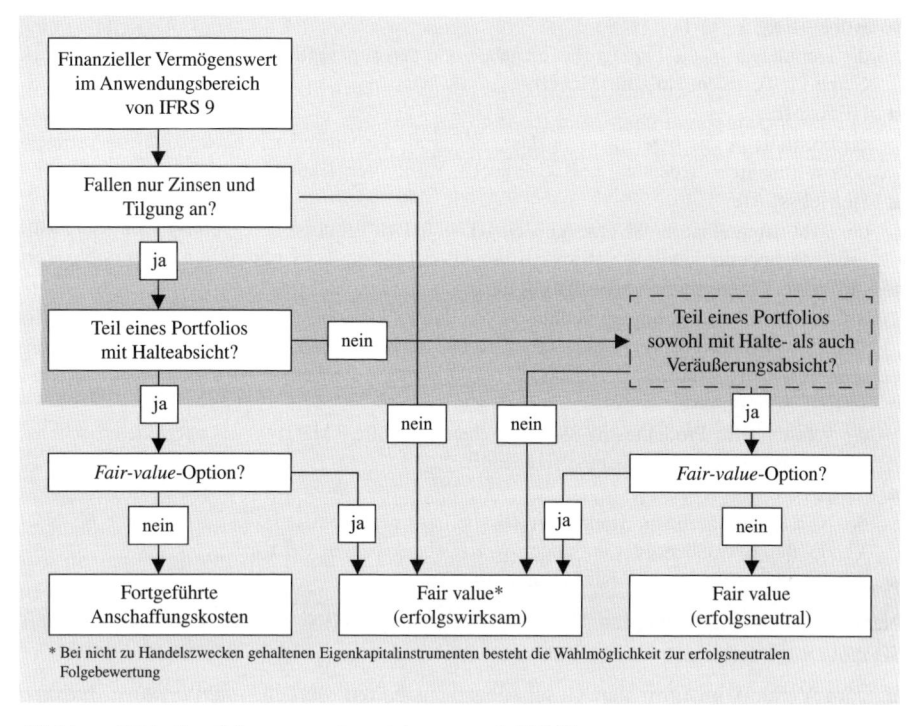

```
┌─────────────────────────┐
│ Finanzieller Vermögenswert │
│ im Anwendungsbereich    │
│ von IFRS 9              │
└───────────┬─────────────┘
            ▼
┌─────────────────────────┐
│ Fallen nur Zinsen und   │──────────────────────────┐
│ Tilgung an?             │                          │
└───────────┬─────────────┘                          │
           ja                                         │
            ▼                                         │
┌─────────────────────────┐       ┌──────┐  ┌──────────────────────┐
│ Teil eines Portfolios   │──nein─│      │  │ Teil eines Portfolios │
│ mit Halteabsicht?       │       │      │  │ sowohl mit Halte- als auch │
└───────────┬─────────────┘       │      │  │ Veräußerungsabsicht? │
           ja                nein  nein          ja
            ▼                                         ▼
┌─────────────────────────┐                    ┌──────────────────┐
│ Fair-value-Option?      │                    │ Fair-value-Option? │
└──┬──────────────────┬───┘                    └──┬─────────────┬─┘
  nein               ja         ja               nein
   ▼                  ▼          ▼                 ▼
┌──────────┐    ┌──────────────┐            ┌──────────────┐
│Fortgeführte│   │ Fair value*  │            │ Fair value   │
│Anschaffungs│   │(erfolgswirksam)│          │(erfolgsneutral)│
│  kosten   │    └──────────────┘            └──────────────┘
└──────────┘
```

* Bei nicht zu Handelszwecken gehaltenen Eigenkapitalinstrumenten besteht die Wahlmöglichkeit zur erfolgsneutralen Folgebewertung

Abbildung C-24: Klassifizierung von financial assets nach IFRS 9[1]

Auch die *IFRS* kennen den Begriff „Umlaufvermögen" nicht (lassen ihn aber gem. IAS 1.55 u.U. zu), sondern unterscheiden kurz- und langfristige Vermögenswerte. Nach IAS 1.66–68 ist ein Vermögenswert als kurzfristig *(current asset)* einzustufen wenn[1]

a) seine Realisation, sein Verkauf oder Verbrauch innerhalb eines normalen Geschäftszyklus erwartet wird oder
b) er primär für Handelszwecke gehalten wird oder
c) seine Realisation innerhalb von 12 Monaten nach dem Bilanzstichtag erwartet wird oder
d) es sich um Zahlungsmittel(äquivalente) ohne Verwendungsbeschränkung von mindestens 12 Monaten handelt.

ba) Vorratsvermögen

Zum Vorratsvermögen zählen Vermögensgegenstände bzw. Wirtschaftsgüter, die zur Be- oder Verarbeitung, zum Verbrauch oder zur Veräußerung bestimmt sind. Diese auf Industrieunternehmen abgestellte Definition muss ggf. branchenspezifisch interpretiert werden. Im Einzelnen gehören nach § 266 Abs. 2 Pos. B.I *HGB* dazu:

---

1 In Anlehnung an LÜDENBACH/HOFFMANN/FREIBERG, IFRS-Kommentar, 15. Aufl., Freiburg 2017, § 28, Rz. 151.

- Rohstoffe,
  die unmittelbar in die Erzeugnisse eingehen und deren wesentlicher Bestandteil werden (z.B. Garne für Textilien, Holz für Möbel);
- Hilfsstoffe,
  die ebenfalls in das Erzeugnis eingehen, jedoch als Bestandteil mit untergeordneter mengen- oder wertmäßiger Bedeutung (z.B. Schrauben, Farbe, Verpackungsmaterial);
- Betriebsstoffe,
  die nicht unmittelbar in das Erzeugnis eingehen, jedoch bei dessen Herstellung verbraucht werden (z.B. Schmiermittel, Brennstoffe, Büromaterial);
- unfertige Erzeugnisse und Leistungen,
  d.s. im Betrieb in Entstehung befindliche Produkte (Sachgüter oder Dienstleistungen), die die vorgesehene Markt- oder Lagerreife noch nicht erreicht haben, obwohl sie bereits einen Be- oder Verarbeitungsprozess – wenn auch nur teilweise – durchlaufen haben;
- fertige Erzeugnisse,
  d.s. selbsterstellte Produkte, die die vorgesehene endgültige Markt- oder Lagerreife erreicht haben, deren Herstellungsvorgang also beendet ist;
- Waren,
  d.s. von Dritten bezogene Handelsartikel, die dazu bestimmt sind, ohne wesentliche Be- oder Verarbeitung veräußert oder auf andere Weise abgegeben zu werden;
- auf diese Positionen geleistete Anzahlungen.

Nach *IFRS* (IAS 2.6) werden Vorräte *(inventories)* ähnlich dem HGB umschrieben als *Vermögenswerte*, die

- zum Verkauf im normalen Geschäftsgang gehalten werden, *(merchendise, finished goods)*,
- sich in der Herstellung für einen Verkauf befinden *(work in progress)* oder
- die dazu bestimmt sind, bei der Herstellung oder der Erbringung von Dienstleistungen verbraucht zu werden *(raw materials, production supplies)*.

Im Gegensatz zum HGB können Anzahlungen auf Vorräte *(prepayments)* separat von den Vorräten, aber als Forderungen im Rahmen des Umlaufvermögens aktiviert werden.

Obwohl die Behandlung von Vorräten grundsätzlich in IAS 2 geregelt ist, werden einzelne Fälle nach anderen Standards behandelt (z.B. unfertige Erzeugnisse im Rahmen von Fertigungsaufträgen *(construction contracts)* nach IAS 11; Finanzinstrumente *(financial instruments)* nach IAS 39 und landwirtschaftliche, biologische Vermögenswerte nach IAS 41).

bb) Forderungen und sonstige Vermögensgegenstände/Wirtschaftsgüter bzw. sonstige Vermögenswerte

Forderungen sind Ansprüche aus Schuldverhältnissen, d.h. dass vom Schuldner aufgrund der Forderung eine Leistung gefordert werden kann. Hierzu zählen gem. § 266 Abs. 2 Pos. B.II *HGB* insbes.

- Forderungen gegen verbundene Unternehmen und Beteiligungsunternehmen,
  hier sind alle Forderungen gegenüber diesen Unternehmen aus Lieferungen und Leistungen, Finanzverkehr, Unternehmensverträgen sowie aus dem Beteiligungsverhältnis selbst zu erfassen;

- Forderungen aus Lieferungen und Leistungen,
  d.s. Ansprüche aus bereits vom Bilanzierenden erfüllten Lieferungs- oder Leistungsverträgen (z.B. aus Kauf-, Werk- oder Dienstvertrag); hierzu gehören auch die durch Besitzwechsel gesicherten Forderungen;
- Sonstige Vermögensgegenstände,
  dieser Restposten erfasst alle Vermögensgegenstände bzw. Wirtschaftsgüter des Umlaufvermögens, die anderen Posten nicht zugerechnet werden können. Hierzu gehören z.b. Steuererstattungs-, Subventions- und Schadenersatzansprüche, gewährte Kredite (die keine Ausleihungen darstellen) und Mitarbeitervorschüsse, antizipative Rechnungsabgrenzungsposten (Forderungen) und Finanzwechsel. Bestrittene Forderungen können erst am Schluss das Geschäfts-/Wirtschaftsjahres angesetzt werden, in dem über den Anspruch rechtskräftig entschieden wird bzw. in dem eine Einigung mit dem Schuldner zustande kommt.[1]

Nach *IFRS* bestehen kaum Besonderheiten. Nach IAS 1.54 sind mindestens „Forderungen aus Lieferungen/Leistungen und sonstige Forderungen" darzustellen. Die Forderungen gehören vielfach zu den *„financial instruments"* (Ausnahmen IAS 39.9) und sind nach IAS 39.14 zu dem Zeitpunkt zu aktivieren, zu dem das Unternehmen Vertragspartner ist und hieraus einen Anspruch auf Empfang von flüssigen Mitteln hat. Auch ist auf die Grundsätze der Ertragsrealisierung zu achten (IAS 18; ab 2018 IFRS 15). Es muss nach IAS 1.66 auf den Ausweis der Forderungen unter den *current assets* oder den *non-current assets* geachtet werden, wobei Abgrenzungskriterium insbes. die Forderungslaufzeit/-realisation von 12 Monaten oder einem Geschäftszyklus ist. Eine Besonderheit des Forderungsansatzes dem Grunde nach stellt in zeitlicher Hinsicht die sog. POC-Forderung *(percentage of completion)* bei mehrperiodigen Fertigungsaufträgen dar[2], die ab 2018 durch IFRS 15 mit dem Posten Contract Item abgelöst wird, der den Saldo der Leistungs- und Gegenleistungserbringung darstellt (IFRS 15.105).

bc) Wertpapiere des Umlaufvermögens

Handelsrechtlich zählen zu den Wertpapieren des Umlaufvermögens jene Wertpapiere, die nicht zum Anlagevermögen gehören.[3] Ihre Zweckbestimmung liegt vor allem in der kurzfristigen rentablen Anlage oder einer Liquiditätsreserve. Bei Kapitalgesellschaften sind davon die Anteile an verbundenen Unternehmen gesondert herauszustellen. *Eigene Anteile* sind seit dem BilMoG 2009 handelsrechtlich nicht mehr als Wertpapiere des Umlaufvermögens zu behandeln sondern – wie nach IFRS (IAS 32.33) – vom Passivposten „gezeichnetes Kapital" in der Vorspalte offen abzusetzen (§ 272 Abs. 1a HGB). § 266 Abs. 2 B III HGB unterscheidet:

- Anteile an verbundenen Unternehmen
- Sonstige Wertpapiere.

Das *Steuerrecht* schließt sich nach dem Maßgeblichkeitsprinzip der handelsrechtlichen Aktivierung der Wertpapiere des Umlaufvermögens an. Der nach dem BilMoG veränderten Behandlung von *eigenen Anteilen* folgt nach einem BMF-Schreiben[4] auch das

---

1 BFH v. 26.4.1989. BStBl 1991 II, 213.
2 Einzelheiten in Kap. D.V.1.f).
3 Zum Wertpapierbegriff siehe Kap. C.V.1.bc).
4 BMF v. 27.11.2013, BStBl 2013 I, 1615.

Steuerbilanzrecht. Erwerb und Veräußerung von eigenen Anteilen werden nicht mehr als Anschaffungs-/Veräußerungsgeschäft angesehen sondern wirtschaftlich als Kapitalherabsetzung bzw. Kapitalerhöhung. Eigene Anteile werden deshalb nicht als positive Wirtschaftsgüter aktiviert sondern vom gezeichneten Kapital abgesetzt. Differenzen zum Nennbetrag berühren das außerhalb der Steuerbilanz zu führende steuerliche Einlagenkonto gem. § 28 KStG.

Nach *internationalen Standards* (IAS 39/IFRS 9) ergibt sich die Zuordnung von Wertpapieren zum Umlaufvermögen *(current assets)* aus ihrer Zuordnung zu einer bestimmten Kategorie von *financial assets*[1] und den verfolgten Unternehmensabsichten bzw. mit IFRS 9 des für die Gruppe von Vermögenswerten verfolgten Geschäftsmodells. So werden z.B. Handelsbestände *(trading securities)* (IFRS 9: zum *fair value* durch die GuV), zum Verkauf bestimmte *available-for-sale-securities* (IFRS 9: zum *fair value* durch das other comprehensive income) und Fälligkeitswerte *(held-to-maturity-securities)* (IFRS 9: zu Anschaffungswerten zu bewerten) im Fälligkeitsjahr regelmäßig dem Umlaufvermögen zugeordnet. Eigene Anteile dürfen nach IAS 32.33 nicht unter dem Umlaufvermögen ausgewiesen werden, sondern sind vom Eigenkapital abzuziehen, sie werden nicht als *assets* akzeptiert.

bd) Flüssige Mittel (Zahlungsmittel)

Hierzu zählen nach *HGB* (und *steuerbilanziell*)

- Schecks,
  deren Einlösung am Bilanzstichtag noch nicht erfolgt ist;
- Kassenbestände,
  d.s. die Stichtagsbestände an in- und ausländischem Bargeld sowie Wertzeichen;
- Bundesbankguthaben, Guthaben bei Kreditinstituten,
  d.s. die Haben-Salden der bei in- und ausländischen Kreditinstituten oder der Bundesbank geführten Konten, nicht aber etwaige nur eingeräumte Kreditlinien.

Nach *IFRS* (IAS 1.54i) heißt die entsprechende Position „Zahlungsmittel" *(cash)* und „Zahlungsmitteläquivalente" *(cash equivalents)*. Erstere umfassen Barmittel und Sichteinlagen, letztere sind kurzfristige, äußerst liquide Finanzinvestitionen, die jederzeit in bestimmte Zahlungsmittelbeträge umgewandelt werden können und nur unwesentlichen Wertschwankungsrisiken unterliegen (IAS 7.6). Der Bilanzansatz dem Grunde nach ergibt sich aus den allgemeinen Kriterien der Bilanzierungsfähigkeit.

c) Aktive Rechnungsabgrenzungsposten

Rechnungsabgrenzungsposten sind Bilanzposten, die eine periodengerechte Erfolgsermittlung durch Verteilung von Ausgaben und Einnahmen, die sich auf mehrere Perioden beziehen, dann sicherstellen, wenn dies durch andere Bilanzposten nicht möglich ist. Nach den §§ 250 Abs. 1 Satz 1 *HGB* und 5 Abs. 5 Satz 1 Nr. 1 *EStG* sind *transitorische Posten i.e.S.* aktivierungspflichtig, sofern es sich nicht um geringfügige und regelmäßig wiederkehrende Beträge handelt.[2] Transitorische Posten sind dadurch gekennzeichnet,

---

1 Siehe Kap. C.V.1.ac).
2 Strittig, siehe Abschn. IV.1.cb) dieses Kapitels.

dass Finanzvorgänge (Ausgaben, Einnahmen) vor dem Abschlussstichtag stattgefunden haben, ihr wirtschaftlicher (Gegen-)Leistungsbezug sich jedoch auf die danach liegende Zeit bezieht. Bei gegenseitigen Geschäften steht also einer Vorleistung eine noch nicht erbrachte zeitraumbezogene Gegenleistung gegenüber.[1] Durch die Einstellung eines transitorischen Postens wird die Erfolgswirkung eines realisierten Finanzvorganges rückgängig gemacht, Ausgaben bzw. Einnahmen werden in künftige Perioden hinübergeleitet (lat. transire). *Voraussetzungen* der Aktivierungspflicht sind im Einzelnen:

- Ausgaben vor dem Abschlussstichtag,
  d.h. vor dem Ende des Abschlussstichtages muss eine Zahlung, ein Forderungsabgang oder ein Verbindlichkeitszugang erfolgt sein;
- die Aufwand für
  d.h., dass die Ausgaben einer anderen Periode erfolgsmäßig zugerechnet werden müssen; die Zuordnung hat sich dabei bei gegenseitigen Geschäften insbes. an der Periode zu orientieren, für die eine durch die Ausgaben begründete Gegenleistung zu erwarten ist;
- eine bestimmte Zeit nach diesem Tag darstellen,
  d.h. die Rechnungsabgrenzung wird auf jene Fälle beschränkt, bei denen der Zeitbezug der künftigen Gegenleistung von vornherein eindeutig festliegt. „Zeit" versteht die h.M. als Zeitraum, „Bestimmtheit" als ein von vornherein eindeutig kalendermäßiges Festliegen. Es gibt jedoch umstrittene Tendenzen zur weiteren Auslegung durch Finanzrechtsprechung und Schrifttum.[2] So wird z.B. „bestimmte Zeit" als erfüllt angesehen, wenn innerhalb einer unbestimmten Gesamtvertragszeit ein Mindestzeitraum hinreichend bestimmt ist.

Beispiele für aktive Rechnungsabgrenzungsposten (Ausgabe, noch nicht Aufwand) sind vorausbezahlte Versicherungsprämien, Verbandsbeiträge, KFZ-Steuern, Miet-, Pacht- und Kapitalzinsen.

Abbildung C-25 zeigt die verschiedenen Arten von Rechnungsabgrenzungen und deren bilanzmäßige Behandlung.

d) Sonstige Abgrenzungsposten

da) Aufwandsberücksichtigte Zölle und Verbrauchsteuern auf Vorratsvermögen

Verbrauchsteuern entstehen regelmäßig erst, wenn ein verbrauchsteuerpflichtiges Gut (z.B. Bier, Mineralöl, Tabak) die Produktionsstätte verlässt. Zölle fallen erst an, wenn das Wirtschaftsgut über eine Zollgrenze gebracht wird. Wenn diese Wirtschaftsgüter aber weiterhin dem Vorratsvermögen angehören, weil sie etwa nur in eine andere in- oder eine ausländische Betriebsstätte verbracht wurden, so stellt sich die Frage, wie Aufwendungen für Zölle und Verbrauchsteuern für diese Wirtschaftsgüter bilanziell zu behandeln sind. In den Wertansatz des Vorratsvermögens können diese Zoll- und Steueraufwendungen nach der das Handelsrecht auslegenden Finanzrechtsprechung[3] nicht einbezogen werden, da die Vorräte mit den Herstellungskosten angesetzt werden müssen, der Herstellungsprozess aber schon beendet ist, bevor die Vorräte die Produktionsstätte oder das Inland verlassen. Allenfalls könnte man argumentieren, dass für die Vorräte durch die Steuer- oder Zollzahlung eine andere „Verkehrsfähigkeit", nämlich als nicht mehr unter

---

1 BFH v. 6.4.1993, BStBl 1993 II, 709 m.w.N.
2 Z.B. BFH v. 17.7.1980, BStBl 1981 II, 669; v. 5.4.1984, BStBl 1984 II, 552.
3 BFH v. 26.2.75, BStBl 1976 II, 13.

Der Bilanzansatz dem Grunde nach

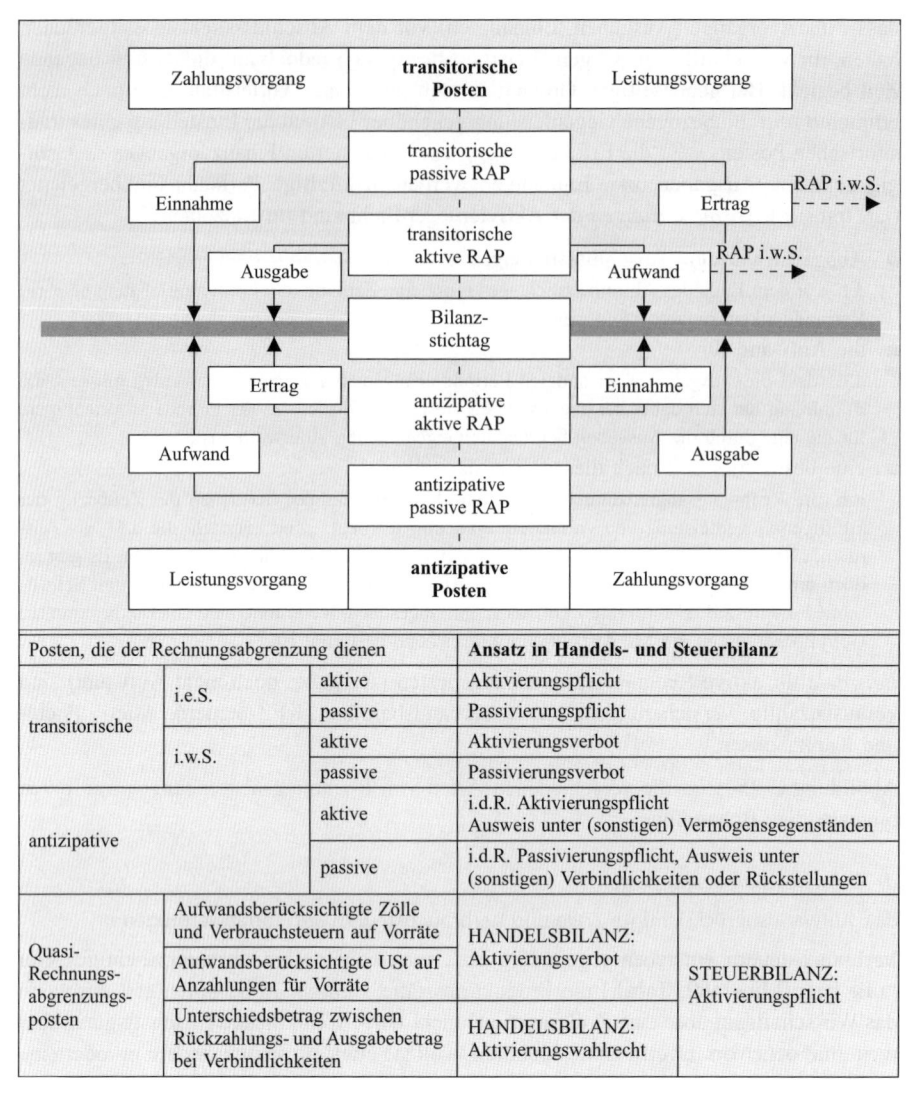

Posten, die der Rechnungsabgrenzung dienen			Ansatz in Handels- und Steuerbilanz	
transitorische	i.e.S.	aktive	Aktivierungspflicht	
		passive	Passivierungspflicht	
	i.w.S.	aktive	Aktivierungsverbot	
		passive	Passivierungsverbot	
antizipative		aktive	i.d.R. Aktivierungspflicht Ausweis unter (sonstigen) Vermögensgegenständen	
		passive	i.d.R. Passivierungspflicht, Ausweis unter (sonstigen) Verbindlichkeiten oder Rückstellungen	
Quasi-Rechnungs-abgrenzungs-posten	Aufwandsberücksichtigte Zölle und Verbrauchsteuern auf Vorräte		HANDELSBILANZ: Aktivierungsverbot	STEUERBILANZ: Aktivierungspflicht
	Aufwandsberücksichtigte USt auf Anzahlungen für Vorräte			
	Unterschiedsbetrag zwischen Rückzahlungs- und Ausgabebetrag bei Verbindlichkeiten		HANDELSBILANZ: Aktivierungswahlrecht	

Abbildung C-25: Rechnungsabgrenzungsposten in Handels- und Steuerbilanz

Abgabenverschluss stehende Wirtschaftsgüter, „hergestellt" wird.[1] Ob damit allerdings unzulässigerweise „Vertriebskosten" in die Herstellungskosten einbezogen werden, ist zweifelhaft. Für einen Rechnungsabgrenzungsposten i.e.S. fehlt es jedenfalls an den Voraussetzungen des Zeitbezugs und der Zeitbestimmtheit. Damit müssten die entsprechenden Aufwendungen Aufwand im Jahr des Anfallens sein. Dies aber würde bedeuten, dass die Aufwandsverbuchung zunächst zu einer Gewinnschmälerung, die spätere Ertragsbuchung (bei üblicher Überwälzung der Verbrauchsteuern und Zölle) zu einer entspre-

---
1 So: HFA des IdW 5/75, WPg. 1976, S. 59; 1/79, WPg. 1980, S. 80.

chenden Gewinnerhöhung, also insoweit einem zeitlich unstetigen Gewinnausweis führen würde. Dies wird vielfach als ungerechtfertigt angesehen, weil die Verbrauchsteuern und Zölle regelmäßig – im Verkaufspreis überwälzt – vom Verbraucher getragen werden sollen, ohne dass insoweit der betriebliche Erfolg berührt wird.

Das *handelsbilanzielle* Aktivierungswahlrecht[1] wurde mit dem BilMoG 2009 aufgegeben weil es internationalen Rechnungslegungsgepflogenheiten nicht entspricht.[2] Damit sind wegen des Einbeziehungsverbots von Vertriebskosten in die Herstellungskosten die anfallenden Zölle und Verbrauchsteuern schon bei Anfall aufwandswirksam.

Steuerbilanziell verlangt § 5 Abs. 5 S. 2 Nr. 1 EStG für einen derartigen Posten weiterhin Aktivierungspflicht. Vorausgesetzt wird, dass

- Zölle und Verbrauchsteuern zunächst als den Periodengewinn mindernd behandelt worden sind, (also ein Zahlungsmittelabfluss oder eine Einbuchung einer Rückstellung oder Verbindlichkeit erfolgt ist, ohne dass ein entsprechender aktiver Gegenposten gebildet wurde oder eine Einbeziehung in die Anschaffungs- oder Herstellungskosten erfolgte)

und

- die Zölle und Verbrauchsteuern auf die am Abschlussstichtag auszuweisenden Vorräte entfallen (Bezugsgegenstände sind also Roh-, Hilfs- und Betriebsstoffe, Erzeugnisse und Waren; wurden bereits Forderungen aus der Veräußerung aktiviert, so kommt ein Ausweis nicht mehr in Betracht).

Im Falle der Aktivierung teilt der Sonderposten das Schicksal des Ansatzes der dazugehörenden Vorräte, d.h. er ist *aufzulösen*, wenn die Vermögensgegenstände (z.B. wegen Veräußerung, Entnahme) nicht mehr in der Bilanz auszuweisen sind.

Die *IFRS* kennen einen derartigen Abgrenzungsposten nicht.

db) Aufwandsberücksichtigte Umsatzsteuer auf Anzahlungen auf Vorratsvermögen

Auf ähnliche Überlegungen geht der Abgrenzungsposten für Umsatzsteuer auf Anzahlungen zurück: Erhaltene Anzahlungen werden grundsätzlich mit dem erhaltenen Betrag passiviert und mit dem gleichen Betrag als Zahlungsmittel aktiviert. Bei der Besteuerung nach vereinbarten Entgelten entsteht jedoch Umsatzsteuer noch vor der Leistungserbringung bereits bei Vereinnahmung von Anzahlungen (§ 13 Abs. 1 Nr. 1a UStG). Am Ende des Voranmeldungszeitraums muss daher eine USt-Verbindlichkeit aufwandswirksam eingebucht werden. Die gewinnmindernde Wirkung der USt wird erst nach der die Umsatzsteuer überwälzenden Endabrechnung (bzw. nach Leistungserstellung) durch Einbuchung einer die USt enthaltenden Forderung aufgeholt. Nach der das Handelsrecht auslegenden BFH-Rechtsprechung[3] besteht weder ein allgemeiner GoB, der es erlaubt, Ausgaben bei einem schwebenden Geschäft durch Aktivierung in das Jahr zu verlagern, in dem die Einnahmen zufließen, aus denen die Ausgaben gedeckt werden sollen, noch besteht die Möglichkeit, die USt als Vertriebskosten, eigenständiges Wirtschaftsgut oder Rechnungsabgrenzungsposten zu aktivieren.

---

1 § 250 Abs. 1 S. 2 Nr. 1 HGB a.F.
2 BT-Drucks. 16/10067, S. 51.
3 BFH v. 19.6.1973, BStBl 1973 II, 774; v. 24.3.1976, BStBl 1976 II, 450; v. 26.6.1979, BStBl 1979 II, 625.

Um in der Zwischenzeit Erfolgsneutralität herzustellen, erlaubte § 250 Abs. 1 Satz 2 Nr. 2 *HGB a.F.* für die als Aufwand berücksichtigte Umsatzsteuer auf am Abschlussstichtag auszuweisende oder von den Vorräten offen abgesetzte Anzahlungen *fakultativ* einen aktiven Sonderposten anzusetzen. Mit dem BilMoG 2009 wurde dieses Wahlrecht ersatzlos beseitigt.

Steuerbilanziell besteht aber weiterhin eine originäre *Ansatzpflicht* eines Abgrenzungspostens besonderer Art, der weder Wirtschaftsgut noch Rechnungsabgrenzungsposten i.e.S. ist, sondern nur die Aufgabe hat, Erfolgsneutralität der anfallenden USt auf Anzahlungen zu erreichen (§ 5 Abs. 5 Satz 2 Nr. 2 EStG).

e) Nicht durch Eigenkapital gedeckter Fehlbetrag

Sofern das Eigenkapital durch Entnahme und Verluste aufgebraucht ist, ist **handelsrechtlich** ein Überschuss der übrigen Passivposten über die übrigen Aktivposten am Ende der Aktivseite als „Nicht durch Eigenkapital gedeckter Fehlbetrag" anzusetzen. Für Kapitalgesellschaften besteht eine derartige Ausweispflicht gem. § 268 Abs. 3 HGB. Bei haftungsbegrenzten Personengesellschaften i.S.d. § 264a HGB, bei KGaA und publizitätspflichtigen Personenunternehmen lautet die Postenbezeichnung z.B. „Nicht durch Vermögenseinlage gedeckter Verlustanteil"[1] für die übrigen Personenunternehmen werden häufig andere Bezeichnungen (z.B. Verlust, Unterbilanz, negatives Kapital) und Darstellungsweisen (z.B. als erster Aktivposten) gewählt, im Ergebnis ist jedoch ein gleichartiger Posten erforderlich, um die Bilanzsummen der Aktiva und Passiva auszugleichen.

Steuerrechtlich sind Bezeichnungen wie „negatives Betriebsvermögen" oder „negatives Kapital" üblich. „Verluste" oder „negative Gewinne" entstehen jedoch erst nach Berücksichtigung von Einlagen und Entnahmen sowie außerbilanziellen Korrekturen.

Nach *IFRS* dürfte – ungeregelt – nur ein negativer Ausweis im Eigenkapital in Betracht kommen *(deficit)*.

2. Passivierungspflichten

a) Eigenkapital

Eigenkapital wird in allen Rechnungslegungssystemen formal als Residualgröße zwischen (Roh-)Vermögen und Schulden definiert. Inhaltlich ist aber eine Abgrenzung zu den Schulden (zum Fremdkapital) notwendig. Die dabei anzuwendenden Merkmale des Eigenkapitals unterscheiden sich nach HGB, EStG/KStG und IFRS beträchtlich. In allen Fällen ist zudem zu beachten, dass sich das buchmäßige Eigenkapital als reine Rechengröße vom tatsächlichen Wert des Eigenkapitals unterscheidet, wie er z.B. bei einem Unternehmensverkauf zu erlösen wäre. Die Differenz besteht aus sog. stillen Reserven und stillen Lasten sowie einem positiven oder negativem Geschäftswert.

---

1 §§ 286 Abs. 2 AktG bzw. 264c Abs. 2 S. 5 HGB.

aa) Eigenkapital nach HGB und EStG/KStG

Handelsrechtlich ist Eigenkapital das vom Inhaber oder den Gesellschaftern überlassene oder von ihnen im Unternehmen belassene langfristige Kapital, das einerseits ergebnisabhängig entgolten wird, andererseits das Risiko einer Aufzehrung durch Verluste trägt (Grundsatz der vollen Verlustteilnahme) sowie im Insolvenzfall nicht als Forderung geltend gemacht werden kann und bei Liquidation erst nach Befriedigung der Gläubiger ausgeglichen wird (Grundsatz der Nachrangigkeit).[1]

Wegen des Gläubigerschutzzwecks wird das Vorliegen einer Haftungsqualität des Kapitals als wichtigstes Qualifikationskriterium für Eigenkapital angesehen.[2] Eigenkapital liegt nach herrschender Meinung[3] vor, wenn die Merkmale

- Nachrangigkeit der Kapitalüberlassung im Insolvenz- oder Liquidationsfall (Rückzahlungsanspruch des Kapitalgebers erst nach Gläubigerbefriedigung),
- Erfolgsabhängigkeit der Vergütung,
- Teilnahme an laufenden Verlusten durch Verrechnung bis zur vollen Kapitalhöhe sowie
- Nachhaltigkeit (Längerfristigkeit) der Kapitalüberlassung

kumulativ gegeben sind. Andernfalls ist das Kapital als bilanzielles Fremdkapital (Verbindlichkeit) zu werten.

Nach § 247 Abs. 1 HGB ist bei allen Bilanzierenden in der Bilanz das Eigenkapital gesondert auszuweisen und hinreichend aufzugliedern, wobei es Rechtsformspezifika gibt.

aaa) Eigenkapital bei Kapitalgesellschaften

Für Kapitalgesellschaften ist folgende Aufgliederung des Eigenkapitals zwingend vorgeschrieben:

- gezeichnetes Kapital (§ 272 Abs. 1 HGB),
  d.i. das Kapital, auf das die Haftung der Gesellschafter für die Verbindlichkeiten der Kapitalgesellschaft gegenüber den Gläubigern beschränkt ist. Zur Aufbringung dieses Nominalbetrages haben sich die Gesellschafter verpflichtet. Es ist für Ausschüttungen gesperrt und soll den Gläubigern als Garantiekapital dienen. Dieses feste (konstante) Nennkapital wird bei Aktiengesellschaften „Grundkapital" (§ 152 Abs. 1 AktG), bei GmbH „Stammkapital" (§ 42 Abs. 1 GmbHG), bei Genossenschaften „Geschäftsguthaben" genannt. Seit dem BilMoG sind nicht eingeforderte ausstehende Einlagen offen vom gezeichneten Kapital abzusetzen (§ 272 Abs. 1 HGB).[4] Auch der (Nenn-)Wert eigener Anteile ist nach § 272 Abs. 1a HGB (in der Vorspalte) offen vom gezeichneten Kapital abzusetzen.[5]
- Kapitalrücklagen (§ 272 Abs. 2 HGB),
  hierzu zählen alle über den Nennbetrag des gezeichneten Kapitals hinausreichenden, von außen zugeführten Einlagen der Gesellschafter einer Kapitalgesellschaft (z.B. Aufgelder, Zuzahlun-

---

1 Ähnlich auch IDW RS HFA 7, Abschn. 3.1.2, WPg 2002, S. 1260 und Bundessteuerberaterkammer, DStR 2006 S. 668.
2 Z.B. Stellungnahme HFA 1/1994 zum Genussrechtskapital, WPg 1994 S. 419.
3 Z.B. IDW und BStBK, siehe FN 1.
4 Eingeforderte ausstehende Einlagen sind als Forderungen zu aktivieren (§ 272 Abs. 1 S. 3 HGB).
5 WPH 2017, F 439.

gen, Nachschüsse). Sie sind ausschüttungsgesperrt und dienen der Verlustabdeckung nach Verbrauch der Gewinnrücklagen;
- Gewinnrücklagen (§ 272 Abs. 3 HGB),
Diese werden ausschließlich (intern) aus einbehaltenen Gewinnen gespeist. Die so angesammelten Beträge können als gesetzliche oder satzungsmäßige Rücklage oder als Rücklage für Anteile an einem herrschenden oder mehrheitlich beteiligten Unternehmen gebunden oder freie (andere) Gewinnrücklagen sein. Gesetzliche Rücklagen sind bei Aktiengesellschaften nach Maßgabe des § 150 Abs. 2 AktG zu bilden und nur gem. § 150 Abs. 3 AktG zu verwenden. Eine Rücklage für Anteile an einem herrschenden oder mehrheitlich beteiligten Unternehmen (§ 272 Abs. 4 HGB) ist in Höhe der auf der aktiven Seite ausgewiesenen entsprechenden Anteilen zur Kompensation (Kapitalschutz) zu bilden.[1] Bildung, Verwendung und Auflösung von satzungsmäßigen Rücklagen können durch die Satzung einer AG (§ 58 Abs. 1 AktG) oder GmbH (§ 29 GmbHG) vorgeschrieben sein. Zu den „anderen Gewinnrücklagen" zählen weitere frei gebildete und verwendbare Gewinnthesaurierungen (z.B. zur Substanzerhaltung, Werkerneuerung, Großinvestition) und der Spezialfall der Rücklage für den Eigenkapitalanteil von Wertaufholungen und nur steuerbilanziell gebildeten steuerfreien Rücklagen (§§ 58 Abs. 2a AktG, 29 Abs. 4 GmbHG). Die „Eigenkapitalanteils-Rücklage" soll der hierfür entscheidungsberechtigten Unternehmensleitung die Möglichkeit geben, eine Ausschüttung von bloßen Buchgewinnen zu verhindern;
- Bilanzgewinn/-verlust oder Gewinn-/Verlustvortrag und Jahresüberschuss/Jahresfehlbetrag (§§ 266 Abs. 3, 268 Abs. 1 HGB),
Welcher der Posten ausgewiesen wird, ist davon abhängig, ob die Bilanz nach teilweiser bzw. vor Ergebnisverwendung(-sbeschluss) aufgestellt wird. Bei Aufstellung nach vollständiger Ergebnisverwendung wird keiner der Posten ausgewiesen. *Bilanzgewinn* ist der Betrag, über dessen Verwendung die Gesellschafter entscheiden. *Jahresüberschuss/-fehlbetrag* ist das in der GuV-Rechnung nachgewiesene Jahresergebnis. *Gewinn-/Verlustvortrag* ist der aus der Ergebnisverwendung/Verlustdeckung des Vorjahres verbliebene Restbetrag.

Übersicht und Einzelheiten vermittelt Abbildung C-26.

Im Spezialfall des durch schuldrechtliche Vereinbarung gegen Gewährung von Genussrechten überlassenen *Genusskapital* kann Eigen- oder Fremdkapital vorliegen. Für die Aufnahme als Eigenkapital-Sonderposten spricht nach h.M.[2] die kumulative Erfüllung der Kriterien Nachrangigkeit, erfolgsabhängige Vergütung, Verlustteilnahme und Langfristigkeit.

Steuerlich wird die Differenz zwischen positiven und negativen Wirtschaftsgütern unter Berücksichtigung von Abgrenzungsposten nicht als Eigenkapital, sondern als „Betriebsvermögen" bezeichnet. Wegen des Maßgeblichkeitsprinzips folgt das Steuerrecht prinzipiell der handelsbilanziellen Abgrenzung von Eigen- und Fremdkapital. Alle genannten handelsrechtlichen Eigenkapitalpositionen sind in diesem Sinne als steuerliches Eigenkapital anzusehen und in die Steuerbilanz zu übernehmen. Einer ausweitenden steuerlichen Umqualifizierung von eigenkapitalersetzenden Darlehen in „Verdecktes Nenn-

---

1 Die früher übliche *Rücklage für eigenen Anteile* ist mit dem BilMoG entfallen weil eigene Anteile statt der früheren Aktivierung im Umlaufvermögen direkt im Eigenkapital verrechnet werden.
2 WPH 2017, F 1308 m.w.N.

Bilanzierungsgebote nach HGB, EStG und IFRS

(handels-bilanzielles) EIGEN-KAPITAL	Gezeichnetes Kapital (§ 272 Abs. 1 HGB) = Grund-/Stammkapital		Gezeichnetes Kapital ./. nicht eingeforderte ausstehende Einlagen = eingefordertes Kapital (§ 272 Abs. 1 HGB) Ggf. – eigene Anteile (§ 272 Abs. 1a HGB)
	offene Rücklagen	Kapital-rücklage (§ 272 Abs. 2 HGB)	aus Aufgeld der Anteilsausgabe (§ 272 Abs. 2 Nr. 1 HGB)
			aus Aufgeld bei Wandel-/Optionsanleihen (§ 272 Abs. 2 Nr. 2 HGB)
			aus Vorzugsgewährung (§ 272 Abs. 2 Nr. 3 HGB)
			aus anderen Zuzahlungen (§ 272 Abs. 2 Nr. 4 HGB)
			ggf. aus eingeforderten Nachschüssen (§ 42 Abs. 2 GmbHG)
		Gewinn-rücklagen (§ 272 Abs. 3 HGB)	gesetzliche Rücklage (§ 150 AktG)
			Rücklage für Anteile an einem herrschenden oder mehrheitlich beteiligten Unternehmen (§ 272 Abs. 4 HGB)
			satzungsmäßige Rücklagen (§ 272 Abs. 3 HGB)
			andere Gewinnrücklagen, davon für nur steuerlich gebildete steuerfreie Rücklagen und Wertaufholungen (§§ 58 Abs. 2a AktG, 29 Abs. 4 GmbHG)
	Gewinn-/Verlustvortrag (§§ 266 Abs. 2, 268 Abs. 1 HGB) Jahresüberschuss/-fehlbetrag (§ 266 Abs. 3 HGB)		Bilanzgewinn/-verlust (§ 268 Abs. 1 HGB)

Abbildung C-26: Handelsbilanzielles Eigenkapital bei Kapitalgesellschaften

kapital" fehlt die Rechtsgrundlage.[1] Trotzdem kann es steuerspezifischen Abweichungen ergeben (z.B. Berücksichtigung von verdeckten Einlagen).

Betragsmäßige Unterschiede zwischen dem handelsbilanziellen und dem steuerrechtlichen Eigenkapital werden insbes. nach Betriebsprüfungen bei Kapitalgesellschaften durch sog. *Steuerausgleichsposten* aufgefangen. Ein passiver Steuerausgleichsposten stellt Mehr-Kapital (Mehr-Betriebsvermögen), ein aktiver Minder-Kapital (Minder-Betriebsvermögen) dar und wird fortgeführt.

Damit die (bei Rückgewähr an die Anteilseigner steuerfreien) Gesellschaftereinlagen von den von der Kapitalgesellschaft erwirtschafteten (und von den Anteilseignern zu versteuernden) Gewinnen getrennt werden, muss gem. § 27 KStG ein sog. „*steuerliches Ein-*

---

[1] BFH v. 5.2.1992, BStBl 1992 II, 532.

lagenkonto" geführt und fortgeschrieben werden, jedoch außerhalb der Steuerbilanz als sog. „Nebenrechnung".

Für den Spezialfall des *Genussrechtskapitals* lässt der Steuergesetzgeber in § 8 Abs. 3 Satz 2 KStG erkennen, dass wichtige Merkmale des Eigenkapitals

- das Recht auf Beteiligung am Gewinn und die
- Beteiligung am Liquidationserlös (und damit Teilhabe an den stillen Reserven)

sind.

aab) Eigenkapital bei Personenunternehmen

Für *Personenunternehmen* existiert **handelsrechtlich** kein entsprechendes differenziertes Aufgliederungserfordernis des Eigenkapitals.[1]

Einzelkaufleute weisen den Stand ihres *(stets variablen)* Kapitals nach Korrektur um Einlagen und Entnahmen und nach Gewinngutschrift oder Verlustabdeckung in einem Betrag aus. Gesonderte Rücklagepositionen brauchen nicht gebildet zu werden.

> Anfangskapital 1. 1. 00
>
> abzgl. Entnahmen
>
> zuzgl. Einlagen
>
> zuzgl. Gewinn- bzw. abzgl. Verlust(-anteil)
>
> = Endkapital 31. 12. 00

Abbildung C-27: Eigenkapital bei typischen Personenunternehmen

Ist der Endbetrag negativ, so wird kein Minusposten ausgewiesen, sondern entsprechend § 268 Abs. 3 HGB ein Fehlbetrag auf der Aktivseite.

Steuerrechtlich entspricht diese Berechnungs- und Darstellungsweise auch dem Gewinnermittlungsschema des § 4 Abs. 1 EStG.[2] Wegen der Bedeutung des Trennungsprinzips[3] und der möglichen Behandlung neutralen Vermögens als Betriebsvermögen[4] ist die exakte Erfassung von *Einlagen* und *Entnahmen* wichtig.

Einlagen sind alle Wirtschaftsgüter, die der Steuerpflichtige im Laufe des Wirtschaftsjahrs zugeführt hat (§ 4 Abs. 1 Satz 8 EStG). Einer Einlage gleichgestellt ist die Begründung des deutschen Besteuerungsrechts hinsichtlich des Gewinns aus der Veräußerung eines Wirtschaftsgutes (§ 4 Abs. 1 S. 8, 2. Hs. EStG), z.B. bei Rücktransfer aus einer ausländischen Betriebsstätte. *Entnahmen* sind alle Wirtschaftsgüter (Barentnahmen,

---

1 Vorschläge zum Ausweis des Eigenkapitals in der Handelsbilanz der Personenhandelsgesellschaften haben jedoch die Bundessteuerberaterkammer (DStR 2006 S. 668) und das IDW in RS HFA 7 (WPg 2002, S. 1260) erarbeitet.
2 Siehe hierzu auch Kap. A.III.1.ba).
3 Siehe Kap. B.IV.4.
4 Siehe Kap. C.III.1.b) und IV.1.ca).

Waren, Erzeugnisse, Nutzungen und Leistungen), die der Steuerpflichtige dem Betrieb für sich, für seinen Haushalt oder für andere betriebsfremde Zwecke im Laufe des Wirtschaftsjahrs entnommen hat (§ 4 Abs. 1 Satz 2 EStG). Einer Entnahme gleichgestellt ist der Ausschluss oder die Beschränkung des deutschen Besteuerungsrechts hinsichtlich der Veräußerung oder der Nutzung eines Wirtschaftsgutes (§ 4 Abs. 1 S. 3 EStG), z.B. bei Zuordnung eines Wirtschaftsgutes zu einer ausländischen Betriebsstätte.

Bei typischen *Personengesellschaften* ist **handelsrechtlich** prinzipiell die gleiche Darstellungsweise wie beim Einzelkaufmann geboten, eben nur auf die einzelnen Gesellschafter aufgeteilt. Bei *offenen Handelsgesellschaften* sind die Kapitalkonten grundsätzlich variable Kapitalkonten (§ 120 Abs. 2 HGB). Gesellschaftsvertraglich kann allerdings daneben je Gesellschafter ein festes Kapitalkonto geführt werden.

Bei *Kommanditgesellschaften* ist gem. § 161 Abs. 2 HGB die Haftung der Kommanditisten auf die bedungene Pflichteinlage beschränkt. Deshalb muss hier eine Trennung von Komplementär- und Kommanditkapital erfolgen und bei letzterem müssen (mindestens) zwei Kapitalkonten und Eigenkapitalausweise geführt werden: Ein festes Kapitalkonto I (Pflichteinlage, Gewinnanteile bei unzureichender Pflichteinlage, sog. *Festkapital*, stimmrechtsrelevant) und ein/mehrere bewegliche(s) Kapitalkonto/en (für Gewinn-/Verlust-Anteile bei erbrachter Einlage, Entnahmen/Einlagen), daneben wahlweise noch Rücklagen. Das variable Kapitalkonto hat i.d.R. – trotz des üblichen Ausweises unter dem Eigenkapital – Verbindlichkeitscharakter.[1] Oft werden Verluste des Komplementärs auf einem sog. „negativen Kapitalkonto" auf der Aktivseite erfasst.

Treffen mehrere Besonderheiten zusammen, so kann die Bilanz einer KG das in Abbildung C-28 dargestellte Bild des Eigenkapitals zeigen.[2]

Steuerrechtlich ist das variable Kapitalkonto II auch dann als steuerliches Eigenkapital zu behandeln, wenn es handelsrechtlich als Darlehenskonto zu beurteilen ist. Nach der ständigen Rechtsprechung des BFH[3] wandelt sich nämlich ein Gesellschafterdarlehen an die Personengesellschaft über seine Behandlung als Forderung in der Sonderbilanz in der Gesamtbilanz der Mitunternehmergemeinschaft in steuerliches Eigenkapital. Bilanztechnisch wird die Verbindlichkeit in der Gesellschaftsbilanz durch eine Forderung in der Sonderbilanz des Gesellschafters kompensiert. Neben dem Sonderbetriebsvermögen eines jeden Gesellschafters ist in die Ermittlung des steuerlichen Eigenkapitals (Betriebsvermögens) auch das Mehr- und Minderkapital aus den Ergänzungsbilanzen der Gesellschafter einzubeziehen.

Von besonderer Bedeutung ist bei *Kommanditgesellschaften* die Höhe des steuerlichen Eigenkapitals des Kommanditisten, ist dessen Verlustverrechnung doch gem. § 15a EStG auf die Höhe des Kapitalkontos beschränkt. Dieses Kapitalkonto i.S.d. § 15a EStG wird allerdings von der Rechtsprechung – nach Sinn und Zweck der Regelung – anders um-

---

1 Siehe hierzu *Bundessteuerberaterkammer*: Hinweise zum Ausweis des Eigenkapitals, DStR 2006, S. 671. Da die neuen Vorschriften über ausstehende Einlagen (§ 272 HGB) sich im nur für Kapitalgesellschaften geltenden Abschnitt befinden, gelten sie für typische Personengesellschaften nicht.
2 In Anlehnung an Bundessteuerberaterkammer, Hinweise ..., DStR 2006, S. 673.
3 Z.B. BFH v. 19.1.1993, BStBl 1993 II, 594 m.w.N.; BFH v. 30.3.1993, BStBl 1993 II, S. 706.

Aktiva			Passiva		
A. Ausstehende Einlagen			**A. Eigenkapital**		
I. von Komplementären		20	I. Komplementärkapital		
– davon eingefordert	10		1. Festkapital		50
II. von Kommanditisten		10	2. Variables Kapital		
– davon eingefordert	4		Anfangsbestand	25	
B. Anlagevermögen		125	– Entnahmen	– 100	
C. Umlaufvermögen		50	– Verlustanteil	– 90	– 165
D. Rechnungsabgrenzung		10	Nicht durch Vermögenseinlage gedeckter Fehlbetrag		– 115
E. Nicht durch Vermögenseinlage gedeckter Fehlbetrag					115
I. Komplementär(e)			Stand Komplementärkapital		0
1. Negatives Kapital durch Entnahmen	25		II. Kommanditkapital		
2. Negatives Kapital durch Verluste	90	115	1. Festkapital (Hafteinlagen)		30
II. Kommanditist(en)			2. Variables Kapital		30
1. Negatives Kapital durch Entnahmen	40		– Entnahmen	– 100	
2. Negatives Kapital durch Verluste	90	130	– Verlustanteil	– 90	– 160
			Nicht durch Vermögenseinlage gedeckter Fehlbetrag		– 130
					– 130
			Stand Kommanditkapital		0
			III. Rücklagen		
			Anfangsbestand	20	
			Verluste	– 20	0
			B. Verbindlichkeiten		
			I. Verb. gg. Kreditinstitute		400
			II. Verb. gg. Gesellschafter		
			1. gg. Komplementäre	30	
			2. gg. Kommanditisten	30	60
Bilanzsumme Aktiva		460	Bilanzsumme Passiva		460

Abbildung C-28: Eigenkapital bei Kommanditgesellschaften

schrieben: Das Kapitalkonto i.S.d. § 15a Abs. 1 EStG setzt sich demnach zusammen aus dem Kapitalkonto des Gesellschafters in der Steuerbilanz der Gesellschaft und dem Mehr- oder Minderkapital aus einer etwaigen Ergänzungsbilanz[1]; ein etwaiges Sonderbetriebsvermögen in seiner Sonderbilanz ist dabei außer Acht zu lassen.[2]

---

1 BFH v. 30.3.1993, BStBl 1993 II, 706.
2 BFH v. 14.5.1991, BStBl 1992 II, 167.

Für die damit Bedeutung erlangende Abgrenzung zwischen Darlehenskonto (SBV) und Beteiligungskonto sind die Gesamtumstände von Bedeutung, die Verbuchung von Verlusten – weniger aber eine etwaige Verzinsung – ist aber ein Indiz für Eigenkapital.[1]

Unbestritten ist aber, dass *im Rahmen der Gewinnermittlung* das Kapitalkonto aus der Gesellschafts-Steuerbilanz noch folgendermaßen modifiziert werden muss:

+ Sonderbilanzgewinn
(ggf. – Sonderbilanzverlust)
– Einlagen in das Sonderbetriebsvermögen
+ Entnahmen aus dem Sonderbetriebsvermögen
+ Ergänzungsbilanzgewinn
(ggf. – Ergänzungsbilanzverlust)

um den gesamten steuerlichen Kapitalstand eines Gesellschafters zu erhalten.

Für *haftungsbegrenzte (atypische) Personengesellschaften* (Kapitalgesellschaften & Co.) regelt § 264 c Abs. 1 *HGB* den Eigenkapitalausweis mit folgenden Posten:

I.	Kapitalanteile
II.	Rücklagen
III.	Gewinnvortrag/Verlustvortrag
IV.	Jahresüberschuss/Jahresfehlbetrag.

Abbildung C-29: Eigenkapitalausweis bei Kapitalgesellschaften & Co.

Wegen der unterschiedlichen Gesellschafterhaftung sind die Kapitalanteile der persönlich haftenden Gesellschafter und der Kommanditisten gesondert auszuweisen. Als Rücklagen dürfen nur solche Beträge erfasst werden, die aufgrund einer gesellschaftsrechtlichen Vereinbarung gebildet wurden, eine Differenzierung nach Gewinn- und Kapitalrücklage ist nicht erforderlich. Unter Umständen sind gewisse Korrekturposten oder Forderungen auf der Aktivseite zu bilden.[2]

Steuerrechtlich gelten die für Personengesellschaften, inbes. KG dargestellten Grundsätze.

ab) Eigenkapital nach IFRS

Ebenso wie im Handels- und Steuerrecht wird in IASB-F 4.4c *Eigenkapital* als „der nach Abzug aller Schulden verbleibende Restbetrag der Vermögenswerte des Unternehmens" definiert, ähnlich auch IAS 32.11 für Eigenkapitalinstrumente. Damit ist insbes. die Bestimmung des Fremdkapitals (der Schulden) für den Umfang des Eigenkapitals maßgeblich. Während nach HGB vor allem die *Haftungs- und Verlustpufferfunktion* des Kapitals (nachrangige Befriedigung im Insolvenz- und Liquidationsfall, vorrangige laufende Aufzehrung durch Verluste) als maßgebliches Abgrenzungskriterium des Eigen-

---

1 BdF v. 30. 5. 1997, BStBl 1997 I, 627.
2 Siehe im Einzelnen § 264 Abs. 2 Satz 5 HGB.

kapitals von den Schulden angenommen wird, sieht IAS 32.16a, 18 ff. in der fehlenden, z.B. durch Kündigung veranlassbaren *Rückforderungsmöglichkeit* des Anteilseigners ein Merkmal für Eigenkapital. Mit anderen Worten liegt nach der Kapitalabgrenzungssystematik des IAS 32 *grundsätzlich* immer dann Fremdkapital (Schulden, liabilities) vor, wenn eine bedingte Zahlungsverpflichtung des Unternehmens besteht.

Beim erstmaligen Ansatz darf eine Klassifizierung als Eigenkapitalinstrument nach IAS 32.16 nur erfolgen, wenn keine vertragliche Verpflichtung des kapitalaufnehmenden Unternehmens besteht,

- flüssige Mittel oder andere finanzielle Vermögenswerte an ein anderes Unternehmen abzugeben oder
- finanzielle Vermögenswerte oder finanzielle Verbindlichkeiten mit einem anderen Unternehmen zu potenziell nachteiligen Bedingungen auszutauschen.

Die unterschiedliche Eigenkapitaldefinition hindert nicht an einer weiteren *Aufteilung* der Residualgröße in gezeichnetes Kapital, Kapital- und Gewinnrücklagen (IASB-F 4.20, IAS 1.54r und IAS 1.78e). Rücklagen können auch in gesetzliche, statutarische und steuerliche Rücklagen aufgeteilt werden (IASB-F 4.21). Weitere Hinweise auf Aufteilungsnotwendigkeiten enthalten IAS 1.54r, IAS 1.78e und IAS 1.79b. Danach sind gezeichnetes Kapital und Rücklagen zu differenzieren und in Gruppen aufzugliedern (z.B. eingezahltes Kapital, Art und Zweck jeder Rücklage); Gewinn- oder Verlustvorträge, sowie (je nach Berücksichtigung der Ergebnisverwendung) auch das Periodenergebnis sind einzubeziehen.

Hinzu kommen noch *IFRS-spezifische Rücklagen:*

- Eine *Neubewertungsrücklage (revaluation surplus)*, die insbes. bei der Neubewertung von immateriellem Vermögen (IAS 38.85), Sachanlagen (IAS 16.39) und bestimmten Finanzinstrumenten (IAS 39.55, 95, 102/IFRS 9.4.1.2A) und latenten Steuern (IAS 12.61) angesprochen wird um ergebnisneutral eine Umbewertung vornehmen zu können.
- Eine *Währungsumrechnungsrücklage*, die ebenfalls eine erfolgsneutrale Behandlung von Währungsumrechnungsdifferenzen *(translation adjustments)* bei Fremdwährungstransaktionen möglich macht (IAS 21.30, 32, 39).

Vielfach müssen die besonderen Aufgliederungen nicht in der Bilanz vorgenommen werden, sondern es genügt die Angabe im Anhang. Veränderungen der Eigenkapitalpositionen müssen allerdings in einer obligatorischen, gesonderten „Eigenkapitalveränderungsrechnung" nachgewiesen werden. In der Bilanz kann das Eigenkapital einer Kapitalgesellschaft die in Abbildung C-30 gezeigte Struktur haben.

Eigenkapital nach IFRS **Grundsatz:** Residualgröße = Vermögenswerte minus Schulden **Hauptkriterium:** keine Kapital-Rückforderungs-möglichkeit durch den Eigner **Ausnahmen** für kündbare EK-Instrumente etc.	**gezeichnetes Kapital** *(issued capital)* – untergliedert nach verschiedenen Kategorien z.B. eingezahltem *(fully paid)*/nicht eingezahltem *(not yet paid in)*, eingefordertem Kapital und sonstigen Kategorien (z.B. Aktiengattungen) – offene Absetzung der eigenen Anteile *(treasury shares)*	
	Rück-lagen *(reserves)*	**Kapitalrücklage**, insbes. Agio-Rücklage *(capital reserves)*
		Gewinnrücklage *(retained earnings)*
		Neubewertungsrücklage *(revaluation surplus)*
		Währungsumrechnungsrücklage *(currency translation)*
		Andere Rücklagen *(other reserves)*
	Ergebnisvorträge *(accumulated profits/losses)*	
	Periodenergebnis *(net profit/loss for the period)*	

Abbildung C-30: Eigenkapital nach IFRS

Zurückerworbene oder zurückbehaltene eigene Anteile *(treasury shares)* müssen – wie seit BilMoG nach HGB – nach IAS 32.33 beim gezeichneten Kapital offen abgesetzt werden.[1]

Problematisch wird die Grundsatzregelung der Eigenkapitaldefinition für deutsche *Personengesellschaften*, deren Gesellschafter nach § 131 f. i.V.m. § 723 BGB ein unabdingbares Inhaberkündigungsrecht haben, das zu einer potentiellen Abfindungszahlungsverpflichtung der Gesellschaft bzw. der verbleibenden Gesellschafter führt. Demnach wären die Gesellschafteranteile an einer Personengesellschaft als Schulden auszuweisen, die erfolgswirksam mit dem beizulegenden Zeitwert bewertet werden müssten. Die Personengesellschaft könnte kein Eigenkapital ausweisen, hätte allenfalls das Wahlrecht, einen Posten „Den Anteilseignern zuzurechnender Nettovermögenswert" *(net asset value attributable to unitholders)* unter den Schulden auszuweisen (IAS 32.18b).

Wegen dieser unzureichenden Eigenkapitaldarstellung sieht IAS 32 zwei *Ausnahmen* von der Grundsatzregelung vor für

- bestimmte kündbare oder bei bestimmten Ereignissen (z.B. Tod) zurückzunehmenden Finanzinstrumente *(puttable instruments*, IAS 32.16 A, B) und
- Finanzinstrumente mit Zahlungsverpflichtung im Liquidationsfall (IAS 32.12 C, D).

Bei kumulativer Erfüllung aller Zusatzvoraussetzungen sind diese Finanzinstrumente trotz der bedingten Zahlungsverpflichtung des Unternehmens beim Ausscheiden als Eigenkapital auszuweisen.[2]

---

[1] In Konzernabschlüssen sind darüber hinaus Minderheitenanteile innerhalb des Eigenkapitals gesondert auszuweisen (IAS 1.54o, IFRS 10.22).

[2] Die Ausnahmeregelung gilt allerdings nicht für Minderheitenanteile an Tochterpersonengesellschaften im Konzern (IAS 32.AG29A, IAS 32.BC68).

Zusatzbedingungen im ersten Fall *(puttable instruments)* sind (IAS 32A a–d):

a) Gesellschafteranspruch auf beteiligungsproportionalen Nettovermögenswert im Liquidationsfall,
b) Zugehörigkeit zur nachrangigsten Instrumentenklasse,
c) gleiche (finanzielle) Ausstattung aller kündbaren Finanzinstrumente,
d) keine zusätzlichen finanziellen Unternehmensverpflichtungen (z.B. Steuerentnahmerecht, Verzinsung),
e) Basierung des erwarteten Zahlungsstroms über die Laufzeit substantiell auf
   - der buchhalterischen Performance (Jahresergebnis oder Buchwertänderung des Nettovermögens) oder
   - der ökonomischen Performance (beizulegender Zeitwert des Nettovermögens),
f) Fehlen weitere Finanzinstrumente mit gleicher Basierung (keine anderen ergebnis- oder vermögensabhängige Finanzinstrumente).

Im zweiten Fall (Zahlungsverpflichtungen im Liquidationsfall) gelten die Zusatzbedingungen a) bis c) sowie e) und f).

Diese Ausnahmetatbestände können bei entsprechender Gestaltung des Gesellschaftsvertrages in aller Regel bei den meisten Personengesellschaften zu einer Darstellung der gesellschaftsrechtlichen Anteilsrechte als Eigenkapital führen. Im Schrifttum wird beispielsweise folgende Darstellung des Eigenkapitals einer Kommanditgesellschaft vorgeschlagen:[1]

I. Festkapital und Kapitalrücklagen
   1. Komplementäre
   2. Kommanditisten
II. Gewinnrücklagen und Ergebnisvortrag
III. Jahresüberschuss
IV. Ergebnisneutrale Eigenkapitalbestandteile *(other comprehensive income)*

Abbildung C-31: Eigenkapital einer Kommanditgesellschaft nach IFRS

Deutlich werden die Unterschiede der Eigenkapitalbegriffe des HGB und der IFRS auch bei sog. *hybriden Finanzinstrumenten (compound instruments*, z.B. Mezzaninkapital). Bei diesen Mischformen (z.B. Genusskapital) erfolgt nach IAS 32.28 ff. bei der erstmaligen Erfassung eine Aufteilung in die Eigen- und Fremdkapitalkomponenten *(split accounting)*. Dabei wird zuerst die Fremdkapitalkomponente ermittelt und der Rest zum Buchwert als Eigenkapitalkomponente angesehen (IAS 32.31).

b) Rückstellungen nach HGB, EStG und IFRS

Gemeinsames Kennzeichen von Rückstellungen ist in allen Rechtskreisen, dass Ungewissheit über eine bereits am Bilanzstichtag verursachte künftige Belastung des Unternehmens besteht. Im Einzelnen bestehen jedoch beträchtliche Unterschiede nach HGB, EStG und IFRS.

---

[1] LÜDENBACH/HOFFMANN/FREIBERG, IFRS-Kommentar, 15. Aufl. Freiburg 2017, § 20 Rz. 53.

ba) Rückstellungen nach HGB und EStG

baa) Allgemeines

Es sind im Prinzip zwei Arten von Rückstellungen zu unterscheiden, nämlich

- solche für dem Grunde oder der Höhe nach ungewisse Verpflichtungen aus Rechtsbeziehungen mit Dritten *(Rückstellungen mit Schuldcharakter, Verbindlichkeitsrückstellungen, „Außenverpflichtungen")*

und

- solche für Aufwendungen, die der abgelaufenen oder vergangenen Periode(n) zuzurechnen sind, aber erst später zu Ausgaben führen *(Aufwandsrückstellungen, „Innenverpflichtungen")*.

Der erste Typ ist statischer Natur und durch das Prinzip vollständigen Schuldenausweises[1] geboten; der zweite Typ ist eher dynamisch bedingt und zur Durchführung des Periodisierungsprinzips[2] verwendbar. Gelegentlich werden Rückstellungen, die der Vorwegberücksichtigung von drohenden Verlusten aus abgeschlossenen, aber noch nicht erfüllten Geschäften dienen (sog. *„Drohverlustrückstellungen"*) als selbständiger dritter Rückstellungstyp genannt.

Handelsrechtlich sind für alle Unternehmen Rückstellungen nur für die in § 249 HGB vorgesehenen Zwecke zulässig, nicht z.B. zur allgemeinen Substanzerhaltung.[3] Die einmal gebildete Rückstellung darf nur aufgelöst werden, soweit der für ihre Bildung maßgebliche Grund weggefallen ist (§ 249 Abs. 2 HGB). Handelsrechtliche *Passivierungspflicht* besteht für die unter Buchst. bab) bis baf) in Einzelheiten dargestellten Rückstellungsarten (sog. *„Pflichtrückstellungen"*); *Passivierungswahlrechte* bei den Rückstellungen *(„Wahlrückstellungen")* wurden mit dem BilMoG 2009 auf die Altpensionszusagen u.ä. gem. Art. 28 EGHGB reduziert.[4]

Steuerrechtlich sind nach dem Maßgeblichkeitsprinzip alle Pflichtrückstellungen der Handelsbilanz auch in der Steuerbilanz anzusetzen, es sei denn, es bestehen besondere steuerliche Bilanzierungsverbote (z.B. §§ 5 Abs. 2a bis 4b und Abs. 6 sowie 6a EStG). Für handelsrechtliche Wahlrückstellungen bestehen im Allgemeinen Passivierungsverbote[5], es sei denn das Steuerrecht sieht selbst ein Wahlrecht vor (z.B. Pensionsrückstellungen gem. § 6a EStG).

bab) Rückstellungen für ungewisse Verbindlichkeiten

Für diesen Typ einer Rückstellung setzt die *Handelsrecht* auslegende *Finanzrechtsprechung*[6] voraus:

---

1 Siehe Kap. B.II.7.b).
2 Siehe Kap. B.II.2.c).
3 BFH v. 17.1.1980, BStBl 1980 II, 434.
4 Siehe Kap. C.IV.1.bd).
5 BMF v. 12.3.2010, BStBl 2010 I, 239.
6 Z.B. BFH v. 25.8.1989, BStBl 1989 II, 893 m.w.N.; BFH v. 16.12.2014, BStBl 2015 II, 759.

- eine am Bilanzstichtag wirtschaftlich verursachte,
- betrieblich veranlasste,
- hinreichend konkretisierte,
- im Bestehen oder Entstehen dem Grunde und/oder der Höhe nach ungewisse
- öffentlich- oder privatrechtliche Verpflichtung
- bei überwiegender Wahrscheinlichkeit der tatsächlichen Inanspruchnahme.

Wirtschaftliche Verursachung am Bilanzstichtag verlangt, dass der rechtliche und wirtschaftliche Bezug der künftigen Ausgaben im abgelaufenen Geschäfts-/Wirtschaftsjahr oder in den Vorjahren liegt,[1] keinesfalls in der Zukunft. Teilweise schränkt die Rechtsprechung die Rückstellungsbildung dadurch ein, dass nicht die betriebswirtschaftliche Verursachung in der Vergangenheit ausreicht, sondern vielmehr die „wirtschaftliche Wertung des Einzelfalls im Lichte der rechtlichen Struktur des Tatbestandes, mit dessen Erfüllung die Verbindlichkeit entsteht" (Maßgeblichkeit der rechtlichen Erfüllungsstruktur).[2]

Betriebliche Veranlassung ist ein typisches Steuerkriterium, das insbes. die Rückstellungsbildung für Belastungen der Privatsphäre ausschließt (z.B. für Kosten der ESt-Erklärung).

Die *hinreichende Konkretisierung* zählt zu den umstrittensten Rückstellungsvoraussetzungen. Die Finanzrechtsprechung verlangt hier – gegenüber dem handelsrechtlichen Vorsichtsprinzip verschärfend – eine bestimmte Wahrscheinlichkeit der Inanspruchnahme, die sich auf Grund objektiver, am Bilanzstichtag vorliegender oder bis zur Bilanzaufstellung erkennbarer Tatsachen ergibt. Dabei müssen mehr Gründe für als gegen eine Inanspruchnahme sprechen.[3] Zum Rechnenmüssen mit einer Inanspruchnahme bei einseitigen öffentlich-rechtlichen Verpflichtungen gehört nach Auffassung des BFH[4], dass entweder gegen ein inhaltlich und zeitlich konkretisiertes, sanktionsbewehrtes gesetzliches Ge- oder Verbot verstoßen wurde oder zumindest die zuständige Behörde den Verstoß kennen muss (z.B. Umweltschutzverstoß).

Das *Ungewissheitsmoment* trennt Rückstellungen von Verbindlichkeiten.[5] Dabei ist zwischen der Wahrscheinlichkeit des Bestehens einer Verpflichtung und der Wahrscheinlichkeit der tatsächlichen Inanspruchnahme zu unterscheiden, da die beiden Voraussetzungen innewohnenden Risiken unterschiedlich hoch zu bewerten sein können.[6]

Verpflichtungen, für die Rückstellungen dieser Art gebildet werden können, müssen aufgrund ein- oder zweiseitiger Rechtsverhältnisse öffentlich- oder privatrechtlicher Art gegenüber Dritten bestehen *(„Fremdverpflichtungen")*; für „Verpflichtungen" gegenüber

---

1 BFH v. 25.8.1989, BStBl 1989 II, 893.
2 BFH v. 19.5.1987, BStBl 1987 II, 848. Das genannte Urteil ließ daher vor Ablauf der zulässigen Betriebszeit bei einem Luftfahrtunternehmen keine Rückstellung für die Kosten der obligatorischen Überholung und Nachprüfung zu.
3 BFH v. 2.10.1992, BStBl 1993 II, 153.
4 BFH v. 19.10.1993, BStBl 1994 II, 891.
5 BFH v. 22.11.1988, BStBl 1989 II, 359.
6 BFH v. 16.12.2014, BStBl 2015 II, 759.

sich selbst (z.B. Anlageninstandhaltung, Substanzerhaltung) kommt dieser Rückstellungstyp nicht in Betracht.

Fünf Spezialfälle dieser Rückstellungsart sind hervorzuheben, wovon die drei ersten bei Kapitalgesellschaften gesondert auszuweisen sind:

- Pensionsrückstellungen
  Für unmittelbare Verpflichtungen aus Pensionszusagen, die nach dem 31. 12. 1986 erteilt werden (Neuzusagen), besteht nach Art. 28 Abs. 1 *EGHGB* i.V.m. § 249 Abs. 1 *HGB* Passivierungspflicht. *Steuerrechtlich* gilt mit § 6a EStG eine Spezialregelung für den Ansatz von Pensionsrückstellungen dem Grunde und der Höhe nach. Diese ist als Passivierungswahlrecht ausgestaltet.[1]
- Steuerrückstellungen
  Zurückzustellen sind die am Bilanzstichtag entstandenen und noch geschuldeten, noch nicht rechtskräftig festgestellten Steuern. Dem Grunde nach kommen *handelsrechtlich* bei Personenunternehmen insbes. die GewSt, GrSt, USt, bei Kapitalgesellschaften die KSt, GewSt, USt, GrSt in Betracht. Da GewSt und KSt ertragsteuerlich nicht abzugsfähig sind (§§ 4 Abs. 5b EStG, ggf. i.V.m. § 8 Abs. 1 S. 1 KStG bzw. § 10 Nr. 2 KStG) müssen die Erfolgswirkungen dieser nach dem Maßgeblichkeitsprinzip auch in der *Steuerbilanz* zu bildenden Steuerrückstellungen außerbilanziell wieder korrigiert werden.[2]
- Rückstellung für Schutzrechtsverletzungen
  Handelsrechtlich sind derartige Rückstellungen bereits zu bilden, wenn mit einiger Wahrscheinlichkeit mit einer Inanspruchnahme durch den Inhaber der Schutzrechte gerechnet werden muss, selbst wenn der Inhaber der Rechte von der Verletzung am Bilanzstichtag noch keine Kenntnis hat.[3] § 5 Abs. 3 EStG schränkt die *steuerbilanzielle* Rückstellungsbildung dem Grunde nach auf jene Fälle ein, in denen entweder der Rechtsinhaber bereits Schadenersatzansprüche geltend gemacht hat oder mit der Inanspruchnahme ernsthaft zu rechnen ist.
- Rückstellung für Jubiläumszuwendungen
  Handelsrechtlich ist für die rechtsverbindliche Zusage eines Arbeitgebers, dem Arbeitnehmer bei Eintritt einer bestimmten Dauer des Dienstverhältnisses ein Jubiläumsgeld zu bezahlen, eine Rückstellung für ungewisse Verbindlichkeiten zu bilden. Ungewiss ist, ob der Arbeitnehmer den Jubiläumszeitpunkt im Dienste des Arbeitgebers erreicht. *Steuerbilanziell* hat der BFH diese Rückstellungsart zwar ebenfalls anerkannt,[4] der Gesetzgeber hat jedoch daraufhin in § 5 Abs. 4 EStG erheblich einengende Zulässigkeitsvoraussetzungen gesetzt.[5]
- Rückstellungen für Erfüllungsrückstände aus schwebenden Geschäften
  Ansprüche und Verpflichtungen aus *schwebenden Geschäften*, d.s. abgeschlossene, auf Leistungsaustausch gerichtete gegenseitige Verträge, die hinsichtlich der vereinbarten Sach- oder Dienstleistung noch nicht (voll) erfüllt sind,[6] werden bei Ausgewogenheit von Leistung und Gegenleistung nach den GoB nicht bilanziert.[7] Gerät ein Geschäftspartner jedoch mit seinen Leistungen gegenüber dem Geschäftspartner in einen *Erfüllungsrückstand* (d.h. er leistet weni-

---

1 Siehe Kap. C.IV.1.bd).
2 Zur Problematik s. Kap. C.III.ci). Zu außerbilanziellen GewSt-Neutralisierung s. R 5.7 (1) EStR.
3 BFH v. 11.11.1981, BStBl 1982 II, 748.
4 BFH v. 5.2.1987, BStBl 1987 II, 845.
5 Siehe Kap. C.III.1.cf).
6 BFH v. 3.2.1993, BStBl 1993 II, 441.
7 BFH v. 3.7.1980, BStBl 1980 II, 648; siehe auch Kap. B.II.10.c.

Der Bilanzansatz dem Grunde nach

Rückstellungen

aufgrund einer ungewissen Verpflichtung gegenüber einem Dritten

- **Rückstellungen für drohende Verluste aus schwebenden Geschäften** (§ 249 Abs. 1 Satz 1 HGB)

- **Rückstellungen für ungewisse Verbindlichkeiten** (§ 249 Abs. 1 S. 1 HGB)
  - insbes. Rückstellung für Pensionsverpflichtungen (§ 28 Abs. 1 EGHGB)
    - für Altzusagen
    - für Neuzusagen
  - insbes. Rückstellungen für den Pensionen ähnliche und indirekte Verpflichtungen (§ 28 Abs. 1 EGHGB)

- **Rückstellungen für Gewährleistungen ohne rechtliche Verpflichtungen** – Kulanzrückstellung – (§ 249 Abs. 1 Satz 2 Nr. 2 HGB)
  - sonstige Rückstellungen für ungewisse Verbindlichkeiten

  z.B. für
  - Abschluss-, Prüfungs- und Beratungskosten
  - Berufsgenossenschaftsbeiträge
  - Boni und Rabatte
  - Bürgschaftsinspruchnahme
  - Gewährleistungs-/Garantieverpflichtungen
  - gewinnabhängige Entgelte
  - Handelsvertreter-Ausgleichszahlung
  - Pachterneuerungsverpflichtung
  - Patentverletzung
  - Provisionsverpflichtungen
  - Prozessrisiken
  - Sozialverpflichtungen
  - Steuerverpflichtungen
  - Urlaubsrückstand
  - Wechselobligo

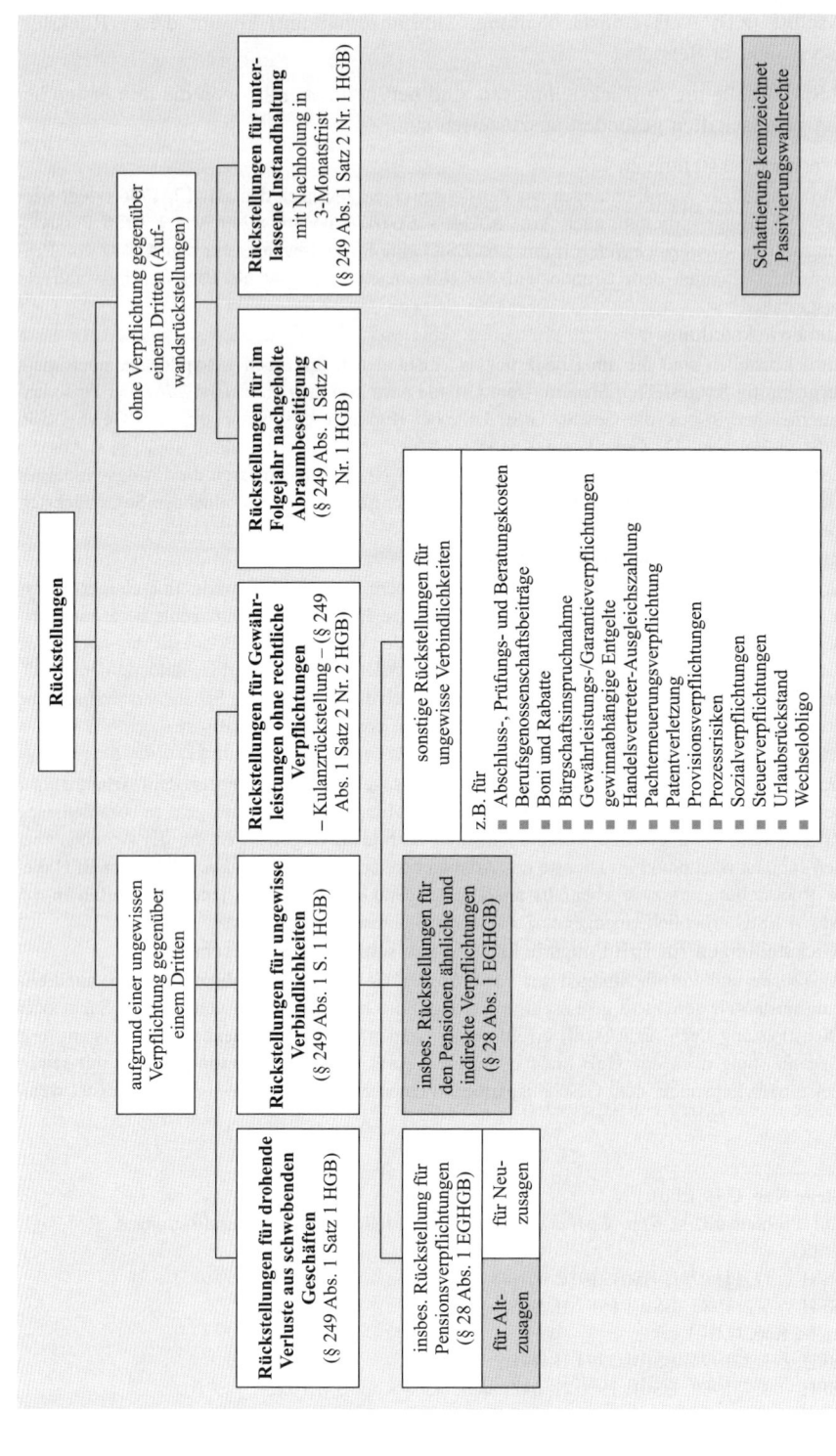

ohne Verpflichtung gegenüber einem Dritten (Aufwandsrückstellungen)

- **Rückstellungen für im Folgejahr nachgeholte Abraumbeseitigung** (§ 249 Abs. 1 Satz 2 Nr. 1 HGB)

- **Rückstellungen für unterlassene Instandhaltung mit Nachholung in 3-Monatsfrist** (§ 249 Abs. 1 Satz 2 Nr. 1 HGB)

Schattierung kennzeichnet Passivierungswahlrechte

Abbildung C-32: Arten der Rückstellungen nach Handelsrecht

ger, als er nach Vertrag für die bis dahin erbrachte Leistung das Vertragspartners zu leisten hätte; z.B. Mietrückstand), so hat er hierfür eine Rückstellung zu bilden.[1]

Weitere *Beispiele* dieser Rückstellungsart sind Rückstellungen für Provisionen, Gratifikationen, Boni, Rabatte, Wechselobligo, Ausgleichsverpflichtung für Handelsvertreter (nur Handelsbilanz[2]), Pachterneuerung, Prozesskosten, Garantieverpflichtungen, Beiträge, Rekultivierung, verpflichtende Abraumbeseitigung, Buchführungs-, Jahresabschluss-, Steuererklärungs- und Prüfungskosten, Belegaufbewahrungskosten, rückständige Urlaubsverpflichtungen, Altersteilzeit u.v.m.

bac) Rückstellungen für drohende Verluste aus schwebenden Geschäften

Nach § 249 Abs. 1 S. 1 HGB müssen in der **Handelbilanz** Rückstellungen für drohende Verluste aus schwebenden Geschäften gebildet werden. Es handelt sich um eine Rückstellung für Außenverpflichtungen.

Als *Geschäfte* kommen hier zwar alle zum Handelsgewerbe eines Kaufmanns gehörenden Rechtsgeschäfte[3] in Betracht, nach dem Sachzusammenhang aber nur *gegenseitige Verträge* über einmalige oder dauernde Lieferungen (z.B. Kauf-, Werk-, Werklieferungsverträge) oder Leistungen (z.B. Miet-, Pacht-, Leasing-, Kreditverträge). *Schwebend* sind solche Geschäfte, wenn sie zwar rechtsverbindlich abgeschlossen (mindestens aber praktisch mit hoher Bindungswirkung eingegangen), aber hinsichtlich der Leistungspflicht noch nicht erfüllt sind.

Während sich gewinnbringende (wegen des Realisationsprinzips[4]) und ausgewogene (wegen des entsprechenden GoB[5]) Geschäfte in der Bilanz nicht niederschlagen, muss für *drohende Verluste* aus schwebenden Geschäften aufgrund des Imparitätsprinzips[6] eine Rückstellung gebildet werden. Ein *Verlust* in diesem Sinne ist ein *Verpflichtungsüberschuss*, d.h.

Wert der eigenen Leistungsverpflichtung	ist größer als	Wert des eigenen Gegenleistungsanspruchs.

Ein solcher Verlust *droht*, wenn aufgrund der konkreten rechtlichen und tatsächlichen Bedingungen bei normaler Abwicklung mit einem Verpflichtungsüberschuss vernünftigerweise gerechnet werden muss – die bloße marktliche Verlustgefahr reicht noch nicht aus.

Die Drohverlustrückstellung ist z.T. schwer von Rückstellungen für ungewisse Verbindlichkeiten und von der Abwertungsnotwendigkeit ggf. bilanzierter auftragsbezogener Vermögensgegenstände abzugrenzen.[7]

---

1 BFH v. 10.3.1993, BStBl 1993 II, 446; v. 27.2.2014, BStBl 2014 II, 675.
2 BFH v. 20.1.2983, BStBl 1983 II, 375.
3 §§ 343 Abs. 1, 344 Abs. 1 HGB.
4 Siehe Kap. B.II.9.c).
5 Siehe Kap. B.II.10.c).
6 Siehe Kap. B.II.9.d).
7 Siehe hierzu IDW RS HFA 4, WPg 2000 S. 716.

Während *Rückstellungen für ungewisse Verbindlichkeiten* zukünftige Aufwendungen berücksichtigen, denen keine zukünftigen Erträge gegenüberstehen[1], erfassen Drohverlustrückstellungen solche zukünftigen Aufwendungen, die im Zusammenhang mit zukünftigen Erträgen stehen bzw. denen aus der Eigenart des ihnen zugrunde liegenden Geschäftes grundsätzlich noch zukünftige Erträge gegenüberstehen können.

Steht ein schwebendes Geschäft *im Zusammenhang mit am Bilanzstichtag aktivierten Vermögensgegenständen* so ist grundsätzlich vorrangig eine Abschreibung des auftragsbezogenen Gegenstandes vorzunehmen und nur der Restverlust durch Drohverlustrückstellung zu berücksichtigen.[2]

Steuerbilanzrechtlich waren die Bedingungen für eine Drohverlustrückstellung sehr umstritten. Nicht immer konnte man davon ausgehen, dass der BFH handelsrechtliche GoB zutreffend bestimmte und nicht steuerrechtlichen Prinzipien (insbes. dem Leistungsfähigkeitsprinzip) den Vorrang einräumte. Diese Bedenken sind bedeutungslos geworden, weil seit 1997 in der Steuerbilanz ein *Passivierungsverbot* besteht (§ 5 Abs. 4a EStG). Ausnahmsweise wird eine Drohverlustrückstellung auch steuerlich bei Sicherungsgeschäften im Sinne von § 5 Abs. 1a EStG[3] zugelassen.

bad) Rückstellungen für unterlassene Instandhaltungen, die kurzfristig nachgeholt werden

Diese müssen **handelsrechtlich** gem. § 249 Abs. 1 S. 2 Nr. 1 HGB gebildet werden für Instandhaltungsmaßnahmen, die im abgelaufenen Geschäftsjahr verursacht und erforderlich sind, aber erst im ersten Quartal des Folgejahres durchgeführt werden. Nach dem Maßgeblichkeitsprinzip sind diese Rückstellungen auch *steuerlich* geboten.[4]

bae) Rückstellungen für Abraumbeseitigungen, die im folgenden Geschäftsjahr nachgeholt werden

Hier handelt es sich um im Folgejahr nachgeholte Ausgaben für die Beseitigung von Erd- und Gesteinsmassen, die beim Abbau von Bodenschätzen im abgelaufenen Geschäftsjahr angefallen sind. Besteht allerdings eine gesetzliche oder vertragliche Beseitigungspflicht, so ist eine Rückstellung für ungewisse Verbindlichkeiten anzusetzen. Nach dem Maßgeblichkeitsprinzip sind diese Rückstellungen auch *steuerlich* geboten.

baf) Rückstellungen für Gewährleistungen, die ohne rechtliche Verpflichtung erbracht werden

Unter diese „Kulanzrückstellung" fallen mehr oder weniger freiwillige Leistungen an Abnehmer zur Beseitigung von Mängeln. Im Gegensatz zu Garantieleistungen (für diese

---

1 Zum einen Aufwendungen, die in der Vergangenheit realisierten Erträgen zuordenbar sind (z.B. Erfüllungsrückstand), und zum anderen Aufwendungen, denen aus der Eigenart des den Aufwendungen zugrunde liegenden Sachverhalts heraus weder zukünftige noch vergangene Erträge gegenüberstehen (z.B. Schadensersatzverpflichtung aus unerlaubter Handlung).
2 IDW RS HFA 4.19 ff. Zum Vorrang einer Teilwertabschreibung s. BFH v. 7.9.2005, BStBl 2006 II, 298.
3 Zu Einzelheiten siehe Kap. D.I.3.ac).
4 Vgl. auch R 5.7 Abs. 11 EStR.

ist eine Rückstellung für ungewisse Verbindlichkeit zu bilden) hat der Leistungsabnehmer auf Kulanzleistungen keinen Rechtsanspruch; allerdings kann sich das Unternehmen vielfach der Kulanzleistung aus Gründen des Ansehens oder üblicher Praxis nicht entziehen. Unter diesen Voraussetzungen ist die Rückstellung nach § 249 Abs. 1 S. 2 Nr. 2 HGB geboten und – das verlangt das Maßgeblichkeitsprinzip – auch in der *Steuerbilanz* passivierungspflichtig.[1]

bb) Rückstellungen nach IFRS

Rückstellungen *(provisions)* sind nach IFRS ein Unterfall der Schulden, nämlich Schulden, die bezüglich ihrer Fälligkeit oder ihrer Höhe ungewiss sind (IAS 37.10). Sie sind gegenüber sicheren Schulden (Verbindlichkeiten, *liabilities*) und den sehr unwahrscheinlichen Eventualschulden *(contingent liabilities)* abzugrenzen.

Folglich muss eine anzusetzende IFRS-Rückstellung neben dem Ungewissheitskriterium die Definitionskriterien[2] einer Schuld *(liability)* erfüllen und natürlich die allgemeinen, zum Teil auch spezielle Ansatzkriterien.

Demnach sind für den Ansatz einer Rückstellung die folgenden Merkmale zu prüfen:

- *Ungewissheit*, d.h. Höhe und/oder Fälligkeit einer Schuld müssen mit Unsicherheiten belastet sein (IAS 37.11);
- *Gegenwärtigkeit*, d.h. es muss am Bilanzstichtag ein Verpflichtung bestehen, im Zweifel muss mehr dafür als dagegen sprechen (IAS 37.15);
- *Außenverpflichtung*, d.h. es muss eine rechtliche (gesetzliche oder vertragliche) oder faktische (durch geweckte, gerechtfertigte Erwartungen) Verpflichtung gegenüber einem Dritten bestehen (IAS 37.10);
- *Vergangenheitsbegründung*, d.h. das verpflichtende Ereignis muss in der Vergangenheit stattgefunden haben, so dass sich das Unternehmen der Verpflichtung nicht entziehen kann (Unentziehbarkeit) (IAS 37.17);
- *Wahrscheinlicher Ressourcenabfluss*, d.h. bezüglich eines Abflusses von Ressourcen mit wirtschaftlichem Nutzen im Zusammenhang mit der Erfüllung der Verpflichtung muss mehr dafür als dagegen sprechen (Wahrscheinlichkeit > 50 %) (IAS 37.23) und
- *Verlässliche Schätzung*, d.h. mindestens Bandbreiten-Schätzung muss möglich sein, sonst Eventualschuld (IAS 37.25 f.).
- In *Einzelfällen* können aufgrund von *Spezialregelungen* weitere Voraussetzungen erforderlich sein.

Im **Vergleich zu HGB-Rückstellungen** folgt aus diesen Anforderungen insbes., dass

- Aufwandsrückstellungen (Rückstellungen für Instandhaltung, Abraumbeseitigung) mangels Außenverpflichtung,
- Rückstellungen für Belastungen, deren Eintrittswahrscheinlichkeit unter 50 % beträgt (HGB: vorsichtige „vernünftige kaufmännische Beurteilung") wegen unzureichender Wahrscheinlichkeit

nicht passiviert werden dürfen.

---

1 BFH v. 20.11.1962, BStBl 1963 III, 113.
2 Siehe Kap. C.II.3.b).

Der Bilanzansatz dem Grunde nach

ungewisse künftige Aufwendungen aus Aussenverpflichtungen

- ohne zuordenbare Erträge → **Rückstellung für ungewisse Verbindlichkeiten**
- mit zuordenbaren Erträgen
  - vergangene Erträge → Erfüllungsrückstand
  - (mögliche) zukünftige Erträge → **Drohverlustrückstellung**

Drohverlustrückstellung

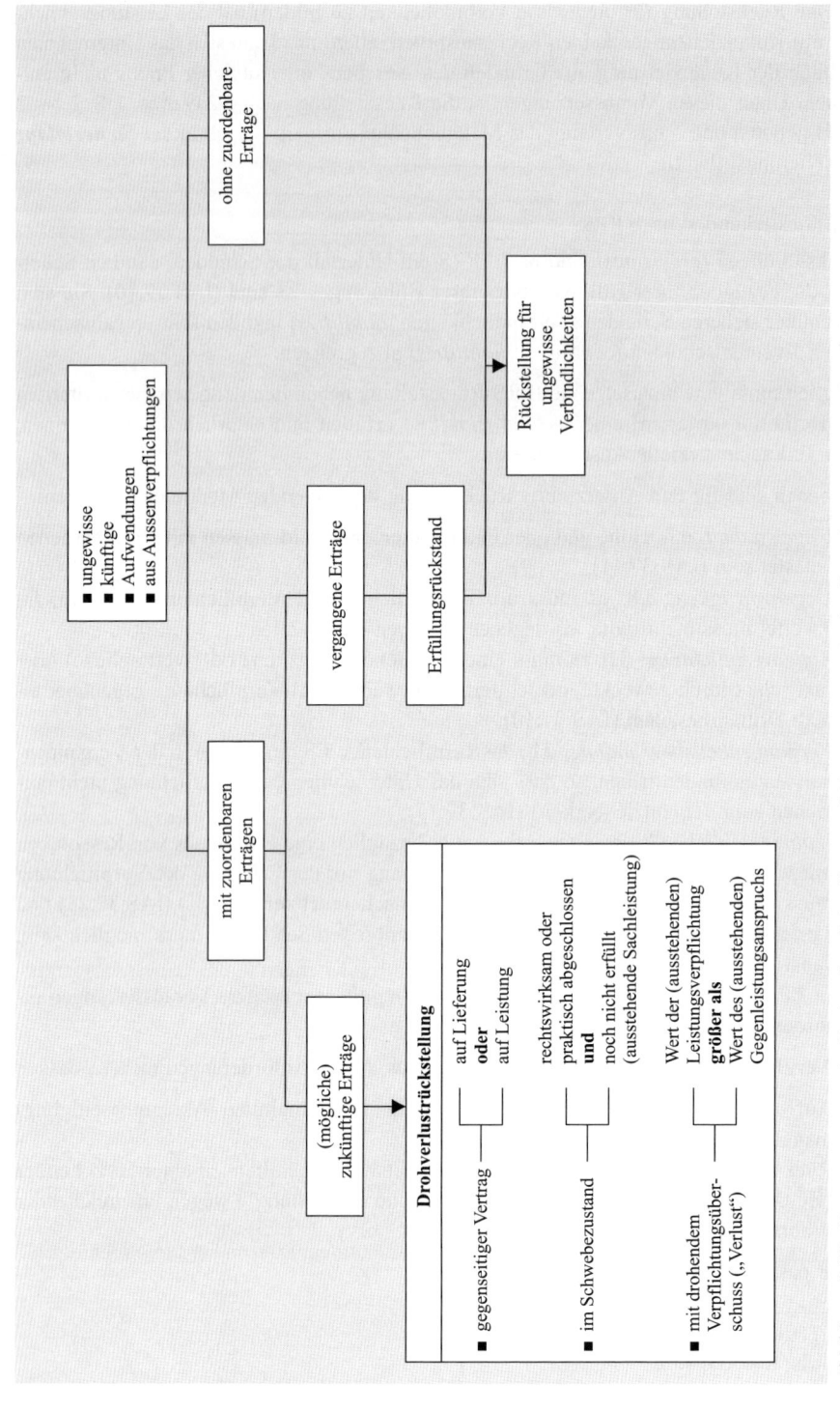

- gegenseitiger Vertrag — auf Lieferung **oder** auf Leistung
- im Schwebezustand — rechtswirksam oder praktisch abgeschlossen **und** noch nicht erfüllt (ausstehende Sachleistung)
- mit drohendem Verpflichtungsüberschuss („Verlust") — Wert der (ausstehenden) Leistungsverpflichtung **größer als** Wert des (ausstehenden) Gegenleistungsanspruchs

Abbildung C-33: Voraussetzungen der Drohverlustrückstellung und Abgrenzung zur Rückstellung für ungewisse Verbindlichkeiten

Bilanzierungsgebote nach HGB, EStG und IFRS

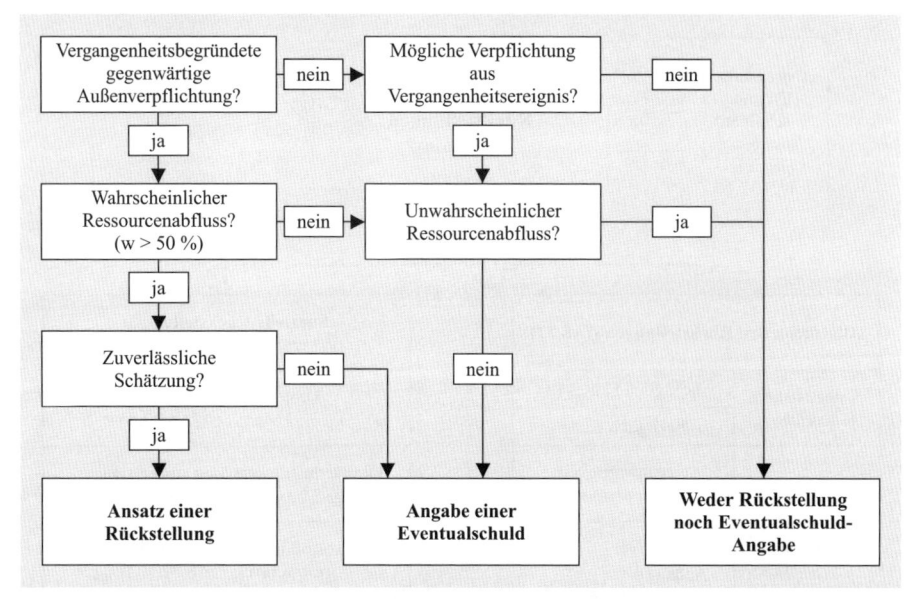

```
┌─────────────────────┐      ┌─────────────────────┐
│ Vergangenheitsbe-   │      │ Mögliche Verpflich- │
│ gründete gegen-     │─nein→│ tung aus Vergangen- │─nein→
│ wärtige Außen-      │      │ heitsereignis?      │
│ verpflichtung?      │      │                     │
└──────────┬──────────┘      └──────────┬──────────┘
           ja                           ja
           ↓                            ↓
┌─────────────────────┐      ┌─────────────────────┐
│ Wahrscheinlicher    │      │ Unwahrscheinlicher  │
│ Ressourcenabfluss?  │─nein→│ Ressourcenabfluss?  │─ja→
│ (w > 50 %)          │      │                     │
└──────────┬──────────┘      └──────────┬──────────┘
           ja                           nein
           ↓                            
┌─────────────────────┐                
│ Zuverlässige        │─nein→         nein
│ Schätzung?          │                
└──────────┬──────────┘                
           ja                           
           ↓                            ↓                           ↓
   ┌───────────────┐           ┌───────────────┐          ┌──────────────────┐
   │ Ansatz einer  │           │ Angabe einer  │          │ Weder Rückstellung│
   │ Rückstellung  │           │ Eventualschuld│          │ noch Eventual-    │
   │               │           │               │          │ schuld-Angabe     │
   └───────────────┘           └───────────────┘          └──────────────────┘
```

Abbildung C-34: Abgrenzung von Rückstellungen und Eventualschulden nach IFRS

IAS 37 regelt die Rückstellungsbildung und Bewertung im Allgemeinen, sowie zwei Spezialfälle:

- Eine *Drohverlustrückstellung* muss nach IAS 37.66–69 gebildet werden, wenn ein Unternehmen einen Vertrag abgeschlossen, aber noch nicht erfüllt hat, bei dem die unvermeidbaren Kosten zur Vertragserfüllung höher als der erwartete wirtschaftliche Nutzen sind (belastender Vertrag, *onerous contract*, IAS 37.10). Einer Rückstellungsbildung geht eine Wertminderung der Vermögenswerte vor, die mit dem Vertrag verbunden sind.
- Eine *Restrukturierungsrückstellung* setzt nach IAS 37.70 ff. über die allgemeinen Rückstellungsbedingungen hinaus voraus:
  - eine *Restrukturierungsmaßnahme* (Verkauf oder Beendigung eines Geschäftszweigs, Stilllegung oder Verlegung eines Standorts, Änderung der Managementstruktur, wesentliche Umorganisation) und
  - einen detaillierten, formalen *Restrukturierungsplan* (mit bestimmten Angaben gem. IAS 37.72a) und
  - *Erwartungsweckung* über die Durchführung bei den Betroffenen.

Besondere Anwendungsregelungen zur Bildung von speziellen Rückstellungen bestehen u.a. in den IAS 11 (Drohverlustrückstellung bei Fertigungsaufträgen), IAS 12 (Rückstellungen für tatsächliche und latente Steuern), IAS 17 (Rückstellung bei Leasingverhältnissen) und in IAS 19 (Rückstellungen für Verpflichtungen gegenüber Arbeitnehmern).

Der Bilanzansatz dem Grunde nach

| Abgrenzung zu Eventualschulden (contingent liabilities) IAS 37.10 | → | **Rückstellungen** (provisions) | ← | Abgrenzung zu Schulden (accruals) IAS 37.11 |

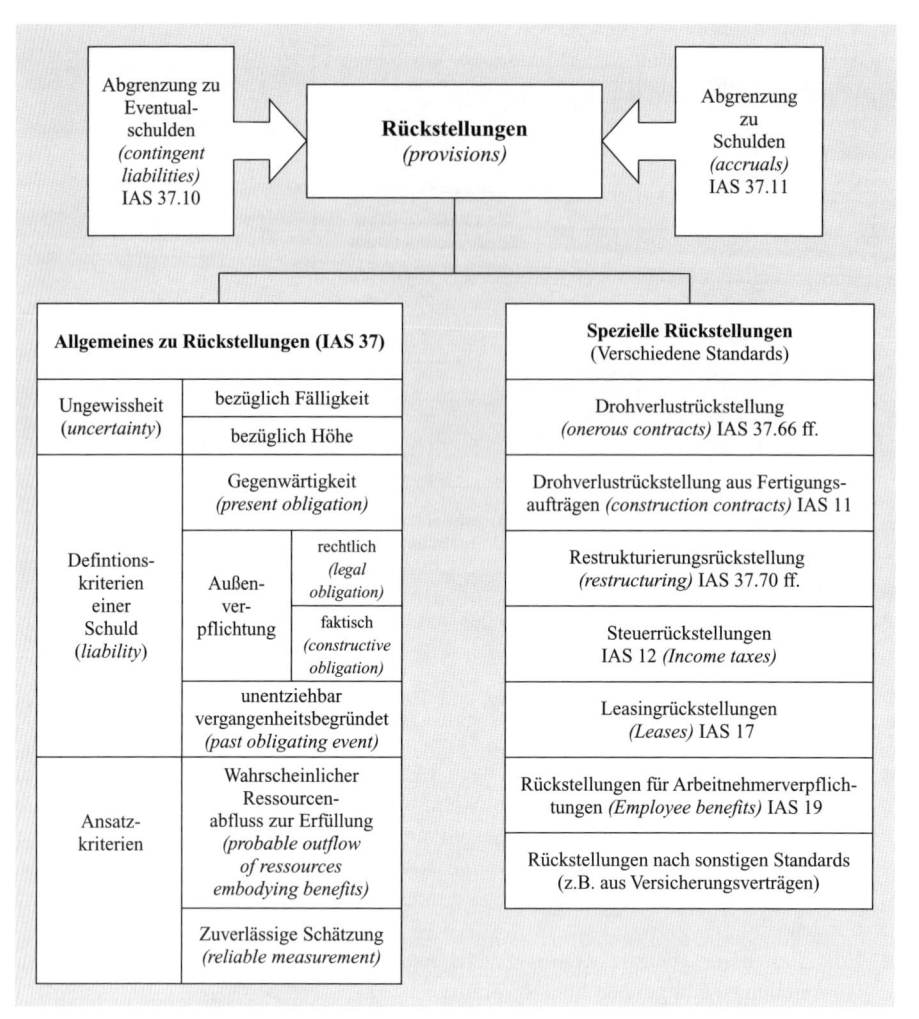

Allgemeines zu Rückstellungen (IAS 37)			**Spezielle Rückstellungen** (Verschiedene Standards)
Ungewissheit (uncertainty)	bezüglich Fälligkeit		Drohverlustrückstellung (onerous contracts) IAS 37.66 ff.
	bezüglich Höhe		
Definitionskriterien einer Schuld (liability)	Gegenwärtigkeit (present obligation)		Drohverlustrückstellung aus Fertigungsaufträgen (construction contracts) IAS 11
	Außenverpflichtung	rechtlich (legal obligation)	Restrukturierungsrückstellung (restructuring) IAS 37.70 ff.
		faktisch (constructive obligation)	Steuerrückstellungen IAS 12 (Income taxes)
	unentziehbar vergangenheitsbegründet (past obligating event)		Leasingrückstellungen (Leases) IAS 17
Ansatzkriterien	Wahrscheinlicher Ressourcenabfluss zur Erfüllung (probable outflow of ressources embodying benefits)		Rückstellungen für Arbeitnehmerverpflichtungen (Employee benefits) IAS 19
			Rückstellungen nach sonstigen Standards (z.B. aus Versicherungsverträgen)
	Zuverlässige Schätzung (reliable measurement)		

Abbildung C-35: Rückstellungen nach IFRS

c) *Verbindlichkeiten*

ca) Verbindlichkeiten nach HGB und EStG

Zu den Verbindlichkeiten gehören gem. § 266 Abs. 3 Pos. C *HGB*:

- Anleihen,

  d.s. langfristige Kapitalmarktkredite, die durch Ausgabe von (Teil-)Schuldverschreibungen verbrieft sind;

- Verbindlichkeiten gegenüber Kreditinstituten,

  d.s. alle kurz-, mittel- oder langfristigen, von Banken tatsächlich in Anspruch genommenen Kredite;

- erhaltene Anzahlungen auf Bestellungen,

  d.s. – soweit nicht schon bei den Vorräten offen abgesetzt – von Kunden erhaltene Anzahlungen auf Bestellungen;

- Verbindlichkeiten aus Lieferungen und Leistungen,
  d.s. die im Geschäftsverkehr mit Lieferanten entstandenen Liefer- und Leistungsschulden;
- Wechselverbindlichkeiten,
  d.s. die durch Annahme gezogener oder Ausstellung eigener Wechsel entstandenen Schulden (Schuldwechsel);
- Verbindlichkeiten gegenüber verbundenen Unternehmen,
  d.s. sämtliche Verbindlichkeiten aus dem Geschäftsverkehr mit verbundenen Unternehmen i.S.d. § 271 Abs. 2 HGB;
- Verbindlichkeiten gegenüber Beteiligungsunternehmen,
  d.s. sämtliche Verbindlichkeiten aus dem Geschäftsverkehr mit Unternehmen, mit denen ein Beteiligungsverhältnis i.S.d. § 271 Abs. I HGB besteht;
- sonstige Verbindlichkeiten,
  d.i. ein Sammelposten für die bisher noch nicht erfassten Verbindlichkeiten, wozu z.B. Verbindlichkeiten aus Steuern, im Rahmen der sozialen Sicherheit, gegenüber Mitarbeitern, aus antizipativen Posten usw. gehören.

Bilanzrechtlich erfordert eine Verbindlichkeit eine dem Grunde und der Höhe nach am Bilanzstichtag feststehende, das Unternehmen voraussichtlich belastende Geld-, Sach- oder Dienstleistungsverpflichtung gegenüber einem Dritten. Die Leistungsverpflichtung kann in einem einklagbaren privat- oder öffentlich-rechtlich begründeten Anspruch (z.B. Kaufpreisschuld, Steuerschuld) oder in einer faktischen Verpflichtung begründet sein, der sich der Bilanzierende nicht entziehen kann (z.B. übliche, freiwillige Zahlung eines Kundenbonus). Auf die Fälligkeit kommt es nicht an, wohl aber auf die weitgehende Sicherheit der Inanspruchnahme bzw. der wirtschaftlichen Belastung.[1] Wird eine Leistung aufgrund eines Dauerschuldverhältnisses geschuldet, so besteht die Belastung insoweit, als die Gegenleistung erbracht wurde und die eigene Leistung noch aussteht (z.B. Mietrückstand). Aufschiebend bedingte Verpflichtungen (Eventualverbindlichkeiten)[2] sind erst ab Bedingungseintritt, auflösend bedingte Verpflichtungen bis zum Bedingungseintritt als Verbindlichkeit zu bilanzieren. Nach dem Saldierungsverbot des § 246 Abs. 2 HGB dürfen Verbindlichkeiten nicht mit Forderungen verrechnet werden; unberührt bleibt allerdings die Möglichkeit der Aufrechnung bis zum Bilanzstichtag. Sie führt zum Erlöschen von Forderungen und Verbindlichkeiten, soweit die Aufrechnung reicht (§§ 387, 389 BGB). Schließlich ist bei einem schwebenden Geschäft eine Verbindlichkeit nach den GoB noch nicht anzusetzen.[3]

Bei Personen- und Kapitalgesellschaften besteht Passivierungspflicht für alle von der Gesellschaft eingegangenen Verbindlichkeiten. Verbindlichkeiten der Gesellschafter dürfen handelsrechtlich nicht bilanziert werden. Beim Einzelkaufmann umfasst die Bilanzierungspflicht nach den oben[4] erläuterten Prinzipien nur die geschäftlich veranlassten Verbindlichkeiten, nicht auch die Privatschulden.

Steuerrechtlich gelten bei Einzelkaufleuten und Kapitalgesellschaften dem deutschen Handelsrecht entsprechende Bilanzierungsregeln[5]; bei Personengesellschaften sind die

---

1 BFH v. 9.2.1993, BStBl 1993 II, 543.
2 Siehe aber § 251 HGB und Kap. E.II.3.ce).
3 Siehe Kap. B.II.10.c).
4 Siehe Kap. C.II.1.c) und III.1.ba).

oben dargestellten Besonderheiten zu beachten. Bei Personenunternehmen ist vor allem die Abgrenzung von Betriebs- und Privatschulden und die Behandlung als Sonderbetriebsvermögen von Bedeutung.[1] Für die Passivierung ist dabei entscheidend, dass der auslösende Vorgang für die Entstehung der Verbindlichkeit im betrieblichen Bereich liegt.[2] Bei Kapitalgesellschaften sind auch *eigenkapitalersetzende Darlehen* als Verbindlichkeiten – nicht als verdecktes Eigenkapital – anzusetzen.[3]

Für die Passivierung von *Verbindlichkeiten, deren Erfüllung vom Anfallen künftiger Einnahmen und Gewinnen abhängig ist* (z.B. Filmkredite), sieht § 5 Abs. 2a EStG einen Passivierungsaufschub bis zum Anfallen der Einnahmen oder Gewinne vor. Für Verbindlichkeiten, die nur aus den Reingewinnen der folgenden Jahre zurückzuzahlen sind, hat dies sowohl für das Handels- wie das Steuerbilanzrecht schon eine langjährige Rechtsprechung von RG, RFH und BFH vertreten, weil das (gegenwärtige) Vermögen des Schuldners in keiner Weise belastet sei.[4] Beim Anknüpfen der Tilgung an anderen Größen (Umsatzerlöse, Einspielergebnisse von Filmen) hat die von der Finanzverwaltung abgelehnte Rechtsprechung[5] jedoch Passivierungspflicht verlangt. Die gesetzliche Regelung eines Passivierungsaufschubs stellt jetzt auf „Gewinne" und „Einnahmen" ab. Bezüglich der Verbindlichkeiten mit einnahmenabhängiger Tilgung kommt es jetzt zu einem Auseinanderfallen von Handels- und Steuerbilanz und damit zu aktiven latenten Steuern.

cb) Verbindlichkeiten nach IFRS

Nach den *IFRS* (IASB-F 4.4b, 4.15) umfassen die zu passivierenden Schulden *(liabilities)*

- gegenwärtige wirtschaftliche Verpflichtungen des Unternehmens,
- die aus Ereignissen der Vergangenheit resultieren und
- von deren Erfüllung ein „Ressourcenabfluss" erwartet wird

(Definitionskriterien).

Sie sind zwingend zu bilanzieren, wenn der werthaltige Abfluss an Nutzenpotentialen wahrscheinlich *(probable)* ist und der Wert der Schulden zuverlässig ermittelt *(reliable measurement)* werden kann (Ansatzkriterien, IASB-F 4-46).[6] Abzugrenzen sind die „sicheren" Verbindlichkeiten *(liabilities)* von den „unsicheren" Rückstellungen *(provisions)* und den in der Bilanz nicht dargestellten „möglichen" Eventualverbindlichkeiten *(contingent liabilities)*. Einen Sonderfall der zur Rechnungsabgrenzung eingesetzten Verbindlichkeiten bilden die „abgegrenzten Schulden" *(accruals,* IAS 37.11).

Eine gesonderte Kategorie, für die eigenständige Bewertungs- und Offenlegungsregeln bestehen (IAS 39/IFRS 9 bzw. IAS 32), bilden die Finanzschulden *(financial liabilities)*.

---

5 Z.B. BFH v. 26.6.1980, BStBl 1980 II, 506.
1 Siehe Kap. C.III.1.ba) und bb).
2 BFH v. 12.9.1985, BStBl 1986 II, 255 m.w.N.
3 BFH v. 5.2.1992, BStBl 1992 II, 532.
4 Ausführliche Fundstellen im BFH-Urt. v. 20.9.1995, BStBl II 1997, 320.
5 BFH-Urt. v. 20.9.1995, BStBl II 1997, 320.
6 Zu Einzelheiten siehe C.III.2.

Ihr Kennzeichen ist die Verpflichtung zur Übertragung von Zahlungsmitteln oder Eigenkapitalinstrumenten. Zu ihnen gehören z.B.[1]

- Anleihen,
- Verbindlichkeiten gegenüber Kreditinstituten,
- Verbindlichkeiten aus Lieferungen und Leistungen,
- Wechselverbindlichkeiten und
- Verbindlichkeiten gegenüber verbundenen Unternehmen und Beteiligungsunternehmen.

Für Zwecke der Bewertung werden die financial liabilities in solche unterschieden, die zum beizulegenden Zeitwert *(fair value)* bewertet werden *(financial liabilities at fair value through profit or loss)* und andere *(other)*. Die erste Gruppe umfasst die im Zugangszeitpunkt ausdrücklich und unwiderruflich zur Zeitwertbewertung bestimmten finanziellen Schulden *(designated by the entity as at fair value through profit or loss)* und für Handelszwecke gehaltene finanzielle Verbindlichkeiten *(held for trading)*. Der hiervon nicht erfasste Rest *(other financial liabilities)* umfasst i.d.R. die Hauptmenge der Finanzschulden.

Es verbleibt noch die Restmenge von Verbindlichkeiten, die keine Finanzinstrumente darstellen *("sonstige Verbindlichkeiten")*. Sie enthalten Sach- oder Dienstleistungsverpflichtungen (z.B. erhaltene Anzahlungen auf Bestellungen, Rechnungsabgrenzungsposten *(accruals)* und bestimmte Steuerverbindlichkeiten.

Einen Überblick der IFRS-spezifischen Klassifikation gibt Abbildung C-36.

In der Bilanzgliederung sind Verbindlichkeiten i.d.R. nach der Fristigkeit zu differenzieren:

Kurzfristige Schulden *(current liabilities)* liegen nach IAS 1.69 vor, wenn

- ihre Tilgung innerhalb des gewöhnlichen Geschäftszyklus *(normal operating cycle)* oder innerhalb von 12 Monaten erwartet wird oder
- die Verbindlichkeit primär zu Handelszwecken *(trade)* gehalten wird oder
- kein uneingeschränktes Recht des Unternehmens zur Erfüllungsverschiebung um mindestens 12 Monate besteht.

Alle anderen Schulden sind als *langfristige (non current)* Schulden einzustufen.

Die IFRS nennen insbes. folgende *Arten der Verbindlichkeiten* (IAS 1.69–76):

- Langfristige Schulden:
  - Langfristige Darlehensverbindlichkeiten (Langfristfinanzierung),
  - Latente Steuerschulden,
  - Pensionsverpflichtungen,
  - Sonstige langfristige Verbindlichkeiten.
- Kurzfristige Schulden
  - Verbindlichkeiten aus Lieferungen und Leistungen,
  - Verbindlichkeiten für personalbezogene Aufwendungen,
  - Verbindlichkeiten für andere betriebliche Aufwendungen,

---

[1] Zu Einzelheiten siehe IAS 32 und 39.

Der Bilanzansatz dem Grunde nach

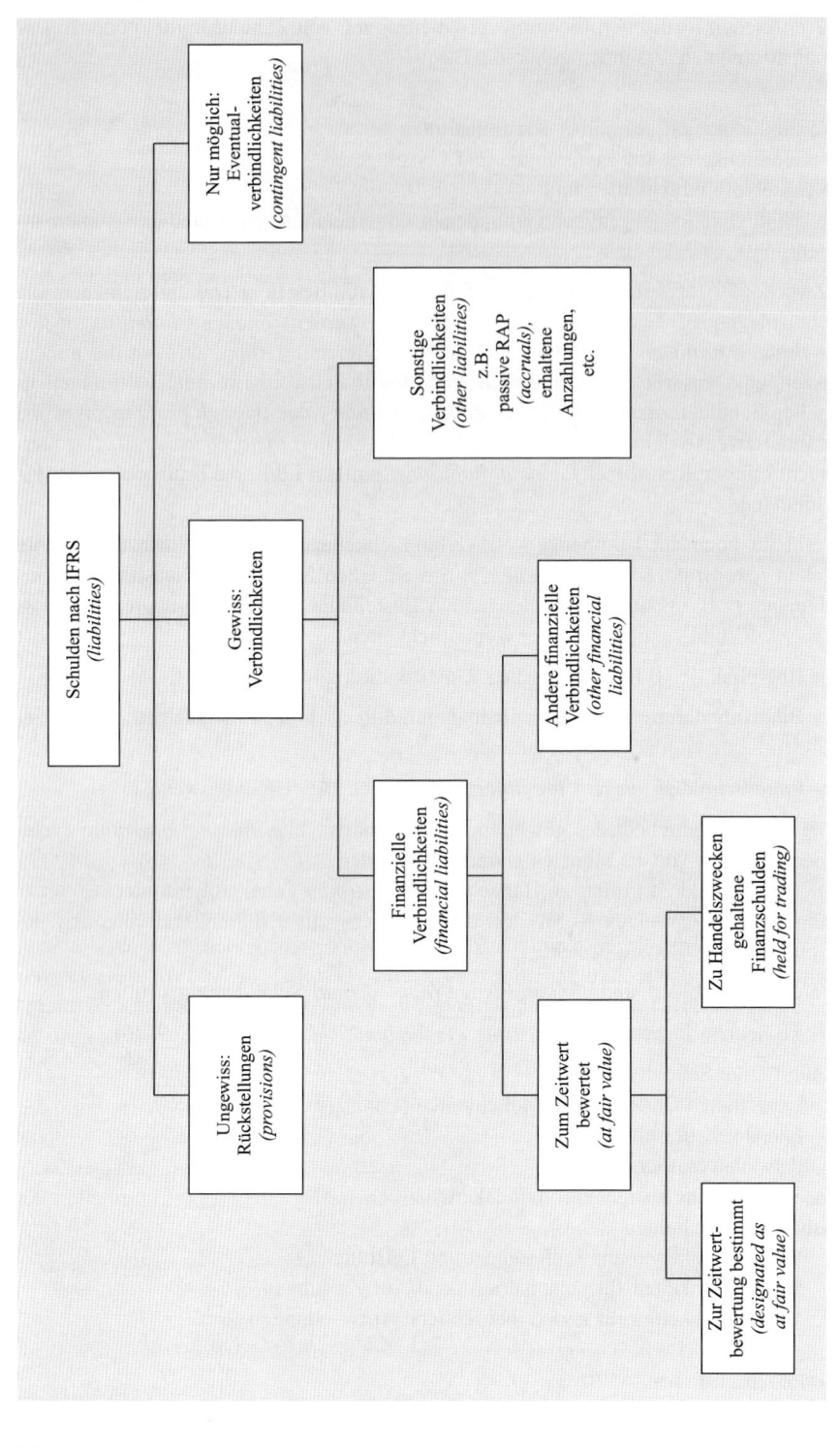

```
Schulden nach IFRS
(liabilities)
├── Nur möglich: Eventualverbindlichkeiten (contingent liabilities)
├── Gewiss: Verbindlichkeiten
│   ├── Sonstige Verbindlichkeiten (other liabilities) z.B. passive RAP (accruals), erhaltene Anzahlungen, etc.
│   └── Finanzielle Verbindlichkeiten (financial liabilities)
│       ├── Andere finanzielle Verbindlichkeiten (other financial liabilities)
│       └── Zum Zeitwert bewertet (at fair value)
│           ├── Zu Handelszwecken gehaltene Finanzschulden (held for trading)
│           └── Zur Zeitwertbewertung bestimmt (designated as at fair value)
└── Ungewiss: Rückstellungen (provisions)
```

Abbildung C-36: Schulden nach IFRS

- Kontokorrentverbindlichkeiten,
- Verbindlichkeiten aus kurzfristigen Darlehen,
- Dividendenverbindlichkeiten,
- Kurzfristige Steuerschulden,
- Sonstige kurzfristige Verbindlichkeiten.

Im Vergleich zum *HGB* ist der Ansatz von Verbindlichkeiten nach IFRS teilweise enger (wegen den engeren Definitions- und Ansatzkriterien und dem weniger strengen Vorsichtsprinzip), vielfach aber auch weiter (z.B. wegen der engeren Eigenkapital-Definition bei Personengesellschaften, den umfangreicheren Leasingverbindlichkeiten und dem Saldierungsverbot bei latenten Steuern).

d) Passive Rechnungsabgrenzungsposten[1]

Unter diesen der Periodenabgrenzung dienenden, gleichermaßen in **Handels- und Steuerbilanz** obligatorisch anzusetzenden Posten (§§ 250 Abs. 1 Nr. 2 HGB, 5 Abs. 5 Satz 1 Nr. 2 EStG) fallen:

- Einnahmen vor dem Abschlussstichtag,
  Hierzu zählen Einzahlungen, Forderungszugänge und Verbindlichkeitsabgänge vor dem Ende des Bilanzstichtags.
- soweit sie Ertrag einer bestimmten Zeit nach diesem Tag darstellen.
  Eine Einnahme ist als Ertrag grundsätzlich jener Periode zuzurechnen, in der die Gegenleistung erbracht wird, für die die Einnahme empfangen wurde.

Beispiele für passive Rechnungsabgrenzungsposten sind: im Voraus vereinnahmte Miet-, Pacht- und Kapitalzinsen, im Voraus empfangene zeitabhängige Vergütungen für Dienstleistungen, Unterlassungen oder Duldungen.

Nach **internationalen Rechnungslegungsstandards** werden passive RAP wie unter Kap. C.II.1.d) dargestellt behandelt.

e) Passive latente Steuern

Wurden in der **Handelsbilanz** einer mittelgroßen oder großen Kapitalgesellschaft oder KapCoGes Vermögensgegenstände höher oder Schulden niedriger erfasst als in der Steuerbilanz und ergibt sich ein temporärer Ausgleich so besteht – *bei unsaldiertem Ausweis* – eine handelsrechtliche Passivierungspflicht für einen Posten „Passive latente Steuern" (§§ 274 Abs. 1 S. 1, 266 Abs. 3 E HGB). Gleiches gilt auch, wenn sich saldierender *Gesamtdifferenzenbetrachtung* ein Überhang künftiger *Steuerbelastungen* ergibt.

Der Posten stellt weder einen Schuldposten noch einen Rechnungsabgrenzungsposten dar, sondern ist ein *„Sonderposten eigener Art"* oder eine *„Bilanzierungshilfe"*. Er ist aufzulösen, wenn umkehrbedingt die Steuerbelastung eintritt oder mit der passiven Steuerlatenz nicht mehr zu rechnen ist (z.B. Steuergesetzesänderung). Zu Einzelheiten des Ansatzes latenter Steuern siehe Kap. C.II.1.e).

---

[1] Zum Sachverhalt der Rechnungsabgrenzung und ihrer bilanziellen Behandlung s. auch Abbildung C-24.

Nach *IFRS* besteht ein *Passivierungsgebot* (IAS 12.15) für auf ähnliche Weise ermittelt passive latente Steuern. IAS 12.5 definiert latente Steuerschulden als „Beträge an Ertragsteuern, die in zukünftigen Perioden resultierend aus zu versteuernden temporären Differenzen zahlbar sind". Temporäre Differenzen sind nach IAS 12.5 Unterschiedsbeträge zwischen den Buchwerten eines Vermögenswertes und einer Schuld in der Bilanz und dem Steuerwert. Zu Einzelheiten siehe Kap. C.II.1.e). Im Gegensatz zu HGB gilt nach IFRS das Brutto-Ausweisgebot: Eine Saldierung von aktiven und passiven latenten Steuern ist nur unter sehr eingeschränkten Bedingungen zulässig (IAS 12.28.29).

Steuerbilanziell kommt ein Ansatz von passiven latenten Steuern mangels GoB-Charakters der Regelung (Spezialvorschrift für Kapitalgesellschaften) und fehlender Eigenschaft als negatives Wirtschaftsgut nicht in Betracht *(Bilanzierungsverbot)*.

f) Sonderposten „negativer Geschäftswert" (Ausgleichsposten)

Während für Aufwendungen für die eigene Schaffung eines (originären) Geschäftswertes ein Aktivierungsverbot besteht (§ 248 Abs. 2 HGB), muss in der **Handels- und Steuerbilanz** ein „Unterschiedsbetrag, um den die für die Übernahme eines Unternehmens bewirkte Gegenleistung den Wert der einzelnen Vermögensgegenstände des Unternehmens abzüglich der Schulden im Zeitpunkt der Übernahme übersteigt" (positiver derivativer Geschäftswert gem. § 246 Abs. 1 S. 4 HGB, *„goodwill"*) aktiviert werden.[1] Nicht geregelt ist im Handels- und Steuerrecht die Frage, wie eine negative Differenz zwischen Übernahmegegenleistung und den Buchwerten des übernommenen Reinvermögens bilanziell zu behandeln ist. Gründe für einen unter dem Buchkapital liegenden Kaufpreis können in der Erwartung schlechter Erträge oder beträchtlicher Belastungen *(„badwill")*, aber auch in einem durch Zufall, Macht oder Zwangslage günstigen Kauf *(„lucky buy")* liegen. Im erstgenannten Fall ist der Minderpreis Ausdruck des mitgekauften „Verlustpotentials", des gegenüber der Summe der Substanzwerte der Einzelwirtschaftsgüter niedrigeren Ertragswertes des Gesamtunternehmens.

Die Anschaffung des übernommenen Reinvermögens zu einem niedrigeren Kaufpreis würde zu einem Buchgewinn des Erwerbsvorganges führen, was dem Realisationsprinzip und dem Grundsatz der Erfolgsneutralität von Anschaffungsvorgängen widerspricht. Nach h.M.[2] ist **handelsrechtlich** zunächst eine *Abstockung der Buchwerte* der übernommenen Aktiva (außer Geldpositionen) und ggf. eine *Buchwertaufstockung der Passiva* vorzunehmen. Das ist im Hinblick auf den Grundsatz der Einzelbewertung nicht unproblematisch und reicht u.U. auch nicht aus, zumal Positionen mit Nominalwerten (Kasse, Bankguthaben, börsennotierte Wertpapiere, Geldverbindlichkeiten etc.) ohnehin nicht einbezogen werden dürfen. Ein verbleibender Differenzbetrag ist als *„negativer Geschäftswert"* oder „Unterschiedsbetrag aus Unternehmensübernahme"[3] zu passivieren, womit sich das Entstehen eines Erwerbsgewinns kompensieren lässt. Eine Mindermeinung sieht im nach Abstockung verbleibenden Restbetrag eine „Zuzahlung" des Verkäufers, die vom Käufer als Ertrag zu vereinnahmen ist.[4]

---

1 Siehe hierzu auch Kap. C.V.1.aad).
2 WPH 2017, F 307 m.w.N.
3 MUJKANOVIC, WPg 1994, S. 522.

Steuerlich behilft sich die Rechtsprechung zur Herstellung der Erfolgsneutralität des Anschaffungsvorganges ebenfalls mit der Bildung eines entsprechenden *passiven Ausgleichspostens*.[1] Ein bilanztechnisch sonst entstehender „Anschaffungsertrag" ist durch einen „passiven Ausgleichsposten" zu kompensieren um – ausgehend vom Realisationsprinzip – den Anschaffungsvorgang erfolgsneutral zu halten.

Nach ***IFRS*** 3.34 ff. ist ein negativer Geschäfts- oder Firmenwert ein Überschuss der beizulegenden Zeitwerte des Reinvermögens über die Anschaffungskosten nach erneuter Identifizierung und Bewertung der Vermögenswerte und Schulden sofort erfolgswirksam zu erfassen. Ein Sonderposten für einen *„negative goodwill"* ist damit nicht vorgesehen.

VI. Gemeinsamkeiten und Unterschiede der Ansätze dem Grunde nach gemäß HGB, IFRS und EStG

Die im Einzelnen im Kapitel C. dargestellten Gemeinsamkeiten und Unterschiede beim Bilanzansatz dem Grunde nach in der Handelsbilanz nach den Rechnungslegungssystemen des deutschen HGB, der IFRS und dem EStG werden im nachfolgenden Tableau C-37 systematisch zusammengefasst.

---

4 Z.B. PICKHARDT, DStR 1997, S. 1005.
1 BFH v. 21.4.1994, BStBl II, S. 745; BFH v. 26.4.2006, BFH/NV 2006 S. 1566.

Bilanzansätze nach	HGB (insbes. KapGes und KapGes&Co) §§ = HGB	IFRS F = IASB-Rahmenkonzept	EStG §§ = EStG, R = EStR
Aktiva			
Aktivierungsgegenstände	Vermögensgegenstände (nicht gesetzlich definiert) aktive RAP aktive latente Steuern aktiver Unterschiedsbetrag aus der Vermögensverrechnung	gg. HGB weiterer Begriff: Vermögenswerte (*asset* F 4.4 a, 4.8 ff., IAS 38.8)	Positive Wirtschaftsgüter Identitätsthese: wie HGB-Vermögensgegenstände (Rspr.) **keine Aktivierungshilfen** PersUntern.: nur notw./gewillk. BV, nicht verlustgezeichnete WG (Rspr.)
Aktivierungskriterien	subjektive Zurechenbarkeit (§ 246 Abs. 1 S. 2) **kein Bilanzierungsverbot**	**Wahrscheinlichkeit künftigen Nutzenzuflusses** (F 4.40) **Verlässliche Bewertung** (F 4.41 ff.)	Subjektive Zurechenbarkeit BV-Zugehörigkeit Kein Bilanzierungsverbot
Ausstehende Einlagen/ *capital not yet paid in*	Aktivierungsverbot EK-Absetzung (§ 272); eingefordert: Aktivierungspflicht als Forderung (§ 272 Abs. 1)	Aktivierungsverbot EK-Verrechnung	Aktivierungspflicht als Forderung wenn eingefordert (Rspr.)
Ingangsetzungs-/ Erweiterungsaufwand	Aktivierungsverbot	i. d. R. Aktivierungsverbot (IAS 38.69a); Aktivierungspflicht nur sofern *asset*	Aktivierungsverbot, kein Wirtschaftsgut
Gründungs-/ Eigenkapitalbeschaffungsaufwand	**Aktivierungsverbot** (§ 248 Abs. 1 Nr. 1, 2)	Aktivierungspflicht nur sofern *asset* (ungeregelt), Aktivierungsverbot für *start-up-costs* (IAS 38.69a)	Aktivierungsverbot, kein Wirtschaftsgut
Anlagevermögen, allgemein / *non current assets*	Bestimmung, dem Geschäftsbetrieb dauernd zu dienen (§ 247 Abs. 2)	Langfristigkeit (**IAS 1.60 ff., Zwölf-Monatsgrenze, Geschäftszyklus**)	Bestimmung, dauernd dem Betrieb zu dienen (R 6.1 Abs. 1)
Immaterielles Vermögen/ *intangible assets*	Umfang gem. § 266 Abs. 2 A I soweit entgeltlich erworben: Aktivierungspflicht (§ 246 Abs. 1) nicht entgeltlich erworben (selbsterstellt):	**Definitionskriterien (IAS 38.8-17) Entgeltlicher Erwerb:** Aktivierungspflicht, wenn **Definitions- und Ansatzkriterien erfüllt (IAS 38.21-23)** Nichtentgeltlicher Erwerb	Rechte, rechtsähnliche Werte, sonstige Vorteile (R 5.5 Abs. 1 S. 1) Entgeltlich erworben: Aktivierungspflicht (§ 5 Abs. 2) Auch bei Einlage (R 5.5 Abs. 2) Nicht entgeltlich erworben:

Bilanzierungsgebote nach HGB, EStG und IFRS

	HGB	IFRS	EStG
Immaterielles Vermögen / *intangible assets*	Aktivierungswahlrecht für Entwicklungsergebnisse (§ 248 Abs. 2) Aktivierungsverbot für Marken, Drucktitel, Verlagsrechte, Kundenlisten und vergleichbare Vermögensgegenstände (§ 248 Abs. 2 S. 2)	(Selbsterstellung): Aktivierungspflicht für Entwicklungskosten, sofern zusätzliche Kriterien erfüllt sind (IAS 38.51 ff. insbes. 57), sonst Aktivierungsverbot, insbes. für Forschungskosten (IAS 38.54), selbstgeschaffene Marken etc. (IAS 38.63–67)	Aktivierungsverbot (§ 5 Abs. 2), nicht bei unentgeltl. Betriebsübergang und Einlage (R 5.5 Abs. 3)
Originärer (selbstgeschaffener) Geschäftswert/*internally generated goodwill*	Aktivierungsverbot (kein Vermögensgegenstand) § 248 Abs. 2	Aktivierungsverbot (IAS 38.48)	Aktivierungsverbot (§ 5 Abs. 2)
Derivativer (entgeltlich erworbener) Geschäftswert / *acquired goodwill*	**Aktivierungspflicht (§ 246 Abs. 1 S. 1, 4)**	Aktivierungspflicht bei *asset deal* (IFRS 3.32)	Aktivierungspflicht (BFH-Rspr.)
Sachanlagen/*property, plant and equipment; investment property*	Aktivierungspflicht soweit ■ dauernd dem Geschäftsbetrieb dienende ■ materielle Vermögensgegenstände (§§ 246, 247 Abs. 1, 2; 266 Abs. 2 A II)	Aktivierungspflicht, wenn ■ materielle Vermögenswerte für Herstellung, Lieferung, Vermietung, Verwaltung gehalten ■ Nutzung > 1 Periode ■ wahrscheinlicher Nutzenzufluss ■ AHK verlässlich zu bewerten (IAS 16.6 u. 7) **Sonderregelungen** für Als Finanzinvestition gehaltene Immobilien (IAS 40), Zur Veräußerung gehaltene langfristige Vermögenswerte (IFRS 5)	Gem. Maßgeblichkeitsprinzip wie HGB (§ 5 Abs. 1 S. 1; R 6.1 Abs. 1)
Leasingvermögen/*lease*	Zurechnung nach wirtschaftlicher Zugehörigkeit (i.d.R. nach steuerlichen Leasingerlassen) Differenzierung nach Mobilien-/Immobilienleasing, Amortisations- und Teilamortisationsleasing Ansatzverbot bei Operatingleasing beim Leasingnehmer (§ 246 Abs. 1 S. 2)	weitere LN-Zurechnung aller *finance lease*-Objekte; **andere** – qualitative – **Kriterien** als HGB (IAS 17.7 ff.) nach Übertragung von Risiken und Chancen des Leasingobjekts, mit Beispielen und Indikatoren; ggf. Aufteilung beim Immobilienleasing Ansatzverbot bei Operatingleasing beim Leasingnehmer (IAS 17.49) Ab 1.1.2019 mit IFRS 16: i.d.R. Ausweis des Nutzungsrechts für alle Miet-/Leasinggeschäfte beim Leasingnehmer	Zurechnung nach wirtschaftlicher Zugehörigkeit (§ 39 AO, Rspr., Leasingerlasse) Differenzierung nach Mobilien-/Immobilienleasing, Amortisations- und Teilamortisationsleasing

Bilanzansätze nach	HGB (insbes. KapGes und KapGes&Co) §§ = HGB	IFRS F = IASB-Rahmenkonzept	EStG §§ = EStG, R = EStR
Finanzanlagen/*financial assets*	Aktivierungspflicht soweit Vermögensgegenstände (§§ 246 Abs. 1, 266 Abs. 2 A III, 271 Abs. 1)	Aktivierungspflicht wenn *assets* (IAS 39.8-11/IFRS 9.2.1 ff.) und Ansatzkriterien (IAS 39.14/IFRS 9.3.1.1) erfüllt **Wertpapierkategorien**: (IAS 32, IAS 39.9/IFRS 9.4.1.1 ff.) ■ AFV- (HFT-, FVO-Werte) ■ HTM-Werte ■ LAR-Werte ■ AFS-Werte (s. Abb. C-22/C-24)	Aktivierungspflicht gem. Maßgeblichkeitsprinzip wie HGB (§ 5 Abs. 1 S. 1)
Umlaufvermögen, Allgemein/ *current assets*	Aktivierungspflicht für Vermögensgegenstände, die nicht dauernd dem Geschäftsbetrieb dienen (entspr. § 247 Abs. 2)	Ansatzpflicht wenn *asset* (F 4.4a, IAS 1.66-70) und Ansatzkriterien (F 4.40 ff.) erfüllt sind: ■ verlässlich ermittelbarer ■ wahrscheinlicher künftiger Nutzenzufluss	Aktivierungspflicht gem. Maßgeblichkeitsprinzip (§ 5 Abs. 1 S. 1) Wirtschaftsgüter, die zur Veräußerung, Verarbeitung oder zum Verbrauch angeschafft oder hergestellt worden sind, insbes. Roh-, Hilfs- und Betriebsstoffe, Erzeugnisse und Waren, Kassenbestände (R 6.1 Abs. 2)
Vorräte/*inventories*	Aktivierungspflicht (§ 246 Abs. 1) für Vermögensgegenstände, die zur Be-/ Verarbeitung, zum Verbrauch oder zur Veräußerung bestimmt sind: ■ Roh-, Hilfs- und Betriebsstoffe, ■ unfertige Erzeugnisse/Leistungen, ■ fertige Erzeugnisse und Waren	Aktivierungspflicht, wenn *Definitionskriterien* (IAS 2.6) Vermögenswerte, die ■ zum Verkauf im normalen Geschäftsgang gehalten werden, ■ sich in der Herstellung für einen solchen Verkauf befinden, ■ als RHB-Stoffe bestimmt sind, bei der Herstellung oder Dienstleistungserbringen verbraucht zu werden, und *Ansatzkriterien* (F 4.40 ff.) erfüllt sind.	Aktivierungspflicht wie im Handelsrecht gem. Maßgeblichkeitsprinzip (§ 5 Abs. 1 S. 1)

	HGB	EStG	IFRS
Forderungen und sonstige Vermögensgegenstände/*trade and other receivables*	Aktivierungspflicht, wenn Leistung erbracht ist und kein nennenswertes Abnahmerisiko besteht	Aktivierungspflicht wie im Handelsrecht gem. Maßgeblichkeitsprinzip (§ 5 Abs. 1 S. 1)	Aktivierungspflicht bei Erfüllung der Definitions- (IAS 39.8-11/IFRS 9.2.1 ff.) und der Ansatzkriterien (IAS 39.14/IFRS 9.3.1.1 ff.); **Besonderheit bei mehrperiodiger Fertigung: POC-Forderung vor Realisation aktivierungspflichtig (IAS 11/IFRS 15)**
Wertpapiere des Umlaufvermögens/*financial assets, securities*	Aktivierungspflicht (§§ 246 Abs. 1, 266 Abs. 2 B.III)	Aktivierungspflicht wie im Handelsrecht gem. Maßgeblichkeitsprinzip (§ 5 Abs. 1 S. 1)	Aktivierungspflicht bei Erfüllung der Definitions- (IAS 39.8-11 IFRS 9.2.1 ff.) und der Ansatzkriterien (IAS 39.14/IFRS 9.3.1.1); Wertpapierkategorien s. Abb. C-22/Abb. C-24
Insbes. eigene Anteile/*treasury stock*	Aktivierungsverbot, offen vom gezeichneten Kapital abzusetzen, z.T. mit den freien Rücklagen zu verrechnen (§ 272 Abs. 1 a)	**Aktivierungsverbot** als Umlaufvermögen, offene Absetzung vom gezeichneten Kapital, u.U. Verrechnung mit stl. Einlagekonto (FinVerw.)	Aktivierungsverbot, offen vom Eigenkapital abzusetzen (IAS 32.33)
Flüssige Mittel (Kassenbestand, Bankguthaben, Schecks)/*cash and cash equivalents*	Aktivierungspflicht (§§ 246 Abs. 1, 266 Abs. 2 B.IV)	Aktivierungspflicht wie im Handelsrecht gem. Maßgeblichkeitsprinzip (§ 5 Abs. 1 S. 1)	Aktivierungspflicht bei Erfüllung der Definitions- (F 4.4 (a)) und der Ansatzkriterien (F 4.40 ff.)
Aktive Rechnungsabgrenzungsposten/*prepaid expenses*	Aktivierungspflicht transitorischer Posten bei **Zeitbestimmtheit** (§§ 250 Abs. 1)	Aktivierungspflicht transitorischer Posten bei **Zeitbestimmtheit** (§ 5 Abs. 5 S. 1 Nr. 1; R. 5.6)	Aktivierungspflicht bei Erfüllung der Definitionskriterien eines *assets* (F 44 (a)) und der Ansatzkriterien (F 4.40 ff., IAS 1.27-28)
Unterschiedsbetrag bei Verbindlichkeiten (Disagio)	**Aktivierungswahlrecht** (§§ 250 Abs. 3; 268 Abs. 6)	**Aktivierungspflicht** (§ 5 Abs. 5 S. 1 Nr. 1; Rspr.)	**Aktivierungsverbot** (Zuschreibung disagioverminderter Verbindlichkeit)
Aufwandsverrechnete Zölle und Verbrauchsteuern auf Vorräte	Aktivierungsverbot (AHK-Einbeziehung), (Aufhebung § 250 Abs. 1 S. 2 Nr. 1 a.F. durch BilMoG)	**Aktivierungspflicht** (§ 5 Abs. 5 S. 2 Nr. 1)	Aktivierungsverbot (AHK-Einbeziehung) (IAS 2.10-11, 15-16)
Umsatzsteuer auf Anzahlungen	Aktivierungsverbot, (Aufhebung § 250 Abs. 1 S. 2 Nr. 2 a.F. durch BilMoG)	**Aktivierungspflicht** (§ 5 Abs. 5 S. 2 Nr. 2)	Aktivierungsverbot (kein asset)

Bilanzansätze nach	HGB (insbes. KapGes und KapGes&Co) §§ = HGB	IFRS F = IASB-Rahmenkonzept	EStG §§ = EStG, R = EStR
Aktive latente Steuern/ *deferred taxes on the aktive side*	**Aktivierungswahlrecht** mit Ausschüttungssperre: Wahlrecht für Brutto-/Nettoausweis (§§ 274 Abs. 1, 268 Abs. 8)	**Aktivierungspflicht**, wenn wahrscheinlich; i.d.R. Bruttoausweis (IAS 12)	**Aktivierungsverbot** (kein Wirtschaftsgut)
Unterschiedsbetrag aus der Vermögensverrechnung	**Aktivierungspflicht** des übersteigenden Betrages des Altersversorgungsvermögens über die Altersversorgungsverpflichtungen (§ 246 Abs. 2 S. 3)	**Aktivierungspflicht** bei überdotiertem Plan wenn ■ vergangenheitsbegründeter Nutzen aus Überdotierung verfügbar, ■ verfügbarer künftiger wirtschaftlicher Nutzen (IAS 19.63-65)	**Ansatzverbot** (Verrechnungsverbot Pensionsverpflichtungen mit Alterssicherungsvermögen, § 5 Abs. 1a)
Nicht durch Eigenkapital gedeckter Fehlbetrag / *negative equity*	KapGes: Ausgleichsposten **aktivierungspflichtig** (§ 268 Abs. 3)	**Aktivierungsverbot** (Negativposten des Eigenkapitals)	i.d.R. negatives Betriebsvermögen auf der Passivseite
Passiva			
Passivierungsgegenstände	Eigenkapital, Rückstellungen, Verbindlichkeiten, passive Rechnungsabgrenzungsposten, passive latente Steuern	Eigenkapital (equity), Verbindlichkeiten (liabilities), darunter Rückstellungen (*provisions*)	**Betriebsvermögen** (§ 5 Abs. 1 S. 1), negative Wirtschaftsgüter, Sonderposten (insbes. steuerfreie Rücklagen)
Eigenkapital/*equity*	*Kapitalgesellschaften:* gezeichnetes Kapital, Rücklagen, Gewinn-/Verlustvortrag, Jahresergebnis (§ 266 Abs. 3 A.), (§§ 272 Abs. 1, 268 Abs. 1); Offene Absetzung vom gez. Kap.: ■ nicht eingeforderte ausstehende Einlagen (§ 272 Abs. 1), ■ eigene Anteile (§ 272 Abs. 1 a). *Personenunternehmen:* diverse Kapitalkonten, soweit nicht Fremdkapital	Restbetrag der Differenz (Vermögenswerte – Schulden) (F 4.4 (c)); z.B. eingezahltes Kapital + Agio + Rücklagen (IAS 1.78 (e)); Absetzung eigener Anteile und ausstehender Einlagen; ggf. **Neubewertungsrücklage**. *Personenunternehmen:* Ausnahmen gem. IAS 32.16 A-D	**Betriebsvermögen** als Differenz positiver und negativer Wirtschaftsgüter unter Berücksichtigung von Korrektur- und Sonderposten; *Personenunternehmen:* ggf. Ergänzungskapital und Sonderbetriebsvermögen (Rspr.)

	HGB	IFRS	EStG
Sonderposten mit Rücklageanteil/ Steuerfreie Rücklagen	**Passivierungsverbot** (Aufhebung § 247 Abs. 3 a. F. durch BilMoG)	**Passivierungsverbot** mangels Schuld *(liability)*	**Passivierungswahlrecht** steuerfreier Rücklagen (z. B. § 6b) ohne umgekehrte Maßgeblichkeit aber mit Dokumentationspflicht (§ 5 Abs. 1 S. 2)
Rückstellungen allgemein/*provisions*	Relativ geringe Eintrittswahrscheinlichkeit und Belastung genügt (vernünftige kaufmännische Beurteilung); Passivierungspflicht für ■ ungewisse Verbindlichkeiten, ■ Drohverlustrückstellung; ■ Kulanzrückstellungen, ■ unterlassene Instandhaltung mit 3-monatiger Nachholung, ■ Abraumbeseitigung mit 12-monatiger Nachholung. Passivierungsverbot für sonstige Zwecke. (§ 249)	Schuld, die in Fälligkeit/Höhe ungewiss ist (IAS 37.10). Ansatzkriterien (IAS 37.14-26): ■ vergangenheitsbegründete gegenwärtige Verpflichtung, ■ wahrscheinlicher (> 50 %) Resourcenabfluss, ■ verlässliche Schätzung. **Nur Außenverpflichtungen.** (IAS 37.14-26); aber auch Restrukturierungsrückstellung (IAS 37.70 ff.)	Wie Handelsrecht (§ 5 Abs. 1 S.1), aber viele **Einschränkungen** (§§ 5 Abs. 2a, 3, 4b, 6a) und **Passivierungsverbot** für Drohverlustrückstellung (§ 5 Abs. 4a) und bei fehlender betrieblicher Veranlassung (R 5.7)
Rückstellungen für Pensionsverpflichtungen/*pension plans*	**Passivierungspflicht** für Neuzusagen (ab 1987); ggf. Verrechnung mit Altersversorgungsvermögen (§ 246 Abs. 2); **Passivierungswahlrecht** für (un)mittelbare Altzusagen und pensionsähnliche Verpflichtungen (Art. 28 Abs. 1 EGHGB)	**Passivierungspflicht** bei *leistungsorientierten* Plänen, soweit nicht durch Fondsvermögen gedeckt (IAS 19.57 ff.), Verrechnung mit Planvermögen; **Passivierungspflicht** bei *beitragsorientierten* Plänen bei Vertragsrückständen (IAS 19.51a)	**Passivierungswahlrecht** mit Spezialvorschriften (§ 6a) **Passivierungsverbot** für sonstige Fälle (Rspr.)
Rückstellungen für ungewisse Verbindlichkeiten/*provisions*	Passivierungspflicht (§ 249 Abs. 1)	Passivierungspflicht (IAS 37.14)	Passivierungspflicht (§ 5 Abs. 1 S. 1)
Rückstellungen für Gewährleistungen ohne Rechtspflicht (Kulanz)	Passivierungspflicht (§ 249 Abs. 1)	Passivierungspflicht (IAS 37.14, 17)	Passivierungspflicht (§ 5 Abs. 1 S. 1)
Rückstellung für bestimmten Aufwand	Passivierungsverbot (Aufhebung § 249 Abs. 2 a.F.)	Passivierungsverbot (IAS 37.14)	Passivierungsverbot (§ 5 Abs. 1 S. 1 und Rspr.)
Rückstellung für speziellen Aufwand für unterlassene Instandhaltung und Abraumbeseitigung	**Passivierungspflicht** bei Nachholung der Instandhaltung in 3 Monaten, der Abraumbeseitigung im folgenden Geschäftsjahr (§ 249 Abs. 1 Nr. 1)	**Passivierungsverbot** wegen fehlender rechtlicher/faktischer Verpflichtung (IAS 37.14)	**Passivierungspflicht** bei Nachholung der Instandhaltung in 3 Monaten, der Abraumbeseitigung im folgenden Geschäftsjahr (§ 5 Abs. 1; Rspr.)

Bilanzansätze nach	HGB (insbes. KapGes und KapGes&Co) §§ = HGB	IFRS F = IASB-Rahmenkonzept	EStG §§ = EStG, R = EStR
Rückstellung für drohende Verluste aus schwebenden Geschäften/ *onerous contracts*	**Passivierungspflicht** (§ 249 Abs. 1)	**Passivierungspflicht** für Verpflichtung aus einem belastenden Vertrag (IAS 37.66-69)	**Passivierungsverbot** – außer bei finanzwirtschaftlichen Bewertungseinheiten (§ 5 Abs. 4a)
Weitere Spezialregelungen für bestimmte Rückstellungen	**Passivierungsverbot** für Rückstellungen für andere Zwecke als im Gesetz genannt (§ 249 Abs. 2)	**Passivierungspflicht** u. U. für Rückstellungen für ■ Restrukturierung (IAS 37.77 ff), ■ Leistungen an Arbeitnehmer (IAS 19). **Passivierungsverbot** für künftige betriebliche Verluste (IAS 37.63)	**Passivierungsbeschränkungen** für Rückstellungen für ■ erfolgsabhängige Verpflichtungen (§ 5 Abs. 2a), ■ Schutzrechtsverletzungen (§ 5 Abs. 3), ■ Jubiläumszuwendungen (§ 5 Abs. 4), ■ künftige Anschaffungs-/Herstellungskosten (§ 5 Abs. 4 b S. 1), ■ bestimmte Kernkraftverpflichtungen (§ 5 Abs. 4b S. 2)
Verbindlichkeiten (Schulden)/ *financial and other liabilities*	*Verbindlichkeit* = feststehende, wirtschaftlich belastende Leistungsverpflichtung. *Schulden* = Verbindlichkeiten + Rückstellungen. Arten: Anleihen, erhaltene Anzahlungen, Bank-, Lieferungs- und Leistungs-, Wechsel-, Steuer-, Sozial- und sonstige Verbindlichkeiten (§ 266 Abs. 3 C. 1-8); Passivierungspflicht (§ 246 Abs. 1)	*liability* = ■ vergangenheitsbegründete ■ gegenwärtige Verpflichtung ■ mit erwartetem Ressourcenabfluss bei Erfüllung (F 4.4 (b)). Ansatzkriterien: ■ wahrscheinlicher Ressourcenabfluss, ■ verlässliche Ermittelbarkeit des Erfüllungsbetrags, ■ Unternehmen ist Vertragspartei (F 4.46 bzw. IAS 37.14). Arten: kurz-/langfristige und besondere Kategorien (IAS 1.69-76 bzw. IAS 39.9). *Provisions* sind ungewisse *liabilities*.	Passivierungspflicht negativer Wirtschaftsgüter gem. Maßgeblichkeitsprinzip (§ 5 Abs. 1 S. 1), aber: ■ nur bei objektiver Veranlassung durch den Betrieb, ■ nicht bei gesetzlichem Bilanzierungsverbot (z. B. § 160 Abs. 1 AO), ■ teilweise außerbilanzielle Korrektur (z.B. GewSt-Verbindlichkeit gem. § 4 Abs. 5b)
Eventualverbindlichkeiten (Haftungsverhältnisse)/*contingent liabilities*	Passivierungsverbot; Ausweis bestimmter Eventualverbindlichkeiten „unter der Bilanz" (§ 251)	**Passivierungsverbot** (IAS 37.27). Angabepflicht bei nicht unwahrscheinlichem Ressourcenabfluss (IAS 37.28)	**Passivierungsverbot** (§ 5 Abs. 1 S. 1), **keine Angabepflicht**

Passive Rechnungsabgrenzungsposten/*deferred income*	Passivierungspflicht transitorischer Posten bei **Zeitbestimmtheit** (§§ 246 Abs. 1 S. 1, 250 Abs. 2)	Passivierungspflicht nur wenn *liability*, Zeitbestimmtheit ist nicht vorausgesetzt	Passivierungspflicht transitorischer Posten bei **Zeitbestimmtheit** (**§ 5 Abs. 5 S. 1 Nr. 2; R 5.6**)
Passive latente Steuern/*deferred tax liability*	*Temporary-/liability-Konzept*: alle Ansatz-/Wertunterschiede; Passivierungspflicht; **Wahlrecht für Brutto-/Nettoausweis** (§§ 274 Abs. 1, 268 Abs. 8); **Befreiung für kleine Kapitalgesellschaften** (§ 274a Nr. 5)	*Temporary-/liability-Konzept*: alle Ansatz-/Wertunterschiede; Passivierungspflicht (IAS 12.15); i.d.R. **Bruttoausweis**	**Passivierungsverbot** (kein negatives Wirtschaftsgut, kein GoB)
Negativer Unterschiedsbetrag beim Unternehmenskauf („negativer Geschäftswert")	Ungeregelt für Einzelabschluss; h.M.: Sonderposten-**Passivierungspflicht** nach Buchwertabstockung	**Passivierungsverbot**, nach Neubeurteilung Rest sofort erfolgswirksam (IFRS 3.34)	U.U. **Passivierungspflicht** eines Ausgleichspostens für Anschaffungsertrag (Rspr.)

Abbildung C-37: Synopse der Bilanzansätze dem Grunde nach gemäß HGB, IFRS und EStG

D. Der Bilanzansatz der Höhe nach

I. Grundsätzliche Vorgehensweise und Probleme der Bewertung

1. Grundverständnis der Bewertung

Ist entschieden, dass ein Bilanzobjekt dem Grunde nach in der Bilanz angesetzt wird, so muss als nächster Schritt die Frage beantwortet werden, in welcher Höhe der Wertansatz für diesen Bilanzposten in der Bilanz gewählt werden kann oder bestimmt werden muss. Diese Zuordnung einer in Mengen von Geldeinheiten ausgedrückten Wertgröße zu einem artmäßig bestimmten Bilanzobjekt nennt man „*Bewerten*", die Tätigkeit und das Ergebnis dieser Tätigkeit „*Bewertung*". Obwohl „Bewerten" eigentlich ein ökonomisches Problem ist, weil es darum geht, Festlegungen der Bewertungsobjekte in Bezug auf ein bestimmtes Ziel bzw. eine Präferenzordnung vorzunehmen, unterliegt der Bewertungsvorgang einer Vielzahl von rechtlichen Reglementierungen. Diesen *Bewertungsvorschriften* liegt – wie schon eingangs dargestellt[1] – oft keine einseitige Interessenorientierung zugrunde, sondern ein Kompromiss zwischen Realitätsnähe, Vorsicht, Objektivierbarkeit und Bewertungsaufwand. Daher ist der „*Bilanzwert*" (der Ansatz der Höhe nach) weder ein „Wert an sich" oder „wirklicher Wert" noch ein *einer* eindeutigen Präferenzordnung folgender Wert, sondern ein konventionsbestimmter Wertkompromiss. Dabei ist häufig statt der ökonomisch allein sinnvollen Orientierung am zukünftigen, vorrangig zahlungsorientierten Zielerfüllungsbeitrag *(cash-flow)* oder am realistischen Marktwert der sich im Vergangenheitsbezug ausdrückende juristische Gedanke der Objektivierbarkeit vorrangig. Soweit allerdings die Rechtsnormen ausdrücklich ökonomische Bewertungskalküle für verbindlich erklären[2], sind diese wirtschaftlichen Überlegungen auch bewertungserheblich.

2. Bewertungsvorgang

Prinzipiell ist zu unterscheiden ob es sich um eine Bewertung anlässlich des erstmaligen Zugangs eines Bewertungsobjektes *(Erst-, Zugangsbewertung)* oder um die späteren Bewertungsvorgänge *(Folgebewertungen)* handelt.

Der *Bewertungsvorgang* selbst besteht technisch aus einer Reihe von Teilentscheidungen und vorgeschriebenen Prozeduren. Zunächst ist das Bewertungsobjekt zu konkretisieren, d.h. ob das Aktivum oder Passivum in seiner Einzelheit bewertet werden kann/muss oder ob es mit anderen zusammengefasst werden kann/muss *(Bewertungseinheit)* oder ob es für Zwecke der Bewertung in Bestandteile aufzuteilen ist *(Komponentenbewertung)*.

---

[1] Siehe Kap. A.IV.
[2] Z.B. der Marktpreis, der Wert nach vernünftiger kaufmännischer Beurteilung, der Barwert oder der steuerliche Teilwert.

Der Bilanzansatz der Höhe nach

```
┌─────────────────────────────────┐
│     Ansatz dem Grunde nach      │
│  (einschließlich Mengenfeststellung) │
└─────────────────────────────────┘
                 ↓
┌─────────────────────────────────────────┐
│ gegebenenfalls Zusammenfassung (**Bewertungseinheit**) │
│   oder Aufteilung (**Bewertungskomponenten**)          │
└─────────────────────────────────────────┘
                 ↓
┌─────────────────────────────────┐
│ Bestimmung des **Bewertungsmaßstabs** │
└─────────────────────────────────┘
                 ↓
┌─────────────────────────────────────────┐
│ Basiswertermittlung durch **Einzelbewertung** │
│   oder Anwendung eines **Bewertungsverfahrens** │
└─────────────────────────────────────────┘
                 ↓
┌─────────────────────────────────────────┐
│ Berücksichtigung von **Änderungen des Basiswerts** │
│    (Wertänderungen, Ab-/Aufzinsung etc.)   │
└─────────────────────────────────────────┘
                 ↓
┌─────────────────────────────────┐
│         **Wertbestimmung(en)**          │
└─────────────────────────────────┘
          ↙              ↘
┌──────────────────┐  ┌──────────────────────┐
│  obligatorischer │  │      fakultativer    │
│    Wertansatz    │  │ Wertansatz (Auswahl) │
└──────────────────┘  └──────────────────────┘
           ↓                    ↓
      ┌─────────────────────────────┐
      │    **Ansatz der Höhe nach**     │
      └─────────────────────────────┘
                     ↓
      ┌ ─ ─ ─ ─ ─ ─ ─ ─ ─ ─ ─ ─ ─ ─ ─ ─ ┐
        folgt: Bilanzausweis (Ansatz der Stelle nach)
      └ ─ ─ ─ ─ ─ ─ ─ ─ ─ ─ ─ ─ ─ ─ ─ ─ ┘
```

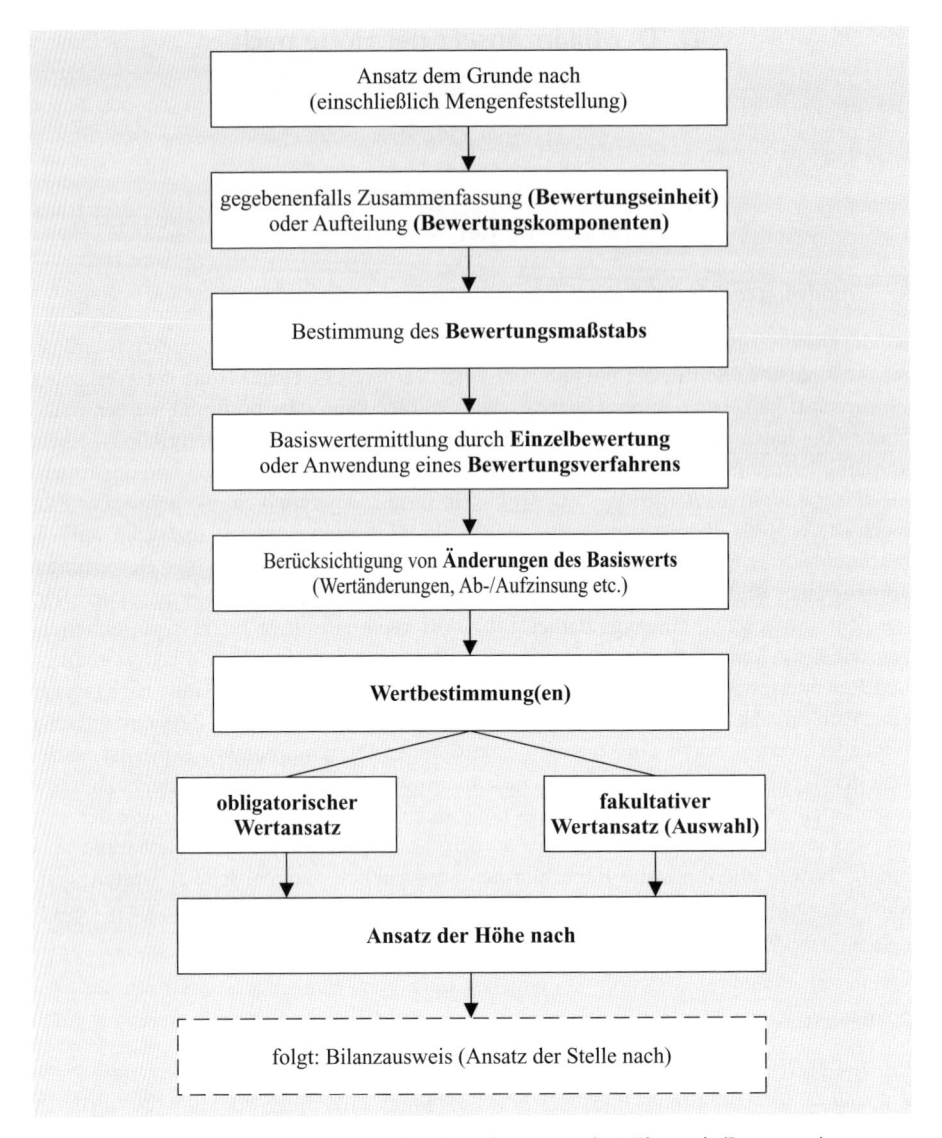

Abbildung D-1: Stufen der Entscheidung über den Bilanzansatz der Höhe nach (Bewertung)

Dann ist festzustellen, welcher Wertbegriff *(Wertmaßstab, Bewertungsgrundlage)* gesetzlich für das bestimmte Bewertungsobjekt vorgesehen ist. Dazu ist die Bestimmung der Zugehörigkeit des Bewertungsobjektes zu übergeordneten *Bewertungsgruppen* erforderlich *(Klassifikation)*. Insoweit ist ein partieller Vorgriff auf die später folgende Ausweisentscheidung notwendig. Im nächsten Schritt erfolgt eine bestimmte Prozedurenfolge, die letztlich durch Multiplikation eines Einzelwertes(-preises) mit dem Mengengerüst einen oder mehrere Wert(e) festlegt *(Bewertungsverfahren)*. Diese(r) Ausgangswert(e) ist/sind bei Folgebewertungen ggf. durch Abschreibungen *(Wertminderungen)* und Zuschreibungen *(Wertaufholungen)*, die ihrerseits wieder verfahrensbestimmt sind, zu modifizieren *(Wertänderungen, Abzinsung)*. Unter ggf. mehreren in Betracht kommenden konkreten Werten ist dann der obligatorisch oder fakultativ anzusetzende Wert zu bestimmen *(Bewertungsgebot* bzw. *Bewertungswahlrecht)*. Die Zusammenhänge dieser Bewertungsteilentscheidungen verdeutlicht Abbildung D-1.

Neben den Verfahrensweisen der Bewertung prägen vier allgemeine Bewertungsprobleme die Bewertungsentscheidung:

- die Bildung von Bewertungseinheiten und Bewertungskomponenten,
- der Ausdruck in Währungseinheiten und der Geldwert der Währung,
- der Schätzungscharakter der Bewertung und
- die mögliche Auseinanderentwicklung von Bilanzwert und Marktwert.

3. Bewertungseinheiten und Bewertungskomponenten

Das bezüglich des Ansatzes dem Grunde nach festgestellte Bilanzobjekt (Vermögensgegenstand, Vermögenswert, Schuldposten, positives oder negatives Wirtschaftsgut) ist zwar grundsätzlich in seiner Einzelheit der Bewertung zu unterziehen *(Einzelbewertung)*, nicht immer kann das Bewertungsobjekt jedoch so identifiziert werden. Es sind die Fälle der Zusammenfassung mit anderen (Bildung von *Bewertungseinheiten)* und der Aufteilung für Bewertungszwecke *(Bewertungskomponenten)* denkbar:

a) Bildung von Bewertungseinheiten zur Absicherung finanzwirtschaftlicher Risiken
Die *Absicherung finanzwirtschaftlicher Risiken* erfolgt in der Praxis (insbes. bei Banken) häufig durch Abschluss von Sicherungsgeschäften, die zu den Risiken des Grundgeschäfts (z.B. Fremdwährungs-, Zins- oder Ausfallrisiken) gegenläufige Risiken aufweisen. Die Risiken aus dem Grundgeschäft können so durch den Einsatz von Sicherungsinstrumenten neutralisiert werden. Diese sog. *Hedginggeschäfte*[1] können als sog. *Micro-Hedging* einen bestimmten währungs-, betrags- und zeitgleichen Sicherungszusammenhang mit einem von mehreren homogenen Grundgeschäft(en) aufweisen. Es können aber auch eine Gruppe homogener, aber einzeln nicht bestimmbarer *(Macro-Hedging)* oder auch mehrere unterschiedliche Grundgeschäfte *(Portfolio-Hedging)* durch ein oder mehrere Sicherungsinstrumente global abgesichert werden.

Würden die bilanziellen Grundprinzipien Einzelbewertung, Verrechnungsverbot, Realisations- und Imparitätsprinzip bei diesen zusammenhängenden Geschäften angewandt, so würden u.U. Vermögens- und Ertragslage durch eine Antizipation drohender Verluste ohne Kompensation mit erwarteten, aber noch nicht ausweisbaren Gewinnen (Erträgen) unzutreffend ausgewiesen. Der *Sicherungszusammenhang* zwischen dem Aktivposten (z.B. Fremdwährungsforderung) und dem Passivposten (z.B. Fremdwährungsverbindlichkeit) ist bilanziell nicht erkennbar; die wirtschaftliche Betrachtungsweise von zusammenhängenden Geschäften erfordert eine Gesamtbewertung. Deshalb wird in solchen

---

1 engl. *to hedge*, d.h. mit einer Hecke absichern.

Der Bilanzansatz der Höhe nach

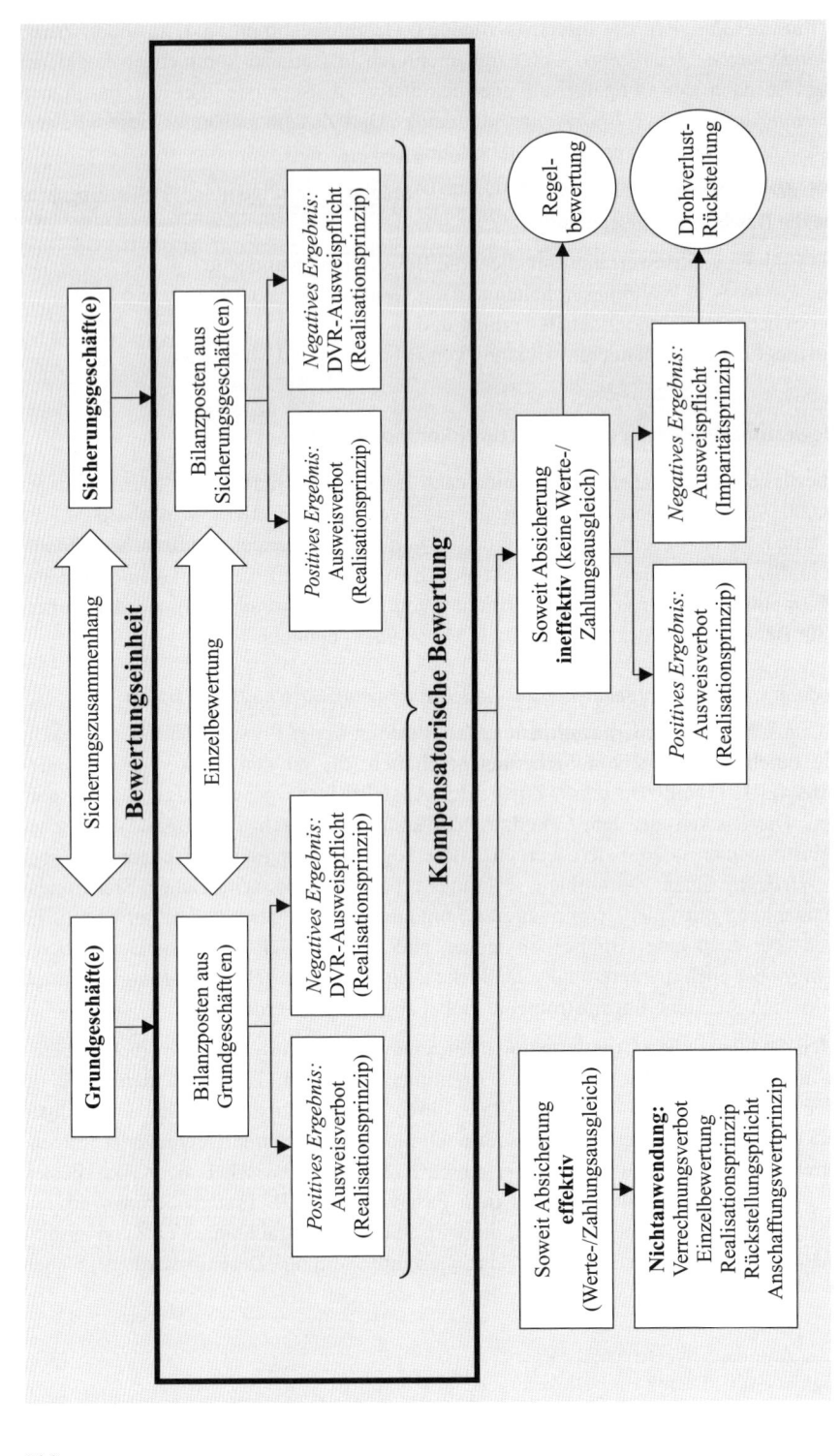

Abbildung D-2: Bewertungseinheit bei Sicherungsgeschäften

Fällen in allen drei Rechnungslegungssystemen die Bildung von „Bewertungseinheiten" zugelassen.

aa) Bewertungseinheiten zur Absicherung finanzwirtschaftlicher Risiken nach HGB

Nachdem die GoB schon lange beim Micro-Hedging unter strengen Voraussetzungen (gegenläufige Risikoentwicklung, Währungsidentität, Zeitkongruenz, Betragsgleichheit, Dokumentation) bei einem Sicherungszusammenhang die Bildung einer *„geschlossenen Position"* (auch *„Bewertungseinheit"* genannt) fakultativ zuließen[1], ist die Bildung von Bewertungseinheiten nach der gesetzlichen Regelung in § 254 HGB durch das BilMoG für alle Fälle des Hedging und sogar für *antizipative* Sicherungsbeziehungen möglich. Eine derartige *Bewertungseinheit* wird gesetzlich definiert als eine

- Zusammenfassung von
- absicherungsfähigen Grundgeschäften (über Vermögensgegenstände, Schulden, schwebende Geschäfte oder hochwahrscheinlich zu erwartende Transaktionen)
- mit bestimmten Sicherungsinstrumenten (Finanzinstrumenten, z.B. Derivaten, Swaps, Futurs, Optionen oder Warentermingeschäften)
- zum Ausgleich gegenläufiger Wertänderungen oder Zahlungsströme
- aus dem Eintritt eindeutig vergleichbarer Einzelrisiken (z.B. Zins-, Währungs-, Preisänderungs- und Ausfallrisiken).

Weitere Voraussetzungen zur Bildung einer Bewertungseinheit sind:[2]

- Sicherungs- und Durchhalteabsicht,
- Wirksamkeit der Sicherungsbeziehung (einschl. Vergleichbarkeit der Risiken und Geeignetheit der Sicherungsinstrumente) und
- Dokumentation der Sicherungsbeziehung.

Rechtsfolge ist – soweit und solange sich die gegenläufigen Wertänderungen oder Zahlungsströme ausgleichen, die Sicherung also „effektiv" ist – die Nichtanwendung von

- § 249 Abs. 1 (Verpflichtung zur Rückstellungsbildung),
- § 252 Abs. 1 Nr. 3 und 4 (Einzelbewertungs-, Vorsichts-, Imparitäts- und Realisationsprinzip),
- § 253 Abs. 1 S. 1 (Anschaffungskostenprinzip) und
- § 256a HGB (Währungsumrechnung).

Die Bewertungseinheiten werden im Gegensatz zum IFRS-Vorgehen außerbilanziell gebildet und treten – soweit und solange sie *effektiv* sind, d.h. die gegenläufigen Wertänderungen oder Zahlungsstrome sich tatsächlich ausgleichen – nicht in Bilanz und GuV-Rechnung (wohl aber im Anhang) in Erscheinung. Die Ergebnisse aus dem einzelbewerteten Grund- und Sicherungsgeschäft werden also saldiert (sog. *kompensatorische Bewertung"*). Für den sog. *ineffektiven* Teil (kein Wert- oder Zahlungsausgleich) gelten die allgemeinen Bewertungsregeln, insbes. das Realisations- und Imparitätsprinzip: Verbleibt bei der Gesamtbewertung ein positiver Überschuss (Ertrag), so ist dieser nach dem

---

1 Z.B. zuvor noch WPH 2006, E 54.
2 WPH 2017, F 207 ff.

Realisationsprinzip nicht auszuweisen, verbleibt ein negativer Überhang („Verlust"), so ist dieser in eine Drohverlustrückstellung einzustellen.

Nach dem gesetzlichen Wortlaut des § 254 HGB und der Gesetzesbegründung[1] besteht ein *Wahlrecht* zur Bildung derartiger Bewertungseinheiten. Mit der – gegenüber den bisherigen GoB – neuen Einbeziehung „schwebender Geschäfte" und vor allem der „mit hoher Wahrscheinlichkeit erwarteten Transaktionen" könnten erhebliche verdeckte Gestaltungsmöglichkeiten eröffnet werden. Eine missbräuchliche Anwendung (z.B. zur Ergebnissteuerung) will der Gesetzgeber durch strenge Anhangangaben (§ 285 Nr. 23 HGB) verhindern. Die Bildung sog. *antizipativer Bewertungseinheiten* (Absicherung erwarteter Transaktionen) setzt eine hohe Wahrscheinlichkeit („so gut wie sicher") des tatsächlichen Abschlusses des zu sichernden Grundgeschäfts voraus.

Da die Rechtsfolgen der Nichtanwendung bestimmter Vorschriften nur eintreten, soweit die abgesicherten Risiken tatsächlich nicht eintreten, die Sicherung also „effektiv" ist, muss nach Auffassung des Gesetzgebers die Bildung von Bewertungseinheiten *dokumentiert, umfassend im Anhang erläutert* und die Wirksamkeit mit bestimmten, aber frei wählbaren Methoden (z.B. Risikomanagementsysteme) *überwacht* werden.[2] Ist die Wirksamkeit der Absicherung nicht feststellbar, treten die Wirkungen einer Bewertungseinheit nicht ein; Effektivitätsspannen, wie sie IAS 39.88b, 39.A105b vorsieht, kennen das HGB ebenso wie die Regelung nach IFRS 9.6.4.1c nicht.

ab) Bewertungseinheiten zur Absicherung finanzwirtschaftlicher Risiken nach IFRS

Die IFRS kennen im Zusammenhang mit finanzwirtschaftlichen Sicherungsgeschäften zwar explizit keine „Bewertungseinheiten", verlangen aber eine besondere Bewertungsweise wenn zwischen einem Sicherungsinstrument und einem Grundgeschäft eine *„designierte Sicherungsbeziehung"* besteht (IAS 39.71 ff./IFRS 9.6.2.4 ff.). *Gesicherte Grundgeschäfte (hedged items)* können gem. IAS 39.78/IFRS 9.6.1.3 – einzeln oder als Gesamtheit oder Portfolioteil –

- bilanzierte Vermögenswerte,
- Verbindlichkeiten,
- bilanzunwirksame feste Verpflichtungen,
- erwartete und mit hoher Wahrscheinlichkeit eintretende Transaktionen und
- Nettoinvestitionen in einem ausländischen Geschäftsbetrieb

betreffen.

Nach IAS 39.88/IFRS 9.6 ff. ist eine Sonderbehandlung als Sicherungsbeziehung nur bei Erfüllung von fünf *kumulativen Bedingungen* zulässig:

- ausführliche Dokumentation,
- ex ante hochgradig effektiv eingeschätzte Sicherungseffektivität,
- hohe Eintrittswahrscheinlichkeit einer geplanten zukünftigen Transaktion,
- zuverlässige Bestimmbarkeit der Wirksamkeit der Sicherungsbeziehung,
- laufende Beurteilung der Sicherungsbeziehung und retrospektive Einschätzung als hoch effektiv.

---

1 BT-Drucks. 16/10067 S. 57 f.
2 BT-Drucks. 16/12407 S. 86.

Die Kompensation der sich gegenseitigen ausgleichenden Geschäfte wird mit zwei Vorgehensweisen erreicht: Beim *fair value hedge* (Absicherung von Vermögenswerten, Schulden und schwebenden Geschäften) wird die Bewertung des Grundgeschäfts an die des Sicherungsinstruments angepasst. Beim *cashflow hedge* werden Wertänderungen des Sicherungsinstruments bis zur GuV-Wirksamkeit ergebnisneutral im Eigenkapital berücksichtigt.

ac) Bewertungseinheiten zur Absicherung finanzwirtschaftlicher Risiken nach EStG

Mit dem Gesetz zur Eindämmung missbräuchlicher Steuergestaltungen[1] wurde 2006 durch § 5 Abs. 1a EStG eine spezielle Maßgeblichkeit der handelsrechtlichen Rechnungslegung kodifiziert. Danach sind

- die Ergebnisse der
- in der handelsrechtlichen Rechnungslegung gebildeten
- Bewertungseinheiten zur Absicherung finanzwirtschaftlicher Risiken

auch für die steuerliche Gewinnermittlung maßgeblich.[2]

Die handelsrechtliche Vorgehensweise gem. § 254 HGB wollte der Gesetzgeber auch für die Steuerbilanz angewandt wissen, damit nicht nur Verluste ausgewiesen werden ohne Kompensation mit erwarteten Gewinnen. Für den Fall eines überschießenden Negativbetrags wurde ausdrücklich eine Ausnahme vom steuerbilanziellen Verbot einer Drohverlustrückstellung zugelassen (§ 5 Abs. 4 Satz 2 EStG).

b) Gesamtbewertungseinheiten und zahlungsmittelgenerierende Einheiten

ba) Gesamtbewertungseinheiten nach HGB

Nachdem eine ursprünglich geplante[3] Bildung von Nutzungseinheiten bei der Ermittlung der für außerplanmäßige Abschreibungen im Anlagevermögen wesentlichen „voraussichtlich dauernden Wertminderung" nicht realisiert wurde, verbleiben im Handelsrecht nur die sog. Gruppenbewertung[4] und die Festbewertung[5] als Fälle der Gesamtbewertung mehrerer Vermögensgegenstände.

Ob die für geringwertige Wirtschaftsgüter steuerrechtlich originäre „Poolbewertung"[6] *handelsrechtlich* zulässig ist, ist wegen der dort geltenden Grundsätze der Einzelbewertung, Vorsicht, u.U. sogar der Richtigkeit (unzutreffender Vermögensausweis) fraglich. Der Gesetzgeber hat von der Einfügung einer mit § 6 Abs. 2a EStG korrespondierenden Vorschrift zur handelsbilanziellen Erfassung geringwertiger Vermögensgegenstände in einem Sammelposten abgesehen. Die Bildung eines Sammelpostens im Sinn des § 6 Abs. 2a EStG wird in der Gesetzesbegründung[7] – vor dem Hintergrund der damit verbundenen wirtschaftlichen Vereinfachungen – handelsrechtlich ausnahmsweise als zulässig

---

1 Gesetz vom 28.4.2006, BGBl. I 2006 S. 1095; BStBl I 2006 S. 353.
2 Zu weiteren Einzelheiten siehe Kap. B.IV.7.c).
3 § 253 Abs. 3 S. 5 HGB i.d.F. des RefE-BilMoG.
4 Zu Einzelheiten siehe Kap. D.III.3.b).
5 Zu Einzelheiten siehe Kap. D.III.3.e).
6 Siehe Abschnitt bd).
7 Siehe Begründung BT-Drucks. 16/10067 S. 38.

angesehen (§ 252 Abs. 2 HGB); es dürfte davon auszugehen sein, dass sich die Handhabung in der handelsrechtlichen Bilanzierungspraxis zu einem GoB entwickelt hat.[1] Nur bei wesentlichen Beeinträchtigung des Lageeinblicks sind Abweichungen von der steuerlichen Behandlung geboten (z.B. Sonderpostenverzicht, verkürzte Verteildauer, Abgangsberücksichtigung).

bb) Zahlungsmittelgenerierende Einheiten nach IFRS

Weiterreichend ist das für außerplanmäßige Wertänderungen nach IAS 36 einzusetzende Konzept zahlungsmittelgenerierender Einheiten *(cash generating units)*. Als eine solche definiert IAS 36.6.

- die kleinste identifizierbare Gruppe von Vermögenswerten,
- die Mittelzuflüsse erzeugt,
- die weitestgehend unabhängig von
- den Mittelzuflüssen anderer Vermögenswerte oder anderer Gruppen von Vermögenswerten sind.

Als Positivbeispiel kann man sich eine Tankstelle mit verbundener Waschstraße vorstellen. Zahlungsmittelgenerierende Einheiten werden für Zwecke des Werthaltigkeitstest einzelnen Vermögenswerten gleich gestellt.[2]

bc) Sonstige Gesamtbewertungseinheiten nach IFRS

Die steuerliche Poolbewertung ist mit *den IFRS* nur beschränkt kompatibel. In Abweichung vom auch hier geltenden Einzelbewertungsprinzips sieht IAS 16.9 die Zusammenfassung „einzeln unbedeutender" *(individual insignificant)* Sachanlage-Vermögenswerte ausdrücklich vor. Auch sieht der Sammelposten mit fixer Abschreibung keine gruppenspezifische Neubewertung (IAS 16.38) vor.

Die *IFRS* kennen auch das Verfahren der Festbewertung nicht, allenfalls könnte es durch den *Materiality*-Grundsatz[3] gestützt sein.

bd) Gesamtbewertungseinheiten nach EStG

Im Steuerbilanzrecht sind entsprechende explizite Regelungen bisher nicht existent. Vielmehr wirkt wohl der Bewertungsvorbehalt des § 5 Abs. 6 EStG im Zusammenhang mit dem Einleitungssatz des § 6 EStG, wonach „einzelne Wirtschaftsgüter" zu bewerten sind. Das schließt nicht aus, dass sich die HGB-Regelungen zur Gruppen- und Festbewertung über das Maßgeblichkeitsprinzip[4] auch steuerlich auswirken. So akzeptiert die Finanzverwaltung – teilweise unter zusätzlichen Bedingungen – sowohl die *Gruppenbewertung* (siehe R 6.8 Abs. 4 EStR), wie auch die *Festbewertung* (siehe R 5.4. Abs. 4; H 5.4 EStR). Auch wird das Zusammenfassen mehrerer Gegenstände, die eine geschlossene Anlage bilden, zugelassen, wenn die AfA auf die Gesamtanlage einheitlich vorgenommen wird (R 5.4 Abs. 2 EStR).

---

1 Vgl. auch WPH 2017, F 338 m.w.N.
2 Zu weiteren Einzelheiten des Wertminderungstests siehe Kap. D.IV.2.eb).
3 Zum Grundsatz siehe Kap. B.V.5.eb).
4 Siehe Kap. B.IV.7.

In Abweichung vom Einzelbewertungsgrundsatz (§ 6 EStG, Einleitungssatz) und als Anwendungsfall des Bewertungsvorbehalts § 5 Abs. 6 EStG sieht § 6 Abs. 2a EStG für geringwertige Wirtschaftsgüter des Anlagevermögensgüter mit Anschaffungs-/Herstellungskosten von 250 EUR bis 1000 EUR optional eine *Poolbewertung* vor. Gemeint ist damit die Bildung eines jahrgangsbezogenen Sammelpostens, der in der Folge als *„Pool"* zu behandeln ist. Seine Besonderheit besteht darin, dass alle enthaltenen Wirtschaftsgüter einer einheitlichen, nutzungsdauerunabhängigen Wertbestimmung unterworfen werden. Die zusammenfassende Bewertung bewirkt insbes., dass ein einheitlicher Verteilungssatz von 20 % p.a. Verwendung findet und dass das Schicksal der einzelnen Pool-Wirtschaftsgüter (z.B. a.o. Wertminderung, Verkauf, Entnahme, Ausscheiden) den Pool nicht berührt.

Aspekte einer *Gesamtbewertung* fließen auch bei der Fiktion des Verkaufs eines gesamten Unternehmens bei der Ermittlung von Teilwerten (§ 6 Abs. 1 Nr. 1 S. 3 EStG) in die Bewertung ein, wenn nicht zur Vereinfachung sog. Teilwertvermutungen Anwendung finden.[1]

c) Komponentenbewertung nach IFRS

Im Gegensatz zu HGB und EStG kennt der die Bewertung von Sachanlagen regelnde IAS 16 implizit eine Differenzierung des Bewertungs-/Abschreibungsgegenstandes in einfache und komplexe Vermögenswerte. *Komplexe Vermögenswerte*, wie z.B. Flugzeuge oder Schiffe, werden für Zwecke der Bewertung/Abschreibung in ihre bedeutsamen Komponenten (z.B. Triebwerk, Rumpf, Fahrwerk) und den Rest des einheitlichen Vermögenswertes aufgeteilt (IAS 16.43–47). Diese Aufsplittung eines einheitlichen (komplexen) Vermögenswertes wird als *Komponentenansatz (component approach)* bezeichnet.

Als *bedeutsam* (wesentlich) wird eine Komponente einer Sachanlage definiert, wenn sie einen bedeutsamen Anschaffungswert im Verhältnis zum gesamten Wert des Vermögenswertes hat (IAS 16.43), quantitative Vorgaben gibt es nicht.

Verfügen andere Komponenten desselben Vermögenswertes über die gleiche Nutzungsdauer und gleiche Abschreibungsmethode, so können diese Teile gemäß IAS 16.45 für die Bestimmung des Abschreibungsaufwandes zusammengefasst werden. Auch nicht signifikante Teile eines Vermögenswertes können getrennt bewertet/abgeschrieben werden (IAS 16.47). Für den Rest nicht wesentlicher Teile können Angleichungsmethoden erforderlich sein (IAS 16.46).

Abbildung D-3 verdeutlicht diese Zusammenhänge.

4. Währungsprobleme bei der Bewertung

Geschäfte sind häufig durch ausländische Währungen bestimmt, sei es, dass sie in fremder Währung abgeschlossen sind, sei es, dass ausländische Märkte den Geschäftserfolg und die Bewertung bestimmen. *Fremdwährungsgeschäfte* sind dadurch gekennzeichnet, dass sie in einer von der Währung des Jahresabschlusses (Berichts-/Darstellungswährung, hier: Euro) abweichenden Währung abgewickelt werden. Für die Bilanzierung gilt dar-

---

1 Siehe hierzu im Einzelnen Kap. D.II.4.a).

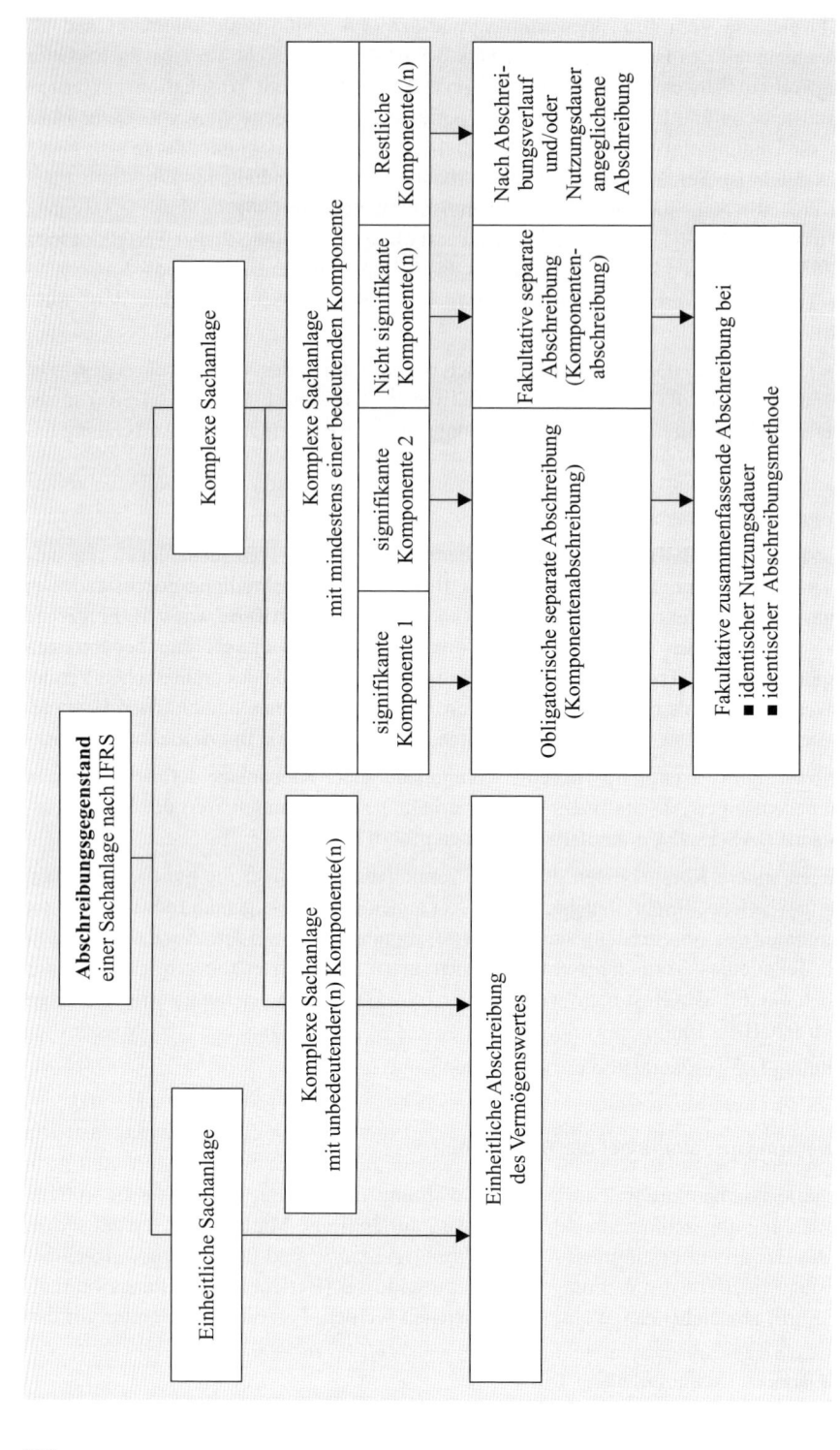

Abbildung D-3: Komponentenbewertung einer Sachanlage nach IFRS

über hinaus das Weltvermögensprinzip, wonach in der inländischen Handelsbilanz das auf der gesamten Erde verteilte, u.U. in unterschiedlichen Währungen bewertete Vermögen des Bilanzierenden zu erfassen ist. Das gilt im Prinzip auch für die Steuerbilanz (Universalitätsprinzip) – es sei denn, Doppelbesteuerungsabkommen weisen das Besteuerungsrecht den Staaten der ausländischen Betriebsstätten zu. Die laufende Buchführung kann durchaus in verschiedenen Währungen geführt werden. Im Jahresabschluss muss aber nach deutschem Handels- und Steuerrecht eine *Umrechnung* in *Euro* erfolgen. Besonders problematisch sind Währungsunterschiede zwischen den Einzelabschlüssen einzelner Konzernunternehmen innerhalb eines internationalen Konzerns – auf die dabei auftretenden konzernspezifischen Umrechnungsprobleme wird hier wegen der Beschränkung auf Einzelabschlüsse nicht eingegangen.

a) HGB-Währungsumrechnung

Der Jahresabschluss ist zwingend in Euro aufzustellen (§ 244 HGB). Vermögensgegenstände, Schulden, Rechnungsabgrenzungsposten und latente Steuern, die auf Fremdwährungen lauten, sind in Euro *umzurechnen*. Je nachdem, ob Sicherungsbeziehungen vorliegen, sind *offene* und *geschlossene Positionen* zu unterscheiden.[1]

Für die *Erstbewertung* gilt das *Prinzip geschäftsvorfallbezogener Umrechnung*. Maßgeblich sind dabei grundsätzlich die Kursverhältnisse der erstmaligen verpflichtenden Zurechnung eines Vermögensgegenstandes oder einer Schuld zum Bilanzierenden *(Transaktionszeitpunkt)*; bei Unerheblichkeit der Beeinträchtigung des Lageeinblicks kann auch ein späterer *Einbuchungstag* (Tag der erstmaligen Aufnahme des Geschäftsvorfalls in die Buchführung) als maßgeblicher Stichtag gewählt werden.[2] Obwohl § 256a HGB nur die Folgebewertung regelt, sind nach der Gesetzesbegründung[3] alle fremdvaluierten Jahresabschlussposten auch bei der Zugangsbewertung zum *Devisenkassamittelkurs* umzurechnen, ein Devisenterminkurs kommt nach Gesetz und den GoB nicht in Betracht.

Bei der *Folgebewertung* am Bilanzstichtag muss nach vorrangigen Spezialregelungen und der Restlaufzeit unterschieden werden:

Für Posten mit *Spezialregelungen*, wie z.B. mit dem Zeitwert bewertete Posten, wie das Alterssicherungsvermögen (§ 246 Abs. 2 HGB) oder die Finanzinstrumente des Handelsbestands bei Finanzdienstleistern (§ 340e Abs. 3 HGB) sowie für Bewertungseinheiten zur Sicherung finanzwirtschaftlicher Risiken (§ 254 HGB), die Posten für latente Steuern und für die Rückstellungsbewertung (§ 253 Abs. 1 S. 2, 3 HGB) gelten diese Vorschriften vorrangig (sog. *Vorbehaltsposten*).

Im Übrigen sind auf ausländische Währung lautende Vermögensgegenstände und Verbindlichkeiten mit dem *Devisenkassamittelkurs* zum Bilanzstichtag umzurechnen. Die Anwendung von Devisenterminkursen ist wegen zukünftiger Wertdeterminanten nicht zulässig (Stichtagsprinzip).

---

1 Zum Vorgehen bei geschlossenen Positionen siehe Kap. D.I.3.aa).
2 So auch die Begründung im BilMoG-RegEntw. BT-Drucks. 16/10067 S. 62.
3 BT-Drucks. 16/10067 S. 62.

Für Bilanzobjekte mit einer Restlaufzeit von *mehr als einem Jahr* gelten dabei die Restriktionen

- des Anschaffungskostenprinzips (§ 253 Abs. 1 S. 1 HGB) und
- des Realisations- und Imparitätsprinzips (§ 252 Abs. 1 Nr. 4 Halbsatz 2 HGB).

Daher kommen z.B. bei Aktiva nur niedrigere, bei Valutaschulden nur höhere Stichtagskurse in Betracht weil sonst unrealisierte Gewinne ausgewiesen würden.

Beträgt allerdings die *Restlaufzeit ein Jahr und weniger*, so gelten diese Restriktionen aus Praktikabilitätsgründen nicht (§ 256a S. 2 HGB). Obwohl der Gesetzeswortlaut eine obligatorische Vernachlässigung des Anschaffungswert- und Realisationsprinzips vorsieht, dürfte wegen der Konterkarierung des gesetzgeberisch angestrebten Vereinfachungszwecks jedenfalls dann ein Wahlrecht anzunehmen zu sein, wenn die Währungsumrechnung dadurch erschwert wird.[1]

Die Umrechnung von *Rechnungsabgrenzungsposten* ist in § 256a HGB nicht geregelt, weil Aufwendungen oder Erträge nur im Zeitpunkt ihrer erstmaligen handelsbilanziellen Erfassung mit dem dann gültigen Devisenkassamittelkurs oder dem dann für einen korrespondierenden Bilanzposten gültigen Devisenkassamittelkurs umgerechnet werden.[2]

Eigentlich wäre bei jedem Geschäftsvorfall zu entscheiden, ob nach dem *Brief-* oder dem *Geldkurs* umzurechnen ist. Der *Briefkurs (ask)* ist der Nachfragekurs des Kunden bzw. der Verkaufskurs der Banken, jedoch jetzt bezogen auf den Euro.[3] Entsprechend ist der *Geldkurs (bid)* der Angebotskurs der Banken bzw. Kaufkurs der Kunden, bezogen auf den Euro.

Der Devisen-*Briefkurs* käme in Betracht, wenn ausländische Valuta vom Bilanzierenden in Euro umgetauscht werden müssen, also Euro nachgefragt werden (z.B. bei erhaltenen Valuta-Anzahlungen, Valutaforderungen, fremdvalutierte flüssige Mittel, passive RAP). Der Devisen-*Geldkurs* wäre maßgeblich, wenn der Bilanzierende zur Vertragserfüllung Euro-Beträge in ausländische Valuta umtauschen muss, also Valuta nachgefragt wird (z.B. fremdvalutierte Zugänge zum Anlage- und Vorratsvermögen; Tilgung von Valutaverbindlichkeiten und -Rückstellungen, geleistete Valuta-Anzahlungen und aktive RAP).

Nachdem bereits früher aus Vereinfachungsgründen bei Unwesentlichkeit die Anwendung des arithmetischen Mittels aus An- und Verkaufskurs (sog. *Mittel- oder Durchschnittskurs*) nach den GoB zugelassen war[4], ist zur weiteren Vereinfachung der Währungsumrechnung in § 256a HGB i.d.F. des BilMoG generell vorgeschrieben, dass der „*Devisenkassamittelkurs*" Anwendung findet. Die nicht immer leichte Unterscheidung zwischen dem relevanten Geld- oder Briefkurs entfällt damit.[5]

---

1 Vgl. z.B. KESSLER/VELDKAMP in BERTRAM/BRINKMANN/KESSLER/MÜLLER, Haufe HGB Bilanzkommentar, 7. Aufl., § 256a Rz. 21.
2 BT-Drs. 16/10067 S. 62.
3 Mit der *Euro-Einführung* erfolgte eine Umstellung auf den Euro als Basiseinheit (1 Euro = × Fremdwährungseinheiten). Damit kehrte sich auch das Geld-/Brief-Verhältnis um.
4 Vgl. z.B. ADS, Rechnungslegung …, 6. Aufl., § 253 HGB. Rn. 92.
5 So auch die Begründung des Rechtsausschusses, BT-Drucks. 16/12407 S. 86.

Die grundsätzlichen Zusammenhänge bei der handelsbilanziellen Währungsumrechnung zeigt Abbildung D-4.

b) IFRS-Währungsumrechnung

Regelungen zur Währungsumrechnung enthalten IAS 21 (Zeitbezugsmethode), IAS 29 (Hochinflation) und IAS 39 (*hedge accounting*, geschlossene Positionen). Eine bestimmte Währung des Abschlusses wird von dem die Währungsumrechnung regelnden IAS 21 nicht verlangt (IAS 21.38). Vielmehr verfolgen die IAS das *Konzept der funktionalen Währung*. Danach ist die Währung des primären Wirtschaftsumfeldes, in dem die Unternehmung tätig ist, bestimmend (IAS 21.8 ff.). Das ist normalerweise das Umfeld, in dem das Unternehmen hauptsächlich Zahlungsmittel erwirtschaftet und aufwendet (IAS 21.9). Für einen hauptsächlich in der Eurozone aktiven IFRS-Anwender ist auch nach IFRS der Euro die vorgeschriebene *Darstellungswährung* (Währung, in der die Abschlüsse veröffentlicht werden, IAS 21.8). Problematisch ist die Berichtswährung für ein Unternehmen mit Sitz in der Eurozone bzw. in Deutschland, aber Hauptgeschäftsbereichen in Nicht-EURO-Währungsgebieten (z.B. USA, Indochina, Asien, Australien). Hier existieren bisher unterschiedliche Anforderungen nach HGB und IFRS.

Für die *Erstbewertung* schreibt IAS 21.21 vor, dass Fremdwährungstransaktionen prinzipiell mit dem am Tag des Geschäftsvorfalls gültigen Kassakurs (Wechselkurs bei sofortiger Ausführung) in die funktionale Währung umzurechnen ist. Zulässig ist auch ein Näherungswert. Ob der Geld-, Brief- oder Mittelkurs verwendet werden muss, schreibt IAS 21 nicht vor.

Bei der *Folgebewertung* ist zwischen monetären Posten (in Besitz befindliche Währungseinheiten, Vermögenswerte und Schulden, für die eine feste Anzahl von Währungseinheiten erhalten/bezahlt werden muss, IAS 21.8) und nichtmonetären Posten (z.B. Sachanlagen, Immaterial-, Vorratsvermögen, Beteiligungen) zu unterscheiden. *Monetäre Posten* (z.B. flüssige Mittel, Ausleihungen, Forderungen, Rückstellungen, Verbindlichkeiten) sind unter Verwendung des Stichtagskurses umzurechnen (IAS 21.23a). *Nichtmonetäre Posten*, die zu den historischen (fortgeführten) AHK bewertet werden, müssen mit dem Kurs am Tag des Geschäftsvorfalls (Erstverbuchungszeitpunkt) umgerechnet werden (IAS 21.23 b), während bei Bewertung mit dem beizulegenden Zeitwert (*fair value*) der Tag der Ermittlung dieses Wertes (Bilanzstichtag) maßgeblich ist (IAS 21.23c) und ein Niederstwerttest erforderlich ist (IAS 21.25).

Besonderheiten gelten gem. IAS 29 bei Positionen, bewertet mit Währungen von Hochinflationsländern.

c) EStG-Währungsumrechnung

Auch die Steuerbilanz ist entweder in Euro aufzustellen oder das Ergebnis einer in ausländischer Währung aufgestellten Bilanz ist in Euro umzurechnen, wobei die GoB zu beachten sind.[1] Da spezielle steuerrechtliche Vorschriften zur Währungsumrechnung fehlen, sind die HGB-Vorschriften und die GoB auch steuerlich maßgeblich (§ 5 Abs. 1 EStG).

---
1 BFH v. 13.9.1989, BStBl 1990 II, 57; v. 16.2.1996, BStBl 1997 II, 128.

Die Finanzrechtsprechung bevorzugt das aufwendige Zeitbezugsverfahren[1] (Wechselkurs im Anschaffungszeitpunkt) mit Stichtagskurstest und ggf. vereinfachenden Annahmen (amtlich veröffentlichte Kurse, Mittelkurse). Unterschiede zur HGB-Währungsumrechnung bestehen bei kurzfristigen Restlaufzeiten (Anschaffungskosten-, Realisations- und Imparitätsprinzip gelten steuerlich weiter) und bei (steuerlich nicht zu berücksichtigenden) voraussichtlich vorübergehenden Wertkorrekturen.

5. Geldwertprobleme bei der Bewertung

Bei den Euro-Beträgen, in denen die **Handels- und Steuerbilanzen** auszudrücken sind, gilt das Nominalwertprinzip.[2] Veränderungen des Geldwertes (Kaufkraftveränderungen) dürfen grundsätzlich keine Rolle spielen, insbes. sind Indexierungen unzulässig. Damit entsteht bei Inflation wegen des Ausweises und der Besteuerung von sog. *Scheingewinnen* das Problem der *Substanzerhaltung* des Unternehmens. Zugleich wird der Einblick in die tatsächliche Vermögens- und Ertragslage erschwert. Scheingewinn ist dabei der Betrag des ausgewiesenen bzw. besteuerten Gewinns, der eigentlich für Ersatzinvestitionen zu gestiegenen Wiederbeschaffungs-/herstellungskosten benötigt wird. Allerdings ist auch zu berücksichtigen, dass bei Fremdfinanzierung Inflationsgewinne entstehen, da das aufgenommene Fremdkapital zum gleichen Nominalwert später mit kaufkraftschwächerem Geld getilgt werden kann.

Eine Berücksichtigung der Geldentwertung würde Abschreibungen auf der Basis von Wieder-AHK und Bewertungen zu gestiegenen AHK verlangen, was aber das geltende HGB-Bilanzrecht aufgrund der tragenden Vorsichts-, Anschaffungskosten- und Nominalwertprinzipien untersagt. Es wird daher vorgeschlagen[3], in Form einer Nebenrechnung zur Bilanz den Scheingewinn überschlägig zu berechnen, so dass z.B. im Rahmen der HGB-Gewinnverwendung oder mit der HGB-/EStG-Lifo-Bewertung geeignete Abwehrmaßnahmen zur Substanzerhaltung getroffen werden können.

- Der zur *Substanzerhaltung beim abnutzbaren Anlagevermögen* nötige Betrag ergibt sich aus der Differenz von Abschreibungen auf Wiederbeschaffungsbasis (indexierte historische Anschaffungskosten) und den bilanziellen Abschreibungen, allerdings nur insoweit, als das Anlagevermögen durch Eigenkapital gedeckt ist.
- Der zur *Substanzerhaltung beim Vorratsvermögen* notwendige Betrag ergibt sich aus der Indexierung des Vorjahresbestandes mit dem Prozentsatz der Preisänderung, ggf. gekürzt um den Anteil, den das Vorratsvermögen mit Fremdkapital finanziert ist.

In den Handels- und Steuerbilanzen selbst dürfen sich diese Substanzerhaltungsberechnungen allerdings nicht auswirken.

Nach dem **Rahmenkonzept des IASB,** das allerdings keine Standardverbindlichkeit hat, ist es grundsätzlich möglich, ein finanzwirtschaftliches Kapitalkonzept auf der Basis der Kaufkrafterhaltung zu wählen. Die Auswahl muss „auf der Grundlage der Bedürfnisse der

---

1 BFH v. 13. 9. 1989, BStBl 1990 II, 57.
2 Siehe Kap. B.II.3.
3 HFA 2/1975, WPg 1975, S. 614.

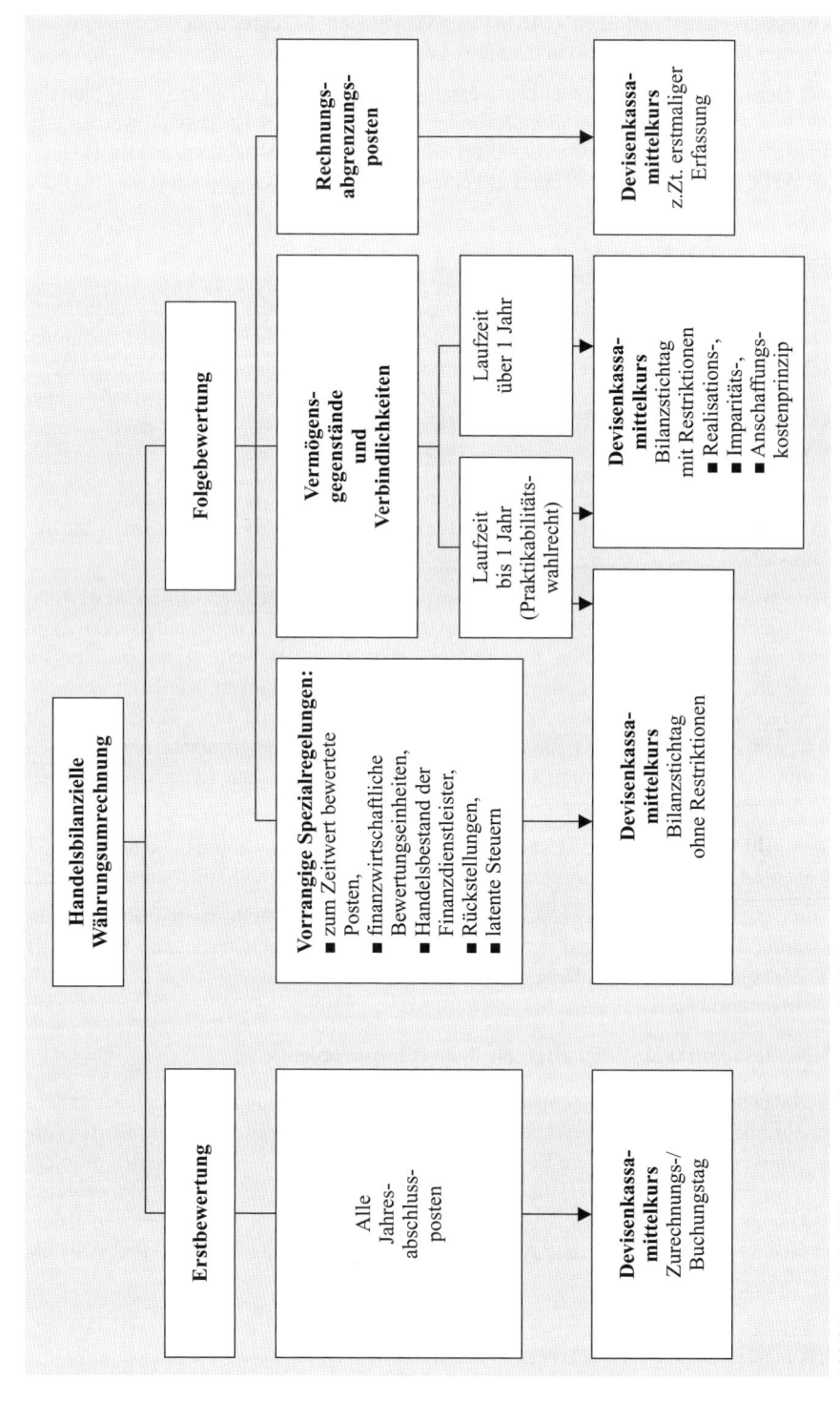

Grundsätzliche Vorgehensweise und Probleme der Bewertung

Abbildung D-4: Währungsumrechnung nach HGB

Abschlussadressaten" erfolgen (IASB-F 4.58). Gewinn ist danach der Zugewinn der investierten Kaufkraft der Periode (IASB-F 4.64).

Mit der Berücksichtigung von Geldwertverschlechterungen im Einzelnen befasst sich der der *Rechnungslegung in Hochinflationsländern* gewidmete IAS 29. Danach werden Abschlüsse entweder zu Tageswerten erstellt (IAS 29.29 ff.) oder Abschlüsse auf Basis historischer AHK durch Anwendung eines allgemeinen Preisindexes angepasst (IAS 29.11).

6. Schätzungsprobleme bei der Bewertung

Soweit die Wertermittlung zukunftsorientiert ist, je weiter sich das Bewertungsobjekt von der Geldnähe entfernt und soweit eine Einzelwertzurechnung unmöglich oder unzumutbar schwierig ist, ist das Bewertungsproblem durch seinen *Schätzungscharakter* geprägt. Vor allem die Ungewissheit der Zukunft lässt dem Bilanzierenden zwangsläufig einen nicht unerheblichen Bewertungsspielraum. Der *HGB*-Gesetzgeber hat sich dabei weitgehend darauf beschränkt,

- im Gläubigerinteresse Höchstwerte für Aktiva und Mindestwerte für Passiva,
- im Anteilseigner- und Fiskalinteresse Mindestwerte für Aktiva und Höchstwerte für Passiva

zu fixieren. Vorgeschriebene Wertermittlungsprozeduren machen jedoch die Bewertung nachvollziehbar und weniger manipulierbar. Um darüber hinaus den handelsrechtlichen Wahlbereich bei Wertmaßstäben, Bewertungsverfahren und Bewertungswahlrechten im Interesse der Gleichbehandlung der Steuerpflichtigen einzuschränken, wurde ein *steuerlicher Bewertungsvorbehalt* in § 5 Abs. 6 EStG formuliert und umfassend ausgefüllt (§§ 6 ff. EStG). Dieser bewirkt, dass handelsrechtliche Bewertungsvorschriften nur noch dann von steuerlicher Bedeutung sind, wenn keine ausdrücklichen steuerlichen Bewertungsbestimmungen bestehen.

Mit dem BilMoG hat der HGB-Gesetzgeber einige Bewertungswahlrechte eingeschränkt (z.B. Wegfall von Ermessensabschreibungen) und damit Schätzungsspielräume reduziert.

Mit ihrer stärkeren Zukunftsbezogenheit[1] ist die Rechnungslegung nach IFRS naturgemäß stärker als die vorwiegend vergangenheitsorientierte Rechnungslegung nach HGB und EStG von Schätzungen abhängig.

7. Stille Reserven und stille Lasten als Bewertungsproblem

Da die bilanziellen Bewertungskonventionen, insbes. des HGB und EStG vielfach andere Wertmaßstäbe als die aktuellen Verkehrswerte (beizulegende Werte, gemeine Werte) vorsehen, andererseits aber auch die Bewertungsergebnisse häufig geschätzt werden müssen, kann es zu einem Auseinanderfallen von Bilanzwerten und realisierbaren Marktwerten der Bilanzobjekte kommen. Unterschreiten die Bilanzwerte von Aktiva deren realisierbare Marktwerte (Unterbewertung Aktiva) oder überschreiten die Bilanzwerte der Schul-

---

[1] Z.B. mit dem „fair value", Nutzungswert und erzielbarem Betrag.

den die tatsächlichen Belastungen (Überbewertung Passiva), so entstehen – absichtlich, durch Schätzungen oder gesetzlich erzwungen – sog. *stille Reserven*.

Obwohl die Bezeichnung „stille" ursprünglich auf die nicht offene Erkennbarkeit hinwies, ist nach heutigem Verständnis die Erkennbarkeit nicht zwingender Begriffsbestandteil stiller Reserven und stiller Lasten. Sie können auch vorliegen, wenn sie durch Angaben im Anhang ermittelbar sind.

Im umgekehrten Fall negativer stiller Reserven (Bilanzwerte der Aktiva übersteigen die Verkehrswerte, Passivwerte unterschreiten tatsächliche Belastungen) liegen „*stille Lasten*" vor. Ihr Entstehen ist im Allgemeinen durch das Niederst- bzw. Höchstwertprinzip[1] beschränkt, aber nicht völlig ausgeschlossen.

Auch sind stille Reserven und stille Lasten nicht ausschließlich ein Bewertungsproblem. Sie können auch durch beim Ansatz dem Grunde nach entstehen.

	Aktiva	Passiva	Aktiva	Passiva
Ansatz dem Grunde nach	unzureichend	übermäßig	übermäßig	unzureichend
Ansatz der Höhe nach	unterbewertet	überbewertet	überbewertet	unterbewertet
	Stille Reserven		**Stille Lasten**	

Abbildung D-5: Stille Reserven und stille Lasten

Bei den *stillen Reserven* handelt es sich um verdeckt vorhandene, bei den *stillen Lasten* um überhöht dargestellte Eigenkapitalteile. Während stille Lasten allgemein abgelehnt werden, sind stille Reserven umstritten. Einerseits beeinträchtigen sie natürlich die Darstellung einer realistischen Vermögenslage. Andererseits kann die Bildung stiller Reserven wesentlich zur finanziellen Stabilität der Unternehmen beitragen, weil sich der Außenfinanzierungsbedarf durch die geringeren Gewinnausweise und geringere Ertragsteuern vermindert. Andererseits besteht allerdings die Gefahr, dass bei unkontrollierter Auflösung stiller Reserven noch Buchgewinne ausweisen, ausschüttet und besteuert wird, wenn finanziell keine Überschüsse mehr erzielt wurden. Allerdings kann es auch als ein Vorteil zur Unternehmenserhaltung gesehen werden, wenn bei einer krisenhaften Entwicklungstendenz der Unternehmensleitung über die sukzessive Auflösung stiller Reserven ein Zeitgewinn für Restrukturierungsmaßnahmen geschaffen wird, in dem Gläubiger und Anteilseigner mangels Kenntnis noch nicht reagieren können. Jedenfalls sind stille Reserven ein beliebtes Mittel der Bilanzpolitik und stille Lasten ein gefährliches Mittel zur Verdeckung von Schieflagen.

Abbildung D-6 zeigt die Auswirkungen stiller Reserven und stiller Lasten im Zeitablauf auf die Darstellung der Vermögens- und Ertragslage, die Ausschüttungen und die Steuern.

---

[1] Siehe Kap. B.II.9.e) und f).

Der Bilanzansatz der Höhe nach

	Bilden		Halten		Auflösen	
	stille Reserven	stille Lasten	stille Reserven	stille Lasten	stille Reserven	stille Lasten
Darstellung Vermögenslage	−	+	−	+	+	−
Darstellung Ertragslage	−	+	abnutzbar: + nichtabnb.: =	=	+	−
Jahresergebnis (Ausschüttung)	−	+	abnutzbar: + nichtabnb.: =	=	+	−
Ertragsteuern (soweit maßgeblich)	−	+	abnutzbar: + nichtabnb.: =	=	+	−

Abbildung D-6: Auswirkungen stiller Reserven und stiller Lasten auf Lageeinblick, Jahresergebnis und Ertragsteuern

Die *HGB-Rechnungslegung* nimmt aus Vorsichtsgründen absichtlich die Bildung stiller Reserven in Kauf; stille Lasten sollen durch das Vollständigkeits- und Höchstwertprinzip aber praktisch ausgeschlossen sein. Eingeschränkt wurde die stille Reservenbildung durch die Bewertung zum beizulegenden Zeitwert (insbes. Altersversorgungsvermögen und wertpapiergebundene Pensionszusagen, §§ 246 Abs. 2 bzw. 253 Abs. 1 S. 3 HGB). Quellen stiller Lasten können vor allem im Ermessensbereich von Schätzungen der Schulden und in der Abgrenzung von bilanziellen Schulden von den außerhalb (unter dem Strich) vermerkten Eventualschulden liegen.

Bei der *IFRS-Rechnungslegung* sind aus Vorsichtsgründen gelegte stille Reserven unerwünscht, vielmehr ist eine „fair presentation" der Vermögenslage angestrebt. Typisch hierfür ist die bei bestimmten Vermögenswerten bestehende Möglichkeit einer über die (fortgeführten) Anschaffungs- und Herstellungskosten hinausgehenden Neubewertung zum höheren beizulegenden Zeitwert *(fair value)*. Obwohl dem Transparenzprinzip auch eine Verhinderung stiller Lasten entspricht, bleiben durch vielfältige Einschätzungs- und Gestaltungsmöglichkeiten des Managements einige Möglichkeiten zu ihrer Entstehung.

Der *EStG-Rechnungslegung* sollte eigentlich an einer realistischen Ermittlung der Betriebsvermögensdifferenz (§ 4 Abs. 1 EStG) gelegen sein. Soweit das Maßgeblichkeitsprinzip reicht, werden allerdings stille Reserven auch in das Steuerrecht übertragen. Neben wirtschaftsschonenden Bewertungsvorschriften[1] verwendet der Steuergesetzgeber die stille Reserven-Bildung auch als wirtschaftspolitisches Förderinstrument (z.B. über

---

1 Z.B. unrealistisch niedrige Nutzungsdauern von Kraftfahrzeugen.

Sonderabschreibungen, erhöhte AfA). Vielfach sind auch Instrumente zur Verhinderung der Auflösung und Besteuerung von stillen Reserven bei Veräußerungs- und Entnahmevorgängen notwendig (z.B. § 6b EStG, R 6.6 EStR, Buchwertübertragungen).

II. Die Bewertungsmaßstäbe der Bilanzbewertung

Das Bilanzrecht sieht unterschiedliche Bewertungsmaßstäbe (Wertbegriffe, -kategorien) vor, die – zumindest begrifflich – für HGB-, IFRS- und EStG-Bilanzen zum Teil identisch, zum Teil aber auch für das jeweilige Rechnungslegungssystem einzigartig sind (siehe Abb. D-7). Aber auch bei sprachlicher Identität oder Ähnlichkeit bestehen im Einzelnen Unterschiede im Umfang des Bewertungsmaßstabs.

	Bewertungsmaßstäbe (Wertbegriffe, Wertkategorien)		
	HGB	IFRS	EStG
Gemeinsame Bewertungsmaßstäbe		■ Anschaffungskosten ■ Herstellungskosten ■ AHK-Ersatzwert ■ Erfüllungsbetrag ■ Barwert ■ Buchwert ■ Rest-/Erinnerungswert		
Spezifische Bewertungsmaßstäbe	■ Beizulegender Wert ■ Beizulegender Zeitwert ■ Nach vernünftiger kaufmännischer Beurteilung notwendiger Erfüllungsbetrag ■ Nennbetrag ■ Unterschiedsbetrag	■ Beizulegender Zeitwert ■ Tageswert ■ Nettoveräußerungspreis/-wert ■ Nutzungswert ■ Erzielbarer Betrag	■ Teilwert ■ Gemeiner Wert ■ Fremdvergleichspreis

Abbildung D-7: Bewertungsmaßstäbe nach HGB, IFRS und EStG

1. Gemeinsame Bewertungsmaßstäbe der HGB-, IFRS- und EStG-Bewertung

a) Anschaffungskosten

Die Anschaffungskosten[1] bilden den zentralen Bewertungsmaßstab für entgeltlich erworbene Vermögenswerte. Sinn und Zweck dieses Wertbegriffs ist neben der Verwirklichung

---

1 Beachtenswert ist, dass an der Bezeichnung „Anschaffungskosten" aus Gründen der Konvention festgehalten wird, obwohl weder ein direkter Zusammenhang mit den Dimensionen der Kostenrechnung besteht (z.B. werden weder Gemein- noch Zusatzkosten erfasst) noch der Anschaffungsvorgang allein wertmäßige Berücksichtigung erfährt. Die Praxis verwendet auch synonym die Bezeichnung „Einstandswert"; betriebswirtschaftlich zutreffender wäre „Anschaffungsausgaben".

des Grundgedankens des Nominalwertprinzips („Anschaffungskostenprinzip") die erfolgsneutrale Behandlung von Anschaffungsvorgängen als Vermögensumschichtung (Aktivtausch) oder Bilanzverlängerung. Allerdings beschränken Vereinfachungsgründe eine vollständige Erfolgsneutralität bei nicht direkt zurechenbaren Ausgaben.

Sieht man von Sonderfällen ab, so kommen „Anschaffungskosten" i.d.R. immer dann in Betracht, wenn bereits bestehende Vermögensgegenstände (Wirtschaftsgüter) von Dritten erworben werden und hierfür sowie ggf. für die anschließende Inbetriebnahme direkt zurechenbare Ausgaben getätigt werden.

aa) Anschaffungskosten nach HGB

§ 255 Abs. 1 HGB definiert (rechtsformunabhängig) *Anschaffungskosten* (AK) grundsätzlich als jene

- Aufwendungen, die geleistet werden,
- um einen Vermögensgegenstand zu erwerben und
- ihn in einen betriebsbereiten Zustand zu versetzen,
- soweit sie dem Vermögensgegenstand einzeln zugeordnet werden können.

Anschaffungshauptkosten sind damit zunächst die Ausgaben für den erworbenen Vermögensgegenstand selbst (Vertragsentgelt, Rechnungspreis), allerdings netto, d.h. ohne ausgewiesene, abziehbare Vorsteuer, denn die abzugsfähige Vorsteuer stellt nur vorübergehend eine Ausgabe dar, weil sie im Regelfall vom Finanzamt zurückerhalten werden kann.

Anschaffungskostenminderungen, wie z.B. Rabatte, Boni, Skonti und sonstige Preisminderungen sind grundsätzlich bei der Ermittlung der Ermittlung der AK abzusetzen. Allerdings müssen sie nach § 255 Abs. 1 S. 3 HGB (i.d.F. des BilRUG) dem Vermögensgegenstand direkt zurechenbar sein. Nachträgliche mengen- und umsatzabhängige Preisnachlässe sind demnach nicht zu berücksichtigen.

Anschaffungsnebenkosten hingegen zählen zu den AK, sie bestehen aus den Nebenkosten des Erwerbs und des Versetzens in Betriebsbereitschaft. *Erwerbsnebenkosten* bestehen aus allen dem Vermögensgegenstand direkt zuzurechnenden, neben den Anschaffungshauptkosten entstehenden Ausgaben zur Erlangung der Verfügungsmacht (z.B. Eingangsfrachten, Grunderwerbsteuer, Registerkosten). *Betriebsbereitschaftskosten* umfassen alle dem Bilanzierungsobjekt direkt zurechenbaren Ausgaben für die Herstellung der Einsatzbereitschaft des Beschaffungsobjekts (z.B. Fundamentierung, Probeläufe).

Nachträgliche Anschaffungshaupt- und Anschaffungsnebenkosten (z.B. Kaufpreiserhöhungen) sowie *nachträgliche* Anschaffungskostenminderungen (z.B. Boni, Preisminderungen) sind in die AK-Berechnung einzubeziehen (§ 255 Abs. 1 S. 2 HGB).

Der *Anschaffungszeitraum* wird damit über den Zeitpunkt der Erlangung der Verfügungsmacht hinaus auch auf die Zeit zur Erreichung der Betriebsbereitschaft (z.B. durch Montage, Prüfung) ausgedehnt. Er beginnt auch bereits mit den die Anschaffung vorbereitenden Maßnahmen (z.B. Besichtigung).

Zu den AK gehören jedoch nur *einzeln zurechenbare* Kosten (Einzelkosten), also nicht jene, die nur anteilig oder pauschal aufgrund eines Verteilungsschlüssels dem angeschafften Gegenstand zugerechnet werden können (Gemeinkosten). Die Notwendigkeit der direkten Zuordnung bei Anschaffungspreisminderungen hat der Gesetzgeber in § 255 Abs. 1 S. 3 HGB „klarstellend" ausdrücklich geregelt. Trotz fehlender gesetzlicher Regelung dürfte die Beschränkung auf direkt zurechenbare Kosten auch für die Nebenkosten und die nachträglichen AK gelten, weil diese auch zu den AK i.S.d. § 255 Abs. 1, Satz 1 HGB gehören. Finanzierungskosten des Kaufpreises sind jedoch i.d.R. nicht Bestandteil der AK.

Es besteht auch eine Einbeziehungspflicht von Nebenkosten und eine Absetzungspflicht von Anschaffungspreisminderungen, wenn diese Bestimmungsgrößen der AK erst *nachträglich* anfallen. Es kommt folglich nicht darauf an, ob die Nebenkosten, Minderungen oder Erhöhungen in zeitlichem Zusammenhang mit dem Anschaffungsvorgang anfallen oder später (sog. *nachträgliche* AK bzw. Anschaffungspreisminderungen).

Wird für mehrere verschiedene Vermögensgegenstände ein *Gesamtentgelt* geleistet, so ist nach dem Prinzip der Einzelbewertung eine Aufteilung nach dem Verhältnis der jeweiligen Zeitwerte vorzunehmen.[1]

Ausschluss nicht direkt zurechenbarer AK-Bestandteile (ANSCHAFFUNGS-GEMEINKOSTEN) Z.B.: betriebliche Personal- und Sachausgaben für Transport mit betrieblichem KFZ, Aufstellung durch eigene Arbeitnehmer, Reisekosten der Mitarbeiter, Kosten der Beschaffungsabteilung, mengen- und umsatzabhängige Boni		ANSCHAFFUNGSPREIS (vertragliches Hauptentgelt, Nettorechnungspreis, Listenpreis – jeweils ohne abzf. VoSt)	URSPRÜNGLICHE ANSCHAFFUNGS-KOSTEN
	−	ANSCHAFFUNGSPREISMINDERUNGEN (z.B. Rabatte, Skonti, Boni, Preisminderungen, ggf. Zuschüsse)	
	+	ERWERBSNEBENKOSTEN soweit direkt zurechenbar (z.B. nichtabzf. VoSt, Begutachtungs-, Verpackungs-, Transportkosten, Beurkundungsgebühren, Vermittlungsprovisionen, Transportversicherungsprämien, GrESt, Zölle)	
	+	AUFWENDUNGEN ZUR VERSETZUNG IN BETRIEBSBEREITSCHAFT (z.B. Kosten für Fundamentierung, Montage, Probeläufe, Abnahme)	
	+	NACHTRÄGLICHE ANSCHAFFUNGS-PREIS-ERHÖHUNGEN	NACHTRÄGLICHE ANSCHAFFUNGS-KOSTEN
	−	NACHTRÄGLICHE ANSCHAFFUNGSPREIS-MINDERUNGEN	
	+	NACHTRÄGLICHE ERWERBS-NEBENKOSTEN	
	+	NACHTRÄGLICHE AUFWENDUNGEN ZUR VERSETZUNG IN BETRIEBSBEREITSCHAFT	
	=	ANSCHAFFUNGSKOSTEN	

Abbildung D-8: Bestandteile der Anschaffungskosten nach HGB und EStG

ab) Anschaffungskosten nach IFRS (*costs of purchase*)

Zu den (historischen) *Anschaffungskosten* (AK) zählen alle Zahlungsmittel/-äquivalente oder der beizulegende Zeitwert einer anderen Entgeltform zum Zeitpunkt des Erwerbs,

---

[1] WPH 2017, F 119.

Der Bilanzansatz der Höhe nach

die zum Erwerb eines *Vermögenswertes aufgewendet werden*.[1] IAS 38.8 und IAS 40.5 erweitern den AK-Begriff um den Betrag, der dem Vermögenswert beim erstmaligen Ansatz gemäß besonderer Bestimmungen der IFRS beigelegt wird. Besonderheiten bei der Ermittlung der Anschaffungskosten ergeben sich aus IAS 2 (Vorräte), IAS 16 (Sachanlagevermögen), IAS 18 (Gewinnrealisierung)/IFRS 15 (Kundenverträge) und IAS 23 (Fremdkapitalkosten).

Bei *Sachanlagen* umfassen die AK folgende Bestandteile (IAS 16.16):

Kaufpreis einschließlich Einfuhrzölle und nichtabzugsfähiger Umsatzsteuer

− Anschaffungskostenminderungen (z. B. Rabatte, Boni, Skonti)

+ direkt zurechenbare Anschaffungsnebenkosten zur Verbringung an den Standort und in betriebsbereiten Zustand

+ Kosten für Abbruch und Abräumen und Wiederherstellung des Standorts

+ nachträgliche Anschaffungskosten

− ggf. Zuschüsse (IAS 20)

+ Fremdkapitalkosten, soweit einzeln zurechenbar und ein „qualifying asset" vorliegt (IAS 23)

= Anschaffungskosten nach IFRS

Abbildung D-9: Anschaffungskosten nach IFRS

Zu den *Nebenkosten* zählen gemäß IAS 16.17 beispielsweise:

- Leistungen an Arbeitnehmer zwecks Anschaffung,
- Kosten der Standortvorbereitung,
- Lieferungs- und Transportkosten,
- Installations- und Montagekosten,
- Kosten für Testläufe und
- Honorare für Architekten und Ingenieure etc.

Verwaltungs- und andere Gemeinkosten, Kosten der Eröffnung einer Betriebsstätte, Einführung neuer Produkte, Geschäftsführung oder Schulungskosten gehören nicht zu den Anschaffungskosten (IAS 16.19).

Zu den *nachträglichen Anschaffungskosten (subsequent costs)* zählen nach IAS 16.12 ff. Aufwendungen, durch die dem Unternehmen ein zukünftiger wirtschaftlicher Nutzen entsteht, der über den ursprünglich angenommenen hinausgeht. So zählen gemäß IAS 16.13 *Ausgaben für Ersatzteile* für Vermögenswerte, die in regelmäßigen oder unregelmäßigen Zeitabständen in den Vermögenswert eingebaut werden müssen, zu den nachträglichen AK. Die ersetzten Teile sind bei Ersatz auszubuchen. Während laufende *Wartungskosten* als Aufwand der Periode zu erfassen sind, können – wenn die Ansatzkriterien erfüllt sind –

---

[1] Vgl. IASB-F 4.55 a sowie IAS 2.10 und IAS 16.6.

Kosten regelmäßiger größerer Wartungen (wie ein Ersatz) zu den nachträglichen Anschaffungskosten zählen (IAS 16.14).

Zuschüsse zu Anschaffungen sind gemäß IAS 20 zu behandeln: Entweder als Minderung der Anschaffungskosten oder passivische Abgrenzung.

Fremdkapitalkosten sind zwar grundsätzlich als Aufwand in der Periode zu erfassen, in der sie entstehen, stehen sie jedoch in direktem Zusammenhang mit der Anschaffung eines qualifizierten Vermögenswerts *(qualifying asset)* müssen sie in die Anschaffungskosten einbezogen werden (IAS 23.11). Ein solcher Vermögenswert liegt vor, wenn ein beträchtlicher Zeitraum erforderlich ist, um ihn in einen gebrauchs- oder verkaufsfähigen Zustand zu versetzen (IAS 23.4.).

Anschaffungskosten bei Vorräten werden in IAS 2 hiervon abweichend definiert. Sie umfassen gem. IAS 2.10

- alle Kosten des Erwerbs und
- sonstige Kosten, die angefallen sind, um die Vorräte an ihren derzeitigen Ort und in ihren derzeitigen Zustand zu versetzen.

Die *Kosten des Erwerbs* umfassen Kaufpreis, Einfuhrzölle, nichtabzugsfähige Umsatzsteuer, Transport- und Abwicklungskosten und sonstige, dem Erwerb unmittelbar zurechenbare Kosten (Anschaffungsnebenkosten) nach Abzug der Anschaffungskostenminderungen (Skonti, Rabatte, Boni, Preisnachlässe).

Bei den *„sonstigen Kosten"* – einem Spezifikum der IFRS-Rechnungslegung – können auch Gemeinkosten einbezogen werden (IAS 2.15, IAS 2.16.c), z.B. bei den Lagerhaltungs- und Transportkosten.

Insgesamt bestehen trotz einer im Kern weitgehenden Identität der Anschaffungskosten nach HGB/EStG und IFRS im Detail einige *Unterschiede*:

- Einbeziehung erwarteter Aufwendungen für Abbruch, Entsorgung und Rückbau,
- Einbeziehung der Aufwendungen zur Versetzung an derzeitigem Ort und in derzeitigem Zustand,
- Einbeziehung bestimmter Wartungskosten,
- teilweise Einbeziehung von Gemeinkosten,
- Einbeziehung der Fremdkapitalzinsen.

ac) Anschaffungskosten nach EStG

Nur geringfügige Unterschiede vom beschriebenen Begriffsinhalt des HGB ergeben sich im Steuerrecht, zumal sich die handelsrechtliche Gesetzgebung den gewachsenen steuerlichen Anforderungen weitgehend angepasst hat. Andererseits steht die steuerrechtliche Bestimmung des Wertbegriffs unter dem Bewertungsvorbehalt des § 5 Abs. 6 EStG. Auch im Steuerrecht werden die *Anschaffungskosten* final bestimmt: Es werden damit jene Ausgaben bezeichnet, die der Steuerpflichtige geleistet hat, um es von der fremden in die eigene wirtschaftliche Verfügungsmacht zu überführen und es in einem dem angestrebten Zweck entsprechenden (betriebsbereiten) Zustand zu versetzen.[1] Es handelt sich um Auf-

---

[1] BFH v. 14.11.1985, BStBl 1986 II, 60; v. 13.4.1988, BStBl 1988 II, 892; BFH v. 25.9.1996, BStBl 1998 II, 70.

wendungen für Maßnahmen, die dazu bestimmt sind, die wirtschaftliche Verfügungsmacht über ein Wirtschaftsgut (also den Übergang von Besitz, Gefahr, Nutzung und Lasten) zu erlangen und es für die Erzielung von Einkünften nutzen zu können.[1] Allerdings sind auch steuerlich nur die direkt zurechenbaren, unmittelbar mit dem Erwerb anfallenden Kostenbestandteile in die AK einzubeziehen.[2]

Anschaffungsnebenkosten, die einzeln zugerechnet werden können, sind auch steuerlich zwingend in die AK einzubeziehen, sie führen nicht zur Bilanzierung eines immateriellen Wirtschaftsgutes (z.B. Maklerprovision für Mietvertrag).[3]

Auch im Steuerrecht sind *Anschaffungskostenminderungen* grundsätzlich abzusetzen (z.B. in Anspruch genommene Skonti). Nach Auffassung der Rechtsprechung mindert ein möglicher Skontoabzug allerdings die AK weder zum Anschaffungszeitpunkt noch zum nachfolgenden Bilanzstichtag, wenn von der Möglichkeit des Skontoabzugs bis dahin noch *nicht* Gebrauch gemacht wurde.[4] Ob *anschaffungsnahe Aufwendungen* als nachträgliche Anschaffungsnebenkosten oder nachträgliche Herstellungskosten anzusehen sind, war in der Rechtsprechung streitig.[5] Inzwischen hat der Gesetzgeber den Fall anschaffungsnaher *Gebäudeherstellungskosten* in § 6 Abs. 1 Nr. 1a EStG geregelt: Danach gehören zu den Gebäudeherstellungskosten auch Aufwendungen

- für Instandhaltungs- und Modernisierungsmaßnahmen (nicht Erweiterungen, regelmäßige Erhaltungsarbeiten)
- innerhalb von drei Jahren nach Gebäudeanschaffung,
- wenn die Netto-Aufwendungen 15 % der Gebäudeanschaffungskosten übersteigen.

Nach § 9b Abs. 1 EStG gehört die im Rechnungspreis enthaltene *Mehrwertsteuer (Vorsteuer)* nicht zu den AK, soweit sie nach § 15 UStG abziehbar ist. Nichtabzugsfähige Vorsteuerbeträge hingegen zählen zu den AK. Bei Berichtigung des Vorsteuerabzugs (§ 15a UStG) bleiben die Anschaffungskosten unberührt (§ 9b Abs. 2 S. 2 EStG).

Wird für mehrere Wirtschaftsgüter ein *einheitlicher Preis* (Gesamtpreis) gezahlt (z.B. für Grund und aufstehende Gebäude), so müssen die AK aufgeteilt werden. Maßgebend ist – soweit vorhanden und angemessen – der vertraglich festgelegte Maßstab, sonst das Teilwert- bzw. Verkehrswert-Verhältnis.[6] Ein entsprechendes Aufteilungsgebot gilt auch für Anschaffungsnebenkosten und Anschaffungskostenminderungen.

Steuerbilanziell sind *Investitionszulagen* nicht mindernd abzusetzen (z.B. § 5 Abs. 2 InvZulG), bei anderen echten *Zuschüssen* hat der Steuerpflichtige ein Wahlrecht: Er kann sie erfolgswirksam vereinnahmen und die AK unberührt lassen oder von den AK absetzen.[7] Ein Zuschuss setzt aber voraus, dass er von einem außerhalb des Anschaffungsgeschäftes stehenden Dritten gewährt wird und nicht in unmittelbarem Zusammenhang mit der Leistung des Zuschussempfängers steht.[8]

---

1 BFH v. 12.2.1985, BStBl 1985 II, 690; v. 22.4.1988, BStBl 1988 II, 901 m.w.N.
2 BFH v. 13.4.1988, BStBl 1988 II, 892.
3 BFH v. 19.6.1997, BStBl 1997 II, 808.
4 BFH v. 27.2.1991, BStBl 1991 II, 456.
5 Für HK: BFH v. 22.8.1966, BStBl 1966 III, 672; für AK: BFH v. 12.2.1985, BStBl 1985 II, 690.
6 BFH v. 13.4.1989, BFH/NV 1990, 34 m.w.N.
7 BFH v. 19.7.1995, BStBl 1996 II, 28; R 6.5 Abs. 2 EStR.
8 BFH v. 22.4.1988, BStBl 1988 II, 901.

Finanzierungskosten für einen zur Beschaffung eines Wirtschaftsgutes aufgenommenen Kredit gehören i.d.R. nicht zu den AK des beschafften Wirtschaftsgutes, sondern zu denen des Kredites.[1]

Schaubildlich ergibt sich für den Regelfall gleichermaßen im Handels- und Steuerrecht die Zusammensetzung der Anschaffungskosten nach Abbildung D-8.

b) Herstellungskosten

„Herstellungskosten" (HK) kommen als Bewertungsmaßstab immer dann in Betracht, wenn aktivierungspflichtige Vermögenswerte ganz oder zum Teil durch Eigenleistungen des Bilanzierenden oder durch Werkleistungen von ihm beauftragter Dritter erstellt werden oder vorhandene (fremdbezogene oder selbsterstellte Güter) auf die gleiche Weise erweitert oder wesentlich verbessert werden. Zweck der Aktivierung zu Herstellungskosten ist die Neutralisierung von getätigten Aufwendungen, um sie erst in der Periode der Verwertung erfolgswirksam werden zu lassen. Der Herstellungsvorgang soll grundsätzlich als Vermögensumschichtung behandelt werden.

ba) Herstellkosten in der Kostenrechnung

Die bilanziellen Herstellungskosten werden aus der Kostenrechnung des Betriebes abgeleitet. Dort unterscheidet man bei den sog. *Herstellkosten* zwischen

- *Einzelkosten*, d.s. Kosten, die einer Leistungseinheit direkt zurechenbar sind, und
- *Gemeinkosten*, die den Leistungseinheiten nur mit Hilfe von Verteilungsschlüsseln zugerechnet werden können. Diese werden in
    - echte Gemeinkosten (Einzelzurechnung unmöglich) und
    - unechte Gemeinkosten (Einzelzurechnung möglich, aber unzweckmäßig)

unterschieden.

Außerdem ist es betriebswirtschaftlich üblich und sinnvoll, zwischen

- produktionsmengenabhängigen *„variablen" Kosten* und
- produktionsmengenunabhängigen *„fixen" Kosten*

zu differenzieren. Neben den tatsächlich angefallenen Aufwendungen werden schließlich auch sog. *„kalkulatorische Kostenarten"* in den Kostenbegriff der Betriebsabrechnung einbezogen, das sind zum einen *Zusatzkosten*, denen keine Ausgaben/Aufwendungen gegenüberstehen (z.B. kalkulatorischer Unternehmerlohn, kalkulatorische Mieten, kalkulatorische Eigenkapitalzinsen), zum anderen sog. *Anderskosten*, die zwar grundsätzlich, nicht jedoch der Höhe oder dem zeitlichen Anfall nach Ausgaben-/Aufwandscharakter haben (z.B. kalkulatorische Abschreibungen, kalkulatorische Fremdkapitalzinsen, kalkulatorische Wagnisse).

Am Industriebetrieb orientiert, ergibt sich für die kostenrechnerische Bestimmung der sog. *„Herstellkosten"* (bei Anwendung der Zuschlagskalkulation) folgendes Rechenschema:

---

[1] BFH v. 7.11.1989, BStBl 1990 II, 460.

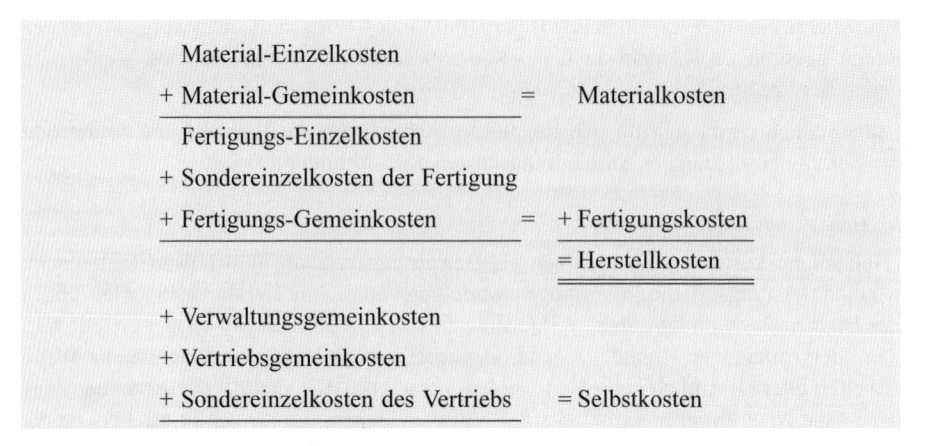

```
        Material-Einzelkosten
      + Material-Gemeinkosten            =  Materialkosten
        Fertigungs-Einzelkosten
      + Sondereinzelkosten der Fertigung
      + Fertigungs-Gemeinkosten          = + Fertigungskosten
                                         = Herstellkosten

      + Verwaltungsgemeinkosten
      + Vertriebsgemeinkosten
      + Sondereinzelkosten des Vertriebs = Selbstkosten
```

Abbildung D-10: Ermittlung der kalkulatorischen Herstellkosten und Selbstkosten

Bei der Ermittlung der Herstellungskosten für Zwecke der Rechnungslegung kann zwar grundsätzlich von dem Zahlenwerk der Kostenrechnung ausgegangen werden, es sind jedoch erhebliche *Anpassungen* erforderlich: Die IFRS streben Konvergenz der Herstellungskosten in der internen und externen Unternehmensrechnung an.

Für die Herstellungskosten aller Bilanzen sind zunächst jene Kosten zu eliminieren, die nicht aufwandsgleich sind; das sind wegen des in der Rechnungslegung geltenden pagatorischen Prinzips[1] insbes. große Teile der sog. *kalkulatorischen Kosten*. Es muss auch streng darauf geachtet werden, dass jene Kosten nicht in die HK-Ermittlung einbezogen werden, die *außerhalb des Prozesses der Herstellung* angefallen sind. Insbes. dürfen keine Vertriebskosten in die Herstellungskosten einbezogen werden. Damit ist die Ausgangsgröße für die bilanziellen Herstellungskosten erreicht, die allerdings besser als „Herstellungsausgaben" zu bezeichnen wären.

bb) Herstellungskosten nach HGB

Bei mehreren HGB-Änderungen hat der Gesetzgeber Begriff und Umfang der Herstellungskosten den Regelungen der R 6.3 EStR 2003 ff. angepasst. Die Verwaltungsanweisung beruhte weitgehend auf BFH-Rechtsprechung, die ihrerseits handelsrechtliche GoB konkretisierte. § 255 Abs. 2 S. 1 HGB definiert Herstellungskosten durch den Einsatz bestimmter Herstellungsmittel zur Erreichung bestimmter Herstellungsergebnisse:

---

1 Siehe Kap. B.II.3.c).

Die Bewertungsmaßstäbe der Bilanzbewertung

	■ Aufwendungen	
	durch	
■ Verbrauch von Gütern	und	■ Inanspruchnahme von Diensten
	für die	
■ Herstellung eines Vermögensgegenstandes oder	■ Erweiterung eines Vermögensgegenstandes oder	■ wesentliche Verbesserung eines Vermögensgegenstandes
erstmalige Herstellungskosten	nachträgliche Herstellungskosten (sog. Herstellungsaufwand)	

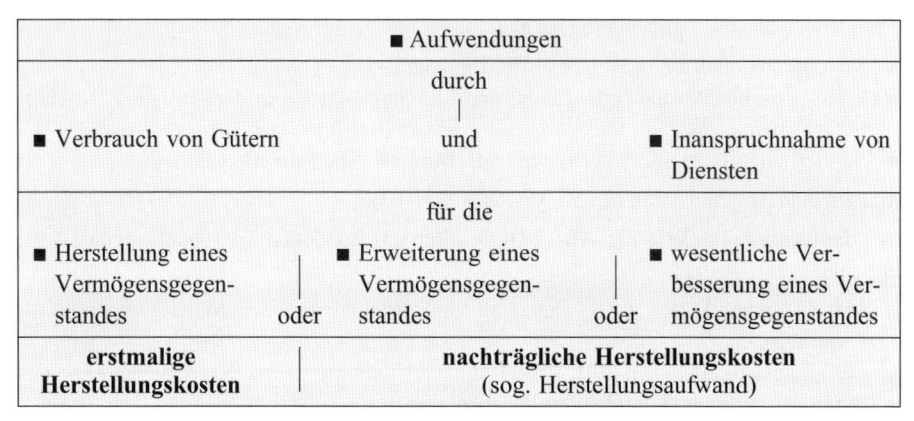

Abbildung D-11: Merkmale der Herstellungskosten

Damit sind zwei *Herstellungsfälle* erfasst: Zum einen das Neuentstehen eines Vermögensgegenstandes, zum anderen bestimmte spätere Aufwendungen auf ein bereits vorhandenes Bilanzobjekt (sog. *Herstellungsaufwand*[1]). Entscheidend ist die Finalität der Aufwendungen („für die"). Der Vorgang der *Herstellung* reicht von ersten, die Neuschaffung eines Vermögensgegenstandes vorbereitenden Maßnahmen (Beschaffung, Transport und Lagerung der Einsatzgüter) bis zu deren Abschluss (Fertigstellung, Marktreife).

Erweiterungen sind durch Mehrung der Substanz oder der Nutzungsmöglichkeiten von Vermögensgegenständen gekennzeichnet. *Wesentliche Verbesserungen* sind Erhöhungen der wirtschaftlichen oder technischen Nutzungsfähigkeit des Vermögensgegenstandes. In allen Fällen orientiert sich der Herstellungsbegriff an vergangenen, „historischen" Aufwendungen. Künftige „Wieder-Herstellungskosten" bleiben nach derzeitiger Bilanzkonzeption[2] außer Betracht.

Die zur Erzielung der beschriebenen Herstellungsergebnisse einzusetzenden *Herstellungsmittel* umfassen den *Güterverbrauch* (z.B. eingesetzte RHB-Stoffe, Anlagenabschreibungen) und die *Inanspruchnahme von Diensten* (z.B. Beschäftigung von Arbeitnehmern, Fremdleistungen).

Typische Bewertungsobjekt für HK sind fertige und unfertige Erzeugnisse und noch nicht abgerechnete Dienstleistungen. Der einheitliche HK-Begriff findet aber auch Anwendung bei selbsterstellten Vermögensgegenständen des Anlagevermögens (z.B. selbsterstellte Maschinen, Bauten und immateriellen Vermögensgegenständen). Handelsrechtlich stellen die HK eine absolute Wertobergrenze dar.[3]

Für das Ausmaß der in die Herstellungskosten einzubeziehenden Kostenarten und -bestandteile bestehen differenzierte *Einbeziehungspflichten, -wahlrechte und -verbote*:

---

1 Zu den handelsrechtlichen Kriterien des Herstellungsaufwands bei Gebäuden s. HFA-Verlautbarung, WPg 1996, S. 534 und WPg 1987, S. 103.
2 Siehe Herstellungskostenprinzip Kap. B.II.3.c).
3 Siehe Herstellungskostenprinzip Kap. B.II.3.c).

Einzelkosten des Fertigungsbereichs, also

- Materialeinzelkosten (z. B. Rohstoffe, Einbauteile),
- Fertigungseinzelkosten (z. B. Löhne und Lohnnebenkosten in der Fertigung Beschäftigter) sowie
- Sonder(einzel)kosten der Fertigung (z. B. Modelle, Spezialwerkzeuge)

müssen einbezogen werden (§ 255 Abs. 2, S. 2 HGB).

Seit der Neufassung des § 255 Abs. 2 HGB durch das BilMoG müssen auch angemessene Teile der

- Materialgemeinkosten (z. B. Personal- und Raumkosten der Materialverwaltung/-Lagerung),
- Fertigungsgemeinkosten (z. B. Kosten für Werkstattverwaltung, Kraftanlagen) und des
- durch die Fertigung veranlassten Wertverzehrs des Anlagevermögens

als Pflichtbestandteile in die HK einbezogen werden.

Angemessenheit verlangt Normalität des Kostenanfalls; beispielsweise übersteigt die Einbeziehung von Leerkosten bei mangelnder Kapazitätsauslastung die Angemessenheitsgrenze (sog. Einbeziehungsverbot von *Unterbeschäftigungskosten*). *Veranlassung durch die Fertigung* verlangt einen inneren sachlichen und zeitlichen Zusammenhang des Wertverzehrs mit der Fertigung.

Wahlbestandteile der HK sind angemessene, auf den Zeitraum der Herstellung entfallende Teile der Aufwendungen für

- die allgemeine Verwaltung (*sog. Allgemeine Verwaltungskosten,* die in keinem Zusammenhang mit Fertigungs- und Materialverwaltung stehen, wie z. B. Geschäftsleitung, Personalbüro, Betriebsrat, Rechnungswesen),
- *die sozialen Einrichtungen des Betriebs,*
- *die freiwilligen sozialen Leistungen und*
- *die betriebliche Altersversorgung.*

Ausdrückliche *Einbeziehungsverbote* bestehen nach § 255 Abs. 2 S. 4 bzw. Abs. 3 S. 1 HGB für

- Vertriebskosten,
- Forschungskosten und
- grundsätzlich auch für Fremdkapitalzinsen.

Letztere dürfen, soweit sie zur Herstellungsfinanzierung dienen und auf den Herstellungszeitraum entfallen, als „Bewertungshilfe" ausnahmsweise einbezogen werden (Wahlrecht). Sie gelten dann als Herstellungskosten (§ 255 Abs. 3 S. 2 HGB).

Vertriebskosten dürfen keinesfalls einbezogen werden weil sie zum einen nicht zur „Herstellung" aufgewandt worden sind, zum anderen ist ihr Beitrag zur Wertsteigerung des Produktes fragwürdig. Abgrenzungsprobleme ergeben sich insbes. bei den *Verpackungskosten.* Sie zählen grundsätzlich zu den Vertriebskosten, es sei denn, das Produkt kann ohne sie nicht in den Verkehr gebracht werden.[1] Die sog. Innenverpackung zählt in diesen Fällen noch zu den Herstellungskosten, während die Kosten für die Außenverpackung

---

[1] BFH v. 20. 5. 1988. BStBl 1988 II, 961.

Vertriebskosten sind.[1] Die Problematik der Einbeziehung von *Verbrauchsteuern und Zöllen auf Vorratsvermögen* wird an anderer Stelle behandelt[2]; handelsrechtlich wird nach Aufgabe des Sonderpostens nach § 250 Abs. 1 S. 2 Nr. 1 HGB a.F. durch das BilMoG Einbeziehung in die Herstellungskosten als Sonderkosten der Fertigung verlangt[3], aber auch die überzeugendere Auffassung vertreten, dass es sich um nicht einbeziehbare Vertriebskosten handelt.[4]

Forschungskosten sind alle Aufwendungen für die „eigenständige und planmäßige Suche nach neuen wissenschaftlichen oder technischen Erkenntnissen oder Erfahrungen allgemeiner Art, über deren technische Verwertbarkeit und wirtschaftliche Erfolgsaussichten grundsätzlich keine Aussagen gemacht werden können" (§ 255 Abs. 2a Satz 3 HGB).[5] Das Verbot der Aktivierung von in der Forschungsphase angefallenen Aufwendungen beruht auf dem Vorsichtsprinzip weil die Werthaltigkeit von Forschungsergebnissen häufig sehr unsicher ist.

Den Spezialfall der Herstellungskosten eines gem. § 248 Abs. 2 HGB optional aktivierbaren *selbst geschaffenen immateriellen Vermögensgegenstandes des Anlagevermögens* regelt § 255 Abs. 2a HGB: Herstellungskosten sind die bei dessen Entwicklung anfallenden Aufwendungen des allgemeinen Herstellungskostenbegriffs des § 255 Abs. 2 HGB. Entscheidend ist dabei eine verlässliche Abgrenzung der nicht aktivierbaren Kosten der Forschung (siehe oben) und der hier relevanten *Entwicklung*. Letztere definiert § 255 Abs. 2a S. 2 HGB als

- Anwendung von Forschungsergebnissen oder von anderem Wissen
- für die Neuentwicklung von Gütern oder Verfahren oder
- die Weiterentwicklung von Gütern oder Verfahren mittels wesentlicher Änderungen.

bc) Herstellungskosten nach IFRS *(costs of conversion)*

Eine allgemeine Definition der Herstellungskosten existiert weder im Rahmenkonzept noch in den Einzelstandards. Vielmehr wird die Ermittlung der Herstellungskosten spezifisch für einzelne Vermögenswerte geregelt:

- für Vorräte in IAS 2.10ff.,
- für immaterielles Vermögen in IAS 38.66,
- für Sachanlagen in IAS 16.16 ff.,
- für Renditeimmobilien in IAS 40.22 ff. und
- für biologische Vermögenswerte in IAS 41.13.

Im häufigsten Anwendungsfall der Erstbewertung von *Vorräten* umfassen die Herstellungskosten nach IAS 2.10 ff. nach dem Vollkostenprinzip:

---

1 BFH v. 28. 8. 1987, BStBl 1987 II, 789.
2 Siehe Kap. C.V.l.db).
3 WPH 2017, F 136. St/HFA 5/1991 WPg 1992, S. 94 sah ein Wahlrecht zwischen HK-Einbeziehung und Sonderposten-Aktivierung vor.
4 Vgl. BT-Drs. 16/10067 S. 51.
5 Zur Abgrenzung der Forschung von der Entwicklung siehe Kap. C.IV.1.ac).

- alle Kosten, die den Produktionseinheiten direkt zuzurechnen sind *(Produktionseinzelkosten)*. Obwohl IAS 2.12 als Beispiel nur die Fertigungslöhne nennt, gehören auch die Materialeinzelkosten und die Sondereinzelkosten der Fertigung dazu.
- systematisch zugerechnete fixe und variable *Produktionsgemeinkosten*. Das sind die Kosten, die bei der Verarbeitung von Ausgangsstoffen zu Produkten anfallen und den Produktionseinheiten nicht direkt zuzuordnen sind, vielmehr über Kostenschlüssel verteilt werden. Fixe Produktionsgemeinkosten fallen unabhängig vom Produktionsvolumen relativ konstant an, wie z.B. Wertverzehr und Instandhaltung von Betriebsgebäuden und -einrichtungen sowie Kosten des Managements und der Verwaltung des Produktionsbereichs). Variable Produktionsgemeinkosten hingegen variieren mit der Produktionsmenge (z.B. Material- und Fertigungsgemeinkosten). Die Unterscheidung ist deshalb von Bedeutung, weil die Zurechnung fixer Produktionsgemeinkosten zu den Herstellungskosten auf der normalen Kapazitätsauslastung der Produktionsanlagen erfolgt, variable Produktionsgemeinkosten hingegen auf der Grundlage des tatsächlichen Einsatzes der Produktionsmittel zugerechnet werden (IAS 2.13).
- *Sonstige Kosten* (*other costs*) zur Versetzung der Vorräte an ihren derzeitigen Ort und in ihren derzeitigen Zustand. Beispiele sind Transportkosten bzw. Kosten für kundenspezifische Produktentwicklung. In diesem Fall kommt es auf einen unmittelbaren Fertigungsbezug nicht an.

Die Berücksichtigung von Entwicklungskosten, Fremdkapitalkosten, Auftragsfertigung und Zuwendungen der öffentlichen Hand wird in anderen Standards geregelt (IAS 38, IAS 23, IAS11/IFRS 15 bzw. IAS 20).

Entwicklungskosten werden nur in die Herstellungskosten der Vorräte einbezogen, wenn sie nicht zu einem selbständig aktivierten, selbstgeschaffenen immateriellen Vermögenswert führten (IAS 38.51 ff.). Wurde ein selbstgeschaffener Vermögenswert aktiviert, ist aber u.U. der Wertverzehr des immateriellen Anlagegutes einzubeziehen.

Verwaltungs- und Sozialkosten dürfen nur einbezogen werden, soweit sie auf den Material- und Fertigungsbereich entfallen (z.B. Meisterbüro, Altersversorgung der im Material- und Fertigungsbereich Beschäftigten). *Allgemeine Verwaltungskosten* (z.B. für die oberste Unternehmensführung) und Sozialkosten der Beschäftigten anderer Bereiche (z.B. im Vertriebsbereich) dürfen nicht einbezogen werden.

Fremdkapitalkosten sind bei Zuordnung zum Herstellungsprozess und zu einem qualitativen Vermögenswert seit 2009 einzubeziehen (IAS 23.11).

Zuwendungen der öffentlichen Hand (Produktionszuschüsse) können entweder im Rahmen der Ermittlung der Herstellungskosten abgesetzt oder passiv abgegrenzt werden (IAS 20.24).

Einbeziehungsverbote bestehen nach IAS 2.16 insbes. für

- anormale Produktionskosten (z.B. unangemessene Abfall- und Lohnkosten),
- Lagerkosten (außer Zwischenlagerkosten),
- Verwaltungsgemeinkosten (außer für Fertigungs- und Materialbereich sowie zur Versetzung an bzw. in den derzeitigen Ort oder Zustand) und
- Vertriebskosten.

bd) Herstellungskosten nach EStG

Auch im Steuerrecht sind die Herstellungskosten neben den Anschaffungskosten ein für die Erstbewertung zentraler Wertmaßstab, ohne allerdings kodifiziert zu sein. Rechtsprechung und Finanzverwaltung haben den Wertmaßstab zu Recht handelsrechtlich interpretiert.[1] Vor allem zu den Material- und Fertigungsgemeinkosten, zum Wertverzehr des Anlagevermögens und zu den Wahl-Kostenbestandteilen enthält R 6.3 EStR detaillierte Vorschriften.

Die handelsrechtlichen *Einbeziehungswahlrechte* für angemessene Teile der Kosten der allgemeinen Verwaltung sowie angemessene Aufwendungen für soziale Einrichtungen des Betriebs, für freiwillige soziale Leistungen und für die betriebliche Altersversorgung waren lange Zeit auch von der Finanzverwaltung anerkannt (R 6.3 Abs. 4 EStR 2008).[2] Wegen einer zeitweiligen Änderung der Verwaltungsauffassung[3] wurde zur Schaffung von Rechtsklarheit das Einbeziehungswahlrecht in § 6 Abs. 1 Nr. 1b EStG gesetzlich verankert, allerdings mit der Nebenbedingung einer übereinstimmenden Ausübung mit der Handelsbilanz.

Das handelsrechtliche Einbeziehungswahlrecht von auf den Herstellungsvorgang entfallenden *Fremdkapitalzinsen* (§ 255 Abs. 3 S. 2 HGB) wird auch von der Finanzverwaltung anerkannt, allerdings nur bei Konformität mit der handelsbilanziellen Behandlung (R 6.3 Abs. 5 EStR).

Das vormalige steuerliche Einbeziehungswahlrecht für die Gewerbeertragsteuer ist mit dem Abzugsverbot der Gewerbesteuer entfallen.[4]

Eine steuerbilanzielle Besonderheit, die auch zu von der handelsbilanziellen Regelung unterschiedlichen Ergebnissen führt, besteht bei der Ermittlung von *Gebäudeherstellungskosten*. Danach gehören zu den Herstellungskosten eines Gebäudes auch Aufwendungen für Instandsetzungs- und Modernisierungsmaßnahmen, die innerhalb von drei Jahren nach der Anschaffung des Gebäudes durchgeführt werden, wenn die Netto-Aufwendungen 15 Prozent der Anschaffungskosten des Gebäudes übersteigen (*anschaffungsnahe Gebäudeherstellungskosten*). Zu diesen Aufwendungen gehören nicht die Aufwendungen für Erweiterungen sowie Aufwendungen für Erhaltungsarbeiten, die jährlich üblicherweise anfallen.

Nach neuer BFH-Rechtsprechung[5]. sind unter *Instandsetzung und Modernisierung* eines Gebäudes bauliche Maßnahmen zu verstehen, durch die Mängel oder Schäden an vorhandenen Einrichtungen eines bestehenden Gebäudes oder am Gebäude selbst beseitigt werden oder das Gebäude durch Erneuerung in einen zeitgemäßen Zustand versetzt wird. Die

---

1 Z.B. BFH v. 15.11.1985, BStBl 1986 II, 367 m.w.N.; BFH v. 4.7.1990, GrS 1/89, BStBl 1990 II, 830.
2 Das galt nach Verwaltungsauffassung trotz des BFH-Grundsatzes, dass ein handelsrechtliches Bewertungswahlrecht steuerrechtlich zum Ansatz des höchsten nach Handels- und Steuerrecht zulässigen Wertes führt (BFH v. 21.10.1993, BStBl 1994 II, S. 176).
3 R 6.3 Abs. 1 EStR 2015 mit Hinweis auf die hinausgeschobene Anwendung durch BMF-Schr. vom 25.3.2013, BStBl 2013 I, 296.
4 § 4 Abs. 5b EStG, R 6.3 Abs. 6 S. 2 EStR.
5 BFH-Urteile vom 14.6.2016, BStBl 2016 II, 992; BStBl 2016 II, 996 und BStBl 2016 II, 999.

Einordnung ist nach BFH-Auffassung unabhängig von ihrer handelsrechtlichen Einordnung vorzunehmen. Zu den Aufwendungen nach § 6 Abs. 1 Nr. 1a Satz 1 EStG gehörten deshalb auch Kosten für die Herstellung der Betriebsbereitschaft und für Schönheitsreparaturen.

Trotz des gesetzgeberisch angestrebten Gleichlaufs der handels- und steuerrechtlichen Herstellungskosten-Ermittlung bestehen im Detail noch *Unterschiede*:

- Der steuerrechtliche Spezialfall der *anschaffungsnahen, nachträglichen Gebäudeherstellungskosten* hat kein handelsbilanzielles Pendant.
- Der handelsbilanzielle Spezialfall der Herstellungskosten (*Entwicklungskosten*) für selbst erstellte immaterielle Vermögensgegenstände des Anlagevermögens (§ 255 Abs. 2a HGB) ist steuerbilanziell wegen des Aktivierungsverbots des § 5 Abs. 2 EStG bedeutungslos.
- Für Zölle und Verbrauchsteuern auf Vorratsvermögen besteht steuerbilanziell ein Einbeziehungsverbot und Verpflichtung zur Bildung eines gesonderten Aktivpostens (§ 5 Abs. 5 Satz 2 EStG).
- Der Wertverzehr des Sammelpostens und die Sofortabschreibung für geringwertige Wirtschaftsgüter dürfen steuerlich nicht in die HK-Berechnung einbezogen zu werden.[1]

be) Vergleich der Herstellungskosten in den drei Rechnungslegungssystemen

Abbildung D-12 zeigt die Gemeinsamkeiten und Unterschiede der HK-Bestandteile nach HGB, IFRS und EStG.

c) AHK-Ersatzwerte

Alle Rechnungslegungssysteme kennen Werte, die an die Stelle von Anschaffungs- oder Herstellungskosten treten (AHK-Ersatzwerte). Sie werden für die weitere Bewertung als AHK fingiert.

Im **HGB-Abschluss** gelten z.B. als AHK die in der *DM-Eröffnungsbilanz* angesetzten Werte als AHK künftiger Jahresabschlüsse (§ 5 Abs. 3 DMBG bzw. § 7 Abs.1 DMBilG 1990).

Wenn beim *unentgeltlichen Erwerb* – die h.M. nimmt handelsrechtlich ein Bilanzierungswahlrecht an[2] – ein Ansatz erfolgt, wird der Zeitwert als AK fingiert.

Bei *Tauschgeschäften* soll nach h.M.[3] das eingetauschte Gut mit dem *Buchwert* des *hingegebenen* Gutes (Buchwertfortführung), ggf. zuzüglich der Ertragsteuerbelastung (ergebnisneutrale Behandlung) oder dem *Zeitwert* des *hingegebenen* Tauschgutes (Gewinnrealisierung), höchstens aber mit dem vorsichtig geschätztem Zeitwert des *eingetauschten* Tauschgutes handelsbilanziell angesetzt werden. Zwischen den Bewertungsmethoden besteht Wahlfreiheit, doch ist ein Zwischenwert unzulässig. Der so ermittelte neue Bilanzwert gilt für die Zukunft als Anschaffungskosten.

---

1 R 6.3 Abs. 4 S. 5 EStR.
2 Siehe Kap. C.IV.1.a).
3 Z.B. WPH 2017, F. 123.

Die Bewertungsmaßstäbe der Bilanzbewertung

Bestandteile der Herstellungskosten			HGB	IFRS	EStR
Einzelkosten	*Materialeinzelkosten* (Rohstoffe, Halb- und Teilerzeugnisse u. dgl.)		Pflicht	Pflicht	Pflicht
	Fertigungseinzelkosten (Löhne und Nebenleistungen im Fertigungsbereich)		Pflicht	Pflicht	Pflicht
	Sondereinzelkosten der Fertigung (Entwürfe, Modelle, Lizenzen, Werkzeuge u. dgl., sofern direkt zurechenbar)		Pflicht	Pflicht	Pflicht
	Sondereinzelkosten des Vertriebs (Provisionen, Frachten, Versicherung, USt u. dgl.)		Verbot	Verbot	Verbot
Gemeinkosten	Materialgemeinkosten insbes. Lagerhaltung, Materialprüfung		Pflicht	Pflicht	Pflicht
	Fertigungsgemeinkosten insbes. Weiterentwicklungs-, Fertigungsbetriebs- und -verwaltungskosten (z.B. Fertigungsvorbereitung, -kontrolle, techn. Betriebsleitung, Raumkosten, Versicherungen, Unfallschutz, Lohnbüro, Hilfslöhne u. dgl.)		Pflicht	Pflicht	Pflicht
	■ insbes. Forschungskosten (z.B. Grundlagenforschung)		Verbot	Verbot	Verbot
	■ insbes. Wertverzehr der Fertigungsanlagen	AfA bzw. planmäßige Abschreibungen	Pflicht	Pflicht	Pflicht GWG: Verbot
		AfaA bzw. außerplanmäßige Abschreibungen	Verbot	Verbot	Verbot
		Sonderabschreibungen, Teilwertabschreibungen	Verbot	Verbot	Verbot
	■ insbes. Steuern des Fertigungsbereiches (GrSt, KfzSt)		Pflicht	Pflicht	Pflicht
	■ insbes. Kapitalkosten des Fertigungsbereiches	Fremdkapital	Wahlrecht	Pflicht	Wahlrecht (HB-konform)
		Eigenkapital	Verbot	Verbot	Verbot
	■ insbes. kalkulatorische Kosten (kalk. Unternehmerlohn, Mieten, Zinsen, Abschreibungen, Wagnisse, soweit über tatsächliche Aufwendungen hinausreichend)		Verbot	Verbot	Verbot
	■ insbes. Aufwendungen für Sozialeinrichtungen, freiwillige Sozialleistungen, Ergebnisbeteiligung und betriebliche Altersversorgung, soweit sie auf den Herstellungszeitraum entfallen		Wahlrecht	Pflicht wenn herstellungsbezogen	Wahlrecht (HB-konform)
	■ insbes. Kosten der Unterbeschäftigung	(teilweise) Stilllegung von Produktionsanlagen	Verbot	Verbot	Verbot
	Allgemeine Verwaltungskosten (Geschäftsleitung, Einkauf, Wareneingang, Betriebsrat, Personalbüro, Nachrichten, Ausbildung, Rechnungswesen, Werkschutz, Stabsabteilung, Abschreibungen auf Verwaltungsgebäude, Sozialeinrichtungen u. dgl.)		Wahlrecht	Verbot	Wahlrecht (HB-konform)
	Gemeinkosten des Vertriebsbereiches (Fertigwarenlager, Vertriebsabteilungen, Vertriebsorganisation, Werbung, Marktforschung, Abschreibungen auf Anlagevermögen des Vertriebsbereiches u. dgl.)		Verbot	Verbot	Verbot
Steuern vom Gewinn		ESt, KSt, SolZ Gewerbeertragsteuer	Verbot	Verbot	Verbot
Zölle und Verbrauchsteuern auf Vorratsvermögen			(Verbot)	Pflicht	Verbot (SoPo)

Abbildung D-12: Herstellungskosten nach HGB, IFRS und EStG

Die **IFRS** kennen einen „als Ersatz für Anschaffungs- oder Herstellungskosten" angesetzten Wert. Nach IFRS 1, Anh. A ist das ein Wert, der zu einem bestimmten Datum als Ersatz für (fortgeführte) AHK verwendet wird. Nach IFRS 1.44 wird z.b. als Ersatzwert der beizulegende Zeitwert genannt.

Beim Erwerb einer Sachanlage durch *Tausch* kommen als Anschaffungskosten je nachdem ob und in welchem Ausmaß die beizulegenden Zeitwerte der Tauschgüter verlässlich zu ermitteln sind, der beizulegende Zeitwert des hingegebenen, des erworbenen Vermögenswertes oder der Buchwert des hingegebenen Vermögenswertes in Betracht (IAS 16.23–28).

Auch für die **Steuerbilanz** können AHK-Ersatzwerte in Betracht kommen („an deren Stelle tretende Wert"[1]), beispielsweise

- treten beim *unentgeltlichen Erwerb eines Betriebes oder Teilbetriebes* die bisherigen Buchwerte an die Stelle der AK des Erwerbers (§ 6 Abs. 3 EStG),
- gilt beim *unentgeltlichen Erwerb einzelner Wirtschaftsgüter* aus betrieblichem Anlass für das aufnehmende Betriebsvermögen der gemeine Wert als AK (vgl. § 6 Abs. 4 EStG),
- muss beim *Tausch von Wirtschaftsgütern* der gemeine Wert (Einzelveräußerungspreis) des hingegebenen Wirtschaftsgutes zzgl. etwaiger Zuzahlungen, ggf. abzüglich darin enthaltener USt, als AK des erhaltenen Wirtschaftsgutes angesetzt werden (§ 6 Abs. 6 EStG),
- finden sich weitere als AK-Ersatz geltende Werte bei *Übertragungen innerhalb und zwischen Personengesellschaften* und bei *Umwandlungen* (nach dem UmwStG) Anwendung.[2]

Der AHK-Ersatzwert ist beispielsweise Bemessungsgrundlage für die Absetzungen für Abnutzung (R 7.3 Abs. 1 S. 1 EStR).

d) Erfüllungsbetrag

da) Erfüllungsbetrag nach HGB

Nach § 253 Abs. 1 Satz 2 HGB sind Verbindlichkeiten – außer Rentenverbindlichkeiten und Rückstellungen – bei allen Bilanzierenden zu ihrem *Erfüllungsbetrag* anzusetzen. Das ist der Betrag, der zur Erfüllung der Verbindlichkeit aufgebracht werden muss („Wegschaffungsbetrag"). Dies ist bei Geldleistungsverpflichtungen der Rückzahlungsbetrag und bei Sachleistungs- oder Sachwertverpflichtungen der im Erfüllungszeitpunkt voraussichtlich aufzuwendende Geldbetrag.[3] Der Erfüllungsbetrag berücksichtigt auch – in Abweichung vom strengen Stichtagsprinzip – künftige Preis- und Kostensteigerungen, also die Preis- und Kostenverhältnisse bei Erfüllung der Verpflichtung. Eine Abzinsung unverzinslicher Verbindlichkeiten kommt wegen der Verpflichtung zum Ansatz des Erfüllungsbetrages handelsrechtlich nicht in Betracht.

---

1 Z.B. § 6 Abs. 1 Nr. 1 S. 1, Nr. 2 S. 1 EStG.
2 Siehe Kap. D.II.1.f).
3 Gesetzesbegründung BT-Drs. 16/10067, S. 52.

Bei Rückstellungen für ungewisse Verbindlichkeiten erfolgt eine Einschränkung auf den *„nach vernünftiger kaufmännischer Beurteilung notwendigen Erfüllungsbetrag"*. Damit soll eine willkürliche Einschätzung künftiger Preis- und Kostensteigerungen ausgeschlossen werden und der Bilanzierende auf den Fall ausreichender objektiver Hinweise über den Eintritt künftiger Preis- und Kostensteigerungen beschränkt werden.[1] Der Erfüllungsbetrag kommt allerdings bei Rückstellungen und Rentenverpflichtungen, für die eine Gegenleistung nicht mehr zu erwarten ist, nicht direkt zur Anwendung, sondern u.U. nur nach Abzinsung (§ 253 Abs. 2 S. 2 HGB).

db) Erfüllungsbetrag nach IFRS

Auch die IFRS kennen für Verbindlichkeiten einen Erfüllungsbetrag *(settlement value)*. Im IASB-F 4.55 (c) wird dieser als nicht diskontierter Betrag an Zahlungsmitteln/-äquivalenten definiert, der erwartungsgemäß gezahlt werden muss, um die Schuld im normalen Geschäftsverlauf zu begleichen. IAS 19 sowie IAS 39/IFRS 9 sehen allerdings für Pensionsverpflichtungen und Finanzschulden andere Bewertungsmaßstäbe vor.

dc) Erfüllungsbetrag nach EStG

Wörtlich kommt der Bewertungsmaßstab „Erfüllungsbetrag" in den steuerlichen Bewertungsvorschriften nicht vor. Nach § 6 Abs. 1 Nr. 3 EStG sind Verbindlichkeiten „unter sinngemäßer Anwendung" der vorhergehenden Nummer 2, die für nicht abnutzbare Anlagegüter und Umlaufvermögen einen Ansatz der AHK oder u.U. des niedrigeren Teilwerts fordert, zu bewerten und ggf. abzuzinsen. Da bei einem Passivum die „Anschaffung" des Aktivums nur als „Wegschaffung" entsprechend gedeutet werden kann, kommen für die Verbindlichkeitsbewertung steuerlich die „Wegschaffungskosten" in Betracht, das sind die Aufwendungen, die für die Erfüllung der Verbindlichkeit geleistet werden müssen. Das entspricht dem Begriff des „Erfüllungsbetrages". Allerdings ist in § 6 Abs. 1 Nr. 3a Buchstabe f EStG klargestellt, dass steuerlich die Wertverhältnisse am Bilanzstichtag maßgebend sind und künftige Preis- und Kostensteigerungen nicht berücksichtigt werden dürfen. Das Steuerrecht verlangt u.U. eine Abzinsung des Erfüllungsbetrages, wodurch der Barwert als Bewertungsmaßstab Bedeutung bekommt.[2] Für Rückstellungen für ungewisse Verbindlichkeiten und Pensionsrückstellungen bestehen teils abweichende Spezialregelungen in § 6 Abs. 1 Nr. 3a bzw. in § 6a EStG.

e) *Barwert*

Allgemein versteht man unter dem Barwert *(present value)* eine auf den Bezugszeitpunkt unter Zins und Zinseszins abgezinste Zahlung(sreihe). Finanzmathematisch stellt er den Gegenwartswert einer oder mehrerer in der Zukunft liegenden Zahlungen dar.

Barwert (C_0) ist der finanzmathematische Gegenwartswert, der durch Abzinsung des/der auf der Zeitachse eingeordneten einzelnen Zahlungsbetrags oder Zahlungsreihe aus *cashin-* und *-outflows* (E_t, A_t) mit einem Rechenzins (i) ermittelt wird.

---

1 Gesetzesbegründung BT-Drs. 16/10067, S. 52.
2 § 6 Abs. 1 Nr. 3 bzw. Abs. 3a Buchst. e EStG.

Dabei ergibt sich folgende Bestimmungsformel in der Periode t = 0 bis zur Periode der letzten Zahlung T:

$$C_0 = \sum_{t=0}^{t=T} (E_t - A_t) \times \frac{1}{(1+i)^t}$$

Eine wichtige Rolle bei der Berücksichtigung von Zins und Zinseszins spielt der Rechenzinssatz (i), der den Zeitwert des Geldes reflektiert. Je niedriger der Zinssatz ist, umso höher wird der Barwert und umgekehrt. Vor- und Nachschüssigkeit, Zahlungszeitraum und etwaiger Bezug auf das Leben des Berechtigten (bei Leibrenten) sind bei der Barwertermittlung finanz- und versicherungsmathematisch zu berücksichtigen.

ea) Barwert nach HGB

Der Barwert wird zwar als solcher im HGB nicht erwähnt, kommt aber immer dann in Betracht, wenn eine „Abzinsung" vorgeschrieben ist. Das ist insbes. bei Rückstellungen mit einer Laufzeit von mehr als einem Jahr und bei Rentenverpflichtungen, für die eine Gegenleistung nicht mehr zu erwarten ist, der Fall (§ 253 Abs. 2 Satz 1 und 2 HGB). Außerdem wird der Barwert als Hilfswert für die Bestimmung des beizulegenden Wertes (z.B. bei Lizenzen) verwendet.

Schon nach den GoB sollte der Abzinsungssatz bei Rückstellungen zwischen 3 % und dem fristenadäquaten Kapitalmarktzins für Fremdkapital gleicher Risikoklasse liegen. Durch das BilMoG wurde die Abzinsung wesentlich vereinfacht. § 252 Abs. 2 S. 1 HGB schreibt für den Regelfall bei Rückstellungen mit einer Restlaufzeit von über einem Jahr die Abzinsung mit einem der Restlaufzeit entsprechenden durchschnittlichen Marktzinssatz aus den vergangenen 7 Jahren vor.[1] Die anzuwendenden Abzinsungssätze werden von der Deutschen Bundesbank ermittelt und laufend bekanntgegeben.[2] Für Pensionsrückstellungen bestehen Besonderheiten.[3]

eb) Barwert nach IFRS

Auch die *IFRS* kennen mit dem *present value* einen vergleichbaren Wert, der die aktuell geschätzten, abgezinsten künftigen (Netto-)Zahlungen umfasst, die normalerweise erzielt oder geleistet werden.[4] Der anzuwendende Zinssatz ist standardspezifisch bestimmt. Beispielsweise ist beim Barwert leistungsorientierter Pensionsverpflichtungen der Zinssatz auf Grund der Renditen zu bestimmen, die am Bilanzstichtag für währungs- und laufzeitadäquate, erstrangige festverzinsliche Industrieanleihen, ersatzweise für Staatsanleihen, erzielt werden (IAS 19.83).

---

1 Vgl. zu Einzelheiten Kap. D.V.2.ca.
2 Rückstellungsabzinsungsverordnung, RückAbzinsV.
3 Zu Einzelheiten Kap. D.V.2.cba
4 IASB-F 4.55d.

ec) Barwert nach EStG

Der finanzmathematische Barwert kommt im Steuerbilanzrecht insbes. als „Abzinsungswert" bei bestimmten Verbindlichkeiten und Rückstellungen (§ 6 Abs. 1 Nr. 3 bzw. 3a Buchst. e EStG) in Betracht. Dabei wird ein standardisierter Zinssatz von 5,5 % angewendet. Außerdem spielt der Barwert als Teilwertfiktion bei Pensionsrückstellungen eine Rolle (§ 6a Abs. 3 EStG), allerdings mit einem Rechnungszinsfuß von 6 %. Auch bei der allgemeinen Bestimmung des Teilwertes (z.B. bei Verbindlichkeiten) kann der Barwert Anwendung finden.

f) Buchwert

Hierunter ist gleichermaßen **in allen Rechnungslegungssystemen** der Betrag zu verstehen, mit dem ein Bilanzierungsobjekt nach den Vorschriften über die Rechnungslegung bzw. Gewinnermittlung am Bilanzstichtag ausgewiesen wird. Der Wert ist insbes. von Bedeutung für die Bestimmung von Abschreibungen für die Restnutzungsdauer, für das Entstehen von Bucherfolgen anlässlich eines Realisierungsvorganges (z.B. Entnahme, Veräußerung, Untergang, Entstrickung etc.) und für die sog. *„Buchwertverknüpfung"* *(Buchwertfortführung)*. Hierunter versteht man eine durch den letzten Buchwert bestimmte *korrespondierende Bilanzierung* bei Übertragung eines Bilanzierungsobjekts zwischen zwei Bilanzierungssubjekten oder Bilanzsphären eines Bilanzierenden.

Auch die **IFRS** kennen an verschiedenen Stellen den Ansatz eines Buchwertes *(carry amount)*: IAS 16.6 definiert den Buchwert abnutzbarer Vermögenswerte als den Betrag, mit dem ein Vermögenswert nach Abzug aller kumulierten Abschreibungen und kumulierten Wertminderungsaufwendungen erfasst wird.[1] Er kommt z.B. als Ersatzwert für einen nicht verlässlich messbaren fair value beim Tausch in Betracht (IAS 16.24 f.).

Besonders im **Steuerrecht** ist die Buchwertverknüpfung (Buchwertfortführung) ein Instrument zur steuerneutralen Übertragung von Wirtschaftsgütern. Einige Fälle sind in den §§ 6 Abs. 3 und 5 EStG geregelt, andere im UmwStG. Die vielfältigen Übertragungsmöglichkeiten von Wirtschaftsgütern zwischen Einzel-, Gesellschafts- und Sonder-Betriebsvermögen bei Personenunternehmen orientieren sich – zur Erleichterung von Umstrukturierungen, insbes. bei mittelständischen Unternehmen – seit dem StSenkG 2000 wieder an der Vorgängerregelung des sog. Mitunternehmererlasses.[2] Einige Zusatzbedingungen schränken allerdings Missbräuche ein. Darüber hinaus kommt der Buchwert von Wirtschaftsgütern in Betracht, wenn diese für steuerbegünstigte Zwecke verwendet werden (§ 6 Abs. 1 Nr. 4 S. 4 EStG).

g) Erinnerungswert

Sind Bilanzobjekte dem Grunde nach vorhanden, kommt aber der Höhe nach wegen vorgenommener Abschreibungen kein positiver Betrag mehr in Betracht, so entspricht es kaufmännischer Übung, einen Erinnerungswert von EUR 1,– anzusetzen. Mit dieser pragmatischen Lösung wird dem Konflikt zwischen dem Grundsatz der Vollständigkeit einerseits, der planmäßigen Abschreibungspflicht der gesamten Anschaffungs- oder Herstel-

---

1 Ähnlich auch IAS 36.6 und IAS 38.6.
2 BMF-Schr. v. 20.12.1977, BStBl 1978 I, 8.

lungskosten andererseits, Rechnung getragen. Es besteht allerdings die Möglichkeit, diesen symbolischen Wert nicht für jedes einzelne Bilanzobjekt, sondern für eine gesamte Sammelposition anzusetzen. Dem Vollständigkeitsprinzip kann wohl auch Rechnung getragen werden, wenn im Anlagenspiegel die ursprünglichen AHK bis zum tatsächlichen Ausscheiden ausgewiesen werden.

Diese GoB-basierte Regelung gilt auch im Steuerrecht.[1]

2. Spezielle Bewertungsmaßstäbe nach HGB

a) Beizulegender Wert

Trotz der sprachlichen Ähnlichkeit mit der in der EU-Übersetzung von „fair value" verwendeten Bezeichnung „beizulegender Zeitwert" und auch dem gleich lautenden neuen HGB-Bewertungsmaßstab „beizulegender Zeitwert" (§ 255 Abs. 4 HGB) bestehen doch erhebliche Unterschiede zum klassischen HGB-Bewertungsmaßstab „beizulegender Wert". Der für das Anlagevermögen in § 253 Abs. 3 HGB und in § 253 Abs. 4 Satz 2 HGB für das Umlaufvermögen genannte „Wert, der den Vermögensgegenständen (bzw. ‚ihnen') am Abschlussstichtag beizulegen ist", ist nicht hinreichend konkret und muss durch die GoB präzisiert werden. Offensichtlich betont die gesetzliche Formulierung den Stichtagsbezug des Wertes, weshalb ihn die Praxis auch als „Zeit-" oder „Stichtagswert" bezeichnet. Im Übrigen müssen jedoch zur Herbeiführung einer GoB-konformen, sachgerechten Bewertung die Art des Vermögensgegenstandes, seine Zweckbestimmung und Nutzbarkeit sowie die Umstände im konkreten Fall beachtet werden. Auch sind die üblichen Bewertungsprinzipien (insbes. Einzelbewertung, Fortführungs-, Vorsichts-, Realisations- und Imparitätsprinzip) heranzuziehen. Beachtenswert ist auch, dass der beizulegende Wert nur dann in Betracht kommt, wenn er betragsmäßig niedriger ist als die (historischen), ggf. fortgeführten Anschaffungs- oder Herstellungskosten. Hierdurch unterscheidet er sich vom „beizulegenden Zeitwert".

Bewertungszweck ist die Erfassung aller voraussichtlich dauerhaften Stichtagsvermögensminderungen für Zwecke der Information der Rechnungslegungsadressaten und der Ermittlung einer zeitnahen, vorsichtigen Richtgröße für Ausschüttungen, Gewinnabführungen und sonstiger gewinnabhängiger Zahlungen.

Grundsätzlich kann der beizulegende Wert aus der Sicht der Wiederbeschaffung bzw. Wiederherstellung *(Reproduktionssicht)* oder der Veräußerung, der Nutzung bzw. des Verbrauchs *(Verwertungssicht)* ermittelt werden. Da es hierbei betriebsspezifische Besonderheiten einzelner Vermögenskategorien zu beachten gilt, empfiehlt sich eine Differenzierung nach der Wertermittlung beim Anlage- und Umlaufvermögen.

aa) Beizulegender Wert beim Anlagevermögen

Unabhängig, ob die Anlagegüter einer planmäßigen Abnutzung unterliegen, ist zu differenzieren, ob die Vermögensgegenstände des Anlagevermögens – wie im Regelfall – für

---
1 BFH v. 7.12.1967, BStBl 1968 II, 268, v. 8.4.2008, BFH/NV 2008, 1660; v. 24.7.2013, BStBl 2014 II, 246.

die weitere Fortführung des Unternehmens benötigt werden oder ob sie hierfür überflüssig geworden sind. Sind die Anlagen *betriebsnotwendig*, so ist die Reproduktionskostensicht maßgeblich. Dies bedeutet, dass die *Wiederbeschaffungs-* oder (bei selbsterstellten Anlagen) die *Wiederherstellungskosten* am Abschlussstichtag für die Bestimmung des „beizulegenden Wertes" maßgeblich sind. Besteht real eine Alternative zwischen Fremdbeschaffung und Selbsterstellung, so ist wohl der niedrigere Wert zwischen Wiederbeschaffungs- und Wiederherstellungskosten maßgeblich. Jedenfalls ist aber zu berücksichtigen, dass abnutzbare Anlagen i.d.R. nicht mehr neuwertig sind und deshalb der Beschaffungswert des Marktes für gebrauchte Anlagegüter heranzuziehen ist; ersatzweise ist der Neuwert um fiktive Wertminderungen für die Abnutzung (Abschreibungen) zu vermindern. Andererseits sind auch einzeln zurechenbare Anschaffungsnebenkosten und Kosten der Überführung in die Betriebsbereitschaft in die Wertermittlung einzubeziehen. Bei börsennotierten Wertpapieren des Anlagevermögens kommt insbes. der Börsenkurs vom Abschlussstichtag unter Berücksichtigung der Kaufspesen als beizulegender Wert in Betracht.

Ist der zu bewertende Vermögensgegenstand zur Betriebsfortführung *nicht* (mehr) *erforderlich*, so ist auch bei der Bewertung von Anlagegütern von der Verwertungssicht auszugehen. Dies bedeutet, dass der vorsichtig geschätzte *Einzelveräußerungspreis*, vermindert um ggf. noch entstehende Ausgaben (z.B. Verkaufs-, Demontage-, Rekultivierungskosten), als beizulegender Wert in Betracht kommt.

Bei bestimmten ertragsorientierten Gegenständen (Nutzungsrechte, Lizenzen etc.), für die insbes. wegen ihrer Einmaligkeit weder ein Beschaffungs- noch ein Absatzmarkt existiert, bildet der *Ertragswert* (Kapitalbarwert) des Einnahmen-/ Ausgabenüberschusses einen Anhalt für die Bestimmung des (gegenüber den Anschaffungskosten niedrigeren) „beizulegenden Wertes".

In allen Fällen und bei allen Bilanzierenden kommt der „beizulegende Wert" beim Anlagevermögen nur in Betracht, wenn er gegenüber den historischen, fortgeführten Anschaffungs-/Herstellungskosten aufgrund einer *dauerhaften Wertminderung* niedriger ist (§ 253 Abs. 3 S. 5 HGB), nur bei Finanzanlagen kann auch eine voraussichtlich vorübergehende Wertminderung ausreichen (§ 253 Abs. 3 S. 6 HGB).

ab) Beizulegender Wert beim Umlaufvermögen

Bei Vermögensgegenständen des Umlaufvermögens hat ein feststellbarer Börsen- oder Marktpreis Vorrang vor dem „beizulegenden Wert" (§ 253 Abs. 4 HGB). Ist ein (objektiver, unternehmensunabhängiger) Börsen- oder Marktpreis für den zu bewertenden Gegenstand nicht feststellbar wird der beizulegende Wert beim Umlaufvermögen durch die Orientierung am Beschaffungs- und/oder Absatzmarkt des zu bewertenden Vermögensgegenstandes und durch die Möglichkeit seiner Nutzbarkeit für das Unternehmen im Einzelfall bestimmt.

Beschaffungsmarkt- oder Reproduktionsorientierung ist insbes. bei betriebsnotwendigen Umlaufgütern, z.B. bei nötigen Vorräten an Roh-, Hilfs- und Betriebsstoffen, nötigen Bauteilen, nötigen Wertpapieren etc. anzunehmen. Dann sind die zur Wiederbeschaffung bzw. Wiederherstellung erforderlichen Kosten (einschl. einzeln zurechenbarer Nebenkosten) nach den Verhältnissen am Abschlussstichtag Ausgangspunkt für die Wertfeststellung. Hiervon sind u.U. noch Gängigkeitsabschläge für eingeschränkte Verwertbarkeit (z.B. Überalterung, Beschädigung) vorzunehmen.

Absatzmarkt- oder sonstige Verwertungsorientierung ist insbes. bei Überbeständen an Roh-, Hilfs- und Betriebsstoffen sowie fertigen und unfertigen Erzeugnissen geboten. Hierbei ist vom vorsichtig geschätzten voraussichtlichen Veräußerungspreis auszugehen; abzuziehen sind die noch anfallenden Aufwendungen (z.B. weitere Herstellungs- und Vertriebskosten, Erlösschmälerungen). Entsprechend ist z.B. der beizulegende Wert einer Forderung der erzielbare Betrag, ggf. vermindert um noch auftretende Kosten des Forderungsinkassos. Als abzuziehende zukünftige Kosten kommen insbes. die Einzelkosten und der variable Teil der Gemeinkosten in Betracht. Neben dieser „Teilkostenmethode" wird aber auch die „Vollkostenmethode" für zulässig angesehen; dabei werden auch die anteiligen Fixkosten (z.B. Verwaltungskosten) des Umlaufgutes abgesetzt.

Voraussichtlicher Veräußerungspreis/-erlös

– noch anfallende Aufwendungen
    - noch anfallende Herstellungskosten
    - voraussichtliche Erlösschmälerungen (Rabatte, Skonti, Boni)
    - noch anfallende Vertriebskosten (z.B. Verpackung, Ausgangsfrachten, Provisionen)
    - noch anfallende Verwaltungskosten (Einzelkosten der allgemeinen Verwaltung)
    - noch anfallende Kapitaldienstkosten (Zinsen gebundenen Kapitals)

= am Bilanzstichtag beizulegender Wert der Verkaufsorientierung

---

Abbildung D-13: Ermittlung des beizulegenden Wertes bei Absatzmarktorientierung

Diese Vorgehensweise der *retrograden Wertermittlung* wird auch als *„verlustfreie Bewertung"* bezeichnet, weil mit ihr – im Zusammenhang mit der Ansatzpflicht des niedrigeren Wertes – die nach dem Abschlussstichtag drohenden negativen Erfolgsbeiträge („Verluste") vorweggenommen werden. Im Gegensatz zum steuerlichen Teilwert[1] werden hier jedoch durchschnittliche Unternehmensgewinne und kalkulatorische Kosten nicht vom voraussichtlichen Verkaufspreis abgezogen, weil handelsrechtlich die Fiktion der Gesamtkaufpreisermittlung anlässlich eines Unternehmenserwerbs nicht gilt.

Bei gleichzeitiger *Reproduktions- und Verwertungsorientierung* (z.B. bei Waren, nicht börsennotierte Wertpapiere) ist der niedrigere Wert beider Sichtweisen als „beizulegender Wert" anzusehen (sog. doppelte Maßgeblichkeit). Das gilt auch bei gleichzeitiger Möglichkeit der Fremdbeschaffung oder Selbsterstellung.

Abbildung D-14 fasst die drei alternativen Ermittlungsweisen des beizulegenden Wertes mit ihren Anwendungsbereichen schaubildlich zusammen.

b) Beizulegender Zeitwert

Für die Spezialfälle der Bewertung der von Kredit- und Finanzdienstleistungsinstituten zu Handelszwecken erworbenen Finanzinstrumenten (z.B. Aktien, Schuldverschreibungen, Fondanteile und Derivate) und von bei allen Unternehmen gem. § 246 Abs. 2 S. 2 HGB

---

1 Siehe Kap. D.II.4.a).

Die Bewertungsmaßstäbe der Bilanzbewertung

Beschaffungs-/ Reproduktionsorientierung	Gleichzeitige Beschaffungs- und Verwertungsorientierung	Absatz-/ Verwertungsorientierung
betriebsnotwendige Anlagegüter; Normalbestände an RHB-Stoffen, fremdbeziehbare (unfertige) Erzeugnisse	Waren, Wertpapiere	überflüssige Anlagegüter; Überbestände an RHB-Stoffen; Erzeugnisse
Wiederbeschaffungskosten (einschl. Erwerbsnebenkosten) bzw. Wiederherstellungskosten (gem. Stichtagskostenlage) abzgl. Abschläge für Wertminderungen und mangelnde Gängigkeit	niedrigerer Wert von beiden	vorsichtig geschätzter voraussichtlicher Einzelveräußerungspreis abzgl. Erlösminderungen abzgl. noch aufzuwendende Ausgaben (z.B. Demontage, weitere Herstellungskosten, Vertriebs-, Verwaltungskosten)
	= **Beizulegender Wert**	

Abbildung D-14: Ermittlung des beizulegenden Wertes

verrechneten Vermögensgegenständen (Planvermögen) sieht § 253 Abs. 1 S.4 HGB eine Bewertung mit dem „beizulegenden Zeitwert" vor – auch über die historischen Anschaffungskosten hinaus. Nach § 255 Abs. 4 HGB ist zur Bestimmung des beizulegenden Zeitwertes zu unterscheiden, ob er von Anfang an oder erst später „verlässlich bestimmbar" ist und ob ein aktiver Markt für das Bewertungsobjekt vorliegt. Siehe hierzu Abbildung D-15.

beizulegender Zeitwert (HGB)				
verlässliche Ermittelbarkeit			keine verlässliche Ermittelbarkeit	
aktiver Markt	kein aktiver Markt		von vornherein	später
(notierter) **Marktpreis**	nach anerkannten Bewertungsmethoden		(fortgeführte) **Anschaffungs- und Herstellungskosten**	zuletzt ermittelter beizulegender Zeitwert als AHK fingiert
	Vergleichsmethode: **vergleichbarer Marktpreis**	sonstige Bewertungsmethoden (Barwert- (DCF-), Optionspreismethode etc.): **errechneter Wert**		

Abbildung D-15: Bestimmung des beizulegenden Zeitwerts nach HGB

Grundsätzlich entspricht – bei einem *aktiven* Markt – der beizulegende Zeitwert dem Marktpreis (*marking-to-market*-Ansatz, § 255 Abs. 4 S. 1 HGB). Idealfall ist das Vorhandensein öffentlich notierter Marktpreise einer Börse. Aber auch sonst wie erhältliche Marktpreise, die auf aktuellen und regelmäßig auftretenden Marktransaktionen zwischen unabhängigen Dritten beruhen, können herangezogen werden (z.B. Brokerdienste, Preisberechnungsservice).[1] Zu eng darf das gehandelte Marktvolumen allerdings nicht sein.

---

1 Vgl. Begründung zum BilMoG, BT-Drucks. 16/10067 S. 61.

Liegt *kein aktiver Markt* vor, ist der beizulegende Zeitwert „mit Hilfe allgemein anerkannter Bewertungsmethoden zu bestimmen" (*marking-to-modell*-Ansatz, § 255 Abs. 4 S. 2 HGB). Zu diesen gehört zunächst die Vergleichsmethode, bei der die vereinbarten Marktpreise jüngerer vergleichbarer Geschäftsvorfälle zwischen sachverständigen, vertragswilligen und unabhängigen Geschäftspartnern herangezogen werden. Auch kann der beizulegende Zeitwert auch aus den Marktwerten der einzelnen Bestandteile des Finanzinstruments abgeleitet werden. Aber auch andere anerkannte investitions- und kapitalmarkttheoretischen Verfahren können zur modellbasierten Ermittlung herangezogen werden (z. B. Barwertkalkül, Optionspreismodelle).

Abweichungen ergeben sich, wenn der beizulegende *Zeitwert nicht zuverlässig zu ermitteln* ist. Das ist nach der Gesetzesbegründung[1] der Fall, wenn die angewandte Bewertungsmethode eine Bandbreite möglicher Werte zulässt, die Abweichung der Werte voneinander signifikant ist und eine Gewichtung der Werte nach Eintrittswahrscheinlichkeiten nicht möglich ist.

Lässt sich der beizulegende Zeitwert *von vornherein* (bei der Zugangsbewertung) nicht als Marktpreis oder mittels Bewertungsverfahren ermitteln, ist nach den allgemeinen Vorschriften zu fortgeführten Anschaffungs- oder Herstellungskosten zu bewerten. Tritt die unzureichende Ermittelbarkeit erst *später* (Folgebewertung) auf, wird der zuletzt ermittelte beizulegende Zeitwert als Anschaffungs- oder Herstellungskosten fingiert (§ 255 Abs. 4 Satz 4 HGB).

Insgesamt ähnelt der beizulegende Zeitwert in wesentlichen Zügen sowohl der HGB-Bewertung beim Umlaufvermögen, dem „beizulegender Wert" und dem IFRS-Wert „fair value" (beizulegender Zeitwert). Im Einzelnen bestehen jedoch kleinere Unterschiede. Beachtenswert ist u. a., dass

- die Bewertung an einem aktiven Markt beim „beizulegenden Zeitwert" Vorrang vor der Berücksichtigung von Unternehmensspezifika hat,
- dass Zuschreibungserträge bei Wertaufholungen eines beizulegenden Zeitwertes im Gegensatz zu solchen des beizulegenden Wertes einer Gewinnauschüttungs- und -abführungssperre unterliegen (§ 268 Abs. 8 HGB).

c) Wert, der sich aus dem Börsen- oder Marktpreis ergibt (Börsen- oder Marktwert)

Obwohl der Börsen- oder Marktpreis auch bei Anlagegütern für die Ermittlung des beizulegenden Wertes in Betracht zu ziehen ist, kommt er unmittelbar als gesetzlicher Wertbegriff nach § 253 Abs. 4 Satz 1 HGB nur für Vermögensgegenstände des Umlaufvermögens zur Anwendung. Der „Wert, der sich aus einem Börsen- oder Marktpreis am Abschlussstichtag ergibt", hat – wenn er existiert – Vorrang als Vergleichswert zu den Anschaffungs- und Herstellungskosten.

Als *Marktpreis* wird derjenige Preis angesehen, der an einem Handelsplatz (Markt) für Güter einer bestimmten Gattung von durchschnittlicher Art und Güte zu einem bestimmten Zeitpunkt im Durchschnitt zustande kommt. *Börsenpreis* ist der an einer Effekten- oder Produktenbörse bei tatsächlichen Umsätzen festgestellte Preis. Die Bestimmung des

---

[1] Vgl. Begründung zum BilMoG, BT-Drucks. 16/10067 S. 61.

Börsen- oder Marktpreises wirft ebenfalls die Frage auf, ob die An- oder Verkaufspreise maßgeblich sind. Es gelten hier entsprechende Überlegungen wie im allgemeinen Fall des „beizulegenden Wertes". Während Beschaffungsmarktverhältnisse insbes. für betriebsnotwendige RHB-Stoffe und jene Erzeugnisse maßgeblich sind, die auch fremdbezogen werden können, kommen für den Regelfall der unfertigen und fertigen Erzeugnisse die Verhältnisse des Absatzmarktes in Betracht. Bei Wertpapieren und Waren gilt ein „zweifaches Minimum": Es ist der niedrigere Wert zwischen AK/HK und Börsen-/Marktwert anzusetzen, wobei bei Letzterem der niedrigere Wert zwischen Ankaufs- und Verkaufspreis heranzuziehen ist.

Nicht der auf dem jeweils relevanten Markt zustande gekommene „Preis" stellt die handelsrechtliche Wertkategorie dar, sondern „der sich aus dem Börsen- oder Marktpreis ergebende Wert". Daher ist der Börsen-/Marktpreis bei Einkaufsorientierung noch um die Anschaffungsnebenkosten (z.B. Kaufspesen, Frachten) zu erhöhen sowie um etwaige Anschaffungspreisminderungen (z.B. Rabatte, Skonti) zu kürzen. Bei Verkaufsorientierung ist der Börsen-/Marktpreis um die noch bis zum Verkauf anfallenden Ausgaben (z.B. Lager-, Vertriebs-, Veräußerungskosten) sowie um die Verkaufspreisminderungen (Erlösschmälerungen) zu kürzen.

d) Nach vernünftiger kaufmännischer Beurteilung notwendiger Erfüllungsbetrag

Nach § 253 Abs. 1 Satz 2 a.E. HGB, der *für alle Bilanzierenden* gilt, sind Rückstellungen „in Höhe des nach vernünftiger kaufmännischer Beurteilung notwendigen Erfüllungsbetrages" anzusetzen. Die Einschränkung bei der Bestimmung des Entfüllungsbetrages[1] soll nach der Gesetzesbegründung[2] insbes. sicherstellen, dass ausreichende objektive Hinweise auf den Eintritt künftiger Preis- und Kostensteigerungen schließen lassen.

e) Nennbetrag

Gemäß § 272 Abs. 1 S. 2 HGB ist bei Kapitalgesellschaften das Kapital, auf das die Haftung der Gesellschafter für die Verbindlichkeiten der Kapitalgesellschaft gegenüber den Gläubigern beschränkt ist (gezeichnetes Kapital), mit dem Nennbetrag anzusetzen. Nennbetrag ist der Betrag, auf den die Anteile – sofern nicht Stückaktien – lauten. Bei Aktiengesellschaften ist das in der Summe das Grundkapital (§ 152 Abs. 1 S. 1 AktG), bei GmbH das Stammkapital (§ 42 Abs. 1 GmbHG), und zwar in seiner vollen, im Handelsregister eingetragenen Höhe. Ausstehende Einlagen, eigene Anteile etc. sind beim Nennwertansatz nicht zu berücksichtigen. Bei Personenunternehmen ist der Nennwert Bewertungsmaßstab für den Stand des Eigenkapitalkontos des Einzelkaufmanns und für die Kapitalanteile der Gesellschafter.[3]

Der Nennwert kommt auch bei der Bewertung von Forderungen in Betracht, dort jedoch nicht als originärer Wertmaßstab, sondern deshalb, weil er als den Anschaffungskosten entsprechend angesehen wird. Es ist der Währungsbetrag, auf den eine Forderung lautet.

---

1 Zum Erfüllungsbetrag siehe Kap. D.II.1.da).
2 Begründung zum BilMoG, BT-Drucks. 16/10067 S. 52.
3 Siehe im Einzelnen Kap. D.V.2.a).

f) Unterschiedsbetrag

In zwei Fällen wird handelsrechtlich der Ansatz eines „Unterschiedsbetrages" verlangt; es handelt sich dabei nicht um einen Wertmaßstab im engeren Sinne.

fa) Unterschiedsbetrag beim Geschäfts- und Firmenwert

Wenn mit § 246 Abs. 1 S. 4 HGB die Aktivierung eines Geschäfts- oder Firmenwertes zugelassen und als zeitlich begrenzt nutzbarer Vermögensgegenstand fingiert wird, so ist dieser mit dem (positiven) Unterschiedsbetrag zwischen

- der bewirkten Gegenleistung für die Übernahme eines Unternehmens
und
- dem (Zeit-)Wert der einzelnen Vermögensgegenstände abzüglich der Schulden

im Zeitpunkt der Übernahme anzusetzen. Der Wert ist auch für die Bestimmung des negativen Unterschiedsbetrags aus Unternehmensakquisition (sog. negativer Geschäftswert) von Bedeutung.

fb) Unterschiedsbetrag bei Darlehen

Bei Verbindlichkeiten ist der Unterschiedsbetrag zwischen

- dem Rückzahlungsbetrag und dem
- niedrigeren Ausgabebetrag

gem. § 250 Abs. 3 HGB wahlweise wie ein Rechnungsabgrenzungsposten zu verteilen. Dies ist insbes. beim sog. *Disagio* (Auszahlungsbetrag einer Verbindlichkeit ist niedriger als der Nennwert) von Gelddarlehen häufig der Fall.

fc) Unterschiedsbetrag bei der Abzinsung von Pensionsrückstellungen

Ein besonderer Unterschiedsbetrag wurde 2016[1] mit der Absicht der Abmilderung der Folgen des Niedrigzinsumfeldes bei der Bewertung von Rückstellungen für Altersvorsorge etc. durch eine Erweiterung des Betrachtungszeitraums für die Berechnung des Durchschnittszinssatzes von 7 auf 10 Jahre in § 253 Abs. 6 HGB eingeführt. Der Unterschiedsbetrag zwischen einer Altersversorgungsrückstellung auf der Basis der Berechnung mit einem Durchschnittszinssatzes von 7 und 10 Jahren hat allerdings nur Bedeutung als Ausschüttungssperre und Benennung des Unterschiedsbetrags im Anhang oder unter der Bilanz.

3. Spezielle Bewertungsmaßstäbe nach IFRS

Abbildung D-16 gibt einen Überblick der nach IFRS vorgesehenen Bewertungsmaßstäbe.

a) Beizulegender Zeitwert (fair value)

Die Zeitwertbilanzierung *(fair value accounting, fair value measurement)* spielt nach den IFRS eine große Rolle weil die Abschlussadressaten für ihre unternehmensbezogenen

---

1 Mit dem Gesetz zur Umsetzung der Wohnimmobilienkreditrichtlinie und zur Änderung handelsrechtlicher Vorschriften, BGBl 2016 I, 396.

Die Bewertungsmaßstäbe der Bilanzbewertung

Wertmaßstäbe nach IFRS und ihre Varianten

Vergangenheitswerte

(historische) Anschaffungs-/Herstellungskosten (AHK) *(historical costs)*
- of purchase,
- of conversion)

- Allgemein fortgeführte AHK *(amortised costs)*
- AHK-Ersatzwert *(deemed costs)*
- HK zzgl. Gewinnanteil

Gegenwartswerte

Tageswert *(current costs)*
- Wiederbeschaffungskosten *(current replacement costs)*
- Wiederherstellungskosten *(current reproduction costs)*

Beizulegender Zeitwert *(fair value)*
- Allgemein bzZw abzüglich Verkaufskosten
- bzZw zuzüglich Transaktionskosten
- Marktwert *(market value)*
- Innerer Wert *(intrinsic value)*

Veräußerungswert *(realisable value)*
- Allgemein Nettoveräußerungswert *(net selling price)*

Nutzungswert *(value in use)*

Erzielbarer Betrag *(recoverable amount)*

Zukunftswerte

Barwert *(present value)*
- Allgemein versicherungsmathematischer Barwert *(actuarial present value)*
- unternehmensspezifischer Wert *(entity specific value)*

Erfüllungsbetrag *(settlement value)*

Buchtechnische Werte

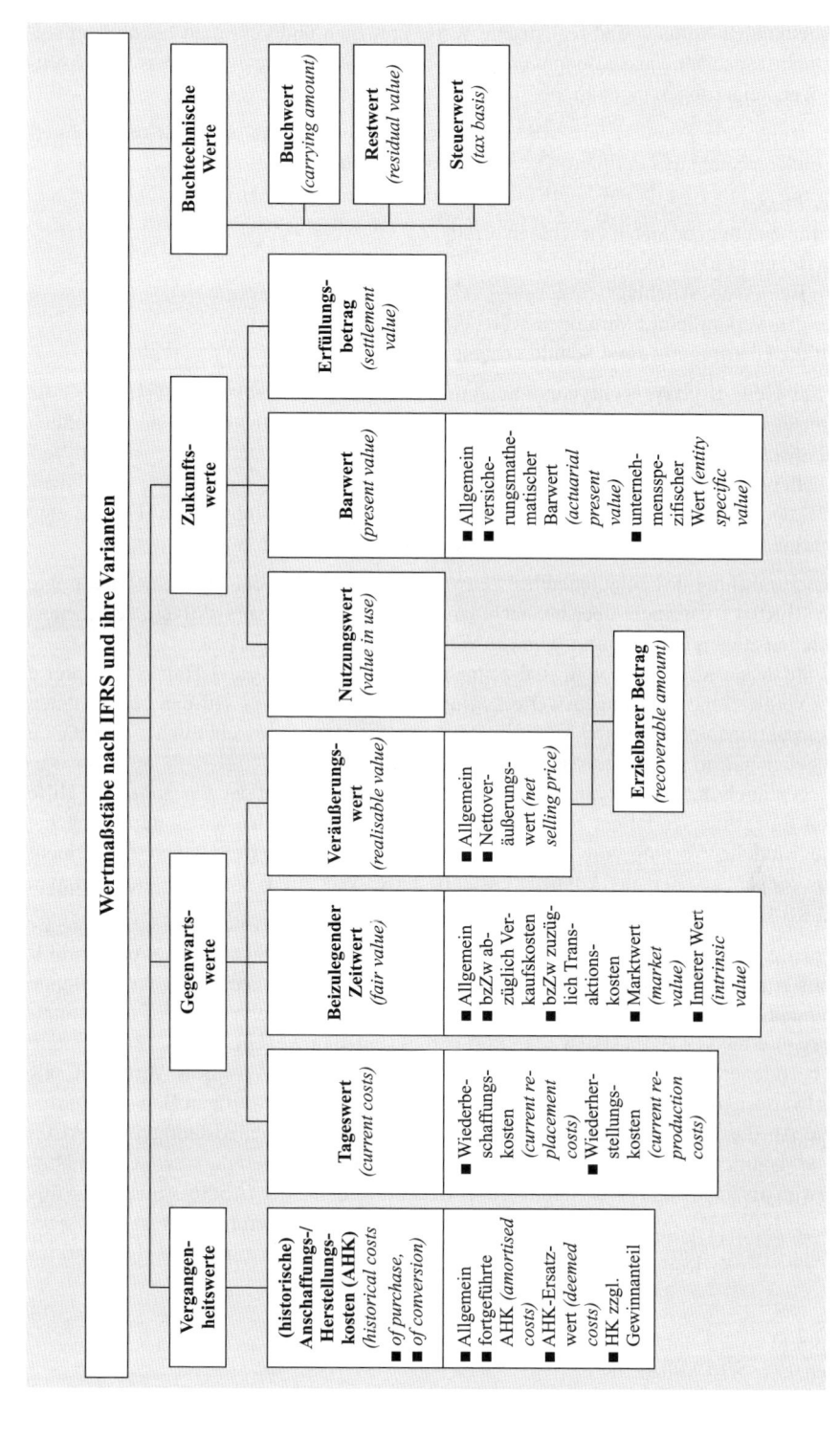

Buchwert *(carrying amount)*

Restwert *(residual value)*

Steuerwert *(tax basis)*

Abbildung D-16: Bewertungsmaßstäbe nach IFRS

Entscheidungen zeitnahe und realistische Werte brauchen und vermittelt bekommen sollen. Die historischen Anschaffungs- und Herstellungskosten bilden vielfach zwischenzeitliche Wertsteigerungen nicht ab.

Der beizulegende Zeitwert *(fair value)* wird seit IFRS 13 zentral auch für die Sachverhalte anderer Standards definiert. Dieser wird definiert als:[1]

- der Preis,
- der in einem geordneten Geschäftsvorfall
- zwischen Marktteilnehmern
- am Bemessungsstichtag
- für den Verkauf eines Vermögenswerts eingenommen bzw.
- für die Übertragung einer Schuld gezahlt würde.

Das *fair-value*-Konzept geht vom theoretischen Ideal *vollkommener Märkte* aus, die gekennzeichnet sind durch homogene Güter, homogene Erwartungen und ausschließlich ökonomische Zielvorstellungen der Marktteilnehmer, Punktmärkten ohne zeitlichen Verzug, beliebige Teilbarkeit der Güter, Fehlen von Transaktionskosten, Steuern und Synergieeffekten. Da diese vollkommenen Märkte i.d.R. nicht existieren, ist im IFRS 13 eine Hierarchie festgeschrieben, welche Bewertungsmethode zum Einsatz kommen soll.

- Die Ermittlung des beizulegenden Zeitwerts erfolgt gemäß der fair value-Hierarchie des IFRS 13 vorrangig über beobachtbare Marktpreise an einem aktiven, dem Unternehmen zugänglichen Markt *(mark to market)*
- Sollte dieser nicht existieren, sind zeitnah vorliegende Markt- und Transaktionspreise für vergleichbare Vermögenswerte zugrunde zu legen. Falls es seit den beobachteten Transaktionen/Notierungen signifikante Änderungen der wirtschaftlichen Umstände gegeben hat, so ist der Preis sachgerecht anzupassen.
- Liegen auch derartige, zeitnahe Beobachtungen nicht vor, ist der *fair value* mit Hilfe von Bewertungsverfahren zu ermitteln *(mark to model)*. Dabei haben auch zunächst die Modelle Vorrang, die mit Marktdaten arbeiten, erst wenn auch diese nicht anwendbar erscheinen, können kostenbasierte Verfahren zum Einsatz kommen (IFRS 13.B5 ff.).

Aufgrund i.d.R. nicht vorhandener aktiver Märkte und vergleichbarer Transaktionen für das Bewertungsobjekt findet das marktpreisorientierte Verfahren jedoch regelmäßig keine Anwendung. Für die Ermittlung des beizulegenden Zeitwerts kann dann auf ein kapitalwertorientiertes Verfahren (Barwertkalkül) zurückgegriffen werden. Für die Bestimmung des beizulegenden Zeitwerts ist dabei das Discounted Cashflow-Verfahren als kapitalwertorientiertes Verfahren nur eines von mehreren gleichwertigen Bewertungsverfahren. An der Eignung des durchschnittlich gewichteten Kapitalkostensatzes (WACC) und der dahinterstehenden kapitalmarkttheoretischen Modelle besteht sowohl beim Nutzungswert als auch beim Nettoveräußerungswert im Rahmen der IAS 36-Anwendung aus Sicht des IDW kein Zweifel.[2] Entscheidend für den Nettoveräußerungswert ist die Objektivierung durch Marktdaten und die Berücksichtigung der Erwartungen des Marktes

---

1 IFRS 13.9.
2 Vgl. IDW RS HFA 40 Rz. 17.

(IFRS 13.B10). Im Gegensatz zum Nutzungswert sind für die Ermittlung also die Erwartungen des Marktes über die zukünftig erwarteten Cashflows und das damit verbundene Risiko entscheidend. IAS 36.53A – welcher mit IFRS 13 neu eingeführt wurde – verdeutlicht, dass im Rahmen der Ermittlung des beizulegenden Zeitwerts nachfolgende Faktoren – soweit diese repräsentativen Marktteilnehmern nicht ohne weiteres zur Verfügung stehen würden – nicht berücksichtigt werden dürfen:

- aus der Gruppierung von Vermögenswerten ergebender zusätzlicher Wert (beispielsweise die Bildung eines Portfolios von als Finanzinvestition gehaltenen Immobilien an unterschiedlichen Standorten),
- Synergien zwischen dem zu bewertenden Vermögenswert und anderen Vermögenswerten,
- Rechtsansprüche oder rechtliche Einschränkungen, die lediglich für den gegenwärtigen Eigentümer des Vermögenswerts gelten, oder
- Steuervorteile oder Steuerbelastungen, die nur für den gegenwärtigen Eigentümer des Vermögenswerts bestehen.

Der *fair value* kann sowohl ein Absatz- als auch ein Beschaffungspreis sein. Am leichtesten ist das fair value Konzept somit zu verwirklichen, wenn an einem *„aktiven Markt"* (*active market*, z.B. Börse) ein Marktpreis festgestellt werden kann (*market approach*, z.B. IAS 38.75). Ein solcher wird in IFRS 13.A angenommen, wenn folgende Kriterien kumulativ erfüllt sind:

- Geschäftsvorfälle mit dem Vermögenswert oder der Schuld sind mit ausreichender Häufigkeit und ausreichendem Volumen zu beobachten,
- es stehen fortwährend Preisinformationen zur Verfügung.

Besonderheiten: Für *Vorräte* gibt es keine Ersatzmethode bei fehlenden Marktpreisen. Ist bei *als Finanzinvestitionen gehaltenen Immobilien* ein *fair value* nicht zuverlässig zu ermitteln, so hat die Wertermittlung auf Basis der (fortgeführten) historischen Anschaffungs- oder Herstellungskosten zu erfolgen (IAS 40.53).

Nach IFRS 13.25 sind *Kosten der Transaktion* (Beschaffungs-, Verkaufskosten) kein Merkmal des *fair value* und sind somit gesondert nach den Regelungen der Einzelstandards zu behandeln. So sind sie etwa nach IAS 32.35 bei Eigenkapitaltransaktionen verpflichtend abzuziehen.

Obwohl die Verwendung von *fair values* für den Vermögensausweis bezüglich der Entscheidungsrelevanz durchaus ein Vorteil gegenüber den (fortgeführten) Anschaffungs- und Herstellungskosten zugestanden werden kann, gilt es kritisch einige Schwächen dieser Bewertungskonzeption zu beachten: Zum einen existieren für viele Vermögenswerte keine (aktiven) Märkte, schon gar nicht unter den idealistischen Bedingungen vollkommener Märkte. Der Einsatz von Schätzverfahren mit vielen subjektiven Einflüssen beeinträchtigt dann die Verlässlichkeit. Besonders nachteilig wirken sich nicht nachhaltige Wertsteigerungen über die Anschaffungs-/Herstellungskosten hinaus (insbes. bei volatilen Finanzinstrumenten) aus, signalisieren sie doch eine verbesserte Ertragslage. In einer Krise sind dann – gar bei wegfallenden aktiven Märkten (z.B. für illiquide verbriefte Kreditportfolios) – die Ergebnissprünge umso größer, je größer die wertsteigernde Neubewertung in den Vorjahren war, weil die Wertverluste größer sind als beim Anschaffungskostenmodell. Diese prozyklische, krisenbeschleunigende Wirkung der Zeitwertbewertung lässt diese gegenüber dem Anschaffungskostenprinzip vor allem in der Finanzwirtschaft sehr zweifelhaft erscheinen.[1]

b) Tageswert (current costs)

In IASB-F 4.55 (b) wird der Tageswert *(current costs)* als der Betrag an Zahlungsmittel/ -äquivalenten beschrieben, der für den Erwerb des Vermögenswertes oder eines entsprechenden Vermögenswertes zum gegenwärtigen Zeitpunkt gezahlt werden müsste. Neben diesen Wiederbeschaffungskosten *(current replacement costs)* dürften aber auch die Wiederherstellungskosten *(current reproduction costs)* zu den Tageswerten gehören. Bei Schulden wird der Tageswert als der nicht diskontierte Betrag bezeichnet, der für eine Begleichung der Verpflichtung zum gegenwärtigen Zeitpunkt erforderlich wäre (IASB-F 4.55 (b)). In den IFRS kommen Tageswerte nur im Zusammenhang mit der Bilanzierung in Hochinflationsländern vor (IAS 29.29).

c) Nettoveräußerungspreis/-wert (net selling price/ net realisable value)

Der „Nettoveräußerungspreis" *(net selling price)* ist zum einen beim Werthaltigkeitstest des IAS 36 bedeutsam. Er ist eigentlich als „beizulegender Zeitwert abzüglich Verkaufskosten" definiert (IAS 36.6). Für seine Bestimmung gelten die Annahmen normaler Marktbedingungen zwischen sachverständigen, vertragswilligen und unabhängigen Parteien. Im Gegensatz zum beizulegenden Zeitwert *(fair value)* werden jedoch hier die direkt zuordenbaren Veräußerungskosten (z. B. Gerichts-, Anwalts- und sonstige Transaktionskosten) – soweit sie nicht bereits als Schulden angesetzt wurden – nicht berücksichtigt (IAS 36.28).

Zum anderen wird der „Nettoveräußerungswert" *(net realisable value)* als Niederstwert im Zusammenhang mit der Vorratsbewertung erwähnt (IAS 2.6, IAS 2.28). Er wird dort definiert als „der geschätzte, im normalen Geschäftsgang erzielbare Verkaufserlös abzüglich der geschätzten Kosten bis zur Fertigstellung und der geschätzten notwendigen Vertriebskosten".

d) Nutzungswert (value in use)

Der Nutzungswert kommt insbes. im Rahmen des Werthaltigkeitstests des IAS 36 zur Bestimmung außerplanmäßiger Zu- oder Abschreibungen[2] zur Anwendung. Der Nutzungswert *(value in use)* wird in IAS 36.6 i. V. m. IAS 36.30 und IFRS 5 Anh. A definiert als

- Barwert (C_0)[3]
- der künftigen Cashflows $(E_t - A_t)$,
- die voraussichtlich aus einem Vermögenswerte
- abgeleitet werden können.

---

1 In der Finanzkrise 2008/2009 wurde deshalb in IAS 39 die Möglichkeit eingeräumt, vom *fair value*-Modell zum Anschaffungskosten-Modell auch später zu wechseln. Mit IFRS 9 wurde die Umklassifikation noch weitergehender erlaubt.
2 Siehe im Einzelnen Kap. D.IV.2.eb).
3 Zur finanzmathematischen Barwertdefinition siehe Kap. D.II.1.e).

Abzinsungssatz (i) ist ein Vorsteuerzinssatz, der die gegenwärtigen Marktbedingungen des Zeitwertes des Geldes (Zinseffekt) und – wenn die Ungewissheit nicht in den cashflows berücksichtigt wird – die speziellen Risiken des Vermögenswertes widerspiegelt (IAS 36.55).

Die Definitionsbestandteile *„voraussichtlich"* und *„abgeleitet"* deuten darauf hin, dass auch die üblicherweise für die Zukunft bestehend Ungewissheit berücksichtigt werden muss. Es bieten sich dafür zwei Ansätze: Beim „traditionellen" Ansatz *(traditional approach)* werden die Unsicherheiten im Zinssatz berücksichtigt (risikoangepasster Marktzins für risikofreie Anlagen oder durchschnittlich gewichtete Kapitalkosten eines vergleichbaren Unternehmens). Die Zahlungsströme werden mit dem wahrscheinlichsten Wert geschätzt. Hingegen werden beim *expected cashflow approach* die Ungewissheiten bei den Zahlungsströmen berücksichtigt (Erwartungswerte) und der Zinssatz spiegelt nur den Zeitwert des Geldes (risikofreier Marktzins) wider.

Die *künftigen Cashflows* (E_t, A_t) beinhalten die mit der Nutzung eines Vermögenswertes verbundenen Ein- und Auszahlungen, nicht jedoch Finanzierungsmaßnahmen und Steuern (IAS 36.50). Unternehmensspezifische Wachstumsraten, Synergien etc. sind zu berücksichtigen, nicht jedoch künftige, noch nicht verpflichtende Restrukturierungen und Ertragskraftverbesserungen (IAS 36.33, 44 f.). Basis sollen die jüngsten Finanzpläne sein, beschränkt allerdings i.d.R. auf einen 5-Jahreszeitraum. Der darüber hinausreichende Zeitraum bis zum Nutzungsdauerende soll durch Extrapolation ermittelt werden (IAS 36.33.c). Einzubeziehen sind auch die abgezinsten *Netto-Cashflows* (NCF_T) aus dem Abgang des Vermögenswertes am Nutzungsdauerende (Periode T) unter Verwendung der *fair value*-Annahmen (IAS 36.53). In IAS 36.53A erfolgt eine Abgrenzung des Nutzungswerts vom beizulegenden Zeitwert. Ersterer ist unternehmensspezifisch zu ermitteln, Letzterer entspricht der Erwartung der Marktteilnehmer und schließt etwaige Synergien oder individuelle Nachteile aus.

e) Erzielbarer Betrag (recoverable amount)

Auch der erzielbare Betrag *(recoverable amount)* kommt beim Werthaltigkeitstest des IAS 36 vor. Er ist definiert als der Betrag aus Nettoverkaufspreis und Nutzungswert eines Vermögenswertes/einer zahlungsmittelgenerierenden Einheit (IAS 36.6 bzw. 18). Seiner Bestimmung liegt die Idee zugrunde, dass ein rational handelnder Unternehmer/Manager das Bewertungsobjekt verkaufen würde, wenn der erwartete Nettoverkaufspreis größer als der Nutzungswert ist und er nur im umgekehrten Fall ihn weiter nutzen würde.

4. Spezielle Bewertungsmaßstäbe nach EStG

a) Teilwert

Eine spezielle, dem Steuerrecht vorbehaltene Wertkategorie stellt der Teilwert dar. Er kommt sowohl für positive als auch für negative Wirtschaftsgüter in Betracht, und zwar nur, wenn er (bei Aktiva) niedriger bzw. (bei Passiva) höher ist als der Regelwert der ggf. fortgeführten Anschaffungs- oder Herstellungskosten und eine voraussichtlich dauernde Wertminderung (bei Passiva: Werterhöhung) vorliegt (§ 6 Abs. 1 Nr. 1–3 EStG). Auch findet er bei der Bewertung von Einlagen und Entnahmen (§ 6 Abs. 1 Nr. 4, 5 EStG) und bei Betriebseröffnung/-erwerb (§ 6 Abs. 1 Nr. 6, 7 EStG) Anwendung.

Nach seiner grundsätzlichen Konzeption soll der Teilwert dem Umstand Rechnung tragen, dass der Wert eines Wirtschaftsgutes als Teil einer wirtschaftlichen Einheit (Betrieb) ein anderer ist als der Einzelveräußerungspreis dieses Wirtschaftsgutes oder auch der Wert eines derartigen Wirtschaftsgutes, wenn dieses nicht einem Betriebsvermögen angehört. Auch können gleichartige Wirtschaftsgüter bei verschiedenen Betrieben einen unterschiedlichen Wert haben, je nach der spezifischen Einsetzbarkeit und ihrem Beitrag zur konkreten betrieblichen Zielerfüllung. Die Summe der Teilwerte aller Einzelwirtschaftsgüter soll dem Unternehmenswert entsprechen – womit dem Grundsatz der Besteuerung nach der Leistungsfähigkeit Rechnung getragen werden soll.

Theoretisch lässt sich der wertbestimmende Einfluss einer bestimmten Betriebsvermögenszugehörigkeit durch Aufteilung des Gesamtwertes eines Betriebes auf die einzelnen Wirtschaftsgüter verwirklichen. Die Legaldefinition des Teilwertes in § 6 Abs. 1 Nr. 1 Satz 3 EStG lautet daher:

- Teilwert ist der Betrag, den ein Erwerber des ganzen Betriebs im Rahmen des Gesamtkaufpreises für das einzelne Wirtschaftsgut ansetzen würde; dabei ist davon auszugehen, dass der Erwerber den Betrieb fortführt.

Obwohl die gesetzliche Formulierung auf den Standpunkt eines fiktiven Erwerbers abstellt, soll nach der Rechtsprechung auch berücksichtigt werden, was ein Veräußerer für das Wirtschaftsgut beim Gesamtverkauf des Betriebes fordern würde. Im Übrigen kommt es nach der ständigen Rechtsprechung nur auf die objektiven Verhältnisse des Betriebes, nicht aber auf die persönlichen Umstände, Absichten, Einschätzungen, Fähigkeiten oder Preisvorstellungen des jeweiligen konkreten Betriebsinhabers an.[1] Maßgeblich ist jeweils die allgemeine Werteinschätzung, wie sie z.B. in der Marktlage nach den Verhältnissen vom Bilanzstichtag ihren Ausdruck findet.[2]

Der Wertmaßstab „Teilwert" geht damit von drei *Fiktionen* aus:

1. *Fiktiver Gesamtkauf*,
   d.h., dass ein fiktiver Erwerber den gesamten Betrieb kaufen will;
2. *Betriebsfortführung*,
   d.h., dass die Feststellung des Gesamtkaufpreises und die Einzelwertaufteilung unter der Annahme der Fortführung des Betriebes, nicht seiner Zerschlagung erfolgt; dabei ist auch von einer Beibehaltung der bisherigen Geschäftspolitik und der Führung durch den bisherigen Eigner auszugehen;
3. *Einzelwertbestimmung bei der Gesamtkaufpreisermittlung*,
   d.h., dass der fiktive Erwerber im Rahmen der ertrags- und substanzwertorientierten Bestimmung des Gesamtkaufpreises den Wert des einzelnen Wirtschaftsgutes berücksichtigen würde.

Bei einer derartigen Einzelwertbestimmung im Rahmen des Gesamtkaufpreises gäbe es aus Vernunftgründen der Beteiligten zwei *Teilwertgrenzen*:[3]

---

1 BFH v. 31.1.1991, BStBl 1991 II, 627; BFH v. 7.11.1990, BStBl 1991 II, 342.
2 BFH v. 7.11.1990, BStBl 1990 II, 343; BFH v. 5.2.1981, BStBl 1981 II, 432.
3 St. Rspr., z.B. BFH v. 25.8.1983, BStBl 1984 II, 33 m.w.N.

Als *Obergrenze* wäre ein Erwerber höchstens bereit, für ein betriebsnotwendiges Wirtschaftsgut den Preis anzusetzen, der den Aufwendungen einer Wiederbeschaffung bzw. Wiederherstellung des Wirtschaftsgutes nach den Stichtagsverhältnissen entspricht (wenn er das Wirtschaftsgut nicht mit übernehmen würde, es aber für die Fortführung des Unternehmens benötigt).

Als *Untergrenze* wäre ein Erwerber allenfalls bereit, für ein Wirtschaftsgut, das er insbes. nicht zur Fortführung des Betriebes benötigt oder das sich jederzeit ersetzen lässt, den Einzelveräußerungspreis abzüglich der Verkaufs- und Demontagekosten dem Veräußerer im Gesamtkaufpreis zu vergüten.[1] Das ist äußerstenfalls der Schrottwert bzw. null Euro. Auf die Betriebszugehörigkeit kommt es dabei nicht an, weil ein gedachter Erwerber des Einzel-Wirtschaftsgutes darauf auch keinen Wert legen würde. Es ist davon auszugehen, dass der Erwerber sich auf der gleichen Marktstufe befindet wie der Veräußerer. Der Einzelveräußerungspreis entspricht regelmäßig dem Verkehrswert (gemeinen Wert).

In der *Bandbreite* zwischen Wiederanschaffungs-/Wiederherstellungskosten und Netto-Einzelveräußerungspreis liegt der durch Schätzung im Einzelfall zu bestimmende Teilwert: bei hohem positiven Erfolgsbeitrag des Wirtschaftsgutes eher an der Obergrenze, bei schlechter Rentabilität und geringem Nutzenwert des Wirtschaftsgutes eher an der Untergrenze.

Trotz dieser Eingrenzung bereitet der praktische Vollzug der Teilwertermittlung nach dem vorgegebenen Konzept eines auf den konkreten Betrieb bezogenen Wertes in der Vielzahl der Fälle fast unüberwindliche Probleme. Diese resultieren in erster Linie aus der relativen Seltenheit der Gesamtveräußerung eines konkreten oder vergleichbaren Betriebes, aus der zumeist komplizierten und oft auch intersubjektiv kaum nachvollziehbaren Bestimmung des Gesamtwertes eines Betriebes und aus der praktisch wie theoretisch kaum zu bewältigenden Aufgabe der Aufteilung eines Unternehmensgesamtwertes auf die einzelnen Wirtschaftsgüter. Im Interesse der Objektivierung, Vereinfachung und Vereinheitlichung der Bewertung haben Rechtsprechung und Steuerpraxis sog. *Teilwertvermutungen* entwickelt, die so lange gelten, als sie (i.d.R. vom Steuerpflichtigen) nicht mit widerlegenden Tatsachen entkräftet werden.[2]

1. Bei positiven Wirtschaftsgütern entspricht der Teilwert
   a) in Zeitnähe zur Anschaffung/Herstellung des Wirtschaftsgutes den tatsächlichen Anschaffungs- oder Herstellungskosten[3] – ohne Minderung um etwaige Zuschüsse/Zulagen[4],
   b) zu späteren Zeitpunkten (Folgebewertung)
      ba) bei abnutzbaren Wirtschaftsgütern des Anlagevermögens einem vorhandenen Marktwert, den Wiederherstellungskosten oder sonst den um die AfA verminderten Anschaffungs-/Herstellungskosten, wobei allerdings inzwischen einge-

---

1 BFH v. 5.10.1972, BStBl 1973 II, 207.
2 BFH v. 12.4.1989, BStBl 1989 II, 545 m.w.N.
3 Z.B. BFH v. 25.10.1972, BStBl 1973 II, 79 m.w.N.
4 BFH v. 19.7.1995, BStBl 1996 II, 28 m.w.N.

tretene Preisänderungen berücksichtigt werden sollen[1] und i.d.R. nur lineare AfA maßgeblich ist[2];
- bb) bei nichtabnutzbaren Wirtschaftsgütern des Anlagevermögens den Wiederbeschaffungs-/-herstellungskosten (abgeleitet aus dem Verkehrswert oder dem gemeinen Wert)[3];
- bc) beim Vorratsvermögen i.d.R. den Wiederbeschaffungs-/-herstellungskosten (Reproduktionskosten)[4], bei Veräußerungsbestimmtheit dem voraussichtlichen Veräußerungserlös (ausgenommen: sog. Verlustprodukte)
- bd) bei Nominalwertgütern (Zahlungsmittel, Forderungen, Wertpapiere) i.d.R. dem Nennbetrag bzw. dem Börsen- oder Marktpreis bei Wertpapieren, ggf. zum Devisengeldkurs des Erwerbstages umgerechnet;
- be) bei Beteiligungen i.d.R. den Wiederbeschaffungskosten, die dann dem Börsenkurs am Bilanzstichtag entsprechen, wenn die Beteiligung zum Verkauf an der Börse bestimmt ist oder wenn der Erwerb einer gleich hohen Beteiligung an der Börse zu den Kurswerten möglich erscheint[5]; sonst der unter Berücksichtigung der Ertragslage, des Vermögenswertes und der Beteiligungsfunktion ermittelte Unternehmenswert.

2. Bei Verbindlichkeiten entspricht der Teilwert dem Betrag, den ein Erwerber des Betriebes mehr zahlen würde, wenn die Verbindlichkeit nicht bestünde, das ist der Zeitwert der Verbindlichkeit,[6] ggf. zum Devisenbriefkurs umgerechnet.

Als für die *Widerlegung der Teilwertvermutung* ausreichende Gründe gelten im Allgemeinen:

1. Gesunkene Wiederanschaffungs- oder Wiederherstellungskosten (Reproduktionskosten) oder Nachweis der Zahlung eines „Überpreises" aus einer Zwangslage,
2. bei Waren oder Erzeugnissen ein Sinken der erwarteten Verkaufspreise in einem Ausmaß, dass sie die Selbstkosten zuzüglich eines durchschnittlichen Unternehmergewinns nicht mehr decken[7];
3. Wertminderungen durch Mängel, Lagerschäden, Unmodernwerden, technisches Veralten, Ausfallgefahr bei Forderungen;
4. die Anschaffung/Herstellung hat sich z.B. wegen Ineffizienz, Funktionsmangel oder Überdimensionierung als eine Fehlmaßnahme erwiesen[8]; eine *Fehlmaßnahme* liegt nach der Rechtsprechung vor, „wenn der wirtschaftliche Nutzen bei objektiver Betrachtung deutlich hinter dem für den Erwerb oder die Herstellung getätigten Aufwand zurückbleibt und demgemäß der Aufwand so unwirtschaftlich war, dass er

---

1 BFH v. 17.1.1978, BStBl 1978 II, 335 m.w.N.
2 BFH v. 30.11.1988, BStBl 1989 II, 183.
3 BFH v. 20.5.1988, BStBl 1989 II, 269 und v. 8.9.1994, BStBl 1995 II, 309.
4 BFH v. 13.10.1976, BStBl 1977 II, 540 m.w.N.
5 BFH v. 7.11.1990, BStBl 1991 II, 342.
6 BFH v. 12.3.1964, BStBl 1964 III, 525.
7 BFH v. 27.11.1983, BStBl 1984 II, 35 m.w.N.
8 BFH v. 17.9.1987, BStBl 1988 II, 488 m.w.N.

Die Bewertungsmaßstäbe der Bilanzbewertung

Obergrenze: Wiederbeschaffungs-/Wiederherstellungskosten (Reproduktionskosten)

Vermögensart	Bewertungsmaßstab
nichtabnutzbares Anlagevermögen	tatsächliche Anschaffungs-/Herstellungskosten (zeitnah zur Anschaffung/Herstellung) / Wiederbeschaffungs-/Wiederherstellungskosten (später)
abnutzbares Anlagevermögen	Absetzungswert (AHK – AfA)
Vorratsvermögen	Wiederbeschaffungs-/herstellungskosten, vorauss. Erlös
Zahlungsmittel, Forderungen	(ggf. zum Erwerbskurs umgerechneter) Nennbetrag
Wertpapiere	Börsen-/Marktpreis
Verbindlichkeiten	Rückzahlungsbetrag

Teilwert

hoher positiver Erfolgsbeitrag des WG → Obergrenze
niedriger positiver Erfolgsbeitrag des WG → Untergrenze

Teilwertvermutungen

Gründe zur **Entkräftung** der TW-Vermutung:
1. nachhaltig gesunkene Wieder-AHK, Börsen-/Marktpreise
2. Anschaffung/Herstellung war Fehlmaßnahme
3. Wertminderung durch Mangel, Lagerschaden, gesunkenen inneren Beteiligungswert
4. Eingeschränkte Schuldnersolvenz
5. Zur Deckung der Selbstkosten und des Gewinnaufschlags unzureichende Verkaufserlöse (außer: bewusste Verlustprodukte)
6. Mangelnde Rentabilität des Betriebes
7. Devisen-Briefkurssteigerng bei Verbindlichkeiten

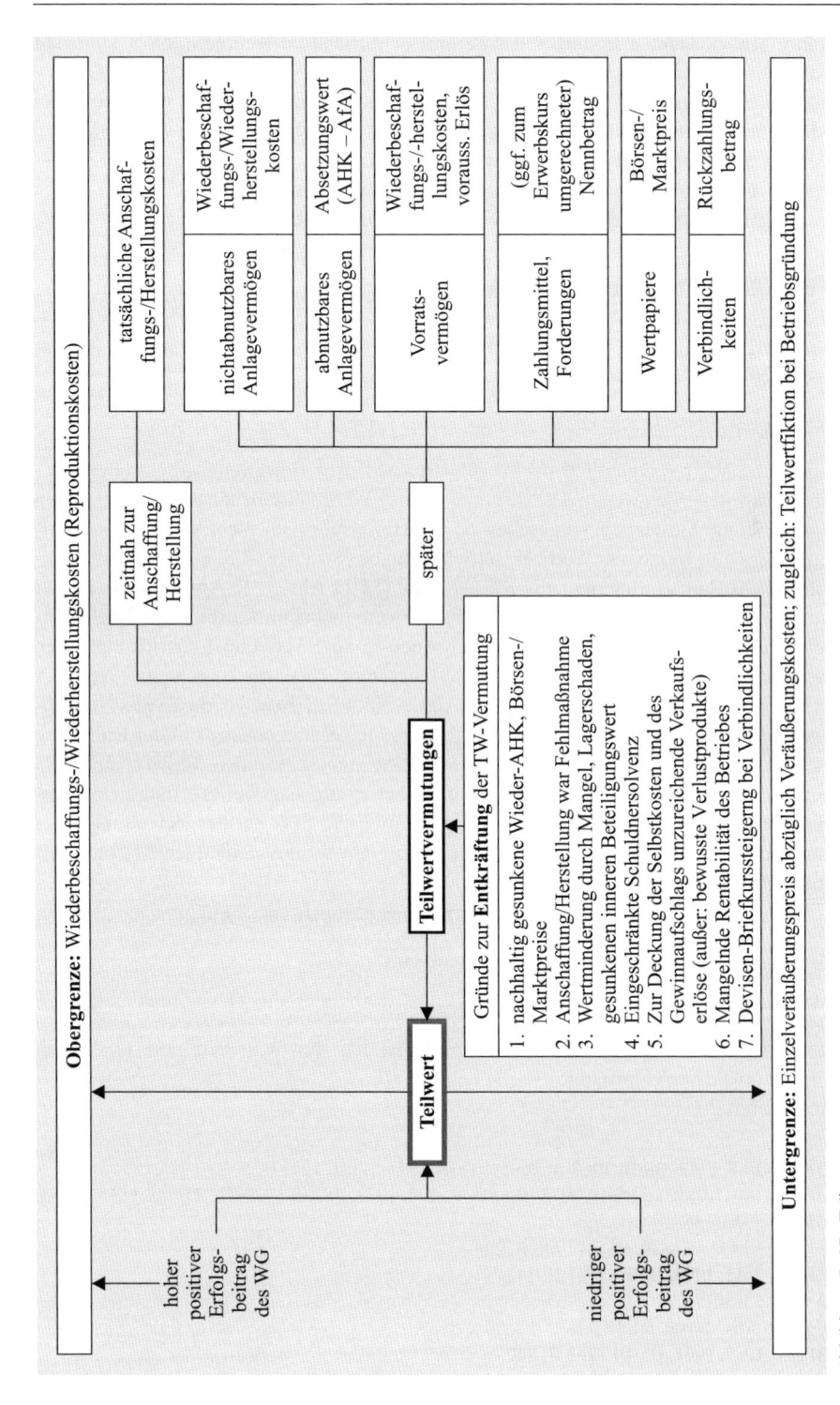

Untergrenze: Einzelveräußerungspreis abzüglich Veräußerungskosten; zugleich: Teilwertfiktion bei Betriebsgründung

Abbildung D-17: Teilwertvermutungen

von einem gedachten Erwerber des gesamten Betriebs im Kaufpreis nicht honoriert würde"[1];
5. nachhaltige mangelnde Rentabilität des gesamten Betriebes[2], insbes. wenn konkrete Maßnahmen zur Liquidation oder Stillegung des Betriebes getroffen wurden[3];
6. den inneren Wert einer Beteiligung mindernde Faktoren, insbes. gesunkener Ertrags- und/oder Substanzwert der Beteiligungsgesellschaft[4] oder
7. gestiegener Devisen-Briefkurs bei Währungsverbindlichkeiten.

Nach der Rechtsprechung trägt der Steuerpflichtige die Darlegungs- und Feststellungslast, wenn er eine Teilwertvermutung entkräften will. Die Teilwert-Schätzung muss ihre Grundlage in objektiven Verhältnissen des Betriebes haben. Der Nachweis der Teilwertwiderlegung verlangt nach Auffassung der Finanzverwaltung, dass die behaupteten Tatsachen objektiv feststellbar sind.[5]

b) Gemeiner Wert

Der gemeine Wert – eigentlich der Regelwert nach dem Bewertungsgesetz (BewG) – kommt bilanzsteuerlich wegen des Vorrangs anderer Wertmaßstäbe nur in wenigen Fällen zur Anwendung. Gesetzlich vorgesehen ist die Bewertung von nicht veräußerten Wirtschaftsgütern zum gemeinen Wert bei Betriebsaufgabe (§ 16 Abs. 3 S. 3 EStG) und Liquidation oder Auslandsverlegung einer Körperschaft (§§ 11 Abs. 3; 12 Abs.1 KStG). Ferner kommt der gemeine Wert beim unentgeltlichen Erwerb und beim Tausch von Einzel-Wirtschaftsgütern vom Gesetz her in Betracht.[6] Auch in sog. Ver- und Entstrickungsfällen (Ausscheiden/Eintreten in das deutsche Besteuerungsrecht) ist der gemeine Wert der überführten Wirtschaftsgüter relevant (§ 6 Abs. 1 Nr. 4 S. 1 bzw. Nr. 5a EStG). Schließlich setzt die Rechtsprechung im Falle der Einlage im Zusammenhang mit der Eröffnung eines Betriebes den gem. § 6 Abs. 1 Nr. 6, 5 EStG anzusetzenden Teilwert mit dem gemeinen Wert gleich.[7] Dies geschieht aus der Überlegung, dass bei Eröffnung ein fremder Dritter den Beschaffungspreis aufwenden würde und dass bei der Bewertung einer Einlage private und betriebliche Wertsteigerungen anhand des objektiven Marktpreises abgegrenzt werden müssen.

Nach § 9 Abs. 2 BewG ist der „gemeine Wert" gekennzeichnet durch den

- bei einer Einzelveräußerung des Wirtschaftsgutes
- im gewöhnlichen Geschäftsverkehr
- nach der Beschaffenheit des Wirtschaftsgutes
- unter Berücksichtigung aller preisbeeinflussenden gewöhnlichen und objektiven (nicht subjektiven) Umstände
- erzielbaren Preis.

---

1 BFH v. 20.5.1988, BStBl 1989 II, 269; v. 13.3.1991, BStBl 1991 II, 595.
2 BFH v. 19.10.1972, BStBl 1973 II, 54; v. 2.3.1973, BStBl 1973 II, 475; v. 13.4.1983. BStBl 1973 II, 667.
3 So: BFH v. 20.9.1989, BStBl 1990 II, 206.
4 BFH v. 7.11.1990, BStBl 1991 II, 342.
5 R 6.7 S.6 EStR.
6 Vgl. § 6 Abs. 4 bzw. 6 EStG.
7 BFH v. 10.7.1991, BStBl 1991 II, 840.

Wesentlich erscheint, dass der gemeine Wert die betriebliche Zugehörigkeit des Wirtschaftsgutes und außergewöhnliche oder persönliche Umstände unberücksichtigt lässt und eindeutig absatzmarktorientiert zu bestimmen ist.

c) Fremdvergleichspreis

Bei über die Grenze reichenden Geschäftsbeziehungen zwischen (z. B. in einem Konzern) nahestehenden Unternehmen und bei Geschäftsbeziehung zwischen einem inländischen Unternehmen und seiner ausländischen Betriebsstätte oder der inländischen Betriebsstätte eines ausländischen Unternehmens kommt (beim Vorliegen eines Freistellungs-DBA) der Ansatz von Wirtschaftsgütern zum sog. *Fremdvergleichspreis* (FVP) in Betracht.[1] Man versteht hierunter den Preis, den voneinander unabhängige Dritte unter gleichen oder vergleichbaren Bedingungen vereinbart hätten.[2] Dabei ist davon auszugehen, dass die voneinander unabhängigen Dritten alle wesentlichen Umstände der Geschäftsbeziehung kennen und nach den Grundsätzen ordentlicher und gewissenhafter Geschäftsleiter handeln. Bei der Ermittlung des FVP sind daher alle Daten heranzuziehen, die die Preisbestimmung unter Fremden am Markt beeinflussen, so dass insbesondere der maßgebliche Markt, der Zeitpunkt der Vereinbarung und die Funktionen der einzelnen Gesellschaften/Betriebsstätten zu berücksichtigen sind.

Neben dem Fall der Berichtigung der Einkünfte nach § 1 AStG kommt der Fremdvergleichspreis im nationalen Steuerrecht auch (teilweise vorrangig) im Rahmen der verdeckten Gewinnausschüttung (§ 8 Abs. 3 S. 2 KStG), der verdeckten Kapitaleinlage (§§ 8 Abs. 1 KStG, 4 Abs. 1 S. 1 und 5 EStG) in Betracht.

Der FVP ist ein rein steuerlicher Wert und insbes. Ausdruck des im internationalen Steuerrecht geltenden *dealing-at-arm's-length*-Prinzips.[3] Bei Abweichungen von diesem Wert finden teilweise außerbilanzielle Ergebniskorrekturen statt[4], zum Teil findet der Wert aber auch unmittelbar in den Bilanzen der verbundenen internationalen Unternehmen sowie in der Stammhausbilanz und der Betriebsstätten-Hilfs- und Nebenrechnung Anwendung.[5] International sind für den FVP verschiedene Wertermittlungsmethoden vorgesehen.[6]

---

1 § 1 Abs. 1 bzw. Abs. 5 AStG.
2 § 1 Abs. 1 AStG.
3 Vgl. Kap. B.IV.5.
4 Z.B. gem. § 1 AStG.
5 Z.B. Betriebsstätten-Verwaltungsgrundsätze Abschn. 2.6. und 5.2.; Verwaltungsgrundsätze Betriebsstättengewinnaufteilung – VWG BsGa, 2.16.2 (Rz. 172, 173).
6 Vgl. Kap. D.III.5.

III. Die Methoden der Wertermittlung nach HGB, EStG und IFRS

1. Allgemeines und Überblick

Stehen die für bestimmte Bewertungsobjekte maßgeblichen Bewertungsmaßstäbe fest, so stellt sich die Frage nach der Vorgehensweise zur Ermittlung der konkreten Werthöhe. Die hierfür vorgesehenen Schrittfolgen werden in „Bewertungsmethoden"[1] (synonym: Bewertungsverfahren) konkretisiert. Dabei können die wesentlichsten Verfahren

- nach der Ermittlungsrichtung in *progressive* und *retrograde* Methoden,
- nach der Bewertungspräzision in *Einzelbewertung, Bewertungsvereinfachungsverfahren* und *Pauschalbewertung* sowie
- nach der Wertermittlungsweise in *externe Wertfeststellung* und *interne Wertermittlung*

unterschieden werden. Die Verfahren dienen in erster Linie der Ermittlung von Anschaffungs- und Herstellungskosten, jene der ersten Gruppierung daneben aber auch der Bestimmung des „Beizulegenden Wertes" und des „Teilwertes". Abbildung D-21 zeigt, welche Bewertungsvereinfachungsverfahren im Einzelnen in Betracht kommen. Für die Ermittlung des Fremdvergleichspreises gelten spezielle international anerkannte Verfahren. Ferner existieren für die Ermittlung des beizulegenden Zeitwerts (*fair values*) spezielle allgemein anerkannte Bewertungsverfahren.

2. Progressive und retrograde Wertermittlung

Anschaffungs- und Herstellungskosten werden im Allgemeinen progressiv ermittelt, d.h. durch eine der betrieblichen Genetik des Bewertungsobjekts entsprechende Reihenfolge der Bestimmung der Wertbestandteile. Beispielsweise durch die Schrittfolge:

	Vorbereitende Beschaffungseinzelkosten		Materialeinzelkosten
+	Anschaffungspreis	+	Materialgemeinkosten
+	Einzelkosten des Transports	+	Fertigungseinzelkosten
+	Einzelkosten der Inbetriebnahme	+	Fertigungsgemeinkosten
+	nachträgliche Anschaffungskosten	+	Verwaltungskosten
=	Anschaffungskosten	=	Herstellungskosten

Abbildung D-18: Progressive Ermittlung der Anschaffungs- und Herstellungskosten

---

1 Die IFRS verwenden das Wort „Bewertungsmethoden" im weiteren Sinn.

Neben diesem Regelverfahren ist es zumindest bei Warenvorräten GoB-konform, die Anschaffungskosten nicht durch Addition der im Anschaffungsprozess angefallenen Einzelkosten, sondern durch Abschläge vom Verkaufspreis her – retrograd – zu ermitteln:

(progressive) Preiskalkulation:		Retrograde AK-Ermittlung:	
Anschaffungskosten	100		
+ Rohgewinnaufschlag (angenommen 40 %)	40	Netto-Verkaufspreis	133
		+ Erlösminderung	7
= Brutto-Verkaufspreis	140	= Brutto-Verkaufspreis	140
– Erlösminderungen (angenommen 5 %)	7	– Rohgewinnabschlag [= RGAUF/(1+RGAUF)	
= Netto-Verkaufspreis	133	= 0,4/1,4 = 0,2857]	40
(ohne USt)		= Anschaffungskosten	100

Abbildung D-19: Progressive und retrograde Anschaffungskostenermittlung

Die Beispielsrechnung zeigt, dass zur retrograden Anschaffungskosten-Ermittlung insbes. der Rohgewinnaufschlag (RGAUF) und die Erlösminderung für die jeweilige Warengruppe bekannt sein müssen. Weil diese Größen praktisch aus einer Gesamtbetrachtung des Betriebes oder bestimmter Warengruppen abgeleitet werden, sich am Zeitablauf verändern und z.T. durch tatsächliche Preisherabsetzungen verfälscht werden, hat das Verfahren, bezogen auf das Einzelobjekt, einen deutlichen Schätzungscharakter. Obwohl dieses Verfahren gesetzlich nicht ausdrücklich zugelassen ist, dürfte es handels- wie steuerrechtlich in jenen Fällen zulässig sein, in denen die progressive Einzelfeststellung von AK-Bestandteilen unmöglich oder nur mit unverhältnismäßig hohem Aufwand erreichbar ist.

Die *Finanzrechtsprechung* billigte das Verfahren auch.[1]

Entsprechend können auch die für den „beizulegenden Wert" und den „Teilwert" erforderlichen „Wieder-Beschaffungskosten" bzw. „Wieder-Herstellungskosten" progressiv oder retrograd ermittelt werden.

Eine besondere Bedeutung hat die Richtung der Wertermittlung bei der Bestimmung des Teilwertes von Vorräten an Erzeugnissen und Waren in den Fällen unzureichender Verkaufserlöse. Die sog. *„Verkaufswertdeckungsverfahren"* können in progressiver oder retrograder Vorgehensweise durchgeführt werden:

Die Finanzverwaltung rechnet bei der neben der vorrangigen Subtraktionsmethode (Verkaufserlös minus durchschnittlicher Unternehmensgewinn minus noch anfallende Auf-

---

[1] Z.B. BFH v. 27.10.1983, BStBl 1984 II, 35 m.w.N.

Progressives Verfahren:

Anschaffungs-/Herstellungskosten	Anschaffungs-/Herstellungskosten
+ künftige Kosten	
= Selbstkosten	
+ Gewinnaufschlag	
= Selbstkostenpreis	
− erwarteter Netto-Verkaufserlös	
positive Differenz: Deckungsfehlbetrag →	− Teilwertabschreibung
	= TEILWERT

Retrogrades Verfahren:

erwarteter Netto-Verkaufserlös		Anschaffungs-/Herstellungskosten
− Selbstkosten	− Anschaffungs-/ Herstellungskosten	
− Gewinnaufschlag	− Rohgewinn- abschlag vom − Verkaufspreis	
negative Differenz = Deckungsfehlbetrag	→	− Teilwertabschreibung
		= TEILWERT

Abbildung D-20: Teilwertermittlung durch progressives und retrogrades Verkaufswertdeckungsverfahren

wendungen) anzuwendenden sog. *Formelmethode* im Handelsbetrieb mit der Bestimmungsgleichung

$$\text{Teilwert} = \frac{\text{erzielbarer Verkaufserlös}}{(1 + \text{Rohgewinnaufschlagsatz})}$$

wobei der Rohgewinnaufschlagsatz sich aus dem Verhältnis von betrieblichem Aufwand und durchschnittlichem Unternehmergewinn zum Wareneinsatz (AHK) ergibt.[1]

Sieht man von verschiedenen Vereinfachungen ab, so müssen beide Verfahren zur gleichen Teilwert-Höhe führen. Bei absatznahen Wirtschaftsgütern ist das retrograde, bei produktionsbestimmten Wirtschaftsgütern eher das progressive Verfahren vorzuziehen.

Nach *IFRS* ist die Ermittlung der Anschaffungs- oder Herstellungskosten die Standardkostenmethode (Berücksichtigung normaler Kostenhöhe und Leistungsfähigkeit und Kapazitätsauslastung (IAS 2.21) und durch die retrograde Methode[2] zulässig, wenn eine

---

1 R 6.8 Abs.5 EStR.
2 IAS 2.21f.

Annäherung an die tatsächlichen Kosten gewährleistet wird. Auch die Ermittlung des Nettoveräußerungswertes *(net realisable value)* erfolgt gem. IFRS nach der retrograden Methode *(retail method)*.[1] Im Gegensatz zum HGB-Verfahren darf allerdings kein Abzug für die Gewinnmarge vorgenommen werden.

3. Einzelbewertung und Sammelbewertung
a) Einzelbewertung

Die für jedes Bewertungsobjekt gesonderte Wertermittlung (Einzelbewertung) bildet *in allen Rechnungslegungssystemen* den Regelfall der Wertfeststellung.[2] Eine Gesamtbewertung von Betriebsteilen und Bewertungsgruppen ist damit grundsätzlich ausgeschlossen. Weil Einzelbewertungen sowohl bezüglich der zu isolierenden Bewertungsobjekte wie auch der Einzelwertfeststellung mitunter nicht oder nur mit unangemessen hohem Aufwand realisierbar wären, räumen HGB-Gesetzgeber, die GoB und der IFRS-Standardsetter Möglichkeiten der Bewertungsvereinfachung ein. Die Inanspruchnahme dieser von der Einzelbewertung abweichenden Sammelbewertungsverfahren ist stets ins Ermessen des Bilanzierenden gestellt. Auch die *IFRS* verlangen z.B. bei Vorräten grundsätzlich eine Einzelzuordnung ihrer individuellen Anschaffungs- und Herstellungskosten, insbes. wenn die Vorräte normalerweise nicht austauschbar sind oder für spezielle Projekte hergestellt und ausgesondert werden (IAS 2.23).

b) Gruppenbewertung

Aus den genannten Gründen gestattet § 240 Abs. 4 i.V.m. § 256 S. 2 **HGB** allen Kaufleuten,

- gleichartige Vermögensgegenstände des Vorratsvermögens und
- gleichartige oder annähernd gleichwertige andere bewegliche Vermögensgegenstände und Schulden

für Inventur und Bilanz zu einer „Gruppe" zusammenzufassen.

Das in beiden Fällen erforderliche Kriterium der *Gleichartigkeit* verlangt nicht, dass die zusammengefassten Vermögensgegenstände z.B. in Größe, Farbe, Qualität, Funktion, Preis etc. „gleich" sind, sondern nur, dass sie in ihrer „Art" gleich sind. Es genügt deshalb, wenn sie gleiche, für einen bestimmten Gegenstandstyp prägende Eigenschaften aufweisen. Zum *Vorratsvermögen* gehören Roh-, Hilfs- und Betriebsstoffe, fertige und unfertige Erzeugnisse/Leistungen sowie Waren. Gegenstände außerhalb des Vorratsvermögens können – sofern sie beweglich sind – auch bei Ungleichartigkeit, aber annähernder *Gleichwertigkeit* zu einer Bewertungsgruppe zusammengefasst werden. Gleiches gilt für Schulden (z.B. Ansprüche der Versicherungsnehmer auf Schadensregulierung). Als Einzelwertspanne der zulässigerweise eine Gruppe bildenden Gegenstände werden unter

---

1 IAS 2.6, 2.28.
2 §§ 252 Abs. 1 Nr. 3 HGB, 6 Abs. 1 EStG, IAS 2.23. Siehe auch Grundsatz der Einzelbewertung, Kap. B.II.6.c).

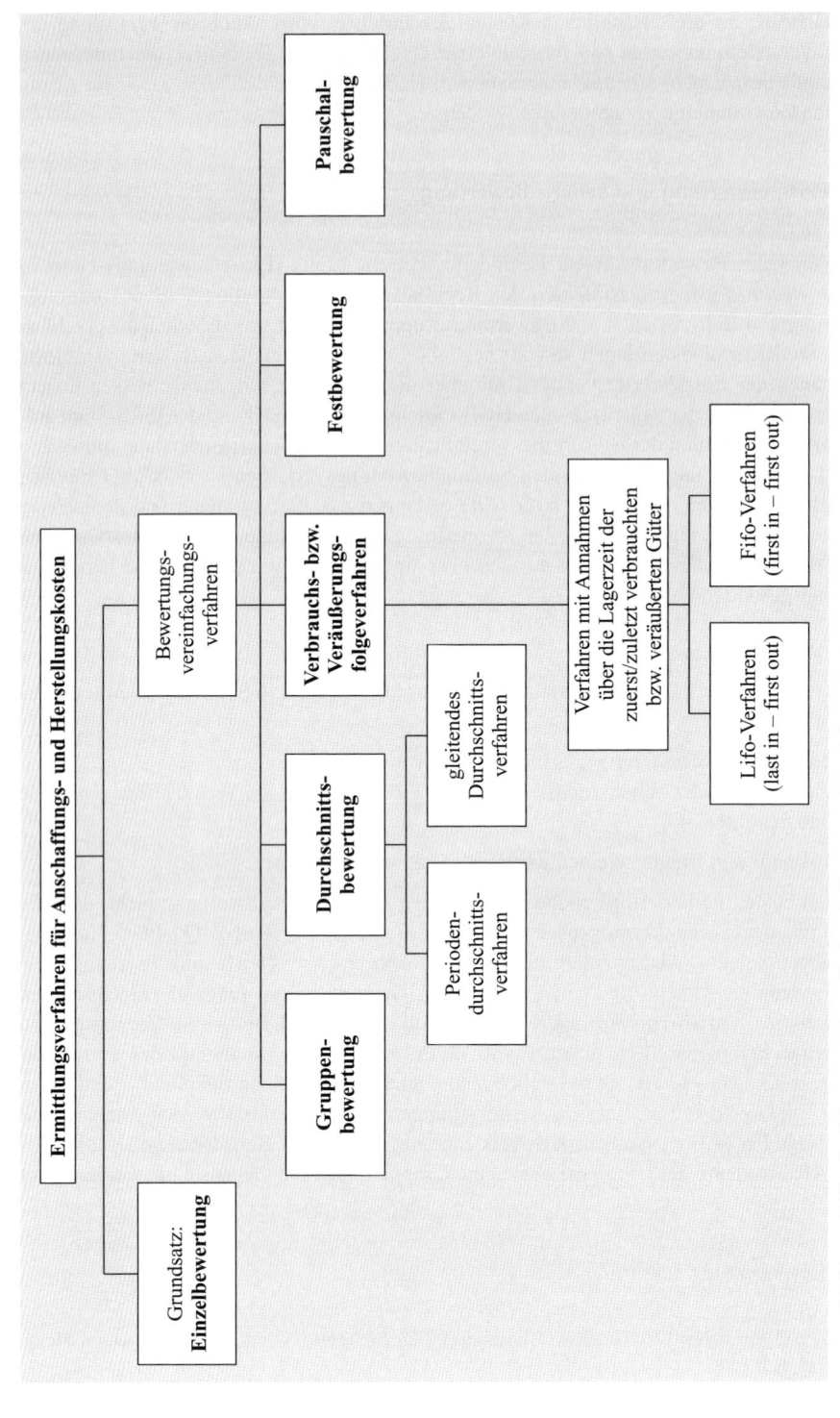

Abbildung D-21: Ermittlungsverfahren für Anschaffungs- und Herstellungskosten

Umständen bis zu 20 % angesehen[1]; zugleich wird über den gesetzlichen Wortlaut hinaus gefordert, dass die annähernd wertgleichen Gegenstände nicht völlig verschiedenartig sein dürfen. Nicht in Betracht kommt die Gruppenbewertung für nicht-bewegliche Vermögensgegenstände.

Sind diese Voraussetzungen erfüllt, so ist zwar inventurmäßig die tatsächliche Menge der Gruppenelemente festzustellen, sie ist jedoch statt mit den Einzelwerten/-preisen mit dem gewogenen Durchschnittswert zu multiplizieren. Dieser ergibt sich nach folgendem Ansatz:

$$\varnothing = \frac{\sum_{i=1}^{i=j} m_i \times AHK_i}{\sum_{i=1}^{i=j} m_i}$$

Dabei ist m_i = Zugangsmenge des i. ten Zugangs der Periode,
AHK_i = zugehörige, stückbezogene Anschaffungs- oder Herstellungskosten, beim Anfangsbestand event. niedrigerer Bilanzwert,
$i = 1 ... j$ = Laufindex der Zugänge in der Periode, wobei der Anfangsbestand als 1. Zugang angesehen wird.

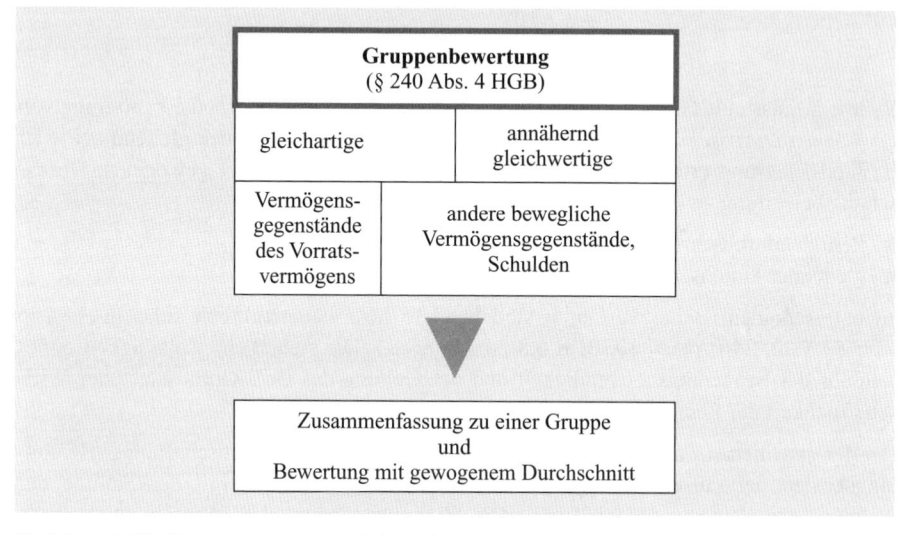

Abbildung D-22: Voraussetzungen und Folgen der HGB-Gruppenbewertung

Steuerrechtlich ist zwar gesetzlich Einzelbewertung vorgeschrieben (Einleitungssatz des § 5 Abs. 1 EStG), die Gruppenbewertung mit dem gewogenen Durchschnittswert wird jedoch von der Verwaltungspraxis für den Regelfall akzeptiert (R 6.8 Abs.4 EStR für Vorratsvermögen). Grundlage bildet das Übermaßverbot für staatliche Eingriffe, die steuerliche Respektierung des Grundsatzes der Wirtschaftlichkeit[2] und das Maßgeblichkeitsprin-

---

1 ADS § 240 Anm. 127.
2 Kap. B.II.10.b).

zip. Nach dem sog. Lifo-Schreiben des BMF[1] werden Wirtschaftsgüter als *gleichartig* angesehen, wenn es sich bei diesen um eine gleichartige Warengruppe handelt (Gattungsgleichheit) oder sie funktionsgleich (Funktionsgleichheit) sind.

Die **IFRS** lassen vereinfachende Verfahren zur AHK-Ermittlung zu, „wenn die Ergebnisse den tatsächlichen AHK nahe kommen" (IAS 2.21), was auch die Gruppenbewertung einschließt.

c) Durchschnittsbewertung

Eine isolierte Wertermittlung von Beständen an vertretbaren Vermögensgegenständen, die zu einer Gruppe zusammengefasst sind, würde kaum zu bewältigende Schwierigkeiten bereiten. Dies ist insbes. der Fall, wenn die Anschaffungs- und Herstellungskosten der einzelnen Lagerzugänge Schwankungen unterliegen. Ein derartiger Mischbestand kann – wie jede Bewertungsgruppe – statt mit der Summe der Einzelwerte mit dem gewogenen Durchschnittswert angesetzt werden (§§ 256 Satz 2 i. V. m. 240 Abs.4 HGB).

Die Bildung eines *einfachen Durchschnittswertes* ohne Berücksichtigung der zu diesen Einzelwerten angeschafften/hergestellten Mengen ist unzulässig.

Im nachfolgenden Beispiel ergäbe die einfache Durchschnittsrechnung einen Wertansatz von:

$$\left(\frac{5 + 8 + 10}{3}\right) \times 150 = \text{EUR } 1.150$$

Vielmehr muss eine Gewichtung an den Zugangsmengen erfolgen. Da die Ermittlung von *gewogenen Durchschnittswerten* entweder am Periodenende oder auch gleitend bei jeder Bestandsänderung erfolgen kann, hat man unter den Verfahren der gewogenen Durchschnittsbewertung zwischen

- Periodendurchschnittsbewertung und
- gleitender Durchschnittsbewertung

zu unterscheiden. Beide Verfahren sind handels- wie steuerrechtlich zulässig (§§ 256 Satz 2 i. V. m. 240 Abs. 4 HGB; R 6.8 Abs. 4 EStR). Die steuerliche Zulässigkeit ergibt sich aus der Schätzungsnotwendigkeit und der Geltung des GoB-Grundsatzes der Wirtschaftlichkeit der Rechnungslegung.

Bei der *gewogenen Periodendurchschnittsbewertung* werden die Anschaffungs-/Herstellungskosten der einzelnen Zugänge und des Anfangsbestandes mit der Summe der Anfangsbestandsmenge (100) und den Zugangsmengen der Abrechnungsperiode (50+100) gewichtet; aus der Multiplikation des so ermittelten gewogenen Durchschnittswertes (EUR 7,60) mit dem Inventurbestand (150 Einheiten) ergibt sich der Bilanzwert (EUR 1.140).

Bei *gleitender gewogener Durchschnittsbewertung* lässt sich eine Verfeinerung des Schätzungsverfahrens durch Verkürzung des Berechnungszeitraums erreichen. Es wird entweder in bestimmten Zeiträumen (halb-, vierteljährlich, monatlich oder wöchentlich) oder bei jedem Zu- oder Abgang ein neuer („gleitender") Durchschnittswert errechnet.

---

1 BMF-Schr. v. 12. 5. 2015, BStBl 2015 I, 462.

Die Methoden der Wertermittlung nach HGB, EStG und IFRS

Beispiel:

	m	p		m • p
Anfangsbestand	100 Einheiten zu je EUR	5,—	= EUR	500,-
+ Zugang	50 Einheiten zu je EUR	8,—	= EUR	400,-
+ Zugang	100 Einheiten zu je EUR	10,—	= EUR	1000,-
	250 Einheiten		EUR	1900,-
./. Abgang	100 Einheiten zu je EUR	7,60	= EUR	760,-
Endbestand	150 Einheiten zu je EUR	7,60	= EUR	1140,-

$$\text{gewogener Durchschnittswert} = \frac{\Sigma m \cdot p}{\Sigma m} = \frac{1900}{250} = \text{EUR } 7{,}60$$

Abbildung D-23: Berechnung des gewogenen Perioden-Durchschnittswertes

Nach *IAS* 2.25 ist die gewogene Durchschnitts-Methode *(weighted average cost formula)* neben dem Fifo-Verfahren als alternatives Bewertungsvereinfachungsverfahren vorgesehen, wenn nicht Einzelbewertung vorgeschrieben ist.

Beispiel:

	m	p		m • p
Anfangsbestand	100 Einheiten zu je EUR	5,-	= EUR	500,-
+ Zugang	50 Einheiten zu je EUR	8,-	= EUR	400,-
Bestand	150 Einheiten zu je EUR	6,-	(900 : 150)	900,-
./. Abgang	50 Einheiten zu je EUR	6,-	= EUR	300,-
Bestand	100 Einheiten zu je EUR	6,-	= EUR	600,-
+ Zugang	100 Einheiten zu je EUR	10,-	= EUR	1000,-
Bestand	200 Einheiten zu je EUR	8,-	(1600 : 200)	1600,-
./. Abgang	50 Einheiten zu je EUR	8,-	= EUR	400,-
Endbestand	150 Einheiten zu je EUR	8,-	= EUR	1200,-

Abbildung D-24: Berechnung des gleitenden gewogenen Durchschnittswertes

d) Verbrauchs-/Veräußerungsfolgeverfahren

Nach dem Wortlaut des § 256 S. 1 HGB kann,

- soweit es den GoB entspricht,
- für den Wertansatz gleichartiger Vermögensgegenstände des Vorratsvermögens

unterstellt werden, dass

a) die *zuerst* angeschafften oder hergestellten Vermögensgegenstände *zuerst* (Fifo-Verfahren, first in – first out) oder
b) die *zuletzt* angeschafften oder hergestellten Vermögensgegenstände zuerst (Lifo-Verfahren, last in – first out)

verbraucht oder veräußert werden.

Unberührt davon bleibt die Bewertungsmöglichkeit zum gewogenen Durchschnitt, während die Anwendung anderer Verbrauchs- und Preisfolgeverfahren, wie beispielsweise das Hifo-Verfahren (highest in – first out) oder das Loifo (lowest in – first out) seit dem BilMoG unzulässig sind.[1] Ebenso wie die Durchschnittswertmethode können die beiden alternativ zulässigen Verfahren (Fifo/ Lifo) als

- periodische oder
- permanente (gleitende)

Verbrauchs-/Veräußerungsfolgeverfahren ausgestaltet sein. In der US-Praxis verbreitet und auch vom deutschen Handels- und Steuerrecht zugelassen ist beim Perioden-Lifo die Bildung von sog. *Layern* innerhalb des Gesamtbestandes (Layermethode). Hierunter versteht man die Bildung von periodenbezogenen Mehrbeständen, die als besonders bewertete Gruppe von Vermögensgegenständen ausgewiesen werden. Jede Bestandserhöhung, die am Periodenende festgestellt wird, muss dabei mit ihren Mengen und ihren AHK festgehalten, mit den AHK der ersten Lagerzugänge bewertet und separat fortgeführt werden. Minderbestände werden – beginnend beim letzten Layer – gekürzt.

Auch ein mit diesen Verfahren ermittelter Wert unterliegt dem *Niederstwertprinzip*, d.h. er darf nicht zum Ansatz kommen, wenn der Marktwert/ beizulegende Wert niedriger ist.

In der Abbildung D-25 werden an Rechenbeispielen die je nach Preisentwicklung und der angewandten Methode unterschiedlichen Werte ermittelt, wobei unterstellt ist, dass die Anschaffungs- oder Herstellungskosten des letzten Zugangs dem Stichtagswert entsprechen. Darüber hinausreichende Wertansätze sind unter Geltung des strengen Niederstwertprinzips unzulässig (schraffierte Fläche). Wenn auch aus den aufgeführten Rechenbeispielen nicht ohne weiteres verallgemeinernde Schlüsse gezogen werden dürfen, so wird doch deutlich, dass mit der Wahl der Verbrauchs-/Veräußerungsfolgeunterstellung auch über den Vereinfachungszweck hinausreichende bilanzpolitische Effekte erzielt werden können. So führt im Allgemeinen

- bei steigenden Preisen Lifo zum niedrigsten, Fifo zum höchsten,
- bei sinkenden Preisen Fifo zum niedrigsten, Lifo zum höchsten,

die Durchschnittsbewertung jedenfalls zu einem mittleren Bilanzansatz.

Handelsrechtlich ist die Wahl im Rahmen der genannten Voraussetzungen frei; lediglich ein willkürliches Schwanken ist durch die GoB ausgeschlossen. Auch gibt es eine Tendenz, einen Missbrauch anzunehmen, wenn die fingierte Verbrauchsfolge der tatsächlichen absolut widerspricht (z.B. Lifo bei Silolagerung mit Füllung von oben und unterem Abgang oder Lifo in der Fischindustrie).

Nach *IFRS* dominiert Einzelbewertung (z.B. IAS 2.23). Bei Einhaltung der im IAS 2.25 genannten Voraussetzungen sind jedoch als Bewertungsvereinfachungsverfahren bei der Vorratsbewertung das Fifo-Verbrauchsfolgeverfahren oder die Durchschnittsmethode zulässig. Die Anwendung des Hifo- und des Lifo-Verfahrens ist nach IFRS grundsätzlich nicht gestattet weil diese nach Auffassung des IASB selten der tatsächlichen Verbrauchs-

---

1 Begründung BilMoG, BT-Drucks. 16/10067 S. 62.

Die Methoden der Wertermittlung nach HGB, EStG und IFRS

Preisentwicklung	steigende Preise		schwankende Preise		fallende Preise	
Bewertungsverfahren / Bestandsentwicklung						
	Anf.-Best.	100 EH à 5,– = 500,–	Anf.-Best.	100 EH à 5,– = 500,–	Anf.-Best.	100 EH à 10,– = 1000,–
	Zugang	50 EH à 8,– = 400,–	Zugang	100 EH à 10,– = 1000,–	Zugang	50 EH à 8,– = 400,–
	Zugang	100 EH à 10,– = 1000,–	Zugang	50 EH à 8,– = 400,–	Zugang	100 EH à 5,– = 500,–
	Abgang	100 EH Endbestand 150 EH	Abgang	100 EH Endbestand 150 EH	Abgang	100 EH Endbestand 150 EH
Lifo zuletzt beschaffte/hergestellte Güter werden zuerst veräußert/verbraucht	Abgang	100 EH à 10,– = 1000,–	**Abgang**	50 EH à 8,– = **900,–**	Abgang	100 EH à 5,– = 500,–
	Endbestand	150 EH à 6,– = 900,–	Endbestand	50 EH à 10,– 100 EH à 6,66 = 1000,–	Endbestand	150 EH à 9,33 = 1400,–
Fifo zuerst beschaffte/hergestellte Güter werden zuerst veräußert/verbraucht	Abgang	100 EH à 5,–-3 = 500,–	Abgang	100 EH à 5,–-3 = 500,–	Abgang	100 EH à 10,– = 1000,–
	Endbestand	150 EH à 9,33 = 1400,–	Endbestand	150 EH à 9,33 = 1400,–	Endbestand	150 EH à 6,– = 900,–
Vergleichswert bei **Periodendurchschnittsmethode**	150 EH à $\frac{1900}{250}$ = 150 EH à 7,60 = 1140,–		150 EH à 7,60 = 1140,–		150 EH à 7,60 = 1140,–	
Stichtagswert	150 EH à 10,– = 1500,–		150 EH à 8,–-0 = 1200,–		150 EH à 5,–-0 = 750,–	

Balken (Werte):
- steigende Preise: Lifo 900 / 1500; Fifo 1400; Durchschnitt 1140
- schwankende Preise: Lifo 1000 / 1200; Fifo 1400; Durchschnitt 1140
- fallende Preise: Lifo 750 / 1400; Fifo 900; Durchschnitt 1140

Die schraffierte Fläche zeigt den wegen der Geltung des Niederstwertprinzips nicht ansetzbaren Wertbereich

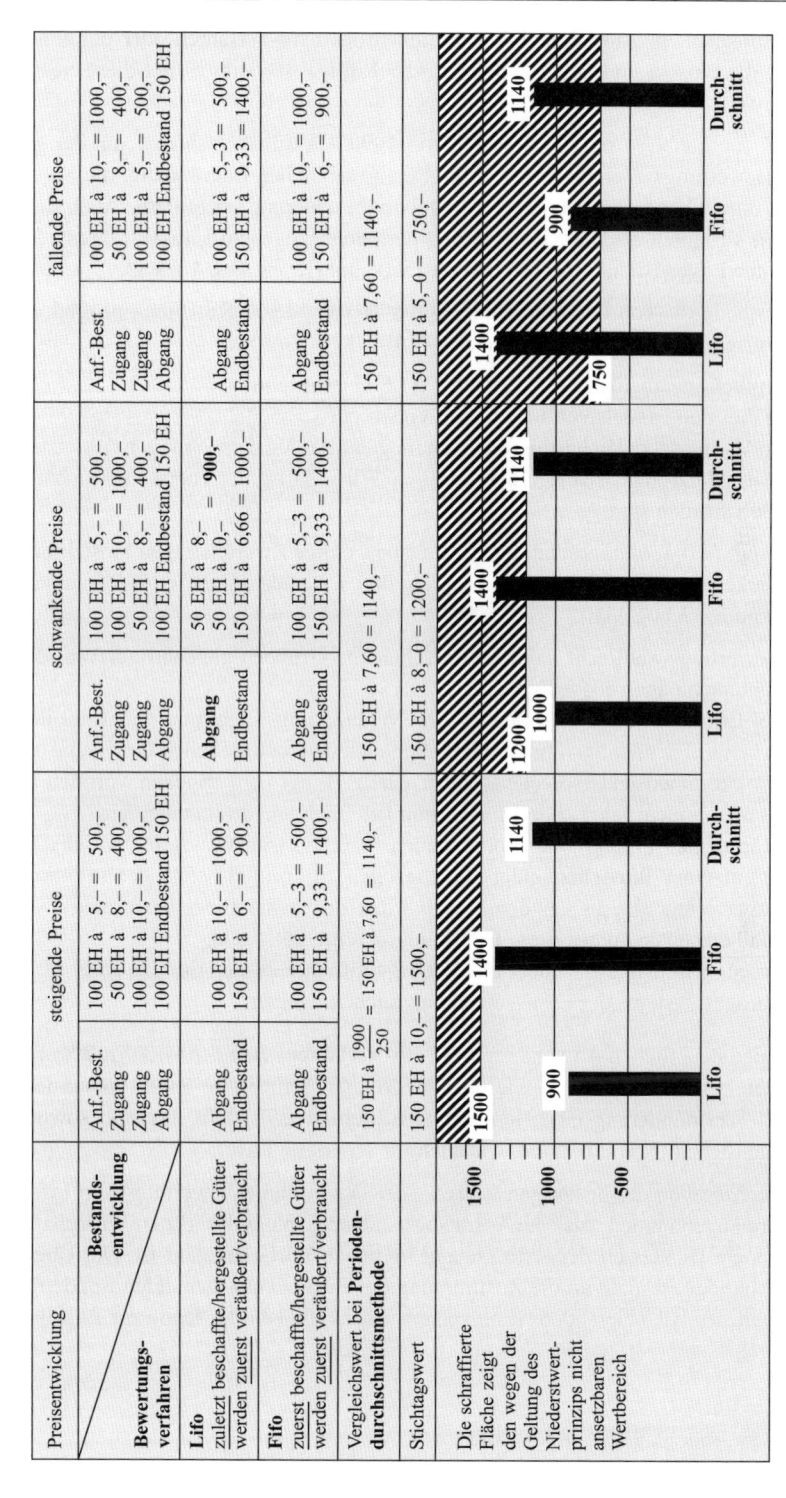

Abbildung D-25: Beispiele zu den Verbrauchs-/Veräußerungsfolgeverfahren (Durchschnittswert-, Lifo- und Fifo-Verfahren)

folge entsprechen. In Ausnahmefällen, in denen das Lifo-Verfahren oder ein ähnliches Verfahren die einzige und tatsächliche Verbrauchsfolge wiedergibt sind diese Verfahren aber zulässig.[1]

Steuerlich anerkannt ist seit der Steuerreform 1990 das Lifo-Verfahren – mit der gegenüber der Bewertungsvereinfachung vorrangigen gesetzlichen Begründung, die Substanzerhaltung durch Vermeidung einer Scheingewinnbesteuerung zu fördern. Auch die verschiedenen Varianten des permanenden und periodenbezogenem Lifo-Verfahrens, letztes mit und ohne Layer-Bildung sind steuerlich anerkannt (R 6.9 Abs. 4 EStR).

Als eigenständiges (von der Bewertung in der HGB- oder IFRS-Bilanz unabhängiges) steuerbilanzielles Wahlrecht können nach § 6 Abs. 1 Nr. 2a EStG

- Steuerpflichtige, die den Gewinn nach § 5 EStG ermitteln,
- soweit dies den handelsrechtlichen GoB entspricht
- für den Wertansatz gleichartiger Wirtschaftsgüter des Vorratsvermögens unterstellen,
- dass die zuletzt angeschafften/hergestellten Wirtschaftsgüter zuerst verbraucht bzw. veräußert worden sind.

In einem sog. *Lifo-Schreiben*[2] hat der BMF insbes. einige Zweifelsfragen hinsichtlich der Anwendbarkeit des Lifo-Verfahrens vor allem durch Auslegung der GoB-Voraussetzung aus Verwaltungssicht geklärt:

- Das Bewertungswahlrecht kann für verschiedene Gruppen gleichartiger Wirtschaftsgüter unterschiedlich ausgeübt werden.
- Die mit Lifo unterstellte Verbrauchs- und Veräußerungsfolge muss nicht mit der tatsächlichen Folge übereinstimmen, darf aber auch dem betrieblichen Geschehnisablauf nicht vollkommen widersprechen. Daher darf z.B. bei verderblichen Vorräten (Haltbarkeit unter einem Jahr) oder Silolagerung Lifo nicht angewandt werden.
- Die Möglichkeit mittels eines vorhandenen Warenwirtschaftssystems Anschaffungskosten einzelner Wirtschaftsgüter stückbezogen zu ermitteln steht der Lifo-Anwendung zwar entgegen, es sei denn, es würden durch die Einzelbewertung weiterer Aufwand entstehen oder weitere Ermittlungsschritte nötig sein.
- Bei Erzeugnissen und dazugehörigen RHB-Stoffen steht der Einsatz eines IT-Fertigungsprozesssystems der Lifo-Anwendung nicht entgegen.

Auch bei der steuerlichen Anwendung des Lifo-Verfahrens ist § 6 Abs. 1 Nr. 2 S. 2 EStG zu beachten, wonach ein nachgewiesener niedriger Teilwert bei einer voraussichtlich dauernden Wertminderung eine Herabsetzungsalternative darstellt. Das gilt sowohl für einen einheitlichen Gesamtbestand, wie auch für separierte Layer.

Beim *Übergang* von der bisherigen Einzel- oder Durchschnittsbewertung zum Lifo-Verfahren wird angenommen, dass der Vorratsbestand am Schluss des letzten Wirtschaftsjahres mit seinem Bilanzwert der erste Zugang im neuen Wirtschaftsjahr ist. Der Übergang zur Lifo-Methode ist nicht an die Zustimmung des Finanzamtes gebunden, sondern steht im Belieben des Bilanzierenden. Eine spätere Rückkehr von der Lifo- zur Einzel- oder

---

1 IAS 2.BC 19-21.
2 BMF-Schr. vom 12.5.2015, BStBl 2015 I, 462.

Durchschnittsbewertung ist allerdings nur mit Zustimmung des Finanzamtes möglich (§ 6 Abs. 1 Nr. 2a Satz 4 EStG). Damit soll ein mehr oder weniger willkürlicher Wechsel unterbunden werden. Das Zustimmungserfordernis besteht allerdings nicht beim Wechsel innerhalb der Lifo-Varianten (Perioden-/permanentes Lifo, mit/ohne Layer), vielmehr ist hierbei nur das handelsrechtliche Gebot der Methodenstetigkeit[1] zu beachten (R 6.9 Abs. 5 EStR).

e) Festwertverfahren

Ebenfalls zur Vereinfachung der Inventur-, Buchführungs- und Bilanzierungsarbeiten dient im **deutschen Bilanzrecht** die gesetzlich vorgesehene Möglichkeit,

- für Sachanlagen und Roh-, Hilfs- und Betriebsstoffe,
- die regelmäßig ersetzt werden und
- deren Bestand in Menge, Wert und Zusammensetzung nur geringen Veränderungen unterliegt,

einen Festwert anzusetzen.[2] Derartige Verhältnisse liegen in der Praxis z. B. bei Gerüst- und Schalungsteilen im Baugewerbe, Modellen, Formen und Werkzeugen im Industriebetrieb oder bei Hotelgeschirr und -inventar in der Gastronomie, Rebstöcken im Weinbau, ferner bei Brennstoffvorräten, Büroausstattungen etc. vor. Voraussetzung ist ferner, dass

- der Gesamtwert nur von nachrangiger Bedeutung ist[3] und
- dass i. d. R. alle drei Jahre eine körperliche Bestandsaufnahme mit etwaiger Anpassung des Festwertes vorgenommen wird.

Dem Festwertverfahren liegt die Annahme zugrunde, dass die laufenden Neuzugänge für die betreffende Gruppe von Vermögensgegenständen (Wirtschaftsgütern) für längere Zeit ungefähr dem Verbrauch bzw. dem Ausscheiden dieser Güter entspricht, dass also für mehrere aufeinanderfolgende Abschlussstichtage ein gleich bleibender Bestand und gleich bleibender Wert unterstellt werden kann. Während der Geltungsdauer dieser Fiktion kann auf die aufwendigen körperlichen Bestandsaufnahmen und die buchmäßigen Ein- und Ausbuchungen sowie differenzierte Einzelwertermittlungen verzichtet werden. Abschreibungen auf den Festwert werden nicht vorgenommen, Ersatzbeschaffungen werden sofort als Aufwand (Betriebsausgaben) verrechnet.

Die *Höhe* des Festwertes ergibt sich regelmäßig aus dem Produkt

$$\text{Festmenge} \times \text{Fest-}„\text{Wert}".$$

Als „Werte" kommen bei Roh-, Hilfs- und Betriebsstoffen die jeweiligen Anschaffungs- oder Herstellungskosten in Betracht. Bei abnutzbaren Sachanlagen sind zusätzlich Abschreibungen/Absetzungen zu berücksichtigen. Um die Vereinfachungsvorteile nicht preiszugeben, bedient man sich sog. *Wertigkeitsquoten*, die die altersmäßige Schichtung, betriebsgewöhnliche Nutzungsdauern, Abschreibungsverfahren etc. berücksichtigen. Werden Wirtschaftsgüter mit unterschiedlichen Nutzungsdauern zulässigerweise zu

---

1 Siehe Kap. B. II. 8. bbb).
2 § 240 Abs. 3 i. V. m. § 256 Satz 2 HGB.
3 Siehe BMF v. 8. 3. 1993, BStBl 1993 I, 276; H 6.8 (Festwert) EStH.

Anwendungsvoraussetzungen der Festbewertung (§ 240 Abs. 3 HGB)		
■ Sachanlagevermögen	oder	■ Roh-, Hilfs- und Betriebsstoffe
■ regelmäßiger Ersatz		
■ Gesamtwert von nachrangiger Bedeutung		
■ geringe Bestandsveränderungen	Größe	
	Wert	
	Zusammensetzung	
■ körperliche Bestandsaufnahme i.d.R. alle 3 Jahre		

▼

Folgen der Festbewertung				
Konstanter Buchwert auf Basis durchschnittlicher Wertigkeiten		i.d.R. 3-jährige Festwertkontrolle und ggf. Anpassung		
keine Abschreibungen	Zugänge als Aufwand	ermittelter Bestand > 110 % Festwert	ermittelter Bestand > 100 % Festwert ≤ 110 % Festwert	ermittelter Bestand < 100 % Festwert
		Aufstockungspflicht	Aufstockungswahlrecht	Abstockungspflicht

Abbildung D-26: Voraussetzungen und Folgen der Festbewertung

einem Festwert zusammengefasst, so ist eine durchschnittliche betriebsgewöhnliche Nutzungsdauer durch mengenmäßig gewichtete Durchschnittsbildung zu ermitteln.

Zweck der Festwertbildung ist in erster Linie die schon angesprochene Vereinfachung der Inventur und Buchführung; obwohl die gesetzliche Regelung dies nicht anstrebt, kann die Festwertbildung zur Legung stiller Reserven führen, wenn die Zugänge im Zeitraum des unveränderten Festwertansatzes die Abgänge (Wertminderungen) übersteigen. Bei steigenden Wiederbeschaffungspreisen trägt der Festwertansatz zur realen Kapitalerhaltung (Substanzerhaltung) bei, weil Ersatzbeschaffungen in Höhe der (gestiegenen) Wiederbeschaffungskosten im Jahr des Zugangs in voller Höhe aufwandswirksam behandelt werden. Da zur Bildung eines Festwertes keine Verpflichtung, sondern ein Wahlrecht besteht, kann hierin auch ein Mittel der Bilanzpolitik gesehen werden.

Der *Vereinfachungseffekt* ergibt sich insbes. daraus, dass i.d.R. nur alle drei Jahre eine körperliche Bestandsaufnahme mit Festwertkontrolle erfolgen muss. Ergibt sich bei der körperlichen Bestandsaufnahme, dass der ermittelte Wert den bisherigen Festwert um mehr als 10 % übersteigt, so muss der alte Festwert durch ersatzbeschaffte Zugänge solange erhöht werden, bis der neu ermittelte Festwert erreicht ist. Übersteigt der neu festgestellte Festwert den alten Festwert um weniger als 10 %, so kann der Bilanzierende den Festwert anpassen. Liegt der neu festgestellte Festwert unter dem bisherigen, so muss der Festwert sofort herabgesetzt werden.

Die ursprünglich ausschließlich durch die GoB begründete Möglichkeit der Festbewertung ist in § 256 Satz 2 i. V. m. § 240 Abs. 3 HGB für alle nach Handelsrecht Bilanzierenden normiert.

Da *steuerrechtlich* keine entgegenstehenden Vorschriften existieren, wird die Festbewertung von der Finanzverwaltung auch für die Steuerbilanz anerkannt.[1] Die Verwaltungsvorschriften sehen als zusätzliche Voraussetzungen für die Festwertbildung vor, dass Festwerte nur zur Inventur- und Bewertungserleichterung, nicht zum Ausgleich von Preisschwankungen verwendet werden dürfen. Erleichternd wird für die kontrollierende Bestandsaufnahme ein von drei auf höchstens 5 Jahre verlängerter Zeitraum vorgegeben. Das Nachrangigkeitskriterium verlangt nach Auffassung der Finanzverwaltung, dass der Gesamtwert der Festwertgüter eines Festwerts im Durchschnitt der letzten fünf Bilanzstichtage 10 % der Bilanzsumme nicht übersteigen darf.[2]

Abbildung D-26 fasst Voraussetzungen und Folgen des Festwertansatzes noch einmal schaubildlich zusammen.

Die *IFRS* kennen das Festwertverfahren nicht. Es dürfte daher nicht, allenfalls im Rahmen des *materiality*-Grundsatzes bei unwesentlichen Beträgen anwendbar sein.

f) Pauschalbewertung

Pauschale Bewertungstechniken kommen in Fällen der Unmöglichkeit, Schwierigkeit oder Unvertretbarkeit einer Einzelwertermittlung nach den *GoB* zur Anwendung

- bei der pauschalen Ermittlung der Anschaffungsnebenkosten (pauschaler Zuschlagssatz aus dem Verhältnis der gesamten Anschaffungsnebenkosten und den Anschaffungspreisen wird auf die Anschaffungspreise der Zugänge angewandt),
- bei der Bewertung von Forderungen aus Lieferungen und Leistungen (Pauschalbetrag zur Absicherung gegen das allgemeine Kreditrisiko) und
- bei der Wertermittlung für bestimmte Rückstellungen (z.B. Erfahrungssätze der Vergangenheit über Gewährleistungen in Abhängigkeit von den Umsätzen) oder einer Vielzahl von gleichartigen Verbindlichkeiten.

Auch nach *IFRS* sind – meist unter einschränkenden Bedingungen – bestimmte pauschale Bewertungsverfahren zulässig: Beispielsweise ist nach IAS 39.64/IFRS 9.B5.5.1 u. U. eine gemeinsame Wertminderungsbeurteilung einer Gruppe finanzieller Vermögenswerte mit vergleichbaren Ausfallrisikoprofilen vorzunehmen. Ferner kann im Rahmen der Anschaffungs- oder Herstellungskostenermittlung die Standardkostenmethode bei hinreichender Annäherung an die tatsächlichen Kosten Anwendung finden (IAS 2.21).

---

1 R 5.4 Abs.3, 4 EStR und H 6.8 (Festwert) EStH.
2 BMF v. 8. 3. 1993, BStBl 1993 I, 276; H 6.8 (Festwert) EStH.

Auch das ***Steuerrecht*** respektiert diese pauschalen Schätzungs-/Bewertungsmethoden[1] und kennt auch eigenständige Pauschalierungsmethoden (z. B. Nutzungsdauertabellen für Mobilien, standardisierte Nutzungsdauern bei Gebäuden).[2]

g) Vergleich der Bewertungsvereinfachungsverfahren

Abbildung D-27 zeigt die generelle Zulässigkeit verschiedener Bewertungvereinfachungsverfahren in den Rechnungslegungssystemen.

■ zulässig – unzulässig	Durchschnitts- bewertung	Lifo- Verfahren	Fifo- Verfahren	Fest- bewertung	Pauschal- bewertung
HGB	■	■	■	■	■
IFRS	■	–	■	–	■
EStG	■	■	–	■	■

Abbildung D-27: Generelle Zulässigkeit von Bewertungsvereinfachungsverfahren

4. Zeitwert-Ermittlungsverfahren

In allen Rechnungslegungssystemen wird bei der Zeitwertermittlung einem aktuellen Marktpreis der Vorrang eingeräumt. Existiert ein solcher mangels eines (aktiven) Marktes" aber nicht, muss auf anerkannte Bewertungsverfahren zurückgegriffen werden.[3]

§ 253 Abs. 4 *HGB* bestimmt beispielsweise eine Stufenfolge *(Hierarchie)* für die Ermittlung des beizulegenden Zeitwerts:

1. Bei aktiven Märkten entspricht der beizulegende Zeitwert dem Marktpreis (§ 255 Abs. 4 S. 1 HGB).
2. Bei fehlenden aktiven Märkten ist der „beizulegende Zeitwert mit Hilfe allgemein anerkannter Bewertungsmethoden zu bestimmen."
3. Lässt sich der beizulegende Zeitwert so nicht ermitteln, so sind die AHK fortzuführen. Dabei gilt der zuletzt ermittelte beizulegende Zeitwert als AHK.

Als „allgemein anerkannte Bewertungsverfahren" kommen insbes. das Vergleichswertverfahren und das DCF-Verfahren in Betracht. Beim *Vergleichswertverfahren* wird auf die bekannten Marktwerte ähnlicher Bewertungsobjekt zurückgegriffen und eventuell werden unterschiedsspezifische Anpassungen vorgenommen. Bei *DCF-Verfahren (discounted cash flow-Verfahren)* werden die mit dem Bewertungsobjekt in direktem Zusammenhang stehenden erwarteten Zahlungsströme *(cash in flows, cash out flows)* auf den Bilanzstichtag abgezinst. Aber auch andere anerkannte investitions- und kapitalmarkttheoretische Verfahren können zur modellbasierten Ermittlung herangezogen werden (z. B. Unternehmensbewertungsverfahren, Optionspreismodelle).

---

[1] Vgl. z. B. BFH vom 30. 6. 1983, BStBl 1984 II, 263 und vom 22. 11. 1988, BStBl 1989 II, 359, m. w. N.
[2] Abschreibungstabellen für allgemein verwendbare Anlagegüter (AfA-Tabelle AV) und AfA-Tabellen für bestimmte Wirtschaftszweige; § 7 Abs. 4, 5 EStG.
[3] So z. B. § 253 Abs. 4 HGB, IAS 16.33, 39.48A, IAS 41.17 f., IFRS 2.17.

Sehr ähnlich sind die Vorgehensweisen zur Bestimmung des beizulegenden Zeitwerts *(fair value)* in den **IFRS** bestimmt, allerdings ausgehend von IFRS 13 ggf. in den einzelnen Standards mit spezifischen Details.

Liegt kein Marktwert aus einem (aktiven) Markt vor, ist der fair value – je nach Bewertungsobjekt – in Stufenfolge (Verfahrenshierarchie) nach IFRS 13 zu ermitteln.[1]

Das **Steuerrecht** verwendet z.B. zur Ermittlung des gemeinen Wertes nichtnotierter Anteile an Kapitalgesellschaften – sofern keine Ableitung aus zeitnahen Verkäufen unter Dritten möglich ist – vereinfachte Ertragswertverfahren (§§ 199–203 BewG) oder übliche Unternehmensbewertungsverfahren (§ 11 Abs. 2 BewG). Der gemeine Wert hat bilanzrechtlich allerdings nur eine beschränkte Bedeutung.[2]

5. Fremdvergleichspreis-Ermittlungsverfahren

Zur Bestimmung des <u>steuerlichen</u> Fremdvergleichspreises stehen grundsätzlich die Gruppen der traditionellen *Standard-Methoden* und die sog. *Gewinnmethoden* zur Verfügung.[3] Alle Methoden sind *transaktionsbezogen*, d.h. sie werden auf den einzelnen Geschäftsvorfall, nicht auf das gesamte Unternehmen angewendet.

Zu den vorrangig anzuwendenden transaktionsbezogenen „Standardmethoden" gehören im Einzelnen:

- die *Preisvergleichsmethode (CUP, comparable uncontrolled price method)*, mit der der FVP als Marktpreis ermittelt wird, indem entweder Preise anhand von Börsennotierungen, vergleichbaren branchenüblichen Geschäftsabschlüssen oder Abschlüssen von Fremden am Markt festgestellt werden (äußerer Preisvergleich) oder die Preise herangezogen werden, die verbundene Unternehmen oder das Stammhaus mit Fremden vereinbart haben (innerer Preisvergleich);
- die *Wiederverkaufspreismethode (RPM, resale price method)* – anwendbar, wenn Lieferungen oder Leistungen anschließend weiterveräußert werden – ermittelt den FVP durch Minderung (Spannenrückrechnung) des Wiederverkaufspreises um marktübliche Abschläge (Rohgewinnspanne), die der Funktion, der Tätigkeit und dem Risiko des Wiederverkäufers entsprechen;
- die *Kostenaufschlagsmethode (CPM, cost plus method)* bestimmt den FVP durch Erhöhung der Selbstkosten (auf Voll- oder Teilkostenbasis) der Lieferungen oder Leistungen um einen betriebs- oder branchenüblichen Gewinnzuschlag.

Sekundär, insbes. zur Schätzung oder Verprobung, können auch die folgenden, ebenfalls transaktionsbezogenen, gewinnorientierten Methoden[4] zur Anwendung kommen:

---

1 Siehe Kap. D.II.3. a.
2 Siehe Kap. D. II. 4. b).
3 OECD-Verrechnungspreisleitlinie für multinationale Unternehmen und Steuerverwaltungen 2010.
4 OECD-Verrechnungspreisleitlinie für multinationale Unternehmen und Steuerverwaltungen 2010.

```
                    Fremdvergleichspreis-
                    Ermittlungsverfahren
          ┌──────────────┼──────────────┐
                                        (fiktive)
    Standardmethoden   Gewinnmethoden   Einigungspreis-
                                        methode
   ┌──────┬──────┐    ┌──────┬──────┐
 Preis-  Wieder- Kosten- spezielle Netto-
 vergleichs- verkaufs- auf- Gewinn- margen-
 methode preis- schlags- auftei- methode
         methode methode lungs-
                        methode
```

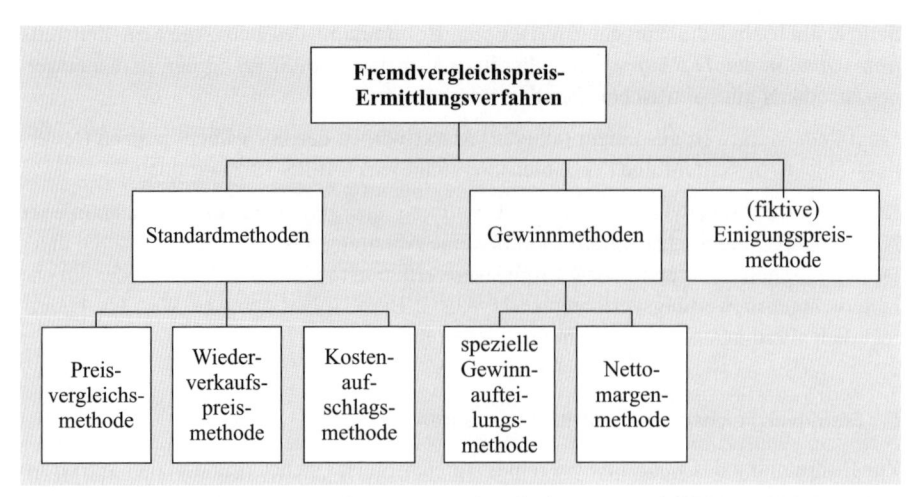

Abbildung D-28: Verfahren zur Ermittlung des Fremdvergleichspreises nach OECD und AStG

- die *Nettomargenmethode (TNMM, transactional net margin method)*, bei der geschäftsvorfallbezogene Nettogewinne (aus Transaktionen mit fremden Dritten) über eine sachgerechte Bezugsgröße (Kosten, Umsatz, Vermögen) zu Nettomargen aus Transaktionen mit verbundenen Unternehmen in Beziehung gesetzt werden;
- die (spezielle[1]) *Gewinnaufteilungsmethode (PSM, profit split method)*, bei der der geschäftsvorfallbezogene erwartete oder tatsächliche Gesamtgewinn bei den am Geschäft beteiligten verbundenen Unternehmen entsprechend ihrer wirtschaftlichen Beiträge aufgeteilt wird.

Diese von der OECD vorgegebenen Methoden haben auch die *nationale Umsetzung in § 1 AStG* geprägt. Dort wird allerdings eine besondere *Stufenfolge* in Abhängigkeit von der Vergleichbarkeit der (ggf. sachgerecht angepassten) Fremdvergleichswerte (beurteilt nach der ausgeübten Funktion, den eingesetzten Wirtschaftsgütern sowie den Chancen und Risiken) vorgegeben und ein zusätzliches Verfahren eingebracht.

1. Bei *uneingeschränkter Vergleichbarkeit* sind die drei Standardmethoden vorrangig anzuwenden und zwar gleichrangig (§ 1 Abs. 3 S. 1 AStG). Mehrere so ermittelte Werte bilden eine Bandbreite.
2. Bei *eingeschränkter Vergleichbarkeit* der Fremdvergleichswerte ist eine „geeignete" Methode anzuwenden (§ 1 Abs. 3 S. 2 AStG).
3. Bei *nicht vergleichbaren Vergleichswerten* verlangt das AStG eine „*hypothetische Einigungsmethode*" als eigenständiges Verfahren. Dabei ist auf Grund einer Funktionsanalyse und innerbetrieblicher Planrechnungen der Mindestpreis des Leistenden

---

1 Eine globale Gewinnaufteilungsmethode (GFAM, global formulary apportionment method), bei der global von der Fiktion des Unternehmensverbunds als wirtschaftliche Einheit ausgegangen wird und der Gesamtgewinn nach einer starren Verrechnungsformel (z.B. Umsatz, Lohnsumme, Kosten) auf die verbundenen Unternehmen aufgeteilt wird, wird international zwar diskutiert, aber überwiegend wegen fehlendem Transaktionsbezug abgelehnt.

und der Höchstpreis des Leistungsempfängers unter Berücksichtigung funktions- und risikoadäquater Kapitalisierungszinssätze zu ermitteln (Einigungsbereich), der von den jeweiligen Gewinnerwartungen bestimmt wird. Es ist der Preis im Einigungsbereich zugrunde zu legen, der dem Fremdvergleichsgrundsatz mit der höchsten Wahrscheinlichkeit entspricht; wird kein anderer Wert glaubhaft gemacht, ist der Mittelwert des Einigungsbereichs zugrunde zu legen (§ 1 Abs. 3 S. 5 AStG).

IV. Wertminderungen und Werterhöhungen nach HGB, EStG und IFRS

1. Begriff und Arten der Wertänderungen

Auf dem Weg zum Bilanzwert eines Bilanzstichtages werden die Wertansätze der Zugangsbewertung oder einer Folgebewertung meist nicht unverändert übernommen, vielmehr können bei den Folgebewertungen Wertminderungen oder Werterhöhungen erfolgen.

Die verschiedenen *Möglichkeiten der Wertherabsetzung* und Werterhöhungen werden in den Gesetzen, Standards sowie im Schrifttum und im praktischen Sprachgebrauch unterschiedlich bezeichnet:

Handelsrechtlich wird bei Wertminderungen beim Anlage- und Umlaufvermögen einheitlich von „Abschreibungen" gesprochen, wobei beim Anlagevermögen planmäßige und außerplanmäßige Abschreibungen unterschieden werden. Die Bezeichnung wird also nicht nur für den engeren Fall der planmäßigen Verteilung der Anschaffungs- und Herstellungskosten von abnutzbaren Anlagegütern auf die Nutzungsdauer verwendet. Werterhöhungen werden begrifflich im Gesetz nicht benannt, sondern nur umschrieben (§ 253 Abs. 5 HGB); fachsprachlich sind das „Zuschreibungen" oder „Wertaufholungen".

Die ***steuerrechtliche*** Terminologie kennt folgende *Wertherabsetzungen*:
- Absetzungen für Abnutzung (AfA),
- Absetzungen für außergewöhnliche Abnutzung (AfaA),
- Absetzungen für Substanzverringerung (AfS),
- Absetzungen für außergewöhnliche Substanzverringerungen (AfaS),
- erhöhte Absetzungen,
- Sonderabschreibungen,
- Teilwertabschreibungen,
- Sofort- und Poolabschreibungen und
- (Bewertungs-)Abschläge.

Werterhöhungen werden auch im EStG nicht ausdrücklich geregelt, sondern als Ansatzpflichten eines höheren Wertes umschrieben (§ 6 Abs. 1 Nr. 1 bzw. 2 EStG); wie § 7 Abs. 1 S. 7 EStG zeigt, ist auch hier die Bezeichnung „Zuschreibung" üblich.

Die ***IFRS*** kennen (planmäßige) Abschreibungen beim Sachanlagevermögen *(depreciations)*, Abschreibungen beim immateriellen Vermögen *(amortizations)* und (außerplanmäßige) Wertminderungen *(impairment loss)* bzw. Wertaufholungen *(reversal of an* *impairment loss*, IAS 36.109, 117). Bei Neubewertungen wird von „Erhöhungen" bzw. „Verringerungen" des Buchwertes gesprochen (z. B. IAS 16.39f., IAS 38.90f.).

2. Abschreibungen und sonstige Wertherabsetzungen
a) Berechtigung und Verpflichtung zur Abschreibung

Persönlich abschreibungsberechtigt ist nach **allen Rechnungslegungsnormen** regelmäßig derjenige, dem das Abschreibungsobjekt nach bilanziellen Kriterien zuzurechnen ist, im Regelfall also dem (rechtlichen) Mit-/Eigentümer oder dem (wirtschaftlichen) Quasi-Eigentümer.[1] *Steuerlich* ist weitere Voraussetzung, dass er das Wirtschaftsgut zur Erzielung von Einkünften verwendet oder nutzt (§ 7 Abs. 1 EStG).

In allen Rechnungslegungssystemen bestehen *Verpflichtungen* zur Vornahme von Abschreibungen bzw. AfA (§§ 253 Abs. 1, 3 HGB; IAS 16.30 i. V. m. IAS 16.43 ff., IAS 38.74 f.; IAS 36, § 7 Abs. 1 EStG). Daraus folgert beispielsweise die h. M. im *Steuerbilanzrecht*, dass eine *Nachholung unterlassener AfA* durch zukünftige Verteilung des überhöhten Restbuchwerts zulässig ist, es sei denn, die Unterlassung erfolgte willentlich und willkürlich, insbes. zur Erlangung von beachtlichen Steuervorteilen.[2]

b) Gegenstand der Abschreibungen

Handelsrechtlicher Abschreibungsgegenstand beim Anlage- und Umlaufvermögen ist der *einzelne* Vermögensgegenstand, bei planmäßigen Abschreibungen der einzelne abnutzbare Vermögensgegenstand des Anlagevermögens. *Planmäßig abschreibungsfähig* sind Gegenstände des immateriellen Anlagevermögens und des Sachanlagevermögens, deren Nutzung zeitlich begrenzt ist (§ 253 Abs. 3 S. 1 HGB). *Planmäßigkeit* der Abschreibungen verlangt, dass die Bestimmungsfaktoren der Abschreibungsbeträge aller Perioden von vornherein festgelegt werden. Eine Planänderung während der Nutzungsdauer ist damit aber nicht ausgeschlossen.

Steuerrechtlich sind wirtschaftlich oder technisch abnutzbare Wirtschaftsgüter des Anlagevermögens planmäßig absetzbar, deren Verwendung oder Nutzung durch den Steuerpflichtigen zur Erzielung von Einkünften sich erfahrungsgemäß auf einen begrenzten, aber mehr als ein Jahr (i. S. v. 365 Tagen) reichenden Zeitraum erstreckt (§ 7 Abs. 1 S. 1 EStG). Beispiele sind Bodenschätze, Gebäude, Maschinen, Betriebs- und Geschäftsausstattung, Mietereinbauten, gewerbliche Schutzrechte. Nicht abnutzbar sind z. B. Grund und Boden sowie Wertpapiere; diese Wirtschaftsgüter sind nur einer Teilwertabschreibung zugänglich. Für sog. *kurzlebige Wirtschaftsgüter*, kommt eine Verteilung der AHK gem. § 7 Abs. 1 EStG ebenso wenig in Betracht[3] wie für nicht abnutzbare und anteilig privat genutzte Wirtschaftsgüter. Aus dem Grundsatz der Einzelbewertung[4] ist der Grundsatz der *Einzelabschreibung* abzuleiten. Ausnahmen bestehen nur bei Gebäuden (Aufteilung in Gebäudeteile) und bei geringwertigen Wirtschaftsgütern *(Poolabschreibung)*.

---

1 Zu Einzelheiten siehe Kap. B.II.10.a).
2 BFH v. 3.7.1980, BStBl 1981 II, 255 m.w.N.; BFH v. 8.4.2008, BFH/NV 2008 S. 1660. Siehe auch H 7.4 EStR.
3 BFH v. 2.12.1987, BStBl 1988 II, 502.
4 Zu Einzelheiten siehe Kap. B.II.6.c).

Die **IFRS** hingegen verlangen u. U. für Abschreibungszwecke eine Aufteilung des abzuschreibenden Vermögenswertes (A) in seine Bestandteile (*components approach*, IAS 16.43 ff.).[1] Die einzelnen signifikanten Komponenten (A1–A3) einer komplexen Sachanlage, wahlweise auch nicht signifikante Komponenten (A4) und der verbleibende „Rest" (AR) werden separat abgeschrieben (IAS 16.43, 47 bzw. 46); Komponenten mit identischer Nutzungsdauer/Abschreibungsmethode (A2 und A3) können dabei zusammengefasst werden (IAS 16.45). Als Beispiel nennt IAS 16.44 die komplexe Sachanlage eines Flugzeuges mit seinen signifikanten Komponenten Triebwerke und Flugzeugkörper. Danach kann sich beispielsweise nach dem Komponentenansatz folgende Aufteilung eines einheitlichen Vermögenswertes für Abschreibungszwecke ergeben:

Vermögenswert A	AHK	ND	a	A
signifikante Komponente A1	40000	20	0,05	2000
signifikante Komponente A2	25000	10	0,1	4500
signifikante Komponente A3	20000	10		
nicht signifikante Komponente A4	10000	4	0,25	2500
Rest AR	5000	5	0,2	1000
	100000			**10000**

Abbildung D-29: Abschreibung einer komplexen Sachanlage nach ihren Komponenten
(AHK = Anschaffungs-/Herstellungskosten; ND = Nutzungsdauer; a = Abschreibungssatz bei linearer Methode, A = Jahresabschreibungsbetrag)

c) Arten der Abschreibungen

Abschreibungen sind beim Anlage- und Umlaufvermögen möglich. Beschränkt auf die Wertminderungen beim Anlagevermögen ergeben sich die in Abbildung D-30 dargestellten Möglichkeiten und Zusammenhänge der Wertminderungen nach den drei Rechnungslegungssystemen.

d) Planmäßige Abschreibungen bzw. Absetzungen für Abnutzungen und ihre Bestimmungsfaktoren

da) Anwendungsbereich planmäßiger Abschreibungen

Planmäßig abschreibungsfähig sind **in allen Rechnungslegungssystemen** Bilanzobjekte (Vermögensgegenstände, -werte, positive Wirtschaftsgüter) des Anlagevermögens, deren Nutzung zeitlich begrenzt ist, d. h. deren Verwendung oder Nutzung sich erfahrungsgemäß auf einen begrenzten, aber mehr als ein Jahr reichenden Zeitraum erstreckt (Beispiele: ausgebeutete Bodenschätze, Gebäude, Maschinen, Betriebs- und Geschäftsausstattung, gewerbliche Schutzrechte). Für sog. *kurzlebige Bilanzobjekte*, die diese Bedingung nicht erfüllen, kommt eine Verteilung der AHK mittels Abschreibung ebenso wenig in Betracht[2] wie für nicht abnutzbares Vermögen.

---
1 Zu Einzelheiten siehe Kap. D.I.3.c).
2 BFH v. 2.12.1987, BStBl 1988 II, 502.

Der Bilanzansatz der Höhe nach

HGB	EStG	IFRS
1. Planmäßige Abschreibungen gem. § 253 Abs.2 S.1 HGB	1. Regel-Absetzungen a) für betriebsgewöhnliche Abnutzung (AfA) gem. § 7 Abs. 1 S. 1–6, Abs. 2–5a EStG b) für Substanzverringerung (AfS) gem. § 7 Abs. 6 EStG	1. Planmäßige Abschreibungen a) Sachanlagevermögen (IAS 16.43) b) Immaterielles Anlagevermögen (IAS 38.97)
2. Außerplanmäßige Abschreibungen auf den niedrigeren beizulegenden Wert gem. § 253 Abs. 3 S. 3 HGB	2. Außergewöhnliche Abschreibungen/Absetzungen a) für außergewöhnliche technische oder wirtschaftliche Abnutzung (AfaA) gem. § 7 Abs. 1 S. 7 EStG b) für außergewöhnliche technische oder wirtschaftliche Substanzverringerung (AfaS) gem. § 7 Abs. 6 i.V. m. Abs. 1 S. 7 EStG c) Teilwertabschreibung gem. § 6 Abs. 1 Nr. 1 u. 2 EStG d) Sonderabschreibungen z. B. gem. §§ 4 FördergebietsG, §§ 7g Abs. 5 EStG; 82 f EStDV e) erhöhte Absetzungen z. B. gem. §§ 7 h, i EStG	2. Außerordentliche a) Wertminderungen (*impairment-loss*) gem. IAS 36 ■ für Sachanlagevermögen, ■ immaterielles Anlagevermögen, ■ Renditeimmobilien, ■ Finanzinvestitionen (AK-Modell), ■ Geschäftswert aus Zusammenschlüssen, ■ Beteiligungen IAS 27, 28, b) Niederstwertabschreibungen ■ Vorräte (IAS 2.28) ■ Finanzinstrumenten (IAS 39.58/IFRS 9.5.5.1), ■ Renditeimmobilien (IAS 40.56) und ■ zur Veräußerung bestimmte Vermögenswerte (IFRS 5.15)
Nicht geregelt (u.U. zulässig nach GoB)	3. Sofortabschreibung geringwertiger Wirtschaftsgüter (§ 6 Abs. 2 EStG) und Verteilung des jahrgangsbezogenen Sammelpostens („*Poolabschreibung*", § 6 Abs. 2a EStG)	Nicht geregelt (u.U. zulässig nach *materiality*-Grundsatz)
Unzulässig	Unzulässig	Buchwertminderung aufgrund einer Neubewertung bei ■ Sachanlagevermögen (IAS 16.31) ■ Immateriellem Vermögen (IAS 38.75) Buchwertminderung aufgrund eines gesunkenen Zeitwerts ■ Renditeimmobilien (IAS 40.33,62)

Abbildung D-30: Wertminderungen beim Anlagevermögen nach HGB, EStG und IFRS

Die *zeitlich begrenzte Nutzbarkeit* kann auf wirtschaftlichem oder technischem Wertverzehr beruhen; beide Ursachen sind jeweils für sich zu beurteilen und berechtigen jeweils für sich gesehen zur Abschreibung. Einer wirtschaftlichen Abnutzung unterliegen Abschreibungsobjekte, deren wirtschaftliche Verwendbarkeit erfahrungsgemäß zeitlich beschränkt ist. Technische Abnutzbarkeit liegt vor, wenn Abschreibungsobjekte durch bestimmungsgemäßen Gebrauch erfahrungsgemäß einem technischen Verschleiß unterliegen.[1] Vor allem beim immateriellen Vermögen kann sich die zeitliche begrenzte Nutzbarkeit aus rechtlichen Bedingungen ergeben (z.B. Schutzfristen für gewerbliche Schutzrechte).

Das *HGB* hält mit § 253 HGB eine knappe, für Anlagegüter aller Arten geltende Regelung der planmäßigen Abschreibungen/AfA bereit. Der Anwendungsbereich der zentralen *steuerrechtlichen* Regelung der Absetzungen für Abnutzung in § 7 EStG ist hingegen implizit auf bestimmte Arten abnutzbarer Wirtschaftsgüter beschränkt, wie Abbildung D-31 (in Anlehnung an R 7.1 Abs. 1 EStR) zeigt.

§ 7 EStG	Abs. 1 S. 1	Abs. 1 S. 2	Abs. 1 S.3	Abs. 1 S. 4	Abs. 1 S. 5	Abs. 1 S. 6	Abs. 1 S.7	Abs. 2 und 3	Abs. 4 – 5a	Abs. 6
■ abnutzbare, ■ einkünfteerzielungsförderliche ■ mit ND > 12 Mon.	lineare AfA-Pflicht	betriebsgew. ND	GuF-Wert-ND	Zwölftelung	AfA bei Einlage	Leistungs-AfA	AfaA	Degressive AfA	Gebäude-AfA	AfS
bewegliche WG	•	•		•	•	•	•	•		
immaterielle WG	•	•		•	•		•			
Gebäude (-teile)				•	•		•		•	
sonstige unbewegliche WG	•	•			•	•				•

Abbildung D-31: Der sachliche Geltungsbereich der AfA-Regelung des § 7 EStG

Hingegen regeln die *IFRS* planmäßige Abschreibungen vermögenswertabhängig in unterschiedlichen Standards:

- IAS 16 für Sachanlagen allgemein,
- IFRS 5 für Sachanlagen, die als zur Veräußerung gehalten klassifiziert werden,
- IFRS 6 für Vermögenswerte aus Exploration und Evaluierung mineralischer Ressourcen,
- IAS 38 für immaterielle Vermögenswerte und
- IAS 41 für biologische Vermögenswerte der Landwirtschaft.

---

1 BFH v. 9. 8. 1989, BStBl 1990 II, 50.

db) Funktionen der planmäßigen Abschreibungen

Mit unterschiedlicher Gewichtung haben planmäßige Abschreibungen in den einzelnen Rechnungslegungssystemen folgende *Funktionen* zu erfüllen:

- Realitätsgerechter Vermögensausweises,
  weil die zu Anschaffungs- oder Herstellungskosten ausgewiesenen abnutzbaren Anlagegüter schon bei normaler Verwendung im Zeitablauf Werteinbußen erleiden, die auf technischen Verschleiß, Substanzverringerung, wirtschaftliche Entwertung (z.B. durch technischen Fortschritt) oder den Fristablauf von Nutzungsrechten zurückzuführen sind (*Wertverlustausgleichsfunktion*, Wertverzehrthese),
- Periodengerechter Erfolgsausweis,
  weil die Auszahlung für das Anlagegut nicht den Erfolg der Periode des Zahlungsvorganges belasten, sondern auf die Nutzungsdauer des Bilanzobjekts verteilt werden soll (Periodisierung; *Verteilungsfunktion*, Aufwandverteilungsthese),
- Verhaltenslenkung,
  weil der Steuergesetzgeber die Abschreibungsregelungen (z.B. degressive und erhöhte Absetzungen) als Mittel zur Verhaltenslenkung von Unternehmen einsetzt (*Anreizfunktion*).

Betriebswirtschaftlich kommen hinzu

- Finanzierungs- und Kapitalerhaltungsfunktion,
  weil die Abschreibungen – soweit sie über die Reduzierung der ausschüttbaren Gewinns, der gewinnabhängigen Zahlungen und der gewinnabhängigen Steuern Zahlungsmittelabflüsse vermindern und so die Ansammlung von Kapital für eigenfinanzierte Reinvestitionen nach Ablauf der Nutzungsdauer erleichtern und damit auch eine (nominelle) Kapitalerhaltung ermöglichen können (finanzwirtschaftliche Funktion, *Finanzierungsfunktion*),
- bilanzpolitische Funktion,
  weil die Abschreibungen vielfältige Gestaltungsmöglichkeiten bezüglich des Erfolgs- und Vermögensausweises sowie – soweit Zahlungen beeinflusst werden – auch der Finanzlage bieten (Publizitätspolitik). Insbes. lassen sich mit steuerlichen Abschreibungen Stundungs- und ggf. Progressionseffekte bei den Ertragsteuern erzielen (*steuerbilanzpolitische Funktion*).

Für die **HGB-Rechnungslegung** stehen der zutreffende Vermögens- und Ertragsausweis (insbes. die Wertverlustausgleichsfunktion) und die Kapitalerhaltung im Mittelpunkt. Ein fairer Einblick in die Vermögens- und Ertragslage ist auch nach **IFRS** hauptsächlicher Abschreibungszweck. Nach IFRS besteht die Besonderheit, dass sich mangels Ausschüttungs- und Steuerrelevanz regelmäßig Zahlungsbeeinflussungen nicht ergeben (Ausnahme: gewinnabhängige Zahlungen, wie Boni und Steuereffekte der Zinsschranke) und die Funktion als bilanzpolitisches Mittel nach dieser Rechnungslegungskonzeption möglichst ausgeschlossen sein soll. **Steuerrechtlich** steht nach der Formulierung des § 7 Abs. 1 S. 1 EStG die periodengerechte Verteilungsfunktion im Fokus, Die Finanzrechtsprechung schwankte allerdings zwischen Betonung der „dynamischen" Verteilungs- und der durch die Gewinnermittlung durch Betriebsvermögensvergleich äquivalenten „statischen" Wertverlustausgleichsfunktion.[1] Erhöhte AfA und Sonderabschreibungen streben Verhaltensanreize an oder haben subventionsähnliche Bedeutung, die anderen Funktionen der Abschreibungen treten dabei zurück. Für den **Bilanzierenden** wird die via Bilanzpolitik mögliche Steuerung der Finanzierung und Ertragsteuern die größte Bedeutung haben.

Planmäßigkeit der Abschreibungen verlangt, dass die Bestimmungsfaktoren der Abschreibungsbeträge aller Perioden von vornherein festgelegt werden. Eine Planänderung ist damit aber nicht ausgeschlossen, vielmehr bei neuen Erkenntnissen oder Datenänderungen u. U. geboten.

Parameter, welche die *Höhe* der planmäßigen Abschreibungen oder der gewöhnlichen Absetzungen für Abnutzung bestimmen, sind *in allen Rechnungslegungssystemen* gleichermaßen im Wesentlichen:

- die Bemessungsgrundlage der Abschreibung (Abschreibungsvolumen),
- die geschätzte Nutzungsdauer (Abschreibungszeitraum),
- die Abschreibungsmethode (Abschreibungsverfahren) und ggf. ihr Wechsel und
- die Zeitpunkte des Beginns und des Endes der Abschreibung/AfA.

dc) Das Abschreibungsvolumen

Das *Abschreibungsvolumen* eines Bilanzobjektes ergibt sich grundsätzlich aus der Differenz von Abschreibungsausgangswert und Abschreibungsendwert.

Grundsätzlicher *Ausgangswert* für die Bemessung der Abschreibungen oder der Absetzungen sind im **Handels- und Steuerrecht** sowie beim ***IFRS-Anschaffungskostenmodell*** (z.B. von Sachanlagen und immateriellen Vermögenswerten nach IAS 16.30 bzw. IAS 38.74) die historischen Anschaffungs- oder Herstellungskosten[2], keinesfalls – wie ggf. in der Kostenrechnung die Wiederbeschaffungs-/-herstellungskosten. Die Anschaffungs- oder Herstellungskosten stellen bei HGB- und EStG-Bilanzierung gleichzeitig den absoluten Höchstwert der über die Nutzungsdauer verteilbaren Beträge dar.

Trotzdem gibt es in den Rechnungslegungssystemen Besonderheiten:

Nach *IFRS* bestimmt sich der Abschreibungsausgangswert folgendermaßen:

Anschaffungs- oder Herstellungskosten
- wahlweise Investitionszuschüsse (IAS 16.28, IAS 20.24)
+ Kosten der Entsorgung, der Rekultivierung und des Abbruchs (IAS 16.59)
- wesentlicher Restwert (bei Sachanlagen IAS 16.53; u. U. nicht bei immateriellen Anlagevermögen IAS 38.100)

= Abschreibungsausgangswert nach IFRS

Abbildung D-32: Abschreibungsausgangswert nach IFRS

---

1 BFH v. 23.6.1977, BStBl 1977 II, 825 bzw. v. 7.2.1975, BStBl 1975 II, 478 m.w.N.
2 Zu den Komponenten der Anschaffungs- und Herstellungskosten siehe Kap. D.II.1.a) und b).

Außerdem ist das Abschreibungsvolumen bei Anwendung der *Neubewertungsmethode* nach vorhergehender Neubewertung neu zu bestimmen (vgl. zum Anpassungswahlrecht IAS 38.80).

Handels- und steuerrechtlich werden die Anschaffungs- und Herstellungskosten als Abschreibungsausgangswert nicht um künftige Entsorgungs-, Abbruchs- oder Rekultivierungskosten gekürzt (ggf. kann hierfür eine Rückstellung gebildet werden).

Nach *EStG* treten als Abschreibungsausgangswert an die Stelle des Regelwerts der Anschaffungs- und Herstellungskosten in Einzelfällen:

- der Teilwert (z.B. bei Einlagen nach § 5 Abs. 1 Nr. 5 EStG),
- der gemeine Wert (z.B. bei Rücktransfer aus einer Auslandsbetriebsstätte gem. § 6 Abs. 1 Nr. 5 a EStG),
- ein Buchwert (z.B. bei Übertragungen nach § 6 Abs. 3 EStG),
- die Anschaffungs- oder Herstellungskosten nach Vornahme von bestimmten Abzügen (z.B. nach Rücklagenübertragung gem. § 6b EStG, Teilwertabschreibung),
- der Restwert nach Ablauf des Begünstigungszeitraums bei erhöhter AfA und Sonderabschreibung (§ 7a Abs. 9 EStG) oder
- die um die bis dato vorgenommenen Abschreibungen/AfA gekürzten AHK, wenn ein Wirtschaftsgut nach Nutzung in einer Einkunftsart mit Überschussermittlung (z.B. VuV) in ein Betriebsvermögen eingelegt wird (§ 7 Abs. 1 S. 5 EStG).

Als *Abschreibungsendwerte* kommen grundsätzlich ein nach Ablauf der Nutzungsdauer voraussichtlich erzielbarer Veräußerungspreis *(Rest-, Schrottwert)* abzüglich der Veräußerungskosten, oder ein Vollabschreibungswert von Null oder zur Erinnerung an das Vorhandensein eines noch nutzbaren Wertes ein Erinnerungswert von 1 Euro in Betracht.

Handels- und steuerrechtlich sehen die Vorschriften des § 253 Abs. 3 S. 2 HGB und noch deutlicher § 7 Abs. 1 EStG vor, dass die Anschaffungs- oder Herstellungskosten auf die Nutzungsdauer zu verteilen sind. Eine Berücksichtigung eines Restwertes kommt damit eigentlich nicht in Betracht. Da nach der ***handelsrechtlichen*** Konzeption mit den Abschreibungen der Wertverbrauchsverzehr erfasst werden soll, dem der Gegenstand während der Nutzungsdauer unterliegt, ist nach bisheriger Bilanzierungspraxis[1] ein Netto-Restwert (Verkaufserlös – Kosten der Außerbetriebnahme und Veräußerung) zu berücksichtigen, wenn er, bezogen auf die Anschaffungs- oder Herstellungskosten, von erheblicher Bedeutung und mit ausreichender Sicherheit zu erwarten ist. Wegen der Schwierigkeit der Schätzung des künftigen Restwertes und der noch anfallenden Abbruch- oder sonstigen Veräußerungskosten wird auf die Berücksichtigung eines nicht erheblichen Restwerts vielfach verzichtet.

Die auf den Grundsatz der Vollständigkeit bauende GoB-konforme Übung schreibt bei nach der erwarteten Nutzungsdauer noch weiter genutzten Anlagen auf einen *„Erinnerungswert"* von 1 Euro ab.

Steuerrechtlich ist die gesetzliche Verteilungsforderung der vollen AHK in § 7 Abs. 1 S. 1 EStG noch eindeutiger. Trotzdem forderte die Rechtsprechung[2] bei Gegenständen

---

1 WPH 2017, F 177.
2 BFH GrS 1/67 v. 7.12.1967, BStBl 1968 II, 268.

von großem Gewicht oder aus wertvollem Material einen erwarteten Schrottwert als *Abschreibungsendwert* zu berücksichtigen, wenn dieser im Vergleich zu den Anschaffungs- oder Herstellungskosten wirtschaftlich „erheblich ins Gewicht fällt" (z.B. bei Schiffen, nicht jedoch z.B. den am Nutzungsdauerende noch realisierbaren Wiederverkaufswert eines PKW).[1] Die Finanzverwaltung[2] lässt – außer bei ganz erheblichen Schrottwerten, wie z.B. bei Schiffen – eine volle Absetzung der Anschaffungs- und Herstellungskosten in der betriebsgewöhnlichen Nutzungsdauer zu (Aufwandverteilungsfunktion); im Übrigen wird für weiter genutzte Wirtschaftsgüter auch der kaufmännische Brauch eines Erinnerungswerts von 1 Euro akzeptiert.[3]

Die *IFRS* definieren in IAS 16.6 das *Abschreibungsvolumen* als die Differenz zwischen AHK eines Vermögenswertes oder eines Ersatzbetrages und dem Restwert (IAS 16.6 und 16.53). *Restwert* ist dabei der geschätzte Betrag, den ein Unternehmen derzeit bei Abgang des Vermögenswertes nach Abzug der bei Abgang voraussichtlich anfallenden Aufwands erhalten würde, wenn der Vermögenswert alters- und zustandsmäßig schon am Ende seiner Nutzungsdauer angelangt wäre (IAS 16.6). Nach *IAS* 16.53 vermindert jedoch nur ein bedeutender Restwert das Abschreibungsvolumen. Er ist mindestens jährlich zu überprüfen (IAS 16.51). Auch bei immateriellen Vermögenswerten mit begrenzter Nutzungsdauer ist unter bestimmten Umständen (siehe IAS 38.100) ein Restwert zu schätzen und zu berücksichtigen (IAS 38.101ff.).

dd) Der Abschreibungszeitraum

Ein zweiter wesentlicher Bestimmungsfaktor des Abschreibungsbetrages ist der Zeitraum, auf den das Abschreibungsvolumen zu verteilen ist. Das ist der Zeitraum, in dem der abzuschreibende Gegenstand voraussichtlich genutzt werden kann. Die *Nutzungsdauer* beginnt i.d.R. mit der Anschaffung bzw. Beendigung der Herstellung, nicht erst mit der Ingebrauchnahme. Sie endet regelmäßig mit dem erwarteten Zeitpunkt, zu dem eine Nutzung wegen körperlichen Verschleißes *(technische Nutzungsdauer)*, wirtschaftlicher Unzweckmäßigkeit *(wirtschaftliche Nutzungsdauer)* oder rechtlicher Unzulässigkeit *(rechtliche Nutzungsdauer)* nicht mehr möglich ist. Jedenfalls endet der Abschreibungszeitraum im Regelfall des Anschaffungskostenmodells wenn das Abschreibungsvolumen verteilt ist. Da eine exakte Bestimmung der Nutzungsdauer wegen der Ungewissheit des Eintritts künftiger Wertminderungsgründe zumeist nicht möglich ist, muss der *voraussichtliche* Nutzungszeitraum unter Berücksichtigung möglicher Entwertungsfaktoren aus Erfahrungswerten der Vergangenheit und der Nutzungsdauer vergleichbarer Objekte geschätzt werden.

Handelsrechtlich wird die Bandbreite zulässiger *Nutzungsdauerschätzungen* von den GoB begrenzt (Obergrenze: Verbot der Überbewertung; Untergrenze: Verbot der willkürlichen Reservenbildung). Innerhalb dieses Bereiches besteht kaufmännisches Schätzungsermessen, das insbes. von den betriebsspezifischen Gegebenheiten, den individuellen Erwartungen und Erfahrungen des Bilanzierenden bestimmt sein wird.

---

1 BFH v. 8.4.2008, BFH/NV 2008 S. 1660.
2 R 7.4 Abs.3 EStR.
3 Z.B. SCHMIDT/KULOSA, EStG, 33. Aufl., § 7 Anm. 77.

Gesetzlich normierten Nutzungsdauern wie im Steuerrecht gibt es im Handelsrecht nicht; lediglich für die Ausnahmefälle, in denen eine verlässliche Schätzung der voraussichtlichen Nutzungsdauer nicht möglich ist, ist bei

- selbst geschaffenen immateriellen Vermögensgegenständen des Anlagevermögens (z.B. Entwicklungsergebnisse) und
- für einen entgeltlich erworbenen Geschäfts-und Firmenwert

von einem Abschreibungszeitraum von 10 Jahren auszugehen (§ 253 Abs. 3 S. 3 bzw. 4 HGB).

Die *IFRS* behandeln die Problematik der Nutzungsdauer getrennt für Sachanlagen (IAS 16.56ff.) und immaterielle Vermögenswert (IAS 38.88 ff.). Für *Sachanlagen* bestimmt die voraussichtliche Nutzbarkeit des Vermögenswertes für das Unternehmen die Nutzungsdauer (IAS 16.57), IAS 16.56 nennt beispielhaft Faktoren, die bei der Schätzung zu berücksichtigen sind. Entsprechend werden für *immaterielle Anlagewerte* mit begrenzter Nutzungsdauer in IAS 38.90 ähnliche Bestimmungsfaktoren der Nutzungsdauer genannt.

Normierte Nutzungsdauern für immaterielle Vermögenswerte werden ebenso wenig vorgegeben wie für den Geschäfts- und Firmenwert (IFRS 3).

Steuerlich ist das AfA-Volumen gem. § 7 Abs. 1 EStG auf die *betriebsgewöhnliche Nutzungsdauer* zu verteilen, das ist der Zeitraum der Nutzung eines Wirtschaftsgutes unter Berücksichtigung der betriebstypischen Beanspruchung.[1] Das zitierte BFH-Urteil sieht die technische Nutzbarkeit (technische Abnutzung) – weniger die wirtschaftliche Nutzbarkeit – eines Wirtschaftsguts als maßgebendes Kriterium für die betriebsgewöhnliche Nutzungsdauer an. Danach ist eine von der technischen Nutzungsdauer abweichende kürzere wirtschaftliche Nutzungsdauer nur in den Fällen zulässig, in denen das Wirtschaftsgut erfahrungsgemäß vor Ablauf der technischen Nutzungsdauer objektiv wirtschaftlich wertlos wird. Die Nutzungsdauer ist nach den Gegebenheiten des konkreten Betriebs unter Abwägung aller Umstände des Einzelfalls zu schätzen; dabei hat sich die Schätzung an den Erfahrungen mit derartigen Wirtschaftsgütern zu orientieren.[2] Für die Nutzungsdauerschätzung kommt es nicht auf die gegenstandsspezifische Gesamtnutzungsdauer, sondern auf die Zeit an, in der voraussichtlich noch eine betriebliche Nutzung erfolgen wird *(tatsächliche betriebsindividuelle Nutzungsdauer)*; bei Wirtschaftsgütern, die in gebrauchtem Zustand angeschafft wurden, ist dies die *Restnutzungsdauer*.[3] Der Umstand, dass das Wirtschaftsgut aber vor Ablauf der Nutzungsdauer veräußert wird oder sonst wie ausscheidet, bleibt unberücksichtigt. Entscheidend sind die bei Aufstellung der Bilanz bestehenden Erkenntnismöglichkeiten über die Stichtagsverhältnisse.[4]

Zur Sicherung einer gleichmäßigen Behandlung, zur Arbeitserleichterung und um einen Anhalt zur Überprüfung der Schätzungen zu erreichen, hat die Finanzverwaltung für allgemein verwendbare Wirtschaftsgüter („AfA-Tabelle AV") und für ca. 100 spezielle

---

1 Vgl. auch § 11c Abs. 1 EStDV und BFH v. 19.11.1997, BStBl 1998 II, 59.
2 BFH v. 26.7.1991, BStBl 1992 II, 100.
3 BFH v. 19.5.1976, BStBl 1977 II, 60.
4 BFH v. 3.7.1980, BStBl 1981 II, 255.

Branchen „betriebsgewöhnliche Nutzungsdauern" in amtlichen *AfA-Tabellen* zusammengestellt.[1] Die primär auf die längere technische Nutzungsdauer abstellende BFH-Rechtsprechung[2] hat für die Finanzverwaltung bisher noch keinen Anlass für die Anpassung der AfA-Tabellen an höhere Nutzungsdauern dargestellt.[3] Die den AfA-Sätzen zugrunde gelegten Nutzungsdauern können bei Mehrschichtnutzung vermindert (z.B. bei linearer Abschreibung um 1/4 bzw. 1/2 bei 2- bzw. 3-Schicht-Betrieb), aber auch bei anderen Gründen eines vom Normalfall abweichenden Entwertungsverlaufs im Einzelfall widerlegt werden. Trotz ihres praktisch starken normativen Charakters handelt es sich bei den AfA-Tabellen um Verwaltungserlasse, die zwar wegen des Gleichbehandlungsanspruchs (Art. 3 GG) die Finanzverwaltung binden, aber auch der gerichtlichen Nachprüfung unterliegen und insbes. nicht angewandt werden müssen, wenn sie zu einer offensichtlich unzutreffenden Besteuerung führen.[4]

Die Nutzungsdauern können auch noch während des Nutzungsprozesses in der Schätzung *verkürzt oder verlängert* werden, wenn sich die ursprünglichen Schätzungsgrundlagen geändert haben (z.B. Änderung des Produktionsverfahrens, der Einsatzbedingungen, des Pflegezustandes). Zu lang geschätzte Nutzungsdauern sind durch Verteilung des Restbuchwertes auf die kürzere Restnutzungsdauer, wesentlich zu kurz geschätzte Nutzungsdauern u.U. durch Zuschreibung, jedenfalls Verteilung auf die Restnutzungsdauer zu korrigieren.

In einigen Fällen sind auch steuerrechtlich *gesetzliche Abschreibungszeiträume* vorgegeben:

- So werden steuerlich für bestimmte *Gebäude* in § 7 Abs. 4 EStG über typisierte AfA-Sätze von 2%, 2,5% und 3% Nutzungsdauern von 50, 40 und 33 Jahren angenommen, die allerdings bei tatsächlich kürzerer Nutzungsdauer widerlegt werden können,
- für den aktivierten derivativen *Geschäftswert* wird steuerlich eine obligatorische Nutzungsdauer von 15 Jahren vorgegeben (§ 7 Abs. 1 Satz 3 EStG); für einen *Einzel- und Sozietätspraxiswert* werden von der Rechtsprechung und der Finanzverwaltung wegen der starken Personenbezug der Freiberufler Zeiträume von 3–5 bzw. 6–10 Jahren angenommen.[5]
- der jahrgangsbezogene *Sammelposten für geringwertige Wirtschaftsgüter* (§ 6 Abs. 2a EStG) ist mit einem einheitlichen Pool-Abschreibungssatz von 20% p.a., also über eine normierte Nutzungsdauer von 5 Jahren abzuschreiben.

---

1 „AfA-Tabelle AV" vom 15.12.2000, BStBl I 2000, 1532. Alle AfA-Tabellen: http://www.bundesfinanzministerium.de/Web/DE/Themen/Steuern/Steuerverwaltungu-Steuerrecht/Betriebspruefung/AfA_Tabellen/afa_tabellen.html.
2 BFH v. 19.11.1997, BStBl 1998 II, 59.
3 Beispiel: AfA-Tabelle AV 4.2.1: PKW betriebsgewöhnliche Nutzungsdauer: 6 Jahre.
4 Z.B. Pkw-Nutzungsdauer von vormals 4 statt angeblich 8 Jahren, BFH v. 26.7.1991, BStBl 1992 II, 1000.
5 Z.B. BFH v. 24.2.1994, BStBl 1994 II, 590; BMF v. 15.1.1995, BStBl 1995 I, 14.

de) Die Abschreibungsmethode und ihr Wechsel

dea) Wahl der Abschreibungsmethode

Neben der Bestimmung des Ausgangswertes und der Schätzung der voraussichtlichen Nutzungsdauer determiniert das zur Anwendung kommende Abschreibungsverfahren die Höhe des Jahres-Abschreibungsbetrages. Weder Handels- noch Steuerrecht oder IFRS schreiben eine einzige bestimmte Methode zur Verteilung des Abschreibungsvolumens auf die Nutzungsdauer zwingend vor, allerdings gibt es Einschränkungen für die Methodenwahl.

Grundsätzlich stehen folgende Methoden zur Wahl:[1]

- Lineare Abschreibung,
  gekennzeichnet durch einen gleich bleibenden Abschreibungssatz vom Ausgangswert, wodurch gleich bleibende Jahres-Abschreibungsbeträge entstehen. Dieses Verfahren hat den Vorzug der einfachen Berechnungsweise, führt aber nur selten zu entwertungskonformer Vermögenswertdarstellung, da i.d.R. in späteren Nutzungsjahren die Abnutzungserscheinungen verstärkt auftreten. Risiken des wirtschaftlichen Veraltens werden nur unvollkommen berücksichtigt.
- Degressive Abschreibung,
  bei der sich die Abschreibungsbeträge im Zeitablauf verringern, und zwar in zwei Ausgestaltungen, nämlich als
  - *geometrisch-degressive* Abschreibung durch gleich bleibenden Abschreibungssatz vom fallenden Restbuchwert (Buchwertabschreibung) und als
  - *arithmetisch-degressive* Abschreibung durch sinkenden Abschreibungssatz vom Ausgangswert, wobei der jährliche Degressionsbetrag konstant ist. Sonderformen hiervon sind die *„digitale"* Abschreibung, bei der der jährliche Degressionsbetrag der letztjährigen Jahresabschreibung entspricht, und die *„stufen-degressive"* Methode, bei der fallende Staffelsätze, die jeweils mehrere Jahre gleich bleiben, auf den Ausgangswert angewandt werden.

Die degressiven Verfahren berücksichtigen künftige Entwertungsrisiken durch die betonte Aufwandsvorverlagerung in die ersten Jahre besser als die lineare Methode und entsprechen daher auch eher dem Vorsichtsprinzip. Außerplanmäßige Wertherabsetzungen sind seltener erforderlich, und Nutzungsdauer-Fehlschätzungen wirken sich wegen der niedrigen Abschreibungsbeträge in den späteren Jahren geringer aus. Obwohl die Verschleißannahmen der degressiven Verfahren sehr unrealistisch sind (in den Anfangsjahren hohe, in den Spätjahren niedrige Beträge), ermöglicht der fallende Abschreibungsverlauf insgesamt eine gleichmäßigere Aufwandsbelastung, wenn die sinkenden Abschreibungsbeträge durch i.d.R. steigende Reparatur- und Erhaltungsaufwendungen aufgefüllt werden. Der Steuergesetzgeber verwendet die degressive Abschreibungsmethode auch zur konjunkturellen Investitionsförderung weil hierbei der Investor in den Anfangsjahren durch höhere Steuerersparnisse Unterstützung zur Finanzierung der Anschaffungskosten erhält.[2]

---

1 Zu den rechnerischen Eigenheiten und zum tendenziellen Abschreibungs- und Buchwertverlauf s. Abbildung D-33.
2 Vgl. z.B. zuletzt das Gesetz zur Umsetzung steuerrechtlicher Regelungen des Maßnahmenpakets Beschäftigungssicherung durch Wachstumsstärkung vom 21.12.2008, BGBl. 2008 I, 2896.

- **Progressive Abschreibung**
mit steigenden Abschreibungsquoten entweder vom Restbuchwert (geometrisch-progressiv) oder vom Ausgangswert (arithmetisch-progressiv). Diese Verfahren kommen praktisch nur in den seltenen Fällen von Investitionen in Betracht, die eine beträchtliche Anlaufzeit bis zur vollen Nutzenabgabe haben (Großanlagen, Hotelbetriebe). In diesen Fällen führen die Methoden zwar zu verschleißkonformen Abschreibungsquoten, zusammen mit den erfahrungsgemäß steigenden Reparaturaufwendungen kann es jedoch zu einer extrem ungleichmäßigen Aufwandsverteilung in der Zeit kommen. Die krasse Nichtberücksichtigung künftiger Entwertungsrisiken kann ferner dem kaufmännischen Vorsichtsprinzip widersprechen. Die Anwendungshäufigkeit dieser Verfahren ist demgemäß sehr gering.
- **Abschreibung nach Leistung/Inanspruchnahme**
mit leistungsabhängigen Abschreibungsquoten vom Ausgangswert. Hierbei entsprechen die Jahresabschreibungsbeträge geradezu in idealer Weise der tatsächlichen technischen Abnutzung, insbes. wenn technische Vorrichtungen zur Leistungsmessung verwendet werden (z.B. Betriebsstundenzähler, Tachometer); das Risiko wirtschaftlicher Entwertung wird dabei allerdings nicht berücksichtigt.

Handelsrechtlich sind grundsätzlich alle Verfahren, Kombinationen und Übergänge zulässig, wenn sie nur im Rahmen eines Planes erfolgen. Die GoB schließen jedoch Vorgehensweisen aus, die den wirtschaftlichen Gegebenheiten, insbes. dem tatsächlichen Abnutzungsverlauf völlig widersprechen oder willkürlich gewählt werden.[1]

Nach *IFRS* muss die Abschreibungsmethode dem erwarteten Verbrauch des künftigen wirtschaftlichen Nutzens des Vermögenswertes durch das Unternehmen entsprechen (IAS 16.60 und IAS 38.97); jährlich ist dies zu überprüfen und ggf. ist anzupassen. Für Sachanlagen benennt IAS ausdrücklich lineare, degressive und leistungsabhängige Methoden, ohne andere nutzungsverlaufsgerechte Verfahren auszuschließen. Bei immateriellen Vermögenswerten ist die lineare Methode vorgeschrieben, wenn der Verlauf des Nutzenverbrauchs nicht verlässlich bestimmt werden kann (IAS 38.97).

Steuerrechtlich liegt es auf der Hand, dass im Interesse der Ermittlung periodengerechter Steuerbemessungsgrundlagen und der Wahrung der Gleichmäßigkeit der Besteuerung die weiten Entscheidungsfelder der handelsrechtlichen Methodenwahl und des Methodenwechsels eingeschränkt werden müssen. § 5 Abs. 6 EStG enthält deshalb ausdrücklich einen *Vorbehalt* für eine originär steuerrechtliche Regelung der Absetzungen für Abnutzung. Dieser Vorbehalt ist durch § 7 EStG ausgefüllt worden.

Steuerlich wird die gleichmäßige *(lineare)* Verteilung des Ausgangswertes auf die betriebsgewöhnliche Nutzungsdauer als die grundsätzliche Methode angesehen (§ 7 Abs. 1 S. 1, 2 EStG). Lediglich für Gebäude gehen die Spezialregelungen der Abs. 4, 5 und 5a vor. Bei wirtschaftlicher Begründung und beim Nachweis des jährlichen Umfangs der Leistung/Inanspruchnahme wird bei beweglichen Wirtschaftsgütern auch die *AfA nach Leistung* als eine der linearen Abschreibung gleichwertige Methode anerkannt (§ 7 Abs. 1 S. 5 EStG). Einen Spezialfall der Leistungsabschreibung stellt bei Abbaubetrieben

---

1 ADS § 253 Tz. 384 ff. m.w.N.

Der Bilanzansatz der Höhe nach

Abschreibungsverfahren \ Merkmale	linear	zeitabhängige Abschreibungsverfahren			Abschreibungsverfahren nach Leistung oder Inanspruchnahme
		geometrisch-degressiv	degressiv: arithmetisch-degressiv	stufen-degressiv / progressiv	
Verlauf der Jahresbeträge	gleichbleibende Jahresbeträge	um festen Prozentsatz vom Buchwert fallende Jahresbeträge	um festen Degressionsbetrag fallende Jahresbeträge	in Jahreszonen gestufte, fallende Jahresbeträge / geometrisch oder arithmetisch steigende Jahresbeträge	Jahresbeträge abhängig von der Leistung oder Inanspruchnahme
Bestimmungsgleichung für Jahresbetrag	$a_i = \dfrac{AHK}{n}$	$a_i = AHK \cdot \dfrac{p}{100}$ $a_i = BW_{i-1} \cdot \dfrac{p}{100}$ $BW_i = BW_{i-1} - a_i$ $p = 100 \cdot \left(1 - \sqrt[n]{\dfrac{BW_n}{AHK}}\right)$	$a_i = \dfrac{AHK}{\left(\dfrac{n+1}{2}\right) \cdot n} \cdot (n-i+1)$	z.B. (§ 7 Abs. 5 EStG) $a_i' = \dfrac{p'}{100} \cdot AHK$ $a_i'' = \dfrac{p''}{100} \cdot AHK$ $a_i''' = \dfrac{p'''}{100} \cdot AHK$ / entsprechend degressiver Methoden, doch steigender Verlauf	$a_i = \dfrac{JN_i}{GNP} \cdot AHK$
Zulässigkeit HGB	zulässig, wenn den GoB entsprechend, d.h. insbes. nicht vollständig dem erwarteten Nutzungsverlauf widersprechend				
Zulässigkeit IAS/IFRS	zulässig (IAS 16.62)	zulässig (IAS 16.62)	wohl unzulässig	wohl unzulässig / u.U. zulässig	zulässig (IAS 16.62)
Zulässigkeit EStG	zulässiger Regelfall (§ 7 Abs. 1 S. 1 EStG)	zulässig für bis 2007 und ab 2009 bis 2010 angeschaffte/hergestellte bewegliche WG des AV (§ 7 Abs. 2, 3 EStG)	wohl unzulässig (§ 7 Abs. 2, § 5 Abs. 6 EStG)	zulässig, wenn Gebäude in EU/EWR vom Stpfl. hergestellt/im Herst.-Jahr angeschafft / bestimmte Anschaffungs-/Herstellungsdaten / wohl unzulässig (§ 5 Abs. 6 EStG)	zulässig, wenn bewegliche WG des AV, wirtschaftliche Begründetheit, Nachweis der Jahresnutzung (§ 7 Abs. 1 S. 6 EStG)
Tendenzielle Entwicklung der Buchwerte und Jahresbeträge	(linearer Verlauf)	(degressiver Verlauf)	(arithmetisch-degressiver Verlauf)	(stufen-degressiv / progressiv Verlauf)	(leistungsabhängiger Verlauf)

Symbole:
a_i = Abschreibungs-/AfA-Jahresbetrag im Jahr i
n = Jahre der (betriebsgewöhnlichen) Nutzungsdauer
AHK = Anschaffungs-/Herstellungskosten (Abschreibungsvolumen)
BW_i = (Rest-)Buchwert am Ende des Jahres i
p = Abschreibungs-/AfA-Prozentsatz (bei degressiver Methode)
GNP = gesamtes Nutzungspotential (Leistungsvorrat)
JN_i = Jahresnutzung (Jahresleistungsabgabe im Jahr i)

Abbildung D-33: Abschreibungsverfahren

(Förderung von Bodenschätzen) die *Absetzung für Substanzverringerung* dar (§ 7 Abs. 6 EStG).

Die Wahl *degressiver* AfA-Methoden unterliegt jedoch zur Zeit (2017) steuerrechtlich zahlreichen *Beschränkungen,* die insbes. eine Anwendung für neu angeschaffte/hergestellte Wirtschaftsgüter ausschließen:

- Die grundsätzliche Anwendung der degressiven Abschreibungsmethode wurde eigentlich mit der Aufhebung des § 7 Abs. 2 EStG durch das Unternehmensteuerreformgesetz 2008 für Anschaffungen/Herstellungen nach dem 31.12.2007 untersagt, dann aber durch ein Konjunkturförderungsgesetz für Anschaffungen/Herstellungen nach dem 31.12.2008 und vor dem 1.1.2011 wieder zugelassen. Damit sind letztlich das Anschaffungs-/Herstellungsjahr 2008 und Jahre nach 2010 von der degressiven Abschreibung ausgeschlossen.
- Ein degressives Verfahren, die geometrisch degressive Buchwertabschreibung, ist allgemein nur für bewegliche Wirtschaftsgüter zulässig (§ 7 Abs. 2 S. 1 EStG).
- Bei Buchwertabschreibung mit einem unveränderten Abschreibungssatz darf der Hundertsatz höchstens das Zweieinhalbfache des entsprechenden linearen Satzes und höchstens 25 % betragen (§ 7 Abs. 2 EStG).
- Neben degressiven Abschreibungen sind AfaA, z.T. auch Sonderabschreibungen, nicht zulässig (§§ 7 Abs. 2 S. 5; 7a Abs. 4; aber: 7g EStG).
- Ein Übergang vom linearen zum degressiven Verfahren ist nicht zulässig (§ 7 Abs. 3 S. 3 EStG).

Die Absetzung *nach Leistung/Inanspruchnahme* ist in § 7 Abs. 1 S. 6 EStG auf bewegliche Wirtschaftsgüter beschränkt, bei denen die Abnutzung leistungsabhängig ist („wirtschaftlich begründet") und die Jahresleistung z.B. durch Betriebsstundenzähler, Tachometer u. dgl. nachgewiesen wird. Die Finanzverwaltung setzt ferner voraus, dass die Leistung i.d.R. erheblich schwankt und der Verschleiß dementsprechend wesentliche Unterschiede aufweist.[1]

Die *Absetzung für Substanzverringerung* bei Substanzabbaubetrieben (AfS gem. § 7 Abs. 6; R. 7.5 EStR) entspricht im methodischen Vorgehen der Leistungsabschreibung: Abschreibungs-Jahresbetrag ist der Anteil der Anschaffungskosten, der der jährlichen Förderungsmenge an der Gesamtfördermenge entspricht:

$$AfS = \frac{Jahresfördermenge}{Gesamtabbaumenge} \times AK$$

Für bestimmte Gebäude sind bzw. waren vom Anschaffungs-/Herstellungszeitpunkt abhängig wahlweise zur normierten linearen AfA *stufendegressive Verfahren* zulässig. (§ 7 Abs. 5 EStG).

Seit der Aufhebung des Prinzips der umgekehrten Maßgeblichkeit durch das BilMoG gibt es keine direkte Bindung der steuerlichen Wahlmöglichkeiten der AfA-Methode an jene der Handelsbilanz mehr, sondern lediglich noch eine Dokumentationspflicht der Abweichungen (§ 5 Abs. 1 EStG).

---

1 R. 7.4 Abs. 5 S. 1 EStR.

Diese weitgehenden Wahlmöglichkeiten, verbunden mit der methodenabhängigen Beeinflussbarkeit des Gewinnausweises und den damit erzielbaren Liquiditäts-, Finanzierungs- und Zinsvorteilen in den Anfangsperioden, lassen die Wahl der Abschreibungsmethode zu einem interessanten *Instrument der Handels- und Steuerbilanzpolitik* werden. Abbildung D-34 verdeutlicht exemplarisch die Verläufe von Abschreibungen und Buchwerten bei fünf ausgewählten Methoden.

	linear	geometrisch-degressiv p = 0,2	geometrisch-degressiv mit Übergang zur linearen Methode	arithmetisch-degressiv (digital)	nach Leistung JN_i = 15, 10, 5, 15, 20, 10, 5, 10, 5, 5 %
AHK	100.000	100.000		100.000	100.000
a_1	10.000	20.000		18.182	15.000
BW_1	90.000	80.000		81.818	85.000
a_2	10.000	16.000		16.364	10.000
BW_2	80.000	64.000		65.454	75.000
a_3	10.000	12.800		14.545	5.000
BW_3	70.000	51.200		50.909	70.000
a_4	10.000	10.240		12.727	15.000
BW_4	60.000	40.960		38.182	55.000
a_5	10.000	8.192		10.909	20.000
BW_5	50.000	32.768	32.768	27.273	35.000
a_6	10.000	6.554	6.554	9.091	10.000
BW_6	40.000	26.214	26.214	18.182	25.000
a_7	10.000	5.243	6.554	7.273	5.000
BW_7	30.000	20.972	19.661	10.909	20.000
a_8	20.000	4.194	6.554	5.455	10.000
BW_8	20.000	16.777	13.107	5.454	10.000
a_9	10.000	3.355	6.554	3.636	5.000
BW_9	10.000	13.422	6.554	1.818	5.000
a_{10}	10.000	13.422	6.554	1.818	5.000
BW_{10}	0	0	0	0	0

Abbildung D-34: Beispiel zum Einfluss des Abschreibungsverfahrens auf den Verlauf von Buchwerten und Jahresabschreibungen (AHK = EUR 100.000; ND = 10 Jahre)

Zwar sind über die Nutzungsdauer hinweg die Summen der AfA-Jahresbeträge (a_n) bei den verschiedenen Methoden (im Beispiel der Abb. D-34: linear und geometrisch-degressiv mit Wechsel auf lineare AfA) gleich (z.B. 100.000), doch unterscheidet sich die zeitliche Verteilung der AfA-Wirkung auf die Bemessungsgrundlagen (BMG) der Ertragsteuern (Gewinn, Einkommen, Gewerbeertrag). Bei zeitlicher Vorverlagerung von AfA und damit einer Verminderung von Ertragsteuerzahlungen (EESt) in der Anfangszeit entsteht im Vergleich mit der linearen Methode neben dem positiven *Liquiditätseffekt* (im Beispiel EUR 9.520 in den ersten vier Jahren) auch ein positiver *Zinseffekt* (im Beispiel ein positiver Kapitalwert von EUR 1.880). Die in der Anfangszeit nicht gezahlten Ertragsteuern können zum Habenzinssatz nach Steuern (i_s) angelegt werden. Neben dem Liquiditäts- und Zinseffekt können auch positive und negative *Steuerprogressionseffekte* auftreten, wenn der Steuerpflichtige den einkommen- oder gewerbeertragsteuerlichen Progressionstarifen unterliegt – je nachdem, ob in den Jahren hoher Bemessungsgrundlagenminderung relativ hohe oder niedrige Steuersätze anzuwenden sind. Neben den genannten ertragsteuerlichen Effekten wirkt sich auch investitionsfördernd aus, dass in der Anfangszeit die höheren handelsrechtlichen Abschreibungen den Handelsbilanzgewinn (Jahresüberschuss) und damit die Auszahlungen für Gewinne und gewinnabhängige Zahlungen vermindert werden *(Ausschüttungseffekt)*.

Abbildung D-35 zeigt unter Verwendung der Daten aus Abbildung D-34 für eine konstante Ertragsteuerbelastung von 40 % den liquiditätswirksamen Ertragsteuereffekt und den renditewirksamen Zinseffekt bei einem angenommenen Habenzins nach Steuern von 5 %, was einem Bruttozins von ca. 8,3 % entspricht.

Jahr	lineare AfA	geom.-degr. AfA mit Wechsel	AfA- bzw. BMG-Differenz	EESt-Effekt (s = 0,5)	Zinsfaktoren (i_s = 0,04)	Zinseffekt
1	10.000	20.000	–10.000	–4.000	0,9524	–3.810
2	10.000	16.000	–6.000	–2.400	0,9070	–2.177
3	10.000	12.800	–2.800	–1.120	0,8638	967
4	10.000	10.240	–240	–96	0,8227	–79
5	10.000	8.192	1.808	723	0,7835	567
6	10.000	6.554	3.446	1.378	0,7462	1.029
7	10.000	6.554	3.446	1.378	0,7107	980
8	10.000	6.554	3.446	1.378	0,6768	933
9	10.000	6.554	3.446	1.378	0,6446	889
10	10.000	6.554	3.446	1.378	0,6139	846
Summe	100.000	100.000	0	0		–1.790

Abbildung D-35: Steuer- und Zinseffekte bei degressiver AfA-Methode

deb) Wechsel des Abschreibungsverfahrens

Handelsrechtlich ist ein *Methodenwechsel* während der Nutzungsdauer durch den Grundsatz der Bewertungsmethodenstetigkeit[1] beschränkt, der einen sachlichen Grund für einen Methodenwechsel verlangt (§ 252 Abs. 2 HGB). Kein „Wechsel" dürfte allerdings vorliegen, wenn der Übergang bereits im Abschreibungsplan vorgesehen ist (z.B. von degressiver zu linearer Methode).[2]

Praktisch beliebt ist besonders die degressiv-lineare Methode mit einem geplanten Übergang von degressiver zu linearer Abschreibung (AfA): Wie die Beispielsrechnung in Abbildung D-34 zeigt, verbleibt bei geometrisch-degressiver Methode ein relativ hoher Restwert, der im letzten Nutzungsjahr abzuschreiben ist. Zweckmäßig ist es daher, bereits vorher den stets möglichen Übergang zur linearen Methode vorzunehmen. Da im Allgemeinen möglichst eine Vorverlagerung des Abschreibungsaufwands angestrebt wird, ist

---

1 Vgl. Kap. B.II.8.bbb).
2 So auch WPH 2017, F 173, F 179.

das optimale Übergangsjahr (ü) dann erreicht, wenn der Jahresbetrag der linearen Abschreibung (a^l) des Restwertes dem Jahresbetrag der degressiven Abschreibung (a^d) entspricht oder ihn übersteigt:

$$a^l_ü \geq a^d_ü$$

Da sich bei linearer Abschreibung der AfA-Satz für das Übergangsjahr aus dem Divisor 1/Restnutzungsdauer ergibt und im Übergangsjahr die Bemessungsgrundlage gleich ist, lässt sich das Übergangsjahr durch Vergleich der beiden Abschreibungssätze ermitteln:

$$\frac{1}{rnd} > p^d$$

Das optimale Übergangsjahr ist erreicht, sobald der AfA-Satz bei linearer Restwertabschreibung (1/rnd) gleich oder größer als der AfA-Satz bei degressiver Methode (p^d) ist. Im Beispiel der Abbildung D-34 ergibt sich das Übergangsjahr fünf Jahre vor Ende der Nutzungsdauer, weil dann erstmals 1/5 > 0,2 ist.

Die **IFRS** verlangen grundsätzliche Methodenstetigkeit *(consistency)*[1]. Sie verlangen aber einen Wechsel der Abschreibungsmethode, wenn sich bei der obligatorischen Überprüfung erweist, dass erhebliche Änderungen im erwarteten wirtschaftlichen Nutzungsverlauf des Vermögenswertes eingetreten sind und die neue Methode den veränderten Verlauf besser entspricht (IAS 16.61; 38.104).

Wegen des Gebots stetiger Anwendung sind Methodenänderungen ausgeschlossen (z.B. das degressiv-lineare Wechselverfahren), es sei denn der Verlauf des erwarteten Nutzungsverbrauchs hat sich entsprechend geändert (IAS 16.62).

Steuerrechtlich ist ein *Methodenwechsel* während der Nutzungsdauer beschränkt: Zum einen gilt auch hier über das Maßgeblichkeitsprinzip der handelsrechtliche GoB der Bewertungsmethodenstetigkeit[2] (§ 252 Abs. 2 HGB), zum anderen sind steuerliche Spezialvorschriften zu beachten. Steuerrechtlich ist eigentlich nur der Wechsel zum Regelverfahren der linearen AfA erlaubt; fraglich ist, ob von linearer zur Leistungs-AfA übergegangen werden darf, wenn erstmals die Voraussetzungen dafür vorliegen (z.B. Leistungsnachweis). Bei der stufen-degressiven Gebäude-AfA ist ein Wechsel der AfA-Methode nur bei Sachverhaltsänderungen (z.B. Nutzungsänderung) zulässig (R 7.4 Abs. 7 EStR).

Die Beschränkungen der *Übergangsmöglichkeiten* zwischen AfA-Verfahren bei beweglichen Wirtschaftsgütern sind in Abbildung D-36 dargestellt.[3]

Seit Aufgabe der *umgekehrten Maßgeblichkeit durch das BilMoG* sind die steuerlichen Wahlmöglichkeiten der AfA-Methode nicht mehr an die in der Handelsbilanz gewählte Methode geknüpft.

---

1 Z.B. IAS 16.62.
2 Vgl. Kap. B.II.8.bbb).
3 Zu den Übergangsmöglichkeiten bei Gebäuden siehe R.7.4 Abs. 7 EStR.

zu \ von	linearer Methode	degressiven Methoden	Leistungs-abschreibung
linearer Methode	XXX	zulässig (§ 7 Abs. 3 S. 1 EStG)	zulässig
degressiven Methoden	unzulässig (§ 7 Abs. 3 S. 3 EStG)	unzulässig	unzulässig
Leistungs-abschreibung	zulässig (str.)	unzulässig (str.)	XXX

Abbildung D-36: Steuerrechtliche Zulässigkeit des Wechsels der AfA-Methode bei beweglichen Wirtschaftsgütern

df) Der Zeitpunkt des Beginns und des Endes der Abschreibung/AfA

Grundsätzlich beginnt der Abschreibungszeitraum mit dem Zeitpunkt der Anschaffung (Übertragung der Verfügungsmacht) oder Herstellung (Fertigstellung) und endet mit dem Ausscheiden des Abschreibungsgegenstandes.

Handels- und steuerrechrtlich beginnt der Abschreibungszeitraum grundsätzlich mit dem Ende des Anschaffungs- oder Herstellungsprozesses, d.h. mit der Verschaffung der Verfügungsmacht (Lieferung) oder der Fertigstellung. Das ergibt sich aus dem für beide Rechtsgebiete gleichen Verständnis des Begriffs der Anschaffungs- bzw. Herstellungskosten.[1]

Handelsrechtlich müssen nach den GoB die unterjährigen Erst- und Letztabschreibungen zeitanteilig *("pro rata temporis")*, also im Zweifel taggenau berechnet werden. Die GoB, insbes. der Wirtschaftlichkeitsgrundsatz[2], lassen jedoch eine *monatsgenaue* Umrechnung des Jahres-Abschreibungsbetrags zu.

Steuerbilanziell vermindert sich bei Anschaffung/Herstellung/Einlage der Jahres-AfA-Betrag um jeweils ein Zwölftel für jeden vollen Monat, der dem Monat der Anschaffung/Herstellung/Einlage vorangeht (*Zwölftelung* gem. § 7 Abs. 1 S. 4 EStG).[3] Bei Veräußerung/Entnahme kann nur der Teil eines Jahresbetrags abgesetzt werden, der dem Zeitraum zwischen Jahresbeginn und Ausscheiden entspricht (R 7.4 Abs. 8 EStR). Lediglich die stufendegressive Gebäude-AfA nach § 7 Abs. 5 EStG stellt einen nicht umzurechnenden Jahresbetrag dar.

Nach *IFRS* beginnt die Abschreibung eines Vermögenswertes, wenn er an seinem Standort im betriebsbereiten Zustand zur Verfügung steht (IAS 16.55, IAS 38.97). Es kommt also – wie nach HGB und EStG – auf die Einsatzfähigkeit, nicht auf die effektive Nutzung an. Die Abschreibung endet an dem Tag, an dem er als zur Veräußerung gehalten klassifiziert wird (IFRS 5) oder spätestens an dem Tag, an dem er ausgebucht wird (IAS 16.55 bzw. IAS 38.97). Eine Stilllegung berührt die Abschreibung nicht. Die Standards stellen grundsätzlich auf eine *taggenaue Rechnung* ab, so dass allenfalls unter *materiality-*

---
1 Siehe Kap. D.II.1.a) und b), so auch R 7.4 Abs. 1 EStR.
2 Siehe Kap. B II.10.b).
3 Die früher geltende „Halbjahres-Vereinfachungsregel" findet seit 2004 keine Anwendung mehr.

Gesichtspunkten[1] eine dem Handels- und Steuerrecht entsprechende monatsgenaue Quotierung der Abschreibungen in Betracht kommen kann.

e) Außergewöhnliche Wertminderungen nach HGB, IFRS und EStG

Außergewöhnliche Wertminderungen umfassen nach hier verwendetem Verständnis sowohl die bei planmäßig abgeschriebenen Bilanzobjekten auftretenden außerplanmäßigen Abschreibungen, wie auch die Wertminderungen, die bei nicht planmäßigen abgeschriebenen Bilanzobjekten anfallenden Wertherabsetzungen (z.B. Niederstwertabschreibungen, Teilwertabschreibungen). Zweck der außerplanmäßigen Abschreibung ist die Berücksichtigung von außergewöhnlichen Wertminderungen, also von Wertminderungen, die bei der Bestimmung der planmäßigen Abschreibungen nicht berücksichtigt werden konnten.

Gründe für eine außergewöhnliche Abschreibung können im Preisverfall, Kursverlusten, Marktstörungen, in wirtschaftlicher Überholung, Einschränkungen eines Nutzungsrechts, Katastrophenverschleiß u.v.m. liegen.

ea) Außerplanmäßige Abschreibungen nach HGB

Außerplanmäßige Abschreibungen können oder müssen bei allen Gegenständen des Anlage- und Umlaufvermögens, unabhängig von ihrer Abnutzbarkeit, vorgenommen werden. Zweck der außerplanmäßigen Abschreibung ist die Berücksichtigung außergewöhnlicher Wertminderungen und bewusste Vorsorge durch Reservenbildung.

Beim *Anlagevermögen* ist bei einer voraussichtlich dauernden Wertminderung[2] eine außerplanmäßige Abschreibung auf den niedrigeren beizulegenden Wert[3] vorzunehmen. Eine Wertminderung in diesem Sinne gilt als *„dauernd"*, wenn der beizulegende Wert nachhaltig unter den Buchwert gesunken ist.[4] *Gründe* für eine außerplanmäßige Abschreibung können im Preisverfall, Kursverlust, in wirtschaftlicher Überholung, Einschränkung eines Nutzungsrechts, Katastrophenverschleiß u.v.m. liegen.

Beim *Umlaufvermögen* besteht für alle Unternehmen nach dem strengen Niederstwertprinzip die Verpflichtung, bei jeder Art von Wertminderung Abschreibungen auf den – gegenüber dem letzten Buchwert – niedrigeren Börsen- oder Marktwert bzw. beizulegenden Wert vorzunehmen.

eb) Außerplanmäßige Wertherabsetzungen nach IFRS

Nach den **IFRS** gibt es mit dem *cash-flow*-orientierte Werthaltigkeitstest mit *cash-generating-units* (IAS 36) eine originär andere Ermittlung außerplanmäßiger Wertminderungen. Nach IAS 36 (gilt z.B. nicht für Vorräte, finanzielle und andere besondere Vermögenswerte, IAS 36.2) liegt eine Wertminderung *(impairment loss)* vor, wenn der Buchwert (*carrying amount*, BW) den erzielbaren Betrag (*recoverable amount*, erzB),

---

1 Siehe Kap. B.V.5.eb).
2 Siehe Kap. D.IV.ecb).
3 Zum Wertbegriff siehe Kap. D.II.2.a).
4 Zu Einzelheiten einer „voraussichtlich dauernden Wertminderung" siehe Kap. unten Abschn. ecb).

d.i. der höhere Betrag zwischen dem erzielbaren Netto-Verkaufserlös (*net selling price*, NVP) und dem bestmöglich geschätzten monetären Nutzwert (*value in use*, Barwert aus *cashflow* des *assets*, NW) des Vermögenswertes übersteigt:

$$\left.\begin{array}{c}\text{NVP}\\\text{NW}\end{array}\right\} \text{Max!} \rightarrow \text{erzB} \quad \begin{array}{l}< \text{BW} \rightarrow \text{Wertminderung} = (\text{BW} - \text{erzB})\\> \text{BW} \rightarrow \text{Wertaufholung} = (\text{erzB} - \text{BW})\end{array}$$

Abbildung D-37: Wertverhältnisse beim Impairment-Test nach IAS 36

Der erzielbare Betrag wird als Zwischenwert und Maximum ermittelt um die bessere der beiden Verwendungsmöglichkeiten des Vermögenswertes (Verkauf oder betriebliche Nutzung) zu erfassen.

Grundsätzlich bezieht sich dieser Werthaltigkeitstest *(impairment test)* auf einzelne Vermögenswerte *(assets)*. Ersatzweise kommen aber auch zahlungsmittelgenerierende Einheiten *(cash generating units*, CGU) als Bewertungsobjekt in Betracht. Das sind eine kleinstmöglich identifizierbare Gruppe von Vermögenswerten, die Mittelzuflüsse erzeugen, die weitestgehend unabhängig von den Mittelzuflüssen anderer Vermögenswerte oder Vermögenswertgruppen sind (IAS 36.6, z.B. Zusammenfassung einer Tankstelle mit einer Autowaschstraße).[1]

Ausführlich geregelt ist das Wertfindungsverfahren für den *cash-flow*-Barwert:

1. Prinzipiell sind *cash-flows* für einzelne *assets* zu bestimmen; ist dies unmöglich, können – stetig zu wahrende – cash-generating-units (identifizierbare asset-Gruppen, die separierbare cash-flows erzeugen) gebildet werden.
2. Einzelne assets einer cash-generating-unit dürfen keinesfalls unter ihren Netto-Veräußerungspreis bzw. ihrem Nutzwert oder unter Null angesetzt werden. Überschießende Wertminderungen sind anderen assets der unit zuzuordnen, u.U. auch als liability zu behandeln.
3. Einzubeziehen sind die künftigen Zahlungen aus der Nutzung und dem Verkauf.
4. Die Mittelzu- und -abflüsse sind aus neuesten – bis zu 5 Jahre reichenden – Finanzplanungen des Managements abzuleiten, Zahlungen ab dem 6. Jahr sind durch Extrapolation, i.d.R mit gleich bleibender oder abnehmender Wachstumsrate, begrenzt durch die langfristige Branchen-Wachstumsrate zu ermitteln.
5. Unberücksichtigt bleiben künftige geänderte Nutzungsmöglichkeiten des *assets*, sowie künftige Finanzierungsströme und Steuerzahlungen.
6. Abgezinst wird mit einem Zinssatz vor Steuern, der Inflations- und Marktrisiken berücksichtigt.

Für das Zusammenwirken von *assets* bzw. *cash-generating-units* und *goodwill* bestehen Sonderregelungen (IAS 36.80–103). Die außerplanmäßigen Abschreibungen nach IFRS (Wertminderungen) sind grundsätzlich in der GuV-Rechnung erfolgswirksam, es sei denn, sie kompensiert vorher in die Neubewertungsrücklage erfolgsneutral eingestellte Wertaufholungen.

---
[1] Zu Einzelheiten der CGU als Bewertungsobjekt siehe Kap. D.I.3.bb).

Der Bilanzansatz der Höhe nach

```
┌─────────────────────────────────────────────────────────────────────────────┐
│              IAS 36: Wertminderungen von bestimmten Vermögenswerten         │
└─────────────────────────────────────────────────────────────────────────────┘
```

(1) Jährliche **Identifizierung einer potenziellen Wertminderung** eines Vermögenswertes 36.7–17					negativ	keine weitere Aktion, insbes. keine Bestimmung des erzielbaren Betrags 36.8
Immaterielle Vermögenswerte (unbestimmbare Nutzungsdauer) und Geschäfts- und Firmenwert 36.10	Anhaltspunkte aus *externen* Informationsquellen 36.12 a–d	Anhaltspunkte aus *internen* Informationsquellen 36.12 e–h	Substanzielle Hinweise aus dem *internen Berichtswesen* 36.14 a–d			

positiv ↓

(2) Bedingungen effektiver Wertminderung: **Buchwert größer als erzielbarer Betrag** 36.7–17		→	Nettoveräußerungspreis größer als Nutzungswert	ja →	Buchwert größer als Nettoveräußerungspreis	ja
für **Einzelvermögenswert** 36.7–64	ersatzweise: für **zahlungsmittelgenerierende Einheit** 36.65–108		nein ↓		nein ↓	

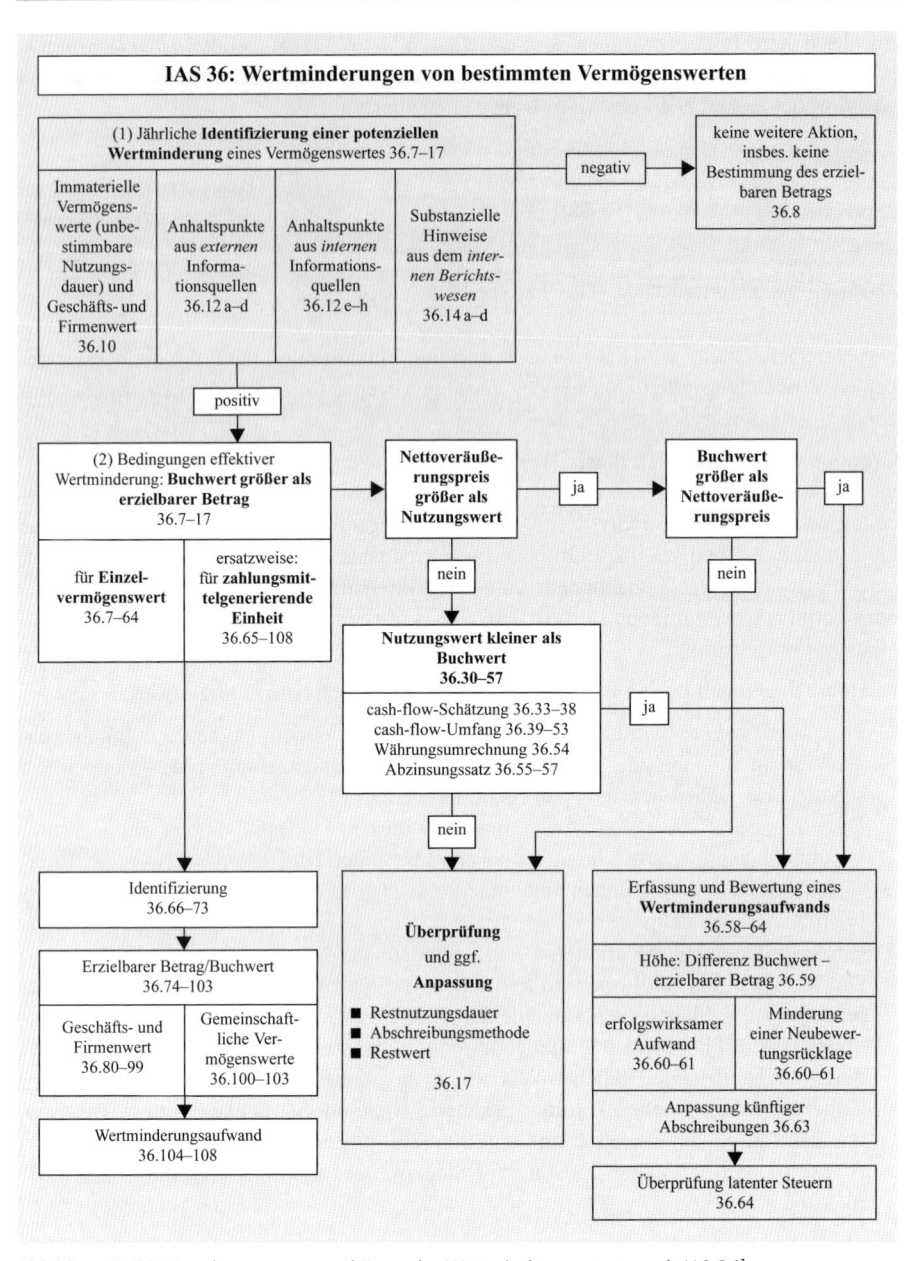

Nutzungswert kleiner als Buchwert
36.30–57

cash-flow-Schätzung 36.33–38
cash-flow-Umfang 36.39–53
Währungsumrechnung 36.54
Abzinsungssatz 36.55–57

— ja →

nein ↓

Identifizierung 36.66–73		Überprüfung und ggf. **Anpassung**	Erfassung und Bewertung eines **Wertminderungsaufwands** 36.58–64	
Erzielbarer Betrag/Buchwert 36.74–103		■ Restnutzungsdauer ■ Abschreibungsmethode ■ Restwert 36.17	Höhe: Differenz Buchwert – erzielbarer Betrag 36.59	
Geschäfts- und Firmenwert 36.80–99	Gemeinschaftliche Vermögenswerte 36.100–103		erfolgswirksamer Aufwand 36.60–61	Minderung einer Neubewertungsrücklage 36.60–61
Wertminderungsaufwand 36.104–108			Anpassung künftiger Abschreibungen 36.63	
			Überprüfung latenter Steuern 36.64	

Abbildung D-38: Regelungszusammenhänge des Wertminderungstests nach IAS 36[1]

Die Regelungszusammenhänge des Wertminderungstests nach IAS 36 zeigt Abbildung D-38.

---

1 aus: FEDERMANN/IASCF, IAS/IFRS-stud., 3. Aufl. Berlin 2006, S. 408.

ec) Außerplanmäßige Absetzungen nach EStG
eca) AfaA/AfaS

Absetzungen für außergewöhnliche Abnutzungen (AfaA) oder Substanzverringerungen (AfaS) können bei sämtlichen abnutzbaren Wirtschaftsgütern mit Ausnahme jener beweglichen, die degressiv abgeschrieben werden (§ 7 Abs. 2 S. 4 EStG), wahlweise ergänzend neben der Regel-AfA/AfS vorgenommen werden. Durch den jederzeit zulässigen Übergang zur linearen Methode lässt sich die Einschränkung leicht beseitigen. Die Inanspruchnahme von AfaA/AfaS verlangt nach § 7 Abs. 1 S. 7 EStG eine über die betriebsgewöhnliche Abnutzung hinausgehende technische oder wirtschaftliche *Nutzungsbeeinträchtigung* des Wirtschaftsgutes durch besondere Umstände (z.B. durch erhöhten Substanzverbrauch aufgrund von Katastrophen, Zerstörung, Wartungsmängeln, Mehrschichtbetrieb, Gebäudeabbruch etc. oder durch Minderung der wirtschaftlichen Nutzungsmöglichkeiten aufgrund von technischen Neuerungen auf dem Anlagenmarkt, Nachfragewandel etc.).

Nach der Rechtsprechung[1] müssen sich die Voraussetzungen für AfaA aus klar und objektiv nachprüfbaren Verhältnissen ergeben. Scheidet ein Wirtschaftsgut ganz aus dem Betriebsvermögen aus oder ist es völlig wertlos geworden, so muss nach der Rechtsprechung[2] die AfaA vorgenommen werden. In zeitlicher Hinsicht sind AfaA im Wirtschaftsjahr des Schadenseintritts, spätestens der Schadensentdeckung vorzunehmen.[3]

Die Bemessung der *Höhe* einer AfaA/AfaS ist theoretisch noch nicht sicher geklärt. Folgende Ansätze sind in Betracht zu ziehen:

- Schadensquote (Verhältnis der Zeitwerte vor und nach dem Schadensereignis), bezogen auf den letzten Buchwert[4],
- AfaA-Bemessung so, dass sich der Zeitwert in der Bilanz einstellt (dem Handelsrecht entsprechend) oder
- AfaA in Höhe des eingetretenen Wertverlustes (Zeitwertdifferenz vor und nach dem Schadensereignis).[5]

ecb) Teilwertabschreibungen

Als *„Teilwertabschreibung"* wird gemeinhin die Wertdifferenz bezeichnet, die sich durch eine Wertherabsetzung auf den gegenüber dem Buchwert niedrigeren Teilwert gem. § 6 Abs. 1 Nr. 1 oder Nr. 2 EStG ergibt.[6] Es handelt sich steuerlich nicht um eine „Absetzung", sondern eine „Bewertung".

Von der AfaA/AfaS *unterscheidet* sich die Teilwertabschreibung (TWA) durch folgende Merkmale:

---
1 Z.B. BFH v. 1.4.1981, BStBl 1981 II, 660 m.w.N.
2 BFH v. 7.5.1969, BStBl 1969 II, 464.
3 BFH v. 13.3.1998, BStBl 1998 II, 160.
4 So: HHR § 7 Anm. 259: Teil des Buchwerts, der vom gesamten Buchwert auf den zerstörten Teil entfällt.
5 So: BFH v. 9.11.1979, BStBl 1980 II, 71, in etwas anderem Zusammenhang. jedenfalls wenn für das Fahrzeug kein „Buchwert" vorliegt. A.A. später BFH v. 24.11.1994, BStBl 1995 II, 318: keine Bemessung nach der Zeitwertdifferenz.
6 Zum Begriff des Teilwertes und seiner Ermittlung siehe Kap. D.II.4.a).

- AfaA sind nur bei abnutzbarem Anlagevermögen, TWA bei allen Wirtschaftsgütern zulässig,
- TWA sind nicht von einer bestimmten Methode der Normal-AfA abhängig,
- AfaA setzen im Gegensatz zur TWA eine Nutzungsbeeinträchtigung voraus,
- TWA setzen im Gegensatz der AfaA eine voraussichtlich dauernde Wertminderung voraus,
- die Gründe für TWA und AfaA sind teilweise unterschiedlich; TWA erfassen insbes. dauernde Wertminderungen, die durch gesunkene Wiederbeschaffungskosten und andere Markteinflüsse sowie betriebliche Fehlentscheidungen bedingt sind, AfaA verlangen hingegen Beeinträchtigungen der Nutzungsmöglichkeiten;
- TWA berücksichtigt – im Gegensatz zur AfaA – die betriebliche Verbundenheit des Wirtschaftsgutes im Rahmen der Teilwertvermutungen;
- Mindestbuchwert bei TWA ist der Teilwert, bei AfaA kann der Teilwert unterschritten werden.

Nach § 6 Abs. 1 Nr. 1 S. 2 bzw. Nr. 2 S. 2 EStG kommt eine Teilwertabschreibung beim Anlage- und Umlaufvermögen nur beim Nachweis einer *voraussichtlich dauernden Wertminderung* in Betracht. Diese Voraussetzung entspricht – abgesehen von dem dort auf das Anlagevermögen beschränkten Anwendungsbereich – zwar wörtlich dem Handelsrecht (§ 253 Abs. 3 HGB). Dort wird von der h.M.[1] verlangt, dass die Wertminderung bei Anlagegütern zumindest über einen erheblichen Teil (z.B. mehr als der Hälfte oder als 5 Jahre) der restlichen Nutzungsdauer anhalten wird. Die Finanzverwaltung[2] anerkennt eine „voraussichtlich dauernde Wertminderung" nur, wenn der Steuerpflichtige

- aufgrund objektiver Anzeichen
- am Bilanzstichtag (unter Berücksichtigung der Erkenntnisse bis zur Aufstellung der Handels- bzw. Steuerbilanz)
- mit einem nachhaltigen Absinken des Wertes des Wirtschaftsgutes unter den maßgeblichen Buchwert
- ernsthaft rechnen muss (d.h. es sprechen aus der Sicht eines sorgfältigen und gewissenhaften Kaufmanns mehr Gründe für als gegen eine dauerhafte Wertminderung) und
- er hierfür die Darlegungs-, Nachweis- und Feststellungslast trägt.

Nach Auffassung der Rechtsprechung[3] ist der unbestimmte Rechtsbegriff trotz der Wortgleichheit im Handelsrecht (§ 253 Abs. 3 S. 3 HGB) nach steuerrechtlichen Grundsätzen (periodengerechte Erfassung der Veränderung der wirtschaftlicher Leistungsfähigkeit und Verwaltungsökonomie) auszulegen.

Allgemein nimmt die Finanzverwaltung[4] *Dauerhaftigkeit* an, wenn die Wertobergrenze während eines erheblichen Teils der betrieblichen Verweildauer des Wirtschaftsgutes nicht erreicht wird oder wenn es sich um eine Wertminderung aus besonderem Anlass handelt (z.B. Katastrophe, technischer Fortschritt).

---

1 WPH 2017, F 184 m.w.N.
2 BMF v. 2.9.2016, BStBl 2016 I, 995 Rz. 5 und 6.
3 BFH v. 26.9.2007, BFH/NV 2008, 432 m.w.N.
4 BMF-Schr. v. 2.9.2016, BStBl I 2016, 995.

Im Einzelnen kommt es auf die Eigenart des Wirtschaftsgutes an. Bei *abnutzbarem Anlagevermögen* muss der WG-Wert für mindestens 50 % der Restnutzungsdauer unter dem planmäßigen Restbuchwert liegen.[1] Dabei soll die Restnutzungsdauer nach § 7 Abs. 4, 5 EStG oder nach den amtlichen AfA-Tabellen berechnet werden. Bei *nichtabnutzbarem Anlagevermögen (z.B. Grundstücke, Darlehensforderungen – ohne Wertpapiere)* müssen die Gründe der Niedrigerbewertung voraussichtlich anhalten; bei Darlehensforderungen ist von der überwiegenden Wahrscheinlichkeit eines bestimmten Zahlungseingangs auszugehen. Beim *Umlaufvermögen (ohne Wertpapiere)* muss die Wertminderung mindestens bis zum Bilanzaufstellungszeitpunkt oder dem vorherigen Verbrauchs-/Verkaufszeitpunkt andauern – unter Berücksichtigung zusätzlicher Erkenntnisse über die Wertentwicklung bis zu den genannten Stichtagen.

Für *Wertpapiere des Anlage- und Umlaufvermögens* gelten nach Rechtsprechung und Verwaltungsauffassung für die Bestimmung der Dauerhaftigkeit einer Wertminderung besondere Regeln: Unterschieden wird dabei insbes. zwischen aktienindexbasierten und nominalwertbasierten Wertpapieren:

Bei *aktienindexbasierten Wertpapieren* wird von einer voraussichtlich dauerhaften Wertminderung ausgegangen, wenn der Börsenkurs am Bilanzstichtag unter demjenigen im Erwerbszeitpunkt gesunken ist und der Kursverlust eine Bagatellgrenze von 5 % der Notierung beim Erwerb überschreitet.[2]

Bei *nominalwertorientierten, festverzinslichen Wertpapieren* fehlt es an einer voraussichtlich dauernden Wertminderung, wenn der Börsenkurs unter den Nennwert sinkt, weil letztlich zum Nominalwert getilgt werden muss. Die 5 %-Bagatellregelung findet keine Anwendung. Zulässig sind allerdings Teilwertabschreibungen wegen Bonitäts- und Liquiditätsrisiken wenn bei Endfälligkeit nicht zum Nennbetrag eingelöst werden kann.

Bei *Fremdwährungsverbindlichkeiten* ist hinsichtlich der Dauerhaftigkeit einer Werterhöhung nach Verwaltungsauffassung[3] zwischen Verbindlichkeiten, die das Betriebskapital dauerhaft verstärken und Verbindlichkeiten des laufenden Geschäftsverkehrs zu unterscheiden. Bei der ersten Gruppe wird Dauerhaftigkeit nach den allgemeinen Kriterien beurteilt. Dabei kommt es insbes. um eine nachgewiesene, über normale Kursschwankungen hinausgehende Nachhaltigkeit der Wechselkurserhöhung an. Bei Verbindlichkeiten des laufenden Geschäftsverkehrs wird Nachhaltigkeit angenommen, wenn die Wechselkurserhöhung bis zur Bilanzaufstellung oder der vorherigen Tilgung/Entnahme anhält. Siehe hierzu zusammenfassend Abbildung D-39.

---

1 Anschluss an BFH v. 29.4.2009, BStBl 2009 II, 899.
2 BMF-Schr. v. 2.9.2016, BStBl 2016 I, 995.
3 BMF-Schr. v. 2.9.2016, BStBl 2016 I, 995.

Voraussichtlich dauernde Wertminderung (FinVerw.)	
Allgemeine Anforderungen: ■ Objektive Anzeichen ■ am Bilanzstichtag (unter Erkenntnisberücksichtigung eines sorgfältigen und gewissenhaften Kaufmanns bis zur Bilanzaufstellung) ■ ernsthaftes Rechnenmüssen mit ■ nachhaltigem Absinken: WG-Wert < Buchwert ■ vom Steuerpflichtigen dargelegt und nachgewiesen **Regelfälle:** ■ Nichterreichen der Wertobergrenze über erheblichen Teil der betrieblichen Verweildauer ■ Wertminderung aus besonderem Anlass (Katastrophe, technischer Fortschritt) **Wirtschaftsgutspezifische Anforderungen:**	

Anlagevermögen (ohne Wertpapiere)		Umlaufvermögen (ohne Wertpapiere)
abnutzbar	**nichtabnutzbar**	
WG-Wert für mindestens 50% der Restnutzungsdauer unter dem planmäßigen Restbuchwert	Niederbewertungsgründe voraussichtlich anhaltend; nicht: bloße marktbedingte Preisschwankungen; Darlehensforderungen: Wahrscheinlicher Zahlungseingang	Wertminderung vom Bilanzstichtag anhaltend bis Aufstellungszeitpunkt oder früheren Veräußerungs-/Verbrauchszeitpunkt unter Berücksichtigung zusätzlicher Erkenntnisse über Marktentwicklungen bis zu den maßgebenden Zeitpunkten

Wertpapiere des Anlage- und Umlaufvermögens	
Börsennotierte, aktienindexbasierte Wertpapiere des Anlage- und Umlaufvermögens	**Festverzinsliche, nominalwertbasierte Wertpapiere des Anlage- und Umlaufvermögens**
Bilanzstichtagsbörsenwert < Erwerbsbörsenwert und Kurswertminderung > 0,05 * Erwerbskurswert bzw. Vorjahresbuchwert (Bagatellgrenze)	Wegen Nennwerteinlösung nicht bei gesunkenen Kursen; zulässig bei Bonitäts- und Liquiditätsrisiko bei Rücknahme und Einlösung unter Nennwert. Max. auf 100% Nennwert. Keine Bagatellgrenze.

Verbindlichkeiten (Werterhöhung)	
Das Betriebskapital dauerhaft verstärkende Verbindlichkeiten	**Verbindlichkeiten des laufenden Geschäftsverkehrs**
Nachhaltige Erhöhung des (Wechsel-)Kurswerts gegenüber dem Entstehungszeitpunkt, die über marktübliche Schwankungen hinausgeht	Anhaltende Wechselkurserhöhung bis zur Bilanzaufstellung/vorheriger Tilgung oder Entnahme unter Berücksichtigung von Erkenntnissen bis dahin

Abbildung D-39: Auslegung „voraussichtlich dauernde Wertminderung" durch die Finanzverwaltung

ecc) Sonderabschreibungen und erhöhte Absetzungen

Die bisher genannten Arten der steuerlichen Absetzungen/Abschreibungen zielten im Wesentlichen auf die Verteilung der Anschaffungs- oder Herstellungskosten oder auf die Berücksichtigung von Abnutzungen und Wertminderungen, die über den normalen Werteverzehr hinausgehen. Daneben lässt der Steuergesetzgeber aber auch aus politischen Gründen einige Sonderabschreibungen und erhöhten Absetzungen zu, die in keinem direkten Zusammenhang mit dem tatsächlichen Entwertungsverlauf stehen. Vielmehr soll der Steuerpflichtige bei bestimmtem Verhalten durch Bildung stiller Reserven gefördert werden. Als „*Sonderabschreibungen*" werden die vom Gesetzgeber gezielt eingesetzten Abschreibungsvergünstigungen verstanden, die *neben* die normale AfA treten; „*erhöhte Absetzungen*" treten hingegen *an die Stelle* der Regel-AfA. Die meisten dieser Absetzungen sind inzwischen ausgelaufen (z.B. nach dem FörderGG). Die gegenwärtig noch gebotenen Möglichkeiten derartiger Steuervergünstigungen sind in Abbildung D-40 zusammengestellt.

Sonderabschreibungen (neben Regel-AfA)	
§ 7 g Abs. 5 und 6 EStG; R 7 g EStR	für abnutzbare bewegliche Anlagegüter bei kleinen und mittleren Unternehmen (5 Jahre insges. bis 20 %, auch neben degressiver AfA)
Erhöhte Absetzungen (statt Regel-AfA)	
§ 7 h EStG R 7h EStR	für bestimmte Erhaltungs-, Instandhaltungs- und Modernisierungsmaßnahmen zur städtebaulichen Sanierung und Entwicklung (8 Jahre je bis 9 %, dann 4 Jahre je bis 7 % der Herstellungskosten)
§ 7 i EStG R 7i EStR	für bauliche Erhaltungsmaßnahmen von Baudenkmälern (8 Jahre je bis 9 %, dann 4 Jahre bis zu 7 % der Herstellungskosten)

Abbildung D-40: Die wichtigsten Fälle der Sonderabschreibungen und erhöhten Absetzungen

Alle Sonderabschreibungen und erhöhten Absetzungen zeichnen sich dadurch aus, dass während eines sog. *Begünstigungszeitraums* die Möglichkeit eingeräumt wird, bis zu einem bestimmten Höchstsatz Absetzungen vorzunehmen, wobei die Inanspruchnahme regelmäßig dem Bilanzierenden überlassen bleibt. Er kann damit die Vorteile einer *temporären Steuerverschiebung* nutzen. Da jedoch auch bei höheren Absetzungen insgesamt nicht mehr als die Anschaffungs- oder Herstellungskosten abgesetzt werden dürfen, sind die Absetzungen in den Folgejahren nach Ablauf des Begünstigungszeitraums entsprechend niedriger. Dies hat im Regelfall zur Folge, dass die steuerliche Minderbelastung im Begünstigungszeitraum in späteren Perioden kompensiert wird, so dass letztlich nur eine Steuerverschiebung erreicht wurde. Diese verhilft jedoch zu den Vorteilen einer Liquiditätsverbesserung, Finanzierungshilfe und ggf. zu Zinsgewinnen.

Bei Inanspruchnahme von Sonderabschreibungen und erhöhten Absetzungen gelten eine Reihe von *Besonderheiten*, die in § 7a EStG zusammengefasst geregelt sind. So sind zum Beispiel

- im Begünstigungszeitraum anfallende *nachträgliche Erhöhungen oder Minderungen der Anschaffungs- und Herstellungskosten* noch für den Rest des Begünstigungszeitraums bei der Abschreibungsbemessung zu berücksichtigen (§ 7 a Abs. 1 EStG),
- erhöhte Absetzungen oder Sonderabschreibungen bereits für *Anzahlungen* auf Anschaffungskosten oder Teilherstellungskosten vornehmbar (§ 7a Abs. 2 EStG),
- bei erhöhten Absetzungen in jedem Jahr des Begünstigungszeitraums mindestens normale AfA vorzunehmen (*Mindest-AfA* gem. § 7a Abs. 3 EStG),
- neben Sonderabschreibungen ausschließlich lineare AfA, ggf. Gebäude-AfA, Leistungs-AfA und AfaA zulässig (§ 7a Abs. 4 EStG),
- bei Mehrfachbegünstigung erhöhte Absetzungen oder Sonderabschreibungen nur nach einer Begünstigungsvorschrift in Anspruch zu nehmen (*Kumulierungsverbot*, § 7a Abs. 5 EStG),
- Sonderabschreibungen und erhöhte Absetzungen bei Wirtschaftsgütern, die *mehreren Beteiligten* zuzurechnen sind – soweit bei den einzelnen Beteiligten die Voraussetzungen erfüllt sind –, nur anteilig und insoweit auch einheitlich vornehmbar (§ 7a Abs. 8 EStG),
- u.U. besondere *buchmäßige Nachweise* zu führen (§ 7a Abs. 9 EStG),
- bei Sonderabschreibungen nach Ablauf des Begünstigungszeitraums der Restwert auf die Restnutzungsdauer bzw. bei Gebäuden unter Berücksichtigung des von der Restnutzungsdauer abhängigen Abschreibungssatzes zu verteilen (*Restwertabschreibung* gem. § 7a Abs. 9 EStG). Die Restwertabschreibung bei erhöhten Absetzungen ist in den einzelnen Begünstigungsnormen differenziert geregelt.

ecd) Sofortabschreibung, Poolabschreibung und sonstige Bewertungsabschläge

Über die beschriebenen steuerlichen Wertminderungsmöglichkeiten hinaus existieren weitere Kürzungsmöglichkeiten von Aktivwerten:

- *Sofortabschreibung von geringwertigen Wirtschaftsgütern*[1]
Aus Gründen der Vereinfachung von Buchführungs-, Inventur- und Bilanzierungsarbeiten ermöglichen § 6 Abs. 2 und 2a EStG für bestimmte Wirtschaftsgüter des beweglichen abnutzbaren Anlagevermögens anstelle einer Aufwandsverteilung nach § 7 EStG einen sofortigen Abzug der Anschaffungs- und Herstellungskosten oder des Teilwerts als Betriebsausgaben. Weitere Voraussetzungen sind insbes., dass
  - die Anschaffungs-/Herstellungskosten oder der Einlagewert 800 (netto) nicht übersteigen und
  - das Wirtschaftsgut selbständig nutzungsfähig ist, d.h. dass es nicht nach seiner konkreten betrieblichen Zweckbestimmung in einem gemeinsamen Nutzungszusammenhang mit anderen Wirtschaftsgütern steht und mit diesen technisch abgestimmt ist.
- *Poolabschreibung für geringwertige Wirtschaftsgüter*
Selbständig nutzungsfähige, abnutzbare bewegliche Wirtschaftsgüter des Anlagevermögens, deren Netto-AHK oder Teilwerte zwar € 250, nicht aber € 1.000 überschreiten, können nach § 6 Abs. 2a EStG in einen jahrgangsbezogenen Sammelposten für

---

[1] Zu Einzelheiten siehe Kap. D.V.1.cb).

derartige Wirtschaftsgüter eingestellt werden. Diese reine Rechnungsgröße[1] ist über 5 Jahre mit normierten 20 % zu verteilen (sog. *Poolabschreibung*). Der Sonderposten ist unabhängig von Veränderungen in seiner Zusammensetzung (z.B. Ausscheiden einzelner Wirtschaftsgüter).
- *Weitere Bewertungsabschläge* kommen nach § 6b EStG und R 6.6 Abs. 3 EStR bei Reservenübertragungen und bei Investitionszuschüssen (R 6.5 Abs. 2 EStR) vor.

3. Zuschreibungen (Wertaufholungen) nach HGB, IFRS und EStG

a) Zuschreibungen und Zuschreibungsarten

Nur an wenigen Stellen in den Gesetzen (z.B. § 284 Abs. 3 S. 2 HGB, § 7 Abs. 1 S. 7 EStG) werden „Zuschreibungen" erwähnt, aber nicht definiert, sondern als Nichtbeibehaltung eines niedrigeren Wertes umschrieben. Als Pendant zur Abschreibung stellt die *Zuschreibung* eine wertmäßige Erhöhung des Buchwertes eines Bilanzansatzes im Rahmen einer Folgebewertung dar. Sie ist vom „Zugang", der mengenmäßig bestimmten positiven Veränderung, zu unterscheiden. Abgrenzungsprobleme gibt es bei zugleich wert- und mengenmäßigen Änderungen (z.B. nachträglichen Anschaffungs-/Herstellungskosten). Auch die IFRS kennen „Wertaufholungen" (IAS 36.109 ff.) und „Erhöhungen des Buchwertes" (IAS 16.39; IAS 38.85).

Zuschreibungsfähig sind nur Vermögensgegenstände, Vermögenswerte bzw. positive Wirtschaftsgüter, Buchwerterhöhungen bei Abgrenzungsposten oder Passiva fallen nicht unter den Begriff der Zuschreibung.

Auch für Zuschreibungen gilt das Prinzip der Einzelbewertung, wonach Zuschreibungsgebote und -verbote für jede Bewertungseinheit (bei IFRS auch für „Zahlungsmittelgenerierende Einheiten") separat zu betrachten sind; auch sind i.d.R. Verrechnungen mit Abschreibungen unzulässig.

Nach ihren Anlässen können in den drei Rechnungslegungssystemen verschiedene Zuschreibungsarten unterschieden werden (siehe Abb. D-41).

Zur Korrektur fehlgeschätzter planmäßiger Abschreibungen/AfA darf nach h.M. die Zuschreibung nicht verwendet werden, vielmehr ist eine Korrektur des Abschreibungsplans für die Zukunft notwendig. Das ergibt sich schon aus der Nichterwähnung von § 253 Abs. 3 S. 1 HGB in § 253 Abs. 5 HGB. Da sich die Vornahme von Zuschreibungen zur Korrektur fehlerhafter Bilanzwerte nach den Vorschriften und Grundsätzen der Bilanzberichtigung (siehe Kap. F.) zu richten hat, werden hier nur die anderen Zuschreibungsarten erörtert.

b) Zuschreibungen nach HGB

Gleichermaßen nach **HGB und IFRS** verbessern Zuschreibungen den Informationszweck des Jahresabschlusses. Über die Auflösung der Unterbewertung von Aktiva bewirkt die Zuschreibungen eine verbesserte Vermittlung eines den tatsächlichen Verhältnissen entsprechenden Bildes der Vermögenslage und bei abschreibbaren Bilanzobjekten über die zutreffendere künftige Aufwandsverrechnung auch eine verbesserte Darstellung der

---
[1] R 6.13 Abs. 6 EStR.

HGB	EStG	IFRS
1. Zuschreibungen/Wertaufholungen bei nachträglichem Wegfall der Gründe für a) eine vorausgegangene handelsrechtliche außerplanmäßige Abschreibung auf Anlagevermögen (§ 253 Abs. 3 S. 5 HGB), einschließlich des Finanzanlagevermögens (§ 253 Abs. 3 S. 6 HGB), ohne Firmen- und Geschäftswert (§ 253 Abs. 5 S. 2 HGB) b) eine niedrigere Bewertung von Umlaufvermögen nach dem strengen Niederstwertprinzip (§ 253 Abs. 4 HGB) (§ 253 Abs. 5 HGB)	1. Zuschreibungen bei fehlendem Nachweis eines niedrigeren Teilwertes bei a) abnutzbaren Wirtschaftsgütern (§§ 6 Abs. 1 Nr. 1 S. 4 EStG) b) nicht abnutzbaren und sonstigen Wirtschaftsgütern (§ 6 Abs. 1 Nr. 2 S. 3 EStG)	1. Wertaufholungen nach vorheriger Wertherabsetzung nach a) Werthaltigkeitstest gem. IAS 36 b) Einzelstandard ohne Werthaltigkeitstest (z. B. IAS 2)
2. Zuschreibungen auf den höheren beizulegenden Zeitwert beim Altersversorgungs-/Deckungsvermögen (§ 246 Abs. 2 S. 2 i.V.m. § 253 Abs. 1 S. 4 HGB)	2. Zuschreibungen bei Wegfall der Gründe für eine AfaA bei abnutzbaren Wirtschaftsgütern des Anlagevermögens (§ 7 Abs. 1 S. 6 EStG)	2. Wertaufholung/Buchwerterhöhungen ohne vorherige Wertherabsetzung nach IAS 36 bei Neubewertungen
3. Zuschreibungen zur Korrektur fehlerhafter Bilanzansätze	3. Zuschreibungen zur Korrektur fehlerhafter Bilanzansätze	3. Zuschreibungen zur Korrektur fehlerhafter Bilanzansätze

Abbildung D-41: Arten der Zuschreibungen

Ertragslage. Positive Effekte können sich auch durch den verbesserten Vermögens- und Eigenkapitalausweis auf das Unternehmensrating (Kreditwürdigkeit) und die Unternehmensbewertung ergeben.

Nach **HGB** kann sich auch eine *Zahlungsbeeinflussung* durch eine potentielle Erhöhung des verteilungsfähigen Gewinns, der sonstigen gewinnabhängigen Zahlungen und der Eigenkapitalquote bei der Zinsschranke ergeben.

Allerdings handelt es sich bei Zuschreibungen nur um Buchgewinne ohne finanziellen Hintergrund. Dem Bilanzierenden mögen Zuschreibungen in manchen Fällen zur Gewinnglättung bei Einbrüchen des operativen Ergebnisses nützlich sein, doch bedarf es in anderen Fällen auch einiger Regularien, um unerwünschte Auszahlungswirkungen zu vermeiden:

1. Für den Eigenkapitalanteil einer vorgenommenen Zuschreibung kann gem. §§ 29 Abs. 4 GmbHG, 58 Abs. 2a AktG eine *Wertaufholungsrücklage* gebildet werden.[1]

Damit soll es der zuschreibenden Kapitalgesellschaft ermöglicht werden, die Zuschreibungserträge im Unternehmen zu behalten. Die Wertaufholungsrücklage umfasst nur den Eigenkapitalanteil der Wertaufholung, das ist i.d.R. der Zuschreibungsbetrag, vermindert um die darauf entfaltenden Ertragsteuern. Im Regelfall beträgt der maximal der Rücklage zuzuführende Eigenkapitalanteil der Wertaufholung bei Kapitalgesellschaften ca. 70 % der Zuschreibung:

Wertaufholung	100
– Körperschaftsteuer (0,15)	15,0
– Solidaritätszuschlag (0,055 * KSt)	0,825
– Gewerbesteuer (Wertaufholung 100 * Messzahl 0,035 * Hebesatz 400 %)	14,0
Wertaufholungsrücklage	70,175

Für Zuschreibungserträge die auf Höherbewertungen von Altersversorgungs-/Deckungsvermögen beruhen, sind aus Gründen der Ertragsunsicherheit und des Gläubigerschutzes *Sperren für Ausschüttung und unternehmensvertragliche Gewinnabführung* vorgesehen (§§ 268 Abs. 8 HGB, 301 S. 1 AktG).

Weder das Realisationsprinzip noch der Grundsatz der Bewertungsstetigkeit behindern die Vornahme von Zuschreibungen: Eine Wertanpassung nach Wegfall der Abwertungsgründe korrigiert nur die vorangegangene ebenfalls diskontinuierliche (außerplanmäßige) Wertherabsetzung.

Mit dem BilMoG wurde ein umfassendes und rechtsformunabhängiges *Wertaufholungsgebot* im HGB eingeführt (§ 253 Abs. 5 S. 1 HGB). Einzige Ausnahme vom strikten Wertaufholungsgebot bildet ein *Wertaufholungsverbot* beim entgeltlich erworbenen Geschäfts- oder Firmenwert (§ 253 Abs. 5 S. 2 HGB). Bei diesem werden Wertaufholungen nach einer außerplanmäßigen Abschreibung als selbst geschaffen und damit nicht aktivierbar angesehen; ein niedrigerer Wertansatz ist auch bei Wegfall der Abwertungsgründe beizubehalten.

Grundvoraussetzung für die Wertaufholungspflicht ist der Wegfall der Gründe für bestimmte frühere Abschreibungen nämlich auf

- einem niedrigeren beizulegenden Wert bei voraussichtlich dauernder Wertminderung beim Anlagevermögen, unabhängig von der Abnutzbarkeit (§ 253 Abs. 3 S. 5 HGB),
- einen niedrigeren beizulegenden Wert bei voraussichtlich vorübergehender Wertminderung, wahlweise beim Finanzanlagevermögen (§ 253 Abs. 3 S. 6 HGB),
- einen niedrigeren aus dem Börsen- oder Marktpreis abzuleitenden Wert beim Umlaufvermögen (§ 253 Abs. 4 S. 1 HGB) oder

---

1 Entscheidungsberechtigt über die Rücklagenzuweisung sind bei einer AG Vorstand und Aufsichtsrat, bei einer GmbH die Geschäftsführung mit Zustimmung des Aufsichtsrates oder der Gesellschafter. Diese nicht unproblematische Regelung bewirkt, dass die Gewinnverteilungskompetenz der Gesellschafter zugunsten des Managements verschoben wird.

- einen niedrigeren beizulegenden Wert beim Umlaufvermögen, wenn ein Börsen- oder Marktpreis nicht feststellbar ist (§ 253 Abs. 4 S. 2 HGB).

Für diese Abschreibungen müssen *„die Gründe nicht mehr bestehen"*, damit zwingend eine Wertaufholung vorgenommen werden muss (§ 253 Abs. 5 S. 1 HGB), das heißt, dass die für die Wertminderung maßgebliche(n) Ursache(n) nicht mehr bestehen, also weggefallen sind. Umstritten ist dabei, ob ein teilweiser Wegfall[1] bei mehrerer Wertminderungstatsachen ausreicht. Nach Sinn und Zweck wird man die Zuschreibung dann wohl ursachenanteilig vornehmen müssen. Nach verbreiteter Meinung solle es allerdings nicht auf den Wegfall der ursprünglich maßgeblichen Gründe ankommen, wenn nur die Vermögensgegenstände einen höheren beizulegenden Wert aufweisen.[2]

Im Spezialfall der *Zuschreibung auf den höheren beizulegenden Zeitwert* (Altersversorgungs-/Deckungsvermögen) kommt es allerdings weder auf eine vorherige Wertminderung noch einen Wegfall der Gründe an.

Der Höhe nach ist eine Zuschreibung im Regelfall beschränkt durch

1. das Ausmaß der Werterhöhung; Die Zuschreibungen dürfen also die Differenz zwischen dem höheren beizulegenden Wert (bzw. Börsen-/Marktwert) und dem vorangehenden Buchwert nicht übersteigen.
2. den Umfang der bei Eintritt der Wertminderung seinerzeit vorgenommenen (apl.) Abschreibungen, denn nur ein durch diese Abschreibungen erreichter „niedrigerer Wertansatz" darf gem. § 253 Abs. 5 S. 1 HGB nicht mehr beibehalten werden. Dies gilt der Sicherung des Anschaffungskostenprinzips und der Vermeidung der Schaffung zusätzlichen Abschreibungspotentials.
3. die Berücksichtigung von planmäßigen Abschreibungen, die zwischenzeitlich hätten vorgenommen werden müssen. Aus dem HGB in der BilMoG-Fassung geht nicht mehr hervor, ob bei abnutzbaren Anlagen (fiktive) planmäßige Abschreibungen zwischen Wertminderung und Wertaufholung bei der Zuschreibung berücksichtigt werden.[3] Dabei stellt sich allerdings die Frage, ob der ursprüngliche, der modifizierte oder beide Abschreibungspläne für die Berücksichtigung der planmäßigen Abschreibungen maßgeblich sind.

Abbildung D-42 zeigt die Bestimmung der Höhe der Zuschreibungen an einem Beispiel mit vereinfachten Annahmen. Der ursprüngliche Abschreibungsplan ist nach der außerplanmäßigen Abschreibung (aplA) und nach der Zuschreibung (Zu) in seinen Buchwerten (BW) und Abschreibungen zu modifizieren. Die Zuschreibungen berücksichtigen drei

---

[1] Z.B. bei einer Forderungsabschreibung, wenn der weiter insolvenzgefährdete Schuldner eine Teilbürgschaft für die Schuld erhalten hat.
[2] Z.B. WPH 2017, F 193.
[3] Im außer Kraft getretenen § 280 Abs. 1 HGB a.F. war noch vorgeschrieben, dass der Betrag der früheren (aplm.) Abschreibungen „im Umfang der Werterhöhung unter Berücksichtigung der Abschreibungen, die inzwischen vorzunehmen gewesen wären" zuzuschreiben ist. Da der Gesetzgeber ausweislich der Gesetzesbegründung mit der Streichung von § 280 für Kapitalgesellschaften keine Änderungen bewirken wollte, kann man davon ausgehen, dass das Ausmaß der Zuschreibungen weiterhin im Sinne von § 280 Abs. 1 HGB a.F., d.h. unter Berücksichtigung zwischenzeitlicher planmäßiger Abschreibungen berechnet wird. Gl. A. WPH 2017, F 194.

Wertgrenzen und betragen 5. Die nicht realisierten Buchwerte und Abschreibungen sind in Klammern gesetzt, Fettdruck kennzeichnet den tatsächlichen Buchwertverlauf. Eine Restwertberücksichtigung erfolgt nicht.

		ursprünglicher Abschreibungsplan		beizulegender Wert	apl. Abschreibung	Zuschreibung	modifizierte Abschreibungspläne	
							nach aplA	nach Zu
	AK	100		100				
Jahr 1	pA1	− 20						
	BW1	80		85				
Jahr 2	pA2	− 20						
	BW2	(60)		45	− 15		45	
Jahr 3	pA3	(− 20)					− 15	
	BW3	(40)		25			30	
Jahr 4	pA4	(− 20)					− 15	
	BW4	(20)		35		5	(15)	20
Jahr 5	pA5	(− 20)					(− 15)	− 20
	BW5	(0)		5			(0)	0

Bestimmung des zulässigen Zuschreibungspotentials			
1. Grenze: Werterhöhung	Max. bzW4-aplBW4	35−15	(20)
2. Grenze: apl. Abschreibungen	Max. aplA	15	(15)
3. Grenze: Abschreibungsberücksichtigung	Max. plmBW4-aplBW4	20−15	5

Abbildung D-42: Beispiel zur Bestimmung der zulässigen Zuschreibungen
(Annahmen: Anlage mit Anschaffungskosten (AK) von 100; lineare planmäßige Abschreibung (plA) über eine Nutzungsdauer von 5 Jahren. Beizulegender Wert hat besonderen Wertverlust im 2. Jahr (45), der teilweise im 4. Jahr aufgeholt wird (35)).

Nur in den *Ausnahmefällen* der Buchwerterhöhungen (Neubewertung) beim Altersversorgungsvermögen und – bei Finanzinstituten – von Handelszwecken gehaltenen Finanzinstrumenten (Fall 2a/b) gelten die Restriktionen nicht, d.h. insbes., dass die historischen Anschaffungskosten überschritten werden können.

c) Zuschreibungen nach IFRS

Nach IFRS sind Zuschreibungen zu unterscheiden, die

- nach einem für den Vermögenswert angeordneten Wertminderungstest nach IAS 36 erfolgen (z.B. beim Anschaffungskostenmodell für Sachanlagen gem. IAS 16.3 oder für immaterielle Vermögensgegenstände gem. IAS 38.111),
- sich nach dem Neubewertungsmodell als eine Anpassung nach oben (Wertsteigerung, Buchwerterhöhung) darstellen (z.B. für Sachanlagen gem. IAS 16.39 oder für immaterielle Vermögenswerte gem. IAS 38.85) sowie
- sich nach speziellen Standards für nicht unter IAS 36 fallende Vermögenswerte ergeben (z.B. IAS 2.33 für Vorräte).

Durchweg bestehen auch hier *Wertaufholungsgebote*[1] – ausgenommen ist wie nach HGB die Zuschreibung eines Geschäfts- und Firmenwerts.[2]

Der *Hauptanwendungsfall* für Zuschreibungen dürfte der *impairment*-Test gem. IAS 36 sein. Dort sind mögliche Anhaltspunkte für eine Werterholung (ob ein früher erfasster Wertminderungsaufwand „nicht länger besteht oder sich vermindert haben könnte") aus internen und externen Informationsquellen an jedem Bilanzstichtag zu prüfen (IAS 36.110–112). Der ggf. höhere „erzielbare Betrag" ist zu schätzen (IAS 36.110) und auf ihn ist der Buchwert zu erhöhen (IAS 36.114). Obergrenze ist ein Buchwert (ggf. abzüglich Abschreibungen), der sich ergeben hätte, wenn früher kein Wertminderungsaufwand entstanden wäre (IAS 36.117).

Wird im Rahmen des Werthaltigkeitstests eine *zahlungsmittelgenerierende* Einheit gebildet und führt die Anwendung der für einzelne Vermögenswerte geltenden Regeln zu einer Wertaufholung, so ist diese auf die Vermögenswerte der CGU (außer auf den Geschäftswert) nach Buchwerten anteilig zu verteilen (IAS 36.122).

Obwohl nach IFRS keine direkte Zahlungswirkung der Zuschreibungserträge besteht, wird die Ertragswirkung von Zuschreibungserträgen in den Fällen der Buchwerterhöhung durch Neubewertung unter Umständen durch Einbuchung in einer *„Neubewertungsrücklage"* neutralisiert: Wertaufholungen bei neu bewerteten Vermögenswerten sind – soweit hierfür früher ein erfolgswirksam verbuchter Wertminderungsaufwand erfasst wurde – zwar ebenfalls ertragswirksam; soweit sie jedoch darüber hinausgehen werden sie erfolgsneutral im Eigenkapital in der *Neubewertungsrücklage* erfasst (IAS 36.120).

Zuschreibungen bei *Vorräten* erfolgen nach dem zuständigen Einzelstandard IAS 2 (Fall 1b). In IAS 2.33 werden zwei Zuschreibungsgründe für eine „Rückgängigmachung" der vorangegangenen Wertminderung genannt:

- Umstände, die früher zu einer Wertminderung der Vorräte auf einen Wert unter ihren Anschaffungs- oder Herstellungskosten geführt haben, bestehen nicht länger,
- ein substanzieller Hinweis auf eine Erhöhung des Nettoveräußerungswertes aufgrund geänderter wirtschaftlicher Gegebenheiten.

---

1 Generell IAS 36.110; IAS 16.59 für Sachanlagen, IAS 39.65/IFRS 9.5.5.7 für bestimmte Finanzanlagen.
2 IAS 36.124–125.

Der Höhe nach erfolgt die Zuschreibung so, dass der neue Buchwert dem niedrigeren Wert aus Anschaffungs- und Herstellungskosten und berichtigtem Nettoveräußerungswert entspricht, die früher vorgenommene Wertminderung darf aber nicht überschritten werden.

d) Zuschreibungen nach EStG
Steuerrechtlich wird mit der Zuschreibungspflicht eine Annäherung der Gewinnbesteuerung an das Leistungsfähigkeitsprinzip angestrebt, wenn nach einer Teilwertabschreibung oder AfaA eine Werterholung eingetreten ist. Steuerrechtlich sind demnach – rechtsformunabhängig – Zuschreibungen bei allen positiven Wirtschaftsgütern zwingend (*striktes Wertaufholungsgebot*, § 6 Abs. 1 Nr. 1 Satz 4 und Nr. 2 Satz 3 EStG). Das gilt sowohl bei Werterholungen nach vorhergehenden Teilwertabschreibungen (sog. *Teilwertaufholungen*), wie auch bei vorheriger AfaA (§ 7 Abs. 1 S. 6 EStG) oder unzureichendem Nachweis eines niedrigeren Teilwerts aufgrund einer dauerhaften Wertminderung (Fälle 1 a/b). Faktisch hat es der Steuerpflichtige aber in der Hand, durch Unterlassen des Nachweises eines niedrigeren Teilwertes bei späterer Werterholung eine Wertaufholung zu vermeiden.

Der Höhe nach kann sich das Ausmaß der Zuschreibungen in Handels- und Steuerbilanz insbes. bei Folgebewertungen unterscheiden, weil steuerrechtlich bis zum „höheren" Teilwert (höchstens aber zu den (ggf. fortgeführten) Anschaffungs- oder Herstellungskosten) zugeschrieben werden muss. Die AHK-Obergrenze gilt zwar regelmäßig auch im Handelsrecht, doch ist dort unterhalb davon eine Zuschreibung bis zum gestiegenen beizulegenden Wert bzw. Börsen- oder Marktwert geboten. Diese Werte müssen nicht immer mit dem Teilwert übereinstimmen, weil der Unternehmensbezug des Teilwerts, Teilwertvermutungen und -widerlegungen sowie Nachweismöglichkeiten hier eine Rolle spielen. Auch kommt es steuerlich nicht auf einen „Wegfall der Gründe" an, sondern nur auf die nachweisbare Höhe des Teilwerts.

In allen Fällen ergibt sich damit eine Zuschreibungspflicht in Höhe der Differenz zwischen dem letzten Buchwert (nach früherer Teilwertabschreibung) und dem aktuellen (höheren) Teilwert oder den höheren (ggf. fortgeführten) AHK, ggf. unter Berücksichtigung von steuerlichen Abzügen (§ 6b EStG, R 34, 35 EStR) oder den anzuwendenden Ersatzwerten. Eine über die (ggf. fortgeführten) historischen AHK hinausgehende „Neubewertung" kennt das Steuerbilanzrecht aber nicht.

V. Besonderheiten der Bewertung einzelner Bilanzpositionen nach HGB, IFRS und EStG

Mit den Wertbegriffen, den Verfahren der Wertermittlung und etwaigen Wertänderungen durch Zu- und Abschreibungen sind die Probleme des Ansatzes der Höhe nach allgemein beschrieben. Diese Grundlagen werden nun herangezogen und um bewertungsobjektspezifische Besonderheiten bei einzelnen Bilanzpositionen ergänzt.

1. Bewertungsbesonderheiten bei Aktiva

Die nach dem Gegenstand des Anlagevermögens unterschiedlichen Erst- und Folgebewertungen nach HGB zeigt Abbildung D-43.

a) Immaterielles Anlagevermögen (ohne Geschäfts- oder Firmenwert)

aa) Bewertung bei entgeltlichem Erwerb

Handelsrechtlich sind für die *Erstbewertung* entgeltlich erworbener Immaterialgüter die Anschaffungskosten zentraler Wertmaßstab (§§ 253 Abs. 1 S. 1 HGB).

Für die *Folgebewertungen* sind bei (regelmäßig) begrenzter Nutzungsdauer planmäßige *Abschreibungen*, vorzunehmen, wobei die Nutzungsdauer wegen der Flüchtigkeitsdauer von Immaterialgütern vorsichtig zu schätzen ist. Das gilt insbes. bei zeitlich beschränkter Nutzungsdauer. Auch eine formal unbegrenzte Nutzungsdauer wird sich häufig aus wirtschaftlichen Gründen als beschränkt herausstellen. Als Regel-Abschreibungsmethoden kommen insbes. lineare, degressive und leistungsabhängige Verfahren zur Anwendung. Bei außergewöhnlichen Werteinbußen (z.B. Nutzungsbeschränkungen, wirtschaftliche Überholung, neue Erfindungen) sind bei voraussichtlich dauernder Wertminderung außerplanmäßige Abschreibungen vorgeschrieben (§ 253 Abs. 3 S. 5 HGB). Bei Wegfall der a.o. Abschreibungsgründe besteht eine Zuschreibungspflicht bis zur Höhe der fortgeführten Anschaffungskosten (§ 253 Abs. 5 S. 1 HGB).

Nach **IFRS** sind *intangible assets* bei der *Zugangsbewertung* mit den Anschaffungs- oder Herstellungskosten (hier nur Anschaffungskosten) zu bewerten (IAS 38.24). Bei der Folgebewertung kann nach einem *mixed-model* zwischen dem Anschaffungskosten- und dem Neubewertungsmodell gewählt werden (IAS 38.72). Die Entscheidung ist gruppenbezogen, nicht selektiv zu treffen.

Beim *Anschaffungskostenmodell* ist der immaterielle Vermögenswert mit seinen Anschaffungs- oder Herstellungskosten abzüglich kumulierter planmäßiger Abschreibungen über die Nutzungsdauer und kumulierter Wertminderungsaufwendungen anzusetzen (IAS 38.74). Beim Abschreibungsvolumen ist u.U. ein Restwert zu berücksichtigen (IAS 38.10 ff.). Die Abschreibungsmethode hat dem Nutzenverlauf des Vermögensgegenstandes zu entsprechen, im Zweifel linear zu sein (IAS 38.97). Außerdem ist bei Indikatoren auf eine Wertminderung ein Impairmenttest nach IAS 36 vorzunehmen und ggf. auf einen gegenüber dem Buchwert niedrigeren *recoverable amount* abzuschreiben *(impairment loss)*, IAS 38.111. Bei unbegrenzter/unbestimmter Nutzungsdauer sind keine planmäßigen Abschreibungen vorzunehmen sondern nur Werthaltigkeitstests nach IAS 36 (IAS 38.108).

Besonderheiten der Bewertung einzelner Bilanzpositionen nach HGB, IFRS und EStG

		Anlagevermögen im Allgemeinen		Sonderfälle		
		nicht abnutzbar	abnutzbar	Geschäfts- oder Firmenwert	Finanzanlagevermögen	Altersversorgungs-/Deckungsvermögen
Erstbewertung		Anschaffungs- oder Herstellungskosten (§ 253 Abs. 1 S. 1 HGB)		Unterschiedsbetrag (§ 246 Abs. 1 S. 4 HGB)	Anschaffungskosten (§ 253 Abs. 1 S. 1 HGB)	**Gebot:** beizulegender Zeitwert (§ 253 Abs. 1 Satz 4 HGB)
Folgebewertungen	planmässige	**Verbot** (§ 253 Abs. 3 S. 1 HGB)	**Gebot** (§ 253 Abs. 3 S. 1, 2 HGB)	**Gebot** (§ 253 Abs. 3 S.5 HGB)	**Verbot** (§ 253 Abs. 3 S. 1 HGB)	
Abschreibungen	außerplanmässige — voraussichtlich dauernde Wertminderung		**Gebot** (§ 253 Abs. 3 S.5 HGB)			
	außerplanmässige — voraussichtlich vorübergehende Wertminderung	**Verbot** (§ 253 Abs. 3 S. 5 HGB)			**Wahlrecht** (§ 253 Abs. 3 S. 6 HGB)	
Zuschreibungen		**Gebot** (§ 253 Abs. 5 S. 1 HGB)		**Verbot** (§ 253 Abs. 5 S. 2 HGB)	**Gebot** (§ 253 Abs. 5 S. 1 HGB)	

Abbildung D-43: Bewertung des Anlagevermögens nach HGB

Das *Neubewertungsmodell* mit seiner Folgebewertung zum beizulegenden Zeitwert *(fair value)*, der auch über die historischen Anschaffungskosten hinausreichen kann, ist nur bei Existenz eines aktiven Marktes anzuwenden (IAS 38.81). Das Vorliegen eines *active market* verlangt u.a. homogene Güter, Vorhandensein vertragswilliger Marktteilnehmer, öffentlich bekannte Preise. Das ist bei immateriellen Werten, abgesehen von Standardsoftware u.ä., selten. Die alternativ zulässige Neubewertungsmethode widerspricht dem HGB.

Für immaterielle Anlagewerte mit begrenzter Nutzungsdauer werden in IAS 38.90 folgende Bestimmungsfaktoren der Nutzungsdauer genannt:

- voraussichtliche Nutzung,
- typischer Produktlebenszyklus oder Nutzungsdauer (bei unterschiedlicher technischer, wirtschaftlicher und rechtlicher Nutzungsdauer ist nach IAS 38.95 der kürzere Zeitraum zu wählen),
- technische oder kommerzielle Veralterung,
- Stabilität der Branche des Nutzers und Änderung der Produktnachfrage,
- Änderung der Produktnachfrage,
- voraussichtliches Konkurrentenverhalten,
- voraussichtliche Erhaltungsausgaben,
- Beherrschung des Vermögenswertes und rechtliche Nutzungsbeschränkungen ggf. mit ernsthaften Verlängerungsabsichten und
- Abhängigkeit von der Nutzungsdauer anderer Vermögenswerte.

Zuschreibungen sind obligatorisch beim Anschaffungskostenmodell bis zu den fortgeführten Anschaffungskosten, beim Neubewertungsmodell auch bis zum darüber hinausgehenden neuen beizulegenden Zeitwert, wobei der überschießende Teil über eine Neubewertungsrücklage erfolgsneutral bleibt.

Steuerbilanziell sind für entgeltlich erworbene Immaterialgüter die Anschaffungskosten zentraler Wertmaßstab (§ 6 Abs. 1 Nr. 1, 2 EStG). Bei (regelmäßig) begrenzter Nutzungsdauer kommen planmäßige AfA, bei außergewöhnlichen Werteinbußen (z.B. Nutzungsbeschränkungen, wirtschaftliche Überholung) AfaA oder Teilwertabschreibungen[1], wenn eine voraussichtlich dauernde Wertminderung nachgewiesen werden kann, optional in Betracht. Weil immaterielle Wirtschaftsgüter nicht als „beweglich" angesehen werden (R 7.1 Abs. 2 EStR) kommt bei der Folgebewertung nur lineare Absetzung, nicht leistungsabhängige AfA, degressive AfA und keine Sonderabschreibung nach § 7g EStG in Betracht. Aus gleichem Grund sind Sofort- oder Poolabschreibungen für geringwertige bewegliche Wirtschaftsgüter gem. §§ 6 Abs. 2 und 2a EStG ausgeschlossen.

Zuschreibungspflicht besteht bis zu den fortgeführten Anschaffungskosten, wenn die Gründe für einen niedrigeren Teilwertansatz oder für eine AfaA nicht mehr nachgewiesen werden können.[2]

---

1 §§ 7 Abs. 1 S. 7 bzw. 6 Abs. 1 Nr. 1 S. 2, Nr. 2 S. 2 EStG.
2 § 6 Abs. 1 Nr. 1 S. 4 und Nr. 2 S. 3 bzw. § 7 Abs. 1 S. 7 EStG.

ab) Bewertung bei nicht entgeltlichem Erwerb (Selbsterstellung)

Da nach **HGB** allein bei selbst geschaffenen Entwicklungsergebnissen u. U. eine Aktivierung zugelassen ist[1] tritt nur in diesem Fall ein Bewertungsproblem auf. Wird das Wahlrecht nach § 255 Abs. 2a S. 1 HGB im Sinne einer Aktivierung ausgeübt, so erfolgt die *Zugangsbewertung* zu Herstellungskosten (§ 253 Abs. 1 S. 1 HGB) im Umfang der bei der Entwicklung des immateriellen Vermögensgegenstands angefallenen Aufwendungen (*Entwicklungskosten*, § 255 Abs. 2a S. 1 HGB). Der Umfang der entwicklungsbedingten Herstellungskosten bestimmt sich nach dem allgemeinen Herstellungskostenbegriff[2] des § 255 Abs. 2 HGB, der eindeutigen Zurechnung zur Entwicklungsphase und dem Zeitpunkt des Entstehens eines Vermögensgegenstandes.[3] Unter Heranziehung der Definition der Entwicklung in § 255 Abs. 2a S. 2 HGB sind zur *Erstbewertung* des Entwicklungsergebnisses alle Aufwendungen (Vollkosten) für die Neu- oder Weiterentwicklung von Produkten und Verfahren heranzuziehen.

Die *Folgebewertung* richtet sich nach den oben beschriebenen Regeln über planmäßige und außerplanmäßige Abschreibung sowie Zuschreibung für entgeltlich erworbene immaterielle Anlagegüter. Besonders problematisch sind hier der Beginn der Abschreibungen (Betriebsbereitschaft, d. h. Ende der Entwicklungsphase), die Nutzungsdauer (Schätzung der voraussichtlichen Nutzung des Entwicklungsergebnisses), das Abschreibungsverfahren (linear, degressiv, leistungsabhängig, progressiv) und die Bestimmung des beizulegenden Wertes (absatz-, beschaffungsmarktorientiert oder Ertragswert). Ist in Ausnahmefällen eine verlässliche Schätzung der voraussichtlichen Nutzungsdauer nicht möglich, so gilt nach § 253 Abs. 3 S. 3 HGB seit dem BilRUG ein normierter Abschreibungszeitraum von 10 Jahren.

Auch über die Wertminderungsvoraussetzung einer „voraussichtlich dauernden Wertminderung" gibt es noch keine Konventionen, man wird sie jedoch annehmen können, wenn Zweifel an einer Beendigung des Entwicklungsprozesses oder an der späteren Nutzung bestehen (z. B. Aufkommen von konkurrierenden Produkten/Verfahren, technische oder rechtliche Durchführungsprobleme).

Nach herrschender Meinung sollen diese Bewertungsgrundsätze auch bei unentgeltlichem Erwerb immateriellen Anlagevermögens Anwendung finden.[4]

Auch die nach **IFRS** aktivierungspflichtigen selbst geschaffenen *Produkt- und Verfahrensentwicklungen* sind bei der *Zugangsbewertung* mit den entsprechenden direkt zurechenbaren Herstellungskosten des Vermögenswertes anzusetzen.[5] Der zeitliche Umfang der sog. Entwicklungskosten reicht zurück bis zu dem Zeitpunkt, zu dem die besonderen Ansatzkriterien (IAS 38.21, 22 und 57) erstmals erfüllt sind (IAS 38.65). Ausgeschlossen sind Kostenbestandteile wie z. B. Vertriebs- und Verwaltungsgemeinkosten,

---

1 Zu Einzelheiten s. Kap. C.IV.1.ac).
2 Zu Einzelheiten s. Kap. D.II.1.bb).
3 Nach anderer Auffassung auch schon die erstmalige hohe Wahrscheinlichkeit, dass ein Vermögensgegenstand entsteht (zukünftige Vermögensgegenstandseigenschaft). Zu Einzelheiten siehe Kap. C.II.1.a).
4 WPH 2017, F 293, 298.
5 Zu Einzelheiten IAS 38.66 ff.

Leerkosten und Ausgaben für Mitarbeiterschulung (IAS 38.67) sowie Nachaktivierungen (IAS 38.71).

Für die *Folgebewertung* stehen bei begrenzter Nutzungsdauer das Anschaffungskosten- und das Neubewertungsmodell zur Verfügung. Beim Anschaffungskostenmodell sind die fortgeführten Anschaffungskosten anzusetzen, beim Neubewertungsmodell der beizulegende Stichtagswert ohne Obergrenze der historischen Entwicklungskosten. Bei nicht begrenzter Nutzungsdauer und beim Anschaffungskostenmodell ist ein regelmäßiger Niederstwerttest nach IAS 36 vorzunehmen und ggf. auf einen gegenüber dem Buchwert niedrigeren *recoverable amount* abzuschreiben *(impairment loss)*.[1]

Steuerbilanziell stellt sich für selbsterstelltes immaterielles Anlagevermögen (einschl. Entwicklungsergebnisse) grundsätzlich die Bewertungsfrage wegen des uneingeschränkten Aktivierungsverbots des § 5 Abs. 2 EStG nicht. Ausnahmen bestehen, wenn steuerrechtliche Spezialvorschriften den Ansatz des gemeinen Wertes oder Teilwertes verlangen und dabei nicht auf das Erfordernis eines entgeltlichen Erwerbs abgestellt wird.[2]

b) Geschäfts- oder Firmenwert

Handelsbilanzrechtlicher Wertmaßstab bei *Erstbewertung* des allein bilanzierungspflichtigen entgeltlich erworbenen Geschäfts- oder Firmenwerts ist der *„Unterschiedsbetrag"* zwischen der Übernahmegegenleistung und dem übertragenen Reinvermögen zur Zeit einer Unternehmensübernahme (§ 246 Abs. 1 S. 4 HGB):[3]

Übernahmegegenleistung (Kaufpreis zzgl. Anschaffungsnebenkosten abzgl. Anschaffungspreisminderungen)
– Summe der Zeitwerte des übertragenen Rohvermögens (Anlage- und Umlaufvermögen, zahlungswirksame aktive Abgrenzungsposten)
+ Summe der Zeitwerte der übertragenen Schulden (Verbindlichkeitsrückstellungen, Verbindlichkeiten, zahlungswirksame passive Abgrenzungsposten)

= Geschäfts- oder Firmenwert zur Zeit der Übernahme

Das hauptsächliche Bewertungsproblem besteht hier in der Ermittlung der *Zeitwerte* der übernommenen Vermögensgegenstände und Schulden weil hierbei auch die geplanten Verwendungszwecke des Übernehmers eine Rolle spielen.

Ergibt sich ein negativer Betrag (Übernahmegegenleistung unterschreitet Reinvermögen) und verbleibt nach höchstzulässiger Abstockung der nichtmonetären Aktiva und Aufstockung der Passiva noch ein Restbetrag, so stellt dieser einen *negativen Geschäfts- oder Firmenwert* dar. Dieser ist als besonderer Ausgleichsposten gesondert zu passivieren und mit dem Restbetrag zu bewerten (§ 265 Abs. 5 S. 2 HGB).

---

1 IAS 38.111.
2 Beispiele: Einlagen (§ 6 Abs. 1 Nr. 5 EStG); unentgeltliche Übertragung (§ 6 Abs. 4 EStG), Übertragung aus/von ausländischer Betriebsstätte (§ 6 Abs. 5 EStG), Übertragung durch Tausch (§ 6 Abs. 6 EStG).
3 Siehe auch Kap. C.V.1.aad).

Bei der *Folgebewertung* finden – da der entgeltlich erworbene Geschäfts- oder Firmenwert nach § 246 Abs. 1 S. 4 HGB als zeitlich begrenzt nutzbarer Vermögensgegenstand fingiert wird – die Regeln für die Bewertung immaterieller Vermögensgegenstände mit begrenzter Nutzungsdauer Anwendung, insbes. müssen planmäßige Abschreibungen vorgenommen werden. Bei der Bestimmung der Nutzungsdauer und damit der Abschreibungsdauer sollen nach h.M. besonders der Entwertungsverlauf der Vorteile des Unternehmenserwerbs (z.B. der Synergien) und das Vorsichtsprinzip berücksichtigt werden.[1] Nur in den Ausnahmefällen, in denen eine verlässliche Schätzung der voraussichtlichen Nutzungsdauer nicht möglich ist, ist bei einem entgeltlich erworbenen Geschäfts- oder Firmenwert von einem Abschreibungszeitraum von 10 Jahren auszugehen (§ 253 Abs. 3 S. 4 i.V.m. S. 3 HGB).

Als besondere Anhaltspunkte zur Nutzungsdauerschätzung bei einem entgeltlich erworbenen *Geschäfts- oder Firmenwert* nennt die BilMoG-Begründung[2]:

- Art, voraussichtliche Bestandsdauer des erworbenen Unternehmens,
- Stabilität und Bestandsdauer der Branche des erworbenen Unternehmens,
- Lebenszyklus der Produkte des erworbenen Unternehmens,
- Veränderungen der Absatz- und Beschaffungsmärkte sowie der Rahmenbedingungen,
- Erforderliche Erhaltungsaufwendungen zur Realisierung des erwarteten ökonomischen Nutzens des Unternehmenserwerbs,
- Laufzeit wichtiger Absatz- und Beschaffungsverträge des erworbenen Unternehmens,
- voraussichtliche Tätigkeit von wichtigen Mitarbeitern/Mitarbeitergruppen für das erworbene Unternehmen,
- erwartetes Konkurrenzverhalten und
- voraussichtliche Dauer der Beherrschung des erworbenen Unternehmens.

Obligatorische außerplanmäßige Abschreibungen auf den niedrigeren beizulegenden Wert kommen in Betracht, wenn sich die durch den Kaufpreis bestimmenden Erwartungen nicht erfüllt haben, neue negative Erkenntnisse über das Geschäftsfeld des übernommenen Unternehmens vorliegen oder eine wesentliche Verschlechterung der wirtschaftlichen Verhältnisse eingetreten ist. Vorübergehende Wertminderungen bleiben allerdings unberücksichtigt (§ 253 Abs. 3 S. 5 HGB).

Zuschreibungen/Wertaufholungen dürfen beim Wegfall der Gründe für eine außerplanmäßige Abschreibung nicht vorgenommen werden (§ 253 Abs. 5 S. 2 HGB). Eine Aufwertung könnte auf der laufenden Geschäftstätigkeit des Unternehmens beruhen und damit zu einer verbotenen Aktivierung eines originären Geschäfts- oder Firmenwerts führen.

Ein etwaiger *negativer Geschäfts- oder Firmenwert* auf der Passivseite ist aufzulösen soweit in der Folgezeit die bei der Übernahme bestehenden negativen Erwartungen eingetreten (z.B. Verluste) oder weggefallen sind.[3] Auch wird vorgeschlagen, den Posten ent-

---

1 Vor der BilMoG-Reform ging der Gesetzgeber von einer Höchstnutzungsdauer von 4 Jahren aus (§ 255 Abs. 4 S. 2 HGB vor 2010), später von einer typischen Nutzungsdauer von 5 Jahren (§ 285 Nr. 13 HGB vor 2016).
2 BT-Drucks. 16/10067, S. 48. Anhaltspunkte für die Nutzungsdauer-Schätzungen enthält auch DRS 23 Tz. 121 für den Konzernabschluss.
3 ADS § 255 HGB Tz. 294.

sprechend dem konzernbilanziellen Unterschiedsbetrags aus der Kapitalkonsolidierung (§ 309 Abs. 2 HGB) aufzulösen, d.h. nach der Entstehungsursache erfolgswirksam oder neutral durch Umgliederung in die Rücklagen.[1]

Nach *IFRS* ist ein erworbener positiver goodwill beim *Zugang* mit der positiven Differenz aus Anschaffungskosten (Kaufpreis, bewertet zum beizulegenden Zeitwert im Erwerbszeitpunkt) des erworbenen Unternehmens und den i.d.R.[2] beizulegenden Nettozeitwerten *(fair values)* der übernommenen und identifizierbaren Vermögenswerte, Schulden und Eventualschulden als Anschaffungskosten zu bewerten (IFRS 3.32).

Bei den *Folgebewertungen* hat der Erwerber den goodwill zu diesem Betrag abzüglich aller kumulierter Wertminderungsaufwendungen zu bewerten (IFRS 3.54). Beachtenswert ist, dass nach IAS 36.80ff. eine planmäßige Abschreibung nicht erfolgen darf, stattdessen muss mindestens jährlich eine Überprüfung auf Wertminderung nach den Regeln des IAS 36 *(impairment-*Test) stattfinden (sog. *impairment only approach*). Die Ermittlung eines Wertminderungsbedarfs erfolgt auf der Ebene zahlungsmittelgenerierender Einheiten *(cash generating unit, CGU).*[3] Besonders problematisch ist dabei die Zuordnung des *goodwill* auf diese geschäftswerttragenden Einheiten (CGU, CGU-Gruppe), die sog. *Goodwill-Allokation.*[4]

Um die Aktivierung eines selbst geschaffenen *goodwill* zu verhindern, besteht – wie nach HGB – ein *Zuschreibungsverbot* (IAS 36.124 f.).

Eine Bewertungsfrage des *negativen Geschäftswerts (badwill)* besteht nicht, denn nach IFRS 3.36 ist ein nach Neubewertung der Vermögenswerte und Schulden noch verbliebener Überschuss nach erneuter Überprüfung der Bewertungen erfolgswirksam zu erfassen.

Steuerrechtlich ist ein derivativer Geschäftswert als abnutzbares Wirtschaftsgut bei Zugang mit den Anschaffungskosten zu bewerten (§ 6 Abs. 1 S.1 Nr. 2 EStG). Diese entsprechen dem Mehrbetrag aus der Differenz zwischen der Übernahmegegenleistung und dem zu Teilwerten bewerteten Reinvermögen (Unterschied aktiver und passiver Wirtschaftsgüter). Dabei sind auch nicht aktivierbare Wirtschaftsgüter (z.B. nicht entgeltlich erworbene immaterielle Anlagegüter, § 5 Abs. 2 EStG) einzubeziehen.

Für die *Folgebewertungen* ergibt sich aus der gesetzlichen Festlegung einer normierten betriebsgewöhnlichen Nutzungsdauer von 15 Jahren in § 7 Abs. 1 S. 3 EStG die Notwendigkeit einer fixen AfA von 1/15 jährlich. *Teilwertabschreibung* oder *AfaA* können bei voraussichtlich dauernder Wertminderung in Betracht kommen, doch sind die Nachweisbedingungen streng:[5]

Wenn der Teilwert aufgrund einer dauerhaften Wertminderung niedriger ist als die um die normierten AfA (1/15 p.a.) verminderten Anschaffungskosten, *kann* der niedrigere Teilwert angesetzt werden (autonomes steuerliches Wahlrecht).[6] Nachweispflichtig ist der

---

1 WPH 2017, F 307.
2 IFRS 3.22-31 schreibt begrenzte Ausnahmefälle vor, die nicht zum beizulegenden Nettozeitwert anzusetzen sind.
3 Siehe Kap. D.I.3.bb).
4 Zu Einzelheiten IAS 36.80–90.
5 Z.B. BFH v. 13.4.1983, BStBl 1983 II, 667 m.w.N.
6 § 6 Abs. 1 Nr. 2 S. 2 EStG, BFH v. 13.3.1991, BStBl 1991 II, 595; BFH v. 10.4.1990, BFH/NV 1991, 226.

Steuerpflichtige. Entweder muss sich die Zahlung eines Mehrbetrages als Fehlentscheidung erwiesen haben oder es muss sich der wirtschaftlichen Entwicklung des Unternehmens entnehmen lassen, dass der Geschäftswert durch die Minderung geschäftswertbildender Faktoren dauerhaft gesunken ist. Als Anhaltspunkte für eine Wertminderung gelten insbes. nachhaltig sinkende Umsätze und nachhaltig verminderte Rentabilität.

Danach ist die Höhe des Teilwertes nach einer „anerkannten Berechnungsmethode" zu ermitteln. Dazu gehören die von der Betriebswirtschaftslehre entwickelten *Verfahren der Unternehmensbewertung*. Die Rechtsprechung hat in der Vergangenheit insbes. die sog. direkte und indirekte Methode als geeignete Schätzverfahren gebilligt.[1]

- Die indirekte Methode
ermittelt den Geschäftswert überschlägig durch Abzug des Substanzwertes, berechnet aus den Teilwerten der einzelnen Wirtschaftsgüter des Betriebsvermögens, vom Gesamtwert des Unternehmens, der seinerseits ein modifizierter Ertragswert (kapitalisierter nachhaltiger Gewinn) ist:

$$GW = f \times \left(\frac{\varnothing JG}{i} - SW\right)$$

wobei
GW = Geschäftswert
SW = Substanzwert (Betriebsvermögen zu Teilwerten)
f = Abschlag für Fehler und Risiken (z.B. 50%)
ØJG = durchschnittlicher, nachhaltiger (mehrjähriger) Jahresgewinn
UL = ggf. angemessener Unternehmerlohn
i = Kapitalisierungszinsfuß.

- Die direkte Methode
kapitalisiert den Übergewinn, d.i. der nachhaltige Gewinn, der über die normale Verzinsung des eingesetzten Kapitals (Betriebsvermögen zu Teilwerten) hinausreicht, mit dem Kapitalisierungszinsfuß:

$$GW = \frac{\varnothing JG - (SW \times i + UL)}{i}$$

Der Kapitalisierungszinsfuß setzt sich zusammen aus einem Basiszins (Branchenzins oder landesübliche Rendite festverzinslicher Wertpapiere) und einem unternehmensspezifischen Risikozuschlag (i.d.R. 50–60%).

Inzwischen haben sich leistungsfähigere, auf dem Kapitalwertkalkül basierte Verfahren durchgesetzt. Zulässig – weil zu den anerkannten Bewertungsmethoden zählend – ist deshalb auch ein Geschäftswertermittlung über eine differenzierte Unternehmenswertermittlung auf Basis abgezinster Ertragsüberschüsse (Ertragswertverfahren) oder finanzieller Überschüsse (*discounted-cash-flow*-Verfahren) nach den Regeln des IDW-Standards S1[2] und wohl auch die analoge Anwendung der Bewertungsverfahren der §§ 11 Abs. 2 BewG (Ertragswertverfahren mit Substanzwertuntergrenze) oder § 199 ff. BewG (Vereinfachtes Ertragswertverfahren).[3]

---

1 Z.B. BFH v. 28.10.1976, BStBl 1977 II, 73 bzw. v. 8.12.1976, BStBl 1977 II, 409.
2 IDW S 1 i.d.F. von 2008, WPg-Supplement 3/2008.

Eine *Zuschreibung/Wertaufholung* ist steuerlich – im Gegensatz zu HGB und IFRS – obligatorisch, wenn sich die Minderungsgründe für einen niedrigeren Teilwert nicht mehr nachweisen lassen (§ 6 Abs. 1 Nr. 1 S. 4 EStG) – es sei denn es würde durch eigene Aufwendungen insoweit ein nicht aktivierbarer selbst geschaffener Geschäfts-/Firmenwert entstehen (§ 5 Abs. 2 EStG).

Verbleibt nach der gebotenen und möglichen (wegen des Nominalwertprinzips z. B. nicht bei Zahlungsmitteln) Abstockung der Buchwerte der aktivierten Wirtschaftsgüter ein negativer Restbetrag *(bad will)* so muss der entsprechend passive Ausgleichsposten bei Eintritt der künftigen kaufabhängigen Verluste erfolgserhöhend verrechnet und spätestens bei Beendigung des Unternehmens/der Beteiligung Gewinn erhöhend aufgelöst werden.[1]

c) *Sachanlagen*

ca) Allgemeines

Im **Handelsbilanzrecht** kommen für die *Zugangsbewertung* von Sachanlagen im Regelfall die Anschaffungs- oder Herstellungskosten in Betracht (§ 253 Abs. 1 S. 1 HGB). Auch die *Folgebewertung* geschieht nach allgemeinen Regeln: Bei Abnutzbarkeit erfolgt eine Verminderung der AHK bzw. des Vorjahresbuchwerts durch planmäßige Abschreibungen (§ 253 Abs. 3 S. 1 HGB) und außerplanmäßige Abschreibungen auf den niedrigeren beizulegenden Wert bei voraussichtlich dauernder Wertminderung (§ 253 Abs. 3 S. 5 HGB). Bei Wegfall der Gründe für eine außerplanmäßige Wertminderung besteht ein Zuschreibungsgebot (§ 253 Abs. 5 S. 1 HGB). Unter den Voraussetzungen des § 240 Abs. 3 i. V. m. § 256 S. 2 HGB kann eine Festbewertung in Betracht kommen.[2]

Auch nach den **IFRS** sind Sachanlagen bei der *Erstbewertung* mit den Anschaffungs- oder Herstellungskosten anzusetzen *(IAS 16.15)*, wobei es allerdings die oben und in IAS 16.16–19 beschriebenen Unterschiede der Wertbegriffe gibt. Beispielsweise sind – im Gegensatz zum Handelsrecht – Kosten des Abbruchs, der Demontage und Wiederherstellung des Standorts etc. den AHK zuzurechnen (IAS 16.16c).

Bei der *Folgebewertung* besteht ein Bewertungswahlrecht zwischen dem sog. Anschaffungskostenmodell und dem Neubewertungsmodell, das jedoch auf eine gesamte Klasse von Sachanlagen gemeinsam ausgeübt werden muss (IAS 16.29) und voraussetzt, dass der beizulegende Zeitwert verlässlich bestimmt werden kann (IAS 16.31).

Bei der Schätzung der Nutzungsdauer von Sachanlagen sind nach IAS 16.56 insbes. folgende Faktoren zu berücksichtigen:

- erwartete Nutzung unter Berücksichtigung von Kapazität und Ausbringungsmenge,
- erwarteter physischer Verschleiß unter Berücksichtigung von Reparaturen, Instandhaltung und Wartung,

---

3 Zur Anwendbarkeit des vereinfachten Ertragswertverfahrens im Ertragsteuerrecht vgl. BMF-Schr. v. 22. 9. 2011, BStBl 2011 I, 859.
1 BFH-Urteil vom 12. 12. 1996, BStBl II 1998, 180.
2 Siehe Kap. D.III.3.e).

- erwartete technische/gewerbliche Überholung durch Produktions- und Nachfragänderungen, sowie
- rechtliche Nutzungsbeschränkungen.

Bei Wahl des *Anschaffungskostenmodells* sind regelmäßig die fortgeschriebenen AHK anzusetzen, also planmäßige Abschreibungen vorzunehmen. Eine Besonderheit ist hier – im Gegensatz zum HGB – die Anwendung des Komponentenansatzes *(component accounting)*.[1] Dabei werden unselbständige, wesentliche Bestandteile einer Sachanlage separiert oder zusammengefasst mit gleicher Nutzungsdauer und Abschreibungsmethode abgeschrieben (IAS 16.43–45). Auch unwesentliche Bestandteile werden getrennt behandelt und u. U. zusammengefasst mit eigenen Nutzungsdauern und Abschreibungsmethoden abgeschrieben (IAS 16.46–47). Weitere Unterschiede zum HGB bestehen z. B. bei der Minderung des Abschreibungsvolumens durch den geschätzten Restwert. Das Abschreibungsverfahren muss dem erwarteten Nutzungsverbrauch entsprechen (IAS 16.60).[2] Neben dieser planmäßigen Abschreibung der Sachanlage ist bei Anzeichen für eine Wertminderung der Werthaltigkeitstest *(impairment test)* nach IAS 36[3] vorzunehmen (IAS 16.63). Ist der Buchwert größer als der erzielbare Betrag (höherer Betrag aus beizulegendem Zeitwert abzüglich Verkaufskosten und Nutzungswert), so besteht eine Pflicht zur Abschreibung des Buchwerts auf den erzielbaren Betrag (IAS 36.59). Ist der erzielbare Betrag nicht für die einzelne Sachanlage zu bestimmen, kommt die Bildung von zahlungsmittelgenerierenden Einheiten (CGUs) in Betracht. Wertminderungen (außerplanmäßige Abschreibungen) sind in der GuV-Rechnung erfolgswirksam. Außerdem ist an jedem Bilanzstichtag zu prüfen, ob die Gründe für eine vorangegangene außerplanmäßige Abschreibung (Wertminderung) ganz oder teilweise entfallen sind (IAS 36.110). Ist dies der Fall muss eine erfolgswirksame Wertaufholung (Zuschreibung) bis zur Höhe des neu ermittelten erzielbaren Betrag – jedoch nur bis zur Höhe der fortgeführten AHK – vorgenommen werden (IAS 36.10, 117, 119).

Bei Wahl des *Neubewertungsmodells* sind in regelmäßigen Abständen (3–5 Jahre, sofern nicht signifikante Zeitwertschwankungen eingetreten sind) Neubewertungen vorzunehmen, bei denen die Sachanlage mit dem Neubewertungsbetrag anzusetzen ist. Dieser entspricht dem beizulegenden Zeitwert am Tag der Neubewertung abzüglich nachfolgender kumulierter Abschreibungen und Wertminderungen (IAS 16.31). *Wertminderungen* (außerplanmäßige Abschreibungen) sind zunächst mit einer ggf. bestehenden Neubewertungsrücklage zu verrechnen, ein überschießender Teil ist erfolgswirksam (IAS 16.38). Ergibt die Neubewertung eine *Wertsteigerung* (Zuschreibung), so ist diese (erfolgsneutral) in die Eigenkapitalposition „Neubewertungsrücklage" einzustellen, es sei denn, die Buchwerterhöhung kompensiert eine in der Vergangenheit anlässlich einer Neubewertung des Vermögenswertes oder der CGU erfolgswirksam erfasste Wertminderung (IAS 16.39). Zwischen den Neubewertungszeitpunkten wird der Vermögenswert nach dem Anschaffungskostenmodell behandelt (planmäßige Abschreibungen, Werthaltigkeitstest nach IAS 36).

---

1 Im Einzelnen siehe hierzu Kap. D.I.3.c).
2 Zu weiteren Einzelheiten der planmäßigen Abschreibungen siehe Kap. D.IV.2.d).
3 Siehe hierzu Kap. D.IV.2.eb).

Steuerbilanziell entspricht die *Erstbewertung* von Sachanlagen grundsätzlich dem Vorgehen in der HGB-Bilanz: Unabhängig von der Abnutzbarkeit sind Sachanlagen mit den Anschaffungs- oder Herstellungskosten, u.U. (z.B. Einlagen) auch mit einem Ersatzwert (z.B. Teilwert) zu bewerten.[1] Als Abzüge von den AHK können Übertragungen stiller Reserven nach § 6b oder R 6.6 EStR in Betracht kommen – u.U. auch durch Auflösung entsprechender steuerfreier Rücklagen.[2] Seit Aufhebung der umgekehrten Maßgeblichkeit durch das BilMoG ist eine entsprechende handelsbilanzielle Vorgehensweise nicht mehr erforderlich.

Bei den *Folgebewertungen* ist zu unterscheiden, ob

- die Sachanlage abnutzbar oder nicht abnutzbar ($\rightarrow$ AfA/AfS oder keine Absetzungen),
- beweglich oder unbeweglich ist ($\rightarrow$ unterschiedliche AfA-Methoden),
- eine außerordentliche Wertminderung vorliegt, die nachweislich voraussichtlich dauerhaft oder vorübergehend ist ($\rightarrow$ AfaA oder Teilwertabschreibung),
- Gründe für eine Wertminderung weggefallen sind ($\rightarrow$ Zuschreibungs-/Wertaufholungspflicht),
- es sich um geringwertige Wirtschaftsgüter handelt ($\rightarrow$ Sofort- oder Poolabschreibung) und
- ob besondere Abschreibungsvergünstigungen ($\rightarrow$ erhöhte AfA oder Sonderabschreibungen) bestehen.

Bei abnutzbaren Wirtschaftsgütern des Anlagevermögens sind die Anschaffungs- oder Herstellungskosten oder der Ersatzwert grundsätzlich zu vermindern um[3]

- Absetzungen für Abnutzung nach § 7 EStG,
- ggf. erhöhte Absetzungen oder Sonderabschreibungen,
- ggf. (bei Ersatzbeschaffungen) Abzüge nach § 6b EStG oder R 6.6 EStR sowie
- Absetzungen für außergewöhnliche Abnutzungen nach § 7 Abs. 1 Satz 7 EStG.

Auch kann ein nachgewiesener niedriger Teilwert aufgrund einer voraussichtlich dauerhaften Wertminderung angesetzt werden (§ 6 Abs. 1 Nr. 1 Satz 2 EStG). Rechtsprechung[4] und Finanzverwaltung[5] sehen die Bedingung der Nachhaltigkeit als erfüllt an, wenn der Teilwert des Wirtschaftsgutes während seiner zu erwartenden Restnutzungsdauer überwiegend unter dem Buchwert bei normaler AfA liegt, also der Teilwert am Bilanzstichtag mindestens für die halbe Restnutzungsdauer unter dem planmäßigen Restbuchwert liegt.

Bei nicht abnutzbaren Sachanlagen (z.B. Grund und Boden) sind bei der Folgebewertung grundsätzlich die AHK oder ein Ersatzwert (z.B. Einlagewert), ggf. vermindert um einen Abzug nach § 6b EStG oder R 6.6 EStR anzusetzen. Auch hier kommt wahlweise ein nachgewiesener niedriger Teilwert aufgrund einer voraussichtlich dauernden Wertminderung in Betracht.[6] Nach Auffassung der Finanzverwaltung[7] kommt es darauf an, ob die

---

1 § 6 Abs. 1 Nr. 1 S. 1 bzw. Nr. 2 S. 1 EStG.
2 Zu Einzelheiten s. Kap. C.IV.1.ba) und D.V.2.b).
3 § 6 Abs. 1 Nr. 1 Satz 1, Nr. 1 Satz 4 EStG.
4 BFH v. 29.4.2009, BStBl 2009 II S. 899.
5 BMF-Schr. v. 25.2.2000, BStBl 2000 I S. 372.
6 § 6 Abs. 1 Nr. 2 Satz 3 i.V.m. Nr. 1 Satz 4 EStG.
7 BMF-Schr. v. 2.9.2016, BStBl 2016 I S. 995 Tz. 8.

Wertminderungsgründe voraussichtlich andauern werden. Der BFH hat die Nachhaltigkeitsbedingung bei nicht abnutzbarem Anlagevermögen als erfüllt angesehen, wenn aus Sicht des Bilanzstichtages aufgrund objektiver Anzeichen ernstlich mit einem langen Anhalten der Wertminderung gerechnet werden muss, also mehr Gründe für an Anhalten als für ein Vorübergehen sprechen.[1]

Kann oder wird ein niedrigerer Teilwert aufgrund einer voraussichtlich dauernden Wertminderung bei der Folgebewertung nicht nachgewiesen (werden), besteht *Wertaufholungspflicht* bis zu den historischen Anschaffungs- oder Herstellungskosten (ggf. um Abzüge und Absetzungen vermindert).

cb) Geringwertiges abnutzbares Anlagevermögen

Handelsrechtlich ist die sofortige Aufwandsverrechnung von AHK kleinwertiger Anlagegüter (AHK ursprünglich bis 100 DM, später 150 EUR, jetzt 250 EUR) aus Gründen der Wirtschaftlichkeit nach den GoB unbestritten.[2] Zeitweise bestand in § 254 HGB a. F. für geringwertige Wirtschaftsgüter (früher bis AHK von 410 EUR), eine gesetzliche Möglichkeit, die steuerbilanzielle Behandlung als „steuerrechtliche Abschreibungen" auch auf die Handelsbilanz zu übertragen. Nach Wegfall dieser handelsrechtlichen Öffnungsklausel für steuervorteilhafte Bewertungen kann eine – nicht mehr erforderliche – handelsbilanzielle Gleichbehandlung nur noch aus dem Grundsätzen der Wirtschaftlichkeit[3] und der Einheitlichkeit der Rechtsordnung gerechtfertigt werden. Eine steuerrechtlich angestrebte Vereinfachung (Wegfall planmäßiger AfA über die Nutzungsdauer) würde durch eine handelsrechtlich gebotene planmäßige Abschreibung konterkariert. Nach den GoB ist daher die Sofortabschreibung weiter zulässig, wenn es nicht zu einer wesentlichen Beeinträchtigung des Bildes der Vermögens- und Ertragslage kommt.[4]

Die Frage der handelsbilanziellen Behandlung des steuerlichen Sammelpostens nach § 6 Abs. 2a EStG hat der BilMoG-Gesetzgeber bewusst den GoB überlassen. Die Bildung eines Sammelpostens widerspricht eigentlich dem Einzelbewertungs-, Vollständigkeits- und Vorsichtsprinzip (§ 252 Abs. 1 HGB) und die Folgebewertungen können bei unter fünfjähriger Nutzungsdauer, außerordentlichen Wertminderungen und vorzeitigem Ausscheiden zu Überbewertungen führen. Nur mit großzügigen Wirtschaftlichkeitsaspekten gem. § 252 Abs. 2 HGB lässt sich eine dem Steuerrecht entsprechende Vorgehensweise in der Handelsbilanz vertreten. Nach Auffassung des HFA des IDW[5] kann die Verletzung handelsrechtlicher Prinzipien hingenommen werden, wenn der Sammelposten insgesamt von untergeordneter Bedeutung ist. Ist der Posten in einer Branche regelmäßig wesentlich (z.B. Hotelgewerbe, Getränkeindustrie), sind die fünfjährige Nutzungsdauer und die Bestandsverminderung zu überprüfen, um Überbewertungen auszuschließen. Aus diesem Grunde wird auch eine Sofortabschreibung des Sonderpostens als zulässig angesehen.[6]

---

1 BFH v. 26. 9. 2007, BFH/NV 2008, 432.
2 Vgl. Kap. C.IV.1.ab),
3 Vgl. Kap. B.II.10.b).
4 Vgl. WPH 2017, F 172, F 990. Dabei soll keine Bindung an die steuerbilanziellen Voraussetzungen und Höchstbeträge bestehen.
5 IDW-FN 2007 S. 506; ebenso WPH 2017, F 172.
6 WPH 2017, F 172.

Steuerrechtlich hat sich die Behandlung sog. geringwertiger Wirtschaftsgüter[1] mehrfach geändert: Nach der ab 2018 geltenden Regelung besteht – neben der Normalbehandlung einer Abschreibung über die betriebsgewöhnliche Nutzungsdauer (§ 7 Abs. 1 HGB) – ein Wahlrecht zwischen

- einer *Sofortabschreibung* (§ 6 Abs. 2 EStG) für Wirtschaftsgüter bis 800 EUR und
- einem *jahrgangsbezogenen Sammelposten* für Wirtschaftsgüter, deren Anschaffungs- oder Herstellungskosten oder Ersatzwert zwar 250 EUR, nicht aber 1.000 EUR überschreiten. Der Sammelposten ist als rein rechnerischer Wert über fünf Jahre linear aufzulösen (sog. *Poolabschreibung*). Die tatsächliche betriebsgewöhnliche Nutzungsdauer spielt dabei keine Rolle, Teilwertabschreibungen sind mangels Wirtschaftsgutcharakters nicht zulässig und selbst ein Ausscheiden des Wirtschaftsgutes aus dem Betriebsvermögen berührt das Sammelpostenverfahren nicht (§ 6 Abs. 2a S. 3 EStG).

Da es sich um eine originär steuerliche Regelung handelt ist die Ausübung nach dem Wegfall der umgekehrten Maßgeblichkeit unabhängig von der handelsbilanziellen Behandlung Für geringwertige Wirtschaftsgüter zwischen 250 und 800 Euro sind gem. § 6 Abs. 2 S. 4, 5 EStG besondere Dokumentationspflichten (in der laufenden Buchführung oder durch ein besonderes, laufend zu führendes Verzeichnis) erforderlich.

Neben den Wahlrechten nach § 6 Abs. 2 und Abs. 2a EStG bleibt aber auch der Verzicht darauf eine Alternative, d.h. die Aktivierung und planmäßige Abschreibung nach allgemeinen Regeln. Ob die Alternativen für alle geringwertigen Wirtschaftsgüter einer Wertkategorie einheitlich ausgeübt werden müssen ist fraglich – vorrangig gilt wohl Einzelbewertung; nur die Alternative des Sammelpostens ist nach § 6 Abs. 2a S. 5 für alle in einem Wirtschaftsjahr angeschafften, hergestellten oder eingelegten Wirtschaftsgüter einheitlich anzuwenden.

Abbildung D-44 zeigt die ab 2018 geltende steuerliche Regelung für geringwertige Wirtschaftsgüter i. S. d. § 6 Abs. 2 und 2a EStG.

cc) Einige Bewertungsbesonderheiten bei Immobilien

cca) Einige Bewertungsbesonderheiten bei Immobilien nach HGB

- Gesamtkaufpreisaufteilung

Beim Erwerb von bebauten Grundstücken muss eine Aufteilung der einheitlichen Anschaffungskosten auf Grund und Boden sowie Gebäude vorgenommen werden. Handelsrechtlich ist hierfür keine bestimmte Methode, nur Willkürfreiheit vorgeschrieben.[2] Eine primäre Aufteilung nach dem Kaufvertrag, sonst nach den Zeitwerten (Verkehrswerten) liegt nahe.[3]

- Nachträgliche Gebäudeaufwendungen

Während Aufwendungen für die Gebäudeerhaltung jedenfalls sofort erfolgswirksamen Erhaltungsaufwand darstellen (wobei es keine Verteilungsmöglichkeit beträchtlicher Erhaltungsaufwendungen auf mehrere Jahre gibt) sind andere nachträgliche Aufwendun-

---

1 Zu den Voraussetzungen von GWG s. Kap. C.IV.1.ab).
2 Siehe ADS § 255 Tz. 104 ff.
3 WPH 2017, F 324.

Besonderheiten der Bewertung einzelner Bilanzpositionen nach HGB, IFRS und EStG

Wahlweise Behandlung geringwertiger Wirtschaftsgüter in der Steuerbilanz				
	Regelabschreibung		Wirtschaftsjahrbezogenes Wahlrecht für geringwertige Wirtschaftsgüter	
AHK/Ersatzwert-Höhe (Nettobeträge)	(Selektive) Normalabschreibung über die planmäßige Nutzungsdauer (§ 7 Abs. 1, 2 EStG)	(Selektive) Sofortabschreibung (§ 6 Abs. 2 S. 1 EStG)		Sammelposten/Poolabschreibung mit obligatorischer Absetzung geringstwertiger Wirtschaftsgüter und einheitlicher Ausübung für alle GWG (§ 6 Abs. 2a EStG)
bis 250 EUR	Wahlrecht: Aufwandsverrechnung oder planmäßige AfA	Aufwandsverrechnung ohne besondere Dokumentationspflichten		Obligatorische Aufwandsverrechnung
über 250 EUR bis 800 EUR	Normale planmäßige AfA über die betriebsgewöhnliche Nutzungsdauer	Sofortabschreibung mit besonderen Dokumentationspflichten		Obligatorischer jahrgangsbezogener, wirtschaftsgutunabhängiger Sammelposten mit linearer Poolabschreibung über 5 Jahre (20 % p.a.)
über 800 EUR bis 1000 EUR		Normale planmäßige AfA über die betriebsgewöhnliche Nutzungsdauer		

Abbildung D-44: Behandlung geringwertiger Wirtschaftsgüter in der Steuerbilanz

gen als Herstellungskosten zu aktivieren, wenn sie die Kriterien des § 255 Abs. 2 HGB erfüllen (Herstellung eines Vermögensgegenstandes, Erweiterung, wesentliche Verbesserung). Im diesem Fall sind die Aufwendungen als Buchwertzugang beim vorhandenen Gebäude zu aktivieren und über die Restnutzungsdauer abzuschreiben.

- Abbruchkosten

Kosten des Gebäudeabbruchs sind Anschaffungsnebenkosten wenn beim Erwerb mit dem Abbruch und eine Neuerrichtung eines Gebäudes gerechnet wird; sonst und wenn das Gebäude schon länger als Anlagevermögen diente, laufender Aufwand. Bei einem objektiv wertlosen Gebäude gehören die Abbruchkosten zu den Anschaffungskosten des Grund und Bodens.[1]

ccb) Einige Bewertungsbesonderheiten bei Immobilien nach IFRS

- Renditeimmobilien

Eine eigene Bewertungsklasse stellen Immobilien dar, die als Finanzinvestition gehalten werden (Renditeimmoblien, *investment properties*). Das sind Immobilien, die zur Erzielung von Mieteinnahmen und/oder einer Wertsteigerung gehalten werden, nicht zur Herstellung oder Lieferung von Gütern bzw. Erbringung von Dienstleistungen oder für Verwaltungszwecke und auch nicht zum Verkauf im Rahmen der gewöhnlichen Geschäftstätigkeit des

---

1 WPH 2017, F 325.

Unternehmens (IAS 40.5). Ihre unterschiedliche Behandlung wird auf die unterschiedlichen *cashflows* zurückgeführt, die aus ihnen und den übrigen, vom Eigentümer genutzten Vermögenswerten für die gewöhnliche Unternehmenstätigkeit resultieren (IAS 40.5).

Auch Renditeimmoblien werden bei der *Erstbewertung* mit den AHK angesetzt (IAS 40.20–29). Bei der *Folgebewertung* besteht ein einheitlich für alle Renditeimmobilien auszuübendes Unternehmenswahlrecht[1] zwischen dem Konzept („Modell") des beizulegenden Zeitwerts *(fair value model)* und dem sog. Anschaffungskostenmodell (eigentlich: Konzept der Anschaffungs- und Herstellungskosten, *cost model*). Beim *fair value model* (IAS 40.33–55) werden die Renditeimmobilien mit dem beizulegenden Zeitwert, i.d.R. nach dem durch unabhängige Gutachter ermittelten beizulegenden Zeitwert zum Bilanzstichtag (IAS 40.32) bewertet und sämtliche Veränderungen des Zeitwerts (Zu- und Abschreibungen) erfolgswirksam erfasst (IAS 40.35). Im Gegensatz zum sog. Neubewertungsmodell erfolgt bei AHK-Überschreitungen keine erfolgsneutrale Bildung einer Neubewertungsrücklage.

Bei einem *aktiven Markt* orientiert sich der beizulegende Zeitwert von Renditeimmoblien an den aktuellen Preisen ähnlicher Immobilien (IFRS 13.81–95). Existiert *kein aktiver Markt*, so ist der beizulegende Zeitwert aus aktuellen Preisen abweichender Immobilien abzuleiten und eine den Unterschieden entsprechende Anpassung vorzunehmen oder aus angepassten früheren Preisen oder aus diskontierten cash-flow-Prognosen (IFRS 13.86–90) zu bestimmen.

Zwischen beiden Bewertungsmodellen gibt es Zusammenhänge, beispielsweise:[2]

- Operating-Leasing-Objekte mit Leasingnehmer-Klassifikation als Finanzinvestition sind stets nach dem Zeitwertmodell zu bewerten (IAS 40.34),
- eine fortwährend nicht zuverlässige Bestimmbarkeit des beizulegenden Zeitwerts verlangt Anwendung des Anschaffungskosten-Modells (IAS 40.53),
- bei einer Nutzungsänderung von der Renditeimmobilie zur eigentümergenutzten Immobilie ist der beizulegende Zeitwert zur Zeit des Wechsels Ausgangsbasis (AHK) für die künftige Bewertung nach IAS 16 (IAS 40.60) und
- ein Wechsel der Bewertungsmethoden ist nur zulässig, wenn er zu einer sachgerechteren Darstellung führt, wozu ein Wechsel zum AHK-Modell nach Auffassung des Standardsetters höchst unwahrscheinlich führt (IAS 40.31).

- Abbruchkosten

Nach IAS 16.16 c gehören die Kosten für Abbruch/Abräumen/Standortwiederherstellung u.U. zu den Anschaffungs- und Herstellungskosten, wenn das Unternehmen dazu verpflichtet ist. Übrige Fälle sind ungeregelt.

- Nachträgliche Anschaffungs- und Herstellungskosten

Kosten für Instandhaltungen, Wartungen und Inspektionen sind laufender Aufwand, es sei denn die allgemeinen Ansatzkriterien (wahrscheinlicher künftiger Nutzenzufluss, verlässliche Ermittlung) werden erfüllt (IAS 16.12–14).

---

1 IAS 40.30, 33, 56.
2 Weitere Fälle IAS 40.53, 61, 65.

ccc) Einige Bewertungsbesonderheiten bei Immobilien nach EStG

Steuerbilanzrechtliche Besonderheiten ergeben sich – ausführlich geregelt – vor allem bei der Gesamtkaufpreisaufteilung, der Gebäude-AfA, bei Instandsetzungs- und Modernisierungsaufwendungen von Gebäuden, beim Gebäudeabbruch sowie bei Mieterbauten an Gebäuden.

- Gesamtkaufpreisaufteilung

Bei der Erstbewertung folgt die Aufteilung eines einheitlichen Kaufpreises für ein bebautes Grundstücks grundsätzlich dem Kaufvertrag. Nur wenn die vertragliche Aufteilungsregelung einen Gestaltungsmissbrauch darstellt und wirtschaftlich nicht haltbar ist oder keine Aufteilungsregelung getroffen wurde erfolgt die Aufteilung nach dem Verhältnis der Verkehrswerte oder Teilwerte des Gebäudes und des Grund und Bodens[1]. Bei unterschiedlicher Nutzung eines Gebäudes (z.B. eigenbetrieblich, vermietet, privat) sind die Gebäude-AHK weiterhin i.d.R. im Verhältnis der Nutzfläche auf die Gebäudeteile aufzuteilen (R 4.2 Abs. 6 EStR).

- Gebäude-AfA

Bei den Folgebewertungen ergeben sich diffizile Besonderheiten bei den AfA für zu einem Betriebsvermögen gehörende, für eigenbetriebliche Zwecke oder für zu Wohnzwecken genutzte Gebäude und Gebäudeteile. Prinzipiell sind grundsätzlich lineare Abschreibungen mit normierten Nutzungsdauern/AfA-Sätzen maßgeblich (§ 7 Abs. 4 EStG) – unterschiedlich nach dem Zeitpunkt des Bauantrags, Kaufvertrags oder der Fertigstellung. Bei tatsächlich niedrigerer als der durch den AfA-Satz normierten Nutzungsdauer besteht ein Abschreibungswahlrecht nach der tatsächlichen Nutzungsdauer (§ 7 Abs. 4 S. 2 EStG). Unter bestimmten Bedingungen waren bis 2005 auch verschiedene stufendegressive Gebäude-AfA wahlweise zulässig (§ 7 Abs. 5 EStG). Einzelheiten zeigt Abbildung D-45.

- Nachträgliche Gebäude-Herstellungskosten

Aufwendungen für die Instandhaltung und Modernisierung von Gebäuden (Gebäudeteilen) können gewertet werden als[2]

- aktivierungspflichtige Herstellungskosten (HK), nämlich als
  - *ursprüngliche* HK eines praktisch neuen Wirtschaftsgutes (Schaffung eines „Secundum" z.B. durch Generalüberholung eines voll verschlissenen Wirtschaftsgutes) oder
  - *nachträgliche* HK des ursprünglichen Wirtschaftsgutes in den Fällen
    - einer wesentlichen Verbesserung (Veränderung der Verwendungs-/Nutzungsmöglichkeiten zu einem „Aliud") oder
    - Erweiterung (Schaffung eines „Plus", z.B. Vergrößerung, Ausbau)

oder

- sofort abzugsfähige *Erhaltungsaufwendungen.*

---

1 BFH v. 10.10.2000, BStBl 2001 II, 183 m.w.N. und v. 16.9.2015. BStBl 2010 II, 398.
2 BFH v. 9.5.1995, BStBl 1996 II, 622.

AfA-Methode	Gebot zu linearer Gebäude-AfA				Wahlrecht zu stufendegressiver AfA				
Anwendungsbereich	■ Betriebsvermögen ■ keine Wohnzwecke ■ Bauantrag nach 31.3.1985		mindestens ein Kriterium unerfüllt		mindestens eines der ersten drei Kriterien unerfüllt ■ Betriebsvermögen ■ keine Wohnzwecke ■ Bauantrag nach 31.3.1985 ■ in EU/EWR belegen ■ Herstellung/Anschaffung im Fertigstellungsjahr (Bauherr) teilweise nur bei Wohnzwecken (§ 7 Abs. 5 Nr. 3 a–c EStG)				
	Bauantrag/Kaufvertrag		Fertigstellung			Bauantrag/Kaufvertrag			
	bis 31.1.2000	ab 1.1.2001	bis 31.12.1925	ab 1.1.1925	bis 31.12.1993	vor 1.1.1995	1.3.1989 – 31.12.1995	1.1.1996 – 31.12.2003	1.1.2004 – 31.12.2005
jährliche AfA-Sätze	4 %	3 %	2,5 %	2 %	4 Jahre 10% 3 Jahre 5 % 18 Jahre 2,5%	8 Jahre 5 % 6 Jahre 2,5 % 36 Jahre 1,25%	4 Jahre 7% 6 Jahre 5% 6 Jahre 2 % 24 Jahre 1,25%	8 Jahre 5% 6 Jahre 2,5% 36 Jahre 1,25%	10 Jahre 4% 8 Jahre 2,5% 32 Jahre 1,25%
Rechtsgrundlage	§ 52 Abs. 21b EStG	§ 7 Abs. 4 Nr. 1 EStG	§ 7 Abs. 4 Nr. 2 a/b EStG		§ 7 Abs. 5 Nr. 1 EStG	§ 7 Abs. 5 Nr. 2 EStG	§ 7 Abs. 5 Nr. 3 a EStG	§ 7 Abs. 5 Nr. 3 b EStG	§ 7 Abs. 5 Nr. 3c EStG
Wahlrecht zur tatsächlichen Nutzungsdauer wenn	< 25 Jahre	< 33 Jahre	< 40 Jahre	< 50 Jahre					
	§§ 7 Abs. 4 S. 2, 52 Abs. 21 b EStG								

Abbildung D-45: Gebäude-AfA nach EStG

Bei den nachträglichen HK durch wesentliche Verbesserung unterscheiden Rechtsprechung und Finanzverwaltung die Fälle eines anschaffungsnahen und anschaffungsfernen Herstellungsaufwands.

Als Herstellungskosten sind auch die sog. *anschaffungsnahen Gebäudeherstellungskosten* zu behandeln (§ 6 Abs. 1 Nr. 1a EStG). Letztere liegen vor, wenn in zeitlicher Nähe zur Anschaffung (3-Jahresfrist) im Verhältnis zum Kaufpreis hohe (mehr als 15%) Aufwendungen für Instandsetzungen oder Modernisierungen anfallen. In diesem Fall wird – unabhängig von der handelsbilanziellen Einordnung (Bewertungsvorrang § 5 Abs. 6 EStG) – ohne weiteres Herstellungsaufwand angenommen weil aus steuerlicher Sicht die Aufwandshöhe und der zeitliche Zusammenhang mit der Anschaffung nicht für Erhaltung, sondern für eine wesentliche Verbesserung des Zustandes vom Erwerbszeitpunkt sprechen. Aufwendungen für Erweiterungen und laufende Erhaltung sind ausdrücklich ausgenommen.[1]

Spätere Herstellungskosten verlangen eine „wesentliche Verbesserung" gegenüber dem ursprünglichen Zustand zur Zeit der Herstellung oder des Erwerbs. Eine solche ist bei betrieblich genutzten Gebäuden dann anzunehmen, wenn eine neue betriebliche Gebrauchs- oder Verwendungsmöglichkeit oder eine höherwertige Nutzbarkeit geschaffen wird.[2] Nachträgliche HK durch *Erweiterung* kommen vor allem in Betracht, wenn die Substanz vermehrt, die Nutzfläche vergrößert oder nachträglich Bestandteile eingebaut werden.

Erhaltungsaufwendungen werden hingegen zur zeitgemäßen Substanz erhaltenden Erneuerung getätigt; sie können auch geballt in beträchtlicher Höhe, den Gebäudewert erhöhend oder zusammen mit Verbesserungs- und Erweiterungsmaßnahmen anfallen. Ihre Kennzeichen sind im Regelfall[3]

- der Ersatz von einzelnen Teilen eines Gebäudes (sog. Substanz erhaltende Bestandteilserneuerungen),
- die regelmäßige Wiederkehr in ungefähr gleicher Höhe,
- die Erhaltung der bisherigen Verwendungs- und Nutzungsmöglichkeiten,
- die Erhaltung des ordnungsmäßigen Zustandes von Teilen oder des gesamten Gebäudes.

Eine *Bagatellgrenze* der Finanzverwaltung gestattet es, Herstellungsaufwand von bis zu EUR 4000 je Baumaßnahme als sofort abzugsfähigen Erhaltungsaufwand zu behandeln.[4] Praktisch erfolgen oft aus Zweckmäßigkeitsgründen *gebündelte Bau- und Renovierungsmaßnahmen*. Besteht dabei ein enger räumlicher, zeitlicher und sachlicher Zusammenhang zwischen Erhaltungs- und Herstellungsaufwand im Sinne eines einheitlichen Vorgangs, so soll nach der Rechtsprechung insgesamt Herstellungsaufwand vorliegen, wenn die Maßnahmen bautechnisch ineinandergreifen, ansonsten hat eine schätzungsweise Aufteilung zu erfolgen.[5]

---

1 § 6 Abs. 1 Nr. 1a S. 2 EStG. Vgl. auch BFH v. 14.6.2016, BStBl 2016 II, 992, 999.
2 BFH v. 25.1.2006, BStBl 2006 II S. 707; BFH v. 25.9.2997, BStBl 2008 II, 218.
3 BFH v. 25.8.1989, BStBl 1990 II, 79 m. w. N.
4 R 21.1 Abs. 2 EStR.
5 BFH v. 15.10.1996, BFH/NV 1997, 390; BFH v. 9.5.1995, BStBl 1996 II, 631 und v. 10.5.1995, BStBl 1996 II, 639.

Zu den Prüfkriterien für Herstellungs- und Erhaltungsaufwand siehe Abbildung D-46.

- Gebäudeabbruch

Eine besondere Problematik ergibt sich, wenn *Gebäude abgebrochen* werden, um den Grund freizumachen oder ein neues Gebäude zu errichten. Der Restbuchwert des Abbruchgebäudes ist dabei sofort erfolgswirksam auszubuchen (AfaA) oder als abschreibbare Herstellungskosten des Neubaus oder als nichtabschreibbare nachträgliche Anschaffungskosten (mAK) des Grundes zu behandeln. Die Abbruchkosten teilen regelmäßig das Schicksal des Restbuchwertes. Rechtsprechung[1] und Finanzverwaltung[2] haben hierzu eine Reihe von Kriterien aufgestellt (Werthaltigkeit des Abbruchgebäudes, – u.U. widerlegbar vermutete – Abbruchabsicht und Zusammenhang mit Neubau oder Planierung), deren Verknüpfungen Abbildung D-47 zeigt. Diese Grundsätze gelten sowohl für den Total- wie auch für den Teilabbruch.

- Mieterbauten

Die Bewertung von *Mieterbauten* richtet sich nach der Würdigung als Scheinbestandteil, Betriebsvorrichtung oder selbständiger Gebäudeteil.[3] In den beiden erstgenannten Fällen wird nach den Grundsätzen für bewegliches, abnutzbares Anlagevermögen bewertet, im letztgenannten Fall nach Gebäudegrundsätzen.[4] Die betriebsgewöhnliche Nutzungsdauer von Mietereinbauten wird grundsätzlich durch deren Nutzungsdauer selbst und durch die ggf. kürzere Dauer des Mietverhältnisses bestimmt.[5] Bei selbständigen Gebäudeteilen, die nach den Gesichtspunkten des Funktionszusammenhanges oder des wirtschaftlichen Eigentums zugerechnet werden, gelten jedoch die normierten Nutzungsdauern der Gebäudeabschreibungen.

cd) Zur Veräußerung gehaltene Sachanlagen nach IFRS

Eine weitere, nach einem eigenen Konzept zu bewertende und gesondert auszuweisende Vermögensklasse bilden die langfristigen Vermögenswerte (Veräußerungsgruppen), die zur Veräußerung gehalten werden (IFRS 5).[6] Es handelt sich dabei um langfristige Vermögenswerte, deren Buchwert überwiegend durch ein (sofort mögliches und höchstwahrscheinliches) Veräußerungsgeschäft und nicht durch fortgesetzte Nutzung realisiert wird (IFRS 5.6-8). Diesen einzelnen zur Veräußerung gehaltenen Vermögenswerten weitgehend gleichgestellt – aber doch mit Sonderregelungen versehen – ist eine sog. *Veräußerungsgruppe* (Abgangsgruppe), das ist eine Gruppe von Vermögenswerten, die in einer einzigen Transaktion veräußert werden (IFRS 5.4).[7] Von der Bewertung nach IFRS 5 aus-

---

1 BFH v. 4. 12. 1984, BStBl 1985 II, 208; v. 15. 2. 1989, BStBl II, 604; v. 20. 4. 1993, BStBl II, 504; v. 25. 1. 2006, BStBl 2006 II, 707.
2 H 6.4 EStR.
3 Siehe Kap. C.V.1.ab).
4 BFH-Urteil v. 15. 10. 1996, BStBl 1997 II, 533.
5 BFH v. 28. 7. 1993, BStBl 1994 II, 164.
6 Die Vermögensklasse geht über Sachanlagen hinaus, beschränkt andererseits aber auch Sachanlagen, siehe IFRS 5.2.
7 Zur Gruppe können auch andere Vermögenswerte als nach IFRS 5 zur Veräußerung gehaltene langfristige Vermögenswerte sowie Schulden gehören.

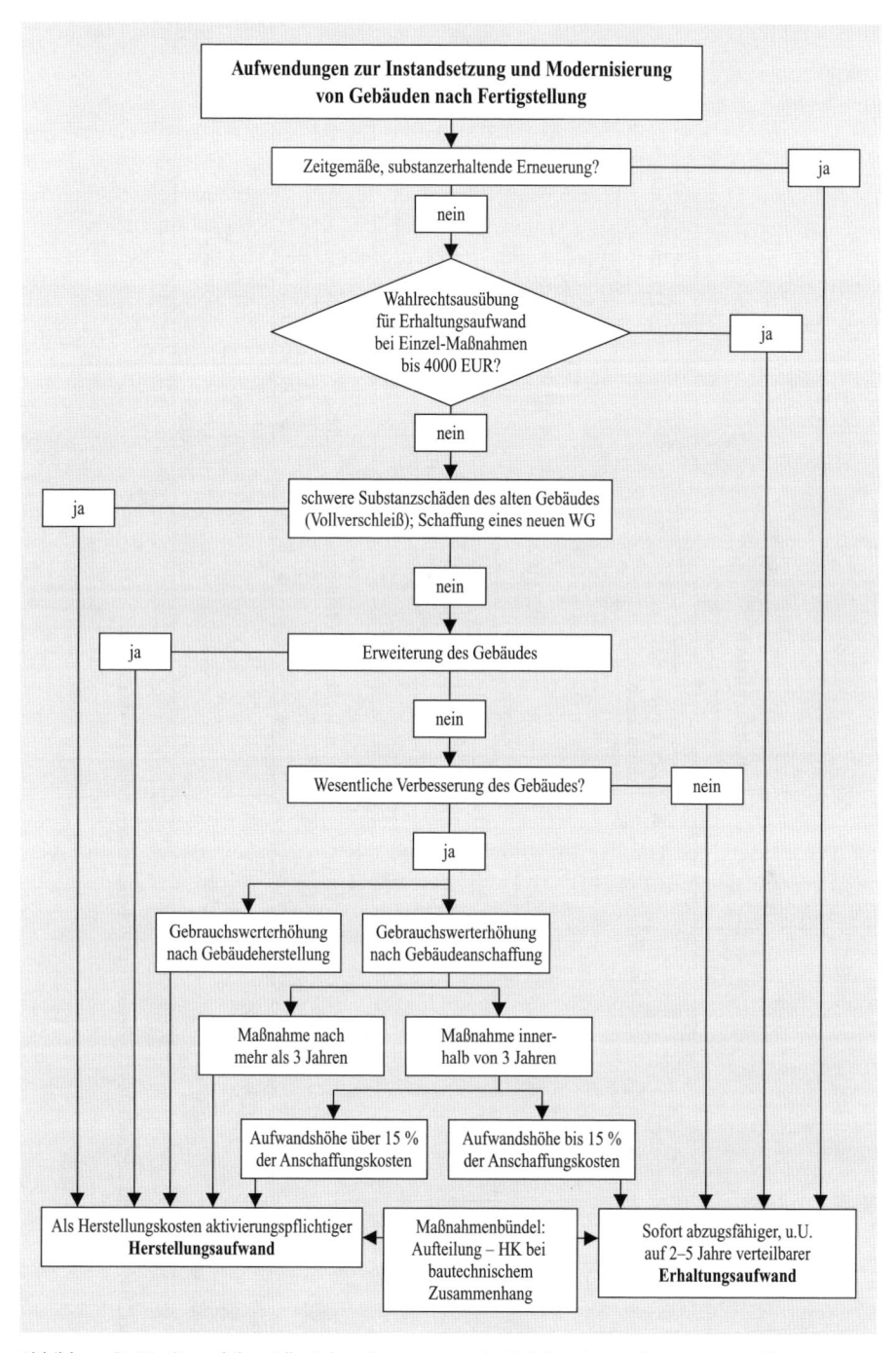

Besonderheiten der Bewertung einzelner Bilanzpositionen nach HGB, IFRS und EStG

```
                    ┌─────────────────────────────────────────┐
                    │ Aufwendungen zur Instandsetzung und      │
                    │ Modernisierung von Gebäuden nach         │
                    │ Fertigstellung                           │
                    └─────────────────────────────────────────┘
                                     │
                                     ▼
                    ┌─────────────────────────────────────┐         ja
                    │ Zeitgemäße, substanzerhaltende      │ ──────────►
                    │ Erneuerung?                          │
                    └─────────────────────────────────────┘
                                     │ nein
                                     ▼
                           ◇ Wahlrechtsausübung
                             für Erhaltungsaufwand          ja
                             bei Einzel-Maßnahmen    ──────────►
                             bis 4000 EUR? ◇
                                     │ nein
                                     ▼
         ja              ┌─────────────────────────────────┐
    ◄──────────          │ schwere Substanzschäden des     │
                         │ alten Gebäudes (Vollverschleiß);│
                         │ Schaffung eines neuen WG        │
                         └─────────────────────────────────┘
                                     │ nein
                                     ▼
         ja              ┌─────────────────────────────────┐
    ◄──────────          │ Erweiterung des Gebäudes        │
                         └─────────────────────────────────┘
                                     │ nein
                                     ▼
                         ┌─────────────────────────────────┐    nein
                         │ Wesentliche Verbesserung des    │ ──────────►
                         │ Gebäudes?                        │
                         └─────────────────────────────────┘
                                     │ ja
                    ┌────────────────┴────────────────┐
                    ▼                                 ▼
          ┌──────────────────┐              ┌──────────────────┐
          │ Gebrauchswert-   │              │ Gebrauchswert-   │
          │ erhöhung nach    │              │ erhöhung nach    │
          │ Gebäudeherstell. │              │ Gebäudeanschaff. │
          └──────────────────┘              └──────────────────┘
                    │                                 │
                    ▼                                 ▼
          ┌──────────────────┐              ┌──────────────────┐
          │ Maßnahme nach    │              │ Maßnahme innerh. │
          │ mehr als 3 Jahren│              │ von 3 Jahren     │
          └──────────────────┘              └──────────────────┘
                    │                        ┌────────┴────────┐
                    │                        ▼                 ▼
                    │              ┌───────────────┐  ┌────────────────┐
                    │              │ Aufwandshöhe  │  │ Aufwandshöhe   │
                    │              │ über 15 % der │  │ bis 15 % der   │
                    │              │ Anschaff.kost.│  │ Anschaff.kost. │
                    │              └───────────────┘  └────────────────┘
```

| Als Herstellungskosten aktivierungspflichtiger **Herstellungsaufwand** | Maßnahmenbündel: Aufteilung – HK bei bautechnischem Zusammenhang | Sofort abzugsfähiger, u.U. auf 2–5 Jahre verteilbarer **Erhaltungsaufwand** |

Abbildung D-46: Steuerbilanzielle Behandlung von nachträglichen Instandsetzungs- und Modernisierungsaufwendungen

Der Bilanzansatz der Höhe nach

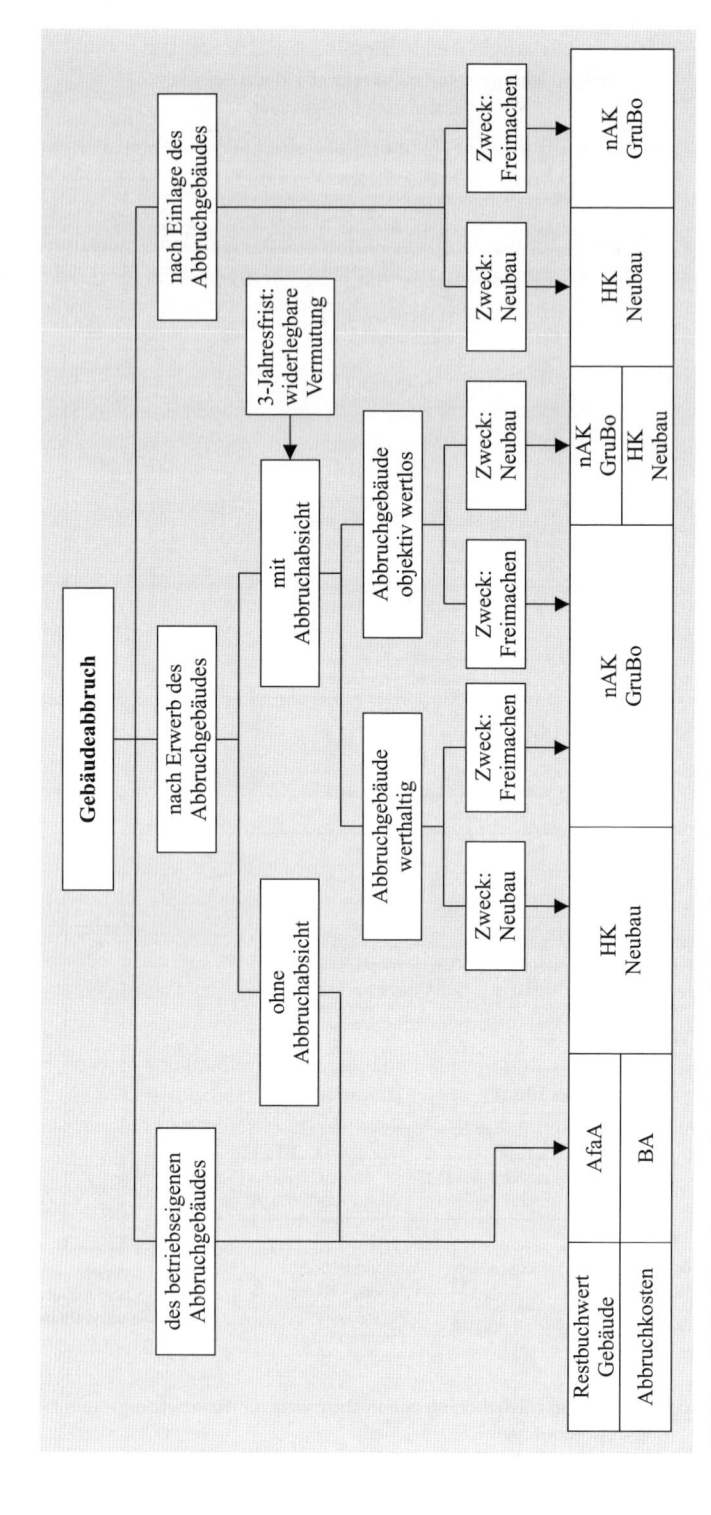

Abbildung D-47: Behandlung von Restbuchwert und Abbruchkosten bei Gebäudeabbruch

geschlossen sind z.B.[1] finanzielle Vermögenswerte i.S.d. IAS 39/IFRS 9 und zeitwertbewertete Renditeimmobilien (IAS 40).

Bei der *Erstbewertung* anlässlich einer Klassifikation als „veräußerungsbestimmt" sind die aktuellen Buchwerten für die einzelnen und gruppierten Vermögenswerte nach ihren einschlägigen IFRS zu bestimmen (IFRS 5.18). Anschließend sind die beizulegenden Zeitwerte *(fair values)* und die künftigen Veräußerungskosten (bei Verkauf erst nach einem Jahr, deren Barwert, IFRS 5.17) zu bestimmen. Die veräußerungsbestimmten langfristigen Vermögenswerte(gruppen) sind schließlich zum niedrigeren Wert aus Buchwert und beizulegendem Zeitwert abzüglich (ggf. abgezinsten) Veräußerungskosten anzusetzen (IFRS 5.15).

Bei *Folgebewertungen* sind keine planmäßigen Abschreibungen vorzunehmen (IFRS 5.25), wohl aber Wertminderungen und Wertaufholungen aus dem Vergleich mit dem um Verkaufskosten geminderten beizulegenden Zeitwert.[2] Bei Veräußerungsgruppen sind nicht in den Anwendungsbereich des IFRS 5 fallende Vermögenswerte zunächst nach den auf sie anzuwendenden Standards (z.B. IAS 16) zu bewerten.

d) Finanzanlagen

Die unterschiedliche Bilanzbewertung in HGB- und Steuerbilanzen erfordert eine Unterscheidung von Finanzanlagen mit Anteilsrechten an Gesellschaften und reinen schuldrechtlichen Finanzanlagen. Nach IFRS wird zwar grundsätzlich vorrangig eine andere Klassifikation verwendet[3], im Detail sind aber auch eigenkapital- und fremdkapitalbezogene Finanzinstrumente zu unterscheiden.

da) Bewertung von Finanzanlagen nach HGB und EStG

daa) Bewertung von eigenkapitalbezogenen Finanzanlagen (EK-Titeln)

Handelsbilanziell sind bei der *Erstbewertung* die Anschaffungskosten der dominierende Bewertungsmaßstab für verbriefte und unverbriefte Mitgliedschaftsrechte an Gesellschaften; *sie umfassen den für die Anschaffung* geleisteten Betrag, die eingeforderten Beträge[4] und die einzeln zurechenbaren Anschaffungsnebenkosten, abzüglich etwaiger Anschaffungskostenminderungen. Nicht hierzu gehören die Kosten der Entscheidungsvorbereitung (z.B. Wertgutachten) und mit erworbene Gewinnansprüche.[5]

Bei den *Folgebewertungen* kommen planmäßige Abschreibungen mangels begrenzter Nutzungsdauer nicht in Betracht. Gesellschaftsrechtliche Finanzanlagen (wie z.B. Aktien, GmbH-Beteiligungen, Beteiligungen an Personengesellschaften) müssen – bei voraussichtlich dauernder Wertminderung – und können – bei vorübergehender Wertminderung – von allen Bilanzierenden auf den am Bilanzstichtag geltenden *niedrigeren beizulegenden Wert* (außerplanmäßig) abgeschrieben werden (§ 253 Abs. 3 S. 5, 6 HGB).

---

1 Zu weiteren Ausschlüssen siehe IFRS 5.5 und stillzulegende Vermögenswerte, IFRS 5.13.
2 Zu deren Erfolgswirksamkeit siehe IFRS 5.20, 22.
3 Siehe Kap. C.V.1.ac).
4 Der Betrag der eingeforderten, noch nicht geleisteten Einlage ist als Resteinzahlungsverpflichtung zu passivieren (IDW RS HFA 18 Tz. 9).
5 ADS, 6. Aufl., § 253 HGB Tz. 43.

Als „beizulegenden Wert" von börsennotierten Anteilen im Streubesitz gilt der aus dem stichtagsbezogenen Börsen-/Marktpreis abgeleitete Wert. Eine Beteiligung ist nach Auffassung der Rechtsprechung[1] und dem Standardsetter IDW[2] auf der Basis des *Ertragswerts zu bewerten*. Das ist grundsätzlich der Barwert der künftig erzielbaren Einnahmenüberschüsse aus der Sicht des beteiligungshaltenden Unternehmens ggf. unter Einbeziehung möglicher Synergieeffekte (Verbundvorteile) der Beteiligung und geplanter, noch nicht eingeleiteter Maßnahmen. Nach IDW S 1 können alternativ die beiden auf dem Barwertkalkül basierten Ertragswert- oder *Discounted-Cashflow*-Verfahren angewandt werden. Als Kapitalisierungszinssatz kommt die Nachsteuerrendite risikoadäquater Alternativanlagen in Betracht.[3]

Zuschreibungen/Wertaufholungen sind beim Wegfall der Abwertungsgründe bis zur Höhe der Anschaffungskosten für alle Unternehmen obligatorisch (§ 253 Abs. 5 HGB).

Im Sonderfall des sog. *Altersversorgungsvermögens* (§ 246 Abs. 2 HGB) sind entsprechende eigenkapitalbezogene Finanzanlagen hiervon abweichend stets mit dem beizulegenden Zeitwert[4] zu bewerten (§ 253 Abs. 1 Satz 4 HGB).

Da Beteiligungen an Personengesellschaften handelsrechtlich als Vermögensgegenstände angesehen werden erfolgen Erst- und Folgebewertung grundsätzlich wie bei Anteilen an Kapitalgesellschaften.

Steuerbilanziell sind zum Anlagevermögen gehörende Anteile an Kapitalgesellschaften beim *Zugang* wie nach HGB mit dem Regel-Bewertungsmaßstab der Anschaffungskosten zu bewerten (§ 6 Abs. 1 Nr. 2 EStG).

Bei *Folgebewertungen* kann auch ein niedrigerer Teilwert in Betracht kommen, wenn dieser nachgewiesenermaßen auf einer voraussichtlich dauerhaften Wertminderung beruht (§ 6 Abs. 1 Nr. 2 Satz 2, 3 EStG). Eine vorübergehende Wertminderung reicht nicht aus, selbst wenn in der Handelsbilanz vom entsprechenden Abwertungswahlrecht Gebrauch gemacht wurde (Bewertungsvorbehalt § 5 Abs. 6 EStG). Zu differenzieren ist dabei, ob es sich um Streubesitz oder Beteiligungen handelt, sowie ob die Kapitalgesellschaftsanteile börsennotiert sind. Grundsätzlich gelten die Elemente des Teilwertbegriffs[5], deren Anwendung praktisch durch widerlegbare Teilwertvermutungen vereinfacht wird.

Der *Teilwert* bestimmt sich grundsätzlich nach den *Wiederbeschaffungskosten*, wobei bei börsennotierten Anteilen i.d.R. vom Kurswert am Bilanzstichtag zzgl. Erwerbsnebenkosten ausgegangen werden kann. Dies gilt allerdings nur bedingt bei *Beteiligungen*.[6] Wird für die Beteiligung ein Paketzuschlag gezahlt oder bewirkt die Beteiligung besondere Vor- oder Nachteile (Synergien, Beherrschungsmöglichkeiten) so ist auch ein dauerhafter Börsenkurs kein geeigneter Maßstab – es sei denn, die Beteiligung ist zum Verkauf an der Börse bestimmt oder kann in gleich hohem Betrag an der Börse zu Kurswerten erworben

---

1 BGH v. 19.6.1995, DB 1995, S. 1700; ADS § 253 Tz. 465 m.w.N.
2 IDW RS HFA 10 Tz. 3.
3 IDW S. 1 Tz. 123 ff.
4 Zu Einzelheiten siehe Kap. D.II.2.b).
5 Siehe Kap. D.II.4.a).
6 BFH vom 7.11.1990, BStBl II 1991, 342.

werden. Nach der Rechtsprechung[1] kann – ebenso wie bei nicht notierten Anteilen – eine die Teilwertabschreibung begründende Wertminderung nur dann angenommen werden, wenn sie sich im sog. *„inneren Wert"* der Beteiligung niederschlägt. Diesen Wert bestimmende Faktoren sind insbes. der Ertragswert der Beteiligung, der nach den Ertragsaussichten der Gesellschaft zu ermitteln ist, der Substanzwert, der nach dem Vermögen der Gesellschaft zu den Wiederbeschaffungskosten zu ermitteln ist und weitere sich aus der Funktion der Beteiligung und ihrer Bedeutung für das beteiligungshaltende Unternehmen ergebende Vor- und Nachteile.

Da der *„gemeine Wert"* die Untergrenze des Teilwertes wiedergibt, wird praktisch von einer Schätzung nach den Grundsätzen des (eigentlich nicht einschlägigen) § 11 Abs. 2 BewG ausgegangen, d.h. Ableitung aus Stichtagskursen, ersatzweise zeitnahen Verkäufen oder nach dem (ggf. gem. §§ 199 ff. BewG vereinfachten) Ertragswertverfahren. Auch „andere anerkannte auch im gewöhnlichen Geschäftsverkehr für nichtsteuerliche Zwecke übliche Methoden" (z.B. die Multiplikatorenmethode) sind zulässig (§ 11 Abs. 2 BewG). Ähnlich wie bei der Teilwertermittlung ist für die Methodenauswahl die Erwerbersicht maßgeblich. Als Kapitalisierungszins ist der Basiszins (langfristige Rendite öffentlicher Anleihen) erhöht um einen Risikozuschlag (beim vereinfachten Ertragswertverfahren gem. § 203 BewG Basiszins öffentlicher Anleihen plus 4,5 %) anzuwenden. Untergrenze (Mindestwert) ist jedoch stets der Substanzwert des Unternehmens auf Basis gemeiner Werte der Wirtschaftsgüter (§ 11 Abs. 2 S. 3 BewG).

Als *Gründe* für eine Teilwertabschreibung bei eigenkapitalbezogenen Finanzanlagen sind beispielsweise anerkannt: nachhaltig gesunkene Börsenkurse, nachhaltige (über die Anlaufphase hinausgehende) Verluste und Ertragsschwächen, mangelnde Solvenz, Wechselkursverluste, Substanzverluste, Nichteintritt erwarteter Effekte („Fehlentscheidung") oder übermäßige Ausschüttungen (sog. *ausschüttungsbedingte Teilwertabschreibungen).*

Eine *dauerhafte Wertminderungen*, die eine Teilwertabschreibung von börsennotiertem Finanzanlagevermögen rechtfertigt, liegt nach der Rechtsprechung[2] beispielsweise vor, wenn am Bilanzstichtag der Börsenwert unter den Anschaffungskosten liegt und im Zeitpunkt der Bilanzaufstellung keine Anhaltspunkte für eine baldige Wertaufholung bestehen. Obwohl der Gesetzeswortlaut es nicht hergibt verlangt die Finanzverwaltung[3] das Überschreiten einer „Bagatellgrenze" von 5 % des Börsenkurses zum Erwerbszeitpunkt bzw. zu dem letzten Buchwert.

Zuschreibungen/Wertaufholungen bis höchstens zur Höhe der historischen Anschaffungskosten sind in allen Fällen obligatorisch wenn ein niedrigerer Teilwert oder eine dauerhaft Wertminderung vom Steuerpflichtigen nicht mehr nachgewiesen werden kann (§ 6 Abs. 1

---

1 Vgl. BFH v. 27.7.1988, BStBl II 1989, 274 und v. 7.11.1990, BStBl II 1991, 342; BFH v. 9.3.2000, BFH/NV 2000, 1184 m.w.N.
2 BFH v. 26.9.2007, BFH/NV 2008, 432.
3 BMF-Schr. v. 2.9.2016, BStBl 2016 I, 885, Tz. 17.

Nr. 2 Satz 3 EStG).[1] Bei Wertaufholungen soll nach Auffassung der Finanzverwaltung die Bagatellgrenze von 5 % nicht zur Anwendung Betracht kommen.[2]

Einer *Beteiligung an einer Personengesellschaft* kommt nach der Rechtsprechung[3] keine eigenständige steuerliche Bedeutung zu („Merkposten") – ein Bewertungsproblem ergibt sich daher nicht. Das folgt aus der Dominanz der einheitlichen und gesonderten Gewinnfeststellung (§§ 179 f. AO) und des § 15 Abs. 1 Nr. 2 EStG.

Nach der sog. *Spiegelbildmethode* setzt der Mitunternehmer sein anteiliges Gesamthandsvermögen (Kapitalkonto), ggf. einschließlich seiner Kapitalien aus Ergänzungs- und Sonderbilanz, an. Bei der *Folgebewertung* gibt es keine Ab- und Zuschreibungen dieses Beteiligungspostens, vielmehr wirken sich Wertminderungen und Erhöhungen der Beteiligung nur auf der Ebene der Personengesellschaft aus. Indirekt schlagen diese dann nach der Spiegelbildmethode auch auf den Beteiligungsposten durch. Da hier das Anschaffungskostenprinzip nicht wirkt, können Werterhöhungen auch die historischen Anschaffungskosten übersteigen

Eine dem HGB entsprechende Sonderbehandlung des sog. *Altersversorgungsvermögens* (§§ 246 Abs. 2 HGB, 253 Abs. 1 Satz 4 HGB) existiert im Steuerbilanzrecht nicht, da eine Verrechnung mit Altersversorgungsschulden untersagt ist (§ 6 Abs. 1a S. 1 EStG).

Die hauptsächlichen *Unterschiede* zur Behandlung nach HGB bestehen demnach bei Eigenkapitaltiteln im niedrigeren Teilwertansatz, Beschränkung auf nachzuweisende voraussichtlich dauernde Wertminderung, im Wertermittlungsverfahren (Berücksichtigung auch von Substanzkomponenten) sowie in der unterschiedlichen Behandlung von Personengesellschaftsbeteiligungen und Altersversorgungsvermögen.

dab) Bewertung von fremdkapitalbezogenen Finanzanlagen (FK-Titeln)

Handelsbilanziell stellen auch bei Finanzanlagen, die schuldrechtliche Ansprüche beinhalten (Ausleihungen, Aktiv-Darlehen, erworbene Schuldverschreibungen etc.) regelmäßig die *Anschaffungskosten* den *Einbuchungswert* dar. Um die schuldrechtlichen Ansprüche zu erhalten, wird regelmäßig der Auszahlungsbetrag aufgewandt (Nettoausweis); oft – aber nicht zwingend – entspricht dieser dem *Nennbetrag* des Darlehens.

Wird ein *Disagio* mit Zinscharakter vereinbart, so sind nach den GoB zwei Bilanzierungsweisen zulässig: Entweder wird das Darlehen mit dem Auszahlungsbetrag aktiviert und jährlich um den anteiligen Disagiobetrag als „verdienter Zusatzzins" zugeschrieben, so dass bei Fälligkeit der Rückzahlungsbetrag aktiviert ist. Alternativ kann auch als geleistete „Anschaffungskosten" der Auszahlungsbetrag mit der übernommenen Verpflichtung zur zinsverbilligten Kapitalüberlassung aktiviert werden, das ist der häufig dem Nennbetrag entsprechende Rückzahlungsbetrag (Bruttoausweis). Es muss dann allerdings zugleich ein im Zeitablauf ertragswirksam sinkender Rechnungsabgrenzungsposten (§ 250 Abs. 2 HGB) passiviert werden. Da das HGB – im Gegensatz zu dem für Darlehens-

---

1 Zur Bedeutung von Teilwertabschreibungen und Zuschreibungen auf Beteiligungen an Kapitalgesellschaften im Rahmen der Einkommensermittlung siehe § 3c Abs. 2 EStG bzw. § 8 b Abs. 3 KStG.
2 BMF-Schr. v. 2. 9. 2016, BStBl 2016 I, 995, Tz. 17.
3 BFH v. 6. 11. 1985, BStBl 1986 II, 333 m. w. N.

schuldner geltenden Wahlrecht des § 250 Abs. 3 HGB[1] – für einen Darlehensgläubiger keine entsprechende Disagio-Regelung enthält und für passive Rechnungsabgrenzungsposten Passivierungspflicht besteht, dürfte die letztgenannte Alternative (Bruttoausweis) vorziehenswürdig sein; allerdings könnte man einwenden, dass insbes. in den Anfangsjahren der Ausweis der Darlehensforderung überhöht erscheint.

Bei Wertpapieren des Anlagevermögens zählen die *Stückzinsen* nicht zu den Anschaffungskosten der Wertpapiere sondern sind separat als zum Umlaufvermögen gehörige sonstige Vermögensgegenstände auszuweisen.

Bei *Fremdvaluta-Ausleihungen* ist i.d.R. der Devisenkassamittelkurs[2] zum Einbuchungsstichtag heranzuziehen.

Bei der *Folgebewertung* kommen bei begründeten Bonitätszweifeln und Kursverlusten rechtsformunabhängig *außerplanmäßige Abschreibungen* in Betracht und zwar bei einer voraussichtlich vorübergehenden Wertminderung fakultativ, bei einer voraussichtlich dauernder Wertminderung obligatorisch (§ 253 Abs. 3 S. 5, 6 HGB). *Planmäßige Abschreibungen* sind mangels Abnutzbarkeit nicht vorzunehmen.

Un- oder niedrigverzinsliche Forderungen können einen niedrigeren beizulegenden Wert (Barwert) haben, insbes. wenn die korrespondierenden Vorteile den Charakter eines Vermögensgegenstands haben.

Bei *Fremdvaluta-Ausleihungen* ist bei der Folgebewertung i.d.R. der Devisenkassamittelkurs[3] zum Abschlussstichtag zu verwenden (§ 256a S. 1 HGB). Kursgewinne gegenüber der Erstbewertung dürfen wegen des Anschaffungskostenprinzips nicht berücksichtigt werden.

Hauptsächliche *Gründe* für eine Bewertung mit dem niedrigeren beizulegenden Wert von verbrieften oder unverbrieften Gläubigerrechten sind Börsenkurseinbrüche, Bonitätsverschlechterungen der Schuldner oder erhebliche und dauerhafte Änderungen des Marktzinsniveaus.

Fallen die Gründe für eine außerplanmäßige Abschreibung weg, besteht rechtsformunabhängig *Zuschreibungspflicht* (§ 253 Abs. 5 S. 1 HGB) bis zur Höhe der historischen Anschaffungskosten.

Im Sonderfall des sog. *Altersversorgungsvermögens* (§ 246 Abs. 2 HGB) sind entsprechende fremdkapitalbezogene Finanzanlagen hiervon abweichend mit dem beizulegenden Zeitwert[4] zu bewerten (§ 253 Abs. 1 Satz 4 HGB).

Steuerbilanziell gilt bei herausgereichten Darlehen und erworbenen schuldrechtlichen Wertpapieren *zunächst* - als Regelfall der Anschaffungskosten – der *Nennwert*[5]. Ein *Disagio* ist obligatorisch bei gleichzeitiger Forderungsbewertung zum Nennbetrag als Rechnungsabgrenzungsposten (§ 5 Abs. 5 Nr. 2 EStG) zu passivieren. Bei der *Folgebewertung*

---

1 Zu Einzelheiten siehe Kap. C.IV.1.ad).
2 Zu Einzelheiten siehe Kap. D.I.4.a).
3 Zu Einzelheiten siehe Kap. D.I.4.a).
4 Zu Einzelheiten siehe Kap. D.II.2.b).
5 BFH v. 23.4.1975, BStBl II, 875.

kommt u. U. bei voraussichtlich dauernder Wertminderung (z. B. wegen eines Bonitäts- oder Liquiditätsrisikos beim Schuldner) eine Teilwertschreibung in Betracht. Bei festverzinslichen, börsennotierten Wertpapieren, die eine Forderung in Höhe des Nominalwerts verbriefen (z. B. Anleihen) ist allerdings eine Teilwertabschreibung unter den Nennwert allein wegen gesunkener Börsenkurse unzulässig weil es an einer voraussichtlich dauernden Wertminderung fehlt.[1] Zulässig ist sie aber – ohne die Bagatellgrenze von 5 % – über dem Nennwert.[2]

Un- oder Niederverzinslichkeit könnte zwar steuerlich den Teilwert mindern, wenn sie nicht durch andere wirtschaftliche Vorteile kompensiert wird, doch wird es regelmäßig an der Voraussetzung einer dauerhaften Wertminderung mangeln.[3]

Zuschreibungen/Wertaufholungen bis höchstens zur Höhe der historischen Anschaffungskosten sind nach § 6 Abs. 1 Nr. 2 EStG bei unzureichendem Teilwertnachweis geboten.

Eine Sonderregelung für die Bewertung von *Altersversorgungsvermögen* besteht steuerbilanziell nicht da eine Verrechnung ausdrücklich untersagt ist (§ 6 Abs. 1a Satz 1 EStG).

db) Bewertung von finanziellen Vermögenswerten *(financial assets)* nach IFRS

Nach **IFRS** ist die Bewertung von *„financial assets"* von einer eigenständigen Klassifikation[4] und von den Regelungen in verschiedenen Standards (insbes. IAS 39, 27, 28 und ab dem 1. 1. 2018 IFRS 9) abhängig. Im Hauptanwendungsfall des IAS 39/IFRS 9 erfolgt die Bewertung nach dem sog. *mixed model,* d. h. teils nach den fortgeführten Anschaffungskosten *(costs),* teils nach dem beizulegenden Zeitwert *(fair value).*

Für die *Erstbewertung* kommen in allen Fällen nach IAS 39.43/IFRS 9.5.1.1 die beizulegenden Zeitwerte in Betracht, die allerdings im Regelfall den Anschaffungskosten entsprechen.[5] Die Transaktionskosten sind nur bei den finanziellen Vermögenswerten mit einzubeziehen, die nicht erfolgswirksam zum beizulegenden Zeitwert klassifiziert sind.

Die *Folgebewertung* aktiver Finanzinstrumente richtet sich jeweils nach den oben[6] genannten Kategorien von Finanzinstrumenten.

Finanzielle Vermögenswerte aus den Kategorien *„Handelswerte" (held for trading, HFT)* und der *„nach der fair-value-Option bei der Erstverbuchung bestimmten Werte"* (FVO) sowie *„zur Veräußerung verfügbar" (available for sale, AFS)* folgen dem Grundsatz nach einer Marktbewertung mit dem beizulegenden Zeitwert *(fair value)* und nur ersatzweise einer Anschaffungskostenbewertung.

Neubewertungsgewinne aus diesen beiden ersten Kategorien sind erfolgswirksam zu erfassen, bei AFS-Werten sind Wertänderungen erfolgsneutral im Eigenkapital zu erfassen, mit Ausnahme von Wertberichtigungen und Währungsumrechnungen (IAS 39.55 b/ IFRS 9.5.2.1).

---

1 BMF-Schr. v. 2. 9. 2016, BStBl 2016 I, 995 Tz. 21.
2 BMF-Schr. v. 2. 9. 2016, BStBl 2016 I, 995 Tz. 22.
3 BFH v. 24. 10. 2012, BStBl 2013 II, 162.
4 Zum Einzelheiten siehe Kap. C.V.1.ac).
5 LÜDENBACH/HOFFMANN/FREIBERG, IFRS Kommentar, 15. Aufl. Freiburg 2017, § 28 Rz. 91.
6 Siehe Kap. C.V.1.ac).

Für die Ermittlung des beizulegenden Zeitwerts *(fair values)* sieht der IFRS 13 eine sechsstufige, obligatorisch top-down anzuwendende Hierarchie vor. Sie reicht von strikter Anwendung notierter Marktpreise *(mark-to-market-model)* bis zur ermessensbehafteten Anwendung verbreiteter Bewertungsmethoden *(mark-to-model)*. Das Unterscheidungskriterium ist das Vorliegen eines aktiven Marktes.[1]

Aktiver Markt	1	Notierter Marktpreis am Abschlussstichtag	Mark-to-Market
	2	Preise ähnlicher Instrumente auf einem aktiven Markt, ggf. angepasst	Top-down-Hierarchie
Inaktiver Markt	3	Preise identischer oder ähnlicher Instrumente auf nicht aktivem Markt	
	4	Direkt beobachtete marktbasierte Bewertungsparameter	
	5	Abgeleitete (angepasste) Preise oder Bewertungsparameter	
Unternehmens-intern	6	Ermittlung durch sonstige etablierte Bewertungsmodelle, z.B. DCF-, Optionspreismodell, kostenbasierte Modelle	Mark-to-Model

Abbildung D-48: Stufenkonzept zur Ermittlung des beizulegenden Zeitwerts von Finanzinstrumenten

Finanzielle Vermögenswerte aus den Kategorien *„Endfälligkeitsinvestments"* (HTM-Werte) und *„Kredite und Forderungen"* (LAR-Werte) hingegen sind zu den fortgeführten Anschaffungskosten nach der Effektivzinsmethode zu bewerten (IAS 39.46a, b/ IFRS 9.5.4.1). Dabei wird zunächst der Effektivzins (IAS 39.9) aus der Cashflow-Zahlungsreihe der Tilgung und der Zinsen, einschließlich Anschaffungsnebenkosten und Agien/Disagien ermittelt und mit dessen Hilfe dann der Barwert der tatsächlichen Zahlungen als fortgeführte Anschaffungskosten ermittelt.

Außerplanmäßige Abschreibungen sind bei objektiven Hinweisen einer Differenz zwischen dem Buchwert und dem Barwert der erwarteten künftigen Cashflows (auf der Basis des ursprünglichen Effektivzinssatzes) obligatorisch und erfolgswirksam vorzunehmen (IAS 39.63/IFRS 9.5.4.4 ff.).

Zuschreibungen/Wertaufholungen bei Wegfall der Gründe für eine Wertminderung müssen bis zur Höhe der Anschaffungskosten ohne vorherige Wertminderung erfolgswirksam vorgenommen werden (IAS 39.65/IFRS 9.5.5.3).

Anteile an Tochtergesellschaften, assoziierten Unternehmen und Gemeinschaftsunternehmen sind außerhalb des IAS 39/IFRS 9 und des IFRS 3 in IAS 27 geregelt. In allen Fällen wird grundsätzlich ein Wahlrecht zwischen fortgeführten Anschaffungskosten und IAS 39/IFRS 9 (insbes. beizulegender Zeitwert) eingeräumt (IAS 27.10 und IAS 28.18).

---
1 Vgl. LÜDENBACH/HOFFMANN/FREIBERG, IFRS Kommentar, 15. Aufl., 2017, § 8a Rz. 29ff.

Wenn im Konzernabschluss allerdings IAS 39/IFRS 9 angewendet wird, müssen diese Regelungen auch im Einzelabschluss verwendet werden (27.11 und 11A).

Finanzderivate werden im Allgemeinen wie die originären Handelswerte (HFT-Werte) bewertet. Sonderregelungen bestehen bei Sicherungszusammenhängen.

Abbildung D-49 fasst die Bewertungsbesonderheiten der finanziellen Vermögenswerte nach IFRS zusammen.

e) Vorratsvermögen

Handelsrechtlich kommen für die *Erstbewertung* von Roh-, Hilfs- und Betriebsstoffen sowie Waren die Anschaffungskosten[1], für fertige Erzeugnisse und unfertige Erzeugnisse/Leistungen die Herstellungskosten[2] in Betracht (§ 253 Abs. 1 HGB). Diese stellen zugleich in der Folge die absolute Bewertungsobergrenze dar (Anschaffungskostenprinzip[3]).

Bei der *Folgebewertung* bestehen Verpflichtungen zur Abschreibung und Zuschreibung bei Änderungen der Wertverhältnisse. § 253 Abs. 4 S. 1 HGB verlangt primär den Ansatz des niedrigeren Wertes, der sich aus einem Börsen- oder Marktpreis am Abschlussstichtag ergibt.[4] Ist ein Börsen- oder Marktpreis nicht festzustellen, so ist der beizulegende Wert[5] vom Bilanzstichtag anzusetzen – wenn er unter den AHK liegt (§ 253 Abs. 4 S. 2 HGB). Für die Bestimmung des beizulegenden Wertes sind bei den Vorräten nach den GoB je nach Art des Vermögensgegenstandes Beschaffungs- und/oder Absatzmarkt relevant.[6]

Der beizulegende Wert wird bei Normalbeständen an Roh-, Hilfs- und Betriebsstoffen und fremdbeziehbaren halbfertigen/fertigen Erzeugnissen aus der Wiederbeschaffungs- bzw. Reproduktionssicht, bei Überbeständen von RHB-Stoffen und Normalbeständen von nicht fremdbeziehbaren Erzeugnissen vom Absatzmarkt her bestimmt. Bei Waren und Überbeständen an Erzeugnissen sind Beschaffungs- und Absatzmarkt zugleich relevant (sog. *doppelte Maßgeblichkeit*). Dabei kommt es zu einer doppelten Minimum-Prüfung zwischen AHK/niedrigerer beizulegender Wert und Wiederbeschaffungskosten/Nettoverkaufspreis (siehe Abb. D-50). Der niedrigere Wert muss gewählt werden.

Ein striktes und umfassendes *Wertaufholungs-/Zuschreibungsgebot* bis zur Höhe der historischen AHK besteht bei Wegfall der Gründe für die Abschreibung (§ 253 Abs. 5 S. 1 HGB). Nach h.M.[7] soll – ohne Rücksicht aus die ursprünglichen Abschreibungsgründe – ein höherer beizulegender Wert genügen.

Sowohl bei der Zugangsbewertung wie auch bei den Folgebewertungen kann die grundsätzlich gebotene Einzelbewertung (§ 252 Abs. 1 Nr. 3 HGB) durch folgende vereinfachende *Bewertungsmethoden* ersetzt werden:

---

1 Zu Einzelheiten siehe Kap. D.II.1.aa).
2 Zu Einzelheiten siehe Kap. D.II.1.bb).
3 Siehe Kap. B.II.3.c).
4 Zu Einzelheiten siehe Kap. D.II.2.c).
5 Zu Einzelheiten siehe Kap. D.II.2.ab).
6 Zu Einzelheiten siehe Kap. D.II.2.ab).
7 WPH 2017, F 193 m.w.N.

Besonderheiten der Bewertung einzelner Bilanzpositionen nach HGB, IFRS und EStG

Bewertung von finanziellen Vermögenswerten (ohne Sonderregelungen für Sicherungsbeziehungen)	**Handelswerte** (HFT-Werte) einschl. **Finanzderivate**	**zum Zeitwert designierte Werte** (FVO-Werte)	**Endfälligkeitsinvestitionen** (HTM-Werte)	**Kredite und Forderungen** (LAR-Werte)	**Zur Veräußerung verfügbare finanzielle Vermögenswerte** (AFS-Werte)	**Sonstige Finanzinvestitionen:** Anteile an Tochtergesellschaften, assoziierten Unternehmen, Gemeinschaftsunternehmen im Einzelabschluss (IAS 27, 28)
Erstbewertung	erfolgswirksam zu beizulegenden Zeitwert zu bewertende finanzielle Vermögenswerte	Beizulegender Zeitwert, i.d.R. Anschaffungskosten (IAS 39.43/IFRS 9.5.1.1), einschl. Transaktionskosten				
Folgebewertung	beizulegender Zeitwert ohne Transaktionskosten IAS 39.46/IFRS 9.5.2.1		fortgeführte Anschaffungskosten (Effektivzinsmethode) IAS 39.46 a, b/IFRS 9.5.4.1		beizulegender Zeitwert ohne Transaktionskosten IAS 39.46	*Wahlrecht:* fortgeführte Anschaffungskosten oder entsprechend IAS 39/ IFRS 9, d.h. beizulegender Zeitwert, hilfsweise Anschaffungskosten (IAS 27.10 bzw. IAS 28.18) Beschränkung: IAS 39-Bilanzierung, wenn so im Konzernabschluss (IAS 27.11 und 11A)
Wertänderungen bzw. Ab-/Zuschreibungen (außer bei Sicherungsbeziehung)	erfolgswirksam (IAS 39.55a/IFRS 9.5.7.1), es sei denn bei der Finanzinvestition handelt es sich um ein Eigenkapitalinstrument und das Unternehmen hat die Wahl getroffen, Gewinne und Verluste aus dieser Investition im sonstigen Ergebnis gemäß IFRS 9.5.7.5 zu erfassen		erfolgswirksam (IAS 39.56/IFRS 9.5.7.1)		teilweise erfolgsneutral/-wirksam (IAS 39.55 b/ IFRS 9.5.7.1d)	

Abbildung D-49: Bewertung finanzieller Vermögenswerte nach IFRS

Der Bilanzansatz der Höhe nach

Niedriger beizulegender Wert bei	Roh-, Hilfs- und Betriebsstoffen	Waren	Erzeugnissen	
			nicht fremdbeziehbar	fremdbeziehbar
Normalbeständen	Wiederbeschaffungskosten	Niedrigerer Wert aus: Wiederbeschaffungskosten und Nettoverkaufspreis	Nettoverkaufspreis	Wiederherstellungskosten
Überbeständen	Nettoverkaufspreis		Niedrigerer Wert aus: Wiederherstellungskosten und Nettoverkaufspreis	

Abbildung D-50: Niedrigerer beizulegender Wert bei Vorräten nach HGB

- Durchschnittswertmethode mit gewogenem Mittel (GoB)[1],
- Gruppenbewertung mit gewogenem
- Durchschnitt (§ 240 Abs. 4 i.V.m. § 256 HGB)[2],
- Lifo- und Fifo-Verfahren (§ 256 S. 1 HGB)[3],
- Festwertverfahren bei RHB-Stoffen (§§ 240 Abs. 3 i.V.m. 256 S. 2 HGB)[4] und nach den GoB auch
- Gängigkeitsabschläge sowie
- Verkaufswertverfahren (retrograde Wertermittlung).[5]

U.U. sind auch Bewertungseinheiten nach § 254 HGB zu bilden, z.B. bei gesicherten Grundgeschäften mit Rohstoffen.[6]

Die Bewertung der *Ergebnisse langfristiger Fertigungsaufträge* (unfertige Erzeugnisse, wie z.B. in Bau befindliche Anlagen, Kraftwerke, Schiffe etc.) ist ein Sonderfall im Grenzbereich der Vorräte- und Forderungsbewertung. Abgesehen vom Fall der Erfüllung strenger Kriterien der Teilgewinnrealisation (echte Teilabnahmen[7]) ist das angefangene Werk als „unfertige(s) Erzeugnis/Leistung" nach den GoB grundsätzlich mit den bisher aufgelaufenen Herstellungskosten zu bewerten. Vor der vollständigen Fertigstellung und Abnahme kommt eine insbes. einen Gewinnanteil umfassende Bewertung als Forderung aus Lieferung/Leistung noch nicht in Betracht *(complete-contract-method)*.

Nach **IFRS** gilt für die *Erstbewertung* von Vorräten wie im HGB das Anschaffungs-/Herstellungskostenprinzip. Danach sind grundsätzlich die AHK zugleich Ausgangswert für die Bewertung und künftige Bewertungsobergrenze.

Bei der *Folgebewertung* ist nach IAS 2.9 – wie im HGB – ein Niederstwerttest erforderlich wonach stets der niedrigere Wert von AHK *(cost)* und Netto-Veräußerungswert *(net-*

---

1 Zu Einzelheiten siehe Kap. D.III.3.c).
2 Zu Einzelheiten siehe Kap. D.III.3.b).
3 Zu Einzelheiten siehe Kap. D.III.3.d). Das Hifo-Verfahren ist seit dem BilMoG unzulässig
4 Zu Einzelheiten siehe Kap. D.III.3.e).
5 Zu Einzelheiten siehe Kap. D.III.2.
6 Zu Einzelheiten siehe Kap. D.I.3.aa).
7 Zu Einzelheiten siehe Kap. B.II.9.c).

realizable-value) anzusetzen ist. Im Gegensatz zum HGB ist der zum Vergleich heranzuziehende Niederstwert nur absatzmarkt-, nicht beschaffungsmarkt- oder reproduktionsorientiert. RHB-Stoffe werden zum Beispiel u.U. nicht auf einen unter ihren AHK liegenden Wiederbeschaffungspreis abgewertet, wenn die Fertigerzeugnisse, in die sie eingehen, absatzmarktorientiert voraussichtlich zu den Herstellungskosten oder darüber verkauft werden können (IAS 2.32).

Nach IAS (2.33) besteht bei Wegfall der Wertminderungsgründe oder bei substanziellen Hinweisen auf eine Erhöhung des Nettoveräußerungswerts ein striktes *Wertaufholungsgebot* bis zu Höhe der historischen AHK.

Die Ermittlung der AHK erfolgt in allen Fällen auch nach IFRS grundsätzlich durch Einzelbewertung (IAS 2.23), aber auch folgende *Bewertungsvereinfachungsverfahren* sind zulässig:

- Standardkostenverfahren (IAS 2.21),
- Durchschnittswertmethode mit gewogenem Mittel (IAS 2.25),
- Gruppenbewertung (h.M.[1]),
- Fifo-Verfahren (IAS 2.25),
- Verkaufswertverfahren (retrograde Bewertung, IAS 2.21f.).

Obwohl nicht in den IFRS erwähnt sehen Kommentarmeinungen[2] aus Gründen der Wesentlichkeit *(materiality*[3]*)* bei RHB-Stoffen auch die Festbewertung als zulässig an. Im Gegensatz zum HGB und EStG ist das Lifo-Verfahren nach IFRS nicht (mehr) zulässig.

Im Spezialfall der *langfristigen* (über mindestens 2 Abschlussstichtage reichenden) *Auftragsfertigung* besteht u.U. die Möglichkeit einer Gewinnrealisierung nach Fertigstellungsfortschritt *(percentage/stage of completion-method, POC,* IAS 11.22/analog auch IFRS 15). Nach h.M. wird hierfür nicht die Position unfertige Erzeugnisse/Leistungen verwendet, sondern künftige Forderungen aus Fertigungsaufträgen.[4]

Steuerbilanzrechtlich kommen für die *Erstbewertung* von Vorräten im Regelfall ebenfalls die Anschaffungs-/Herstellungskosten in Betracht.[5]

Bei der *Folgebewertung* des Vorratsvermögens bestehen einige steuerliche Besonderheiten:

- Zum einen kommt für einen Niederstwerttest der *Teilwert*[6] in Betracht, der sich von den handelsrechtlichen Niederstwerten unterscheiden kann.
- Zum anderen räumt die Vorschrift dem Wortlaut nach ein *Wahlrecht* („kann") ein, den niedrigeren Teilwert anzusetzen. Dieses originäre steuerliche Wahlrecht kann unab-

---

1 Z.B. LÜDENBACH/HOFFMANN/FREIBERG, IFRS-Kommentar, 15. Aufl, Freiburg 2017, § 17 Rz. 32.
2 Z.B. LÜDENBACH/HOFFMANN/FREIBERG, IFRS-Kommentar, 15. Aufl., Freiburg 2017, § 17 Rn. 38.
3 Siehe Kap. B.V.5.eb).
4 Zu Einzelheiten siehe Kap. D.V.1.f).
5 § 6 Abs. 1 Nr. 2 Satz 1 EStG; R 6.8 EStR.
6 Zu Einzelheiten siehe Kap. D.II.4.a).

hängig von der Behandlung in der Handelsbilanz ausgeübt werden[1]; bei Abweichungen sind nur die Verzeichnispflichten des § 5 Abs. 1 S. 3 EStG zu beachten.
- Eine weitere steuerliche Besonderheit ist die Zusatzbedingung, dass nur bei einer vom Steuerpflichtigen nachgewiesenen *„voraussichtlich dauernden Wertminderung"*[2] ein niedrigerer Teilwert angesetzt werden darf, bei voraussichtlich vorübergehender Wertminderung also ein Abwertungsverbot besteht. Bei den ohnehin nicht dauernd, sondern meist nur kurzfristig gehaltenen Vorräten wird man eine voraussichtlich dauernde Wertminderung schon annehmen können, wenn die Wertminderung bis zum Zeitpunkt der Aufstellung der Bilanz oder dem vorangegangenen Verkaufs- oder Verbrauchszeitpunkt anhält.[3]

Eine Zuschreibung bis zur Höhe der historischen AHK ist erforderlich, wenn eine voraussichtlich dauernde Wertminderung nicht mehr nachgewiesen wird (§ 6 Abs. 1 Nr. 2 S. 3; Nr. 1 S. 4 EStG).

Neben der grundsätzlich gebotenen, aber oftmals aufwändigen oder unmöglichen Einzelbewertung sind steuerlich folgende *Bewertungsverfahren* zulässig:

- Durchschnittsbewertung mit gewogenem Mittel (R 6.8 Abs. 3 EStR),
- Gruppenbewertung mit gewogenem Durchschnittswert (R 6.8 Abs. 4 EStR),
- Lifo-Methode mit verschiedenen Varianten (§ 6 Abs. 1 Nr. 2a EStG, R 6.9 EStR),
- Festwertverfahren (H 6.8 EStR m.w.N.) und
- retrograde Bewertungsmethode (H. 6.8 EStR m.w.N.),

ferner verschiedene Verfahren der Teilwertermittlung (z.B. Differenz- und Formelmethode, R 6.8 Abs. 2, H 6.8 EStR), nicht aber andere Verbrauchsfolgeverfahren als Lifo (z.B. Fifo oder Hifo). Branchenspezifisch sind auch *Gängigkeitsabschläge* nach repräsentativen, nachprüfbaren Unterlagen, nicht aber bereits allein wegen langer Lagerdauer[4], zulässig. Bei rentablen Betrieben ist allerdings eine Teilwertabschreibung bei geplanten Verlustprodukten unzulässig[5], vielmehr sind die AHK anzusetzen.

Mehrperiodige (stichtagsüberschreitende, langfristige) Fertigungsaufträge („halbfertige Arbeiten") werden in der Steuerbilanz – wie nach HGB – mit den bis zum Bilanzstichtag angefallenen Herstellungskosten bewertet.[6]

f) Forderungen und sonstige Vermögensgegenstände/Vermögenswerte, einschl. mehrperiodiger Fertigungsaufträge

Handelsrechtlich sind Forderungen des Umlaufvermögens bei *Zugang* zu *Anschaffungskosten*, d.i. regelmäßig der Nennbetrag[7] (ggf. nach Abzug von Preisnachlässen, aber inkl. USt), zu bewerten. *Valutaforderungen* müssen mit dem zum Zeitpunkt der Entstehung

---

1 So auch R 6.8 Abs. 1 S. 3 EStR.
2 Zu Einzelheiten s. Kap. D.IV.2.ecb).
3 BMF-Schr. v. 2.9.2016, BStBl 2016 I, 995.
4 BFH v. 24.2.1994, BStBl 1994 II, 514.
5 BFH v. 29.4.1999, BStBl 1999 II, 681.
6 BFH v. 23.11.1978, BStBl 1979 II S. 143; vom 8.11.1982, BStBl 1983 II, 369; H 6.3 EStR.
7 Anschaffungskosten im eigentlichen Sinn entstehen nur beim Forderungserwerb von Dritten. Dann ist bei der Erstbewertung der Erwerbsaufwand mit Nebenkosten heranzuziehen.

geltenden Devisenkassamittelkurs umgerechnet (§ 256a HGB), *un-/niedrigverzinsliche* mit dem niedrigeren Barwert (unter Verwendung eines fristenadäquaten Marktzinses) angesetzt werden.

Bei der *Folgebewertung* gilt grundsätzlich das strenge Niederstwertprinzip, wonach unabhängig von einer dauerhaften Wertminderung jedenfalls eine Abwertung auf den niedrigeren beizulegenden Wert erfolgen muss (§ 253 Abs. 4 HGB). Bilanz- und buchhaltungstechnisch sind dabei nach Gesetz und GoB

- Einzelwertberichtigungen, die das direkt einer Forderung zurechenbare Ausfallrisiko wiedergeben, und
- Pauschalwertberichtigungen für das allgemeine Ausfallrisiko einer gleichartigen Forderungsgruppe

in dieser Reihenfolge vorzunehmen. Bei Einzelwertberichtigung sind zweifelhafte Forderungen (Dubiose) mit dem wahrscheinlich eingehenden Betrag zu bewerten und uneinbringliche Forderungen[1] voll abzuschreiben, bzw. mit einem Erinnerungswert zu bewerten.

Bei der Pauschalwertberichtigung werden die nicht einzelwertberichtigten Forderungen in Gruppen mit ähnlichem Ausfallrisiko klassifiziert und diese dann mit einem nach bisherigen Erfahrungen geschätzten Prozentsatz pauschal abgewertet (pauschale Gruppenbewertung).

Vollwertige *un-/niedrigverzinsliche Forderungen* sind bei der Folgebewertung über die neue Restlaufzeit mit einem neuen, fristenadäquaten Marktzins abzuzinsen.

Fremdwährungsforderungen sind nach § 256a S. 1 HGB mit dem jeweiligen stichtagsbezogenen Devisenkassamittelkurs zu bewerten; Besonderheiten bestehen aus Praktikabilitätsgründen bei Restlaufzeiten von einem Jahr und weniger (§ 256a S. 2 HGB) und bei Einbeziehung der Valutaforderung in einen Sicherungszusammenhang (Bewertungseinheit[2]).

Zuschreibungs-/Wertaufholungspflicht besteht – außer bei kurzfristigen Valutaforderungen (§ 256a S. 2 HGB) – bei Wegfall der Abwertungsgründe einer Forderung (§ 253 Abs. 5 S. 1 HGB).

Die **IFRS** regeln die Zugangs- und Folgebewertung in verschiedenen Standards: In IAS 39 als Finanzinstrument (insbes. LAR-Kategorie) (ab 2018: IFRS 9), in IAS 11 im Zusammenhang mit Fertigungsaufträgen (ab 2018: IFRS 15), in IAS 17 (ab 2019; IFRS 16) als Leasingforderung, in IAS 21 die Fremdwährungsforderung und in IAS 12 als Steuerforderung.

Die *Erstbewertung* einer normalen Forderung hat – wie im HGB – zu den Anschaffungskosten entsprechenden Nominalwerten zu erfolgen. Bei Un-/Unterverzinslichkeit ist der Barwert des erwarteten Zahlungsstroms unter Anwendung eines risiko- und fristenadäquaten Marktzinses heranzuziehen. Fremdwährungsforderungen sind mit dem Kassakurs (Briefkurs, u. U. auch Mittelkurs) zum Transaktionszeitpunkt umzurechnen (IAS 21.21).

---

1 Zum Begriff s. auch § 17 Abs. 2 Nr. 1 UStG und BFH v. 20. 7. 2006, BStBl 2007 II, 22.
2 Zu Einzelheiten s. Kap. D.I.3.aa).

Die *Folgebewertung* erfolgt im Regelfall bei Forderungen mit fester Laufzeit mit den fortgeführten Anschaffungskosten nach Anwendung der Effektivzinsmethode (IAS 39.46a/IFRS 9.5.4.1). Forderungen ohne feste Laufzeit werden grundsätzlich mit den Anschaffungskosten, zu Handelszwecken gehaltene Forderungen mit dem Stichtagszeitwert bewertet. Un-/niedrigverzinsliche Forderungen werden mit dem Barwert unter Anwendung eines fristenadäquaten Marktzinses angesetzt, es sei denn der Zinseffekt ist unwesentlich oder die Restlaufzeit kurz (IAS 39.A64).

Bei objektiven Anzeichen für eine Wertminderung ist ein dem IAS 36 ähnlicher Wertminderungstest vorzunehmen (Vergleich Buchwert und Cashflow-Barwert mit ursprünglichem Zins), aus dem sich ggf. die Pflicht zu einer Einzelwertberichtigung ergibt (IAS 39.63/IFRS 9.B5.5.1). Zwar kennen die IFRS kein den GoB entsprechendes Verfahren der Pauschalwertberichtigung, doch können gleichartige Forderungen zu einem Portfolio zusammengefasst werden und dieses kann gewissermaßen pauschal einzelwertberichtigt werden (IAS 39.64; IAS 39 AG 87//IFRS 9.B5.5.1).

Ein *Zuschreibungsgebot* besteht, wenn sich die Höhe der zuvor vorgenommenen Wertberichtigung durch neue Sachverhalte verringert (IAS 39.65/IFRS 9.5.4.3).

- IFRS-Spezialfall: Künftige Forderungen aus Fertigungsaufträgen (POC-Forderungen)/ Vertragsvermögenswert

Eine Besonderheit der IFRS stellt die Bewertung von Forderungen aus Verträgen über die kundenspezifische Fertigung von Gegenständen dar, die aufeinander abgestimmt oder voneinander abhängig sind (so die Definition des *Fertigungsauftrags* gem. IAS 11.3), wenn diese in ihrer Abwicklung über mindestens einen Bilanzstichtag reichen (mehrperiodige oder stichtagsübergreifende Fertigungsaufträge[1]). Vor allem im Anlagen-, Schiff-, Kraftwerks-, Verkehrsanlagenbau, aber auch z.B. bei der Softwareentwicklung sind diese Aufträge üblich. Mit dem ab 2018 geltenden IFRS 15.5 wird die Anwendung ausgeweitet auf alle Verträge mit Kunden, mit Ausnahme von Leasingverträgen, Versicherungsverträgen, Finanzinstrumenten und nicht monetären Tauschgeschäften.

HGB und EStG lassen wegen des dort geltenden strengen Realisationsprinzips erst eine Forderungseinbuchung mit Gewinnberücksichtigung bei Vollendung und Abnahme des Werkes *(complete-contract-method)*, allenfalls bei echten Teilabrechnungen[2] – zu.

Demgegenüber sieht **IAS 11/IFRS 15** u.U. eine vorzeitige Teilgewinnrealisation nach dem Fertigungsgrad durch Einbuchung einer „künftigen Forderung aus Fertigungsaufträgen" (POC-Forderung) oder nach IFRS 15.105 eines „Vertragsvermögenswerts" und deren Bewertung zum anteiligen Umsatzwert, also einschließlich eines anteiligen Gewinns, vor (*percentage of completion-method*, POC).

Abbildung D-51 zeigt die Zusammenhänge der Bewertung stichtagsübergreifender Fertigungsaufträge nach IFRS.

---

1 Im Schrifttum wird häufig von „langfristigen Fertigungsaufträgen" gesprochen. Langfristigkeit wird jedoch von IAS 11 nicht verlangt. Die Bezeichnung als „Forderung" folgt aus der englischen Bezeichnung *„gross amount due from customers for contract work"*. Da sie noch nicht entstanden ist, schlägt IDW RS HFA 2 Rz. 38 die Bezeichnung „künftige Forderung aus Fertigungsaufträgen" vor.
2 Zu den Bedingungen siehe Kap. B.II.9.c).

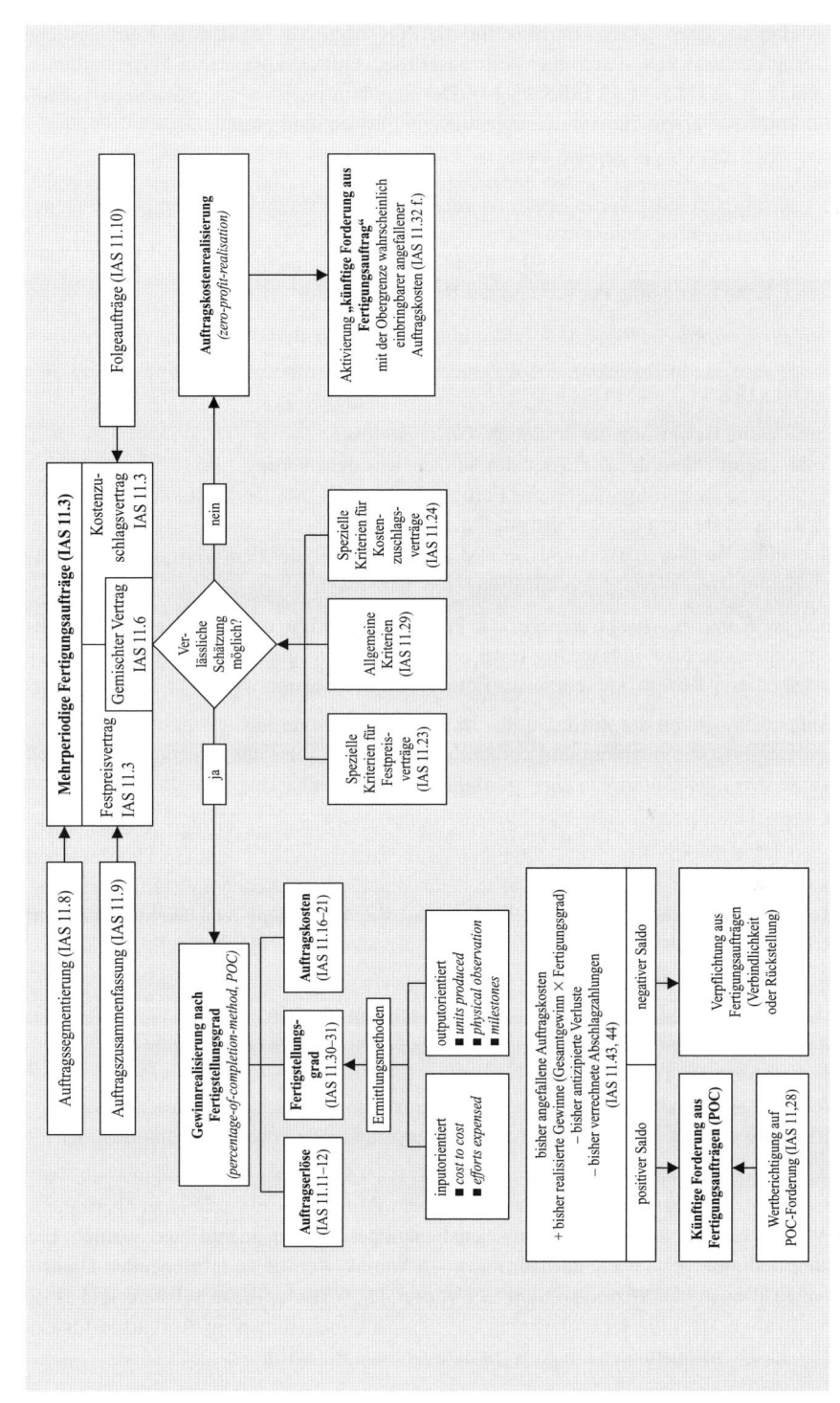

Besonderheiten der Bewertung einzelner Bilanzpositionen nach HGB, IFRS und EStG

Abbildung D-51: Behandlung mehrperiodiger Fertigungsaufträge nach IAS 11

Das wichtigste *Zulässigkeitskriterium* für die POC-Methode ist, dass eine verlässliche Schätzung der drei POC-Parameter Auftragserlöse, Auftragskosten und Fertigstellungsgrad möglich ist (IAS 11.22/IFRS 15.44). Der Standard beschreibt die Voraussetzungen hierfür durch Kriterien, die kumulativ erfüllt sein müssen, und zwar

im Allgemeinen (IAS 11.29/IFRS 15.5):

- ein Vertrag, der jeder Vertragspartei durchsetzbare Rechte und Pflichten bezüglich der zu erbringenden Leistung einräumt,
- vertragliche Festlegung der zu erbringenden Gegenleistung und
- vertragliche Festlegung der Art und der Bedingungen der Erfüllung.

Speziell für Festpreisverträge, d.s. Fertigungsaufträge, für den der Auftragnehmer einen festen Preis oder einen festen Preis pro Leistungseinheit mit/ohne Preisgleitklausel vereinbart hat (IAS 11.3 und IAS 11.23):

- verlässliche Bewertung der gesamten Auftragserlöse,
- Wahrscheinlichkeit des Zuflusses des Nutzens aus dem Vertrag,
- verlässliche Bewertung der bis zur Fertigstellung noch anfallenden Kosten,
- verlässliche Bewertung des Fertigstellungsgrades und
- eindeutige Bestimmbarkeit und verlässliche Bewertung der dem Vertrag zurechenbaren Kosten zwecks Vergleich mit früheren Schätzungen.

Speziell für Kostenzuschlagsverträge, d.s. Fertigungsaufträge, bei denen der Auftragnehmer abrechenbare oder anderweitig festgelegte Kosten zuzüglich eines vereinbarten Prozentsatzes dieser Kosten oder ein festes Entgelt vergütet bekommt (IAS 11.3 und 11.24):

- Wahrscheinlichkeit des Zuflusses des Nutzens aus dem Vertrag,
- eindeutige Bestimmbarkeit und verlässliche Bewertung der dem Vertrag zurechenbaren Kosten unabhängig von einer gesonderten Abrechenbarkeit.

Nach IFRS 15 wird nicht mehr in Festpreis- und Kostenzuschlagsverträge unterschieden. Generell wird für alle Kundenverträge der Grundsatz festgelegt, dass ein Unternehmen Erlöse in der Höhe erfassen soll, in der für die übernommenen Leistungsverpflichtung(en), also die Übertragung von Waren bzw. die Erbringung von Dienstleistungen, Gegenleistungen erwartet werden. Diese Grundsatz wird mit einem fünfstufigen Rahmenmodell umgesetzt (IFRS 15.IN7):

- Identifizierung des Vertrags/ der Verträge mit einem Kunden,
- Identifizierung der eigenständigen Leistungsverpflichtungen in dem Vertrag,
- Bestimmung des Transaktionspreises,
- Verteilung des Transaktionspreises auf die Leistungsverpflichtungen des Vertrags,
- Erlöserfassung bei Erfüllung der Leistungsverpflichtungen durch das Unternehmen.

Die *Identifikation eines Vertrags* erfolgt nach IFRS 15.9 ff. Demnach stimmen alle Parteien des Vertrags dem Vertrag zu, die Rechte jeder Partei in Bezug auf die zu übertragenden Waren oder die zu erbringenden Dienstleistungen können identifiziert werden, die Zahlungsbedingungen für die zu übertragenden Waren oder die zu erbringenden Dienstleistungen können identifiziert werden, der Vertrag hat wirtschaftliche Substanz und es ist wahrscheinlich, dass die Gegenleistung, auf die das Unternehmen im Austausch für die Waren oder Dienstleistungen ein Anrecht hat, vereinnahmt wird.

Nach IFRS 15.22 sind dann bei Vertragsabschluss die einem Kunden zugesagten Güter oder Dienstleistungen daraufhin zu prüfen, ob ein *eigenständig abgrenzbares Gut* oder eine eigenständig abgrenzbare Dienstleistung oder eine Reihe eigenständig abgrenzbarer Güter oder Dienstleistungen, die im Wesentlichen gleich sind und nach dem gleichen Muster auf den Kunden übertragen werden, geschuldet wird. Bei einer Reihe eigenständig abgrenzbare Ware oder Dienstleistung, die das Unternehmen nacheinander zu übertragen bzw. zu erbringen verspricht, wird von einer Leistungsverpflichtung ausgegangen, die über einen Zeitraum erfüllt wird, und der Leistungsfortschritt hinsichtlich Übertragung bzw. Erbringung aller eigenständig abgrenzbaren Waren und Dienstleistungen dieser Reihe wird mit der gleichen Methode ermittelt.

Im Folgenden wird unterschieden, ob ein Vertrag über einen Zeitraum oder zu einem Zeitpunkt erfüllt wird. Die *Langfristfertigung* ist nach IFRS 15.35c so definiert, dass durch die Leistung des Unternehmens ein Vermögenswert entsteht, der keine alternativen Nutzungsmöglichkeiten für das Unternehmen aufweist (IFRS 15.36), und das Unternehmen einen Rechtsanspruch auf Bezahlung der bereits erbrachten Leistungen hat (IFRS 15.37).

Die *Bestimmung der Transaktionspreis* erfolgt über die Gegenleistung, die ein Unternehmen erwartungsgemäß vom Kunden für die Übertragung von Waren oder die Erbringung von Dienstleistungen erhalten wird. Bei der Bestimmung hat ein Unternehmen die Vertragsbedingungen und seine übliche Geschäftspraxis zu berücksichtigen (IFRS 15.47).

Wenn ein Vertrag mehrere Leistungsverpflichtungen umfasst, hat eine *Verteilung des Transaktionspreises auf die Leistungsverpflichtungen* des Vertrags auf Basis der Einzelveräußerungspreise zu erfolgen (IFRS 15.74). Wenn ein Einzelveräußerungspreis nicht direkt beobachtbar ist, muss er vom Unternehmen geschätzt werden. Somit ist etwa die eigentliche Lieferung eines Gutes von dem ggf. mitverkauften Servicevertrag getrennt zu behandeln.

Schließlich erfolgt die *Erlöseerfassung* bei Leistungsverpflichtungen, die zu einem Zeitpunkt erfüllt werden, im Übergang der Verfügungsmacht; dies kann entweder zu einem bestimmten Zeitpunkt oder über einen Zeitraum hinweg erfolgen (IFRS 15.32). Die Verfügungsmacht über einen Vermögenswert ist definiert als die Möglichkeit, den Nutzen aus dem Vermögenswert zu ziehen und den weiteren Gebrauch zu bestimmen. Dies schließt die Fähigkeit ein, zu verhindern, dass andere den Nutzen aus dem Vermögenswert ziehen und den weiteren Gebrauch bestimmen können. Bei dem Nutzen, der aus dem Vermögenswert gezogen werden kann, handelt es sich um potenzielle Zahlungen (Zuflüsse oder ersparte Abflüsse), die in unterschiedlicher Weise unmittelbar oder mittelbar generiert werden können (IFRS 15.31–33).

Dagegen erfasst das Unternehmen Erlöse über einen Zeitraum hinweg, wenn eine der folgenden Beschreibungen zutrifft (IFRS 15.35):

- Mit Erfüllung durch das Unternehmen erhält der Kunde den Nutzen aus der erbrachten Leistung und verbraucht ihn gleichzeitig.
- Mit seiner Leistung erzeugt oder verbessert das Unternehmen einen Vermögenswert, über den der Kunde die Verfügungsmacht während der Erzeugung oder Verbesserung besitzt.

- Mit seiner Leistung erzeugt das Unternehmen einen Vermögenswert, der vom Unternehmen nicht anderweitig genutzt werden kann; dabei hat das Unternehmen einen Zahlungsanspruch für die bisher erbrachten Leistungen und kann zudem erwarten, dass der Vertrag wie vereinbart erfüllt wird (Langfristfertigung).

Bei jeder Leistungsverpflichtung, die über einen bestimmten Zeitraum erfüllt wird, ist auch der erzielte Erlös über einen bestimmten Zeitraum zu erfassen, indem der Leistungsfortschritt gegenüber der vollständigen Erfüllung dieser Leistungsverpflichtung ermittelt wird (IFRS 15.39).[1]

Sind nach IAS 11 die Bedingungen der zuverlässigen Schätzbarkeit der Ergebnisse des Fertigungsauftrags *nicht erfüllt*, erfolgt eine Bewertung höchstens mit den angefallenen Auftragskosten, also ohne Gewinnanteil (*zero-profit-realisation*, IAS 11.32), ggf. auch vermindert um wahrscheinlich nicht einbringbare Auftragskosten (IAS 11.34). Ähnlich wie bei der Gewinnrealisation nach Auftragserfüllung *(completed contract method)* des HGB und des EStG kann erst bei Beendigung des Fertigungsauftrags nach den Grundsätzen der Ertragsrealisation des IAS 18 eine Kundenforderung mit Gewinnanteil eingebucht werden. Im Unterschied wird nach IAS 11.32 aber bereits während der Projektzeit ein Erlös erfasst und zur Forderungsbewertung herangezogen, aber nur in Höhe der bisher angefallenen Auftragskosten ohne Gewinnanteil.

Anders gestaltet ist die Bewertung der POC-Forderung nach der *percentage of completion-method*. Die drei Parameter Auftragserlöse, Auftragskosten und Fertigstellungsgrad werden in bestimmter Weise kombiniert.

Die *Auftragserlöse (contract revenues)* umfassen das ursprüngliche vertragliche Entgelt und – sofern wahrscheinlich und verlässlich ermittelbar – Zahlungen für Abweichungen im Gesamtwerk, Nachforderungen für nicht kalkulierte Kosten und Prämien (IAS 11.11). Die Auftragserlöse werden zum beizulegenden Zeitwert der Gegenleistung bewertet (IAS 11.12/ IFRS 15.47). Die Art, der Zeitpunkt und die Höhe einer vom Kunden zugesagten Gegenleistung sind bei der Schätzung des Transaktionspreises zu berücksichtigen. Bei der Bestimmung des Transaktionspreises hat ein Unternehmen zu beachten variable Gegenleistungen (IFRS 15.50–55 und 59), die Begrenzung der Schätzung variabler Gegenleistungen (IFRS 15.56–58), das Bestehen einer signifikanten Finanzierungskomponente im Vertrag (IFRS 15.60–65), eine nicht zahlungswirksame Gegenleistungen (IFRS 15.66–69) und die an einen Kunden zu zahlende Gegenleistungen (IFRS 15.70–72). Zur Bestimmung des Transaktionspreises hat das Unternehmen davon auszugehen, dass die Güter oder Dienstleistungen wie vertraglich zugesagt auf den Kunden übertragen werden und dass der Vertrag nicht gekündigt, verlängert oder geändert wird (IFRS 15.49).

Zu den *Auftragskosten (contract costs)* zählen alle direkten Kosten des Vertrages (z.B. Fertigungslöhne, Fertigungsmaterial), die indirekt und allgemein dem Vertrag zurechenbaren Kosten (z.B. Versicherungen, Fertigungsgemeinkosten) und sonstige vertragsgemäß fakturierbare Kosten (IAS 11.16). IAS 11.17–21 nennen zahlreiche Bestandteile der Auftragskosten.

---

[1] Die dafür geltenden Regelungen im IFRS 15 nehmen die bislang nach IAS 11 gebräuchlichen Regelungen auf.

Zur Bestimmung des *Fertigstellungsgrades* können input- und outputorientierte Verfahren angewandt werden, wobei das Verfahren einzusetzen ist, das „die erbrachte Leistung verlässlich bewertet" (IAS 11.30/IFRS 15.41–45):

- Verbreitet ist das inputorientierte *cost-to-cost*-Verfahren, bei dem die bisher angefallenen Auftragskosten ins Verhältnis zu den gesamten Auftragskosten gesetzt werden. Der Quotient – ausgedrückt in Prozent – gibt den Fertigstellungsgrad an. Beim *effords-expended*-Verfahren werden mengenmäßige Ressourcenverbräuche (z.B. bisherige Arbeitsstunden zu kalkulierten Gesamtarbeitsstunden) in analoger Weise in Beziehung gesetzt.
- Bei den outputorientierten *units-produced-/physical-observation*-Verfahren wird die begutachtete bisherige Leistung zur Gesamtleistung wertmäßig (z.B. Wert gebauter Wohnungen einer Anlage) oder mengenmäßig (z.B. gebaute Straßen-km) in Beziehung gesetzt. Sind vertraglich bestimmte *Meilensteine* der Fertigung festgelegt (z.B. Teilwerke im Schiffbau) so können diese für den Fertigungsstand maßgeblich sein.

Zur Bewertung einer „künftigen Forderung aus Fertigungsaufträgen" (POC-Forderung)/ eines Vertragsvermögenswerts" nach IFRS 15 wird nun der *positive Saldo*[1] der folgenden kumulierende Vergleichsrechnung herangezogen (IAS 11.43 und 44/IFRS 15.105):

Bisher angefallene Auftragskosten

+ bisher realisierte Teilgewinn (Gesamtgewinn × Fertigstellungsgrad)
– bisher antizipierte Verluste
– bisher verrechnete Abschlagzahlungen.

Die Werthaltigkeit der Forderung ist bei Zweifelhaftigkeit oder Uneinbringlichkeit nach den allgemeinen Grundsätzen der Forderungsbewertung zu prüfen, woraus u.U. eine *Wertberichtigung* oder *Wertaufholung* resultiert.[2]

Für Geschäftsjahre, die am oder nach dem 1.1.2018 beginnen, führt – *IFRS 15* im Ergebnis somit die Regelungen zur Realisation von Teilgewinnen fort.

Steuerrechtlich sind bei der *Erstbewertung* von Forderungen – wie in den anderen Rechnungslegungssystemen – die Anschaffungskosten anzusetzen (§ 6 Abs. 1 Nr. 2 S. 1 EStG). Als *Anschaffungskosten* kann der gemeine Wert der Lieferung/Leistung gesehen werden, die zum Erwerb der Forderung aufgewandt werden musste. Das entspricht regelmäßig dem *Nennbetrag* der Forderung[3], einschließlich der berechneten Umsatzsteuer.

Forderungen in *ausländischer Währung* sind zum Devisenkassamittelkurs am Bilanzstichtag umzurechnen.(§ 256a S. 1 HGB).

Bei der *Folgebewertung* kann ein niedrigerer Teilwert angesetzt werden, wenn die Wertminderung nachweislich voraussichtlich von Dauer ist (§ 6 Abs. 1 Nr. 2 S. 2 i.V.m. § 5 Abs. 6 EStG). Über den Nachweis hat der Steuerpflichtige praktisch ein Abwertungs-

---

1 Ist der Saldo negativ, so bestimmt er die Bewertung einer als Verbindlichkeit oder Rückstellung einzustellenden „Verpflichtung aus Fertigungsaufträgen".
2 Ungeregelt, aber ansatzweise aus IAS 11.28, explizit in IFRS 15.99 ff.
3 BFH v. 26.4.1995, BStBl 1995 II, 594.

wahlrecht. Wie im Handelsrecht werden einzeln identifizierte Wertminderungsrisiken (z.B. Schuldnerausfallrisiko, Erlösminderungsrisiko, Zins- und Wechselkursverluste, Länderrisiken und ggf. Inkassokosten) ebenso anerkannt werden wie erfahrungsgestützte Pauschalwertberichtigungen wegen allgemeiner Kreditrisiken und Erlösschmälerungen (z.B. Skonti). Zweifelhafte, erst langfristig eingehende Forderungen sind im Rahmen einer Teilwertabschreibung auf den Betrag der voraussichtlichen Erlöse zu vermindern und auf den Zeitpunkt abzuzinsen, zu dem mit dem Eingang der Erlöse zu rechnen ist.[1]

Forderungen in *ausländischer Währung* sind zum Devisenkassamittelkurs am Bilanzstichtag (i.d.R. Jahresultimokurse) umzurechnen – bei einer Restlaufzeit von einem Jahr und weniger ohne Berücksichtigung des Anschaffungskosten- und Realisierungsprinzips (§ 256a S. 2 HGB), also auch, wenn er höher ist.

Zuschreibungspflicht besteht bei Wegfall der Abwertungsgründe oder der voraussichtlichen Dauerhaftigkeit wenn ein niedrigerer Teilwert nicht mehr nachgewiesen werden kann (§ 6 Abs. 1 Nr. 1 S. 4 EStG).

Bewertungsfragen bei *Forderungen aus langfristiger Auftragsfertigung* bestehen wie im Handelsrecht auch steuerbilanziell im Regelfall nicht, weil nach der Gesamtgewinnrealisierungsmethode *(complete-contract-method)* zu bilanzieren ist und eine Teilgewinnrealisierung nur unter ganz eingeschränkten Bedingungen (endgültige Teilabrechnungen oder Herstellung abgrenzbarer und bereits abgenommene Teilwerke) zulässig ist.[2] Im Regelfall sind bei am Bilanzstichtag noch nicht fertig gestellten Wirtschaftsgütern (halbfertige Arbeiten) – nach Verwaltungsauffassung unabhängig, ob bereits ein als Einzelheit greifbares Wirtschaftsgut entstanden ist (R 6.3 Abs. 8 EStR) – nur die bisher angefallenen Herstellungskosten zu aktivieren.[3]

g) Wertpapiere des Umlaufvermögens

Handelsrechtlich maßgeblich sind bei der *Erstbewertung* die *Anschaffungskosten* (einschließlich der Nebenkosten, wie z.B. Bankprovisionen, Maklercourtagen, Spesen – nicht aber gezahlter Stückzinsen).

Bei der *Folgebewertung* sind zwingend ggf. niedrigere *Zeitwerte* nach dem strengen Niederstwertprinzip anzusetzen. Dieser ist absatzorientiert zu ermitteln, d.h. unter Verminderung um die Verkaufskosten. Vorrangig kommen als Ausgangswerte Börsen- oder Marktpreise in Betracht, ersatzweise der beizulegende Wert (§ 253 Abs. 4 HGB). Zuschreibungen bis höchstens zur Höhe der Anschaffungskosten sind handelsrechtlich obligatorisch (§§ 253 Abs. 5 S. 1 HGB).

Nach **IFRS** sind Wertpapiere des Umlaufvermögens insbes. als *financial assets*[4] der Kategorie *„held for trading"* (HFT)/*"zum fair-value durch die GuV"* bei der *Erstbewertung* mit dem beizulegenden Zeitwert (IAS 39.43/IFRS 9.5.1.1), d.s. i.d.R. die Anschaffungskosten, zu bewerten. Bei der *Folgebewertung* sind sie grundsätzlich mit dem beizulegenden Zeitwert *(fair value)* ohne Abzug von Transaktionskosten – auch über die Anschaf-

---

1 BFH v. 24.10.2006, BStBl 2007 II, 469.
2 Siehe BFH v. 5.5.1976, BStBl 1976 II, 541 m.w.N. und Kap. B.II.9.c).
3 BFH vom 23.11.1978, BStBl 1979 II, 143.
4 Zu Einzelheiten siehe Kap. D.V.1.db).

fungskosten hinaus – zu bewerten (IAS 39.46/IFRS 9.5.7.1). Wertminderungen sind nach einem obligatorischen Werthaltigkeitstest vorzunehmen (IAS 39.58/IFRS 9.5.5.1).

Steuerrechtlich erfolgt die *Erstbewertung* ebenfalls zu Anschaffungskosten, die *Folgebewertung kann beim Nachweis* einer voraussichtlich dauernden Wertminderung[1] zum niedrigeren Teilwert erfolgen. Wie bei den Wertpapieren des Anlagevermögens ist hinsichtlich der Teilwertabschreibung, der voraussichtlich dauernden Wertminderung und der Wertaufholungspflicht zwischen aktienindexbasierten und festverzinslichen Wertpapieren zu unterscheiden.[2]

Bei Wegfall der nachzuweisenden Teilwertabschreibungsgründe sind Zuschreibungen geboten.[3]

h) Zahlungsmittel

Handels- wie steuerrechtlich erfolgt die *Erstbewertung* zu Anschaffungskosten, die dem Nominalwert entsprechen. Auch die *Folgebewertung* erfolgt zum Nominalwert, es sei denn Bonitätszweifel (z.B. bei Schecks) rechtfertigen einen niedrigeren beizulegenden Stichtagswert bzw. bei dauernder Wertminderung einen niedrigeren Teilwert. Zahlungsmittel in ausländischer Währung sind zum Devisenkassamittelkurs des Bilanzstichtags umzurechnen (§ 256a HGB i.V.m. § 5 Abs. 1 EStG). Einlagen bei Kreditinstituten werden wie Forderungen bewertet (siehe oben),

Nach **IFRS** ist die Behandlung von Zahlungsmitteln und Zahlungsmitteläquivalenten nicht geregelt. Die Vorschriften über finanzielle Vermögenswerte (IAS 39/IFRS 9 und IAS 32) sind – soweit einschlägig – entsprechend anzuwenden. Fremdwertungsvaluten sind gem. IAS 21 zum Kassakurs in die Berichtswährung umzurechnen.

i) Aktive Rechnungsabgrenzung

Handels- wie steuerrechtlich sind aktive Rechnungsabgrenzungsposten i.e.S. weder Vermögensgegenstände noch Wirtschaftsgüter und sind daher nicht zu bewerten, sondern nur zu berechnen. Anzusetzen sind die entsprechenden *Ausgaben*; die Verteilung hat nach der zeitlichen Verteilung des Empfangs der für die Ausgabe *erhaltenen Gegenleistung* (z.B. Kapital-, Nutzungsüberlassung) zu erfolgen, aus Vereinfachungsgründen auch zeitanteilig (§ 250 Abs. 1 HGB, § 5 Abs. 5 Nr. 1 EStG). Nötigenfalls sind Umrechnungen in die Berichtswährung Euro nach den Grundsätzen der Währungsumrechnung[4] vorzunehmen. Entsprechendes (d.h. Laufzeitverteilung oder Verteilung nach Kapitalüberlassung) gilt für ein handelsrechtlich wahlweise, steuerrechtlich aber obligatorisch zu aktivierendes Disagio.

---

1 Siehe Kap. D.IV.2.ecb). Die Finanzverwaltung sieht Kursschwankungen nicht als dauerhafte Wertminderungen an.
2 Siehe Kap. D.V.1.daa) bzw. dab) und Kap. D.IV.2.ecb).
3 § 6 Abs. 1 Nr. 2 S. 3 i.V.m. Nr. 1 S. 4 EStG.
4 Siehe im Einzelnen Kap. D.I.4.

Im Regelfall des gegenseitigen Vertrages bestimmt sich die Höhe des aktiven Rechnungsabgrenzungspostens folgendermaßen:

$$\text{Aktiver Rechnungsabgrenzungsposten} = \text{erbrachte eigene Vorleistung (gebuchte Ausgaben)} \times \frac{\text{am Bilanzstichtag noch ausstehender Teil der Gegenleistung des Vertragspartners}}{\text{gesamte vom Vertragspartner zu erbringende Gegenleistung}}$$

Die Teil- und Gesamtleistung im Bruch kann mengen-, zeit- oder wertmäßig quantifiziert werden.

Keine Bewertungsprobleme ergeben sich bei den nur steuerrechtlich ansetzbaren *Abgrenzungsposten* für Zölle und Verbrauchsteuern beim Vorratsvermögen und Umsatzsteuern auf Anzahlungen, da diese an Zahlungen anknüpfen und keine Wirtschaftsgüter darstellen.

Nach *IFRS* sind aktive Rechnungsabgrenzungen nicht geregelt, aber nach dem Periodenabgrenzungsgebot des IAS 1.27f. vorzunehmen. Die Bewertung erfolgt dann nach den allgemeinen Grundsätzen, insbes. für die Forderungsbewertung. Keine Bewertungsprobleme ergeben sich mangels eines Ansatzes für Disagien, Zölle und Verbrauchsteuern beim Vorratsvermögen und bei der Umsatzsteuer auf Anzahlungen.

2. Bewertungsbesonderheiten bei Passiva

a) Eigenkapital bzw. Betriebsvermögen

In allen Rechnungslegungssystemen entzieht sich das Eigenkapital einer eigenständigen Bewertung und ergibt sich als *Saldogröße*

- handelsrechtlich zwischen der Summe der Vermögensgegenstände und Schulden unter Berücksichtigung von Rechnungsabgrenzungsposten, latenten Steuern und ggf. Sonderposten
- steuerrechtlich zwischen positiven und negativen Wirtschaftsgütern unter Berücksichtigung von Abgrenzungsposten und ggf. Sonderposten und
- nach IFRS zwischen Vermögenswerten und Schulden.

Dabei ist die Bewertung der genannten Bestimmungsgrößen für die Höhe des Gesamtbetrags des Eigenkapitals/Betriebsvermögens entscheidend. Nur die Zusammensetzung bzw. Aufteilung der Komponenten ist der Höhe nach unterschiedlich zu bestimmen.

Nach § 272 Abs. 1 S. 2 HGB ist das *gezeichnete Kapital* bei Kapitalgesellschaften mit dem *Nennbetrag* anzusetzen, d.i. der nominelle Festbetrag des sich aus der Satzung oder dem Gesellschaftsvertrag ergebenden Haftungskapitals der Kapitalgesellschaft (Grundkapital der AG bzw. Stammkapital der GmbH).

Eigene Anteile sind nach § 272 Abs. 1a **HGB** und **IAS** 32.33 i.d.R. mit dem Nennbetrag offen vom gezeichneten Kapital abzuziehen. Etwaige Differenzen zwischen Anschaffungskosten und Nennbetrag sind mit den frei verfügbaren Rücklagen zu verrechnen

(§ 272 Abs. 1a HGB). Anschaffungsnebenkosten sind laufender Aufwand. Obwohl eigene Anteile auch Vermögensgegenstände darstellen entschied sich der Gesetzgeber, den Erwerb eigener Anteile nicht als Anschaffung, sondern als Kapitalherabsetzung zu behandeln.

Das **Steuerrecht** sah *eigene Anteile* im Regelfall nicht als EK-Korrekturposten sondern als positive Wirtschaftsgüter (Wertpapiere) an und bewertet sie als solche.[1] Seit der BilMoG-Änderung schloss sich die Finanzverwaltung[2] der handelsrechtlichen Behandlung an: Der Nennbetrag (rechnerische Wert) der eigenen Anteile wird vom gezeichneten Kapital abgesetzt, ein Unterschiedsbetrag zu den tatsächlichen Anschaffungskosten wird mit dem außerhalb der Steuerbilanz als Nebenrechnung geführten steuerlichen Einlagekonto gem. § 27 KStG verrechnet und Erwerbsnebenkosten werden als sofort abzugsfähige Betriebsausgaben behandelt. Da eigene Anteile nicht (mehr) als Wirtschaftsgüter angesehen werden ergibt sich kein Bewertungsproblem.

b) Sonderposten mit Rücklageanteil/Steuerfreie Rücklagen

Weder in den Bilanzen nach *IFRS* noch – seit dem BilMoG – nach *HGB* dürfen Sonderposten mit Rücklageanteil angesetzt werden.[3] Ein Problem des Ansatzes der Höhe nach besteht deshalb nicht. Für die **Steuerbilanz** ergibt sich die Höhe der sog. steuerfreien Rücklagen aus den differenzierten steuerlichen Vorschriften über die Höhe der jeweils zulässigen steuerfreien Rücklagen.

Die maximale Höhe der steuerfreien Rücklage beträgt beispielsweise

- *bei der Reinvestitionsrücklage (§ 6b EStG):*
  Veräußerungspreis – Veräußerungskosten – Buchwert
- *bei der Ersatzbeschaffungsrücklage (R 6.6 Abs. 4 EStR):*
  Veräußerungsentgelt – Buchwert des ausgeschiedenen
  oder Entschädigung   Wirtschaftsgutes
- *bei der Zuschussrücklage (R 6.5 Abs. 4 EStR):*
  Noch nicht verwendeter Zuschussbetrag.

Der ebenfalls nur in der Steuerbilanz anzusetzende Ausgleichsposten nach § 4g EStG[4] wird gelegentlich auch als *EU-Betriebsstätten-Überführungsgewinnrücklage* bezeichnet. Der Höhe nach ergibt sich der Posten aus der Differenz

gemeiner Wert – Buchwert

des in eine EU-Betriebsstätte überführten Wirtschaftsgutes. Bei Folgebewertungen zu den folgenden fünf Bilanzstichtagen ist der Posten i.d.R. mit jeweils einem Fünftel aufzulösen (§ 4g Abs. 2 S. 1 EStG).

---

1 BFH v. 23.2.2005, BStBl 2005, 522. Eine Ausnahme galt mangels Wirtschaftsguteigenschaft nur, wenn die eigenen Anteile zum Einzug bestimmt oder unveräußerlich waren.
2 BMF-Schr. v. 27.11.2013, BStBl 2013 I, 1615.
3 Wegfall des §§ 247 Abs. 3 HGB a.F. durch das BilMoG. Eine Fortführung aufgrund der Übergangsvorschrift des Art. 67 Abs. 3 EGHGB war möglich, so dass auch weiterhin Sonderposten mit Rücklageanteil in HGB-Bilanzen angetroffen werden könnten.
4 Siehe Kap. C.IV.1.bb).

c) Rückstellungen

ca) Rückstellungen allgemein

Handelsrechtlich sind Rückstellungen seit dem BilMoG generell mit dem Erfüllungsbetrag anzusetzen, der nach vernünftiger kaufmännischer Beurteilung notwendig ist (§ 253 Abs. 1 S. 2 HGB), bei mehr als einjähriger Restlaufzeit ist eine Abzinsung vorzunehmen (§ 253 Abs. 2 S. 1 HGB).

Die Bezugnahme auf *kaufmännische Vernunft* schließt eine willkürliche Ausfüllung des wegen der Ungewissheit bestehenden Schätzungsrahmens aus, erfordert also ausreichende objektive Hinweise, gebietet auch vorsichtige, aber dem wahrscheinlichsten Wert der Eintrittswahrscheinlichkeit entsprechende Schätzungen. Ferner bedarf es einer an den Eigenheiten der jeweiligen Rückstellungsart orientierten Berechnungsweise (z.B. versicherungsmathematische Grundsätze bei Altersversorgungsverpflichtungen).

Erfüllungsbetrag ist der Betrag, den der Schuldner im Zeitpunkt der Pflichtenerfüllung voraussichtlich aufbringen muss.[1] Unter Einschränkung des Stichtagsprinzips sind damit bei der Rückstellungsbewertung *künftige Preis- und Kostenentwicklungen* zu berücksichtigen. Dafür müssen nach der Gesetzesbegründung aber ausreichende objektive Hinweise vorhanden sein[2], wie beispielsweise gefestigte Trends der Material- und Personalkosten, oder gar bereits abgeschlossene Tarif- oder Lieferverträge.

Etwaige Rückgriffsansprüche an Dritte dürfen nicht mit den Belastungen verrechnet werden (*Bruttoausweis*). In Ausnahmefällen (z.B. nichtaktivierbarer Rückgriffsanspruch) ist eine *kompensierende Bewertung* zulässig.[3]

Von der *Bewertungsmethode* her sind grundsätzlich Einzelrisiken zu bewerten (*Einzelrückstellungen*). Nach § 240 Abs. 4 i.V.m. § 256 S. 2 HGB sind auch *Sammelrückstellungen* oder Kombinationen beider Verfahren zulässig.[4]

Eine *Abzinsungspflicht* bei Rückstellungen mit einer Restlaufzeit von mehr als einem Jahr besteht seit dem BilMoG nach § 253 Abs. 2 S. 1 HGB. Da die durch die Rückstellung gebundenen Mittel (aufwandswirksame Rückstellungsbildung) ertragswirksam investiert werden können, wird durch die Abzinsung die tatsächliche Belastung des Unternehmens durch den Rückstellungsgrund angeblich besser dargestellt[5] – unter Hintansetzung des Stichtags- und Realisationsprinzips.[6] Dabei ist prinzipiell ein der Restlaufzeit entsprechender durchschnittlicher Marktzins[7] der vergangenen sieben Geschäftsjahre zu verwenden, der von der Deutschen Bundesbank auf ihrer Webseite *www.bundesbank.de* monatlich gemäß der Modalitäten der Rückstellungsabzinsungsverordnung bekannt gegeben wird. Beispielsweise gelten in 2017 bei Restlaufzeiten von bis zu 10 Jahren (die Bundes-

---

1 Zu Einzelheiten siehe Kap. D.II.1.da).
2 So BR-Drucks. 270/09 S. 114.
3 IDW RS HFA 34, Tz. 30.
4 WPH 2017, F 549.
5 BR-Drs. 344/08, S. 118. Prämisse ist, dass für die zur Schuldentilgung zurückgestellten Mittel zukünftig Erträge in Höhe des Marktzinses realisiert werden.
6 Siehe Kap. B.II.2.b) bzw. B.II.9.c).
7 Basis ist eine Null-Koupon-Zinsswapkurve, BR-Drucks. 344/08, S. 119.

bank weist Zinssätze bis zu Restlaufzeiten von 50 Jahren nach) folgende Abzinsungssätze, die trotz des durchschnittsbildenden Berechnungsmodus von 7 Jahren noch tendenziell deutlich abnehmen:

	Abzinsungssatz (% p.a.) gemäß § 253 Abs. 2 HGB (7-Jahresdurchschnitt) bei einer Restlaufzeit von ... Jahr(en)									
	1	2	3	4	5	6	7	8	9	10
30.11.2016	1,61	1,71	1,84	2,01	2,18	2,35	2,50	2,64	2,77	2,89
31.12.2016	1,59	1,67	1,81	1,97	2,14	2,30	2,46	2,60	2,73	2,84
31.1.2017	1,57	1,65	1,77	1,93	2,10	2,27	2,42	2,56	2,69	2,80
28.2.2017	1,54	1,62	1,74	1,90	2,06	2,23	2,38	2,52	2,65	2,76
31.3.2017	1,52	1,59	1,71	1,87	2,03	2,19	2,34	2,48	2,61	2,72
30.4.2017	1,49	1,56	1,68	1,83	1,99	2,16	2,30	2,44	2,57	2,69
31.5.2017	1,47	1,54	1,65	1,80	1,96	2,12	2,27	2,41	2,43	2,65
30.6.2017	1,44	1,51	1,62	1,77	1,93	2,09	2,23	2,37	2,50	2,61
31.7.2017	1,41	1,48	1,59	1,74	1,89	2,05	2,20	2,34	2,46	2,58
31.8.2017	1,38	1,45	1,56	1,71	1,87	2,02	2,17	2,31	2,43	2,55
30.9.2017	1,36	1,42	1,53	1,68	1,84	1,99	2,14	2,28	2,40	2,52
31.10.2017	1,33	1,39	1,50	1,65	1,80	1,96	2,11	2,24	2,37	2,49
30.11.2017	1,29	1,36	1,47	1,61	1,76	1,92	2,07	2,20	2,33	2,45
31.12.2017	1,26	1,33	1,43	1,58	1,73	1,88	2,02	2,16	2,29	2,40

Abbildung D-52: Abzinsungszinssätze der Deutschen Bundesbank gemäß Rückstellungsabzinsungsverordnung (RückAbzinsV), Stand: 12/2017

Macht ein Unternehmen – z.B. bei Rückstellungen für Pensionsverpflichtungen – von der gesetzlich mit § 253 Abs. 2 S. 2 HGB eingeräumten *Bewertungserleichterung* Gebrauch, pauschal auf eine Restlaufzeit von 15 Jahren abzustellen, ergibt sich z.B. ein Abzinsungszinssatz, zum 31.10.2017 – dann allerdings berechnet auf Basis eines Durchschnittswerts der letzten 10 Geschäftsjahre – von 3,74 Prozent (der Zinssatz auf Basis eines 7-Jahres-Durchschnitts liegt bei der Laufzeit von 15 Jahren bei 2,88 Prozent).

Unternehmensindividuelle Zinsbedingungen, wie z.B. die Unternehmensbonität, spielen keine Rolle, währungsbedingte Unterschiede nur, wenn sie die Darstellung der Unternehmenslage beeinträchtigen.[1]

Ob Rückstellungen mit einer *Restlaufzeit der Verpflichtung von bis zu einem Jahr* abzuzinsen sind, sagt § 253 Abs. 2 HGB nicht. Nach der Gesetzesbegründung[2] ergibt sich im Umkehrschluss zur vorhandenen Regelung, dass Rückstellungen mit einer Restlaufzeit von einem Jahr und weniger nicht abzuzinsen sind. Da – analog der Gesetzesbegründung zu langfristigen Rückstellungen – auch die unterjährige Zwischenanlage der rückgestellten Mittel ertragbringend sein kann und die Ein-Jahresgrenze eher aus Wesentlichkeitsgründen gewählt sein kann, auf die man verzichten kann, dürfte ein *Abzinsungswahlrecht* bestehen.[3]

---

1 BR-Drucks. 344/08, S. 119.
2 BR-Drucks. 344/08, S. 118.
3 WPH 2017, F 553, Hinweis 47 m.w.N. auf IDW RS HFA 34 Tz. 44.

Wenn Gründe für die Rückstellungsbildung (z.B. durch Änderung der Verhältnisse, neue Erkenntnisse oder frühere Beurteilungsfehler) entfallen besteht nach § 249 Abs. 2 S. 2 HGB eine teilweise oder vollumfängliche *Auflösungspflicht*.

Nach **IFRS** wird die Bewertung von Rückstellungen allgemein und für Drohverlustrückstellungen sowie Restrukturierungsrückstellungen speziell in IAS 37 geregelt. Für zahlreiche andere Rückstellungsarten bestehen vorrangig anzuwendende Spezialregelungen (z.B. Steuerrückstellungen IAS 12, Verpflichtungen gegenüber Arbeitnehmern IAS 19, Leasingverpflichtungen IAS 17/IFRS 16).

Bei der *Zugangsbewertung* sind Rückstellungen zu bewerten durch die

- bestmögliche Schätzung
- der Ausgaben, die zur Erfüllung der Verpflichtung
- zum Bilanzstichtag erforderlich sind (IAS 37.36).

Als bestmögliche Schätzung des Managements *(best estimate of expensure required to settle)* wird dabei der niedrigere Wert zwischen dem Betrag zur Verpflichtungserfüllung *(Erfüllungsbetrag)* und der Übertragung der Verpflichtung an einen Dritten *(Übertragungsbetrag)* angenommen. Bezugszeitpunkt ist der Bilanzstichtag, allerdings unter Berücksichtigung werterhellender Informationen bis zum Zeitpunkt der Freigabe des Jahresabschlusses zur Offenlegung.

Bei der Rückstellungsbemessung müssen berücksichtigt werden:

- Risiken und Unsicherheiten,
- künftige Ereignisse und
- Diskontierung.

Zur Berücksichtigung von Unsicherheiten und Risiken ist bei *Einzelverpflichtungen* grundsätzlich der *Betrag mit der größten Eintrittswahrscheinlichkeit heranzuziehen*, es kann jedoch nach IAS 37.40 auch ein hiervon abweichender höherer oder niedriger Erfüllungsbetrag in Betracht kommen.

Bei einer *Vielzahl gleichartiger Verpflichtungen* (z.B. Gewährleistungsverpflichtungen für alle Produkte) ist die *Erwartungswertmethode* anzuwenden (IAS 37.39). Innerhalb einer Bandbreite möglicher Erfüllungsbeträge mit gleicher Wahrscheinlichkeit soll der mittlere Schätzwert gewählt werden, bei ungleichen Eintrittswahrscheinlichkeiten der belastenden Fälle werden gewichtete Erwartungswerte angewandt.

Beispiel Gewährleistungsrückstellungen:

Erwarteter Anteil fehlerfreier Produkte		Gewährleistung bei schadensfreien Produkten		erwarteter Anteil gering fehlerhafter Produkte		Gewährleistung bei Kleinschäden		erwarteter Anteil totalfehlerhafter Produkte		Gewährleistung bei Totalausfällen
90%	*	0	+	7%	*	100 €	+	3%	*	1000 €
0			+	7 €			+	30 €		
Nicht abgezinste Gewährleistungsrückstellung pro 100 verkaufter Produkte: 37 €										

Abbildung D-53: Bestimmung der Gewährleistungsrückstellung nach der Erwartungswertmethode

Künftige Ereignisse (z.B. Technologiefortschritte, Gesetzesänderungen) müssen bei der Rückstellungsbewertung berücksichtigt werden wenn ausreichende objektive substantielle Hinweise für ihren Eintritt vorliegen (IAS 37.38). Eine *Abzinsung* der erwarteten Ausgaben mit einem marktadäquaten und schuldspezifischen Vorsteuerzins ist vorzunehmen, wenn der Diskontierungseffekt (für den Rückstellungswert oder das Jahresergebnis) wesentlich ist (IAS 37.45 ff.).

Durchsetzbare *Rückgriffs- und Erstattungsansprüche* sind nicht zu saldieren, sondern gesondert zu aktivieren (IAS 53ff.). Auch *Abgangserträge von Vermögenswerten* dürfen bei der Rückstellungsbewertung nicht berücksichtigt werden (IAS 37. 51 f.).

Zur Übersicht über die Rückstellungsbewertung nach IFRS siehe Abbildung D-54.

Steuerbilanziell wurde die Rückstellungsbewertung – wie im Handelsrecht – mit dem BilMoG neu geregelt. Zwar gibt es im Steuerrecht weiterhin keine eigenständige Norm für den grundsätzlichen Rückstellungswert, wohl aber mit § 6 Abs. 1 Nr. 3a EStG einen ausdrücklichen steuerlichen Bewertungsvorbehalt (§ 5 Abs. 6 EStG). Bei der Erst- und Folgebewertung sind Rückstellungen für ungewisse Verbindlichkeiten nach dem Maßgeblichkeitsprinzip (§ 5 Abs. 1 S. 1 EStG) – wie in § 253 Abs. 1 S. 2 HGB gefordert – mit dem nach vernünftiger kaufmännischer Beurteilung notwendigen Erfüllungsbetrag zu bewerten. Darüber hinaus hat jedoch Vorrang, dass Rückstellungen „höchstens insbesondere unter Berücksichtigung folgender Grundsätze anzusetzen" sind (§ 6 Abs. 1 Nr. 3a EStG). Umstritten ist, dass die Finanzverwaltung[1] „höchstens" so interpretiert, dass der Steuerbilanzwert höchstens bis zum maximal zulässigen HGB-Wert reichen darf (Pensionsrückstellungen ausgenommen). Das Wort „insbesondere" deutet darauf hin, dass die Bewertungsgrundsätze nicht abschließend aufgezählt sind, sondern z.B. auch die GoB zu beachten sind.

- *Berücksichtigung der erfahrungsgemäßen Inanspruchnahme*
  Allgemein wird für alle steuerlich anerkannten Rückstellungen in § 6 Abs. 1 Nr. 3a Buchst. a EStG im Wesentlichen klarstellend[2] gefordert, dass für gleichartige Verpflichtungen (z.B. Garantie-, Kulanzrückstellungen) auf der Grundlage der Erfahrungen in der Vergangenheit aus der Abwicklung solcher Verpflichtungen die Wahrscheinlichkeit berücksichtigt werden muss, dass der Steuerpflichtige u.U. nur zu einem Teil der Summe dieser Verpflichtungen in Anspruch genommen wird.[3]

- *Beschränkte Kostenbewertung von Sachleistungsrückstellungen*
  Die Bewertung von Sachleistungsrückstellungen (z.B. für Reparaturverpflichtungen) ist umfangmäßig auf Einzelkosten und den angemessenen Teilen der notwendigen Gemeinkosten beschränkt (§ 6 Abs. 1 Nr. 3a Buchst. b EStG); der Ansatz der Vollkosten (also insbes. einschließlich aller zur Leistungserfüllung anfallenden Gemeinkos-

---

1 R 6.11 Abs. 3 EStR.
2 Der Grundsatz ergibt sich auch aus § 253 Abs. 1 S. 2 HGB.
3 Als spezieller Anwendungsfall dieses Grundsatzes wird z.B. in § 20 KStG für die Versicherungswirtschaft verlangt, dass bei den Rückstellungen für noch nicht abgewickelte Versicherungsfälle (§ 341 g HGB) die Erfahrungen für jeden Versicherungszweig und ein Minderungsbetrag für Besserregulierungen zu berücksichtigen sind.

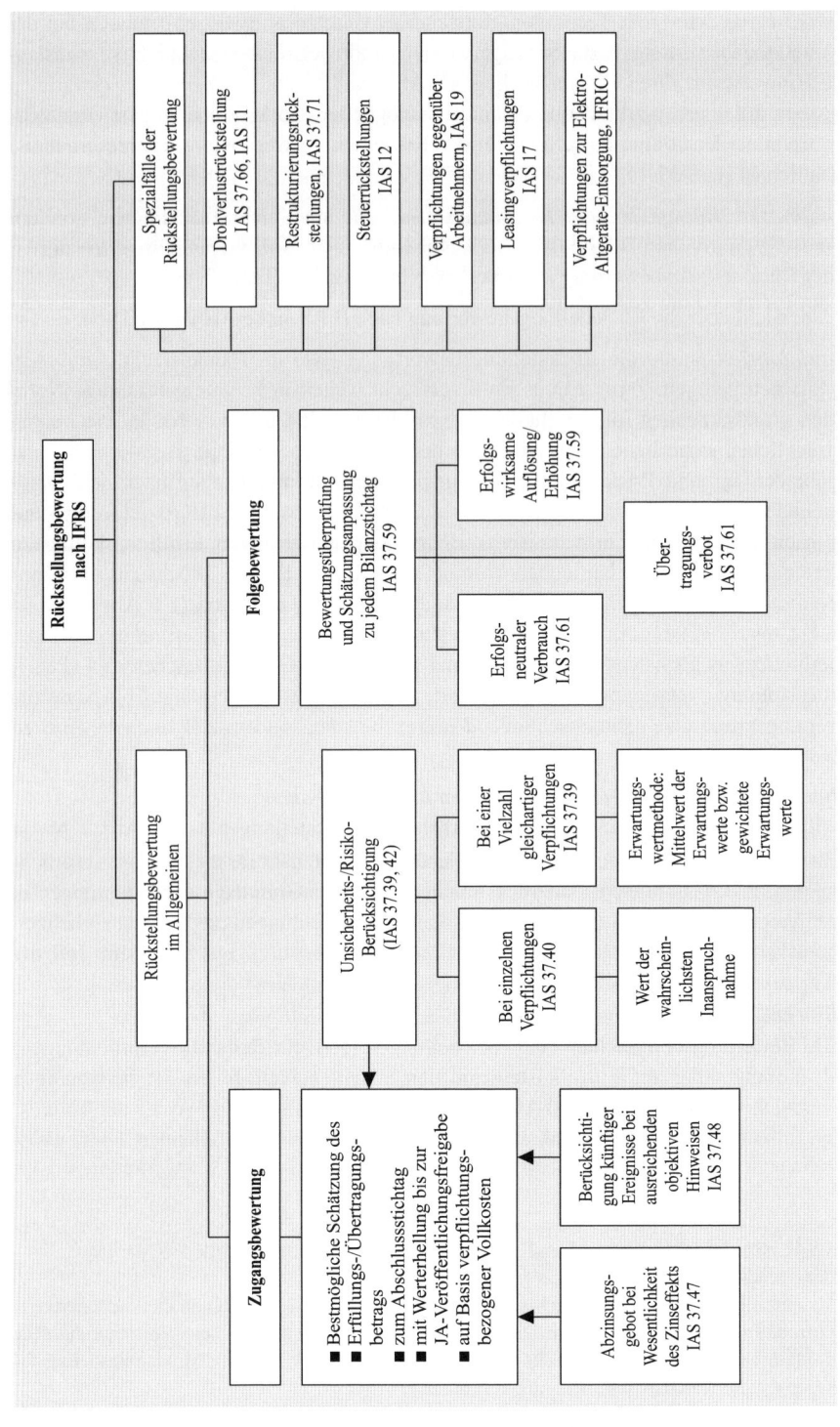

Abbildung D-54: Rückstellungsbewertung nach IFRS

- *Kompensationspflicht mit künftigen Vorteilen*
  Bei der Rückstellungsbewertung sind die mit der Verpflichtungserfüllung voraussichtlich verbundenen künftigen Vorteile wertmindernd gegenzurechnen (Kompensation). Die Rechtsprechung hatte dies nur unter bestimmten Bedingungen gefordert.[1] Allerdings wird eine Gegenrechnung nicht vorgenommen, soweit die Vorteile als Forderung(en) zu aktivieren sind oder wenn am Bilanzstichtag nur die bloße Möglichkeit besteht, dass künftig wirtschaftliche Vorteile im Zusammenhang mit der Erfüllung der Verpflichtung eintreten könnten.[2]

- *Zeitanteilige Ansammlung*
  Unter Ansammlungsrückstellungen werden zum einen Rückstellungen für Verpflichtungen verstanden, für „deren Entstehen im wirtschaftlichen Sinne der laufende Betrieb ursächlich" ist (§ 6 Abs. 1 Nr. 3a Buchst. d Satz 1 EStG). So sind beispielsweise für die Verpflichtung, betrieblich genutzte Gebäude oder Betriebsanlagen nach Betriebseinstellung zu beseitigen, nicht sofort in vollem Umfang, sondern zeitanteilig gleichmäßig ratierlich anzusammeln.[3] Hiervon zu unterscheiden sind zum anderen Rückstellungen für Verpflichtungen, bei denen der Rückstellungsbetrag nicht nur im wirtschaftlichen Sinne, sondern tatsächlich ihrem Umfang nach veränderlich sind. Dies ist z.B. bei der Verpflichtung zur Rekultivierung bereits ausgebeuteter Teile eines Grundstücks der Fall. In diesem Fall erfolgt eine Bewertung der Rückstellung mit dem dem jeweiligen tatsächlichen Volumen entsprechenden Erfüllungsbetrag. Da kontinuierlich neu bewertet wird, sind auch die bis dahin angefallenen Kosten und Preissteigerungen einzubeziehen.

- *Allgemeines Abzinsungsgebot bei Rückstellungen*
  Nach § 6 Abs. 1 Nr. 3a Buchst. e EStG sind grundsätzlich alle Rückstellungen für mittel- und langfristige Geld- und Sachleistungsverpflichtungen mit 5,5 % abzuzinsen. Vom steuerlichen Abzinsungsgebot ausgenommen sind mit einem Verweis auf eine entsprechende Regelung bei Verbindlichkeiten[4] Rückstellungen für *kurzfristig* (in weniger als 12 Monate) zu erfüllende Verpflichtungen sowie für *verzinsliche* Geldleistungsverpflichtungen. Bei Rückstellungen für Sachleistungsverpflichtungen ist als Abzinsungszeitraum die Zeitspanne von der erstmaligen Bildung der Rückstellung bis zum Beginn der Erfüllung festgelegt.

- *Nichtberücksichtigung künftiger Preis- und Kostensteigerungen*
  Die mit der Einführung des Erfüllungsbetrags als Bewertungsmaßstab für Rückstellungen durch das BilMoG in der Handelsbilanz obligatorische Berücksichtigung *künftiger* Preis- und Kostensteigerungen wird steuerbilanziell ausdrücklich nicht nachvollzogen: Bei der Rückstellungsbewertung bleiben die Wertverhältnisse am

---

1 BFH v. 8.2.1995, BStBl 1995 II, 412; BFH GrS 2/93 v. 23.6.1997, BStBl 1997 II, 735.
2 Siehe R 6.11 Abs. 1 EStR.
3 Gesondert geregelt ist in Satz 3 ein Spezialfall, die Rückstellung für Stilllegung von Kernkraftwerken. Die Kosten sind ab Nutzungsbeginn bis zum Stilllegungsbeginn – ersatzweise über 25 Jahre – zeitanteilig in gleichen Raten anzusammeln.
4 § 6 Abs. 1 Nr. 3 Satz 2 EStG.

Bilanzstichtag maßgebend[1], d.h. aber auch, dass die bis zur Folgebewertung *eingetretenen* Preis- und Kostensteigerungen bei der Bestimmung des Erfüllungsbetrags zu berücksichtigen sind.

cb) Bewertung besonderer Rückstellungsarten

Über diese allgemeinen Bewertungsregeln hinaus bestehen Besonderheiten bei einzelnen Rückstellungsarten:

cba) Bewertung von Pensionsrückstellungen

Der *Sachverhalt* von betrieblichen Pensionszusagen ist durch den aus Abbildung D-55 ersichtlichen zeitlichen Zusammenhang gekennzeichnet: In der *Aktivitätsphase* des Arbeitnehmers werden kontinuierlich Beträge rechnerisch angesammelt und Gewinn mindernd zurückgestellt, so dass bei Eintritt des Versorgungsfalls der Barwert der in der Ruhestandsphase zu zahlenden Pensionsleistungen erreicht ist. In der *Ruhestandsphase* wird die Rückstellung erfolgsneutral aufgelöst.

Handelsbilanziell wurde die Bewertung von Verpflichtungen aus der betrieblichen Altersversorgung (bAV)[2] durch das BilMoG in einigen Teilen neu geregelt. Hinsichtlich der Bewertung sind im Wesentlichen zu unterscheiden:

- Regel-Rückstellungen für Verpflichtungen aus laufenden Pensionszahlungen für aktuelle Betriebspensionäre,
- Regel-Rückstellungen für Pensionsanwartschaften aktiver Betriebsangehöriger,
- Spezialfall der Pensionszusagen mit insolvenzgesichertem Deckungsvermögen (§ 246 Abs. 2 S. 2 HGB) und
- Spezialfall der wertpapiergebundenen Pensionszusagen (§ 253 Abs. 1 S. 3 HGB).

Grundsätzlich sind Pensionsverpflichtungen (*Pensionsanwartschaften und laufende Rentenzahlungen*) wie Rückstellungen allgemein nach § 253 Abs. 1 S. 2 HGB mit dem

- sich nach vernünftiger kaufmännischer Beurteilung im Erfüllungszeitpunkt voraussichtlich notwendigen Erfüllungsbetrag zu bewerten und
- da sie i.d.R. eine Restlaufzeit von mehr als einem Jahr haben – gem. § 253 Abs. 2 S. 1 HGB eigentlich mit dem ihrer Restlaufzeit entsprechenden durchschnittlichen Marktzins abzuzinsen. Wegen einer lange andauernden Niedrigzinsphase wurde ab 2015[3] der durchschnittsbildende Zeitraum von 7 auf 10 Jahre erweitert. Für den Differenzbetrag, der sich aus der dem Unterschied des 7-Jahres- und 10-Jahres-Durchschnitts ergibt, wurde eine darstellungspflichtige Ausschüttungssperre eingeführt (§ 253 Abs. 6 HGB). Die anzuwendenden laufzeitabhängigen Abzinsungssätze werden von der Deutschen Bundesbank ermittelt und bekanntgegeben.[4]

---

1 § 6 Abs. 1 Nr. 3a Buchst. f EStG.
2 Ähnlich behandelt werden z.B. Verpflichtungen aus der Altersteilzeit (ATZ) und Zeitwertkonten (ZWK) sowie Jubiläumsgaben.
3 Gesetz zur Umsetzung der Wohnimmobilienkreditrichtlinie, BGBl. 2016 I, 396, 408.
4 Rückstellungsabzinsungsverordnung, RückAbzinsV. https://www.bundesbank.de/Navigation/DE/Statistiken/Geld_und_Kapitalmaerkte/Zinssaetze_und_Renditen/Abzinsungssaetze/Tabellen/tabellen.html (Abruf 17.11.2017).

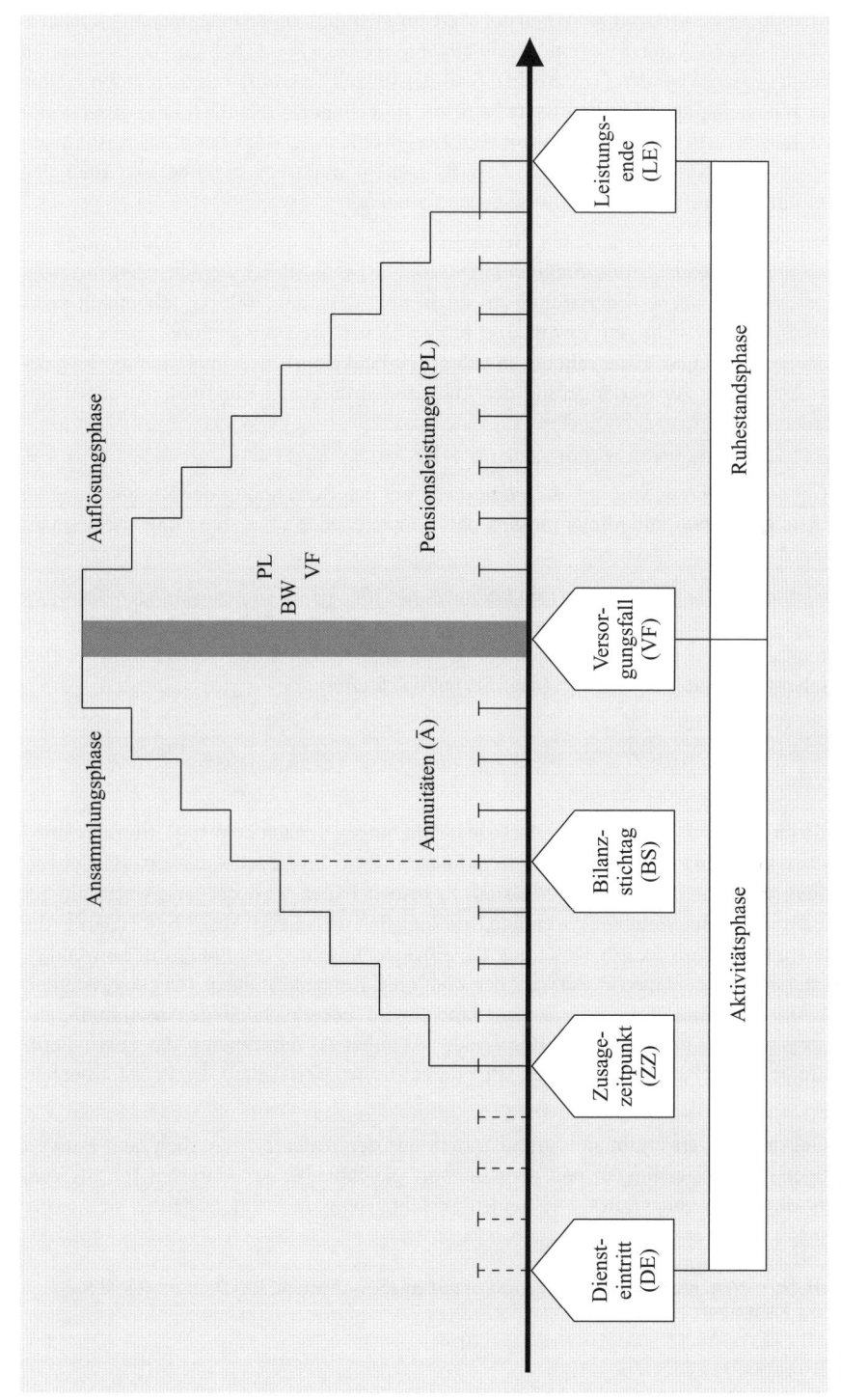

Abbildung D-55: Zeitliche Zusammenhänge bei Pensionsrückstellungen

Weil häufig eine Vielzahl von Pensionsberechtigten mit unterschiedlichen „Restlaufzeiten" vorliegen kann von einer *Berechnungsvereinfachung* bei der sog. Duration Gebrauch gemacht werden (Wahlrecht): Statt der Einzelbewertung mit dem individuellen restlaufzeitenadäquaten Marktzinssatz kann zur Berechnungsvereinfachung *pauschal* mit dem durchschnittlichen Marktzinssatz abgezinst werden, der sich bei einer Restlaufzeit von 15 Jahren ergibt (§ 253 Abs. 2 S. 2 HGB). Das gilt allerdings nicht bei extremen, den Lageeinblick beeinflussenden abweichenden Laufzeiten.[1]

Zur vernünftigen kaufmännischen Beurteilung des Erfüllungsbetrages gehört auch die *versicherungsmathematische Berechnungsweise*. In Deutschland werden dazu überwiegend die sog. *Heubeck*-Richttafeln[2], zuletzt in der Ausgabe „2005 G" allgemein anerkannt[3]. Sie berücksichtigen sowohl die biometrischen Rechnungsgrundlagen (Sterbe-, Invalidisierungs- und Hinterbliebenenwahrscheinlichkeiten) wie auch jahrgangsspezifische Annahmen zur Verlängerung der Lebenserwartung und Fluktuationswahrscheinlichkeiten.

Die Bezugnahme auf den „Erfüllungsbetrag" der Verpflichtung bedeutet auch, dass künftige *Gehalts-, Renten- und ggf. Karrieretrends* bei der Berechnung der Rückstellung zu berücksichtigen sind, allerdings müssen dafür ausreichende objektive Hinweise vorhanden sein.[4]

Rückstellungen für *Pensionsverpflichtungen, für die keine Gegenleistungen mehr zu erbringen sind*, sind mit dem abgezinsten voraussichtlichen Erfüllungsbetrag, d.h. den Pensionszahlungen unter Berücksichtigung von Kostentrends und versicherungsmathematischer Grundsätze anzusetzen (sog. *Barwertverfahren*).

$$BW_{BS}^{PL} = \sum_{SB}^{LE} \text{Pensionszahlungen}_t \times \text{Abzinsungsfaktor}$$

Verpflichtungen aus Pensionsanwartschaften sind hingegen nach dem sog. *Anwartschaftsdeckungsverfahren* zu ermitteln, dessen Varianten insbes. das Gegenwartswert- (Gleichverteilungs-) und das Teilwertverfahren sind. In beiden Fällen wird der „nach vernünftiger kaufmännischer Beurteilung notwendige Erfüllungsbetrag" (§ 253 Abs. 1 S. 2 HGB) in der Weise ermittelt, dass der zur Dotierung der Rückstellung im Versorgungsfall notwendige versicherungsmathematische Barwert der künftigen Rentenleistungen (Deckungskapital) in der Aktivitätszeit (DE bis VF) „angesammelt" wird. Die gleichmäßige Ansammlung der Versorgungsmittel über die Aktivitätsperiode (Annuität A) repräsentiert das kontinuierliche Erdienen der Pensionsleistungen (PL) durch die Arbeitsleistung des Pensionsberechtigten.

Der Gegenwartswert ergibt sich grundsätzlich aus der Differenz zwischen dem Barwert künftiger Pensionsleistungen und dem Barwert gleichbleibender Jahresbeträge bis zum Eintritt des Versorgungsfalles. Die beiden Verfahrensvarianten unterscheiden sich in der

---

1 Z.B. bei extrem jungen oder alten Pensionären/Pensionsanwärtern, BR-Drucks. 344/08 S. 121.
2 www.heubeck.de
3 BMF-Schr. v. 16.12.2005, BStBl 2005 I, 1054.
4 BR-Drucks. 344/08 S. 114.

Bestimmung des Anfangs des Verteilungszeitraums: Während beim Gegenwartswertverfahren gleichmäßig auf die Zeit zwischen Zusagezeitpunkt (ZZ) und Versorgungsfall (VF) verteilt wird, beginnt beim sog. *„handelsrechtlichen" Teilwertverfahren* der Verteilungszeitraum bereits mit Diensteintritt (DE). Da faktisch aber vor dem Zusagezeitpunkt (ZZ) keine Pensionsrückstellung gebildet werden kann, müssen die auf die Zeit zwischen Dienstbeginn (DE) und Zusage (ZZ) entfaltenden Teilbeträge bei Zusage durch eine Einmalrückstellung „nachgeholt" werden. Diese geballte Rückstellungsbildung im Erstjahr kann auf drei Jahre verteilt werden. Beide Verfahren unterscheiden sich auch bei den Erhöhungen aufgrund „dynamisierter" Rentenzusagen. Wird die Zusage bereits bei Diensteintritt gegeben, führen beide Verfahren zum gleichen Ergebnis. Handelsrechtlich zulässig dürfte auch das international übliche Verfahren *„projected unit credit method"* (siehe unten) sein, wenn die deutschen Vorgaben durch Gesetz und GoB beachtet werden.

In allen Fällen kann der restlaufzeitadäquate 10-Jahres-Durchschnittsmarktzins gem. Bundesbankbekanntmachung oder der pauschale entsprechende Zinssatz bei 15 Jahren Restlaufzeit als Rechnungszins gewählt werden (§ 253 Abs. 2 HGB). Je niedriger der Rechnungszins, desto höher ist ceteris paribus die Rückstellung. Die lässige Bezeichnung als „handelsrechtlicher Teilwert" resultiert aus dem Umstand, dass dieser Betrag dem fiktiven Ansatz eines möglichen Unternehmenskäufers am ehesten entspricht. Die bisher häufig als Mindestwert anerkannte Übernahme des „echten" steuerlichen Teilwert aus Gründen der Praktikabilität[1] dürfte nur noch bei zufälliger Übereinstimmung des handelsrechtlich obligatorisch vorgegebenen Zinssatzes mit dem steuerlich gebotenen Zinssatzes von 6 % zulässig sein.

Nach Eintritt des Versorgungsfalles muss die *Auflösung der Rückstellung* versicherungsmathematisch (in Höhe der Minderung des Verpflichtungsbarwertes im Bilanzierungszeitraum) erfolgen.

Im ersten Sonderfall der Schaffung eines *insolvenzfesten Rückdeckungsvermögens* für die Pensionsverpflichtung besteht ein Verrechnungsgebot (§ 246 Abs. 2 HGB) mit besonderen Bewertungsbestimmungen (§ 253 Abs. 1 S. 4 HGB). Die nach obigen Grundsätzen ermittelte Rückstellung für Verpflichtungen aus der betrieblichen Altersversorgung (bAV) muss obligatorisch mit einem gesicherten Rückdeckungsvermögen (Zweckvermögen) verrechnet werden.

Dieses *Sicherungsvermögen* (nach IFRS: Planvermögen) muss gem. § 246 Abs. 2 HGB

- dem Zugriff aller übrigen Gläubiger entzogen sein (sog. insolvenzsicheres Vermögen) und
- ausschließlich der Erfüllung von Schulden aus Altersversorgungsverpflichtungen dienen (sog. Zweckvermögen).

Praktisch werden hierfür auch oft *Treuhandgestaltungen (contractual-trust-agreements, CTA)* genutzt. Das Sicherungsvermögen ist jedenfalls zum beizulegenden Zeitwert und damit primär zum Marktwert zu bewerten (§§ 253 Abs. 4, 255 Abs. 4 HGB) und mit dem Wert der Pensionsrückstellung (abgezinster Erfüllungsbetrag) zu verrechnen. In Höhe einer Überdeckung, ist als Aktivum „aktiver Unterschiedsbetrag aus der Vermögensver-

---

[1] HFA des IDW, WPg 1987, S. 616.

rechnung" (§ 266 Abs. 2 E HGB) auszuweisen, eine Passiv-Überhang ist als Pensionsrückstellung darzustellen.

Im zweiten Sonderfall der sog. *wertpapiergebundenen Pensionszusagen* richtet sich der Umfang der Altersversorgungsverpflichtung ausschließlich nach dem beizulegenden Zeitwert bestimmter Wertpapiere des Anlagevermögens (Altersversorgungsvermögen). Um zur Vereinfachung der Berechnung auf ein Pensionsgutachten verzichten zu können, verlangt § 253 Abs. 1 S. 3 HGB eine Bewertung der entsprechenden Rückstellung mit dem beizulegenden Zeitwert der entsprechenden Wertpapiere. Bedingung ist, dass der Zeitwert der deponierten Wertpapiere einen in der Zusage garantierten Mindestbetrag übersteigt. Das grundsätzliche Verrechnungsverbot bleibt bestehen, ein aufwändiges Bewertungsgutachten der Pensionsrückstellung ist damit entbehrlich.

Die Zusammenhänge der handelsrechtlichen Bewertung von Pensionsrückstellungen zeigt überschlägig die Abbildung D-56.

Steuerbilanziell darf für die Pensionsrückstellung höchstens der Teilwert angesetzt werden (§ 6a Abs. 3 EStG). Bei *laufenden Pensionen* und bei nach Beendigung des Dienstverhältnisses (z.B. Arbeitgeberwechsel) weiter bestehenden Pensionsanwartschaften entspricht der Teilwert dem versicherungsmathematischen Barwert der künftigen Versorgungsleistungen (§ 6 Abs. 3 Nr. 2 EStG).

Bei *Pensionsanwartschaften* kommt ein besonderes Teilwertverfahren zur Anwendung: Als Teilwert gilt hier die Differenz zwischen dem Barwert der künftigen Pensionsleistungen am Bilanzstichtag und dem Barwert betragsmäßig gleicher Jahresbeträge auf den gleichen Stichtag. Diese Jahresbeträge sind so zu bemessen, dass ihr Barwert auf den Beginn des Wirtschaftsjahres des Diensteintritts gleich dem Barwert der künftigen Pensionsleistungen auf diesen Zeitpunkt ist. Dabei ist allerdings ein Diensteintritt vor einem bestimmten Mindestalter (30, 28, 27, 23) rechnerisch unbeachtlich (pauschaler Fluktuationsabschlag gem. § 6a Abs. 2 EStG). Bei der Teilwertberechnung ist steuerlich stets ein Rechnungszinsfuß von 6% zu Grunde zu legen (§ 6a Abs. 3 S. 3 EStG). Für die Auflösung lässt die Finanzverwaltung nur die versicherungsmathematische Methode zu.

Für die Bewertung der Pensionsrückstellung sind die Verhältnisse am Bilanzstichtag maßgebend (*Stichtagsprinzip,* § 6a Abs. 3 S. 2 Nr. 1 S. 4 EStG). Nach R 6a Abs. 17 EStR sind jedoch Änderungen der Bemessungsgrundlagen (z.B. Rentenerhöhungen), die erst nach dem Bilanzstichtag wirksam werden, zu berücksichtigen, wenn sie am Bilanzstichtag nach Ausmaß und Zeitpunkt bereits feststehen (z.B. Verkündigung im BGBl., Abschluss eines Tarifvertrags). Eine Einbeziehung von künftigen Gehalts- und Kostentrends bis zum Erfüllungszeitpunkt, wie sie nach HGB und IFRS geboten ist, ist steuerlich unzulässig (§ 6 Abs. 1 Nr. 3a Buchst. f EStG).

Da im Regelfall höchstens die Teilwertdifferenz zwischen dem Abschlussstichtag und dem vorangehenden Abschlussstichtag einer Pensionsrückstellung zugeführt werden darf (§ 6a Abs. 4 EStG) ist eine Nachholung früher unterlassener Zuführungen ausgeschlossen *(Nachholverbot).* In einigen Ausnahmefällen (z.B. Änderung der biometrischen Rechnungsgrundlagen, Erstjahr der Rückstellungsbildung, Teilwerterhöhung über 25%, Ausscheiden des Pensionsberechtigten) ist eine Verteilung des Erhöhungsbetrags auf mehrere

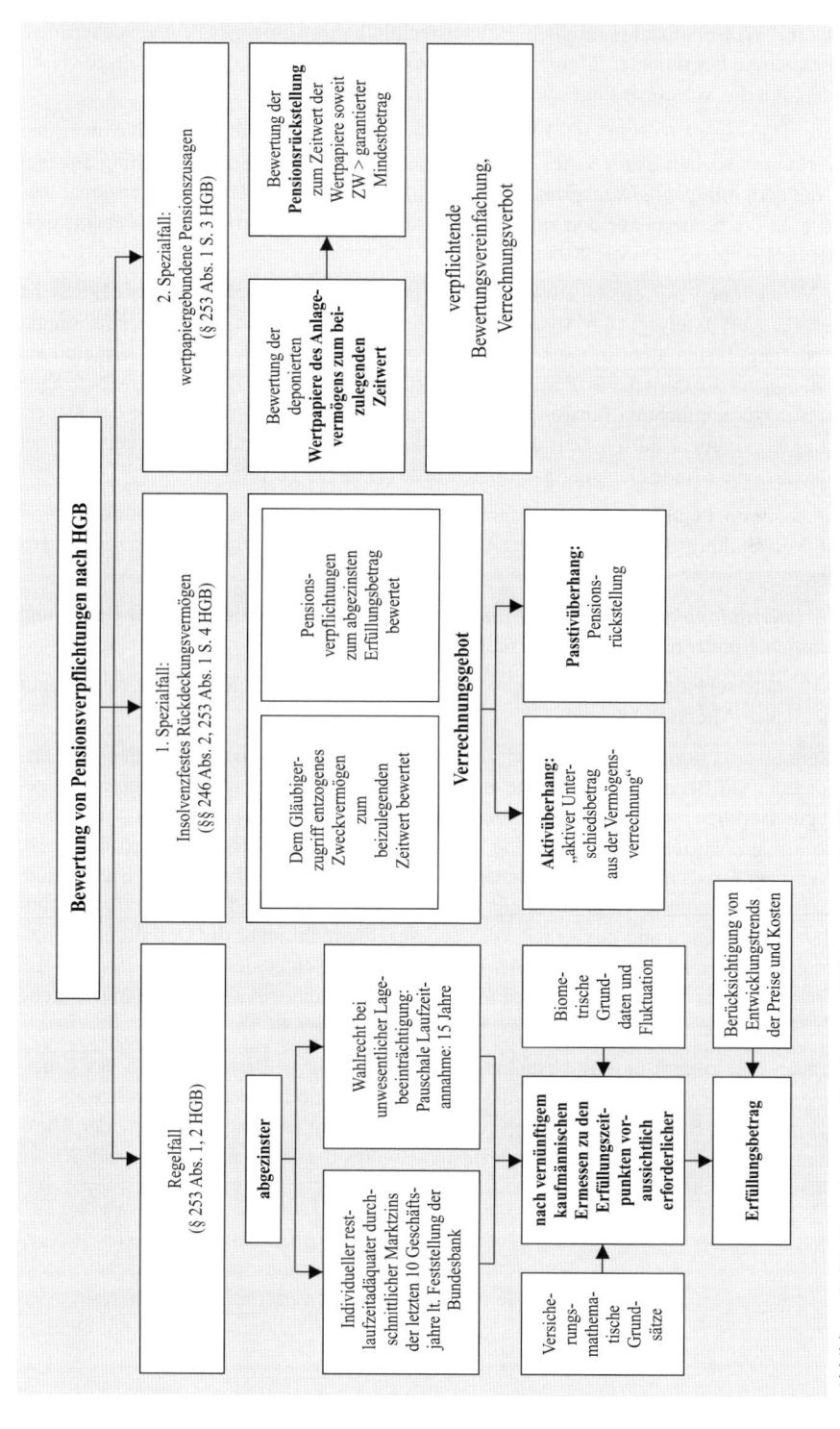

Besonderheiten der Bewertung einzelner Bilanzpositionen nach HGB, IFRS und EStG

Abbildung D-56: Bewertung von Pensionsverpflichtungen nach HGB

(z. B. drei) Wirtschaftsjahre möglich. Handelsrechtlich muss hingegen[1] ein versicherungsmathematisch begründeter Mehrbetrag aus Vorsichtsgründen sofort voll ausgewiesen werden, um die Vermögenslage zutreffend darzustellen

Die Regelung des § 6a EStG wird jetzt auch von der Finanzverwaltung als eine unter den Bewertungsvorbehalt des § 5 Abs. 6 EStG fallende steuerliche Spezialregelung angesehen, die dem *Maßgeblichkeitsgrundsatz* vor geht. Damit darf die Höhe der Pensionsrückstellung in der Steuerbilanz den zulässigen Ansatz in der Handelsbilanz auch überschreiten (R 6.11 Abs. 3 S. 1 EStR 2016).

Eine Verrechnung mit einem etwaigen *Fondsvermögen* (wie nach HGB und IFRS) ist steuerbilanziell untersagt (§ 5 Abs. 1a EStG). Selbst Ansprüche aus einer Rückdeckungsversicherung dürfen nicht mit der Pensionsrückstellung saldiert werden sondern sind als unabhängiges Wirtschaftsgut Forderung zu aktivieren (H 6a (23) EStR m.w.N.). Eine Bewertungsvereinfachung für *wertpapiergebundene Pensionszusagen* enthält das Steuerrecht nicht, vielmehr dürfen Pensionsrückstellungen in diesem Fall nur insoweit gebildet werden als eine Mindestleistung garantiert wurde (H 6a (17) EStR).

Sieht man von Feinheiten der Berechnung ab, so ergeben sich die in Abbildung D-57 unter Verwendung der Symbole der Abb. D-55 dargestellten Berechnungszusammenhänge.

Nach internationalen Rechnungslegungsstandards[2] unterscheidet sich die Bewertung wesentlich von der nach HGB und § 6a EStG.

IAS 19 unterscheidet zwischen zwei als „Pläne" bezeichneten Vereinbarungen zur betrieblichen Altersversorgung:

- Beitragsorientierte Vereinbarungen *(defined contribution plans)*, d.s. „Pläne für Leistungen nach Beendigung des Arbeitsverhältnisses, bei denen ein Unternehmen festgelegte Beiträge an eine eigenständige Einheit (einen Fonds) entrichtet und weder rechtlich noch faktisch zur Zahlung darüber hinausgehender Beiträge verpflichtet ist, wenn der Fonds nicht über ausreichende Vermögenswerte verfügt ..." (IAS 19.8) und
- Leistungsorientierte Vereinbarungen *(defined benefit planes)*, d.s. „Pläne für Leistungen nach Beendigung des Arbeitsverhältnisses, die nicht unter die Definition der beitragsorientierten Pläne fallen" (IAS 19.8). Hier verpflichtet sich der Arbeitgeber – im Gegensatz zur beitragsorientierten Zusage selbst zu einer Altersversorgungsleistung (z.B. Altersrente, Hinterbliebenenversorgung, medizinische Versorgung).

Im ersten Fall kommt eine Rückstellungsbilanzierung nur in Betracht, wenn das Unternehmen mit der Zahlung des für die Abrechnungsperiode geschuldeten Betrags im Rückstand ist (z.B. rückständige Direktversicherungsprämien). Die Bewertung der Rückstellung erfolgt in Höhe des nicht abgezinsten Betrags der fälligen Leistung nach Abzug der bereits geleisteten Zahlungen (IAS 19.51a).

---

[1] Nicht unbestritten, vgl. ADS § 253 HGB Tz. 329.
[2] IAS 19.

Im zweiten Fall der leistungsorientierten Pläne (z.B. Direktzusagen und Unterstützungskassen) darf die *defined benefit liability/obligation (DBL/DBO)* ausschließlich nach der *projected unit credit method (PUCM)* bewertet werden (IAS 19.56 ff.), einem versicherungsmathematischen Anwartschaftsansammlungsverfahren (auch: Anwartschaftsbarwertverfahren genannt). Die Methode geht davon aus, dass in jedem Dienstjahr ein zusätzlicher Teil der letztlich erzielbaren Versorgungsleistung erdient wird und bewertet diese angesammelten Teile separat mit dem versicherungsmathematischen Barwert.

Zu den bei der Berechnung einer IFRS-Pensionsrückstellung angewandten *Parametern* gehören insbesondere:

- die versicherungsmathematische Bewertungsmethode der leistungsorientierten Verpflichtung (DBO), die Methode der laufenden Einmalprämien (Anwartschaftsbarwert-/-ansammlungsverfahren, *projected unit credit method*, PUC, gem. IAS 19.67–69),
- die Leistungszuordnung auf die Dienstjahre nach der Planformel oder linear nach den Dienstjahren (IAS 19.70–74),
- die versicherungsmathematischen Annahmen (IAS 19.75-98), wozu insbes. gehören:
  - demografische Annahmen (Sterblichkeit, Fluktuation, Invalidisierung, Frühpensionierungsraten, Raten zusätzlich begünstigter Arbeitnehmer) und
  - finanzielle Annahmen (Zinssatz, Gehalts- und Kostenentwicklung, Erträge des Planvermögens). Insbes. ist der anzuwendende Zinssatz primär nach den Marktrenditen erstrangiger festverzinslicher Industrieanleihen – bei nicht liquiden Märkten nach den Marktrenditen von Staatsanleihen zu bestimmen (IAS 19.8),
- der noch nicht erfolgswirksam erfasste nachzuverrechnende Dienstzeitaufwand *(prior service costs)*, d.s. die verteilten Auswirkungen von Versorgungsplanänderungen (IAS 19.99-112) und
- der Zeitwert eines etwaigen Planfondsvermögens *(plan assets)* (IAS 19.113-115).

Der Bilanzansatz der Höhe nach

$$BW_{VF}^{PL} = PL \times RBWF_i^{(VF...LE)}$$

Barwert der Pensionsleistungen per Versorgungsfall = Pensionsleistungen × Rentenbarwertfaktor für vers.-math. Rentenlaufzeit zum Rechnungszins

$$BW_{VF}^{PL} \times AZF_i^{(ZZ...FF)} = BW_{ZZ}^{PL}$$

Barwert der Pensionsleistungen per Versorgungsfall × Abzinsungsfaktor für die Zeit vom Zusagezeitpunkt bis zum Versorgungsfall zum Rechnungszins = Barwert der Pensionsleistungen per Zusagezeitpunkt

$$BW_{ZZ}^{PL} * ANNF_i^{(DE/ZZ...VF)} = \overline{A}$$

Barwert der Pensionsleistungen per Zusagezeitpunkt * Annuitätenfaktor zum Rechnungszins für die Zeit von Dienstbeginn (TW-Verfahren) bzw. Zusagezeitpunkt (Gegenw.-Verf.) bis zum Versorgungsfall = Annuität

$$\sum_{BS}^{VF} AZF_i^{(BS...VF)} * \overline{A} = BW_{BS}^{\overline{A}}$$

Summe der mit dem Rechnungszins abgezinsten Annuitäten vom Bilanzstichtag bis zum Versicherungsfall = Barwert gleichbleibender Jahresbeträge (Annuitäten) per Bilanzstichtag

$$BW_{VF}^{PL} * AZF_i^{(BS...VF)} = BW_{BS}^{PL}$$

Barwert der Pensionsleistungen per Versorgungsfall * Abzinsungsfaktor für die Zeit vom Bilanzstichtag bis zum Versorgungsfall zum Rechnungszins i = Barwert künftiger Pensionsleistungen per Bilanzstichtag

$$BW_{BS}^{PL} - BW_{BS}^{\overline{A}}$$

Barwert künftiger Pensionsleistungen per Bilanzstichtag − Barwert gleichbleibender Jahresbeträge (Annuitäten) per Bilanzstichtag

$$= \overline{GW}_{BS} \text{ bzw. } TW_{BS}$$

Wert der Pensionsrückstellung zum Bilanzstichtag

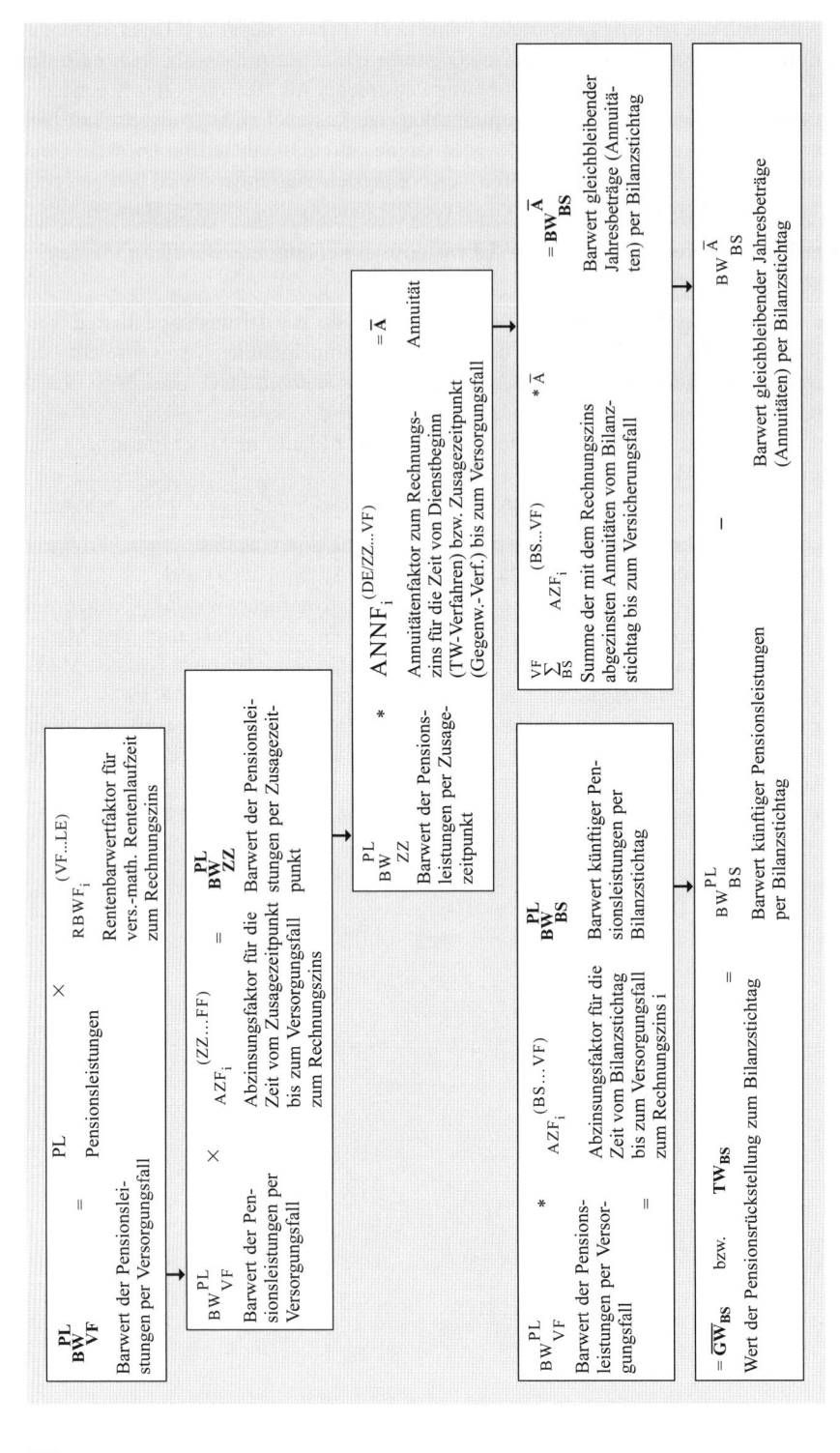

Abbildung D-57: Berechnungszusammenhänge des Gegenwartswert- bzw. Teilwertverfahrens zur Bewertung von Pensionsrückstellungen

Bewertungstechnisch werden zunächst die künftigen Leistungsverpflichtungen in absoluter Höhe geschätzt und auf den Pensionseintrittstermin abgezinst. Dieser Rentenbarwert wird entweder einer vorgegebenen Planformel entsprechend oder linear (IAS 19.67) auf die aktive Dienstzeit (vom Zusagezeitpunkt bis zum Renteneintrittstermin) verteilt. Die kumulierten erdienten Teilansprüche werden auf den Bilanzstichtag diskontiert und stellen den Verpflichtungsbarwert (DBO, *defined benefit obligation*) dar.

Das Beispiel in Abb. D-58 zeigt – angelehnt an IAS 19.68 – unter vereinfachten Bedingungen die Bestimmung des Barwerts der Pensionsverpflichtung (DBO).

Der Barwert der Pensions-Leistungsverpflichtung (DBO) wird ggf. noch um sog. versicherungsmathematische Gewinne/Verluste (aus Änderungen der Annahmen, Plankürzungen oder Planabgeltungen) und ggf. sog. nachzuverrechnenden Dienstzeitaufwand (aus Planänderungen oder Planeinführungen) korrigiert (IAS 19.57). Dieser Betrag ist grundsätzlich für die Bewertung der Pensionsrückstellung heranzuziehen.

Sofern jedoch zur Finanzierung ein *Planvermögen* (insolvenzsicheres Zweckvermögen in einem rechtlich unabhängigen Pensionsfond oder insolvenzsichere, zweckbezogene Versicherungspolicen, zu Einzelheiten siehe IAS 19.8, 19.113–115) vorhanden ist, ist dieses – zum beizulegenden Zeitwert bewertet – mit dem korrigierten Verpflichtungsbarwert zu verrechnen (IAS 19.57, 19.113.).

Ist das Planvermögen geringer als die Leistungsverpflichtung liegt eine Unterdeckung vor und die Pensionsrückstellung ist in Höhe der Differenz wertmäßig in der Bilanz anzusetzen.

Im Falle der Überdeckung ist ein Vermögenswert *(prepaid pension)* in Höhe des Differenzbetrags anzusetzen, allerdings mit einer Begrenzung *(asset ceiling* gem. IAS 19.64).[1]

Kommt es zu Abweichungen von den angenommenen Bewertungsprämissen zu den tatsächlichen Werten, z.B. Änderungen im Zinsniveau, notwendige Anpassungen des Gehaltstrends, u.s.w., entstehen versicherungsmathematische Gewinn oder Verluste. Diese sind zusammen mit einer von der Rendite in Höhe des verwendeten Zinssatzes abweichenden Entwicklung des Planvermögens sowie Veränderungen der Vermögensbegrenzung nach IAS 19.57 erfolgsneutral direkt im Eigenkapital zu erfassen und dürfen auch in späteren Jahren nie in die GuV umgegliedert werden.

Zum Rechenschema siehe Abbildung D-59.

In den drei Regelungskreisen **(HGB, IFRS und EStG)** bestehen demnach bei Zusagen einer betrieblichen Altersversorgung insbes. folgende *Unterschiede*:

- unterschiedliche Wertmaßstäbe (HGB: abgezinster Erfüllungsbetrag; IFRS: Verpflichtungsbarwert, EStG: Teilwert),
- unterschiedliche Bewertungsverfahren (HGB: keine Regelung; IFRS: Anwartschaftsbarwertverfahren PUC-Method, EStG: Teilwertverfahren),

---

1 Der aktive Ansatz eines negativen Unterschiedsbetrags ist begrenzt durch die Summe aus allen nicht erfassten versicherungsmathematischen Verlusten und nachzuverrechnenden Dienstzeitaufwand und dem Barwert der Vorteile aus der Überdotierung (IAS 19.64), zu Einzelheiten s. IFRIC 14.

Annahmen:
zugesagte Kapitalleistung: 1 % des Endgehalts je Dienstjahr,
Anfangsgehalt von 10.000 steigt jährlich um 7 %,
Zinssatz konstant 10 %,
Dienstzeitende nach 5 Jahren,
lineare Verteilung,
keine Änderungen versicherungsmathematischer Annahmen,
keine Berücksichtigung versicherungsmathematischer Wahrscheinlichkeiten des Ausscheidens
(Fluktuation, Sterbewahrscheinlichkeiten),
kein verrechenbares Fondsvermögen.

Jahresende	1	2	3	4	5
Gehaltstrend	10000	10700	11449	12250	13107
erdiente Leistung im laufenden Dienstjahr	131	131	131	131	131
erdiente Leistung aus früheren Dienstjahren	0	131	262	393	524
Summe erdienter Leistungen	131	262	393	524	655
Verpflichtung zum Gj.-Beginn = Barwert der Leistungen früherer Dienstjahre	0	$131/1,10^4$ $= 89$	$131*2/1,10^3$ $= 196$	$131*3/1,10^2$ $= 324$	$131*4/1,10^1$ $= 476$
+ Zinsen (10 %)	0	9	20	33	48
+ laufender Dienstzeitaufwand	$131/1,1^4$ $= 89$	$131/1,1^3$ $= 98$	$131/1,1^2$ $= 108$	$131/1.1$ $= 119$	131
= Leistungsverpflichtung am Gj.-Ende	89	196	324	476	655

Abbildung D-58: Beispiel zur Berechnung der Pensionsanwartschaftsverpflichtung (DBO)

- unterschiedlicher Rechnungszins (HGB: durchschnittlicher restlaufzeitadäquater über 10 Jahre gemittelter Marktzins oder Laufzeitannahme 15 Jahre; IFRS: Rendite erstrangiger Industrieanleihen; EStG: 6 %),
- Saldierung mit Planvermögen (HGB: nur insolvenzfestes Zweckvermögen; IFRS: Planvermögen mit *ceiling*-Einschränkung; EStG: Saldierung unzulässig)
- Erfassung von Änderungen der Annahmen (HGB: sofort erfolgswirksam; IFRS: sofort erfolgsneutral; EStG: erfolgswirksam bei Realisation, Verteilungsmöglichkeit) und
- zwingende Bewertungsvereinfachung bei wertpapiergebunden Pensionszusagen nur im HGB.

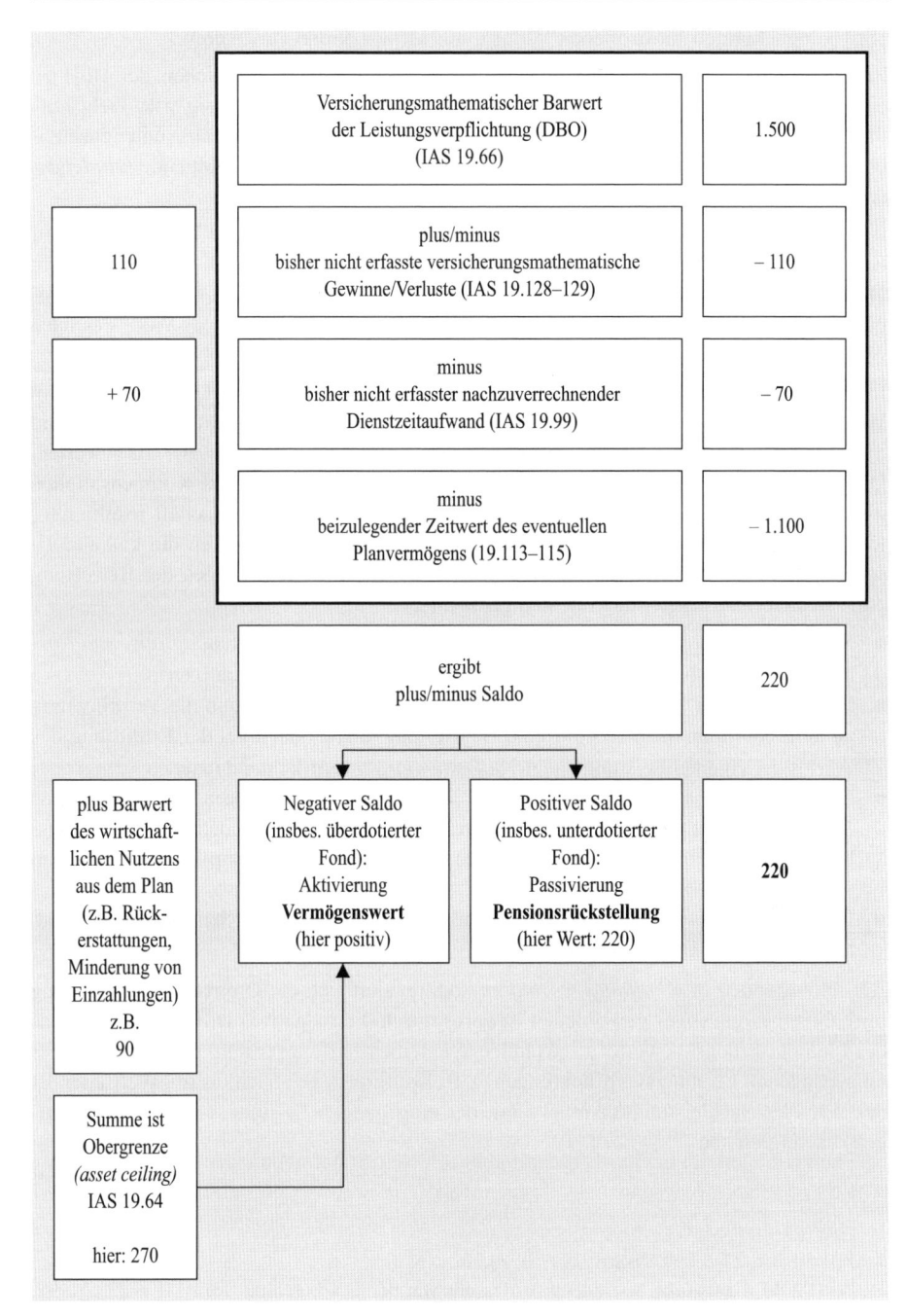

Besonderheiten der Bewertung einzelner Bilanzpositionen nach HGB, IFRS und EStG

	Versicherungsmathematischer Barwert der Leistungsverpflichtung (DBO) (IAS 19.66)	1.500
110	plus/minus bisher nicht erfasste versicherungsmathematische Gewinne/Verluste (IAS 19.128–129)	– 110
+ 70	minus bisher nicht erfasster nachzuverrechnender Dienstzeitaufwand (IAS 19.99)	– 70
	minus beizulegender Zeitwert des eventuellen Planvermögens (19.113–115)	– 1.100

	ergibt plus/minus Saldo	220

plus Barwert des wirtschaftlichen Nutzens aus dem Plan (z.B. Rückerstattungen, Minderung von Einzahlungen) z.B. 90	Negativer Saldo (insbes. überdotierter Fond): Aktivierung **Vermögenswert** (hier positiv)	Positiver Saldo (insbes. unterdotierter Fond): Passivierung **Pensionsrückstellung** (hier Wert: 220)	**220**

Summe ist Obergrenze *(asset ceiling)* IAS 19.64

hier: 270

Abbildung D-59: Bemessung einer Pensionsrückstellung nach IFRS

cbb) Rückstellungen für drohende Verluste aus schwebenden Geschäften

Zur Bewertung von Drohverlustrückstellungen hat sich im Wesentlichen der BFH zu einer Zeit geäußert, als diese Rückstellungsart steuerlich noch zulässig war. Geht man davon aus, dass er handelsrechtliche GoB angewandt hat, so ergeben sich – unter zusätzlicher Berücksichtigung der Auffassung des IDW[1] und des BilMoG – folgende *handelsbilanzielle* Bewertungsregeln:

Bei der Schätzung der Drohverlustrückstellung kann die allgemeine Verpflichtung zur Bewertung von Rückstellungen zum Erfüllungsbetrag (§ 253 Abs. 1 S. 2 HGB) nicht unverändert angewandt werden, denn die Rückstellung bemisst sich nach einer Saldogröße, dem „Verlust". Bestehen bleibt aber die Verpflichtung zu einem Wert, der nach vernünftiger kaufmännischer Beurteilung (zur Verlustantizipierung) notwendig ist.

Im Allgemeinen ist die Drohverlustrückstellung mit der (negativen) Differenz aus dem Wert des Anspruchs auf die zu erwartende Gegenleistung (z.B. Kaufpreisanspruch) und dem Wert der eigenen Leistungsverpflichtung *(Verpflichtungsüberschuss)*[2] zu bewerten. Dabei sind nach handelsrechtlicher Auffassung i.d.R. keine weiteren Kompensationen mit Vorteilen vorzunehmen, die nicht unmittelbar aus demselben Geschäft resultieren.[3] Keinesfalls in die Berechnung des Verlustes einbezogen werden dürfen die kalkulatorischen Kosten und ein Gewinnzuschlag. Das BilMoG hat Veränderungen der Bewertung einer Drohverlustrückstellung mit sich gebracht:

- Mit der Orientierung am Erfüllungstag sind bis dahin noch eintretende *Preis- und Kostensteigerungen* bis zum Ende des Schwebezustands zu berücksichtigen[4],
- Die Aufgabe der Teilkostenberechnung der Herstellungskosten und die Verpflichtung zu einer kaufmännisch vernünftigen Beurteilung dürften auch bei der Ermittlung des Wertes der eigenen Leistung einen *Vollkostenansatz* verpflichtend machen,[5]
- Die allgemeine *Abzinsungspflicht* über einjähriger Rückstellungen macht auch eine Abzinsungspflicht der Drohverlustrückstellung nach den allgemeinen Diskontierungsbedingungen erforderlich – obwohl dies dem Realisationsprinzip-/Imparitätsprinzip widerspricht.
- Bei Geschäftsabwicklung innerhalb eines Jahres besteht ein Abzinsungswahlrecht, jedenfalls keine Diskontierungspflicht.

Bei schwebenden *Beschaffungsgeschäften* konkretisiert sich die Drohverlustrückstellung im Falle eines günstiger gewordenen Erwerbs durch die (negative) Differenz des Wertes des Lieferanspruchs, bewertet zu aktuellen Wiederbeschaffungskosten, und dem Wert der eingegangenen Leistungsverpflichtungen (z.B. Kaufpreis). Bei Sachleistungsverträgen ist der Wert des Sachleistungsanspruchs mit der eingegangen Leistungsverpflichtung (Entgelt) zu vergleichen.

---

1 IDW ERS HFA 4, WPg 1999, S. 521.
2 Z.B. BFH v. 23.6.1997, BStBl 1997 II, 735 m.w.N.
3 WPH 2017, F 601 m.w.N. Anderer Auffassung war der GrS-Beschluss des BFH v. 23.6.1997, BStBl 1997 II, 735 („Apothekerurteil").
4 IDW RS HFA 38, Tz. 38. Im Gegensatz zur früheren BFH-Rechtsprechung, die auf die Verhältnisse zum Bilanzstichtag abstellte: BFH v. 7.10.1997, BStBl 1998 II, 331 m.w.N.
5 So schon IDW RS HFA 4, Rn. 35 ff.

Bei *schwebenden Absatzgeschäften* ist es der Betrag, um den die Selbstkosten der übernommenen Leistungsverpflichtung den Wert des Gegenleistungsanspruchs (z.B. Kaufpreiszahlung) übersteigen. Handelt es sich um eine *Sachleistungsverpflichtung*, so sind die für die Erfüllung beim Verpflichteten anfallenden Aufwendungen maßgeblich.

Bei *Dauerrechtsverhältnissen* (z.B. Mietverträgen) ist für die Höhe der Drohverlustrückstellung nur auf die Restlaufzeit abzustellen.[1] Es ist also der Wert der künftigen eigenen Leistungsverpflichtungen (z.B. Mietzahlungen) mit dem (Markt- oder betriebsindividuellen) Wert der künftig erwarteten Gegenleistungen (z.B. Raumüberlassung) zu vergleichen und ein Verpflichtungsüberschuss zur Rückstellungsbewertung heranzuziehen.

Nach **IFRS** kommt es für die Bewertung einer Rückstellung für belastende Verträge *(onerous contracts)* auf das Überwiegen der unvermeidbaren Vollkosten zur Vertragserfüllung *(unavoidable costs)* über den erwarteten wirtschaftlichen Nutzen *(economic benefits)* bei Vertragserfüllung an (IAS 37.10, 37.68). Als unvermeidbare Kosten der Vertragsverfüllung wird der niedrigere Betrag aus den Nettokosten des Vertragsausstiegs (Konventionalstrafen, Schadensersatz) und den bei Vertragserfüllung entstehenden unvermeidlichen Kosten angesehen (IAS 37.68 Satz 2).

Abbildung D-60 fasst die Bewertung der Drohverlustrückstellung nach HGB und IFRS im Überblick zusammen.

cbc) Aufwandsrückstellungen

Handelsrechtlich und steuerrechtlich kommen seit dem BilMoG als Aufwandsrückstellungen nur noch Rückstellungen für unterlassene Instandhaltung bei Nachholung innerhalb von 3 Monaten und Rückstellungen für Abraumbeseitigung bei Nachholung innerhalb eines Jahres in Betracht.[2]

Bei der *Erstbewertung* sind diese Aufwandsrückstellungen „als Innenverpflichtung" in Höhe des Betrages anzusetzen, der nach vernünftiger kaufmännischer Beurteilung zur Nachholung der Instandhaltung bzw. zur Abraumbeseitigung notwendig ist. Das sind die wirtschaftlich verursachten, voraussichtlich künftig (bei der Nachholung) durch interne oder externe Durchführung anfallenden Aufwendungen zu „Vollkosten". In beiden Regelungsbereichen brauchen wegen der Unterjährigkeit keine Abzinsungen vorgenommen werden. Eine *Folgebewertung* wird es in der Regel wegen der kurzen Nachholfrist nicht geben.

d) Bewertung von Verbindlichkeiten

Handelsbilanziell sind *Verbindlichkeiten* bei der *Erstbewertung* mit dem Erfüllungsbetrag anzusetzen (§ 253 Abs. 1 S. 2 HGB), der bei einer Geldverbindlichkeiten der zur Tilgung benötigter Betrag (Rückzahlungsbetrag), bei einer Sach-/Dienstleistungsverbindlichkeit der geldwerte Betrag der Aufwendungen, die zur Erfüllung der Verpflichtung erforderlich sind. Eine Abzinsung kommt wegen des Realisationsprinzips grundsätzlich

---

1 BFH v. 7.10.1997, BStBl 1998 II, 331.
2 Für die wahlweise beibehaltenen abgeschafften *fakultativen Aufwandsrückstellungen* (Allgemeine Aufwandsrückstellung und Instandhaltungsrückstellung mit bis einjähriger Nachholung) gelten die alten Bedingungen (HGB vor BilMoG) weiter (Art. 67 Abs. 3 S. 1 EGHGB).

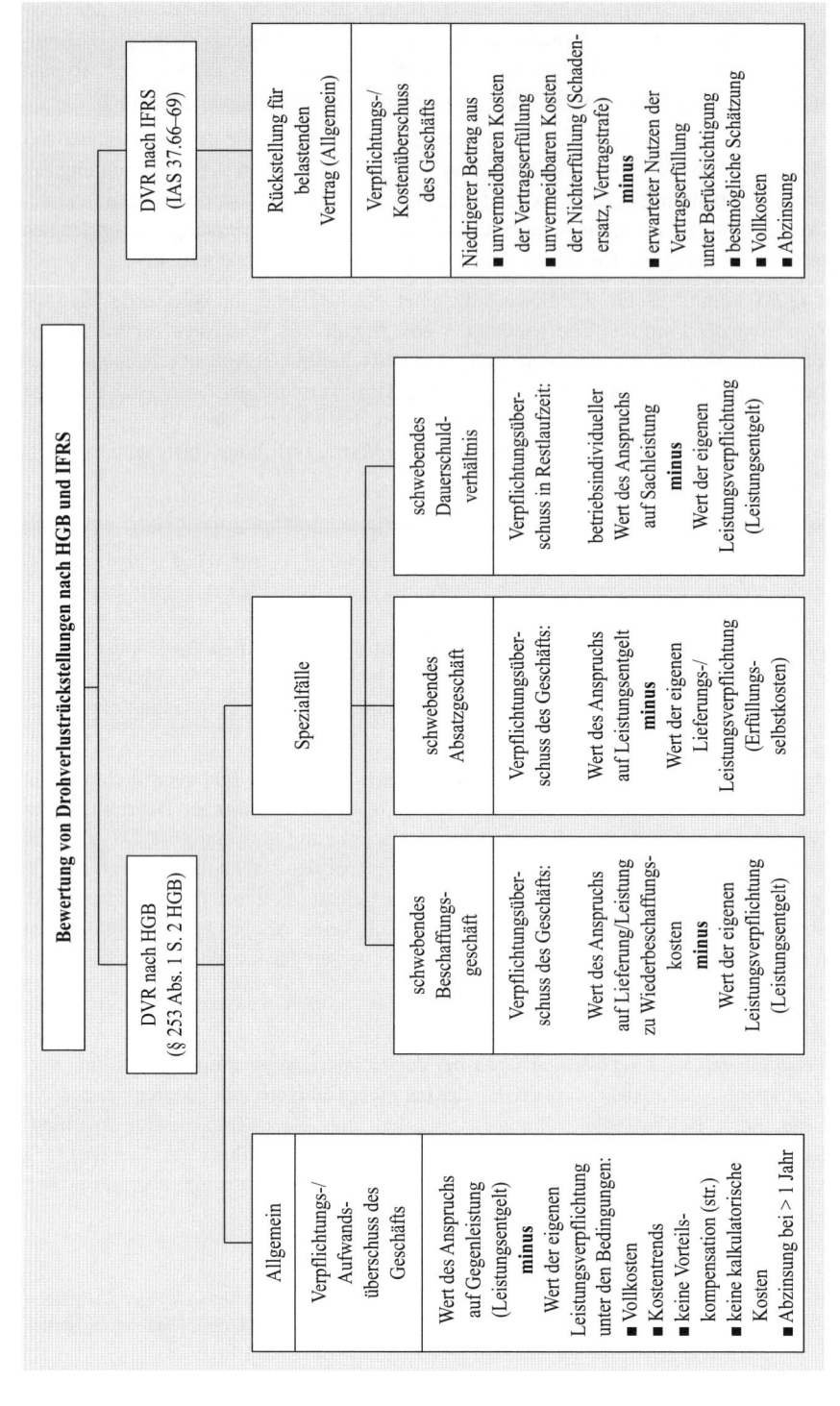

Abbildung D-60: Bewertung der Drohverlustrückstellung nach HGB und IFRS

nicht in Betracht. Neben der Einzelbewertung ist auch Gruppenbewertung zulässig (§§ 256 S. 2 i. V. m. 240 Abs. 4 HGB).

Bei der *Folgebewertung* ist ebenfalls vom nicht abgezinsten Erfüllungsbetrag auszugehen. Hat sich der Erfüllungsbetrag erhöht, ist nach dem Höchstwertprinzip der höhere Wert anzusetzen. Im Falle einer Wertminderung gegenüber dem Vorjahresbilanzwert besteht ein Abwertungsverbot, da ein Bewertungsgewinn i. d. R. erst mit der Tilgung der Verbindlichkeit realisiert werden kann.

Sach-/Dienstleistungsverbindlichkeiten sind mit dem Geldwert der Aufwendungen zu bewerten, die zur Bewirkung der Leistung erforderlich sind.

Rentenverpflichtungen bei denen eine Gegenleistung nicht zu erwarten ist, sind mit dem Barwert der zukünftigen Rentenleistungen mit einem restlaufzeitadäquaten Zins lt. Bekanntgabe der Bundesbank zu bewerten (§ 253 Abs. 2 S. 3 HGB); bei einer Restlaufzeit von einem Jahr und weniger braucht keine Abzinsung zu erfolgen. Ist eine Gegenleistung noch zu erwarten, erfolgt wegen der Nichtbilanzierung schwebender Geschäfte weder Ansatz noch Bewertung.

Fremdwährungsverbindlichkeiten sind nach der Gesetzesbegründung des BilMoG[1] bereits bei der Erstbewertung mit dem Devisenkassamittelkurs umzurechnen. Das gilt auch für die Folgebewertungen zu den Bilanzstichtagen (§ 256a HGB). Insbes. sind gegenüber dem Vorjahresansatz höhere Stichtagskurse anzusetzen (Höchstwertprinzip). Niedrigere Stichtagskurse haben – abgesehen von einer Restlaufzeit von einem Jahr und weniger – die Einbuchungsgrenze und das Realisationsprinzip zu beachten.

Nach den **IFRS** sind – abgesehen von Spezialfällen[2] – Verbindlichkeiten für Zwecke der Bewertung in finanzielle Verbindlichkeiten *(financial liabilities)* und andere Verbindlichkeiten *(other liabilities)* zu unterscheiden. Für letztere gilt nur die allgemeine Regelung in IASB-F 4.55. Danach kommen für Schulden folgende Bewertungsmaßstäbe in Betracht:

a) Historische Anschaffungskosten, entsprechend dem Betrag der Gegenleistung („erhaltener Erlös") oder Betrag der Zahlungsmittel (Äquivalente) zur Schuldentilgung;
b) Tageswert, d. i. der nicht diskontierte Betrag der Zahlungsmittel(äquivalente), der zur Erfüllung gegenwärtig erforderlich wäre;
c) Erfüllungsbetrag, das ist der nicht diskontierte Betrag an Zahlungsmittel(äquivalente) zur Schuldbegleichung im normalen Geschäftsverlauf und
d) Barwert des künftigen Nettomittelabflusses, der normalerweise zu Erfüllung der Schuld notwendig ist.

Bei der Kategorien der *finanziellen Verbindlichkeiten* ist zwischen Verbindlichkeiten zu unterscheiden, die zum Zeitwert bewertet werden (das sind zu Handelszwecken gehaltene Finanzschulden und solche, die zur Zeitbewertung bestimmt sind) und anderen finanziellen Verbindlichkeiten *(other financial liabilities)*.

---

1 BR-Drucks. 344/08 S. 137.
2 Z.B. bei Leasingverhältnissen IAS 17.3, 11; bei Personalversorgung IAS 19; Eventualverbindlichkeiten und ungewisse Verbindlichkeiten IAS 37.

Die *Erstbewertung* erfolgt grundsätzlich zum Zeitwert der erhaltenen Gegenleistung, bei Nichtermittelbarkeit ersatzweise mit der Summe der (ggf. abgezinsten) künftigen *cashflows* (IAS 39.43, IFRS 13).

Die *Folgebewertung* erfolgt bei den *at-fair-value-liabilities* zum beizulegenden Zeitwert, bei den *anderen finanziellen Verbindlichkeiten* zu fortgeführten Anschaffungskosten nach der Effektivzinsmethode (IAS 39.47/IFRS 9.5.4.1). Der Effektivzins bestimmt sich dabei als „interner Zinsfuß" der mit der Verbindlichkeit verknüpften Ein- und Auszahlungsreihe (IAS 39.9/IFRS 9.a). Bei der jährlichen „Fortführung" sind insbes. Tilgungen, Disagio- und Transaktionskostenverteilung sowie außerordentliche Werterhöhungen und Wertminderungen zu berücksichtigen.

Für *Fremdwährungsverbindlichkeiten* sehen IAS 21.20–22 zunächst die Umrechnung zum Devisenkassakurs am Tag des Geschäftsvorfalls (bei nicht sehr schwankenden Kursen auch einem Durchschnittskurse), später den Stichtagskurs vor (IAS 21.23).

Steuerrechtlich sind Verbindlichkeiten „unter sinngemäßer Anwendung" der Vorschriften für nichtabnutzbare Anlagegüter und Umlaufvermögen anzusetzen (§ 6 Abs. 1 Nr. 3 i. V. m. Nr. 2 EStG).

„Sinngemäß" bedeutet für ein Passivum – im Gegensatz zur der Regelung für Aktiva – dass

- als Anschaffungskosten für Verbindlichkeiten die „Wegschaffungskosten", das ist der *Rückzahlungs-/Erfüllungsbetrag*[1] gelten,
- als niedrigerer Teilwert ein *„höherer"* Teilwert in Betracht zu ziehen ist. *Teilwert* einer Verbindlichkeit ist dabei der Betrag, den ein Erwerber des gesamten Betriebes mehr bezahlen würde, wenn die Verbindlichkeit nicht bestünde oder er sie nicht übernehmen würde und
- die verlangte „voraussichtlich dauernde Wertminderung" in eine *„voraussichtlich dauernde Werterhöhung"* uminterpretiert werden muss.

Daraus folgt, dass bei der Erstbewertung der abgezinste Erfüllungsbetrag, d. i. insbes. bei Geldverbindlichkeiten der abgezinste Rückzahlungsbetrag, anzusetzen ist.

Die entsprechende Anwendung des „Wertaufholungsgebots" bewirkt für die *Folgebewertung* von Verbindlichkeiten eine Abwertungspflicht, wenn ein höherer Teilwert nicht mehr nachgewiesen werden kann. Andererseits kann ein gegenüber dem Vorjahreswert gestiegener Teilwert angesetzt werden wenn er nachgewiesen wird und die Werterhöhung voraussichtlich von Dauer ist.[2] Die Finanzverwaltung verlangt objektive Anzeichen für eine nachhaltige Erhöhung, akzeptiert aber bei Verbindlichkeiten des laufenden Geschäftsverkehrs Erhöhungen als nachhaltig, wenn sie bis zum Tag der Aufstellung der Handelsbilanz, ersatzweise der Steuerbilanz andauern.[3] Aufwertungshöchstbetrag ist jedoch der Erfüllungsbetrag.[4]

---

1 BFH v. 19. 7. 1983, BStBl 1984 II, 56.
2 § 6 Abs. 1 Nr. 3 S. 1 i. V. m. Nr. 2 S. 2 EStG.
3 BMF-Schr. vom 12. 8. 2002, BStBl 2002 I, 793.
4 § 6 Abs. 1 Nr. 3 S. 1 i. V. m. Nr. 2 S. 3 und Nr. 1 S. 4 EStG.

Im Gegensatz zum Handelsrecht (dort nur für Rückstellungen) besteht nach § 6 Abs. 1 Nr. 3 EStG für alle Arten von Verbindlichkeiten – drei Fälle ausgenommen – ein *Abzinsungsgebot*. Vom Gebot, mit einem fixen normierten Zinssatz von 5,5 % abzuzinsen, sind aber *ausgenommen*:

- Verbindlichkeiten mit einer (Rest)Laufzeit am Bilanzstichtag von weniger als 12 Monaten,
- verzinsliche Verbindlichkeiten und
- Verbindlichkeiten aus Anzahlungen oder Vorausleistungen.

Sachleistungsverpflichtungen, die nicht unter das Bilanzierungsverbot für schwebende Geschäfte fallen, sind auch im Steuerrecht nach dem Geldwert der Aufwendungen zu bewerten, die zur Bewirkung der Leistung erforderlich sind.[1] Steuerlich ist allerdings das mit Ausnahmen versehene Abzinsungsgebot zu berücksichtigen.

Bei *Fremdwährungsverbindlichkeiten*, die eine langfristige Restlaufzeit haben, rechtfertigt ein Kursanstieg der Fremdwährung nach BFH-Rechtsprechung[2] grundsätzlich keine gewinnmindernde Teilwertzuschreibung; es sei davon auszugehen, dass sich Währungsschwankungen langfristig ausgleichen und daher nur vorübergehende Wertänderungen sind. Bei Kurzfristigkeit und zeitlich unbestimmter Laufzeit kann dies anders sein. Die Umrechnung erfolgt bei einer Laufzeit von über einem Jahr zum Devisenkassamittelkurs.[3]

Abbildung D-61 zeigt gibt einen systematischen Überblick über die Grundzüge der Verbindlichkeitsbewertung in den drei Regelungskreisen.

e) Passive Rechnungsabgrenzungsposten

Handels- und steuerrechtlich (§§ 250 Abs. 2 HGB bzw. 5 Abs. 5 S. 1 Nr. 2 EStG) richten sich die Bildung und Auflösung nach entsprechenden Grundsätzen, wie sie bei den aktiven RAP beschrieben wurden. Die quantitative Periodenzurechnung der abzugrenzenden Einnahmen bemisst sich im Hauptanwendungsfall gegenseitiger Verträge hier jedoch nach dem Ausmaß der *Erbringung der vorausbezahlten Leistung* in der abgelaufenen Periode, mit anderen Worten, nach dem Umfang der Befreiung von der übernommenen Leistungsverpflichtung. Nur insoweit wird „Ertrag" realisiert. Folglich gilt:

$$\text{Passiver Rechnungsabgrenzungsposten} = \text{erhaltene Vorleistung des Vertragspartners (gebuchte Einnahmen)} \times \frac{\text{am Bilanzstichtag noch ausstehender Teil der eigenen Leistung}}{\text{gesamte zu erbringende eigene Leistung}}$$

---

1 BFH v. 31.1.1980, BStBl 1980 II, 491.
2 BFH v. 23.4.2009, BFH/NV 2009, 1307 im Falle einer 10-jährigen Restlaufzeit.
3 § 256a HGB i.V.m. § 5 Abs. 1 S. 1 EStG.

Die Teil- und Gesamtleistung im Quotienten kann mengen-, zeit- oder wertmäßig quantifiziert werden.

Die *IFRS* kennen keine besonders ausgewiesenen Rechnungsabgrenzungsposten. Wenn ein Ansatz erfolgen kann, erfolgt die Bewertung nach den Grundsätzen der Bewertung von Schulden.

3. Bewertungsbesonderheiten bei aktiven und passiven latenten Steuern

Handelsrechtlich sind die nach § 274 Abs. 1 HGB wahlweise einzeln oder verrechnet anzusetzenden Steuerbelastungen oder Steuerentlastungen nach § 274 Abs. 2 S. 1 HGB

- mit den „unternehmensindividuellen Steuersätzen"
- im Zeitpunkt des Abbaus der Differenzen
- unverzinst

zu bewerten.

Grundsätzlich ergibt sich der abzugrenzende Betrag damit wie die effektive Steuer aus dem Produkt

$$\text{Latenz-Bemessungsgrundlage} \times \text{Ertragsteuersatz.}$$

Latenz-Bemessungsgrundlagen sind die Wertdifferenzen zwischen den handels- und steuerbilanziellen Wertdifferenzen, die sich später voraussichtlich abbauen (also ohne permanente Differenzen). Die Einzeldifferenzen werden Jahr für Jahr zum Bewegungsnachweis der einzelnen aktiven und passiven Abgrenzungsfälle in einem sog. *Differenzenspiegel* geführt.

Daneben sind seit dem BilMoG *latente Steuervorteile aus Verlustabzügen* bei KSt und GewESt ausdrücklich mit zu berücksichtigen (§ 274 Abs. 1 S. 4 HGB). Das Entstehen von künftigen Steuervorteilen setzt allerdings voraus, dass im maßgeblichen Fünfjahreszeitraum voraussichtlich zu versteuerndes Einkommen bzw. Gewerbeertrag besteht.

Obwohl § 274 Abs. 1 S. 4 HGB nur die Berücksichtigung von steuerlichen Verlustvorträgen vorsieht, sollen nach h.M.[1] auch aktive latente Steuern aus *Zinsvorträgen* bei der Anwendung der Zinsschranke (§§ 4h EStG i.V.m. 8a KStG) einbezogen werden.

Der mit der Latenz-Bemessungsgrundlage zu multiplizierende integrierte *Ertragsteuersatz* setzt sich bei Kapitalgesellschaften aus den im Zeitpunkt der Umkehr der Bilanzunterschiede voraussichtlich geltenden unternehmensspezifischen Belastungssätzen der Körperschaftsteuer (einschl. Solidaritätszuschlag) und der Gewerbeertragsteuer zusammen. Bei haftungsbegrenzten Personengesellschaften nach § 264a HGB und für typische Personenunternehmen nach PublG reduziert sich ein Steuerlatenzposten auf die Gewerbesteuerlatenz weil nur Steuern, deren Steuerschuldner das Unternehmen ist, also nicht die zum Privatbereich zählende Einkommensteuer, angesetzt werden dürfen.

---

1 WPH 2017, F 701 m.w.N.

Besonderheiten der Bewertung einzelner Bilanzpositionen nach HGB, IFRS und EStG

	HGB-Bilanz			EStG-Steuerbilanz				IFRS-Bilanz		
				erhaltene An-/Voraus-zahlungen	übrige Verbindlichkeiten			Finanzschulden		andere Schulden
		sonstige Verbindlich-keiten			verzins-liche	unverzinsliche		Zeitwert-bewertet zu Handels-zwecken	andere Finanz-schulden	
						Laufzeit ≤ 12 Monate	Laufzeit ≥ 12 Monate			
Art der Verbind-lichkeit	Rentenverbind-lichkeit ohne Gegenleistung							■ zeitwert-bestimmt		
Erst-bewer-tung	Rentenbarwert	Erfüllungs-betrag		Erfüllungsbetrag oder höherer Teilwert		abgezin-ster Erfül-lungsbe-trag	abgezin-ster Erfül-lungsbe-trag	beizulegender Zeitwert (erhaltene Gegenleistung), [Transaktionskosten bei „anderen F." abgesetzt und amortisiert]		Allgemeine Regelung in F 4.55: ■ Historische Anschaffungs-kosten (Gegen-leistung, Til-gungsbetrag) ■ Tageswert (aktueller Er-füllungsbetrag) ■ künftiger Er-füllungsbetrag ■ cashflow-Bar-wert
Folge-bewer-tung	Rentenbarwert	Erfüllungs-betrag (Höchst-wertprinzip)		Erfüllungsbetrag, nachgewiesener höherer Teilwert bei voraussichtlich dauernder Wert-erhöhung, Abwertungs-pflicht auf niedrigeren Teilwert		abgezin-ster Erfül-lungsbe-trag, Teil-wert wie links		beizule-gender Zeitwert am Bilanz-stichtag	fortgeführte Anschaffungs-kosten nach Effektiv-zinsmethode	
Ab-zinsung	Restlaufzeit-adäquater 7-Jahresdurch-schnittszins lt. Bun-desbank; Laufzeitverein-fachung bei Alterszversorgung	keine Abzinsung		keine Abzinsung		fest 5,5 % p. a.		keine Abzin-sung	Effektivzins (interner Zins-fuß)	

Abbildung D-61: Verbindlichkeitsbewertung nach HGB, IFRS und EStG

„Unternehmensindividuell" können die Steuersätze sein, weil jedes Unternehmen unterschiedliche Körperschaftsteuer- und Gewerbeertragsteuerbelastungen haben kann (z.B. Wirkung von Zinsschranken und Verlustabzügen bzw. GewSt-Hinzurechnungen/Kürzungen und Betriebstätten in Gemeinden mit unterschiedlichen Hebesätzen).

Für den musterhaften *Regelfall* (vereinfachte Bedingungen) nach derzeitiger Rechtslage ergibt sich folgende Ertragsteuerbelastung:

Körperschaft-steuer	+	Solidaritätszuschlag		+	Gewerbeertragsteuer		
§ 23 KStG		§ 3 Abs. 1 SolZG	§ 4 SolZG		Steuermesszahl § 11 Abs. 2 GewStG	*	Hebesatz (Beispiel) § 16 GewStG
0,15	+	0,15	* 0,055	+	3,5	*	400 %
0,15	+	0,83		+	0,14		
			0,2983				

Abbildung D-62: Gesamtertragsteuerbe-/entlastungssätze für latenten Steuern

Die Gesamtsteuerbelastung auf Ebene der Kapitalgesellschaft ergibt nach derzeitiger Rechtslage für den vereinfachenden Musterfall ca. 30 %. Bei KapCoGes kommt auf Gesellschaftsebene nur der Gewerbesteuersatz in Betracht (im Beispiel:14 %). Tatsächlich müssen bei der Ermittlung der Gesamtsteuerbelastung noch unternehmensspezifische Bedingungen wie Zinsschranke (§ 4h EStG, § 8a KStG), gewerbesteuerliche Hinzurechnungen und Kürzungen, abweichende und unterschiedliche Hebesätze, ausländische Einkünfte, steuerfreie Gewinne aus Kapitalgesellschaftsbeteiligungen (§ 8b KStG) berücksichtigt werden.

Eine *Abzinsung* von aktiven und passiven latenten Steuern ist – im Gegensatz zur Abzinsung von effektiven Steuerrückstellungen nach § 274 Abs. 2 S. 1 HGB – unabhängig von der Ferne des Umkehrzeitpunkts – nicht vorzunehmen (§ 274 Abs. 2 S. 1 HGB).

Aufzulösen sind die aktiven und passiven Steuerlatenzen entsprechend dem Abbau der temporären Differenzen, der Nutzung der Verlust- und Zinsvorträge sowie dann, wenn mit dem Eintritt der Steuerbe-/entlastung (z.B. wegen einer Steuerrechtsänderung) nicht mehr zu rechnen ist (§ 274 Abs. 2 S. 2 HGB). Für Erträge aus aktivierten latente Steuern besteht eine *Ausschüttungs- und Abführungssperre* (§ 268 Abs. 8 HGB, § 301 AktG).[1]

Die *IFRS-Regelungen* stimmen bei der Bewertung der latenten Steuern nach der HGB-Modernisierung (BilMoG) weitgehend überein: Latente Ertragsteueransprüche/-schulden sind anhand der Steuersätze zu bewerten, deren Gültigkeit für die Periode der Umkehr der Bilanzdifferenzen erwartet wird (IAS 12.47).

Während das HGB einen „unternehmensindividuellen Steuersatz" (§ 274 Abs. 2 HGB) verlangt fordert IAS 12.46 S. 2, dass Steuersätze und -vorschriften verwendet werden, die zum Bilanzstichtag der Umkehr gültig *(substantively enacted)* oder ver-

---
[1] Zu Einzelheiten siehe Kap. A.IV.2.ab).

bindlich angekündigt *(enacted)* sind (IAS 12.47). Bei unterschiedlichen gewinnabhängigen Steuersätzen (z.B. gemeindlichen Hebesätze der Betriebsstätten) ist ein Durchschnittssatz anzuwenden (IAS 12.49). Es besteht ebenso ein Abzinsungsverbot (IAS 12.53) und eine Verpflichtung zur regelmäßigen Werthaltigkeitsprüfung eines latenten Steueranspruchs und ggf. Anpassung nach der Wahrscheinlichkeit der Steuerentlastung bei Umkehr (IAS 12.56).

Steuerbilanzielle Fragen der Bewertung von latenten Steuern stellen sich nicht, da wegen fehlender Erfüllung der Ansatzkriterien in der Handelsbilanz (Verrechnungsposten, kein Vermögensgegenstand/Schuldposten) und in der Steuerbilanz (kein positives/negatives Wirtschaftsgut) weder ein aktiver noch ein passiver Posten hierfür in den Steuerbilanzen angesetzt werden darf.

VI. Bewertungsgestaltungen nach HGB, EStG und IFRS

Ebenso wie die Bilanzierungswahlrechte spielen die Wahlmöglichkeiten bei der Bewertung eine wesentliche Rolle für die Handels- und Steuerbilanzpolitik. Hinsichtlich der Wirkungszusammenhänge zwischen Bewertungswahlrechten und bilanzpolitischen Zielen kann auf die Ausführungen zu den Bilanzierungswahlrechten verwiesen werden[1], da sich diese nur im Ausmaß, nicht in qualitativer Hinsicht unterscheiden.

Als Bewertungswahlrechte lassen sich solche unterscheiden, die

- den maßgeblichen Wertmaßstab als solchen betreffen *(Wahl des Bewertungskonzepts[2])*,
- den Umfang der in einen Wertmaßstab einzubeziehenden Komponenten *(Wertumfangs-, Einbeziehungswahlrechte)*,
- die Verfahren der Wertermittlung *(Bewertungsmethodenwahlrechte)*,
- die Möglichkeiten oder Pflichten des Ansatzes eines niedrigeren Wertes als des Ausgangswertes *(Abwertungs-, Wertminderungswahlrechte)* oder
- die Möglichkeiten oder Pflichten des Ansatzes eines höheren Wertes als des Ausgangswertes *(Aufwertungs-, Wertaufholungswahlrechte)*

betreffen. Besondere Kategorien, die sowohl zu höheren wie auch zu niedrigeren Werten führen kann, stellen die

- Verteilungswahlrechte und die
- Rechtsänderungs- (z.B. BilMoG)/Übergangswahlrechte

dar.

Die Verpflichtung, bei der Wahrnehmung von steuerbilanziellen Bewertungswahlrechten in der Handelsbilanz entsprechend zu verfahren (umgekehrte Maßgeblichkeit) ist seit dem BilMoG entfallen und – bei abweichender Wahrnehmung – durch eine bloße Dokumentationspflicht in einem laufenden Verzeichnis ersetzt worden (§ 5 Abs. 1 S. 2 EStG).

---

1 Siehe Kap. C.IV.3.
2 Z.B. Abschaffungskosten- oder Zeitwert-Bewertung *(„valuation model")*.

Neben den „offiziellen" und „offen" in den Rechnungslegungsnormen erkennbaren Gestaltungsmöglichkeiten existieren bei der Bewertung auch weniger exakt umschriebene, „verdeckte" *„Bewertungsspielräume"*. Sie resultieren vor allem aus dem Schätzcharakter der Bewertung, auslegbaren Bewertungsnormen und dem Umstand, dass der Normengeber auf eine Regelung verzichtet hat oder sie bewusst der „vernünftigen kaufmännischen Beurteilung" oder der „bestmöglichen Schätzung des Managements" überlassen hat.

Abbildung D-63 fasst die wichtigsten offenen und verdeckten Gestaltungsmöglichkeiten bei der Bewertung in den drei Regelungsbereichen HGB, IFRS und EStG zusammen.

Bewertungsgestaltungen nach HGB, EStG und IFRS

	§ = HGB	IFRS	§ = EStG, R = EStR
Wertansatz-wahlrechte	AKTIVA und PASSIVA: keine Wertansatzwahlrechte existent	Bei der Folgebewertung von ■ immateriellen Vermögenswerten (IAS 38.72 ff.), ■ Sachanlagen (IAS 16.29 ff.), ■ als Finanzinvestition gehaltenen Immobilien (IAS 40.30 ff.) und ■ Vermögenswerten zum Aufsuchen und Abschätzen von Mineralvorkommen (IFRS 6.12) Wahlrecht zwischen ■ Anschaffungskosten- (AHK) oder ■ Neubewertungsmodell (beizulegender Zeitwert) Bewertung von Beteiligungen an ■ Tochterunternehmen (IAS 27.10), ■ Gemeinschaftsunternehmen (IAS 28.18) und ■ assoziierten Unternehmen (IAS 28.18) nach IAS 39/IFRS 9 (vorzugsweise Zeitwert, ersatzweise Anschaffungskosten) oder zu Anschaffungskosten. Folgebewertung von finanziellen Vermögenswerten und finanziellen Verbindlichkeiten mit ■ dem beizulegenden Zeitwert oder ■ den fortgeführten Anschaffungskosten nach vorangehender Einstufung *fair-value-option*, IAS 39.45, 47 bzw. 39.9b, 11A/IFRS 9.5.2.1	Gegenüber (fortgeführten) AHK niedrigerer Teilwerts bei Nachweis einer voraussichtlich dauernden Wertminderung von positiven Wirtschaftsgütern (§ 6 Abs. 1 Nr. 1 und Nr. 2) Gegenüber (fortgeführten) Erfüllungsbetrag höherer Teilwert bei Nachweis einer voraussichtlich dauernden Werterhöhung von Verbindlichkeiten (§ 6 Abs. 1 Nr. 3 i.V.m. Nr. 2) Bewertung einer Pensionsrückstellung mit ■ Teilwert gem. § 6 a Abs. 3 S. 2 oder ■ einem niedrigeren Wert (§ 6 a Abs. 3 S. 1)

Der Bilanzansatz der Höhe nach

		§ = HGB	IFRS	§ = EStG, R = EStR
Wertumfangswahlrechte	AKTIVA	Zuschüsse zur Anschaffung/Herstellung: ■ unveränderte AHK, erfolgswirksame Einnahme oder ■ AHK um Zuschuss vermindert (GoB) Einbeziehung bestimmter Kostenarten in die Herstellungskosten (Sozialeinrichtungen, frw. Sozialleistungen, betriebliche Altersversorgung, allg. Verwaltungskosten) (§ 255 Abs. 2 S. 3) Einbeziehung herstellungsbezogener Fremdkapitalzinsen in die Herstellungskosten (§ 255 Abs. 3)	Wechsel zwischen ■ Zeitwert- und ■ Anschaffungskostenbewertung durch Umklassifizierung von Finanzinstrumenten (IAS 39.50 ff./IFRS 9.5.6) Zuwendungen der öffentlichen Hand für Vermögenswerte ■ Passiver Abgrenzungsposten oder ■ Buchwert um Zuschuss vermindert (IAS 20.24)	Zuschüsse zur Anschaffung/Herstellung: ■ unveränderte AHK, erfolgswirksame Einnahme oder ■ AHK um Zuschuss vermindert (R 6.5 Abs. 2) Minderung der Anschaffungskosten um Bewertungsabschläge nach § 6 b und R 6.6 Abs. 3 Einbeziehung bestimmter Kostenarten in die Herstellungskosten (Sozialeinrichtungen, frw. Sozialleistungen, betriebliche Altersversorgung, allg. Verwaltungskosten) (§ 6 Abs. 1 Nr. 1b; R 6.3 Abs. 4) Einbeziehung herstellungsbezogener Fremdkapitalzinsen in die Herstellungskosten (R 6.3 Abs. 4)
	PASSIVA	Abzinsung von Rückstellungen mit einer Laufzeit von bis zu einem Jahr (§ 253 Abs. 2 S. 1) Abzinsung von Rückstellungen für Verpflichtungen zur Altersversorgung oder Ähnlichem mit		Verteilung bestimmter Zuführungen zu Pensionsrückstellungen auf mehrere Wirtschaftsjahre (§ 6a Abs. 4 S. 2–5)

Bewertungsgestaltungen nach HGB, EStG und IFRS

noch: Wertumfangs-wahlrechte	PASSIVA	■ restlaufzeitadäquatem 10-Jahres-durchschnittlichen Marktzins oder ■ entsprechendem Zins für angenommene Restlaufzeit von 15 Jahren (§ 253 Abs. 2 S. 2)			
Bewertungs-methoden-wahlrechte		Wahl der Abschreibungsmethoden bei abnutzbarem Anlagevermögen (§ 253 Abs. 3 S. 2) ■ linear ■ degressiv (geometrisch/arithmetisch/digital) ■ progressiv ■ leistungsabhängig Übergang zur linearen AfA Anschaffungs- und Herstellungskostenermittlung der Vorräte durch ■ Einzelbewertung (§ 252 Abs. 1 Nr. 3) oder ■ Bewertungsvereinfachungsverfahren (§ 256 S. 2) ▪ Durchschnittsbewertung (§ 240 Abs. 4) ▪ Gruppenbewertung (§§ 240 Abs. 4; 256 S. 2) ▪ Festbewertung (§§ 240 Abs. 3; 256 S. 2) ▪ Verbrauchsfolgeverfahren: Durchschnitts-/Lifo-/FiFo-Verfahren (§ 256 S.1)	AKTIVA	Anschaffungs- und Herstellungskostenermittlung für austauschbare Vorräte durch ■ Einzelbewertung (IAS 2.23) oder ■ Bewertungsvereinfachungsverfahren: ▪ Durchschnittsbewertung (IAS 2.25), ▪ Standardkostenmethode (IAS 2.21) ▪ Gruppenbewertung (IAS 2.24), ▪ Verbrauchsfolgeverfahren: Durchschnitts-/FiFo-Verfahren (IAS 2.25) Vorratsbewertung nach ■ progressiver oder ■ retrograder Methode (Verkaufswertverfahren) (IAS 2.21 f.) Verschiedene Methoden zur Bestimmung des Fertigstellungsgrades eines mehrperiodigen Fertigungsauftrags (IAS 11.30 a-c)	Wahl der Abschreibungsmethoden bei beweglichen Wirtschaftsgütern ■ linear ■ degressiv (nur geometrisch, § 7 Abs. 2) – auslaufend ■ u.U. leistungsabhängig (§ 7 Abs. 1 S. 6) Übergang zur linearen AfA (§ 7 Abs. 3) Gebäudeabschreibungen u. U. nach tatsächlicher Nutzungsdauer statt mit normierten Sätzen (§ 7 Abs. 4 S. 2) ■ stufendegressiv statt linear (§ 7 Abs. 5) Anschaffungs- und Herstellungskostenermittlung von Vorräten durch ■ Einzelbewertung (§ 6, R 6.6 Abs. 3) oder ■ Bewertungsvereinfachungsverfahren (§ 256 S. 2 HGB) ▪ Durchschnittsbewertung (§ 240 Abs. 4 HGB, R 6.8 Abs. 3),

Der Bilanzansatz der Höhe nach

		§ = HGB	IFRS	§ = EStG, R = EStR
noch: Bewertungsmethodenwahlrechte	AKTIVA	Lifo-Bewertung mit Verfahrensvarianten: ■ Perioden-/permanent; ■ mit/ohne Layer Vorratsbewertung nach ■ progressiver oder ■ retrograder Methode (Verkaufswertverfahren) (GoB)		Gruppenbewertung (§ 240 Abs. 4 HGB, R 6.8 Abs. 4), Festbewertung (§ 240 Abs. 3, 256 HGB, H 6.8), ■ Verbrauchsfolgeverfahren: Durchschnitts-/Lifo-Verfahren Lifo-Bewertung mit Verfahrensvarianten: ■ Perioden-/permanent; ■ mit/ohne Layer (§ 6 Abs. 1 Nr. 2 a; R 6.9 Abs. 5) Vorratsbewertung nach ■ progressiver oder ■ retrograder Methode (Verkaufsverfahren) (H 6.2, H 6.8 EStR) Teilwertermittlung von Vorräten nach ■ Subtraktionsmethode oder ■ Formelmethode (R. 6.8 Abs. 2)
	AKTIVA und PASSIVA	Auswahl allgemein anerkannter Bewertungsmethoden bei fehlendem Marktpreis zur Bestimmung des beizulegenden Zeitwerts bei Anlagevermögen, Altersversorgungsvermögen und wertpapiergebundenen Pensionszusagen (§ 253 Abs. 3 S. 5 bzw. Abs. 1 S. 3 i.V. m. 255 Abs. 4) Bei finanzwirtschaftlichen Sicherungszusammenhängen ■ Unkompensierte Einzelbewer	Bilanzierung/Bewertung von Sicherungsbeziehungen bei finanzwirtschaftlichen Risiken ■ Anwendung der Regeln zum *hedge accounting* (IAS 39.71 ff./IFRS 9.6) ■ Nichtanwendung Bilanzierung einer festen Absicherungsverpflichtung gegen Währungsrisiken als ■ *Fair Value Hedge* oder ■ *Cashflow-Hedge*	Bei finanzwirtschaftlichen Sicherungszusammenhängen ■ Unkompensierte Einzelbewertung oder ■ Bildung und Aufrechterhaltung von Bewertungseinheiten mit kompensatorischer Bewertung (§ 254 HGB) (Maßgeblichkeit der Handelsbilanz, § 5 Abs. 1 a)

Kategorie		HGB	EStG	IFRS
noch: Bewertungsmethodenwahlrechte	AKTIVA und PASSIVA	■ Bildung und Aufrechterhaltung von Bewertungseinheiten mit kompensatorischer Bewertung (§ 254) ■ Auswahl der Methode der Wirksamkeitsfeststellung von Bewertungseinheiten (§ 254)	Einzel- oder Gruppenbewertung von Rückstellungen und Verbindlichkeiten (§§ 240 Abs. 4; 256 S. 2 HGB i.V.m. 5 Abs. 1 EStG)	
	PASSIVA	Einzel- oder Gruppenbewertung von Rückstellungen und Verbindlichkeiten (§ 240 Abs. 4 i.V.m. 256 S. 2) Methode zur versicherungsmathematischen Bewertung von Pensionsrückstellungen (§ 253 Abs. 1 S. 2)		Auflösung der Neubewertungsrücklage ■ ratierlich in Höhe Mehrabschreibungen oder ■ voll bei Ausbuchung (z.B. 16.41)
Abwertungswahlrechte		Außerplanmäßige Abschreibungen bei voraussichtlich vorübergehender Wertminderung bei Finanzanlagen (§ 253 Abs. 3 S. 4)	Inanspruchnahme von Sonderabschreibungen (z.B. § 7g Abs. 1 Nr. 1 EStG) und erhöhten AfA Sofortabschreibung oder Poolabschreibung bei geringwertigen Wirtschaftsgütern (§ 6 Abs. 2 bzw. 2 a) Nachweis eines niedrigeren Teilwerts bei voraussichtlich dauernder Wertminderung (§ 6 Abs. 1 Nr. 1, 2; R 6.7 und 6.8) Absetzungen für außergewöhnliche Abnutzung (§ 7 Abs. 1 S. 4) Jährliche Auflösung von steuerfreien Rücklagen (z.B. § 6b) Zeitliche Verteilung bestimmter Zuführungen zu Pensionsrückstellungen (§ 6a Abs. 4 S. 3–5, 4) Nachweis eines höheren Teilwerts bei Verbindlichkeiten mit voraussichtlich dauernder Werterhöhung (§ 6 Abs. 1 Nr. 3, 2)	

		§ = HGB	IFRS	§ = EStG, R = EStR
Bewertungs-spielräume (Beispiele)	AKTIVA	Aufteilung der Anschaffungskosten beim Erwerb einer Sachgesamtheit auf die einzelnen Vermögensgegenstände (GoB)	Schätzung der ■ (Rest-)Nutzungsdauer und ■ des Restwertes bei abnutzbaren Anlagegütern (IAS16, IAS 38)	Aufteilung der Anschaffungskosten beim Erwerb einer Sachgesamtheit auf die einzelnen Wirtschaftsgüter (BFH)
		Einzelkostenzuordnung bei den Anschaffungskosten (§ 255 Abs. 1 S. 1)	Einzelkostenzuordnung bei den Anschaffungskosten (IAS 2.9, 16.15, 38.25, 40.21)	Einzelkostenabgrenzung bei den Anschaffungskosten (§ 6 Abs. 1)
		(Rest-) Nutzungsdauer-Schätzung bei abnutzbaren Anlagegütern, einschl. Geschäfts- oder Firmenwert (§ 253 Abs. 3 S. 2)	Bestimmungsfaktoren einer Werthaltigkeitsprüfung nach IAS 36, insbes. der CGU-Abgrenzung (IAS 36.65 ff.) und bei Ermittlung des Nutzungswerts (IAS 36.30 ff.), z. B. cashflow-Prognosen, Abzinsungssatz (IAS 36.33 ff. bzw. 36.55 ff.)	„Wesentliche Verbesserung" als Bedingung für Herstellungskosten (R 6.3)
		Norm-ND von 10 Jahren bei „nicht verlässlicher" Schätzbarkeit bei selbsterstellten Anlagegütern und Geschäfts- oder Firmenwert (§ 253 Abs. 3 S. 3, 4)		Bestimmung angemessener und notwendiger Gemeinkosten bei den Herstellungskosten (§ 6 Abs. 1 Nr. 1b; R 6.3), insbes. Berücksichtigung von Beschäftigungsschwankungen
		„Wesentliche Verbesserung" als Bedingung für Herstellungskosten (§ 255 Abs. 2 S. 1)		Gemeinkostenschlüsselung bei der Ermittlung der Herstellungskosten (R 6.3)
		Bestimmung angemessener und notwendiger Gemeinkosten bei den Herstellungskosten, insbes. Berücksichtigung von Beschäftigungsschwankungen (§ 255 Abs. 2)		Schätzung der Ausfallwahrscheinlichkeit bei Forderungen (BFH)
		Gemeinkostenschlüsselung für den Herstellungsbereich bei der Herstellungskosten-Ermittlung (§ 255 Abs. 2 S. 2)		
		Abgrenzung Forschungs-/Entwicklungsaufwand bei selbsterstellten		

noch: Bewertungsspielräume (Beispiele)

	HGB	EStG	IFRS
AKTIVA	immateriellen Vermögensgegenständen (§ 255 Abs. 2 a) Schätzung einer voraussichtlich dauernden/vorübergehenden Wertminderung (§ 253 Abs. 3 S. 5, 6) Schätzung der Ausfallwahrscheinlichkeit bei Forderungen (GoB)		
PASSIVA	Risikoschätzung bei Einzelrückstellungen (z. B. Garantie-/Kulanzrückstellung) Einbeziehung von Gemeinkosten und künftiger Kosten- und Preistrends bei der Rückstellungsbewertung zum notwendigen Erfüllungsbetrag (insbes. bei Altersversorgungs- und Sachleistungsverpflichtungen) Bestimmung des „drohenden Verlustes" bei der Drohverlustrückstellung (Einbeziehung Gemeinkosten) Schätzung der versicherungsmathematischen Parameter bei der Bewertung der Pensionsrückstellung (Fluktuation, Lohn-, Gehalts- und Kostensteigerungen, ggf. Rendite des Fondsvermögens etc.)	Einbeziehung der Gemeinkosten bei der Rückstellungsbewertung, insbes. für Sachleistungsverpflichtungen Risikoschätzung bei Einzelrückstellungen (z. B. Garantie-/Kulanzrückstellung) Anwendung „anerkannter Regeln der Versicherungsmathematik" bei der Teilwertermittlung von Pensionsrückstellungen (§ 6a Abs. 3 S. 3)	Einbeziehung Gemeinkosten und künftiger Trends bei der Rückstellungsbewertung Bestimmung des „drohenden Verlustes" bei der Drohverlustrückstellung (IAS 37.68) Schätzung der versicherungsmathematischen Parameter bei der Bewertung der Pensionsverpflichtung (Fluktuation, Lohn-, Gehalts- und Kostensteigerungen, ggf. Rendite des Fondsvermögens etc.) (IAS 19.73) Risikoschätzung bei Einzelrückstellungen (IAS 37.36 ff.) Wesentlichkeit des Zinseffekts bei Abzinsung von Rückstellungen (IAS 37.45) Bestimmung des risikospezifischen Vorsteuer-Zinssatzes zur Abzinsung von Rückstellungen (IAS 37.47)

	§ = HGB	IFRS	§ = EStG, R = EStR
noch: Bewertungs- spielräume (Beispiele) AKTIVA und PASSIVA	Zeitliche Verteilung bei Rechnungs-abgrenzungsposten Abgrenzung des Umfangs von Bewertungseinheiten zur Absicherung finanzieller Risiken (§ 254)	Einschätzung künftiger Ergebnisentwicklung und verrechenbarer Gewinne sowie Verlustvorträge für die Bemessung von latenten Steuern (IAS 12.24, 36) Auslegung der „verlässlichen Messbarkeit" (z. B. in IAS 16, IAS 38, IAS 39) Auslegung der „bestmöglichen Schätzung" des Managements Auslegung der „Wesentlichkeit" (z. B. in IAS 37.46)	Teilwertbestimmung („gedachter Erwerber") bei Widerlegung der Teilwertvermutung Zeitliche Verteilung bei Rechnungsabgrenzungsposten Abgrenzung des Umfangs von Bewertungseinheiten zur Absicherung finanzieller Risiken in der Handelsbilanz maßgeblich (§ 5 Abs. 1 a)

Abbildung D-63: Bewertungswahlrechte und Bewertungsspielräume nach HGB, IFRS und EStG

VII. Gemeinsamkeiten und Unterschiede der Bewertung einzelner Posten nach HGB, IFRS und EStG

Einen Gesamtüberblick der Ansätze der Höhe nach für Aktiva und Passiva in den Bilanzen der drei Normenbereiche geben die beiden nachfolgenden Bewertungssynopsen (Abb. D-64 und D-65). Unterschiede sind fett markiert.

Bilanzbewertung der Aktiva nach (Fettdruck = Unterschiede)	HGB §§ = HGB	IFRS F = IASB-Rahmenkonzept	EStG §§ = EStG, R = EStR
A. ANLAGEVERMÖGEN **I. Immaterielles Vermögen** *(intangable assets)*			
1. Selbst erstellte gewerbliche Schutzrechte und ähnliche Rechte und Werte	*Erstbewertung*: entwicklungsbedingte Herstellungskosten = Entwicklungsaufwand (§§ 253 Abs. 3 i.V. m. 255 Abs. 2 a und 255 Abs. 2) *Folgebewertungen:* Fortgeführte Herstellungskosten (Entwicklungsaufwand); ggf. nachträgliche Herstellungskosten Sonst wie A.I.2	*Erstbewertung*: Entwicklungsbedingte, direkt zurechenbare Herstellungskosten (IAS 38.66 ff.) *Folgebewertungen*: **Wahlrecht Anschaffungskosten-/Neubewertungsmodell** (IAS 38.72 ff.): ■ **Anschaffungskostenmodell** (IAS 38.74): fortgeführter Entwicklungsaufwand (Herstellungskosten) sonst wie A.I.2 ■ gruppenbezogen nach **Neubewertungsmodell** (IAS 38.75 ff.): **beizulegender Zeitwert** z. Zt. Neubewertung abzgl. späterer Abschreibungen/Wertminderungen, sonst wie A.I.2	**Keine Bewertung**, da Aktivierungsverbot (§ 5 Abs. 2); Ausnahmen z.B. bei Einlagen (§ 6 Abs. 1 Nr. 5): Teilwert, u.U. höchstens AHK
2. entgeltlich erworbene Konzessionen, gewerbliche Schutzrechte und ähnliche Rechte und Werte sowie Lizenzen an solchen Rechten und Werten	*Erstbewertung*: Anschaffungskosten (§ 253 Abs. 1 S. 1) *Folgebewertungen*: fortgeführte Anschaffungskosten Gebot planmäßiger Abschreibung bei zeitlich begrenzter Nutzung, Verbot bei Nichtabnutzbarkeit	*Erstbewertung*: Anschaffungskosten (IAS 38.24) *Folgebewertungen*: ■ **Wahlrecht Anschaffungskosten-/Neubewertungsmodell** (IAS 38.72): ■ Anschaffungskostenmodell: fortgeführte Anschaffungskosten; bei bestimmter Nutzungsdauer: planmäßige Abschreibungen gemäß **Nutzungsverlauf** mit	*Erstbewertung*: Anschaffungskosten (§ 6 Abs. 1 Nr. 1, 2) *Folgebewertungen*: fortgeführte Anschaffungskosten (§ 6 Abs. 1 Nr. 1 bzw. 2); bei zeitlich begrenzter Nutzung Gebot planmäßiger AfA nach **linearer** Methode ohne Restwertberücksichtigung (§ 7 Abs. 1 S. 1, 6) ggf. AfaA (§ 7 Abs. 1 S. 7)

	HGB	IFRS	EStG
2. entgeltlich erworbene Konzessionen, gewerbliche Schutzrechte und ähnliche Rechte und Werte sowie Lizenzen an solchen Rechten und Werten	Gebot außerplanmäßiger Abschreibung bei **voraussichtlich dauernder Wertminderung** (§ 253 Abs. 3 S. 3) Wertaufholungsgebot bis zu fortgeführten Anschaffungskosten bei Wegfall der Abwertungsgründe (§ 253 Abs. 5 S. 1)	**Restwertberücksichtigung bei Wesentlichkeit;** Gebot a.o. Wertminderungen (IAS 38.74) – Wertminderungstest (IAS 38.111) ■ **Neubewertungsmodell:** beizulegender Zeitwert, auch **über AK;** Wertaufholungsgebot bis AK (beim AK-Modell) bzw. zum übersteigenden Zeitwert **auch über AK** (beim Neubewertungsmodell)	Abschreibungswahlrecht bei Nachweis voraussichtlich dauernder Wertminderung: niedrigerer Teilwert (§ 6 Abs. 1 Nr. 1 S. 2 bzw. Nr. 2 S. 2) Wertaufholungsgebot zu fortgeführten Anschaffungskosten (§ 6 Abs. 1 Nr. 1 S. 4; Nr. 2 S.3 bzw. § 7 Abs. 1 S. 7)
3. (positiver) Geschäfts- oder Firmenwert (*goodwill*)	Erstbewertung: positiver Unterschiedsbetrag zwischen der Übernahmegegenleistung und dem Zeitwert der einzelnen Vermögensgegenstände abzgl. der Schulden (§ 246 Abs. 3) Folgebewertungen: fortgeführter Unterschiedsbetrag Gebot planmäßiger Abschreibung über die geschätzte Nutzungsdauer (§ 253 Abs. 3 S. 1,2); im Zweifel 10 Jahre (§ 253 Abs. 3 S. 4 S. 3) Gebot außerplanmäßige Abschreibung bei voraussichtlich dauernder Wertminderung (§ 253 Abs. 3 S. 5) Wertaufholungsverbot (§ 253 Abs. 5 S. 2)	Erstbewertung: positiver Unterschiedsbetrag zwischen der Übernahmegegenleistung und dem Zeitwert der einzelnen Vermögenswerte abzgl. der Schulden und **Eventualschulden** (IFRS 3.32) Folgebewertungen: fortgeführter Unterschiedsbetrag (IFRS 3.54) Keine planmäßigen Abschreibungen (IAS 36.80) Jährlicher Werthaltigkeitstest nach IAS 36 – ggfs. Wertminderung Wertaufholungsverbot (IAS 36.124)	Erstbewertung: Ausgangswert: entsprechend Handelsrecht, jedoch nach steuerlicher Bewertung Folgebewertungen: fortgeführter Unterschiedsbetrag Gebot linearer AfA über **15 Jahre** (§ 7 Abs.1 S. 3) Abschreibungswahlrecht bei Nachweis voraussichtlich dauernder Wertminderung: auf niedrigeren Teilwert (§ 6 Abs. 1 Nr. 1 S. 2) Wertaufholungsgebot bis zu fortgeführten AK bei nicht mehr nachgewiesener dauernder Wertminderung (§ 6 Abs. 1 Nr. 1 S. 4, Nr. 2 S. 3)

Der Bilanzansatz der Höhe nach

Bilanzbewertung der Aktiva nach (Fettdruck = Unterschiede)	HGB §§ = HGB	IFRS F = IASB-Rahmenkonzept	EStG §§ = EStG, R = EStR
II. Sachanlagen			
1. Allgemein	*Erstbewertung:* Anschaffungs- oder Herstellungskosten (§ 253 Abs. 1 S. 1) *Folgebewertungen:* Planmäßige Abschreibungen: ■ Gebot bei zeitlich begrenzter Nutzung; Nutzungsdauer-Schätzung nach kfm. Ermessen, keine Restwertberücksichtigung; Verfahrenswahlrecht: Lineare, degressive, progressive, leistungsabhängige Verfahren; ■ Verbot bei nicht zeitlich begrenzter Nutzung (§ 253 Abs. 3 S. 1, 2). Außerplanmäßige Abschreibungen auf niedrigeren beizulegenden Wert: ■ Gebot bei **voraussichtlich dauernder Wertminderung**, ■ Verbot bei voraussichtlich vorübergehender Wertminderung (§ 253 Abs. 3 S. 5). Zuschreibungsgebot bis max. fortgeführte AHK bei Wegfall der Abschreibungsgründe (§ 253 Abs. 5 S. 1)	*Erstbewertung:* Anschaffungs-/Herstellungskosten (IAS 16.15) *Folgebewertungen:* **Wahlrecht zwischen Anschaffungskosten- und Neubewertungsmodell** (IAS 16.29) Anschaffungskostenmodell: AK abzgl. kumulierter Abschreibungen und kumulierten Wertminderungsaufwendungen (IAS 16.30); Gebot planmäßiger Abschreibungen, **Komponentenansatz** (IAS 16.43 ff.), **Restwertberücksichtigung**, wenn wesentlich (IAS 16.53); Verfahrenswahl nach **Nutzenverbrauchsverlauf** (IAS 16.62). Abwertungspflicht auf erzielbaren Betrag nach **Werthaltigkeitstest, ggf. mit cash generating unit** (IAS 16.63, 36.59); Zuschreibungsgebot bis max. fortgeführte AHK (IAS 36.117 ff, 122 ff.). ■ **Neubewertungsmodell:** beizulegender Zeitwert z.Zt. Neubewertung abzgl. nachfolgender planmäßiger Abschreibungen und Wertminderungen (IAS 16.31)	*Erstbewertung:* Anschaffungs- oder Herstellungskosten oder Ersatzwert (§ 6 Abs. 1 Nr. 1, 2), ggf. **abzüglich übertragener stiller Reserven** (§ 6 b, R 6.6) *Folgebewertung:* Gebot planmäßiger AfA bei Abnutzbarkeit; lineare, begrenzt degressive, leistungsabhängige Verfahren; **Nutzungsdauertypisierungen** gem. Gesetz und Finanzverwaltung; keine Restwertberücksichtigung; ■ AfA-Verbot bei Nichtabnutzbarkeit (§ 7 Abs. 1, 2). Außerplanmäßige Absetzungen/Abschreibungen ■ Wahlrecht AfaA (§ 7 Abs. 1 S. 7) ■ **Wahlrecht** Teilwertabschreibung bei Nachweis **voraussichtlich dauernder Wertminderung**, ■ Verbot von Teilwertabschreibungen bei fehlendem Nachweis voraussichtlich dauernder Wertminderung (§§ 6 Abs. 1 S. 2, Nr. 2 S. 2 i.V.m. 6 Abs. 1 S. 1)

Gemeinsamkeiten und Unterschiede der Bewertung einzelner Posten nach HGB, IFRS und EStG

	HGB	IFRS	EStG
noch: 1. Allgemein		■ **Verfahren: Marktbewertung, Gutachterbewertung, Ertragswertverfahren, abschreibungsberücksichtigende Wiederbeschaffungswertmethode** (IAS 16.31 ff.); Wertaufholungsgebot ohne AK-Obergrenze; Neubewertungsrücklage (IAS 36.129)	Zuschreibungsgebot bis max. fortgeführte AHK bei fehlendem Teilwert-Nachweis bzw. Wegfall der Gründe (§§ 6 Abs. 1 Nr. 1 S. 4; Nr. 2 S. 3; 7 Abs. 1 S. 7).
2. Geringwertige Sachanlagen	Ungeregelt, AHK bis 250 € bzw. 800 € Wahlrecht: sofortige aufwandwirksame Erfassung bzw. Sofortabschreibung (h. M.; auch steuerunabhängige Werthöhen, wenn unwesentlich) Sammelpostenbildung bei AHK über 250 € bis 1.000 € ■ unwesentlicher Sammelposten: Sammelpostenbildung und -auflösung wie nach EStG; Nutzungsdauer und Bestand muss aber geprüft werden; ■ wesentlicher Sammelposten: planmäßige AfA nach allgem. Regeln (siehe oben II.1); (WPH 2017, F 172)	Ungeregelt; ■ Sofortabschreibung und unwesentlicher Sammelposten gem. materiality-Grundsatz wohl akzeptabel (h. M., entspr. F.Q35 ff. und IAS 16.9); ■ wesentlicher Sammelposten nach allgemeinen Regeln behandeln (siehe oben II.1).	**Bewertungswahlrechte:** Behandlung nach allgemeinen Regeln oder bei AHK bis 250 € bzw. 800 €: sofortige Aufwandserfassung bzw. Sofortabschreibung (§ 6 Abs. 2) oder bei AHK über 250 € bis 1.000 €: Einstellung in jahrgangsbezogenen Sammelposten; Auflösung 20 % p. a. unabhängig von den Wirtschaftsgütern (§ 6 Abs. 2 a)
3. Sonderfall: Durch Sonderabschreibungen und erhöhte Absetzungen begünstigte Sachanlagen	Insoweit Abschreibungsverbot (Aufhebung § 254 a. F.)	Insoweit Abschreibungsverbot	**Wahlrecht zu erhöhten AfA/ Sonderabschreibungen** (z. B. §§ 7 c, d, h, i, k EStG; 82 a, g, i EStDV bzw. 7 g EStG, 81, 82 f EStDV i.V.m. § 7 a)
4. Sonderfall: Anlage-/ Renditeimmobilien (*investment properties*)	Bewertung wie Regelfall (siehe oben II.1)	**Wahlrecht: Anschaffungskosten oder Neubewertungsmodell** (IAS 40.33–55)	Bewertung wie Regelfall (siehe oben II.1)

Bilanzbewertung der Aktiva nach (Fettdruck = Unterschiede)	HGB §§ = HGB	IFRS F = IASB-Rahmenkonzept	EStG §§ = EStG, R = EStR
5. Sonderfall: Veräußerungsbestimmte Sachanlagen (*assets held for sale*)	Bewertung wie Regelfall (siehe oben II.1, u. U. Umgliederung in das Umlaufvermögen)	*Bewertung bei erstmaliger Klassifizierung:* Niedrigerer Wert aus Buchwert und beizulegendem Zeitwert abzgl. Veräußerungskosten (**IFRS 5.15**); Gebot zur Abzinsung der Veräußerungskosten bei erwartetem Verkauf nach 1 Jahr (**IFRS 5.17**); *Folgebewertungen:* Gebot zu außerplanmäßigen Abschreibungen auf den niedrigeren beizulegenden Zeitwert abzüglich (u. U. abgezinster) Veräußerungskosten (**IFRS 5.20**); Verbot planmäßiger Abschreibungen (**IFRS 5.25**); Zuschreibungsgebot bei Anstieg des beizulegenden Zeitwerts abzgl. Veräußerungskosten (**IFRS 5.21**)	Bewertung wie Regelfall (siehe oben II.1, u. U. Umgliederung in das Umlaufvermögen)
III. Finanzanlagen *(financial assets)*	*Erstbewertung:* Anschaffungskosten (Nennbetrag) (§ 253 Abs. 1) Ggf. Disagio: Rückzahlungsbetrag mit passiver Rechnungsabgrenzung (§ 250 Abs. 2) oder Auszahlungsbetrag jährlich zuschreiben (GoB) *Folgebewertungen:* Verbot planmäßiger Abschreibungen; Abschreibungen auf niedrigeren beizulegenden Wert	*Erstbewertung:* beizulegender Zeitwert, i. d. R. gleich Anschaffungskosten, einschl. Transaktionskosten (IAS 39.43/ IFRS 9.5.1.1) *Folgebewertungen:* ■ Kategorien HFT, FVO, AFS: Marktbewertung zum beizulegenden Zeitwert ohne Transaktionskosten, topdown-Hierarchie	*Erstbewertung:* Anschaffungskosten (Nennbetrag) (§ 6 Abs. 1 Nr. 2) Ggf. Disagio: passive Rechnungsabgrenzung (§ 5 Abs. 5 Nr. 2) *Folgebewertungen:* ■ AfA-Verbot ■ Wahlrecht: Teilwertabschreibung bei Nachweis einer voraussichtlich dauerhaften Wertminderung;

	HGB	IFRS	EStG
noch: III. Finanzanlagen *(financial assets)*	Gebot bei voraussichtlich dauernder Wertminderung, **Wahlrecht bei voraussichtlich vorübergehender Wertminderung** (§ 253 Abs. 3 S. 5, 6) Zuschreibungsgebot bis max. AK (§ 253 Abs. 5 S. 1)	(IAS 39.46, 48A/IFRS 9.5.2.1), ersatzweise bei EK-Instrumenten: fortgeführte Anschaffungskosten (IAS 39.46 c/IFRS 9.5.7.5) Kategorien HTM und LAR: fortgeführte Anschaffungskosten nach Effektivzinsmethode (IAS 39.46/IFRS 9.5.4.1) mit Niederstwerttest (IAS 39.63, IFRS 9.5.4.4); **Portfoliobewertung;** Gebot von Wertminderungen bei AK-bewerteten Kategorien und Herabsetzungen des beizulegenden Zeitwerts (IAS 39.55 ff/IFRS 9.5.4.4) Gebot von Wertaufholungen bei allen Kategorien (z. B. IAS 39.55, 65, 70/IFRS 9.3.5.4.6) **Besonderheiten bei Anteilen an Tochtergesellschaften, assoziierten Unternehmen und Gemeinschaftsunternehmen:** Wahlrecht: Anschaffungskosten oder IFRS 9-Bewertung (IAS 27.10, 28.8)	■ Beurteilung bei EK- und FK-Titeln unterschiedlich, bei EK-Titeln mit Bagatellgrenze (BMF) ■ **Verbot einer Teilwertabschreibung bei voraussichtlich vorübergehender Wertminderung** (§ 6 Abs. 1 Nr. 2 S. 2). Zuschreibungsgebot bei fehlendem Nachweis einer voraussichtlich dauerhaften Wertminderung (§ 6 Abs. 1 Nr. 2 S. 3)
Sonderfall: Altersversorgungsvermögen (Planvermögen)	Beizulegender Zeitwert (§ 253 Abs.1 S. 4)	Beizulegender Zeitwert (IAS 19.102)	**Keine Regelung**, es gelten die allgemeinen Regeln
B. Umlaufvermögen	*Erstbewertung:* Anschaffungs- oder Herstellungskosten (§ 253 Abs. 1) *Folgebewertungen:* Abschreibungsgebot auf den aus	*Erstbewertung:* Anschaffungs- oder Herstellungskosten	*Erstbewertung:* Anschaffungs- oder Herstellungskosten

Der Bilanzansatz der Höhe nach

Bilanzbewertung der Aktiva nach (Fettdruck = Unterschiede)	HGB §§ = HGB	IFRS F = IASB-Rahmenkonzept	EStG §§ = EStG, R = EStR
I. Vorratsvermögen	dem niedrigeren Börsen-/Marktpreis abgeleiteten Wert, ersatzweise auf den beizulegenden Wert (nach Absatz- und/oder Beschaffungsmarkt, ohne Rohgewinnaufschlag) (§ 253 Abs. 4 S. 1, 2) Methodenwahlrechte: Einzelbewertung oder Bewertungsvereinfachungsverfahren (Durchschnitts-, Gruppen-, Festbewertung, Fifo- oder Lifo-Verfahren; Gängigkeitsabschläge, retrograde Wertermittlung) (§§ 256 i.V.m. 240 Abs. 3, GoB). Zuschreibungsgebot bis zu den historischen AHK (§ 253 Abs. 5 S. 1)	*Folgebewertungen:* Abschreibungsgebot auf niedrigeren Nettoveräußerungswert, mit Rohgewinnaufschlag) (IAS 2.9). Methodenwahlrechte: Einzelbewertung oder Durchschnitts-, Fifo-Verfahren; Gruppen-, Standardkostenbewertung oder Verkaufswertverfahren (retrograd) (IAS 2.21–25) Wertaufholungsgebot bis zu den historischen AHK (IAS 2.21)	*Folgebewertungen:* ■ Abschreibungswahlrecht bei voraussichtlich dauernder Wertminderung auf nachgewiesenen niedrigeren Teilwert (§ 6 Abs. 1 Nr. 2 S. 2, R 6.8 Abs. 4, fakultativ mit Rohgewinnaufschlag, R 6.8 Abs. 2 S. 3) ■ Abschreibungsverbot bei voraussichtlich vorübergehender Wertminderung (§ 6 Abs. 1 Nr. 2 S. 2); Änderung bis Bilanzaufstellung genügt (BMF) Methodenwahlrechte: Einzelbewertung oder Bewertungsvereinfachungsverfahren (Durchschnitts-, Gruppen-, Festbewertung, Lifo-**Verfahren**; Gängigkeitsabschläge, retrograde Wertermittlung) (§ 5 Abs. 1 S. 1, § 6 Abs. 1 Nr. 2 a, R 6.8, 6.9) Zuschreibungsgebot bei fehlendem Nachweis voraussichtlich dauernder Wertminderung bis zu den historischen AHK (§ 6 Abs. 1 Nr. 2 S. 3; Nr. 1 S. 4)
II. Sonderfall: Mehrperiodige Auftragsfertigung (POC-Forderung bzw. unfertige Erzeugnisse; *construction contract*)	*Ungeregelt:* Anteilige Gewinnrealisierung nur unter strengen Bedingungen (endgültige Teilabrechnungen); i.d.R. *Completed contract method* (Gesamtgewinnrealisierungsmethode nach GoB)	U.U. Gewinnrealisierung nach Projektfortschritt (*percentage of completion-method*, IFRS 15), Wahlrecht: Bestimmungsmethode (input-/output-Verfahren) (IAS 11.30) Werthaltigkeitsprüfung (IAS 11.28)	*Ungeregelt:* i.d.R. Gesamtgewinnrealisierungsmethode, unfertiges Erzeugnis bewertet zu bisher angefallenen Herstellungskosten (R 6.3 Abs. 7)

	HGB	IFRS	EStG
III. Wertpapiere des Umlaufvermögens	*Erstbewertung*: Anschaffungskosten (§ 253 Abs. 1 S. 1) *Folgebewertungen*: Abschreibungsgebot auf den niedrigeren aus dem Börsen-/Marktpreis abgeleiteter Wert, ersatzweise beizulegenden Wert (§ 253 Abs. 4) Zuschreibungsgebot bis zu historischen AK (§ 253 Abs. 5 S. 1)	*Erstbewertung*: beizulegender Zeitwert (IAS 39.43/ IFRS 9.5.1.1) *Folgebewertungen*: Insbes. **Kategorien HFT und AFS**: Marktbewertung zum **beizulegenden Zeitwert**, topdown-Hierarchie (IAS 39.46/IFRS 9.5.2.1), u. U. ersatzweise fortgeführte Anschaffungskosten (IAS 39.46c/IFRS 9.5.2.2) Werthaltigkeitstest (IAS 39.58/ IFRS 9.5.4.4) **Wertaufholungsgebot** bei HFT- und AFS- Kategorie (IAS 39.65, 70/ IFRS 9.B5.4.6)	*Erstbewertung*: Anschaffungskosten (§ 6 Abs. 1 Nr. 2) *Folgebewertungen*: **Abschreibungswahlrecht** bei voraussichtlich dauernder Wertminderung auf **nachgewiesenen** niedrigeren Teilwert (§ 6 Abs. 1 Nr. 2 S. 2); Unterscheidung zwischen börsennotierten EK- und FK-Titeln, bei EK-Titeln mit Bagatellgrenze; keine Abschreibung bei FK-Titeln mit Nominalwerttilgung (BMF) **Abschreibungsverbot** bei voraussichtlich vorübergehender Wertminderung (§ 6 Abs. 1 Nr. 2 S. 2) Zuschreibungsgebot bis zu den historischen AK (§ 6 Abs. 1 Nr. 2 S. 3; Nr. 1 S. 4)
IV. Forderungen	*Erstbewertung*: Anschaffungskosten, i.d. R. Nennwert (§ 253 Abs. 1 S. 1) *Folgebewertungen*: Abschreibungsgebot auf den aus dem niedrigeren Börsen-/Marktpreis abgeleiteten Wert, ersatzweise auf den beizulegenden Wert, unabhängig von der Dauerhaftigkeit der Wertminderung (§ 253 Abs. 4)	*Erstbewertung*: Beizulegender Zeitwert (IAS 39.43/ IFRS 9.5.12.1) *Folgebewertungen*: Gebot zu fortgeführten Anschaffungskosten unter Anwendung der Effektivzinsmethode (IAS 39.46, IAS 39AG68/IFRS 9.5.2.1) Wenn zu Handelszwecken gehalten: beizulegender Zeitwert (IAS 39.46/ IFRS 9.5.2.1); Abschreibungsgebot der Differenz zwischen Buchwert und Barwert (IAS 39.63/IFRS 9.5.4.4)	*Erstbewertung*: Anschaffungskosten, i.d.R. Nennwert (§ 6 Abs. 1 Nr. 2 S. 1) *Folgebewertungen*: **Abschreibungswahlrecht** bei voraussichtlich dauernder Wertminderung auf **nachgewiesenen** niedrigeren Teilwert (§ 6 Abs. 1 Nr. 2 S. 2); **Abschreibungsverbot** bei voraussichtlich vorübergehender Wertminderung (§ 6 Abs. 1 Nr. 2 S. 2).

Bilanzbewertung der Aktiva nach (Fettdruck = Unterschiede)	HGB §§ = HGB	IFRS F = IASB-Rahmenkonzept	EStG §§ = EStG, R = EStR
V. Zahlungsmittel	Einzelwertberichtigung geboten, Pauschalwertberichtigung möglich Zuschreibungsgebot (§ 253 Abs. 5 S. 1) *Fremdwährungsforderungen:* Umrechnung zum Devisenkassamittelkurs, bei Restlaufzeit bis 1 Jahr ohne AK- und Realisationsprinzip (§ 256a) *Erstbewertung:* Anschaffungskosten, d. h. Nominalwert *Folgebewertungen:* Nominalwert, ggf. niedrigerer beizulegender Wert; ggf. Fremdwährungsumrechnung zum Devisenkassamittelkurs (§ 256a)	Einzelwertberichtigung, Gruppen auf Portfoliobasis (IAS 39.64/ IFRS 9.5.5). Pauschalwertberichtigung ungeregelt. Zuschreibungsgebot (IAS 39.64/ IFRS 9.B5.4.6) *Fremdwährungsforderungen:* Umrechnung zuerst zum **Briefkurs bei Erstverbuchung**, später zum **Stichtagskurs**, unrealisierte Gewinne/Verluste möglich (IAS 21.20, 23, 28). Ungeregelt, entsprechende Anwendung von IAS 39, 32, 21	Zuschreibungsgebot bis zu den historischen AK (§ 6 Abs. 1 Nr. 2 S. 3; Nr. 1 S. 4) *Fremdwährungsforderungen:* Umrechnung zum Devisenkassamittelkurs (§ 256a HGB i.V. m. § 5 Abs. 1); bei Restlaufzeit bis 1 Jahr ohne AK- und Realisationsprinzip (§ 6 Abs. 1); **Wahlrecht zum Nachweis eines niedrigeren Teilwerts**, wenn Wechselkursänderung ausnahmsweise voraussichtlich von Dauer (H 6.1, BFH) *Erstbewertung:* Anschaffungskosten, d. h. Nominalwert *Folgebewertungen:* Nominalwert, niedrigerer Teilwert nur bei (seltenem) Nachweis voraussichtlich dauernder Wertminderung (§ 6 Abs. 1 Nr. 2 S. 2) Ggf. Umrechnung nach § 256a HGB (§ 5 Abs. 1)
C. Aktive Rechnungsabgrenzungsposten			
I. Allgemein	Ausgaben vor dem Abschlussstichtag, soweit sie Aufwand für bestimmte Zeit nach dem Abschlussstichtag darstellen; Ausgabenverteilung nach dem Ver-		Ausgaben vor dem Abschlussstichtag, soweit sie Aufwand für bestimmte Zeit nach dem Abschlussstichtag darstellen; Ausgabenverteilung nach dem Ver-

	HGB	IFRS	EStG
noch: **I. Allgemein**	hältnis des noch ausstehenden Teils der Gegenleistung des Vertragspartners zur gesamten von ihm zu erbringenden Gegenleistung (§ 250 Abs. 1 S. 1)	**Nicht geregelt**, ggf. **Bewertung wie asset**, insbes. Forderung	hältnis des noch ausstehenden Teils der Gegenleistung des Vertragspartners zur gesamten von ihm zu erbringenden Gegenleistung (§ 5 Abs. 5 Nr. 1)
II. Disagio	Unterschiedsbetrag zwischen Rückzahlungs- und Ausgabebetrag einer Verbindlichkeit (§ 250 Abs. 3 S. 1), Abzugrenzende Aufwendungen **wahlweise** als aRAP; Gebot planmäßiger jährlicher Abschreibung höchstens über Laufzeit	Keine Bewertung, da kein Vermögenswert, **Berücksichtigung bei der Bewertung der Verbindlichkeit** (Verteilung über Zuschreibung)	wie Handelsrecht, doch **obligatorisch** als aktiver RAP; Verteilungsgebot über Laufzeit der Verbindlichkeit nach Kapitalnutzung oder Zeit, siehe auch C.I
III. Sonderfall: Zölle und Verbrauchsteuern auf Vorräte	Aktivierungsverbot	Keine Bewertung, da kein Ansatz als Vermögenswert; Berücksichtigung als AHK des Vorratsvermögens	**obligatorischer**: Abgrenzungsposten; Aufwandswirksame vorratsbezogene Abgaben (**§ 5 Abs. 5 S. 1 Nr. 1**)
IV. Sonderfall: Umsatzsteuer auf Anzahlungen	Aktivierungsverbot	Aktivierungsverbot	**obligatorischer** Abgrenzungsposten: Aufwandswirksame anzahlungsbezogene Umsatzsteuer (§ 5 Abs.5 S. 1 Nr. 2)
D. Aktive latente Steuern	Steuerabgrenzung (hier: Steuerentlastung nachfolgender Geschäftsjahre) nach dem bilanzorientierten *(temporary-)* Konzept unter Berücksichtigung von Verlustvorträgen von **5 Jahren (§ 274 Abs. 1 S. 4)**; event. auch Zinsvorträge, **individueller Steuersatz** z.Zt. der Latenzumkehr (§ 274 Abs. 2 S. 1); keine Abzinsung (§ 274 Abs. 2 S. 1); Auflösungspflicht bei Eintritt und Wegfall der Latenzumkehr (§ 274 Abs. 2 S. 2); **Saldierungswahlrecht** von latenten aktiven und passiven Steuern (§ 274 Abs. 1 S. 3)	Steuerabgrenzung (hier: Steuerentlastung nachfolgender Geschäftsjahre) nach dem bilanzorientierten *(temporary-)* Konzept unter Berücksichtigung von Verlustvorträgen; **geltende/angekündigte** Steuersätze im Jahr der Latenzumkehr (IAS 12.47), keine Abzinsung (IAS 12.53); jährliche Bewertungsüberprüfung und -anpassung (IAS 12.56), bedingte **Saldierungspflicht** von latenten aktiven und passiven Steuern (IAS 12.71 ff)	keine Bewertung, da Aktivierungsverbot

Bilanzbewertung der Aktiva nach (Fettdruck = Unterschiede)	HGB §§ = HGB	IFRS F = IASB-Rahmenkonzept	EStG §§ = EStG, R = EStR
E. Aktiver Unterschiedsbetrag aus der Vermögensverrechnung	Positive Differenz des beizulegenden Zeitwerts des Altersversorgungsvermögens über die Altersversorgungsschulden (§ 246 Abs. 2 S. 3)	Niedrigerer Wert aus Betrag nach IAS 19.64 Vermögensüberdeckung (Verpflichtungsbarwert abzüglich beizulegender Zeitwert des Planvermögens) und Vermögensobergrenze (Barwert des wirtschaftlichen Nutzens der Überdotierung durch Erstattung oder Beitragsreduzierung) (asset ceiling)	Verrechnung unzulässig (§ 5 Abs. 1 a S. 1)
F. Nicht durch Eigenkapital gedeckter Fehlbetrag (bei Kapitalgesellschaften)	Überschuss der Passivposten über die sonstigen Aktivposten (§ 268 Abs. 3)	Nicht geregelt, wohl Eigenkapitalposition mit negativem Vorzeichen	Ungeregelt, üblich: negatives Kapital (Betriebsvermögen)

Abbildung D-64: Synopse der Aktivabewertung nach HGB, IFRS und EStG

Gemeinsamkeiten und Unterschiede der Bewertung einzelner Posten nach HGB, IFRS und EStG

Bilanzbewertung der Passiva	HGB §§ = HGB	IFRS F = IASB-Rahmenkonzept	EStG § = EStG, R = EStR
A. EIGENKAPITAL *(equity)*	Differenz Summe Vermögensgegenstände – Summe Schulden einschl. Rechnungsabgrenzungs- und Sonderposten; Bei KapGes: ■ Gezeichnetes Kapital: Nennbetrag (§ 272 Abs. 1 S. 1); Eigene Anteile (Nennbetrag/rechnerischer Wert) und nicht eingeforderte ausstehende Einlagen sind offen vom gezeichneten Kapital absetzen (§ 272 Abs. 1a bzw. Abs. 1 S. 2); ■ Kapitalrücklage = Beträge aus Aufgeldern aus der Ausgabe von Anteilen, Wandelschuldverschreibungen und Optionsrechten + Zuzahlungen in das Eigenkapital (§ 272 Abs. 2) ■ Gewinnrücklagen: aus dem Ergebnis gebildete Beträge (§ 272 Abs. 3) ■ Rücklage für Anteile an einem herrschenden oder mehrheitsbeteiligten Unternehmen: entsprechender Betrag der Aktivseite (§ 272 Abs. 4)	Nach Abzug aller Schulden verbleibender Restbetrag der Vermögenswerte (F 4.4c, 4.22); eigene Anteile sind vom Eigenkapital abzuziehen (IAS 32.33) ■ Aufgliederung nach Informationsbedarf (F 4.20 f., IAS 1.75 e)	Betriebsvermögen = Differenz zwischen Summen der positiven und negativen Wirtschaftsgüter, bewertet nach Steuerrecht (ggf. Nennbetrag lt. Handelsrecht zzgl. Steuerausgleichsposten) Eigene Anteile: Absetzung Nennbetrag/rechnerischer Wert vom gezeichneten Kapital (BMF)
(X.) SONDERPOSTEN MIT RÜCKLAGEANTEIL/ STEUERFREIE RÜCKLAGEN	Passivierungsverbot nach Aufhebung des § 247 Abs. 3 HGB a.F.; Übergangsregelung Art. 66 Abs. 3 EGHGB	Passivierungsverbot, da kein Schuldposten	**Bewertung nach normenspezifischen Bestimmungen** (§ 6 b EStG; R 6b.2; § 4 g Abs. 1, 2; R 6.5 Abs. 4, R 6.6 Abs. 4 EStR), i. d. R. Wert aufgedeckter stiller Reserven

Der Bilanzansatz der Höhe nach

Bilanzbewertung der Passiva	HGB §§ = HGB	IFRS F = IASB-Rahmenkonzept	EStG § = EStG, R = EStR
(V.) Sonderfall: Negativer Geschäftswert (*badwill*)	Negativer Unterschiedsbetrag zwischen Übernahmegegenleistung und dem Zeitwert der einzelnen Vermögensgegenstände abzgl. der Schulden (§ 246 Abs. 3) als Ausgleichsposten (§ 265 Abs. 5 S. 2) nach Buchwertabstockung; Auflösung durch Verlustverrechnung oder Wegfall	**Nach Bewertungsüberprüfung verbleibender Überschuss ist sofort erfolgswirksam, d. h. kein Ausgleichsposten ist zu passivieren** (IFRS 3.32)	Negativer Unterschiedsbetrag zwischen Übernahmegegenleistung und dem Steuerwert der positiven Wirtschaftsgüter abzgl. der negativen Wirtschaftsgüter als Ausgleichsposten nach Buchwertabstockung; Auflösung durch Verlustverrechnung oder Wegfall (BFH)
B. RÜCKSTELLUNGEN (*provisions*)			
I. Rückstellungen im Allgemeinen	Nach vernünftiger kaufmännischer Beurteilung notwendiger (künftiger) Erfüllungsbetrag (§ 253 Abs. 2 S. 1); Berücksichtigung von künftigen Preis-/Kostenänderungen bei ausreichenden objektiven Hinweisen; keine Vorteilsverrechnung (§ 252 Abs. 1 Nr. 4); Abzinsungsgebot bei Restlaufzeit > 1 Jahr mit von der Deutschen Bundesbank bekannt gegebenem **durchschnittlichen Marktzins der vergangenen 7 Geschäftsjahre** (§ 253 Abs. 2 S. 1 HGB); bei Restlaufzeit bis 1 Jahr: wohl Abzinsungswahlrecht	Bestmöglich geschätzter Betrag zur Erfüllung oder Übertragung der Verpflichtung (IAS 37. 36 f.) ohne Steuereffekt (IAS 37.41); Einbeziehung künftiger Ereignisse bei ausreichenden objektiven Hinweisen (IAS 37.48 ff.), Risiko- und Unsicherheitsberücksichtigung (IAS 37.39 ff.); keine Vorteilsverrechnung (IAS 37.51); Abzinsung bei Wesentlichkeit des Zinseffekts mit **schuldspezifischem marktorientierten Vorsteuerzins** (IAS 37.45 ff.)	Geschätzter Beseitigungsbetrag (Erfüllungsbetrag) der ungewissen Verbindlichkeit/Last unter Erfahrungsberücksichtigung nach den Verhältnissen vom Bilanzstichtag; **keine Berücksichtigung künftiger Preis-/Kostenänderungen**; Abzinsungsgebot bei Restlaufzeit > 1 Jahr **mit festem Zinssatz von 5,5 %** (mit Ausnahmen); **Vorteilsverrechnung**, Sachleistungsverpflichtungen: Einzelkosten und angemessenen notwendigen Gemeinkosten; Entstehung im laufenden Betrieb: zeitanteilige Ansammlung in gleichen Raten; (§ 6 Abs.1 Nr. 3 a Buchst. a–f) Wahlrecht: höherer Teilwert beim Nachweis einer voraussichtlich dauernden Werterhöhung (§ 6 Abs. 1 Nr. 3, 2)
II. Sonderfall: Pensionsrückstellungen (*defined benefit liability, pension obligation*)	Nach vernünftiger kaufmännischer Beurteilung notwendiger Erfüllungsbetrag (§ 253 Abs. 2 S. 1) unter Berücksichtigung versicherungsmathematischer Grundsätze;	Verpflichtungsbarwert plus/minus nicht erfasste versicherungsmathematische Gewinne/Verluste minus nicht erfasster nachzuverrechnender Dienstzeitaufwand minus Planvermö-	Höchstens nach versicherungsmathematischen Grundsätzen ermittelter Teilwert **gem. § 6 a Abs. 3 *wahlweise*: niedrigerer Wert (6 a Abs. 3 S. 1)**; strenges Stichtagsprinzip, keine

	HGB	IFRS	EStG
noch: II. Sonderfall: Pensionsrückstellungen *(defined benefit liability, pension obligation)*	**Bewertungsverfahren frei wählbar** (z. B. modifiziertes Teilwertverfahren, Gleichverteilungsverfahren); Trendberücksichtigung; Abzinsungspflicht mit von der Deutschen Bundesbank bekannt gegebenem **durchschnittlichen Marktzins der vergangenen 10 Geschäftsjahre** laufzeitäquivalent oder wahlweise pauschalem durchschnittlichen **Marktzins bei 15 Jahren Laufzeit** (§ 253 Abs. 2 S. 2) Verrechnung mit geschütztem Altersversorgungsvermögen geboten (§ 246 Abs. 2 S. 3); Abweichungen bei Schätzungen sind erfolgswirksam in der GuV zu erfassen *Sonderfall*: Wertpapiergebundene Pensionszusage: **Rückstellung zum beizulegenden Zeitwert der Wertpapiere zu bewerten**, soweit garantierter Mindestbetrag überstiegen (§ 253 Abs. 1 S. 3)	gen zum beizulegenden Zeitwert (IAS 19.67); Trendberücksichtigung (IAS 19.75). Zur Barwertbestimmung ist unter versicherungsmathematischen Annahmen (IAS 19.75 ff.) und der Zuordnung von Leistungen auf Dienstjahre (IAS 19.70 ff.) **nur** die versicherungsmathematische **Bewertungsmethode der laufenden Einmalprämien** *(projected unit credit method,* **Anwartschaftsbarwertverfahren**) anzuwenden (IAS 19.64 ff.). Abzinsungspflicht mit **währungs- und fristenadäquaten Marktrenditen für erstrangige, festverzinsliche Industrieanleihen** (IAS 19.83 ff.). Abweichungen bei Schätzungen sind dauerhaft erfolgsneutral zu erfassen. *Sonderfall*: Wertpapiergebundene Pensionszusage: nicht geregelt; es gelten die allgemeinen Regeln zur Verrechnung von Planvermögen mit der Altersversorgungsverpflichtung	**Berücksichtigung künftiger Gehalts-/Kostenänderungen (R 6a Abs. 17). Nachholverbot** (§ 6a Abs. 4, H 6a (20); **Auswirkungen von bestimmten Änderungen wahlweise auf 3 Jahre verteilbar** (§ 6a Abs. 4) Abzinsungen mit festem **6%-Zins**; (§ 6a Abs. 3 S. 3) **Verrechnung mit Altersversorgungsvermögen unzulässig** (§ 6 Abs. 1a S. 1) *Sonderfall*: Wertpapiergebundene Pensionsrückstellungen nicht geregelt; Pensionsrückstellungen nur insoweit als der Versorgungsanspruch auf die garantierte Mindestleistung entfällt (Fin-Verw., H 6a (17)
III. Sonderfall Drohverlustrückstellungen *(onerous contracts)*	**Verpflichtungsüberschuss** (Wert der eingegangen Leistungsverpflichtung minus Wert des Anspruchs auf Gegenleistung); Berücksichtigung künftiger Kosten- und Preissteigerungen; Vollkosten (IDW RS HFA 4.35); Abzinsung bei Restlaufzeit über 1 Jahr wie im allgemeinen Fall (§ 253 Abs. 1 S. 2, Abs. 2 S. 1)	Unvermeidbare Vollkosten bei Vertragserfüllung (niedrigerer Betrag aus Erfüllungskosten und Nichterfüllungskosten) minus wirtschaftlicher Nutzen der Vertragserfüllung (IAS 37.68); sonst wie im allgemeinen Fall (IAS 37.36 ff.)	**Keine Bewertung, da Passivierungsverbot** (§ 5 Abs. 4 a)

Der Bilanzansatz der Höhe nach

Bilanzbewertung der Passiva	HGB §§ = HGB	IFRS F = IASB-Rahmenkonzept	EStG § = EStG, R = EStR
C. VERBINDLICHKEITEN *(liabilities)*			
I. Verbindlichkeiten im Allgemeinen *(financial/other liabilities)*	*Erstbewertung:* Erfüllungsbetrag (§ 253 Abs.1 S.2), **keine Abzinsung** (§ 252 Abs. 1 Nr. 4) *Folgebewertung:* entsprechend; *Werterhöhung:* Uneingeschränkte Werterhöhungspflicht bis zum gestiegenen Erfüllungsbetrag (Höchstwertprinzip) *Wertminderung:* Abwertungsverbot auf gesunkenen Erfüllungsbetrag unter dem Einbuchungswert (Realisationsprinzip); Einzelbewertung geboten (§ 252 Abs. 1 Nr. 3); Gruppenbewertung zulässig (§ 256 S. 2 i.V.m. § 240 Abs. 4)	*Erstbewertung:* beizulegender Zeitwert der erhaltenen Gegenleistung (AK incl. Transaktionskosten – wenn nicht *at-fair-value-liabilities*) IAS 39.43; ersatzweise Summe (ggf. **Barwert**) künftiger Ein-/Auszahlungen. *Folgebewertung:* ■ *at-fair-value-liabilities:* erfolgswirksame **Bewertung zum beizulegender Zeitwert** (IAS 39.47 ff./IFRS 9.5.2.1) ■ *other liabilities:* fortgeführte Anschaffungskosten nach **Effektivzinsmethode** (IAS 39.47/ IFRS 9.5.4.1)	*Erstbewertung:* Wegschaffungskosten = Erfüllungsbetrag, i.d. R. = Nennwert mit **5,5 %-Abzinsungsgebot** (außer: Restlaufzeit unter 12 Monate, verzinsliche und Anzahlungsverbindlichkeiten) (§ 6 Abs. 1 Nr. 3) *Folgebewertung:* entsprechend; *Werterhöhung:* wahlweise: nachgewiesener höherer Teilwert aufgrund **voraussichtlich dauernder Werterhöhung** (§ 6 Abs.1 Nr.3, 2) Unterscheidung zwischen betriebskapitalverstärkenden und aus dem laufenden Geschäftsverkehr stammenden Verbindlichkeiten (BMF); *Wertminderung:* Abwertungspflicht auf niedrigerer Teilwert mit Grenze der historischen AK (§ 6 Abs.1 Nr. 3, Nr. 2) bei fehlendem Nachweis eines höheren Teilwerts
II. Sonderfall: Rentenverpflichtungen ohne Gegenleistung	Restlaufzeit > 1 Jahr: (ggf. versicherungsmathematischer) Barwert der zukünftigen Auszahlungen (§ 253 Abs. 2 S. 3) **restlaufzeitadäquater Zinssatz** lt. Bundesbank Restlaufzeit ≤ 1 Jahr: Abzinsungswahlrecht	Wenn Zinseffekt wesentlich: Barwert der zukünftigen Auszahlungen	(ggf. versicherungsmathematischer) Barwert (H 6.10 EStR) *wahlweise:* nachgewiesener höherer Teilwert (Erfüllungsbetrag bei voraussichtlich dauernder Werterhöhung; fester **Zinssatz 5,5 %** (§ 6 Abs. 1 Nr. 3)

	HGB	IFRS	EStG
III. Sonderfall: Fremdwährungsverbindlichkeiten	*Erstbewertung*: Devisenkassamittelkurs z. Zt. Ersteinbuchung *Folgebewertung*: Restlaufzeit > 1 Jahr: Devisenkassamittelkurs vom Bilanzstichtag, Ansatzpflicht höherer Stichtagskurse; Berücksichtigung Realisations-, Imparitäts- und AK-Prinzipien; Restlaufzeit ≦ 1 Jahr: Bilanzstichtagskurs ohne Restriktionen (§ 256a) Sonderregelung bei Sicherungszusammenhang (§ 254)	*Erstbewertung*: Umrechnung zum (Geld) Kassakurs am Tag des Geschäftsvorfalls (IAS 21.20–22) *Folgebewertung*: Stichtagskurs (IAS 21.23 a); Umrechnungsdifferenzen erfolgswirksam (IAS 21.28) Sonderregelung bei Sicherungszusammenhang (IAS 39.71 ff./IFRS 9.6)	*Erstbewertung*: Devisenkassamittelkurs z. Zt. der Ersteinbuchung (§ 5 Abs. 1 i.V.m. § 256a HGB) *Folgebewertung*: Devisenkassamittelkurs am Bilanzstichtag, Ansatzwahlrecht bei Nachweis eines höheren Teilwerts bei voraussichtlich dauernder Werterhöhung (§ 6 Abs. 1 Nr. 3 i.V.m. Nr. 2) mit einschränkender Rechtsprechung bei wechselkursbedingter Teilwerterhöhung (BFH); Abwertungsgebot eines wechselkursbedingten niedrigeren Teilwerts, soweit ursprüngliche AK nicht unterschritten werden (§ 6 Abs. 1 Nr. 3 i.V.m. Nr. 2 S. 3) Sonderregelung bei Sicherungszusammenhang (§ 5 Abs. 1 a) wie Handelsbilanz
D. PASSIVE RECHNUNGSABGRENZUNG	Einnahmen vor dem Abschlussstichtag, soweit sie Ertrag für eine bestimmte Zeit nach diesem Tag darstellen (§ 250 Abs. 3). I. d. R. ertragsanteilige Verteilung der Einnahmen nach dem Verhältnis des noch ausstehenden Teils der eigenen Leistung zur gesamten zu erbringenden eigenen Leistung	Ungeregelt. Wenn **liability-Kriterien** erfüllt, Bewertung wie Verbindlichkeit	Einnahmen vor dem Abschlussstichtag, soweit sie Ertrag für eine bestimmte Zeit nach diesem Tag darstellen (§ 5 Abs. 5 S.1 Nr. 2). I. d. R. ertragsanteilige Verteilung der Einnahmen nach dem Verhältnis des noch ausstehenden Teils der eigenen Leistung zur gesamten zu erbringenden eigenen Leistung
E. PASSIVE LATENTE STEUERN	Steuerabgrenzung (hier: Steuerbelastung nachfolgender Geschäftsjahre) nach dem bilanzorientierten *(temporary-)* Konzept unter Berücksichtigung von Verlustvorträgen von **5 Jahren** (§ 274 Abs. 1 S. 4);	Steuerabgrenzung (hier: Steuerbelastung nachfolgender Geschäftsjahre) nach dem bilanzorientierten *(temporary-)* Konzept unter Berücksichtigung von **unbegrenzter** Berücksichtigung von Verlustvorträgen;	**keine Bewertung**, da Passivierungsverbot

Bilanzbewertung der Passiva	HGB §§ = HGB	IFRS F = IASB-Rahmenkonzept	EStG § = EStG, R = EStR
noch: E. PASSIVE LATENTE STEUERN	**individueller Steuersatz** z. Zt. der Latenzumkehr (§ 274 Abs. 2 S. 1); keine Abzinsung (§ 274 Abs. 2 S. 1); Auflösungspflicht bei Eintritt und Wegfall der Latenzumkehr (§ 274 Abs. 2 S. 2); **Saldierungswahlrecht** von latenten aktiven und passiven Steuern (§ 274 Abs. 1 S. 3)	**geltende/angekündigte** Steuersätze im Jahr der Latenzumkehr (IAS 12.47), keine Abzinsung (IAS 12.53); jährliche Bewertungsüberprüfung und -anpassung (IAS 12.56), bedingte **Saldierungspflicht** von latenten aktiven und passiven Steuern (IAS 12.71 ff.)	

Abbildung D-65: Synopse der Passivabewertung nach HGB, IFRS und EStG

E. Der Bilanzansatz dem Ausweis nach

I. Grundsätzliches zum Bilanzausweis

Die Frage nach der Stelle des Ausweises eines anzusetzenden Bilanzierungsobjektes betrifft seine Einordnung in eine vorgegebene schematische Ordnung (Bilanzgliederung). Die Ausweisproblematik umfasst aber auch die ggf. erforderliche erläuternde Aufschlüsselung eines Bilanzpostens z.B. mit Hilfe sog. Bewegungsspiegel, Vorspaltenwerte oder Unterpositionen. Teilweise können oder müssen derartige Einzelinformationen aber auch aus der Bilanzgliederung in den Anhang verlagert werden.

Sinnvollerweise wird im Unternehmen bereits der Kontenplan der unternehmensspezifischen Bilanzgliederung angepasst. Die *Einordnungsentscheidung* wird dann bereits in der Mehrzahl der Fälle bei der (Vor-)Kontierung getroffen. Die Frage nach dem zutreffenden Ort der Erfassung eines Bilanzierungsobjekts stellt sich darüber hinaus regelmäßig bei der Einrichtung des Kontenplans und eines unternehmensspezifischen Buchungsschlüssels, ferner bei der Zusammenfassung und Umstellung von Konten im Rahmen der Abschlussbuchungen, bei der bilanzmäßigen Darstellung der Kontostände und bei der grafischen Gestaltung der offenzulegenden Bilanz. Theoretisch ist die Bilanzentscheidung durch einen iterativen Prozess der Teilentscheidungen über den Ansatz dem Grunde, der Höhe und dem Ausweis nach festzulegen; dabei folgt die Ausweisentscheidung stets der grundsätzlichen Ansatzentscheidung, ist der Bewertungsentscheidung aber teilweise vor- und/oder nachgelagert.

Die *Bedeutung* des „Wo" des gliederungsmäßigen Ausweises eines Bilanzierungsobjekts und seiner etwaigen Aufgliederung liegt insbes.

- in der sich aus der Zuordnung ergebenden Folge für den *Ansatz der Höhe nach*, soweit die Bewertungsvorschriften an eine bestimmte Gruppenzugehörigkeit anknüpfen (z.B. Anlage- oder Umlaufvermögen),
- in der *Aussagekraft* einzelner Bilanzpositionen, denen der Kontoinhalt zugeordnet wird bzw. im zusätzlichen Informationsgehalt einer erläuternden Unterposition/-gliederung für den die Vermögens-, Ertrags- und Finanzlage analysierenden Bilanzadressaten,
- in der Wirkung auf die *Vergleichbarkeit* der Bilanzposten eines Unternehmens in der Zeit (Bilanz-Zeitvergleich) oder zwischen Unternehmen (zwischenbetrieblicher Bilanzvergleich) und
- in der möglichen Folge der *Nichtigkeit* des Jahresabschlusses bei Nichtbeachtung von Gliederungs- und Formblattvorschriften und wesentlicher Beeinträchtigung der Klarheit und Übersichtlichkeit (z.B. § 256 Abs. 4 AktG) oder anderen *Sanktionen* (z.B. Bilanzverschleierung §§ 331 HGB, 400 AktG).

II. Bilanzausweis nach HGB

1. Grundsätze für den HGB-Bilanzausweis
a) Allgemeine HGB-Ausweisgrundsätze

Allgemeine Bedeutung für die Gestaltung der Postengliederung haben als Grundsätze ordnungsmäßiger Buchführung vor allem die Prinzipien

- der Klarheit und Übersichtlichkeit,
- der formellen Bilanzkontinuität (Darstellungsstetigkeit),
- der Wesentlichkeit (Wirtschaftlichkeit) und

bei Kapitalgesellschaften zusätzlich

- die Forderung nach tatsächlicher Lagedarstellung des § 264 Abs. 2 HGB (True and fair view-Prinzip).

Diese Grundsätze wurden bereits im Kapitel B. beschrieben.

Als spezielle Ausweisgrundsätze gelten ferner die Prinzipien des *Schemazwanges* und des *Bruttoausweises*. Der erstgenannte Grundsatz besagt, dass die allgemein oder speziell vorgeschriebenen Regelschemata als Mindestgliederungsschemata in den Bezeichnungen, im Inhalt und der Reihenfolge der Postendarstellung einzuhalten sind, es sei denn, eine besondere Vorschrift lässt eine Abweichung hiervon zu. Für Nichtkapitalgesellschaften (außer: KapGes & Co.) ist in § 247 Abs. 1 HGB nur der gesonderte, aber „hinreichend" aufzugliedernde Ausweis des Anlage- und Umlaufvermögens, des Eigenkapitals und der Schulden sowie der Rechnungsabgrenzungsposten vorgeschrieben. Das Prinzip des *Bruttoausweises* (Saldierungsverbot) ist ein Unterprinzip des Grundsatzes der Einzelbilanzierung. Es verbietet eine Verrechnung von aktiven und passiven Bestandsgrößen und verlangt damit deren unsaldierten Ausweis. Kodifiziert ist dieses Prinzip in § 246 Abs. 2 S. 1 HGB; es gilt für alle Bilanzierenden.

Obwohl der die Aufstellung der Bilanz in *Kontoform*, d.h. Darstellung der Aktiva und Passiva horizontal nebeneinander fordernde § 266 Abs. 1 S. 1 HGB nur für Kapitalgesellschaften gilt, ist diese auch bei Nichtkapitalgesellschaften üblich. Grundsätzlich dürfte aber auch bei Nichtkapitalgesellschaften die (durchaus nicht weniger aufschlussreiche) Staffelform mit untereinander platzierten Bilanzposten zulässig sein. Die klassische Symbolik der ausgeglichenen Waagschalen[1] lässt insgesamt die Kontoform vorherrschen.

Aus Zweckmäßigkeitsgründen (z.B. Vereinheitlichung der Kontenrahmen und EDV-Programme, Bankenanforderungen, Arbeitsrationalisierung) wird im Allgemeinen empfohlen, die Gliederung des Jahresabschlusses von Einzelkaufleuten und Personenhandelsgesellschaften (soweit sie nicht ohnehin unter das PublG fallen oder es sich um KapGes & Co.-Fälle handelt) freiwillig nach den Gliederungsvorschriften für Kapitalgesellschaften vorzunehmen.[2]

---

1 Siehe Kap. A.I.
2 So z.B. eine Empfehlung der Bundessteuerberaterkammer.

b) Spezielle HGB-Ausweisgrundsätze für Kapitalgesellschaften und haftungsbegrenzte Personengesellschaften

Für Kapitalgesellschaften (und unter das PublG fallende Unternehmen, § 5 Abs. 1 PublG, sowie die wie Kapitalgesellschaften zu behandelnden KapGes & Co.-Fälle, § 264a HGB) gelten nach § 265 HGB folgende Gliederungsgrundsätze:

ba) Darstellungsstetigkeit

Die Darstellungsform der Bilanz (insbes. die Gliederung) ist von Jahr zu Jahr i.d.R. beizubehalten. Sind in Ausnahmefällen Abweichungen (z.B. zur Verbesserung des Aussagewertes oder zur Vereinheitlichung im Unternehmensverbund) erforderlich, so sind diese im Anhang anzugeben und zu begründen (§ 265 Abs. 1 HGB).[1]

bb) Vergleichbarkeit

Zur Förderung des bilanzanalytischen Zeitvergleichs ist für jeden Bilanzposten der entsprechende Vorjahreswert anzugeben. Nichtvergleichbarkeit oder eine im Interesse der Vergleichbarkeit vorgenommene Anpassung des Vorjahresbetrags muss im Anhang angegeben und erläutert werden (§ 265 Abs. 2 HGB).

bc) Mitzugehörigkeitsvermerk

Fällt ein Bilanzierungsobjekt unter mehrere Bilanzposten, so ist die Zuordnung zu einem Posten vorzunehmen und u.U. die Mitzugehörigkeit zu anderen Posten dabei – z.B. mit einem „Davon-Vermerk" – zu kennzeichnen (oder im Anhang anzugeben). Maßstab für die Verpflichtung zur Handhabung dieser Überschneidungsregel sind wiederum die Grundsätze der Klarheit und Übersichtlichkeit; bedeutungslose Überschneidungen brauchen daher nicht vermerkt zu werden (§ 265 Abs. 3 HGB).

bd) Ergänzung bei mehreren Geschäftszweigen

Verlangen verschiedene Unternehmensgegenstände einer Kapitalgesellschaft spezifische Formblatt-Gliederungsvorschriften, so muss die für einen (i.d.R. den wichtigsten) Geschäftszweig vorgeschriebene Gliederung gewählt werden und die Gliederung nach den für den/die anderen Geschäftszweig(e) geltenden Schema(ta) ergänzt werden (§ 265 Abs. 4 HGB).

be) Gliederungserweiterung

Eine tiefergehende Untergliederung im Rahmen des vorgeschriebenen Standardschemas ist zulässig (§ 265 Abs. 5 HGB). Dazu zählen zum einen zusätzliche *Vorspaltenausweise* („... davon ..."), zum anderen auch eine weitere *Unterteilung eines Hauptpostens* in mehrere Einzelposten (z.B. „Betriebs- und Geschäftsausstattung" in „Betriebsausstattung", „Geschäftsausstattung" und „Fuhrpark"). Wird das zu bilanzierende Objekt nicht von einem vorgeschriebenen Posten inhaltlich abgedeckt, so dürfen auch *neue zusätzliche Posten* hinzugefügt werden (z.B. „Leasingvermögen" beim Leasinggeber).[2] Ein Zu-

---

[1] Siehe auch zum Grundsatz der formellen Bilanzstetigkeit Kap. B.II.8.ba).
[2] HFA 1/89, WPg 1989, S. 625.

satzposten ist jener Postengruppe zuzuordnen, der er nach seinen Eigenheiten am nächsten steht. Verschiedentlich sind Zusatzposten auch gesetzlich vorgeschrieben. Neben den zusätzlichen Posten dürfen auch Zwischensummen hinzugefügt werden.

bf) Gliederungsanpassung

Die Regelschemata sind auf den Regelfall eines industriellen Sachleistungsunternehmens zugeschnitten. Soweit es die Besonderheit eines Unternehmens (z.B. des Baugewerbes, der Energieversorgung, der Urproduktion oder des Dienstleistungssektors) aus Gründen der Klarheit und Übersichtlichkeit erforderlich machen, müssen die Gliederung und die Bezeichnungen der mit arabischen Ziffern versehenen Bilanzposten entsprechend geändert werden (§ 265 Abs. 6 HGB). Damit soll eine unternehmensspezifische Aussagekraft der Bilanz erreicht werden. Für Fälle grundlegender geschäftszweigbedingter Abweichungen sind allerdings besondere Formblätter vorgeschrieben (§ 330 HGB).

bg) Postenzusammenfassung

Die mit arabischen Zahlen versehenen Bilanzposten dürfen zur Entlastung der bilanziellen Darstellung zusammengefasst werden, wenn sie nur unerhebliche Beträge enthalten oder dadurch die Bilanzklarheit verbessert wird. Im letztgenannten Fall ist jedoch ein gesonderter Postenausweis im Anhang erforderlich. Ansonsten ist ein Zusammenziehen von Posten der gesetzlichen Gliederungsschemata unzulässig (§ 265 Abs. 7 HGB).

bh) Leerpostenverzicht

Sofern auch im Vorjahr unter einem Bilanzposten kein Betrag ausgewiesen wurde (Nullposten), braucht dieser Null-EURO-Bilanzposten zur Entlastung des Bilanzbildes nicht ausgewiesen zu werden (§ 265 Abs. 8 HGB).

2. Strukturmerkmale der HGB-Bilanzgliederung

Obwohl im Einzelnen nach Rechtsform, Unternehmensgröße und Geschäftszweig unterschiedliche Gliederungsschemata heranzuziehen sind, können – ausgerichtet am Schema für große Kapitalgesellschaften – eine Reihe von prägenden Merkmalen festgestellt werden, nach denen die Posten angeordnet sind. Mit diesen Differenzierungen soll dem außenstehenden Bilanzadressaten ein möglichst sicherer Einblick in die Vermögens- und Finanzlage gegeben werden.

a) Vertikale Bilanzgliederung nach HGB

Auf der *Aktivseite* erfolgen Untergliederungen

- nach dem *statischen* oder *dynamischen Bilanzzweck* in Anlage- und Umlaufvermögen einerseits, Rechnungsabgrenzungsposten andererseits,
- nach der *Dauerhaftigkeit*, mit der die Vermögensgegenstände dem Unternehmen zu dienen bestimmt sind (Anlage- und Umlaufvermögen),
- nach dem *Gutscharakter* des Vermögens in immaterielles/materielles Vermögen und Sach-/Finanzvermögen (Sach-/Finanzanlagen; Vorräte, Forderungen, Wertpapiere, flüssige Mittel),

- nach der zunehmenden *Liquidierbarkeit (Geldnähe)* von Sachanlagen über Finanzanlagen, Vorräte, Forderungen (mit Vermerk der Restlaufzeit von über 1 Jahr), Wertpapieren des Umlaufvermögens bis zu den flüssigen Mitteln (Zahlungsmitteln),
- nach dem *Prozessprinzip*, d.h. der Abfolge der Stufen des Produktionsprozesses bei den Vorräten (von Roh-, Hilfs- und Betriebsstoffen über unfertige zu fertigen Erzeugnissen),
- nach der *Zahlungsmodalität* in „geleistete Anzahlungen" bei immateriellen Vermögensgegenständen, Sachanlagen und Vorräten nach den Vermögensgegenständen, deren Verfügungsmacht bereits erlangt wurde,
- nach den *Beziehungen zu „Nahestehenden"* in Forderungen gegen bzw. Ausleihungen und Anteilen an verbundene(n) Unternehmen und Beteiligungsunternehmen oder GmbH-Gesellschaftern einerseits, und gegenüber fremden Dritten andererseits.

Auf der *Passivseite* sind Differenzierungen erforderlich oder möglich

- nach dem *Bilanzzweck* in statische „Kapitalpositionen" und dynamische „Rechnungsabgrenzungsposten",
- nach den *Rechtsverhältnissen* in Eigen- und Fremdkapital, um die Kapitalstruktur deutlich zu machen,
- nach der *Verwendbarkeit von Eigenkapital* (gezeichnetes Kapital, gesetzliche Rücklage, satzungsmäßige und andere Rücklagen) sowie nach seiner *Herkunft* (Kapitalrücklagen aus Eigenkapitalzuführungen, Gewinnrücklagen aus thesaurierten Gewinnen),
- nach der *Gewissheit* der Belastung (Schulden) in Rückstellungen und Verbindlichkeiten,
- nach der *Fristigkeit* (Restlaufzeit) bei Verbindlichkeiten und
- nach den Beziehungen zu *„Nahestehenden"* durch den Sonderausweis von Verbindlichkeiten gegenüber verbundenen Unternehmen und Beteiligungsunternehmen.

Ein letztes vertikales Strukturmerkmal ist die *Einbeziehung in die Bilanzsumme*. Danach können Bilanz- und Unterbilanzausweis[1] unterschieden werden. Außerdem wirkt sich die Möglichkeit des „offenen Absetzungsbetrages"[2] auf die Bilanzsumme vermindernd aus.

b) Horizontale Bilanzgliederung nach HGB

Die horizontale Gliederungsebene ist gekennzeichnet durch

- die horizontale Trennung von Aktiva und Passiva gem. § 266 Abs. 1 S. 1 HGB und GoB *(T-Kontoform)*,
- *Vorspaltenausweise* für Vermerke von Unterpositionen im Gegensatz zu den in die Bilanzsumme eingehenden eigentlichen Bilanzwerten,
- *Vorjahreszahlen* neben den vergleichbaren Bilanzwerten des abgelaufenen Geschäftsjahres (§265 Abs.2 HGB)[3], sowie
- *Bewegungsspiegel*, die beim Anlagevermögen, eventuell auch beim Eigenkapital und den Verbindlichkeiten das Zustandekommen der Bilanzwerte offen legen (z.B. Anlagespiegel, -gitter) – teilweise aber für Kapitalgesellschaften mit dem BilRuG pflichtgemäß in den Anhang verlagert wurden.

---

1 Z.B. „Unterstrich-Ausweis" von Haftungsverhältnissen gem. §§ 251, 268 Abs. 7 HGB.
2 Z.B. von Anzahlungen auf Vorräte, § 268 Abs. 5 S. 2 HGB.
3 HFA 5/1988, WPg 1989, S. 42.

Der Bilanzansatz dem Ausweis nach

3. Gliederungsschemata für die HGB-Bilanz

Die Verbindlichkeit bestimmter Bilanzschemata für Einzelabschlüsse ist rechtsform-, unternehmensgrößen- und geschäftszweigabhängig geregelt, wobei bei mittelgroßen Kapitalgesellschaften noch eine weitere Differenzierung nach (unternehmensinterner) Aufstellung und (veröffentlichter) Offenlegung zu beachten ist.

a) Allgemeine Regelschemata

In unterschiedlicher Detailliertheit sind branchenunabhängige Mindestgliederungsschemata als im Einzelfall veränderbare Regelschemata durch § 247 HGB für Nichtkapitalgesellschaften und in § 266 HGB für Kapitalgesellschaften und KapGes & Co.-Fälle vorgegeben.

aa) Grobformat

Für nichtpublizitätspflichtige Einzelkaufleute und Personenhandelsgesellschaften ist eine konkrete Bilanzgliederung gesetzlich nicht vorgeschrieben. Im Groben verlangt § 247 HGB nur den folgenden gesonderten Ausweis:

Anlagevermögen	Eigenkapital
Umlaufvermögen	Schulden
Aktive Rechnungsabgrenzungsposten	Passive Rechnungsabgrenzungsposten

Abbildung E-1: Mindestpositionen der Handelsbilanz (Grobformat)

Diese Postengruppen müssen jedoch *„hinreichend" aufgegliedert* werden. Das Ausmaß der erforderlichen Tiefgliederung bestimmen explizite zusätzliche Ausweisgebote und im Übrigen die GoB, insbes. die Grundsätze der Klarheit und Übersichtlichkeit (§ 243 Abs. 2 HGB). Nach h.M.[1] lassen sich Anhaltspunkte für eine hinreichende Aufgliederung aus der Gliederung für kleine Kapitalgesellschaften gewinnen (siehe unten „Kleinformat"). Im Übrigen bewirken Kontenrahmen, Standard-Software, Anforderungen der Kreditinstitute („digitaler Finanzbericht") und der Finanzverwaltung („E-Bilanz") eine Angleichung der Bilanzgliederung von Nichtkapitalgesellschaften an jene für Kapitalgesellschaften auch ohne rechtliche Normierung bewirken.

Die Bilanzgliederung eines *Einzelkaufmanns* könnte demnach folgendermaßen aussehen:[2]

---

[1] WPH 2017, F 239. Auch der Gesetzgeber wollte die Bilanzgliederung für Nichtkapitalgesellschaften ausdrücklich nur den GoB überlassen. Die Bundessteuerberaterkammer empfiehlt sogar mit guten Gründen die Übernahme der Gliederungsvorschriften für große Kapitalgesellschaften von denen auch die EBilanz-Kerntaxonomie ausgeht. Mit dem MicroBilG geht der Gesetzgeber allerdings zumindest bei der Offenlegung für Kleinstkapitalgesellschaften hinter diese Standards zurück.

[2] WPH 2017, F 239, Hinweis 13.

Aktiva	Passiva

A. Anlagevermögen
    I. Immaterielles Vermögen
    II. Sachanlagen
    III. Finanzanlagen
	A. Eigenkapital
	    Kapital zum Gj.-Anfang
	    Einlagen/Entnahmen
	    Bilanzgewinn
	    Kapital zum Gj.-Ende

B. Umlaufvermögen
    I. Vorräte
    II. Forderungen und sonstige Vermögensgegenstände
    III. Wertpapiere
    IV. Liquide Mittel
	B. Rückstellungen
	
	C. Verbindlichkeiten
	    I. Warenschulden
	    II. Wechselschulden
	    III. Bankschulden
	    IV. Sonstige Verbindlichkeiten

C. Aktive Rechnungsabgrenzungsposten	D. Passive Rechnungsabgrenzungsposten

Abbildung E-2: Bilanzgliederung für Einzelkaufleute

Nicht offenlegungspflichtige Personenhandelsgesellschaften müssen insbes. das Eigenkapital so aufgliedern, dass die Kapitalanteile der Gesellschafter und die sonstigen Gesellschafterkonten ersichtlich werden.[1]

ab) Kleinstformat

Den Kleinstkapitalgesellschaften[2] i.S.d. § 267a HGB (einschließlich Kleinst-KapGes & Co[3] und Kleinst-eG[4]), die selbst eine Untergruppe der kleinen Kapitalgesellschaften sind, wird eine gegenüber den kleinen Kapitalgesellschaften noch weiterreichende Verkürzung des Bilanzschemas als optionale Aufstellungs- und Offenlegungserleichterung seit dem MicroBilG[5] eingeräumt: Nach § 266 Abs. 1 S.4 HGB brauchen sie nur eine verkürzte Bilanz aufzustellen, die die im gesetzlichen Gliederungsschema des § 266 Abs. 2 und 3 HGB mit Großbuchstaben bezeichneten Posten gesondert und in der vorgeschriebenen Reihenfolge enthält. Da die Posten für latente Steuern wegen der Befreiung des § 274a Nr. 4 HGB und der „Aktive Unterschiedsbetrag aus der Vermögensverrechnung" unter-

---
[1] Siehe z.B. Kap. C.V.2.aab) und Abb. C-26 für Kommanditgesellschaften.
[2] Siehe Kap. A.V.1.bca. Ausgeschlossen sind hier allerdings neben den in § 267a HGB genannten Investment-, Unternehmensbeteiligungsgesellschaften und bestimmten beteiligungshaltende Unternehmen und auch kapitalmarktorientierte Unternehmen (§ 264 HGB), ferner Kredit- und Finanzdienstleistungsinstitute, sowie Versicherungsunternehmen und Pensionsfonds.
[3] § 264c HGB
[4] § 336 Abs. 3 S. 2 HGB.
[5] Gesetz zu Erleichterungen für Kleinstkapitalgesellschaften bei der Rechnungslegung (MicroBilG) vom 20.12.2012, BGBl. 2012 I S. 2751.

nehmensgrößenbedingt kaum vorkommen, besteht das minimale Kleinstformat regelmäßig nur aus den Posten Anlagevermögen, Umlaufvermögen, Eigenkapital, Rückstellungen, Verbindlichkeiten sowie aktive und passive Rechnungsabgrenzungsposten. Es entspricht damit fast dem Grobformat. Damit verzichtet der Gesetzgeber selbst für die haftungsbegrenzten Kapitalgesellschaften von dem für alle Unternehmen in § 247 Abs. 1 HGB geforderten „hinreichenden Aufgliederung".

Aktiva	Passiva
A. Anlagevermögen	A. Eigenkapital
B. Umlaufvermögen	B. Rückstellungen
C. Aktive Rechnungsabgrenzungsposten	C. Verbindlichkeiten
(D. Aktive latente Steuern)	D. Passive Rechnungsabgrenzungsposten
(E. Aktiver Unterschiedsbetrag aus der Vermögensverrechnung)	(E. Passive latente Steuern)

Abbildung E-3: (Mindest-)Bilanzgliederung der Kleinstkapitalgesellschaft (Kleinstformat)

ac) Kleinformat

Kleine Kapitalgesellschaften dürfen gem. § 266 Abs. 1 Satz 3 HGB die mit arabischen Zahlen bezeichneten Posten des gesetzlichen Regelschemas weglassen (siehe Abb. E-4 und E-5, linke Spalten). Ist die kleine Kapitalgesellschaft allerdings als *„kapitalmarktorientierte Kapitalgesellschaft"* i.S.d. § 264 d HGB zu klassifizieren, dann gilt für sie von vornherein das Großformat weil für sie grundsätzlich die Regeln für große Kapitalgesellschaften Anwendung finden (§ 267 Abs. 3 S. 2 HGB). Aber auch eine *kleine nicht kapitalmarktorientierte Aktiengesellschaft* kann in der Hauptversammlung auf Antrag eines jeden Aktionärs verpflichtet werden, den Jahresabschluss in einer Form vorzulegen, die er ohne Anwendung der Erleichterungsnorm hätte (§ 131 Abs. 1 S. 3 AktG).

ad) Mittelformat

Mittelgroße Kapitalgesellschaften müssen zwar die Bilanz nach dem Großformat aufstellen, sie brauchen jedoch nur eine erweiterte Bilanz nach dem Kleinformat zum Bundesanzeiger einzureichen. Die Erweiterungen des Kleinformats ergeben sich aus der Aufzählung des § 327 HGB (siehe Abb. E-4 und E-5, mittlere Spalten). Für mittelgroße Kapitalgesellschaften, die als „kapitalmarktorientierte Kapitalgesellschaft" i.S.d. § 264 d HGB zu klassifizieren sind und für das Auskunftsrecht der Aktionäre gelten die obigen Ausführungen für kleine Kapitalgesellschaften entsprechend.

ae) Großformat

Große Kapitalgesellschaften haben das Gliederungsschema des § 266 Abs. 2, 3 HGB in ungeschmälerter Form als Mindestgliederung anzuwenden (siehe Abb. E-4 und E-5, rechte Spalten). Alle kapitalmarktorientierten Kapitalgesellschaften müssen – unabhängig von ihrer Größe – dieses Regelschema des § 266 HGB ohne Verkürzungen anwenden (§ 267 Abs. 3 S. 2 HGB). Auch die unter das Publizitätsgesetz fallenden Großunternehmen in den Rechtsformen des Einzelkaufmanns oder von Personenhandelsgesellschaften müssen das Großformat „entsprechend" anwenden; vor allem beim Ausweis des Eigenkapitals können allerdings die Spezifika der Rechtsform berücksichtigt werden. Mit den tiefergegliederten Einblicksmöglichkeiten bei großen und kapitalmarktorientierten Kapitalgesellschaften wird der Haftungsbeschränkung, der Kapitalmarktteilnahme und dem größeren Informationsinteresse außenstehender Dritter Rechnung getragen.

KLEINFORMAT	MITTELFORMAT	GROSSFORMAT
A. **Anlagevermögen:** I. Immaterielle Vermögensgegenstände	A. **Anlagevermögen:** I. Immaterielle Vermögensgegenstände 1. Selbstgeschaffene gewerbliche Schutzrechte und ähnliche Rechte und Werte 2. Geschäfts- oder Firmenwert 3. Sonstige immaterielle Vermögensgegenstände	A. **Anlagevermögen:** I. Immaterielle Vermögensgegenstände 1. Selbstgeschaffene gewerbliche Schutzrechte und ähnliche Rechte und Werte 2. Entgeltlich erworbene Konzessionen, gewerbliche Schutzrechte und ähnliche Rechte und Werte sowie Lizenzen an solchen Rechten und Werten 3. Geschäfts- oder Firmenwert 4. geleistete Anzahlungen
II. Sachanlagen	II. Sachanlagen 1. Grundstücke, grundstücksgleiche Rechte und Bauten einschließlich der Bauten auf fremden Grundstücken 2. technische Anlagen und Maschinen 3. andere Anlagen, Betriebs- und Geschäftsausstattungen 4. geleistete Anzahlungen und Anlagen im Bau 5. Sonstige Sachanlagen	II. Sachanlagen 1. Grundstücke, grundstücksgleiche Rechte und Bauten einschließlich der Bauten auf fremden Grundstücken 2. technische Anlagen und Maschinen 3. andere Anlagen, Betriebs- und Geschäftsausstattung 4. geleistete Anzahlungen und Anlagen im Bau
III. Finanzanlagen	III. Finanzanlagen 1. Anteile an verbundenen Unternehmen 2. Ausleihungen an verbundene Unternehmen 3. Beteiligungen 4. Ausleihungen an Unternehmen, mit denen ein Beteiligungsverhältnis besteht 5. Sonstige Finanzanlagen	III. Finanzanlagen 1. Anteile an verbundenen Unternehmen 2. Ausleihungen an verbundene Unternehmen 3. Beteiligungen 4. Ausleihungen an Unternehmen, mit denen ein Beteiligungsverhältnis besteht 5. Wertpapiere des Anlagevermögens 6. sonstige Ausleihungen von den Ausleihungen der Nr. 2, 4, 6 sind durch Grundpfandrechte gesichert:

KLEINFORMAT	MITTELFORMAT	GROSSFORMAT
B. **Umlaufvermögen** I. Vorräte	B. **Umlaufvermögen** I. Vorräte	B. **Umlaufvermögen** I. Vorräte 1. Roh-, Hilfs- und Betriebsstoffe 2. unfertige Erzeugnisse, unfertige Leistungen 3. fertige Erzeugnisse und Waren 4. geleistete Anzahlungen
II. Forderungen und sonstige Vermögensgegenstände – davon mit Restlaufzeit von mehr als 1 Jahr	II. Forderungen und sonstige Vermögensgegenstände 1. Forderungen gegen verbundene Unternehmen – davon mit Restlaufzeit von mehr als 1 Jahr 2. Forderungen gegen Unternehmen, mit denen ein Beteiligungsverhältnis besteht – davon mit Restlaufzeit von mehr als 1 Jahr 3. Übrige Forderungen und sonstige Vermögensgegenstände – davon mit Restlaufzeit von mehr als 1 Jahr	II. Forderungen und sonstige Vermögensgegenstände 1. Forderungen aus Lieferungen und Leistungen – davon mit Restlaufzeit von mehr als 1 Jahr 2. Forderungen gegen verbundene Unternehmen – davon mit Restlaufzeit von mehr als 1 Jahr 3. Forderungen gegen Unternehmen, mit denen ein Beteiligungsverhältnis besteht – davon mit Restlaufzeit von mehr als 1 Jahr 4. sonstige Vermögensgegenstände
III. Wertpapiere	III. Wertpapiere 1. Anteile an verbundenen Unternehmen 2. sonstige Wertpapiere	III. Wertpapiere 1. Anteile an verbundenen Unternehmen 2. sonstige Wertpapiere
IV. Kassenbestand, Bundesbankguthaben, Guthaben bei Kreditinstituten und Schecks	IV. Kassenbestand, Bundesbankguthaben, Guthaben bei Kreditinstituten und Schecks	IV. Kassenbestand, Bundesbankguthaben, Guthaben bei Kreditinstituten und Schecks
C. Rechnungsabgrenzungsposten	C. Rechnungsabgrenzungsposten	C. Rechnungsabgrenzungsposten
(D. Aktive latente Steuern)	D. Aktive latente Steuern	D. Aktive latente Steuern
E. Aktiver Unterschiedsbetrag aus der Vermögensverrechnung	E. Aktiver Unterschiedsbetrag aus der Vermögensverrechnung	E. Aktiver Unterschiedsbetrag aus der Vermögensverrechnung

Abbildung E-4: HGB-Gliederungsschemata für die Aktivseite von Kapitalgesellschaften

Die gesetzlich vorgeschriebene Regelgliederung enthält, ohne dass dies aus der gesetzlichen Darstellung in § 266 Abs. 2, 3 HGB ersichtlich ist, unter Umständen sowohl zusätzliche Posten, wie auch Untergliederungen für das Anlagevermögen, das Eigenkapital und ggf. für Verbindlichkeiten sowie einen Ausweis von Haftungsverhältnissen „unter dem Strich".

Bilanzausweis nach HGB

KLEINFORMAT	MITTELFORMAT	GROSSFORMAT
A. Eigenkapital I. Gezeichnetes Kapital II. Kapitalrücklage III. Gewinnrücklagen IV. Gewinnvortrag/ Verlustvortrag V. Jahresüberschuss/ Jahresfehlbetrag	**A. Eigenkapital** I. Gezeichnetes Kapital II. Kapitalrücklage III. Gewinnrücklagen IV. Gewinnvortrag/ Verlustvortrag V. Jahresüberschuss/ Jahresfehlbetrag	**A. Eigenkapital** I. Gezeichnetes Kapital II. Kapitalrücklage III. Gewinnrücklagen 1. gesetzliche Rücklage 2. Rücklage für Anteile an einem herrschenden oder mehrheitlich beteiligten Unternehmen 3. satzungsmäßige Rücklagen 4. andere Gewinnrücklagen IV. Gewinnvortrag/ Verlustvortrag V. Jahresüberschuss/ Jahresfehlbetrag
B. Rückstellungen	**B. Rückstellungen**	**B. Rückstellungen** 1. Rückstellungen für Pensionen und ähnliche Verpflichtungen 2. Steuerrückstellungen 3. sonstige Rückstellungen
C. Verbindlichkeiten davon mit Restlaufzeit bis zu 1 Jahr	**C. Verbindlichkeiten** 1. Anleihen davon konvertibel; davon mit Restlaufzeit bis zu 1 Jahr 2. Verbindlichkeiten gegenüber Kreditinstituten, davon mit Restlaufzeit bis zu 1 Jahr 3. Verbindlichkeiten gegenüber verbundenen Unternehmen, davon mit Restlaufzeit bis zu 1 Jahr 4. Verbindlichkeiten gegenüber Unternehmen, mit denen ein Beteiligungsverhältnis besteht, davon mit Restlaufzeit bis zu 1 Jahr 5. Übrige Verbindlichkeiten	**C. Verbindlichkeiten** 1. Anleihen – davon konvertibel; – davon mit Restlaufzeit bis zu 1 Jahr 2. Verbindlichkeiten gegenüber Kreditinstituten – davon mit Restlaufzeit bis zu 1 Jahr 3. erhaltene Anzahlungen auf Bestellungen – davon mit Restlaufzeit bis zu 1 Jahr 4. Verbindlichkeiten aus Lieferungen und Leistungen – davon mit Restlaufzeit bis zu 1 Jahr 5. Verbindlichkeiten aus der Annahme gezogener Wechsel und der Ausstellung eigener Wechsel – davon mit Restlaufzeit bis zu 1 Jahr 6. Verbindlichkeiten gegenüber verbundenen Unternehmen – davon mit Restlaufzeit bis zu 1 Jahr 7. Verbindlichkeiten gegenüber Unternehmen, mit denen in Beteiligungsverhältnis besteht – davon mit Restlaufzeit bis zu 1 Jahr 8. sonstige Verbindlichkeiten – davon aus Steuern – davon im Rahmen der sozialen Sicherheit – davon mit Restlaufzeit bis zu 1 Jahr
D. Rechnungsabgrenzungsposten	**D. Rechnungsabgrenzungsposten**	**D. Rechnungsabgrenzungsposten**
(**E. Passive latente Steuern**)	**E. Passive latente Steuern**	**E. Passive latente Steuern**

Abbildung E-5: HGB-Gliederungsschemata für die Passivseite von Kapitalgesellschaften

Der Bilanzansatz dem Ausweis nach

b) Zusätzliche Posten zum gesetzlichen Regelschema

Auf der *Aktivseite* kommen die postenmäßigen Erweiterungen der Abbildung E-4 in Betracht.

Postenbezeichnung	Rechtsgrundlage	Einordnung im Schema
Forderungen mit einer Restlaufzeit von mehr als einem Jahr	§ 268 Abs. 4 HGB	KapGes (& Co.): Vermerk bei jedem gesondert ausgewiesenen Posten
Ausleihungen und Forderungen gegenüber Gesellschaftern	§ 42 Abs. 3 GmbHG	GmbH: Ausweis unter der jeweiligen Position
von Gesellschaftern geforderte Nachschüsse	§ 42 Abs. 2 GmbHG	GmbH: gesondert unter den Forderungen
Unterschiedsbetrag bei Verbindlichkeiten	§§ 250 Abs. 3, 268 Abs. 6 HGB	KapGes (& Co.): unter dem aktiven Rechnungsabgrenzungsposten
Nicht durch Eigenkapital gedeckter Fehlbetrag	§ 268 Abs. 3 HGB	KapGes (& Co.): am Schluss der Aktivseite

Abbildung E-6: Zusätzliche Aktivposten

Für die *Passivseite* können folgende postenmäßige Erweiterungen in Betracht gezogen werden:

Postenbezeichnung	Rechtsgrundlage	Einordnung im Schema
Gesetzliche Rücklage	§ 150 AktG	AG: unter Eigenkapital
Sonderrücklage bei Wandelschuldverschreibungen	§ 218 S. 2 AktG	AG: unter Rücklagen
Von Gesellschaftern eingeforderte Nachschüsse	§ 42 Abs. 2 GmbHG	GmbH: gesondert unter Kapitalrücklage
In die Gewinnrücklage eingestellte Eigenkapitalanteile bei Wertaufholungen und steuerfreien Rücklagen (Wertaufholungsrücklage)	§§ 29 Abs. 4 GmbHG, 58 Abs. 2 a AktG	KapGes (& Co.): unter den Gewinnrücklagen des Eigenkapitals
Verbindlichkeiten mit einer Restlaufzeit bis zu einem Jahr oder mehr	§ 268 Abs. 5 S. 1 HGB	KapGes (& Co.): Vermerk bei jeder Verbindlichkeitsposition
Erhaltene Anzahlungen auf Bestellungen	§ 268 Abs. 5 S. 2 HGB	KapGes (& Co.): gesondert unter den Verbindlichkeiten
Negativer Geschäftswert	§ 265 Abs. 5 S. 2 HGB	KapGes (& Co.): nach Eigenkapital
Verbindlichkeiten gegenüber Gesellschaftern	§ 42 Abs. 3 GmbHG	GmbH: unter der jeweiligen Position
Ergebnisrücklagen	§ 227 Abs. 2 HGB	eG: anstelle der Gewinnrücklagen

Abbildung E-7: Zusätzliche Passivposten

Bilanzausweis nach HGB

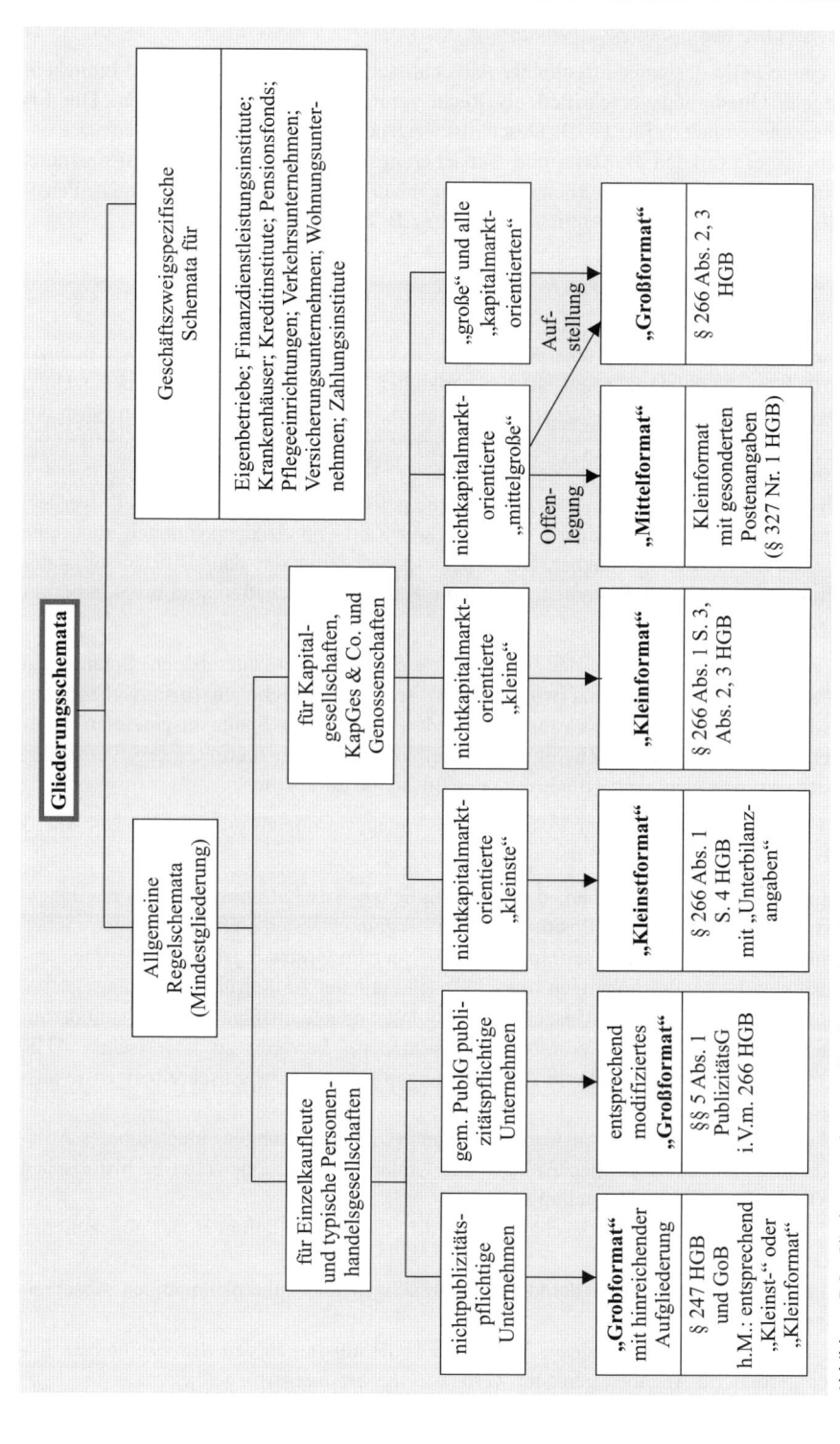

Abbildung E-8: Gliederungsschemata für die Handelsbilanz nach HGB

Gliederungsschemata

- **Allgemeine Regelschemata (Mindestgliederung)**
  - **für Einzelkaufleute und typische Personenhandelsgesellschaften**
    - nichtpublizitätspflichtige Unternehmen
      → „Großformat" mit hinreichender Aufgliederung
      § 247 HGB und GoB
      h.M.: entsprechend „Kleinst-" oder „Kleinformat"
    - gem. PublG publizitätspflichtige Unternehmen
      → entsprechend modifiziertes „Großformat"
      §§ 5 Abs. 1 PublizitätsG i.V.m. 266 HGB
  - **für Kapitalgesellschaften, KapGes & Co. und Genossenschaften**
    - nichtkapitalmarktorientierte „kleinste"
      → „Kleinstformat"
      § 266 Abs. 1 S. 4 HGB mit „Unterbilanzangaben"
    - nichtkapitalmarktorientierte „kleine"
      → „Kleinformat"
      § 266 Abs. 1 S. 3, Abs. 2, 3 HGB
    - nichtkapitalmarktorientierte „mittelgroße"
      → Aufstellung: „Großformat"
      → Offenlegung: „Mittelformat"
      Kleinformat mit gesonderten Postenangaben (§ 327 Nr. 1 HGB)
    - „große" und alle „kapitalmarktorientierten"
      → „Großformat"
      § 266 Abs. 2, 3 HGB
- **Geschäftszweigspezifische Schemata für**
  Eigenbetriebe; Finanzdienstleistungsinstitute; Krankenhäuser; Kreditinstitute; Pensionsfonds; Pflegeeinrichtungen; Verkehrsunternehmen; Versicherungsunternehmen; Wohnungsunternehmen; Zahlungsinstitute

c) Geschäftszweigspezifische Schemata

Für einige Fälle der unter öffentlicher Aufsicht stehenden Unternehmen sind branchenbezogene Gliederungsvorschriften als Rechtsverordnungen erlassen worden. Die Ermächtigung enthält § 330 HGB. Geschäftszweigspezifische Gliederungsschemata existieren insbes. für den Banken- und Versicherungssektor sowie für Zahlungsinstitute, Wohnungs- und Verkehrsunternehmen, Krankenhäuser- und Pflegeeinrichtungen, Pensionsfonds und bestimmte öffentliche Betriebe (z.B. Eigenbetriebe).

d) Besondere Gliederungsteile

da) Anlagenspiegel

Für alle mittelgroßen und großen Kapitalgesellschaften und KapGes&Co sowie publizitätspflichtige Nichtkapitalgesellschaften verlangt § 284 Abs. 3 HGB bei den einzelnen Posten des Anlagevermögens einen Bewegungsnachweis, der üblicherweise in Form des sog. *Anlagenspiegels* (auch: Anlagengitter) erbracht wird. Üblich ist eine tabellarische Darstellung in der vertikal (als Zeilen) alle in der Bilanz genannten Positionen des Anlagevermögens und horizontal (als Spalten) die geforderten Angaben dargestellt werden. Wegen der hohen Spaltenzahl ist bei geringerer Zahl von Anlagepositionen auch eine umgekehrte Anordnung denkbar. Der Anlagespiegel muss seit dem BilRUG obligatorisch im Anhang platziert werden; nur kleine Kapitalgesellschaften sind hiervon befreit (§ 288 Abs. 1 Nr. 1 HGB).

Der Anlagenspiegel ist nach der sog. *direkten Bruttomethode* aufzubauen. Solange ein Vermögensgegenstand genutzt wird, bleiben seine ursprünglichen (historischen) Anschaffungs- und Herstellungskosten ungemindert in der ersten Spalte ausgewiesen (Bruttowerte). Die kumulierten Zu- und Abschreibungen können hiermit direkt verrechnet werden, um den Nettowert (Buchwert) der Endspalte zu erhalten.

Die Entwicklung der einzelnen Positionen des Anlagevermögens muss nach § 284 Abs. 3 HGB jedenfalls folgende Spalten aufweisen:

- die (gesamten) historischen, d.h. ursprünglichen Anschaffungs- oder Herstellungskosten aller unter dieser Position zum Gj.-Beginn erfassten Vermögensgegenstände;
- die Zugänge, d.h. die unverminderten AHK der im Geschäftsjahr erfolgten mengenmäßigen Bestandserhöhungen (einschl. nachträglicher AHK früherer Zugänge);
- die Abgänge, d.h. die im Geschäftsjahr erfolgten mengenmäßigen Bestandsminderungen (Ausscheiden von Vermögensgegenständen), bewertet zu historischen AHK (bzw. Buchwert + kumulierte Abschreibungen – kumulierte Zuschreibungen je ausgeschiedener Position);
- die Umbuchungen, d.h. Ausweisänderungen (Umgruppierungen) innerhalb des Anlagevermögens und zwischen Anlage- und Umlaufvermögen, bewertet zu historischen Anschaffungs- oder Herstellungskosten;
- die Zuschreibungen des Geschäftsjahres, d.h. die Wertaufholungen des abgelaufenen Geschäftsjahres und
- die – gesondert aufzugliedernden – planmäßigen und außerplanmäßigen Abschreibungen.

Seit der BilRUG-Änderung des § 284 Abs. 3 HGB müssen zu den *Abschreibungen* folgende gesonderte Angaben gemacht werden („*Abschreibungsspiegel*"):

Bilanzausweis nach HGB

	Anschaffungs- und Herstellungskosten				Zuschreibungen		Abschreibungen					Buchwerte	
	Kumulierte AHK Gj.-Anfang	AHK der Zugänge lfd. Gj.	AHK der Abgänge lfd. Gj.	AHK der Umbuchungen lfd. Gj.	(Event. kumulierte Zuschreibungen)	Zuschreibungen lfd. Gj.	Kumulierte Abschreibungen Gj.-Anfang	Abschreibungen lfd. Gj.	Abschreibungsänderungen wg. Zugängen lfd. Gj.	Abschreibungsänderungen wg. Abgängen lfd. Gj.	Abschreibungsänderungen wg. Umbuchungen lfd. Gj.	Kumulierte Abschreibungen Gj.-Ende	(Event. Buchwert Gj.-Ende)	(Event. Buch-Wert Vorjahr)
Einzelne Posten des Anlagevermögens													
	ggf. davon in die HK einbezogene FK-Zinsen												

Abbildung E-9: Anlagenspiegel (Anlagengitter)

- die gesamten (kumulierten) Abschreibungen der zu Gj.-Beginn vorhandenen Vermögensgegenstände;
- die im Laufe des Geschäftsjahres vorgenommenen Abschreibungen;
- Änderungen der Abschreibungen im Zusammenhang mit Zu- und Abgängen sowie Umbuchungen im Laufe des Geschäftsjahres;
- die gesamten (kumulierten) Abschreibungen der am Gj.-Ende vorhandenen Vermögensgegenstände.

Hinzu kommen – ohne Verpflichtung - üblicherweise[1]

- die kumulierten Zuschreibungen der vorangehenden Geschäftsjahre,
- die Buchwerte per Bilanzstichtag, die sich gleichermaßen aus dem Anlagespiegel und der Bilanz ergeben und
- die Vorjahreswerte der Buchwerte.

Es ergibt sich dann die in Abb. E-9 gezeigte Struktur eines 12- bis 15-spaltigen integrierten Anlagespiegels, dessen typografische Darstellung im Anhang Schwierigkeiten bereiten kann, weshalb eine Trennung zwischen eigentlichem Anlagespiegel und erweiterndem Abschreibungsspiegel geboten sein kann.

db) Eigenkapital- und Rücklagenspiegel

Für *nicht konzernrechnungslegungspflichtige kapitalmarktorientierte Kapitalgesellschaften* verlangt § 264 Abs. 1 S. 2 HGB eine Ergänzung des Jahresabschlusses u.a. um einen Eigenkapitalspiegel. Konkrete Gliederungsvorschriften bestehen bisher nicht. Einen Anhaltspunkt zur konkreten Ausgestaltung bietet DRS 22, der allerdings unmittelbar nur als vermuteter Grundsatz ordnungsmäßiger Konzernrechnungslegung gilt.

Danach könnte sich – unter Weglassung der konzernspezifischen Posten – für den Einzelabschluss die in Abb. E-10 dargestellte Struktur ergeben.

Für *Aktiengesellschaften* verlangt § 152 Abs. 2 und 3 AktG einen erweiterten Bewegungsspiegel für die Rücklagenpositionen, der entweder in der Bilanz oder im Anhang platziert werden kann (siehe Abb. E-11).

dc) Verbindlichkeitenspiegel

Während nicht publizitätspflichtige Nichtkapitalgesellschaften die Verbindlichkeiten durchaus nur „hinreichend aufgegliedert" in wenige Positionen zusammenfassen dürfen, müssen Kapitalgesellschaften und KapGes & Co. diese teilweise in der Bilanz und teilweise im Anhang weiter aufgliedern (§§ 268 Abs. 5, 285 Nr. 1a/b HGB). Die gesetzliche Bilanzgliederung der Verbindlichkeiten stellt primär Art und Quellen der Fremdfinanzierung in den Vordergrund.[2] Gesondert zu vermerken ist bei Kapitalgesellschaften der Betrag der Verbindlichkeiten mit einer Restlaufzeit von bis zu einem Jahr. Eine weitere Aufgliederungspflicht nach Restlaufzeiten von mehr als 5 Jahren und nach der Besicherung hat im Anhang zu erfolgen (§ 285 Nr. 1, 2 HGB). Mittelfristige Restlaufzeiten (1–5 Jahre) brauchen nicht gesondert ausgewiesen zu werden, sondern können vom Bilanz-

---

1 WPH 2017, F 988 Hinweis 71.
2 Vgl. Gliederungsschemata Abb. E-4.

Bilanzausweis nach HGB

	Stand Gj.-Anfang	Zuführungen	Auf-/ Abwertungen	Ausschüttungen/Herabsetzungen	Stand Gj.-Ende
Gezeichnetes Kapital					
■ eigene Anteile					
■ nicht eingeforderte ausstehende Einlagen					
Kapitalrücklage					
Gewinnrücklagen (aufgegliedert in gesetzliche, satzungsmäßige und andere)					
Gewinnvortrag/ Verlustvortrag					
+ Jahresüberschuss/Jahresfehlbetrag					
= Eigenkapital	X				X

Abbildung E-10: HGB-Eigenkapitalspiegel

	Stand am Anfang des Geschäftsjahres	Einstellungen in die Rücklagen			Entnahmen aus den Rücklagen für das Geschäftsjahr	Stand am Ende des Geschäftsjahres
		während des Geschäftsjahres	aus dem Bilanzgewinn des Vorjahres	aus dem Jahresüberschuss des Geschäftsjahres		
Kapitalrücklage		gesonderte Angabe je Position				
Gewinnrücklagen						

Abbildung E-11: Rücklagenspiegel

leser als Residualgröße ermittelt werden. Als Sicherungsarten sind z. B. Grundpfandrechte, Mobilienverpfändungen, Sicherungsübereignungen, Sicherungsabtretungen u. a. postenbezogen anzugeben. Kleine Kapitalgesellschaften sind allerdings von den Aufgliederungspflichten der Verbindlichkeiten bei der Aufstellung, mittlere hinsichtlich der Offenlegung befreit (§§ 288, 327 Nr. 2 HGB).

Angesichts der auf Bilanz und Anhang verteilten Aufgliederungspflichten wird es im Sinne der Klarheitsanforderung des § 265 Abs. 7 Nr. 2 HGB als zweckmäßig angesehen, im Anhang einen „*Verbindlichkeitenspiegel*" zu platzieren oder dort auch die nötigen, die Bilanzausweise und -vermerke ergänzenden Angaben zu machen.[1] Dieser Verbindlichkeitenspiegel, könnte wie Abb. E-12 aussehen (wobei eine Angabe von Verbindlichkeiten mit einer Restlaufzeit zwischen 1 und 5 Jahren noch fakultativ eingefügt werden könnte).

	davon mit einer Restlaufzeit von bis zu 1 Jahr	davon mit einer Restlaufzeit von mehr als 5 Jahren	davon durch Pfandrechte u.ä. gesichert		Summe (Buchwert)	Vorjahreswert
			Sicherungsart	Betrag		
Verbindlichkeitspositionen			Angaben je Position			

Abbildung E-12: Verbindlichkeitenspiegel

dd) Unter-Bilanz-Ausweis

Ein Ausweis „*unter dem Bilanzstrich*" ist ein nachrichtlicher Vermerk außerhalb der die Bilanzsumme bestimmenden Hauptspalte, und zwar klassisch unter dem die Bilanzsumme abschließenden (Doppel-)Strich („*unter-Strich-Ausweis*") auf der Passivseite. Es sollen damit vor allem Informationen über mögliche Vermögensbelastungen gegeben werden, die aus den eigentlichen Schuldpositionen der Bilanz nicht ersichtlich wurden weil es ihnen ganz oder zum Teil an der für die Passivierung nötigen Konkretisierung mangelt („*Eventualverbindlichkeiten*"). Der Gesetzgeber bezeichnet diese Posten als „*Haftungsverhältnisse*", die Praxis auch als „*Bilanzvermerke*".

Es sind jedoch nur die vier in § 251 HGB genannten Arten von *Eventualverbindlichkeiten* anzugeben:

- Verbindlichkeiten aus der Begebung und Übertragung von Wechseln (*Wechselobligo*),
- Verbindlichkeiten aus Bürgschaften, Wechsel- und Scheckbürgschaften *(Bürgschaftshaftung),*
- Verbindlichkeiten aus Gewährleistungsverträgen (*Gewährleistungshaftung*) und
- Haftungsverhältnisse aus der Bestellung von *Sicherheiten* für fremde Verbindlichkeiten.

Damit werden nicht alle möglichen Haftungsverhältnisse erfasst (z.B. nicht Verbindlichkeiten aus schwebenden Geschäften, gesetzliche Haftpflichten, Haftungsverhältnisse aus der Sicherheitenbestellung für eigene Verbindlichkeiten, Verpflichtungen zu Vertragsstrafen, Scheckobligo u.v.m.). Haftungsverhältnisse sind allerdings auch anzugeben, wenn ihnen Rückgriffsforderungen gegenüberstehen (z.B. Wechselregress).

Darüber hinaus, werden zum Teil „unter der Bilanz" auch andere Angaben verlangt, insbes. wenn diese wegen Wegfall einer Verpflichtung zum Anhang sonst unerwähnt blie-

---

1 WPH 2017, F 1008.

ben. Andererseits wird z.B. für den Regelfall von Kapitalgesellschaften die bis zum Inkrafttreten des BilRUG mögliche „Unter-Bilanz-Darstellung" zwingend in den Anhang verlegt (§ 268 Abs.7 Nr. 1 HGB). Im Übrigen sind Verpflichtung, Inhalt und Gestaltung des Unter-Bilanz-Ausweises rechtsform- und unternehmensgrößenabhängig unterschiedlich geregelt (siehe Abb. E-13).

Für *alle Kaufleute* ist die Angabe der vier in § 251 genannten Gruppen von Haftungsverhältnissen, die keinen Niederschlag in der Buchführung und auf der Passivseite gefunden haben, obligatorisch. Ihr Ausweis hat bei *Nichtkapitalgesellschaften* ausschließlich „unter der Bilanz" zu erfolgen, wobei die Zusammenfassung zu einem Betrag mit der Kurzbezeichnung „Haftungsverhältnisse" optional zugelassen ist.

Kapitalgesellschaften und KapGes & Co müssen hingegen die einzelnen Arten der Haftungsverhältnisse gesondert angeben und gem. § 268 Abs. 7 HGB *gesonderte Vermerke* zu

- gewährten Pfandrechten und sonstige Sicherheiten,
- Haftungsverpflichtungen aus der betrieblichen Altersversorgung und
- Haftungsverpflichtungen gegenüber verbundenen und assoziierten Unternehmen

vornehmen.

Seit dem BilRUG haben *Kapitalgesellschaften und KapGes&Co* die Haftungsverhältnisse nur noch im Anhang anzugeben. Lediglich *Kleinstkapitalgesellschaften, Kleinst-KapGes & Co. und Kleinstgenossenschaften*, die optional die Erleichterung wahrnehmen, keinen Anhang zu erstellen, haben diese Angaben „unter der Bilanz" zu machen (§ 264 Abs. 1 S. 7 HGB).

Diese genannten *gesonderten Vermerkpflichten* bestehen nach der gesetzlichen Verpflichtung eigentlich auch für kleine Kapitalgesellschaften und Kleinstkapitalgesellschaften. Eine nicht unproblematische[1] h.M.[2] hält die gesonderte Vermerkpflicht für entbehrlich weil dieser Unternehmenskreis gem. § 266 Abs. 1 S. 3 bzw. S. 4 HGB in ihrer Bilanz die „Verbindlichkeiten" unaufgegliedert darstellen darf.

Bei *Kleinstkapitalgesellschaften* etc., die die Erleichterungsoption in Anspruch nehmen, keinen Anhang zu erstellen, sind „unter der Bilanz" neben den „Haftungsverhältnissen" noch *Zusatzangaben* auszuweisen (§§ 264 Abs. 1 S. 5 und Abs. 2 S.4 HGB), nämlich über

- Vorschüsse/Kredite an Unternehmensorgane i.S.d. § 285 Nr. 9c HGB,
- Angaben bei Nichtvermittlung des tatsächlichen Lagebildes (§ 264 Abs. 1 S.5 HGB),
- bei Kleinst-Aktiengesellschaften: Transaktionen mit eigenen Aktien i.S.d. § 160 Abs. 3 S. 2 AktG und
- bei Kleinst-Genossenschaften: Genossenschaftsspezifika gem. § 338 Abs. 4 HGB.

---

1 Die zitierten Erleichterungsregelungen betreffen ausdrücklich nur die Bilanzgliederung, nicht den Unterbilanzausweis. Mit gleicher Argumentation wäre auch die für alle Kaufleute geltende Aufgliederung des § 251 HGB für diesen Anwenderkreis obsolet.
2 WULF in BERTRAM/BRINKMANN/KESSLER/MÜLLER, Haufe Bilanzkommentar, 8. Aufl. Freiburg 2017, § 268 Rz. 42 m.w.N.

	Nichtpublizitäts-pflichtige Personen-unternehmen, außer: KapGes & Co.	Nach PublG publizitäts-pflichtige Personenunter-nehmen	Regelfall: Kapital-gesell-schaften, KapGes & Co, eGen	insbes. kleine Kapital-gesellschaften, KapGes & Co, eGen mit Erleichterungs-option	Insbes. Kleinst-kapitalgesellschaften, Kleinst-KapGes & Co, Kleinst-eGen mit Erleichterungsoption
Rechtsgrundlagen	§ 251 HGB	§§ 251, 268 VII, 5 Abs. 1 S. 2 PublG	§§ 251, 268, 285 HGB	§§ 251, 268 VII, 266 I S. 3	§§ 251, 268II, 264 I S. 4, Abs. 2 S. 4, 285 Nr. 9c HGB; ggf. § 160 II S. 2 AktG. ggf § 338 Abs. 4 HGB
Regelinhalt: Haftungsverhältnisse (4 Gruppen)	X	X	X	X	X
Aufgliederungspflicht in Einzelposten	Wahlrecht: Summen-angabe	X	X	X	X
gesonderte Vermerkpflichten: Sicherheiten, Altersversorgung, verbundene und assoziierte Unternehmen		X	X	(X)	(X)
Inhaltserweiterungen des Unterbilanz-Ausweises					Vorschüsse, Kredite, Haftungs-verhältnisse gegenüber Gesellschaftsorganen; Lagebildabweichungen, ggf. Angaben zu eigenen Aktien, ggf. Genossenschaftsspezifika
Darstellungsort	unter der Bilanz	unter der Bilanz; bei Kapitalmarktorientierung: im Anhang	im Anhang	im Anhang	unter der Bilanz

Abbildung E-13: Ausweis von Haftungsverhältnissen

4. Ausweiswahlrechte

Die Rechnungslegungsvorschriften des HGB enthalten sowohl obligatorische Vorschriften für die Festlegung des Bilanzausweises, wie auch fakultative Bestimmungen, die dem Bilanzierenden Gestaltungsmöglichkeiten der Gliederung und Freiheitsgrade bei der Wahl des Ortes des Ausweises eröffnen.

a) Bedeutung von Ausweiswahlrechten

Der Bilanzausweis hat in einigen Fällen materielle Folgen auf *Bilanzsumme* oder *Eigenkapital* und damit u.U. auch auf Rechts- und Zahlungsfolgen, die hieran anknüpfen (z.B. Bilanzsumme als Größenkriterium für die Rechnungslegungspflicht § 267 HGB, Bilanzerstellungs-, Prüfungs- und Beratungskosten). So wirken sich beispielsweise offene Absetzungen der erhaltenen Anzahlungen auf Vorräte (§ 268 Abs. 5 HGB) unmittelbar auf die Höhe der Bilanzsumme aus.

Die meisten der derzeit existenten expliziten Ausweiswahlrechte haben jedoch keinen derartigen Einfluss. Da zudem bei Kapitalgesellschaften Bilanz und Anhang im Wesentlichen der gleichen Publizität unterliegen, tritt bei einer Wahl zwischen Bilanz und Anhang als Darstellungsort auch kein Informationsverlust auf. Die Verlagerung von Details in den Anhang kann allerdings die Übersichtlichkeit der Bilanz und damit den Eindruck vom Wesentlichen verbessern. Andererseits besteht dabei die Gefahr der Unübersichtlichkeit und Zusammenhanglosigkeit der Anhangsinformationen, zumal ein verbindliches Gliederungsschema für den Anhang bis auf die Notwendigkeit, die Angaben zu Bilanz und GuV in der Reihenfolge vorzunehmen, wie die Posten jeweils genannt sind (§ 284 Abs. 1 S. 1 HGB), bisher nicht existiert. Möglicherweise können weitere Informationsverluste auftreten, wenn man das Prinzip der Darstellungskontinuität (§ 265 Abs. 1 HGB) und das Gebot der Angabe von Vorjahresvergleichszahlen (§ 265 Abs. 2 HGB) nicht für den Anhang als verbindlich ansieht.

Bei den Gliederungswahlrechten i.e.S. bestimmen die weitergehenden Untergliederungen oder Einzelbetragsangaben sowohl die Tiefe wie auch die Qualität des bilanziellen Informationsangebots.

b) Einzelne Ausweiswahlrechte

Es lassen sich Ausweiswahlrechte innerhalb der Bilanz von jenen unterscheiden, die den Darstellungsort zwischen Bilanz und Anhang wählen lassen (vgl. Abb. E-14); letztere werden auch „Verlagerungswahlrechte" genannt.

III. Bilanzausweise nach internationalen Standards

1. Mindestgliederungspositionen

Die *IFRS* schreiben keine bestimmten Standard-Formate für die Bilanzgliederung vor, sondern enthalten nur vorgeschriebene Mindestposten, die in Konto- *(account form)* oder Staffelform *(report form)* angeordnet und nach zwei verschiedenen Prinzipien untergliedert werden können. Die Mindestgliederungspositionen der Bilanz werden in IAS 1.54 aufgezählt. Zusätzliche Posten, Überschriften und Zwischensummen sind auszuweisen,

AUSWEISWAHLRECHTE INNERHALB DER BILANZ	
Für alle Bilanzierenden:	
Anpassung der Vorjahreszahl (Erläuterungspflicht bei KapGes)	§ 265 Abs. 2 S. 3 HGB
Änderung der Postengliederung (bei KapGes nur bedingt)	§ 265 Abs. 6 HGB
Änderung der Postenbezeichnung (bei KapGes nur bedingt)	§ 265 Abs. 6 HGB
Mitzugehörigkeitsvermerk (bei KapGes nur bedingt)	§ 265 Abs. 3 HGB
Weitere Posten-Untergliederung	§ 265 Abs. 5 HGB
Hinzufügung neuer Posten und Zwischensummen (bei KapGes nur bedingt)	§ 265 Abs. 5 HGB
Postenzusammenfassung (bei KapGes nur bedingt)	§ 265 Abs. 7 HGB
Leerpostenverzicht (bei KapGes nur bedingt)	§ 265 Abs. 8 HGB
Nur für nichtpublizitätspflichtige Personenunternehmen:	
freie Bilanzgliederung	GoB
Angabe von Vergleichszahlen	aus: § 265 Abs. 2 HGB
Leerpostenausweis bei Vorjahresposten	aus: § 265 Abs. 8 HGB
Reihenfolgeabweichung	aus: § 266 Abs. 1 HGB
Geschäftszweigbedingte Ergänzungen	aus: § 265 Abs. 4 HGB
frw. Übernahme von Pflichtausweisen/Vermerken für KapGes	aus: §§ 266, 268 HGB
Zusammenfassender Betrag der Eventualverbindlichkeiten	§ 251 HGB
Indirekte Abschreibungen (Wertberichtigung)	GoB, streitig
Nur für (bestimmte) Kapitalgesellschaften:	
Verkürzte Bilanzgliederung (nur bei kleinen KapGes)	§ 266 Abs. 1 S. 3 HGB
Weiter verkürzte Bilanzgliederung bei Kleinst-KapGes	§ 266 Abs. 1 S.4 HGB
Verkürzte Bilanzgliederung (nur für Offenlegung bei mittleren KapGes)	§ 327 Nr. 1 HGB
Bilanz vor/nach vollständ./teilweiser Ergebnisverwendung	§ 268 Abs. 1 HGB

Abbildung E-14: HGB-Ausweiswahlrechte innerhalb der Bilanz (Hinweis: was für KapGes gilt, gilt auch für KapGes & Co.)

AUSWEISWAHLRECHTE ZWISCHEN BILANZ UND ANHANG (nur bei Kapitalgesellschaften und KapGes & Co.)	
Mitzugehörigkeitsvermerk	§ 265 Abs. 3 HGB
Gesonderter Ausweis/Angabe des Unterschiedsbetrags	§ 268 Abs. 6 HGB
Aufgliederung der sonstigen Rückstellungen	§ 285 Nr. 12 HGB
Zusatzangaben für Offenlegung bei mittelgroßen KapGes	§ 327 Nr. 1 HGB
Sonderausweis/Vermerk/Angabe von Forderungen und Verbindlichkeiten gegenüber GmbH-Gesellschaftern	§ 42 Abs. 3 GmbHG

Abbildung E-15: HGB-Ausweiswahlrechte zwischen Bilanz und Anhang

wenn dies zum Verständnis der Finanzlage relevant ist (IAS 1.55) oder aus den Einzelstandards folgt.

2. Vertikale Gliederung

Für den Regelfall ist *vertikal* eine Bildung getrennter Gliederungsgruppen der Vermögenswerte und der Schulden nach der Fristigkeit (kurzfristig/langfristig; *current/non current*) vorgeschrieben (IAS 1.60). Ausnahmsweise sind die Vermögenswerte und Schulden nach der Liquidität (Geldnähe) anzuordnen, wenn diese Darstellungsform – wie z.B. bei Kreditinstituten – zuverlässiger und relevanter ist (IAS 1.63). Auch eine Mischung aus Fristen- und Liquiditätsgliederung ist zulässig, wenn hierdurch zuverlässigere und relevantere Informationen vermittelt werden (IAS 1.64).

a)	Sachanlagen *(tangible assets: property, plant and equipment)*
b)	Als Finanzinvestition gehaltene Immobilien *(investment property)*
c)	Immaterielle Vermögenswerte *(intangible assets)*
d)	Finanzielle Vermögenswerte *(financial assets)* – außer e, h, i –
e)	At-Equity-bilanzierte Finanzanlagen *(investments accounted for using the equity method)*
f)	Biologische Vermögenswerte *(biological assets)*
g)	Vorräte *(inventories)*
h)	Forderungen aus Lieferungen und Leistungen und sonstige Forderungen *(trade and other receivables)*
i)	Zahlungsmittel und Zahlungsmitteläquivalente *(cash and cash equivalents)*
j)	Summe der Vermögenswerte, die gem. IFRS 5 als zur Veräußerung gehalten eingestuft sind bzw. einer Veräußerungsgruppe angehören *(Non-current assets held for sale)*
k)	Verbindlichkeiten aus Lieferungen und Leistungen und sonstige Verbindlichkeiten *(trade or other payables)*
l)	Rückstellungen *(provisions)*
m)	Finanzielle Schulden *(financial liabilities)* außer k, l, n, o und p -
n)	Steuerschulden und -erstattungsansprüche *(tax liabilities and tax assets)*
o)	Latente Steuerschulden und -erstattungsansprüche *(deferred tax liabilities and deferred tax assets)*
p)	Schulden, die den Veräußerungsgruppen nach IFRS 5 zugeordnet sind *(liabilities of a disposal group classified as held for sale)*
q)	nicht beherrschende Anteile, die im Eigenkapital dargestellt werden *(non-controlling interest)*
r)	Gezeichnetes Kapital und Rücklagen, die den Eigentümern der Muttergesellschaft zugeordnet sind *(issued capital and reserves)*

Abbildung E-16: Mindestposten nach IFRS

Für den Regelfall der Fristengliederung ist die Abgrenzung der Kurz- von der Langfristigkeit von großer Bedeutung. Die einschlägigen Kriterien sind – getrennt für Vermögenswerte und Schulden – in IAS 1.66ff. bzw. IAS 1.69ff. enthalten. In beiden Fällen sind 12-Monats-Regeln, Geschäftszyklus-Bezug und Handelszweck-Verwendung für die Klassifizierung entscheidend. Einzelheiten und Zusammenhänge der Prüfkriterien zeigt Abbildung E-17.

Eine *Besonderheit* – im Vergleich zu HGB-Abschlüssen – stellen die nach IFRS 5 im Wesentlichen gleichbehandelten vertikalen Ausweiskategorien

- zur Veräußerung gehaltene Vermögenswerte oder Veräußerungsgruppen *(non current assets held for sale)* und
- aufgegebene Geschäftsbereiche *(discontinued operations)*

dar.

Unter die erstgenannte Kategorie fallen langfristige Vermögenswerte und Veräußerungsgruppen (außer insbes. nach IAS 39/IFRS 9 zum *fair value* bewertete Vermögenswerte, finanzielle Vermögenswerte gem. IAS 39/IFRS 9 u.a. gem. IFRS 5.5), die

- durch ein Veräußerungsgeschäft, nicht durch Nutzung realisiert werden,
- sich in einem üblichen verkaufsfähigen Zustand befinden,
- wenn deren Veräußerung höchstwahrscheinlich *(highly probable)* ist, was an den Objektivierungsbedingungen des IFRS 5.8 zu beurteilen ist:
  - beschlossener Verkaufsplan,
  - begonnene Suche nach einem Käufer,

Der Bilanzansatz dem Ausweis nach

```
┌─────────────────────────────────────────────────────────────────┐
│     Kriterien für den Ausweis als lang- oder kurzfristige       │
│              Vermögenswerte und Schulden                        │
└─────────────────────────────────────────────────────────────────┘
                              │
                              ▼
         Realisation (Verkauf/Verbrauch) bzw. Tilgung      ─── ja ──┐
         innerhalb des normalen Geschäftszyklus erwartet?           │
                          │ nein                                    │
                          ▼                                         │
         Primär für Handelszwecke gehalten?                ─── ja ──┤
                          │ nein                                    │
                          ▼                                         │
         Realisation bzw. Tilgung innerhalb                ─── ja ──┤
         von 12 Monaten erwartet?                                   │
                          │ nein                                    │
                          ▼                                         │
         Zahlungsmittel oder Zahlungsmitteläquivalente     ─── ja ──┤
         ohne Verwendungsbeschränkungen                             │
         für mindestens 12 Monate?                                  │
                          │ nein                                    │
                          ▼                                         │
         Schuld ohne unbedingtes Recht zur                 ─── ja ──┤
         Tilgungsverschiebung für mindestens 12 Monate              │
                          │ nein                                    │
                          ▼                                         ▼
                      langfristig                             kurzfristig
```

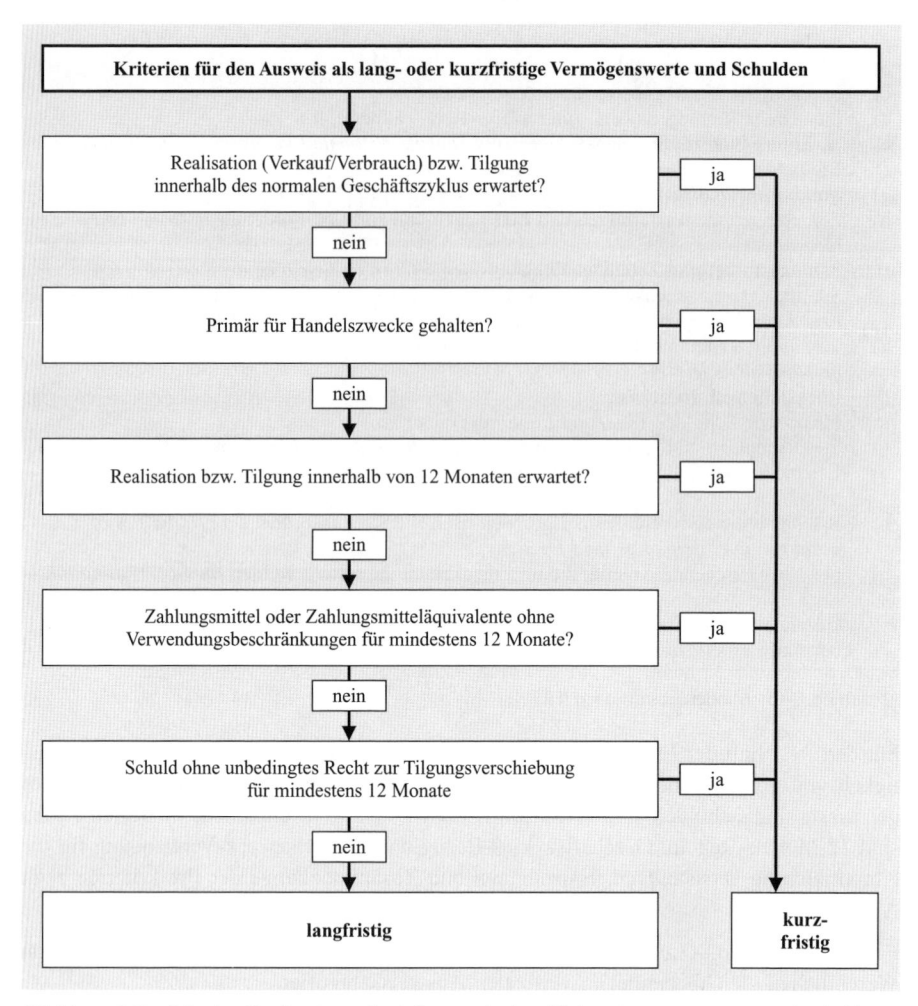

Abbildung E-17: Kriterien für den Ausweis als lang- oder kurzfristige Vermögenswerte und Schulden

- aktives angemessenes Preisangebot,
- Veräußerung erwartungsgemäß innerhalb eines Jahres,
- Unwahrscheinlichkeit wesentlicher Planänderungen oder einer Planaufhebung.

Grundsätzlich dürfen *Stilllegungen* langfristiger Vermögenswerte(gruppen) nicht als zur Veräußerung gehalten klassifiziert werden. Eine Ausnahme besteht, wenn eine stillzulegende Vermögensgruppe zugleich die Kriterien eines aufgegebenen Geschäftsbereichs erfüllt.[1]

Als *aufgegebener Geschäftsbereich* wird dabei ein Unternehmensbestandteil (Geschäftsbereich mit klar abgrenzbaren zugehörigen Cashflows, mindestens eine zahlungsmittel-

---

1 IFRS 5.13 i. V. m. IFRS 5.32 a–c.

generierende Einheit i.S.d. IAS 36[1]) klassifiziert, der veräußert wurde oder als zur Veräußerung gehalten wird und (IFRS 5.31 f.)

- einen gesonderten, wesentlichen Geschäftsbereich darstellt,
- Teil eines einzelnen, abgestimmten Plans zur Veräußerung ist
oder
- ein Tochterunternehmen darstellt, das ausschließlich mit der Absicht der Wiederveräußerung erworben wurde (IFRS 5 Anh. A).

Während zur Darstellung von aufgegebenen Geschäftsbereichen im Wesentlichen Differenzierungen in der GuV-Rechnung und Angaben im Anhang zu machen sind (IFRS 5.31 ff.), sind zur Veräußerung gehaltene langfristige Vermögenswerte(gruppen) in der Bilanz von den anderen Vermögenswerten getrennt darzustellen; das gilt auch für die dazugehörigen Schulden und die dazugehörigen, direkt im Eigenkapital erfassten kumulierten Erträge/Aufwendungen (IFRS 5.38).

3. Horizontale Gliederung

Horizontal sind i.d.R. Vergleichswerte der letzten Vorperiode anzugeben (IAS 1.38), in folgenden Fällen müssen jedoch die Vergleichswerte der beiden letzten Vorperioden (IAS 1.40A) angegeben werden:

- retrospektive Anwendung einer Bilanzierungs- und Bewertungsmethode,
- retrospektive Fehlerkorrektur (Änderung der Bilanzposten) oder
- Umgliederung von Abschlussposten.

4. Ausweiswahlrechte

Obwohl die IFRS grundsätzlich offene Gestaltungswahlrechte vermeiden wollen, wird zuletzt[2] auf ein die Vergleichbarkeit von IFRS-Abschlüssen wesentlich erleichterndes Gliederungsschema verzichtet. Im Einzelnen bestehen neben Gestaltungen, die von der Einschätzung des Rechnungslegers abhängig sind (verdeckte Wahlrechte) nur folgende bilanzpolitisch nutzbare Ausweisgestaltungsmöglichkeiten:

Kontoform *(account form)* oder Staffelform *(report form)*	
Vertikale Gliederungsstruktur nach Fristigkeit/Geldnähe (Liquidität) oder gemischt	IAS 1.60,64
Zusatzposten, Überschriften (Bezeichnungen), Reihenfolge und Zwischensummen	IAS 1.55ff.
Unterpostenangabe in der Bilanz oder im Anhang	IAS 1.77–80A

Abbildung E-18: Ausweiswahlrechte nach IFRS

---

1 IFRS 5.31 f.
2 Noch enthalten in IAS 1 (rev. 1997).

5. Mustergliederungen nach IFRS

a) Bilanzschema

Für den Regelfall der *Fristengliederung* kann ein IFRS-Bilanzschema folgendes Aussehen haben:

XYZ BILANZ ZUM ... (in tausend Währungseinheiten)				
	Berichtsjahr		Vorjahr	
	Vorspalte	Hauptspalte	Vorspalte	Hauptspalte
VERMÖGENSWERTE (AKTIVA)				
Geschäfts- oder Firmenwert	X		X	
Übrige immaterielle Vermögenswerte	X		X	
Sachanlagen	X		X	
At Equity bewertete Unternehmen (assoziierte Unternehmen etc.)	X		X	
Als Finanzinvestition gehaltene Immobilen	X		X	
Wertpapiere (lfr.)	X		X	
Andere Finanzanlagen	X		X	
Latente Steueransprüche	X		X	
Langfristige Vermögenswerte		X		X
Vorräte (Waren, RHB, Erzeugnisse)	X		X	
Forderungen aus Lieferungen und Leistungen	X		X	
sonstige Forderungen	X		X	
Wertpapiere (kfr.)	X		X	
Lfd. Ertragsteueransprüche				
Zur Veräußerung gehaltene lfr. Vermögenswerte				
Zahlungsmittel und Zahlungsmitteläquivalente	X		X	
Kurzfristige Vermögenswerte		X		X
BILANZSUMME		X		X
EIGENKAPITAL UND SCHULDEN (PASSIVA)				
Kapital und Rücklagen		X		X
(Gezeichnetes) Kapital	X	X	X	X
Rücklagen		X		X
Kapitalrücklagen	X		X	
Gewinnrücklagen	X		X	
Neubewertungsrücklagen	X		X	
Periodenergebnis	X			
Nicht beherrschende Anteile		X		X
Langfristige Schulden		X		X
Rückstellungen	X		X	
Lfr. Verbindlichkeiten aus Lieferungen u. Leistungen	X		X	
Verzinsliche Darlehen	X		X	
Latente Steuerschulden	X		X	
Pensionsverpflichtungen	X		X	
Übrige lfr. Finanzschulden	X		X	

XYZ BILANZ ZUM ... (in tausend Währungseinheiten)				
	Berichtsjahr		Vorjahr	
	Vorspalte	Haupt-spalte	Vorspalte	Haupt-spalte
Kurzfristige Schulden		X		X
Kfr. Rückstellungen	X		X	
Kfr. Verbindlichkeiten aus Lieferungen und Leistungen	X		X	
Kurzfristige Finanzschulden	X		X	
Lfd. Ertragsteuerverbindlichkeiten	X		X	
Schulden in direktem Zusammenhang mit zur Veräußerung gehaltenen Vermögenswerten	X		X	
Sonstige kfr. Schulden	X		X	
Summe Eigenkapital und Schulden (BILANZSUMME)		X		X

Abbildung E-19: Mustergliederung einer IFRS-Bilanz

b) Überleitungsrechnung für das Anlagevermögen (Anlagenspiegel)

Obwohl nach IAS 1 und 16 im Gegensatz zum HGB ein Anlagenspiegel nicht ausdrücklich gefordert wird, ist für jede Gruppe das Sachanlagevermögen im Abschluss neben bestimmten Angaben zur Bewertung und den Abschreibungen eine *Überleitungsrechnung* des Buchwertes vom Anfang bis zum Ende des Geschäftsjahres zu erstellen, die einem HGB-Anlagenspiegel entspricht (IAS 16.73e). Dabei müssen die in Abbildung E-20 dargestellten Positionen ausgewiesen werden.

- Bruttobuchwert zum Periodenanfang
- Zugänge
- Abgänge
- Erwerbe durch Unternehmenszusammenschlüsse
- Erhöhungen und Verminderungen aufgrund von Neubewertungen
- außerplanmäßige Abschreibungen
- Zuschreibungen bei Wertaufholungen
- planmäßige Abschreibungen des Geschäftsjahrs und kumuliert
- Netto-Umrechnungsdifferenzen
- sonstige Bewegungen (z.B. Umbuchungen)
- Bruttobuchwert zum Periodenende

Abbildung E-20: Mindestbestandteile einer Sachanlagenüberleitungsrechnung nach IAS 16.73e

c) Eigenkapitalveränderungsrechnung

Im Gegensatz zur allgemeinen[1] HGB-Regelung verlangen IAS 1.10c und 1.106–110 einen ausführlichen Eigenkapitalspiegel als *Eigenkapitalveränderungsrechnung*, die als

---

[1] Für kapitalmarktorientierte Kapitalgesellschaften, die nicht zur Aufstellung eines Konzernabschlusses verpflichtet sind, wird nach § 264 Abs. 1 S. 1 HGB nach BilMoG ein Eigenkapitalspiegel verlangt.

gesonderter und gleichrangiger Teil des Abschlusses aufzustellen ist. Sie soll die Veränderungen des Eigenkapitals zwischen zwei Bilanzstichtagen durch Transaktionen mit den Gesellschaftern (z.B. Kapitaleinlagen, Dividendenausschüttungen) und durch das Ergebnis der wirtschaftlichen Tätigkeit des Unternehmens getrennt widerspiegeln. Außerdem ist darzustellen, in welchem Umfang Eigenkapitalveränderungen durch erfolgswirksam (über die GuV-Rechnung) und nicht erfolgswirksam direkt im Eigenkapital verbucht wurden (z.B. Marktbewertung von Wertpapieren, Währungsumrechnung). Die maßgeblichen Vorschriften des IAS 1.106-111 verlangen nur eine Aufstellung, die *mindestens bestimmte Posten* enthält:

- das Gesamtergebnis, unterteilt in Anteile der Eigentümer des Mutterunternehmens und nicht beherrschenden Anteile,
- eine Überleitungsrechnung für die Buchwerte zu Beginn und am Ende der Berichtsperiode mit den Veränderungen durch
  - Gewinn oder Verlust,
  - sonstiges Ergebnis
- Transaktionen mit Eigentümern (mit einer gesonderten Darstellung von Einzahlungen von und Ausschüttungen an Anteilseigner sowie Veränderungen bei Eigenkapitalanteilen an Tochterunternehmen, die keinen Verlust der Beherrschung darstellen) und
- für jeden Eigenkapitalbestandteil die Beeinflussung durch Änderungen der Bilanzierungs- und Bewertungsmethoden sowie Fehlerkorrekturen.[1]

Darüber hinaus müssen – wahlweise in der EK-Veränderungsrechnung oder im Anhang – folgende EK-Veränderungen nachgewiesen werden (IAS 1.107):

- Dividenden, die während der Berichtsperiode angesetzt werden, sowie
- der Betrag je Aktie dieser Dividenden.

Zwar ist die Form (Spaltenform oder Einzelnachweise durch Anhangsangaben) dem Bilanzierenden freigestellt, doch veranschaulichte das IASC im Anhang zum zurückgenommenen IAS 1 (rev. 1997) die Alternative einer spaltenorientierten Eigenkapitalveränderungsrechnung. Ohne Verbindlichkeit eines Standards zeigt die Implementation Guidance zu IAS 1 zwei Darstellungsmöglichkeiten.

Ein Beispiel für die Struktur einer Eigenkapitalveränderungsrechnung zeigt Abb. E-21, wobei allerdings einige Positionen auch wahlweise im Eigenkapitalspiegel oder im Anhang angegeben werden können (IAS 1.107).

IV. Bilanzausweise nach EStG

Für die *Steuerbilanz* existieren bisher keine speziellen Gliederungsvorschriften, doch dürfte sich aus Sinn und Zweck der Konzeption einer aus der Handelsbilanz abgeleiteten Steuerbilanz auch eine gewisse Maßgeblichkeit der handelsrechtlichen Bilanzgliederung herleiten lassen. Dabei bedarf es allerdings der handelsrechtlich geforderten erläuternden Aufgliederungen und Unterposten nicht, soweit diese keinen Einfluss auf die Höhe des

---

1 Siehe hierzu Kap. F.II.2 und III.2.

		Gezeichnetes Kapital	Kapitalrücklage	Gewinnrücklagen	Neubewertungsrücklage	Währungsumrechnung	Sonstige Eigenkapitalverrechnungen	Bilanzgewinn	Summe Eigenkapital
1	Stand am Periodenanfang	x	x	x	x	x	x	x	X
2	Änderung der Bilanzierungs- und Bewertungsmethoden/ Fehlerkorrektur (z.B.)						x		X
3	Angepasster Stand zum Periodenanfang (= 1+2)	X	X	X	X	X	X	X	XX
4	Jahresüberschuss							x	X
5	Gesamtes Periodenergebnis (= 4+8)				X	X	X	X	XX
6	Effektive Kapitalerhöhungen	x	x						X
7	Dividendenzahlungen							X	X
8	Zwischensumme Aussenbeziehungen (= 6+7)						X	X	XX
9	Nominelle Kapitalerhöhung		x	-x					
10	Einstellung/Auflösung von Rücklagen		x	x					X
11	Stand am Periodenende (= 3+4+7+8+9)	X	X	X	X	X	X	X	XXX

Abbildung E-21: Beispiel einer Eigenkapitalveränderungsrechnung nach IFRS

Betriebsvermögens haben. Die Bedeutung der handelsrechtlichen Gliederung für die Steuerbilanz liegt weniger in der Vergleichbarkeit und der Erfüllung der Einblicksforderung als in der auch steuerlich verbindlichen Zuordnung von Bilanzierungsobjekten zu bestimmten Bewertungsgruppen (z.B. Anlage- oder Umlaufvermögen; Wirtschaftsgut oder Rechnungsabgrenzungsposten).

Nach § 5b EStG erfolgt erstmals für Wirtschaftsjahre, die nach dem 31. 12. 2010 beginnen, eine formale Standardisierung des Inhalts der Bilanz. Der Inhalt der Handelsbilanz (ggf. mit Anpassungen) oder der Steuerbilanz ist danach im Regelfall nach einem *amtlich vorgeschriebenen Datensatz* der Finanzverwaltung durch Datenfernübertragung zu übermitteln.

V. Standardisierung der Bilanzdarstellung zur Übertragung

1. XBRL™ als Reporting-Standard

XBRL™ (e**X**tensible **B**usiness **R**eporting **L**anguage) ist ein frei verfügbares, international anerkanntes digitales Format für den Austausch von Rechnungslegungsinformationen (insbes. Jahresabschlüssen) zwischen Rechnungslegern und den Rechnungslegungsadressaten, aber auch für den unternehmens-/konzerninternen Datentransfer.[1]

Mit XBRL soll nicht nur die Datenaufbereitung und die Kommunikation erleichtert, sondern auch eine programmautomatische Datenauswertung ermöglicht werden. Vermieden sollen damit insbes. fehleranfällige Medienbrüche zwischen analoger Printdarstellung und digitaler Datenverwertung. Von der Erstellung und Übermittlung von unterschiedlichen Rechnungslegungsdokumenten beim Rechnungsleger bis zur Auswertung beim Rechnungslegungsadressaten kann der vereinheitlichende XBRL-Standard effektiv Anwendung finden. Möglich werden dabei auch die Überführung erfasster Daten in verschiedene Rechnungslegungssysteme und spezielle Auswertungen.

Neben der Systemtechnik (XBRL-*Spezifikation* auf Basis der Sprache XML, *Extensible Markup Language*) ist die *XBRL-Taxonomie* die wichtigste Komponente für die Entwicklung eines XBRL-*Instanzendokuments*, das schließlich mit dem XBRL-*Style sheet* zu einer layoutgerechten Darstellung führt.

XBRL-*Taxonomien (taxonomies)* sind fertig konfigurierte Standardschemata (Formulare), die den Zusammenhang einzelner Elemente (z.B. Bilanzposten) zueinander (meist hierarchisch) definieren und klassifizieren (z.B. Sachanlagen als Bestandteil des Anlagevermögens, dieses wiederum als Bestandteil der Bilanzsumme Aktiva). Abbildung E-23 zeigt exemplarisch einen kleinen Ausschnitt aus dem HGB-Taxonomieteil „Bilanz"; tatsächlich enthält die HGB-Taxonomie eine Struktur von über 1.400 in Beziehung stehende Elemente.

---

[1] Geschaffen und weiterentwickelt wird XBRL von der zentralen Organisation XBRL International (www.xbrl.org) und weltweit zahlreichen XBRL-Mitgliedsorganisationen, wie XBRL Deutschland e.V. (www.xbrl.de).

Die Variablen bzw. Positionen und ihre Benennung sowie deren (meist) hierarchischen Beziehungen sind durch die anzuwendenden nationalen Rechnungslegungssysteme (HGB, IFRS, EStG) bestimmt. Die in diesem Kapitel E dargestellten Benennungen und Beschreibungen der Zusammenhänge der Bilanzausweise stellen die Ausgangsbasis der Entwicklung von Taxonomien dar. Die Taxonomie schafft kein eigenständiges System sondern passt sich der durch Rechtsnormen und Standards vorgegeben Ordnung an. Das erleichtert den sachkundigen Nutzern die Anwendung, verlangt aber wegen häufiger Rechtsänderungen, Praxisgebräuchen und Verbesserungsnotwendigkeiten eine laufende Systempflege („Updates").

Die Taxonomien bestehen grundsätzlich aus einem enthaltenden

- *GCD-Modul (Global Common Document)* mit Stammdaten zum Unternehmen, zum Dokument und zur angewandten Taxonomie sowie einem
- GAAP-Modul (Generally Accepted Accounting Principles), das die eigentlichen Berichtsdaten enthält.

Die Module sind als erklärende Visualisierungen und als XBRL-Dateien frei verfügbar.

Einen Überblick über die vorhandenen Taxonomien bietet Abbildung E-22.

2. Elektronische Einreichung beim Bundesanzeiger („Offenlegung")

Für *handelsrechtlich* offenlegungspflichtige Unternehmen[1] lief die Übergangsfrist für Papiereinreichungen von Jahresabschlüssen zum Bundesanzeiger mit dem Jahresende 2009 ab. Ab 2010 muss die Einreichung auf elektronischem Wege über https://publikationsplattform.de erfolgen (§ 4 der „Verordnung über die Übertragung der Führung des Unternehmensregisters und die Einreichung von Dokumenten beim Betreiber des elektronischen Bundesanzeigers"). Von dort werden die Datensätze an das Unternehmensregister zur dortigen Einstellung übermittelt. Obwohl auch andere Formate[2] akzeptiert werden, wird das XML-Format präferiert und tatsächlich überwiegend verwendet.[3]

Zur Zeit (2017) ist die *Version 6.1 der HGB-Taxonomie* in deutscher und englischer Sprache für Einzel- und Konzernabschlüsse aktuell. Inhaltlich enthält sie folgende Berichtsbestandteile

- Bilanz
- Angaben unter der Bilanz
- Gewinn- und Verlustrechnung (GKV/UKV)
- Ergebnisverwendung
- Eigenkapitalspiegel nach DRS 7 und DRS 22
- Kapitalflussrechnung nach DRS 2 und DRS 21
- Anhang
- Lagebericht

---

1 Zur Offenlegungspflicht siehe Kap. A.V.1.e).
2 Z.B. MS-WORD, MS-EXCEL, rtf, pdf.
3 WORD- und EXCEL-Dateien können mit einem vom Betreiber bereitgestellten XML-Tool in ein XML-konformes Format konvertiert werden.

Der Bilanzansatz dem Ausweis nach

XBRL-Taxonomien

- Excel-Visualisierungen
- XML-Programme

IFRS-Taxonomien
- Für Full-IFRS-Anwender
- Für SME-IFRS-Anwender

Deutsche HGB- und Fiskal-Taxonomien
- handelsrechtliche Sicht (HGB)
- steuerrechtliche Sicht (fiscal)

- GCD-Modul (Stammdaten)
- GAAP-Modul (Berichtsdaten)

Kerntaxonomien
- Einzelunternehmer
- Personengesellschaften
- Körperschaften
- UKV
- Group (Konzern)
- frw. Berichte

Insbes. auch MicroBilG

Ergänzungstaxonomien
- Eigenbetriebe
- Krankenhäuser
- Land- und Forstwirtschaft
- Pflegeeinrichtungen
- Verkehrsunternehmen
- Wohnungsunternehmen

Spezial- (Branchen-)Taxonomien
- Kreditinstitute
- Pensionsfonds
- Versicherungsunternehmen
- Zahlungsinstitute

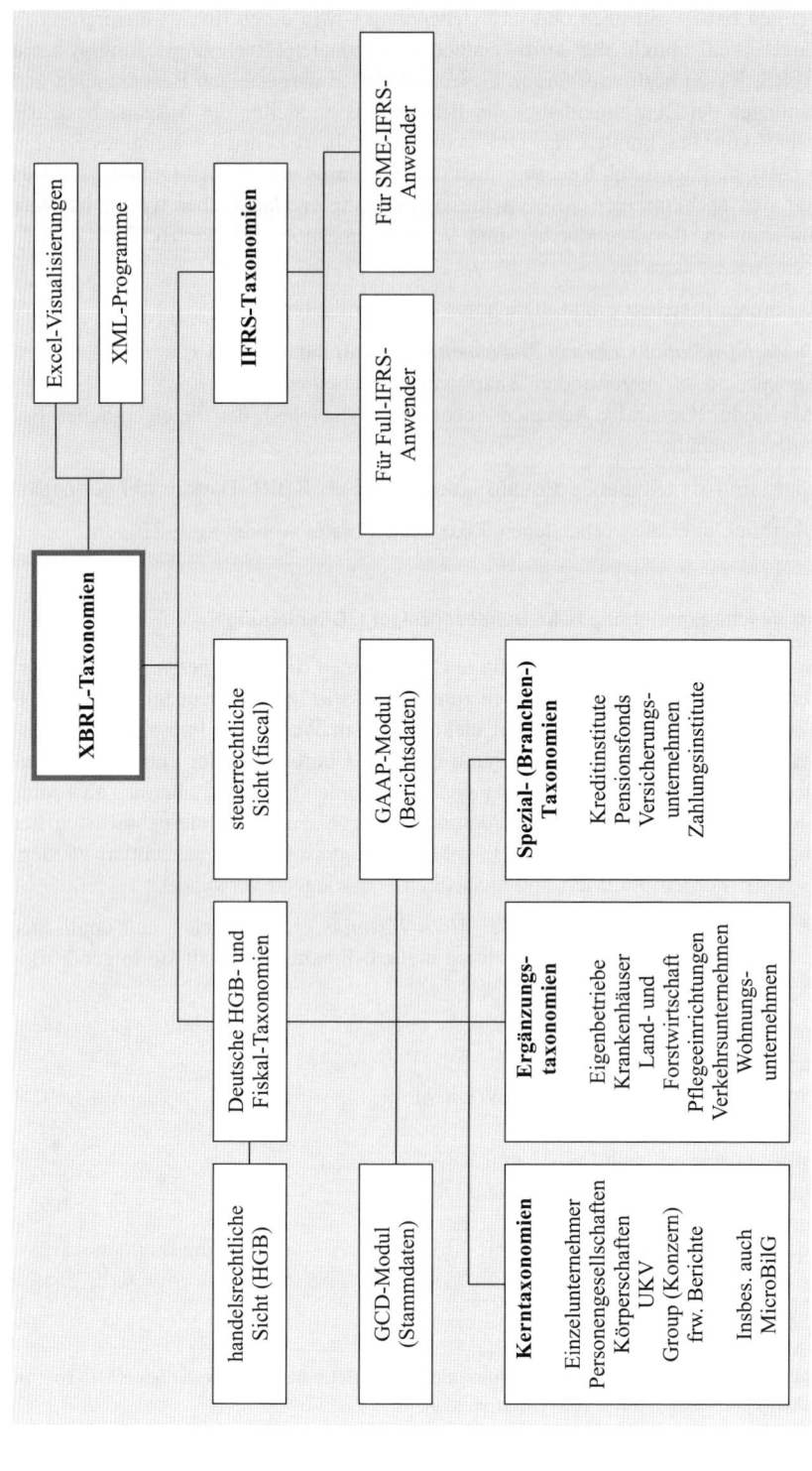

Abbildung E-22: Taxonomien

624

- Sonder-/ Ergänzungsbilanzen
- Überleitungsrechnung der Wertansätze aus der Handelsbilanz zur Steuerbilanz/ Umgliederungsrechnung
- Zusatzinformation Kreditwürdigkeitsprüfung
- Andere Berichtsbestandteile
- Detailinformationen zu Positionen
- Berichtigung des Gewinns bei Wechsel der Gewinnermittlungsart
- Steuerliche Gewinnermittlung.

Folgende Arten der Taxonomien werden in Varianten aus handelsrechtlicher und steuerrechtlicher Sicht und mit/ohne Berücksichtigung des MicroBilG vom Verein XBRL Deutschland e.V. angeboten[1]:

Eine *Kerntaxonomie (core taxonomy)*, die sich intern noch nach

- Einzelunternehmen,
- Personengesellschaften und
- Körperschaften

differenzieren lässt.

Ergänzungstaxonomien (Branchentaxonomien) ergänzen die Kerntaxonomien um Besonderheiten, die zusätzlich von bestimmten Wirtschaftszweigen zu berücksichtigen sind:

- Wohnungswirtschaft (JAbschlWUV),
- Land- und Forstwirschaft (BMEL-Musterabschluss),
- Krankenhäuser (KHBV),
- Pflegedienstleister (PBV),
- Verkehrsunternehmen (JAbschlVUV) und
- kommunale Eigenbetriebe (EBV oder Ähnlichem).

Spezialtaxonomien existieren für

- Kreditinstitute (RechKredV),
- Zahlungsinstitute (RechZahlV),
- Versicherungsunternehmen und Pensionskassen (RechVersV bzw. RechPensV).

Abbildung E-23 zeigt als Auszug der Kerntaxonomie 6.1 – handelsrechtliche Sicht – den für Kapitalgesellschaften relevanten Teil „Rückstellungen".

Für *IFRS-Anwender* hat die IFRS-Foundation am 9.3.2017 die IFRS-Taxonomien 2017 mit dem Stand der IFRS zum 1.1.2017 veröffentlicht[2] und zwar in einer Version

- für full-IFRS-Anwender und
- für Anwender der IFRS für SMEs.

Für beide Versionen stehen die eigentliche XBRL-Software und eine die Programmstrukturen und -zusammenhänge visuell verdeutlichende „*IFRS Taxonomy Illustrated 2017*" zur Verfügung.

---

1 Websites http://www.xbrl.de und http://www.xbrl.org.
2 http://archive.ifrs.org/XBRL/IFRS-Taxonomy/2017/Pages/IFRS-Taxonomy-2017.aspx

Ebene	Feldbezeichnung	Betrag
3	Rückstellungen	
4	Rückstellungen für Pensionen und ähnliche Verpflichtungen	
5	davon kurzfristiger Anteil	
5	davon langfristiger Anteil	
5	davon gegenüber Gesellschaftern oder nahestehenden Personen	
5	Rückstellung für Direktzusagen	
5	Rückstellungen für Zuschussverpflichtungen für Pensionskassen und Lebensversicherungen (bei Unterdeckung oder Aufstockung)	
5	nicht zuordenbar	
5	davon verrechnete Vermögensgegenstände nach §246 Abs. 2 HGB	
5	soweit aus der/den für die ausländische(n) Betriebsstätte(n) geführten Buchführung(en) nicht anders zuordenbar	
4	Steuerrückstellungen	
5	davon kurzfristiger Anteil	
5	davon langfristiger Anteil	
5	Gewerbesteuerrückstellung	
5	Körperschaftsteuerrückstellung	
5	Rückstellung für sonstige Steuern (außer für latente Steuern)	
6	Erläuterungen dazu	
5	Rückstellungen für latente Steuern	
5	Mehrsteuern lt. Finanzverwaltung	
5	Zinsen nach § 233a AO auf Mehrsteuern lt. Finanzverwaltung	
5	Steuerrückstellungen, soweit aus der/den für die ausländische(n) Betriebsstätte(n) geführten Buchführung(en) nicht anders zuordenbar	
4	sonstige Rückstellungen	
5	davon kurzfristiger Anteil	
5	davon langfristiger Anteil	
5	Rückstellungen für ungewisse Verbindlichkeiten	
6	Rückstellungen für Gewährleistungen	
6	Rückstellung für Jubiläumsaufwendungen	
6	Rückstellung für Altersteilzeit	
6	Rückstellung für die Aufbewahrung von Geschäftsunterlagen	
6	Rückstellung wegen zukünftiger Betriebsprüfungen bei Großbetrieben	
6	Rückstellungen für satzungsgemäße Verpflichtungen	
6	Rückstellung für Rekultivierung	
6	Rückstellung wegen Patent- Urheberrechtsverletzung	
6	Rückstellungen für Prozesskosten	
6	Rückstellungen für Instandhaltung	
6	übrige sonstige Rückstellungen für ungewisse Verbindlichkeiten	
6	nicht zuordenbare sonstige Rückstellungen für ungewisse Verbindlichkeiten	
5	Rückstellungen für drohende Verluste aus schwebenden Geschäften	
6	Rückstellungen für zur Absicherung finanzwirtschaftlicher Risiken gebildeter Bewertungseinheiten	
6	übrige Rückstellungen für drohende Verluste aus schwebenden Geschäften	

6	nicht zuordenbare Rückstellungen für drohende Verluste aus schwebenden Geschäften
5	Aufwandsrückstellungen
5	übrige sonstige Rückstellungen
5	nicht zuordenbare sonstige Rückstellungen
5	soweit aus der/den für die ausländische(n) Betriebsstätte(n) geführten Buchführung(en) nicht anders zuordenbar

Abbildung E-23: Rückstellungen in der Kerntaxonomie 6.1 – handelsrechtliche Sicht – Kapitalgesellschaften

Für die die vollständigen IFRS anwendenden Nutzer stehen Visualisierungen der Hierarchien und der Elemente mit Erklärungen der Feld-Anforderungen und einschlägigen IFRS zur Verfügung, die entweder an den Berichtsteilen oder an den einzelnen IFRS orientiert sind.

Auch hier wird unterschieden zwischen einem Teil mit allgemeinen Informationen über das berichtende Unternehmen und die Berichte und die eigentlichen finanziellen Berichte

- statement of financial position,
- statement of comprehensive income, profit or loss,
- statement of cashflows,
- statement of changes in equity,
- statement of net assets available for benefits und
- zahlreichen „notes".

Für die *Bilanz (statement of financial position)* stehen dabei Gliederungen nach der Fristigkeit (current) und der Flüssigkeit (liquidity) zur Verfügung. Beispielsweise wird die Struktur der Bilanzaktiva nach dem Fristigkeitsprinzip wie in Abbildung E-24 gezeigt erfasst:

3. Elektronische Übertragung an Kreditinstitute („Digitaler Finanzbericht")

„Digitaler Finanzbericht"[1] ist ein Projekt, das die regelmäßig bereits im XBRL-Format vorhandenen Jahresabschlussdaten aus handelsrechtlicher Offenlegung und/oder steuerrechtlicher E-Bilanz auch für die Kommunikation zwischen Kreditnehmern und Kreditgebern nutzt. Das von einem Zusammenschluss aus Kreditinstituten, Softwareherstellern, Kammern und Verbänden getragene Projekt ist 2017 in der Erprobungsphase und soll 2018 eingeführt werden.

Im Rahmen der Kreditvergabe an Geschäftskunden verlangen Kreditinstitute zur Bonitätsprüfung und laufenden Überwachung der wirtschaftlichen Lage des Kreditnehmers üblicherweise oder obligatorisch nach § 18 KWG Jahresabschlussinformationen der Kreditnehmer. Die bisher regelmäßig in Papierform übermittelten Daten wurden bisher bankseitig digitalisiert um Kreditwürdigkeitsanalyseprogramme einsetzen zu können. Dieser fehleranfällige Medienbruch soll mit dem einheitlichen Übermittlungsformat

---

[1] Vormals bezeichnet als ELBA (ELektronische BilanzAbgabe im Rahmen der Kreditvergabe an Unternehmen).

> Statement of financial position, current/non-current
> Assets
> Non-current assets
> Property, plant and equipment
> Investment property
> Goodwill
> Intangible assets other than goodwill
> Investments accounted for using equity method
> Investments in subsidiaries, joint ventures and associates
> Non-current biological assets
> Trade and other non-current receivables
> Non-current inventories
> Deferred tax assets
> Current tax assets, non-current
> Other non-current financial assets
> Other non-current non-financial assets
> Non-current non-cash assets pledged as collateral for which transferee has right by contractor custom to sell or repledge collateral
> Total non-current assets
> Current assets
> Current inventories
> Trade and other current receivables
> Current tax assets
> Current biological assets
> Other current financial assets
> Other current non-financial assets
> Cash and cash equivalents
> Current non-cash assets pledged as collateral for which transferee has right by contract or custom to sell or repledge collateral
> Total current assets other than non-current assets or disposal groups classified as held for sale or as held for distribution to owners
> Non-current assets or disposal groups classified as held for sale or as held for distribution to owners
> Total current assets
> Total assets

Abbildung E-24: Aktiva in der IFRS-Taxonomie für full-IFRS-Anwender

XBRL entbehrlich werden und so die Kreditwürdigkeitsprüfung kosten- und zeitgünstiger gestalten.

In einer ersten Phase sollen HGB-Jahresabschlüsse und/oder steuerrechtliche Abschlüsse ab 1.4.2018 verschlüsselt und authentifiziert an die kreditgebenden Banken und Sparkassen elektronisch übermittelt werden. In späteren Stufen soll die elektronische Übertragung auf IFRS-Abschlüsse, Betriebswirtschaftliche Auswertungen (BWAs) und weitere Finanzinformationen ausgedehnt werden. Eingesetzt werden dabei die für die „Offenlegung" und „E-Bilanz" entwickelten XBRL-Taxonomien. Einstweilen sind zusätzlich noch Übertragungen bildlicher Kopien des Jahresabschlusses und des Textes weiterer Berichte im pdf-Format vorgesehen.[1]

---

[1] Über den aktuellen Stand dieses Digitalisierungsprojekts informiert https://die-dk.de/digitaler-Finanzbericht/.

Die Kern-Taxonomie 6.1 enthält – wie in Abb. E-25 dargestellt – zusätzliche Informationen, die für die Kreditwürdigkeitsprüfung von Bedeutung sind.

Zusatzinformationen Kreditwürdigkeitsprüfung
zu Sachanlagen
    davon Sachanlagen aus Finanzierungsleasing
zu Beteiligungen
    davon Beteiligungen an assoziierten Unternehmen „at Equity" bewertet
    davon Beteiligungen an Joint Ventures „at Equity" bewertet
zu Guthaben bei Kreditinstituten
    davon mit einer Restlaufzeit von mehr als einem Jahr
    davon Guthaben auf Sperr-/Kautionskonten
zu Verbindlichkeiten gegenüber Kreditinstituten
    davon mit Restlaufzeit bis zu einem Jahr und Tilgungsanteil mittel-/langfristiger Verbindlichkeiten
    davon nachrangig
zu Verbindlichkeiten gegenüber verbundenen Unternehmen
    davon mit Restlaufzeit bis zu einem Jahr und verzinslich
    davon mit einer Restlaufzeit von mehr als einem Jahr und verzinslich
zu Verbindlichkeiten gegenüber Unternehmen, mit denen ein Beteiligungsverhältnis besteht
    davon mit Restlaufzeit bis zu einem Jahr und verzinslich
    davon mit einer Restlaufzeit von mehr als einem Jahr und verzinslich
zu: Sonstige Verbindlichkeiten
    davon mit Restlaufzeit bis zu einem Jahr und verzinslich
    davon mit einer Restlaufzeit von mehr als einem Jahr und verzinslich
    davon mit Restlaufzeit von mehr als fünf Jahren und verzinslich zu: Umsatzerlöse
    davon aus Veräußerung Vorführwagen und Mietfahrzeugen
    davon aus Vermietung von Mietfahrzeugen
    davon Auslandsumsatz in Fremdwährung (Nicht EUR)
zu: Sonstige betriebliche Aufwendungen (GKV)
    darunter Versicherungsaufwand (ohne Kfz)
zu: Zinsen und ähnliche Aufwendungen
    davon für nachrangige Verbindlichkeiten
andere Angaben
    Vorgesehene Gewinnausschüttung
    Aus Forschungs- und Entwicklungsaufwand aktivierter Entwicklungsaufwand
    Eigene Anteile, darunter: Agio
    Eigene Anteile, darunter: Gezeichnetes Kapital

Abbildung E-25: Zusatzinformationen für Kreditwürdigkeitsprüfungen in der Kern-Taxonomie 6.1

4. Elektronische Übertragung an die Finanzverwaltung („E-Bilanz")

Steuerrechtlich wurde mit dem Steuerbürokratieabbaugesetz (SteuBAG) vom 20.12.2008[1] die grundsätzliche Verpflichtung bilanzierender Unternehmen eingeführt, Jahresabschlüsse bzw. anpassende Überleitungsrechnungen für Wirtschaftsjahre, die nach dem 31.12.2010 beginnen, standardisiert elektronisch zu übermitteln (§ 5b EStG). Mit dem Projekt *E-Bilanz* der Finanzverwaltung wurde im Rahmen des Bund-Länder-Vorhabens KONSENS (**KO**ordinierte **N**eue **S**oftware-**EN**twicklung für die **S**teuerverwal-

---

[1] BGBl. 2008 I, 2850.

tung) XBRL als Standard für die Übertragung ausgewählt (siehe oben Abschnitt 1.). § 5b Abs. 2 kann auf Antrag im Härtefall, insbes. bei Kleinstbetrieben, von einer elektronischen Übermittlung abgesehen werden.

Elektronisch zu übermitteln sind nach Auffassung der Finanzverwaltung[1] neben einem umfassenden Stammdaten-Modul (GCD-Modul) im GAAP-Modulbereich:

- Steuerbilanz oder *Handelsbilanz* mit Überleitungsrechnung,
- (steuerliche) *Gewinn- und Verlustrechnung*,
- *Ergebnisverwendungsrechnung*,
- *Kapitalkontenentwicklung* bei *Personengesellschaften*,
- *Anlagenspiegel* und ggf.
- Sonder- und Ergänzungsbilanzen sowie
- ggf. Betriebsstättenbilanzen.

Bei der Festlegung des zu übermittelnden Dateninhalts geht die Finanzverwaltung grundsätzlich von der für Offenlegungszwecke entwickelten HGB-Taxonomie des XBRL Deutschland e.V. aus, allerdings erfolgte inzwischen eine Erweiterung des Datensatzes um alle nach steuerlichen Vorschriften erforderlichen Positionen abzudecken.[2]

Spezielle steuerrechtliche Taxonomie-Teile sind

- Sonder-/ Ergänzungsbilanzen,
- Überleitungsrechnung der Wertansätze aus der Handelsbilanz zur Steuerbilanz/Umgliederungsrechnung,
- Berichtigung des Gewinns bei Wechsel der Gewinnermittlungsart und
- Steuerliche Gewinnermittlung (insbes. außerbilanzielle Korrekturen).

Außerdem können freiwillig andere Berichtsbestandteile, wie Anhang, Haftungsverhältnisse, Forderungs- und Verbindlichkeitsspiegel, Kapitalflussrechnung und Lagebericht in digitaler oder print-Fassung übermittelt werden.

Der Taxonomie-Teil der Sachanlagen im Berichtsteil Bilanz hat beispielsweise die in Abb. E-26 dargestellte Struktur.

Ebene	Feldbezeichnung	Feldattribut
1	Bilanz	
2	Bilanzsumme, Summe Aktiva	SMF
3	Anlagevermögen	SMF
4	Sachanlagen	SMF
5	Grundstücke, grundstücksgleiche Rechte und Bauten Grundstücken einschließlich der Bauten auf fremden Grundstücken	SMF
6	unbebaute Grundstücke	MF-KN
6	grundstücksgleiche Rechte ohne Bauten	MF-KN

---

1 BMF-Schreiben v. 29.9.2011, BStBl 2011 I, 855.
2 BMF-Schreiben v. 19.1.2010, BStBl 2010 I, 47.

Standardisierung der Bilanzdarstellung zur Übertragung

Ebene	Feldbezeichnung	Feldattribut
6	Bauten auf eigenen Grundstücken und grundstücksgleichen Rechten	MF-KN
7	davon Grund und Boden-Anteil	MF
6	Bauten auf fremden Grundstücken	MF-KN
6	Aufwandsverteilungsposten	MF
6	Übrige Grundstücke, nicht zuordenbar	AP
6	Grundstücke, grundstücksgleiche Rechte und Bauten einschließlich Bauten auf fremden Grundstücken soweit aus der/den für die ausländ., Betriebsstätte(n) geführten Buchführung(en) nicht anders zuordenbar	AP
5	technische Anlagen und Maschinen	MP-KN
6	technische Anlagen	KF
6	Maschinen und maschinengebundene Werkzeuge	KF
6	Betriebsvorrichtungen	KF
6	Reserve- und Ersatzteile	KF
6	GWG	KF
6	GWG-Sammelposten	KF
6	Sonstige technische Anlagen und Maschinen	KF
6	technische Anlagen und Maschinen, soweit aus der/den für die ausländ. Betriebsstätte(n) geführten Buchführung(en) nicht anders zuordenbar	AP
5	andere Anlagen, Betriebs- und Geschäftsausstattung	MF-KN
6	andere Anlagen, Betriebs- und Geschäftsausstattung, andere Anlagen	KF
6	Betriebsausstattung	KF
6	Geschäftsausstattung	KF
6	GWG	KF
6	Sammelposten GWG	KF
6	Sonstige Betriebs- und Geschäftsausstattung	KF
6	andere Anlagen, Betriebs- und Geschäftsausstattung, soweit aus der/den für die ausländ. Betriebsstätte(n) geführten Buchführung(en) nicht anders zuordenbar	AP
5	Geschäfts- und Vorführwagen	AP
6	Geschäftswagen	KF
6	Vorführwagen	KF
5	geleistete Anzahlungen und Anlagen im Bau	MF-KN
6	geleistete Anzahlungen auf Sachanlagen	KF

Ebene	Feldbezeichnung	Feldattribut
6	Gebäude im Bau	KF
6	technische Anlagen und Maschinen im Bau	KF
6	geleistete Anzahlungen und Anlagen im Bau, soweit aus der/ den für ausländ. Betriebsstätte(n) geführten Buchführung(en) nicht anders zuordenbar	AP
5	Sonstige Sachanlagen	MF-KN
6	vermietete Anlagewerte	KF
6	übrige sonstige Sachanlagen, nicht zuordenbare Sachanlagen	KF
7	Erläuterungen zu sonstige Sachanlagen	KF

Abbildung E-26: Beispiel „Sachanlagen" aus der XBRL-HGB-Kerntaxonomie (fiskal)

Die einzelnen Elemente (Informationseinheiten) werden nach den Vorgaben der Finanzverwaltung mit folgenden *Feldattributen* differenziert in:

- Posten, die in der *Handelsbilanz unzulässig* sind,
- Posten, die in der *Steuerbilanz unzulässig* sind,
- *Mussfelder*, die zwingend einen Wert enthalten müssen, wenn dazu kein Wert vorhanden ist, wird ein NIL-Wert erwartet,
- *Mussfelder mit erwünschtem Kontonachweis*, wobei Detailinformationen über die eingehenden Werte (Summen-/Saldenliste) erwartet werden,
- *Summenmussfelder* als Oberposition über rechnerisch verknüpfte Mussfelder,
- *Auffangpositionen* zur Sicherung der rechnerischen Richtigkeit bei fehlender Ableitung aus der Buchführung,
- *Rechnerisch notwendige Positionen*, die Differenzen zwischen Mussfeldern und Oberpositionen füllt, um rechnerische Richtigkeit sicherzustellen und
- Freiwillige Angaben.

Die für einzelne Wirtschaftsjahre steuerrechtlich verbindlichen (§ 51 Abs. 4 Nr. 1b EStG) Taxonomien werden kontinuierlich vom BMF bekanntgegeben[1] und unter www.esteuer.de veröffentlicht. Der von der Finanzverwaltung bereitgestellte ELSTER Rich Client (ERIC) ist für die Validierung von XBRL-Dokumenten zuständig und lässt Übermittlung an das Finanzamt nur zu, wenn in ihnen keine Fehler enthalten sind.

---

1 Zuletzt BMF-Schreiben v. 16. Mai 2017, BStBl 2017 I, 776 für die Taxonomie-Version 6.1.

VI. Gemeinsamkeiten und Unterschiede der Bilanzausweise nach HGB und IFRS

Im synoptischen Vergleich der Abbildung E-27 werden die wesentlichsten Gemeinsamkeiten und Unterschiede des Bilanzansatzes „dem Ausweis nach" deutlich.

Bilanzausweise	HGB	IFRS
Bilanzform	KapGes: nur Staffelform	Staffel- oder Kontoform
Mindestgliederungen	obligatorisches Gliederungsschema für KapGes, abgestuft nach Größe (Kleinst-, Klein-, Mittel-, Großformat); hinreichend aufgegliedertes Mindestformat (Grobformat) für Nicht-KapGes	Mindestbestandteile von Posten, keine rechtsform- und größenspezifische Differenzierung
Ausweisoptionen	Erweiterungs-, Umgliederungs-, Umbenennungs-, Zusammenfassungs-, Leerpostenstreichungsoptionen	Bezeichnungs-, Umgliederungs- und Leerpostenoptionen
Ausweispflichten	KapGes: Darstellungsstetigkeit, Vorjahresvergleichswerte, Mitzugehörigkeitsvermerk, Vorrang Branchenschemata	Darstellungsstetigkeit, Vorjahresvergleichswerte, Ergänzungs-, Zusammenfassungspflicht, kein Mitzugehörigkeitsvermerk, keine Branchenschemata
Gliederungsprinzipien für Aktiva	Vermögensgegenstände/Rechnungsabgrenzungsposten; Anlage-/Umlaufvermögen nach dauernder/vorübergehender Bestimmung zum Dienen, Gutscharakter, Geldnähe u.a.	primär lang-/kurzfristig, sonst nach Liquidität (Geldnähe) auch gemischt; Sonderausweis: Zur Veräußerung bestimmte Vermögenswerte (gruppen)
Gliederungsprinzipien für Passiva	Kapital/Rechnungsabgrenzungsposten; EK/FK; Gewissheit: Rückstellungen/Verbindlichkeiten; KapGes: Verbindlichkeiten nach Fristigkeit u.a., Unterbilanzausweis	EK/FK, wahlweise nach Laufzeit lang-/kurzfristig, sonst nach Liquiditätsnähe; Sonderausweis: Schulden im Zusammenhang mit zur Veräußerung bestimmten Vermögenswerte(gruppen)
Berücksichtigung der Ergebnisverwendung	Option: vor/nach vollständiger/teilweiser Ergebnisverwendung	Option: nach vollständiger/teilweiser oder vor Ergebnisverwendung: Dividenden-Umgliederung in EK
zusätzliche obligatorische Aufgliederungen (Spiegel)	KapGes: Anlagenspiegel, nur bei nicht konzernrechnungslegungspflichtigen börsennotierten Kapitalgesellschaften: EK-Spiegel, Kapitalflussrechnung; nur bei AG: Rücklagenspiegel; Unterstrichausweis der Haftungsverhältnisse	Sachanlagenüberleitungsrechnung, Kapitalflussrechnung, Eigenkapitalveränderungsrechnung mit Mindestpositionen, Eventualschulden nur als Anhangangaben

Abbildung E-27: Synopse der Gemeinsamkeiten und Unterschiede der Bilanzausweise nach HGB und IFRS

F. Nachträgliche Veränderung der Bilanzansätze nach HGB, IFRS und Steuerrecht

I. Bilanzänderung und Bilanzberichtigung

Einmal getroffene Bilanzierungsentscheidungen über Ansätze dem Grunde, der Höhe oder dem Ausweis nach müssen nicht dauerhaften Bestand haben. Zum einen kann sich im Nachhinein deren *Unzweckmäßigkeit* in Bezug auf die Ziele des Bilanzierenden herausstellen. Das ist insbes. dann der Fall, wenn sich die Grundlagen für die getroffene Entscheidung aus Gründen objektiver externer oder interner Datenänderungen oder subjektiver Fehleinschätzungen nachträglich ändern. Es kann sich zum anderen aber auch im Nachhinein als *Unzulässigkeit/Unrichtigkeit* des Bilanzansatzes – ein Bilanzfehler – herausstellen.

Beide Fälle der nachträglichen Veränderung einer Bilanz bezeichnet man im **handelsrechtlichen** Sprachgebrauch als *Bilanzänderung* (bzw. Änderung des Jahresabschlusses). Gesetzliche Vorschriften zur handelsrechtlichen Bilanzänderung existieren nicht; es sind allgemeine Grundsätze, insbes. die Grundsätze des Bilanzenzusammenhangs, des Vertrauensschutzes, der Richtigkeit, des Lageeinblicks und der Wesentlichkeit anzuwenden.[1] Eine wichtige auslegende Regelvorgabe bietet dabei IDW RS HFA 6 (Änderungen von Jahres- und Konzernabschluss).

Obwohl auch der **Steuergesetzgeber** in § 4 Abs. 2 EStG nur von „Änderung" spricht, ist es in Rechtsprechung, Richtlinien und im Schrifttum im steuerrechtlichen Bereich üblich, als *Bilanzänderung* den Ersatz eines zulässigen Ansatzes durch einen anderen zulässigen Ansatz zu verstehen.[2] Bilanzänderung in diesem (engeren) Sinne setzt also das Bestehen eines Bilanzierungs-, Bewertungs- oder Ausweiswahlrechtes voraus, das nachträglich in anderer als der ursprünglichen Weise ausgeübt wird. Wird hingegen nachträglich ein unzulässiger (unrichtiger, fehlerhafter) Ansatz durch einen zulässigen (richtigen, fehlerfreien) ersetzt, so spricht man steuerrechtlich von einer *„Bilanzberichtigung"*. Der gesetzliche Wortlaut des § 4 Abs. 2 EStG trägt diese Differenzierung allerdings nicht; inhaltlich regelt Satz 1 jedoch die Bilanzberichtigung, Satz 2 die Bilanzänderung i.e.S.

Nicht zu den hier beschriebenen Bilanzänderungen im Rechtssinne gehören

- die rückwirkende Begründung, Aufhebungen und Veränderungen von Sachverhalten, insbes. tatsächlichen Geschäftsvorfällen. Derartige Rückwirkungen werden im Steuerrecht im Allgemeinen – von Vereinfachungsfällen abgesehen – nicht anerkannt (sog. *Nichtanerkennung rückwirkender Sachverhaltsgestaltungen*),[3]
- in die Zukunft reichende *Änderungen von planmäßigem Bilanzverhalten* (z.B. Änderungen der Abschreibungspläne),

---
1 Siehe hierzu Kap. B.
2 So z.B. BFH v. 9.4.1981, BStBl 1981 II, 620 m.w.N.
3 Vgl. z.B. BFH v. 18.9.1984, BStBl 1985 II, 55 m.w.N.

- Veränderungen an der Bilanzform und am Bilanzinhalt, die zeitlich *vor der Feststellung* (oder Unterzeichnung) der Handelsbilanz bzw. *vor der Einreichung* der Steuerbilanz an die Finanzbehörde vorgenommen werden,
- Veränderungen an sog. *vorläufigen* Bilanzen, das sind noch keine rechtsverbindlichen Bilanzen; sie stehen insbes. noch unter dem Vorbehalt der endgültigen Genehmigung, sowie
- Veränderungen bei Mängeln im *Bilanz-Feststellungsakt* (z.B. Irrtum, arglistige Täuschung), sofern der zugrunde liegende Jahresabschluss richtig ist.

Obwohl es sich bei der Ersetzung eines *nichtigen* Jahresabschlusses durch einen fehlerfreien Jahresabschluss eigentlich um eine Ersterstellung handelt, da eine nichtige Bilanz ein rechtliches Nullum darstellt, liegt auch hier eine Bilanz-/Jahresabschlussänderung i.w.S. vor.

Im Gegensatz zum Handelsrecht, das alle Änderungen eines Jahresabschlusses (Bilanz einschl. GuV-Rechnung und Anhang etc.) umfasst, bezieht sich das Steuerrecht in der Regelung des § 4 Abs. 2 EStG nur auf die Posten der Bilanz. Erfasst sind aber alle Steuerbilanzen, also auch Sonder- und Ergänzungsbilanzen.

Der *internationale Rechnungslegungsstandard* IAS 8 regelt – neben der „Auswahl und Anwendung von Bilanzierungs- und Bewertungsmethoden" – in diesem Zusammenhang vor allem:

- Änderungen der Bilanzierungs- und Bewertungsmethoden,
- Änderungen von Schätzungen und
- Korrekturen von Fehlern aus früheren Perioden (IAS 8.3).

Terminologisch bestehen also folgende Unterschiede bei der nachträglichen Veränderung von Bilanzen:

	fehlerfreie Darstellung		fehlerhafte Darstellung
Handelsrecht (HGB)	Bilanz-/Jahresabschlussänderungen		
Steuerrecht (EStG)	Bilanzänderung		Bilanzberichtigung
IFRS	Methodenänderung	Schätzungsänderung	Fehlerkorrektur

Abbildung F-1: Begriffsunterschiede bei Veränderungen von Bilanzen nach HGB, EStG und IFRS

In allen Rechtsgebieten sind grundsätzlich drei *Änderungsmethoden* zu unterscheiden:

- *Änderungen in laufender Rechnung* (d.h. im nächsten anstehenden Jahresabschluss) und
- *Rückwärtsänderungen/-berichtigungen*, wobei der Fehler in dem zurückliegenden Jahresabschluss erfolgt, in dem der Fehler erstmals auftrat; dabei müssen wegen des Prinzips der Bilanzidentität (§ 252 Abs. 1 Nr. 1 HGB)[1]
- auch die folgenden Jahresabschlüsse geändert werden (*Vorwärtsänderungen/-berichtigungen*).

---

1 Siehe Kap. B II. 8a).

II. Nachträgliche Veränderung unzweckmäßiger Bilanzansätze

1. Änderung fehlerfreier Bilanzen (Bilanzänderung i.e.S.) nach HGB

Zu den häufigsten Gründen der Änderung fehlerfreier Bilanzen gehören wesentliche zwischenzeitliche wertaufhellende Erkenntnisse (z.B. über hohe Verluste einer Beteiligungsgesellschaft, unerwartetes beachtliches Prozessrisiko) und Anpassungen aus steuerlichen Gründen (z.B. Anpassungen an Steuerbilanzen, die nach einer steuerlichen Außenprüfung berichtigt oder kompensatorisch geändert wurden – soweit das Maßgeblichkeitsprinzip reicht; Nutzung von steuerlichen Verlustvor-/rückträgen).

a) Bei Personenunternehmen

Beim *Einzelkaufmann* ist die Bilanz mit der Unterschrift gem. § 245 HGB rechtswirksam festgestellt. Er kann die Bilanz jedoch grundsätzlich jederzeit ändern und neu unterschreiben. Beschränkungen können sich (außerhalb der Rechnungslegungspflichten nach dem PublG) nur aus einem etwaigen Vertrauensschutz Dritter ergeben, für die die mitgeteilte Bilanz informationelle oder finanzielle Bedeutung hat (z.B. Bank, Tantiemeberechtigte).

Ist bei *Personengesellschaften* nur ein Vollhafter feststellungsberechtigt, so gelten die Grundsätze für den Einzelkaufmann entsprechend. In anderen Fällen bedarf es eines Änderungsbeschlusses aller feststellungsberechtigten Gesellschafter, der den gleichen Beschränkungen unterliegt wie der Änderungsbeschluss des Einzelkaufmanns. Auch bei (typischen) Personengesellschaften dürfte bisher der privatrechtliche Charakter der Bilanzierung überwiegen, so dass nach dem Prinzip privatrechtlicher Gestaltungsfreiheit[1] eine Bilanzänderung bei Wahrung der bereits entstandenen Ansprüche der Gewinnbeteiligten und der Information von Bilanzadressaten (z.B. der Bank) als zulässig anzusehen ist.

Etwas anderes gilt bei *Personenunternehmen, die unter das Publizitätsgesetz fallen*. Hier kommt dem Interessenschutz einer breiteren Öffentlichkeit größere Bedeutung zu; andererseits werden bei der Bilanzänderung i.e.S. nur ohnehin zulässige Bilanzspielräume ausgeschöpft. *Atypische Personengesellschaften (KapGes & Co.)* müssen sich wegen der Haftungsbegrenzung weitgehend wie Kapitalgesellschaften behandeln lassen (§ 264a HGB).

b) Bei Kapitalgesellschaften und Genossenschaften

Bei Körperschaften wird die Bilanz durch die Geschäftsführung (bzw. den Vorstand) aufgestellt und durch Beschluss der zuständigen Organe (Vorstand mit Aufsichtsrat oder Hauptversammlung, Gesellschafter-, Generalversammlung) festgestellt. Diese Beschlüsse können die jeweiligen Gesellschaftsorgane grundsätzlich in derselben Weise, wie sie gefasst wurden, wieder ändern. Bis zum Feststellungsbeschluss[2] können Bilanzen jeden-

---

1 Siehe Kap. B.III.1.
2 Einschränkend kann die Änderungsbeschränkung bei Aktiengesellschaften schon nach der Bekanntgabe des Jahresabschlusses bei der Einberufung der Hauptversammlung beginnen (WPH 2017, B 373).

falls unbeschränkt verändert werden, allenfalls muss bei Prüfungspflicht eine Nachtragsprüfung stattfinden (§ 316 Abs. 3 S. 1 HGB).

Die Änderung einer *fehlerfreien Bilanz nach Feststellung* ist nach herrschender Meinung[1] nur eingeschränkt zulässig. Es hat stets eine Interessenabwägung zwischen den Interessen der Gesellschaft und dem schützenswürdigen Informationsinteresse außenstehender Dritter (Anteilseigner) und bei Offenlegungspflicht – der Öffentlichkeit zu erfolgen.

Danach ist eine Bilanzänderung bei Kapitalgesellschaften nur zulässig, wenn

- „gewichtige rechtliche, wirtschaftliche oder steuerrechtliche Gründe"[2] vorliegen,
- die Änderung nicht willkürlich ist und
- nicht den Grundsätzen von Treu und Glauben widerspricht.[3]
- Ferner dürfen die durch einen ordnungsmäßigen Gewinnverwendungsbeschluss entstandenen Gewinnansprüche nicht ohne Einwilligung der Betroffenen beeinträchtigt werden.[4]

Nach Literaturmeinungen gehören neben völlig veränderten Erfolgssituationen und besseren Einsichten nach Feststellung auch steuerliche Anlässe (z.B. Steuerbilanzberichtigungen durch Außenprüfung; Nutzung von Verlustverrechnungsmöglichkeiten) zu den eine Änderung rechtfertigenden Gründen. Ergebnisabhängige Ansprüche aus schuldrechtlichen Vereinbarungen (z.B. gewinnabhängige Managervergütungen) beschränken eine Bilanzänderung i.d.R. nicht.[5] Sofern eine Bilanzprüfung und ein formelles Feststellungsverfahren gesetzlich vorgesehen sind, muss allerdings die geänderte Handelsbilanz die gleichen Prozeduren abermals durchlaufen (sog. *Nachtragsprüfung*, § 316 Abs. 3 S. 1 HGB). Bei Offenlegungspflicht ist auch die Änderung offenzulegen (§ 325 Abs. 1b HGB).

Zur grafischen Verdeutlichung der Änderungen fehlerfreier Bilanzen nach HGB siehe Abb. F-2 linker Teil.

2. Bilanzänderungen nach IFRS

a) Änderung von Bilanzierungs- und Bewertungsmethoden

Als *Bilanzierungs- und Bewertungsmethoden (Rechnungslegungsmethoden, accounting policies)* im Sinne von IAS 8 werden „die besonderen Prinzipien, grundlegende Überlegungen, Konventionen, Regeln und Praktiken, die ein Unternehmen bei der Aufstellung und Darstellung eines Abschlusses anwendet" verstanden (IAS 8.5). Aus Gründen der Vergleichbarkeit *(comparability*[6]*)* sind Rechnungslegungsmethoden grundsätzlich – aber nicht ausnahmslos – stetig anzuwenden (IAS 1.45 und IAS 8.13).

---

1 Vgl. z.B. WPH 2017, B 360 m.w.N. insbes. IDW RS HFA 6.
2 IDW RS HFA 6 Tz. 10.
3 IDW RS HFA 6 Tz. 9.
4 BGH v. 24.1.57, BGHZ 23, S. 150; IDW RS HFA 6 Tz. 10.
5 IDW RS HFA 6 Tz. 11.
6 Siehe Kap. B. V.5.d).

Keine Änderung der Bilanzierungs- oder Bewertungsmethoden sind nach IAS 8.16

- die Anwendung einer Bilanzierungs- und Bewertungsmethode auf Geschäftsvorfälle, sonstige Ereignisse oder Bedingungen, die sich grundsätzlich von früheren Geschäftsvorfällen oder sonstigen Ereignissen oder Bedingungen *unterscheiden* und
- die Anwendung einer neuen Bilanzierungs- oder Bewertungsmethode auf Geschäftsvorfälle oder sonstige Ereignisse oder Bedingungen, die *früher nicht vorgekommen* sind oder *unwesentlich* waren.

Die erstmalige Anwendung einer Methode zur *Neubewertung* von Vermögenswerten nach IAS 16 oder IAS 38 ist eine Änderung einer Bilanzierungs- und Bewertungsmethode, die als Neubewertung im Rahmen des IAS 16 bzw. IAS 38 und nicht nach IAS 8 zu behandeln ist (IAS 8.17).

IAS 8.14 nennt zwei *Zulässigkeitsbedingungen*: danach darf ein Unternehmen eine Bilanzierungs- und Bewertungsmethode nur dann ändern, wenn die Änderung

a) aufgrund eines Standards oder einer Interpretation erforderlich ist oder
b) dazu führt, dass der Abschluss zuverlässigere und relevantere Informationen über die Vermögens-, Finanz- oder Ertragslage oder Cashflows des Unternehmens vermittelt.

Beruht die Änderung auf einer *erstmaligen Anwendung eines Standards* oder einer Interpretation so haben die ggf. bestehenden spezifischen Übergangsvorschriften Vorrang (IAS 8.19a). Bestehen keine Übergangsvorschriften oder handelt es sich um eine *freiwillige Änderung* zur Verbesserung der Lageinformationen (außer freiwillige frühere Standardanwendung), so muss die Änderung *rückwirkend* angewendet werden (IAS 8.19b).

Die *rückwirkende Anwendung (retrospektive Methode)* besteht darin, eine neue Bilanzierungs- und Bewertungsmethode auf Geschäftsvorfälle, sonstige Ereignisse und Bedingungen so anzuwenden, als ob sie schon immer zur Anwendung gekommen sei (IAS 8.5). Das Unternehmen hat also den Eröffnungsbilanzwert eines jeden Bestandteils des Eigenkapitals (i.d.R. die Gewinnrücklagen) für die früheste ausgewiesene Periode (i.d.R. das Änderungsvorjahr) sowie die sonstigen vergleichenden Beträge für jede frühere ausgewiesene Periode so anzupassen, als ob die neue Bilanzierungs- und Bewertungsmethode stets angewandt worden wäre (IAS 8.22). Eine Verletzung des Grundsatzes der Bilanzenidentität[1] wird hingenommen. Regelmäßig ist also der Vorjahres-Eröffnungsbilanzwert mit den kumulierten Effekten der retrospektiven Methodenanwendung in den aktuell nicht dargestellten früheren Abschlüssen zu verrechnen. Erfolgswirksam werden damit nur die Ergebniswirkungen der Methodenänderung im Änderungsjahr und in der Vorperiode.

Eine *Ausnahme* von der Verpflichtung zur unbeschränkten retrospektiven Anwendung besteht, wenn die *Ermittlung* der periodenspezifischen Effekte oder der kumulierten Auswirkung der Änderung *undurchführbar* ist (IAS 8.23). Das ist nach IAS 8.5 dann der Fall, wenn die rückwirkende Anwendung trotz aller angemessenen Anstrengungen des Unternehmens nicht durchgeführt werden kann. Für eine bestimmte frühere Periode ist die rückwirkende Anwendung einer Änderung einer Bilanzierungs- und Bewertungsmethode nach IAS 8.5 dann undurchführbar, wenn

---

[1] Kap. B. II.8.a).

(a) ihre Auswirkungen nicht zu ermitteln sind,
(b) sie Annahmen über die mögliche Absicht des Managements in der entsprechenden Periode erfordert oder
(c) sie umfangreiche Schätzungen der Beträge erforderlich macht und es unmöglich ist, eine objektive Unterscheidung der Informationen aus diesen Schätzungen, die
   (i) Nachweise über die Sachverhalte vermitteln, die zu dem Zeitpunkt bestanden, zu dem die entsprechenden Beträge zu erfassen, zu bewerten oder anzugeben sind und
   (ii) zur Verfügung gestanden hätten, als der Abschluss für jene frühere Periode zur Veröffentlichung genehmigt wurde,
   von sonstigen Informationen vorzunehmen.

Bei Undurchführbarkeit für eine oder mehrere Perioden hat das Unternehmen die neue Bilanzierungs- und Bewertungsmethode auf die Buchwerte der Vermögenswerte und Schulden zum Zeitpunkt der *frühesten Periode, für die die rückwirkende Anwendung durchführbar ist,* anzuwenden und eine entsprechende Anpassung des Eröffnungsbilanzwertes eines jeden betroffenen Eigenkapitalbestandteils für die entsprechende Periode vorzunehmen (IAS 8.24). Im Extremfall der Unmöglichkeit der Rückverfolgung in frühere Geschäftsjahre ist auch eine ausschließlich *prospektive Anwendung* der Änderungen einer Rechnungslegungsmethode zulässig. Diese besteht darin, die neue Bilanzierungs- und Bewertungsmethode nur auf Geschäftsvorfälle, sonstige Ereignisse und Bedingungen anzuwenden, die nach dem Zeitpunkt der Änderung der Bilanzierungs- und Bewertungsmethode eintreten.

Nach IAS 8.28 sind zur Änderung von Bilanzierungs- und Bewertungsmethoden detaillierte *Angaben* zu machen.

b) Änderung von Schätzungen

Bei der Bestimmung von Positionen der Bilanz und GuV-Rechnung bestehen vielfach wegen der Ungewissheit der Zukunft Beurteilungsspielräume. Ihre Ausfüllung wird *Schätzung* genannt. Schätzungen betreffen beispielsweise die Risiken von Forderungsausfällen, der Überalterung von Vorräten, der Ermittlung der beizulegenden Zeitwerte finanzieller Vermögenswerte, der Schulden, der Gewährleistungsverpflichtungen und der Nutzungsdauer sowie den Abschreibungsverlauf abnutzbarer Vermögenswerte (IAS 8.32). Eine Schätzung soll jeweils auf der Grundlage der zuletzt verfügbaren, verlässlichen Informationen erfolgen.

Wenn sich im Zeitablauf dieser Informationsstand ändert, ist auch eine *Änderung der Schätzung* erforderlich. IAS 8.5 definiert sehr sperrig und unvollständig eine Änderung einer Schätzung als eine „Anpassung des Buchwerts eines Vermögenswertes bzw. einer Schuld, oder den betragsmäßigen, periodengerechten Verbrauch eines Vermögenswerts, der aus der Einschätzung des derzeitigen Status von Vermögenswerten und Schulden und aus der Einschätzung des künftigen Nutzens und künftiger Verpflichtungen im Zusammenhang mit Vermögenswerten und Schulden resultiert". Sie ergibt sich aus neuen Informationen oder Entwicklungen und stellt keine Fehlerkorrektur dar. Eine Änderung der verwendeten Bewertungsgrundlage ist nach IAS 8.35 eine Änderung der Bilanzierungs- und Bewertungsmethoden und keine Änderung einer Schätzung. *Im Zweifel* gilt eine Änderung aber als eine Änderung einer Schätzung.

Nach IAS 8.34 muss eine Schätzung überarbeitet werden, wenn sich
- die Umstände der Schätzungsgrundlage geändert haben,
- neue Informationen vorliegen oder
- Erfahrungen zugenommen haben.

Die *Auswirkung der Änderung einer Schätzung*, ist nach IAS 8.37 grundsätzlich *prospektiv ergebniswirksam zu erfassen* in

(a) der Periode der Änderung, wenn die Änderung nur diese Periode betrifft oder
(b) der Periode der Änderung und in späteren Perioden, sofern die Änderung sowohl die Berichtsperiode als auch spätere Perioden betrifft.

Soweit eine Schätzungsänderung zu Änderungen der Vermögenswerte oder Schulden führt oder sich auf einen Eigenkapitalposten bezieht, hat also die Erfassung dadurch zu erfolgen, dass der *Buchwert* der entsprechenden Bilanzposition *in der Periode der Änderung und ggf. später anzupassen* ist (IAS 8.37).

Diese prospektive Erfassung der Auswirkung einer Schätzungsänderung bedeutet, dass die Änderung auf Geschäftsvorfälle und sonstige Ereignisse und Bedingungen ab dem Zeitpunkt der Änderung der Schätzung zur Anwendung kommt (IAS 8.38); die Auswirkungen sind in der Berichtsperiode und in jenen zukünftigen Perioden zu berücksichtigen, die von der Änderung betroffen sind (IAS 8.5). Eingeschränkt wird die Berücksichtigung von Auswirkungen von Schätzungsänderungen auch hier, wenn Undurchführbarkeit besteht.[1]

Gem. IAS 8.39, 40 sind *Angaben* zu Art und Betrag einer Änderung einer Schätzung zu machen bzw. ggf. auf den Umstand der Undurchführbarkeit hinzuweisen.

Abbildung F-3 fasst im linken Teil die Änderungsalternativen des IAS 8.14–40 mit ihren Folgen noch einmal schaubildlich zusammen.

3. Steuerrechtliche Bilanzänderung

Praktisch tritt das Änderungsproblem von Steuerbilanzen erst nach Abgabe (Übermittlung) der Steuerbilanz als Unterlage zur Steuererklärung auf. Bis dahin sind Steuerbilanzen ohne jede Beschränkung zu ändern. Auch *nach Bilanzaufstellung* ist die Ersetzung eines zulässigen Ansatzes durch einen anderen zulässigen Ansatz oder die Änderung der erstmaligen (Nicht-)Bilanzierung vom Steuerpflichtigen noch unbeschränkt vornehmbar, solange die Bilanz nicht dem Finanzamt eingereicht oder elektronisch übermittelt wurde.

Nach Einreichung/Übermittlung beim Finanzamt ist eine Steuerbilanz durch den Steuerpflichtigen nur noch *beschränkt* änderbar (§ 4 Abs. 2 S. 2 EStG). Danach ist nach Einreichung/Übermittlung eine anderweitige Ausübung von Wahlrechten der Gewinnermittlung (insbes. der Bilanzierungs- und Bewertungswahlrechte) nur zulässig ist, wenn sie
- in zeitlichem und sachlichem Zusammenhang mit einer Bilanzberichtigung steht und
- auch nur insoweit, als ihre Gewinnwirkungen so weit reichen wie die Bilanzberichtigung.

---
[1] Siehe hierzu den vorhergehenden Abschnitt.

Ein *enger zeitlicher und sachlicher Zusammenhang* zwischen einer Bilanzberichtigung und einer Bilanzänderung wird jedenfalls dann bejaht, wenn sich die Änderung und die Berichtigung auf dieselbe Bilanz beziehen und die Änderung der Bilanz unverzüglich nach der Bilanzberichtigung vom Steuerpflichtigen vorgenommen wird.[1]

Auf diese Weise ist es (nur) möglich, höchstens die Mehrgewinne, die sich z.B. aus einer Bilanzberichtigung anlässlich einer Amts- oder Betriebsprüfung ergeben, durch veränderte Wahlrechtsausübung auszugleichen (*Kompensation*). Damit wird dem Steuerpflichtigen die Möglichkeit geboten, ohne finanzamtliche Zustimmung seine Steuerbilanzpolitik den durch die finanzamtliche Bilanzberichtigung veränderten Beurteilungsgrundlagen anzupassen.

Seit Aufhebung der umgekehrten Maßgeblichkeit[2] ist eine der steuerbilanziellen Wahlrechtsänderung entsprechende Änderung der Handelsbilanz keine steuerliche Voraussetzung.

Zur schaubildlichen Verdeutlichung der Zusammenhänge bei der steuerlichen Bilanzänderung siehe Abb. F-5 linker Teil.

III. Nachträgliche Veränderung unzulässiger Bilanzansätze

1. Änderung fehlerhafter Bilanzansätze nach HGB (Handelsrechtliche Bilanzberichtigung)

a) Allgemeines

Die Notwendigkeit der Korrektur von Handelsbilanzansätzen ergibt sich insbes., wenn Gründe vorliegen, die zur *Nichtigkeit* der Bilanz führen.[3] Im strengen Sinne handelt es sich dann eigentlich nicht um eine Änderung, weil die nichtige Bilanz ein rechtliches Nullum darstellt; vielmehr ist die „berichtigte" Bilanz dann die einzige rechtsgültige Bilanz. Das gilt jedenfalls solange, als Nichtigkeitsgründe geltend gemacht werden können und die Nichtigkeit noch nicht durch Zeitablauf „geheilt" ist. Ein nichtiger Jahresabschluss muss zwingend erneuert werden, weil für alle Kaufleute die öffentlich-rechtliche Verpflichtung zur Aufstellung eines rechtsgültigen Jahresabschlusses besteht.[4] Der Grundsatz des Bilanzenidentität bewirkt, dass bei materiellen Mängeln in Bilanzen, die mehrere Jahre zurückliegen auch die Folgebilanzen unzutreffend und zu berichtigen sind (*„Rückwärts- und Vorwärtsberichtigung"*). Teilweise wird es aber auch als ausreichend angesehen, im nächsten, noch nicht festgestellten Jahresabschluss („in laufender Rechnung") zu berichtigen.[5] Das gilt insbes. wenn die Nichtigkeitsfehler inzwischen durch

---

1 BMF vom 18.5.2000, BStBl 2000 I, 587 und 2001 I, 244; R. 4.4 Abs. 2 Satz 5 EStR 2016.
2 Vgl. Kap. B.IV.7.
3 Zu den Nichtigkeitsgründen bei Aktiengesellschaften siehe Kap. A.VI.2.bad).
4 Zu den Rechtsgrundlagen siehe Kap. A.V.1. Ausnahme bei kleinen Einzelkaufleuten, § 241a HGB.
5 WPH 2017, B 368 m.w.N., auch der Gegenmeinung.

Zeitablauf geheilt sind oder um das Abwarten der Heilungsfrist zu rechtfertigen. Enthält eine Bilanz vergangener Jahre Fehler, die nicht zur Nichtigkeit führen *(schlichte Fehlerhaftigkeit, Anfechtungsgründe)*, so kann sie berichtigt werden.

Der handelsrechtliche *Fehlerbegriff* ist allerdings enger als der steuerrechtliche. Zweifellos gehören hierzu *objektive Fehler* (einhellig anerkannte Gesetzesverstöße), nicht aber sog. *subjektive Fehler*, bei denen der Bilanzaufsteller unter Anwendung der Sorgfalt eines ordentlichen und gewissenhaften Kaufmanns bei der Aufstellung von einem richtigen Ansatz ausgehen konnte. Im privatrechtlichen Rechtsverkehr kann im Allgemeinen nur sorgfältiges Handeln erwartet werden – im Gegensatz zum öffentlichen Recht (Steuerrecht), das an Gesetzmäßigkeit und Gleichbehandlung gebunden ist.[1] Subjektive Fehler können deshalb nach den Grundsätzen für fehlerfreie Bilanzen geändert werden.

Nach h.M.[2] kann die Fehlerbeseitigung mit den entsprechenden Erfolgswirkungen grundsätzlich in laufender Rechnung des Geschäftsjahres der Fehlererkenntnis vorgenommen werden – es sei denn, der Fehler in den früheren Bilanzen verschleiert den Lageeinblick. Dann ist eine Rückwärtsberichtigung erforderlich, wenn die Berichtigung in laufender Rechnung keine zeitnahe Verbesserung des Lageeinblicks ermöglicht. Jedenfalls darf ein erkannter Fehler nicht für die Zukunft fortgeführt werden. Das ergibt sich für alle Kaufleute aus der gesetzlichen Verpflichtung zu einer Bilanzierung, die den rechtsformspezifischen Einzelvorschriften und den GoB entspricht. Wird die Bilanz (besser: der Feststellungsbeschluss) wegen des Fehlers erfolgreich angefochten oder ein Fehler im Enforcement-Verfahren festgestellt, so besteht Berichtigungspflicht.

b) Besonderheiten bei Personenunternehmen

Nichtige Bilanzen müssen wegen der allgemeinen Bilanzierungspflicht auch bei Personenunternehmen grundsätzlich durch rechtsgültige ersetzt werden. Allerdings können wegen der völlig andersartigen Interessensituation bei typischen Personengesellschaften die aktienrechtlichen Nichtigkeitsgründe hier nicht entsprechend angewendet werden, so dass sich Nichtigkeit nur in den außergewöhnlichen Fällen der bürgerlich-rechtlichen Nichtigkeit (§§ 116 ff., 142 BGB) oder ganz eklatanter Verstöße gegen gesetzliche oder gesellschaftsvertragliche Bestimmungen über das Zustandekommen von Bilanzen ergeben kann.[3] Besonders bei Einzelkaufleuten wird deutlich, dass es für die Anwendung der Nichtigkeitsgründe darauf ankommt, ob die Bilanz nur eine Wissens- oder auch eine Willenserklärung darstellt. Zivilrechtlich können nämlich nur Willenserklärungen nichtig sein (§§ 116 ff. BGB).

Für *schlichte Bilanzfehler* der Vergangenheit besteht nach verbreiteter Auffassung nur eine Berichtigungsmöglichkeit der Gesellschafterversammlung oder des Einzelkaufmanns. Bei Personengesellschaften können Bilanzierungsfehler zur *Anfechtung* des Gesellschafterbeschlusses über die Anerkenntnis der Bilanz führen. Nur bezüglich des

---

1 Siehe unten Abschnitt F.II.3. zur steuerrechtlichen Sicht des subjektiven Fehlers, auch. BFH 31.1.2013, GrS 1/10, BStBl 2013 II, 317, unter C II 1a–b.
2 WPH 2017 B 370.
3 BGH v. 16.12.1953, BGHZ 11, S. 231.

erfolgreich angefochtenen Bilanzpostens verliert die Bilanz ihre feststellende Wirkung.[1] Durch Gesellschafterbeschluss kann dann die fehlerhafte Bilanz berichtigt werden. Ob das auf privatrechtlichen Überlegungen basierende Berichtigungswahlrecht aber angesichts der zunehmenden Wandlung der Bilanzierung zur öffentlich-rechtlichen Verpflichtung weiter Bestand haben kann, erscheint fraglich – insbes. bei KapGes & Co.

c) Besonderheiten bei Kapitalgesellschaften und Genossenschaften

Die aktienrechtlichen *Nichtigkeitsgründe* (§ 256 AktG)[2] gelten unmittelbar für AG und KGaG, in entsprechender Anwendung auch nach h.M.[3] für die GmbH. Nichtigkeitsfehler müssen berichtigt werden, solange die Nichtigkeit nicht geheilt ist (6-Monats- bzw. 3-Jahres-Frist, § 256 Abs. 6 AktG). Ein Interessenschutz der Gewinnbeteiligten besteht hierbei nicht, da die Nichtigkeit der Bilanzfeststellung auch die Nichtigkeit des Gewinnverwendungsbeschlusses zur Folge hat (§ 253 AktG), die Gewinnansprüche somit ohne rechtlichen Grund sind.

Nicht geheilte Nichtigkeitsfehler müssen – wenn sie wesentlich sind (insbes. materielle Folgewirkungen haben) – zeitgerecht, ggf. auch durch Rückwärtsänderung berichtigt werden. Wegen des Bilanzenzusammenhangs (Bilanzenidentität § 252 Abs. 1 Nr. 1 HGB) müssen ggf. auch die Bilanzen der Fehler-Folgejahre berichtigt werden. Nach h.M.[4] kann allenfalls bei fehlenden materiellen Folgewirkungen (z.B. Ausweisfehler, ergebnismindernder Fehler, ergebniserhöhender Fehler mit fehlender Rückforderungsmöglichkeit) und wenn eine zeitnahe Offenlegung des geänderten Jahresabschlusses erfolgt statt einer Rückwärtsänderung eine Korrektur in laufender Rechnung vorgenommen werden.

Durch Zeitablauf *geheilte Nichtigkeitsfehler* (§ 256 Abs. 6 AktG) können – da die Unrichtigkeit von der Rechtsordnung hingenommen wird – im letzten noch nicht festgestellten Jahresabschluss, d.h. in laufender Rechnung, korrigiert und erläutert werden.

Schlichte Fehler, die nicht zur Nichtigkeit führen, können grundsätzlich in laufender Rechnung korrigiert werden, eine Rückwärtsberichtigung ist fakultativ. Wird allerdings aufgrund des Fehlers kein den tatsächlichen Verhältnissen entsprechendes Bild der Vermögens-, Finanz- und Ertragslage vermittelt und ist eine zeitnahe Korrektur des Bildes durch Berichtigung in laufender Rechnung nicht möglich, so besteht für Kapitalgesellschaften eine Pflicht zur Rückwärtsberichtigung.[5] Die berichtigten Jahresabschlüsse müssen erneut vorgelegt, geprüft, festgestellt und offengelegt werden.

Abbildung F-2 fasst die Voraussetzungen und Möglichkeiten der nachträglichen Abänderung eines fehlerhaften handelsbilanziellen Ansatzes im rechten Teil schaubildlich zusammen.

---

1 BGH v. 11.1.1960, BB 1960, S. 188.
2 Siehe Kap. A.VI.2.bad).
3 Vgl. z.B. WPH 2017, B 274, BAUMBACH/HUECK, GmbHG, 19. Aufl., Anh. § 42a Rdnr. 4; SCHOLZ, GmbHG, 10. Aufl., § 46 Rdnr. 36.
4 IDW RS HFA 6 Tz. 16; WPH 2017, B 367 m.w.N.
5 IDW RS HFA 6 Tz. 16, 23.

Nachträgliche Veränderung unzulässiger Bilanzansätze

Änderung von Bilanzen nach HGB (Kapitalgesellschaften)

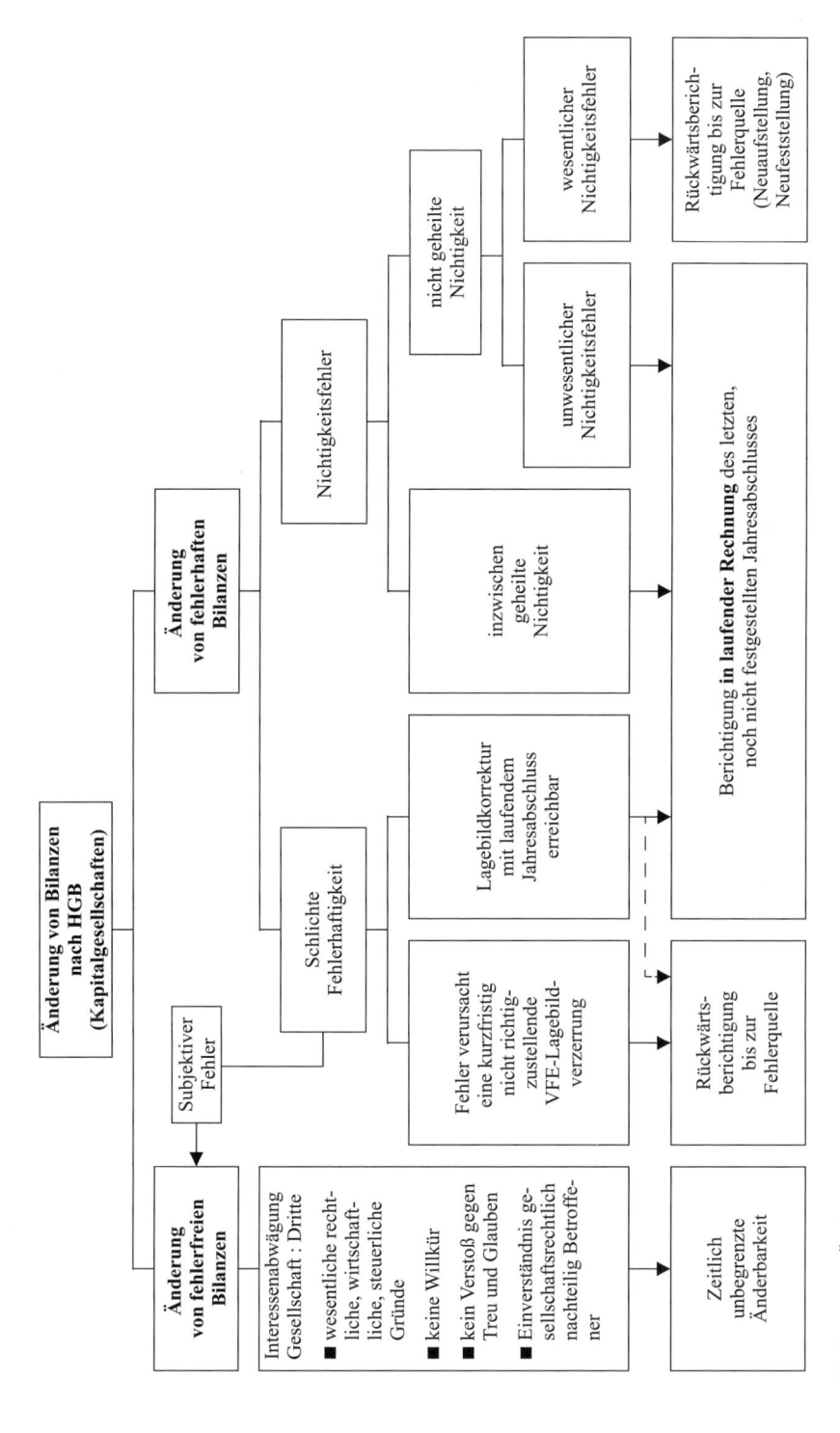

- **Änderung von fehlerfreien Bilanzen**
  - Subjektiver Fehler
  - Interessenabwägung Gesellschaft : Dritte
    - wesentliche rechtliche, wirtschaftliche, steuerliche Gründe
    - keine Willkür
    - kein Verstoß gegen Treu und Glauben
    - Einverständnis gesellschaftsrechtlich nachteilig Betroffener
  - Zeitlich unbegrenzte Änderbarkeit

- **Änderung von fehlerhaften Bilanzen**
  - **Schlichte Fehlerhaftigkeit**
    - Fehler verursacht eine kurzfristig nicht richtigzustellende VFE-Lagebildverzerrung
      → Rückwärtsberichtigung bis zur Fehlerquelle
    - Lagebildkorrektur mit laufendem Jahresabschluss erreichbar
      → Berichtigung in laufender Rechnung des letzten, noch nicht festgestellten Jahresabschlusses
  - **Nichtigkeitsfehler**
    - inzwischen geheilte Nichtigkeit
      → Berichtigung in laufender Rechnung des letzten, noch nicht festgestellten Jahresabschlusses
    - nicht geheilte Nichtigkeit
      - unwesentlicher Nichtigkeitsfehler
        → Berichtigung in laufender Rechnung des letzten, noch nicht festgestellten Jahresabschlusses
      - wesentlicher Nichtigkeitsfehler
        → Rückwärtsberichtigung bis zur Fehlerquelle (Neuaufstellung, Neufeststellung)

Abbildung F-2: Änderung von Bilanzen nach HGB

2. Fehlerberichtigung (Bilanzberichtigung) nach IFRS

Der *Fehlerbegriff* der IFRS umfasst:[1]

- Rechenfehler,
- Fehler bei der Anwendung von Bilanzierungs- und Bewertungsmethoden,
- Flüchtigkeitsfehler (Versehen),
- Fehlinterpretationen von Sachverhalten und
- absichtliche Lagetäuschungen.

Gem. IAS 8.41 können Fehler im Hinblick auf die Erfassung, Ermittlung, Darstellung oder Offenlegung von Bestandteilen eines Abschlusses entstehen. Es werden dabei folgende *Fehlerarten* unterschieden:

- potentielle Fehler und Fehler aus früheren Perioden,
- wesentliche und unwesentliche Fehler,
- unabsichtlich und absichtlich herbeigeführte Fehler.

Potentielle Fehler sind Fehler in der abgelaufenen Periode, die entdeckt werden bevor der Abschluss verabschiedet (zur Veröffentlichung freigegeben) wird.

Fehler aus früheren Perioden sind Auslassungen oder fehlerhafte Angaben in Abschlüssen für eine oder mehrere Perioden, die sich aus einer Nicht- oder Fehlanwendung von zuverlässigen Informationen ergeben haben, die im Zeitpunkt der Abschlussgenehmigung zur Verfügung standen und hätten eingeholt und berücksichtigt werden können (IAS 8.5).

Wesentlich sind Auslassungen oder fehlerhafte Darstellungen nach IAS 8.5, wenn sie einzeln oder insgesamt die auf der Basis des Abschlusses getroffenen wirtschaftlichen Entscheidungen der Adressaten beeinflussen könnten. Die Wesentlichkeit hängt vom Umfang und von der Art der Auslassung oder der fehlerhaften Darstellung ab, die unter den besonderen Umständen zu beurteilen sind. Umfang und/oder Art des fehlerhaften Postens kann dabei der entscheidende Faktor sein.

Absichtlich herbeigeführte Fehler kommen insbes. in Betracht wenn damit andere Delikte verdeckt werden sollen (Betrug, Unterschlagung, Untreue etc.).

Eine *Fehlerberichtigungspflicht* ergibt sich, wenn ein Abschluss nicht im Einklang mit den IFRS steht. Das ist der Fall, wenn er entweder

- *wesentliche Fehler* oder
- *absichtlich herbeigeführte unwesentliche Fehler* enthält, mit denen eine bestimmte Darstellung der Vermögens-, Finanz- oder Ertragslage oder Cashflows des Unternehmens zu erreichen versucht wurde (IAS 8.41).

Entdeckte *potenzielle Fehler* in der Berichtsperiode, sind zu korrigieren, bevor der Abschluss zur Veröffentlichung freigegeben wird – gleichgültig ob sie wesentlich oder unwesentlich sind.

Fehler aus früheren Perioden werden in den Vergleichsinformationen im Abschluss für diese nachfolgende Periode korrigiert. Gemäß IAS 8.42 hat ein Unternehmen *wesentliche*

---

1 So der inzwischen aufgehobene frühere IAS 8.31.

Fehler aus früheren Perioden im ersten vollständigen Abschluss, der zur Veröffentlichung nach der Entdeckung der Fehler genehmigt wurde, *rückwirkend* zu korrigieren, indem

- die vergleichenden Beträge für die früher dargestellten Perioden, in denen der Fehler auftrat, angepasst werden oder
- wenn der Fehler vor der frühesten dargestellten Periode (Vorperiode) aufgetreten ist, die Eröffnungssalden von Vermögenswerten, Schulden und Eigenkapital für die früheste dargestellte Periode (Vorperiode) angepasst werden.

Die *rückwirkende Anpassung* ist die Korrektur einer Erfassung, Bewertung und Angabe von Beträgen, so als ob ein Fehler in einer früheren Periode nie aufgetreten wäre (IAS 8.5).

Eine rückwirkende Fehlerkorrektur kommt nicht in Betracht, wenn die Ermittlung der periodenspezifischen Effekte oder der kumulierten Auswirkungen des Fehlers *undurchführbar* ist (IAS 8.43). In diesem Fall hat das Unternehmen die Eröffnungssalden von Vermögenswerten, Schulden und Eigenkapital für die früheste Periode anzupassen, für die eine rückwirkende Anpassung durchführbar ist (IAS 8.44). Wenn die Ermittlung der kumulierten Auswirkung eines Fehlers auf alle früheren Perioden am Anfang der Berichtsperiode undurchführbar ist, so hat das Unternehmen die *Vergleichsinformationen* dahingehend anzupassen, so dass der Fehler prospektiv ab dem frühest möglichen Zeitpunkt korrigiert wird (IAS 8.45).

Die Korrektur eines Fehlers aus einer früheren Periode ist für die Periode, in der er entdeckt wurde, *ergebnisneutral* zu erfassen (IAS 8.46). Bei Fehlern aus früheren Perioden sind nach IAS 7.49 differenzierte *Angaben* zu machen.

Abbildung F-3 fasst die Alternativen der Fehlerberichtigung und ihre Folgen nach IFRS im rechten Teil schaubildlich zusammen.

3. Änderung fehlerhafter Bilanzansätze nach EStG (steuerrechtliche Bilanzberichtigung)

Nach § 4 Abs. 2 S. 1 EStG darf die Bilanz nach Einreichung beim Finanzamt geändert (gemeint: berichtigt) werden, soweit sie den GoB und dem EStG nicht entspricht. R 4.4 Abs. 1 S. 2 EStR 2016 erklärt einen Bilanzansatz für unrichtig, wenn er unzulässig ist, d.h. wenn er gegen

- zwingende Vorschriften des EStG,
- das Handelsrecht oder
- die GoB

verstößt. Nach neuerer BFH-Rechtsprechung[1] liegt eine Bilanzberichtigung auch im Falle einer Nicht- oder fehlerhaften Verbuchung von Entnahmen und Einlagen vor. In diesen Fällen wird nämlich eine sich aus § 4 Abs. 1 Satz 1 EStG ergebende und der Ermittlung des Gewinns dienende Bilanzposition des Eigenkapitals verändert.

---

1 BFH v. 31.5.2007, BFH/NV 2007, 2086.

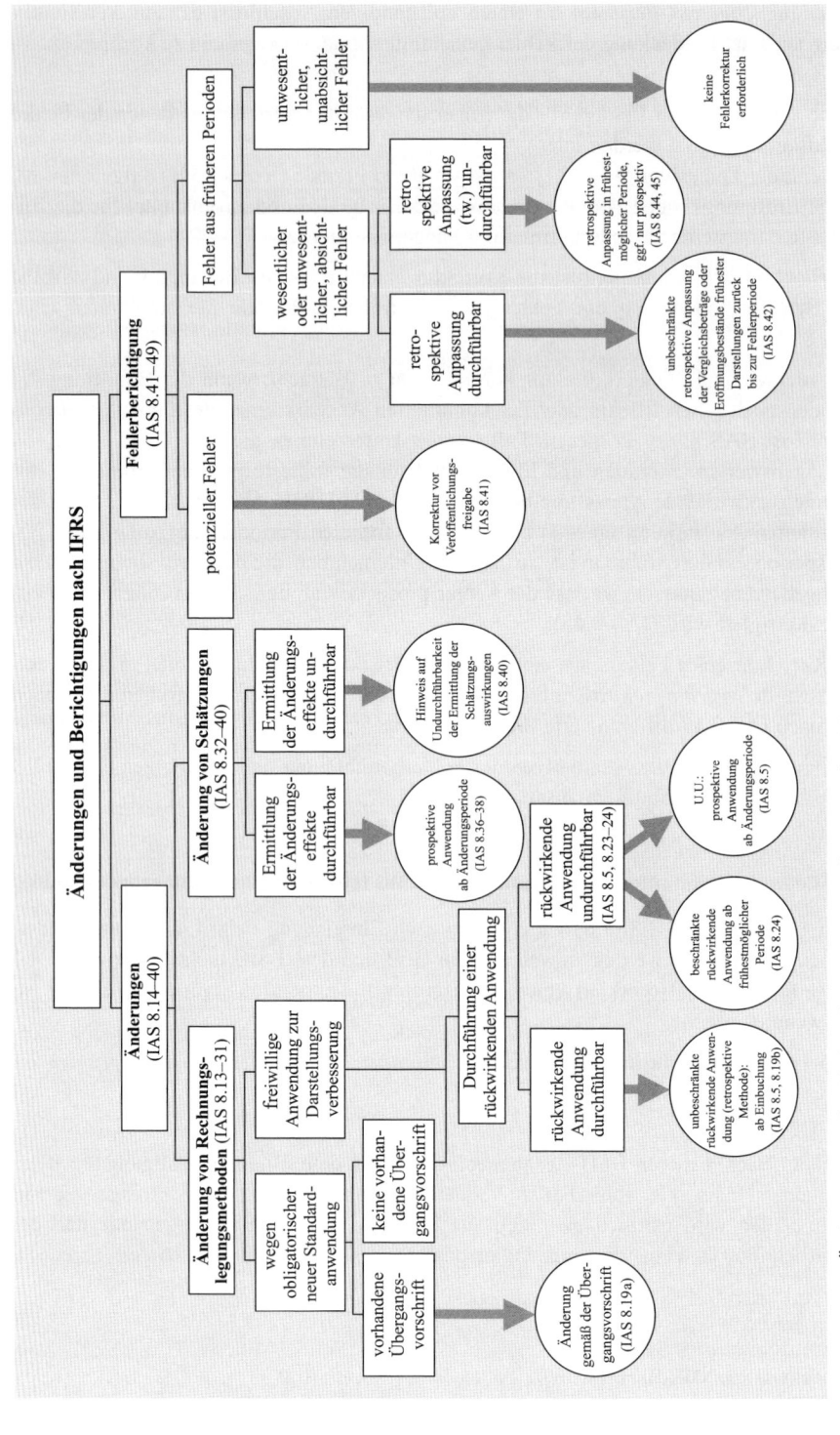

Nachträgliche Veränderung der Bilanzansätze nach HGB, IFRS und Steuerrecht

Abbildung F-3: Änderungen und Fehlerberichtigungen von Bilanzen nach IFRS

Nach langjähriger Auffassung der Rechtsprechung[1] und Finanzverwaltung galt ein objektiver Bilanzierungsfehler nicht als berichtigungsbedürftig solange ein gewissenhaft handelnder Kaufmann bei pflichtgemäßer Prüfung aufgrund seiner Erkenntnismöglichkeiten von der Richtigkeit ausgehen durfte (sog. *subjektiver Fehlerbegriff*). Das galt sowohl für Einschätzungen tatsächlicher Umstände[2] wie für rechtliche Beurteilungen[3] und schloss eine rückwärts gerichtete Berichtigung aus.

Der Rechtsgedanke des „*subjektiven Fehlers*" wurde inzwischen von Rechtsprechung[4] und Finanzverwaltung[5] zugunsten der Bedeutung eines objektiven Gesetzesverstoßes („objektiver Fehler") aufgegeben weil nach den Grundsätzen der Gleichmäßigkeit der Besteuerung[6] (Art. 3 Abs. 1 GG), der Rechtstaatlichkeit (Art. 20 Abs. 3 GG) und der Tatbestandsmäßigkeit der Besteuerung[7] die – auch erst später erkannte – materielle Richtigkeit eines Bilanzansatzes maßgeblich ist. Da das BFH-Urteil nur Fehler der rechtlichen Beurteilung betrifft, bleibt noch ungeklärt, ob auch subjektive Fehler in der Beurteilung der tatsächlichen Verhältnisse betroffen sind.

Obwohl der Wortlaut des § 4 Abs. 2 S. 1 EStG mit dem Wort „darf" ein Wahlrecht vermuten lässt, besteht nach § 153 AO eine *Verpflichtung* des Steuerpflichtigen zur unverzüglichen Anzeige und Richtigstellung wenn er nachträglich, aber noch vor Ablauf der Festsetzungsfrist erkennt, dass die Steuerbilanz (als „Erklärungs-Unterlage") unrichtig oder unvollständig ist und dieser Fehler steuerverkürzend wirkt. In anderen Fällen (z.B. steuerneutraler oder steuerentlastender Fehler) besteht nur ein *Berichtigungswahlrecht*.

Bilanzberichtigungen dürfen nach der Rechtsprechung[8] nur vom Bilanzaufsteller selbst vorgenommen werden *(Berichtigungskompetenz)*. Das schließt nicht aus, dass die Finanzbehörde – unabhängig von der Ergebniswirkung – von Amts wegen zur fehlerfreien Steuerfestsetzung verpflichtet (§ 85 AO, Art. 20 GG) ist. Bilanzierungsfehler werden dabei mit eigener Gewinnermittlung (z.B. Prüferbilanzen) berichtigt. Fehlerbeseitigungsmöglichkeiten können auch im Rechtsbehelfs- und Klageverfahren bestehen.

Bilanzierungsfehler i.S.d. § 4 Abs. 2 EStG sind nach Möglichkeit an der *Fehlerquelle* zu berichtigen *(retrospektive Berichtigung)*. Das Ausmaß der Berichtigung reicht so weit, wie es zur Beseitigung der Unrichtigkeit erforderlich ist. Je nach Fehlerart kann sich die Berichtigung erfolgsneutral oder erfolgswirksam auswirken. Eine Berichtigung im Fehlerursprungsjahr ist nur dann nicht geboten, wenn sich der Fehler in den folgenden Jahren durch den automatischen Fehlerausgleich aufgrund des sog. *formellen Bilanzenzusammenhangs* von selbst aufhebt.[9] Aus Vereinfachungsgründen – aber nicht ganz zu-

---

1 Vgl. zuletzt: BFH v. 5.4.2006, BStBl 2006 II, 688 und v. 5.6.2007, BStBl 2007 II, 818 m.w.N.
2 BFH v. 27.11.1997, BStBl 1998 II, 375.
3 BFH v. 12.11.1992, BStBl 1993 II, 392.
4 BFH v. 31.3.2013, BStBl 2013 II, 317.
5 Streichung der Sätze 3–8 in R 4.4 Abs. 1 EStR 2016.
6 Vgl. Kapitel B.IV.1.
7 Siehe Kap. B.IV.3.
8 BFH v. 4.11.1999, BStBl 2000 II, 129; v. 13.6.2006, BStBl 2007 II, 84.
9 Z.B. überhöht vorgenommene AfA, BFH v. 4.5.1993, BStBl 1993 II, 661.

treffend – wird ein Bilanzierungsfehler, der sich durch mehrere Jahresabschlüsse hinzieht, im Rahmen der Betriebsprüfung oft nur in den Prüferbilanzen des letzten Prüfungszeitraums richtiggestellt.

Unproblematisch ist die zeitnahe Berichtigung eines Fehlers in der zuletzt eingereichten Steuerbilanz, wenn die zugehörige Steuerfestsetzung noch nicht durchgeführt oder noch nicht unabänderlich bestandskräftig ist. Liegt die Fehlerquelle weiter zurück, so sind auch die dem Fehlerjahr folgenden Bilanzen zu berichtigen, sofern die entsprechenden Steuerfestsetzungen nach AO-Vorschriften noch änderbar sind *(Vorwärtsberichtigung)*.

Werden Fehler aufgedeckt, die bereits in *Bilanzen vorhergehender Stichtage* enthalten sind, so ist eine Berichtigung allerdings dann nicht zulässig, wenn die Bilanz einer Steuerfestsetzung zugrunde liegt, die nach den Vorschriften über Bestandskraft und Verjährung nicht mehr aufgehoben und geändert werden kann.[1]

Der Grundsatz der Bilanzenidentität[2] bedeutet hier, dass eine Berichtigung einer Anfangsbilanz ohne entsprechende Berichtigung der vorhergehenden Schlussbilanz i.d.R. nicht zulässig ist. Da gleichzeitig der Grundsatz des Bilanzenzusammenhanges gilt, ist die Korrektur nach herrschender Auffassung i.d.R. nicht in der Anfangsbilanz, sondern in der – zurückreichend – *ersten noch änderbaren ("noch offenen") Schlussbilanz* vorzunehmen, bei der die auf ihr aufbauenden Steuerfestsetzungen nach den Vorschriften der AO über Bestandskraft und Verjährung noch verändert werden können.[3] Siehe hierzu Abbildung F-4.

Fehlerhafte Bilanzansätze sind grundsätzlich *erfolgswirksam* zu berichtigen, wenn sich auch der Bilanzierungsfehler erfolgswirksam ausgewirkt hat. Verlangt eine Fehlerursache eine erfolgsneutrale Berichtigung, so ist sie nach BFH[4] innerhalb der Steuerbilanz erfolgswirksam auszuweisen und außerhalb derselben nach Einlagegrundsätzen wieder zu neutralisieren.

Ausnahmen vom Grundsatz der Berichtigung in der letzten noch offenen Schlussbilanz gelten nach einer nicht unproblematischen Rechtsprechung derzeit (noch) in drei Fällen, nämlich

- wenn der *Bilanzierungsfehler ohne steuerliche Auswirkungen*[5] in den unabänderlichen Veranlagungszeiträumen ist, soll in der Schlussbilanz des Fehlerursprungsjahres zu berichtigen sein;
- bei *Verstößen gegen Treu und Glauben*[6] ist unter Durchbrechung der Bilanzidentität in der Anfangsbilanz des ersten noch änderbaren Veranlagungszeitraums zu berichtigen und

---

1 § 4 Abs. 2 S. 1 a.E. EStG, womit eine Jahrzehnte alte Rechtsprechung kodifiziert wurde.
2 Siehe Kap. B.II.8.a).
3 BFH v. 16.5.1990, BStBl1990 II, 1044, BFH Gr. S. v. 10.11.1997, BStBl 1998 II, 83.
4 BFH v. 6.8.1998, BStBl 1999 II, 14.
5 Z.B. Nachaktivierung nichtabnutzbarer Wirtschaftsgüter; reine Bilanzverlängerungen.
6 Z.B. bei bewusster rechtswidriger Einbuchung einer wertlosen Forderung um diese im Folgejahr abschreiben zu können oder falls das Finanzamt dem Steuerpflichtigen einen falschen Bilanzansatz aufgezwungen hat; vgl. BFH v. 19.1.1982, BStBl 1982 II, 456.

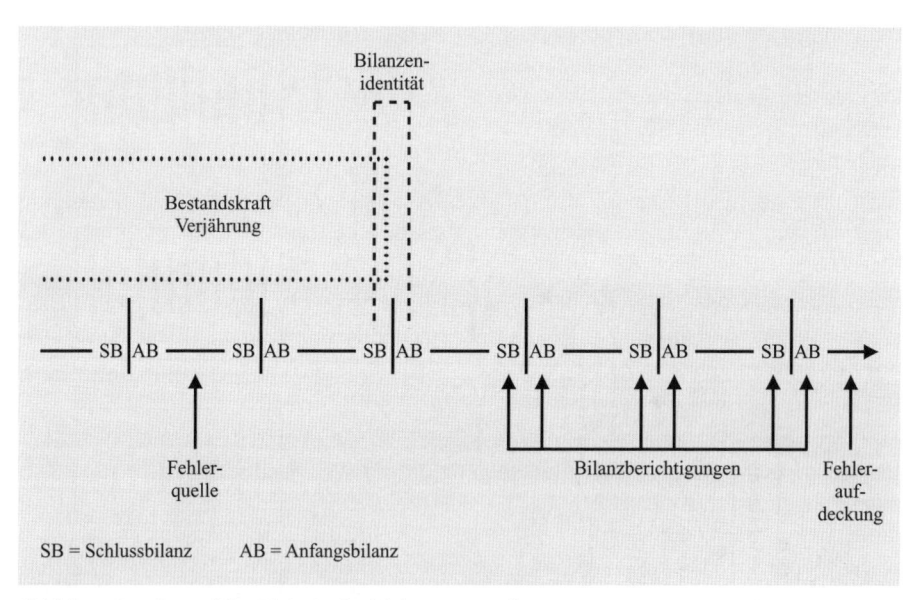

Abbildung F-4: Steuerliche Rückwärtsberichtigung von Bilanzen

- bei *Fehlern in der noch offenen Geschäftseröffnungsbilanz* sind diese in dieser Eröffnungsbilanz zu berichtigen weil eine Verknüpfung mit einer vorausgehenden Schlussbilanz nicht besteht.[1]

Die Berichtigung in der letzten noch „offenen" Schlussbilanz kann sich – je nach Art des Bilanzierungsfehlers – beim Betriebsvermögensvergleich steuersenkend oder steuererhöhend *auswirken*. Bei Aktivmehrung oder Passivminderung in der Schlussbilanz des letzten offenen Jahres ohne außerbilanzielle Kompensation tritt ein Mehrgewinn und damit die Besteuerungsfolge im letzten offenen Berichtigungsjahr ein. Gegenteiliges gilt bei fehlerkorrigierenden Aktivminderungen und Passivmehrungen. In den Folgejahren kann sich die Steuerwirkung umkehren. Die anlässlich einer Betriebsprüfung aufgedeckten Mehr- und Minderergebnisse werden i.d.R. in einer sog. *Mehr- und Weniger-Rechnung* zusammengestellt.

Abbildung F-5 zeigt die logischen Zusammenhänge der Bilanzberichtigung – unter Verzicht auf den seltenen Sonderfall des Fehlers in der Geschäftseröffnungsbilanz – im rechten Teil.

---

1 BFH v. 19. 1. 1982, BStBl 1982 II, 456; einschränkend aber: BFH v. 17. 1. 1973, BStBl 1973 II, 320.

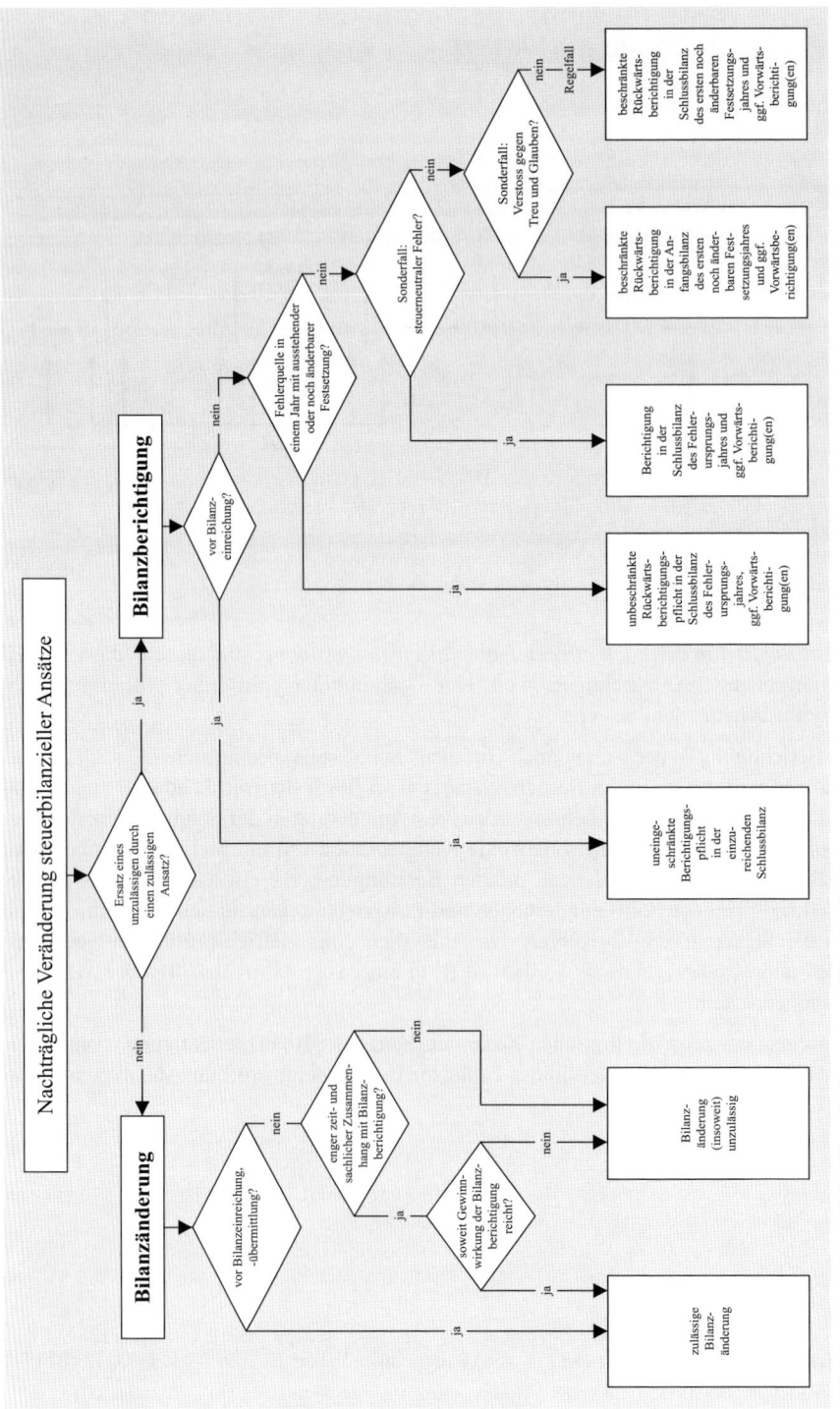

Nachträgliche Veränderung der Bilanzansätze nach HGB, IFRS und Steuerrecht

Abbildung F-5: Steuerliche Bilanzänderung und Bilanzberichtigung

Weiterführendes Schrifttum zur Bilanzierung nach den Normensystemen HGB, IFRS und EStG

Die nachfolgende Auswahlbibliographie enthält – nach den drei Normensystemen und deren Kombinationen geordnet – nur Monographien der letzten fünfzehn Jahre, die **Gesamtdarstellungen – Lehr- und Übungsbücher, Praktikerwerke – Kommentare und Hochschulschriften** zu den drei Normenbereichen im Allgemeinen darstellen. Eine Bibliographie der Monografien für bilanzielle Einzelfragen bis 2000 enthält die 11. Auflage, S. 477 ff.. Sie kann wegen des Umfangs der zwischenzeitlichen Publikationen nicht fortgeführt werden.

1. HGB-Handelsbilanz

ADLER, HANS/DÜRING, WALTHER/SCHMALTZ, KURT (Hrsg.): Rechnungslegung und Prüfung der Unternehmen. Kommentar zum HGB, AktG, GmbHG, PublG nach den Vorschriften des Bilanzrichtlinien-Gesetzes; 6. Aufl., Stuttgart 1994 ff. (abgekürzt ADS)

BALLWIESER, WOLFGANG/COENENBERG, ADOLF GERHARD/VON WYSOCKI, KLAUS (Hrsg.): Handwörterbuch der Rechnungslegung und Prüfung (HWRP), Enzyklopädie der Betriebswirtschaftslehre, Bd. 8, 3. Aufl., Stuttgart 2002

BAUMBACH, ADOLF/HOPT, KLAUS (Hrsg.): Handelsgesetzbuch, Beck'sche Kurzkommentare, 38. Aufl., München 2017; Anm. zu §§ 238 ff. HGB

BERTRAM, KLAUS/BRINKMANN, RALPH/KESSLER, HARALD/MÜLLER, STEFAN: Haufe HGB Bilanz Kommentar, §§ 238–342e HGB, 8. Aufl., Freiburg 2017

BEYER, MICHAEL/HAUG, INGO/HEYD, REINHARD/ZORN, DANIEL: Bilanzierung nach HGB in Schaubildern – Die Grundlagen von Einzel- und Konzernabschlüssen, München 2015

BREIDENBACH, KARIN: Jahresabschluss kompakt, 3. Aufl., München 2014

CANARIS, CLAUS-WILHELM VON/SCHÄFER, CARSTEN/HENNRICHS, JOACHIM (Hrsg., begründet von HERMANN STRAUB): Handelsgesetzbuch: Großkommentar, Kommentierung der §§ 238 ff., Bd. 5, (5.) Aufl., Berlin 2014

DEUSSEN, REINER: Jahresabschluss und Lagebericht, 3. Aufl., Stuttgart 2012

ENDRISS, HORST WALTER/RAABE, CHRISTOPH: Jahresabschluss, Bilanzbuchhalter-Kompaktkurs, München 2014

GLANEGGER, PETER/KIRNBERGER, CHRISTIAN/KUSTERER, STEFAN/RUß, WERNER/SELDER, JOHANNES/STUHLFELNER, ULRICH: Heidelberger Kommentar zum Handelsgesetzbuch: Handelsrecht, Bilanzrecht, Steuerrecht, Kommentierung der §§ 238 ff., 7. Aufl., Heidelberg [u.a.] 2007

GRÄFER, HORST: Rechnungslegung – Der Jahresabschluss nach HGB, 5. Aufl., Herne 2016

GREFE, CORD: Kompakt-Training Bilanzen, 9. Aufl., Herne 2016

HARMS, JENS E./MARX, FRANZ J.: Bilanzrecht in Fällen: Handelsbilanz, Steuerbilanz, IFRS-Abschluss, 13. Aufl., Herne 2017

HENNRICHS, JOACHIM/KLEINDIEK, DETLEF/WATRIN, CHRISTOPH (Hrsg.): Münchener Kommentar zum Bilanzrecht, Bd. 2: §§ 238–342e HGB, München 2013

HOFBAUER, MAX A./KUPSCH, PETER/SCHERRER, GERHARD/GREWE, WOLFGANG (Hrsg.): Bonner Handbuch Rechnungslegung, Aufstellung, Prüfung und Offenlegung des Jahresabschlusses, Bonn 1986 ff.

HOPT, KLAUS J./MERKT, HANNO: Bilanzrecht. §§ 238–342e HGB mit Bezügen zu den IFRS, München 2010

KLOOCK, JOSEF/KUHNER, CHRISTOPH: Bilanz- und Erfolgsrechnung, 4. Aufl., Stuttgart 2013

KUDERT, STEPHAN/SORG, PETER: Rechnungswesen – leicht gemacht: Buchführung und Bilanz nicht nur für Juristen, Betriebs- und Volkswirte an Universitäten, Hochschulen und Berufsakademien, 7. Aufl., Berlin 2016

KUNTZMANN, JÖRG: Prüfungstraining für Bilanzbuchhalter, Bd. 1: Jahresabschluss, , IFRS-Grundlagen und Steuerlehre, 20. Aufl., Herne 2017

KÜTING, KARLHEINZ/PFITZNER, NORBERT/WEBER, CLAUS-PETER (Hrsg.): Handbuch der Rechnungslegung – Einzelabschluss. Kommentar zur Bilanzierung und Prüfung, 5. Aufl., Stuttgart 2002 ff.

MANDLER, UDO: Einführung in den Jahresabschluss und Buchführung, Grundlagen des externen Rechnungswesens auf der Basis von HGB und IFRS mit Übungsbeispielen, Aufgaben und Fallstudien, München 2009

MINDERMANN, TORSTEN/BRÖSEL, GERRIT: Buchführung und Jahresabschlusserstellung; Das Lehrbuch, 6. Aufl., Berlin 2017

MÜLLER, STEFAN/WULF, INGE: Bilanztraining. Jahresabschluss, Ansatz und Bewertung. Mit allen Änderungen durch das BilMoG, 15.Aufl., Freiburg 2016

NIEMANN, WALTER: Jahresabschlusserstellung – Arbeitshilfen zur Qualitätssicherung, 4. Aufl., München 2011

PETERSEN, KARL/ZWIRNER, CHRISTIAN/BRÖSEL, GERRIT: Systematischer Praxiskommentar Bilanzrecht, 3. Aufl. Köln 2016

PHILIPS, HOLGER (Hrsg.): Jahresabschluss kompakt, 2. Aufl., 2015

SCHERRER, GERHARD: Rechnungslegung nach neuem HGB. Eine anwendungsorientierte Darstellung mit zahlreichen Beispielen, 3. Aufl., München 2011

SCHILDBACH, THOMAS/STOBBE, THOMAS/BRÖSEL, Gerrit: Der handelsrechtliche Jahresabschluss, 10. Aufl., Sternenfels 2013

SCHMIDT, KARSTEN (Hrsg.): Münchener Kommentar zum Handelsgesetzbuch; Bd. 4: Drittes Buch. Handelsgesetzbücher §§ 38–342e HGB, 3. Aufl, München 2012

SCHNEIDER, BETTINA/SCHNEIDER, WILHELM: Jahresabschluss und Jahresabschlussanalyse. Systematische Darstellung in Übersichten, 5. Aufl., Göttingen 2015

THEILE, CARSTEN: Jahresabschluss der Klein- und Kleinstkapitalgesellschaften, 2. Aufl. Herne 2017

ULMER, PETER (Hrsg.): HGB-Bilanzrecht: Rechnungslegung. Abschlußprüfung. Publizität. Tlbd. 1: §§ 238–289 HGB. Grundlagen. Jahresabschluß der Personen- und Kapitalgesellschaften, Großkommentar, Berlin 2002

WAGENHOFER, ALFRED/EWERT, RALF: Externe Unternehmensrechnung, 3. Aufl., Berlin (u.a.) 2015

WEBER, JÜRGEN/WEIßENBERGER, BARBARA E.: Einführung in das Rechnungswesen: Bilanzierung und Kostenrechnung, 9. Aufl., Stuttgart 2015

WIEDMANN, HARALD/BÖCKING, HANS-JOACHIM/GROS, MARIUS: Bilanzrecht: Kommentar zu den §§ 238–342e HGB, 3. Aufl., München 2014

WÖHE, GÜNTER/KUßMAUL, HEINZ: Grundzüge der Buchführung und Bilanztechnik, 9. Aufl., München 2015

2. HGB-Bilanzrechtsreform/-modernisierung

AIGNER, KATHRIN: Das neue Bilanzrecht nach HGB auf der Grundlage des Bilanzrechtsmodernisierungsgesetzes (BilMoG). Grundlagen, Gestaltungspraxis, Arbeitshilfen, Münster 2009

ARBEITSKREIS IFRS INTERNATIONALER CONTROLLER VEREIN (Hrsg.): BilMoG und Controlling. Das Bilanzrechtsmodernisierungsgesetz im Überblick. Wichtige Neuregelungen und deren Umsetzung im Controlling. Konsequenzen für das Berichtswesen, 1. Aufl., Freiburg 2009

BIEG, HARTMUT/KUßMAUL, HEINZ/PETERSEN, KARL/WASCHBUSCH, Gerd/Zwirner, Christian: Bilanzrechtsmodernisierungsgesetz. Bilanzierung, Berichterstattung und Prüfung nach dem BilMoG – Leitfaden, München 2009

BÖCKING, HANS-JOACHIM (Hrsg.): Deutsche Bilanzierung im Umbruch – BilMoG und SME-IFRS – Chance oder Belastung für deutsche Unternehmen? Düsseldorf 2007

BUNDESSTEUERBERATERKAMMER/DEUTSCHER STEUERBERATER VERBAND (Hrsg.): VINKEN, HORST/ SEEWALD, HANS-CHRISTOPH/KORTH, H.-MICHAEL/DEHLER, MANFRED: BilMoG, Bilanzrechtsmodernisierungsgesetz. Praxiskommentar für Steuerberater, 2. Aufl., Berlin 2011

DELOITTE (Hrsg.): Die Bilanzrechtsreform 2010/11: Handels- und Steuerbilanz nach BilMoG, Bonn 2010

DEUTSCHES RECHNUNGSLEGUNGS STANDARDS COMMITTEE e.V. (Hrsg.), KNORR LIESEL/BÜCHEL, ALEXANDER/JEHLE, NADJA: BilMoG-Synopse. Mit vollständigen Vorschriften der HGB-Rechnungslegung, Berlin 2009

DRAPINSKI, THOMAS: Auswirkungen des Bilanzmodernisierungsgesetzes (BilMoG) auf die Rechnungslegung im Handelsgesetzbuch. § 253 HGB-E und § 254 HGB-E, 1. Aufl., Hamburg 2009

ERNST, CHRISTOPH/NAUMANN, KLAUS-PETER: Das neue Bilanzrecht. Materialien und Anwendungshilfen zum BilMoG, Düsseldorf 2009

FISCHER, DIRK/GÜNKEL, MANFRED/NEUBECK, GUIDO/PANNEN, MICHAEL: Die Bilanzrechtsreform 2010/11. Handels- und Steuerbilanz nach BilMoG, Bonn 2010

FREIDANK, CARL CHRISTIAN/ALTES, PETEr (Hrsg.): Das Gesetz zur Modernisierung des Bilanzrechts (BilMoG). Neue Herausforderungen für Rechnungslegung und Corporate Governance, Berlin 2009

GELHAUSEN, HANS FRIEDRICH/KÄMPFER, GEORG/FEY, GERD (Hrsg.): Rechnungslegung und Prüfung nach dem Bilanzrechtsmodernisierungsgesetz. Kommentar. Düsseldorf 2009

HAHN, KLAUS: BilMoG kompakt. Rechnungslegung nach dem neuen Bilanzrechtsmodernisierungsgesetz. Leitfaden für die Praxis; systematische Darstellung des neuen deutschen Bilanzrechts; enthält die Kommentierung der endgültigen Gesetzesfassung. 3. Aufl., Weil im Schönbuch 2011

HELLER, CORINNA: Bilanzrechtsmodernisierungsgesetz. Bilanzielle Auswirkungen auf den handelsrechtlichen Jahresabschluss mit Blick auf die Informationsfunktion und Neuausrichtung der Maßgeblichkeit, Saarbrücken 2009

HEYD, REINHARD/KREYER, MARKUS: BilMoG – Das Bilanzrechtsmodernisierungsgesetz, Neuregelungen und ihre Auswirkungen auf Bilanzpolitik und Bilanzanalyse, München 2010

HEYD, REINHARD: BilMoG – Das Bilanzrechtsmodernisierungsgesetz. Das Anwenderhandbuch – kompakt und praxisorientiert, 7. Aufl., Torgau 2012

HOPPEN, CHRISTIAN/HUSEMANN, WALTER/SCHMIDT, MARC: Das neue HGB-Bilanzrecht. Texte – Erläuterungen – Arbeitshilfen – Materialien, Köln 2009

KESSLER, HARALD/LEINEN, MARKUS/STRICKMANN, MICHAEL (Hrsg.): Handbuch BilMoG: Der praktische Leitfaden zum Bilanzrechtsmodernisierungsgesetz, 2. Aufl., Freiburg 2010

KLEIN, ANDREAS/KRIMPMANN, ANDREAS (Hrsg.): BilMoG und Controlling. Bilanzrechtsmodernisierungsgesetz im Überblick, wichtige Neuregelungen und deren Umsetzung im Controlling, Konsequenzen für das Berichtswesen. Freiburg 2009

KNORR, LIESEL/BÜCHEL, ALEXANDER/JEHLE, NADJA: BilMoG-Synopse. Mit vollständigen Vorschriften der HGB-Rechnungslegung, Berlin 2009

KÜTING, KARLHEINZ/PFITZER, NORBERT/WEBER, CLAUS-PETER: Das neue deutsche Bilanzrecht. Handbuch zur Anwendung des Bilanzrechtsmodernisierungsgesetzes (BilMoG), 2. Aufl., Stuttgart 2009

NWB-REDAKTION: BilMoG – Synopse des alten und neuen Rechts, Stand: 1.6.2009, Herne 2009

PADBERG, CARSTEN/PADBERG, THOMAS/WERNER, THOMAS: Das neue HGB: Bilanzrechtsmodernisierungsgesetz (BilMoG) – Kurzkommentierung, 2. Aufl., Berlin 2010

PETERSEN, KARL/ZWIRNER CHRISTIAN: BilMoG – Das neue Bilanzrecht. Das ändert sich – Handeln Sie jetzt – Ratgeber, München 2009

PETERSEN, KARL/ZWIRNER, CHRISTIAN/KÜNKELE, KAI PETER: Bilanzanalyse und Bilanzpolitik nach BilMoG, 2. Aufl., Herne 2010

PETERSEN, KARL/ZWIRNER, CHRISTIAN: Bilanzrechtsmodernisierungsgesetz – BilMoG: Gesetze, Materialien, Erläuterungen, München 2009

PFITZER, NORBERT/OSER, PETER/ORTH, CHRISTIAN: Reform des Aktien-, Bilanz- und Aufsichtsrechts: BilReG, BilKoG, APAG, AnSVG, UMAG sowie weitere Reformgesetze, 3. Aufl., Stuttgart 2008

PHILIPPS, HOLGER: Rechnungslegung nach BilMoG. Kurzkommentar zum Jahresabschluss und Lagebericht nach neuem Bilanzrecht, Wiesbaden 2010

POLLANZ, MANFRED: BilMoG-Einstieg leicht gemacht! 46 Praxisfälle mit Lösungen zum BilanzrechtsmodernisierungsG, Norderstedt 2009

SCHMIEL, UTE/BREITHECKER, VOLKER (Hrsg.): Steuerliche Gewinnermittlung nach dem Bilanzrechtsmodernisierungsgesetz, Berlin 2008

SCHRUFF, LOTHAR/BUSSE, JAN SIMON: Das Bilanzrechtmodernisierungsgesetz (BilMoG). Synoptische Darstellung des HGB nach altem und neuem Recht, Weinheim 2009

THEILE, CARSTEN: Bilanzrechtsmodernisierungsgesetz. Konsolidierte Textfassung, Kommentierung des Jahresabschlusses, Kommentierung des Konzernabschluss, 3. Aufl., Herne 2011

ZÜLCH, HENNING/HOFFMANN, SEBASTIAN: Praxiskommentar BilMoG, Weinheim 2009

3. Steuerbilanz

BLÖDTNER, WOLFGANG/BILKE, KURT/HEINING, RUDOLF: Fallsammlung Buchführung, Bilanzen, Berichtigungstechnik, 11. Aufl., Herne 2017

BILKE, KURT/HEINING, RUDOLF/MANN, PETER: Lehrbuch Buchführung und Bilanzsteuerrecht, 12. Aufl., Herne 2017

BLÖDTNER, WOLFGANG/BILKE, KURT: Buchführung und Bilanzsteuerrecht visuell – Zusammenhänge in Schaubildern, 3. Aufl., 2009

BLÜMICH, WALTER/EBLING, KLAUS/FREERICKS, WOLFGANG/UELNER, ADALBERT (Hrsg.): EStG, KStG, GewStG: Einkommensteuergesetz, Körperschaftsteuergesetz, Gewerbesteuergesetz; Kommentar, Anmerkungen zu den §§ 4–7 EStG, München 2017 ff.

EBNER, ECKART/STOLZ, HANSJÖRG/MÖNNING, JOHANN/BACHEM, HELLMUTH et. al (Hrsg.): E-Bilanz, Ein praktischer Leitfaden, München 2013

FALTERBAUM, HERMANN/BOLK, WOLFGANG/REIß, WOLFRAM/KIRCHNER, THOMAS: Buchführung und Bilanz – Unter besonderer Berücksichtigung des Bilanzsteuerrechts und der steuerrechtlichen Gewinnermittlung bei Einzelunternehmen und Gesellschaften, 22. Aufl., Achim bei Bremen 2015

FALTERBAUM, HERMANN/BOLK, WOLFGANG/REIß, WOLFRAM: Lösungsheft zur 22. Aufl., 2015: Buchführung und Bilanz, 22. Aufl., Achim bei Bremen 2015

FANCK, BERNFRIED/GUSCHL, HARALD/KIRSCHBAUM, JÜRGEN: Buchführungstechnik und Bilanzsteuerrecht, 18. Aufl., Stuttgart 2017

HENO, RUDOLF: Bilanzsteuerrecht und Unternehmensbesteuerung, Berlin 2009

HERRMANN, CARL/HEUER, GERHARD/RAUPACH, ARNDT (Hrsg.; verantwortliche Hrsg.: HEY, JOHANNA/WENDT, MICHAEL u.a.): Einkommensteuer- und Körperschaftsteuergesetz. Kommentar, Köln 2017, Anmerkungen zu den §§ 4–7 EStG (abgekürzt: HHR)

HOTTMANN, JÜRGEN: Steuer-Seminar Bilanzsteuerrecht: 97 praktische Fälle des Steuerrechts, 14. Aufl., Achim 2016

HORSCHITZ, HARALD/GROß, WALTER/FANCK, BERNFRIED/KIRSCHBAUM, JÜRGEN: Bilanzsteuerrecht und Buchführung, 14. Aufl., Stuttgart 2016

KIRCHHOF, PAUL (Mitherausgeber: BECKERATH, HANS-JOCHEM VON/CREZELIUS, GEORG/EISGRUBER, THOMAS/FISCHER, PETER/GOSCH, DIETMAR): EStG Kompakt-Kommentar Einkommensteuergesetz, Kommentierungen zu den §§ 4–7 EStG, 8. Aufl., Heidelberg 2008

KIRCHHOF, PAUL (Hrsg.): EStG-Kommentar, Kommentierungen zu den §§ 4–7 EStG, 16. Aufl., Köln 2017

KOLTERMANN, JÖRG: Fallsammlung Bilanzsteuerrecht, 18. Aufl., Herne 2017

KPMG AG (Hrsg.): E-Bilanz. Erläuterung von Taxonomiepositionen – Umsetzung und Handlungsspielräume – Beispiele zum Mapping, 2. Aufl. Köln 2014

KUDERT, STEPHAN/SORG, PETER: Steuerbilanz leicht gemacht. Eine Einführung nicht nur für Studierende an Universitäten, Fachhochschulen und Berufsakademien, 4. Aufl., Berlin 2017

LITTMANN, EBERHARD/BITZ, HORST/PUST, HARTMUT (Hrsg.): Das Einkommensteuerrecht, Stuttgart 1992 ff. (Stand: 2017), Anmerkungen zu den §§ 4–7 EStG

SCHEFFLER, WOLFRAM: Besteuerung von Unternehmen, Bd. 2: Steuerbilanz, 8. Aufl., Heidelberg 2014

SCHMIDT, LUDWIG (Hrsg.): Einkommensteuergesetz. Kommentar, 36. Aufl., München 2017, Anm. zu den §§ 4–7 EStG

SICHERER, KLAUS VON: E-Bilanz – Theoretische Fundamente und praktische Anwendung, Wiesbaden 2017

WEBER-GRELLET, HEINRICH: Bilanzsteuerrecht, 15. Aufl., Münster 2017

WEHRHEIM, MICHAEL/GEHRKE, MATTHIAS/RENZ, ANETTE: Die Handels- und Steuerbilanz: Bilanzierung, Bewertung und Gewinnermittlung (nach neuem HGB), 4. Aufl., München 2016

4. HGB-Handelsbilanz und Steuerbilanz

BAETGE, JÖRG/KIRSCH, HANS-JÜRGEN/THIELE, STEFAN: Bilanzen, 14. Aufl., Düsseldorf 2017

BAETGE, JÖRG/KIRSCH, HANS-JÜRGEN/THIELE, STEFAN: Übungsbuch Bilanzen – Bilanzanalyse, 5. Aufl., Düsseldorf 2017

BÄHR, GOTTFRIED/FISCHER-WINKELMANN, WOLF F./LIST, STEPHAN: Buchführung und Jahresabschluss, 9. Aufl., Wiesbaden 2006

BITZ, MICHAEL/SCHNEELOCH, DIETER/WITTSTOCK, WILFRIED/PATEK, GUIDO: Der Jahresabschluss. Nationale und internationale Rechtsvorschriften, Analyse und Politik, 6. Aufl., München 2014

BLANCKE, WALTER: Bilanzierung nach Handels- und Steuerrecht, 3. Schriftenreihe, Schmalkalden 2010

BRÖNNER, HERBERT/BAREIS, PETER/HAHN, KLAUS/MAURER, TORSTEN/POLL, JENS/SCHRAMM, UWE (Hrsg.): Die Bilanz nach Handels- und Steuerrecht, Einzel- und Konzernabschluss nach HGB und IFRS, 11. Aufl., Stuttgart 2016

ENDRISS, HORST WALTER (Hrsg.): Bilanzbuchhalter-Handbuch, 13. Aufl., Herne 2017

FICHER, BETTINA: Auswirkungen eines eigenständigen steuerlichen Gewinnermittlungsrechts. Eine kritische Untersuchung vor dem Hintergrund des BilMoG, Hamburg 2009

GROTTEL, BERND/SCHMIDT, STEFAN/SCHUBERT, WOLFGANG/SCHMIDT, STEFAN/WINKELJOHANN, NORBERT (Hrsg): Beck'scher Bilanz-Kommentar – Handelsbilanz und Steuerbilanz; 11. Aufl., München 2018 (abgekürzt: Beck'scher Bilanzkommentar, BeBiKo)

HACHMEISTER, DIRK/KAHLE, HOLGER/MOCK, SEBASTIAN/SCHÜPPEN, MATTHIAS (Hrsg.): Bilanzrecht, Kommentar, Köln 2017

HARMS, JENS E./MARX, FRANZ J.: Bilanzrecht in Fällen: Handelsbilanz, Steuerbilanz, IFRS-Abschluss, 13. Aufl., Herne 2017

HAYN, SVEN/GRAF WALDERSEE, GEORG/BENZEL, Ute: HGB und Steuerbilanz im Vergleich: synoptische Darstellung von Handels- und Steuerbilanzrecht, 3. Aufl., Stuttgart 2016

HOFFMANN, WOLF-DIETER/LÜDENBACH, NORBERT: NWB Kommentar Bilanzierung – Handels- und Steuerrecht, 9. Aufl., Herne 2018

HUFNAGEL, WOLFGANG/BURGFELD-SCHÄCHER, BEATE: Einführung in die Buchführung und Bilanzierung: Buchführung, Grundlagen des handels- und steuerrechtlichen Jahresabschlusses, Grundlagen der Jahresabschlussanalyse, IFRS, 8. Aufl., Herne 2016

LUTTERMANN, CLAUS (begr. und bis zur 3. Aufl., bearb. von BERNHARD GROßFELD): Bilanzrecht: die Rechnungslegung in Jahresabschluß und Konzernabschluß nach Handelsrecht und Steuerrecht, Europarecht und IAS/IFRS, 4. Aufl., Heidelberg 2005

MOXTER, ADOLF: Bilanzrechtsprechung, 6. Aufl., Tübingen 2007

PELKA, JÜRGEN/PETERSEN, KARL (Hrsg. Deutsches wissenschaftliches Institut der Steuerberater): Beck'sches Steuerberater-Handbuch 2015/2016, 16. Aufl., München 2017/2018

ROSARIUS LOTHAR/GEIERMANN, HOLM: ABC der Bilanzierung 2016/2017 nach Handels- und Steuerrecht, 15. Aufl., Bonn 2017

SCHMIEL, UTE/BREITHECKER, VOLKER (Hrsg.): Steuerliche Gewinnermittlung nach dem Bilanzrechtsmodernisierungsgesetz, Berlin 2008

SIKORSKI, RALF/WÜSTENHOFER, ULRICH: Buchführung und Jahresabschluss nach Handels- und Steuerrecht, 7. Aufl., München 2007

STACHE, INES/DOLGE, FRANK/KRAUSE, KATHERINA: Die Prüfung der Bilanzbuchhalter, 29. Aufl. Ludwigshafen (Rhein), 2017

STEHLE, HEINZ/STEHLE, ANSELM/LEUZ, NORBERT: Bilanzierung und Rechnungslegung nach Handels- und Steuerrecht. Tabellarische Übersichten, 7. Aufl., Stuttgart 2010

WAGENER, KLAUS/BERG, JULIANE: Fälle mit Lösungen zum handels- und steuerrechtlichen Jahresabschluss. Zur Vorbereitung auf die Bilanzbuchhalter- und Steuerfachwirteprüfung, 4. Aufl., Ludwigshafen (Rhein) 2009

WEHRHEIM, MICHAEL/RENZ, ANETTE: Handels- und Steuerbilanz, Bilanzierung, Bewertung und Gewinnermittlung; 4. Aufl., München 2016

WÖHE, GÜNTER/DÖRING, ULRICH/SCHNEIDER, GEORG/DILLER, MARKUS/STEFANIE, ULRIKE: Bilanzierung und Bilanzpolitik. Betriebswirtschaftliche, handels- und steuerrechtliche Grundlagen. 10. Aufl., München 2016

WÖHE, GÜNTER/MOCK, SEBASTIAN: Die Handels- und Steuerbilanz. Betriebswirtschaftliche, handels- und steuerrechtliche Grundsätze der Bilanzierung, 6. Aufl., München 2010

5. Internationale Rechnungslegung (IFRS)

ACHLEITNER, ANN-KRISTIN/BEHR, GIORGIO/SCHÄFER, DIRK: Internationale Rechnungslegung. Grundlagen, Einzelfragen und Praxisanwendungen. 4. Aufl., München 2009

ADLER, HANS/DÜRING, WALTHER/SCHMALTZ, KURT (Hrsg.): Rechnungslegung nach internationalen Standards, Stuttgart 2002 ff.

AMMANN, HELMUT/MÜLLER, STEFAN: IFRS – International Financial Reporting Standards. Bilanzierungs-, Steuerungs- und Analysemöglichkeiten, 2. Aufl., Herne 2006

ANGERMAYER-MICHLER, BIRGIT/BIRK, ANDREAS/BERTRAM, KLAUS/LENZ, PETER: Internationale Rechnungslegung nach IFRS: 33 praktische Fälle mit ausführlichen Lösungen, 2. Aufl., Achim 2014

BAETGE, JÖRG/WOLLMERT, PETER/KIRSCH, HANS-JÜRGEN/OSER, PETER/BISCHOF, STEFAN (Hrsg.): Rechnungslegung nach IFRS. Kommentar auf der Grundlage des deutschen Bilanzrechts. 2. Aufl., Stuttgart 2006 ff.

BALLWIESER, WOLFGANG/BEINE, FRANK/HAYN, SVEN/PEEMÖLLER, VOLKER H./SCHRUFF, LOTHAR/WEBER (deutsche Hrsg.): Handbuch International Financial Reporting Standards 2011, 7. Aufl., Weinheim 2011

BALLWIESER, WOLFGANG: IFRS-Rechnungslegung. Konzept, Regeln und Wirkungen, 3. Aufl., München 2013

BIEG HARTMUT/HOSSFELD, CHRISTOPHER/KUßMAUL, HEINZ/WASCHBUSCH, GERD: Handbuch der Rechnungslegung nach IFRS. Grundlagen und praktische Anwendung, 2. Aufl., Düsseldorf 2009

BOHL, WERNER/RIESE, JOACHIM/SCHLÜTER, JÖRG: Beck'sches IFRS-Handbuch, 5. Aufl., München 2015

BOHL, WERNER/WIECHMANN, JOST: IFRS für Juristen, 2. Aufl., München, 2010

BORN, KARL: Rechnungslegung international. IAS/IFRS im Vergleich mit HGB und US-GAAP, 5. Aufl., Stuttgart 2007

BRÖSEL, GERRIT/ZWIRNER, CHRISTIAN (Hrsg.): IFRS-Rechnungslegung, 2. Aufl., München 2009

BRUNS, HANS-GEORG/HERZ, ROBERT H./NEUBÜRGER, HEINZ-JOACHIM/TWEEDIE, DAVID (Hrsg.): Globale Finanzberichterstattung/Global Financial Reporting. Entwicklung, Anwendung und Durchsetzung von IFRS. Festschrift für Liesel Knorr. Stuttgart 2008

BUCHHOLZ, RAINER: Internationale Rechnungslegung. Die wesentlichen Vorschriften nach IFRS und neuem HGB – mit Aufgaben und Lösungen, 13. Aufl., Berlin 2017

BOLIN, MANFRED/DITGES, JOHANNES/ARENDT, UWE: Kompakt-Training Internationale Rechnungslegung nach IFRS. 4. Aufl., Ludwigshafen am Rhein 2013

FEDERMANN, RUDOLF/MÜLLER, STEFAN (Hrsg.): IAS-STUD – International Accounting Standards – für Studienzwecke gekürzte deutsche Originalfassung, 4. Aufl., Berlin 2011

FUNK, WILFRIED/ROSSMANITH, JONAS (Hrsg.): Internationale Rechnungslegung und internationales Controlling: Herausforderungen – Handlungsfelder – Erfolgspotenziale. 3. Aufl., Wiesbaden 2017

GRÜNBERGER, DAVID: IFRS 2018. Ein systematischer Praxis-Leitfaden, 15. Aufl., Herne 2017

HENNRICHS, JOACHIM/KLEINDIEK, DETLEF/WATRIN, CHRISTOPH (Hrsg.): Münchener Kommentar zum Bilanzrecht, Bd. 1: IFRS, München 20014

HEUSER, PAUL J./THEILE, CARSTEN: IFRS-Handbuch, Einzel- und Konzernabschluss, 5. Aufl., Köln 2012

HEYD, REINHARD/VON KEITZ, ISABEL (Hrsg.): IFRS Management. Interessenschutz auf dem Prüfstand. Treffsichere Unternehmensbeurteilung. Konsequenzen für das Management. München 2007

HOFFMANN, WOLF-DIETER/LÜDENBACH, NORBERT (Hrsg.): IAS/IFRS – Texte 2017/2018. 10. Aufl., Herne 2017

INSTITUT DER WIRTSCHAFTSPRÜFER: International Financial Reporting Standards IFRS. IDW Textausgabe einschließlich International Accounting Standards (IAS) und Interpretationen. Die amtlichen EU-Texte Englisch-Deutsch, 10. Aufl., Düsseldorf 2017

KESSLER, HARALD: Aktuelle IFRS-Texte 2016/2017 [IFRS, IFRIC, IAS, SIC]; Textausgabe, München 2016

KIRSCH, HANNO: Einführung in die internationale Rechnungslegung nach IFRS. 11. Aufl., Herne 2017

KIRSCH, HANNO: Übungen zur internationalen Rechnungslegung nach IFRS, 8. Aufl., Herne 2017

KPMG DEUTSCHE TREUHAND-GESELLSCHAFT AG (Hrsg.): IFRS visuell. Die IFRS in strukturierten Übersichten. 7. Aufl., Stuttgart 2016

KPMG DEUTSCHE TREUHAND-GESELLSCHAFT AG (Hrsg.): International Financial Reporting Standards – Einführung in die Rechnungslegung nach den Grundsätzen des IASB, 4. Aufl., Stuttgart 2007

KPMG DEUTSCHE TREUHAND-GESELLSCHAFT AG: IFRS aktuell: Neuerungen bis 2008: IFRS 8, Änderungen in IFRS 1, 2 und 3 sowie IAS 1, 23, 27 und 32, Annual Improvements, IFRIC 10 bis 14, 3. Aufl., Stuttgart 2008

KÜTING, KARLHEINZ (Hrsg.): Internationale Rechnungslegung. Standortbestimmung und Zukunftsperspektiven. Kapitalmarktorientierte Rechnungslegung und integrierte Unternehmenssteuerung, Stuttgart 2006

LEIBFRIED, PETER/WEBER, INGO: Bilanzierung nach IAS/IFRS – Ein Praxisleitfaden für die Umstellung; mit Fallbeispielen und Checklisten, Wiesbaden 2003

LÜDENBACH, NORBERT/HOFFMANN, WOLF-DIETER/FREIBERG, Jens [Hrsg.]: Haufe IFRS-Kommentar, 15. Aufl., Freiburg 2017

LÜDENBACH, NORBERT: IFRS. Erfolgreiche Anwendung von IFRS in der Praxis, 7. Aufl., Freiburg 2013

MÜLLER, MATTHIAS: International Accounting Standards – Grundlagen für Aufsichtsrat und Unternehmenspraxis, 2. Aufl. 2010

PADBERG, CARSTEN: Internationale Bilanzbuchhaltung und Rechnungslegung: Kompendium für IHK-Bilanzbuchhalter. 2. Aufl., Berlin 2008

PELLENS, BERNHARD/FÜLBIER, ROLF UWE/GASSEN, JOACHIM/SELLHORN, THORSTEN: Internationale Rechnungslegung. IFRS 1 bis 13, IAS 1 bis 41, IFRIC-Interpretationen, Standardentwürfe. Mit Beispielen, Aufgaben und Fallstudie. 10. Aufl., Stuttgart 2017

PETERSEN, KARL/BANSBACH, FLORIAN/DORNBACH, EIKE (Hrsg.): IFRS-Praxishandbuch. Ein Leitfaden für die Rechnungslegung mit Fallbeispielen; 11. Aufl., München 2016

RUHNKE, KLAUS/SIMONS, DIRK: Rechnungslegung nach IFRS und HGB: Lehrbuch zur Theorie und Praxis der Unternehmenspublizität mit Beispielen und Übungen, 3. Aufl., Stuttgart 2012

SIEBLER, UTE: Internationalisierung der Rechnungslegung und deren Auswirkungen auf Handels- und Steuerbilanz nicht auf den geregelten Kapitalmarkt ausgerichteter Unternehmen. 1. Aufl., Berlin 2008

TANSKI, JOACHIM S.: Internationale Rechnungslegungsstandards. IFRS/IAS Schritt für Schritt, 3. Aufl., München 2010

THIELE, STEFAN/VON KEITZ, ISABEL/BRÜCKS, MICHAEL (Hrsg.): Internationales Bilanzrecht: Rechnungslegung nach IFRS. Kommentar. Bonn 2008 ff. (Stand 2016)

VATER, HENDIK/ERNST, EDGAR/HAYN, SVEN/KNORR, LIESEL/MIßLER, PETER: IFRS Änderungskommentar 2009, Weinheim 2009

WAGENHOFER, ALFRED: Internationale Rechnungslegungsstandards – IAS/IFRS. Grundlagen und Grundsätze, Bilanzierung, Bewertung und Angaben, Umstellung und Analyse. 6. Aufl., München 2013

WILEY TEXT: IFRS 2017: Deutsch-Englische Textausgabe der von der EU gebilligten Standards, 10. Aufl., Weinheim 2017

ZIMMERMANN, JOCHEN/WERNER, JÖRG R./HITZ, JÖRG M.: Buchführung und Bilanzierung nach IFRS: Einführung in die kapitalmarktorientierte Rechnungslegung, 3. Aufl., München 2014

ZÜLCH, HENNING/HENDLER, MATTHIAS: Bilanzierung nach International Financial Reporting Standards (IFRS), 2. Aufl., Weinheim 2017

6. Handelsbilanz und IFRS

ASCHE, MICHAEL: Europäisches Bilanzrecht und nationales Gesellschaftsrecht: Wechselwirkungen und Spannungsverhältnisse, dargestellt am Beispiel der Einbeziehung der Kapitalgesellschaft & Co. in die EG-Bilanzrichtlinien und die IAS/IFRS, Berlin 2007

BIEG, HARTMUT/KUBMAUL, HEINZ/WASCHBUSCH, GERD: Externes Rechnungswesen, 6. Aufl., München 2012

BÖCKING, HANS-JOACHIM/CASTAN, Edgar/HEYMANN, GERD/PFITZER, NORBERT//SCHEFFLER, EBERHARD (Hrsg.): Beck'sches Handbuch der Rechnungslegung, LBW, München 2009 ff.

BORN, KARL: Rechnungslegung International, IAS/IFRS im Vergleich mit HGB und US-GAAP, 5. Aufl., Stuttgart 2007

BOSSERT, RAINER/HARTMANN, PETER: Übungsbuch Jahresabschluss, Konzernabschluss nach HGB, IAS/IFRS und US-GAAP: Repetitorium in Übungen und Fällen mit Musterlösungen, 4. Aufl., Stuttgart 2006

BUCHHOLZ, RAINER: Grundzüge des Jahresabschlusses nach HGB und IFRS. Mit Aufgaben und Lösungen, 10. Aufl., München 2017

COENENBERG, ADOLF G./HALLER, AXEL/SCHULTZE, WOLFGANG: Jahresabschluss und Jahresabschlussanalyse – Aufgaben und Lösungen, 16. Aufl., Stuttgart 2016

EIDEL, ULRIKE/STRICKMANN, MICHAEL: Schnelleinstieg Bilanzen: (Bilanzen lesen, verstehen und erstellen; Regeln nach HGB, IFRS; auf CD-ROM: Checklisten und Rechner zur Bilanzierung), Freiburg im Breisgau 2007
HAYN, SVEN/GRAF WALDERSEE, GEORG: IFRS/HGB/HGB-BilMoG im Vergleich. Synoptische Darstellung mit BilMoG, 7. Aufl., Stuttgart 2008
HENSELMANN, KLAUS: Jahresabschluss nach IFRS und HGB, 2. Aufl., Norderstedt 2010
HÜTTCHE, TOBIAS: Internationale Rechnungslegung, 3. Aufl., München 2006
INSTITUT DER WIRTSCHAFTSPRÜFER (Hrsg.): WP Handbuch, Wirtschaftsprüfung und Rechnungslegung, WPH Edition, 15. Aufl., Düsseldorf 2017 (abgekürzt: WPH 2017)
LUTTERMANN, CLAUS (begr. und bis zur 3. Aufl., bearb. von Bernhard Großfeld): Bilanzrecht: die Rechnungslegung in Jahresabschluß und Konzernabschluß nach Handelsrecht und Steuerrecht, Europarecht und IAS/IFRS, 4. Aufl., Heidelberg 2005
MERKT, HANNO/PROBST, ARNO/FINK, CHRISTIAN (Hrsg.): Rechnungslegung nach HGB und IFRS, Stuttgart 2017
MERSCHMEYER, MARC: Die Kapitalschutzfunktion des Jahresabschlusses und Übernahme der IAS/IFRS für die Einzelbilanz, Frankfurt am Main (u.a.) 2005
QUICK, REINER/WOLZ, MATTHIAS: Bilanzierung in Fällen: Grundlagen, Aufgaben und Lösungen nach HGB und IFRS, 6. Aufl., Stuttgart 2016
RUHNKE, KLAUS: Rechnungslegung nach IFRS und HGB: Lehrbuch zur Theorie und Praxis der Unternehmenspublizität mit Beispielen und Übungen. 3. Aufl., Stuttgart 2012
SCHEFFLER, EBERHARD: Lexikon der Rechnungslegung. Buchführung, Finanzierung, Jahres- und Konzernabschluss nach HGB und IFRS, 4. Aufl., München 2015
WÜSTEMANN, JENS/WÜSTEMANN, SONJA: Bilanzierung case by case: Lösungen nach HGB und IFRS, 9. Aufl., Heidelberg 2015
WYSOCKI, KLAUS VON/SCHULZE-OSTERLOH, JOACHIM/HENNRICHS, JOACHIM/KUHNER, CHRISTOPH (Hrsg.): Handbuch des Jahresabschlusses (HdJ), Rechnungslegung nach HGB und internationalen Standards, Köln 2009 ff.

7. Steuerbilanz und IFRS

DIETEL, MARCO: International Accounting Standards/International Financial Reporting Standards und steuerliche Gewinnermittlung: Möglichkeiten für eine modifizierte Maßgeblichkeit, Sternenfels 2004
HERZIG, NORBERT: IAS/IFRS und steuerliche Gewinnermittlung. Eigenständige Steuerbilanz und modifizierte Überschussrechnung – Gutachten für das Bundesfinanzministerium, Düsseldorf 2004
INSTITUT FINANZEN UND STEUERN (Bearbeiterin: URSULA NIEMANN): Bilanzierung nach IAS/IFRS und Besteuerung, Bonn 2005
POTTGIESSER, GABY: Einflüsse internationaler Standards auf die handelsrechtliche Rechnungslegung und die steuerrechtliche Gewinnermittlung. Kritische Analyse der Entwicklung des deutschen Bilanzierungssystems unter Berücksichtigung mittelständischer Unternehmen, Wiesbaden 2006
RAHLF, STEFAN: IAS-Bilanzierung und Besteuerung: eine betriebswirtschaftliche Analyse der Steuererfolgen einer Anpassung der handelsrechtlichen Rechnungslegung an die International Accounting Standards unter Aufrechterhaltung des Maßgeblichkeitsprinzips, Berlin/Bielefeld 2000

8. HGB-, IFRS- und EStG-Bilanzen

BAETGE JÖRG/KIRSCH, HANS-JÜRGEN/THIELE, STEFAN (Hrsg.): Bilanzrecht, Kommentar. Handelsrecht mit Steuerrecht und den Regelungen des IASB; Bonn 2002 ff.

BOLIN, MANFRED/DREYER, HEINRICH/SCHÄFER, ANDREAS: Handbuch Handelsrechtliche Rechnungslegung, Jahres- und Konzernabschluss mit Steuerbilanz, IFRS und branchenspezifischer Bilanzierung, Berlin 2013

COENENBERG, ADOLF GERHARD/HALLER, AXEL/SCHULTZE, WOLFGANG: Jahresabschluss und Jahresabschlussanalyse. Betriebswirtschaftliche, handelsrechtliche, steuerrechtliche und internationale Grundsätze. HGB, IFRS, US-GAAP, 24. Aufl., Stuttgart 2016

COENENBERG, ADOLF GERHARD: Jahresabschluss und Jahresabschlussanalyse, Aufgaben und Lösungen, 16. Aufl. Stuttgart 2016

FEDERMANN, RUDOLF/KUßMAUL, HEINZ/MÜLLER, Stefan (Hrsg.): Handbuch der Bilanzierung. Das gesamte Know-how der Rechnungslegung, auch: DVD- und Online-Version, Freiburg 1959 ff. (abgekürzt: HdB)

FREIDANK, CARL CHRISTIAN/VELTE, PATRICK: Rechnungslegung und Rechnungslegungspolitik. Eine handels-, steuerrechtliche und internationale Einführung für Einzelunternehmen sowie Personen- und Kapitalgesellschaften, 2. Aufl., München 2013

GROTTEL, BERND/SCHMIDT, STEFAN: Beck'scher Bilanz-Kommentar – Handelsbilanz und Steuerbilanz; 11. Aufl, München 2017

HARMS, JENS E./MARX, FRANZ J.: Bilanzrecht in Fällen: Handelsbilanz, Steuerbilanz, IFRS-Abschluss, 13. Aufl., Herne 2017

HENO, RUDOLF: Jahresabschluss nach Handelsrecht, Steuerrecht und internationalen Standards (IFRS), 8. Aufl., Berlin 2015

LUTTERMANN, CLAUS (begr. und bis zur 3. Aufl., bearb. von BERNHARD GROßFELD): Bilanzrecht: Die Rechnungslegung in Jahresabschluß und Konzernabschluß nach Handelsrecht und Steuerrecht, Europarecht und IAS/IFRS, 4. Aufl., Heidelberg 2005

MEYER, CLAUS, fortgeführt von THEILE, CARSTEN: Bilanzierung nach Handels- und Steuerrecht, unter Einschluss der Konzernrechnungslegung und der internationalen Rechnungslegung, Darstellung, Kontrollfragen, Aufgaben, Lösungen; 28. Aufl., Herne 2017

WINNEFELD, ROBERT: Bilanz-Handbuch: Handels- und Steuerrecht, rechtsformspezifisches Bilanzrecht, bilanzielle Sonderfragen, Sonderbilanzen, IFRS/IAS, 5. Aufl., München 2015

Stichwortverzeichnis

A

Abschreibungen
- Arten 459, 461
- auf den Teilwert → Teilwert
- außerplanmäßige ~ 478
- Beginn 477
- Berechtigung 459
- Bestimmungsfaktoren 461
- degressive ~ 470, 473
- Ende 477
- Funktionen 464
- Gegenstand 460
- lineare ~ 470
- Methoden 470, 472
- Methodenwechsel 475, 477
- nach Leistung 471
- planmäßige ~ 461
- progressive ~ 472
- Verpflichtung 460
- Volumen 465
- Zeitraum 467

Absetzungen
- erhöhte 485
- für Abnutzung 460
- für außergewöhnliche Abnutzung 481
- für Gebäude 510
- für Substanzverringerung 473
- Geltungsbereich § 7 EStG 463

Abzinsungsgebot
- bei Rückstellungen 538
- bei Verbindlichkeiten 557

Accounting Regulary Committee (ARC) 92
accrual principle 236
Adressaten der Rechnungslegung 23
AfA → Absetzungen
Aktiengesellschaften
- besondere Bilanzierungsvorschriften 55
- besondere Bilanzierungsverstöße 130

Aktiva
- Ansatz 253, 329
- Begriff 1, 254
- Bewertung 494
- Gliederung 593

Aktivieren 4

Aktivierungsfähigkeit → Bilanzierungsfähigkeit
Aktivierungspflicht → Bilanzierungspflicht
Aktivierungsspielräume → Bilanzierungsspielräume
Aktivierungswahlrechte → Bilanzierungswahlrechte
Altersversorgungsverpflichtungen 320
Altersversorgungsvermögen 547
- Verrechnung 185
Anlagespiegel 606, 619
Anlagevermögen
- Aktivierungspflicht 329
- kurzlebiges ~ 298, 310
- Wertminderungen 462

Ansatz dem Grunde nach
- nach EStG 246
- nach HGB 253
- nach IFRS 253, 270, 303

Ansatz der Höhe nach → Bewertung
Anschaffungskosten
- Allgemein 405
- Ermittlungsverfahren 442, 446
- nach EStG 407, 409
- nach HGB 406
- nach IFRS 407

Anschaffungswertprinzip 178
Anteile an verbundenen Unternehmen 338
Anteilseigner, Bilanzinteressen 24
Arbeitnehmer, Bilanzinteressen 26
asset → Vermögenswert
Aufgaben der Bilanz → Zwecke
Aufstellung 4, 59

Aufwandsrückstellung
- Ansatz 366
- Bewertung 557

Aufwertungswahlrechte → Bewertungswahlrechte

Ausleihungen
- Ansatz 339
- Bewertung 518

Ausschüttungsbemessung 32
Ausschüttungssperre 33
Ausweis → Bilanzausweis
Authorised OECD Approach 100, 293

663

B

badwill 334, 376
balance sheet 2
Barwert 421
- Abzinsung 435
- nach EStG, HGB, IFRS 422
Bauten auf fremden Grundstücken 277, 336
Befreiung von der Buchführungs-, Inventar- und Aufstellungspflicht 45
beizulegender Wert
- beim Anlagevermögen 424
- beim Umlaufvermögen 425
- Wertbegriff 424
beizulegender Zeitwert
- Ermittlungsverfahren 456
- nach HGB 426
- nach IFRS 430
Beteiligungen
- Ansatz 338
- Bewertung 515
Betriebs- und Geschäftsausstattung 337
Betriebsstätte, ausländische
- Arten 110
- Begriff 111
- Bilanzierungsvorschriften 58, 110
- Bilanzinhalt 293
- Einkünfteermittlung 293
- Gewinnabgrenzung 112
- handelsrechtliche Behandlung 58
- steuerrechtliche Behandlung 110
Betriebsvermögen 266, 269
- gewillkürtes ~ 285
- notwendiges ~ 284
- Zugehörigkeit 282
Betriebsvermögensvergleich 102
Betriebswirtschaftliche Auswertung 30
Bewertung 387
- Ablaufschema 387
- Aktiva 494
- allgemeine Probleme 387
- einzelner Bilanzpositionen 494
- Passiva 536
- Vorgang 387
Bewertungsmethoden/-verfahren 442
Bewertungseinheiten
- Allgemein 389
- Gesamtbewertungseinheiten 393
- nach EStG 393
- nach HGB 391
- nach IFRS 392

- Spezialmaßgeblichkeit 249
Bewertungsmaßstäbe
- Allgemein 405
- nach HGB, IFRS und EStG 405
- spezielle ~ nach EStG 435
- spezielle ~ nach HGB 405, 424
- spezielle ~ nach IFRS 430
Bewertungsmethodenstetigkeit 194
Bewertungskomponenten 389
Bewertungsspielräume 565, 572
Bewertungsvereinfachungsverfahren 446
Bewertungsverfahren 442, 446
Bewertungsvorbehalt 224
Bewertungswahlrechte 565
Bilanz → Handelsbilanz → Steuerbilanz
   →IFRS-Bilanz
- Adressaten 23
- Arten 5
- Begriff 1
- betriebswirtschaftlich 4
- Entwicklungsgeschichte 1
- Finanzinteressen 32
- Informationsinteressen 31
- Interessen 19
- Funktionen 19
- Rechtsgrundlagen 42
- Unterschied zum Inventar 2
- -ziele → Ziele
- -zwecke → Zwecke
Bilanzänderung
- Allgemein 635
- nach EStG 641
- nach HGB 637, 642
- nach IFRS 638, 646
Bilanzadressaten 23
Bilanzansatz
- dem Grunde nach 253
- der Höhe nach 387
- nach HGB, IFRS und EStG 377
- dem Ausweis nach 593
Bilanzarten
- nach Handelsrecht 5
- nach Steuerrecht 8
Bilanzauffassungen 147
- allgemein 147
- Anti-Bilanz-Konzept 151
- dynamische ~ 149
- eudynamische ~ 149
- finanzwirtschaftliche ~ 149
- integrierte Berichterstattung 153

Stichwortverzeichnis

- Kapitalerhaltungskonzept 151, 245
- Kapitalmarktkonzepte 152
- Konvergenzkonzept 152
- *Management Approach* 152
- Mehrzweckkonzept 151
- organische ~ 151
- pagatorische ~ 151
- *principal-agent*-Konzept 152
- Reformkonzept 152
- statische ~ 148
- und Handelsbilanz 153
- und IFRS-Bilanz 156
- und Steuerbilanz 157
- Zukunftsgewinnkonzept 151
Bilanzaufstellung 59, 170
Bilanzausweis
- Allgemein 593
- Grundsätze 594
- nach EStG 620
- nach HGB 594
- nach IFRS 613
- Wahlrechte nach HGB 613
- Wahlrechte nach IFRS 617
Bilanzberichtigung
- Allgemein 635
- nach EStG 647
- nach HGB 642
- nach IFRS 638, 646
Bilanzdelikte 118
Bilanzeid 69, 135, 186
Bilanzergebnis 352
Bilanzenstetigkeit 192
Bilanzfälschung 119
Bilanzfeststellungskompetenz 61
Bilanzgliederung
- nach EStG 620
- nach HGB 596, 598
- nach IFRS 613
- Strukturmerkmale 596
Bilanzidentität 191
Bilanzierung 4
- Rechtsgrundlagen 42
- Veränderung 635
- Zwecke 30
Bilanzierungsfähigkeit
- abstrakte ~ 256
- abstrakte ~ nach EStG 266
- abstrakte ~ nach HGB 256
- abstrakte ~ nach IFRS 270
- konkrete ~ 274

- konkrete ~ nach EStG 274
- konkrete ~ nach HGB 274
- konkrete ~ nach IFRS 303
Bilanzierungsgebote 329
Bilanzierungshilfen 261, 269
Bilanzierungskompetenzen 58
- Aufstellungskompetenzen 58
- Ergebnisverwendungskompetenzen 62
- Feststellungskompetenzen 61
- Prüfungskompetenzen 60
- Überblick 63
Bilanzierungskonkurrenz 292
Bilanzierungsspielräume
- nach HGB und EStG 322
Bilanzierungsverbote
- nach HGB/EStG 296
- nach IFRS 307
- Übersicht 302
Bilanzierungsverstöße
- allgemein 118
- *enforcement*-Verfahren 132
- Finanzberichterstattung 137
- handelsrechtliche Folgen 120
- IAS-/IFRS-Verstöße 139
- insolvenzrechtliche ~ 121
- kapitalmarktorientierte Unternehmen 132
- kapitalmarktrechtliche Folgen 132
- Kurs- und Marktpreismanipulation 138
- steuerrechtliche Folgen 144
Bilanzierungsvorschriften 42
Bilanzierungswahlrechte 309
- Allgemeines 309
- Bedeutung 326
- nach HGB und EStG 309
- nach IFRS 322
- Übersicht nach HGB und EStG 328
Bilanzinhalt
- bei Betriebsstätten 293
- bei Einzelkaufleuten 282
- bei Genossenschaften 292
- bei Kapitalgesellschaften 292
- bei Personenhandelsgesellschaften 290
Bilanzinteressen 19
Bilanzklarheit 180
Bilanzpolitik 29; → Ziele, → Bilanzierungs-,
  → Bewertungs-, → Ausweiswahlrechte
Bilanzprinzipien → Grundsätze
Bilanztheorien → Bilanzauffassungen
Bilanzverschleierung 118
Bilanzzwecke (Vergleich) 42

665

BilMoG-Übergangswahlrechte 322
Börsengang, Rechnungslegung 69
börsenrechtliche Rechnungslegungspflichten 69, 71
Börsenwert 428
Buchführungspflicht 43, 100
Buchwert 423
Buchwertverknüpfung 423

C

cash generating units 394
complete-contract-method 199, 524
costs 407, 415

D

Darlehensunterschiedsbetrag 312, 430
Darstellungsstetigkeit 595
dealing at arm's length-Prinzip 215
decision-usefulness 156
defined benefit liability 323, 551
Disagio 312, 430
Dotationskapital 113, 295
Drohverlustrückstellung
– Ansatz 207, 222, 300, 326, 366
– Bewertung 540, 556
– Bilanzierungsverbot 222
– IFRS 366
DRSC 74
Durchschnittsbewertung 448

E

E-Bilanz 9, 182, 629
Eigenbesitz 277
eigene Anteile 345, 359, 536
Eigenkapital
– Ansatz nach EStG/KStG 351
– Ansatz nach HGB 259, 351
– Ansatz nach IFRS 273, 357
– bei Kapitalgesellschaften 351
– bei Personenunternehmen 354, 358
– Höhe 536
Eigenkapitalbeschaffungsaufwand 296
Eigenkapitalspiegel 608, 619
Eigenkapitalveränderungsrechnung 619
Eigentum, wirtschaftliches → Zurechnung, wirtschaftliche
Eigentümer, Bilanzinteressen 24
Eigentumsvorbehalt 277
Einlagen 354
Einreichung, elektronische 623, 629

Einzelbewertung 184, 244, 445
Einzelbilanzierung 182, 243
Einzelkaufmann
– Befreiung 45
– Bilanzierungsvorschriften 43, 100
– Bilanzgliederung 598
– Bilanzinhalt 282
endorsement 86, 90, 93
enforcement-Verfahren 132
Entnahmen 354
Entscheidungsnützlichkeit 152, 233
Entsprechenserklärung 135
Entstrickung 200, 318
Entstrickungsausgleichsposten 318
Entwicklungskosten 415
equity → Eigenkapital nach IFRS
Erfüllungsbetrag
– nach EStG 421
– nach HGB 420
– nach IFRS 421
– nach vernünftiger kfm. Beurteilung 429
Ergänzungsbilanz 109
Ergebnisverwendungskompetenz 62
Erhaltungsaufwand 506
– Prüfschema 513
Erhellungsprinzip 175
Erinnerungsposten 188, 309
Ersatzbeschaffungsrücklage 316, 537
Ersatzwerte für AHK 418
Ertragsteuersatz, integrierter 562
Ertragswertverfahren, vereinfachtes 228, 501
Erzeugnisse → Vorratsvermögen
erzielbarer Betrag 435
EU-Anerkennungsprozess 90
EU-Harmonisierung 100
EU-Verordnung 90
European Financial Reporting Advisory Group (EFRAG) 92
Eventualverbindlichkeiten 372, 610

F

Factoring 277
fair presentation 233
fair value
– Ermittlungsverfahren 430
– Wertbegriff 424
Fehlbetrag 350
Fehler 642, 647
Fehlerkorrektur → Bilanzberichtigung

Fertigungsaufträge
- Gestaltungspotential nach IFRS 325
- Bewertung 526
Festsetzung 10
Feststellung 6, 61
Feststellungskompetenz 61
Festwertverfahren 453
Fifo-Verfahren 450
financial assets
- Ansatz 339
- Bewertung 520
- Kategorien 339, 343
- Umklassifizierung 341
financial instruments 339
financial liabilities 372
Finanzanlagen
- Ansatz 338
- Bewertung eigenkapitalbezogener ~ 515
- Bewertung fremdkapitalbezogener ~ 518
Finanzbericht 70
- digitaler 627
- Rechtsverstöße 137
finanzielle Vermögenswerte → *financial
-assets*
Firmenwert → Geschäftswert
Fiskus, Bilanzinteressen 27
flüssige Mittel
- Ansatz 346
- Bewertung 535
Forderungen
- Ansatz 344
- Bewertung 526
foreign currency transactions 399
Forschungs- und Entwicklungsergebnisse
- nach EStG 311, 332
- nach HGB 312
- nach IFRS 307, 332
Fortführungsprinzip 179, 248
Fortführungsvermögen 258
Fremdvergleichsgrundsatz 215
- bei Betriebsstätten 215
Fremdvergleichspreis
- Ermittlungsverfahren 457
- Wertbegriff 441

G
Gebäudeabbruch 512
- Prüfschema 514
Gebäude-AfA 509
Gebäude-Herstellungskosten 417, 509

Geldwertprobleme 400
gemeiner Wert 440
Genossenschaft
- besondere Bilanzierungsverstöße 131
- besondere Bilanzierungsvorschriften 57
- Bilanzinhalt 292
- steuerliche Bilanzierung 109
Genussrechtskapital 354
geringwertige Wirtschaftsgüter/Vermögens-
  gegenstände
- Ansatz 310
- Bewertung 486, 505
Gesamtbewertungseinheiten
- nach HGB 393
- nach EStG 394
Geschäftsjahr 191
Geschäfts- oder Firmenwert
- Bewertung nach EStG 499
- Bewertung nach HGB 468, 498
- Bewertung nach IFRS 500
- Ansatz entgeltlich erworbener ~ 197, 333
- Ansatz negativer ~ 261, 376
- Ansatz selbstgeschaffener ~ 297, 334
- Überblick 335
- Unterschiedsbetrag 430
Geschäftszweigspezifische Besonderheiten
- Rechnungslegungsvorschriften 68
- Bilanzierungsverstöße 132
geschlossene Positionen → Bewertungs-
  einheiten
Gesellschafterschutz 34
Gestaltungsfreiheit, privatrechtliche 207
Gewerbebetrieb, Merkmale 101
Gewinnaufschlagsmethode 457
Gewinnermittlung
- Auslandsbetriebsstätten 113, 294
- Instrumente 17
- periodengerechte ~ 216
- Schema 102
Gewinnrealisation → Realisationsprinzip
Gewinnrücklagen 352
gezeichnetes Kapital 351
Gläubiger, Bilanzinteressen 25
Gläubigerbenennung 301
Gläubigerschutz 33
Gleichmäßigkeit der Besteuerung 220
Gliederung
- Anpassung 596
- Erweiterung 595
- Grundsätze 595

667

- Schemata 602
- Überblick 605
GmbH
- besondere Bilanzierungsvorschriften 57
- besondere Blanzierungsverstöße 131
GmbH & Co. KG
- Bilanzierungsvorschriften 49
- Grundtypen 50
GoB 163
going-concern-Prinzip → Unternehmensfortführung
goodwill → Geschäftswerts- oder Firmenwert
Grobformat der Bilanzgliederung 598
Größenabhängigkeit der Rechnungslegung 48, 66
Großformat der Bilanzgliederung 600
Großunternehmen i.S.d. PublG 49
Grundsätze der Bilanzierung (nach HGB/EStG)
- Allgemeines, Überblick 161
- Anschaffungskostenprinzip 178
- bessere Einsicht 175
- Besteuerung des Totalgewinns 213
- Besteuerung nach der Leistungsfähigkeit 212
- Bewertungsmethodenstetigkeit 194
- Bilanzenstetigkeit 192
- Bilanzenzusammenhang 190
- Bilanzidentität 191
- Bilanzklarheit 180
- Bilanzwahrheit 186
- Darstellung der tatsächlichen Lageverhältnisse 209
- Einheitliche Bewertung 189
- Einzelausweises 185
- Einzelbewertung 184
- Einzelbilanzierung 182
- Erhellungsprinzip 175
- Fremdvergleichsgrundsatz 215
- gesellschaftsrechtliche Treuepflicht 207
- Gleichmäßigkeit der Besteuerung 211
- Herstellungskostenprinzip 178
- Höchstwertprinzip 203
- Imparitätsprinzip 201
- Klarheit 180
- Kontinuität 190
- Lageeinblick 209
- Leistungsfähigkeit, Besteuerung nach der 212
- Maßgeblichkeit 217
- Methodenstetigkeit 194
- Nichtausweises schwebender Geschäfte 206
- Niederstwertprinzip 201
- Nominalwertprinzip 177
- nominelle Kapitalerhaltung 177
- ordnungsmäßiger Buchführung 163
- pagatorisches Prinzip 178
- periodengerechter Gewinnermittlung 216
- Periodisierung 174
- privatrechtliche Gestaltungsfreiheit 207
- Realisationsprinzip 198
- Richtigkeit 188
- Stetigkeit 192
- Stichtagsprinzip 172
- Tatbestandsmäßigkeit der Besteuerung 213
- Transparenzprinzipien 180
- Trennungsprinzip 214
- Treu und Glauben 189
- Übersichtlichkeit 181
- umgekehrte Maßgeblichkeit 218
- Unternehmensfortführung 179
- Vollständigkeit 188
- Vorsicht 197
- Vorsichtsprinzip 195
- Wahrhaftigkeit 189
- Wertaufhellung 175
- Wesentlichkeit 204
- Willkürfreiheit 189
- wirtschaftliche Zugehörigkeit 203
- Wirtschaftlichkeit 203, 204
- zeitgerechte Bilanzaufstellung 170
Grundsätze
- des Bilanzausweises nach HGB 595
- nach EStG 211
- nach HGB 207
- nach IFRS → IFRS-Grundsätze
- Vergleich nach HGB und IFRS 245
Grundsätze ordnungsmäßiger Buchführung
- Begriff 163
- Einteilung 163
- Ermittlung 165
- Rechtsnatur 165
- Umfang 163
Grundstücke 335, 506
Gründungsaufwendungen 296
Gruppenbewertung 445

H

Haftungsverhältnisse 610
Handelsbilanz
- Aufgaben 31
- im System der Rechnungslegung 3, 12, 14
- Stadien 6
- Zwecke 31

Hauptabschlussübersicht 2
Herstellungsaufwand 413, 419
- anschaffungsnaher 418
- Prüfschema 413

Herstellungskosten 411
- Ermittlungsverfahren 442
- in der Kostenrechnung 411
- nach EStG 417
- nach HGB 412
- nach IFRS 415
- Vergleich HGB – IFRS – EStG 419

Herstellungskostenprinzip 178
Heubeck-Richttafeln 546
Hilfs- und Nebenrechnung einer Betriebsstätte 113, 294
Höchstwertprinzip 203

I

IAS-Verordnung 95
IASB 87
IDW 79
- als Standardsetter 79
- Standardsetzungsprozess 80
- Verlautbarungen, bilanzierungsrelevante 80

IFRS
- Anerkennungsprozess 90
- Aufbau 93
- Bedeutung 95
- Bilanz 16
- bilanzierungsrelevante Standards 96
- Rechnungslegungsinstrumente 16
- Rechnungslegungsstandards 72, 84
- Rechnungslegungszwecke 37
- *standardsetter* 87
- Standardsetzungsprozess 89
- Verstoßfolgen 139

IFRS-Grundsätze (Prinzipien)
- Allgemein/Überblick 230, 233
- Angemessene Ausgewogenheit 263
- *benefit/cost-balance* 241
- Bilanzidentität 240
- *comparability* 239
- *completeness* 238
- *consistancy* 244
- Darstellungsstetigkeit 240
- *decision usefulness* 233
- Einzelbewertung 244
- Einzelbilanzierung 243
- Entscheidungsnützlichkeit 233
- *fair presentation* 233
- *faithful representation* 238
- Fehlerfreiheit 239
- Glaubwürdige Darstellung 238
- Kapitalerhaltung 245
- *materiality* 237
- Nachprüfbarkeit 240
- Neutralität (*neutrality*) 238
- Nutzen-Kosten-Abwägung 241
- Periodenabgrenzung 236
- *prudence* 242
- Realisation 244
- Relevanz 237
- Saldierungsverbot 243
- Stetigkeit 244
- Stichtagsprinzip 242
- *substance over form* 238
- *timeliness* 241
- *true and fair view* 233
- Unternehmensfortführung 237
- *verifiability* 240
- Vergleich IFRS mit HGB 245
- Vergleichbarkeit 239
- Verständlichkeit 241
- Vollständigkeit 238
- Vorsicht 242
- Wesentlichkeit 237
- wirtschaftliche Betrachtungsweise 237
- Zeitnähe 241

immaterielle Anlagegüter
- Allgemeines 331
- Ansätze 331
- Bewertung nach EStG 496, 498
- Bewertung nach HGB 494, 495
- Bewertung nach IFRS 494, 497
- entgeltlich erworbene ~, Ansatz 332
- nach IFRS 331, 332,
- nicht entgeltlich erworbene ~ 297, 332
- selbst geschaffene ~ 332, 497

Immobilien
- Ansatz gemischt genutzter ~ 287

- Bewertungsbesonderheiten nach EStG 509
- Bewertungsbesonderheiten nach HGB 506
- Bewertungsbesonderheiten nach IFRS 507

impairment test 478, 480
Imparitätsprinzip 201
Informationsinteressenregelung 31
Instandhaltungsrückstellung → Rückstellungen
intangable assets → immaterielle Anlagegüter
Inventar 2
Inventories → Vorräte
investment properties 338

J

Jahresabschluss
- Bestandteile 15
- Zwecke 30

Jahresergebnis 352
Jahresfinanzberichte 70
Jubiläumsrückstellung → Rückstellungen

K

Kapital → Eigenkapital
Kapitalanlagegesellschaften, Bilanzinteressen 25
Kapitalerhaltung, Grundsätze 177, 245
Kapitalgesellschaften
- Bilanzierungsverstöße 123
- Bilanzierungsvorschriften 52
- Bilanzinhalt 292
- steuerliche Bilanzierung 109

kapitalmarktorientierte Unternehmen
- Begriff 68
- besondere Bilanzierungsverstöße 132
- börsenrechtliche Verpflichtungen 69
- erweiterte Rechnungslegungspflichten 68

Kapitalrücklagen 351
Kaufmannseigenschaft als Bilanzierungsvoraussetzung 43
KGaA
- besondere Bilanzierungsvorschriften 56
- steuerliche Bilanzierung 110

Klarheit 180
Kleinformat der Bilanzgliederung 600
Kleinstformat 599
Kleinstkapitalgesellschaften, Allgemein 14, 54

- Bilanzgliederung 599
- Herabsetzung Ordnungsgeld 125
- Unterbilanzausweis 210, 611
- Vermutung Lageeinblick 210

Kompetenzen 58
Komponentenbewertung 395
Kontoform 594
Kostenaufschlagmethode 457
Kulanzrückstellung → Rückstellungen
Kunden, Bilanzinteressen 26
Kundenverträge 530
Kurzfristigkeit/Langfristigkeit
  nach IFRS 616

L

Lageeinblick 209, 233
Langfristigkeit/Kurzfristigkeit
  nach IFRS 616
latente Steuern
- Ansatz nach HGB 262, 375
- Ansatz nach IFRS 376
- Bilanzierungswahlrecht 313, 322
- Höhe nach HGB 562
- Höhe nach IFRS 564

Layermethode 450
Leasing
- Zurechnung nach HGB und EStG 279
- Zurechnung nach IFRS 304, 324
- Zurechnungsschemata 280, 281, 305, 307

Leerpostenverzicht 596
Leistungsfähigkeitsprinzip 212
liabilities → Schulden → Verbindlichkeiten
  nach IFRS
Lieferanten, Bilanzinteressen 26
Lifo-Verfahren 449

M

Management, Bilanzinteressen 28
Marktpartner, Bilanzinteressen 26
Marktwert 428
Maßgeblichkeitsprinzip
- Allgemeines 217
- Bedeutung 221
- Begrenzungen 220
- bei internationaler Rechnungslegung 230
- Inhalt 218
- Kritik 219
- Rest 224
- Spezialmaßgeblichkeit 227
- verlängerte Maßgeblichkeit 228

- Voraussetzungen 219
- Zwecke 218
Mieterbauten 336, 512
Mietkauf 279
Mittelformat der Bilanzgliederung 600
Mitunternehmer 105
Mitzugehörigkeitsvermerk 595

N
Nennbetrag 429
Nettoveräußerungspreis 434
Neubewertung 178, 492
Neubewertungsrücklagen 156, 324, 358
Nichtigkeit des Jahresabschlusses 128
Niederstwertprinzip 201
Nießbrauch 278
Nominalwertprinzip 177
Nutzenzu-/abfluss 271, 331
Nutzungsdauer 468
Nutzungsrecht 306
Nutzungswert 434

O
Offenlegung 54, 66, 70, 100, 623
Verstöße 124, 138
Öffentlichkeit, Bilanzinteressen 28
Ordnungsgeldverfahren
- Allgemein 125
- für kapitalmarktbezogene Kapitalgesellschaften 138
- für Kleinstkapitalgesellschaften 125
overriding principle 209, 234

P
Passiva 1
- Ansatz 350
- Bewertungsbesonderheiten 536
- Gliederung 598
Passivierung 5
- Wahlrechte 313
Passivierungspflicht → Bilanzierungspflicht
Pauschalbewertung 455
Pensionsgeschäft 278
Pensionsverpflichtungen, -rückstellungen
- Ansatz 320
- Bewertung nach HGB und EStG 544, 549
- Bewertung nach IFRS 550
- Bilanzierungswahlrecht 299
percentage-of-completion-method 200, 529

Periodisierungsprinzip 174, 236
Personengesellschaft
- atypische ~, Bilanzierungsvorschriften 50
- Beteiligungsbewertung 518
- Bilanzierungsvorschriften 48
- Bilanzinhalt 290
- Gewinnermittlung 290
- internationale ~, Bilanzierungspflicht 108
- steuerliche Bilanzierung 105
- typische ~, Bilanzierungsvorschriften 48
Personenunternehmen
- Bilanzierungsvorschriften 48, 57, 105
- Vermögenssphären 284
POC-Forderung 345, 528
Poolabschreibung/-bewertung 205, 486, 506
Postenerweiterungen 595, 604
Postenzusammenfassung 596
preclearing 135
Preisvergleichsmethode 457
principal-agent-Theorie 28, 85
Prinzipien der Bilanzierung → Grundsätze
Privatvermögen
- gewillkürtes ~ 285
- notwendiges ~ 284
pro rata temporis-Abschreibung 477
progressive Wertermittlung 442
projected unit credit method 547
property, planed and equipment → Sachanlagen
property, plant and equipment 337
provisions → Rückstellungen
Prüferbilanzen 10
Prüfung 66
Publizitätsgesetzpflichtige Unternehmen
- Großunternehmen 49
- Rechnungslegung 66
- Verstöße 132
puttable instruments 359

R
Ratingagenturen, Bilanzinteressen 25
Realisation(sprinzip) 198, 250
Rechnungsabgrenzung(sposten)
- aktive, Ansatz 346, Höhe 535
- Bilanzierungsverbot 298
- Bilanzierungswahlrecht 312
- Ansatz nach EStG 269
- Ansatz nach HGB 260
- Ansatz nach IFRS 273
- passive, Ansatz 375, Höhe 561

671

Rechnungslegung
- Begriff 13
- Instrumente (Vergleich) 19
- Pflichtenumfang 66
Rechnungslegungsadressaten 23
Rechnungslegungspflichten, Übersicht 67
Rechnungslegungsstandards
- Allgemeines 72
- Bedeutung 77, 80, 95
- bilanzierungsrelevante ~ 78, 80, 96, 115
- des DCGK 83
- des DRSC 74
- des FASB 84
- des IASB 84
- des IDW 79
- deutsche ~ 74
- nationale ~ 74
- Standardsetzungsprozess 77, 80, 89
Rechnungslegungszwecke
- nach EStG 39
- nach HGB 31
- nach IFRS 37
Rechtsformabhängigkeit der Bilanzierungsvorschriften 47, 66
Reinvestitionsrücklage
- Bilanzierungswahlrecht 314
- Höhe 537
Renditeimmobilien 338
Reserven, stille 402
Restrukturierungsrückstellung 326
Restwert, Berücksichtigung bei Abschreibungen 466
Retrograde Wertermittlung 442
revaluation → Neubewertung
Richtigkeit 188
Roh-, Hilfs- und Betriebsstoffe → Vorratsvermögen
Rücklagen
- Bewertung 536
- Ersatzbeschaffungsrücklage 316
- Gewinnrücklagen 352
- Kapitalrücklagen 351
- Neubewertungsrücklage 358
- offene ~ 353
- Reinvestitionsrücklage 314
- steuerfreie, Ansatz 313
  Bewertung 537
- Währungsumrechnungsrücklage 358
- Wertaufholungsrücklage 319
Rücklagenspiegel 608

Rückstellungen
- Abzinsungsgebot 544, 556
- Allgemein 360, 364
- Ansatz nach HGB und EStG 360
- Ansatz nach IFRS 367
- Bewertung nach EStG 541
- Bewertung nach HGB 538
- Bewertung nach IFRS 540, 542
- Bilanzierungsverbote 299
- für Abraumbeseitigung 366
- für AHK 300
- für drohende Verluste, Ansatz 300, 326, 365, Bewertung 556
- für Gewerbesteuer 301
- für Jubiläen 300
- für Pensionsverpflichtungen, Ansatz 363, Bewertung 544
- für Schutzrechtsverletzung 300, 363
- für ungewisse Verbindlichkeiten 361
- für unterlassene Instandhaltungen 366
- für gewinnabhängige Verpflichtungen 300
- für Kulanzen 366
- für nichtabzugsfähige Ausgaben 301
- für Restrukturierungen 326, 369
- für Steuern 363
- steuerliche Besonderheiten 541
Rückwirkungsverbot 213

S
Sachanlagen
- Ansatz 335
- Bewertung nach EStG 504
- Bewertung nach HGB 502
- Bewertung nach IFRS 502
- veräußerungsbestimmte ~ 512
- Überleitungsrechnung 619
Saldierungsverbot 185, 243
Schätzung
- Änderungen 640
- Problem bei Bewertung 402
Scheingewinn 178
Schemazwang 594
Schrifttum zur Bilanzierung 665
Schrottwert, Berücksichtigung bei Abschreibungen 466
Schulden
- Ansatz nach EStG 268
- Ansatz nach HGB 260
- Ansatz nach IFRS 272, 367

Stichwortverzeichnis

schwebende Geschäfte 206, 299, 391
Schwellenwerte
– für Einzelkaufleute 45
– für Kapitalgesellschaften 53
– i. S. d. PublG 49
– steuerliche ~ 102
securities → Finanzinstrumente
Segmentierung 290
Sicherungsabtretung 277
Sicherungsgeschäfte 389
Sicherungsübereignung 277
Sicherungsvermögen 547
Sofortabschreibung → geringwertige Wirtschaftsgüter
soft law 31, 73
Sonderabschreibungen 485
Sonderbetriebsvermögen 107, 291
Sonderbilanz 4, 107, 291
Sonderposten nach HGB 261, 537
Stammhaus, Zuordnung 293
Standardsetter
– Bilanzfunktion 22
– DCGK 83
– DRSC 74, 76
– FASB 84
– IASB 87, 88
– IDW 79
Standardvorrang 274
start-up costs 308
Status 4
Stetigkeitsgrundsatz 192, 244
Steuerausgleichsposten 353
Steuerbilanz 8
– Ansätze dem Grunde nach 266
– Ansätze der Höhe nach 393
– Arten 10
– Aufgaben 39
– Begriff 9, 101
– Betriebsstätten 110
– Datenfernübertragung 101, 629
– E-Bilanz 629
– Genossenschaften 109
– Gliederung 620
– im System der Rechnungslegung 3, 14
– Kapitalgesellschaften 109
– natürlicher Personen 100
– Personenhandelsgesellschaften 105
– Rechtsgrundlagen 100
– Stadien 11

– Verstoßfolgen 144
– Verwaltungsanweisungen 114
– Zwecke 39
Steuerbilanzpolitik → Bilanzierungs-, Bewertungswahlrechte
Steuerhinterziehung 145
Steuerrückstellung 363, 564
Steuerverkürzung 145
Stichtagsprinzip 172, 242
stille Lasten 402
stille Reserven 402
substance over form 238
Substanzerhaltung 158, 178
Synopsen/Vergleiche der Regelungen nach HGB, IFRS und EStG
– Bewertung einzelner Posten 575
– Bewertungsgestaltungen 565
– Bewertungsvereinfachungsverfahren 456
– Bilanzansätze dem Ausweis nach 633
– Bilanzansätze dem Grunde nach 377
– Bilanzansätze der Höhe nach 575
– Bilanzausweise 633
– Bilanzierungsprinzipien 245
– Bilanzierungswahlrechte 329
– Bilanzierungsverstöße 129
– Bilanzzwecke 42
– Herstellungskosten 419
– Rechnungslegungsinstrumente 19
– Verbindlichkeitsbewertung 563
– Zuschreibungen 488

T
Tageswert 434
Tatbestandsmäßigkeit 213
Taxonomien 622
Technische Anlagen und Maschinen 337
Teilrealisation 200
Teilwert 435
– Abschreibungen 481, 509
– Ermittlung 435, 444
– Vermutungen 439
temporary-Konzept 262
timing-Konzept 262
Tochter-Kapitalgesellschaften, Erleichterungen 55, 56
Trennungsprinzip 214
Treuepflicht 207
Treuhandverhältnisse 277
true and fair view-Prinzip 209, 233

673

U

Übertragung, elektronische
- an die Finanzverwaltung 629
- an Kreditinstitute 627
- zum Bundesanzeiger 623

Unterbilanzausweis 610
Umkehrmaßgeblichkeit 225
Umlaufvermögen
- Ansatz 342
- Bewertung 387

Umsatzsteuer auf Anzahlungen 349
unentgeltlich erworbene Gegenstände 309
Unternehmensbewertungsverfahren 228, 456
Unternehmensfortführung 179, 237, 245
Unternehmensführung → Management
Unternehmensgegenstand
- besondere Bilanzierungsverstöße 132
- besondere Bilanzierungsvorschriften 68
- besondere Schemata 606

Unternehmensgröße und Bilanzierungs-
   vorschriften 43, 47, 52, 66
Unternehmensleitung → Management
Unternehmensrechnung 13, 40, 152
Unternehmensschutz 34
Unterschiedsbetrag 430
Unter-Strich-Ausweis 610
US-GAAP 84

V

veräußerungsbestimmte Sachanlagen 580
Verbindlichkeiten
- Ansatz nach EStG 299, 370
- Ansatz nach HGB 299, 370
- Ansatz nach IFRS 272, 372
- Bewertung 557
- Spiegel 608

Verbrauchsfolgeverfahren 449
Verbrauchssteuern, aufwandsberück-
   sichtigte 347
Vergleiche → Synopsen
Vergleichbarkeit 239, 595
Verkaufswertdeckungsverfahren 444
verlängerte Maßgeblichkeit 228
Vermögensgegenstand
- Begriff 257
- Bilanzierungsfähigkeit 257
- sonstiger ~ 345

- unentgeltlich erworbener ~ 297

Vermögenswert (asset)
- Ansatz sonstiger ~ 345
- Arten 271
- Bewertung sonstiger ~ 526
- Bilanzierungsfähigkeit 270
- Definition(skriterien) 270
- kurzfristige ~ 343
- langfristige ~ 330

Verrechnungsverbot 185, 243
Versicherungsvertragsabschlüsse,
   Aufwendungen 296
Verwaltungsanweisungen
- Allgemein 114
- Arten 114
- Bedeutung 114
- bilanzierungsrelevante ~ 115

Vollständigkeitsgebot 188, 238
voraussichtlich dauernde Wert-
   minderung 202, 484
Vorbehaltsnießbrauch 278
Vorratsvermögen
- Ansatz 343
- Bewertung 522

Vorsichtsprinzip 195

W

Wahlrechte → Ausweis-, Bilanzierungs-,
   -Bewertungswahlrechte
Wahrheit 189
Wahrheitsversicherung 69, 135, 189
Währungsumrechnung
- Allgemein 395
- nach EStG 399
- nach HGB 397, 399
- nach IFRS 399

Waren → Vorratsvermögen
Wechsel der Abschreibungsmethode 475
Wertänderungen 457
Wertaufholungen → Zuschreibungen
Wertaufholungsgebot 487
Wertaufholungsrücklage 319
Wertbegriffe → Bewertungsmaßstäbe
Wertermittlung → Bewertungsverfahren
Werthaltigkeitstest 478, 480
Wertminderung, voraussichtlich dauernde
   202, 481

Wertminderungen 478
Wertpapiere
- des Anlagevermögens, Ansatz 338, Bewertung 515
- des Umlaufvermögens, Ansatz 345, Bewertung 534
Wesentlichkeit 204, 237
Wiederverkaufspreismethode 457
Wirtschaftliche Zugehörigkeit → Zugehörigkeit, wirtschaftliche
Wirtschaftliches Eigentum → Zugehörigkeit, wirtschaftliche
Wirtschaftlichkeitsgrundsatz 204, 237, 241
Wirtschaftsgüter
- Arten 267
- Begriff 266
- gemischt genutzte ~ 283, 284, 287
- geringwertige ~ → geringwertige Wirtschaftsgüter
- kleinwertige ~ 310
- kurzlebige ~ 298
- negative ~ 268
- positive ~ 266
- verlustgezeichnete ~ 285
- unentgeltlich erworbene ~ 297
Wirtschaftsjahr 173

X
XBRL 622

Z
Zahlungsmittel
- Ansatz 346
- Bewertung 535
zahlungsmittelgenerierende Einheiten 393, 394, 487
Zeitbestimmtheit 348, 385
Zeitnähe 241
Zeitwert → beizulegender Zeitwert → beizulegender Wert → *fair value*
Ziele der Bilanzierung 19
Zinsschranke 28, 37
Zölle, aufwandsberücksichtigte 347
Zugehörigkeit, wirtschaftliche 182, 215, 256, 274
Zuordnung zu Stammhaus und Betriebsstätte 204
Zurechenbarkeit, subjektive 274, 378
Zuschreibungen
- Arten 488
- Höhe 490
- nach EStG 493
- nach HGB 487
- nach IFRS 492
Zuschussrücklage 317, 537
Zuwendungsabgrenzungsposten 324
Zwecke der Bilanzierung
- Allgemein 30, 42
- nach EStG 39
- nach HGB 31
- nach IFRS 37
Zweigniederlassungen → Betriebsstätten
Zweikontenmodell 286
Zweischneidigkeit 192
Zwischenberichterstattung 70

Fehler vermeiden

Welche typischen Fehlerquellen gibt es in der Buchführung? Welche Arten von Buchführungsfehlern werden regelmäßig im Rahmen der Betriebsprüfung aufgedeckt? Die **6. Auflage** dieses Standardwerkes gibt Ihnen prägnant und gut verständlich Antworten.

Über 90 Sachverhalte aus der Praxis

Zusammengestellt von erfahrenen Betriebsprüfern, bilden dabei die **über 90 Sachverhalte mit rechtlicher Beurteilung, Buchungssätzen und Kontendarstellung** den Schwerpunkt des Werks.

Buchführungsfehler und Betriebsprüfung

Feststellungen im Rahmen der steuerlichen Betriebsprüfung und Fehlerkorrektur – mit Buchungssätzen sowie Aufgaben und Lösungen aus der Praxis

Von **Peter Schumacher**, begründet von **Martin Leister**

6., völlig neu bearbeitete und erweiterte Auflage 2018, ca. 325 Seiten, € (D) 39,80
ISBN 978-3-503-17737-0

Online informieren und bestellen:
www.ESV.info/17737

ESV ERICH SCHMIDT VERLAG
Auf Wissen vertrauen

Erich Schmidt Verlag GmbH & Co. KG
Genthiner Str. 30 G · 10785 Berlin
Tel. (030) 25 00 85-265
Fax (030) 25 00 85-275
ESV@ESVmedien.de · www.ESV.info

STEUERRECHT UND STEUERBERATUNG

Wesentliche Betriebsgrundlage
für mehr Rechts- und Entscheidungssicherheit

Das Standardwerk von Dr. Thomas Kaligin präsentiert Ihnen einen Überblick über die Beratungsfragen und **wesentlichen Entscheidungsgrundlagen** für die Wahl der Betriebsaufspaltung.

Sorgfältig aktualisiert

Die **10. Auflage dieses Standardwerks** berücksichtigt u. a. die sich weiter ausdifferenzierende Judikatur zur personellen und sachlichen Verflechtung sowie die Rechtsprechungsturbulenzen bei der Umstrukturierung von Personengesellschaften im Hinblick auf eine von den Steuerpflichtigen beabsichtigte Buchwertfortführung. Hierzu finden Sie Hinweise zur Risikovorsorge bei der steuerlichen Beratung.

Das Standardwerk in 10. Auflage

Die Betriebsaufspaltung
Ein Leitfaden für die Rechts-, Steuer- und Wirtschaftspraxis

Von RA **Dr. jur. Thomas Kaligin**, Fachanwalt für Steuerrecht

10., neu bearbeitete Auflage 2017, 398 Seiten, € (D) 59,80
ISBN 978-3-503-17658-8

Steuerrecht und Steuerberatung, Band 47

Auch als eBook erhältlich

Online informieren und bestellen:
📙 www.ESV.info/17658

ESV ERICH SCHMIDT VERLAG
Auf Wissen vertrauen

Erich Schmidt Verlag GmbH & Co. KG
Genthiner Str. 30 G · 10785 Berlin
Tel. (030) 25 00 85-265
Fax (030) 25 00 85-275
ESV@ESVmedien.de · www.ESV.info